800 Jahre Thomana

[Dei] gratia Otto Rom[anorum] imp[erato]r et semp[er] augustus No[tu]m facim[us] univ[er]sis p[rese]ntem paginam inspecturis q[uo]d nos attendentes puri fidei [et] sincam devotione[m] q[uam] dilect[us] [con]sangne[us] n[oste]r Thed[oricus] mar- chio missn[ensis] [et] iuventut[e] hacten[us] nob[is] exhibuit. Ea p[re]c[e]s ip[s]i aure clem[en]ti semp[er] admitte[n]do eius[modi] ad peticone[m] ip[s]i[us] monastiu[m] et hospitale q[uod] ip[s]e ap[u]d libin[ensem] fundavit [et] dotavit legitima [con]sens[u] roboram[us] [et] autentica- m[us] om[ne]s q[ue] posson[e]s q[uas] n[un]c habent[ur] vel q[uas] ip[s]e marchio divina inspir[ati]one i[m]postu[m] de patrimonio suo seu de bonis marchie miss[enensis] acquisitis ip[s]is ad reddit[us] quinquaginta marcar[um] ip[s]is [con]tulerit seu q[uas] et[iam] iusto acquisitionis titulo acquisierit auctoritate i[m]piali ip[s]is [con]firmam[us]. Advocacia q[uo]q[ue] memorata[rum] domo[rum] null[i] uni[us] p[er]sone n[is]i q[ui] marchia[m] miss[enensem] habuit cede volum[us] [et] ip[s]e marchio eade[m] advocac[iam] ex gr[ati]one i[m]piali amanu sua nu[n]q[uam] alienare p[otest]. Statuentes [et] i[m]piali auctoritate firma p[er]cipientes ut nulli uni[us] p[er]- sone liceat sit hac n[ost]re [con]firmatio[n]is ducale pagina[m] infringe seu atq[ue] ei temeritatis ausu obviare Ad cui[us] rei eti[am] i[m]postu[m] memoriam p[re]sentem paginam [con]scribi iussim[us] [et] maiestatis n[ost]re bulla [con]signari Testes hui[us] rei s[un]t: henric[us] comes pat[ruus] renu Thed[orici]. march[io] miss[enensis]. henric[us] dux b[r]abancie. Ludowic[us] dux bawarie. Gebehard[us] b[ur]ggau[us] de magdeb[urg] Com[es] henric[us] de franz[ch]en h[er]nric[us] de kosun yalu [et] plures. Dat[um] ap[u]d Frankenf[urt] Anno D[omi]ni M. CC. XII. XII[] k[a]l[endas] apr[ilis]. i[n]dict[ione]. xv.

800 JAHRE THOMANA
GLAUBEN – SINGEN – LERNEN

Festschrift zum Jubiläum von Thomaskirche,
Thomanerchor und Thomasschule

Herausgeber
Stefan Altner
Martin Petzoldt

in Zusammenarbeit mit der Universität Leipzig,
Lehrstuhl für Historische Musikwissenschaft, Helmut Loos,
und dem Museum für Musikinstrumente der Universität Leipzig, Eszter Fontana

VERLAG JANOS STEKOVICS

Inhalt

Inhalt	5
STANISLAW TILLICH Grußwort	8
BURKHARD JUNG Grußwort	9
JOCHEN BOHL Grußwort	10
MARTIN HENKER Grußwort	11
GEORG CHRISTOPH BILLER Visionen	12
STEFAN ALTNER UND MARTIN PETZOLDT Vorwort	16
STEFAN ALTNER UND MARTIN PETZOLDT Einleitung „Cantate domino novum canticum" – „Singet dem Herrn ein neues Lied …"	20
STEFAN ALTNER Ein Zeugnis früher Musikausübung in der Thomaskirche – das sogenannte Thomas-Graduale	70
MICHAEL MAUL Die Frühgeschichte des Thomaskantorats und die Entwicklung des Chores bis zum Amtsantritt Johann Sebastian Bachs	78
ERNST KOCH In Spannungsfeldern der Landeskirche – Thomaskirche und Thomasschule zwischen 1580 und 1617	104
MARTIN PETZOLDT Der Taufstein der Leipziger Thomaskirche und die Predigt anlässlich seiner Einweihung 1615	120
MICHAEL BEYER Leipziger Kirche und Kirchengut in der Reformationszeit Die Absicherung der städtischen kirchlichen Versorgung aus dem Thomaskloster durch Herzog Moritz von Sachsen	136

Inhalt

HEIKO JADATZ
Apollonia von Wiedebach – eine Förderin der evangelischen Predigt an der Thomaskirche? — 146

CHRISTOPH WOLFF
Zur historischen Begründung der Musiktradition an St. Thomae zu Leipzig — 156

MARTIN PETZOLDT
Thomasküster Rost, seine Familie und der Leipziger Gottesdienst zur Zeit Johann Sebastian Bachs — 162

CHRISTIANE SCHULZ
Pferdestall, Lazarett und offenes Feuer – Die Thomaskirche zur Zeit der Befreiungskriege — 182

WOLFGANG HOCQUÉL
Die Alte Thomasschule am Thomaskirchhof — 192

HANS-JOACHIM SCHULZE
Nervus rerum – Zur Finanzierung des Alumnats der Schola pauperum — 208

HELMUT LOOS, NICOLE WAITZ UND GILBERT STÖCK
Untersuchungen zum Repertoire des Leipziger Thomanerchores zwischen 1808 und 2008
auf der Grundlage EDV-gestützter statistischer Erhebungen — 218

KERSTIN SIEBLIST
Singen, sammeln und hofieren
Der Thomanerchor als städtischer Dienstleister – musikalische Aufgabenfelder
jenseits von Gottesdienst und Motette — 234

CLAUDIUS BÖHM
„Theils aus den Alumnen der Thomasschule, theils aus hiesigen Orchester Musicis" –
Die historisch gewachsene Partnerschaft zwischen Thomanerchor und Gewandhausorchester — 246

CHRISTOPH KRUMMACHER
Thomaskantoren und Thomasorganisten in ihrer Beziehung zum Leipziger „Conservatorium der Musik" — 256

ESZTER FONTANA
Musikinstrumente für Karl Straube und die Interpretation von Bach'scher Musik — 266

DAVID BACKUS
Karl Straube und das Dritte Reich — 280

KLAUS FITSCHEN
Die Thomasgemeinde vom Ende des Ersten Weltkrieges bis zur Etablierung der SED-Diktatur — 298

STEFAN GREGOR
Der Thomanerchor nach 1945 – Hort der Reaktion oder Institution sozialistischer Leistungsschau? — 310

EIN SCHRIFTLICHES INTERVIEW MIT HELGA JANKE, GOTTFRIED HÄNISCH,
DIETER SCHILLE UND MARTIN PETZOLDT
Der Herbst 1989 und die Thomaskirche — 324

SABINE NÄHER
Thomasorganist und Thomaskantor – Partner oder Konkurrenten?
Ein Gespräch mit dem Thomasorganisten Prof. Ullrich Böhme — 338

THOMAS FUCHS
Die Bibliothek der Thomaskirche — 346

ANDREAS GLÖCKNER
Die Notenbibliothek der Schola Thomana — 364

FELICITAS KIRSTEN
Die Lehrer- und Schülerbibliotheken des Thomanerchores – aktueller Bestand — 374

ROLAND WEISE UND THORALF SCHULZE
Das Alumnat – Leben in der Chorgemeinschaft — 380

MAXIMILIAN RASCHKE
Ein Einblick in den Alltag eines heutigen Thomaners — 394

CHRISTIAN WOLFF
‚forum thomanum' – ein Bildungscampus für die Musikstadt Leipzig — 400

PETER ROY
Der Thomanerbund e. V. – ältester Förderverein der Thomasschule und des Thomanerchores — 410

RUPERT SCHAUER
Zur Stiftung Thomanerchor – eine sehr persönliche Betrachtung — 416

JUTTA SCHMIDT UND MICHAEL KAMPF
Vom Fördern und Gefordertsein – Der Förderkreis Thomanerchor Leipzig e. V. stellt sich vor — 422

Anhang

STEFAN ALTNER, MARTIN PETZOLDT UND MARINA TÄSCHNER
Synoptische Übersicht der Bediensteten in Thomaskirche und Thomasschule seit der Reformation — 428

STEFAN ALTNER, MARTIN PETZOLDT UND MARINA TÄSCHNER
Lebensdaten der Thomaskantoren, Rektoren, Konrektoren und Direktoren — 436

STEFAN ALTNER, MARTIN PETZOLDT UND MARINA TÄSCHNER
Lebensdaten der Superintendenten, Pfarrer, Diakone, Sonnabendsprediger und Küster — 440

Mitarbeiter des Thomanerchores — 464

Chorliste Schuljahr 2011/2012 — 466

Autoren — 470

Abkürzungsverzeichnis — 477

Personenregister — 479

Impressum — 495

CD-Beilage — 496

Grußwort

Liebe Leserinnen und Leser,

Glauben leben, Musik und Kultur gestalten, Menschen bilden – diesem Auftrag stellen sich die Thomaskirche, der Thomanerchor und die Thomasschule gemeinsam schon seit 800 Jahren – und das mit vollem Erfolg. In diesem Jahr feiern wir gemeinsam dieses bedeutsame Jubiläum.

Als leuchtende Sterne am Himmel Sachsens begeistern die Thomaner die ganze Welt. Sie sind wichtige Botschafter für Leipzig und Sachsen und tragen viel zur Attraktivität der Region bei.

Bereits die Ankündigung eines Auftritts des Thomanerchors bewirkt große Begeisterung bei den Menschen und zieht zahlreiche Gäste aus der ganzen Welt an. Mit ihrer Leidenschaft zur Musik und ihrer unvergesslichen Stimme sind sie längst eine renommierte Größe und ein Herzstück Europas geworden. Ein Zeichen dafür ist auch, dass Leipzigs berühmter Knabenchor jedes Jahr zu zahlreichen Gastspielen ins Ausland eingeladen wird, die weit über die europäischen Grenzen hinausreichen, sei es Asien, Australien oder Amerika.

Ein weiterer kulturhistorischer Leuchtturm ist die Thomaskirche. Die Stätte gelebten Glaubens ist lohnend für den, der Johann Sebastian Bachs Musik dort erleben will, wo sie entstanden ist. Besonders der Besuch einer Motette ist für viele ein wundervolles Erlebnis.

Die Thomasschule als dritte Säule kulturellen Lebens hat es sich zur Leitaufgabe gemacht, nicht nur Wissen zu vermitteln, sondern auch Bildung; nicht nur Ansichten, sondern auch Haltung.

Die Thomanergeschichte hat alle politischen, religiösen und städtischen Auseinandersetzungen überdauert und man kann mit Stolz auf das Erreichte und voller Zuversicht in die Zukunft blicken.

Das Zusammenspiel dieser drei Säulen kulturellen Lebens ist etwas ganz Besonderes. Ich spreche allen Thomanern meine Hochachtung für ihr beispielhaftes Engagement aus und wünsche ein wundervolles Fest in diesem Jubiläumsjahr.

Stanislaw Tillich
Ministerpräsident des Freistaates Sachsen
Dresden, im Oktober 2011

Grußwort

Sehr geehrte Leserinnen und Leser,

„glauben – singen – lernen" ist das Motto der Thomana 2012, dem wichtigsten Jubiläum, das Leipzig in diesem Jahr mit vielen Veranstaltungshöhepunkten, internationalen Gästen und überregionaler Aufmerksamkeit begeht. Es steht für die Geburtsstunden von Thomaskirche, Thomanerchor und Thomasschule vor 800 Jahren und verweist auf den christlichen Glauben, die Musik und die Bildung als tragende Säulen des damaligen wie heutigen gesellschaftlichen Lebens. Was anno 1212 in einer für Leipzig fruchtbaren wirtschaftlichen und geistigen Entwicklungsphase seinen Anfang nahm, hat die Historie der Stadt über viele Jahrzehnte, Epochen und gesellschaftliche Umbrüche hinweg maßgeblich geprägt. Ein Erbe, das uns verpflichtet, welches wir pflegen und auf das wir stolz sein können. Mit ihrer reichen und lebendigen Tradition ist die Trias der Thomana heute ein Aushängeschild von höchstem internationalem Rang: unter anderem durch das 27-jährige Wirken Johann Sebastian Bachs als Thomaskantor an der Thomaskirche oder durch den Thomanerchor als einen der weltweit renommiertesten Knabenchöre. Und ich freue mich, dass wir mit der Vision des neuen Campus Forum Thomanum dieser überwältigenden Geschichte auch dank vieler Sponsoren, Unterstützer und Förderer ein so faszinierendes wie zukunftsweisendes Kapitel hinzufügen wollen und Schritt für Schritt verwirklichen. Meine besondere Hochachtung gilt unseren Thomanern, die seit Jahrhunderten Tag für Tag Höchstleistungen zeigen und unzählige Menschen erbauen und erfreuen.

In der vorliegenden Publikation *800 Jahre Thomana* beleuchten die Verfasser das Wirken der drei Institutionen in Leipzig und weit über die Stadtgrenzen hinaus. Ich wünsche Ihnen auf den folgenden Seiten eine anregende, spannende Lektüre und verspreche Ihnen zahlreiche interessante Fakten und Hintergründe.

Ihr Burkhard Jung
Oberbürgermeister der Stadt Leipzig
Leipzig, im Oktober 2011

Grußwort

Die Thomana als Verbindung von Glauben, Bildung und Musik ist ein Markenzeichen Leipzigs; und Gleiches wird man auch für die lutherische Reformation sagen können. Die Reformatoren sahen, dass der mündige Christ in der Lage sein muss, die Bibel zu lesen und sich ein eigenständiges Urteil in Glaubensfragen zu bilden. Daher gehörte es zum Programm der Reformation, Schulen zu gründen und die Verbindung von Glauben und Wissen zu stärken, Philipp Melanchthon wurde zum ‚praeceptor germaniae'. Bis heute ist es aus der religiösen Wurzel heraus ein besonderes Anliegen der Thomasschule, das Wissen um Glauben zu vermitteln.

Ganz ähnlich ist es mit der Musik. Sie ist vom Beginn der Reformation an ein unverzichtbares Medium, in dem die Kirche des Wortes zum Ausdruck dessen findet, was die Herzen der Gläubigen bewegt. Martin Luther verdanken wir wunderbare Lieder und man wird sagen dürfen, dass bis in die Gegenwart hinein die Musik ein Schatz der lutherischen Kirche ist, zum Lobe Gottes und zur Erbauung der Gläubigen. Mit dem Namen des Thomaskantors Johann Sebastian Bach ist die Hochschätzung dieser Gabe weltweit und über alle konfessionellen Grenzen hinweg verbunden.

Die Thomaskirche ist in diesen Tagen eines der Aushängeschilder der sächsischen Landeskirche; ihre festlichen Gottesdienste werden für die Besucher aus aller Welt immer wieder zu bewegenden Glaubenserlebnissen.

Im Jahr 2012 blicken Thomaskirche, Thomasschule und Thomanerchor auf eine 800-jährige Tradition zurück. Im Rückblick auf diesen langen Zeitraum sehen wir dankbar, dass und wie in der Thomaskirche das Evangelium gepredigt, Schülerinnen und Schüler an der Thomasschule gebildet und erzogen werden, der Thomanerchor zur Ehre Gottes musiziert.

Die Evangelische Kirche in Deutschland gestaltet im Rahmen der Vorbereitungen auf das Reformationsjubiläum ein „Jahr der Musik", dessen Schwerpunkt in Leipzig sein wird. Das Jubiläum „800 Jahre Thomana" wird die Bewunderung für das Konzept von Glauben, Singen und Lernen noch verstärken. So danke ich allen, die mit ihrer Arbeit zum Gelingen des Jubiläums beitragen und erbitte für die vielen ambitionierten Festveranstaltungen den Segen Gottes.

Jochen Bohl
Landesbischof der Ev.-Luth. Landeskirche Sachsens
Leipzig, im Oktober 2011

Grußwort

Im Jahr 1212 begann mit der Gründung des Thomanerchores eine einmalige Geschichte in der Glaubens- und Kulturtradition der Stadt Leipzig. In der Verbindung des Chores mit der Thomaskirche als Wirkungsstätte und der Thomasschule als Bildungsort entstand jene Trias, deren 800-jähriges Jubiläum wir 2012 voll Freude und Dankbarkeit begehen.

Mit dem Jubiläums-Motto „glauben – singen – lernen" wird an diese lange und großartige Geschichte erinnert und ihre Bedeutung für unsere Gegenwart und Zukunft bewusst gemacht. Wie unser ganzes Leben – das persönliche jedes einzelnen Menschen und ebenso das einer ganzen Stadtgesellschaft – so braucht auch alle Kultur und Bildung eine Rückbindung, die außerhalb menschlicher Verfügbarkeit liegt. In der Verbindung zwischen Thomanerchor, Thomaskirche und Thomasschule ist dies in wunderbarer Weise realisiert.

Für unsere Stadt und besonders für das Bild von Kirche in Leipzig kommt der Thomana eine sehr große Bedeutung zu. Die Gottesdienste und Motetten in der Thomaskirche ziehen Woche für Woche sehr viele Menschen aus Leipzig und Gäste aus aller Welt an. Die Musik und die Verkündigung erinnern an den notwendigen Bezug unseres Lebens auf den Ursprung und das Ziel allen Lebens in Gott. Woche für Woche verlassen getröstete und zum Leben ermutigte, was auch heißen kann: zum Engagement wachgerüttelte Menschen die Thomaskirche und kehren so zurück in ihre Lebensbezüge.

Über die Notwendigkeit der Verbindung von Glaube, Bildung und Kultur gab es in den letzten Jahren in unserer Stadt, auch aus der Thomaskirche heraus angestoßen, intensive Diskussionen. Durch das Jubiläum „800 Jahre Thomana" wird uns vor Augen geführt, welch große Wirkung und welch ein Segen aus einer sachgerechten Beziehung zwischen diesen Grundpfeilern des Lebens erwachsen kann. Möge deshalb das Jubiläum zum Wohl unserer Stadt eine große Ausstrahlung entfalten und nachhaltig wirken.

Martin Henker
Superintendent des Ev.-Luth. Kirchenbezirkes Leipzig
Leipzig, im Oktober 2011

Visionen
Georg Christoph Biller

„... ein neues Lied" ist das Motto des Bachfestes 2012, mit dem das 800-jährige Bestehen des Thomanerchores gewürdigt wird. Bei der Ideenfindung war das „Sich-in-Bewegung-Befindende" des Zitierens dieses halben Verses aus Psalm 98 ausschlaggebend: Das zu ergänzende „Singet dem Herrn ..." steht und stand seit jeher als Arbeitsmotto über dem Wirken des Thomanerchores. So alt dieser Psalm auch ist, so zukunftsweisend ist er zugleich. Das neue Lied ist in jeder Zeit etwas anderes, obwohl es immer die gleiche Botschaft hat. Es ist kein wirklich „neues Lied", wenn es nicht mit dem Zeitgeist der neuen Epoche korrespondiert. Dabei ist gewiss nicht gemeint, dass sich das neue Lied dem Zeitgeist unterordnet oder jede Modeströmung mitmacht. Im Gegenteil: Der kurzsichtige Fortschrittsglaube und die Atemlosigkeit in der heutigen Gesellschaft werden eher zum Problem für diese altehrwürdige, aber jugendlich geprägte Institution. Die durch die deutsche Wiedervereinigung gewonnene grenzenlose Freizügigkeit bietet einerseits viele Chancen, stellt den Chor aber gleichzeitig vor neue Herausforderungen: Die erbarmungslose Dominanz des Geldes, die unter anderem auch den kopflosen Konkurrenzkampf der Medien um Einschaltquoten bzw. Auflagenhöhen entfacht, führt zu einer weiteren Verflachung der geistigen Ansprüche der Menschen. Das musisch-geistige Umfeld in Familie, Kindergarten, Schule und gar in der Kirche – die bisherige Basis für die Nachwuchsgewinnung des Thomanerchores – ist nur noch in Bruchstücken vorhanden. Noch nicht abzusehen sind die Auswirkungen, die die flächendeckend radikalen Streichungen von Kirchenmusikerstellen innerhalb der Landeskirchen und die Kürzungen der Subventionen für Kultur in den Kommunen nach sich ziehen werden.

Das besondere Erziehungsideal der Thomaner, das in der Verbindung von humanistischer Bildung und dem Aufwachsen in der Welt der *musica sacra* bei gleichzeitiger Übernahme von Eigenverantwortung besteht, erscheint zunächst als unzeitgemäß, könnte aber die Wirkung eines Pilotprojekts haben. Die Erziehung zu Eigenverantwortlichkeit, die natürlich zunächst aus Gründen einer Mittelknappheit nötig wurde, kann heute Modellcharakter für bildungspolitische Reformen bekommen. Dabei sind wir uns im Klaren, dass wir die Thomanererziehung auch künftig immer wieder neu durchdenken müssen, um mit ihr kontinuierlich den Herausforderungen unserer Zeit gerecht zu werden.

Im Mittelpunkt der Bemühungen steht der weitere Aufbau des *Forum Thomanum* – jenes Bildungscampus, der zugleich die Lebens- und Lernbedingungen der Thomaner verbessern soll, wie er auch die Menschen ringsum musisch anregen will.

Hier ist ein neuer Aspekt im Wirken der Thomaner hinzugekommen: In vielen Programmen lassen wir die Hörer mitsingen, um sie davon zu überzeugen, dass es ein viel intensiveres Erlebnis ist, Musik aktiv zu betreiben, als sie nur passiv zu konsumieren. Das scheint dem Streben nach interpretatorischer Vervollkommnung zuwiderzulaufen. Doch muss sich heute jeder Musiker die Frage stellen, wie sich das Publikum anspruchsvoller Programme künftig zusammensetzt, wenn es ständig zu Oberflächlichkeit und Passivität angehalten wird. Ich möchte hier mit den Thomanern zusammen beispielgebend dafür sein, wie man das Publikum durch gelegentliche Aktivierung zu intensiverem Hören bewegt und zugleich der Musik zu größerer Wertschätzung verhilft.

Ein anderer Aspekt, den die Aufforderung, „dem Herrn ein *neues* Lied zu singen", beinhaltet, ist der Umgang mit Neuer Musik. Obwohl wir es dem Publikum und uns selbst mit Programmen voller etablierter ‚Chorhits' leichter machen könnten, versuche ich immer wieder durch die Stimmigkeit der Zusammenstellung und einen Anteil neuer Kirchenmusik eine Botschaft zu transportieren. Die Auseinandersetzung mit Neuer Musik fordert dabei von den Thomanern und den Hörern viel. Doch ich weiß, dass es sich lohnt: Das neue Lied muss in jeder Zeit neu gestaltet werden, auch wenn uns die Musik vergangener Epochen begeistert. Die Neugestaltung hat etwas mit Zueigenmachen zu tun, und deshalb können und dürfen wir uns gar nicht auf die Musik der Vorfahren beschrän-

Thomaskantor Georg Christoph Biller leitet Thomanerchor Leipzig, Gewandhausorchester Leipzig, Thomasorganist Böhme, Albrecht Sack (Tenor), Stephan Heinemann (Bass) sowie Knabensolisten des Thomanerchores zur Aufführung der 6. Kantate aus dem Weihnachts-Oratorium von Johann Sebastian Bach. Aufnahme im Festgottesdienst am 6. Januar 2012 (Foto: Stefan Altner)

ken. Andererseits ist für mich auch klar, dass es deshalb kaum Spielraum für Experimente geben kann: Das „neue Lied" soll sich als dem Herrn würdig erweisen. Deshalb begehen wir auch unser Jubiläumsjahr unter anderem mit fünf großen Uraufführungen, in denen die Komponisten die Botschaft neu gestaltet haben.

Ich selbst wünsche mir, dass ich als komponierender Thomaskantor einen Beitrag zu leisten vermag, mit dem ich zwischen avantgardistischem Streben und dem Lebensgefühl des heutigen Menschen vermitteln kann. So könnte ich „dem Herrn ein neues Lied singen", in das man einstimmen kann und will, allein Gott zur Ehre – S. D. G.[1]

---

[1] Wie viele andere Künstler des Mittelalters und des Barock kennzeichnete Johann Sebastian Bach die meisten seiner Werke mit der lateinischen Formel „S. D. G." (Soli Deo Gloria; dt.: „Allein Gott zur Ehre").

Visionen

Schuljahresabschlussmotette des Thomanerchores in der Thomaskirche, 9. Juli 2011 (Foto: Matthias Knoch)

S. THOMAS

Vorwort
Stefan Altner und Martin Petzoldt

Stefan Altner *Martin Petzoldt*

Die letzte Zentenarfeier im Jahr 1912 zum 700-Jahrgedenken an die Gründung der THOMANA brachte im Zusammenhang auch mit dem Universitätsjubiläum 1909[1] eine Fülle an grundlegenden Publikationen, die noch heute als Sekundärquellen fleißiger Geschichtsschreibung dienen können. Hier sei auf die umfangreichsten Arbeiten zur Stadt-, Schul-, Musik- und Kirchengeschichte Leipzigs etwa von Rudolf[2] und Gustav[3] Wustmann, Otto Kaemmel,[4] Georg Witkowski,[5] Richard Sachse,[6] Georg Buchwald,[7] Carl Niedner[8] und Heinrich Magirius/Hanna-Lore Fiedler[9] hingewiesen. Später wurden diese Arbeiten für die THOMANA als Überblicksdarstellungen weitergeführt von Arnold Schering,[10] Franz Kemmerling,[11] Alfred Jentzsch,[12] Richard Petzoldt,[13] Eduard Crass,[14] Bernhard Knick,[15] Wolfgang Hanke,[16] Horst List,[17] Roland Weise/Stefan Altner,[18] Martin Petzoldt[19] und Stefan Altner.[20] Die ausführliche Nennung der vorangegangenen Arbeiten ist insofern notwendig, da im vorliegenden Aufsatzband in Form von Einzelstudien großteils bewusst darauf verzichtet wurde,

---

1 Unter dem Vortitel: „Geschichte des geistigen Lebens in Leipzig aus Anlass des fünfhundertjährigen Jubiläums der Universität mit Unterstützung des Rates der Stadt Leipzig" erschien im Zusammenhang mit den „Schriften der königlich sächsischen Kommission für Geschichte" eine ganze Reihe aufwendiger Einzeldarstellungen.

2 Rudolf Wustmann: Musikgeschichte Leipzigs, Bd. 1: Bis zur Mitte des 17. Jahrhunderts, Leipzig und Berlin 1909.

3 Gustav Wustmann: Geschichte der Stadt Leipzig. Bilder und Studien, Leipzig 1905.

4 Otto Kaemmel: Geschichte des Leipziger Schulwesens vom Anfange des 13. bis gegen die Mitte des 19. Jahrhunderts (1214–1846), Berlin und Leipzig 1909.

5 Georg Witkowski: Geschichte des literarischen Lebens in Leipzig, Leipzig 1909.

6 Richard Sachse (Hrsg.): Die ältere Geschichte der Thomasschule zu Leipzig, Leipzig 1912. – Ders.: Acta Nicolaitana et Thomana. Aufzeichnungen von Jakob Thomasius während seines Rektorates an der Nikolai- und Thomasschule (1670–1684), Leipzig 1912.

7 Georg Buchwald: Reformationsgeschichte der Stadt Leipzig, Leipzig 1900.

8 Carl Niedner: Das Patrozinium der Augustiner-Chorherren-Stiftskirche St. Thomae zu Leipzig. Untersuchungen zur Frühgeschichte der Bach-Kirche und der Leipziger Altstadt, Leipzig 1952.

9 Heinrich Magirius, Hanna-Lore Fiedler: Die Bau- und Kunstdenkmäler von Sachsen. Stadt Leipzig. Die Sakralbauten. Mit einem Überblick über die städtebauliche Entwicklung von den Anfängen bis 1989, 2 Bde., hrsg. vom Landesamt für Denkmalpflege Sachsen, München und Berlin 1995.

10 Arnold Schering: Johann Sebastian Bachs Leipziger Kirchenmusik, Leipzig 1936, 1954. – Ders.: Musikgeschichte Leipzigs, Bd. 2: Von 1650 bis 1723, Leipzig 1926. – Ders.: Musikgeschichte Leipzigs, Bd. 3: Von 1723 bis 1800, Leipzig 1941.

11 Franz Kemmerling: Die Thomasschule zu Leipzig, Leipzig 1927.

12 Alfred Jentzsch (Hrsg.): Aus der Geschichte der Thomasschule in alter und neuer Zeit. Festschrift zum 725jährigen Schuljubiläum, Leipzig 1937.

13 Richard Petzoldt: Der Leipziger Thomanerchor, Leipzig 1962.

14 Eduard Crass: Die Thomaner. Kommentierter Bildbericht über ihre 750jährige Geschichte 1212–1962, Leipzig 1962.

15 Bernhard Knick (Hrsg.): St. Thomas zu Leipzig. Schule und Chor. Stätte des Wirkens von Johann Sebastian Bach. Bilder und Dokumente zur Geschichte der Thomasschule und des Thomanerchores mit ihren zeitgeschichtlichen Beziehungen, Wiesbaden 1963.

16 Wolfgang Hanke: Die Thomaner. Der Thomanerchor zu Leipzig, Berlin 1975.

17 Horst List: Der Thomanerchor zu Leipzig, Leipzig 1987. – Ders.: Auf Konzertreise … Ein Buch von den Reisen des Leipziger Thomanerchores, Hamburg-Bergstedt 1957.

18 Stefan Altner, Roland Weise (Hrsg.): Almanache 1 bis 4 des Thomanerchores, Leipzig 1995–2000.

19 Martin Petzoldt (Hrsg.): St. Thomas zu Leipzig, Leipzig 2000.

20 Stefan Altner: Thomanerchor und Thomaskirche. Historisches und Gegenwärtiges in Bildern, Taucha 1998. – Ders.: Das Thomaskantorat im 19. Jahrhundert. Bewerber und Kandidaten für das Leipziger Thomaskantorat in den Jahren 1842 bis 1918. Quellenstudien zur Entwicklung des Thomaskantorats und des Thomanerchors vom Wegfall der öffentlichen Singumgänge 1837 bis zur ersten Auslandsreise 1920, Leipzig 2006. – Ders.: Sethus Calvisius, das Thomaskantorat und die Thomasschule um 1600. Zum 450. Geburtstag von Sethus Calvisius „Astronomus, Chronicus, Musicus, Poeta", in: Gesine Schröder (Hrsg.): Tempus musicae – tempus mundi. Untersuchungen zu Sethus Calvisius, Hildesheim 2008.

bereits in den genannten Publikationen Dargestelltes redundant wiederzugeben.

Seit dem letzten umfangreichen Publikationsschub um 1912 hat sich geschichtlich betrachtet und städtebaulich sehr viel verändert, die THOMANA war davon nicht ausgenommen. Selbst wenn viele Konstanten erhalten geblieben sind und das Motto des Jubiläums der Trias der THOMANA 2012 seit Jahrhunderten gelten kann: „glauben – singen – lernen", so ist es nicht selbstverständlich, dass wir, wenn auch zwischenzeitlich als institutionell separierte Einrichtungen, gemeinsam ein beachtliches Jubiläum begehen. Zwei Weltkriege, vier politische Systemwechsel – vom Kaiserreich über die Weimarer Republik, die Nazidiktatur im sogenannten Dritten Reich, die Bevormundung im sozialistischen Staat der „DDR" und den Systemwechsel durch die von Leipzig wesentlich ausgehende friedliche Revolution bis hin zum heutigen Leben in einer freiheitlich demokratischen Grundordnung der „BRD" –, da sind Brüche, Abschneidungen gemeinsamer Entwicklungswege unvermeidlich. So gehört es zu einem Jubiläumsfest, sich der Wurzeln zu vergewissern, wie auch zukunftssichernd nach vorn zu schauen.

Ebenso wie von der Gründungszeit bis ins 15. Jahrhundert ist erstaunlicherweise die Quellenlage im 20. Jahrhundert bei Weitem nicht leicht zu überblicken. Erst langsam beginnt sich das historische Interesse der Musikwissenschaft, die wissenschaftliche Auseinandersetzung mit neuen Ansätzen innerhalb der Theologie-, Schul-, Personal-, Sozial-, Stadt- und Territorialgeschichte der THOMANA zuzuwenden.

Im Ergebnis dieser Aufmerksamkeit werden im Umfeld des Jubiläums 800 Jahre THOMANA im Jahr 2012 zahlreiche, teils umfangreiche Publikationen ediert. Das Krankenhaus St. Georg, das auf dieselbe Gründungsurkunde vom 20. März 1212 zurückzuführen ist, hat bereits eigene Ausstellungen gezeigt und Publikationen vorgelegt.

Dem wichtigsten Thomaskantor, Johann Sebastian Bach, in der vorliegenden Festschrift kein eigenes Kapitel zu widmen, kann leicht verschmerzt werden, weil zum einen derzeit von den Wissenschaftlern des Leipziger Bacharchivs eine umfassende, quellengestützte Gesamtdarstellung zur Entwicklung des Thomaskantorats vorbereitet wird und zum anderen über Johann Sebastian Bach in den letzten Jahrzehnten so vielschichtig in zahllosen Veröffentlichungen vor allem der Neuen Bachgesellschaft, des Bacharchivs und anderer Institutionen weltweit geschrieben wurde. Auch zum Umfeld Bachs in der Thomasschule liegt vieles aufgearbeitet vor.[21]

Periodika wie das vom ehemaligen Thomaner Claudius Böhm herausgegebene GewandhausMagazin – um nur eines zu nennen – haben sich häufig mit Einzelaspekten des Thomanerchores beschäftigt.[22]

Die ursprünglich geplante Literaturliste zum Thema wäre so lang geworden, dass sie den hier zur Verfügung stehenden Platz bei Weitem gesprengt hätte.

Wichtige Leipziger Museen, Bibliotheken und Archive widmen dem THOMANA-Jubiläum eigene Ausstellungen und werden gesonderte Kataloge veröffentlichen. So sei auf die Expositionen im Bach-Museum, im Stadtgeschichtlichen Museum der Stadt Leipzig, in der Universitätsbibliothek Leipzig, im Museum für Musikinstrumente der Universität Leipzig und in der Deutschen Nationalbibliothek hingewiesen.

Im Zuge eigener Festschriftveröffentlichungen der Thomasschule konnte hier auf die Darstellung ihrer jüngeren bis zur Gegenwart reichenden Geschichte verzichtet werden. Auch wird die Thomaskirche mehrere Publikationen edieren, die vorliegende Arbeiten ergänzen.

Der Vorzug des vorliegenden Bandes liegt darin, dass die Arbeiten sich mit sehr unterschiedlichen, teils brisanten Themen beschäftigen, die bisher als Desiderate zu bezeichnen waren. Eine sich selbst bespiegelnde Hagiografie war ausdrücklich nicht vorgesehen.

Zudem wurden wissenschaftliche Standards mit Quellenangaben umgesetzt, sodass die weiterführende Lektüre oder Forschungsarbeit erleichtert werden kann.

Aus Anlass des Leipziger Universitätsjubiläums 2009 wandten sich unter der Herausgeberschaft von Eszter Fontana verschiedene Autoren in einem Kraftakt dem Thema 600 Jahre Musik an der Universität Leipzig zu. Bereits

---

21 Vgl. z. B. Norbert Bolin, Markus Franz: Im Klang der Wirklichkeit – Musik und Theologie. Martin Petzoldt zum 65. Geburtstag, Leipzig 2011, mit vielen Artikeln u. a. zur neueren Bachforschung. Neue Ansätze zum theologischen und musikalischen Verständnis und Zugang zum Bach'schen Vokalwerk bietet Martin Petzoldt: Bach-Kommentar, Kassel 2005 f.

22 Artikelserie von Ann-Christine Mecke im GewandhausMagazin: Nr. 57, Winter 2007/08, „Jungs mit Stahl, Mädchen mit rosa Plüsch?". Mädchen- und Knabenstimmen lassen sich kaum auseinanderhalten; Nr. 58, Frühjahr 2008, „Bachs alte Knaben". Die Knabensoprane zur Zeit Bachs waren zwar etwas älter, aber von ähnlicher Größe und Gestalt wie heutige Kinder; Nr. 59, Sommer 2008, „Reinheit statt Reife?". Knabensoli in der geistlichen Musik – Für und Wider, Befürworter und Gegner; Nr. 60, Herbst 2008, „99 Knaben oder: Ein Markt für Kindersolisten". Dass Opernhäuser immer wieder Knabensolisten benötigen, hat einen regelrechten Markt entstehen lassen, so dass sich Knabenchöre heute zu einem Gutteil durch den Verleih ihrer Sänger finanzieren können; Nr. 61, Winter 2008/09, „Der weiße Klang". In britischen Knabenchören wird die Kopf-, in deutschen die Bruststimme favorisiert. Hintergründe zweier Klangideale; Nr. 62, Frühjahr 2009, „Noch alles dran?". Wenn Männer mit ihrer Kopfstimme Alt singen, sorgt das mancherorts für Belustigung. Dabei ist das Falsett alles andere als komisch; Nr. 63, Sommer 2009, „Knaben, Männlichkeit – und Fußball". Mit welchen Strategien stellen sich Knabenchorsänger als „normale" Jungen dar – und was veranlasst sie dazu?

beim Fertigstellen des umfangreichen Bandes entstand der Gedanke, das Jubiläum der THOMANA 2012 zur Edition einer eigenen Festschrift zu nutzen, die an die Publikation zur lokalen Musikgeschichte anknüpft. Die ältere THOMANA und die Universität stehen seit ihren Anfängen in enger Verbindung, und so lag es nahe, eine Fortführung der Themenfelder anzustreben, um einen möglichst neuen und umfassenden Blick auf die Musik-, Kirchen- und Schulgeschichte der Stadt zu erlangen.

Wenn im Jahr 2015 die Stadt Leipzig das 1000-jährige Jubiläum ihrer schriftlichen Ersterwähnung begehen kann, werden im Zuge dieses Ereignisses zahlreiche weitere Forschungsarbeiten erscheinen, die dann möglicherweise ein neue Gesamtschau auf die Leipziger Stadtgeschichte erlauben, die lange vermisst wurde.

Danksagungen

Ohne die bereitwillige Hilfe von einigen Personen und Institutionen wäre der vorliegende Band nicht möglich gewesen.

Allen Autoren sei hier zuvörderst dafür gedankt, dass sie sich ohne Honorar der immensen Aufgabe stellten, der THOMANA in der wissenschaftlichen Betrachtung aufzuhelfen. Auch den Interviewpartnern danken wir, dass sie sich zur Verfügung stellten.

Ohne Vollständigkeit herstellen zu können, müssen einige Personen hervorgehoben werden, die immer wieder zur Seite standen und unablässig fördern konnten – sei es fachlich, finanziell oder durch Zuspruch, bei dem Vorhaben nicht nachzulassen.

Einzelpersonen: Bernhard Knick muss zuerst und gesondert genannt werden, da er seit Jahren als väterlicher Freund unentwegt zur Seite stand. Nun in alphabetischer Reihenfolge: Carla Calov, Detlef Döring, Eszter Fontana, Thomas Fuchs, Andreas Glöckner, Christoph Michael Haufe †, Ernst Koch, Helmut Loos, Michael Maul, Gerhard Passolt, Hans Joachim-Schulze.

Zu danken gilt es auch den Leihgebern der Bilder und den Fotografen, die neue Bilder aufnahmen, insbesondere den Hausfotografen Gert Mothes, Matthias Knoch und Roland Weise. Aufgrund der vorliegenden Druckqualität war es möglich, manche der Quellen erstmalig adäquat wiederzugeben. Auch den Museen und Archiven, die uns unkompliziert Quellenmaterial zur Verfügung stellten, sei gedankt: Stadtgeschichtliches Museum Leipzig, Doris Mundus, Marko Kuhn und Volker Rodekamp; Archiv der Thomaskirche Leipzig, David Philippi; Bacharchiv Leipzig; Universitätsbibliothek Leipzig – Sondersammlungen, Thomas Fuchs und Ulrich Schneider; Ranworth Parish Church (Norfolk, UK), Nick Garrard und David Benham; British Library, Bayerische Staatsbibliothek, Forschungs- und Universitätsbibliothek Gotha, The Pierpont Morgan Library, New York, Mary Flagler Cary Music Collection sowie den Privatsammlungen.

Finanziell unterstützt wurde das Vorhaben mit Mitteln der Stiftung Thomanerchor, der Stadt Leipzig, der Deutschen Forschungsgemeinschaft und des Sächsischen Ministeriums für Wissenschaft und Kunst.

Am Schluss muss denen besonders gedankt werden, die sich am meisten mit den Autoren, deren Texten in nicht immer leichten Verhandlungen bis zur Drucklegung beschäftigt haben:

Erstlektorat: Christiane Arnhold, Zweitlektorat: Cornelia Heinrich, Indexerstellung: Knut Neubauer und als hilfreiche Hand bei Bildrecherchen, Helferin und Mittlerin bei vielen „Kleinigkeiten" Maria Funke.

Dem Verleger Janos Stekovics und dem Gestalter Hans-Jürgen Paasch sei für die Geduld und konstruktive Hilfe gedankt.

Stefan Altner, Martin Petzoldt, im Januar 2012

Vulgata, Psalm 98: Yates Thompson 14 Psalter, f. 103, Clerics
(© The British Library Board, Yates Thompson 14 f. 103)

Einleitung
„Cantate domino novum canticum"[1] – „Singet dem Herrn ein neues Lied …"[2]
Stefan Altner und Martin Petzoldt

Bei einem Blick zurück auf die Zeit der Gründung der Thomana und dem Versuch, den schriftlichen Quellen zu entlocken, wie es denn konkret in den ersten Zeiten ‚gewesen' sein mag, gar wie ‚alles angefangen hat', versagen bald die wenigen überkommenen Dokumente zur Stadt- und Territorialgeschichte. So ist es angeraten, den ‚Indizienbeweis' als Methode mit einzubeziehen, wie dies Carl Niedner[3] bereits tat – selbstverständlich nur als Ergänzung zum Urkunden- und Quellenstudium – nach dem Vorbild von Albert Brackmann, dessen Aussage er zitiert: „Wie so oft in der mittelalterlichen Geschichte sind wir in Zeiten, wie in diesen, in denen die Chronisten schweigen, auf die Sprache der Ereignisse selbst angewiesen", und er fährt fort: „und wenn man vor allem auch die Geistesgeschichte mit heranzieht, so wird man bei der Untersuchung der Frühgeschichte Leipzigs schließlich überrascht von der Fülle geistiger Gesichte, von dem Reichtum der Gestalten, Kräfte und Motive, die dann auch hier greifbar vor uns stehen." Dies hat Carl Niedner mit Datum vom 14. September 1950 am 400. Jahrestag der Stiftung der Landesschule zu St. Augustin in Grimma geschrieben. Besser als mit den Worten Niedners könnte der Einstieg wohl kaum formuliert werden, wenn wir uns einen kursorischen Blick in die achthundertjährige Geschichte der Thomana erlauben. Und da es vermessen erschiene, in einer Einleitung achthundert Jahre auch nur annähernd abbilden zu wollen, sollen hier einige ‚Indizien' als Zeugnisse in Wort und Bild vorgestellt werden, die dazu anregen sollen, dem höchst spannenden und reichhaltigen Werdegang von Thomaskirche, Thomanerchor und Thomasschule nachzuspüren.

Um dies auch anschaulich am Beginn zu ermöglichen und die Bedenken zu nehmen, dass es doch sehr schwierig sei, in den alten Quellen selbst nachzulesen, so sei den Lesern Mut gemacht, denn schnell sind vor allem die alten mittelhochdeutschen oder barocken Texte vom Sinn her zu erfassen, wenn man sie sich lautbildnerisch vorliest. Da stellt sich meist von selbst der Sinn ein, die sächsische Ausprägung der Niederschriften kommt zumeist erleichternd zur Geltung. Eine Rechtschreibung als Normvorgabe gab es damals noch nicht, sodass Namen etwa in unterschiedlichen Varianten bereits im Deutschen und in latinisierten Formen vorkommen. Das alles sollte nicht abschrecken. Nach diesen Hinweisen und der Ermutigung, sich der Handreichungen zu den Hilfswissenschaften der Paläografie und der Genealogie zu bedienen, kann man dann vertiefte Sinngehalte erschließen, wenn es um Abkürzungen oder heute nicht mehr gebräuchliche Zeichen geht, wie sie in vielen Texten vorkommen.

In der Frühzeit der Thomana wurden die Dokumente auf Pergament geschrieben, da musste von den Schreibern eine Kurznotation gewählt werden, um das kostbare Material zu sparen. Dies führt zu den ersten Überlegun-

---

1 Biblia Sacra Vulgata, Psalm 97: „Psalmus ipsi David. / Cantate Domino canticum novum, / quia mirabilia fecit. / Salvavit sibi dextera ejus, / et brachium sanctum ejus. / Notum fecit Dominus salutare suum; / in conspectu gentium revelavit justitiam suam. / Recordatus est misericordiæ suæ, / et veritatis suæ domui Israël. / Viderunt omnes termini terræ / salutare Dei nostri. / Jubilate Deo, omnis terra ; / cantate, et exsultate, et psallite. / Psallite Domino in cithara; / in cithara et voce psalmi; / in tubis ductilibus, et voce tubæ corneæ. / Jubilate in conspectu regis Domini: / moveatur mare, et plenitudo ejus; / orbis terrarum, et qui habitant in eo. / Flumina plaudent manu; / simul montes exsultabunt / a conspectu Domini: / quoniam venit judicare terram. / Judicabit orbem terrarum in justitia, / et populos in æquitate."

2 Luther-Bibel 1545, Psalm 98: „Ein Psalm. Singet dem HERRN ein newes Lied / Denn er thut Wunder. ER sieget mit seiner Rechten / vnd mit seinem heiligen Arm. / Der HERR lesst sein Heil verkündigen / Fur den Völckern lesst er seine Gerechtigkeit offenbaren. / Er gedencket an seine Gnade vnd Warheit / dem hause Jsrael / Aller welt ende sehen das Heil vnsers Gottes. / JAuchzet dem HERRN alle Welt / Singet / rhümet vnd lobet. / Lobet den HERRN mit Harffen / Mit Harffen vnd Psalmen. / Mit Drometen vnd Posaunen / Jauchzet fur dem HERRN dem Könige. / Das Meer brause vnd was drinnen ist / Der Erdboden vnd die drauff wonen. / Die Wasserströme frolocken / Vnd alle Berge seien frölich. / Fur dem HERRN / denn er kompt das Erdreich zu richten / Er wird den Erdboden richten mit Gerechtigkeit / vnd die Völcker mit Recht."

3 Carl Niedner: *Das Patrozinium der Augustiner-Chorherren-Stiftskirche St. Thomae zu Leipzig. Untersuchungen zur Frühgeschichte der Bach-Kirche und der Leipziger Altstadt*, Leipzig 1952. S. 9 f.

Vulgata, Psalm 97: Lansdowne 346, Psalter and Breviary, f. 47
(© The British Library Board, Lansdowne 346, f. 47ʳ)

gen nach dem Beginn des Thomasklosters und der damit verbundenen Schule. Vernachlässigen können wir hier die in den Schriften von Carl Niedner (zum Patronatswechsel der beiden Kirchen St. Nicolai und St. Thomas) und Ernst-Heinz Lemper (zur Baugeschichte) ausführlich leicht nachlesbare Darstellung zur Entwicklung der Thomaskirche. Beide Autoren haben einen an Quellen reichen Gegenstand ins Zentrum ihrer Arbeiten gestellt. Diesen Publikationen folgten einige Einzelbetrachtungen nach, von denen das von Heinrich Magirius herausgegebene, monumentale, an Bilddokumenten reiche Konvolut zu den Leipziger Sakralbauten[4] besonders hervorgehoben werden muss.

Zurück zum Gründungsmythos, den Niedner und Lemper referieren, ob denn schon vor der Gründung des Thomasklosters, also vor 1212, eine Kirche oder gar ein Kloster existiert habe, was bejaht werden muss. So wird die Frage nach einem Anfang ‚quasi als Kaltstart' aus dem Nichts, ohne Muster und Vorläuferform, in Leipzig für die Thomana obsolet. Wenn dem so ist, dann muss es – unabhängig davon, ob es bereits ein Gebäude dafür gab – bei der Aufnahme des Klosterbetriebes auch eine Schule gegeben haben, damit Gottesdienste in aller Form, das heißt auch musikalisch, ausgestaltet werden konnten. Die Augustiner-Chorherren in Leipzig, die als Weltgeistliche nichts weniger als arme Mönche waren, brauchten ausgebildete Hilfskräfte, und so stellten sie am besten gleich Lehrer an. Die Gründung des Thomasklosters war zugleich ein politisches Machtsignum des Markgrafen von Meißen, mit dem er seine territoriale Herrschaft manifestierte. Der Markgraf begann den staatlichen Verwaltungsapparat zu ertüchtigen und generierte so einen Flächenstaat, der aus der von einem Flächenbesitz abstrahierenden Funktionsgewalt der Herrschaft in Stellvertretung des Königs bzw. Kaisers heraustrat. Dabei übernahmen die Augustiner-Chorherren die Rolle der gebildeten Ministerialen

im Herrschaftsgebiet des Markgrafen. Diese Entwicklung stand nicht selten im Widerspruch zur bereits bestehenden geistlichen Macht, die von Merseburg ausging, und zum Bürgertum der Stadt, das sich eine freie Reichsstadt wünschte. Dies hier erneut auszuführen kann mit Verweis auf die im Vorwort genannten früheren Publikation unterlassen werden. Jedoch sollte aus praktischer Sicht heraus, auch im Widerstreit mit anderen historischen Betrachtungsweisen, der Blick weit stärker auf die Voraussetzungen und Entwicklung der Musikausübung gerichtet werden.

So wäre es höchst willkommen, die als Pioniertat und teilweise deutschnational angestaubt wirkenden und dabei lange zurückliegenden Forschungen von Peter Wagner wieder aufzugreifen. Auf den deutschen Stil des choralischen Gesangs, wie der frühe Messgesang von ihm genannt wurde, der sich vom römisch bestimmten Gesang her unterschied, hat Wagner in seinen umfangreichen Schriften – nicht nur zum sogenannten Thomas-Graduale – hingewiesen. Er legt dar, dass der Choralgesang hoch entwickelt im Gepäck von Missionaren aus Britannien oder aus Frankreich nach Leipzig weit eher kam, als er von Rom her zu denken ist. Folgt man diesen Annahmen und nimmt die frühen Zeugnisse ernst, die im Thomaskloster entstanden sind, wie die Neumentabellen als genaue Lehranweisungen, Traktate zum Erlernen der Notationsform, dann muss der Musik und deren Lehre im Thomaskloster von Anfang an eine große Bedeutung zugemessen worden sein. Die Vielfalt der Gottesdienstformen, die sich in den verschiedenen Messvarianten widerspiegelt, lässt m. E. nur den einen Schluss zu, dass es von Anbeginn an eine hoch qualifizierte Ausbildung gab, da nur ‚professionell' geschulte Kantoren und die von ihnen ausgebildeten jungen Sänger in der Lage gewesen sein können, die Vorlagen zu erlernen, nach- oder abzusingen und dabei die vielen Abbreviaturen in den Musikalien sofort im Gottesdienstverlauf aufzulösen und musikalisch überzeugend umzusetzen[5].

Ausgehend von einem Artikel in der Zeitschrift *Early Music* von 1997[6] war es das Ziel, für die vorliegende Festschrift bildliche Darstellungen etwa innerhalb von Inkunabeln und mit Neumen versehenen Messbüchern, Antiphonaren oder Ähnliches zu finden. Abgebildet sein sollten Szenen mit Cantor und Schülern, um so einen Eindruck früher Musikausübung zu vermitteln, außerdem sollten sie altkoloriert sein.

Das sogenannte Thomas-Graduale[7] ist reich ausgestattet, hat außer wunderbaren Initialen sonst keine bildlichen Darstellungen. Solche finden sich in englischen Handschriften des 13. und 14. Jahrhunderts, die die bilderstürmende Reformationszeit überlebt haben, in Bibliotheken mehrfach. Präsentieren können wir hier besonders aus-

---

4   Heinrich Magirius, Hanna-Lore Fiedler: *Die Bau- und Kunstdenkmäler von Sachsen. Stadt Leipzig. Die Sakralbauten. Mit einem Überblick über die städtebauliche Entwicklung von den Anfängen bis 1989*, 2 Bde., hrsg. vom Landesamt für Denkmalpflege Sachsen, München und Berlin 1995.

5   Siehe hierzu den Beitrag *Ein Zeugnis früher Musikausübung in der Thomaskirche – das sogenannte Thomas-Graduale* von Stefan Altner im vorliegenden Band.

6   Christopher Page: *An English motet of the 14th Century in Performance: Two Contemporary Images*, in: Early Music 25 (1997).

7   Nach der Rückkehr aus der Sowjetunion, wohin es nach dem Zweiten Weltkrieg als Beutekunst verbracht wurde, ist das ‚Thomas-Graduale' seit geraumer Zeit wieder als Depositum der Thomaskirchenbibliothek in der Universitätsbibliothek Leipzig zugänglich (Signatur: Ms St. Thomas 391).

sagekräftige Beispiele, dank der erfolgreichen Verhandlungen mit den Besitzern. Die Darstellungen sind auch künstlerisch wertvoll. Die Auswahl fiel – um einen Vergleich anstellen zu können – auf den sinnfälligen Psalm 97 (Vulgata), Psalm 98 (Luther) „Cantate domino" – „Singet dem Herrn ein neues Lied".

Das Bild auf dem Frontispiz des vorliegenden Bandes zeigt die auf dem Frankfurter Reichstag im Jahre 1212 von Kaiser Otto IV. ausgestellte Gründungsurkunde des Stifts St. Thomas zu Leipzig, in der das von Markgraf Dietrich von Meißen gestiftete Kloster bestätigt wird.[8]

Sie ist ein imposantes und wichtiges Zeugnis, ist dort doch verbürgt nachzulesen, dass am 20. März 1212 die Errichtung eines Chorherrenstifts und eines Hospitals in Leipzig beschlossen wurde. Über die Querelen, die mit dem Errichten in einer bürgerschaftlich organisierten Gemeinde verbunden waren, und die weiteren Einzelheiten dazu ist vieles geschrieben und vermutet worden, da kann leicht auf die wichtigsten Sekundärquellen verwiesen werden.[9]

So kam es zu einem immer wieder bemühten Gründungsmythos, der sich darin niederschlug, dass keine gesicherte Quelle zur Schule vor 1254 zu finden ist, man also nicht wirklich von der Existenz einer Schule ausgehen könne. Aber selbst wenn man erst diesen späteren Zeitpunkt annehmen wollte, steht die Thomasschule im deutschen Sprachraum nicht schlecht da, denn es gibt kaum eine andere Schule, die seit so langer Zeit als öffentliche Schule geführt wurde, weil sie auch Bürgerkindern zugänglich war, also nicht nur dem Nachwuchs von Geistlichen offen stand. Wichtige Quellen aus dem Codex diplomaticus Saxoniae regiae (CDS) zur Stadt Leipzig sollen hier in der Einleitung gekürzt wiedergegeben werden, um einen Überblick über die frühesten Quellen zu verschaffen. Ausführlicher kann das besonders leicht in dem noch immer lesenswerten, schon mehrfach erwähnten und an Quellen reichen Buch von Bernhard Knick erfolgen.

Vom Zeitpunkt der Einführung der Reformation im albertinischen Sachsen 1539 an sprudeln die Quellen zur Stadt-, Kirchen-, Musik- und Schulgeschichte reichlich, und die Artikel des vorliegenden Bandes widmen sich ausführlich einigen Aspekten der Geschichte vornehmlich seit der Reformation.

So kann nun in der Einleitung im Sauseschritt vorangegangen werden, Bilder werden mit den Unterschriften weitgehend für sich sprechen können.

Eine weitere wichtige Quelle neben der Gründungsurkunde ist die Urkunde Markgraf Dietrichs von Meißen von 1213, in der er bekannt gibt, „dass er zur Besänftigung des höchsten Weltenrichters, dessen Zorn er wegen der Größe seiner unzähligen Vergehen seit den Tagen seiner Jugend erregt zu haben fürchtet", und zum Zeichen seiner Umkehr „eine Gott und dem seligen Thomas geweihte Kirche zu Leipzig gestiftet habe", in der die Augustiner-Chorherren „durch des gnädigsten Heilands Erbarmen in täglichen Gottesdiensten Vergebung und Gnade für des Markgrafen Verfehlungen, für seine Gemahlin Juditha und die übrigen Angehörigen erflehen" mögen. Er befreit die übertragenen Besitztümer von Belastungen und hofft, dass die Kirche „in immerwährendem Frieden gedeihen, von allen zeitlichen Wirren und Beunruhigungen frei und sicher sein möge."[10]

Markgraf Dietrich zu Meißen wünschte 1213, dass die Thomaskirche der Augustiner-Chorherren in Leipzig in Selbstständigkeit und Freiheit blühen und gedeihen möge. Deshalb sollten die Ordensbrüder seiner Verfügung nach „für immer das freie Recht der Propstwahl erhalten, und dieses Privileg soll für alle Zukunft gegen

---

8 Schlüsselworte der Urkunde: „Dei gratia Otto Romanorum imperator [...] Notum facimus universis praesentem paginam inspecturis, ... quam dilectus consanguineus noster Thedericus marchino Missenensis [...] ad petitionem ipsius monasterium et hospitale, quae ipse apud Libuiz fundavit et dotavit, ... Datum apud Frankenfurt anno domini M. CC.XII.XIII. Kal. April. Indictine XV." (CDS II 9, Nr. 1, S. 1). Kaiser Otto IV. bestätigt die Stiftung eines Klosters und Hospitals zu Leipzig seines Verwandten, Markgraf Dietrich von Meißen. Er legt fest, dass beide Einrichtungen mit der Markgrafenwürde verbunden bleiben, wofür er die aufgeführten Zeugen nennt.

9 Wie für Vieles in dieser Festschrift sind zusätzlich zu den hier angebotenen Abbildungen und Erläuterungen weitere aussagekräftige Abbildungen und Kommentare zu finden und im Verständnis sinnvoll zu kombinieren. Siehe: Doris Mundus: *800 Jahre Thomana. Bilder zur Geschichte von Thomaskirche, Thomasschule und Thomanerchor*, Leipzig 2012.

10 Schlüsselworte der Urkunde: „In nomine sanctae et individuae trinitatis. Ego Tidericus divina fravente elementia marchio Misnensis [...] Apud universos Christi fideles notum esse volo et perpetuae memoriae commendari desidero, qualiter ego ad placandam iram superni iudicis, quam innumerabilium enormitate flagitiorum a diebus iuventutis meae irritasse me verebar, [...] ecclesiam deo et beato Thomae in Lipz devote inchoavi, in qua ordinem religiosorum vivorum secundum regulam beati Augustini deo militantium collato eis neccesario vitae stipendio in perpetuum ordinavi, hanc de miseriocordia clementissimi salvatoris habens fiduciam, ut dum ego multis secularibus negotiis inplicitus in multis delinquo, pius ille et innocens fidelium conventus Christi cottidianis et continuis interventionibus pro meis cottidianis et continuis implorent et inpetrent veniam excessibus, tantoque propensuis corum necessitatibus consulere et de meis facultatibus defectus eorum saepius et saepius supplere curavi, quanto sanctissimis eorum meritis et precibus potius quam ex propriis operibus salvari non diffido. Hanc nimirum ecclesiam in divino officio perpetua pace florere congaudeo et ab omni disturbatione et inquientudine liberam et securam esse concedo, ita sane ut nullus sibi aliquod dominum vel ius patrocinatus in advocatia usurpet aut vendicet. Bona vero quae de meis reditibus praefatae ecclesiae ob honorem dei et sancti Thomas sollempni oblatione a me ipso collata sunt, [...] in Lipz. Acta sunt haec anno dominicae incarnationis millesimo CC°. XIII°. indictione Ia." (CDS II 9, Nr. 2)

*Vulgata, Psalm 98: Stowe 12 Breviary, f. 195, Three monks singing – Drei singende Mönche
(© The British Library Board, Stowe 12, f. 195)*

Thomas-Graduale: Vulgata, Psalm 97
(Universitätsbibliothek Leipzig, Ms St. Thomas 391, f. 21ʳ)

Das Initial „C" am Beginn von Cantate Domine umschließt eine Gruppe von singenden Mönchen mit rasierten Köpfen (Tonsur). Sie stehen um einen Notenständer oder ein Lesepult herum, wie es seinerzeit genutzt wurde. Im Naumburger Dom beispielsweise können solche Pulte noch heute betrachtet werden, sie haben enorme Ausmaße. Der kleine junge Mönch kann die Noten nicht sehen.
Vulgata, Psalm 97: Ranworth Antiphonar, ca. 1400
("With permission of Ranworth PCC", besonderer Dank an Nick Garrard und David Benham in Ranworth, UK)

Die mittelalterliche Gruppe von Musikern zeigt verschiedene Instrumente – Orgel, Trompete, Glockenspiel, Harfe und Horn. Die Miniatur ist inspiriert vom Eingangs-E von Psalm 81 (Vulgata, Psalm 80): „Exsultate Deo adjutori nostro; / jubilate Deo Jacob. / Sumite psalmum, et date tympanum; / psalterium jucundum cum cithara. / Buccinate in neomenia tuba, / in insigni die solemnitatis vestræ: / 5 quia præceptum in Israël est, / et judicium Deo Jacob." In Luthers Bibel letzter Hand von 1545 liest sich das so: „SJnget frölich Gotte / der vnser Stercke ist / Jauchzet dem Gott Jacob. / Nemet die Psalmen / vnd gebet her die Paucken / Lieblich Harffen mit Psaltern. / Blaset im Newmonden die Posaunen / Jn vnserm Feste der Laubrust. / Denn solchs ist eine Weise in Jsrael / Vnd ein Recht des Gottes Jacob."
Vulgata, Psalm 80: Ranworth Antiphonar, ca. 1400
("With permission of Ranworth PCC", besonderer Dank an Nick Garrard und David Benham in Ranworth, UK)

11 Schlüsselworte der Urkunde: [...] Ego Theodericus Misnensis et Orientalis marchio omnibus in perpetuum. Statuta mortalium oblivionis rubigine procul dubio denigrantur, nisi testimoniis scripturarum accuratissime commendata posteris nationibus ad memoriam revocentur. Inde est quod universis Christi fidelibus notum esse volumus et perpetuae memoriae commendatum, quod ecclesiam beati Thomae in Lipzc, quam de prudentum virorum consilio ad ordinem beati Augustini regularibus canonicis informandam commisimus, tanta volumus libertate florere, ut eiusdem loci confratres super electione praepositorum liberam habeant auctoritatem et hanc iure perpetuo attestatione praesentium possideant libertatem. Ne autem super his aut liberalitati nostrae aut ecclesiae iam dictae aliquid adversitatis in posterum occurrat vel molestiae, [...]. (CDS II 9, Nr. 3)

12 Schlüsselworte der Urkunde: „[...] Specialiter autem ecclesiam parrochialem sancti Nycolai in Lipz cum pertinentiis suis, sicut eam iuste et pacifice possidetis, [...] scripti patrocinio communimus. Nulli ergo omnino hominum liceat etc. Datum Laterani XV. Kal. Januarii, pontificatus nostri anno quinto." (CDS II 9, Nr. 7)

13 Schlüsselworte der Urkunde: „[...] Inde est, quod omnibus Christi fidelibus tam praesentis quam futuri temporis ad notitiam volumus devenire, quod Henricus de Morungen miles emeritus spiritu tractus divino X talenta annuatim, quae propter alta vitae suae merita a nobis ex moneta Lipzensi tenuit in beneficum, nobis resignavit et ut ea ecclesiae beati Thomae in Lipzc ad usus inibi Christo militantum conferre dignaremur devotissime supplicavit, illud credimus evangelicum in cordis sui versans palatio: [...] Conradus capellanus." (CDS II 9, Nr. 8)

14 Vgl. Bernhard Knick (Hrsg.): *St. Thomas zu Leipzig. Schule und Chor. Stätte des Wirkens von Johann Sebastian Bach. Bilder und Dokumente zur Geschichte der Thomasschule und des Thomanerchores mit ihren zeitgeschichtlichen Beziehungen*, Wiesbaden 1963, S. 9–12. Ich folge hier weitgehend dem Ersten Kapitel des genannten Buches.

alle Widerstände, Behelligungen und Feindseligkeiten anderer bekräftigt werden."[11]

Papst Honorius III. nahm gemäß Quelle vom 18. Dezember 1220 das Thomaskloster mit dessen Besitzungen in seinen Schutz und bestätigte namentlich die Einverleibung der Nikolaikirche.[12]

1220 wurde der Minnesänger Heinrich von Morungen Chorherr im Thomaskloster, indem er sich für viel Geld quasi einkaufte. Das Thomaskloster erhielt 1217 von Markgraf Dietrich eine hohe Summe Geldes, welches aus Zinsen, heute würden wir Rente sagen, eines Lehens (im Wert von zehn Talenten) erzielt werden konnte. Das Lehen hatte Heinrich von Morungen als Dank für seine Dienste vom Markgrafen erhalten.[13] Er war einer der Ministerialen des Markgrafen Dietrich von Meißen. Es wird erzählt, dass Dietrich der Bedrängte 1197 vom Kreuzzug nach Persien/Indien eilig zurückkehren musste, um in Meißen seine Herrschaft ohne Verzug anzutreten. Heinrich von Morungen reiste im Gefolge Dietrichs und soll Reliquien des Heiligen Thomas mitgebracht haben. Diese seien ursächlich dafür, dass das neu erbaute Augustinerkloster nach dem Heiligen Thomas benannt wurde.[14]

tischen Gründen nach dem Heiligen Apostel Thomas umbenannt worden.[15]

Die Augustiner-Chorherren waren eine Gemeinschaft von Weltgeistlichen, die sich zu gemeinsamem Ordensleben verpflichtet hatten. Die Ordensregel der Augustiner wurde im Jahre 1095 von Papst Urban II. bestätigt.

Es folgen gekürzte Auszüge aus der deutschen Übersetzung[16] der Augustiner-Ordensregel[17], die das Thomasstift besonders charakterisieren:

Kapitel 1: „Vor allem, teuerste Brüder, werde Gott geliebt und dann der Nächste. Dies sind die Hauptgebote, […] Was wir aber beten und psallieren sollen, führen wir nun an …

Der kolorierte Holzstich im berühmten Spiegel des menschlichen Lebens *steht im zweiten Band vor dem Kapitel: „Das XV Capitel Von der eer wirdigkeit und forteyl Cantoris, das ist des singers singers. Und von seinem ampt Und zu letscht von der beschwerde und ungemach desselben." Das Kapitel beginnt so: „Der Cantor ordnet das gesang der kirchen. Der Cantor oder primercerius wirt mit sunder eer und wirdigkeit in den stifften angesehen Und ist sein ampt auff götlich lob und merung der götlichen diennt gestellet. Er ordnet die accolitos und die undern diener der kirchen zu dem gesang, und lesen der ymner und der psalmen, und zu allem gölichen lobgesang der kirchen ordnet er die mindern kirchen diener, und straffet ir versäumnüß […] Unnd ist des cantoris wirdigkeit sovil grösser / unnd got dem herzen empfencklicher als vil er mer in dem göttlichen lob wirt geübt Wann niemand zweivelt wie lustig und zierlich / daz lob got dem herren sey."*
(Rodericus <Sancius de Arevalo>): *Der Spiegel des menschlichen Lebens, aus dem Lat. übers. von Heinrich Steinhöwel, Augsburg [14]79, f. 168ᵛ; Bayerische Staatsbibliothek, Signatur: 2 Inc.c.a. 879)*

Carl Niedner hat die Ansicht begründet, das Patrozinium der Augustiner-Chorherren-Stiftskirche St. Thomas zu Leipzig sei als Sühnestiftung dem um 1200 besonders als Heiligem Märtyrer verehrten Thomas von Canterbury geweiht gewesen und erst später von den Bischöfen der gregorianisch-kanonistischen Reformpartei aus poli-

15 Die 10 Talente und das Patronatsrecht über die Kirchen von Großzschocher und Gautzsch bei Leipzig gehörten zum Lehen. Bekannt und oft abgedruckt ist Heinrich mit seinem Wappen mit Halbmond und Stern, oder in der Manessischen Sammlung mit drei Mondsicheln mit je zwei Sternen usf. Die Insignien sind Zeugnisse seiner Orientfahrt. Rente und Patronatsrecht übertrug er 1217 auf das Thomas-Stift. Nach seinem Tod 1222 wurde er in der Thomaskirche bestattet. Als Retter der Thomas-Reliquien ist er in die Geschichte eingegangen. Im südwestlichen Mauerumlauf – neben dem Stufenaufgang des Westportals der Thomaskirche – erinnert eine eingelassene Steinplatte an ihn. Das Thomasstift sammelte sehr erfolgreich viele ähnliche Güter ein, was zu Neid und Missgunst führte.

16 Nach: Johannes Bühler: *Klosterleben im deutschen Mittelalter*, Leipzig 1923.

17 Aus der Ordensregel der Augustiner-Chorherren, aus der hier nur die beiden ersten Kapitel in Latein wiedergegeben werden. Die Regel ist ansonsten leicht zugänglich. Zitiert nach: Lucas Hostenius: *Codex Regularum Monasticarum et Canonicarum*, Augsburg 1759 (Graz 1957), ausführlich zitiert in: B. Knick (Hrsg.): St. Thomas zu Leipzig (wie Anm. 14), S. 17 f.:
D. Patris Aurelii Augustini Regula secunda, / Confratres & Monachos de modo ac tempore orandi, / psallendi, legendi, operandi, vivendi & conversandi instruens.
CAPUT I. / *Ante omnia, Fratres charissimi, diligatur Deus : deinde proximus. Qualiter autem oporteat nos orare, vel psallere, describimus: id est, in matutinis dicantur Psalmi octoginta octo cum debitis Antiphonis, Versibus, & Responsorii. Ad primam, tertiam dicantur sui Psalmi, Antiphonæ duæ, lectiones duæ. Simili modo ad sextam & nonam dicantur sui Psalmi, cum debitis Responsoriis, & Antiphonis. Hoc idem in Vesperis & Completorio servetur. Ad lucernarium autem Psalmus unus, Responsorium unum, tres Antiphonæ, lectiones tres. Et opportunò post lucernarium, omnibus sedentibus, legantur lectiones Nocturnæ autem lectionis mense Novembri, Decembri, Januario, & Februario, Antiphonæ duodecim, Psalmi sex, lectiones tres : Martio, Aprili, Septembri, Octobri, Antiphonæ decem, Psalmi quinque, lectiones tres : Majo, Junio, Julio, & Augusto, Antiphonæ octo, Psalmi quatuor, lectiones duæ.*
CAPUT II. / *Operentur à mane usque sextam, & à sexta usque ad nonam vacent lectioni: & ad nonam reddant codices. Et postquam refecerint sive in horto, sive ubicumque fuerint, opus faciant usque ad horam lucernarii. Nemo sibi aliquid vendicet proprium, sive in vestimento, sive in quacumque re. Apostolica enim vita optamus vivere. Nemo cum murmure aliquid faciat, ut non simili judicio murmuratoru pereat. Fideliter obediant: hi Patrem suum post Deum honoraverunt: Præposito suo deferant honorem – sicut decet sanctos. Sedentes ad mensam taceant audentes lectiones, si autem aliquid opus fuerit, Præpositus eorum solicitus sit. Sabbatho & Dominica, sicut consuetudo est, qui volunt, vinum accipiant.*

In der Frühe und den folgenden Stundengebeten (Prim-, Terz-, Sext- und Non-Gesänge) werden die zugehörigen Psalmen, Sprüche, Antiphonen und Responsorien gesungen, gleichermaßen zur Vesper und Complet. Außerdem die Lectiones nocturnae nach dem Lucernarium, und in den entsprechenden Monaten des Jahres die diesen zugehörigen Psalmen, Antiphonen und Lectionen."

Kapitel 2: „Man arbeite vom Morgen bis zur Sext, von der Sext bis zur Non liest man; zur Non werden die Kodizes zurückgestellt. Nach der Mahlzeit arbeitet man im Garten oder wo es sonst notwendig ist bis zum Sonnenuntergang.

Niemand maße sich Kleider oder sonst etwas als sein Eigentum an. Wir wollen ja das Leben der Apostel führen. Sitzt man bei Tische, so schweigt man und achtet auf die Lesung. Ist etwas notwendig, so sorgt der Propst dafür. Üblicherweise bekommt am Samstag und Sonntag Wein, wer es wünscht. [...]"

Kapitel 4: „Nach den Gebeten der Terz geht man ebenfalls an seine Arbeit, man steht nicht zu müßigem Gerede beisammen. Nur was dem Seelenheile förderlich ist, mag man besprechen.

Sitzt man bei der Arbeit, so schweigt man, außer es liegt in der Natur der Arbeit, dass jemand etwas sagt."

Die Notwendigkeit, gleich von Anfang an im Zusammenhang mit der Gründung des Thomasklosters eine gutbestallte Schule mitzudenken, wurde bereits beschrieben.

Wie gut es gelungen war, sich aufzustellen, trotz mancher dokumentierter Niedergänge, wurde deutlich, als die 1409 gegründete Universität in Konkurrenz zur Thomasschule trat. Zunächst begegnete man sich auf Augenhöhe, ein wesentlicher Unterschied zwischen den Lehrinhalten bestand anfangs kaum. Mit der Errichtung der Universität trat vorerst der Wunsch der Leipziger Bürger zurück, neben der Thomasschule eine eigene Schule zu haben. Das Recht hatten sie sich schon 1395 beim Papst eingeholt. Erst 1511/12 wurde ein zweiter innerstädtischer Schulbau mit der Nikolaischule in Angriff genommen. Dies weiter auszuführen ist hier nicht der Ort.

Die Thomasschule bot vom Elementarunterricht im Progymnasium bis zum höheren Schulunterricht die einzige durchgängige Bildungsmöglichkeit in Leipzig. Der Elementarunterricht wird oft zu wenig beachtet, weil sich der Blick meist nur auf den Alumnenanteil richtet. Es gab nur wenige andere Bildungsangebote in Winkel-, Mädchen- oder Privatschulen. Die Bedeutung der Thomasschule wurde nach der Erstarkung der Universität schwächer, wenngleich beide Einrichtungen anfangs miteinander verzahnt waren. Dass das Chorherrenstift St. Thomas der regulierten Augustinerchorherren der Mittelpunkt des geistigen Lebens in Leipzig zu Beginn des 15. Jahrhunderts war, fand Bestätigung durch die Verlesung der Universitätsgründungsakte im Thomaskloster. Die Chorherren waren einst nicht ohne Widerstand der Leipziger Bürger als Weltgeistliche in Leipzig durch landesherrliche Akte etabliert worden. Als an Wissenschaft interessierte und weltoffene, nicht mönchisch lebende Kleriker sollten sie quasi als Ministeriale die landesherrlich kontrollierte Kirchenverfassung durchsetzen und somit der vom Papst geführten Kirche weiteren Machtzuwachs verwehren.[18] David Peifer bemüht in seiner Leipzig-Chronik bei der Beschreibung der Gründung der Universität das ambivalente Bild des trojanischen Pferdes. Daraus seien gebildete Männer zum Lob und Vorteil für die christliche Welt hervorgekommen. Er schreibt diesen Gebildeten Attribute der Frömmigkeit, Tüchtigkeit, Zuverlässigkeit, Einsicht, Klugheit sowie Fleiß zu.[19]

Die Thomasschule sorgte zunächst für die Herausbildung eines Schulchores, der den Gesangs- und Hilfsdienst in Gottesdiensten und den Horen der weltoffenen, regulierten Augustiner-Chorherren in der Thomaskirche übernehmen konnte. Die Thomasschule unterhielt ein Alumnat, in das zumeist ärmere Knaben von außerhalb Leipzigs aufgenommen wurden.[20]

Welche zentrale Stellung die Musik im gottesdienstlichen Leben des Mittelalters einnahm, sollen einige eher willkürlich herausgegriffene Aussagen von Kirchenvätern und Musiktheoretikern belegen:

In den *Confessiones* des Augustinus[21] ist zu lesen:

„Alle Affekte unserer Seele haben nach ihrer Verschiedenheit eigene Melodien in Stimme und Gesang, durch deren merkwürdig verborgene Ähnlichkeit sie erregt werden."

---

18 Vgl. Ernst-Heinrich Lemper: *Die Thomaskirche zu Leipzig*, Leipzig 1954, S. 17 ff.

19 David Peifer, [Davidis Peiferi]: *Lipsia seu Originum Lipsiensium, Libri IV. cum Quibusdam additamenitis, Curante. Adamo Rechenberg*, Leipzig 1689, Liber III, § 13 (S. 303): „[...] ex quo veluti es equo Trojano complures optimarum artium studiis eruditi, & liberali doctrina exculti prodierunt viri, quorum in re Ecclesiastica & publica, pietas, virtus; fides, consilium, prudentia & industria magna cum laude atque orbis Christiani commodo eluxerunt." Peifer war Thomas- und Pförtnerschüler, Student der Leipziger Universität und später kursächsischer Kanzler.

20 Der vorangegangene Abschnitt folgte im Wesentlichen den längeren Ausführungen, auch zu den Ministerialen, im Artikel: Stefan Altner: *Die Thomana und die Universität Leipzig – Über die Anfänge einer seit 600 Jahren verknüpften Geschichte*, in: Eszter Fontana (Hrsg.): 600 Jahre Musik an der Universität Leipzig. Studien anlässlich des sechshundertjährigen Jubiläums, Leipzig 2010. – Weit ausführlicher vgl. dazu: Enno Bünz: *Schola Thomana – die älteste Schule Sachsens? Zu den Anfängen des Schulwesens im mittelalterlichen Leipzig*, in: Detlef Döring, Jonas Flöter (Hrsg.): Schule in Leipzig, Aspekte einer achthundertjährigen Geschichte, Leipzig 2011.

21 Augustinus: Confessiones X, 33, zitiert nach: B. Knick (Hrsg.): *St. Thomas zu Leipzig* (wie Anm. 14), S. 21: „Omnes affectus spiritus nostri pro sui diversitate habent proprios modos in voce atque cantu, quorum nescio qua occulta familiaritate excitentur."

Alcuin, der Verfasser der Lehrbücher des Trivium[22] schreibt:

„Die göttliche Weisheit wird getragen von den Säulen der sieben freien Künste und niemand kommt zur vollkommenen Erkenntnis, der nicht auf diesen sieben Säulen oder Stufen sich erhebt. – Durch sie haben die Philosophen Muße und Geschäfte erfüllt; durch sie sind auch die heiligen und katholischen Lehrer und Verteidiger unseres Glaubens allen Häresiarchen[23] in öffentlichen Disputen stets überlegen gewesen."

Zurück zum Codex diplomaticus Saxoniae regiae: In der Stiftsurkunde vom 20. Februar 1254[24] des Thomasstiftspropstes Conrad wird erstmalig die Thomasschule als „schola exterior" erwähnt.

Für den Gottesdienst der Augustinerchorherren war ein romanisches Münster errichtet worden, an das sich das Schulgebäude anschloss. Aus der Urkunde geht hervor, dass dem Rektor der Thomasschule der Schulraum im Kloster gegen einen jährlichen Zins überlassen und bei den vermögenden Bürgern für die Unterrichtung ihrer Kinder Schulgeld erhoben wurde.

Es ist eine besondere Freude, in dem Beitrag *Die Alte Thomasschule am Thomaskirchhof* von Wolfgang Hocquél im vorliegenden Band erstmalig Genaueres zum baugeschichtlichen Entwicklungsgang der äußeren Gestalt und zum Inneren der Thomasschule anhand von bisher nicht gezeigten Bau- und Grundrissplänen mit aufwendig neu erstellten Bildlegenden darzustellen. Die Quellenlage im Ratsrissarchiv wie auch in der Thomaskirche ist erfreulich gut.

Die frühesten Singvorschriften für die Chorknaben des Augustiner-Chorherren-Stifts St. Thomas zu Leipzig sind in Leipziger Bibliotheken noch mehrfach überliefert, nicht nur im sogenannten Thomas-Graduale. Das bekannteste und wohl früheste mittelalterliche Orgellied aus dem Ms St. Thomas 391 (Thomas-Graduale) sowie die anderen Quellen beschreibt Christoph Wolff in seinem Beitrag *Zur historischen Begründung der Musiktradition an St. Thomae zu Leipzig*.

Aber nicht nur um Gesang, Bildung und Gottesdienst ging es in der Frühzeit, denn es ist nachzulesen, dass Landgraf Dietrich dem Thomas-Stift eine Badestube[25] (Stupa balnearis) übereignet, genannt Cigelstube, welche der Leipziger Bürger Johannes Auriga (Fuhrmann) zur Ehre Gottes und der Jungfrau Maria der Thomaskirche und dem Kollegium der Augustiner-Chorherren geschenkt hat; der Rat der Stadt erteilte dazu sein Einverständnis.

Markgraf Wilhelm von Meißen übereignete am 16. Dezember 1383[26] das Dorf Holzhausen als Stiftung

---

22 Migne, Patr. CI, p. 853/4, Übersetzung nach: Friedrich Paulsen: *Geschichte des gelehrten Unterrichts*, Leipzig 1919, zitiert nach: B. Knick (Hrsg.): *St. Thomas zu Leipzig* (wie Anm. 14), S. 21: „Magister: Tamen sapientia liberarum literarum septem columnis confirmatur; nec aliter ad perfectam quemlibet deducit, scientiam, nisi his septem columnis vel etiam gradibus exaltetur … grammatica, rhetorica, arithmetica, geometrica, musica et astrologia. Per hos enim philosophi sua contriverunt otia atque negotia. Iis namque consulibus clariores effecti, iis regibus celebriores, iis videlicet aeterna memoria laudabiles; iis quoque sancti et catholici nostrae fidei doctores et defensores omnibus haeresiarchis in contentionibus publicis semper superiores exstiterunt."

23 Abweichler, Sektierer.

24 „C. dei gratia praepositus sancti Thomae apastoli in Lipzk universis praesens scriptum intuentibus in perpetuum. Cum ad omnes domesticos fidei bonum operari et caritatem extendere praecipiente apostolo teneamur, maxime tamen ad eus quorum curam utpote filiorum a benigno pastore Christo Jhesu suscepimus pertractandam. Inde est quod nos videntes in ecclesia nostra unum de sex operibus misericordiae deesse, quod in evangelio salvator approbat dicens: Infirmus fui et visitastis me, pro quo laudabuntur in iudicio salvandi, ipsum etiam locum non haberi ubi secundum regularem consuetudinem infirmi possent congrue visitari, pleno affectu et cum diutina deliberatione statuimus, ut de censu, quem de scola exteriori ad cameram nostram recipimus, tria talenta infirmis atque minutis administrari debeant annuatim singulis quatuor temporibus quindecim solidi, quos eiusdem scolae magister dabit et praesentabit alicui dominorum, quemcumque dominus praepositus idoneum ad hoc negotium iudicavit. Ipse vero, cui haec cura commissa fuerit, debet minutos quater in anno in cibis et in potu solito lautius procurare et quicquid residuum fuerit studeat aegrotantibus misericorditer elargiri. Ne autem talis summa inutiliter expendatur, placuit ut coram praeposito et dominis quibus haec debentur computationem teneat procurator. Illud etiam memoriter observari volumus, quod de praedictis tribus talentis decem solidi pertinebunt ad servitium dominorum in anniversario dominae Yrmengardis Bawarae in vigilia sancti Nycolai, quae contulit nobis circiter sexaginta marcas, per quod ecclesia gravibus a debitus utiliter est exempta." (CDS II 9, Nr. 17)

25 „Nos Johannes Auriga, Cunradus Papa, Hermannus de Woluishain, Arnoldus Funicularius, Johannes de Merica, Albertus Rumelhart, Henricus de Elversdorf, Johannes Poznac, Henricus Niger, Hallo, Theodericus Grube, Cunradus de Cice consules civitatis. Lipzk notum esse cupimus omnibus quibus praesens scriptum ostensum fuerit, quod ad hoc consensum nostrum dedimus universi, quod fundus stupae quae Cigelstube. dicitur cum omnibus super aedificatis vel super aedificandis, cum omni utilitate et fructu qui inest vel inesse poterit, ita tamen quod stupa balnearis semper ibi maneat, liber sit et solutus ab omni exactioni vel precariarum onere, quod collegium civitatis vel officiales dominorum antea petere solebant vel requirere ab eodem, secundum donationem, quam illustris princeps noster dominus Theodericus iunior Thuringorum lantgravius ad honorem dei et gloriosae matris eius Mariae nec non ob honorem sancti Thomae apostoli fratribus eiusdem loci sancti Thomae scilicet in dicto fundo liberaliter secundum principalem magnificentiam est largitus. Et quia hoc a nostris successoribus sicut a nobis inviolabiliter volumus observari, praesentem litteram super eo conscriptam dominis de sancto Thoma dedimus sigilli nostri munimine communitam. Datum anno domini M°. CCC° primo." (CDS II 9, Nr. 52)

26 „In gotes namen amen. […] Do von wir Wilhelm von gotes gnaden margrafe zcu Missen, in dome Osterlande vnd zcu Landisperg bekennen vnd thun kunt mit dißen brife allen den, die en sehen horen adir lesen, daz wir gote vnd siner liben muter Marian

Der kolorierte Holzstich des M-Initial im berühmten Spiegel des menschlichen Lebens *steht im ersten Band zu Beginn des Kapitels zur Musica, in dem die Musik klar zur Mathematik gezählt wird. Es heißt dort: „Das / XXXIX / capitel von der andern kunst mathematice das ist musica / von irem lob und nutz arbeyt und ungemach. / Musica die andere under den [sieben] weisenden künsten als oben gesagt ist leret die vili [der] proporcion / in einigkeyt der stymmen zusammen fügen / diese kunst ist auch von den krychen [Griechen] allweg in grossen eren gehalten worden. es ward auch keyner der freyen künste gelert geschätztet er wäre dann auch die musica gelert worden. [...] Musica ist die aller mächtigste kunst der künste, deren süssigkeit die mit hellen den stymmen das wee menschlicher gemüt kan gemyndern und frölich machen."
(Rodericus <Sancius de Arevalo>: Der Spiegel des menschlichen Lebens, aus dem Lat. übers. von Heinrich Steinhöwel, Augsburg [14]79, f. 103v; Bayerische Staatsbibliothek, Signatur: 2 Inc.c.a. 879)*

*Weiter heißt es dann auf der nächsten Seite zur Musica: „Ir lob wirt auch auf der gemeret das sy nit allein lustlich und nütz ist / und die geyst des lebens durch sy gekrefftiget werdent / sunder ist sy ein werkzeüg zu gutten und rechten sitten der menschen durch die bösen geyst des lebens werdent bezwungen. / Noch sey erlediget das gemüt vonsorgen / und erhebet es mit iubel und springen in ewige frewd / darumb spricht der prophet / Meine leffzen werdent sich erhohen mit frewde / so ich dir wurd gesungen haben."
(Rodericus <Sancius de Arevalo>: Der Spiegel des menschlichen Lebens, aus dem Lat. übers. von Heinrich Steinhöwel, Augsburg [14]79, f. 104r; Bayerische Staatsbibliothek, Signatur: 2 Inc.c.a. 879)*

der reynen iuncfrouwen vnd allen gotes heiligen zcu lobe vnd zcu eren, vnser liben eldern vnd vnser nachkomelinge selen zcu selikheit vnd zcu troste deme goteshuse sente Thomas gelegen in der stat zcu Lipczig vnd den ynnigen in gote deme probeste, dem capittel des selben goteshuse regeler ordins vnde allen iren nachkomen zcu hulfe vnd zcu sture, daz sie ire nerunge gehabet vnd gote deste vordirlicher gedinen mogen, daz dorf zcu Holczhusen gelegen in der phlege zcum Nuwenhofe mit vnsern lehen, die wir daz selbe dorf vnd alle sine zcuhorunge infelde vnd indorfe, vbir feltmarke vnde holczmarke vnd flure, die zcu dem selbin dorfe horen vnd obir daz gerichte gehabet haben, vz genomen vnser obirste halzgerichte bete dinste vnd gewonheit, die wir an deme egenan-

ten dorfe vnd sine zcugehorunge gehabt haben vnde habin, die wir vns vnd vnsern erben behalden vnvorgeben, genediclich vnd willeclich geeignet vnd gegeben haben. Dar vme ouch der egenante probest, sin capittel vnd alle ire nachkomen ewiclich alle tage eine meße lesin vnd alle sunnabunde eyne miße von ynßer frouwen singen sullin mit vier schulern, di deme prister, der do meße singet, sullen helfen singen obir deme altare, den wir von nuwens buwen vnd machen wollen lazin mitten in der kirchen da selbens zcu sente Thomas zcu Lipczik, den altar wir ouch willeclich der lehen, die wir obir daz egenante dorf vnd sin zeugehorunge gehabet haben, vnd eigen vnd geben ouch genediclich von vnser furstlicher gewalt daz obergenante dorf Holczhusen mit den lehen vbir daz dorf vnd alle sine zcugehorunge deme obeghescreben goteshuse zcu sente Thomas zcu Lipczik, deme probiste vnd capittel dez selbin gotes huses regeler ordins vnd alle iren nachkommen getruweclich vnd ewiclich zcu haben vnd zcu besiegen in alle der mase, alz obgeschrebin stet vnd eigens recht ist [...]." (CDS II, 9, Nr. 154)

31

Vorwort zur Paedologia von Petrus Mosellanus mit Widmung an Johann Graumann (Poliander)
(Universitätsbibliothek Leipzig: Off. Lips. LO162)
Petrus Mosellanus (eigentlich Peter Schade, 1493–1517; er nannte sich – latinisiert – nach dem Fluss Mosel, der durch seinen Geburtsort Bruttig fließt; manchmal wird er auch nach seinem Geburtsort – ebenfalls latinisiert – Protegensis genannt) hat eine weit berühmte Schulschrift zum leichten Erlernen der lateinischen Sprache durch kurze, auf Alltagsszenen gestützte Schülergespräche verfasst, die zahlreiche Bezüge zur Thomasschule und zur Leipziger Universität als Gesprächsinhalte aufzeigt. Die Paedologia *erfuhr nachweislich 64 Auflagen. Vgl. hierzu Stefan Altner:* Die Thomaner und die Universität – Über die Anfänge einer seit 600 Jahren verknüpften Geschichte, *in: Eszter Fontana (Hrsg.):* 600 Jahre Musik an der Universität Leipzig, *Leipzig 2010, S. 164, Fußnote 34.*

dem Thomas-Stift zu Leipzig, Gott und seiner lieben Mutter Maria, der reinen Jungfrau und allen Heiligen Gottes zu Ehren und zum Lobe, dem Kapitel des Chorherren-Stifts zu Hilfe und Nutzen. Dafür sollten der Propst und das Kapitel ewiglich für alle Tage eine Messe zum Seelenheil und aller Sonnabende eine Marienmesse singen lassen mit vier Chorschülern.

Propst Nikolaus und der Convent des St.-Thomas-Stifts versprachen am 17. März 1387[27] dem früheren Kammermeister des Markgrafen Wilhelm von Meißen, dem ehrbaren Herrn Johannes Tzoppold, welcher dem Kloster eine Stiftung für eine Frühmesse auf dem Fronleichnamsaltar der Thomaskirche überwiesen hatte, lebenslängliche Wohnung und Stallung im Klosterhof, Leibrente, Aufnahme in die geistliche Bruderschaft des Stifts und Abhaltung eines Jahrgedächtnisses. Die Messe sollte jeden Donnerstag mit sechs Chorschülern gesungen, mit Orgelspiel und Geläut der großen Glocken feierlich gehalten werden.

27 „In gotis namen amen. […]. Hir vmbe wir Nycolaus von gotis gnaden probist, Johannes prior vnde der gantze conuent dez clostirs tzu sente Thomas der regeler sente Augustini ordin gelegen in der stad tzu Liptzik bekennen offinlich in dysem brife vnd thun kunt allen dy on sehen adir horen lesen, daz vns der erbar vorsichtige man Johannes Tzoppold etzwene kammermeister vnsers gnedigen herren vnd irluchten fuersten marggrauen Wilhelm, herren dez landes tzu Mißen sundirlich dorch got andechtig siner vorvarn eldern vnde syner selen selikeit hat gegeben tzwei hundirt schog gutir nuewer Mißinscher groschin Friberger muntze, dey er vns gantz vnd wol betzalt hat, dorch eyner fruemeße willen, dy wir in vnserme gotishuse obir dez heiligen lichnammes altar, der dar tzu gebuwet geordent vnde gestift ist, sullen vnde wollen halden an alle vorsumeniz, nemlich in sulchir beschikunge, daz wir alle donrstage dy selben meße wollen vnde sullen singen erbarlichen mit sechs schulern vnd mit dem orgeln, vnd sunderlich mit gelute der grosen glocken vnd mit geluchte erblich bestellen vnde halden, vnde andir tage in der wochin so sullen wir dy selben meße obir dem selben altar vnsers herren lichnammes lesin ynneclichen ane alle wandelunge vnd vorsumen." (CDS II 9, Nr. 158)

Mit Genehmigung des Bischofs Heinrich von Merseburg vom 11. März 1392[28] bestimmte das St.-Thomas-Stift eine Abgabe aus den Einkünften des Dorfes Holzhausen zur Bekleidung der Chorherren, zur Stiftung einer Fronleichnamsmesse und zur Begehung eines Jahrgedächtnisses. Die Messen sollten feierlich mit dem Gesang von acht Chorschülern, Orgelmusik und Glockengeläut gehalten werden.

Das Verzeichnis der Bibliothek[29] und der Kirchenschätze des St. Thomas-Stifts[30], um 1400 erstellt, vermittelt einen Überblick über den Reichtum der im Thomas-Stift zu Leipzig bis zum 15. Jahrhundert gesammelten Bibliotheksbände, der Noten, Messbücher, Graduale und Sequentiare, der humanistischen und kirchengeschichtlichen Schriften sowie über den Kirchenschatz und die Ausstattung für den Gottesdienst.

Auf das Verhältnis und das zunächst auf Augenhöhe anzusiedelnde Kräftemessen zwischen der alteingesessenen Thomasschule und der Universität, die im Thomaskloster im Dezember 1409 ihre Gründungsfeier begehen konnte, kann hier nicht weiter eingegangen werden, das ist ausführlich andernorts nachzulesen.[31]

Bischof Johannes von Merseburg bestätigte am 29. November 1440[32] feierlich die Einsetzung einer von der ehrwürdigen Witwe Dorothea Nuendorf gestifteten Marienmesse im Advent (die sogenannte Rorate-Messe) und gab dem Thomaskantor Johannes Steffani de Orba (Johannes Steffani de Orba Cantor monasterii sancti Thomae) Anweisung, in welcher Weise die Messen mit den Chorschülern gehalten werden sollen. Zugleich erteilte er all denen, welche diese Messe besuchen und Schenkungen machen, vierzig Tage Ablass.

---

28 „Nos Nicolaus dei gratia praepositus, Caspar prior totumque capitulum monasterii sancti Thomae apostoli in Lipczk ordinis sancti Augustini canonicorum regularium recognoscimus et ad universorum praesentium et futurorum notitiam deducimus per praesentes, matura et sufficienti deliberatione praehabita accedente ad hoc consensu et voluntate omnium quorum consensus fuerat requirendus de donatione dotatione seu appropriatione illustris principis domini Wilhelmi marchionis Misnensis, quam fecit cum villa Holczhusen, esse taliter ordinandum, ita quod prior et conventus qui pro tempore fuerint habent et habebunt singulis annis quatuor sexagenas latorum grossorum Fribergensis monetae super festum Walpurgis recipere et tollere plenarie et ex toto, quarum sexagenarum duae de missa corporis Christi debent ad communitatem cedere dominorum, alias vero duas sexagenas de Christi fidelium elemosinis emptas et comparatas vestiarius dominorum recipiet ad vestitum. Prior etiam cum dominis de conventu singulis diebus unam missam in altari corporis Christi legendo celebrent summo mane, ita quod in omnibus quintis feriis summo mane missa de corpore Christi cum octo solaribus cum cantu in organis et pulsu campanarum solempniter decantetur. Si quis in tali ordinatione missam non celebrando negligens fuerit, vel alium pro se non ordinaverit contumaciter dimittendo, gravioris culpae poenam ordinis sustinebit. Prior scolaribus sallarium ministrabit, praepositus vero qui pro tempore fuerit campanas pulsantibus ac in organis calcantibus pretium de oblationibus ministrabit." (CDS II 9, Nr. 192)

29 Vgl. hierzu den Artikel *Die Bibliothek der Thomaskirche* von Thomas Fuchs im vorliegenden Band.

30 „Registrum custodiae nostrae / Primo habentur XXI calices. Item tres partes bibliae. Item una tota pars bibliae. Item quatuor gradualia. Item discordantium canonum concordia. Item tria passionalia. Item duo parva quae habet antiquus praepositus. Item unum antiquum. Item omeliae. Item tria antiphonaria. Item dimidium missale novum. Item habentur tria psalteria. Item aliae omeliae. Item planarium evangeliorum in duobus voluminibus cum glosa. interlineari. Item glosa ympnorum et sequentiarum in papiro. Item duo parva passionalia quae habet Dobirtow. Item historia evangelica. Item sermones. Item liber cantoris Parusiensis in pergameno [...]." (Nach dem Liber copiarum fol. 87, Stadtarchiv zu Leipzig, zitiert nach: B. Knick (Hrsg.): St. Thomas zu Leipzig (wie Anm. 14), S. 42 ff., dort ganz nachzulesen.)

31 Siehe hierzu beispielsweise: Stefan Altner: *Die Thomana und die Universität Leipzig* (wie Anm. 20).

32 „Johannes dei et apostolicae sedis gratia episcopus Merseburgensis universis et singulis Christi fidelibus tam praesentibus quam futuris salutem in domino sempiternam. Praesulatus nostri officium expostulat etc. Cum itaque honesta matrona Dorothea Nuendorffinne pro salute et remedio animarum suae et progenitorum suorum desiderans fieri memoriale perpetuum ac anhelans ad augmentum divini cultus ad nutum et ordinationem honorabilium et religiosorum virorum dominorum Jacobi Storckewicz custodis et Johannis Steffani de Orba cantoris monasterii sancti Thomae Lipczensis ordinis sancti Augustini canonicorum regularium nostrae diocesis ampliare, qui quidem domini custos et cantor memorati nobis cum devotione et humilitate proponi fecerunt, quod ipsi matura deliberatione praehabita super huiusmodi perpetuo memoriali sive testamento ac divini cultus augmentatione concordaverunt, perpendentes quod olim in dicto monasterio sancti Thomae fratres de conventu zelo devotionis moti aliquot annis per adventum domini singulis diebus missam de annunctiatione beatae Mariae virginis sollempniter cantare consueverunt, et quia eadem missa non inveniebatur per aliquem fundata, memorati domini custos et cantor considerantes, quod verisimiliter id, quod in sola pendebat voluntate, nullo ad hoc speciali emolumento fratres dicti monasterii alliciente, per temporis successum intervenientem fortasse fastidii torpore aut segniter celebrari aut penitus poterit aboleri, affectantes domino nostro Jhesu Christo et suae gloriosae genitrici virgini Mariae perpetuum facere obsequium, dictam missam perpetuis temporibus stabilire fundare ac pro certis pecuniis, quas praefata matrona Dorothea Nuendorffinne ipsis ad fideles manus tradidit, quosdam annuos redditus ad eandem comparare decreverunt. Ordinaverunt itaque ac disposuerunt, quod perpetuis deinceps temporibus singulis annis in adventu domini singulis diebus summe mane circa ortum diei in altari beatae Mariae virginis dicti monasterii sancti Thomae Lipczensis cum locatis et scolaribus, cum pulsu cantu et organis omni modo et forma, quibus prius missa corporis Christi feria quinta et missa beatae virginis sabbativis diebus cantabatur, quodque missa praedicta de annunctiatione dominicis diebus secunda tertia quarta et sexta feriis integre decantetur, quinta autem feria ac sabbato, dum aliae missae fuerint decantandae, ad minus supradicta missa usque ad silentium cantetur inclusive, et si aliqua missarum illis duabus feriis scilicet quinta et sabbato esset ex causis occurrentibus in cantu rescindenda, hoc fieri non debet in dicta missa beatae virginis, sed in aliis missis, quae in dicto monasterio cantantur, fiat iuxta voluntatem plebani sive ipsam parrochiam regentis, ita tamen quod fundatores praedictarum missarum in eorum pio desiderio et fundatione non frustrentur." (CDS II 9, Nr. 213)

Bischof Johannes von Merseburg kündigte am 23. Januar 1443[33] dem Dietrich von Bucksdorff, Ordinarius der Juristen-Fakultät, an, dass der Propst Burkard von St. Thomas in den Besitz der ihm widerrechtlich entzogenen Stelle bei den Zusammenkünften der Universität wieder einzusetzen sei und dass dem Rektor der Thomasschule, Magister Peter Seehausen, wegen Erlangung des Baccalaureats in der Juristen-Fakultät keine Hindernisse entgegengestellt werden sollten.

In den Bischöflichen Statuten des Augustiner-Chorherren-Stifts St. Thomas zu Leipzig[34] mit der Ordnung des Gesanges im Gottesdienst vom 10. September 1445 ist in Kapitel VII[35], „De officio divino" (Über den Gottesdienst), zu lesen: „Die Brüder sollen gehalten sein, den Gottesdienst demütig und aufmerksam zu erfüllen, indem sie deutlich, bestimmt und einförmig psallieren im Chor wie draußen. Während im Chor die Psalmen gelesen werden (in einem bestimmten Ton) im Sprechgesang, soll in der Mitte des Verses eine Pause eintreten derart, daß man das völlige Schweigen aller Stimmen beim Schluß leicht bemerken kann. Man muß sich davor hüten, daß einer seine Stimme bei der Pause oder gegen Ende des Verses noch länger ertönen läßt, auf einmal und geschlossen sollen die Stimmen aufhören, wobei die Verschiedenheit in den Tönen nicht preisgegeben werden darf. Ist ein Vers beendet, soll sogleich der nächste vom anderen Chore derart folgen, daß die letzte Silbe eines Verses von beiden Chören gut gehört werden kann. Man muß aber den Gesang in Schranken halten, so weit es schicklich geschehen kann, so daß es für die Gemeinschaft passend ist. Man soll das Heben und Senken der Stimme bei der Psalmodie oder dem übrigen Gesang nicht vermeiden, auch wenn man über das angemessene Ende hinaus kommt. Doch das soll durch den Oberen oder durch den Kantor geschehen, die solches von Amts wegen anzuordnen haben, wie es ihnen gut scheint.

Auch in cultu divino soll der Unterschied gemacht werden, daß bei wichtigen Festen auf feierliche Art, bei einfacheren und bei Feiertagen (Sonntagen) schlichter gesungen wird, Psalmen nach Antiphonen, Antiphone nach Psalmen ihren Tönen gemäß begonnen werden,

---

33 „In dorso: Anno domini millesimo quadringentesimo quadragesimo tertio, die octava mensis februarii, in parva stubella domini rectoris alme universitatis studii Lipczensis in mei Frederici Radeloff notarii publici et domini Ulrici Molitoris clerici Merseburgensis diocesis et Johannes Teskes servitoris reverendi patris domini prepositi canonicorum regularium sancti Thome Lipczensis, testium ad hoc solemniter adhibitorum et requisitorum presentia, honorabilis vir dominus Petrus Sehusen, artium magister decretorumque baccalarius, syndicus et syndicatus nomine dicti domini prepositi ac canonicorum suprascriptorum et plebanus sancti Nicolai Lipczensis sibi adiunctus meliori modo quo debuerunt et potuerunt executi sunt presens mandatum in presentia dicti domini rectoris studii Lipczensis, ipsis sacre theologie professoribus ibi presentibus, quod protestor manu mea propria.
Johannes dei gratia episcopus Merseburgensis, cancellarius unicus alme universitatis studii Lipczensis nostre diocesis a sede apostolica specialiter deputatus, venerabili domino Theoderico de Buckendorff decretorum doctori eximio ordinarioque facultatis iuridice dicte universitatis ac illi vel illis quos infrascriptum tangit negotium sinceram in domino caritatem. Quia nobis pro parte venerabilis viri domini Burchardi prepositi monasterii sancti Thome Lipszensis canonicorum regularium ordinis sancti Augustini prelati nostri cum querela extitit propositum, quod nonnulli magistri sive professores facultatis theologice dicti studii Lipczensis salva pace, nescitur quo spiritu ducti, dictum dominum prepositum loco suo in actibus sive collationibus dicte universitatis temere et de facto spoliarunt ipsum que repulerunt a loco, in quo antecessores sui prepositi stare et sedere solebant, et cum magister Petrus Sehehusen rector scolarium dicti domini prepositi protestatus fuit de spolio et iniuria domini sui prepositi factis, dominus rector dicti studii dicto magistro Petro propter prefatam protestationem inhibuit, ut non deberet procedere ad actum ipsum promovendi in baccalarium iuridice facultatis temere et de facto, ipso non vocato seu audito aut citato ad vivendum fieri premissa seu in contrarium causas rationabiles allegandum, et quia nobis constat de premissis quantum sufficit et de his per certos testes fidedignos informati sumus, et decernimus quod spoliatus sine cognicione cause de iure debet restitui." (CDS II 9, Nr. 217)

34 „Statuta sive Constitutiones canonicorum regularium ordinis sancti Augustini monasterii sancti Thomae in Lipczk diocesis Merseburgensis.
Sequitur bulla episcopi: / Johannes dei gratia episcopus Merseburgensis conservator et cancellarius unicus almae universitatis studii Lipczensis a sede apostolica specialiter deputatus venerabili et religiosis viris Burchardo praeposito totique conventui monasterii sancti Thomae apostoli canonicorum regularium ordinis sancti Augustini in Lipczk nostrae diocesis salutem et sanctae religionis felix incrementum.
Caput VII: De officio divino (Über den Gottesdienst) / Quia beatus Augustinus in regula nullam certam rubricam suis assignavit canonicis, ideo rationabiliter ordinamus et consulte, quod officium divinum dicatur secundum rubricam de novo correctam ac breviarium emendatum. Et quia sacri canonis tradente sententia ‚melior est quinque psalmorum cantatio in cordis puritate et spirituali hilaritate, quam psalterii modulatio cum anxietate cordis et tristitia'. De conse. di. V. Non mediocriter. Ut igitur horas regulares, quae in ecclesiis cathedralibus collegiatis et regularibus secundum canonicas sanctiones devote sunt psallendae, persolvere valeatis attente magisque distincte, ideo auctoritate qua fungimur in negotio reformationis huius monasterii primo a solutione psalmorum gradualium sive quindecim graduum et psalmorum poenitentialium post singulas horas canonicas dici consuetorum sitis absoluti quamdiu perseveratis in observantia regulari. Et ut secundum laudabilem consuetudinem olim observatam ante quamlibet horam regularem praemittatur oratio dominica, ante quamlibet vero horam beatae virginis saltem dicatur ‚Ave Maria', idcirco Kyrieleyson quod tribus vel etiam novem vicibus in singulis horis canonicis cum ceteris versiculis inserere solebatis eadem auctoritate sublatum, preces tamen in prima et completorio hoc modo persolvantur in singulis festivitatibus sive trium sive novem lectionum, et consequenter dicantur preces usque ‚Sacerdotes tui induantur iustitia', deinde subiungatur ‚Domine exaudi. Dominus vobiscum' cum collectis suis […]." (CDS II 9, Nr. 225)

35 Übersetzung von Prof. Dr. Dr. W. Völker, zitiert nach: B. Knick (Hrsg.): *St. Thomas zu Leipzig* (wie Anm. 14), S. 49 ff.

wenn nur nicht die übliche Gewohnheit überschritten wird beim Heben oder Senken der Stimme oder beim Intonieren. Keiner maße sich an, in Worten oder Gesang etwas hinzuzufügen, zu verändern oder in anderer Art zu singen oder zu lesen, als man nach der Regel lesen und singen muß. Das soll auf jeden Fall beachtet werden, damit die Brüder bei Lesungen der Episteln und Evangelien und dem übrigen Lese- und Singstoff in der Art des Betonens entsprechend dem bisher bewährten Brauche völlig übereinstimmen. Keiner soll auch beim Lesen oder Singen in der Gemeinschaft in andere Bücher hineinschauen oder sie offen in den Händen halten, abgesehen von denen, die das Officium, das gesungen wird, enthalten. Der, zu dessen Pflicht es gehört, kann die Rubriken festlegen, die den Stoff enthalten, der für das zu singende Officium bestimmt ist, damit der ganze Chor nicht irre, was mit großem Fleiße vermieden werden soll. Weil in den Regular-Kirchen zu den pflichtmäßigen Stunden den kanonischen Satzungen entsprechend psalliert werden muß, deshalb verfügen wir, daß die für das Volk bestimmten Predigten und die übrigen kirchlichen Gesänge nach einer rechten Zeiteinteilung so abgekürzt werden sollen, daß keine der von der Regel vorgeschriebenen Stunden im Chor preisgegeben oder auf irgendeine Art verkürzt wird, es sei denn, es trete eine vernünftige oder gesetzmäßige Ursache innerhalb der Parochie ein. Dabei muß hinzugefügt werden, daß die Stunden der Gottesmutter, gemeinhin die cursus genannt, keineswegs wegfallen, weder öffentlich noch privat, auch wenn die kanonischen Stunden der beata virgo feierlich psalliert werden. Die Brüder auf der Reise sollen ihre Stundengebete nach bestem Wissen und Können sprechen. Und wenn sie nicht in der Lage sind, die Bücher ihres Klosters

Johann Hermann Schein: Cantional, *oder* Gesangbuch Augspurgischer Confession, *[Leipzig 1627], Titel.*
(Stadtgeschichtliches Museum Leipzig, Signatur: Mus 253 a.)
Nach Seth Kallwitz (Sethus Calvisius) war Johann Hermann Schein ab 1613 ein bedeutender Komponist im Thomaskantorenamt, der mit seinem vierstimmigen Cantional, in dem die Melodiestimme im Sopran liegt, für lange Zeit die Choralgesänge nicht nur in Leipzig prägte.

36 „Quia primordia noviter conversorum blandis reformanda sunt modis, idcirco secundum canonica instituta praelatus novitiis praeponat unum de fratribus fidelem instructorem, qui eos caritative ac diligenter informet de regula et moribus de inclinationibus et ceteris observantiis nec non cerimoniis quae late patent supra in capitulo de novitiorum instructione. Debet quoque novitios instruere in legendo cantando et accentuando et ceteris quae ad ipsorum spectant officium, lectiones in choro legendas et ad mensam ipsos saepius examinando. Quod si in praedictis frequenter excesserint, debet eos primum benigne corripere vel si visum fuerit severius increpare. In capitulo tamen non proclamentur, sed ipse magister capitulum cum eis teneat interdum eos redarguendo et aliquando aliquam publicam poenitentiam vel verecundiam ut discant patientiam inferendo; ne tamen omnino fiant pusillanimes, pro tempore blande per tractentur. Quod si magistro suo inobedientes ac rebelles fuerint nec ipsius monitiones carita tivas seu correctiones suscipere voluerint, poterit eos ut publice corripiantur in capitulo proclamare; debet insuper eos paterne confovere et illa quae eis necessaria fore perspexerit ab aliis officialibus secundum facultatem procurare. Postremo ubicumque negligenter se habuerint vel indiscipline, si praesens fuerit verbo vel signo corrigere ipsos studeat et ad melius incitare. Cuiuslibet etiam novitii diem primum ingressionis diligenter annotabit. In professione quoque si qui

zur Hand zu haben, so mögen sie sich mit dem Officium der Kirchen begnügen, zu denen sie gekommen sind. Die Brüder mögen sich überall hüten, daß sie nicht durch die Bewegung ihrer Lippen, den Ton ihrer Stimme oder durch irgendein Geräusch die übrigen Betenden stören, indem sie ihre Gebete vor den Herrn bringen mehr mit dem Herzen als mit dem Munde, so daß ihre Stimme Gott näher ist als ihnen selbst."

In Kapitel XLIIII, „De officio cantoris" (Über die Pflichten des Kantors),[36] wird verfügt:

„Weil der Anfang für die Neuaufgenommenen auf gewinnende Art gestaltet werden soll, möge der Prälat nach den canonischen Satzungen den Novizen einen zuverlässigen Instruktor aus dem Kreise der Brüder als Vorgesetzten geben, der sie liebevoll und sorgsam in der Regel, der Sitte des Kniebeugens und den übrigen Bräuchen und Zeremonien unterweisen soll, welche zuvor im Kapitel über die Unterweisung der Novizen ausgiebig dargestellt sind. Er soll die Novizen auch im Lesen, Singen und Betonen der Gesänge sowie in allem übrigen unterrichten, was zu ihrer Pflicht gehört, bezüglich der Lektionen, die im Chor gelesen werden müssen; auch soll er sie selbst häufiger bei Tisch prüfen. Wenn einige bei dem Vorerwähnten oftmals gefehlt haben, so muß er diese zuerst mit Güte tadeln oder, wenn es ihm angemessen scheint, strenger ausschelten. Doch sollen ihre Namen nicht vor dem Stiftskapitel öffentlich genannt werden, sondern der Lehrer selbst soll mit ihnen bisweilen ein Kapitel abhalten, wobei er sie ihrer Verfehlungen beschuldigen und ihnen eine öffentliche Buße oder Beschämung auferlegen kann, damit sie sich in Geduld üben. Auch soll er sie zeitweilig sanft behandeln, damit sie nicht kleinmütig werden. Sind die Novizen gegen ihren Lehrer ungehorsam oder rebellisch gewesen und haben seine liebevollen Ermahnungen und Ratschläge zur Besserung nicht aufnehmen wollen, dann kann er sie namentlich vor dem Stiftskapitel erwähnen, damit sie in voller Öffentlichkeit getadelt werden. Er soll ihnen überdies väterlich gewogen bleiben und das, was er für jene als notwendig ansieht, von anderen Amtspersonen nach Möglichkeit verschaffen. Schließlich soll er, wenn sich Novizen überall, wo es auch sein mag, nachlässig und undiszipliniert verhalten, falls dies in seiner Gegenwart geschieht, darum bemüht sein, sie durch Wort oder Zeichen zu korrigieren und zum Besseren anzuregen. Bei jedem Novizen soll das Eintrittsdatum sorgfältig notiert werden. Können einige nicht lesen, so sei der Kantor gehalten, ihnen die Profeß-Formel kundzutun.

Wenn er selbst, dem diese Sorge anvertraut wird, ihnen gegenüber nachlässig gewesen ist oder ihnen in irgendeinem Punkte den Makel irgendwelcher Verletzung angetan hat, so soll er aufs Schärfste getadelt und von seinem Posten entfernt werden, der einem anderen übertragen werden muß, welcher sie durch Beispiel eines unschuldigen Lebens unterweise und zu guter Lebensführung anreize.

Es ist außerdem das Amt des Kantors, daß er nach dem Frühgesang im Chore anordnet, wann hoch oder tief, langsamer oder schneller – je nach Maß der Zeit – gesungen werden soll, wie es zuvor im Kapitel über die Messe gesagt ist. Doch soll er, was er selbst im Chor zu singen hat, nach dem bisher beachteten Gebrauch vollbringen."

Das St.-Thomas-Stift errichtete ein ewiges Seelengedächtnis für den würdigen Magister Gregorius Weßnigk,

Aufnahmeformel aus dem Jahre 1592, die jedem Alumnen beim Eintritt in das Thomasalumnat vorgegeben wurde. In der Schulmatrikel sind dann die Daten der Eltern und der Zeitraum angegeben worden, für den der Schüler verspricht, auf der Schule zu verbleiben, die Gesetzte der Schule und die Lehrer zu achten, um so für freie Kost und Logis seine Ausbildung zu erhalten, wofür er sich für die vielfältigen, vor allem musikalischen Dienste in der Kirche und bei den städtischen Festen etc. anzubieten hatte.
Die lateinische FORMA OBLIGATIONIS aus dem Jahre 1592: „Ego N. promitto me in studio pietatis & honestatis lieterique discendis summa cura & diligentia pro viribus versaturum: Magistris scholae cum observantia & cultu obtemperaturum: Contra leges et statuta proposita consulto dataque opera non facturum: Sin forte accidat, (quod tamen ne fiat summo studio cavebo) ut deliquisse quadam in re deprehendar, poenas irrogatas sine tergiversatione toleraturum. Haec sancte promitto (pelliceor), & ut bonum atque ingenuum puerum decet, omni tempore fideliter praestabo."
(Archiv des Thomanerchores)

Rektor der Thomasschule, der „ein lang Zeit schulregiert hat", so die Urkunde vom 11. Juni 1495.[37]

Das Lectorium der Juristenfakultät wurde aus dem Thomaskloster in ein neu erbautes Haus vor dem Schlosse

legere nescierint professionis formam pronuntiare teneatur. Ipse etiam cui haec cura committitur, si negligens fuerit circa eos aut eis in aliquo cuiuslibet laesionis maculam ingesserit, severissime correptus ab officio ammoveatur et alteri committatur, qui eos et innocentis vitae exemplis instruat et ad bonum excitet peragendum. Est praeterea cantoris oiffcium, ut post priorem cantum in choro ordinet quando scilicet alte vel basse, tractius seu velocius secundum exigentiam temporis cantandum, ut supra dictum est in capitulo de officio divino. Nihilominus per ipsum in choro decantanda secundum consuetudinem hactenus observatam." (CDS II 9, Nr. 225)

37 „Wir Jacobus Koler doctor probst, Johannes Glauch prior, Johannes Sculteti senior vnd dy gantze sampluug – bekennen –. Noch dem der wirdige her magister Gregorius Weßnigk seligß gedechtnuß sich eyn langzeit inn vnd nebenn vnserm kloster enthalden, gedienet, schulregiret hatt, habenn wir seyner seel zw trost vff vuns

verlegt, zu dessen Herstellung das Kloster 200 Gulden beigesteuert hatte, so die Urkunde vom 12. Oktober 1508.[38]

In der Begräbnisordnung[39] vom 13. Januar 1536 verfügt Herzog Georg von Sachsen, Landgraf von Thüringen und Markgraf von Meißen, „Wie die Toten mit dem Geleit der Chorschüler von St. Thomas zu begraben seien."

Ein wichtiger Markstein für die Thomana war die Leipziger Disputation im Jahre 1519. Das berühmte theologische Streitgespräch, das ursprünglich allein zwischen Andreas Bodenstein von Karlstadt und dem Ingolstädter Professor Dr. Johann Eck stattfinden sollte, wurde durch die Teile bedeutsam, in denen Eck mit Dr. Martin Luther disputierte. Es wurde für die weitere Entwicklung der von Luther ausgelösten Reformationsbestrebungen, in deren Ergebnis es zum Bruch mit der etablierten Kirche kam, zum großen Symbol. Dieser Zeitpunkt markiert die unverrückbare Einordnung der Thomana in die Geschichte der Lutherischen Reformation.

Am 29. Juni hielt Luther eine Predigt auf der Pleißenburg, zu der ihm wegen des großen Andranges anstelle der Schlosskapelle der Disputationssaal zur Verfügung gestellt worden war. Mit Luther waren fast zweihundert Wittenberger Studenten nach Leipzig gekommen. Am 27. Juni 1529 führte der feierliche Zug in die Thomaskirche zum Eröffnungsgottesdienst, in dem die Thomaner eine zwölfstimmige Messe ihres Thomaskantors Georg Rhau sangen.

Die Kirchen blieben Martin Luther zum Predigen verschlossen. Bei der eigentlichen Disputation, welche am 27. Juni 1519 mittags gegen zwei Uhr begonnen wurde und mehrere Tage andauerte, hielt der gelehrte Petrus Mosellanus, Magister der Thomasschule und Lehrer an der

---

genummen om eyn ewigeß gedechtnuß zw haldenn alle jar ierlichenn dy weyle vnser closter steht vnd im wesenn ist, alzo nemlich am abent f. Tiburtii mit vigilienn vnd den tag dor noch mit der selmesse. Vnd vff das dy herrenn zu sollichem gottis dinst zw halden dester williger seyn, hatt er hundert guldenn Rein. zw der custodienn geschafft, dar vmb man funff guldenn gekaufft hot ierlich zinß bey der stat Burnn, welche zinß ein custos allewege off hebenn sall vnd zw sollichem begencknuß den herrenn eynn refection bestellen sall vor virtzig groschenn vnd das obrige sal bey der custodienn pleybenn. Vnde so gedachte funff guldenn zinß vonn den von Burnn abgeleget wurdenn, so sal man dy hewbt summe hundert guldenn widervmb anlegenn etc. Nach Cristi geburt tausend vierhundertt vnd darnach im funffvndnewnzigstenn iare am dornstage nach dem heyligenn Pfingisttage." (CDS II 9, Nr. 341)

38 „Wir Georg von gots gnadenn herczog zw Sachssenn – bekennen –. Als eczwan von alder zceit inn vnnserm gestifft vnnd closter s. Thomae zu Leipck ein lectorium nebenn dem creuczgang zu notdurfft der iuristenn facultet gebraucht ist, welichs dermaßen zw geduldenn den wirdigenn vnnsernn liebenn andechtigenn probst, priori vnnd ganczem conuent bemelts closters beswerlich, irer andacht hinderlich vnnd obbenanter facultet zu besuchen fast vngeegenn gewest, vff das angezeigte des closters beswerung, der iuristennfacultet vnbequemigkeit abgewendt vnnd verandert werde, habenn wir aus neygung, als wir schuldig sein, gutes zufordernn durch gottliche gnad ein new hawß vor vnserm floß zubesserung der iuristen facultet vffrichtenn, darynne zcirliche vnnd woll geordnennte lectoria hawenn lassen, dar zu vnns abgenanter probst von sein vnnd der ganczenn samlung wegenn aus gutem, danckbarem willenn zcwey hundert reynische guldenn verheischen vnnd die baruber inn vnser renntcammer gereicht habenn, darumb wir vilgenanten probst vnnd gancze samplung solicher zcweyhundert gulden quedt ledig vnnd loß sagenn, seczem ordenn vnd weollenn aus vnser furstlichenn macht, das vor angezeigt lectorium, so inn vill bestympt closter von alder gehaldenn vnd gebraucht ist, nun hinforder abgethann, iczigenn auch zukunfftigen probst vnnd ganczer Samplung ewiglich zu irem selbs nucz gleich anndernn irenn gepewdenn nach irem gefalenn zugebrauchenn zustehenn vnnd vnuerhindert bleybenn ader ander faculteten keyn lectorium sall gebraucht ader gehalden, auch das zugebrauchenn nicht gesonnen ader begert werden, dauor wir iczigenn vnnd zukunfftige probste vnnd gancze samplung bemants closters aus vorberurter vnser furstlichenn eberkeyt vnnd angezceigter Vrsach irer gabe mit vnd inn crafft diß bruies freyen wollenn, das sie von vnns vnnd allen vnnsern erbenn vnd nachkomen dar bey festiglich sollenn gehanthabet vnnd behaldenn werdenn trewlic vnnd vngeuerlich. Czw urkundt vnnd steter haldung habenn wir vnser innigstel wissentlich an diesen brive thun hengen. Gescheenn vnnd gebenn am dornstag nach S. Dionisten tag nach Christi vnnsers liebenn herrnn geburtt tawsent funffhundert vnnd im achtenn iarenn." (CDS II 9, Nr. 374)

39 Zitiert nach: B. Knick (Hrsg.): *St. Thomas zu Leipzig* (wie Anm. 14), S. 56: „Vonn gots gnadenn wir Georg hertzog zcw Sachsenn [...] thuen kunnth [...] Nachdem vunnd als sich zwuschen dem wirdigenn vnnd hochgelarten vnnserm liebenn anndechtigenn vnnd getreuwen herrenn Ambrosien Rauchen doctorn die zeit probst ynnd dem conuent vnd closter zcw S. Thomas ains vnnd dem rath vnser stadt Leipztigk anders tails der begretbnissenn halber in der vnnd vor der stadt irrungen aus dem zugetragen, das es von wegenn der mennige des volcks vnnd vorstehennden sterbleufftenn, so sich fast alle ihar sorgklich ereugt, nit vor guet anngesehen, die absterbennden forder in der stadt zu begrabenn, so haben wir sie volgennder weiß durch vnnsere rethe vnnd liebenn getreuwen Jorgen von Karlewitz amptman zcw Radebergk etc., doctor Georgen vonn Braittennbach ordinarien zcu Leipztigk vnnd Andresenn Pflug zcw Lobenitz enntlichen vortragenn lassenn, nemblichenn vnnd also:
Das das begrabnis zcw s. Johanns hinfurder gelegt vnnd der Kirchoff mit der zeit geweittert durch denn rath mit einem raume der Fratzoser spitall vnnd vorruckunge desselbigen spitals gebeude, welcher raum volgennde auch geweihet werdenn soll; doch das die vohm adell, so in closter ihr begrebnus habenn, in deme frey stehenn.
[...] welcher aber im sterbenn ann der pestilenntz stirbet, denn sall mann an allenn vnnderschaidt zw. S. Johannes begraben, doch ane vorsammelung geleutte vnnd geleitthung der schuler ader freundschaft des verstorbennen, auch zw der zeit, wann wenig volcks auff der gassenn gehet; wer aber nit ann der pestilenntz stirbt, abs gleich im sterbenn vorfiele, dem sall mann mit leuttenn vnnd gelaittung wie obenn begraben, vnnd sall dis fals einn sterbenn heissenn, alledieweill eine Woche in der stad vnnd vorstedtenn zwainntzig personen an der pestilentz sterbenn.
Domit auch die dienner der schulenn vnned schuler im sterbenn deste bequemer mugenn vnnterhaltenn werdenn, so wil der rath im sterben alle wochenn einnen guldenn auf die schule raichen; doch soll solchs nicht eher anngehabenn werdenn, es sterbenn dann ihn einer wochenn zwainntzig an der pestilentz; vnnd wann das sterbenn wiederumb nachlest, so soll der rath sulchenn guldenn zuraichen vnnorpflicht seinn."

Universität, eine Eröffnungsrede in der Rolle eines Knaben, der „morum innocentia et habitu" einen Theologen darstellen sollte. Der Rektor der Thomasschule Johannes Graumann führte das Disputationsprotokoll. Der Thomanerchor sang ein Tedeum und beschloss die Vorfeier mit dem „Veni creator spiritus". Mit einer Rede des Leipziger Professors Johann Lange, in welcher jedem der Disputationsredner Lob gespendet wurde, und mit dem Tedeum und „Veni sancte spiritu" wurde am 30. Juli 1519 die öffentliche Disputation beschlossen.[40]

Der Artikel zur Frühgeschichte des Thomaskantorats von Michael Maul[41] im vorliegenden Band enthält Abbildungen von Auszügen aus den in der Universitätsbibliothek zahlreich verwahrten, wunderbaren Notenschriften, die belegen sollen, wie vertraut die Thomana mit den europäischen Entwicklungen der Musik schon lange vor der Amtszeit Johann Sebastian Bachs war. Die Handschriften sind jetzt leichter als je zuvor zugänglich, da sie digitalisiert zur Verfügung stehen, die Benutzung sollte somit für jedermann leicht möglich sein. Um sich über die Bestände im Vorfeld zu informieren, sei auf die Arbeit von Wolfgang Orf hingewiesen.[42]

In einem Brief Martin Luthers an den Komponisten Ludwig Senfl huldigt der Theologe der Musik als Gotteslob[43] (Coburg 1530, Originalbrief lat.):

„Gnade und Friede in Christo! Obwohl mein Name so verhaßt ist, daß ich fürchten muß, du, mein teuerster Ludwig, werdest kaum meinen Brief in Sicherheit empfangen und lesen können, so hat doch solche Furcht meine Liebe zur Musik besiegt, mit welcher ich dich von meinem Gott begabt und geziert sehe. Diese Liebe läßt mich auch hoffen, daß mein Brief dir nicht gefährlich werden wird; denn wer möchte selbst in der Türkei den tadeln, der diese Kunst liebt und den Künstler preist? Ich wenigstens lobe selbst deine bayrischen Herzöge, obgleich sie mir durchaus abgeneigt sind, und ehre sie hoch vor den anderen, weil sie die Musik pflegen und ehren. Es sind auch ohne Zweifel viele Samenkörner köstlicher Tugenden in den Herzen, welche von der Musik ergriffen werden; bei welchen dies aber nicht der Fall, die achte ich Klötzen und Steinen gleich. Denn wir wissen, daß die Musik auch den Teufeln verhaßt und unerträglich ist. Und ich schäme mich nicht, offen zu bekennen, daß es nach der Theologie keine Kunst gibt, welche der Musik an die Seite gestellt werden kann: da sie allein das kann, was sonst nur die Theologie vermag, nämlich das Gemüt ruhig und fröhlich zu machen [...] Darum haben auch die Propheten keine Kunst so geübt, wie die Musik, indem sie ihr Gottesbekenntnis nicht an Geometrie, Arithmetik, Astronomie, sondern an die Tonkunst knüpften, indem sie die Wahrheit redeten in Psalmen und Liedern."[44]

Über die Kurrendesänger schreibt Luther wie folgt: „Verachte mir einer solche Gesellen nicht! Ich bin auch ein solcher gewesen. Das sind die Rechten, die in geflickten Mänteln und Schuhen gehen und das liebe Brot vor den Türen sammeln; das werden oft die besten, vornehmsten und gelehrtesten Leute. O verzaget nicht, ihr guten Gesellen, die Ihr jetzt in der Kurrende gehet, andern famuliert und mit in Chor seid! Manchen unter Euch ist ein Glück beschert, dahin ihr jetzt nicht gedenkt – allein seid fromm und fleißig!"[45]

Von der Thomasschule ausgehend, wurde ein Lehrbuch zum Erlernen der Anfangsgründe der lateinischen Sprache nach den Grundzügen der lebendigen, humanistischen Lehrmethoden hoch effizient einsetzbar und weit bekannt.

Johannes Graumann (Poliander; * 1487, † 1541) war von 1516 bis 1522, zur Zeit des Thomaskantors Georg Rhau, Rektor der Thomasschule. Er führte die Unterrichtsweise des Humanismus an der Thomasschule ein, für welche die 37 Gespräche der *Paedologia Petri Mosellani Protegensis in puerorum usum conscripta* 1517 geschrieben wurden. Poliander ist der Dichter des Gesangbuchliedes *Nun lob, mein Seel, den Herren, was in mir ist, den Namen sein ...*

Wie sich ein Vat'r erbarmet,
üb'r seine junge Kindlein klein,
so tu der Herr uns Armen,
wenn wir ihn kindlich fürchten rein:
Er kennt das arm Gemächte,
und weiß, wir sind nur Staub.
gleichwie das Gras von Rechte,
ein Blum und fallends Laub;
der Wind nur drüber wehet,
so ist es nimmer da,
also der Mensch vergehet,
sein End das ist ihm nah.

---

40 Vgl. hierzu auch die Artikel *Leipziger Kirche und Kirchengut in der Reformationszeit. Die Absicherung der städtischen kirchlichen Versorgung aus dem Thomaskloster durch Herzog Moritz von Sachsen* von Michael Beyer und *In Spannungsfeldern der Landeskirche – Thomaskirche und Thomasschule zwischen 1580 und 1617* von Ernst Koch in diesem Band.

41 Vgl. den Beitrag *Die Frühgeschichte des Thomaskantorats und die Entwicklung des Chores bis zum Amtsantritt Johann Sebastian Bachs* von Michael Maul in diesem Band.

42 Vgl. Wolfgang Orf: *Die Musikhandschriften Thomaskirche Mss. 49/50 und 51 in der Universitätsbibliothek Leipzig*, Leipzig 1977 (Quellenkataloge zur Musikgeschichte 13).

43 Zitiert nach: B. Knick (Hrsg.): *St. Thomas zu Leipzig* (wie Anm. 14), S. 66.

44 WA Br 5, 639.

45 WA Tr 3, 422 Nr. 3564.

Musikunterricht und Schulalltag nach einem Holzschnitt von 1592.
(Nach: Emil Reicke: Lehrer und Unterrichtswesen in der deutschen Vergangenheit, Leipzig 1901, Nr. 48)
Martin Luther: „Cantare domino non semper est laetari et gaudere, immo canticum novum est canticum crucis" (Dem Herrn singen ist nicht immer freuen und fröhlich sein, vielmehr ist das ‚neue Lied' das Lied vom Kreuz).
(Leipziger Disputation, WA 2, 333, 25 f.)

Die immer wieder zitierte Quelle vom 23. Juni 1521[46], die belegen soll, dass die Thomaner schon vor 1521 als Kurrendaner durch die Leipziger Stadt gezogen sind, stammt vom Klosterkämmerer, dem Verwaltungsleiter des Thomasklosters Martin Kramer. Darin wird Johannes Graumann als guter, durchsetzungswilliger Rektor, der die Schule im Griff gehabt habe, als Vorbild dargestellt. Wenn es ums Geldverdienen ginge, wären die Sänger zahlreich und schnell erschienen, wenn es jedoch zum Singen im Gottesdienst in die Nikolaikirche gehen sollte, hätten sie sich nicht immer willig gezeigt. So kommt es zum Bericht, wie mit den Chorschülern von St. Thomas die Messe in der Nikolaikirche zu singen sei und nach des Magisters Johannes Graumann, des Thomasschulrektors, Anordnung die Kurrende der Chorschüler zu laufen habe.

Mit Beginn des 16. Jahrhunderts treten die einzelnen Akteure der Einrichtungen verstärkt und als Repräsentanten ihrer Teilbereiche – als Pfarrer, Kantor, Rektor – durch Quellen belegt in Erscheinung. Vieles an verdienstvollen Einzelleistungen ist bereits in früheren Arbeiten in anderen Zusammenhängen herausgearbeitet worden. So gilt es festzuhalten, dass die Rektoren der Thomasschule, einzelne Lehrer, Superintendenten und sonstige kirchliche Amtsträger der Thomas- und der Nikolaikirche in ihrer Bedeutung häufig zu Unrecht hinter den noch immer erinnerbaren Thomaskantoren zurücktreten. Mancher Rektor und Pfarrer hat für das Schicksal der Einrichtungen Wesentliches ausgelöst, sodass er untrennbar mit der Geistesgeschichte Leipzigs verbunden bleibt. Und obwohl diese Persönlichkeiten in der allgemeinen Erinnerung verblasst sein mögen, verdienten einige eine besondere Würdigung.

Selbst beim Thomaskantorat sind Defizite in Erinnerung zu rufen, denn das Alleinstellungsmerkmal, das der Thomaskantor heute bei den Aufführungen in der Regel genießt, ist das Ergebnis einer recht jungen Entwicklung. In den alten Schulordnungen wie auch zahlreichen Berichten wird davon erzählt, dass selbst der Konrektor der Thomasschule mit Teilchören des Schülerchores[47] öffentlich auftrat, und auch andere Lehrer – wie der Quintus – bei weniger wichtigen Auftritten die Sänger anführten. Bis in die 1940er Jahre war es selbstverständlich, dass die Thomaskantoren im Wesentlichen nur die figurale Kirchenmusik am Sonntag, also die Musik mit Orchester, in den beiden Hauptkirchen der Stadt leiteten. Die seit Langem

---

46 „Zw wyssen das ym M°V° vndd XXI iare sontag nach Viti, der do was in vigilia Johannis baptistä, hat vnser closter, der herr probst Vdalricus Pfister doctor, Gregorius Strauss prior, domini licentiati Valentinus Thalheym vnd Ambrosius Rauch ambo plebani, Martinus Kramer procurator, Johannes Weisman custos vnnd dye andern capitulares bestalt vund vuffgericht: Erstlich zcw der ere gotes, Marien gotes mutter, s. Nicolai vund aller liben heyligen vnd ausserwelten gotes, das man yn der pfarrkirchen zcu s. Niclaus alle sontage mit den schulern noch vermogen, als ma zcw s. Thomas entperen kann, nhu fordan solle alleczeit beyde vespern mit eynem collaboratori aldo singen, nach der fruepredigen mit den schulern circuiren vnd die hohe messe singen; der gleichen an allen geboten heiligen tagen, dy man feiret vber dye stadt, sullen sy vesper vunnd hohe messe singen, das all der schulmeister alßo bestellen vunnd ordiniren, das dy schuller, dy yn hospitiis sindt, yn gedachter pfarr sich sullen zcu der vesper vnd messe sich presentiren, darnach yn processione alleczeit wider cum collaboratore sich yn die schule zcu s. Thomas fugen, aldo zw hauffe wider kummen, pro pane loffen, vnnd mit yn ander nottdurff zw bestellen. Ist zcw der zceit eynn schulmeister gewest dominus Joannes Graumann genant der dyß loblich werck hat helffen fordern vnnd ordiniren zcu der ehre gottes, den dy zceit vorhanden gewest, das der gemeyne man vund och der radt den armen schulern nicht wolden mehr almuß geben noch hospitia, sprechende, yn der pfarre, do sy singen, do sal man sye erneren, och nicht wulden schyr mher lasen funera holen, sagende, wen man sall gelt vordynen, so haben wyr schuler genugk, wen man sal in die ere gottes singen ader am sontag circuiren, ist keyner yn der stadt. Och wolt das volck nicht mher schir zu dem gebeude helffen, den alleyn zwene chorales wy vor alders cicuirten, sungen messe vnd vesper. Vff das nhu gottes ere zcuuor vffgericht wurde vnnd anders vor zcu kummen, ist dys alßo gescheenn. / Aufzeichnungen des Klosterkämmerers Martin Kramer fol. 29 im Stadtarchiv zu Leipzig. Die Datierung enthält einen widerspruch, da der Sonntag nach Vitii der 17. Juni war, die Vigilia Johannis Baptistä aber auf sonnabend nach Viti (23. Juni) fiel." (CDS II 9, Nr. 408)

47 Der Terminus „Thomanerchor" zur Bezeichnung des Schülerchores zu St. Thomas wurde erst im 19. Jahrhundert geprägt und changierte zwischen „das" Chor und „der" Chor.

existierenden Samstagsmotetten und die im 20. Jahrhundert zunächst als Vorprobe gedachten Motetten am Freitag hingegen wurden von den Chorpräfekten geleitet. Auf die genannten Umstände und Aspekte der historischen Einordnung kann hier nicht umfassend eingegangen werden, einige der im vorliegenden Band enthaltenen Artikel berühren sie jedoch.[48]

Die Verbindungen und Wechselwirkungen zwischen den so bedeutsamen von Kurfürst Moritz von Sachsen eingerichteten Landesschulen harren noch der Aufarbeitung. Welche Lehrer von einer Schule zur anderen wechselten, wie etwa der von Schulpforta kommende nachmalige Thomaskantor Sethus Calvisius, und vieles andere mehr gilt es in einer Gesamtschau noch darzustellen.

Es ist gelungen, Abbildungen der Schulbauten aus der Anfangszeit als Landesschule vor den großen Umbauten am Ende des 19. Jahrhunderts hier mit anzubieten. Die Landesschulen (Fürstenschulen)[49] waren gegründet worden, nachdem Klöster in Sachsen und mithin auch die angeschlossenen Schulen nicht mehr weitergeführt wurden, sofern sie nicht in andere Trägerschaft gelangten, wie etwa in Leipzig beim Rat der Stadt.

Caspar Borner (* 1433, † 1547), Rektor der Thomasschule von 1522 bis 1539, war im gleichen Alter wie Mosellanus und hatte gemeinsam mit ihm Studien und Reisen verbracht. Johannes Graumann hatte bereits 1518, da er in Wittenberg blieb, Caspar Borner vertretungsweise mit dem Rektorat der Thomasschule betraut. Erst 1522 wird Graumann wieder als Schulmeister der Thomasschule genannt. 1522 bezeichnet sich Borner in einem Brief an Julius von Pflug als „vicarius Poliandri" und teilt mit, Graumann habe dem Amt noch nicht entsagt, damit ihm eine Zuflucht verbleibe, falls er sich nach Leipzig zurücksehne. Doch kehrte Graumann nicht in sein Amt nach Leipzig zurück; er schloss sich vielmehr ganz der Reformation an.

Im Zuge der Einführung der Reformation 1539[50] kam die Schule 1543 in städtische Obhut. Die Reformatoren erkannten die allgemeine Bedeutung des Unterrichtswesens und so wurde dieses gänzlich neu geordnet. Ganz besonders herauszuheben sind da Philipp Melanchthons Vorgaben für Sachsen und alle Länder, die der lutheri-

---

Rechte Seite:
Beispiele für Matrikeleinträge einiger Alumnen der Thomasschule aus dem Jahr 1699.
Zu Johann David Heinichen (1683–1729) ist Folgendes zu lesen (zweiter Eintrag):
„Johann David Heinrichen von Krößeln bey Weisenfels seines alters 13 Jahr, verspricht auff dieser Schule zu bleiben 5 Jahr. noch ein Jahr". Heinichen ist später als Komponist, Lehrer und Musikschriftsteller hochberühmt geworden. Seine Ausbildung bei Thomaskantor Johann Schelle und privat bei Johann Kuhnau haben ihn sehr geprägt, daher sollten seine bedeutenden Traktate über die Vorgaben zur Ausführung eines angemessenen Generalspiels, die auch Rückschlüsse auf die Leipziger Musizierpraxis seiner Zeit zulassen, herangezogen werden. In der Neu erfundenen und gründlichen Anweisung [...] zu vollkommener Erlernung des General-Basses, Leipzig 1711, und noch mehr in seiner enzyklopädisch gefassten Schrift Der General-Bass in der Composition, Dresden 1728, versteht er das Generalbassspiel meist als sehr vollgriffig und reich verziert, wofür er reichliche Beispiele für klar zu unterscheidende Aufführungsorte wie in der Kirche, Oper und „Kammer" anführt. Ungewöhnlich ist es nicht, dass er erst im Alter von 13 Jahren als Alumne aufgenommen wurde. Er hatte zuvor bei seinem Vater, David Heinichen, der seit 1674 Pastor in Krössuln war, musikalischen Unterricht erhalten. Er selbst war später gesuchter Lehrer und Musikdirektor. Als Brotberuf hat er ebenso wie Kuhnau die Jurisprudenz gewählt.
(Archiv des Thomanerchores)

---

[48] Hierzu sei noch immer auf die Arbeit von Richard Sachse mit dem besonderen Fokus auf die Thomasschule hinwegwiesen: Richard Sachse: *Ältere Geschichte der Thomasschule Leipzig*, Leipzig 1912. Vgl. auch: Gottfried Stallbaum: *Die Thomasschule zu Leipzig nach dem allmählichen Entwicklungsgange ihrer Zustände, insbesondere ihres Unterrichtswesens*, Leipzig 1839. – Weitere Namen seien neben den im Anhang des vorliegenden Bandes tabellerisch aufgeführten Rektoren, Thomaskantoren und Konrektoren kurz genannt: Lehrer: Petrus Mosellanus um 1515; Georg Fabricius, nach dessen Annales urbis Misnae I. III, ad a. 1527, p. 84; Johann Friedrich (Friderici) 1592–1594; Johann Rhenius 1602–1618; Gabriel Lotter 1607–1609; Johann Rosenmüller um 1642–1655; Friedrich Rappolt 1642–1663; Johann Friedrich Leubnitz (Leibnitz), ein Bruder des Philosophen Gottfried Wilhelm Leibniz, 1660–1696; Andreas Stübel 1684–1697; Johann Christian Hebenstreit 1725–1746; Siegmund Friedrich Dresig 1734–1742; Abraham Kriegel 1725–1759; Christian August Kriegel 1760–1801 († 1803); Karl August Thieme 1767–1795; Johann Friedrich Jakob Reichenbach 1790–1832; Johann Christian Jahn 1821–1847; Karl Ferdinand Haltaus 1835–1848; August Christian Adolf Zestermann 1832–1868; Heinrich Rudolf Hildebrand 1848–1868. Schüler: Paul Fleming besuchte die Thomasschule etwa von 1623 an; Reinhard Keiser, aufgenommen am 13. Juli 1685; Immanuel Johann Gerhard Scheller 1752–1757; Ernst Platner, abgegangen 1762; Johannes Gottfried Gurlitt, abgegangen 1773; Christian Daniel Beck, abgegangen 1775; Friedrich Wilhelm Sturz, abgegangen 1781; Friedrich Rochlitz, abgegangen 1788; Karl Theodor von Küstner, abgegangen 1803; Heinrich Gottlieb Ludwig Reichenbach, abgegangen 1810; Johann Gottfried Stallbaum, abgegangen 1815; Justus Wilhelm Martin Radius, abgegangen 1816; Karl Wilhelm Dindorf, abgegangen 1817; Karl Gottlieb Reissiger, abgegangen 1818; Carl Friedrich Zöllner, abgegangen 1820; Ludwig August Dindorf, abgegangen 1820; Karl Theodor Albert Liebner, abgegangen 1823; Daniel Gottlieb Moritz Schreber, abgegangen 1826; Christian Albert Weinlig, abgegangen 1829; Wilhelm Theodor Bergk, abgegangen 1830; Richard Wagner, abgegangen 1831; Aurelio Buddens, abgegangen 1836; Gustav Adolf Böttger, abgegangen 1831; Ernst Karl Erdmann Heine, abgegangen 1837; Franz Wilhelm Abt, abgegangen 1837; Heinrich Rudolf Hildebrand, abgegangen 1843; Konrad Bursian, abgegangen 1847; Richard Adalbert Lipsius, abgegangen; 1848; Eduard Ludwig Vogel, abgegangen 1848, u. v. a. m.

[49] Die Gründungen: Schulpforta (1543) bei Naumburg, St. Afra (1543) in Meißen und St. Augustin (1550) in Grimma.

[50] Vgl. Friedrich Wilhelm Ehrenfried Rost: *Was hat die Leipziger Thomasschule für die Reformation gethan?*, Leipzig 1817.

Johann Heinrich Hartmann von Stolpen aus Meißen seines Alters 19 Jahr verspricht auff dieser Schul zu bleiben 2 Jahr.

Johann David Heinichen von Kröstau bey Weißenfels seines Alters 13 Jahr verspricht auf dieser Schule zu bleiben 5 Jahr. noch ein Jahr.

George Adam Hunger von Weißenfels. seines Alters. 15. und ½ Jahr. Verspricht auff dieser Schule zu bleiben. 6. Jahr.

Johann Friedrich Kandler von Schwartzenberg, seines Alters 19 Jahr verspricht auff dieser Schul zu bleiben 6 Jahr

Gottfried Schmidt von Rochlitz aus Meißen seines Alters 17 Jahr verspricht auf dieser Schule zu bleiben 4 Jahr

Johann Günther von Petzberg seines Alters 14 Jahr verspricht auf dieser Schulen zu bleiben 6. Jahr.

Jost Heinrich Dietz von Reichenbach seines Alters 15 Jahr verspricht auf dieser Schulen zu bleiben 6 Jahr.

David [...] von Reichenbach seines Alters 14 Jahr verspricht auf dieser Schulen zu bleiben 6 Jahr.

Benedictus Koopman von Leipzig. seines Alters 13 Jahr verspricht auf dieser Schul zu bleiben 6. Jahr. 2 Jahr.

Christian August Franckenstein von grimma seines Alters 11 Jahr verspricht auf dieser Schul zu bleiben 6 Jahr, verspricht noch ferner 3 Jahr auff dieser Schule zu bleiben.

Die Thomaskirche und die Thomasschule zu Leipzig, Lithografie von W. Radegast (Zeichner) und C. C. Böhme (Lithograf), Leipzig um 1800
(Privatsammlung Stefan Altner)

Das Thomasschulgebäude mit Blick nach Westen vom Thomaskirchhof aus auf den Eingang zur Kantorenwohnung (links) und zum Schulgebäude mit Alumnat (Mitte). Nicht zu sehen ist der separate Eingang zur Rektorenwohnung. (Heinrich Georg Drescher: Alte Thomasschule, Eingang zum Cantorat und Gymnasium, 1892, Feder, aquarelliert; Stadtgeschichtliches Museum Leipzig, Signatur: Zeichnung/Grafik 2800)

Fürstenschule St. Afra 1543 in Meißen, Ansicht der Schule vor dem Umbau 1877, Stich von Weger, Leipzig, in: Theodor Flathe: Sanct Afra, Geschichte der königlich sächsischen Fürstenschule zu Meißen, Leipzig 1879, Vorsatz.
(Privatsammlung Stefan Altner)

Fürstenschule Schulpforta, Ansicht der Schule zu Beginn des 18. Jahrhunderts, Stich von Brühl, Leipzig, in: Justin Bertuch: Teutsches Pfortisches Chronicon, darinnen dieses vormaligen Cistercienser-Mönchs-Closters Stifftung, Versetzung, Aebte, Güter, Privilegia, wie auch die [...] Veränderung in eine Evangelische Land-Schule erzehlet wird. Wie solches aus dem MS, des Autoris und [...] aus einem MS. Ernesti Brotuffii ingleichen einer Vorrede [...] und anderen Zusätzen ans Licht stellet Jo. Martinus Schamelius, Leipzig 1734, Vorsatz.
(Privatsammlung Stefan Altner)

schen Reformation Wittenbergs folgten; sie ließen ihn zum „Praeceptor Germaniae" werden. So kam es, dass die alte Thomasschule den Erfordernissen der Zeit gemäß umgebaut werden musste. Die Leipziger Bürger beteiligten sich daran mit einem beispiellosen Einsatz: Sie stellten Baumaterial, halfen mit finanziellen Mitteln aus, leisteten handwerkliche Hilfestellung usf. Unter dem Rektorat des Magisters Andreas Jahn wurde 1553 an der Stelle der alten Klosterschule von Baumeister Adam Lindemann durch Mithilfe und Spenden der Bürgerschaft in kurzer Zeit ein neues, zweistöckiges Schulhaus erbaut. Auf dessen Fundamenten stand die alte Thomasschule noch bis zum Jahre 1902. In der massiv gebauten Schule befanden sich die Schulzimmer, die Wohnräume der Alumnen und die Wohnungen des Rektors sowie des Kantors Melchior Heger. Die Zahl aller Schüler der „Schola pauperum" betrug etwa 150, die der Alumnen nur 22.

Über der Pforte der Thomasschule stand die Inschrift:
„Non hic Pierides, non vanum numen Apollo. / Non de mentiti vertice nata Jovis, / Ipse sed aeterni Christus sapientia patris / Praesidet, est soli cui locus iste sacer."[51]

Die frühesten erhaltenen Unterrichtspläne der Thomasschule stammen aus den Jahren 1574 und 1592. Der Schulstundenplan[52] des Rektors Jakob Laßmann (* 1559, † 1604) aus dem Jahre 1532, der von 1592 bis 1604 die Schule leitete, gibt sehr genau an, wer, wann und welche Inhalte er in den jeweiligen Fächern zu unterrichten hatte: Diebus Lunae, Martis, Mercurii et Veneris [an den Tagen Montag, Dienstag, Mittwoch und Freitag] mit den Lektüre- und Grammatikstunden (Cicero, Vergil, Ovid, Terenz, Cato, Isocrates), Orthografie, und Musikunterricht des Kantors.

Aus der kursächsischen Schulordnung von 1580 (Augusteische Kirchen- und Schulordnung) sind wiederum genaue Anweisungen für die Ausgestaltung des Unterrichts an der Thomasschule zu entnehmen:[53]

„Es sollen in der Kirche nicht ihre, da sie Componisten seyn, oder anderer angehenden, sondern derer alten und dieser Kunst wohl erfahrenen und fürtrefflichen Componisten, als Josquini, Clementis non Papae, Orlandi und dergleichen Gesang gesungen werden, fürnehmlich sich aber der Gesang enthalten, so auff tantzmessig und schandlieder weise nachcomponiert, sondern es also stellen, was in

---

51   Die Übersetzung lautet: „Nicht sind hier die Musen, nicht Apollo, der eitle Wille, / nicht die Tochter vom falschen Haupt des Jupiter, / sondern Christus selbst, die Weisheit des ewigen Vaters, / beschützt es, und ihm allein gehört dieser heilige Ort." Vgl. Martin Petzoldt: *Bachstätten. Ein Reiseführer zu Johann Sebastian Bach*, Frankfurt am Main und Leipzig 2000, S. 142.

52   Vgl. hierzu: Stefan Altner: *Sethus Calvisius, das Thomaskantorat und die Thomasschule um 1600. Zum 450. Geburtstag von Sethus Calvisius „Astronomus, Chronicus, Musicus, Poeta"*, in: Gesine Schröder (Hrsg.): Tempus musicae – tempus mundi. Untersuchungen zu Sethus Calvisius, Hildesheim 2008, S. 1–18, der Stundenplan von 1592 ist darin hochaufgelöst in Farbe gedruckt eingebunden zwischen Seite 16 und 18.

53   Zitiert nach: B. Knick (Hrsg.): *St. Thomas zu Leipzig* (wie Anm. 14), S. 91 f.

der Kirche gesungen, daß es grave, herrlich, tapffer und zur christlichen Andacht die Leute reitzen mag.

Es sollen der Schulmeister und seine Collaboratores, besonders aber der Cantor die armen Knaben mit dem Gesang also abrichten, das sie auf der Gassen nicht heßlich und verdrieslich schreyen, sondern ihr Geseng stille, langsam und, so viel müglich, also verrichten, daß ihnen lieblich zuzuhören und die Leute desto lustiger, ihnen zu geben, bewegt werden möchten; darzu dann nicht wenig dienet, das sie bisweilen die deutschen Psalmen wie sie aufs einfeltigste mit vier Stimmen componiert, oder andere kurtze geistliche Gesenge mit gleicher und nicht erhöchter Stimme singen würden."

Von den zahreichen Thomasschülern sind einige in unterschiedlichen Bereichen späteren Wirkens (nicht nur auf künstlerischem bzw. theologischem Gebiet) besonders in Erscheinung getreten. Der Poet, Kantor und Pfarrer Martin Rinckart (* 1586, † 1643) ist Dichter des Liedes *Nun danket alle Gott mit Herzen, Mund und Händen*. Er war Schüler der Thomasschule unter den Rektoren Jakob Laßmann und Andreas Bardenstein sowie des Thomaskantors Calvisius. Rinckart hatte im Pestjahr 1637 in Eilenburg als einziger überlebender Pfarrer 4000 Leichen zu begraben, sorgte in der Hungersnot für Armenspeisungen und rettete seine Gemeinde vor Brandschatzung und Ausweisung.

Beispielhaft sei auch auf den Thomasschüler Paul Fleming (* 1609, † 1640) und den Thomaskantor Johann Hermann Schein (* 1586, † 1630) hingewiesen. Im ersten Drittel des 16. Jahrhunderts prägten die beiden aus dem Erzgebirge stammenden Männer mit ihrer bis heute andauernden Strahlkraft die Kultur in Leipzig. Schein, 1586 in Grünhain geboren, Dichter und Komponist, wurde später als Thomaskantor der einflussreichste Lehrer Flemings in der Zeit von 1623 bis 1628. Beide waren mit mannigfachen Begabungen, viel Witz und außerordentlichem Sinn für die Bedürfnisse der Zeit ausgestattet. Als Studenten genossen sie ein komfortables kurfürstliches Stipendium. Schein begann 1608 sein Studium, und bereits 1609 zierte ein kesses Porträt, das ihn als jungen, bärtigen Studenten mit wirrem Künstlerhaar zeigt, seine vitale Liedersammlung *Venuskränzlein*. Fleming hat in Erinnerung an seine Leipziger Zeit geschrieben: „Wo ist sie itzund nur die liebe schöne Zeit, / Da ich so helle sang bei Philyrenens [gräzisiert für die Lindenstadt Leipzig] Paaren, / Daß sich mein Ton erschwung bis an die Ewigkeit." Bevor Fleming nach Leipzig kam, hatte er dank einer gräflichen Patenschaft die Stadtschule in Mittweida besucht. Gut gerüstet gelangte er an die Thomasschule. Unter den Thomasschülern war er einer der wenigen, die keine Armut litten, denn er konnte sich der Hilfe von daheim sicher sein.[54]

Landesschule zu Grimma, Kupferstich, o. J.
(etwa Mitte des 19. Jahrhunderts, vor dem Umbau)
(Privatsammlung Stefan Altner)

Die erneuerte Schulordnung der Thomasschule von 1634 kam nach vielen Berichten über die Missstände während der Kriegszeit im Zusammenhang mit einer strengen Schulvisitation der Behörden zustande. Sie sollte die Stellung des Rektors vor den anderen Lehrern stärken und die Disziplin der Schüler sichern. In dieser ersten in deutscher Sprache gedruckten Leipziger Schulordnung sind in zehn Kapiteln Aufgaben und Rechte der Lehrer sowie die Pflichten der Schüler festgelegt (Leges et statutae scholae senatoriae ad D. Thom.). Alumnen und externe Schüler wurden nach einem Lehrplan unterrichtet, dessen Ziele Pietas, Linguae und Artes darstellten (Ethik, Rhetorik, Dialektik, Arithmetik, Astronomie). Im Lateinunterricht wurde die Janua Latinitatis des Comenius (Janua linguarum reserata) von 1631 eingeführt, im übrigen Lehrplan Cicero, Vergil, auch Isokrates und das griechische Neue Testament behandelt. Für die Alumnen war eine Aufnahmeprüfung durch Rektor und Kantor vorgesehen, bei der der Schüler „ein Stück fertig und artig musizieren" musste.[55]

Die Thomasschule und besonders die Alumnen, die oftmals in der Stadt sichtbar waren, erhielten aus der Bürgerschaft Zuwendungen, die sich aus Legaten speisten. Ohne dieses ungewöhnliche bürgerschaftliche Engagement hätte die Thomasschule sicher nicht die Zeiten

---

54 Ausführlicher dazu in: Stefan Altner: *Paul Fleming, Medicin Doctor und Poeta Laureatus Caesareus. Zum 400. Geburtstag*, in: Leipziger Blätter, Ausgabe 55, Leipzig 2009.

55 Vgl. hierzu den Artikel *Nervus rerum – Zur Finanzierung des Alumnats der Schola pauperum* von Hans-Joachim Schulze in diesem Band sowie *Die Thomasschule Leipzig zur Zeit Johann Sebastian Bachs. Ordnungen und Gesetze 1634, 1723, 1733*, zusammengestellt und mit einem Nachwort von Hans-Joachim Schulze, Leipzig 1985.

Blick von Westen auf die Thomasschule mit angebautem Wirtschaftsgebäude, im Vordergrund das von Felix Mendelssohn Bartholdy gestiftete Bach-Denkmal, 1843 nach einem Entwurf von Eduard Bendemann von Bildhauer Hermann Knauer ausgeführt. Altkolorierte Postkarte, [um 1890]
(Privatsammlung Stefan Altner)

überdauern können. Insofern bleibt das Konstrukt einer „Schola pauperum", einer Armenschule, als Bezeichnung aufrechtzuerhalten, weil die Geldmittel, die aus dem Stadthaushalt oder aus den Einnahmen aus den Singumgängen, Leichenbegängnissen und anderen Akzidenzien zu erwirtschaften waren, für den Unterhalt selten ausreichten. Das Stiftungswesen der Stadt Leipzig und die Thomana sind besonders eng miteinander verbunden. Den größten Anteil der in den Stiftungsverzeichnissen nachweisbaren Zuwendungen stellen diejenigen zugunsten der Alumnen.[56] Der Artikel *In Spannungsfeldern der Landeskirche – Thomaskirche und Thomasschule zwischen 1580 und 1617* von Ernst Koch in diesem Band gibt dazu näher Auskunft. Als Beispiel für eine der Thomasschule gewidmete Stiftung sei die aus dem Jahre 1638 von Magister Abraham Teller (* 1609, † 1658) erwähnt. Teller war 1637, kurz vor seiner Ernennung zum „Kirchenbediensteten", Rektor der Thomasschule. Nach seiner Thomasschulzeit errichtete er die Stiftung:

„Anno 1638. Weil mir der Zustand der Schulen zu S. Thomas wol bewust, und daß die armen knaben noth leiden müsten, wenn nicht Christi Kirch- und Schul-liebende Hertzen durch diese wolangelegte Collect und andere mittel in selbige ihre brünlein ließen heraußerfließen, alß were wol zu wünschen, daß männiglich, wems Gott gegeben hatt, nach seinem vermögen sich darzu willig erweisen möchte, dieses dabey bedenckende, daß sie es dem Herrn leihen, und diese Gott geliehene schuld hier und dortt mitt großem wucher in allen gnaden zu genießen haben sollen. Meinestheils erbiete ich mich monatlich 8 gr. zu geben, und ist itzo im Januario 1638. der anfang gemacht worden."[57]

---

56 Vgl. hierzu: Stefan Altner, Roland Weise: *Thomanerchor Leipzig. Almanach 2: Beiträge zur Geschichte und Gegenwart des Thomanerchores*, 2. Jg. (1996/1997), Leipzig 1997, S. 62 ff. Und wesentlich dazu insgesamt: Heinrich Geffcken und Chaim Tokocinski: *Stiftungsbuch der Leipzig, im Auftrag des Rates auf Grund der Akten verfasst*, Leipzig 1905.

57 Zitiert aus: B. Knick (Hrsg.): *St. Thomas zu Leipzig* (wie Anm. 14), S. 101.

„Spielstätten der Thomaner": Nikolaikirche mit Blick von Süden. Altkolorierter Stich von A. F. Geißler d. J. aus der „III. Suite von Leipzig", [ca. 1785]
(Sammlung der Stiftung Thomanerchor)

„Spielstätten der Thomaner": Neukirche. Altkolorierter Stich von Adam Friedrich Geißler d. J. aus der „III. Suite von Leipzig", [ca. 1785]
(Sammlung der Stiftung Thomanerchor)

„Spielstätten der Thomaner": Thomaskirche, von Süden aus betrachtet, mit ins Alumnat bzw. in die Thomasschule eilenden Thomanern. Altkolorierter Stich von Adam Friedrich Geißler d. J. aus der „III. Suite von Leipzig", [ca. 1785]
(Sammlung der Stiftung Thomanerchor)

Paulinerkirche mit Leichenzug auf dem Weg nach Osten zum Grimmaischen Tor, weiter dann zum Johannis-Friedhof. Zu sehen sind auch sargtragende und mit Instrumenten laufende Thomaner in zeittypischer Tracht mit Schalaune (kurzer Schüler-Mantel ohne Ärmel; das Wort geht auf das neulateinische Wort Scholana zurück), Dreispitz und Perücke. Altkolorierter Stich von K. B. Schwarze, Leipzig 1789
(Sammlung der Stiftung Thomanerchor)

Ansichten des 1908 errichteten Neuen Bachdenkmals von Carl Ludwig Seffner.
Links oben: Rückseite mit Ansicht der Thomaskirche und Thomasschule von Westen, ca. 1900
(Foto: Stefan Altner, Oktober 2011)
Rechts oben: Ansicht von Südwesten
(Foto: Stefan Altner, Oktober 2011)
Links unten: Altkolorierte Postkarte, ca. 1910
(Privatsammlung Stefan Altner)

Zum Zeitalter des Thomaskantorats von Johann Sebastian Bach darf und muss hier auf andere Publikationen und Lexika verwiesen werden. Sein Thomaskantorat, das immerhin 27 Jahre andauerte, ist in zahllosen Publikationen, Filmen und Tonaufnahmen besser als jede andere Zeit des Thomanerchores – und der Thomana insgesamt – dokumentiert. Lediglich die Berufung zum Thomaskantor, er war ja „dritte Wahl", soll in einer Quelle dargestellt werden:

„Es sei erinnerlich, wie nach Absterben des Kantors Kuhnau man die Absicht auf den berühmten Telemann genommen habe. Hernach habe man Reflexion auf den Kapellmeister zu Darmstadt Graupner gemacht, den jedoch der Herr Landgraf nicht dimittieren wolle. Von den anderen Kompetenten bliebe noch übrig der Kapellmeister zu Cöthen Bach (Bürgermeister Lange).

Da man nun die besten nicht bekommen könne, müsse man mittlere nehmen; es sei von einem zu Pirna ehemals viel Gutes gesprochen worden (Appellationsrat Platz).

Bach excelliere im Klavier. Nebst der Musik habe er die Information und müsse der Kantor in den Colloquiis

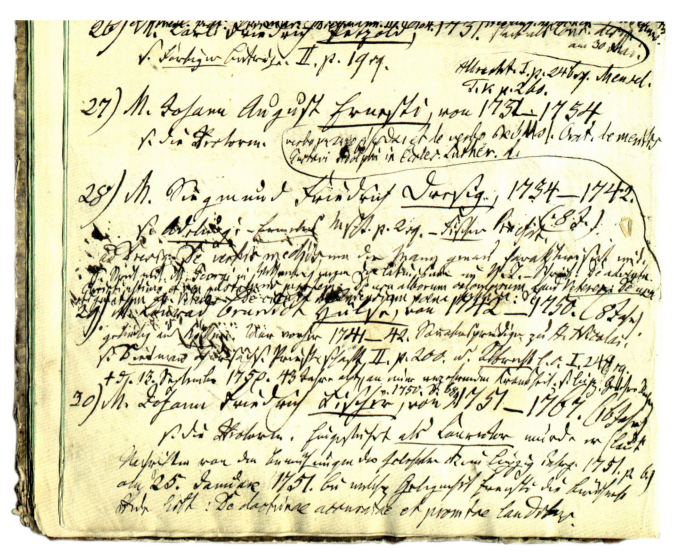

Eintrag zu Konrektor Sigmund Friedrich Dresig, der gegen Entgelt teilweise Bachs Schulunterricht übernommen hatte und sich am 11. Januar 1742 im Thomaszwinger das Leben nahm. Thomasschulrektor Johann Gottfried Stallbaum (* 1796 in Zaasch, † 1861 in Leipzig; ehemaliger Thomaner, seit 1820 Lehrer an der Schule, 1835–1861 Rektor) hinterließ in einem handschriftlichen Band umfangreiche „Collectaneen zur Geschichte der Thomasschule", die er für seine zahlreichen schulgeschichtlichen Publikationen anlegte.*
(Archiv des Thomanerchores)

* Konrektor Siegmund Friedrich Dresig erhängte sich am 11. Januar 1742 vor der Thomasschule. – Mehr zu Dresig in: *Nachrichten die Leipziger Thomas- und Nicolai-Schule betr. zusammen getragen von Gottlob Siegismund Ermel* (alles hierzu als Ms im Archiv des Thomanerchores). Darin enthalten sind u. a. Korrespondenzen zwischen dem in Grimma wohnenden Ermel († 1804) und dem Leipziger Friedrich Gottlob Hofmann (* 1772, begraben am 9. August 1841), einem Sohn des ehemaligen Tertius der Thomasschule Johann Gottlob Hofmann. S. 3: „Hat aber ein unseliges Ende genommen. In dem Indice h. Catalogo Alumnorum Scholæ illustris grimanæ stehet bei seinem Namen diese Anmerkung: ,Laqueo finit vitam, pessimo exemplo d. 11 Januar 1742.'" Auf eingeheftetem Blatt vor Seite 3: „Die Note wegen Dresigk oder wie er sich hier schreibt Dresig ist zu hart. Der arme Mann litte an hypochonder. Er erhing sich im ThomasZwinger an s. Hals Krause an ein Staquet vor des Sup. Garten. Man fand ihn halb kniend vor sich den Horaz liegen, der aufgeschlagen auf eine Stelle, die ich nicht mehr recht weis, hinwies. Ich glaube sie fängt sich an: / Fugit intrepidus, / dieses hat uns als Schülern mehrmalen der Tertius Thom. H. Mag. Hofmann erzält." Und in einem Brief von Fr. Gottlob Hofmann vom 27. August 1801 an Ermel: „[…] Dresig ist nie verheirathet gewesen; denn seine ökonomische Lage verhinderte ihn daran. Wie mir mein sel Vater erzählt hat, der ein Schüler desselben gewesen, so hielt er zwar einmal um ein Frauenzimmer an, bekam aber, seiner Armuth wegen, abschlägige Antwort. Hierauf wandte er sich an einen Freund, der ihm eine gewisse Geldsumme dazu verschießen sollte. Auch dieser Versuch war ohne Erfolg. Er zog sich dieß end. so zu Gemüthe, er sich am Ende sein Leben selbst verkürzte." (Vgl. hierzu Stefan Altner: *Die Lehrer der Thomasschule zur Zeit des Kantorats von Johann Sebastian Bach. Quellenauszüge aus dem Archiv des Thomanerchores*, in: Norbert Bolin, Markus Franz: Im Klang der Wirklichkeit – Musik und Theologie. Martin Petzoldt zum 65. Geburtstag, Leipzig 2011, S. 28–38.)

Das privilegirte vollständige und vermehrte Leipziger Gesangbuch, hrsg. v. Carl Gottlob Hofmann, Leipzig 1767. (Stadtgeschichtliches Museum, Signatur: Mü.II/62 c)

Corderi und der Grammatik informieren (unterrichten), welches er auch tun wollte. Er habe sich reversiert (verpflichtet), nicht allein publice, sondern auch privatim zu informieren. Wenn Bach erwählt würde, so könnte man Telemann wegen seiner Conduite vergessen (Bürgermeister Lange).

Er hätte gewünscht, daß Graupner es annehmen könne, richte aber nunmehr seine Gedanken auf Bach, zumal da dieser sich erklärte, sowohl bei der Musik als in der Schule zu informieren. Sollte er bei der letzteren nicht allenthalben fortkommen können, würde man ihm, es durch eine andere Person verrichten zu lassen, nicht entgegen sein (Bürgermeister Steger).

Weil die Vakanz so lang gewesen, so hätte man Ursache zur Wahl zu schreiten. Es wäre zu wünschen, daß man es mit dem Dritten träfe. Zur Information der Jugend müsse er sich akkomodieren. Bach wäre geschickt dazu und wollte es tun (Appellationsrat Platz).

Bachs Person wäre so gut als Graupner. Er hätte sich erklärt, nicht allein als Kantor, sondern auch als Collega bei der Thomasschule seine Treue zu bezeigen … Er hätte solche Compositiones zu machen, die nicht theatralisch wären (Bürgermeister Steger).

Es wäre nötig, auf einen berühmten Mann bedacht zu sein, damit die Herren Studiosi animieret werden möchten. Bach hätte seine Dimission zu suchen. Es sei zu wünschen, daß es wohl geraten möge (Bürgermeister Lange).

Womit sich also diese Konsultation geendiget."[58]

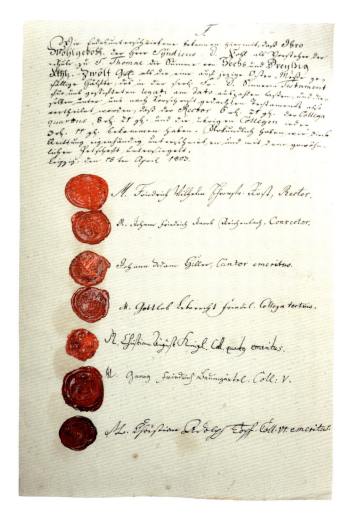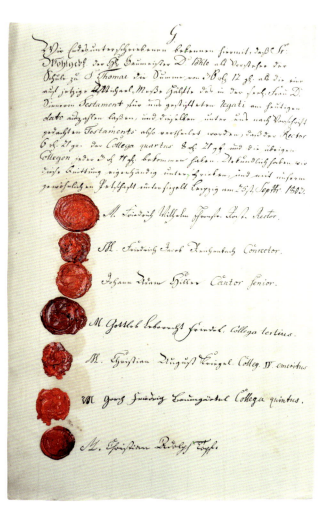

*Zwei Beispiele für Quittungsbelege zum Erhalt von Ausschüttungen aus dem Sinner'schen Legat nach der Verfügung aus dem am 21. November 1741 niedergelegten Testament von Regina Maria Sinner mit Unterschriften und Siegel der Begünstigten: „Wir Endes-unterschriebenen bekennen hiermit, daß Sr: Wohlgeb. der Hr. Baumeister D. Pohle als Vorsteher der Schule zu S. Thomae die Summe von 36 rl. 17 gl. als die auf jetzige Michael-Meße Hälfte des in der seel. Frau Sinnerin Testament für uns gistifteteten legati am heutigen dato auszahlen laßen, und dieselben unter uns nach Vorschrift gedachten Testamente also vertheilet worden, daß der Rector 6 rl. 21 gr. der Collega quartus 8 rl. 21 gl. und die übrigen Collegen jeder 3 rl 14 gl. bekommen haben. Urkundlich haben wir die Quittung eigen-händig unterschrieben, und mit unserm gewöhnlichen Petschaft untersiegelt. Leipzig am 25st. Septbr. 1803. / M. Friedrich Wilhelm Ehrenfr. Rost, Rector / M. Friedrich Jacob Reichenbach Conrector / Johann Adam Hiller Cantor senior / M. Gottlob Leberecht Friedel, Collega tertius / M. Georg Friedrich Baumgärtel Collega quintus / M. Christian Adolph Topf. Vgl. hierzu auch: Stefan Altner: Wiedergefundene Legat-Quittungsbücher und Matrikelverzeichnisse der Leipziger Thomasschule, die auch die Bach-Zeit berühren, in: Bach-Jahrbuch, 86. Jahrgang 2000, S.119–137, passim.
(Stadtgeschichtliches Museum)*

---

58 Aus den Protokollen der Sitzungen des Rates der Stadt Leipzig vom 9. und 22. April 1723, zitiert nach: Werner Neumann, Hans-Joachim Schulze (Hrsg.): *Fremdschriftliche und gedruckte Dokumente zur Lebensgeschichte Johann Sebastian Bachs 1685–1750* (Bach-Dokumente, Bd. 2), Leipzig und Kassel 1969, S. 92 und 96 f. (Nr. 127 und 130).

59 Walter Fellmann: „*...der Stadt zu Nutz' und Frommen ...*". Stadtväter, in: Axel Frey, Bernd Weinkauf (Hrsg.): Leipzig als Pleißathen. Eine geistesgeschichtliche Ortsbestimmung, Leipzig 1995, S. 263–286.

Es ist sinnvoll, im Blick auf Johann Sebastian Bach und seinen Dienst eine Skizze der öffentlichen und kirchlichen Verhältnisse Leipzigs hinzuzufügen, gleichsam als pars pro toto. Die Stadt wurde bis zur Reform von 1831 von einem Stadtrat regiert, der, von der patrizischen Oberschicht gebildet, in drei Gruppierungen zerfiel, die sich in der jährlichen Regierung abwechselten.[59] Bach hatte zu deren Wechsel, der sogenannten Ratswahl – immer montags nach Bartholomäi (24. August) –, eine opulente Kantate zu einem speziellen Gottesdienst in der Nikolaikirche beizutragen. Die jeweils regierenden Bürgermeister erwiesen sich in der Regel auch als Förderer der Thomasschule und ihres Chores. Nicht selten amtierten sie auch als Einzelpersonen als Kirchenvorsteher der vier Stadtkirchen. So war während Bachs Dienstzeit unter anderen Gottfried Lange tätig, ursprünglich ein Günstling Augusts des Starken, der sich aber nach und nach die Sympathien der Leipziger erwerben konnte. Lange, ein gebürtiger Schlesier – übrigens wie viele Personen der damaligen Oberschicht in Stadt, Kirche und Universität –, ist bis zu seinem Tode 1748 Kirchenvorsteher der Thomaskirche gewesen. Er sah sich deutlich als Schutzherr der Musikausübung und der Ambitionen Bachs.

Im kirchlichen Bereich amtierte als Superintendent seit 1721 Salomon Deyling (* 1677, † 1755), ein theologischer Wittenberger und als solcher in durchaus kritischer Stellung zu den Leipziger Verhältnissen und zur Kirchenpolitik im albertinischen Sachsen. Er war zugleich Inhaber der ersten Pfarrstelle an der Nikolaikirche, hatte also mit Bach nur dann unmittelbar zu tun, wenn es um die Gottesdienste der Nikolaikirche ging. In der Thomaskirche war zur gleichen Zeit bis zu seinem Tode 1736 auf der ersten Pfarrstelle Christian Weise d. Ä. (* 1671, † 1736) tätig. Er galt nicht nur als Vertreter des Superintendenten, sondern war auch Inspektor der Thomasschule, eine Aufgabe, die ihn gegenüber dem kurfürstlichen Konsistorium verantwortlich machte. Als Inspektor hatte er alle Angelegenheiten der Schule zu beaufsichtigen, gegebenenfalls sich anwaltlich bei der Stadt oder auch beim Konsistorium für die Belange der Schule und des Chores zu verwenden. Das hat er nachweislich auch mit großer Treue getan. Selbst in Fällen von Kompetenzspannungen zwischen Konsistorium und Stadtrat hat er – zwar nicht immer völlig unparteiisch – angemessen zu regulieren versucht. Bach erwählte Weise gleich nach seiner Ankunft in Leipzig für sich und seine Familie zum Beichtvater, ein geistliches Betreuungsverhältnis, das zu dieser Zeit auch in lutherischen Gebieten Deutschlands noch vollständig funktionierte.

Mit dem Konsistorium befand sich eine von mehreren kurfürstlichen Institutionen in der Stadt. Es wurde aus drei juristischen und drei theologischen Assessoren gebildet und von einem Präsidenten geleitet. Seine Zuständigkeit galt der Beaufsichtigung der Kirchen- und Schulangelegenheiten der Stadt und der der Leipziger Superintendentur zugehörigen Aufsichtsgebiete, die teilweise bis nach Nordthüringen und bis in die Niederlausitz reichten. Da aber die Assessoren und der Präsident unter anderem zugleich Mitglieder des Stadtrates, der Juristenfakultät und der Theologischen Fakultät waren, schienen die Wege und Entscheidungsergebnisse in der Regel sehr auf Leipzig bezogen, wenn es nicht zu Einsprüchen des Dresdner Oberkonsistoriums kam, die dann umzusetzen waren. So vereinigte Superintendent Deyling in seiner Person die Mitgliedschaft im Konsistorium, die Tätigkeit als Professor der Theologischen Fakultät, später auch als Dezemvir der Universität und als Pfarrer von St. Nikolai.

Von wesentlicher Prägekraft für Leipzig war zudem die Universität Leipzig. Sie wurde als rechtlich eigenständiger Bereich geführt und verstanden. Das zog eine Reihe von Abgrenzungen und definitorischen Bemühungen nach sich. In Bachs Anstellungsrevers schlägt sich das in jener eigentümlichen Bemerkung nieder, dass er ohne Bewilligung der Stadt – seinem anstellenden Dienstherrn – keine Aufgabe annehmen durfte, z. B. bei der Universität. Gleich in seinen ersten Dienstjahren kam es deshalb zum Konflikt, weil Bach sich – dem Herkommen gemäß – entschieden um die Leitung der Universitätsmusik bemühte. Seit 1710 veranstaltete die Universität eigene regelmäßige Gottesdienste an allen Sonn- und Festtagen des Kirchenjahres in der im Zusammenhang mit dem Universitätsjubiläum 1709 baulich sanierten Universitätskirche St. Pauli. Schon damals hatte es, zu Zeiten von Bachs Vorgänger Johann Kuhnau, erhebliche Auseinandersetzungen gegeben, die durch das für die anderen Stadtkirchen geltende Parochialrecht bedingt waren. Denn die städtischen Geistlichen – zu St. Nikolai, St. Thomas je vier, zuzüglich eines Sonnabendspredigers, zu St. Petri und in der Neukirche je zwei, zu St. Johannis und St. Georg je einer – fürchteten um die ihnen zustehenden Einnahmen aus sogenannten Akzidentien, wenn es in der Universitätskirche Gottesdienst und womöglich sogar Kasualhandlungen gäbe. Der Konflikt, den Bach für sich entscheiden wollte, bezog sich sowohl auf die musikalische Zuständigkeit des „alten Gottesdienstes" in der Universitätskirche (Gottesdienste an den ersten Feiertagen der drei hohen Feste und am Reformationsfest), die ihm schließlich erteilt wurde, als auch auf die musikalischen Dienste im „neuen Gottesdienst", also an allen Sonn- und Festtagen des Kirchenjahres. Sein Vorgänger Kuhnau hatte versucht, die dienstliche Parallelität zu den Gottesdiensten in St. Nikolai und St. Thomas durch Präfekten oder musikalische Studenten zu regeln, aber dennoch an sich als Musikdirektor der Stadt und der Universität zu binden. Das gelang Bach nicht. Er hatte deshalb das Nachsehen, weil der Nikolaiorganist vor Bachs Dienstantritt sich die Verantwortung für den „neuen Gottesdienst" mit Erfolg zu sichern gewusst hatte und selbst die herbeigeführte kurfürstliche Entscheidung den erreichten *Status quo* nicht mehr ändern konnte.

Die Universität wurde 1689 auch zum Ausgangsort einer neuen Frömmigkeit, die nicht nur durch den Begriff des Pietismus bezeichnet, sondern auch als politische

Bedrohung der Ordnung und des inneren Gesellschaftsgefüges empfunden wurde. Der Magister der Philosophie August Hermann Francke (* 1663, † 1727) gründete zusammen mit Freunden das *Collegium philobiblicum*, eines von mehreren studentischen *Collegia*, die zur Intensivierung des Studiums und seiner praktischen Folgen beitrugen. Dort taten sie das, was auch sonst in Lehrveranstaltungen der Philosophischen Fakultät vorkam, sie betrieben philologische Lektüre biblischer Texte. Das freilich mit dem Unterschied, dass Francke diese *Collegia* mit Gebet begann und beschloss, dazu den Vortrag in deutscher Sprache vollzog und Personen Zutritt bewilligte, die nicht oder nicht mehr zur akademischen Gemeinschaft gehörten: Handwerkern, Mägden und Priestern vom Lande, also Landpfarrern. Das erregte heftigen Widerspruch bei den Geistlichen Leipzigs, beim Konsistorium und schließlich auch beim Oberkonsistorium in Dresden. Die Episode des Franckeschen Pietismus in Leipzig endete offiziell mit einer gerichtlichen Untersuchung und der Ausweisung Franckes, der sich freilich durch Flucht vorzeitig der Strafe entzogen hatte. Inoffiziell aber blieb der Impuls vertiefter Frömmigkeit weiter wirksam, und auch die theologische Prüfung, der Bach sich vor Beginn seiner Tätigkeit im Konsistorium zu unterziehen hatte,[60] diente immer noch der Überprüfung der orthodoxen Einstellung. Gleichwohl hatten sich einflussreiche Persönlichkeiten immer wieder positiv zur Belebung der Frömmigkeit durch Francke bekannt, unter anderen auch der Thomaspastor Weise und der Ratsherr Abraham Christoph Platz.

Johann August Ernesti d. J., 1734–1759 Rektor der Thomasschule, war einer der Professoren, die der junge Goethe als Jurastudent in den Vorlesungen der Universität zu hören bekam. Er war der dritte Rektor während der Kantoratszeit Johann Sebastian Bachs. Nach zunächst freundlichem Verhältnis zu Bach verschlechterten sich die Beziehungen des neuen, aufklärerisch gesinnten Rektors durch Eingriffe in die Musikpflege der Thomasschule bis zum Ausbruch eines erbitterten Streits um das Recht der Präfektenbestimmung für den Chor der Alumnen. Dieser Streit verlief allerdings im Sand, sodass sich beider Verhältnis auch wieder normalisierte. Nach Bachs Tod gehörte Ernesti immerhin zu den Rechtsbeiständen, die für die Familie und die Witwe tätig waren. Ernesti wurde der Verfasser der kursächsischen Schulordnungen von 1772/73 für die Fürsten- und Landesschulen.

Dass Johann Sebastian Bach sich immer wieder beim Rat der Stadt Leipzig über die unzureichende Qualität

---

60 Vgl. Martin Petzoldt: *Bachs Prüfung vor dem Kurfürstlichen Konsistorium zu Leipzig,* in: Bach-Jahrbuch 84 (1998), S. 19–30.

Johann August Ernesti (1707–1781), Stich von Johann Friedrich Bause nach dem zweiten Porträtgemälde von Anton Graff, Leipzig 1768
(Privatsammlung Stefan Altner)

der Sänger beschwerte, ist allgemein bekannt. Doch auch andere Thomaskantoren sahen sich immer wieder zu ähnlichen Klagen veranlasst, wie etwa Johann Friedrich Doles (* 1715, † 1797; 1756–1789 im Amt).

Im „Catalogus der itzigen Chöre" ist zu lesen, dass er „die bey Besorgung des musikalischen Faches mir obliegenden Pflichten gehörig zu erfüllen fast von allen Seiten gehindert werde". Zum Beweis legte er ein „Verzeichnis von gegenwärtiger Beschaffenheit derer Chöre bey, welche sich täglich noch verschlimmern".

Er listet 54 Alumnen auf, die er in Chören zusammengefasst hat, und führt zum ersten Chor aus: „Unter diesen allen sind noch kaum 8 leidliche Sänger, und kaum eben so viele Instrumentisten; die übrigen haben theils ihre Stimmen verloren, theils sind sie unfleißig." Im zweiten Chor seien: „Alle elende Sänger! den Praefecten ausgenommen, und haben theils ihre Stimmen verlohren, theils wenden

Thomaskantor Johann Friedrich Doles (* 1715, † 1797; 1756–1789 im Amt) beschwert sich über die unzureichende Qualität der Sänger.

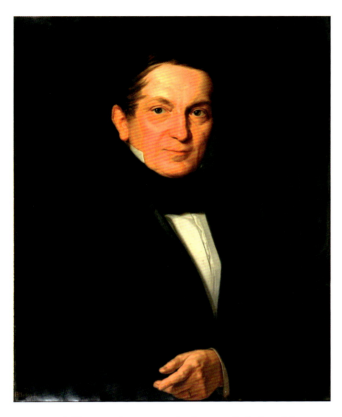

Gustav Adolf Hennig (1797–1869): Thomasschulrektor Johann Gottlob Stallbaum (1793–1861), Öl auf Leinwand, Leipzig 1854 (Stadtgeschichtliches Museum, Signatur: K/405/2000)

Albert Becker (1834–1899), Stich und Druck nach einer Fotografie von Th. u. A. Weger sen., Leipzig 1893.
Becker wurde 1892 zum Thomaskantor gewählt, sagte jedoch nach langen Verhandlungen „auf Wunsch seiner kaiserlichen Majestät" ab, weil diese ihn am Dom in Berlin halten wollte. Hier wiederholt sich ein ähnliches Verfahren wie vor der Wahl Johann Sebastian Bachs ins Thomaskantorenamt (Bach war „dritte Wahl"), nachdem der absolut favorisierte Georg Philipp Telemann abgesagt hatte, weil er nach Bekanntwerden seiner Wahl zum Thomaskantor in Leipzig seine Position in Hamburg wesentlich verbessern konnte. Vgl. hierzu ausführlich: Stefan Altner: Das Thomaskantorat im 19. Jahrhundert, Bewerber und Kandidaten für das Leipziger Thomaskantorat in den Jahren 1842 bis 1918. Quellenstudien zur Entwicklung des Thomaskantorats und des Thomanerchors vom Wegfall der öffentlichen Singumgänge 1837 bis zur ersten Auslandsreise 1920, Leipzig 2006, S. 88–100. (Privatsammlung Stefan Altner)

sie keinen Fleiß an." Zum dritten Chor befindet er: „Unter diesen ist kein einziger das, was er seyn soll, aus vorhergehender Ursache."[61]

Dem gegenüber stehen jedoch die ebenso bekannten Berichte seines Nachfolgers Johann Adam Hiller, in denen jener die Leistungsfähigkeit seiner Schüler in einem Brief an den Musikschriftsteller Ernst Ludwig Gerber (Berlin) 1796 lobt: „Kämen Sie doch bald einmal zu uns, daß ich Ihnen das letzt, aber größte Werke Mozarts, sein Requiem, von meinen Schülern aufgeführt, könnte hören lassen! / Wundern Sie sich, wenn Sie meine Trompeter, Pauker, Waldhornisten, Oboisten, Klarinettisten, Fagottisten, Geiger und Baßspieler, alle in schwarzen Röcken, sähen, wobey ich immer noch ein Chor von 24 Sängern übrig behalte. Sogar die Posaunen werden jetzt in der Kirche von Schülern geblasen. Zu meiner großen Freude muß ich sagen, daß die, welche blasende Instrumente treiben, die Gesündesten unter den Schülern sind."[62]

Zu den wichtigsten ‚Spielstätten' der Thomaner gehörte neben der Thomaskirche die Nikolaikirche, die in früheren Zeiten bis Anfang der 1940er Jahre der zweitwichtigste Auftrittsort war. Von besonderem Interesse waren und sind natürlich die verschiedenen Häuser des Gewandhauses, in denen die Thomaner oftmals bei den großen Konzerten mitgewirkt haben. Übrigens sind heutzutage die Aufführungen der Bach'schen Passionen und des Weihnachts-Oratoriums in der Thomaskirche Ver-

61 StA Leipzig, Stift VIII B6.
62 Zitiert nach: B. Knick (Hrsg.): *St. Thomas zu Leipzig* (wie Anm. 14), S. 253.

Tagesordnung für die Alumnen der Thomasschule, ca. 1850
(Archiv des Thomanerchores)

*Historische Farbaufnahme der Lutherkirche am Johannapark, Leipzig um 1900.
In der Lutherkirche wirkten eine Zeit lang Lehrer der Thomasschule als Organisten und Kantoren wie Bernhard Friedrich Richter und Otto Beck. Zu Chor-Aufführungen wurden vornehmlich Externe der Thomasschule eingesetzt.
(Privatsammlung)*

anstaltungen des Gewandhauses, zu denen unter anderen der Thomanerchor verpflichtet und die Thomaskirche angemietet wird. Das Gewandhaus begleitet von Anbeginn der 1740er Jahre an bis heute als Partner, Konkurrent, Tourneeorchester und Konzertveranstalter den Thomanerchor. Die Thomaskirche zählt zu den drei satzungsgemäßen Spielstätten des Gewandhausorchesters, neben dem Gewandhaus selbst und der Oper. Die Konzerte mit dem Gewandhausorchester in Leipzig und in aller Welt zeugen von der Verbundenheit und Strahlkraft der beiden nach wie vor wichtigsten musikalischen Kulturbotschafter Leipzigs.[63]

Der Lutherkirche am Johanna-Park, heute Ecke Lasalle-, Schreberstraße, galt schon immer das Interesse von Teilen der Thomasschule, vor allem der Musiklehrer für die Externen, die anfangs die Kantoren stellten.

Organisten der Lutherkirche: 1889–1920: Bernhard Friedrich Richter, seit dem 1. Advent 1890 zugleich Kantor an der Lutherkirche (* 1. August 1850 in Leipzig, † 16. April 1931 in Leipzig). Organist/Kantor, Lehrer, Musikschriftsteller. Nach Besuch der Thomasschule studierte er bei seinem Vater, Ernst Friedrich Richter, Musik. 1890 wurde er Gesanglehrer der Externen an der Thomasschule, 1908 wurde er zum Kirchenmusikdirektor und 1917 zum Professor ernannt. Er war von 1876 bis zum 30. Juni 1888 Organist an der Jacobikirche (Anstaltskirche), 1888/89 Organist an der Johanniskirche. Bernhard Friedrich Rich-

---

63 In dem 76-seitigen „Gewandhaus-Magazin Nr. 74 (Frühjahr 2012)" wird es zum aktuellen Thomanerchor und seinen einzelnen Mitgliedern Artikel geben, eine Fotostrecke von Gert Mothes wird die Thomaner einzeln individuell ins Licht rücken.

*Historische Farbaufnahme des Gewandhauses um 1900
(Privatsammlung)*

ter ist Verfasser noch heute wichtiger Artikel zur Leipziger Musikgeschichte, vor allem zur Bachforschung (Aufführungspraxis). Seine Abschriften von Matrikeln der Thomasschule stellen teilweise die einzigen Sekundärquellen dar, da wichtige Originale verschollen sind. Er führte als Erster die Passionen von Heinrich Schütz historisch korrekt, d. h. ohne die im 19. Jahrhundert hinzugekommenen Akkompagniata der Rezitative auf. Er war es auch, der beim Abendmahl wieder den abwechselnden Gesang zwischen Gemeinde und ‚Kunstgesang' – Motetten – eingeführt hat. Er ist der Bruder von Alfred Richter.

1920–1929: Otto Beck (* 11. Oktober 1885 in Geringswalde, † 30. Mai 1929 in Leipzig). Lehrer und Organist/Kantor. Seit Ostern 1920 Oberlehrer für Musik an der Thomasschule und zugleich Kantor und Organist der Lutherkirche. Er erlag einem Kriegsleiden aus dem Ersten Weltkrieg. Im Archiv des Thomanerchores im Thomasalumnat wird ein Manuskript seiner „3 kirchlichen Gesänge" für Sopran und Violine mit Begleitung der Orgel, op. 10, aufbewahrt.

Heute wird die Kirche, die ein Teil der St.-Thomas-Matthäi-Gemeinde geworden ist, neben den Gottesdiensten vor allem als Veranstaltungsort der Thomasschule und des Forum Thomanum genutzt. Im Rahmen der Weiterentwicklung des Forum-Thomanum-Gedankens, einen Bildungscampus zu errichten, soll die Lutherkirche dann dort als Aula und Kirche und für vielerlei Veranstaltungen genutzt werden.

Das Leben der Alumnen als Choristen und Schüler hat sich über die vielen Jahrhunderte hinweg von den äußeren Bedingungen her zwar verändert, die Gebäude wechselten, wurden umgebaut, erweitert und im Krieg zerstört, jedoch haben sich die inneren Verhältnisse nur graduell gewandelt. Das Zusammenleben auf engstem Raum, der Leistungsgedanke, der Wille des Erfolgs als Chorgemeinschaft und die soziale Kompetenz, die durch die vielen

Plakat für Konzert des Thomanerchores unter Karl Straube am 29. Oktober 1938 in der Kirche Saint Eustache in Paris. Aufgeführt wurde die Bach'sche Matthäus-Passion mit dem Orchester der Philharmonischen Gesellschaft Paris.

Erlebnisse erworben wird, ziehen sich wie ein beständig wahrnehmbarer Ariadnefaden durch die Alumnen- und Schülerwelt. Die Beschäftigung mit der „Musica sacra" gibt den Choristen eine weitere Richtschnur.

Freud und Schmerz wurden stets gleichermaßen geteilt, so auch die schlimme Zeit nach dem Bombenangriff auf Leipzig im Dezember 1943, bei dem die Thomasschule und die anglo-amerikanische Kirche gegenüber zerstört wurden. Die Interimszeit von Dezember 1943 bis Mai 1945 verbrachten die Thomaner in Grimma in der Landesschule St. Augustin und den dazugehörenden Internatsräumen, die sie mit anderen Schülern und später auch mit Flüchtlingen, Vertriebenen und ehemaligen Lagerinsassen teilten.

Zurückgekehrt nach Leipzig, überstand die Thomasschule einige Wanderjahre durch verschiedene Schulen. Die Motetten waren bereits in der Zeit vor Grimma oft in Leipzig gesungen worden, die Leipziger haben sie als Lichtblick in schlimmster Zeit lebhaft und dankbar in Erinnerung. Nach dem Krieg begannen bald wieder weit ausgedehnte Konzertreisen – a cappella oder mit Orchester, ab 1952 zusammen mit dem Gewandhausorchester. Tourneen führten die Thomaner in die Schweiz, nach Westdeutschland, Skandinavien, in die Sowjetunion, 1955 nach Südamerika und oft nach Berlin. Das waren entbehrungsreiche Zeiten. Nachvollziehbar wird die Inkaufnahme von Strapazen nur, wenn man sich die Not und Entbehrung vergegenwärtigt, die in jener Zeit noch vorherrschten. Schulstunden fielen aus, weil es keine Kohlen zum Heizen der Unterrichtsräume gab. In der durch Bomben schwer zerstörten und nur von Trümmern geräumten,

Otto Beck (1885–1929), auf der Rückseite der Fotografie steht: „Oberlehrer Otto Beck, Kantor an der Lutherkirche, Musik- und Zeichenlehrer".
(Archiv des Thomanerchores)

Grußkarte zum 700-jährigen Thomana-Jubiläum 1912
(Archiv des Thomanerchores)

Aufnahmebedingungen für das Alumnat
der Thomasschule zu Leipzig.

I.
Aufnahme.

1. **Anmeldung.** Die Anmeldung zur Aufnahme erfolgt beim Rektor und beim Kantor spätestens ¼ Jahr vor der (Oster-) Prüfung. Der Aufzunehmende ist bei der Anmeldung persönlich vorzustellen.
An Zeugnissen sind beizubringen:
   1. ein Taufzeugnis,
   2. ein Zeugnis über die bisherige Bildung,
   3. ein Impfschein,
   4. ein ärztliches Zeugnis über den Gesundheitszustand.
2. **Alterserfordernis.** Der Aufzunehmende muß 10—12 Jahre alt sein. Jüngere oder ältere Schüler können nur ausnahmsweise berücksichtigt werden.
3. **Vorbildung** a) Wissenschaftliche Vorbildung. An die Alumnen werden in den Wissenschaften dieselben Ansprüche wie an die übrigen Schüler gestellt. Die Thomasschule ist ein in 9 Klassenstufen gegliedertes humanistisches Gymnasium. Die Primen gabeln sich in eine sprachlich-geschichtliche und eine mathematisch-naturwissenschaftliche Abteilung nach freier Wahl der Schüler und ihrer Eltern. Bei der Aufnahme nach Sexta werden die Vorkenntnisse vorausgesetzt, die durch vierjährigen Besuch einer Volksschule erworben werden. Demgemäß wird bei der wissenschaftlichen Prüfung für Sexta eine Nachschrift von mittlerer Schwierigkeit, eine kleine Nacherzählung als Aufsatz und eine Rechenarbeit über die vier Grundrechnungsarten im Zahlenraum bis zu 1000000 verlangt. b) Musikalische Vorbildung. Der körperlich kräftige Knabe muß eine gute Sopranstimme haben, die soweit ausgebildet sein soll, daß er ein einfaches Lied oder eine leichte Motette ziemlich vom Blatte singen kann. Das setzt Kenntnis der Musikzeichenschrift, der Dur- und Molltonarten, sowie Übungen im Treffen der Intervalle voraus. Im Klavierspiel wird der Vortrag einer Sonatine von Clementi, Diabelli, Kuhlau oder Mozart gewünscht.

Da nur musikalisch begabte und möglichst gut vorbereitete Knaben zur Hauptprobe zugelassen werden können, ist es nötig, daß sich der Angemeldete einer Vorprobe unterzieht, die der Thomaskantor Prof. Karl Straube, Dorotheenplatz 1 III, jeden Sonntag ½ 11 Uhr vorzunehmen bereit ist. Der Knabe soll Noten mitbringen und etwas vorsingen und vorspielen. Vorherige Anmeldung ist erwünscht.

Empfehlenswertes Übungsmaterial:
Wüllner, Chorgesangschule Band I.
Friedländer, Chorschule. Leipzig, Peters. (Viele Übungen müssen jedoch in höhere Lagen transponiert werden.)
Weinlig, 36 Singübungen für Sopran. Leipzig, Hofmeister.
Beethoven, Ausgewählte Lieder für Sopran; besonders die darin enthaltenen geistlichen Lieder. Leipzig, Peters.
Unser Landesgesangbuch mit vorgedruckten Melodien.

4. **Aufnahmeprüfung.** Die öffentliche Aufnahmeprüfung findet in der Regel am Sonnabend vor Palmarum, Vormittags von 8 Uhr an statt, und zwar in der Weise, daß der musikalischen Prüfung die wissenschaftliche vorangeht.
5. **Ausstattung.** Der in das Alumnat eintretende Zögling hat mitzubringen:
   1. zwei Anzüge, deren einer dunkel sein muß,
   2. doppeltes Schuhwerk,
   3. ein Federbett und ein Kopfkissen mit je zwei Überzügen und zwei Bettüchern,
   4. die zum Wechsel erforderliche Wäsche (mindestens 6 Hemden, 6 Paar Strümpfe, die nötigen Taschentücher, Handtücher, Mundtücher usw.).

Die Wäsche und die Betten müssen mit dem Vornamen und dem vollen (nicht abgekürzten) Familiennamen des Eigentümers bezeichnet sein, und zwar in einer von den Wäschestücken abweichenden Farbe. Die Erziehungspflichtigen haben rechtzeitig dafür zu sorgen, daß alle 5 Wochen gereinigte Bettwäsche vorhanden ist.

II.
Musikalische Pflichten der Alumnen.

Die Alumnen bilden bei dem Gottesdienst in mehreren Kirchen Leipzigs den Chor, führen daselbst die Kirchenmusiken auf und singen jeden Freitag und Sonnabend in der Thomaskirche eine Motette. Außerdem werden sie nach Bedarf zur Mitwirkung bei den Gewandhauskonzerten (im Winter) herangezogen. Statt des sonstigen planmäßigen Singunterrichts der Schule haben sie täglich 1 Singstunde (Probe).

Die Alumnen genießen freien Unterricht bis zur Universitätsreife, sie haben zwar einige Gebühren (Aufnahme- und Abgangsgebühren, sowie Beiträge zur Schülerbibliothek) zu entrichten, sind aber von der Bezahlung des Schulgeldes befreit. Ebenso haben sie freie Wohnung und Kost, ferner unentgeltliche ärztliche Pflege. Sie erhalten außerdem ein Monatsgeld in Abstufungen von 3, 2½ und 2 Mark, die mit Ämtern betrauten Oberen auch ein Jahresgehalt.

Nähere Auskunft erteilt die Direktion der Thomasschule oder die Inspektoren, Leipzig, Hillerstr. 8.

LEIPZIG, A. EDELMANN.

Aufnahmebedingungen für Alumnen, [1920er Jahre]
(Archiv des Thomanerchores)

„Sonntag vormittag ½ 12 Uhr", Zeitungsbericht zu den ersten Bach-Kantatensendungen im Rundfunk in der Grünen Post vom 19. April 1936, Programmzeitung der MIRAG
(Archiv des Thomanerchores, Sammlung Fritz Spiess)

„Die Thomaner reisen …", Zeitungsbericht über Reisen zur Zeit von Thomaskantor Karl Straube in der Welt im Bild vom 14. November 1937
(Archiv des Thomanerchores, Sammlung Fritz Spiess)

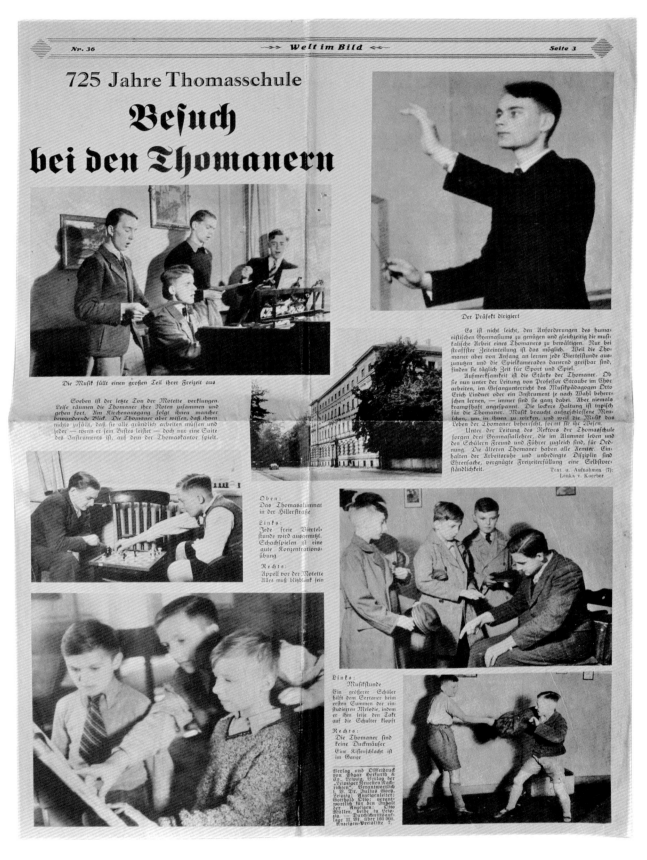

„Besuch bei den Thomanern", Bericht zur 725-Jahr-Feier über die Thomasschule und die Thomaner in der Welt im Bild, Nr. 46 (1937), S. 3
(Archiv des Thomanerchores, Sammlung Fritz Spiess)

Nr. 12 — 1936/37   **17. Dezember 1936**

Sächsische Hausfrau

*Dresdner Hausfrau * Leipziger Hausfrau * Chemnitzer Hausfrau*

> Wenn es draußen friert und schneit,
> denke an die Not der andern,
> laß manch Päckchen und manch Kleid
> in des Aerm'ren Wohnung wandern.

Sänger unserer Weihnachtslieder
Die Thomaner haben Weltruf

Seit mehr als 700 Jahren singt der Thomanerchor uns Leipzigern seine Weihnachtslieder. Heute gilt er als der beste Knabenchor der Welt. Auf seinen Konzertreisen, die ihn nicht nur durch Deutschland, sondern auch durch das Ausland führen, sind bei seinen Veranstaltungen Kirchen und Säle überfüllt. Es ist wie in Leipzig: wer nicht zeitig genug zu den Motetten der Weihnachtszeit in die Thomaskirche kommt, muß wegen Ueberfüllung wieder gehen. Wir lieben die fröhlichen, frischen Jungen. Reine, klare Stimmen sind es, von ihrem Meister, dem Thomaskantor Professor D. Dr. Karl Straube auf das sorgfältigste geschult, so daß sie befähigt sind, die Pflege Bachscher Werke zur Vollendung zu führen.

Es muß einleuchten, daß eine so vollkommene Einheit nicht allein durch die hervorragende musikalische Erziehung erreicht werden kann, daß vielmehr die Gesamterziehung einheitlich und nach bestimmten Grundlinien durchgeführt werden muß. Einen Blick in das musikalische und wissenschaftliche Wachsen und Werden unserer Thomaner durften wir tun durch einen

Besuch der Thomasschule und des Alumnates.

Das Thomas-Gymnasium hat etwa 530 Schüler. Von diesen sind 60 — eben die Angehörigen des Thomanerchores — im Alumnat, das unmittelbar mit der Schule in Verbindung steht, untergebracht. Die Alumnaten sind eine Auslese von besonderen Begabungen. Sie müssen neben der wissenschaftlichen Begabung für Musik vor allem im Besitze einer schönen Stimme sein.

Da natürlich das doppelte Studium auch den Einsatz doppelter Kraft verlangt, muß auch die Gesundheit eine vorzügliche sein. Die Alumnaten treten nach wissenschaftlicher und musikalischer Prüfung als Sextaner in Schule und Chor ein. Sie müssen auch ein Instrument spielen.

Von den zahlreichen musikalischen Verpflichtungen seien nur erwähnt: der Kirchendienst am Sonntag zu den Hauptgottesdiensten, abwechselnd in den beiden ältesten Leipziger Stadtkirchen St. Thomas und St. Nikolai, die Thomas-Motetten freitags 18 Uhr und sonnabends 13.30 Uhr, jeden zweiten Adventssonntag im Rundfunk eine Kantate und der traditionelle Weihnachtsliederabend am 23. Dezember. Unsere Thomaner aber werden noch bei vielen offiziellen Anlässen geholt. Wenn große städtische Feiern sind, oder bei verschiedenen Gewandhauskonzerten, ebenfalls auch außerhalb der Bachkantaten zu Sonderdarbietungen im Rundfunk. Sie helfen auch, wo es gewünscht wird, Familienfeiern zu verschönen. Natürlich müssen sie auch das ganze Jahr musikalisch arbeiten für ihre traditionelle Konzertreise im Herbst, die sie in diesem Jahre außer durch West- und Süddeutschland durch Belgien und Frankreich bis nach Paris geführt hat.

Das Leben im Alumnat

Früh 6.25 Uhr wird zum Frühsport angetreten im Hof oder zum Waldlauf, soweit das Wetter es irgend erlaubt. Abhärtung ist unerläßlich, damit das gut eingerichtete Krankenzimmer möglichst leer bleibt. Um 7.30 Uhr sitzen alle beim Frühstück. Um 8 Uhr beginnt der Unterricht in der Schule. 13.40 Uhr ist gemeinsames Mittagessen. Danach spielt sich der vielfältige Nachmittagsdienst ab: Schularbeiten, Instrumentalunterricht und die Gesangsproben. Um 19 Uhr gibt's gemeinsames Abendbrot.

Früh zu Bett und früh wieder auf

Die Sextaner gehen um 20 Uhr schlafen, eine Stunde später die Größeren, und die Sekundaner und Primaner dürfen noch bis 22 oder 23 Uhr aufbleiben.

Untereinander ist das Leben geschwisterlich und von einwandfreier Zucht. Heftige Naturen schleifen sich von selbst ab durch Vorbild und väterliche Pädagogik ihrer beiden Führer, des Rektors als Chef des Hauses und des musikalischen Leiters, beide verständnisvolle Erzieher. Unterstützt werden sie durch drei unverheiratete Inspektoren, die je zwanzig Schüler (eine Tutele) in jeder Weise betreuen. Eine tüchtige Wirtschaftsleiterin sorgt für Küche und Ordnung. Weihnachtszeit — schönste Zeit, auch bei unseren Thomanern.

Da das Alumnat auch das Elternhaus sein will, gibt es eine Zeit voll Vorfreude und weihnachtlicher Heimlichkeiten. An den Adventssonntagen wird das Frühstück im Dunkel des Wintermorgens bei Kerzenbeleuchtung eingenommen. Tannensträuße schmücken die Tische.

Es wird vom Schenken und Wünschen gesprochen, und jeder Thomaner darf einen Wunsch äußern, der ihm im Rahmen der finanziellen Möglichkeiten meist auch erfüllt werden kann.

Am Heiligabend ist die Bescherung das langersehnte Ereignis. Im festlichen Saal sind im Glanz der Tannenbäume auf langen Tafeln Gemeinschaftsgeschenke aufgebaut.

Auch an die Alumnaten als Gemeinschaft hat das Christkind gedacht. Da gibt's einmal neue praktische Lampen für die Arbeitstische oder Sportgeräte oder bequeme neue Stühle. Jeder bekommt in sein Sparkassenbuch ein

Der Nikolaus war auch bei den Thomanern
Diese Jungen, die sich hier echt kindlich an den weihnachtlichen Leckereien erfreuen, sind weitgereiste Leute. Erst in diesem Herbst fanden sie auf ihrer Konzertreise nach Süd- und Westdeutschland, durch Belgien und Frankreich große Anerkennung ihrer Kunst.
Aufnahme: R. Gey

Geldgeschenk eingetragen. Ja, unsere Thomaner sind solid fundierte Jungen. Sie arbeiten fleißig und sollen deshalb auch einen kleinen Lohn haben.

Nach der Bescherungsfeier gibt es „Stubenweihnachten" und endlich 21.30 Uhr im Speisesaal den Weihnachtspunsch. Dazu haben sie sich selbst auf mancherlei schöne Weihnachtsunterhaltung vorbereitet, Gesänge und Musik, ein Theaterstück und recht viel Lachen. Am Heiligabend geht's natürlich später ins Bett, und da dann im Schlafsaal kein Wort mehr gesprochen werden darf, ist es an diesem schönsten Abend des Jahres erlaubt, die Weihnachtslieder wenigstens zu summen.

Einleitung

Tafel in der 1943 durch anglo-amerikanische Bomben zerstörten Thomasschule, Schreberstraße, mit den Namen der im Krieg gefallenen ehemaligen Schüler und Lehrer, 1942
(Archiv des Thomanerchores, Sammlung Fritz Spiess)

*Linke Seite:
„Die Thomaner haben Weltruf", Bericht über den Thomanerchor in der Zeitschrift* Die sächsische Hausfrau *vom 17. Dezember 1936
(Archiv des Thomanerchores, Sammlung Fritz Spiess)*

*Weihnachtsfeier im Kriegswinter 1942
(Archiv des Thomanerchores, Sammlung Fritz Spiess)*

65

Zeitungsausschnitt aus den Leipziger Neusten Nachrichten vom 24. Januar 1942 mit einem Bericht aus Anlass des Todes von Generalfeldmarschall Walter von Reichenau. Er hatte am 15. Januar 1942 einen Schlaganfall (bei einem Waldlauf bei 40 Grad minus!) im Osten erlitten. Sein Flugzeug, das ihn zur Behandlung nach Deutschland bringen sollte, erlitt am 17. Januar 1942 eine Bruchlandung, bei der er starb. (Archiv des Thomanerchores)

Oben links:
Thomaner bei Luftschutzvorbereitungen
(Archiv des Thomanerchores, Sammlung Fritz Spiess)

Durch Säcke gesicherte Kellerfenster
(Archiv des Thomanerchores, Sammlung Fritz Spiess)

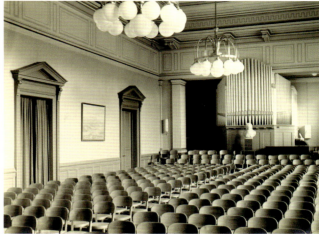

Blick in die Längsachsen der Aula der Thomasschule, ca. 1938
(Archiv des Thomanerchores, Sammlung Fritz Spiess)

Bilder aus dem Inneren der zerstörten Thomasschule nach dem Bombenangriff im Dezember 1943
(Archiv des Thomanerchores, Sammlung Fritz Spiess)

Bilder vor und nach der Zerstörung der Thomasschule (Hofseite) mit Blick vom Alumnat aus
(Archiv des Thomanerchores, Sammlung Fritz Spiess)

Thomaner auf Reisen, 1947, mit wieder erlaubter grüner Thomanermütze
(Archiv des Thomanerchores, Sammlung Fritz Spiess)

von Notdächern vielerorts geprägten Stadt war der Mangel an Wohnraum allgegenwärtig. Die Thomasschule war wie Teile des Alumnates im Krieg zerstört, stand noch als ausgebranntes Gebäude; die dem Alumnat gegenüberliegende Bürgerschule wurde schließlich neue Heimstatt, nach einer Zeit verschiedener Interims in Leipziger Schulen. Der ehemalige Thomaner und seinerzeitige Thomasschulrektor Hellmuth Heinze kündigte am 31. August 1950 in höchster Not und verschwand nach Westdeutschland. Die Auftritte des Thomanerchores in Leipzig, die Konzertreisen mit Unterbringung in Privatquartieren und meist guter Verpflegung, ausverkaufte ‚Häuser', das kam wie Lichtstrahlen in trübes Alltagsleben. Dass die politischen Umstände äußerst fragil waren, war nicht erst 1953 am 17. Juni zu spüren, als auch im Bezirk Leipzig der Ausnahmezustand ausgerufen wurde. Angst und Unsicherheit gingen vielfach um …

In dem Artikel *Der Thomanerchor nach 1945 – Hort der Reaktion oder Institution sozialistischer Leistungsschau?* von Stefan Gregor wird erstmalig die Lücke in der Geschichtsschreibung nach 1945 geschlossen. In einer nüchternen Berichterstattung über komplizierte Verhältnisse wird die Zeit nachvollziehbarer, in der sich die Thomana bewähren musste, nach dem Zusammenbruch des sogenannten Dritten Reiches, der Teilung Deutschlands und der Gründung der Deutschen Demokratischen Republik. In mehreren Publikationen, die wesentlich von der Thomasschule mit gefördert und betreut wurden, auch mithilfe des Thomanerbundes, sind zu der Zeit der Nazidiktatur wie auch zu der Zeit der sozialistischen DDR grundlegende Arbeiten entstanden. Dass eine solche Aufarbeitung auch für die Thomaskirche in Angriff genommen werden konnte, ist dem Artikel *Die Thomasgemeinde vom Ende des Ersten Weltkrieges bis zur Etablierung der SED-Diktatur* von Klaus Fitschen zu entnehmen.

Wenn es heute gilt, ein 800-jähriges Jubiläum zu feiern, dann steht die Thomana für die auf dem Glauben gewachsenen Werte unserer Gesellschaft, für deren Fortbestand in der universalen Sprache der Musik und für das Grundrecht auf Bildung als wesentliche Errungenschaft der Reformation. Namen wie Martin Luther und Johann Sebastian Bach sind mit der THOMANA untrennbar verbunden.

Der Dreiklang – glauben, singen, lernen – ist das Fundament für ein religiös inspiriertes, kulturell gebildetes und soziales Miteinander und ein lebendiger Ausdruck einer weltoffenen, multikulturellen Gesinnung.

Die Thomaskirche ist eines der beiden zentralen Gotteshäuser in der Leipziger Innenstadt: Ort des Glaubens, des Geistes, der Musik – täglich geöffnet und jedermann zugänglich, ein Gebrauchsraum für Menschen, die nach Trost und Wegweisung suchen. Die Thomaskirche ist auch Heimat des Thomanerchores und letzte Ruhestätte

Die 2003 erschienene Briefmarken-Serie mit berühmten Knabenchören – Regensburger Domspatzen, Dresdner Kreuzchor und Thomanerchor Leipzig. Die Entwürfe der Sonderpostwertzeichen und des Ersttagsstempels stammen von Barbara Dimanski, Halle.
(Privatsammlung Stefan Altner)

*Anglo-Amerikanische Kirche, Ecke Sebastian-Bach-/Schreberstraße, um 1910. Die nach Plänen von Oscar Mothes erbaute und im Juni 1885 eingeweihte Kirche wurde im Zweiten Weltkrieg ebenso wie die gegenüberliegende Thomasschule zerstört. Nach Beräumung der Trümmer befand sich dort jahrelang ein (nach der Wende verwildernder) Platz mit Garagen. Die Garagen und der wilde Pflanzenbestand wurden im Zuge der Vorbereitungen zur Baufreiheit der Errichtung des Container-Interims des Alumnats im Jahr 2010 entfernt. Perspektivisch soll auf diesem Platz eine Grundschule des Forum Thomanum entstehen.
(Links: Archiv des Thomanerchores, Rechts: Foto: Stefan Altner, 25. Januar 2012)*

des großen Thomaskantors Johann Sebastian Bach. Heute kommen Menschen aus aller Welt in die Thomaskirche, um einen Gottesdienst, eine Motette mit dem Thomanerchor und dem Gewandhausorchester oder Konzerte und Orgelmusik zu erleben. Die Thomaskirche ist die Keimzelle der THOMANA.

800 Jahre Thomanerchor. – Mit Beginn seiner Amtszeit 1992 begann Georg Christoph Biller, die gesamten erhaltenen geistlichen Bach-Kantaten zyklisch in chronologischer Reihenfolge aufzuführen. Neben der Bewahrung und Fortführung der großen Tradition nahm der Thomaskantor gleichzeitig das gemeinsame 800-jährige Jubiläum von Thomanerchor, Thomaskirche und Thomasschule zum Anlass, die bewährte Zusammenarbeit zukunftsweisend auszubauen. Der Thomanerchor gastiert auf Konzertreisen in aller Welt und feiert dort Erfolge.

Eine 800 Jahre alte Schule. – Im Jahre 1212 als Klosterschule des katholischen Augustiner-Chorherrenstifts zu St. Thomas gegründet, ist die heute staatliche Thomasschule nach wie vor fest in ihrer christlich-humanistischen Bildungstradition verwurzelt. An der Thomasschule werden Latein als erste Fremdsprache und Griechisch gelehrt. Aus der religiösen Wurzel heraus ist es ein besonderes Anliegen der Thomasschule, das Wissen um Glauben zu vermitteln.

Ein Festkomitee, zusammengesetzt aus Vertretern der Thomaskirche, des Thomanerchores, der Thomasschule, der Stadt Leipzig, des Gewandhauses zu Leipzig, des Klinikums St. Georg, der Musikhochschule und anderer Gruppen hat aus Anlass des Jubiläums ein Gesamtprogramm mit zahlreichen Veranstaltungen im Jahr 2012 entstehen lassen, das gedruckt vorliegt und hier nicht einmal auszugsweise referiert werden kann.

So gilt es zu wünschen, dass der auf einer Steinplatte neben dem Gymnasium eingemeißelte Spruch der Thomana ein gutes Omen sei: „Vivat, crescat, floreat ad multos annos!"[65]

Foto: Stefan Altner, 25. Januar 2012

64 Deutsch: „Lebe, wachse und gedeihe für viele Jahre."

Neumentabelle als Lehrtraktat für Sänger im Thomaskloster, ca. 14. Jahrhundert, Doppelseite aus dem Ms St. Thomas 391 (Universitätsbibliothek Leipzig)
„*Eptaphonus, strophicus, punctus, porrectus, oriscus, virgula, cephalicus, clivis, quilisma, podatus, Sscandicus, et salicus, climacus, torculus, ancus, Expressus minor ac major, non pluribus utor Neumarum signis, erras qui plura refingis, EVOVAE. […]*"
[Beginn eines weithin bekannten Lehrverses zum Erlernen der Neumenzeichen. Hierin sind jedoch irrtümliche Lesarten zu finden: Eptaphonus anstelle von Epiphonus, und Expressus minor ac maior anstelle von Et pressus minor etc., siehe Kommentar und teilweise Übertragung in: Bernhard Knick (Hrsg.): St. Thomas zu Leipzig. Schule und Chor. Stätte des Wirkens von Johann Sebastian Bach. Bilder und Dokumente zur Geschichte der Thomasschule und des Thomanerchores mit ihren zeitgeschichtlichen Beziehungen, Wiesbaden 1963, S. 27 f.]

Ein Zeugnis früher Musikausübung in der Thomaskirche – das sogenannte Thomas-Graduale

Stefan Altner

Die Leipziger Universitätsbibliothek ‚Albertina' beherbergt in der RARA-Abteilung mit dem Ms St. Thomas 391 – nachfolgend als Thomas-Graduale bezeichnet – als Depositum aus der Thomas-Bibliothek eine von der Musikwissenschaft hochgerühmte Handschriftensammlung von europäischem Rang, die vor allem wegen ihrer Geschlossenheit und Ausführlichkeit Einblicke in die kirchenmusikalische Praxis vom 13. bis ins 16. Jahrhundert in der Leipziger Thomaskirche gewähren kann.

Das sogenannte Thomas-Graduale enthält als Konvolut neben einem umfangreichen Graduale auch Sequenzen, Lehrtexte und andere kirchenmusikalische Handschriften. Es ist ein recht beachtliches Buch von 214 Blättern mit den Maßen 23 × 32 cm. Es gibt keine durchgehende Paginierung. Der schweinslederne Einband aus dem 16. Jahrhundert ist imponierend gearbeitet, mit Messingplättchen und -knöpfen sowie mit zwei Schließen besetzt.[1]

Das Thomas-Graduale repräsentiert eine besonders wertvolle Sammlung des germanischen Choralstils, der sich in seinem musikalischen Reichtum von der vatikanisch-römischen Form unterscheidet.[2]

Die Gesänge zum Graduale wurden nach der Epistellesung angestimmt, sie gehören damit im Gegensatz zum Ordinarium, dem feststehenden Teil der Messe, zum Proprium des Gottesdienstes, zum gemäß dem Kirchenjahr wechselnden Teil der Messe. Der Name Graduale geht darauf zurück, dass der *Diaconus* (heute: Liturg) sich noch auf den *gradibus* (Stufen) des *ambonis* (ein erhöhter Platz für Vorleser im Altarbereich, aus dem sich später die Kanzel entwickelte) befand oder diese hinaufstieg.

Die Textschrift ist überwiegend in einer schönen Mönchsschrift, der gotischen Minuskel, ausgeführt, es gibt darin einige kunstvoll gearbeitete Initiale. Die musikalische Notation ist großteils in Metzer Neumen geschrieben.[3]

Peter Wagner,[4] einer der Pioniere unter den Musikwissenschaftlern zur gregorianischen Mess- und Choraltradition sowie zur Neumenkunde, der sich wohl in jüngerer Zeit als bisher Einziger das Buch inhaltlich angeeignet hat und Teile davon herausgab, erkannte schon in den 1920er Jahren, dass der aus dem 19. Jahrhundert herrührende Bleistiftvermerk „Missale" auf dem Vorsatzblatt des im ersten Drittel des 16. Jahrhunderts zusammengebundenen Konvoluts falsch ist. So fehlen die für das Missale (das ist das Messbuch, das den liturgischen Ablauf der gesamten Messe regelt)[5] charakteristischen Gebete, Lesungen usw., die der Priester am Altar benötigt; es sind in dem Thomas-Graduale Lehr- und Gesangsstücke (Sequenzen, Graduale, Versikel und Responsorien) für die Sänger zu finden.

---

1 Vgl. hierzu die weiteren Beschreibungen in: Peter Wagner (Hrsg.): *Das Graduale der St. Thomaskirche zu Leipzig (XVI. Jahrhundert) als Zeuge deutscher Choralüberlieferung. Mit einer Untersuchung über den germanischen Dialekt des gregorianischen Gesanges*, Bd. 1: *Von Advent bis Christi Himmelfahrt*, Leipzig 1930, Reprint Hildesheim 1967, S. X ff.

2 Vgl. Peter Wagner: *Einführung in die gregorianischen Melodien. Ein Handbuch der Choralwissenschaft*, Bd. 1: *Ursprung und Entwicklung der liturgischen Gesangsformen bis zum Ausgange des Mittelalters*, 3. Aufl., Leipzig 1911, S. 88, 119, sowie Bd. 3: *Gregorianische Formenlehre. Eine choralische Stilkunde*, Leipzig 1921, zu den in den Kürzeln „euouae" angegebenen Differenzen und Ton-[Modus-]Zuordnungen vgl. S. 130 ff. und zu den Finalen im Vergleich zwischen romanischer und deutscher Überlieferung [nach Thomas-Graduale] vgl. S. 165 f.

3 Vgl. Peter Wagner: *Einführung in die gregorianischen Melodien. Ein Handbuch der Choralwissenschaft*, Bd. 2: *Neumenkunde*, 2. Aufl., Leipzig 1912, S. 136, 448 ff. Wagner beschreibt hier ausführlich auch den Codex 169 aus der Stadtbibliothek Leipzig, den er als „ein Denkmal der ältesten liturgischen Gesangspraxis in Deutschland" bezeichnet. Die dort enthaltenen „Neumen weisen nicht auf Italien hin, sondern auf irisch-angelsächsische Vorbilder. Er erweist die ursprüngliche Abhängigkeit der deutschen gregorianischen Übung nicht direkt von Italien oder von Rom, wie man bisher angenommen hat, sondern von denjenigen Männern, die das Frankenland und Alemannien christianisiert haben, und deren Väter im 7. und 8. Jahrhundert mit der Cantilena Romana bekannt gemacht worden waren." Vgl. ebenda, S. 205.

4 Peter Wagner, * 19. August 1865 in Kürenz b. Trier, † 17. Oktober 1931 in Freiburg (Schweiz), deutscher Musikwissenschaftler und Gregorianikforscher.

5 Vgl. zur Entwicklung der Messe: Peter Wagner: *Geschichte der Messe*, Teil I: *Bis 1600*, Leipzig 1913.

Ausschnitt mit Credo (Symbolum Nicaenum) aus dem ‚Thomas-Graduale', Handschrift, Anfang 16. Jahrhundert (?). Äußerst interessant ist die vermerkte Anweisung zur Aufteilung in Orgel- und Chorteil.
(Universitätsbibliothek Leipzig, Ms St. Thomas 391)

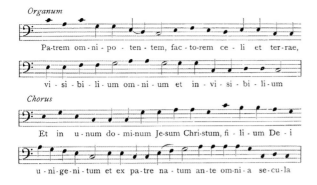

Übertragung des Credos aus dem Lateinischen
(*Rudolf Wustmann:* Musikgeschichte Leipzigs, *Bd. 1, Leipzig 1909, S. 21*)

Wagner bezeichnet den Inhalt eher zutreffend als Graduale und Sequentiarium.[6] Die Handschriften sind sicherlich im Thomaskloster entstanden, wenngleich ihnen eventuell ausgeliehene Vorbilder zugrunde liegen werden. Die Handschriften gehen in ihren Anfängen wohl auf Originale des 13. Jahrhunderts zurück und wurden bis ins 16. Jahrhundert ergänzt. Peter Wagner datiert anders als Rudolf Wustmann[7] die frühesten Stücke ins 14. Jahrhundert und schließt darauf, dass die Handschriften zwar im Stift St. Thomas entstanden sind, jedoch auf einer Quelle eines Gesangbuches des Domes zu Merseburg[8], Magdeburg oder Halberstadt basieren. Das Thomas-Graduale nennt Peter Wagner ‚Gesangbuch' und würdigt es zugleich als ein Zeugnis besonders hochstehender und reicher Musikausführung in der Leipziger Thomaskirche. Es enthält beispielsweise 88 Sequenzen, was eine erstaunliche Zahl sei, wenn andere deutsche Quellen zum Vergleich herangezogen würden: „Erwägt man, daß z. B. noch das 1510 gedruckte Straßburger Graduale nur 43, das 1511 gedruckte Basler Graduale nur 44 Sequenzen enthält, so wird man den Leipziger Chorherren bereits des 14. Jahrhunderts eine starke Musikfreudigkeit nicht absprechen können."[9]

Aufgrund der sehr ausgeprägten Gebrauchsspuren und der vielen Nachträge aus späterer Zeit kann als gesichert gelten, dass das Buch wenigstens bis zur Einführung der Reformation in Leipzig 1539 in dauerndem Gebrauch war. Auf der Rückseite des ersten Blattes sind die Namen dreier Diakone aus der zweiten Hälfte des 16. Jahrhunderts zu finden: Petrus Hesse, Simon Gedick und Caspar Alberty. Auch über die Zeit der endgültigen Durchsetzung der Reformation in Leipzig hinaus hat sich das Buch anscheinend bewährt; bekanntlich wurde seit jeher in Leipzig länger als andernorts an alten (nicht nur) musikalischen Traditionen festgehalten.[10] Nach Peter Wagner[11] kann man davon ausgehen, dass Johann Sebastian Bach das Graduale noch bekannt war, da das Gloria seiner h-moll-Messe eine Ergänzung (Tropuszusatz „altissime"[12]) aufweist, die nur im alten Thomas-Graduale zu finden ist. Zudem stimme das Choralzitat Bachs auf die Worte „Confiteor unum baptisma in remissionem peccatorum" Note für Note überein mit der Fassung auf einem der Vorsatzblätter der Sammlung.

Für die europäische Musikwissenschaft wurde das Thomas-Graduale darüber hinaus höchst bemerkenswert, da darin einmalige Musiktraktate enthalten sind, wie etwa ein altes *Orgellied* zum Lobpreis der Orgel und eine umfangreiche Anweisung zum Gebrauch der Neumen im Singunterricht der Klosterschüler. Bei ersterem handelt es sich laut Peter Wagner „um das älteste ausführliche literarische und musikalische Denkmal der Orgelbegeisterung, das wir überhaupt besitzen."[13]

Als Beleg für die Nutzung der Orgel kann das spät hinzugefügte Credo aus dem Thomas-Graduale angesehen werden. Rudolf Wustmann bemerkt, dass bereits 1356 Joachim Schund eine Orgel gebaut habe, die später in die Thomaskirche gesetzt worden sei. Diese Orgel habe schon über eine zusammenhängende Klaviatur verfügt, die mit den Fingern geschlagen werden konnte.[14]

Zum besseren Verständnis wird hier die Übertragung von Rudolf Wustmann aus dem Jahre 1909[15] übernommen, in moderner Notation und mit revidiertem Text des Glaubensbekenntnisses, des Nizänums. Die hier folgende Texttranskription aus dem Original gibt stillschweigend die dort benutzten Abbreviaturen (Kürzel) ausgeschrieben sowie die vom Vorsänger erwartete Einleitung wieder:

---

6   P. Wagner: *Das Graduale der St. Thomaskirche zu Leipzig* (wie Anm. 1), S. XI f. – Das Sequentiarium enthält die bei der römischen Messe nach dem Graduale gesungenen Lieder. Die Sequentiae hatten ursprünglich, außer „Alleluia", keine eigenen Texte, sondern waren vorwiegend melismatische Jubelmelodien, und kommen so auch als Jubilationes, Jubili, griechisch Pneumata, Neumata vor.

7   Rudolf Wustmann: *Musikgeschichte Leipzigs*, Bd. 1: *Bis zur Mitte des 17. Jahrhunderts*, Leipzig und Berlin 1909, S. 8 f.

8   Bekanntermaßen unterstand das Stift St. Thomas kirchlich dem Bischof in Merseburg.

9   P. Wagner: *Das Graduale der St. Thomaskirche zu Leipzig* (wie Anm. 1), S. XX.

10 Das beschreibt schon Philipp Spitta 1873 in seiner Biografie *Johann Sebastian Bach,* Bd. I, S. 95 ff., und Bd. II, S. 506 ff., worauf Peter Wagner verweist, vgl. P. Wagner: *Das Graduale der St. Thomaskirche zu Leipzig* (wie Anm. 1), S. XVI.

11 Ebenda.

12 Nach Peter Wagner finden sich in der Handschrift vier Gloriagesänge mit dem „altissime"-Zusatz (fol. CXVII verso ff.).

13 Peter Wagner: *Aus dem St. Thomas-Archiv zu Leipzig,* in: Zeitschrift für Musikwissenschaft XII (1929/30), S. 65–72, 129–137.

14 R. Wustmann: *Musikgeschichte Leipzigs*, Bd. 1 (wie Anm. 7), S. 20 f.

15 Quelle: R. Wustmann: *Musikgeschichte Leipzigs*, Bd. 1 (wie Anm. 7), S. 21.

„[Credo in unum Deum.] ORGA Patrem omnipotentem factorem celi et terre, visibilium omnium et invisibilium. CHO Et in unum dominum Jesum Christum, filium dei unigenitum et ex patre natum ante omnia secula ORGA deum de deo lumen de lumine deum verum de deo vero. Genitum non factum consubstantialem patri per quem omnia facta sunt. CHO Qui propter nos homines et propter nostram salutem descendit de celis. ORGA Et in carnatus est de spiritu sancto CHO Ex maria virgine et homo factus est. Crucifixus et iam pro nobis sub pontio pilato passus et sepultus est. ORGA Amen."[16]

Uns heute ist es kaum mehr möglich – von wenigen Spezialisten abgesehen –, dieses kurze Musikbeispiel ohne vorherige Transkription zu singen. Man halte doch hier einmal kurz inne und versuche, quasi aus der Passivität des kulturgeschichtlich interessierten Lesers herauszutreten und anhand der Abbildung des handschriftlichen Orgelliedes – ohne Zuhilfenahme der oben stehenden Transkription – den Text unter den Noten zu lesen. Die vielen Abbreviaturen sind auch andernorts oftmals vorhanden, deren Auflösung war offenbar jedem Nutzer bekannt.

Die ebenfalls im Thomas-Graduale aufgezeichneten Singvorschriften enthalten ein Regelwerk für die Chorknaben in der Zeit um 1300. Die Neumentabelle wurde sicher auswendig gelernt; so heißt es: „hoc modo dicatur pueris de singulis, ut eo melius intellegant".[17]

Auch spätere Anweisungen für die Ordnung des Gesanges im Gottesdienst des Augustiner-Chorherrenstifts St. Thomas zu Leipzig nach den Statuten vom 10. September 1445 sichern die Praxis des Graduale. Im „Kapitel VII – De officio divino" heißt es:

„Über den Gottesdienst – Die Brüder sollen gehalten sein, den Gottesdienst demütig und aufmerksam zu erfüllen, indem sie deutlich, bestimmt und einförmig psallieren … Man muss aber den Gesang in Schranken halten, soweit es schicklich geschehen kann, sodass es für die Gemeinschaft passend ist. … Auch in cultu divino [im Gottesdienst, Anm. d. Verf.] soll der Unterschied gemacht werden, dass bei wichtigen Festen auf feierliche Art, bei einfacheren und bei Feiertagen (Sonntagen) schlichter gesungen wird, Psalmen nach Antiphonen, Antiphone nach Psalmen ihren Tönen gemäß begonnen werden, wenn nur nicht die übliche Gewohnheit überschritten wird beim Heben oder Senken der Stimme oder beim Intonieren. Keiner maße sich an, in Worten oder Gesang etwas hinzuzufügen, zu verändern oder in anderer Art zu singen oder zu lesen, als man nach der Regel lesen und singen muss."[18]

In den heutigen katholischen und noch viel mehr in den evangelischen Gottesdiensten haben sich nur noch Rudimente der einst reichen liturgischen Formenvielfalt erhalten. Und leider erweist sich die Umsetzung der sehr umfangreichen Anweisungen in den Lehrtraktaten im Thomas-Graduale für heutige Musiker als nur wenig praktisch mit Blick auf eine Wiederbelebung der Musikstücke des Graduale. Ein wesentlicher Hinderungsgrund besteht darin, dass die Dauer einzelner Werte in den frühen Notationsformen in keiner Weise fixiert wurde. Seit Peter Wagners Beschäftigung mit dem Thomasgraduale hat sich innerhalb der Wiederbelebungsversuche des gregorianischen Gesangs und der in Neumen notierten Musik vielerlei an neuem Wissen angehäuft, manches ist in der ästhetischen Bewertung seither verändert.

Die Unsicherheiten bleiben bei der Aufführung der Musik mit Neumennotation. Da sich diese frühe Notation eher als eine Kurzschrift verstehen lässt, die die mündlich tradierte Gesangspraxis hilfsweise festhält, sind für heutige Interpreten kaum mehr verlässliche Anhaltspunkte für eine der Entstehungszeit kohärente Ausführung zu ergründen. Immerhin sind die handschriftlichen Metzer Neumen in ihrer grafischen Darstellung weit mehr von Bewegungsrichtungsanzeige und Akzentuierungshinweisen geprägt als die spätere Hufnagel- oder gar die mit dem Buchdruck einhergehende und bis heute gebräuchliche Quadratnotation des gregorianischen Gesangs. Erschwerend für die Aufführenden hinzukommen die unter musikalischen Paläographen und historischen Musikwissenschaftlern bestehenden unterschiedlichen Bewertungen dessen,[19] was denn die Neumen darstellen. Daraus sich ergebende Transliterationsunsicherheiten sind noch nicht ausgeräumt. Hier sei nur auf die Cheironomie hin-

---

16 Deutsch: „[Ich glaube an den einen Gott] Den allmächtigen Vater, Schöpfer des Himmels und der Erde, alles Sichtbaren und Unsichtbaren. Und an den einen Herrn, Jesus Christus, den eingeborenen Sohn Gottes und vom Vater ausgehend vor allen Zeiten, Gott von Gott, Licht vom Lichte, wahren Gott vom wahren Gotte, gezeugt, nicht erschaffen, gleichen Wesens mit dem Vater, durch den alles erschaffen worden ist; der für uns Menschen und unseres Heils wegen herniederstieg vom Himmel. Und Fleisch geworden ist durch den Heiligen Geist aus Maria der Jungfrau, und Mensch geworden ist. Und gekreuzigt wurde für uns unter Pontius Pilatus, gelitten hat und begraben ward. Amen."

17 Deutsch: „So soll es den Knaben im Einzelnen beigebracht werden, damit sie es umso besser verstehen".

18 Quelle: CDS II 9, Nr. 225, S. 222 f., Übersetzung aus dem Lateinischen von Prof. Dr. Dr. W. Völker.

19 Vgl. hierzu: Constantin Floros: *Einführung in die Neumenkunde*, 2. erweiterte Aufl., Wilhelmshaven 2000, und John Rayborn: *Gregorian Chant. A history of the controversy concerning its rhythm*, New York 1964. Bei Rayborn werden die verschiedenen Ansätze zur Wiederbelebung des gregorianischen Gesangs seit dem 19. Jahrhundert und die daraus hervorgegangenen, sich teilweise zueinander kontrovers verhaltenden Schulen knapp beschrieben. Da finden sich auch Hugo Riemanns und Peter Wagners Ansätze, wie auch die des Vatikans und von Solesmes.

Ein Zeugnis früher Musikausübung in der Thomaskirche – das sogenannte Thomas-Graduale

·ciij·

en vnd würcken wir erkennent/ vnd mügent maniger
ley dingt vrsach sagen die der welt wunderwar seind·
⸿ So ist auch die kunst perspectiue wunderwar vnd
lustig vrsachen manigerley scheyns vnd gewicht zesa-
gen/ warumb ein pfal der in dem wasser statt bedun-
cket abgebrochen sein vnzalbare de geleich· Doch be-
ken ich auch das sich die heyligen auch christus in disen
natürlichen künsten mit geübet haben/ sunder die natürlichen meyster von denen Jeronim9· Damaso schrei-
bet phisici/ das ist natürlich meyster die ire augen vmb
vrsachen zeerkennen auff in die hymel hebent/ vnd vn-
der die erden vncz in die hellen versencket/ in leichtfer-
tigkeyt irrer synn/ in vinsteri ires gemütes gend ersuch-
en tag vnd nacht/ darumb das sy vil wissent/ vnd wenig nach rechter weyßhey kündent·

Sänger am Pult, kolorierter Holzschnitt, in: Rodericus <Sancius de Arevalo>: Der Spiegel des menschlichen Lebens, aus dem Lat. übers. von Heinrich Steinhöwel, Augsburg [14]79, Bl. 168 verso.
(Bayerische Staatsbibliothek München, Signatur: 2 Inc.c.a. 880)
Hinweis zur Anzahl von Sängern in einer Frühmesse in der Thomaskirche: In einer Vereinbarung vom 17. März 1387 wurde festgelegt, dass als Dank für eine offenbar erhebliche Stiftung des früheren Kammermeisters des Markgrafen Wilhelm von Meißen, Johannes Tzoppold, zugunsten des Thomasklosters („hat gegeben tzwei hundirt schog gutir nuewer Mißinscher groschin Friberger muntze"), zur Erinnerung an den Stifter jeden Donnerstag eine Frühmesse mit sechs Chorschülern gesungen, mit Orgelspiel und Geläut der großen Glocken feierlich gehalten werden soll („sullen singen erbarlichen mit sechs schulern vnd mit den orgeln, vnd sunderlich mit gelute der grosen glocken vnd mit geluchte erberlich bestellen vnde halden"; vgl. CDS II 9, Nr. 181). Zudem erhielt der Stifter lebenslängliche Wohnung und Stallung im Klosterhof, Leibrente, Aufnahme in die geistliche Bruderschaft des Stifts und eine jährliche Gedächtnismesse.

Ausschnitt aus dem ‚Thomas-Graduale' mit Teilen aus der dritten Messe zum Weihnachtsfest, die mit einem besonders schönen „P"-Initital in Puer natus est beginnt
(Universitätsbibliothek Leipzig, Ms St. Thomas 391)

gewiesen, also auf Handzeichenbewegungen, die als mögliche Basis für die Umsetzung der Neumen herangezogen werden könnten.[20] Nicht zuletzt bestehen bei einzelnen Neumen-Zeichen noch unsichere Leseweisen.

Sicher bleibt festzuhalten, dass sich der frühe Gesang in der Thomaskirche von dem oft monotonen Gesang einer heutigen Choralschola, sei er noch so würdevoll, gerade in seiner vielfältigen, lebendigen Ausformung unterschieden haben muss, ansonsten hätten die Schreiber nicht so viel Zeit und Mühe bei der Niederschrift der Zeichen aufgewandt. Und inwieweit für die seinerzeitige Aufführungspraxis Instrumente hinzuzudenken wären, neben der erwiesenen Orgel, ist derzeit schwerlich nachzuvollziehen.

Um den Reichtum an Zeichen zu verdeutlichen, folgt ein weiterer Ausschnitt aus der Handschrift mit Teilen aus der dritten Messe zum Weihnachtsfest, die mit einem besonders schönen „P"-Initital in *Puer natus est* beginnt.

Nach dem Initial – wiederum mit Metzer Neumen versehen – ist zu lesen:

„[Isaias Propheta 9, 6:] Puer natus est nobis filius datus est nobis cuius imperium super humerum eius et vocabitur nomen eius magni consilii angelus.[21] [Psalm 97, 1:] Cantate domino canticum nouum quia mirabilia fecit.[22] Euouae[23] [Graduale: Psalm 97, 3 et 2:] Viderunt

20 C. Floros: *Einführung in die Neumenkunde* (wie Anm. 19), S. 24: „[...] Die liturgischen Melodien wurden im Mittelalter in den Kirchen und in den Klöstern bekanntlich keineswegs immer nach den notierten Gesangbüchern vorgetragen. Die Sänger kannten die Gesänge mehr oder minder auswendig und sangen sie unter der Leitung eines Cheironomen, der durch Handbewegungen den Verlauf der Melodie anzeigte."

21 In Luthers Übersetzung von 1545 liest sich Jesaja 9,5 so: „Denn Vns ist ein Kind geboren / ein son ist vns gegeben / welchs Herrschafft ist auff seiner Schulder / Vnd er heisst / Wunderbar / Rat / Krafft / Helt / ewig Vater / Friedfürst." (Psalm 97, Vers 1)

22 Deutsch: „Singet dem Herrn ein neues Lied, denn er tut Wunder." (Psalm 98,1)

23 Dieses Kürzel „Euouae" besteht nur aus den Vokalen in „saeculorum amen" und zeigt an, dass hier die gesungene Doxologie anzuschließen hat. Die sogenannte kleine Doxologie kann mit den dem Kür-

omnes fines terre salutare dei nostri iubilate deo omnis terre. Notum fecit dominus salutare suum ante conspectum gentium reuelauit iusticiam suam."[24] Bedauerlicherweise wurde das Thomas-Graduale bislang noch nicht als modernes Faksimile aufgelegt; lediglich eine recht schlechte, verkleinerte fotomechanische Ausgabe in Schwarz-Weiß von 1930 existiert noch heute im übertreuerten Reprint. Es bedürfte für diese in ihrer Einzigartigkeit und Vollständigkeit seltene Quelle europäischer Musikkultur endlich einer neuen, kommentierten wissenschaftlichen Ausgabe mit einem Faksimile, das auch die Farben darstellen kann. So würden auch die aufwendige Schreibkunst und die Hilfestellung durch farbige Kennzeichnung der c- und f-Linien erkennbar werden.[25] Verdient hat das Buch eine solche Edition nicht nur aufgrund seines Alters, sondern vor allem wegen seines musikalischen Reichtums, der sich nur im dauernden Umgang mit einer am Original orientierten Ausgabe und im hierdurch möglichen Vergleich mit bereits vorhandenen guten Publikationen anderer Provenienz erfahren ließe.

Hier konnte nur ein kleiner Hinweis auf den schlummernden Schatz gegeben werden.

Der Universitätsbibliothek Leipzig gilt es für die Unterstützung bei der Einsichtnahme in das Graduale zu danken.

---

zel zugewiesenen Noten/Neumen im antiphonalen Gesang einem klar definierten, kodifizierten musikalischen Modus zugeordnet werden. Der vollständige Text der Doxologie lautet: „Gloria Patri et Filio et Spiritui Sancto, sicut erat in principio et nunc et semper et in saecula saeculorum, amen." (Deutsch: „Ehre sei dem Vater und dem Sohn und dem Heiligen Geist, wie im Anfang, so auch jetzt und alle Zeit und in Ewigkeit. Amen.") Die Doxologie wurde mit dem jeweilig dem musikalisch angezeigten und der ganzen Doxologie zuzuordnenden Modus von den Sängern als Responsorium (Antwort) erwartet. Die Sänger waren offenkundig geübt, dieses Kürzel jederzeit musikalisch aufzulösen. Ähnliche Kürzel, in denen nur die Vokale von Textteilen genutzt wurden, waren üblich, um kostbares Schreibmaterial und auch Platz zu sparen. Doch jenseits der ohnehin vorhandenen Schwierigkeit bei der Neumenausführung beeinträchtigen derartige Kürzel heute noch zusätzlich die Lesbarkeit alter Mess-Gesangbücher. Vgl. hierzu auch: P. Wagner: *Einführung in die gregorianischen Melodien*, Bd. 1 (wie Anm. 2), S. 88, 119; zu den in den Kürzeln „euouae" angegebenen Differenzen und Ton-[Modus-]Zuordnungen vgl. P. Wagner: *Einführung in die gregorianischen Melodien*, Bd. 3 (wie Anm. 2), S. 130 ff., und zu den Finalen im Vergleich zwischen romanischer und deutscher Überlieferung (nach Thomas-Graduale) vgl. ebenda, S. 165 f.

24 Deutsch: „Aller Welt Enden sehen das Heil unseres Gottes, jauchzet dem Herrn alle Welt." (Psalm 98,3–4) „Der Herr lässt sein Heil kund werden; vor den Völkern macht er seine Gerechtigkeit offenbar." (Psalm 98,2)

25 Zu den Textausweisungen und Schreibstilen auch im „Puer natus est" vgl. P. Wagner: *Das Graduale der St. Thomaskirche zu Leipzig* (wie Anm. 1), S. XXI ff. Hier sind auch die Neumentabellen aus dem Graduale zu finden: „Mit Hilfe dieser Tabellen, den umfangreichsten unter den aus alter Zeit erhaltenen, lassen sich die einfachen wie die zusammengesetzten Zeichen unseres Graduale bestimmen. Der Form nach gehören die Neumen dieser Tabellen und des Graduales derjenigen Klasse an, die man als die Metzer Neumen bezeichnet, weil sie nach der allgemeinen Annahme von der Stiftung des Bischofs Chrodegang, der die Cantilena romana nach Metz verpflanzt hatte, seiner Schola Cantorum aus sich überall dort verbreitete, wo der Einfluß der Metzer Kirche und der von ihr ausgehenden Regel der Canonici regularis lebendig war."

*Sethus Calvisius (1556–1615), Kupferstich von Conrad Grale, Leipzig [1616]
(Stadtgeschichtliches Museum Leipzig, Inventar-Nr. K/781/2002)*

Die Frühgeschichte des Thomaskantorats und die Entwicklung des Chores bis zum Amtsantritt Johann Sebastian Bachs[1]

Michael Maul

Die Reihe der Thomaskantoren seit der Reformation ist nahezu lückenlos mit prominenten Musikernamen besetzt – ein Befund, dem andere deutsche Städte kaum Vergleichbares an die Seite stellen können. Speziell für die Zeit des ausgehenden 16. Jahrhunderts bis hinein ins 19. Jahrhundert ist die Bedeutung des Thomaskantorats – auch für die protestantische Kirchenmusik an sich – kaum zu überschätzen. Haben doch die damaligen Kantoren ihr Amt nicht allein als das eines Aufführungsleiters und Bewahrers einer Tradition definiert; vielmehr haben sie sich durch ein stetes kompositorisches Wirken jeweils ihr ganz eigenes kirchenmusikalisches Repertoire geschaffen, das weit über Leipzig hinaus strahlen sollte. Gewiss, die Thomaskantoren waren in der vorteilhaften Position, an der zeitweise musikalischleistungsfähigsten Knabenschule Deutschlands zu wirken, weil diese ihre Alumnen aus ganz Mitteldeutschland (und gelegentlich noch von darüber hinaus) rekrutieren konnte, und zwar vor allem mit dem Blick auf ihre gesanglichen Fähigkeiten. Schon Heinrich Schütz war offenkundig beeindruckt von der steten hohen musikalischen Qualität des Thomanerchores: Seine Motettensammlung *Geistliche Chormusik* (1648) widmete er dem Leipziger Rat „und dererselben berühmten Chore", welcher „allezeit für andern einen großen Vorzug gehabt, und iedes mahl (andern Städten ihr Lob unbenommen) fast wohl bestallt gewesen ist".[2] Der „vorzüglich des Chorgesanges wegen berühmten Thomasschule"[3] haftete denn schon früh der Nimbus an, eine Pflanzschule für künftige Spitzenmusiker zu sein, weil hier, wie es 1767 ein ehemaliger Thomaner pointiert formulierte, „nach den Schulgesetzen [alle] 55. Alumni […] musikalisch seyn müssen".[4] Johann Friedrich Reichardt bezeichnete das Thomasalumnat sogar als ein „wahres musikalisches Conservatorium".[5] In der Tat dürfte die Quote an Absolventen, die später als Musiker tätig waren, im 17. und 18. Jahrhundert an keiner anderen Schule vergleichbar hoch gewesen sein.

Aber beide Phänomene kamen nicht von ungefähr: Weder stand das Primat der Musikalität beim Auswählen der Alumnen schon bei Schulgründung fest (ja noch nicht einmal zur Debatte), noch war es ein Automatismus, dass der Patron der Schule, also der Leipziger Rat, bei den Kantoratswahlen stets eine glückliche Hand bewies, obgleich wir ihm diese – aus der Rückschau betrachtet – bescheinigen dürfen.

In diesem Beitrag soll nach den Ursachen für die frühen Elogen auf die musikalische Institution Thomasschule gefragt und nachgezeichnet werden, wann und warum das besondere musikalische Profil der Schule entstand, wodurch es sich auszeichnete und auf welche Weise es von den Kantoren bis hin zu Johann Kuhnau geprägt wurde. Vor diesem Hintergrund wird schließlich nachvollziehbar, warum das Thomaskantorat im Jahr 1722 eine solche Anziehungskraft besaß, dass damals die erste Riege der Kapellmeister Mittel- und Norddeutschlands beschloss, sich um die Nachfolge Kuhnaus zu bewerben – und der Köthener Hofkapellmeister Johann Sebastian Bach Thomaskantor wurde.

---

1 Der vorliegende Text basiert in Teilen auf meinem Aufsatz *Das Thomaskantorat im 17. und 18. Jahrhundert*, in: Enzyklopädie der Kirchenmusik, Bd. 2: Zentren der Kirchenmusik, hrsg. v. Matthias Schneider und Beate Bugenhagen, Laaber 2011. Die hier behandelte Frühgeschichte von Thomasschule und -kantorat wird in ausführlicher Form Gegenstand einer Monografie sein, die ich 2012 vorlegen werde.

2 Vorrede von Heinrich Schütz, datiert „Dreßden am 21. April. Anno 1648"; wiedergegeben in: Erich H. Müller: *Heinrich Schütz. Gesammelte Briefe und Schriften,* Regensburg 1931, S. 190–192.

3 Allgemeine Musikalische Zeitung 31 (1829), Sp. 763.

4 Brief Christian Friedrich Penzels an den Merseburger Stadtrat, in: Merseburg StA: Abt. XX. A, Nr. 35, fol. 39.

5 Berliner Musikalische Zeitung 1 (1805), S. 67.

I. Nachreformatorische Kirchenmusik

Nach dem Tod des sächsischen Herzogs Georg wurde im Jahr 1539 in Leipzig die Reformation eingeführt. Inventare aus den Jahren 1551, 1557 und 1564 geben Auskunft über die damals in der Thomasschule vorhandenen Musikalien. Erhalten geblieben sind davon zwei Sammelhandschriften[6], die in den 1550er Jahren wohl weitgehend abgeschlossen wurden und auf den Kantor Melchior Heger (1553–1564 im Amt) zurückgehen;[7] außerdem existiert eine Sammelhandschrift aus dem Besitz des Thomaskantors Wolfgang Figulus (1549–1551 im Amt), die 1549/50 in Leipzig angelegt wurde.[8]

Mit der Einführung der neuen Lehre ging eine Veränderung der kirchlichen und schulischen Organisationsformen einher. Die Kirchen und Schulen standen fortan unter dem Patronat des Stadtrates. Viele der alsbald bestimmten Rahmenbedingungen für den Musikunterricht an der Thomasschule und die Musikpflege an den beiden Hauptkirchen blieben bis ins 19. Jahrhundert nahezu unverändert bestehen; sie waren die Basis für das wachsende überregionale Ansehen der Institution Thomaskantorat, und aus ihnen heraus erklärt sich – zumindest teilweise – die Anziehungskraft des Amtes für die Spitzenmusiker jener Zeit. Sie seien im Folgenden überblicksartig vorgestellt.

Grundsätzliche Musikalität der Alumnen

Gemäß der gedruckten Schulordnungen war eine erfolgreich bestandene musikalische Aufnahmeprüfung die Voraussetzung, um einen Platz im Alumnat der Thomasschule zu erhalten. Zwar bezeugen die Akten, dass es im Laufe der Jahrhunderte immer wieder Vorstöße – vor allem vonseiten des Stadtrates – gab, die darauf abzielten, die Bedeutung dieses Aufnahmekriteriums abzuschwächen, doch die Beurteilung des gesanglichen Potenzials eines Knaben durch Rektor und Kantor blieb der Hauptgegenstand einer Eignungsprüfung und damit der Garant für die außergewöhnliche Leistungsfähigkeit des Chores. Warum es zur Ausprägung dieses einzigartigen musikalischen Profils der Schule kam, wurde bislang nicht hinterfragt. Einen Fingerzeig bietet die erste gedruckte Schulordnung der Stadt Leipzig, publiziert im Jahr 1634. Sie regelt im Kapitel VII bereits klar, dass ein Thomasalumne zuvorderst musikalisch sein müsse, und verweist dabei auf einen bemerkenswerten Zusammenhang:

> „Das dieser [d. h. der St. Thomas, Anm. d. Verf.] Schulen auffnehmen und Wolfart vorige Jahre mercklichen hierdurch befördert worden / weil die Knaben / so dorein recipirt und angenommen / mehr / als in der Schul zu S. Niclaß / zur Music gehalten / und von ihnen in beyden Kirchen / auch auffm Leichenbegängnüssen und Hochzeiten / und dann endlichen bey der Currenda musiciret wird / ist ausser Zweiffel. Denn gleich wie bey gar vielen Leuten die geistliche Gesänge / wenn sie in der Kirchen und sonsten gesungen werden / eine sonderliche Andacht erwecken / Also ist auch dieses nit der geringsten Ursachen eine / daß zu besserer Unterhaltung der Knaben / so in solcher Schul seynd / vorige Zeiten vnterschiedene legata verordnet / auch von etlichen / so noch am Leben / darzu Wöchentlich oder Monatlich etwas angewendet und aus gutwilligkeit hergegeben wird. Derowegen bey *reception* und Auffnehmung der Knaben [...] billich dohin zu sehen / das dieselben / wann sie über das zwölffte Jahr sind / vnd in dieser Schul sich auffzuhalten begehren / in *arte Musica* nicht *rudes,* sondern deroselben gutentheils erfahren / und ein Stück fertig und artig *musiciren* können."[9]

Die aktenmäßig dokumentierte Diskussion um die Aufstellung der Ordnung offenbart, dass der Formulierung jener Passage eine intensive Diskussion um die pädagogische und stadtpolitische Ausrichtung der Thomasschule vorausging. Im Hintergrund stand Folgendes: Zum Ende der Ära Johann Hermann Scheins († 1630) war der Chor in einem ausnehmend schlechten Zustand. Scheins Nachfolger Tobias Michael musste kurz nach Dienstantritt konstatieren, es sei:

> „fast kein Knabe mehr vorhanden, welcher etwas gewiß, zu geschweigen etwas sonderlichs, ihrer viel aber ganz und gar nichts singen können, auch zu geschweigen, daß ihrer wenig mit notwendigen naturalibus, als guten, reinen Stimmen, feinen Iudiciis, lust und beliebung zur Musik, tüchtigem Alter zu jeder Stimm und dgl. begabt."[10]

---

6 In: Leipzig UB: *Thomaskirche Mss. 49/50* und *51*.

7 Zum Inhalt siehe Wolfgang Orf: *Die Musikhandschriften Thomaskirche Mss. 49/50 und 51 in der Universitätsbibliothek Leipzig*, Leipzig 1977 (Quellenkataloge zur Musikgeschichte 13).

8 Dresden SLUB: *Mus. Gri 59*. Zum Inhalt siehe Wolfram Steude: *Die Musiksammelhandschriften des 16. und 17. Jahrhunderts in der sächsischen Landesbibliothek zu Dresden*, Leipzig 1974, S. 103–105.

9 *Des Raths zu Leipzig Vornewerte Schul-Ordnung / Publicirt Im Jahr Christi M. DC. XXX IV*, unpaginiert; faksimiliert in: Hans-Joachim Schulze (Hrsg.): *Die Thomasschule Leipzig zur Zeit Johann Sebastian Bachs. Ordnungen und Gesetze 1634, 1723, 1733*, Leipzig 1985. Vgl. auch die ähnlich lautenden Ausführungen in der Thomasschulordnung aus dem Jahr 1723, S. 37–42.

10 Zitiert nach Rudolf Wustmann: *Musikgeschichte Leipzig*, Bd. 1: *Bis zur Mitte des 17. Jahrhunderts*, Leipzig und Berlin 1909, S. 91. Die Notenbibliothek der Thomasschule soll nach Scheins Tod ebenfalls in einem schlechten Zustand gewesen sein (siehe ebenda, S. 113).

Porträtzeichnung des Thomaskantors Sethus Calvisius (1556–1615) von unbekannter Hand im Stammbuch von Sethus Calvisius d. J. (1606–1663)*
(Forschungs- und Universitätsbibliothek Gotha, Chart B. 1003, Vorsatzblatt verso)

* Zum jüngst entdeckten Stammbuch – mit Einträgen u. a. von Tobias Michael, Johann Hermann Schein und Heinrich Schütz – vgl. Michael Maul: „Musica noster Amor" – Musikeinträge im Stammbuch von Sethus Calvisius d. J., in: Schütz-Jahrbuch 2010, S. 149–155.

11 Ebenda, S. 90–92.

12 Stammten im Jahr 1609 von den 55 Alumnen nur kaum mehr als fünf aus Leipzig, zwei aus der näheren Umgebung und die übrigen aus dem gesamten mitteldeutschen Raum, so verstärkte sich der Anteil der Stadtkinder in den folgenden beiden Jahrzehnten deutlich.

13 Brief vom 30. September 1629 an den Leipziger Stadtrat, vollständig abgedruckt bei Arthur Prüfer: *Johann Hermann Schein*, Leipzig 1895, Reprint Leipzig 1989, S. 116–122.

14 Für das 16. Jahrhundert sind belegt: 22 (1552) bzw. 32 (1587; dies offenbar die damals gewöhnliche Zahl). Vgl. dazu R. Wustmann: *Musikgeschichte Leipzigs* (wie Anm. 10), S. 93 und Arnold Schering: *Musikgeschichte Leipzigs*, Bd. 2: *Von 1650 bis 1723*, Leipzig 1926, S. 51 f.; siehe auch Bernhard Friedrich Richter: *Stadtpfeifer und Alumnen der Thomasschule in Leipzig zu Bachs Zeit*, in: Bach-Jahrbuch 1907, S. 32–78.

15 Leipzig StA: Stift. VIII. 2a, fol. 174 f.

Hierbei mag eine Rolle gespielt haben, dass der schon seit längerer Zeit gesundheitlich angeschlagene Schein zuletzt kaum noch seine Dienstpflichten erfüllen konnte. Schwerer indes wog, dass während der 1620er Jahre eine Mehrheit im Stadtrat in der Thomasschule eine Lehranstalt zuvorderst für arme Leipziger Bürgerskinder sehen wollte. Die Rektoren waren damals sogar angehalten, „fremde Scholaren" von vornherein abzulehnen.[11] Der Nachwuchs an Alumnen sollte jedenfalls künftig nicht mehr, wie in den Jahren während des Rektorats von Ambrosius Bardenstein (1604–1616 im Amt) und des Kantorats von Sethus Calvisius (1594–1617 im Amt) praktiziert, in erster Linie aufgrund der sängerischen Eignung ausgewählt werden.[12] In dieses Horn blies auch der Thomasrektor Johann Merck, der zunächst (bis 1622) Rektor der Grimmaer Fürstenschule gewesen war und 1627 dorthin zurückkehrte. Laut einem Brief Scheins vertrat er die Ansicht:

> „es wehre nicht rühmlich, daß man in Receptione alumnorum nur auff die Music sehen solte, vndt gleichsam aus dieser löblichen Stadtschulen also nur eine Singschul (haec fuerunt ipsius verba) machen wolte, Do sonsten wol, wie er sagte manches feines ingenium darin gezogen werden köndte."[13]

Diese Entwicklung hatte freilich unangenehme Folgen finanzieller Natur. Denn während die Schule vor allem in der Ära des Kantors Calvisius reichlich mit Stiftungen und Legaten von Leipziger Bürgern gesegnet worden war – die oft an bestimmte musikalische Bedingungen geknüpft waren und die es erlaubten, die Zahl der Thomasalumnen von zunächst kaum mehr als 20 auf über 50 aufzustocken[14] –, sank nun die Bereitschaft der Bürger zu deratigem Engagement spürbar. Im Zuge der Diskussionen um die Textfassung der ersten gedruckten Schulordnung stellte sich bei den Verantwortlichen denn auch Anfang der 1630er Jahre die (dann in der Schulordnung formulierte) Erkenntnis ein, dass zwischen der einstigen herausragenden musikalischen Leistungsfähigkeit des Chores und dem damals blühenden Zustand der Schule ein ursächlicher Zusammenhang bestanden haben müsse. Wie existenziell die Stiftungen und die Einnahmen ‚musikalischer' Gelder für die Schule und die Versorgung der inzwischen so zahlreichen Alumnen geworden waren, wurde dabei in einer anonymen Notiz auf den Punkt gebracht – sie rührt offenbar vom Rektor Wilhelm Avianus her. Bezogen auf die ersten Entwürfe zu den Paragrafen der Ordnung, die auf einen – verbesserten – musikalischen Unterricht abzielten, heißt es hier: „Das Exercitium Musicum, daraus die Schule zu S. Thomas vornemlich fundiret und noch bis dato erhalten wird, wird auff diese Weise besser abgewartet."[15]

Für die dauerhafte Ausprägung des musikalischen Profils der Thomasschule waren so gesehen zwei Faktoren

Unbekannter mitteldeutscher Maler: Johann Hermann Schein (1586–1630), 1620, Öl auf Leinwand, 92 x 73 cm. Unsigniert, links oben bezeichnet und datiert: „HERMANUS Schein AETATIS. 34. Anno. 1620".
(Kunstbesitz der Universität Leipzig, Inv.-Nr. 0021/90, alte Inv.-Nrn. 1913:559 und 1951:216, Foto: Marion Wenzel)

ausschlaggebend: 1.) das temporäre Erreichen eines außergewöhnlichen musikalischen Niveaus des Chores in der Ära Bardenstein/Calvisius, das in einem überaus großzügigen Stiftungsgebaren der Leipziger Bürger sein Echo fand; 2.) dass die Schulleitung um den Rektor Avianus und den Kantor Tobias Michael – wohlgemerkt zu Zeiten, als Leipzig die Folgen des Dreißigjährigen Krieges besonders schlimm zu spüren bekam – in der Textfassung der ersten gedruckten Schulordnung (1634) die Musikalität eines Knaben als ausschlaggebendes Kriterium für die Annahme als Alumne festschrieben. Mit dem Verweis auf die Schulordnung konnte dieser Grundsatz fortan verteidigt werden – in der Realität oft gegen den Stadtrat, manchmal aber auch gegen die eigenen Rektoren –, und er behielt so dauerhaft (mit temporären Abstrichen) Gültigkeit. Dies führte dazu, dass seit dem 17. Jahrhundert zahlreiche musikalisch gut vorgebildete Knaben aus ganz Sachsen, Thüringen und sogar Nord- und Süddeutschland zum Vorsingen an die Pleiße zu reisen pflegten, um einen der begehrten

(zumeist 55) Alumnatsplätze zu erhalten.[16] Angesichts dieser Sonderstellung der Thomasschule konnte noch Johann Adam Hiller 1793 mit Stolz behaupten:

> „Unter meinen 56 jungen Leuten zwischen 13 und 21 darf höchstens einer amusis sein; es befinden sich darunter mehrere Talente für das Klavier- und Orgelspiel, der eine der Schüler kann Pauke, ein anderer Baßposaune spielen; auch sind 5 gute Violinspieler da und weitere 5–6 eifern ihnen nach. In den Übungsstunden Montag, Mittwoch und Freitag von 11–12 Uhr sind die Violinen wenigstens mit 10 Spielern besetzt, die Bratschen dreifach, die Bässe mit 2 Contreviolones, 2 Violoncellen, 2 Fagotten. Dazu kommen 2 Flöten und Waldhörner, so daß sich das Personale der Instrumente wenigstens auf 23 beläuft und für den Gesang der Chöre noch immer 32 übrigbleiben.
>
> In Wahrheit ist es ein Institut, das Leipzig zu großer Ehre gereicht. Welche Stadt in Deutschland, außer Dresden, hat etwas, das unserm Alumneo gleichkäme?"[17]

Hauptaufgabe Kirchenmusik

Den sächsischen Kantoren oblag es gemäß der von Kurfürst August im Jahr 1580 ausgestellten allgemeinen Schulordnung, den Schul- und Gesangsunterricht abzuhalten. Während von den Thomaskantoren im ausgehenden 16. Jahrhundert noch eine breite humanistisch-theologische Lehrtätigkeit erwartet wurde, beschränkte sich diese im Verlauf des 17. Jahrhunderts bald nur noch auf den Lateinunterricht und die Katechismuslehre.[18] Schon bald war es möglich, mit dem Stadtrat über die Befreiung vom Schulunterricht (wie sie zu Bachs Zeiten Realität wurde) zumindest zu verhandeln. Als Adam Krieger sich im Jahr 1657 – erfolglos – um das Thomaskantorat in der Nach-

---

16 Siehe hierzu etwa die anschaulichen Berichte im Tagebuch des Thomasschulrektors Jakob Thomasius, wiedergegeben in: Richard Sachse (Hrsg.): *Acta Nicolaitana et Thomana. Aufzeichnungen von Jakob Thomasius während seines Rektorates an der Nikolai- und Thomasschule (1670–1684)*, Leipzig 1912, passim, und R. Wustmann: *Musikgeschichte Leipzigs* (wie Anm. 10), S. 91 f.; außerdem A. Schering: *Musikgeschichte Leipzigs* (wie Anm. 14), S. 48 und 52.

17 Johann Adam Hiller in: Berlinische Musikalische Zeitung (1793), Nr. 8; hier zitiert nach Bernhard Knick (Hrsg.): *St. Thomas zu Leipzig. Schule und Chor. Stätte des Wirkens von Johann Sebastian Bach. Bilder und Dokumente zur Geschichte der Thomasschule und des Thomanerchores mit ihren zeitgeschichtlichen Beziehungen*, Wiesbaden 1963, S. 252. – Die ähnliche Ausrichtung der Dresdner Kreuzschule ist ein Phänomen, das sich freilich erst in der zweiten Hälfte des 18. Jahrhunderts herausbildete.

18 Siehe R. Wustmann: *Musikgeschichte Leipzigs* (wie Anm. 10), S. 105, und A. Schering: *Musikgeschichte Leipzig* (wie Anm. 14), S. 46 f.

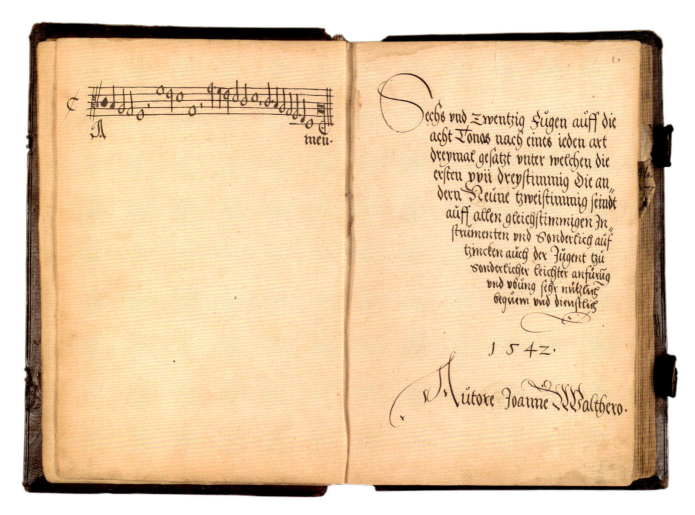

Ms St. Thomas 50, Anfang Stimmbuch: Vagans, Johann Walter, 1542
(Universitätsbibliothek Leipzig)

folge Tobias Michaels bewarb, führte er darauf bezogen folgende Argumente ins Feld:

„[...] nicht, daß ich mir so viel nicht getraute gelernet zu haben einen Knaben in Latinitate zu informiren, und etwan ein Exercitium zu corrigiren, auch nicht aus Ehrgeitz, den SchulStand zu verachten, sondern daß diese Mühe neben dem Studio Compositionis alzuschwer fallen würde, maßen derjenige, der sich in der Schule abarbeitet, nachmals schlechte Lust hat ein musicalisches Concert aufzusetzen, und ohne Lust zu componiren pflegt schlecht zu gerathen. Die Exempel Ihrer bißher gehabten Cantoren bezeugen auch, daß Sie vielleicht der Schularbeit halber, des Eyfers und Unmuths mehrentheils contract und ungesund worden [...]."[19]

Der Musikunterricht des Kantors, gemeinsam für Prima bis Tertia abgehalten, fand zunächst viermal pro Woche (ausgenommen donnerstags, sonnabends und sonntags) in der ersten Nachmittagsstunde statt. Seit 1634 umfaßte er dann sieben Unterrichtsstunden (mit allen vier oberen Klassen), wobei die neu hinzugekommenen (montags bis mittwochs in der dritten Morgenstunde) als die sogenannten Hauptkantorstunden galten, während die am Nachmittag gehaltenen Lektionen gewöhnlich vom Präfekten angeleitet wurden. Daneben gab der Kantor wöchentlich vier Latein- und eine Katechismusstunde; außerdem sollte er sängerisch begabte Knaben noch außerhalb des gewöhnlichen Unterrichts unterweisen.[20] Hinzu kamen vier Stunden „Principia musica", also

---

[19] Bewerbungsschreiben um das Thomaskantorat, zitiert nach der vollständigen Wiedergabe bei Helmuth Osthoff: *Adam Krieger (1634–1666). Neue Beiträge zur Geschichte des deutschen Liedes im 17. Jahrhundert*, Leipzig 1929, S. 103–105.

[20] Schulordnung 1634 (wie Anm. 9), Kap. VI, 1.

Michael Maul

Christian Lorenz von Adlershelm (1608–1684), Kupferstich von Johann Caspar Höckner, 1665 (Stadtgeschichtliches Museum Leipzig, Inventar-Nr. K/804/2003)

elementarer Gesangsunterricht, den ein Hilfslehrer (der Baccalaureus musica) abhielt.[21] In Kuhnaus Anstellungsvertrag wurde zudem erstmals artikuliert, dass der Kantor die Knaben auch im Instrumentalspiel zu unterrichten habe – eine Praxis, die wohl schon vorher üblich war.[22]

Die besondere Fokussierung auf die musikalische Ausbildung in der Thomasschule macht ein Vergleich deutlich: Der Dresdner Kreuzkantor hatte im ausgehenden 16. Jahrhundert insgesamt 36 und später etwa 25 Unterrichtsstunden zu halten,[23] mithin fast das doppelte Arbeitspensum eines Thomaskantors zu bewältigen. Dies nun ließ den Amtsinhabern Raum für künstlerische Entfaltung. Denn wenn auch an keiner Stelle in den überlieferten Anstellungsverträgen des 17. und 18. Jahrhunderts explizit darauf verwiesen wird, dass die Thomaskantoren regelmäßig neue Musik zu komponieren haben – Kuhnau und Bach wurde lediglich auferlegt, dass ihre Kirchenmusiken „nicht zu lang währen" und „nicht Opernhafftig herauskommen, sondern die Zuhörer vielmehr zur Andacht aufmuntern" sollen –, gehörte das Komponieren doch zu ihrem Arbeitsalltag und machte überhaupt deren Ansehen aus. So auch beim Leipziger Rat: Schon in der ersten gedruckten Leipziger Schulordnung von 1634 hatte man sich hier über die kursächsische Schulordnung aus dem Jahr 1580 hinweggesetzt, dergemäß als kirchenmusikalisches Repertoire nur Werke „derer alten und dieser Kunst wohl erfahrenen und fürtrefflichen Componisten, als Josquini, Clementis non Papae, Orlandi und dergleichen Gesang" vorgesehen waren. Die Anweisung für den Thomaskantor war liberaler, setzte auf einen Kompromiss:

„In den *Cantionibus Sacris* soll er auch einen Unterscheid halten / und weder die newen so gar offt einführen und gebrauchen / noch auch der alten Moteten gantz vergessen / Sondern sich hierinn mehr nach den Bürgern und Einwohnern / als nach denjenigen / sol allein die *moderna* belieben / richten."[24]

Chorpraxis

Um sonn- und festtäglich Musik an den beiden Leipziger Hauptkirchen aufführen zu können, wurden die musikalisch leistungsfähigsten Thomaner, anscheinend seit der Ära des Kantors Valentin Otto (1564–1594 im Amt), in zwei Chöre aufgeteilt.[25] Diese musizierten an den gewöhnlichen Sonntagen wechselweise an St. Thomas und St. Nikolai, an den hohen Festtagen an beiden Kirchen. Die sogenannte erste Kantorei stand dabei stets unter der Leitung des Kantors. Der zweiten, die anfänglich offenbar nur Choräle absang, seit spätestens der Zeit von Sethus Calvisius aber auch Figuralgesang vortrug, stand de jure der Konrektor als Inspektor vor, jedoch zeitweise auch der Kantor; de facto wurde sie später von einem Präfekten geleitet.[26] Laut der gedruckten Schulgesetze (1634) sollten beide Chöre je acht Sänger umfassen, wobei im ersten – dessen Präfekt der Kantor zu ernennen hatte – diejenigen Alumnen zu vereinen waren, die „voce et promptitudine canendi" alle anderen Knaben übertragten.[27] Dass diese Regelung zumindest das 17. Jahrhundert über Gültigkeit behielt, belegen verschiedene Passagen im Tagebuch des Thomasrektors Thomasius[28] sowie ein Bewerbungsschreiben des ehemaligen Präfekten Gottfried Christoph Gräffenhayn (um 1657–1702). Als dieser sich im Jahr 1681 um den Organistendienst an St. Thomas bewarb, führte er aus:

„[…] daß ich neben denen literis auf wohlgenanter dero beruhmten Thomas-Schule die Edele Music ohne ruhm zu melden, dergestalt excoliret, daß ich nicht allein zu einem membra des Primi Chori, sonst die Erste Cantorey genandt, welche ieder Zeit aus den 8 besten Subjectis bestehen muß, sondern auch gar zu deßelben Praefecto, ut vocant, constituiret worden, bey welcher stelle ich denn offtmahls absente Dominô Directore die völlige Music bestellet, und nach deßen vergnügen dirigiret."[29]

Doch auch wenn die überarbeitete Thomasschulordnung aus dem Jahr 1723 eine Kontinuität dieses Prinzips noch bis weit ins 18. Jahrhundert hinein zu suggerieren scheint – noch immer ist hier von einem aus acht Sängern bestehenden ersten Chor die Rede[30] –, waren die Struk-

---

21 R. Wustmann: *Musikgeschichte Leipzigs* (wie Anm. 10), S. 105–110, und A. Schering: *Musikgeschichte Leipzigs* (wie Anm. 14), S. 52 f.

22 Siehe A. Schering: *Musikgeschichte Leipzigs* (wie Anm. 14), S. 61.

23 Siehe Karl Held: *Das Kreuzkantorat zu Dresden*, Leipzig 1894, S. 8–10.

24 Schulordnung 1634 (wie Anm. 9), Kap. VI, 5.

25 Zur hier nicht weiter thematisierten Praxis der Choraufteilung für die Wochengottesdienste, das Umsingen der Kurrenden in den Leipziger Straßen und Gassen sowie zu den übrigen außerkirchlichen Diensten der Thomaner siehe ausführlich R. Wustmann: *Musikgeschichte Leipzigs* (wie Anm. 10), S. 92–103, A. Schering: *Musikgeschichte Leipzigs* (wie Anm. 14), S. 68–96, und ders.: *Johann Sebastian Bachs Leipziger Kirchenmusik. Studien und Wege zu ihrer Erkenntnis*, Leipzig 1954, S. 18–20.

26 Siehe R. Wustmann: *Musikgeschichte Leipzigs* (wie Anm. 10), S. 95–97.

27 Schulordnung 1634 (wie Anm. 9), Kap. VI, 2 ff., und *Leges et statuta Scholae Senatoriæ ad. D. Thom.* […], Leipzig 1634, Caput XX (Faksimilewiedergabe bei H.-J. Schulze: *Die Thomasschule Leipzig*, wie Anm. 9).

28 Siehe R. Sachse: *Acta Nicolaitana* (wie Anm. 16), S. 310, 358 f., 458, 540 und 555 f.

29 Brief an den Stadtrat vom 8. Februar 1681, in: Leipzig StA, Tit. VII. B. 108 (F), fol. 46.

30 *E. E. Hochw. Raths der Stadt Leipzig Ordnung der Schule zu S. Thomæ*, Leipzig 1723, S. 74 (Faksimilewiedergabe bei H.-J Schulze: *Die Thomasschule Leipzig*, wie Anm. 9).

turen nun andere: Bedingt durch die Wiedereinrichtung der Gottesdienste in der Neuen Kirche (1699) und in der Peterskirche (1712) mussten die Thomaner allsonntäglich inzwischen in vier Gotteshäusern auftreten; in den beiden hinzugekommenen Kirchen beschränkte sich ihre Aufgabe freilich auf die Darbietung von Motetten[31] bzw. Chorälen. 1729 bemerkte der Thomasschulvorsteher in einer Eingabe, dass für die Bewältigung des Dienstpensums insgesamt 44 Knaben notwendig seien. Aus einer hierzu von Bach gelieferten Beilage geht hervor, dass die Knaben dafür in vier Chöre aufgeteilt wurden: nun je zwölf Alumnen (jeweils drei Diskantisten, Altisten, Tenoristen und Bassisten) für die Chöre in St. Thomas, St. Nikolai und an der Neukirche; lediglich acht (zwei pro Stimmlage) für den Choralgesang in der Peterskirche.[32] Diese Übersicht findet ihre inhaltliche Bestätigung in Bachs Memorial „Entwurff einer wohlbestallten Kirchen Musik" aus dem Jahr 1730. Hier legte der Thomaskantor den Ratsherren dar:

> „Zu iedweden musikalischen Chor gehören wenigstens 3 Sopranisten, 3 Altisten, 3 Tenoristen, und eben so viel Baßisten [...] Wiewohl es noch beßer, wenn der Coetus so beschaffen wäre, daß mann zu ieder Stimme 4 subjecta nehmen, und also ieden Chor mit 16. Persohnen bestellen könte."[33]

Die Erweiterung der Chöre auf jeweils drei Sänger pro Stimmlage scheint jedoch keine Neuerung der Ära Bach gewesen zu sein, sondern lässt sich – einer neu aufgefundenen Chorliste zufolge – bereits für die Spätzeit von Johann Kuhnaus Kantorat belegen.[34]

Der Instrumentalapparat bestand im Kern aus vier besoldeten Stadtpfeifern und drei Kunstgeigern samt Gesellen und Gehilfen; hinzu kamen – im 18. Jahrhundert offenbar vermehrt – Thomaner und Studenten.[35]

Gutes Einkommen

Die Bezahlung der Thomaskantoren war vergleichsweise gut: Das jährliche Fixum von 100 Gulden (im 17. Jahrhundert) bzw. 87 Talern und 12 Groschen (zu Bachs Zeiten) war dabei noch die geringste Summe. Eingedenk der verschiedenen Akzidentien, Legate, Vergünstigungen (u. a. eine mietfreie Wohnung in der Thomasschule) und der Honorare für die Ausgestaltung von Kasualien lag das tatsächliche Jahreseinkommen der Thomaskantoren um ein Vielfaches höher. Bach bezifferte es im Jahr 1730 „etwa auf 700 rthl., und wenn es etwas mehrere als ordinairement, Leichen gibt, so steigen auch nach proportion die accidentia; ist aber eine gesunde Lufft, so fallen hingegen auch solche, wie denn voriges Jahr an ordinairen Leichen accidentien über 100 rthl. Einbuße gehabt"[36] – eine Summe, die man nur auf ganz wenigen städtischen Musikerposten des protestantischen Deutschlands erreichen konnte.[37]

II. Frühe Leipziger Kirchenmusik im Spiegel der Kantoren von Calvisius bis Kuhnau

Sethus Calvisius (1594–1616 im Amt)

Die Bedeutung des Thomaskantorats und das Ansehen der Stelleninhaber bedingten einander gegenseitig. War das Amt Mitte des 16. Jahrhunderts noch eine Durchgangsstation gewesen – als Karrierestufe für einen jungen, musikalisch gebildeten Theologen auf dem Weg in ein Pastorat –, so wurde es ab dem Ende des Jahrhunderts eine Lebensstellung, in die nur noch ganz selten Musiker

---

31 In der Neukirche; hier etablierte sich unter der Leitung des Neukirchenorganisten eine eigenständige Figuralmusik (siehe weiter unten).

32 Siehe Werner Neumann, Hans-Joachim Schulze (Hrsg.): *Schriftstücke von der Hand Johann Sebastian Bachs* (Bach-Dokumente, Bd. 1), Leipzig und Kassel etc. 1963, Nr. 180; zum Prinzip der vier Kantoreien siehe ausführlich A. Schering: *Musikgeschichte Leipzigs* (wie Anm. 14), S. 14–31, und Andreas Glöckner: *Alumnen und Externe in den Kantoreien der Thomasschule zur Zeit Bachs*, in: Bach-Jahrbuch 2006, S. 9–36, speziell S. 9 f. Die Einteilung der vier Chöre erfolgte offenbar einmal jährlich.

33 W. Neumann, H.-J. Schulze (Hrsg.): *Schriftstücke von der Hand Johann Sebastian Bachs* (wie Anm. 32), Nr. 22. – Verschiedene Choraufstellungen (aus den Jahren 1731, 1740/41, 1744/45, 1751, 1753 und 1784) mögen die Verbindlichkeit dieses Besetzungsideals für die Folgezeit bestätigen, wenngleich es in der Realität – bedingt durch Krankheiten und andere externe Einflüsse – gelegentlich zu pragmatischen Lösungen (d. h. uneinheitlichen Besetzungsstärken der einzelnen Stimmen) kommen musste und der Chor zusätzlich mit Studenten (oft ehemaligen Alumnen der Thomasschule) ergänzt wurde, die dann offenbar speziell für die solistischen Partien eingesetzt wurden. Siehe hierzu Hans-Joachim Schulze: *Bachs Helfer bei der Leipziger Kirchenmusik*, in: Bach-Jahrbuch 1984, S. 45–52; A. Glöckner: *Alumnen und Externe* (wie Anm. 32), und ders.: „[...] *daß ohne Hülffe derer Herren Studiosorum der Herr Cantor keine vollstimmende Music würde bestellen können* [...]" – *Bemerkungen zur Leipziger Kirchenmusik vor 1723 und nach 1750*, in: Bach-Jahrbuch 2001, S. 131–140.

34 Siehe hierzu meine in Anm. 1 genannte Monografie.

35 Siehe hierzu A. Schering: *Musikgeschichte Leipzigs* (wie Anm. 14), S. 98–102; H.-J. Schulze: *Bachs Helfer* (wie Anm. 33); und A. Glöckner: *Alumnen und Externe* (wie Anm. 32).

36 Brief an den Jugendfreund Georg Erdmann vom 28. Oktober 1730, in: W. Neumann, H.-J. Schulze (Hrsg.): *Schriftstücke von der Hand Johann Sebastian Bachs* (wie Anm. 32), Nr. 23.

37 Zu den Einkünften der Thomaskantoren siehe A. Schering: *Musikgeschichte Leipzigs* (wie Anm. 14), S. 44; ders.: *Musikgeschichte Leipzigs*, Bd. 3: *Das Zeitalter Johann Sebastian Bachs und Johann Adam Hillers (von 1723 bis 1800)*, Leipzig 1941, S. 21–24; und Werner Neumann, Hans-Joachim Schulze (Hrsg.): *Fremdschriftliche und gedruckte Dokumente zur Lebensgeschichte Johann Sebastian Bachs 1685–1750* (Bach-Dokumente, Bd. 2), Leipzig und Kassel etc. 1969, Nr. 137, 150, 151, 154, 155, 157, 159, 160, 161, 167, 168, 171–174 und 435; sowie Hans-Joachim Schulze: *Dokumente zu Leben, Werk und Nachwirken Johann Sebastian Bachs 1685–1800. Neue Dokumente. Nachträge und Berichtigungen zu Band I–III* (Bach-Dokumente, Bd. 5), Kassel etc. 2007, B 137a.

Ms St. Thomas 50, Stimmbuch Vagans, Auszug aus der VOX VAGANS (lat.: umherschweifende, freie Stimme), die laut Johann Heinrich Zedlers Grossem vollständigen Universallexikon aller Wissenschafften und Künste *(Halle 1731–1754) folgende Bezeichnung hat: „VOX VAGANS, ist Lateinisch, und wird also bey der Music, in einer fünfstimmigen Composition die fünfte Stimme genennet; weil sie bald ein Discant, Alt, Tenor und Baß ist, heissest sonsten auch Vox quinta, oder schlechtweg Quinta; insgemein aber wird dadurch der andere Tenor bedeutet." Vgl. Wolfgang Orf:* Die Musikhandschriften Thomaskirche Mss. 49/50 und 51 in der Universitätsbibliothek Leipzig, *Leipzig 1977, S. 101 f.*
(Universitätsbibliothek Leipzig)

ohne einschlägige Berufserfahrung gelangten (eine Ausnahme blieb Sebastian Knüpfer), sondern üblicherweise erprobte, angesehene Kantoren oder höfische Kapellmeister. Den Reigen der über die Grenzen Sachsens hinaus bekannten Thomaskantoren eröffnete der 1556 in Gorsleben geborene Thüringer Sethus Calvisius. Als er im Jahr 1594 das Kantorat anstelle Valentin Ottos (1529–1594) übernahm, blickte er bereits auf eine längere Musikerkarriere zurück: Nach seinem Studium u. a. in Leipzig (wo er 1581 als Kantor an der Paulinerkirche gewirkt hatte) war er seit 1582 Kantor an der Fürstenschule zu Pforta gewesen und mit musiktheoretischen Schriften an die Öffentlichkeit getreten[38]. Diese Produktivität hielt in Leipzig an, wobei seine Theoretica (in denen der Einfluss Gioseffo Zarlinos allenthalben spürbar ist) immer im Dienste des

38 Zu Calvisius siehe zusammenfassend den Artikel *Sethus Calvisius* von Werner Braun, in: MGG2, Personenteil, Bd. 3, Kassel etc. 2000, Sp. 1720–1725; zu seinem Wirken in Leipzig: Henrike Koerth: *Sethus Calvisius (1556–1615) und seine Bedeutung für die Entwicklung des Thomaskantorats in Leipzig*, in: Wolf Hobohm (Hrsg.): Struktur, Funktion und Bedeutung des deutschen protestantischen Kantorats im 16. bis 18. Jahrhundert. Bericht über das Wissenschaftliche Kolloquium am 2. November 1991 in Magdeburg (Magdeburger musikwissenschaftliche Konferenzen III), Oschersleben 1997, S. 68–75; außerdem R. Wustmann: *Musikgeschichte Leipzigs* (wie Anm. 10), passim, und Stefan Altner: *Sethus Calvisius, das Thomaskantorat und die Thomasschule um 1600*, in: Gesine Schröder (Hrsg.): Tempus Musicæ – Tempus Mundi. Untersuchungen zu Seth Calvisius, Hildesheim 2008, S. 1–18.

Kantorenamtes standen: Noch in seinem Antrittsjahr gab er seine berühmte Elementarlehre *Compendium musicae* (zweite Auflage 1602) heraus. Im Jahr 1600 folgten die *Exercitationes musicae duae;* sie bieten unter anderem den „wohl ersten Versuch einer pragmatischen Musikgeschichte"[39] und umfangreiche Ausführungen zur Solmisation. In welchem Maße Calvisius' musiktheoretisches Wirken in einer Wechselwirkung mit seiner Musizierpraxis als Thomaskantor stand, zeigt sich an seinen Regeln für den Chorgesang, veröffentlicht 1612 im Anhang seiner Bicinien-Sammlung über lateinische Evangeliensprüche *(Musicae artis praeccepta nova et facilima)* – eine Publikation, die ausdrücklich dem Schulunterricht dienen sollte. Die strengen Regeln lauten (Original lateinisch; hier nach der deutschen Übersetzung von Otto Berthold):

1. Die Knaben sollen beim Gesang die Stimme formen, nicht aber schreien, so sehr sie können.
2. Die Stimme ist in der Kehle, nicht mit den Lippen oder Backen zu formen. Sie ist durch häufiges Üben bei eifrigem Streben weiter auszubilden, damit sie ein ziemlich langes, ununterbrochenes Fortdauern des Atems und die Gewalt der Anspannung bei Erhaltung gleicher Tonstärke auf sich nehmen und aushalten kann, dass die Stimme nicht durch übergroße Anspannung in der höheren Lage die Tonhöhe steigert oder durch Ermüdung in der tieferen Lage absinkt und dadurch die Harmonie entstellt.
3. Eine Stimme soll die anderen nicht übertönen, sondern sie sollen alle in gleicher Anspannung sein, sollen gegenseitig aufeinander achten und sich einander angleichen.
4. Jede Stimme ist, je mehr sie ansteigt und angespannt wird, mit umso geringerer Klangstärke zu bilden, und je mehr sie absteigt, mit umso stärkerem Ton, damit die tiefere Klanglage, die die schwächere ist, mit der höheren Lage im Klangverhältnis ausgeglichen werden kann.
5. Ein Ton, der bei einer Note länger angehalten werden muss, möge gleichmäßig angehalten werden und nicht bei den einzelnen Taktzeiten oder ihren Unterteilungen im Eifer durch wiederholte Atmung und durch neues Schnaufen vergröbert werden.
6. In den höheren Lagen hat die Stimme sich nicht (bis zur äußeren Grenze) zu vergrößern, sondern die verstärkte Kraft hat in diesen Lagen nach Vorschrift der Notenwerte (gleichmäßig) anzudauern, damit sie nicht bei erschlaffender Kraft plötzlich abbreche.
7. Die stufenweise an- und absteigenden Viertel- und Achtelnoten sind mit dem Kehlkopf und nicht mit den Lippen zu bilden, sie sind stimmlich so zu verbinden, dass die einzelnen Stufen im Klange nicht herausfallen.
8. Diejenigen, die dieselbe Stimme singen, sollen zugleich und gleichmäßig anfangen und aufhören, keinesfalls aber zugleich atmen, außer in der Pause.
9. Anders ist zu singen in der Kirche, anders in den Privatgebäuden, dort mit voller Stimme, hier mit einer gewissen Diskretion, gedämpft und sanft.
10. Beim Ende des Liedes, bei der vorletzten Note, ist der Ton etwas anzuhalten und zwar für diese Note etwa auf die Dauer von vier Zählzeiten, dann sollen die Sänger auf ein von dem Kantor gegebenes Zeichen zugleich aufhören, außer der tiefen Stimme, die, zum Unterschiede von den anderen Stimmen, noch länger nachklingt.
11. Den Text soll man beim Singen so wiedergeben, wie wir es in der gewohnten Sprache zu tun pflegen, nicht einen Laut durch einen anderen Laut ersetzen oder gar durch fremde und barbarische Töne, ein Geblöke wie vom Schafe oder ein Gebrüll wie vom Rinde, entstellen.
12. Wenn beim figuralen Gesang die Wortbedeutung durch Fugen und Kadenzierungen in mannigfaltiger Weise verwischt wird, so muss man sich sehr große Mühe geben, dass das Wort den Noten richtig untergelegt, genau ausgesprochen und, soweit es möglich ist, deutlich und klar vorgetragen wird.[40]

Die Regeln geben einen Eindruck davon, wie es Calvisius gelang, die musikalische Qualität des Thomanerchores auf ein zuvor unerreichtes Niveau zu heben – und im Gegenzug, wie oben angedeutet, die Leipziger zu zahlreichen nachhaltigen Wohltaten für ‚ihren' Chor zu bewegen. So gesehen wird die zentrale Bedeutung, die Calvisius' Kantorat für die Profilierung des musikalischen Profils der Schule aus der Rückschau betrachtet hatte, auch nicht getrübt, sondern vielmehr gestärkt, wenn der musikalisch offenkundig ebenfalls hochambitionierte Rektor Bardenstein 1614 gegenüber dem Stadtrat klagte: „daß wir kaum die erste Cantorey recht bestellen können. Es mangelt an guten Bassisten und Discantisten […] und ist solche Klag dem Herrn Bürgermeister Dr. Mösteln wol bekannt, der oftmals in nuptiis publice darüber geeifert hat".[41]

Als man Calvisius am 27. November 1615 zu Grabe trug und die Thomaner ihm seine achtstimmige Motette *Unser Leben währet siebnzig Jahr* sangen, umriss der Pastor der Nikolaikirche Vincent Schmuck Calvisius' Vermächtnis denn auch folgendermaßen:

---

39 W. Braun: *Sethus Calvisius* (wie Anm. 38), Sp. 1723.
40 Zitiert nach B. Knick: *St. Thomas zu Leipzig* (wie Anm. 17), S. 88.
41 Zitiert nach R. Wustmann: *Musikgeschichte Leipzigs* (wie Anm. 10), S. 91–92.

"mit was ruhm vnd fleiß er demselben [d. h. dem Chor der Thomasschule, Anm. d. Verf.] für gestanden / auch waser massen die Musica bey der Kirchen allhie durch ihn angerichtet vnd verbessert worden / das ist für Augen / das es hievon weiters berichts oder zeugnüsses nicht bedürfftig. Denn er war seiner Kunst mechtig / der sich auff gute Muteten vnd das decorum im singen verstunde / derwegen auch die besten Stücke vnd Muteten zu singen beflissen war / vnd selbst auch einen guten vnd statlichen Componisten gegeben hat."[42]

Auch sei er zeitlebens „ein ehrlicher, aufrichtiger, frommer, gottesfürchtiger Mann gewesen, ohne Falsch und Gleißnerey und gar kein amans humorum".[43]

Am nachhaltigsten ist der Thomaskantor Calvisius der Nachwelt freilich als Polyhistor in Erinnerung geblieben. Anspielend auf sein publizistisches Wirken als Chronologe und Astronom – sein berühmtes *Opus chronologicum* (Leipzig 1605) brachte ihm (abgelehnte) Rufe an die Universitäten Frankfurt an der Oder und Wittenberg ein –, wurde sein im Jahr 1626 erschienener Porträtstich Wolfgang Kilians unterzeichnet mit: „Musicus Historicus, divinus et ipse Poeta, Astrologus SETHUS talis in arte cluit".[44]

Johann Hermann Schein (1616–1630 im Amt)

Wir wissen nicht, ob es Scheins eigene Idee war, dass sich der am 31. August 1616 als Nachfolger von Calvisius angenommene Thomaskantor künftig (spätestens seit 1618) nicht mehr nur als „Cantor", sondern zugleich als „Director Chori Musici" oder gar „General-Director der Music" titulierte.[45] Vielleicht wollte er damit auf seine vorangegangene kurzzeitige Anstellung als Kapellmeister in Weimar (1615/16) anspielen. Denkbar wäre aber auch, dass die Neuerung auf den Leipziger Rat zurückging, der damit gewissermaßen bekannt hätte, dass die musikalischen Belange im Tätigkeitsprofil des Thomaskantors künftig auch äußerlich die größte Rolle spielen sollten. Jedenfalls hielt während Scheins vierzehnjährigem Kantorat der musikalische Barock in Leipzig Einzug. Wolfgang Caspar Printz rühmte den 1586 in Grünhain im Erzgebirge geborenen Schein noch 1690: Er habe „keinen geringen Ruhm erworben" und sei „vornemlich fürtrefflich gewesen in dem Stylo Madrigalesco, in welchem er keinem Italiener, vielweniger einem andern etwas nachgeben dörffen".[46]

Seinem offenkundigen Anspruch, ein wahrhaft städtischer Musikdirektor zu sein, kam Schein dadurch nach, dass er in seinen vielen publizierten Sammelwerken und Gelegenheitskompositionen nahezu alle Musizierschichten der Stadt mit Repertoire versorgte: Mit dem bereits als Student in Leipzig verfassten *Venus Kräntzlein* (Leipzig 1609; fünfstimmige Liebeslieder), den Trinkliedern im *Studenten-Schmauß* (Leipzig 1626; knappe fünfstimmige Sätze, überwiegend in Kanzonettenform), den zwei Teilen der *Musica boscareccia* (Leipzig 1621 und 1626; dreistimmige kunstvolle Villanellen in der Manier italienischer Generalbassmadrigale) und den *Diletti pastorali* (Leipzig 1624; fünfstimmige Madrigale) bediente er weltliche Gattungen und damit die örtliche Studentenszene. Mit dem ersten Teil der *Opella nova* (Leipzig 1618) lieferte er moderne drei- bis fünfstimmige geistliche Choralkonzerte im Stil der Concerti von Lodovico Viadana mit obligatem Generalbass. Im zweiten Teil dieser Sammlung (Freiberg 1626) basieren die Kompositionen teils auf Psalm- und Spruchtexten und erscheinen erstmals obligate Instrumentalstimmen. Beide Teile der *Opella nova* gehören zu den verbreitetsten Notendrucken ihrer Zeit. Scheins bedeutendste Publikation sollte indes die 1623 in Leipzig gedruckte *Fontana d'Israel, Israelis Brünnlein* werden, eine Sammlung mit fünf- bis sechsstimmigen Kompositionen „auf eine", wie es im Titel heißt, „Anmutige Italian Madrigalische Manier". Sie gilt „seit jeher als ein Höhepunkt bildhafter musikalischer Textdarstellung", weil hier die deutsche Motettentradition mit der besagten italienischen madrigalischen Manier „in singulärer Meisterschaft [...] verschmolz".[47] Die Sammlung ist dem Leipziger Stadtrat gewidmet und mit einem Kupferstich versehen, der drei musizierende Chöre zeigt: in der Mitte die Orgel mit dem Organisten, zwei Lautenisten und zwei Sängerknaben; rechts drei Cornettisten, links drei Posaunisten und jeweils ein den Takt schlagender Sänger. Aber nicht nur daran zeigt sich, dass die weitestgehend alttestamentarische Bibelsprüche vertonende Sammlung teilweise aus Scheins Leipziger Musizierpraxis hervorgegangen ist; manche der enthaltenen Motetten dürften ursprünglich auf Begräbnissen und Hochzeiten von Leipziger Bürgern entstanden sein. Im Übrigen erregte Scheins an den Tag

---

42 Gedruckte Leichenpredigt auf Calvisius, zitiert nach H. Koerth: *Sethus Calvisius* (wie Anm. 38), S. 73.

43 Ebenda.

44 Der Satz basiert auf Versen in Calvisius' Leichenpredigt; siehe auch Johann Mattheson: *Grundlage einer Ehren-Pforte*, Hamburg 1740, Nachdruck hrsg. v. Max Schneider, Berlin 1910, S. 32 f.

45 Siehe hierzu Arthur Prüfer: *Johann Hermann Schein*, Leipzig 1895, Reprint Leipzig 1989, S. 35, und den Artikel *Johann Hermann Schein* von Walter Werbeck, in: MGG2, Personenteil, Bd. 14, Kassel etc. 2005, Sp. 1251.

46 Wolfgang Caspar Printz: *Historische Beschreibung der edlen Sing- und Kling-Kunst*, Dresden 1690, Kap. 12, § 25.

47 Siehe Adam Adrio: Vorwort zur Neuausgabe der Sammlung, in: *Johann Hermann Schein. Neue Ausgabe sämtlicher Werke*, Bd. 1, Kassel 1963, und W. Werbeck: *Johann Hermann Schein* (wie Anm. 45), Sp. 1259.

Ms St. Thomas 49, Stimmbuch Altus, Josquinus, Missa Pange lingua (Universitätsbibliothek Leipzig)

gelegter Eifer bei der musikalischen Ausgestaltung von Kasualien schon in den Anfangsjahren seines Kantorats Aufsehen; etwa als er 1618 zur Hochzeit des Bürgermeister-Sohnes Möstel während der Trauung ein Stück mit Trompeten und Heerpauken musizieren ließ und die kurfürstlichen Behörden daraufhin eine Erklärung für diese Decorumsverletzung forderten. Der Stadtrat stellte sich hinter Scheins Werkauswahl (und hinter Möstel) und versuchte, die Angelegenheit herunterzuspielen:

> „Die Musica in der Kirchen hat der Cantor alhier bestellet, dabei denn für der Trauung ein Stück, so er, der Cantor, dem Breutgamb zu Ehren componirt, uff gewöhnliche Art musicirt worden, nach der Trauung aber ist ein Stück, welches gedachter Cantor uffs Jubelfest componirt gehabt,[48] aber wegen seiner damaligen Leibesschwachheit nicht singen können, musicirt worden, welches, weil es sonderlich uff allerhand musicalische Instrumenta gerichtet gewesen, haben die Naumburgischen [!] Stadtpfeifer solche Trommeten, wie sie solche bei der Kirchen Musica in Naumburgk zu gebrauchen pflegen, darein geblasen, auch […] ein Schulknabe, so von dem Cantor hierzu abgerichtet, die trummel etwas geschlagen."[49]

Einhalt wurde Scheins Praxis letztlich nicht geboten: Aus Anlass der Hochzeit des Baumeisters Deuerlein führte der Thomaskantor im Oktober 1620 den 150. Psalm auf: „nach Anleitung des Textes auf Drommeten und Pauken gerichtet".[50]

48 Gemeint ist eine von Schein im Jahr 1617 als Einzeldruck vorgelegte 8-stimmige Festmusik *(Singet dem Herrn ein neues Lied)* für den 100. Jahrestag von Luthers Thesenanschlag; siehe hierzu A. Prüfer: *Johann Hermann Schein* (wie Anm. 45), S. 36 und 43.

49 Zitiert nach R. Wustmann: *Musikgeschichte Leipzigs* (wie Anm. 10), S. 80 f.

50 Ebenda.

Die durch die musikalische Überlieferung dokumentierte Produktivität Scheins (es existieren neben den Druckwerken circa 110 handschriftlich überlieferte Kompositionen) steht freilich in einem Gegensatz zu seiner schwierigen gesundheitlichen Situation. Häufig kränkelte er und suchte zuletzt in Karlsbad Heilung von „Schwindsucht", „Podagra und Lendenstein".[51] Noch kurz bevor Schein im November 1630 starb, besuchte ihn Heinrich Schütz, der ihm dann die Parentationsmotette *Das ist je gewißlich wahr* SWV 277 (Dresden 1631) komponierte – ein Stück, das später in überarbeiteter Gestalt in die *Geistliche Chormusik* (1648) eingehen sollte (SWV 388). Nicht zuletzt wegen Scheins schlechtem Gesundheitszustand wird die sängerische Qualität seines Chores mehr und mehr abgenommen und seinen Nachfolger Tobias Michael zur weiter oben zitierten Äußerung veranlasst haben.

Tobias Michael (1630–1657 im Amt)

Mit der am 29. Dezember 1630 erfolgten Wahl Michaels zum Thomaskantor setzte sich die Tendenz fort, das Thomaskantorat zuvorderst einem „guten Musicus"[52] zu überlassen, also einer Person, die bereits über eine gewisse Reputation in der musikalischen Welt verfügte; auch Michael bevorzugte die Bezeichnung „Director Musices".[53] Der Sohn des Dresdner Hofkapellmeisters Rogier Michael († 1623?) hatte seine Ausbildung zunächst als Kapellknabe in Dresden und dann an der Fürstenschule zu Pforta erhalten; zudem hatte er in Wittenberg und Jena studiert und bereits seit 1619 den Kapellmeisterdienst am schwarzburgischen Hof zu Sondershausen verwaltet. Michaels pädagogischem Engagement ist es zu verdanken, dass die Thomasschule auch in der für Leipzig schlimmsten Zeit des Dreißigjährigen Krieges, d. h. während der Jahre 1631 bis 1650 in einem vergleichsweise guten Zustand blieb – die Stadt wurde bis 1642 fünfmal belagert und war dann bis 1650 schwedisch besetzt. Dass Michael in der Reihe der Thomaskantoren dennoch, und trotz der Tatsache, dass unter seiner Ägide Heinrich Schütz der Stadt Leipzig und dem Thomanerchor die Motettensammlung *Geistliche Chormusik* (1648) widmete,[54] als vergleichsweise weniger bedeutsam eingeschätzt wird, hängt vor allem damit zusammen, dass er aufgrund einer „über 30. Jahr" währenden Gichterkrankung oft über Wochen ans Bett gefesselt war[55] und wohl deshalb auch keine so rege Publikations- und Kompositionstätigkeit entfaltete wie seine Vorgänger. Sein musikalisches Vermächtnis bilden (abgesehen von ganz wenigen gedruckten und nur handschriftlich überlieferten Gelegenheitswerken)[56] die in den Jahren 1635 und 1637 publizierten zwei Teile seiner Sammlung *Musicalische Seelenlust*. Dabei bietet der erste einen Einblick in Michaels frühe Leipziger Motettenproduktion: Kompositionen „auf sonderbare liebliche Madrigalische Art mit 5 Stimmen und ihrem Bass. contin. componiret", die „in so vielen dieses Orts ausgestandenen Plockir-, Beläger- und Eroberungen" inmitten „zweijähriger Infection und Sterbensgefahr wie auch noch immerfort continuirenden Furcht und Schrecknüß" entstanden.[57] Im zweiten Teil präsentiert Michael geistliche Konzerte für ganz unterschiedliche Besetzungen. Mitunter fügte er hier den Gesangsstimmen alternative kolorierte Fassungen bei. In der Vorrede erläutert er diese Praxis: Er habe in jungen Jahren „mancherlei, so wohl Teutsche, Welsche und andre Musicos gehöret und den Unterscheidt nach meinem Vermögen observiret, unter welchen mir (was die Manier zu singen anlanget) des Herrn Gio. Girolamo Kapsbergers Art sehr beliebet, dem ich auch, so viel mir müglich, nachgefolget."[58] Sein Schüler, der Leipziger Nikolaikantor Elias Nathusius, deutet anlässlich seiner erfolglosen Bewerbung um Michaels Nachfolge im Jahr 1657 an, dass das geschmackvolle Kolorieren in der Tat ein zentraler Gegenstand in Michaels Unterricht war, und er gibt überhaupt einen Einblick in dessen ambitionierten Lehrstoff:

---

51 So berichtet in der Leichenpredigt auf Schein, abgedruckt bei Philipp Spitta: *Leichensermone auf Musiker des XVI. und XVII. Jahrhunderts*, in: Monatshefte für Musikgeschichte 3 (1871), S. 26–30.

52 So geäußert in der entscheidenden Ratssitzung im Dezember 1630, siehe R. Wustmann: *Musikgeschichte Leipzigs* (wie Anm. 10), S. 104.

53 Ebenda, S. 110.

54 Vgl. dazu Anm. 2. Der Warschauer Kapellmeister Marco Scacchi sah in Michael und Schütz sogar die bedeutendsten Musiker ihrer Zeit (siehe Vorrede zu *Judicium cribri musici*, Warschau [o. J.]).

55 Zu Michaels Gichtbeschwerden siehe den Lebenslauf in der von Martin Geier gehaltenen Leichenpredigt, *Köstliches Aqua vitae Oder Lebens-Wassers* [...] 1657, abgedruckt bei Philipp Spitta: *Leichensermone auf Musiker* (wie Anm. 51), S. 30–41, speziell S. 33–34, sowie Michael Maul: *Scheidt-Dokumente aus der Lutherstadt Eisleben*, in: Konstanze Musketa, Wolfgang Ruf (Hrsg.): Samuel Scheidt (1587–1654). Werk und Wirkung. Bericht über die Internationale wissenschaftliche Konferenz in Halle (Schriften des Händel-Hauses in Halle 20), Halle 2006, S. 201.

56 Bei den bei Schering (siehe dazu Anm. 14), S. 124–131, vorgestellten „drei konzertierenden Motetten", angeblich für das „Dank- und Friedensfest" nach dem Abzug der Schweden im Jahr 1650 komponiert, die sich als mutmaßliche Autografe bis 1945 in der Universitätsbibliothek Königsberg befanden (heute verschollen), kann es sich zumindest nicht gänzlich um zu dieser Gelegenheit entstandene Werke handeln – zumindest eines der Stücke *(Alleluja, danket dem Herrn)* wurde schon bei der Einweihung der Schlosskirche zu Gotha im Jahr 1646 (wieder-)aufgeführt; siehe Max Schneider: *Die Einweihung der Schloßkirche auf dem Friedenstein zu Gotha im Jahr 1646*, in: Sammelbände der Internationalen Musikgesellschaft VII (1905/06), S. 308–313, speziell S. 310.

57 So beschrieben in der Vorrede Tobias Michaels.

58 Vorrede Michaels im Stimmheft „Qvinta vox".

„*Contrapunctum simplex, Compositum, duplex* (oder doppelt *Contrapunct*) *Inversum* (oder in *Motu Contrario*) *Retrogradum, etc*: ohne, und mit Texten, zu *componi*ren, Auch eines frembden *Canonis* Schlüssell zu finden, hatt mich mein Seeliger Herr *Praeceptor* wohl ehr *probi*ret (Sintemahl Er dergleichen mitt dem auch Seeligen Herrn Scheid, Vornehmen Fürstlichen Capellmeistern zu Hall in Schrifften gewechselt) und, ohne Ruhm ziemlich gescheid gefunden. Ein stück zu *componi*ren, darinne auch *Music* ist, (von Welchem mein Seeliger Herr *Praeceptor* trefflich viel hielte: Welches auch Ihro Excellenz Herr Capellmeister Schüzze, allen jungen Componisten, in der Vorrede und *Dedication* Seiner Chor *Musick*, an Ihro Edl. *Magnif*. WohlEhrenv. GroßAchtbarkeiten, alß eine Nuß erstlich aufzubeissen, ehe man zu weiterer *Composition* schreite, zum höchsten *recommendi*ret) hat uns Unser Seeliger Herr *Praeceptor* fleissig anbefohlen, welchem wir auch bißhero, nach Vermögen nachkommen sein.

Eine feine kunste *passaggi* (Musikalische *gruppi* und *Trillo*) zu machen, hat unß Unser Sel. Herr *Praeceptor* in den Andern Theil *Seiner*, so genandten, Seelenlust, gewiesen: (Welche *Terminos Musicos* alle Ihro Excellenz, der oben Hochwohlgemeldte (tit) Herr *Doctor Finkelthusius* gar wohl verstehet, hatt auch offte darvon mitt dem Sel. Herrn *Cantore, vel me praesente, disputi*ret.)"[59]

Nicht zuletzt wegen Michaels Erkrankung entwickelte sich freilich schon während der 1640er Jahre ein zunächst als Student nach Leipzig gekommener Vogtländer zu einer Art heimlichem Musikdirektor der Stadt: Johann Rosenmüller (* 1617). Er war zweifellos die schillerndste Leipziger Musikerpersönlichkeit der 1640/50er Jahre, ja der lokale Hoffnungsträger schlechthin.[60] Bald nach seiner Ankunft avancierte er zum Hilfslehrer (ab Herbst 1642) und Baccalaureus funerum (ab 1650)[61] an der Thomasschule und scheint in letzterer Funktionen de facto eine Art Substitut Michaels gewesen zu sein. Bereits vor seinem Aufenthalt in Italien (1645/46)[62] war er ein gefragter Komponist an der Pleiße; damals komponierte er für den schwedischen General Robert Douglas eine Hochzeitsmusik, deren Musik erhalten geblieben ist[63]. Seine in Leipzig publizierten Drucke mit Instrumental- und Kirchenmusik wurden von keinem Geringeren als Heinrich Schütz durch Worte[64] und Taten[65] unterstützt. 1651 stieg er zum Nikolaiorganisten auf und wurde 1654 – unter Beibehaltung der beiden Ämter – „von Hauß auß bestellter Director der Music" am Altenburger Hof.[66] Im Dezember 1653 veranlasste seine drohende Abberufung ins Dresdner Kreuzkantorat den Leipziger Rat gar dazu, ihm schriftlich die Übernahme des Thomaskantorats nach Michaels Tod zu garantieren.[67] Doch dazu kam es nicht: weil Rosenmüller wegen eines im Raum stehenden Verdachtes der Päderastie – er soll sich an Alumnen der Thomasschule vergangen haben[68] – im Mai 1655 aus Leipzig floh und sich dann für fast drei Jahrzehnte in Venedig aufhielt († 1684 in Wolfenbüttel).

Inwieweit Rosenmüllers Musik zum Ende der Ära Michael auch das Repertoire in den Leipziger Hauptkirchen bestimmte, ist unklar. Dokumentarisch belegen lässt sich, dass er in den Jahren um 1650 die weltlichen Festmusiken zu fast allen repräsentativen Anlässen rings um die Beendigung des Dreißigjährigen Krieges und den Abzug der Schweden schuf; außerdem war er (wohl als Ersatz für Michael) verantwortlich für die Aufführung von großbesetzter Figuralmusik an den hohen Festtagen in der Paulinerkirche, und in den Jahren 1650 bis 1652 wurde er aus der Kasse der Thomaskirche ausdrücklich „wegen aufwartung bey der Kirchen Music" besoldet.[69]

---

59 Vollständig wiedergegeben bei Michael Maul: *Elias Nathusius – Ein Leipziger Komponist des 17. Jahrhunderts*, in: Ständige Konferenz Mitteldeutsche Barockmusik. Jahrbuch 2001, Schneverdingen 2002, S. 70–98.

60 Biografische Angaben im Folgenden, wenn nicht anders angegeben, nach dem Artikel *Johann Rosenmüller* von Peter Wollny, in: MGG2, Personenteil, Bd. 14, Sp. 406–412.

61 Zu den Aufgaben des Baccalaureus funerum siehe A. Schering: *Musikgeschichte Leipzigs* (wie Anm. 14), S. 98.

62 Siehe hierzu Detlef Döring: *Das Musikleben im Leipziger Collegium Gellianum in den vierziger und fünfziger Jahren des 17. Jahrhunderts*, in: Ingeborg Stein (Hrsg.): Beiträge zur musikalischen Quellenforschung, Protokollband Nr. 2 der Kolloquien im Rahmen der Köstritzer Schütz-Tage, Bad Köstritz 1991, S. 123 f.

63 Siehe Peter Wollny: *Eine anonyme Leipziger Hochzeitsmusik aus dem 17. Jahrhundert*, in: Christoph Wolff (Hrsg.): Über Leben, Kunst und Kunstwerk: Aspekte musikalischer Biographie. Johann Sebastian Bach im Zentrum, Leipzig 1999, S. 46–60.

64 Durch eine Eloge in der 1645 gedruckten Sammlung *Paduanen, Alemanden, Couranten, Balletten, Sarabanden, mit drey Stimmen und ihrem Basso pro Organo*.

65 Schütz stellte das Papier für den Druck von Rosenmüllers Sammlung *Andere Kern-Sprüche* (Hamburg und Leipzig 1652/53) zur Verfügung; siehe hierzu Peter Wollny: *Heinrich Schütz, Johann Rosenmüller und die 'Kern-Sprüche' I und II*, in: Schütz-Jahrbuch 2006, S. 35–47.

66 Siehe die wiedergegebenen Dokumente bei Arno Lehmann: *Die Instrumentalwerke von Johann Rosenmüller*, Leipzig 1965, S. 10 f.

67 P. Wollny: *Eine anonyme Leipziger Hochzeitsmusik* (wie Anm. 63), S. 54 f.

68 August Horneffer: *Johann Rosenmüller (ca. 1619–1684)*, Charlottenburg 1898, S. 33–39.

69 Siehe hierzu zusammenfassend Michael Maul: *Musikpflege in der Paulinerkirche im 17. Jahrhundert bis hin zur Einführung des 'neuen Gottesdienstes' (1710)*, in: Eszter Fontana (Hrsg.): 600 Jahre Musik an der Universität Leipzig. Studien anlässlich des sechshundertjährigen Jubiläums, Leipzig 2010, S. 33–56, speziell S. 35–39.

Sebastian Knüpfer (1657–1676 im Amt)

Als am 17. Juli 1657 der Leipziger Rat den erst 23-jährigen Sebastian Knüpfer[70] ins Thomaskantorat wählte,[71] war dies eine mutige Entscheidung. Zum einen, weil sich in der Person des Nikolaiorganisten Adam Krieger eine als Komponist hochgeschätzte Person – die vom Kurfürstenpaar persönlich unterstützt wurde – siegessicher ebenfalls zur Wahl gestellt hatte[72]; zum anderen, weil der aus Asch im Vogtland gebürtige Knüpfer selbst keine einschlägige Berufserfahrung ins Felde führen konnte: Nach seiner Schulzeit am Gymnasium poeticum zu Regensburg hatte er seit 1653 in Leipzig studiert und während dieser Zeit als Bassist an den Musikaufführungen in den Hauptkirchen mitgewirkt. In welchem Umfang er schon damals als Komponist hervorgetreten war, ist ungewiss.[73] Anlässlich der Neubesetzung der Stelle hatte der Rat denn auch die Möglichkeit diskutiert, das Thomaskantorat künftig in Schul- und Kirchenamt aufzuspalten – Knüpfer wäre dann Ersteres, Krieger Letzteres, also der ‚Chorus musicus' zugefallen. Da aber die Ratsherren neben Knüpfers Gelehrsamkeit auch dessen musikalische Fähigkeiten zu würdigen wussten, ging er letztlich als Sieger aus der Wahl hervor.[74] Die in ihn gesetzten Hoffnungen wurden nicht enttäuscht, denn wenn er in einer akademischen Trauerfeier anlässlich seines Todes († 10. Oktober 1676) als ein Musiker bezeichnet wurde, „wie ihn Leipzig vorher nicht gesehen hat und vermutlich nicht wieder sehen wird"[75], so bezeugt dies das außerordentlich hohe Ansehen, das er in Leipzig – und zwar sowohl bei seinen Patronen als auch an der Universität – genoss. Es gründete auf seinen praktischen Fähigkeiten als Musiker, aber auch auf seinen allseits gerühmten profunden musiktheoretischen, philologischen und poetischen Kenntnissen. Überhaupt gehörte Knüpfer zu den herausragenden deutschen Musikerpersönlichkeiten seiner Zeit. Seine Werke sind in nahezu allen zeitgenössischen Musikaliensammlungen und Inventarverzeichnissen des protestantischen deutschsprachigen Raums präsent und nehmen hier oft eine dominierende Position ein. 1663 bewarb sich Knüpfer erfolglos um das Hamburger Kantorat (nach dem Tod von Thomas Selle); 1674 trug ihm der Hamburger Rat dann selbst diese Stelle an (in der Nachfolge des Schütz-Schülers Christoph Bernhard) – eine Nachbesserung seiner Besoldung hielt ihn aber auf Lebenszeit im Thomaskantorat.

Kompositorisch scheint Knüpfer anfänglich stark unter dem Einfluss Rosenmüllers gestanden zu haben.[76] Die beeindruckendsten Beispiele seiner Kompositionskunst bieten einige großbesetzte Choral- und Psalmkonzerte. Die höchstwahrscheinlich aus Knüpfers letzten Lebensjahren stammenden Cantus-firmus-Bearbeitungen *Was mein Gott will* und *Es spricht der Unweisen Mund* etwa zeigen ein Höchstmaß an kontrapunktischer Dichte und komplizierte kanonische Satzstrukturen; gattungsgeschichtlich stellen sie „das perfekte Gegenbild" zu Dieterich Buxtehudes Choralbearbeitungen dar und erlauben es rückblickend, Knüpfer als zentrale Gestalt für die eigenständige Entwicklung der mitteldeutschen Choralkantate zu bezeichnen.[77] Derartige Stücke werden den Hamburger Musiktheoretiker Johann Mattheson dazu bewogen haben, Knüpfers Namen in der Charakteristik seiner Werke wiederzuerkennen: Diese seien „an geschickten Verknüpfungen und Bindungen sehr reich"[78]. Angesichts der zahlreichen von Knüpfer vorliegenden (oder zumindest inventarmäßig nachweisbaren) Dialogkompositionen stellt sich die Frage, ob womöglich er es war, der erstmals in Leipzig ganze Jahrgänge von Kirchenmusiken aus der eigenen Feder aufführen ließ, die textlich und/oder musikalisch jeweils einer bestimmten Gattung oder einer einheitlichen formalen Idee verpflichtet waren – im speziellen Fall der Idee eines Evangelien-Jahrganges, der

---

70 Siehe hierzu Michael Maul: *Die musikalischen Ereignisse anlässlich der Erbhuldigung von Johann Georg II. (1657). Ein Beitrag zur Rekonstruktion von Leipziger Festmusiken im 17. Jahrhundert*, in: Schütz-Jahrbuch 2006, S. 89–121.

71 Aufgrund der verordneten Landestrauer nach dem Tod von Kurfürst Johann Georg I. geschah dies offenbar ohne vorhergehende Probe.

72 Vgl. dazu Anm. 18.

73 Siehe hierzu Peter Wollny: *Zur Rezeption des Stile nuovo in der Oberlausitz. Beobachtungen an der Handschrift Mus. Löb 53 der Sächsischen Landesbibliothek – Staats- und Universitätsbibliothek Dresden*, in: ders. (Hrsg.): Die Oberlausitz – eine Grenzregion der mitteldeutschen Barockmusik (Ständige Konferenz Mitteldeutsche Barockmusik. Jahrbuch 2006), Beeskow 2007, S. 117–140, besonders S. 127 f.

74 Siehe A. Schering: *Musikgeschichte Leipzigs* (wie Anm. 14), S. 132–134, und ders.: Vorwort zu: *Sebastian Knüpfer, Johann Schelle, Johann Kuhnau. Ausgewählte Kirchenkantaten* (Denkmäler deutscher Tonkunst, 1. Folge, Bd. 58/59), Leipzig 1918, S. × f.

75 „Musicus enim efferatur, qualem Lipsia non vidit autea, nec videbit, credo, postidea."; hier zitiert nach der Übersetzung bei Bernhard Friedrich Richter: *Zwei Funeralprogramme auf die Thomaskantoren Knüpfer und Schelle*, in: Monatshefte für Musikgeschichte 33 (1902), S. 213.

76 Siehe Peter Wollny: *Rosenmüllers Dialog ‚Christus ist mein Leben' als musikalisches Vorbild*, in: Bernd Sponheuer (Hrsg.): Rezeption als Innovation. Untersuchungen zu einem Grundmodell der europäischen Kompositionsgeschichte. Festschrift Friedhelm Krummacher zum 65. Geburtstag (Kieler Schriften zur Musikwissenschaft, Bd. 46), Kassel 2001, S. 17–35.

77 Siehe Friedhelm Krummacher: *Die Choralbearbeitung in der protestantischen Figuralmusik zwischen Praetorius und Bach* (Kieler Schriften zur Musikwissenschaft, Bd. 22), Kassel 1978, S. 284.

78 J. Mattheson: *Grundlage einer Ehren-Pforte* (wie Anm. 44), S. 143.

in Knüpfers erste Leipziger Wirkungsdekade zu datieren wäre. Untermauert wird diese Annahme durch den von Knüpfer in den (späten?) 1660er Jahren geschaffenen und möglicherweise ebenfalls als Jahrgang konzipierten Zyklus von sogenannten Concerto-Aria-Kantaten[79], der auf dem Textdruck *Geistliche Oden auf die fürnehmsten Feste und alle Sonntage des gantzen Jahres* des Weißenfelser Dichters David Elias Heidenreich basierte.[80] In der Wahl dieser modernen, an sich höfischen Textvorlage wird auch eine Orientierungsrichtung für Knüpfers Leipziger Hauptkirchenmusik erkennbar: das Repertoire der mitteldeutschen Hofkapellen.

Zur Komposition und Aufführung ganzer Jahrgänge kam es dann in jedem Fall während der Amtszeit von Knüpfers Nachfolger, seinem einstigen Schüler an der Thomasschule Johann Schelle.

Johann Schelle (1677–1701 im Amt)

Der Eilenburger Kantor Johann Schelle (* 1648 in Geising im Erzgebirge) setzte sich bei der Wahl von Knüpfers Nachfolger nur knapp gegen die elf Mitbewerber durch.[81] In seiner 23-jährigen Dienstzeit scheint er, was die sonntägliche Repertoiregestaltung betrifft, tief greifende Neuerungen eingeführt zu haben, die freilich zunächst nicht bei allen Gottesdienstbesuchern auf Gegenliebe stießen. Auch wenn die Quellen üblicherweise – leider fast für das gesamte 17. und die erste Hälfte des 18. Jahrhunderts – über die Aufnahme der Leipziger Kirchenmusik schweigen, so gewährt uns das erhaltene Tagebuch des Rektors der Thomasschule Jakob Thomasius (1622–1684, Thomasschulrektor 1676–1684) zumindest Einblicke in die Ära Schelle. Diese sind umso wertvoller, als sie zum einen aufzeigen, dass die Ratsherren durchaus Einfluss auf die Kirchenmusik nehmen konnten, und zum anderen hier deutlich wird, dass die musikalischen Angelegenheiten an der Thomasschule durchaus stadtpolitische Bedeutung hatten. So muss Schelle am ersten Trinitatissonntag des Jahres 1683 damit begonnen haben, anstatt des bislang von lateinischer Kirchenmusik fremder Autoren dominierten Repertoires allwöchentlich deutsche Evangelienmusiken aus der eigenen Feder aufzuführen, also Vertonungen des sonntäglichen Evangeliums, ergänzt um frei gedichtete, auslegende Textpassagen und Strophen aus Kirchenliedern. Ein halbes Jahr später, im Vorfeld des Weihnachtsfestes, ließ der Bürgermeister Christian Lorenz von Adlershelm (1608–1684) den Thomaskantor wissen, dass er diese Praxis künftig zu unterlassen habe und stattdessen wieder italienische Kompositionen mit lateinischen Texten musizieren soll.[82] Adlershelm, ein ehemaliger Förderer Knüpfers, hatte sich bei der Kantoratswahl im Jahr 1677 energisch (aber erfolglos) für den Rudolstädter Kapellmusikus Georg Bleyer verwendet. Thomasius beschreibt die Angelegenheit wie folgt:

> "d. 22. Decemb. Ante merid. adit me Cantor Joh. Schelle et significat, daß ihm Consul Laurentius Antistes scholae [...] entbieten lassen, daß er negstkünfftig bey dem Weynachtsfest in den kirchen die Evangelia vor der predigt figuraliter musiciren zu lassen numehr auffhören solte.
>
> De hoc toto negotio memoranda haec veniunt. Man hat sonst in beyden Stadtkirchen an Sonn- und Festtagen bey den Frühestunden nach absingung des Evangelii, ehe das Symbolum: Wir glauben all an einen Gott, abgesungen worden, Musicam figuralem, wozu auch instrumentalis gebrauchet worden, pflegen hören zu lassen, deren Textus latini, und die Composition wol mehrentheils a Musicis Italis verfertiget. An statt solcher so genanten Italienischen Music hatte der Cantor in diesem Jahr 1683. Dominica I. post Trinit. d. 10. Junii angefangen die gewöhnlichen Evangelia figuraliter absingen zu lassen, iedoch nicht in beiden kirchen zugleich, sondern wechselsweise, bald zu S. Thomae, bald zu S. Nicolai. Bey dieser Music seind die Evangelia stückweise und hierbey theils Lutheri deutsche version von wort zu wort, theils (wenn nemlich gewisse personen redend eingeführt werden,) deutsche reimen (wiewol auch nicht allezeit) musiciret, hierunter auch strophae gewöhnlicher kirchenlieder wechselsweise, item deutsche Ariae figuriret worden. [...] Die abschrift solcher Texte hat mir auch der Hr. Cantor communiciret.
>
> Nun pfleget aber Musica figuralis bey denen Advents-Sontagen (excepta Dominica I. adventus),

---

[79] Struktur: ein frei gedichteter strophischer Arientext wird von einem biblischen Diktum, angelehnt an das Sonntagsevangelium, umrahmt. Zur Terminologie siehe Friedhelm Krummacher, Artikel *Kantate*, in: MGG2, Sachteil, Bd. 4, Sp. 1741.

[80] Zehn Kompositionen haben sich erhalten, weitere sechs sind in Inventaren nachgewiesen. – Die Dichtungen entstanden ursprünglich für Halle (1665) und den dortigen Kapellmeister David Pohle.

[81] Darunter befand sich auch Johann Theile. Zur Wahl, bei der offenkundig die musikalische Eignung der Kandidaten im Vordergrund stand, siehe A. Schering: *Musikgeschichte Leipzigs* (wie Anm. 14), S. XXIII–XXVI.

[82] Zu Schelles Jahrgangsprojekten siehe den Artikel *Johann Schelle* von Peter Wollny, in: MGG2, Personenteil, Bd. 14, S. 1267–1270. Inwieweit aus der Forderung Adlershelms herausgelesen werden kann, dass Schelle zuvor und ebenso Knüpfer fast ausschließlich lateinische Kompositionen (zudem von italienischen Autoren) musizieren ließen, ist unklar. Zwar ist der Anteil an lateinischer Kirchenmusik in Knüpfers Œuvre deutlich höher als in demjenigen Schelles, gleichwohl haben beide vor allem deutschsprachige Werke hinterlassen. Vgl. die Werkkataloge in A. Schering: *Musikgeschichte Leipzigs* (wie Anm. 14), S. XIX ff. und XXXVI ff.

Ms St. Thomas 49, Stimmbuch Altus, Primus Introitus Natalis Christi
(Universitätsbibliothek Leipzig)

item in der Fastenzeit nicht geübet zu werden[83], deswegen denn auch jüngsthin Dominic. II. et III. Adventus die Evangelia nicht figuraliter musiciret worden, dergleichen auch morgen gel. Gott Dom. IV. Adventus 23. Decembr. nicht geschehen wird. Indes aber ist der Cantor bedacht gewesen, bey denen negstkünfftigen Feriis Natalitiis Christi solche Musicam Evangeliorum wiederumb zu continuiren. Es hat ihm aber Laurentius Consul diese tage [...] befehlen lassen, auch bey den Feyertagen des Christfests, und so ferner, solche Musicam Evangeliorum abzuschaffen, und also derselben künfftig nicht ferner sich zu gebrauchen, sondern an statt derselben Italienische Compositiones, wie vor diesem, hören zu lassen. Responderat Cantor, et rogaverat, ut continuatio Musicae Evangelicae permittatur sibi tantum usque ad Feriam I. Trinitatis, damit er also einen gantzen Jahrgang hiermit erfüllen könte, zumahl weil ihm bewust, daß solche Musica Evangelica denen Auditoribus bisher wohl gefallen. Sed haec petitio et excusatio nihil valuit apud Consulem, denn er ihm heut ferner [...] andeuten lassen, es bliebe dabey, daß er nunmehr hiermit auffhören solte, es weren auch leute zu finden, welchen solche Evangelische Musica nicht gefiele, die kirchenlieder, so dabey mit unterlieffen, könte man wol zu hause singen (atque aliud est talia Cantica figuraliter audire, aliter more consueto decantare). Nun ist zwar Christianus hic Laurentius itzo Consul regens, iedoch hat er diese verordnung gethan nicht conscio prius et consulto senatu

---

83 Hier spielt Thomasius auf das sogenannte tempus clausum an, d. h. die ohne die Aufführung von Figuralmusik abgehaltenen Leipziger Gottesdienste vom zweiten bis vierten Advent; tempus clausum herrschte ebenfalls während der Fastenzeit (von Invocavit bis Palmarum), mit Ausnahme vom Fest Mariae Verkündigung.

tamquam Consul, sondern tamquam Antistes Scholae, in dem er vermeinet, er habe hierinn dem Cantori als Schuldiener zu befehlen, was ihme beliebet. Atque hoc ipso prodidit, parum sibi placere devotionem ex Evangeliis item Canticis Ecclesiasticis ita in omnium Auditorum tam plebejorum (cum haec omnia cantentur germanice) quam eruditorum animis hactenus excitatam, (wie denn iedermann bisher diesen gebrauch, quantum scio, excepto Laurentio, ihme sehr wol gefallen und sich dadurch zur andacht bewegen lassen,) magis placere sonos Italicae aut similis Musicae absque ulla devotione aures implentis: cui stomacho suo voluit ipse obtemperare totam Ecclesiam. Danda itaque mihi et Cantori visa fuit opera, ut conservaretur potius pia illa et pietati ac devotioni inserviens consuetudo, quam abrogaretur. Intelleximus autem ea de re cum amicis collocuti, neminem esse, cui ista abrogatio tentata a Consule placeat. Cumque haec res videretur ad curam Ecclesiasticae potius quam Scholasticae rei pertinere, quid actum ita fuerit a Consule, significavi D. Lehemanno Superintendenti, qui et ipse testatus est, summopere sibi Consulis hoc intentum displicere, promisitque operam se daturum, ut pia ista consuetudo conservaretur: wie er denn auch alsobald den Küster famulum erst auffs Rathhaus, hernach in des Ober-Stadtschreibers Gräfens wohnung geschickt, umb deswegen erinnerung thun zu lassen, es ist aber an beyden orten itzo (es geschahe gegen abend) weder einige Rathsperson noch der Ober-Stadtschreiber anzutreffen gewesen."[84]

In einer Ratssitzung wurde die Angelegenheit zugunsten Schelles beschieden: „daß der Cantor mit der Musica figurali Evangeliorum bey morgendem Christfest und so ferner continuiren solte."[85]

Einigen Bemerkungen im Thomasius-Tagebuch zufolge stand Schelle der Thomasschullehrer Paul Thiemich (1656–1694) als Textdichter des innovativen Projektes zur Seite.[86] Von diesem stammt auch der Text der im Jahr 1684 auf das Begräbnis von Thomasius komponierten Schelle-Motette *Komm, Jesu, komm* – ein Text, der nachmals erneut von Bach vertont werden sollte (BWV 229), vielleicht, um die bis zuletzt als Köchin für die Thomaner tätige Witwe Schelles, Maria Elisabeth (1654–1730), zu Grabe zu tragen.[87] Dass sich nach 1683 die Praxis der Aufführung von Jahrgangszyklen verstetigte, zumindest kein Sonderfall blieb, bezeugen verschiedene Dokumente: zunächst eine Ankündigung des Pastors der Thomaskirche Johann Benedict Carpzov (1639–1699) in der Vorrede des *Kurtz Verzeichniss derer Anno 1689 von D. J. B. C. in Leipzig gehaltenen Lehr- und Lieder-Predigten*. Bezug nehmend auf seine im Jahr zuvor allsonntäglich gehaltenen Erklärungen eines „gut, schön, alt, evangelischen und Lutherischen Liedes", das er damals nach abgeschlossener Predigt stets von „öffentlicher gemeine" hatte absingen lassen, kündigt er hier an, die Tradition der Liederpredigten auch im kommenden Jahr fortführen zu wollen:

„Welches der berühmte Musicus, Herr Johann Schelle, wohlverordneter Director Chori Musici unserer Leipzigischen Kirchen, andächtigen Zuhörern deso lieblicher und begieriger zu hören machen wird, indem er jedwedes lied in eine anmuthige music zu bringen, und solche vor der Predigt, ehe der Christliche glaube gesungen wird (es sei denn, dass vermöge der kirchenagenda nur Choral, wie in der Advent- und Fasten-zeit gesungen werden müsse), hören zu lassen, gantz willig sich erboten."[88]

Auf diesen in Aussicht gestellten Jahrgang von Figuralmusiken auf der Basis von Chorälen folgte 1690/91 offenbar wieder ein an die Evangelientexte angelehnter Zyklus.[89] Erdmann Neumeister, der seit 1691 in Leipzig studierte, schrieb in seiner Dissertation *De poetis germanicis* (1695) begeistert über diesen Jahrgang, und hier bezogen auf die kongeniale Zusammenarbeit Schelles mit dem Textdichter Gottfried Erdmann (1649–1709), einem Eilenburger Diakon, der ehemals Mitglied im Leipziger Collegium musicum gewesen war:

„Ganz reinen Honig bringt er [Erdmann, Anm. d. Verf.] ein, süßen Honig, der wohl jedermann schmecken wird. Er nährt sich selbst und jede gottergebene Seele nicht anders als die Bienen in den blühenden Wäldern. Wenn man dazu auch noch die lieblichen Melodien nimmt, die der bekannte Schelle, der Leiter des Leipziger Musik-Chores, den Sonntagen beizu-

---

84 R. Sachse: *Acta Nicolaitana* (wie Anm. 16), S. 652–654.

85 Zitiert nach A. Schering: *Musikgeschichte Leipzigs* (wie Anm. 14), S. XXX.

86 Siehe ebenda, S. XXX und XXXII; R. Sachse: *Acta Nicolaitana* (wie Anm. 16), S. 621 und 633; Gustav Roethe: Artikel *Thymich, Paul*, in: ADB, Bd. 38, S. 286 f., und Michael Maul: *Barockoper in Leipzig (1693–1720)* (Voces. Freiburger Beiträge zur Musikgeschichte, Bd. 12), Freiburg 2009, S. 880 f. und 1126 f.

87 Siehe Hans-Joachim Schulze: *Studien zur Bach-Überlieferung im 18. Jahrhundert*, Leipzig 1984, S. 142.

88 Zitiert nach A. Schering: *Musikgeschichte Leipzigs* (wie Anm. 14), S. XXXIII.

89 *Evangelisches Honig oder Himmlischer und Hertzerqvickender Trost / Vor allerhand bekümmert- und Nothleidende Seelen / Aus den ordentlichen Sonn und fürnehmsten Fest-Tags-Evangeliis Durchs gantze Jahr zusammen getragen von M. Gottfried Erdmannen / bey der Stadt-Kirchen zu St. Nicolai in Eulenburg Diacono. Und in die Music übersetzt von Johann Schellen / der Music Direct. in Leipzig. LEIPZIG / Gedruckt bey Johann Georgen / 1690* (Exemplar in Staatsbibliothek zu Berlin – Preußischer Kulturbesitz, Slg. Wernigerode, Hb 531).

geben pflegt, so möchte man sagen, müßten Zuhörer herbeischwärmen, geradeso wie die Bienen zu den Schellen."[90]

Gleich zweimal scheint Schelle den – bereits von Knüpfer vertonten (siehe oben) – Jahrgang der Concerto-Arie-Kantaten *(Geistliche Oden)* David Elias Heidenreichs in Musik gesetzt zu haben. Überdies traten jüngst in der Russischen Nationalbibliothek St. Petersburg (RUS-SPsc) Textbücher zur Leipziger Kirchenmusik ans Licht,[91] die Einblicke in Schelles spätes Repertoire gestatten: Ein Textheft für die Musik am ersten Pfingstfeiertag 1693 weist eine innovative Mischung aus Bibelwort, Rezitativen sowie madrigalischen Arien und Ensemblesätzen auf; es ist zudem das älteste überlieferte Einzeltextheft zur Leipziger Kirchenmusik[92]. Ein weiteres liegt für die Musik an den drei Pfingstfeiertagen des Jahres 1699 vor. Es trägt den übergeordneten Titel *Biblische Geschichte An denen heiligen dreyen Pfingst-Ferien 1699. In beyden Hauptkirchen zu Leipzig musiciret*. Der Titel und die Gestalt der Dichtung deuten auf ein zusammengehöriges, dreiteiliges musikalisches Gebilde hin, das formal durchaus die Merkmale eines Oratoriums trägt – es basiert auf einem biblischen Sujet, liefert eine narrative Schilderung der Pfingstereignisse und setzt sich zusammen aus Arien, Rezitativen und Chorsätzen. In St. Petersburg ist ein weiteres Textbuch aufgetaucht, nunmehr zu einem ganzen Jahrgang:

Evangelische Hertz-Ermunterung, das ist, Musicalische Texte auff Alle Sonn- und Fest-Tage durchs gantze Jahr, da jedesmahl Mit einem Biblischen Spruche der Anfang gemacht, So dann ein Theil des Evangelii Mit untermengten Arien durchgeführt, und endlich Mit einem Vers aus einem Kirchen-Gesange beschlossen wird, verfertiget von M. Johann Neunhertz und Zu Leipzig musiciret durch Johann Schellen Anno Chr. 1701.

Dem Titel zufolge plante Schelle für das Jahr 1701 (wohl ab dem Ersten Advent 1700) die Aufführung eines ganzen Jahreszyklus auf Texte des Liegnitzer Pastors Johann Neunhertz. Schelles Tod am 10. März 1701 verhinderte freilich die vollständige Durchführung, wobei es scheint, dass die Stücke damals in Leipzig nur wiederaufgeführt wurden. Zumindest wusste Erdmann Neumeister schon im Jahr 1695 über Neunhertz' Dichtungen zu berichten:

„Gab eine Evangelische Sabbaths-Freude [Erstdruck der Dichtung Zittau 1690, Anm. d. Verf.], 12°, heraus. Ein in jeder Beziehung gebildeter Dichter, dessen keusche, straffe, echt deutsche, anmutige und liebliche Art, von dem berühmten Schelle in Melodien gebunden, unseren Ohren in unseren Tempeln schon sehr oft schmeichelte."[93]

Mit Schelles vielfältigen Jahrgangsprojekten und ihren weit in die Zukunft weisenden Textmischungen aus Bibelwort, madrigalischen Arien und Rezitativen sowie Chorälen etablierte sich für Leipzig jedenfalls eine Tradition, die auch für seine Nachfolger Kuhnau und Bach verbindlich bleiben sollte und weit über Leipzig ausstrahlte. Sie wird nicht wenige von Schelles Thomanern – etwa den ‚Vater' der modernen deutschsprachigen Oper, Reinhard Keiser, oder die späteren Hofkapellmeister Christoph Graupner (in Dramstadt) und Johann David Heinichen (in Dresden) – und nicht zuletzt auch die sogenannte Kantatenreform Neumeisters beeinflusst haben. Schelles Vetter und Nachfolger im Thomaskantorat Kuhnau unterstrich denn auch in einem Nachruf auf Schelle dessen absolute Fokussierung auf die Kirchenmusik:

„[…] er dichtete keine weltliche, unzüchtige und das Fleisch nur lüstern machende Lieder; sondern er ließ seine Stimmen und Gedichte nur da erschallen, wenn er in denen heiligen Tempeln stund."[94]

Und so wird auch verständlich, warum der Stadtrat noch elf Jahre nach Schelles Tod beschloss, dessen hinterlassene

---

90 Originaltext in Latein; hier zitiert nach der deutschen Übersetzung in: Erdmann Neumeister: *DE POËTIS GERMANICIS*, [o. O.] 1695, neu hrsg. und übersetzt von Franz Heiduk in Zusammenarbeit mit Günter Merwald, Bern 1978, S. 162.

91 Zu diesen Funden siehe ausführlich Tatjana Schabalina: *‚Texte zur Music' in Sankt Petersburg. Neue Quellen zur Leipziger Musikgeschichte sowie zur Kompositions- und Aufführungstätigkeit Johann Sebastian Bachs*, in: Bach-Jahrbuch 2008, S. 33–98.

92 Die Praxis, die sonntäglichen Musiken eigens für die Gottesdienstbesucher drucken zu lassen, galt bislang als eine Neuerung, die Kuhnau in Leipzig eingeführt habe. Dies legte eine Bemerkung des Chronisten Christoph Ernst Sicul im *Neo-Annalium Lipsiensium Continuatio II* (1715–1717) nahe: „Diese Figural-Music nun, besonders die an hohen Festen, mit desto mehrerer Devotion anzuhören, ist eine geraume Zeit daher üblich, daß der Hr. Cantor die musicalischen Texte, so von einem hohen Feste zu dem andern musiciret werden sollen, unter dem Titul: Kirchen-Music, vorher in Druck giebet, damit sich also ein ieder dieselben zum Nachlesen zulegen kan." – Die Praxis könnte partiell schon in der Ära Knüpfer üblich geworden sein; zumindest ließ Georg Bleyer im Zusammenhang mit der Kantoratswahl (1677) die Texte seiner Probemusik drucken (siehe R. Sachse: *Acta Nicolaitana*, wie Anm. 16, S. 184). Rosenmüller/Ziegler und Fabricius hatten schon um die Jahrhundertmitte madrigalische Kirchenmusiktexte für die Paulinerkirche publizieren lassen (siehe M. Maul: *Musikpflege in der Paulinerkirche*, wie Anm. 69).

93 E. Neumeister: *DE POËTIS* (wie Anm. 90), S. 213. Die hier anklingende große Verbreitung von Schelles Jahrgängen wird durch archivalische Nachweise von – heute verlorenen – Zyklen in den Städten Stettin, Weimar, Schweinfurt, Hirschberg und Delitzsch bestätigt.

94 *Der rechte Gebrauch der Music, Bey der ansehnlichen Leichen-Bestattung Des Virtuosen Musici, Herrn Joh. Schellens […] von Johann Kuhnau*, Leipzig [o. J.]; vollständige Übertragung des Textes bei Bernhard Friedrich Richter: *Zwei Funeralprogramme auf die Thomaskantoren Sebastian Knüpfer und Joh. Schelle*, in: Monatshefte für Musikgeschichte 34 (1902), S. 12–16.

Neue Kirche, aus: Adam Friedrich Geisler (Hrsg.): *Malerisch schöne An- und Aussichten von der Stadt Leipzig, Dritte Lieferung*, Leipzig 1785, Karl Benjamin Schwarze, Blatt 29.
(Stadtgeschichtliches Museum Leipzig, Inventar-Nr. S473/29)

Musikaliensammlung der Witwe für 40 Reichstaler abzukaufen und dadurch für die Thomasschule – zumindest einstweilen – zu bewahren.[95]

Johann Kuhnau (1701–1722)

Mit der Wahl Johann Kuhnaus zum Nachfolger Schelles wurde das Thomaskantorat erstmals mit einem Musiker besetzt, der bereits zuvor in Leipziger Diensten gestanden hatte. Seit 1684 war er, der wie Schelle aus dem erzgebirgischen Geising stammte, als Thomasorganist tätig gewesen und hatte nebenher, als promovierter Jurist,[96] als Advokat praktiziert. Überdies war er schon vor der Übernahme des Thomaskantorats durch die Veröffentlichung mehrerer Musikdrucke und moderner galanter Romane (teils unter Pseudonym publiziert) hervorgetreten.[97] Seine Beförderung stand aber auch insofern kaum außer Frage, als die übrigen drei Kandidaten (unter ihnen mit Johann Magnus Knüpfer der Sohn des ehemaligen Thomaskantors) keine vergleichbaren Qualifikationen vorweisen konnten und Kuhnau offenbar enge Beziehungen zu dem damals regierenden Bürgermeister Johann Friedrich Falkner (1642–1703) unterhielt. So musste er vor seiner einstimmig erfolgten Wahl nur in Aussicht stellen, dass „ihm die

---

95 Siehe hierzu A. Schering: *Musikgeschichte Leipzigs* (wie Anm. 14), S. XXXVI–XXXIX, und ders.: *Die alte Chorbibliothek der Thomasschule in Leipzig*, in: Archiv für Musikwissenschaft 1 (1918/19), S. 275–288. Textdrucke zur Leipziger Neukirchenmusik aus dem Jahr 1702 deuten darauf hin, dass dort damals Werke Schelles – wohl unter der Leitung des Organisten Christian Augst – musiziert wurden. Zu einem Textbuch, betreffend das Osterfest 1702, siehe T. Schabalina: ‚*Texte zur Music*' (wie Anm. 91), S. 51 f.

96 Seine Leipziger Dissertation erschien 1688 unter dem Titel: *De Juribus circa Musicos Ecclesiasticos.*

97 Eine ausführliche Lebensbeschreibung, basierend u. a. auf Kuhnaus Autobiografie (in: J. Mattheson: *Grundlage*, wie Anm. 44, S. 153–158) und zwei Nekrologen, bietet Richard Münnich: *Kuhnau's Leben*, in: Sammelbände der Internationalen Musikgesellschaft 3 (1901/02), S. 473–527.

Schüler pariren" würden (weil „man in Sachen der Disciplin mit Schelle nicht immer zufrieden gewesen" war), dass er den Organistendienst und sein juristisches Nebenamt künftig aufgäbe, und dass seine Kirchenmusik „nicht zu lang" währen und „nicht so weitläufig" eingerichtet werden würde.[98] Dieselben Punkte kamen nochmals in dem von Kuhnau unterzeichneten Anstellungsrevers zur Sprache. Das Dokument ist der älteste vollständig erhaltene Anstellungsvertrag in der Geschichte des Thomaskantorats und war, abgesehen von kleinen Nuancen, identisch mit dem 1723 für Bach angefertigten Revers[99]:

„Demnach E. E. Hochweiser Rath dieser Stadt Leipzig mich zum Cantorn der Schulen zu S. Thomas angenommen, und einen Revers in nachgesetzten Puncten von mir zu vollziehen begehret, nemlichen:

1. Daß ich denen Knaben in einem erbarn eingezogenen Leben und Wandel mit guten Exempel vorleuchten der Schulen fleißig abwarten und die Knaben so wohl in literis als in der Music treulich informiren,
2. Die Music in beyden Haupt-Kirchen dieser Stadt nach meinem besten Vermögen in gutes aufnehmen bringen.
3. E. E. Hochweisen Rathe allen schuldigen Respect und Gehorsam erweisen, und deßen Ehr und Reputation aller Orthen bestermaßen beobachten und befördern, auch so ein Herr des Raths die Knaben zu einer Music begehret, ihme dieselben ohnweigerlich folgen laßen, außer diesen aber Denenselben auf das Land zu Begräbnissen oder Hochzeiten ohne des regierenden Herrn Bürgermeisters oder der Herren Vorsteher der Schulen zu reisen keines weges verstatten. [...]
4. Keine Knaben welche nicht bereits in der Music ein fundament geleget, oder sich doch darzu schicken, daß sie darinnen informiret werden können auf die Schule nehmen, auch solches ohne derer Herren Inspectorn und Vorsteher Vorwißen und Einwilligung nicht thun.
5. Damit die Kirchen nicht mit unnötigen Unkosten, wie bishero geschehen, beleget werden mögen, die Knaben nicht allein in der Vocal- sondern auch in der Instrumental Music fleißig unterweisen.
6. Zu Beybehaltung guter Ordnung in denen Kirchen, die Music dergestallt einrichten, daß sie nicht zu lang währen, auch also beschaffen seyn möge, damit sie nicht Operenhafftig herauskommen, sondern die Zuhörer vielmehr zur Andacht aufmuntert.
7. Die Neue Kirche mit beßeren (tüchtigen) Schülern, wie seithero geschehen, versehen.
8. Die Knaben freundlich und mit Behutsamkeit tractiren, daferne sie aber nicht folgen wollen, solches gehöriges Orths melden.
9. Die Information in der Schule, und was mir sonsten zuthun gebühret, treulich und fleißig verrichten.
10. Den bisherigen Organisten Dienst aufgeben, und die gehabte Praxin nunmehro gäntzlich fahren laßen.
11. Ohne des Regierenden Herrn Bürgermeisters Erlaubnis mich nicht aus der Stadt begeben
12. In Leichbegängnissen jeder Zeit, wie gebräuchlich, bey und neben denen Knaben hergehen
13. Und bey der Universität kein Officium ohne E. E. Hochw Raths Consens annehmen solle und wolle, [...] 7. May 1701."[100]

Die Urteile über Kuhnaus Kirchenmusik fallen zwiespältig aus. Wenn er heute oft als ein eher rückwärts gewandter, sich musikalischen Neuerungen verschließender Thomaskantor porträtiert wird, der starr an alten Regeln festgehalten und die damals in die Kirchenmusik eindringenden Elemente der Oper von vornherein abgelehnt habe, so ist dies womöglich ein Zerrbild, das sich aus den vielen, seit 1704 verfassten Eingaben Kuhnaus an den Leipziger Rat ergibt. In diesen erweist er sich als ein energischer Gegner der Musik an der örtlichen Neukirche (seit 1699 wieder als Gotteshaus genutzt) und der „Operisten", die ihre Werke „doch nur in fleischlicher Absicht" verfertigen würden.[101] Es war freilich Kuhnaus Zielsetzung, mit diesen Dokumenten die Organisationsstrukturen der Leipziger Kirchenmusik – nach der im Jahr 1704 selbstständig gewordenen Neukirchenmusik – wieder in den vorigen Stand zu setzen, also alle innerstädtische Kirchenmusik wieder unter seine Aufsicht zu stellen. Kuhnaus Beweggründe sind leicht nachvollziehbar: Die seit 1704 amtierenden Neukirchenorganisten – Georg Philipp Telemann (bis 1705), Melchior Hoffmann (bis 1715) und Johann Gottfried Vogler (bis 1720) – konnten als Leiter eines angesehenen Collegium musicum und mit ihrer Kapellmeistertätigkeit im Leipziger Opernhaus (bespielt in den Jahren 1693–1720) die musikalisch ambitionierten Studenten, inklusive der ehemaligen Thomaner, viel leichter

---

98 Wahlprotokoll, wiedergegeben bei R. Münnich: *Kuhnau's Leben* (wie Anm. 97), S. 525.

99 Vgl. W. Neumann, H.-J. Schulze (Hrsg.): *Schriftstücke von der Hand Johann Sebastian Bachs* (wie Anm. 32), S. 177–179.

100 Fremdschriftlich in: Leipzig StA, Tit. VII B Nr. 117 *(Besetzung Derer Schul-Dienste in beyden Schulen zu St. Thomae und St. Nicolai Vol. II. [1675–1740])*, fol. 227–228.

101 Diese Dokumente vollständig wiedergegeben bei Philipp Spitta: *Johann Sebastian Bach*, Bd. 2, Leipzig 1879, S. 853–868.

für ihre vielseitigen und vor allem lukrativeren Projekte gewinnen¹⁰² als Kuhnau, der praktisch über keinerlei Etat verfügte, um studentische Kräfte an die Hauptkirchenmusik zu binden.¹⁰³ Insofern hatte sich die noch zu Zeiten Knüpfers und Schelles ohne Einschränkung vorhandene Anziehungskraft der Hauptkirchenmusik für begabte Studenten wesentlich verringert – eine Entwicklung, die so wahrscheinlich niemand innerhalb des Rates gewollt und vorhergesehen hatte, sondern die vor allem durch die Eigendynamik der Neukirchenmusik bedingt war: namentlich durch den Umstand, dass der junge, enthusiastische Neukirchenorganist Telemann sein Amt im Alleingang als das eines Musikdirektors definierte,¹⁰⁴ trotz eines ausgesprochen niedrigen Gehaltes von 50 Talern jährlich. Als im Mai 1720 der massiv verschuldete Neukirchenorganist Vogler sein Amt niederlegte, versuchte Kuhnau daher die Gunst der Stunde zu nutzen: Er legte dem Leipziger Rat in einem Memorial („Project, welcher Gestalt die Kirchen Music zu Leipzig könne verbessert werden") dar, dass die Herren Studiosi es „lieber mit der lustigen Music in der Opera, und denen Caffée Häusern, alß mit unserm Choro [d. h. den Thomanern, Anm. d. Verf.] halten", und dass „das Orgel Werck in der Neüen Kirche […] immer mehr verderbet", weil die bisherigen Organisten dieser Kirche es nicht zu spielen verstünden und es „ungewaschnen Händen" überlassen hätten. Der Rat solle daher nun zwar wieder einen Organisten für die Kirche anstellen, ihm selbst jedoch die Leitung über die dortige Figuralmusik übertragen. Nach Kuhnaus Vorstellungen würde die allsonntägliche Kirchenmusik künftig im dreiwöchigen Turnus wechselweise an Thomas-, Nikolai- und Neukirche erklingen. Nur so könne eine Weiterführung des „wilden Opern Wesens" in der Neukirche¹⁰⁵ „verhütet und [dort] eine devote Kirchen Music, welche ihre besondere Schönheit, Kunst, und Anmuth haben muß", eingeführt werden.¹⁰⁶ Kuhnaus Eingabe blieb ohne Erfolg.

Ob die heute häufig beschworene Konkurrenz zwischen Kuhnau und dem – seit Herbst 1701 in Leipzig Jura studierenden – jungen Telemann tatsächlich bestand, sei dahingestellt. Die Tatsache, dass, wie Telemann in einer seiner Autobiografien berichtet, der Bürgermeister Franz Conrad Romanus ihm schon bald nach seiner Ankunft das dankbar angenommene Angebot unterbreitete, gegen ein „kleckliches Legat" künftig „alle 14. Tage ein Stück" für die Thomaskirche zu komponieren,¹⁰⁷ bedeutete zunächst vielleicht weniger, dass Telemann mit dem damals offenbar stark kränkelnden Kuhnau in Konkurenz treten sollte¹⁰⁸ – auch wenn der Gesundheitszustand des Thomaskantors zeitweise offenbar so schlecht war, dass der Rat schon insgeheim auf einen Nachfolger (Telemann) geschielt haben könnte.¹⁰⁹ Viel eher dürfte der kunstsinnige (und alsbald auf der Festung Königstein inhaftierte) Bürgermeister das Angebot zum eigenen Nutzen unterbreitet haben. Denn da sich anhand der städtischen Rechnungsbücher keine Legatszahlungen an Telemann nachweisen lassen,¹¹⁰ scheint Romanus ihn aus eigener Tasche bezahlt zu haben: damit er, der seinen Kirchenstuhl an St. Thomas hatte, in den Genuss einer nun wöchentlich (statt aller 14 Tage) erklingenden Figuralmusik kam. Vor diesem Hintergrund werden auch (Telemanns rückblickende Bemerkungen über Kuhnau verständlicher, wenn dieser ehrfurchtsvoll bekennt: „Die Feder des vortreflichen Hn. Johann Kuhnau diente mir hier [d. h. für die Kirchenmusik an der Neukirche, Anm. d. Verf.] zur Nachfolge in Fugen und Contrapuncten."¹¹¹

Auch die Darstellung, Kuhnau hätte den theatralischen Tendenzen in der zeitgenössischen Musik ablehnend gegenübergestanden, bedarf der Relativierung. Manche seiner Kompositionen weisen äußerst moderne, theatralische Züge auf, namentlich die in der Manier

---

102 Zur Leipziger Neukirchenmusik siehe ausführlich Andreas Glöckner: *Die Musikpflege an der Leipziger Neukirche zur Zeit Johann Sebastian Bachs* (Beiträge zur Bach-Forschung, Bd. 8), Leipzig 1990.

103 Vgl. hierzu H.-J. Schulze: *Bachs Helfer* (wie Anm. 33), S. 46.

104 Die Bezeichnung „Neukirchenmusikdirektor" hat sich in der Literatur zwar für die Inhaber dieses Amtes etabliert; in den zeitgenössischen Dokumenten (insbesondere denen aus dem Ratsarchiv) ist indes fast immer vom „Organisten" der Neukirche die Rede.

105 Kuhnau könnte mit dieser Formulierung in der Tat auf in der Neukirche erklungene Opernmusik anspielen. Dies zumindest wird durch den jüngst gelungenen Nachweis nahegelegt, dass womöglich schon unter der Ägide Melchior Hoffmanns, jedenfalls aber unter den Augen Voglers in Leipzig Kirchenkantaten entstanden (und wohl auch in der Neukirche aufgeführt wurden), die sich aus textlich parodierten Arien aus den Leipziger Opern zusammensetzten (siehe M. Maul: *Barockoper in Leipzig*, wie Anm. 86, S. 529–557) – eine Praxis, die der damalige Leipziger Student Gottfried Ephraim Scheibel in seiner Schrift *Zufällige Gedancken Von der Kirchen-Music* […], Frankfurt und Leipzig 1721, ausführlich beschreibt.

106 Memorial abgedruckt bei P. Spitta: *Johann Sebastian Bach* (wie Anm. 101), S. 866–868.

107 Siehe J. Mattheson: *Grundlage* (wie Anm. 44), S. 359.

108 Vgl. die Interpretation bei A. Glöckner: *Die Musikpflege* (wie Anm. 102), S. 18 f.

109 So jedenfalls berichtet es dieser in seiner Autobiografie (J. Mattheson: *Grundlage*, wie Anm. 44, S. 366).

110 Siehe Wolfram Steude (Hrsg.): *Georg Philipp Telemann. Frühe Kirchenmusiken* (Georg Philipp Telemann. Musikalische Werke, Bd. 36), Kassel 2003, Vorwort.

111 J. Mattheson: *Grundlage* (wie Anm. 44), S. 359. Vgl. auch die diesbezüglichen Bemerkungen in Telemanns erster Autobiografie, abgedruckt in: Johann Mattheson: *Grosse General-Baß-Schule. Oder Der exemplarischen Organisten-Probe Zweite verbesserte und vermehrte Auflage*, Hamburg 1731, S. 160–171.

einer Opernszene gestaltete Kantate *Mein Alter kömmt, ich kann nicht sterben,* die freilich noch aus seiner Zeit als Thomasorganist herrührt (entstanden spätestens 1696)[112], oder eine von ihm im Jahr 1703 aufgeführte Ostermusik, die mit der allegorischen Figur des „geistlichen Echo" aufwartet.[113] Außerdem ließ Kuhnau zur Neujahrsmesse 1702, also im ersten Jahr seines Thomaskantorats, im Leipziger Opernhaus ein bereits 1697/98 entstandenes Bühnenwerk aus seiner Feder *(Die Galathea)* aufführen – aber das viel beim Publikum offenbar durch. Jedenfalls deutet der intime Kenner der Leipziger Musikerszene Johann Adolph Scheibe kryptisch an, dass es bekanntermaßen recht „schlecht […] ablief, als er [Kuhnau] sich unternahm ein Singespiel in die Musik zu setzen, und solches auf die Bühne zu bringen"[114]. Dies und mehr noch die veränderten Organisationsstrukturen der Leipziger Kirchenmusik werden Kuhnau wenige Jahre nach der Übernahme des Thomaskantorats in jene augenscheinlich rückwärtsgewandte Rolle gedrängt haben. Gegen die Operisten kämpfte er mit allen Mitteln, etwa als er am Ersten Advent 1709 allen Leipziger Gottesdienstbesuchern das Textheft zu seiner künftigen Kirchenmusik präsentierte und darin wortreich erklärte, warum er „vor dieses mal" (d. h. im folgenden Jahr) ganz bewusst auf moderne Arien und Rezitative verzichten werde und nur Bibelwort und Choräle vertonen wird:

> „[…] weil ich […] dem Verdachte der Theatralischen Music desto leichter zu entgehen gedencke. Wiewohl auch noch zur Zeit denen wenigsten die eigentliche Difference des Kirchen und Theatralischen Styli

Georg Rhau nach zeitgenössischem Stich
(Archiv des Thomanerchores)

---

112 Siehe Peter Wollny: *Neue Forschungen zu Johann Kuhnau,* in: Friedhelm Brusniak (Hrsg.): „Nun bringt ein polnisch Lied die gantze Welt zum springen". Telemann und Andere in der Musiklandschaft Sachsens und Polens (Arolser Beiträge zur Musikforschung, Bd. 6), Sinzig 1998, S. 190–194.

113 Nur als Textdruck erhalten: *Texte zur Leipziger Kirchen-Music / auff Die Heiligen Oster-Feyer-Tage 1703* (Exemplar in Halle, Hauptbibliothek und Archiv der Franckeschen Stiftungen, 75 G 6); siehe hierzu auch Werner Braun: *Bachs Echoarie,* in: Renate Steiger (Hrsg.): Die Quellen Johann Sebastian Bachs. Bachs Musik im Gottesdienst. Bericht über das Symposium 4.–8. Oktober 1995 in der Internationalen Bachakademie Stuttgart, Heidelberg 1998, S. 119–124.

114 Siehe Johann Adolph Scheibe: *Critischer Musikus. Neue, vermehrte und verbesserte Auflage,* Leipzig 1745, S. 87. Zur Identifizierung von Kuhnaus Oper siehe M. Maul: *Barockoper* (wie Anm. 86), S. 337–353, und ders.: *New Evidence on Thomaskantor Kuhnau's Operatic Activities, or: Could Bach have been allowed to compose an Opera?,* in: Understanding Bach 4 (2009). Web Journal of Bach Network UK, hrsg. v. Reinhard Strohm, S. 9–20 (http://www.bach-network.co.uk/ub4-2009.html; Zugriff: Juni 2011).

115 Text vollständig wiedergegeben bei Bernhard Friedrich Richter: *Eine Abhandlung Joh. Kuhnau's,* in: Monatshefte für Musikgeschichte 34 (1902), S. 147–154.

bekandt ist / und an beyden Orten die Madrigalien ohne Præjudiz eines ieden Proprii stattfinden können. […] Doch äussert der Unterscheid sonderlich hierinne, dass man dort bey dem Zuhörer eine heilige Andacht / Liebe / Freude / Traurigkeit / Verwunderung / und dergleichen zu erwecken suchet/ hier aber denen wahren und unschuldigen Liebhabern der *Music* zwar eine unschuldige Vergnügung / denen meisten andern und fleischlich gesinneten aber immer mehr und mehr Nahrung ihrer Begierden giebet, und gar selten die unordentliche Hitze des auffsiedenden Geblütes dämpffet […].

Dort erfodert der heilige Ort und Text alle Kunst / Pracht / Modestie und Ehrbezeigung: Hier mögen in dem profanen Werk auch neben den guten Sätzen schlechte, possierliche, lächerliche, excessiv hüpfende und wider die Reguln der Kunst peccirende Melodien mit unter lauffen."[115]

Ohne Zweifel war dies ein öffentlicher Frontalangriff auf die Kunst der jungen Leipziger Opernkomponisten. Und diese ließen Kuhnaus Polemik nicht unerwidert: Der damalige Komponist der Leipziger Opern, Johann David Heinichen – pikanterweise einst Thomaner und Schüler Kuhnaus –, griff zur Feder, um binnen Jahresfrist in der Vorrede seiner berühmten gedruckten Generalbasslehre (1711)[116] ausführlich zu replizieren.[117]

Derartige Attacken werden Kuhnau mehr geschadet als genutzt haben, weshalb es auch nicht verwundert, dass ein weiterer seiner ehemaligen Thomaner, der Student Johann Friedrich Fasch, bei dem (erfolglosen) Versuch, im Jahr 1710 die Musikaufführungen in der Paulinerkirche unter seine Leitung zu bringen, als Argument ins Feld führen konnte: „dass kein eintziger Studiosus aus denen Collegiis musicis[118] (in welchen doch fast alle Musici angetroffen werden) sich Hrn. Kuhnauen zu gefallen unter seine direction werde zwingen lassen".[119] Und als der Stadtrat anlässlich des Todes von Neukirchenmusikdirektor Melchior Hoffmann (1715) die Frage diskutierte, ob die Neukirchenmusik künftig vielleicht doch wieder von den Thomaskantoren bestellt werden solle, hielt man das zwar perspektivisch für eine gute Idee, „allein was den iezigen Cantor betreffe, halte Er [das Ratsmitglied Abraham Christoph Platz, Anm. d. Verf.] es vor bedencklich, da selbiger iezo das seinige nicht in acht nehmen und sich bey dem Chor nicht finden laße und allen Muthwillen der Schüler gestatte".[120]

Auch wenn Kuhnau in dem oben erwähnten Jahrgang 1709/10 demonstrativ auf Arien oder andere „Poetische Paraphrasis" verzichtete und nur auf Bibelwort und Choralstrophen zurückgriff, bezeugen seine aus verschiedenen Schaffensphasen punktuell vorliegenden Texthefte zur Leipziger Hauptkirchenmusik[121] und die zwei Dutzend überlieferten geistlichen Kantaten aus seiner Feder doch recht deutlich, dass er durchaus formal moderne und ausgesprochen vielgestaltige Kirchenmusik zu komponieren verstand. Dabei griff er unter anderem auf Texte Neumeisters, aber auch auf Dichtungen von namentlich unbekannten örtlichen Autoren zurück.[122] Mit seiner Initiative, in der Karfreitagsvesper des Jahres 1721 an St. Thomas erstmals eine figurale Passionsmusik (nach Markus) aufzuführen,[123] begründete er zudem eine Aufführungstradition, die Bach dann ab 1724 mit seinen Passionen fortsetzte.[124] Über jenes Stück äußerte sich Scheibe noch zwei Jahrzehnte später beeindruckt und lieferte in diesem Zusammenhang eine scharfsinnige Würdigung von Kuhnaus Kirchenmusik:

„Kuhnau war in der Ausarbeitung seiner Stücke noch nicht sinnreich und poetisch genug. Er ist hie und da von dem Strome der harmonischen Setzer hingerissen worden; dahero ist er sehr oft matt, ohne gehörige poetische Auszierungen, und ohne verblühmte Ausdrückungen, und folglich hin und wieder zu prosaisch. Daß er aber dieses auch selbst eingesehen, und zuweilen überaus sinnreich und poetisch zu setzen gewußt hat, zeigen seine Klaviersachen, und seine letztern Kirchenarbeiten, vornehmlich aber sein

---

116 Johann David Heinichen: *Neu erfundene und Gründliche Anweisung zu vollkommener Erlernung des General-Basses*, Hamburg 1711, Reprint hrsg. und eingeleitet von Wolfgang Horn (Documenta Musicologica I/40), Kassel 2000, S. 1–23.

117 Ausführlich dargestellt in M. Maul: *Barockoper* (wie Anm. 86), S. 452–472.

118 D. h. dem seinigen und demjenigen Melchior Hoffmanns.

119 Brief vom 29. Dezember 1710 an die Leipziger Universität; vollständig wiedergegeben bei Bernhard Engelke: *Johann Friedrich Fasch, Versuch einer Biographie*, in: Sammelbände der Internationalen Musikgesellschaft 10 (1908/09), S. 269. Noch 1720 weigerten sich die Musiker aus dem Umfeld der Neukirche, unter Kuhnaus Leitung zu musizieren; siehe A. Glöckner: *Die Musikpflege* (wie Anm. 102), S. 83 und 151.

120 Zitiert nach A. Glöckner: *Die Musikpflege* (wie Anm. 102), S. 150. Zu den Disziplinproblemen der Thomaner während der Ära Kuhnau (die dieser freilich immer wieder einzudämmen versuchte) siehe auch R. Münnich: *Kuhnau's Leben* (wie Anm. 97), S. 513–515, und A. Schering: *Musikgeschichte Leipzigs* (wie Anm. 14), S. 194 f.

121 Abgesehen von dem in Anm. 111 erwähnten Textheft, werden diese vorgestellt und ausgewertet in: Bernhard Friedrich Richter: *Verzeichnis von Kirchenmusiken Johann Kuhnau's*, in: Monatshefte für Musikgeschichte 34 (1902), S. 176–181; A. Schering: *Musikgeschichte Leipzigs* (wie Anm. 14), S. XLV–XLVII; Wolf Hobohm: *Neue ‚Texte zur Leipziger Kirchen-Music'*, in: Bach-Jahrbuch 1973, S. 5–32; und T. Schabalina: ‚Texte zur Music' (wie Anm. 91).

122 Er bekennt im Vorwort zum Textheft des Jahrganges 1709/10 zwar, die Bibelverse und Choräle für die Stücke zunächst „selbst zusammengelesen" zu haben, doch habe er dies dann „einen guten Freund" fortführen lassen. Trotz seiner vielfach bezeugten Tätigkeit als Dichter ist für sein Wirken als Schöpfer von Kantatentexten noch kein Beweis erbracht. Denkbar wäre, dass der damals in Leipzig angesehene Gottfried Sigmund Corvinus für ihn zur Feder griff, vielleicht aber auch ein „Frauenzimmer", etwa die nachweislich um 1710 für Hoffmann an der Neukirche tätige Poetin Regina Maria Pfitzer (* 1687); zu letzterer siehe M. Maul: *Barockoper* (wie Anm. 86), S. 563–577.

123 Ein „Direktionsauszug" des Stückes (der nur die Hauptstimmen verzeichnete) lag bis 1945 in der Universitätsbibliothek Königsberg vor und ist seither verschollen. Siehe die ausführliche Auseinandersetzung mit dem Stück (mit Notenbeispielen) in A. Schering: *Musikgeschichte Leipzigs* (wie Anm. 14), S. 25–33. Zur Aufführungstradition der oratorischen Passionen in Leipzig außerdem Bernhard Friedrich Richter: *Zur Geschichte der Passionsaufführungen in Leipzig*, in: Bach-Jahrbuch 1911, S. 50–59, und A. Glöckner: *Die Musikpflege* (wie Anm. 102), S. 79, 83 und 151.

124 Bereits ab 1717 wurden an der Neukirche figurale Passionsmusiken dargeboten (u. a. vielleicht Telemanns Vertonung der Brockes-Passion). Unklar ist, welche Gestalt eine im Jahr 1669 von Knüpfer dargebotene Passion nach Matthäus „mit einer Vokalmusik" und eine Passion „à 19" von Johann Schelle hatten (zwei Violinstimmen von letzterer bis 1945 in der Universitätsbibliothek Königsberg); vgl. A. Schering: *Musikgeschichte Leipzigs* (wie Anm. 14), S. 23.

Paßionsoratorium, das er wenige Jahre vor seinem Tode verfertigte. Wir sehen auch aus diesen Werken, wie deutlich er den Nutzen und die Nothwendigkeit des Rhythmus erkannt hat. Daher ist es auch gekommen, daß er beständig bemühet gewesen, alle seine Kirchensachen melodisch einzurichten, und dieselben fließend und sehr oft recht rührend zu machen; ob es ihm schon mit theatralischer Arbeit niemals geglücket hat."[125]

Trotz seiner latenten gesundheitlichen Probleme scheint Kuhnau über eine ungebremste kirchenmusikalische Schaffenskraft verfügt zu haben. Im Nekrolog (1723) sagte Christoph Ernst Sicul ihm jedenfalls Folgendes nach:

„Was er nächstdem an Musicalischen Kirchen-Stücken [...] componiret habe, mag wohl schwerlich zu zehlen seyn, gestalt er bey seinen häuffigen Musicalischen Auffführungen sich fremder Compositionen niemahls oder doch gar selten bedienet, da hingegen mit seiner Arbeit er andern vielfältig aushelffen müssen."[126]

Als Bach im Mai 1723 die Nachfolge des am 5. Juni 1722 verstorbenen Kuhnau antrat, zeigte er anscheinend keinerlei Interesse an der riesigen Notenbibliothek seines Vorgängers; zumindest trat der Stadtrat damals nicht an die Witwe Kuhnaus heran, um dieser – wie zuvor Schelles Witwe und später derjenigen Bachs – die hinterlassenen Musikalien abzukaufen. Ob Bach, dem die „ehemalige Arth" der Kirchenmusik „nicht mehr klingen" wollte,[127] überhaupt jemals auf die Werke seiner Amtsvorgänger zurückgriff, ist unklar.[128] Zumindest in seinen ersten drei Jahren beschenkte er die Leipziger Kirchenmusik allwöchentlich mit eigenen Werken. Aber so gesehen, hat er auch damit eine Tradition seiner Vorgänger fortgesetzt.

---

125 J. A. Scheibe: *Critischer Musikus* (wie Anm. 114), S. 764.

126 Zitiert nach A. Schering 1918 (wie Anm. 74), S. XLI.

127 So äußert er sich zumindest in seinem „Entwurff einer wohlbestallten Kirchen Music" (1730), in: W. Neumann, H.-J. Schulze (Hrsg.): *Schriftstücke von der Hand Johann Sebastian Bachs* (wie Anm. 32), S. 63.

128 Die Zuschreibung der offenbar von Bach bearbeiteten Motette *Tristis est anima mea* (*Der Gerecht kömmt um*, BWV deest) an Kuhnau ist unsicher.

Entwurf eines Epitaphs für Nikolaus Selnecker (1530–1592), Holzmodell, farbig gefasst (Kirche zu Roßbach, Foto: Janos Stekovics)

In Spannungsfeldern der Landeskirche –
Thomaskirche und Thomasschule zwischen 1580 und 1617

Ernst Koch

I. Die Situation um 1580

Die durch die Wittenberger Reformation geprägte Kirche Kursachsens zeigte sich um 1580 in gefestigter Situation.[1] Der Aufbau der Landeskirche hatte sich seit dem Beginn der Regentschaft des Kurfürsten August 1553 stetig vollzogen. Von weit über das Territorium hinaus reichender Bedeutung war das Einigungswerk unter den Anhängern der Wittenberger Reformation, das unter maßgeblicher Beteiligung des sächsischen Hofes 1577 in der sogenannten Konkordienformel Gestalt gewonnen hatte, einem Text, der das Augsburgische Bekenntnis von 1530 im Licht der seitdem entstandenen Kontroversen auslegen wollte. Diese Schrift stellte mit der Zustimmung vieler Kirchen außerhalb Kursachsens eine Basis dar, die über territoriale Grenzen hinweg einen Konsensus in zentralen theologisch-kirchlichen Fragen formulierte und sich mit dem Konkordienbuch von 1580 festigte. Am 1. Januar 1580 erschien – teilweise als Zusammenfassung geltender Ordnungen – die große kursächsische Kirchen- und Schulordnung, die auch detaillierte Anweisungen für die Schulen des Landes enthielt.[2] Sie unterstellte die Aufsicht über die Schulen den jeweiligen Superintendenten.

Kursachsen hatte 1573/74 eine Krise zu bestehen gehabt, die insofern die kirchliche Identität betraf, als in ihr die Abendmahlslehre der Wittenberger Reformation zur Disposition gestellt wurde. Der Leipziger Verleger Ernst Vögelin veröffentlichte ein Buch ohne Autorennamen und mit fingiertem Erscheinungsort, das bereits Jahre zuvor von einem schlesischen Arzt verfasst worden war, der offen seine Sympathie für die Abendmahlslehre der schweizerischen Reformation bekundete. Mit der Veröffentlichung in Leipzig erhielt das Buch sogleich eine politische Dimension, da der Kurfürst bald nach 1571 die Versuche Kursachsens, sich an die Kurpfalz anzunähern, zu korrigieren begann. In der Kurpfalz war seit 1560 eine sogenannte Zweite Reformation in Gang gekommen, die das Land politisch an die Seite des westeuropäischen Calvinismus geführt hatte. In Kursachsen war jedoch die Krise von 1573/74 nicht nur überwunden worden, sondern die Erinnerung an sie bildete sogar eines der leitenden Motive des bereits erwähnten Einigungswerkes. Man war hier hellhörig gegenüber Tendenzen geworden, die unter Berufung auf Philipp Melanchthon die spezifischen Akzente der Theologie Luthers auszublenden gedachten. Der „Philippismus", wie kritische Beobachter solcher Tendenzen die besondere Prägung der späten Schüler des Wittenberger Lehrers nannten, verriet zunehmend einen Hang zur reformierten Konfession, die aus der schweizerischen Reformation erwachsen war.

II. Der Amtsantritt und das Wirken Nikolaus Selneckers

Es war kein Zufall, dass im Jahre 1573 der ehemalige Dresdner Hofprediger Nikolaus Selnecker, der seit 1570 Generalsuperintendent in Braunschweig-Wolfenbüttel gewesen war, als Professor nach Leipzig berufen wurde.[3] Am 4. Juni 1576 wurden ihm nach dem Tode von Heinrich Salmuth, einem „Philippisten", gleichzeitig das Pfarramt an St. Thomas und die Leitung der Superintendentur übertragen. Seine erste Predigt hielt er dort am 10. Juni; am 17. Juni wurde er durch den württembergischen Theologen Jakob Andreae, den Kurfürst August als Moderator für das Einigungswerk zwischen den luthe-

---

1 Vgl. Ernst Koch: *Ausbau, Gefährdung und Festigung der lutherischen Landeskirche von 1553 bis 1601*, in: Helmar Junghans (Hrsg.): Das Jahrhundert der Reformation in Sachsen, 2. durchges. u. erw. Aufl., Leipzig 2005, S. 191–218.

2 Vgl. Emil Sehling (Hrsg.): *Die evangelischen Kirchenordnungen des XVI. Jahrhunderts*, 1. Abteilung, 1. Hälfte: *Die Ordnungen Luthers. Die ernestinischen und albertinischen Gebiete*, Leipzig 1902, S. 359–457 (Teilausgabe, zum vollständigen Text vgl. unten Anm. 18).

3 Zu Selnecker siehe: Ernst Koch: *Selnecker, Nikolaus (1530–1592)*, in: Theologische Realenzyklopädie, Bd. 23, Berlin und New York 2000, S. 105–108.

rischen Territorien und Städten berufen hatte, und den Hofprediger Georg Lysthenius feierlich in sein Amt eingeführt.[4] Selnecker entfaltete in diesem Amt eine Tätigkeit, die – auch aufgrund seines umfangreichen literarischen Engagements – weit über die Stadt und das Kurfürstentum hinaus ausstrahlte und daneben auch von großer Bedeutung für die Thomasschule war und blieb. Er verstand sich zeit seines Lebens als Schüler Melanchthons, dem er einerseits große Dankbarkeit und Verehrung zollte, dessen Wendung zu einer Annäherung an die reformierte Theologie in seiner letzten Schaffensperiode zwischen 1555 und 1560 er andererseits nicht mitvollzog. Neuerdings ist in der Forschung die Konsistenz der theologischen Position Selneckers deutlich unterbaut worden.[5] Dies lässt sich auch an Selneckers Umgang mit einem beliebten theologischen Lehrbuch Melanchthons gut verfolgen, das in den oberen Klassen der Thomasschule wie an vielen anderen Lateinschulen Kursachsens und anderer Territorien dem theologischen Elementarunterricht zugrunde lag: das *Examen Ordinandorum*, 1552 verfasst zur Vorbereitung von Studenten auf deren Prüfung vor der Ordination zum Pfarramt.[6] Selnecker veröffentlichte 1584 eine kommentierte und ergänzte vierbändige Ausgabe dieses Werkes, auf dessen Titelblatt betont wurde, es handele sich um eine Ausgabe, die „eingerichtet und angepasst" sei „an das wahre Bekenntnis der himmlischen Lehre", die in den Kirchen und Schulen Kursachsens verkündet werde. Sie solle dem Gebrauch in den Kirchen und Schulen dienen.[7] Das Werk war aus Selneckers Tätigkeit an der Universität entstanden und für Studenten der Theologie bestimmt. Er betonte im Vorwort, das an Kurfürst August gerichtet war, er sei zur Abfassung durch vielerlei Sekten, besonders in der Sakramentslehre, motiviert worden.[8] So kam es, dass das Buch umfangreiche Textpartien enthielt, die nicht nur in Melanchthons Vorlage fehlten, sondern auch zu Lebzeiten Melanchthons kaum dessen Zustimmung gefunden hätten.[9] Selneckers Diakon an St. Thomas, Magister Alexander Becker, fügte dem Werk ein umfangreiches Widmungsgedicht bei, das den Kurfürsten als Erhalter der Schulen an Saale, Mulde und Elbe, also der drei Fürstenschulen, und Selnecker als Hüter der Lehre pries. Auch wenn das Buch nicht als Schullehrbuch im eigentlichen Sinne konzipiert war, gab es doch ein Muster für den Inhalt des theologischen Elementarunterrichts auch an der Thomasschule vor. Dafür stand der Pfarrer und Superintendent an St. Thomas ein.

Wie das Wirken Selneckers insgesamt, so ist auch sein Beitrag zur Kirchenmusik bisher nicht zusammenhängend untersucht worden. Das betrifft beispielsweise seine Veröffentlichung von 1587.[10] Deren Bezeichnung als „Privatgesangbuch"[11] ist völlig unzureichend.

Selnecker stellte der Stadt Leipzig zwei Jahre nach seinem Dienstbeginn ein zwiespältiges Zeugnis aus:

„Wer den Wucher / Partitmachen / Pracht / vnd auch die vnzucht / köndte hindern / der köndt aus Leipzig ein Paradeis machen. Got weis, wie es geschehen möge. Am predigen / schreien, vermahnen, bitten, flehen vnd straffen aus gotteswort, sol es nicht fehlen, so lang Ich reden, vnd Im ampt sein kann",

gab er 1578 im Visitationsbericht zu Protokoll.[12] Deutlich eindeutiger klang, was Simon Gedicke, seit 1574 Diakon an St. Thomas, in seiner Abschiedspredigt 1586 über die

---

4 Johann Jakob Vogel: *Leipzigisches Geschicht-Buch Oder Annales, Das ist: Jahr- und Tage-Bücher Der Weltberühmten Königl. und Churfürstlichen Sächsischen Kauff- und Handels-Stadt Leipzig*, Leipzig 1714, S. 236.

5 Vgl. Johannes Hund: *Das Wort ward Fleisch. Eine systematisch-theologische Untersuchung der Debatte um die Wittenberger Christologie und Abendmahlslehre in den Jahren 1567 bis 1574* (Forschungen zur systematischen und ökumenischen Theologie, Bd. 114), Göttingen 2006.

6 Die ursprüngliche deutschsprachige Version des Buches findet sich in: Robert Stupperich (Hrsg.): *Melanchthons Werke in Auswahl*, Bd. 6: *Bekenntnisse und Lehrschriften*, Gütersloh 1955, S. 168–259. Für den Unterricht an der Thomasschule dürfte eine der vielen lateinischen Ausgaben in Gebrauch gewesen sein, die seit 1554 erschienen waren, so z. B. 1569, 1570, 1572 und 1574. Vgl. Richard Sachse: *Die ältere Geschichte der Thomasschule zu Leipzig*, Leipzig 1912, S. 47 f. und 59. Text: Philipp Melanchthon: *Opera quae supersunt omnia (Corpus Reformatorum)*, Bd. 23, S. 1–102.

7 Nikolaus Selnecker: *Examen Ordinandorum Olim scripta à D. Philippo Melanthone, Instituta Et Accomodata Ad Veram Confessionem coelestis doctrinae sonantis in Ecclesijs & scholis […] In Vsum Publicum Et Privatum Discentium SS. literas in Ecclesijs & scholis purioribus*, 4 Teile, Leipzig 1584.

8 Ebenda, Teil 1, Bl. 3ʳ.

9 Vgl. etwa die Ausführungen zur Abendmahlslehre ebenda, Teil 4, S. 210–216. Dazu auch Theodor Mahlmann: *Melanchthon als Vorläufer des Wittenberger Kryptocalvinismus*, in: Günter Frank, Hermann S. Selderhuis: *Melanchthon und der Calvinismus*, Stuttgart-Bad Cannstatt 2005, S. 173–230, besonders S. 190–206.

10 Nikolaus Selnecker: *Christliche Psalmen / Lieder vnd KIrchengesenge / In welchen die Christliche Lehre zusam gefasset vnd erkleret wird / Trewen Predigern in Stedten vnd Dörffern / Auch allen Christen zu diesen letzten vnd schweren zeiten / nütz vnd tröstlich […]*, Leipzig 1587.

11 So Inge Mager: *Nikolaus Selneckers Katechismusbereimung*, in: Jahrbuch für Liturgik und Hymnologie 34 (1992/93), S. 57–67 (Zitat S. 61). Es handelt sich um ein liturgisches Handbuch, das auch für den privaten Gebrauch genutzt werden konnte. Guido Fuchs: *Psalmdeutung im Lied. Die Interpretation der „Feinde" bei Nikolaus Selnecker (1530–1592)* (Veröffentlichungen zur Liturgik, Hymnologie und theologischen Kirchenmusikforschung, 25), Göttingen 1993, S. 83, betont, das Werk habe „bislang auf wissenschaftlicher Ebene leider nicht die Würdigung erfahren, die es eigentlich verdient hätte". Das gilt bis heute.

12 Sächsisches Hauptstaatsarchiv Dresden: 10088 Oberkonsistorium, Loc. 1989, Bl. 2ᵛ.

Stadtbevölkerung mitteilte: Zauberei, Gottesdienstversäumnis und Enthaltung vom Sakrament seien zu beklagen.[13]

III. Die Situation der Thomasschule

Den bislang greifbaren Schulordnungen zufolge gab die Thomasschule um 1580 ihren Charakter als Lateinschule im Sinne einer Vorbereitungsinstitution für das Universitätsstudium deutlich zu erkennen. Nach der Schulordnung von 1574[14] zielte das fünfklassige Unterrichtssystem in den beiden oberen Stufen im theologischen Elementarunterricht auf ein sich künftig anschließendes Studium der Theologie ab, indem jeweils am Sonnabend sowohl vor- als auch nachmittags das *Examen Ordinandorum* Melanchthons als Grundlage des Unterrichts diente. Allerdings war die Vorbereitung auf ein künftiges Theologiestudium nicht das einzige Ziel. In den drei oberen Klassen stand am Sonnabend die Interpretation der Evangeliensummarien (knappe Zusammenfassungen der jährlich wiederkehrenden gottesdienstlichen Evangelienlesungen, die ebenfalls jährlich in der Predigt ausgelegt wurden)[15] und die Auslegung der griechischen Fassung der Episteltexte, in der dritten Klasse zusätzlich die Lektüre des lateinischen Textes des *Kleinen Katechismus* Luthers auf dem Lehrplan.[16] Die vierte und fünfte Klasse beschäftigten sich mit den deutschsprachigen *Capita doctrinae Christianae* (die Hauptstücke der christlichen Lehre, der Text des *Kleinen Katechismus* Luthers), die vierte Klasse las zusätzlich den lateinischen Text der Evangelien des folgenden Sonn- bzw. Feiertags, die fünfte Klasse den (deutschen) Text der Epistellesungen und alttestamentliche Psalmen. Das bedeutete, dass der Unterrichtsschwerpunkt am Sonnabend in abgestuftem Verständnisniveau gemäß der einzelnen Klassen auf die Vorbereitung zur Teilnahme am Sonntagsgottesdienst gerichtet war[17] und dass auf diesem Weg auch den Schülern, die später nicht Theologie studierten, ein solides Maß an theologischer Grundausbildung vermittelt wurde, mit dem sich das Urteilsvermögen in aktuellen Fragen schärfen ließ.

Das große Kirchen- und Schulordnungswerk von 1580 bot einen Gesamtrahmen auch für den Lehrplan der Partikularschulen Kursachsens, ließ aber einen gewissen Gestaltungsspielraum für die konkreten Bedingungen in den Schulen des Landes.[18] Da die Ordnung bereits bei den bestehenden Verhältnissen ansetzt, ergibt ein Vergleich mit der Schulordnung der Thomasschule von 1574 keine gravierenden Unterschiede.

Aus dem Lehrplan von 1592[19] lässt sich ein so differenziertes Programm in der theologischen Elementarausbildung wie aus dem von 1574 nicht ablesen, was nicht bedeuten muss, dass es um diese Zeit aufgegeben worden wäre.

Wie nicht anders zu erwarten, spielten um 1580 im Lehrplan der Thomasschule die Lehrbücher Philipp Melanchthons eine große Rolle. Dies gilt für die lateinische Grammatik[20], die Dialektik (Lehrplan von 1574) und die Rhetorik[21] (Lehrplan von 1592). Es verdient Beachtung, dass die Lehrbücher Melanchthons für die genannten Teildisziplinen auch theologische Inhalte ausweisen; so wird zum Beispiel die Rhetorik durch viele biblische

---

13 Simon Gedicke: *Valet Predigt* [...], Leipzig 1586, Bl. E 3ᵛ–4ᵛ. Einblicke in die Praxis des Katechismusunterrichts in der Thomaskirche nach 1570 bieten Heinrich Salmuth: *Catechismus, Das ist / DIe Fürnembsten heuptstück der heiligen Christlichen lehr* [...] *der Leipzigschen Kirchenordnung nach / etliche Jahr vber im Aduent vnd sonsten zu gewönlicher zeit des Sontags ausgeleget und geprediget*, hrsg. v. Johann Salmuth, Leipzig 1584 (beigefügt ist: *CHristliche vnd Nützliche Erklerung Der Haußtaffel* [...], Leipzig 1584), und Georg Weinrich: *Erklärung des kleinern Kinder Catechismi* [...] (1586/89), Leipzig 1622.

14 Teilkopie in: Bernhard Knick (Hrsg.): *St. Thomas zu Leipzig. Schule und Chor. Stätte des Wirkens von Johann Sebastian Bach. Bilder und Dokumente zur Geschichte der Thomasschule und des Thomanerchores mit ihren zeitgeschichtlichen Beziehungen*, Wiesbaden 1963, S. 90.

15 Welche Textausgaben für die Lektüre zur Verfügung gestanden haben könnten, wäre noch festzustellen. Aus späterer Zeit ist eine viersprachige Edition solcher Summarientexte bekannt: Johann Clajus (Hrsg.): *Evangelia anniversaria dierum dominicorum et praecipuorum festorum una cum perioche et summaria singulorum expositione erudita. Germanicè, Latinè, Graecè & Ebraicè*, Leipzig 1624.

16 Nikolaus Selnecker veröffentlichte 1575 erstmals (mit weiteren Folgeauflagen 1577 und 1583) eine dreisprachige Ausgabe des Kleinen Katechismus, die sowohl für den Universitätsbetrieb als auch für den Schulunterricht bestimmt war: *Catechesis D. MARTINI LVTHERI MINOR, GRAECOLATINA* [...], Leipzig 1575.

17 Quelle: Sächsisches Hauptstaatsarchiv Dresden: 10088 Oberkonsistorium, Loc. 2002/1, Bl. 15ʳ–16ʳ (Schulordnung von 1574).

18 August, Kurfürst von Sachsen: [...] *Ordnung / Wie es in seiner Churf. G. Landen / bey den Kirchen / mit der lehr vnd Ceremonien /* [...] *Fürsten vnd Particular Schulen / Visitation / Synodis* [...] *gehalten werden sol* [...], Leipzig 1580, S. CX–CLII (Lehrplan, zur Inspektion S. CXLIIII–CLII), S. CCXXVIII–CCXXIX (Mindestraster für die Fragen bei der Visitation der Schulen).

19 Vgl. das Teilfaksimile des Lehrplans bei Stefan Altner: *Sethus Calvisius, das Thomaskantorat und die Thomasschule um 1600. Zum 450. Geburtstag von Calvisius ‚Astronomicus, Chronicus, Musicus, Poeta'*, in: Gesine Schröder (Hrsg.): *Tempus musicae – tempus mundi. Untersuchungen zu Seth Calvisius*, Hildesheim 2008, S. 13.

20 [Philipp Melanchthon]: *Grammatica PHILIPPI MELANCHTHONIS RECOGNITA ET LOCVPLETA*, hrsg. v. Joachim Camerarius, Leipzig 1573. Unsicher bleibt in diesem Falle und in den folgenden Fällen, welche Ausgaben der genannten Titel in der Thomasschule wirklich dem Unterricht zugrunde lagen.

21 Philipp Melanchthon: *ELEMENTORVM RHETORICES LIBRI DVO* [...] *His adiecta sunt Epistolae contrariae, PICI & HERMOLAI BARBARI, vna cum dispositione PHILIP. MELANT.* [...], Wittenberg 1588.

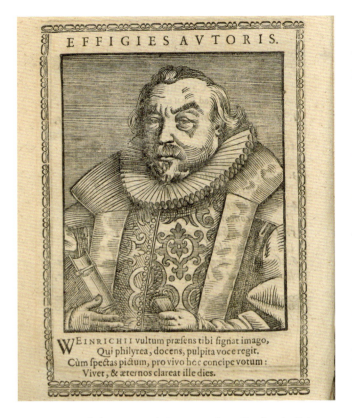

Georg Weinrich (1554–1617), Porträtstich, in: Explicatio Epistolae Paulinae [...], *Leipzig 1613, vor Blatt b 1.
(Universitätsbibliothek Leipzig, Signatur: Exeg. 1400)*

Beispiele ergänzt und sogar die Methode der Schriftauslegung erläutert.[22]

Ferner werden für den altsprachlichen Unterricht unter anderem Briefe Ciceros in der Ausgabe von Johann Sturm genannt.[23] Weitere Lehrbücher dürften allerdings aufgrund mangelnder, nur stichwortartiger Angaben zum Titel schwer zu identifizieren sein.

Johann Heil, Rektor der Thomasschule seit 1561, brachte 1587 – vier Jahre vor seinem Tod – eine ursprünglich ungedruckte griechische Grammatik aus seiner Feder in erweiterter Fassung zum Druck, nachdem sie schon in der Schulordnung von 1574 erwähnt worden war.[24] Heil lehnte sich in ihr nach eigener Auskunft an das erstmals 1529 veröffentlichte Lehrbuch von Johann Mezler an und entnahm einiges auch aus Melanchthons griechischer *Grammatica graeca*.[25]

Am Schluss trug der Rektor Gebete in griechischer Sprache nach, die teilweise aus dem *Kleinen Katechismus* Luthers übersetzt und schon in Selneckers dreisprachiger Katechismusausgabe enthalten waren.[26]

In jedem Falle setzte der Unterricht am Mittwoch einen Schwerpunkt im Musikunterricht. In der Schulordnung von 1574 heißt es kategorisch: „Alle Schüler sol-len in der Musik geübt werden außer den Quintanern, die sich im Lesen und Schreiben zu üben haben".[27] Mit dieser Vorschrift für den Mittwoch nahm die Schulordnung die Erlaubnis der Landesordnung von 1580 vorweg, die gestattete, den eigentlich täglich vorgesehenen Musikunterricht auf eine zusammenhängende Zeit zu konzentrieren.[28]

Bei der Lehrerschaft der Thomasschule unterhalb des Ranges des Kantors wird es häufige Wechsel gegeben haben. Die Besoldungsverhältnisse bei Lehrkräften sowie Geistlichen der Thomaskirche waren 1574 wie folgt gestaltet: Der Pfarrer als oberster Geistlicher bezog jährlich 300 Gulden, der Archidiakon sowie der erste Diakon je 150 Gulden, der zweite Diakon (Subdiakon) und der Schulrektor (Schulmeister) je 100 Gulden, der erste Lehrer (Supremus, Konrektor), der Kantor und der dritte Lehrer je 50 Gulden, der vierte Lehrer und der Küster je 20 Gulden, der Organist 70 Gulden und die beiden Calcanten (Bälgetreter) je sechs Gulden.[29] Die Stelle des Konrektors scheint insofern begehrt gewesen zu sein, als sie promovierten Magistern vorbehalten war, die direkt nach Abschluss der Universitätsausbildung zur Thomasschule kamen und später in ihrer Laufbahn oftmals äußerst erfolgreich waren. Beispielhaft für solche Karrieren ist diejenige von Erhart Lauterbach: Am 8. Januar 1570 in Jauer in Schlesien gebo-

22 Ebenda, Buch 2, S. 92–102. Im Lehrplan von 1592 wird die Dialektik Melanchthons in der Ausgabe von Lukas Lossius genannt (Lukas Lossius: *Erotemata DIALECTICAE ET RHETORICAE PHILIPPI MELANCHTHONIS* [...] *iam primum ad vsum Scholarum (quas vocant Triuiales) breuiter selecta & contracta* [...], Leipzig 1573).

23 *M. T. CICERONIS EPISTOLARVM LIBRI QVATVOR a Johanne Sturmio, viro doctissimo, puerili educationi confecti* [...], Frankfurt an der Oder [o. J.]. Eine durch Stephan Reich didaktisch aufgearbeitete und präparierte Ausgabe des Werkes erschien (wohl bereits in weiterer Auflage) im Druck in Eisleben auf Kosten des Leipziger Buchhändlers Jakob Apel: *M. T. CICERONIS EPISTOLARVM LIBRI TRES A IOHANNE STVRMIO. Pro puerili educatione confecti & editi, Nunc vero Germanice redditi per M. STEPHANVM RICCIVM,* Eisleben und Leipzig 1583. Die Ausgabe enthielt eine Vorrede an den Kurprinzen Christian I. vom 29. September 1568.

24 [Johann Heil]: *Quaestiones GRAECAE GRAMMATICAE, PRIMO Ludi literarij Lipsiensis, qui est ad AEdem S. THOMAE, & nunc additis, quae deesse videbantur, etiam cum alijs, si quibus vti illis forte libeat, communicatae,* Leipzig 1587.

25 Vorwort (undatiert), ebenda Bl. A 2ʳ⁻ᵛ. Text: P. Melanchthon: *Opera* (wie Anm. 6), Bd. 20, S. 15–179.

26 J. Heil: *Quaestiones GRAECAE GRAMMATICAE* (wie Anm. 24), Bl. N 5ʳ–7ᵛ. Vgl. dazu Anm. 16.

27 Im Original: „Omnes exercentur in Musicis exceptis Quintanis, qui lectiones recitant, et literas discunt pingere." (Übers. d. Verf.) Sächsisches Hauptstaatsarchiv Dresden: 10088 Oberkonsistorium, Loc. 2002/1, Bl. 15ᵛ.

28 August von Sachsen: *Ordnung* (wie Anm. 18), S. CXXV.

29 Sächsisches Hauptstaatsarchiv Dresden: 10088, Loc. 2002/1 (unfoliiert).

ren, nahm er nach seiner Schulbildung unter anderem in Breslau 1591 in Leipzig ein Studium auf, im gleichen Jahr erwarb er den Baccalaureus Artium, am 14. Januar 1594 den Magister Artium; er wurde am 9. Mai 1602 ordiniert, am 3. Oktober 1605 Licentiat der Theologie und am 23. Oktober 1606 Doktor der Theologie. Lauterbach war von 1602 bis 1649 Oberpfarrer, Stiftssuperintendent und Konsistorialassessor an St. Michael in Zeitz. Er lehnte ehrenvolle Berufungen nach Hamburg, Prag und Eisleben ab und entfaltete eine für das Zeitzer Stiftsgebiet und damit auch für das Naumburger Gebiet außerordentlich fruchtbare Tätigkeit. Sein Konrektorat an der Thomasschule fiel in die Jahre 1598 bis 1602.[30]

Es war selbstverständlich, dass die Lehrer der Thomasschule seit 1577 die in Kursachsen geforderte Unterschrift unter die Konkordienformel, später das Konkordienbuch leisteten und sich damit den theologischen Vorgaben der Wittenberger Reformation und der Lehraufsicht des kursächsischen Oberkonsistoriums unterstellten. Die ersten dieser Unterschriften leisteten am 22. Juli 1577 Rektor Magister Johann Heil, Konrektor Magister Abraham Schad, Kantor Valentin Otto und die beiden Lehrer Laurentius Craus und Michael Wagner.[31]

In der Leichenpredigt für den am 27. September 1592 verstorbenen Rektor Johann Heil (* 1532) zeichnete Georg Weinrich ein freundliches Bild des Verstorbenen. Ursprünglich, so betonte Weinrich, habe er vorgehabt, eine Predigt über die Würde von Schulen zu halten. Da die Bestattung jedoch auf den Vorabend des Festes des Erzengels Michael und aller Engel gefallen sei, wolle er nun eine Predigt über Natur und Eigenschaft der Engel halten. Zur Person von Heil führte er aus, der Rektor sei ein treuer und zuverlässiger Mann gewesen, und er habe die Jugend in Gottesfurcht und Ehrbarkeit erzogen „vnd sie nicht gewiesen zu stinckenden Cisternen Menschlicher Vernunfft / sondern geführet zu den heilsamen Brunnen Israelis". Sein persönliches Bekenntnis wenige Wochen vor seinem Tode sei gewesen, „daß er dem Caluinischen Gifft von Hertzen feind / vnd seine vertrawete Jugent trewlich dafür verwarnet hette".[32]

Heil hatte Ursache gehabt, während der Visitation wenige Wochen vor seinem Tod die Visitatoren zu bitten, sich um Rückführung einer ihrem Zweck entfremdeten, von der Universität an sich gezogenen Stiftung zugunsten der Thomasschule zu bemühen. Sie war zur Rektoratszeit von Caspar Borner durch den ehemaligen Stadtarzt von Steyr (Niederösterreich), Dr. Walter Hammer, als damaligem Schüler in Höhe von 2000 Gulden eingerichtet worden. Ihre Zinsen sollten regelmäßig zwei Thomasschülern zugutekommen. An solchen Stiftungen hätte es „den Schülern bey S. Thomas bißher sonderlich gemangelt". Die Visitatoren sagten Klärung zu.[33] Es ist nicht bekannt, wie die Angelegenheit ausging. In Leipziger Leichenpredigten aus jener Zeit werden gelegentlich weitere Stiftungen erwähnt.

Das Verhältnis zwischen Kirche und Schule an St. Thomas stellte sich um die Wende vom 16. zum 17. Jahrhundert entspannt dar. Wie eine Bestätigung der engen Beziehung zwischen Bildung und Gottesdienst, in Melanchthons Sinn von Eruditio und Pietas, liest sich der Bericht des Leipziger Stadtchronisten zum Jahre 1601:

„[Im Mai] ist die grosse Orgel in der Kirchen St. Thomä renoviret / und sind in die Felder der Orgel-Empor-Kirchen die 7 freye Künste: Grammatica, Dialectica, Rhetorica, Geomentria, Arithmetica, Musica, Astrologia, und die drey Haupt-Tugenden: Fides, Spes, Charitas, gemahlet worden".[34]

Diese Abbildungen waren den Gottesdienstteilnehmern und den Schülern der Thomana immer vor Augen.

IV. Schule und Gottesdienst – Musik und Theologie

Es war ein Kennzeichen der Wittenberger Reformation, dass sie das Verhältnis von Musik und Theologie neu bestimmte und dafür eintrat, der Musik einen festen Platz in Frömmigkeit, kirchlichem Leben und Theologie einzuräumen. Das hatte Folgen für die Stellung und das Profil der Kantoren (und bald auch der Organisten). Das kursächsische Ordnungswerk von 1580 enthielt dezidierte Weisungen sowohl für die gottesdienstliche Musik als auch für die darauf bezogenen Aufgaben der Schule.

---

30 Angaben: *Pfarrerbuch der Kirchenprovinz Sachsen,* hrsg. vom Verein für Pfarrerinnen und Pfarrer in der Evangelischen Kirche der Kirchenprovinz Sachsen e. V., Bd. 5, Leipzig 2007, S. 320.

31 Vgl. Gottfried Stallbaum: *Ueber den inneren Zusammenhang musikalischer Bildung der Jugend und dem Gesammtwerke des Gymnasiums […] nebst biographischen Nachrichten über die Kantoren an der Thomasschule zu Leipzig,* Leipzig 1842, S. 59.

32 Georg Weinrich: *Zwo Christliche Predigten / Von den heiligen Engeln. Die Erste […] Gethan bey dem Christlichen Leichenbegengnis / deß Achtbarn vnd Wolgelahrten Herrn Johannis Heil / Rectoris der Schulen zu S. Thomas in Leipzig […],* Leipzig 1599, Bl. C 2ʳ–3ʳ.

33 Sächsisches Hauptstaatsarchiv Dresden: 10088 Oberkonsistorium, Loc. 10603/9 (unfoliiert). Wenn die Angaben Hammers zutreffen – beispielsweise erweckt die Höhe des Stiftungskapitals Misstrauen –, ist die Angabe bei Heinrich Geffcken und Chaim Tokocinski: *Stiftungsbuch der Leipzig, im Auftrag des Rates auf Grund der Akten verfasst,* Leipzig 1905, S. XVIII, zu korrigieren, die eigentliche Ära der Stiftungen für die Thomasschule beginne erst nach 1550.

34 J. J. Vogel: *Leipzigisches Geschicht-Buch* (wie Anm. 4), S. 324. Zur Orgel vgl. Winfried Schrammek: *Zur Geschichte der großen Orgel in der Thomaskirche zu Leipzig von 1601 bis 1885,* in: Beiträge zur Bachforschung 2, Leipzig 1983, S. 46–51 (die Abbildungen werden dort nicht erwähnt).

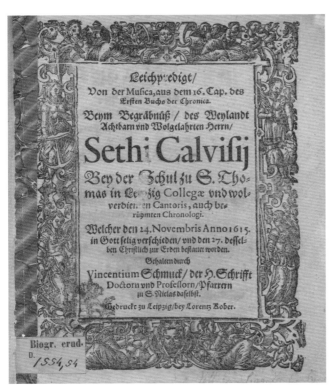

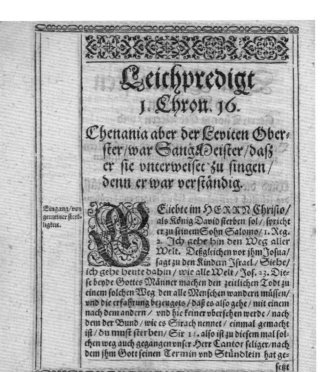

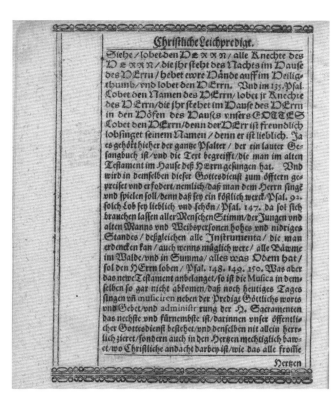
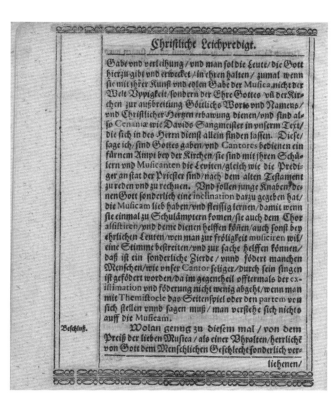
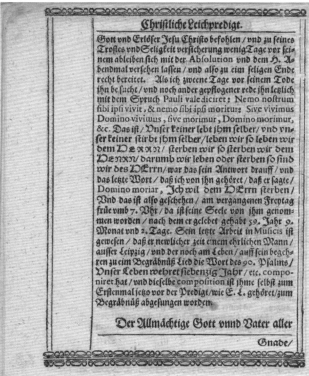
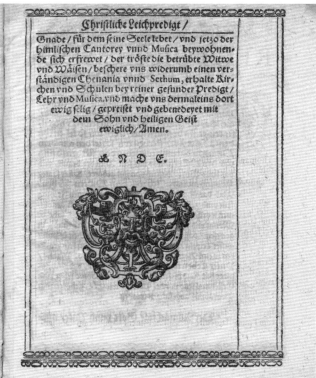

Vinzenz Schmuck: Leichpredigt / Von der Musica [...], *Leipzig [1615], Titel, S. 6 Anfang der Predigt, S. 12, 13, 16, 18, 24, 25. (Sächsische Landesbibliothek – Staats- und Universitätsbibliothek Dresden, Sammlung: Drucke des 17. Jahrhunderts Saxonia, Signatur: Biogr.erud.D.1554,54)*

Ganz im Sinne Melanchthons hieß es hier: „[...] die Eruditio [Bildung] soll nicht sein ohne gute disziplin / zucht vnd Furcht Gottes".[35] Der Sonnabend solle in der Schule „allein auff solche Lectiones vnd exercitia gerichtet sein / dardurch die Schüler in geistlichen vnd himlischen sachen / jhrer seelen seligkeit belangend / vnterrichtet werden".[36] Als Zeit für die Chorprobe für die sonntägliche Kirchenmusik wies die Ordnung die halbe Stunde vor der Vesper am Sonnabend an.[37] Als Maßgabe für die Gottesdienstmusik am Sonntag sollten Josquin des Près, Clemens non Papa und Orlando di Lasso gelten, nicht eigene Kompositionen der Kantoren. Gewünscht wurde solche Musik, „das es graue, tapffer / vnd zur Christlichen Andacht die leute reitzen mag".[38] Es gibt Grund zu der Vermutung, dass die Kirchenmusik an St. Thomas diesen Maßgaben folgte. Für den Gesang der Thomasschüler auf ihren Wegen durch die Stadt, bei denen die nötigen Spenden zu sammeln waren, gab die Ordnung ähnliche Hinweise: „[...] nicht heßlich vnd verdrieslich schreyen / vnd souil möglich also verrichten / das jhnen lieblich zuzuhören / vnd die leute desto lustiger / jhnen zu geben bewegt werden möchten". So sollten die Schüler „mit gleicher vnd nicht erhöhter stimme singen".[39] Natürlich waren auch die Gesänge vor und nach dem Schulunterricht in den Vorschriften nicht vergessen worden.

Das bedeutete, dass Kantoren und Pfarrer sich der gemeinsam geteilten und verantworteten theologischen Grundlage der Musik bewusst sein mussten. An St. Thomas kam dies darin zum Tragen, dass ein Kantor vom Format eines Sethus Calvisius eigene Gedanken zu den theologischen Wurzeln der Musik zu formulieren imstande war. Er trug sie im Unterricht für die oberen Klassen an der Thomasschule vor. Für ihn war es selbstverständlich, dass der Ursprung aller schönen Künste und darum auch der Musik in Gott selbst zu suchen sei. Darüber bestand, wie er betonte, von Anfang an Einigkeit zwischen Christen und vorchristlichen Heiden.[40] Die Musik ist also als Gabe Gottes zu verstehen, denn was habe der Mensch, das er nicht empfangen habe?[41] Die menschliche Stimme sei es, in der der gottgegebene Ursprung der Musik zu suchen sei.[42] Calvisius verfolgte die Geschichte der Musik durch die im Alten Testament überlieferten Erzählungen und verwob sie mit anderen antiken – auch mythologischen – Überlieferungen, wobei für ihn die Bibel die ältesten Nachrichten zum Ursprung der Musik bot.[43] Die Originalität seines Entwurfs ist bereits Gegenstand von Untersuchungen gewesen.[44] Dieser Entwurf zielte darauf ab, den Schülern der Thomasschule anzuempfehlen, die mit der Musik dargebotene Gabe dankbaren Herzens anzunehmen, richtig anzuwenden und fleißig zu pflegen und zum Lobe Gottes, zur Zierde der Kirche und in täglicher Übung in Gebet und Danksagung an Gott zu nutzen. Sei die Musik hier doch ein Vorspiel zur Musik dort in der Ewigkeit vor dem Thron Gottes.[45]

Georg Weinrich, der zweite Nachfolger von Nikolaus Selnecker im Superintendentenamt und wie dieser ebenfalls Professor an der Theologischen Fakultät, widmete bei der akademischen Auslegung des Epheserbriefes im Zusammenhang mit Epheser 5, 15–21 der Musik einige grundsätzliche Erörterungen. Der Musik komme, so führte er aus, mittels des Geistes, der in den Herzen der Gläubigen wohne, ein zu frommen und ehrenhaften Gesprächen anspornender Charakter zu, und die geistliche Trunkenheit, von der der Apostel spreche, entspringe nicht dem Weingenuss, sondern ernsthaftem und aufmerksamem Hören des göttlichen Wortes, brennendem und demütigem Gebet und wahrer Buße. Das bedeute, dass Vokal- und Instrumentalmusik im Gottesdienst nicht zu verwerfen sei. Das gehe aus einer breiten biblischen Überlieferung hervor, die nicht nur auf die Worte des Apostels beschränkt sei. Instrumentalmusik im Gottesdienst diene, wenn sie recht gebraucht werde, nicht der Befriedigung menschlicher Lüste, sondern der Feier der Taten Gottes und dazu, die göttliche Wahrheit mit größerer Lieblichkeit und Ergötzung in die Herzen der Feiernden zu pflanzen. Bezeuge doch die Erfahrung, dass die Musik die Gemüter der Menschen wunderbar zu entzünden und aufzumuntern verstehe, da eine wunderbare und sozusagen natürliche Übereinstimmung zwischen unsern Gemütern einerseits und Harmonie und Zahl andererseits bestehe. Das erfordere dann aber auch den Verzicht auf übermütigen Leichtsinn in der Musikausübung.[46]

---

35 August von Sachsen: *Ordnung* (wie Anm. 18), S. CXXVII.

36 Ebenda, S. CXXVIII.

37 Ebenda, S. CXXIV.

38 Ebenda, S. CXXXVIII–CXXXIX.

39 Ebenda, S. CXLII.

40 Sethus Calvisius: *EXERCITATIO ALTERA DE INITIO ET PROGRESSV MVSICES, ET ALIIS QVIbusdam ad eam rem spectantibus, PRAEMISSA PRAELEctioni Musicae, in ludo Senatorio Lipsiensi ad D. Thomam*, in: ders.: Exercitationes Musicae Duae [...], Leipzig 1600, S. 57 (recte: 74/2) bis 76 (Reprint, Hildesheim und New York 1973).

41 „Quid enim habet homo, quod non accepit?" (ebenda, S. 74/2, vgl. 1. Korinther 4,7).

42 Ebenda, S. 78.

43 Ebenda, S. 84–85.

44 Vgl. Thomas Christensen: *Harmonia temporis. Calvisius und die musikalische Chronologie*, in: G. Schröder (Hrsg.): Tempus musicae (wie Anm. 19), S. 117–136, besonders S. 132–136. Andreas Meyer: *Von Erfindern, Jahreszahlen und letzten Dingen. Calvisius als Historiker der Musik*, in: ebenda, S. 153–171.

45 S. Calvisius: *EXERCITATIO* (wie Anm. 40), S. 138.

46 Georg Weinrich: *EXPLICATIO EPISTOLAE PAULINAE, Quam Apostolus inprimis Ecclesiae EPHESINAE inscripsit* [...], Leipzig 1623, S. 314–315.

Die Bestattungspredigt für Calvisius am 27. November 1615 hielt sein Beichtvater Vincenz Schmuck, Pfarrer an St. Nicolai und Professor der Theologie. Er nahm die Gelegenheit wahr, als Predigttext einen Satz aus dem Alten Testament zu wählen, in dem Kenanja als ‚Sangmeister' bei der Feier zur Überführung der Bundeslade in den Jerusalemer Tempel genannt wird (1. Chronik 15, 22), und die Musik zum Thema der Predigt zu machen.[47] Diese Predigt ist ein Musterbeispiel für die Deutung des Verhältnisses von Musik und Theologie im Gefolge der Wittenberger Reformation. Sie wird eröffnet durch Betrachtungen über Tod und Sterben, stellt die Musik als alte Kunst und „sonderbare Gabe Gottes" vor, exemplifiziert an David und seiner Musikpraxis, die die Sangeskunst voraussetzt und die Instrumentalmusik aus ihr erwachsen lässt.[48] Musik sei in der Geschichte der Menschheit immer gepflegte Gabe Gottes, wo und wann sie auch erklingt. Für den christlichen Gottesdienst sei sie einschließlich der Instrumentalmusik unentbehrlich. Bis dato sei Singen und Musizieren neben der Predigt des göttlichen Wortes, dem Gebet und der Verwaltung der Sakramente „das nechste vnd fürnehmste / darinnen vnser öffentlicher Gottesdienst bestehet / vnd denselben nit allein herrlich zieret / sondern auch die Hertzen mechtiglich bawet / wo Christliche andacht darbey ist / wie das alle from(m)e Hertzen fühlen vnd erfahren". Die erfrischende, erfreuende, lehrende, tröstende, ermahnende und bessernde Wirkung der Musik erfahre „auch ein jeglicher für sich in seinem Hause", der sie „mit den seinigen" übe.[49] Der Prediger weist darauf hin, dass ihre amtlichen Träger im Gottesdienst in Ehren zu halten seien. „Cantoren bedienen ein fürnem Ampt bey der Kirchen", sie seien – um mit ihrem alttestamentlichen Vorbild zu sprechen – zusammen mit ihren Schülern und Musikanten die Leviten, während die Prediger den Priestern entsprechen.[50] Durch die Leichenpredigt ist auch zu erfahren, dass Calvisius ein guter Hebraist gewesen ist und seine letzte Komposition die Vertonung des 90. Psalms war, die ein noch lebender Leipziger Bürger bei ihm bestellt hatte und die vor der Predigt im Bestattungsgottesdienst erstmals musiziert wurde.[51]

Christoph Gundermann, Kupferstich, 1601 (Stadtgeschichtliches Museum Leipzig, Inv.-Nr. Porträt B 110)

V. Jahre der Unruhe

Der Regierungswechsel von 1586 und seine Folgen

Im Jahre 1586 setzte sich das geistliche Ministerium an St. Thomas wie folgt zusammen: Nikolaus Selnecker, Pfarrer und Superintendent; Petrus Hesse, seit 1573 Archidiakon; Magister Alexander Becker aus Wolkenstein, seit 1584 Subdiakon, ab 1586 Diakon als Nachfolger von Simon Gedicke; Georg Weinrich aus Hirschberg in Schlesien, nach Pfarramt in Langensalza ab 1586 Subdiakon in der Nachfolge von Alexander Becker. Dass es 1589 zu starken Verschiebungen beziehungsweise Verwerfungen in der Besetzung der Stellen kam, hatte Gründe, die in der kursächsischen Politik zu suchen waren.

Am 11. Februar 1586 starb Kurfürst August. Mit ihm ging eine Ära zu Ende, die die Fundamente für die Entwicklung Kursachsens in den kommenden Generationen gelegt hatte. Die Regentschaft übernahm sein Sohn Chris-

---

47 Vinzenz Schmuck: *Leichpredigt / Von der Musica, aus dem 16. Cap. des Ersten Buchs der Chronica. Beym Begräbnüß / des Weylandt Achtbarn vnd Wolgelahrten Herrn Sethi Calvisij* [...], Leipzig [1615].
48 Ebenda, Bl. B 1ʳ–2ʳ.
49 Ebenda, Bl. B 3ᵛ–4ʳ.
50 Ebenda, Bl. B 4ʳ.
51 Ebenda, Bl. C 3ᵛ.

Verhaftung des Pfarrers Gundermann am 15. November 1591 (Stadtgeschichtliches Museum Leipzig)

tian I. Von seinen Anlagen und seiner Entwicklung her eine etwas ruhelose, großspurig auftretende Person, setzte er bald auf eine politische Option, die sich von der des Vaters deutlich unterschied. Er liebäugelte mit einem Anschluss an die Politik des westeuropäischen Calvinismus, der für seine militanten Aktivitäten gegen den römischen Katholizismus bekannt war. Christian I. versprach sich von einem solchen Anschluss politischen Bewegungsraum für Kursachsen. Dazu aber war es nötig, auch die Religionspolitik deutlich zu korrigieren. Beobachter konnten allerdings zunächst nur bemerken, dass Pfarrern, Professoren und Lehrern die Verpflichtung auf die Konkordienformel erlassen wurde und dass die Hofbehörden auf die Durchführung von Kirchen- und Schulvisitationen verzichteten, bis an den Fürstenschulen neue Lehrbücher eingeführt wurden und es zu Umbesetzungen in Schlüsselpositionen kam. In aller Stille wurde eine Neuausgabe der Bibelübersetzung Martin Luthers vorbereitet, deren Erläuterungen eindeutig der Position der schweizerisch-calvinistischen Theologie entsprachen. Ein Mandat vom 8. August 1588, das Pfarrern die polemische Erörterung von theologischen Streitfragen verbot, setzte einen deutlichen öffentlichen Akzent. Danach war es berechtigt, von dem neuen Kurs im Lande als ‚Kryptocalvinismus' zu sprechen.[52]

Auch an St. Thomas machte sich der neue Kurs im Jahre 1589 deutlich bemerkbar. Der erste der Pfarrer, die es ablehnten, den Auflagen des Augustmandats zu folgen, und ihren Platz räumen und Kursachsen verlassen mussten, war Nikolaus Selnecker. Am 17. Mai 1589 wurde ihm in der Sakristei von St. Thomas seine Entlassung mitgeteilt. Ein Gedicht, das er unter dem Eindruck dieses Ereignisses im Herbst des Jahres schrieb, wurde 1590 gedruckt.[53] Selnecker fand eine neue Aufgabe als Superintendent in Hildesheim, wurde aber 1592 nach Leipzig zurückberufen. Allerdings starb er fünf Tage nach seiner Rückkehr in die Stadt am 24. Mai noch vor Antritt seines Amtes und wurde in St. Thomas begraben. Der aus Jena herbeigerufene Theologieprofessor Georg Mylius sagte am 26. Mai in der Leichenpredigt über ihn:

„D Selnecker ist nicht ein Vertumnus [römischer Gott des Wandels, Anm. d. Verf.] vnd Polypus [dichterischer Ausdruck für einen räuberischen Menschen, Anm. d. Verf.], ein Wetterhan vnd Wendehals gewesen / der heut diß / bald Morgen ein anders in der Lehr Christlicher Religion angenommen / approbieret vnd vnterschrieben hette / [...] der vmb Herrngunst / zeitliches geniesses vnd weltlicher Ehren willen / zu allen vnbillichen fürnemen vnd venderungen in Religionssachen sich hette bewegen vnd vermögen lassen / Sondern einmal erkandter vnd bekandter / reiner / allein seligmachender Lehr der Euangelischen Warheit [...] ist er die Zeit seines Lebens allhier auff Erden / vnd bey seinen geleisteten Kirchen vnd Schuldiensten fest / trew / auffrichtig vnd bestendig geblieben".[54]

Am 23. Oktober 1589 wurde Selneckers Archidiakon Magister Petrus Hesse „auf böser Leute falsches angeben / als hette er sich der hohen Obrigkeit widersetzig gemacht" entlassen – so berichtete 16 Jahre später Georg Weinrich in seiner Leichenpredigt.[55]

Als Nachfolger Selneckers wurde Magister Christoph Gundermann berufen.[56] Er verkörperte in seiner theologischen Position eine klare Alternative zu Selnecker, indem er dessen Haltung ablehnte und sich zur Religionspolitik des neuen Kurfürsten bekannte.

---

52 Zur Terminologie siehe J. Hund: *Das Wort ward Fleisch* (wie Anm. 5), besonders S. 674–694.

53 Nikolaus Selnecker: *Christliche Leychpredigten So vom Jar 1576 bis fast an das 1590. Jar zu Leipzig [...] gehalten wurden*, Bd. 2, Magdeburg 1590, Bl. 228ᵛ–229ʳ.

54 Georg Mylius: *Christliche Predigt / BEy der Leiche des [...] NICOLAI SELNECCERI [...]*, Leipzig 1592, Bl. C 3ᵛ–4ʳ.

55 Georg Weinrich: *Christliche Leichpredigt Beym Begräbnis des [...] Herrn M. Petri Hessen [...]*, Leipzig 1607, Bl. C 4ᵛ. Petrus Hesse, * 1530 in Westgilfer/Westfalen, † 18. November 1606 in Leipzig; 1551 Gymnasium in Hamburg, 1553–1557 Studium in Leipzig, Ordination in Leipzig, Hospitalprediger an St. Georg Leipzig, ab 1559 Diakon an St. Nicolai Leipzig, ab 1562 Superintendent in Thamsbrück/Thüringen, ab 1574 Archidiakon an St. Thomas, ab 1600 Pfarrer in Mutzschen.

56 Christoph Gundermann, * 1549 in Kahla/Thüringen, † 1622 in Neustadt; ab 1569 Studium in Wittenberg, Rektor in Riddagshausen und der Schule St. Martini Halberstadt, Diakon, 1583–1589 Oberpfarrer an St. Martini Halberstadt, bei Visitation abgesetzt, ab 1589 Pfarrer an St. Thomas, 1593 abgesetzt, ab 1595 Superintendent in Neustadt an der Haardt. Vgl. dazu: Verein für Pfarrerinnen und Pfarrer in der Evangelischen Kirche der Kirchenprovinz Sachsen e. V. (Hrsg.): *Pfarrerbuch der Kirchenprovinz Sachsen* (wie Anm. 30), Bd. 3, Leipzig 2005, S. 430.

Aufstand gegen die Calvinisten in Leipzig 1593
(Stadtgeschichtliches Museum Leipzig)

Alexander Becker rückte in das Archidiakonat auf, Magister Matthias Harder[57] trat an die Stelle von Georg Weinrich als Subdiakon. Beide stellten sich aufgrund ihrer theologischen Prägung und Überzeugung an die Seite Gundermanns. Damit war Weinrich, seit 1589 Diakon an St. Thomas, der einzige Theologe, der sich der neuen Religionspolitik verweigerte, jedoch nicht abgesetzt wurde.

Da der durch Kurfürst Christian I. verfolgte religionspolitische Kurs vorerst lediglich die Fürstenschulen erfasste und die Partikularschulen verschonte, änderte sich trotz der gravierenden Eingriffe in die Pfarrerbesetzung der Thomaskirche an der Personalpolitik und am Schulbetrieb der Thomasschule nichts.

Seit Beginn des Jahres 1590 verstärkte sich der Druck auf die Gegner des neuen religionspolitischen Kurses spürbar. Als ein Signal musste gewertet werden, dass zum Gottesdienst, bei dem Gundermann seine Antrittspredigt hielt, ein mächtiger Mann vom kurfürstlichen Hof angereist war: Nikolaus Krell, der als Kanzler den Weg des Landes maßgeblich bestimmen sollte.[58] In der Folgezeit machte sich der Widerstand im Lande an einem gottesdienstlichen Ritus fest, der bei der Taufliturgie eine Rolle spielte: am sogenannten Exorzismus. Er bezog sich auf eine Szene im Evangelium nach Markus, die berichtete, wie Jesus einen Besessenen heilte, indem er dem bösen Geist gebot, aus dem Besessenen auszufahren (Markus 5,1–10). Dieser Ritus war von Martin Luther in die von ihm veröffentlichte deutschsprachige Taufagende übernommen worden und inzwischen Bestandteil des Konkordienbuches und damit der Lehrgrundlage Kursachsens. Die schweizerische Reformation hatte diesen Passus der Taufhandlung strikt abgelehnt, weshalb es auch dem Hof Christians I. geraten

---

57 Matthias Harder, Sohn des Leipziger Professors und (seit 1589) Superintendenten Dr. Wolfgang Harder, * 20. September 1569, † 27. Februar 1616 in Magdeburg-Neustadt; ab 1580 Studium in Leipzig, 1582 Baccalaureus, 1585 Magister, ab 1589 Subdiakon an St. Thomas, abgesetzt am 12. Februar 1593, 1595–1598 Kanonikus an St. Petri in Magdeburg, ab 1598 Oberpfarrer an St. Nicolai in Magdeburg. Vgl. dazu: Verein für Pfarrerinnen und Pfarrer in der Evangelischen Kirche der Kirchenprovinz Sachsen e. V. (Hrsg.): *Pfarrerbuch der Kirchenprovinz Sachsen* (wie Anm. 30), Bd. 3, Leipzig 2005, S. 515.

58 J. J. Vogel: *Leipzigisches Geschicht-Buch* (wie Anm. 4), S. 287.

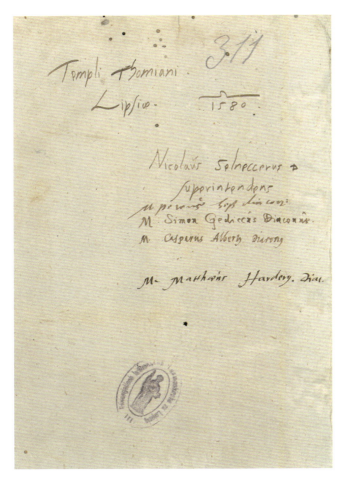

Autographe Unterschriften der Pfarrer an der Thomaskirche im Jahre 1580, in: Bernhard von Clairvaux: Opera, *Basel 1566, Bd. 1, Rückseite des Vorderdeckels.*
(Universitätsbibliothek Leipzig, Signatur: St. Thomas 3)

schien, den Exorzismus abzuschaffen bzw. zu verbieten. Die Gegner des eingeschlagenen politisch-theologischen Kurses hätten die Angelegenheit gewiss in Ruhe erwägen können, wenn diese nicht im Wege einer Anordnung zum Kennzeichen einer Umwälzung geworden wäre, die weit mehr erreichen wollte als die Korrektur einzelner Ansichten. Damit war das Verbot eine Sache des Bekenntnisses geworden und erregte den Widerstand großer Teile der Gemeinden und der Pfarrerschaft. Als im Mai 1591 eine Pfarrerversammlung der Superintendentur Leipzig einberufen wurde, bei der die Anwesenden sich unterschriftlich verpflichten sollten, den Exorzismus bei der Taufe nicht mehr zu praktizieren, erklärte ein großer Teil von ihnen, sich dieser Zumutung nicht beugen zu wollen. So blieb es bei dem Kompromiss, alle Pfarrer vom Willen des Kurfürsten lediglich zu unterrichten. Auch ein Konvent der Pfarrerschaft im August des Jahres änderte nichts an der Situation und führte zur Absetzung eines Teils der Gehorsamsverweigerer. Lediglich der Pfarrer von Markkleeberg, der den landesherrlichen Kurs unterstützte, erklärte sich bereit, Orgel, Altar, Bilder und Taufstein aus der Kirche zu entfernen – Maßnahmen, die ebenfalls auf dem Plan zur Veränderung des kirchlichen Lebens standen.

Für die Thomaskirche bedeuteten diese Ereignisse und ihre Hintergründe, dass aufgrund der Besetzung der Pfarrstellen Befürworter und Gegner der Maßnahmen einander gegenüberstanden. Wie sich diese Situation in der Praxis ausgewirkt hat, ist allerdings nicht überliefert.

Die Zäsur von 1591

Als Kurfürst Christian I. am 25. September 1591 plötzlich starb, ergab sich eine neue Situation. Da es keinen mündigen und damit regierungsfähigen Nachfolger des Verstorbenen gab, fiel die Regentschaft Kursachsens für gut zehn Jahre an einen Administrator, Friedrich Wilhelm, der aus dem ernestinischen Zweig der Wettiner zur Verfügung stand. Bei ihm handelte es sich um einen überzeugten Anhänger der Wittenberger Reformation, der das Land wieder der Ausrichtung der Regentschaft Kurfürst Augusts zuzuführen trachtete.

So kam es nach wenigen Jahren nochmals zu einer weitgehenden Umbesetzung der Pfarrerschaft an St. Thomas. Garant der Kontinuität im Sinne des Administrators Friedrich Wilhelm war Georg Weinrich. Christoph Gundermann suchte sich durch Flucht seiner Absetzung zu entziehen, wurde aber am 15. November auf dem Wege nach Kahla festgenommen, nach Leipzig zurückgebracht und verhaftet, jedoch auf Revers freigelassen. Er wandte sich schließlich der reformierten Kurpfalz zu und erhielt dort eine neue Anstellung.

Der neue Landesherr ordnete auf Initiative der Landstände am 10. Juni 1592 eine landesweite Visitation an, um den Spuren nachzukommen, die Kurfürst Christian I. und seine Maßnahmen hinterlassen hatten. In diesem Zusammenhang traten im Frühjahr und Sommer 1592 in St. Thomas in dichter Folge auswärtige Prediger in Erscheinung, die die Maßnahmen begründeten und unterstützten: am 28. Mai Martin Mirus, Hofprediger in Dresden,[59] ebenfalls vor Beginn der Visitation Ägidius Hunnius, Professor in Wittenberg,[60] während der Visitation am 25. Juli nochmals Ägidius Hunnius,[61] am 27. Juli Wolfgang Mam-

---

59 Martin Mirus: *Eine Predigt / Vber das Euangelium am Ersten Sontage nach Trinitatis* […], Leipzig 1592.

60 Ägidius Hunnius: *Eine Christliche Predigt / Aus dem 24. Capitel des Buchs Josuae* […], Leipzig 1592.

61 Ders.: *Eine Christliche Vber das Evangelium an Sanct Jacobs Tag / Matth. 20. Cap.* […], Leipzig 1592.

phrasius, Stiftssuperintendent zu Wurzen,⁶² am 6. August Georg Mylius, Professor in Jena.⁶³ Themen waren die Notwendigkeit der Visitation mit Hinweis auf die Unterscheidung zwischen Calvinisten und Lutheranern sowie die Schäden, die die Calvinisten im Kurfürstentum angerichtet hatten. Bereits um diese Zeit scheint eine aufrührerische Stimmung in der Luft gelegen zu haben. Martin Mirus ermahnte die Gemeinde von St. Thomas:

> „Gemeine Leute sollen fleißig beten / sollen nicht Tumult vnd Lermen anrichten / vnnd sich so wild vnd vngeberdig stellen / als wenn sie einen Auffruhr erregen wollten / das lehret vnser Euangelium nicht / vnnd also eiffert man nicht für Christi Wort vnd Ehre / auch wird der Sachen damit nicht geholffen".

Vielmehr seien Buße, Bekehrung zu Gott und Gebet angesagt.⁶⁴ Die Stimmung in der Stadt scheint gespannt gewesen zu sein, weil die Mehrheit der Bürger die Beseitigung der Folgen des Regierungswechsels von 1586 wohl dringend erwartete.

In Leipzig wurden zwanzig Personen ihrer Ämter enthoben, darunter Bürgermeister Reinhard Backofen mit fünf Ratsmitgliedern, die sich den Vorgaben der Visitation nicht beugen wollten. Auch vier Universitätsprofessoren und einige Beamte des in der Stadt ansässigen Hofgerichts traf die Absetzung.⁶⁵ Für St. Thomas war die Zeit zwischen November 1591 und Spätsommer 1592 insofern eine schwierige Zeit, als an der Kirche die Stelle des Pfarrers vakant war und mit Alexander Becker auch der Archidiakon abgesetzt wurde. Er ging wie Christoph Gundermann in die Pfalz und starb 1599 als Pfarrer in Heidelberg. Als Nachfolger Selneckers rückte Georg Weinrich in die Pfarrstelle auf. Erst nach Abschluss der Visitation – am 11. Februar 1593 wurde ein Dankfest mit festlichem Gottesdienst auch in St. Thomas begangen – wurden am 12. Februar 1593 selbst der erst seit 1592 im Amt befindliche Subdiakon Zacharias Posselt und der Diakon Matthias Harder abgesetzt. Das Amt des Archidiakons trat Magister Andreas Schneider an.

Zu den durch die Maßnahmen des Hofes nach 1586 Betroffenen gehörte auch der Küster von St. Thomas. Er hatte eine Schmähschrift gegen Johann Salmuth und Nikolaus Krell, die beiden Hauptinitiatoren der geplanten Bibelausgabe, verbreitet, war abgesetzt und der Stadt verwiesen worden. Im November meldete er sich bei den Visitatoren, wurde wieder eingebürgert und bat nun um die Wiedereinsetzung in seine Funktion als Küster an St. Thomas und St. Nicolai.⁶⁶

Die Unruhen im Mai 1593

Die Anzeichen von Aufruhr, die offensichtlich im Mai 1592 bemerkt wurden, scheinen weiterhin lebendig geblieben zu sein. Es muss Leipziger Bürger gegeben haben, die mit den Maßnahmen gegen die kryptocalvinistischen Erscheinungen im Land und in der Stadt nicht zufrieden waren. Außer in Spottliedern und -gedichten⁶⁷ fand diese Stimmung auch in Bildern ihren Niederschlag: so zum Beispiel in einem Gemälde, das zwar bereits mehr als zehn Jahre zuvor entstanden war, aber nach wie vor den Hohn über die Verwegenheit calvinistischer Theologie zum Ausdruck brachte.⁶⁸ Die Stimmung erhielt zusätzliche Nahrung durch den Zuzug einer Reihe von Familien aus den Niederlanden beziehungsweise Belgien, die Calvinisten waren und daraus auch keinen Hehl machten.

Am Sonnabend, den 19. Mai 1593, kam es zu einem Auflauf vor dem Haus an der Ecke vom Salzgässchen zum Markt.⁶⁹ Die Menge zog vor das Haus des Kaufmanns Adolf Weinhaus in der Katharinenstraße, wo bei einer Abendgesellschaft einer dieser Fremden zu Gast war und sich in einen Disput verwickeln ließ. Es blieb nicht bei provokativen Stimmen von der Straße her, sondern es kam zu Störungen des Hausfriedens.

Berichte von diesen Ereignissen erreichten schnell den Dresdner Hof, wo der Kuradministrator Friedrich Wilhelm dem bereits ein Jahr zuvor in St. Thomas als Prediger tätigen Professor Georg Mylius, persönlich ein scharfer Gegner des Calvinismus, den Auftrag gab, sich wiederum nach Leipzig aufzumachen und in einer Predigt die Bürger von Leipzig zu ermahnen, von derartigen Aktionen abzulassen. So hielt Mylius zum Fest der Himmelfahrt Christi am 24. Mai 1593 in St. Thomas eine Predigt, in der er von dem für das Fest vorgeschriebenen biblischen Text

---

62 Wolfgang Mamphrasius: *Zwo Christliche Predigten / [...] Die Ander: Vber das Sprüchlein des Königlichen Propheten Dauids / im 27. Psalm: Eins bitte ich vom Herrn [...]*, Leipzig 1592.

63 Georg Mylius: *Eine Christliche Predigt / Vber das Euangelium des Eilfften Sontags nach Trinitatis, Luc. Am 18. Capitel [...]*, Leipzig 1592.

64 M. Mirus: *Eine Predigt* (wie Anm. 59), Bl. D 1ᵛ.

65 Sächsisches Hauptstaatsarchiv Dresden: 10088 Oberkonsistorium, Loc. 10601/2, Bl. 63ʳ⁻ᵛ.

66 Ebenda, 10088 Oberkonsistorium, Loc. 10603/9 (unfoliiert).

67 So z. B.: *Ein Gesprech / D. Hellriegelns / gehalten mit D. Christophori Gunderman [...]*, [Leipzig] 1592. – *D. D. Christophori Gundermanns zu Leipzig / etc. vnd anderer seiner Caluinischen Mitgenossenen [!] Klage / Pein vnd Bekentnis [...]*, [Leipzig] 1592.

68 Vgl. Jens Bulisch und Friedrich Christoph Ilgner: *Der tanzende Zwingli. Zwei lutherische Spottbilder auf das Abendmahl der Reformierten*, in: Das Münster 52 (1999), S. 66–74.

69 Zum Folgenden Karl Czok: *Der „Calvinistensturm" 1592/93 in Leipzig – seine Hintergründe und bildliche Darstellung*, in: Jahrbuch zur Geschichte der Stadt Leipzig 1977, S. 123–144, und Henning Steinführer: *Der Leipziger Calvinistensturm von 1593. Einige Anmerkungen zu Forschungsstand und Quellenlage*, in: Neues Archiv für Sächsische Geschichte 68 (1997), S. 335–349.

Nikolaus Selnecker: Christliche Psalmen / Lieder vnd Kirchengesenge [...], *Titel, Leipzig 1587.*
(Universitätsbibliothek Leipzig, Signatur: A 19358)

abwich und an seiner Stelle Sprüche 24,21–22[70] erklärte.[71] Sein Vorgehen begründete er damit, dass die Erfahrung es lehre, „daß der Feind des Menschlichen Geschlechts / der leidige Satan / zu keiner Zeit deß Jahrs vnruhiger ist / denn das es sich gegen den hohen Festen vnd heiligen zeiten nahet". Nun, da die „Betwoche" wollte still beginnen, da regte er sich. Denn ohne Zweifel stünde der Satan hinter dem Tumult, „dergleichen mit trawrigem Spectackel vielleicht bey Menschen gedencken in Leipzig nicht ist ersehen worden".[72] Mylius betonte, er wolle sich keinesfalls in Angelegenheiten einmischen, die Sache der Obrigkeit als Ordnungsmacht seien, die nicht einmal *seine* Obrigkeit sei. Vielmehr bewege ihn, dass es Stimmen gegeben habe, die behauptet hätten, die Vorgänge seien die Sache „eines guten Luterischen Eyfers" gewesen. Und so halte er diese Predigt „desto mehr vnd lieber / dieweyl ihr von Eyfer vmb die reine Lutherische Lehre wollet gerümet seyn". Im Folgenden erklärte Mylius der Gemeinde von St. Thomas, es gebe unterschiedliche Meinungen über die biblischen Grundlagen der Anwendung von Gewalt, unter denen

er auch – ohne diese Bezeichnung zu nennen – calvinistische Positionen in der politischen Ethik nannte.[73] Wie auch immer diese Begründungen zu beurteilen seien: Die Anwendung von Gewalt dürfe nicht „mit Begierden vnnd Worten / so zu Aufruhr sich lencken" und ohne obrigkeitlichen Befehl erfolgen. Wo Irrtum im Glauben zu bemerken sei, müsse er mit dem Schwert des Geistes, dem Wort Gottes (nach Hebräer 4,12) bekämpft werden. Gegen Irrtum helfe keine Gewalt, weil Aufruhr immer mit Unvernunft einhergehe.[74] Der Teufel werde sich:

„in die Faust lachen vnd durch seine trewen Diener / Papisten vn(d) Caluinisten trotzen vnd jubiliren / daß er dem Euangelio zu Leipzig ein solch Brandmal angehencket hat / wie werden vnsere zarten Märterern die Caluinisten in öffentlichen Schrifften herausser platzen / vnd diese verlauffene Geschichten außstreichen vnd herfür putzen".[75]

Mylius betonte die Würde Leipzigs als „ein schmuck vnd Zierde deß Landes" angesichts der Institutionen und der wirtschaftlichen Bedeutung der Stadt. Auch bedauerte er die weltliche Obrigkeit, die ungern Gewalt anwende, und fragte die Bürger:

„Wollet jhr lieber virga ferrea, mit dem eysern Scepter [vgl. Psalm 2,9, Anm. d. Verf.] / denn mit sanfftmut vnd gelindigkeit geregieret seyn? Das könte euch vielleicht auch / so jhrs also haben woltet / zu theil werden".

Der Prediger erinnerte an vergangene Zeiten, als die Leipziger sich ducken mussten, und fragte: „Wo waren damals die grossen Schnarcher? die Wilde Eysenbeisser?"[76] Luthers Verhalten im Bauernkrieg habe dem Papst mehr durch das Wort Gottes Einbuße getan als Gewaltanwendung, und die Bestrafung des calvinistischen Unrechts sei Gottes Sache und werde durch die Obrigkeit durchgeführt.[77] An dieser Stelle fügte Mylius die Mahnung an die Obrigkeit ein, gegen Irrlehre wirklich vorzugehen. Er

---

70 „Mein Kind, fürchte den Herrn und den König und menge dich nicht unter die Aufrührischen; denn ihr Unfall wird plötzlich entstehen, und wer weiß, wann beider Unglück kommt?" Zitiert nach der Übersetzung Luthers von 1545.

71 Georg Mylius: *Warnungspredigt / VBer dem vnuorsehenen Tumult / welcher sich in Leipzig bey erstürmung eines Caluinischen Bürgers Behausung sehr gefehrlich erhoben hat* [...], Leipzig 1593.

72 Ebenda, Bl. A 3ᵛ–4ʳ.

73 Ebenda, Bl. B 1ᵛ–2ᵛ.

74 Ebenda, Bl. B 3ʳ–4ᵛ.

75 Ebenda, Bl. B 4ᵛ.

76 Ebenda, Bl. C 1ʳ.

77 Ebenda, Bl. C 1ᵛ.

schloss mit einem Aufruf zur Buße und erinnerte nochmals an seinen speziellen Auftrag als Prediger.[78]

Dass am 5. Juli wiederum Martin Mirus als auswärtiger und offensichtlich vom Landesherrn beauftragter Prediger in St. Thomas zu hören war und die Rede Jesu vom Ungeist der Gewalttätigkeit (Lukas 9,51–56) auslegte,[79] war wohl ein Zeichen bleibender Unruhe in der Stadt.

Die Leipziger Stadtobrigkeit musste reagieren, und so wurden einige Handwerker, die von außerhalb zugewandert waren, am 1. Juni als Rädelsführer der Ausschreitungen hingerichtet.[80] Doch auch die Verantwortlichen hatten fahrlässig gehandelt, als sie am Sonntag, den 20. Mai, als der Tumult bereits in vollem Gange war, vormittags das Hallesche und das Grimmaische Tor öffnen und die Bewohner der Vorstädte einströmen ließen.[81] Zwei strenge Mandate des Landesherrn vom 24. Mai und 28. August unterstützten den Leipziger Rat zusätzlich. Alle diese Maßnahmen dürften plausibel gewesen sein vor dem Hintergrund einer Endzeitstimmung, die nicht nur in den Predigten und im Schrifttum dieser Zeit stets verbreitet,[82] sondern auch von weiten Teilen der Bevölkerung geteilt wurde.

VI. Ausblick

Das Jahr 1591 war, bedenkt man seine Folgen, in der Tat eine „Zäsur der sächsischen und der deutschen Geschichte".[83] Für die Kirche Kursachsens wurden für eine lange Zeit die Weichen gestellt. Dazu gehörte es auch, dass 1593 durch die Regierung ein Text veröffentlicht wurde, der künftig von allen Beamten des Landes, also auch von den Lehrern an St. Thomas zu unterschreiben war. Darin waren in vier Artikeln („Visitationsartikel" genannt) zusätzliche Auslegungen für den Bereich der Lehre von der Person Christi, vom Abendmahl, von der Taufe und von der göttlichen Vorherbestimmung zum Heil formuliert, die die Grenze zwischen der Wittenberger Reformation und der schweizerischen Reformation bestimmten.

Am 14. März 1594 wurde Georg Weinrich zusätzlich zu seinem Amt als Pfarrer an St. Thomas das Superintendentenamt übertragen.[84] Die Visitation vom September 1608 bescheinigte der Kirche, man habe an ihr „nicht allein kein mangel" gefunden, „sondern zu wünschen ist, das solche [Kirche, Anm. d. Verf.] Gott lange erhalte, vnd andere kleine [...] Kirchen ein gutt Exempel daruon nehmen".[85] Wenn nicht alles täuscht, haben die Umbrüche in der sächsischen Geschichte kaum nachhaltige Spuren bei der Thomasschule hinterlassen. Das Lehrerkollegium setzte sich zu dieser Zeit zusammen aus Magister Ambrosius Brandenstein als Rektor, Magister Johann Rhenius als Konrektor, Magister Melchior Weinrich als Lehrer, Sethus Calvisius als Kantor und Magister Gabriel Lutherus, Jakob Volturius und Christoph Vetter als Unterlehrer. Sie alle seien „gelert, in der Confession richtig, in ihrem officio fleißig".[86]

Die Visitatoren mahnten an, die Väter sollten ihre Kinder rechtzeitig zur Taufe anmelden, damit festzustellen sei, wo die Paten wohnten, „auff daß nicht etwo frembde vnd außlendische, die in der Confession nicht richtig sind, für den Tauffstein kommen".[87] Die Ereignisse der vergangenen Jahrzehnte wirkten nach.

Was die Thomasschule betraf, wurde vermerkt, es sei mit dem Rat von Leipzig gesprochen worden „Wegen des Schulpretij bey S. Thomas für die armen knaben".[88] Was auch immer das bedeuten mochte: Die Finanzsorgen der Schule blieben ein wichtiges Thema.

Eine Veränderung im Lehrplan, die 1617 nachgewiesen, jedoch mit Sicherheit früher in Kraft getreten war, betraf das Lehrbuch für den theologischen Elementarunterricht in den oberen Klassen: An die Stelle von Melanchthons *Examen Ordinandorum* trat aufgrund obrigkeitlicher Anordnung Leonhart Hutters *Compendium Locorum Theologicorum* von 1609, ein Buch, das aus Melanchthons Methode erwachsen, aber im Inhalt von den Lehreinigungen des späten 16. Jahrhunderts geprägt war.[89] Es blieb mehr als 100 Jahre in Gebrauch.

---

78 Ebenda, Bl. C 3ᵛ–4ʳ.

79 Martin Mirus: *Eine Predigt / Vber den Spruch Christi / Luc. am neundten Capitel* [...], Leipzig 1593.

80 H. Steinführer: *Der Leipziger Calvinistensturm von 1593* (wie Anm. 69), S. 343.

81 Ebenda, S. 345.

82 Auch bei S. Calvisius: *EXERCITATIO* (wie Anm. 40), S. 138, taucht sie auf: „[...] hoc ultimo articulo mundi [...]". Vgl. Georg Weinrich: *Geistlicher Bysemknopff / Aus Bewahrten Speciebus der Himlischen Apoteck zugerichtet* [...] [Pestpredigten], Leipzig 1607, Bl. A 3ʳ–C1ʳ (Vorrede vom 16. Oktober 1597 an den Rat zu Leipzig).

83 Vgl. Axel Gotthard: *1591 – Zäsur der sächsischen und der deutschen Geschichte*, in: Neues Archiv der Sächsischen Geschichte 71 (2000), S. 275–284.

84 J. J. Vogel: *Leipzigisches Geschicht-Buch* (wie Anm. 4), S. 304.

85 Sächsisches Hauptstaatsarchiv Dresden: 10088 Oberkonsistorium, Loc. 1992/3, Bl. 10ᵛ.

86 Ebenda.

87 Ebenda, Bl. 11ᵛ.

88 Ebenda.

89 Leonhard Hütter: *Compendium Locorum Theologicorum Ex Scripturis Sacris Et Libro Concordiae* [...], kritisch hrsg., kommentiert und mit einem Nachwort sowie einer Bibliographie sämtlicher Drucke des Compendiums versehen von Johann Anselm Steiger (Doctrina Et Pietas, Abt. II: Varia, 3), Stuttgart-Bad Cannstatt 2006, dort S. 753 f.

Taufstein der Leipziger Thomaskirche mit Deckel, Montage von Markus Eckardt, vgl. Martin Petzoldt, Markus Eckardt (Hrsg.): Die Altäre der Thomaskirche, *Evangelische Verlagsanstalt Leipzig, Leipzig 2012.*

Der Taufstein der Leipziger Thomaskirche und die Predigt anlässlich seiner Einweihung 1615

Martin Petzoldt

Wenige Jahre nach dem Jubiläum ‚800 Jahre Thomana' im Jahre 2012 wird die Gemeinde der Thomaskirche 2015 ein weiteres Jubiläum feiern können: In diesem Jahr jährt sich die Errichtung des kostbaren Taufsteins, der seit 1615 in der Thomaskirche steht, zum 400. Mal. Einst als kunstvolle Komposition aus Marmor, Alabaster, edlen Hölzern und Schmiedeeisen geschaffen und seit den Befreiungskriegen – also seit knapp 200 Jahren – leider nur noch in seinem steinernen Bestand vorhanden, dient er in all diesen Jahren, exakt der halben Zeit des Bestehens der Thomaskirche und ihrer Institutionen, der Taufe von Kindern und Erwachsenen. Unter diesen waren auch zahlreiche prominente Täuflinge, so zum Beispiel elf von dreizehn Kindern aus Johann Sebastian Bachs zweiter Ehe.[1]

Dieser Beitrag will sich der Planung und Entstehung, Einweihung und Bedeutung – eben der heutigen ‚Predigt' – dieses Taufsteins widmen. Er möchte aber auch erstmalig die originale Einweihungspredigt des Superintendenten Georg Weinrich vom Johannistag, dem 24. Juni, 1615 in den Blick rücken, die weitere Aufschlüsse über die Situation dieser Zeit gibt und die theologische Absicht des Kunstwerks verrät.

I. Planung und Entstehung

Aus dem *Leipzigischen Geschicht-Buch Oder Annales*, einer wertvollen gedruckten Quelle Leipziger Stadtgeschichte, die der Panitzscher Pfarrer Johann Jacob Vogel (1660–1729) im Jahr 1714 herausbrachte, geht hervor, dass 1555 der alte Taufstein abgetragen und „an dessen Stelle ein anderer auffgerichtet worden" sei. Zu dieser Zeit waren der berühmte Hieronymus Lotter (1497–1580), Erbauer des Alten Rathauses und der Renaissance-Emporen der Thomaskirche, regierender Bürgermeister und Marcus Antonius Lindemann Baumeister des Rats.[2] Der genannte Taufstein wurde jedoch nur 60 Jahre lang gebraucht, dann entschied man sich für einen neuen.

Tatsächlich verzeichnet ein Eintrag vom 2. Februar 1615, dass „zu St. Thomas ein neuer Tauff-Stein mit einem schönen eisern Gatter umgeben / gesetzet / und hernach im Junio dieses Jahres vollendet. Und weil der alte (welcher in die Kirche nach Taucha soll kommen seyn) zuvor unter dem Schüler-Chor verdeckt gewesen, ward dieser weiter herfür gerücket / damit er desto scheinlicher stünde"[3]. Bei der Innenrenovierung der Kirche 1961 fand man eine Inschrift in Lutherdeutsch an der spätgotischen Empore, wonach sich der Taufstein unter dem zweiten Joch von Westen befunden habe.[4] Dass dieser alte Taufstein in die St. Moritzkirche nach Taucha gekommen ist,[5] wird durch die Tatsache bestätigt, dass dort tatsächlich im Juli 1615 ein neuer Taufstein eingeweiht wurde.[6] Interessant ist auch die Bemerkung zum Standort: Sie macht darauf aufmerksam, dass diesbezüglich offenbar bestimmte Überlegungen angestellt wurden. Wenn der Vorgängertaufstein, wie ausdrücklich bemerkt wird, unter der Westempore aufgestellt war, so wird man an den gesam-

---

1   Vgl. Herbert Stiehl: *Taufzettel für Bachs Kinder – ein Dokumentenfund,* in: Bach-Jahrbuch 65 (1979), S. 7–18; Martin Petzoldt: *Bachs Leipziger Kinder. Dokumente von Johann Sebastian Bachs eigener Hand,* Leipzig 2008.

2   Johann Jacob Vogel: *Leipzigisches Geschicht-Buch Oder Annales, Das ist: Jahr- und Tage-Buecher Der Weltberuehmten Koenigl. und Khurfuerstlichen Saechsischen Kauff- und Handels-Stadt Leipzig, in welchen die meisten merckwuerdigsten Geschichte […] von Anno 661, nach Christi Geburth an, biß in das 1714. Jahr […] enthalten sind,* Leipzig 1714, S. 201.

3   J. J. Vogel: *Leipzigisches Geschicht-Buch* (wie Anm. 2), S. 355.

4   Vgl. *Die Bau- und Kunstdenkmäler von Sachsen. Stadt Leipzig. Die Sakralbauten,* Bd. 1, hrsg. vom Landesamt für Denkmalpflege Sachsen, München und Berlin 1995, S. 270.

5   Vgl. J. J. Vogel: *Leipzigisches Geschicht-Buch* (wie Anm. 2), S. 355; Ernst Heinz Lemper: *Die Thomaskirche zu Leipzig. Die Kirche Johann Sebastian Bachs als Denkmal Deutscher Baukunst,* Leipzig 1954, S. 99.

6   Vgl. Erdmann Hannibal Albrecht: *Sächsische evangelisch-luther'sche Kirchen- und Prediger-Geschichte,* Erster Band, Diöces Leipzig, Leipzig 1799, Ersten Bandes zweite Fortsetzung (zusammen mit Johann Friedrich Köhler), Leipzig 1802, S. 1026.

ten Erdgeschossbereich denken müssen, der neben dem heutigen inneren Kirchenraum des Westeingangs auch die 1889 abgetrennten Seitensakristeien – Selnecker- und Großmann-Sakristei – umfasste. Es ist zu vermuten, dass der ältere Taufstein seinen Standort in der Mitte oder im nördlichen Bereich in einer der zwischen den Pfeilern vorhandenen Freizonen hatte, da im südlichen Bereich die Treppe zur Schülerempore hinaufführte.

Dieser ‚neue', inzwischen fast vierhundert Jahre alte Taufstein hat verhältnismäßig oft seinen Aufstellungsort gewechselt: Nachdem man die Schäden der ersten Fremdnutzung der Kirche von 1806 beseitigt hatte, rückte man 1808 den Taufstein, nun bereits unter Verzicht auf den geschnitzten Hochdeckel, in die Vierung „gerade unter dem Bogen, am Pulte mit welchem der Altarchor endet".[7] Als die Kirche nach den Verwüstungen der Napoleonischen Kriege 1815 wiederhergestellt worden war, hatte man ihm seinen Platz am Westende des Chorraumes zugewiesen. Der kostbare Deckel, der einst an einem Seil aus dem Gewölbe herabhing und daran bewegt werden konnte, gelangte später ins Stadtgeschichtliche Museum, wurde aber durch Auslagerung während des Zweiten Weltkrieges bis auf wenige Reste zerstört. An seiner Stelle verwendete man einen schlichten gewölbten Deckel mit einem durch Blattornamente verzierten Mittelknauf, der um 1815 entstanden und heute noch vorhanden ist, jedoch nicht verwendet wird. Nach der neugotischen Renovierung von 1885/89 wurde der Taufstein unter dem mittleren Joch des Chorraumes aufgestellt, wohin er auch anlässlich der Innenrenovierung von 1964 wieder wanderte. Zuvor hatte er eine Zeit in der Mitte der sogenannten Vierung gestanden, dann auch wieder unmittelbar am Beginn des Chorraumes, von wo er wegen des 1949 vorbereiteten Bachgrabes weiter östlich ausweichen musste. Das genannte kunstvolle Gitter umgab einst den zweistufigen hölzernen Tritt. Dieses Gitter soll nach unbestätigten Mitteilungen wohl schon im 19. Jahrhundert nach Schneeberg in die St. Wolfgangskirche gekommen sein, wo es durch das Bombardement im April 1945 am Ende des Zweiten Weltkrieges zerstört wurde.

Für Aufbau, Bildwerke und Beschriftungen auf dem Taufstein und seinem Deckel müssen wir einen theologischen Entwurf unterstellen. Denn einesteils zeigen sich Aufbau und künstlerische Verarbeitung durchaus traditionell, anderenteils aber ist eine gewisse Spezifik unverkennbar, die sich vor allem in den Alabasterbildwerken und Beschriftungen des noch erhaltenen Marmortaufsteins kundtut. Es ist wohl nicht zu spekulativ geurteilt, wenn wir den Urheber des theologischen Programms in dem zu dieser Zeit amtierenden Superintendenten Georg Weinrich suchen, der uns auch als Verfasser der genannten Einweihungspredigt begegnen wird.

Bemerkenswert ist, dass man sich damals an weithin sehr bekannte und renommierte Künstler ihres Fachs wandte, die zusammen mit ortsansässigen Handwerkern in einem glücklichen Zusammenwirken ein Projekt verwirklichten, das weit über Leipzig hinaus bekannt wurde und seine Bedeutung bis heute erhalten hat.

Zunächst musste es aber um die Beschaffung des Materials gehen und um die Verpflichtung der verschiedenen Gewerke, die für den Taufstein arbeiten sollten. Wir hören von dem Bezug von Ebenholz aus Nürnberg und Augsburg; zu einer bereits 1616 notwendigen Änderung des Deckels kam Ebenholz aus Hamburg und Lüneburg.[8] Für den Marmor standen sächsische und thüringische Steinbrüche zur Auswahl. Man wurde mit dem damals für den kurfürstlichen Hof in Dresden arbeitenden Giovanni Maria Nosseni (1544–1620) einig, sich von ihm bezüglich der Marmorsorten beraten und die Blöcke von ihm aussuchen zu lassen. Nosseni, ein ehemals katholischer Bildhauer aus Lugano (Schweiz), war 1575 zur evangelisch-lutherischen Konfession konvertiert. Er lebte bereits lange genug in Dresden und kannte sich in der Geologie Sachsens und Thüringens hervorragend aus, nutzte neue Alabasterfunde in Weißensee (Thüringen), kannte den Marmorbruch in Lengefeld (Erzgebirge), für den er sich mit einem Privileg für 20 Jahre den Abbau sicherte, er bezog schwarzen Marmor aus Kalkgrün (heute Grünau bei Wildenfels), roten Marmor aus Wildenfels (bei Zwickau), weißen Marmor aus Crottendorf im Erzgebirge, und arbeitete im Auftrag des Kurfürsten mit italienischen Meistern zusammen. So ist er unter anderem der Schöpfer des Altars der Dresdner Sophienkirche (1606/07), der das Bombardement auf Dresden im Februar 1945 überstand und seit 2002 in der Kirche zu Dresden-Loschwitz seinen Platz gefunden hat.

Nicht weniger bedeutsam war Georg (Jürgen) Kriebel (1583–1645). Er stammte aus Chemnitz und wirkte später als Bildhauer in Magdeburg. Am 31. März 1611 hatte er sich mit Ludo Mila Meder aus Leipzig verheiratet und war in der Nikolaikirche getraut worden. Daher lässt sich vermuten, dass Leipzig für einige Jahre sein Lebensmittelpunkt gewesen ist. Seit der Zerstörung Magdeburgs im Jahr 1631 lebte er in Glückstadt (Schleswig-Holstein). Ihm sind unter anderem das Leicher-Epitaph in der Leipziger Thomaskirche von 1612 und die Rokoko-Kanzel im Bre-

---

7 Archiv der Thomaskirche: *Gottlob Friedrich Rothe: Aufzeichnungen* [...]; vgl. außerdem Leipziger Tageblatt Nr. 64 (1815), S. 253, und Herbert Stiehl: *Das Innere der Thomaskirche zur Amtszeit Johann Sebastian Bachs* (Beiträge zur Bachforschung, Bd. 3.), Leipzig 1984, S. 25.

8 Heinrich Magirius: *Evangelisch-Lutherische Stadtpfarrkirche St. Thomas, Thomaskirchhof*, in: Die Bau- und Kunstdenkmäler von Sachsen (wie Anm. 4), S. 272.

mer Dom von 1638, ein Geschenk der Königin Christina von Schweden, zu verdanken. Er konstruierte den Aufbau des Leipziger Taufsteins und führte die Bildhauerarbeiten am Marmor durch.⁹

Der Bildhauer und Bildschnitzer Franz Julius Döteber (1575–1648) stammte aus Celle. Arbeiten von seiner Hand finden sich in Altenburg, Weimar, Naumburg und Doberan; er war vor allem beteiligt an der Wiederherstellung der Inventare der Kirchen nach den Belagerungen Leipzigs im Dreißigjährigen Krieg. Wir hören von acht geschnitzten ‚Zierraten' am Taufsteindeckel, die wohl die qualitativ hochwertigen Figuren meinen, die dem architektonischen Aufbau des Deckels hinzugefügt wurden: die vier Evangelisten außen zwischen Säulen und Postamenten sitzend, in der Mitte die 48 Zentimeter hohe Figur Johannes des Täufers, Jesus taufend, und oben auf dem Deckel Jesus, 36 Zentimeter hoch, mit einem Kind auf dem Arm, sowie vier fantastische Hermen auf Postamenten, die abwechselnd mit vier korinthischen Säulen den Baldachin des Tempietto trugen.¹⁰ Weitere Engelsgestalten, die ursprünglich auf dem Dachgesims des Tempietto saßen, waren wohl eher nicht in dem recht bescheidenen Honorar enthalten, das Döteber erhielt. Ihm werden jedoch die vier Puttofiguren, die das Becken tragen, zugeschrieben.

Nicht unerwähnt bleiben darf, der Niederländer Nikolaus de Perre († 1595), der seit seiner Flucht aus Antwerpen im Jahr 1569 als Kunstmaler in Leipzig tätig war. Nach seinem Tod übernahm dessen Sohn, Johann von der Perre (* in Antwerpen, † 1621 in Leipzig), viele Aufträge, sodass die bildkünstlerische Entwicklung Leipzigs für ein halbes Jahrhundert durch diese Familie geprägt wurde. Johann erhielt im Todesjahr seines Vaters das Leipziger Bürgerrecht, malte um 1603/05 an dem neuen Altar der Nikolaikirche, einem Osteraltar (leider im Zusammenhang der klassizistischen Innengestaltung der Kirche 1785–1789 vernichtet). Er war es auch, der im Rahmen der längerfristigen Renovierungsarbeiten der Thomaskirche zwischen 1612 und 1615 die ersten fünf Superintendentenbilder schuf. Außerdem malte er für den Passionsaltar der Leipziger Thomaskirche die Figuren der Evangelisten und des Apostels Paulus; dieser Altar befindet sich heute in der Lutherkirche in Plauen im Vogtland. Die Renaissancefassung geht auf den Bildschnitzer Valentin Silbermann (* um 1560, † nach 1617) zurück, der diese bis 1612 fertiggestellt hatte. Mit den Fassungs- und Vergoldungsarbeiten an dem neuen Taufstein wurde er ebenso beauftragt wie

Patenbrief der Taufzeugin Christiana Maria Augustin, geborene Theuerjahr, Kupferstich, 1791.
Blick in Kircheninneres [nicht Thomaskirche] mit Darstellung einer Taufzeremonie. Beschreibung in der Darstellung: „Leipzig getauft zu St Thomae am 23 Augt. 1791."
Beschreibung in der Tablette unter der Darstellung: „Wie du in Sünden bist (uns allen gleich) gebohren, und ich nebst Andern zum Pathen bin erkoren, so glob ich, [...] statt deiner an, Fürselbe daß ich dort mit die berstehen [...]: Christiana Maria Augustin geborne Theuerjahr"
(Stadtgeschichtliches Museum Leipzig, Signatur: Mü.V/69 a)

mit der Gestaltung der Marterwerkzeuge an dem Gitter rund um den Taufstein.

Hans Schiefferstein aus Dresden, Bildhauer und Schöpfer des etwa zur gleichen Zeit entstandenen berühmten Kabinettschrankes des sächsischen Kurfürsten Johann Georg I. (1585–1656), fügte den Taufsteindeckel aus Ebenholz, Elfenbeinintarsien, Alabaster- und Lindenholzarbeiten zusammen.

---

9 E. H. Lemper: *Die Thomaskirche zu Leipzig* (wie Anm. 5), S. 223, Anm. 18.

10 Diese Beschreibung bezieht sich auf die wenigen fotografischen Zeugnisse des Deckels.

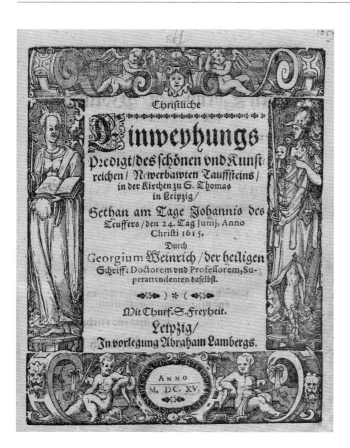
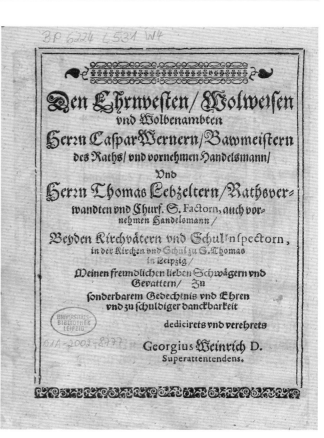

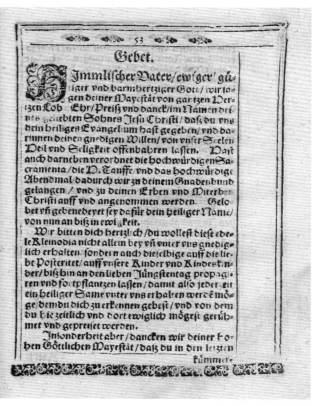

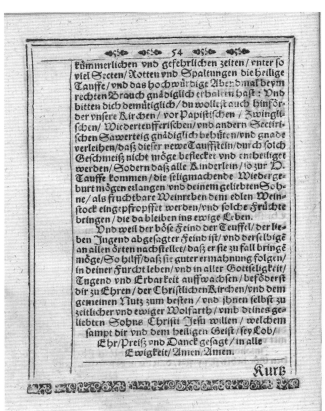

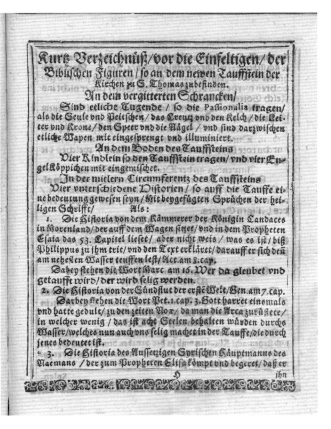

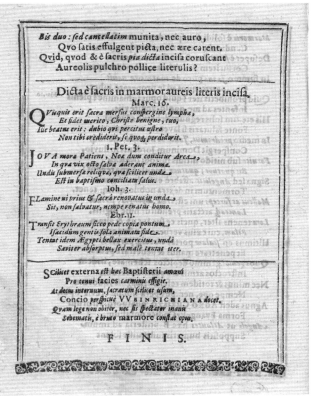

Predigt des Superintendenten Georg Weinrich zur Einweihung des Taufsteins am 24. Juni 1615, Seiten 1, 2, 63, 51, 52–54, 60 (Universitätsbibliothek Leipzig, Signatur: 01A-2002-8777)

Noch weitere Handwerksmeister, wohl aus Leipzig, werden genannt, die bei diesem interessanten Gemeinschaftswerk zusammenarbeiteten: Der Drechsler Christoph Wermann führte Holzarbeiten aus, der Kannengießer Samuel Keßler arbeitete am Taufbecken und an den Plastiken des Deckels, der Maler Hans Deitling, eventuell identisch mit dem Maler Hans Treuding, wurde für Fassungsarbeiten entlohnt und Martin Sonnenfroh für Holzarbeiten. Der Kleinschmied Melchior Knaubus, der das umlaufende Gitter schuf und für Metallarbeiten zuständig war, verdient es, besonders hervorgehoben zu werden. Weitere Arbeiten am Gitter führte Hans Schmieden aus.

Da der Taufstein seit 1615 gut sicht- und benutzbar vor der Mittelsäule der Chorempore stand, umgab man ihn mit jenem zweistufigen, achteckig ausgebildeten Podest, das nach außen mit jenem schmiedeeisernen Gitter versehen war, von dem schon mehrfach die Rede war. Außer Teilbeschreibungen haben wir von diesem Gitter keine Kunde. Verschiedene Quellen beschreiben, dass die pfeilförmigen kleinen Spitzen, die das Gitter nach oben hin abschlossen, teils Wappen, teils allegorische Figuren und Marterwerkzeuge der Passion Christi – Säule, Peitsche, Kelch, Krone, Speer und Nägel – getragen haben sollen.[11] Das Podest erlaubte eine unkomplizierte Nutzung, die sich unter den heutigen Bedingungen im Chorraum – ohne Podest – als schwieriger darstellt. Zur Nutzung des Taufsteins im weiteren Sinne gehörte auch der Wickeltisch, der sich nach den erhaltenen Gestühlplänen von 1679 und 1780 hinter der Mittelsäule unter der Chorempore befand. Seine Existenz erinnert heute daran, dass die Kleinkinder zur Taufe ausgezogen wurden.[12]

II. Theologisches Programm

Die letzte unpaginierte Seite des Druckes der Einweihungspredigt zum neuen Taufstein fügt zu den in lateinischer Sprache verzeichneten vier biblischen Stellen, die am Taufstein selbst im Wechsel mit Alabasterbildwerken zu lesen sind, ein sechszeiliges lateinisches Epigramm hinzu, das vergleichend die Form des Taufsteins und die Predigt des Superintendenten Weinrich behandelt. Es hat folgenden Wortlaut:

„Scilicet *externa* est haec *Baptisterii* amoen
Pro tenui *facies* carminis effigie.
At decus internum, sacratum scilicet usum,
Concio perspicue WEINRICHIANA docet,
Qvam lege non obiter, nec sis spectator inanis
Schematis, e bruto *marmore* constat opus."

„Leider steht dieses schönen Taufsteins äußeres Antlitz
nur vorbildhaft schwach für das Gedicht.
Klar lehrt dagegen den inneren Schmuck, nämlich geheiligten Nutzen, die Weinrich'sche Predigt,
Denn nach seiner Beschaffenheit wirklich – ergingst du dich nicht als Betrachter in eitlen Formen –
das Werk selbst aus schwerem Marmor besteht."[13]

Aus den letzten beiden Zeilen scheint hervorzugehen, dass es Weinrich war, der für die theologische Planung und einen darauf fußenden Entwurf für den Taufstein gesorgt hat.[14]

Wer war dieser Georg Weinrich? Wenige Daten seiner Biografie seien zusammengestellt:[15] Er war gebürtiger Schlesier; am 13. April (andere sagen am 23. April) 1554 wurde er in Hirschberg geboren, seine Eltern waren Bartholomäus Weinrich und Magdalena, geborene Fries. Schon mit vier Jahren schickte man ihn in die Stadtschule, wo er bis zu seinem 18. Lebensjahr 1572 blieb, um dann nach Breslau an das berühmte Maria-Magdalena-Gymnasium zu gehen. Hier erhielt er besondere Förderung unter anderem dadurch, dass man ihn als Hauslehrer für die Söhne des Fürsten Georg auf Kupferberg vermittelte. Auf einer Bildungsreise mit dessen drei Söhnen nach Böhmen erlernte er die tschechische Sprache. Dann gelangte er durch den Auftrag, einen Breslauer Patriziersohn zum Studium zu begleiten, nach Leipzig. Hier wurden beide unter dem Rektorat des Juristen Michael Wirth d. Ä. (1547–1611) am 4. Februar 1579 inskribiert. Bereits ein reichliches Jahr später wurde Weinrich Baccalaureus der Philosophie, musste aber 1581 mit weiteren stundentischen Schützlingen Leipzig wegen der Pest schon wieder verlassen. Er fand in Prag Zuflucht, konnte aber 1583 nach Leipzig zurückkeh-

---

11 H. Stiehl: *Das Innere der Thomaskirche zur Amtszeit Johann Sebastian Bachs* (wie Anm. 7), S. 23.

12 Vgl. dazu den Holzschnitt der ersten Textseite von Georg Weinrich: *Christliche Einweyhungs-Predigt des schönen vnd Kunstreichen Newerbawten Tauffsteins in der Kirchen zu S. Thomas in Leipzig*, Leipzig 1615.

13 Die Überprüfung der Übersetzung verdanke ich meinem Kollegen Herrn Dr. Michael Beyer.

14 Lemper beschäftigte die Frage der theologischen Planung ebenfalls, doch rechnete er mit „volkstümliche[r] Gelehrsamkeit der Künstler um 1600", die typisch für das ikonografische Programm sei: E. H. Lemper: *Die Thomaskirche zu Leipzig* (wie Anm. 5), S. 104.

15 Weiteres zu Weinrich ist in dem Beitrag *In Spannungsfeldern der Landeskirche – Thomaskirche und Thomasschule zwischen 1580 und 1617* von Ernst Koch in diesem Band zu finden.

ren, wo er das Magisterexamen ablegte, das ihn zu Vorlesungen in der Philosophischen Fakultät berechtigte. Doch nun folgten in engen zeitlichen Abständen mehrere Berufungen: im Juli/August 1584 zum Tertius an die Fürstenschule St. Augustin nach Grimma, im September des gleichen Jahres zum Diakonus in Langensalza, weshalb er am 6. Oktober von dem Leipziger Superintendenten D. Nikolaus Selnecker ordiniert und von dem Langensalzaer Superintendenten Marcus Bretschneider am 8. November in sein Amt eingewiesen wurde. Am 28. Oktober 1584, also kurz nach seiner Lehrerzeit in Grimma, verlobte er sich mit Cecilie, der Tochter des Verwalters der Grimmaer Fürstenschule, Wolfgang Peilicke, die Hochzeit wurde am 20. April 1585 in Leipzig gefeiert. Sie hatten zusammen sieben Kinder. Nur knapp zwei Jahre später, nämlich am 12. September 1586, rief ihn der Leipziger Rat zurück und übertrug ihm das Amt des Subdiakonus an der Thomaskirche, welchem 1589 das des Diakonus folgte. Zu dieser Zeit (1576–1592) musste das Amt des Sonnabendspredigers an der Thomaskirche von den Diakoni mitversehen werden, was deshalb bemerkenswert ist, da in der Sonnabendvesper, die allein in der Thomaskirche stattfand, die Schüler der Thomasschule Motetten zu singen hatten.[16] Es war dies auch die Zeit der intensivsten Auseinandersetzungen mit den calvinistischen Bestrebungen in Kursachsen und in Leipzig,[17] was dazu führte, dass Weinrich zunächst vom 1. Januar 1591 an das Thomaspastorat in der Nachfolge des abgesetzten D. Christoph Gundermann (1549–1622) verwaltete, dann aber ab 1592 auch den ebenfalls abgesetzten Superintendenten D. Wolfgang Harder (1522–1602) vertrat, dessen Nachfolger er 1594 nach Selneckers kurzer Rückkehr und plötzlichem Tode wurde. Weinrich geriet also seit seiner Rückberufung aus Langensalza nach Leipzig 1586 mehr und mehr in die Auseinandersetzungen mit dem Kryptocalvinismus und erwies sich dabei gleichsam als feste Stütze des Luthertums. Mit der Übernahme der Superintendentur häuften sich auch weitere Ämter: Assessor im Konsistorium, Professor der Theologie, Kanonikus zu Zeitz, später zu Meißen, theologisches Baccalaureat, Licentiatur und Doktorat, Kollegiat des Frauenkollegiums, Assessor der Theologischen Fakultät, zum Wintersemester 1600 wurde er Rector magnificus, 1614 Senior der Fakultät und der polnischen Nation an der Universität. Am 27. Januar 1617 starb Weinrich, vier Tage später begrub man ihn in der Thomaskirche. Die Leichenpredigt hielt der damalige Nikolaipastor und Nachfolger im Superintendentenamt, Vincenz Schmuck (1565–1628). Sein in die Wand eingelassenes sandsteinernes Epitaph in lateinischer Sprache[18] trägt die Aufschrift:

„Georgius Weinrichius, Hirschberga-Silesius,
S.S. Theol. D. Prof. P. et Superint. Lips.
Vir de Ecclesia optime meritus.
Pie in Christo obdormiens 27. Jan. Anno 1617.
aetatis 63. Hic sepultus quiescit."

(„Georg Weinrich, ein Schlesier aus Hirschberg,
Doktor d. Theologie, Prof. u. Superint. zu Leipzig,
ein um die Kirche hochverdienter Mann.
Fromm in Christus entschlief er am 27. Jan. 1617,
63-jährig. Hier ist er begraben und ruht im Frieden.")

Die Würdigung Weinrichs als „Vir de Ecclesia optime meritus" verdeutlicht, was man ihm nach den bewegten Ereignissen seiner Lebens- und Amtszeit verdankte.

Der Gestaltung des Taufsteins wird man folgende Idee zugrunde legen dürfen, die zugleich das theologische Programm enthält, das Georg Weinrich entworfen hat: Die Basis für die Praxis der Taufe ist der Taufstein selbst, und zwar mit dem Taufbecken, jenem Teil, das bis heute vorhanden ist. Auf dieser Basis ruhte ein Deckel, dessen Sockel den Taufstein bei Nichtgebrauch verschloss und bei Gebrauch zusammen mit seinem Aufbau nach oben gezogen wurde. Die auf dem Deckel angeordneten Bildwerke und biblischen Texte stellen im Wesentlichen die reinigende und Sünden vergebende Sinngebung der Taufe unter deutlicher Bezugnahme auf Amt und Auftrag Jesu Christi dar. Am äußeren Gewände des Taufsteins – in acht Flächen – sind abwechselnd vier Bildwerke aus Alabaster und vier Schrifttafeln mit neutestamentlichen Textstellen zu sehen. Sie haben durch den erklärenden Abdruck auf der letzten unpaginierten Seite der Einweihungspredigt folgende verbürgte Bedeutungen:

1. Die Abbildung der Historie des Kämmerers der Königin Kandake aus dem Morgenland, der aus der Schriftrolle des Propheten Jesaja las und anschließend von Philippus getauft wurde (Apg 8); als Schrifttafel ist Mk 16,16 beigegeben:[19] „Wer da gleubt vnd getaufft wird, Der wird selig werden."

---

16 Vgl. die Zitate in Abschnitt 2.8 meines Beitrages *Thomasküster Rost, seine Familie und der Leipziger Gottesdienst zur Zeit Bachs* in diesem Band.

17 Vgl. auch ebenda.

18 Bei Salomon Stepner: *Inscriptiones Lipsienses / Verzeichniß allerhand denckwürdiger Vberschrifften* [...] *in Leipzig*, Leipzig 1675, S. 174, in der Abteilung ‚Unter dem Singe-Chor' unter Nr. 787 verzeichnet.

19 Die vier Sprüche sind in der orthografischen Fassung des Taufsteins wiedergegeben.

2. Die Abbildung der Historie der „Süntflut der ersten Welt" (Gen 7); als Schrifttafel ist beigegeben 1 Petr 3,20–21: „Godt harret einmals vnd hatte gedult zu den Zeiten Noe, da man die Archa zurüstet, in welcher wenig, das ist 8. Seelen behalten wurden durchs wasser, welchs nu auch uns Selig machet in der Tauffe, die durch jenes bedeutet ist."
3. Die Abbildung der Historie des aussätzigen syrischen Feldhauptmanns Naeman, der zum Propheten Elisa kommt und darum bittet, ihn zu reinigen (2 Kön 5);[20] als Schrifttafel ist Joh 3,5 beigegeben: „Es sey denn, das Jemand geborn werde aüs dem wasser vnd Geist, so kan er nicht in das Reich Gottes komen."
4. Die Abbildung der Historie von den Kindern Israel, die mit trockenem Fuß durch das Rote Meer gehen (Ex 14); als Schrifttafel ist Hebr 11,29 beigegeben: „Durch den Glaüben gingen sie durchs Rote Meer, als durch trocken Land, welchs die Egypter aüch versuchten, vnd ersoffen."

Diese vier Texte mit den jeweils links von ihnen stehenden Bildern stellen in der gegebenen Reihenfolge die Grundlage der gesamten Theologie der Taufe und des Taufsteins dar. Dabei interpretieren sich nicht nur jeweils ein Bild und ein Text gegenseitig; die jeweilige Tiefendimension des Bildes erschließt auch einen wesentlich erweiterten Sachzusammenhang, den es nachzuvollziehen gilt:

Die als erstes Bild gegebene Taufe des Kämmerers verweist auf die Lektüre des Propheten Jesaja, denn der Kämmerer hatte von einem gelesen, der wie ein Schaf zur Schlachtbank geführt wird und wie ein Lamm den Mund vor seinem Scherer nicht auftut (Jes 53,7; Apg 8,32–33). Als der Apostel Philippus diesem Kämmerer auf Befehl des Heiligen Geistes begegnet, legt er ihm die genannte Schriftstelle aus „und predigte ihm das Evangelium von Jesu." (Apg 8,35). Der Kämmerer erbittet darauf in der Nähe eines Wassers die Taufe, und Philippus fragt ihn nach seinem Glauben, was er mit dem Bekenntnis beantwortet: „Ich glaube, dass Jesus Christus Gottes Sohn ist." (Apg 8,37). Diesen Vorgang von Jesuspredigt, Taufbitte, Bekenntnis des Glaubens und folgender Taufe fasst das beigegebene Wort Mk 16,16 theologisch knapp zusammen: „Wer da glaubt und getauft wird, der wird selig werden.", und bestätigt damit den selig machenden Charakter der Wassertaufe auf den Namen Gottes.

Diesem ersten folgt als zweites Bild das von der Sintflut und der Arche Noah. Der Hinweis auf Gen 7 erschließt den bewahrenden Willen Gottes für eine Auswahl an Lebewesen: Im Blick auf die Menschen gebietet Gott Noah, eine Arche zu bauen und seine Frau, seine Söhne und Schwiegertöchter mit in die Arche zu nehmen (Gen 7,1–13). Diesem Gebot folgt Noah aus Glauben. Denn das Wasser der Sintflut entfaltet seinen tödlichen Charakter, doch

Superintendent Georg Weinrich (1554–1617), aus: M. Friedrich Gottlob Hofmann: Bildnisse der sämmtlichen Superintendenten der Leipziger Diöces, nach ihren Originalgemälden lithographirt von Carl Christian Böhme, und mit kurzen Lebensabrissen, auch den merkwürdigsten kirchlichen Ereignissen Leipzigs begleitet, Leipzig 1840, S. 22.

die Erwählung der genannten Menschen ist Zeichen für die Geduld Gottes und den Willen zur Bewahrung seiner Schöpfung. Der Vernichtung der Sintflut entgeht nichts, was auf Erden lebt (Gen 7,21–23). Gottes Bejahung des Lebens aber zeigt sich an seinem freien Willen zum Überleben, ja zur Seligkeit der vor dem Tod bringenden Wasser Geretteten. Der beigegebene Spruch 1 Petr 3,20–21 gibt dazu die Zusammenfassung: „Gott harrete einstmals und hatte Geduld zu den Zeiten des Noah, da man die Arche zurüstete, in welcher wenig, das sind acht Seelen, behalten wurden durchs Wasser, welches nun auch uns selig

---

20 E. H. Lemper: *Die Thomaskirche zu Leipzig* (wie Anm. 5), S. 104, dem ich einst selbst folgte (vgl. Martin Petzoldt: *Bachstätten. Ein Reiseführer zu Johann Sebastian Bach*, Frankfurt am Main und Leipzig 2000, S. 147), weist dieses Bildwerk dem Fischzug Petri (Lk 5,1–11) zu.

machet in der Taufe, die durch jenes bedeutet ist." Damit wird die einzigartig rettende Kraft des Glaubens bezeugt.

Das dritte Bild bietet den heute am wenigsten bekannten Zusammenhang: Nach 2 Kön 5 erfährt der syrische König von der Heilungstätigkeit des israelitischen Propheten Elisa, und er veranlasst seinen Feldhauptmann Naeman, der aussätzig ist, den König von Israel mit Geschenken aufzusuchen und um Reinigung zu bitten. Der König lehnt ab, sich anstelle Gottes zu betätigen. Der Prophet Elisa hört davon und fordert Naeman auf, zu ihm zu kommen. Elisa nimmt nur durch einen Boten Kontakt mit Naeman auf und lässt ihn auffordern, sich sieben Mal im Jordan zu waschen, um rein zu werden. Erst nach nochmaliger Aufforderung durch einen seiner Knechte, dem Rat Elisas zu folgen, fügt sich der über diesen scheinbar unsinnigen Rat erzürnte Naeman: „Da stieg er hinab und taufete sich im Jordan sieben Mal, wie der Mann Gottes [Elisa, Anm. d. Verf.] geredet hatte", und wird rein. Er kommt zu Elisa zurück und legt ein Bekenntnis zum Gott Israels ab: „Siehe, ich weiß, daß kein Gott ist in allen Landen ohne in Israel" (2 Kön 5,14–15). Die Siebenzahl verweist im innerbiblischen Zusammenhang – vor allem im Zusammenhang mit Wasser – auf den siebenfachen Geist Gottes (Jes 11,2), sodass als biblisches Wort auf der Schrifttafel Joh 3,5 beigegeben ist: „Es sei denn, daß jemand geboren werde aus dem Wasser und Geist, so kann er nicht in das Reich Gottes kommen." Taufe ist demnach Wiedergeburt aus dem Geist Gottes, was sich an dem Heiden Naeman vollzieht.

Das vierte Bild nimmt Bezug auf den Exodus des Volkes Israel aus Ägypten und ruft damit eine wichtige Szene der Befreiung aus Ex 14 in Erinnerung: Das Heer der Ägypter eilt dem entflohenen Volk nach, und Gott lässt die Israeliten trockenen Fußes das Rote Meer durchqueren, während die Wasserwogen über die nachfolgenden Ägypter hereinbrechen und sie ertrinken lassen. Den Beschluss bildet die Bemerkung: „Und das Volk fürchtete den Herrn; und sie glaubten an ihn und seinen Knecht Mose" (Ex 14,31). Dazu ist als Schrifttafel Hebr 11,29 beigegeben: „Durch den Glauben gingen sie durchs Rote Meer, als durch trocken Land, welches die Ägypter auch versuchten, und ersoffen." Dies soll verdeutlichen, dass Glaube den Menschen tiefe Befreiung und Heil erlangen lässt (Ex 15,2), selbst im Angesicht des Todes, Unglaube und Verstocktheit aber zum Tod führen.

Biblische Erzählungen mit Begriffen, die einen hohen metaphorischen Gehalt transportieren, bilden die biblisch-theologische und dogmatische Grundlage der Taufe: Die Wassertaufe auf den Namen des dreieinigen Gottes will somit den Glauben aufrufen, der für die Seligkeit nötig ist, denn dieser Glaube wird als eine rettende Kraft verstanden. Zusammen mit dem Heiligen Geist bewirkt so die Wassertaufe Wiedergeburt, macht die Menschen zu Kindern Gottes, was als Befreiung und Heil durch den Tod hindurch erfahren wird. Auffällig an dieser theologischen Grundlegung ist – außer dem grundlegenden Bekenntnis zur Gottessohnschaft Jesu im Zusammenhang mit dem ersten Bild – der Charakter der Allgemeinheit der Taufe auf den Namen des dreieinigen Gottes. Der Marmortaufstein selbst führt die Grundlage der Tauftheologie vor Augen, wie es das oben genannte Epigramm[21] zum Ausdruck bringt: Die Predigt Weinrichs entfaltet die Lehre der Taufe ebenso klar wie die Massivität des schweren Marmors von der Beständigkeit dieses Taufsteins zeugt, während die eingelassenen Bilder die Gefahr bloßer Ästhetik in sich tragen.

Der Deckel mit seinen Sprüchen und mit seinen Bildwerken hatte dazu eine erläuternde Funktion, insbesondere in sündentheologischer und christologischer Hinsicht. Nach einer in den Akten befindlichen alten Beschreibung[22] wissen wir von der vollständigen Gestalt dieses Deckels: Seine Unterseite zierte der Spruch „Gehet hin in alle Welt und prediget das Evangelium allen Creaturen – und teuffet sie im Namen des Vaters, des Sohnes und des heiligen Geistes" (eine evangelienharmonische Mischung aus Mt 28,19 und Mk 16,15). Inmitten eines Tempietto war die Taufe Jesu durch Johannes den Täufer im Jordan einschließlich des Spruchs „Das ist mein lieber Sohn, an dem ich Wohlgefallen habe" (Mt 3,17) dargestellt, die vor allem den Brauch der Wassertaufe festhält, während die Bekrönung das Abbild der Kinderliebe Jesu mit dem Spruch „Lasset die Kindlein zu mir kommen und wehret ihnen nicht, denn solcher ist das Himmelreich" trug, beides zentrale Inhalte, die in der Predigt Weinrichs eine wesentliche Rolle spielen und deshalb jetzt nicht eigens dargestellt werden sollen. Rings um den ein Kind tragenden Jesus standen weitere acht Kinder. Bedeutsam sind allerdings die Bibelstellen, mit denen der Sockel des Deckels auf acht kupfernen Flächen unterhalb des Tempietto geziert war, die in der sprachlichen Fassung der unrevidierten Lutherbibel zitiert wurden:

„Dies ist mein lieber Sohn, an welchem ich Wohlgefallen habe, den sollt ihr hören." (Mt 17,5); „Wisset ihr nicht, daß alle, die wir in Jesum Christ getauft sind, die sind in seinen Tod getauft?" (Rm 6,3); „Ich will rein Wasser über euch sprengen, daß ihr rein werdet von aller eurer Unreinigkeit." (Ez 36,25); „Nach seiner Barmherzigkeit machte

---

21 Vgl. oben, Beginn des Abschnittes II.
22 „Architekt Richard Bauer (1862–1923) hat – ohne Quellenangabe – die Abschrift einer alten Beschreibung überliefert", aus: H. Stiehl: *Das Innere der Thomaskirche zur Amtszeit Johann Sebastian Bachs* (wie Anm. 7), S. 24; vgl. Archiv der Thomaskirche: Altar, Kanzel und Taufstein betr., fol. 152 f., Sign. Vc 1gg.

er uns selig durch das Bad der Wiedergeburt und Erneuerung des heiligen Geistes." (Tit 3,5b); „Zu der Zeit wird das Haus David und die Bürger zu Jerusalem einen freien, offenen Born haben wider die Sünde und Unreinigkeit." (Sach 13,1); „Das Wasser macht uns auch selig in der Taufe, die durch jenes bedeutet ist; nicht das Abtun des Unflats am Fleisch, sondern der Bund eines guten Gewissens mit Gott durch die Auferstehung Jesu Christi." (1 Petr 3,21); „Denn wie viel euer getauft sind, die haben Christum angezogen." (Gal 3,27); und „Tut Buße und lasse sich ein jeglicher taufen auf den Namen Jesu Christi zur Vergebung der Sünde, so werdet ihr empfangen die Gabe des heiligen Geistes." (Apg 2,38).

Über diesem Sockel des Deckels mit den genannten acht Bibelstellen waren abwechselnd die vier sitzenden Evangelisten – je etwa 32 Zentimeter hoch – mit ihren Symboltieren und vier kleinere Engel mit den Passionsstücken angeordnet, die aus weißem Marmor gearbeitet waren.[23]

Es mag nun kaum mehr überraschen, dass die kursächsische Agende – übereinstimmend mit der Herzog-Heinrich-Agende von 1539 – im Taufgottesdienst vor der Ausübung des Exorzismus und der Verlesung des Kinderevangeliums ein Gebet kennt, das insbesondere einen Zusammenhang von Noah- und Exodusgeschichte mit der Glaubens- und Gemeinschaftsgeschichte der Kirche herstellt:

> „Allmächtiger, ewiger GOTT, der du hast durch die Sündfluth, nach deinem gestrengen Gericht, die ungläubige Welt verdammet, und den gläubigen Noah, selb acht, nach deiner grossen Barmhertzigkeit, erhalten, und den verstockten Pharao, mit allen den Seinen, im rothen Meer ersäuffet, und dein Volck Israel trocken hindurch geführet, damit diß Bad deiner heiligen Tauffe zukünfftig bezeichnet, und durch die Tauffe deines lieben Kindes, unsers HErrn JESU Christi, den Jordan und alle Wasser zur seligen Sündfluth, und reichlicher Abwaschung der Sünden geheiliget und eingesetzet.
>
> Wir bitten durch dieselbe deine grundlose Barmhertzigkeit, du wollest diesen (diese) N. gnädiglich ansehen, und mit rechtem Glauben im Geist beseligen, daß durch diese heilsame Sündfluth an ihm (ihr) ersauffe und untergehe alles, was ihm (ihr) von Adam angebohren ist, und er selbst darzu gethan hat, und er (sie) aus der Ungläubigen Zahl gesondert, in der heiligen Arca der Christenheit trocken und sicher behalten, allezeit brünstig im Geist, fröhlich in Hoffnung, deinem Namen diene, auf daß er (sie) mit allen Gläubigen deiner Verheissung, ewiges Leben zu erlangen, würdig werde, durch JEsum Christum, unsern HErrn, Amen."[24]

III. Einweihung und Predigt

Noch einmal sei aus dem *Leipzigischen Geschicht-Buch Oder Annales* des Panitzscher Pfarrers Johann Jacob Vogel zitiert, denn dort erfahren wir auch von der Fertigstellung und Einweihung des Taufsteins: „Im Junio dieses Jahres [1615, Anm. d. Verf.] ist der neue Tauff-Stein in der Kirchen zu St. Thomas / davon oben gemeldet / verfertiget worden. Darauff ward am Tage Johannis des Täuffers / so nach dem alten Julianischen Calender auf den 24 Junii gefällig / die Erklärung desselben Evangelii eingestellet / und frühe morgends eine Einweyhungs-Predigt über diese Worte aus des Evangelisten Marci *cap.* X. von 13 bis auff den 16 *inclusive,* Und Sie brachten die Kindlein zu JESU / etc. bis auff die Worte: Und legete die Hände auff Sie und segnete Sie. von dem damaligen Hn. *Superintendenten D. Georgio* Weinrich gehalten / welche Predigt auch anfangs besonders zum Druck beföderdt / hernach denen zusammengedruckten Leichen-Predigten besagten *Autoris* einverleibet worden / ist im 3ten Theil die XX in der Ordnung / und p.483. zu finden".[25]

Die beiden Termine, die Johann Jacob Vogel für das Jahr 1615 angibt, betreffen den Beginn der Arbeiten am neuen Taufstein am 2. Februar und dessen Einweihung am Johannistag, dem 24. Juni. Außerdem kann Vogel noch mitteilen, dass Weinrich sich dazu entschlossen hatte, nicht das üblicherweise zu predigende Festtagsevangelium seiner Predigt zugrunde zu legen, sondern Mk 10,13–16, das sogenannte Kinderevangelium, das auch – wie oben bereits angedeutet – damals schon agendarischer Bestandteil jedes Taufgottesdienstes war. Es ist anzunehmen, dass der seit 1594 amtierende Thomaskantor Sethus Calvisius (1556–1615), der noch im gleichen Jahr am 24. November starb, eine festliche Musik dazu vorbereitet hatte, wovon wir allerdings nichts erfahren.

Der Titel der gedruckt vorliegenden Einweihungspredigt hat folgenden Wortlaut:

> „Christliche Einweyhungs-Predigt / des schönen vnd Kunst-reichen / Newerbawten Tauffsteins in der Kirchen zu S. Thomas in Leipzig / Gethan am Tage Johannis des Teuffers / den 24. Tag Junij, Anno Christi 1615. Durch *Georgium* Weinrich / der heiligen Schrifft *Doctorem* vnd *Professorem, Superattendenten* daselbst.

---

23 E. H. Lemper: *Die Thomaskirche zu Leipzig* (wie Anm. 5), S. 223, Anm. 18.

24 [o. A.]: *Agenda, Das ist: Kirchen-Ordnung, Wie sich die Pfarrherren und Seelsorger in ihren Aemtern und Diensten verhalten sollen*, Leipzig 1748, S. 9–10.

25 J. J. Vogel: *Leipzigisches Geschicht-Buch* (wie Anm. 2), S. 355.

Mit Churf. S. Freyheit. Leipzig / In vorlegung Abraham Lambergs."²⁶

Der Titel ist sehr schön als Schmuckblatt ausgebildet; einzelne Schmuckelemente erinnern unmittelbar an die Marmorteile des Taufsteinfußes. In der oberen Leiste sind mittig zwei Engel zu sehen, die untere Leiste enthält in der Mitte eine Kartusche, sowie rechts und links von ihr je ein Kind mit einem Palmwedel in der Hand. In der Kartusche ist die Jahreszahl zu lesen: ANNO M.DC.XV. In die linke Leiste ist eine weibliche Gestalt als Symbol des Glaubens eingearbeitet, barfuß, mit einem Kreuz in der rechten, einem Buch in der linken Hand und einem bekrönten Haupt. Die rechte Leiste zeigt eine männliche Gestalt als Sinnbild der Gerechtigkeit, mit Lederriemensandalen an den Füßen, einem Schwert in der rechten und einer Waage in der linken Hand sowie einem Helm auf dem Kopf. Weinrich widmete – so ist auf der Titelrückseite zu lesen – seinen Predigtdruck Caspar Werner (1570–1629), Baumeister des Rats und Handelsmann, sowie Thomas Lebzelter (1570–1632), einem Ratsverwandten, kurfürstlichen Faktor und Handelsmann; beide waren Kirchväter und Schulinspektoren der Kirche und Schule zu St. Thomas und zugleich Schwäger und Paten der Kinder Weinrichs. Die Widmung erhält hier, verhältnismäßig versteckt, einen persönlichen Wesenszug innerhalb des sonst eher amtlich wirkenden Vorgangs der Planung, Aufstellung und Einweihung des neuen Taufsteins. Auf der ersten Seite des Predigtdrucks dient als Schmuck ein Holzschnitt, auf dem eine Taufhandlung zu sehen ist: Links steht eine Gestalt, die als Ministrant die aufgeschlagene Taufagende dem taufenden Pfarrer präsentiert, der in der Mitte hinter dem Taufstein steht, das Kind, welches auf dem Bauch liegt, in seiner linken Hand haltend und mit der rechten Hand Wasser schöpfend. Auf der rechten Seite des Taufsteins sind eine Frau und ein Mann zu sehen, wohl als Paten; im Oberteil des Bildes sieht man, durch eine Wolke nach unten getrennt, links Christus, in der Mitte den Heiligen Geist als Taube und rechts Gott Vater mit Krone.

Im ,Praeloquium' (der Einleitung) seiner Predigt erinnert Weinrich an das „Jahrgedächnüß Johannis des Teuffers"²⁷, um nachfolgend Johannes noch ein wenig genauer vorzustellen und theologisch zu bewerten: Er sei „der erste Anfänger der heiligen Tauffe gewesen", deshalb habe man es „auch vor heilsam vnd beqvem angesehen den newerbawten schönen und wol polierten Tauffstein dieser Kirchen / an dem heutigen Festtage einzuweihen / vnd denselben *sacris usibus* zu *destiniren* [den heiligen Gebräuchen zu bestimmen, Anm. d. Verf.] daß nunmehr künfftiger zeit / Christlicher Eltern Kinder bey dieser Stadt in demselbigen sollen getaufft / vnd durch das seligmachende Wasserbad im Wort jrem lieben HErren vnd Heylande Christo Jesu / als die fruchtbaren Reben dem lebendigen Weinstock *incorporirt* vnd einverleibet werden"²⁸.

Sofort fügt er auch das evangelische Verständnis dieser Einweihung hinzu, um allen Missverständnissen vorzubeugen: „Dieweil aber die beste Weihe bestehet / nicht in Aberglaubischen Papistischen Ceremonien / die etwan mit Weyhewasser / mit JohannisKräutern / mit *Exorcismis* [Teufelsaustreibungen, Anm. d. Verf.], vnd dergleichen geschehen / sondern in Christlicher Handlung Göttliches Worts / vnd im hertzlichen vnd inbrünstigen Gebet zu Gott / Als wollen wir bey diesen beyden Mitteln verbleiben / vnd diß Werck im Namen der heiligen und hochgelobten Dreyfaltigkeit verrichten / mit abhandlung dieser schönen tröstlichen vnd Geistreichen Wort / die eure Christliche Liebe jetzo haben verlesen hören"²⁹.

Diesen Hinweis auf die biblische Grundlage der Predigt, Mk 10,13–16, die schon vor dem Beginn des Praeloquiums abgedruckt ist, nimmt Weinrich im Folgenden erneut auf: „Wir nehmen aber diesen Text zur verrichtung dieses Wercks vor vns / weil er nicht alleine bey der Kindertauffe allezeit auß der Kirchen *Agenda* abgelesen wird / sondern weil auch diese Figur von der freundligkeit des HErrn Christi gegen den lieben Kinderlein / auff der Decke des newen Tauffsteins gar künstlich vnd artig formirt / *exprimiret* vnd ausgehawen ist / in dem der *Salvator* im Mittel stehet / vnd ein Kindlein auff seinen Armen treget / auch in der *Circum*ferentz vmbher diese Wort geschrieben seyn / Marc. 10. cap. Lasset die Kindlein zu mir kommen / vnd wehret jhnen nicht / denn solcher ist das Reich Gottes"³⁰.

Die „freundligkeit des HErrn Christi gegen den lieben Kinderlein" ist gleichsam das versteckte Thema der gesamten Predigt und es überrascht, mit welchem theologischen und psychologischen Gefühl ein Prediger des beginnenden 17. Jahrhunderts an dieses Thema herangeht, wohl wissend, dass gerade aus der Sicht der Erwachsenen Kinder nicht selten als Ursache von Verdruss und Ärger gelten.

Die Predigtteile (partitiones) – orientiert Weinrich an den im Kinderevangelium handelnden Personen: „Es werden vns aber in den abgelesenen Worten dreyerley vnter-

---

26 G. Weinrich: *Christliche Einweyhungs-Predigt* (wie Anm. 12), Titelblatt.
27 Ebenda, S. 2.
28 Ebenda, S. 4.
29 Ebenda, S. 4–5.
30 Ebenda, S. 5.

Detail aus dem Taufregister der Thomaskirche 1871, Seite 243, Taufzettel bzw. Eintragung der Taufe von Karl Liebknecht, für die Karl Marx und Friedrich Engels als Paten aufgeführt werden

schiedene Personen zu betrachten vorgestellet. Erstlich die lieben Eltern / die aus guthertziger *Affection* jhre liebe Kinderlein dem HErrn Christo zutragen / zu dem Ende / daß er sie anrühren / die Hände auff sie legen / vnd sie segnen soll.

Zum andern / die Jünger des HErrn Christi / die ob diesem Werck der Eltern scheel vnd sawer sehen / vnd sie mit vngestüm anfahen vnd zurücke stossen / vnd wollten lieber / daß solch werck von den Eltern eingestellet vnd vnterlassen würde.

Zum dritten / der HErr Christus selber / mit seinen freundlichen Geberden gegen den kleinen Kinderlein / vnd mit seinem vnwillen / wieder die sawersehnden vnd murrenden Jünger / dargegen aber mit der schönen vnd trostreichen Predigt / die er von den lieben Kinderlein thut".[31]

In seinem ersten Teil – „de primo loco" – erläutert Weinrich zuerst eine Reihe von biblischen und außerbiblischen Zusammenhängen: Zu den Parallelüberlieferungen von Mk 10 in Mt 19 und Lk 18; zu Ps 8,3 führt er aus, „was es für Kinderlein gewesen / so dem HErrn zugetragen worden", und dass Christus sich „diß werck der Eltern wolgefallen" lasse.[32] Christus sei ein Liebhaber der Menschen gewesen (Spr 8,31 b), dann erzählt er die Geschichte von dem König Agesilaos von Sparta[33], der ebenso ein Liebhaber der Kinder gewesen sein soll: Als er Kinder auf hölzernen Pferden reiten ließ, lachte und spottete einer seiner Hofräte darüber, er beschäme mit Kinderwesen die königliche Autorität. Doch Agesilaos habe geantwortet, er solle mit dem Urteil warten, bis er Leibeserben habe, so werde er erfahren, was Kinderliebe sei.[34] Auf die Frage, warum die Eltern ihre Kinder zu Jesus getragen hätten, antwortet Weinrich: Sie wollten, dass sie der Herr anrührte, seine Hände auf sie legte, Gebet und Segen sprach, denn sie hatten ihn als Heiland erkannt. Das führt Weinrich zu ausführlichen Erörterungen über die Zeremonie des Händeauflegens.[35] Aus alledem zieht Weinrich die Lehre, dass Eltern nicht nur für Speise und Trank und für die äußeren Bedingungen der Kinder zu sorgen hätten, sondern auch dafür, sie dem Herrn anzuvertrauen. Das entwickelt er in drei Vorschlägen:

Erstens „Per pias & ardentes preces" – „durch ein hertzliches vnd inbrünstiges Gebet"; solches Gebet „durchdringt die Wolken", auch für den Fall des vorzeitigen Sterbens eines Kindes;[36]

zweitens „Per sacrosanctam Baptismum" – „durch die heilige Tauffe"; „wenn man mit einem Kindlein / so bald es von Mutterleibe an das Liecht dieser Welt geboren ist / zur Tauffe eylet / vnd es also dem HErrn wieder giebet / der es aus Gnaden gegeben hat".[37] Weinrich nutzt den Ort nicht nur zur Auslegung weiterer biblischer Stellen (Joh 3,5; Tit 3,5b; Ps 51,7; Joh 1,12), sondern auch zur Auseinandersetzung mit der calvinischen Lehre von den Kindern und der Wiedergabe von Tertullians Wort „Non nascuntur sed fiunt Christiani." Weinrich übersetzt interpretierend: „Christen werden nicht geboren / sondern Kinder des Zorns / sie werden aber durch das seligmachende Wasserbad im Wort zu Christen vnd zu Kindern Gottes gemacht." Taufe sei ein ‚Sacramentum Initiationis', ein Sakrament der Einweihung.[38]

Und drittens „Per piam & liberalem educationem" – „Durch eine fleissige vnd Christliche Kinder Zucht vnd Vnterweisung", die Weinrich durch die Eltern,

---

31 Ebenda, S. 5–6.

32 Ebenda, S. 8.

33 Agesilaos II., König von Sparta aus dem Geschlecht der Eurypontiden, * 444/443 v. Chr., † 360/359 v. Chr.

34 G. Weinrich: *Christliche Einweyhungs-Predigt* (wie Anm. 12), S. 9.

35 Vgl. ebenda, S. 11–13.

36 Ebenda, S. 14–15.

37 Ebenda, S. 16.

38 Vgl. ebenda, S. 16–18.

Taufregister Thomaskirche, 1871, Taufe Karl Liebknecht

die Schule und die Lehrer gewährleistet sieht. Kindererziehung soll sich beidem, der Gottesfurcht und dem Erlernen des praktischen Lebens, widmen, „sondern da muß auch aller möglicher fleiß angewendet seyn / daß ein Kind in Gottes Furcht auffwachse / vnd beyzeiten was redlichs lerne / damit es Gott vnd dem Nechsten / wenn es aus dem Staube erwachsen ist / nützlich dienen möge".[39] Dazu wendet der Prediger sich den Beispielen der Hanna mit ‚Samuelchen' zu (1 Sam 2), dem König David als ‚Catechismus-Lehrer' (Ps 34,12–15) und gibt einige ganz praktische Ratschläge für Hausväter und -mütter als Laien, wie die Erinnerung der Kinder an ihr Taufgelöbnis durch die Eltern (1 Tim 4,8).[40]

Im zweiten Teil der Predigt – „de secundo loco" – wendet sich Weinrich nun den Jüngern Christi zu. „Sie fuhren die Leute an mit Abstossung / vnd vielleicht mit diesen oder dergleichen Worten: Packet euch mit ewren Kindern / was haben sie allhier zu schaffen / Sie nehmen nur raum ein / vnd verhindern andere Leute am gehör Göttlichen Wortes / meinet jhr denn / daß vnser *Praeceptor* vnd meister nicht mehr zu thun vnd zu schaffen hat / als daß er mit ewren Kindern schertzen vnd spielen wird?"[41] Als Antwort auf die Frage, warum die Jünger so reagierten, weist Weinrich darauf hin, dass auch große Leute ihre Mängel hätten (Ps 62,10). Dann führt er Beispiele an: Petri Verhalten nach der Leidensankündigung Jesu (Mt 16,21–23), die Jünger nach der Salbung Jesu in Bethanien (Mt 26,6–13), Petrus bei der Fußwaschung (Joh 13,6–9). Und an alle, die sich darüber etwa erheben, richtet er Paulus' Mahnung „Qui stat videat ne cadat." (1 Kor 10,12): Wer zu stehen meint, mag zusehen, dass er nicht falle. Diese Mahnung bekräftigt er durch eine Aussage des Kirchenvaters Basilius.[42] Besonders müsse man aber darauf achten, dass der Teufel zu allen Zeiten böse Absichten gegen die Kleinen hege, was mit einer kurzen Auslegung von Offb 12,1–6, 13–17 belegt wird.[43] Dazu kommt noch der Hinweis auf die Verfolgung des kleinen Mose durch den Pharao (Ex 1) und die von Jesu durch Herodes (Mt 2) nach der Weissagung des Jeremia (Jer 31). Auch die Ketzer hätten jederzeit eine Feindschaft zu Kindern gehegt. Weinrich nennt die Pelagianer, „die haben die Kinder so heilig gehalten / daß sie des Segens Christi nicht bedürfften".[44] Nach ihrer Lehre hätten sie sogar die Notwendigkeit der Taufe aufgehoben. Doch die Kirche würde singen:

> „Es ist die Tauff ein Rothe Flut von Christi Blut geferbet /
> Die allen Schaden heilen thut von Adam an geerbet /
> Auch von vns selber begangen."[45]

Auf seine Zeit wendet er die Erkenntnis ebenfalls an und nennt dazu „die Zwinglianer vnd Calvinisten / die haltens auch nicht dafür / daß die Tauffe ein *Sacramentum Initiationis* sey"; sie „lauffen fast mit den Pelagianern vm die wette".[46] Dazu erzählt er eine Geschichte von Johannes Calvin, der die Nottaufe eines schwachen Kindes mit dem Argument abgelehnt habe, dass es ohnehin in den Gnadenbund Gottes eingeschlossen sei. Diese Anschauung verwirft Weinrich ebenso wie die der Wiedertäufer[47] und die der Katholiken, die die Taufe „in vnbekanter Sprache

---

39 Ebenda, S. 19.
40 Vgl. ebenda, S. 20–23.
41 Ebenda, S. 24.
42 Ebenda, S. 25–28.
43 Ebenda, S. 28–29.
44 Ebenda, S. 32.
45 Martin Luther: *Christ, unser Herr zum Jordan kam*, Strophe 7, Abgesang.
46 G. Weinrich: *Christliche Einweyhungs-Predigt* (wie Anm. 12), S. 33.
47 Ebenda, S. 35.

verrichten".⁴⁸ Der Nutzen dieser Überlegungen besteht in der Dankbarkeit für die Erhaltung der Taufe und ihrer rechten Lehre und Praxis.

Im dritten Teil der Predigt (de tertio loco) wendet sich Weinrich „dem HErrn Christo [zu] / wie sich derselbige so wol gegen seinen Jüngern / als gegen den Kinderlein verhalten habe",⁴⁹ und legt speziell Mk 10,14–16 aus: „wie gantz freundlich vnd leutselig sich der HErr gegen den zugetragenen Kinderlein erzeiget habe / daß er sie nicht allein mit allem willen auff vnd angenommen / sondern sie auch wider das murren vnd sawersehen seiner Jünger vertheidiget / sie gehertzet vnd gesegnet / ja sie vns Alten gleichsam zu *Praeceptoribus* vnnd Zuchtmeistern vorstellet / daß wir zu jhnen in die Schule gehen / vnd von jhnen lernen sollen / wie wir vns in vnserm Christenthumb aller gebühr erzeigen vnd verhalten sollen".⁵⁰ Dazu behandelt er drei Punkte:

1. „Zum ersten / *Christi adversus discipulos suos indignationem*, Den Vnwillen des HErrn Christi wieder seine Jünger / der damit gar vbel zu frieden ist / daß sie die Eltern mit jhren Kinderlein zurücke stossen vnd abweisen".⁵¹ Die Worte aus Mk 10,14 könne man mit Petrus ‚verba vitae', Worte des Lebens, nennen (Joh 6,68), denn Christus sei ein ‚Liebhaber der Kinder', und er sei auch ihnen zugute Mensch geworden. Als biblische Worte zieht er Spr 8,31 und Mt 18,14 heran und führt mehrere Abschnitte dazu aus:

Erstens „Ist das nicht ein starck Argument seiner Liebe / daß er die lieben Kinderlein selber in Mutterleibe bildet / vnd jhren Odem bewahret".⁵² Mit dieser rhetorischen Frage leitet er auch die nächsten Abschnitte ein. Zweitens „Ist nicht das ein starck Argument seiner Liebe / daß wenn zeit vnd stunde der Geburt herbey kömpt / daß er selber die beste Wehemutter ist / vnd einem Kindlein an das Licht dieser Welt verhilfft". Das findet er durch David in Ps 22,10 und Hiob 10,11–12 bestätigt.⁵³ Drittens „Ist das nicht ein starck Argument seiner Liebe gegen den armen Kinderlein […] daß er sie zu sich ruffet […] in der Tauffe von Sünden reiniget".⁵⁴ Viertens „Ist das nicht ein starck Argument seiner Liebe gegen den armen Kinderlein / daß er jhnen bald von Mutterleibe an zuordnet den Schutz vnd dz Geleite der Himmlischen Frongeisterlein der lieben Engel" (Mt 18,10).⁵⁵ Fünftens „Ist das nicht ein starck Argument seiner Liebe? Daß er auch den Eltern eine inbrünstige Liebe hat eingepflantzet", die Kinder zu nähren und zu versorgen.⁵⁶

2. „Zum andern / so haben wir auch … in gebührliche acht zu nehmen / *Christi erga infantulos humanitatem*, Die Freundlichkeit des HErrn Christi gegen den lieben Kinderlein" (Mk 10,16). Christus „habe die Kinderlein gehertzet […] ein Freundlichkeit vber alle Freundlichkeit! Eine Leutseligkeit vber alle Leutseligkeit! Wir schliessen aber billich hieraus / daß auch die kleinen Kinderlein müssen den Glauben haben / vngeacht / daß er in denselbigen nicht gewircket wird / *modo ordinario*, ordentlicher weise durch die Predigt Göttliches Worts / daraus sonst der Glaube kömpt / wie der Apostel Paulus zeuget Rom. 10. Sondern *modo extraordinario*, Auff eine besondere weise / die Gott der HErr wol zu finden weiß / wie wir dessen ein Exempel haben an Johanne dem Teuffer / der noch in Mutterleibe verschlossen / einen Frewdensprung thut / da er nur den Gruß Mariae hörete".⁵⁷ Dieses Beispiel zeige den spezifischen Glauben der Kinder, was ja Christus mit seinen Worten (Mk 10,15), dass das Himmelreich den Kindern sei, bestätigt. Das ist erneut Anlass für Weinrich, die falsche Lehre der Wiedertäufer, Zwinglianer und Calvinisten zu widerlegen, wozu er besonders Joh 3,3 und Hab 2,4 heranzieht.

3. „Zum dritten […] *De mandatam a Christo exempli puerorum imitationem*, Den Befehl des HErren Christi / daß wir Alten dem Exempel der Kinder sollen nachfolgen […] Was ist guts von Kindern zu lernen? Stecket nicht jhr Hertz voller Thorheit?",⁵⁸ „Aber darauff / Geliebten ist zu wissen / daß an den Kindern nicht alles vor Thorheit zu achten sey / sondern daß an den Kindern gar schöne vnd lobwürdige Tugenden sich ereignen". Dazu zitiert Weinrich ein Distichon:

„Sunt pueri pueri, parvi, paucisque cibantur,
Currunt, laetantur, cito dant, cito pacificantur.
Die Kinderlein sind klein vnd rein /
Nehmen vorlieb vnd lauffen fein /
Sind frewdig / geben bald dahin /
Lassn fahren den Zorn aus jhrem Sinn."⁵⁹

An den Kindern könne man zwei Tugenden erlernen: ‚Candidam Simplicitatem' (die liebe Einfalt) und ‚Christianam humilitatem' (die christliche Demut und Sittsamkeit). Hinsichtlich der Einfalt betont Weinrich, dass Kinder bereit sind, die von Vater und Mutter gegebenen Anwei-

---

48 Ebenda, S. 34.
49 Ebenda, S. 37.
50 Ebenda, S. 37–38.
51 Ebenda, S. 38.
52 Ebenda, S. 39–40.
53 Vgl. ebenda, S. 40–41.
54 Ebenda, S. 41.
55 Ebenda.
56 Vgl. ebenda, S. 41–42.
57 Ebenda, S. 43–44.
58 Ebenda, S. 47.
59 Ebenda, S. 48.

sungen ohne zu disputieren zu befolgen. Solche Einfalt sollen auch wir Alten zu unserem Vater im Himmel haben (Ps 116,6; 2 Kor 1,12), dagegen fallen die Hochmütigen aus dem Himmel wie Ikarus; „Die Meister von hohen Sinnen / fallen gemeiniglich von der Zinnen",[60] was noch mit Spr 25,27 belegt wird.

Hinsichtlich der Demut weist er auf Mt 18,2–4 hin und sagt von den Kindern, dass sie untereinander zusammenhalten ohne Eitelkeit, dass sie nach Missverstand nicht lange scheel sehen, sondern der Hader bald geschlichtet sei. So wolle Gott von seinen Kindern „ein demütiges / sittsames / freundliches / vnd vertregliches Hertze / das mit Stoltz vnd Hochmut nicht beladen ist / sondern daß seine angebohrne Schwachheit vnd Gebrechlichkeit in Demuth erkennet / vnd sich derowegen beydes vor Gott vnd der Welt demütig helt",[61] erklärt Weinrich mit Hinweis auf 1 Petr 5,6 ff.

Zum Schluss leitet er über zum Gebet als dem zweiten wichtigen Teil der Einweihung: „Wann denn nun beföderst durch Abhandlung Göttliches Worts das erste Stücke der Christlichen einweyhung dieses newen Tauffsteins volbracht / So lasset vns nun auch das lieben Gebets nicht vergessen / sondern Gott dem HErrn von grund vnsers Hertzens anruffen / vnd miteinander also sprechen".[62]

Das Thema von Weinrichs Predigt bringt zur Sprache, was insbesondere der Deckel des Taufsteins, aber auch der steinerne Fuß mit den vier Kindergestalten sichtbar machen und als Botschaft transportieren: nämlich die „freundligkeit des HErrn Christi gegen den lieben Kinderlein". Das erinnert an ein unverdächtiges Zeugnis des 20. Jahrhunderts, das aus dem Denken eines der intensivsten Kritiker des Christentums und des christlichen Glaubens stammt, nämlich von Albert Camus, der sich in einer Sache dem Christentum öffnete: Man könne dem Christentum viel verzeihen, weil Christus uns gelehrt habe, die Kinder zu lieben.

---

60 Ebenda, S. 50.
61 Ebenda, S. 51–52.
62 Ebenda, S. 52.

Originalurkunde der Gerechtsamen von 1543 mit Siegel
(Stadtarchiv Leipzig, Signatur: 25,6 Urkundenkasten)

Leipziger Kirche und Kirchengut in der Reformationszeit
Die Absicherung der städtischen kirchlichen Versorgung aus dem Thomaskloster durch Herzog Moritz von Sachsen

Michael Beyer

I. Weichenstellung unter Herzog Georg von Sachsen

Die Reformation im albertinischen Sachsen wurde in Leipzig offiziell zu Pfingsten 1539 eingeführt, wenige Wochen nachdem der altgläubig gebliebene Herzog Georg Mitte April verstorben war. Zwanzig Jahre nachdem die reformatorische Bewegung vom ernestinischen Wittenberg aus ihren Anfang genommen und anfänglich auch das albertinische Sachsen erfasst hatte, hier aber durch Georg sehr konsequent und mit großer Härte zurückgedrängt worden war, vollzog das albertinische Fürstenhaus jetzt den Anschluss an die lutherische Reformation. Dieser Wechsel wog umso schwerer, als das albertinische Sachsen der letzte bedeutende Zufluchtsort der Anhänger der römischen Kirche in Mitteldeutschland geblieben war und Leipzig als Ort der nunmehr zu reformierenden Landesuniversität besondere Bedeutung zukam. Herzog Heinrich, der neue Landesherr, war bereits einige Jahre zuvor der Reformation zugeneigt gewesen und hatte sie in den von ihm regierten Gebieten um Freiberg und Wolkenstein gegen den Willen seines Bruders Georg eingeleitet. Die feierliche Einführung der Reformation in Leipzig war auch insofern ein bedeutender Akt, weil sie einerseits mit der Huldigungsreise des neuen Herzogs und seiner Söhne Moritz und August zusammenfiel und andererseits erstmals seit der Leipziger Disputation 1519 wieder Wittenberger Reformatoren wie Martin Luther, Justus Jonas und Philipp Melanchthon in der Stadt versammelte.[1]

Herzog Georg hatte jede reformatorische Regung in seinem Herrschaftsbereich unterdrückt, war persönlich als frommer Christ stark mit der Papstkirche verbunden und verfügte außerdem über theologische Bildung. Zeitlebens sorgte er sich um ein funktionierendes Kirchenwesen in seinem Herzogtum, und zwar zunehmend auch gegen den reformunwilligen Klerus.[2] Damit stand er auf seine Weise in der kirchenpolitischen Tradition der Fürstengeneration beider Sachsen im Übergang vom 15. zum 16. Jahrhundert. Die ernestinischen Wettiner, Kurfürst Friedrich der Weise, sein Bruder Johann und dessen Sohn Johann Friedrich, wurden unter Luthers Einfluss zu Schutzfürsten der Reformation. Herzog Georg war in vielen Fragen der Kirchenreform zunächst ebenfalls mit Luther einig. Das betraf vor allem die Unterbindung des Geldabflusses aus den sächsischen Kirchen nach Rom und die Abstellung vieler der mit dem weltlichen Besitz der Kirche verbundenen Probleme: Johann Tetzels Ablasskampagne war in beiden Sachsen verboten worden. Aber Georg wurde, weil er persönlich bewusst an der Papstkirche festhielt, seit der Leipziger Disputation zwischen Johann Eck und Martin Luther 1519 zum schärfsten Gegner des Reformators sowie ebenso zum ernst zu nehmenden politischen Gegner seiner ernestinischen Vettern in Bezug auf die Ausbreitung der Reformation in Sachsen und im Reich. Diese schroffe Haltung schloss allerdings den bereits erwähnten Einsatz für eine Kirchenreform ein, die nicht zuletzt eine genaue Aufsicht über das weltliche Leben des Klerus und das Kirchenvermögen zum Ziel hatte. Es ist darum nicht verwunderlich, dass Herzog Georg Vorbereitungen traf, um ein in seinen äußeren Formen reformgestütztes Kirchenwesen nach seinem Tod abzusichern, zumal er sich gegen Ende seines Lebens nicht mehr sicher sein konnte, ob seine Erben seine Kirchenpolitik fortführen würden. Hierher gehört auch die Absprache, die er mit dem Rat der Stadt Leip-

---

1 Günther Wartenberg: *Die Entstehung der sächsischen Landeskirche von 1539 bis 1559*, in: Helmar Junghans (Hrsg.): Das Jahrhundert der Reformation in Sachsen, 2., durchgesehene Aufl., Leipzig 2005, S. 69; Helmar Junghans: *Luthers Beziehungen zu Leipzig bis zu seinem Tode 1546*, in: Ekkehard Henschke, Klaus Sohl (Hrsg.): Luther in Leipzig. Beiträge und Katalog zur Ausstellung, Leipzig 1996, S. 20 f.

2 Vgl. Günther Wartenberg: *Landesherrschaft und Reformation. Moritz von Sachsen und die albertinische Kirchenpolitik bis 1546* (Arbeiten zur Kirchengeschichte, Bd. 10), Weimar 1988, S. 89–93; für die Zeit bis Mitte der 1520er Jahre siehe Christoph Volkmar: *Reform statt Reformation. Die Kirchenpolitik Herzog Georgs von Sachsen 1488–1525* (Spätmittelalter, Humanismus und Reformation, Bd. 41), Tübingen 2008.

Georg der Bärtige, Herzog von Sachsen (1471/1500–1539), Gemälde von Hans Krell
(Foto: Christoph Sandig, 2003)

zig über die Zukunft der Leipziger Klöster, also auch des Augustinerchorherrenstifts St. Thomas, traf.

Am 29. Januar 1538 sicherte Georg dem Rat zu Leipzig auf dessen Bitte das Vorkaufsrecht an Klostergut zu, wenn, wie andernorts geschehen, die Klosterinsassen ihre Orden und Klöster verlassen sollten. Der Herzog ging davon aus bzw. legte klar, dass verlassenes Kirchengut insgesamt und grundsätzlich an die Landesherrschaft fallen würde.[3] Indem er den Rat der Stadt Leipzig für den Fall einer Änderung der bisherigen „ordenunng der christlichen kirchen" den Zugriff auf die Güter in Aussicht stellte, legte er sich selbst und seine Erben darauf fest, das Kirchengut nicht in kleinere Einheiten zu zerstückeln. Hinter diesem Vorgehen dürfte die Überlegung gestanden haben, dass nur der Rat die alte kirchliche Ordnung würde aufrechterhalten können, indem er aus dem Gesamtaufkommen des reichlich vorhandenen Kirchenguts für den Unterhalt der kirchlichen Amtsträger aufkam, die auch bisher daraus alimentiert worden waren. Eine Aufsplitterung der Güter hätte die finanzielle Sicherung des gesamten kirchlichen Lebens verwaltungstechnisch zumindest sehr erschwert, wenn nicht gar unmöglich gemacht. Dem Herzog ging es darum, ein „eintrechtigk Regiment inn der stadt" zu erhalten, also die fortgesetzte, reibungslose Interaktion zwischen weltlichen und geistlichen Aufgaben innerhalb des Gemeinwesens. Obwohl Georg gewiss auch damit rechnen musste, dass die Stadt samt ihrem Rat nach seinem Tod der neuen Lehre zufallen würde, behielt er das Kirchenwesen als Ganzes im Blick. Er tat es möglicherweise auch in der Hoffnung, dass sich das Blatt wieder einmal wenden könnte.[4] In diesem Fall wäre es viel leichter gewesen, das Kirchengut insgesamt der alten Kirche zuzuführen, als es durch langwierige Untersuchungen und Prozesse ganz neu konstituieren zu müssen. Darauf deutet eine Passage in seinem Schreiben hin, wonach die Güter der Geistlichen, die „in gehorsam der Kirchen vnuoranndert" in ihren Stellen bleiben, nicht der Gewalt des Rates unterworfen sein sollten. Dass der Rat nicht ohne Gegenleistung gegenüber der Landesherrschaft in den Besitz des kirchlichen Gutes kommen würde, verstand sich von selbst.[5] Die Fürsorge für die materielle Sicherstellung des Kirchenwesens, die ja die Kontrolle des kirchlichen Personals, der Schulen und der Armenfürsorge einschloss, war in vergleichbaren, bereits der Reformation zugefalle-

3 Die spätmittelalterlichen Landesfürsten steigerten im Verhältnis zum Ausbau des frühmodernen Staates ebenso ihren Anspruch auf Mitsprache bei kirchlichen Institutionen. In Sachsen weiteten sie seit dem 15. Jahrhundert z. B. im Direktkontakt mit dem Papst besonders intensiv ihren Einfluss auf die Domkapitel der Hochstifter und damit auf die Bischofswahlen aus, initiierten umfassende Klosterreformen und bemühten sich um die Sicherung größerer kirchlicher Vermögen. Diese Einflussnahme auf die Kirche wird traditionell als ‚vorreformatorisches landesherrliches Kirchenregiment' bezeichnet; vgl. z. B. Enno Bünz, Christoph Volkmar: *Das landesherrliche Kirchenregiment in Sachsen vor der Reformation*, in: Enno Bünz, Stefan Rhein, Günther Wartenberg (Hrsg.): Glaube und Macht. Theologie, Politik und Kunst im Jahrhundert der Reformation, Leipzig 2005, S. 89–109; Thomas Kaufmann: *Geschichte der Reformation* (Lizenzausgabe, Darmstadt 2009), Frankfurt am Main und Leipzig 2009, S. 53.

4 Zu Georgs Versuchen, den alten Glauben im albertinischen Sachsen zu sichern, vgl. Helmar Junghans: *Die Ausbreitung der Reformation von 1517 bis 1539*, in: ders. (Hrsg.): Das Jahrhundert der Reformation (wie Anm. 1), S. 67.

5 CDS II 9, 424 f. (Nr. 459): „Nach dem vnnd als vnnsere liebe getrewenn der rath zu Leiptzick vnns vnnderthenniglichen anngelanngt, ob sich, do got fur sey, wie in annder vmblignenden steten in vnnserer stadt Leiptzig zutruge, das die geisthlichenn yre orden, habit vnnd closter vorlieessen, dardurch die closter hofe heuser vnnd ann-

nen Städten durch Kirchenordnungen geregelt. In Leipzig waren durch das Zusammenspiel von städtischem Rat und Landesherrn unter altgläubigem Vorzeichen bereits im Vorfeld der Reformation Bedingungen geschaffen worden, an welche die Kirchenpolitik von Georgs evangelischen Nachfolgern anknüpfen konnte.

II. Entscheidungen unter Herzog Moritz 1543

Sich der Reformation gemessen am ernestinischen Sachsen mit zwei Jahrzehnten Verspätung zu öffnen, brachte auch Vorteile. Die Suchbewegungen der frühen Reformation in Kursachsen und anderen Territorien erfolgten zunächst auf kommunaler Ebene. Man suchte nach einer neuen Gestalt der Kirche in der Welt. Nach Ansicht der Reformatoren waren das Ortskirchengemeinden nach neutestamentlichem Vorbild. Große Probleme waren mit der Neuordnung der materiellen Grundlagen des neuen Kirchenwesens verbunden. Hierbei gemachte Erfahrungen bestimmten in der zweiten Hälfte der 1520er Jahre die Arbeit der landesfürstlichen Kirchen- und Schulvisitationen. Im Vergleich dazu war die Vorbereitung einer ersten landesherrlichen Visitation der Kirche im albertinischen Herzogtum unter Herzog Heinrich nur noch eine Frage von Wochen. Von Wittenberg aus kam Unterstützung in personeller und organisatorischer Hinsicht.[6] Was das Kirchengut, insbesondere die Klostervermögen anging, hielt man sich unter Herzog Heinrich, und nach dessen Tod seit 1541 unter Herzog Moritz, grundsätzlich an ein inzwischen bewährtes Modell. Dessen praktische Anwendung war im ernestinischen Sachsen seit 1526 entwickelt worden, ging aber in seinen Grundzügen auf Luthers Vorwort zur „Leisniger Kastenordnung" zurück, dem „Ratschlag, wie die geistlichen Güter zu handeln sind". In ihm hatte Luther unter dem Eindruck drohender privater Inanspruchnahme von Kirchen- bzw. Klostergut durch Adel, Bauern und Städte bzw. seiner Verschleuderung bereits Grundzüge einer zentralen Finanzverwaltung für Kirche, Schule und Armenfürsorge vorgeschlagen.[7] Eine

---

dere yhre wohnnung vnnd guter vnns ader vnnsern erben vnd nachkommen als den landesfursten zu hannden kummen vnnd dehniehennigen einngethan vnd zugestalt worden, die do sich nicht wie anndere burgere des raths gehorsam halthen, dardurch dann allerley vnnschicklickeit vnnd zcwitracht vorfallen mochten, das wyr dasselbige alles gnediglichen geruchten zuuorkommen, szo haben wyr – gedachten rath vnnd yre nachkommen derhalbenn wie volgt begnadet vnnd befreiet – also vnnd der gestalt: Wann es sich zutregt, es sey inn kortz ader vber lannqk, das sich die gaisthlichen, da got lannge vor sey, in der stadt Leiptuzig inn annderung begeben wieder die ordenung der chrisltlichen kirchen vnnd yre hewser hofe vnnd guter in der stadt vnnd yhrem weichbild gelegen also ledig wurdenm das sie in vnnser vnnd vnnserer erben ader nachkommende hennde khemen, es geschehe durch wasserley vrsachen es seinn mocht, vnnd wyr, vnnser erben vnnd nachkommende wolthenn dieselbigen vorledigten haws hof vnnd guter aus vnnsern hannden in anndere welthliche hennde kommen lassen, es sey durch giftften ader vmb gelth, das wyr doch ab got will zuthun nimmermehr bedacht seindt vnnd vorhoffen, das solchs vnnsere erben vnnd nachkommendt auch nicht thunn werdenn, szo szal man dem rath zu Leiptzigk solche vorledigte guter vmb vorgleichunng vnnd sunnsten niemanndts anders zukommen lassen mit lehen, ober vnnd niedergerichten, was der guter in yrem weichpilt gelegen, dardurch eintrechtig regiment in der stadt erhalthenn werde; weil aber die gaisthlichen in gehorsam der kirchen vnuoranndert inn yren gutern pleiben, ader welche wyr vnnser erben ader nachkommen in vnnsern hannden vnnd gewalt behalthen, szo sal der rath inn denselbigen guternn heusernn vnnd hofen keinn freyheit ader gerechtigkeit haben, sunndern den gaisthlichen vnnd vnns alle freyheit vnnd gerechtikeit vorbehaltenn sein, doch dem rath an dehn gerichten vf dehn leuthen heusern vnnd hofen inn vorstedten wonnhafftigk vnnd gelegen von denn Thomaserrn vnnd closteriunckfrawen zu lehen rurenndt, auch inn den mohlen vnnd vorschreibungen ane nachteil –. [...]".

6 Diese Einflussnahme, insbesondere des Kurfürsten Johann Friedrich, wurde nicht ohne Grund seitens der Albertiner zugleich als Einmischung gewertet und schürte den bestehenden innerwettinischen Gegensatz; vgl. G. Wartenberg: *Landesherrschaft und Reformation* (wie Anm. 2), S. 94–98.

7 WA 12, 11, 21–23. 30 f: „Weil wyr denn hoffen, soelch ewer exempel [d. i. die gemeinsame Kirchkasse von Leisnig die alles Kirchengut des Ortes zentral verwaltete, Anm. d. Verf.] solle gerraten, das es gemeyn werde, und daraus denn folgen will eyn grosser fall der vorigen stifften, kloester, Capellen [...], ist der halben dennoch hie auffzusehen, das soelcher ledige stiffte gutter nicht ynn die rappuoße koemen und eyn iglicher zu sich reysse was er erhasscht"; 12, 37–13, 1; 13, 5–12. 20–33: „Doch ist das meyn radt, das die oebrickeyt soelcher kloester guotter zu sich neme, und die ubrigen personen so drynnen bleyben, davon versorge, bis sie außsterben, [...] ich auch diß schreybe alleyn den yhenigen, so das Evangelion verstehen, und soelchs zu thun mechtig sind ynn yhren landen, stetten und oebrickeytten. Auffs ander, die guetter soelcher kloster, so die oebrickeyt zu sich nympt, sollten dreyerley weyß gehandelt werden: Die erste, das man die personen so drynnen bleyben versorgt, wie itzt gesagt, Die ander, das man den personen so aus gehen, etwas redlichs mit gebe, damit sie ettwas anfahen und sich ynn eynen stand begeben kunden [...] Aber die dritte weyße ist die beste, das man alles ander lasse zum gemeynen gutt eyns gemeynen kastens gelangen, daraus man nach Christlicher liebe gebe und leyhe allen, die ym lande duorfftig sind, es sey eddel odder burger, damit man auch der stiffter testament und willen erfuolle, denn wie wol sie geyrret und verfuret sind, das sie es zu kloestern geben haben, ist dennoch iah ihr meynung gewesen, gott zu ehren und zu dienst geben, und haben also gefeylet. Nu ist keyn grosser gottis dienst denn Christlich liebe, die den duorfftigen hilfft und dienet, wie Christus am iungsten tage selbs wirt bekennen und richten, Matt. 25. Daher auch vor zeytten der kirchen guetter bona Ecclesie, das ist, gemeyne guetter hiessen, wie eyn gemeyn kasten, fur alle die unter den Christen duorfftig waren. Doch ist das auch billich vnnd Christlicher liebe gemeß, das wo der stiffter erben verarmet und noettig weren, das den selben solch stifftung widder heym falle yhe eyn groß teyl, und alles miteynander, wo die nott so groß were, [ ]"; 14, 16–24; 15, 8–10: Auffs dritte, soelche weyße gehoeret sich auff die Bisthum, stiffte und capitel, die land und stedte und ander guotter unter sich haben, denn soelche bischoffe und stiffte sind widder Bischoffe noch stiffte. Es sind ym grund der warheyt welltliche herrn mit eym geystlichen namen, darumb sollt man sie welltliche herrn machen, odder die guetter den armen erben und freunden

Heinrich der Fromme, Herzog von Sachsen (1473/1539–1541), Gemälde von Hans Krell (nach Lucas Cranach), 1553 (Foto: Christoph Sandig, 2003)

Zentralisierung der Verwaltung von Kirchengut konnte knapp zwanzig Jahre nach Luthers Anregung sehr wohl als ein Auftrag an den Landesfürsten verstanden werden bzw. auch von diesem als Legitimation landesfürstlichen Handelns in Kirchensachen rezipiert werden, zumal nun auch Erfahrungen aus den schon länger evangelischen Gebieten vorlagen. Bedingt durch den innerwettinischen Gegensatz, gab es zwischen dem jungen Herzog Moritz und Luther keine guten Beziehungen. Luther diffamierte den in Kirchengutsfragen schnell und geschäftsmäßig vorgehenden Moritz, der sich nicht in Wittenberg rückversicherte, gelegentlich sogar als „Kirchenräuber". Grundsätzlich aber verwaltete der Fürst das überkommene Kirchenvermögen sehr wohl in Luthers Sinn. Die Kirchen vor Ort wurden zum Beispiel mit Mitteln unterstützt, die seit 1542 aus der Verwaltung der Klöster, aus der sogenannten Sequestration[8], flossen. Die Einrichtung der drei fürstlichen Landesschulen in Pforte bei Naumburg, Meißen und Grimma[9] nahm Luthers alte Anregung auf, Klöster unter anderem in Schulen umzuwandeln. Und dass das Kirchengut, sofern die genau ermittelten bzw. festgelegten Bedürfnisse von Kirche, Schule und Armenfürsorge gestillt waren, auch für die allgemeinen Aufgaben des Gemeinwesens Verwendung finden konnte, war auch bei Luther zu lesen.[10] In der zweiten Hälfte des Jahres 1542 ließ Moritz in Vorbereitung auf Verhandlungen mit den Landständen durch eine Befragung der Städte und Superintendenten den materiellen Stand des Kirchenwesens im Nachgang zu den Visitationen erkunden. Im Ergebnis dieser Umfrage kamen sowohl Defizite als auch Erfolge vor Ort zutage, vor allem aber entstanden Pläne zur ausgewogenen Unterstützung der Ortskirchen aus den Klostergütern, auch durch deren Verkauf.[11]

und dem gemeynen kasten austeylen. Was aber pfruonden und lehen sind, sollt man lassen bleyben den yhenigen, so sie itzt ynnen haben, und nach yhrem todt niemant mehr verleyhen, sondern unter die armen erben und ynn gemeynen kasten stossen. [...] aus den bettel kloestern ynn stedten weren gutte schulen fur knaben und meydlyn zu machen, wie sie vor zeytten geweßen sind, aus den ubrigen kloestern aber moecht man machen heußer, wo die stad yhr duerffte, [...]".

8 Die Sequestration war eine Art Zwischenverwaltung der Klostergüter unter Beteiligung der Landstände. Nach ihrem Ende wurden viele dieser Güter verkauft und aus dem Erlös Kirchen, Schulen und die Armenfürsorge bezuschusst.

9 Ursprünglich war eine solche Schule in Merseburg geplant gewesen, aufgrund des zeitweiligen Rückfalls des Hochstifts an die römische Kirche konnte sie aber nicht realisiert werden.

10 Vgl. Michael Beyer: *Die Neuordnung des Kirchengutes,* in: H. Junghans (Hrsg.): Das Jahrhundert der Reformation (wie Anm. 1), S. 93–114.

11 Vgl. G. Wartenberg: *Landesherrschaft und Reformation* (wie Anm. 2), S. 159–172; siehe auch unten Anm. 21.

Der Umgang mit den Gütern des Thomasklosters lag auf dieser Linie und kann als Beispiel für eine Kirchengutspolitik gelten, wie sie von den Reformatoren eingefordert und von Moritz geplant worden war. Die Sorge für die materiellen Grundlagen des Leipziger Kirchenwesens wurde der Stadt selbst übertragen, deren Rat zukünftig dafür zuständig war. Zunächst wurde in der landesweit durchgeführten Sequestration das gesamte Vermögen des Klosters festgestellt, die Selbstverwaltung durch den Propst beendet und eine weltliche Verwaltung eingeführt. Damit trat ein, was der Propst Ambrosius Rauch bereits am 3. Januar 1541, im Vorfeld der Sequestration seines Stifts, in einem Brief an einen Bekannten befürchtet hatte: Wie sollte sich der Prälat verhalten, war ihm doch bewusst, dass diese Art der Verwaltung der Kirchengüter bisher immer dazu geführt hatte, dass die Klostervorsteher ihres Amtes enthoben und die verbliebenen Mönche entweder abgefunden oder des Klosters verwiesen worden waren?[12] Die Perspektive des Betroffenen verschwieg freilich, dass das Kloster mit dem Beginn der Reformation seinen Unterhaltspflichten gegenüber den Leipziger Kirchen nicht mehr nachgekommen war. In dieser Situation waren auf Bitten Herzog Heinrichs Rat und Stadt Leipzig eingetreten und hatten für die Besoldung des Kirchenpersonals Sorge getragen, freilich unter dem Vorbehalt, dafür aus dem Klostergut entschädigt zu werden.[13] Im Jahre 1543 kam es schließlich zu der im folgenden Abschnitt wiedergegebenen Vereinbarung zwischen Herzog Moritz und der Stadt Leipzig, in der dieser die Verantwortung für das Kirchenwesen übertragen und die Finanzierung aus Kloster- und anderem Kirchengut vereinbart wurde. Noch im gleichen Jahr verkaufte der Kurfürst außer dem Paulinerkloster, welches der Universität übereignet wurde, alle Leipziger Klöster an den Rat für die riesige Summe von 83 342 Gulden, wobei die Aufwendungen für die Kirche herausgerechnet waren und festgelegt wurde, dass der Rat fortan die finanzielle Grundlage des Kirchenwesens zu tragen hätte.[14]

III. Die sogenannte Gerechtsame der Herzöge Moritz und August über die Einstellung und Finanzierung des Leipziger Kirchenpersonals vom 1. Mai 1543 – Übersetzung und Kommentar

Unter den Dokumenten, die die finanzielle und kirchenrechtliche Neuordnung der Leipziger Kirche im Jahr 1543 betreffen, nimmt die Gerechtsame – ein „Dokument, das Anordnungen zur Pflege von Rechten" innerhalb eines bestimmten Zusammenhangs enthält"[15] – den wichtigsten Platz ein. Sie in einer Übertragung in modernes Deutsch zu präsentieren und kurz zu kommentieren, soll als Hilfe zum Verständnis des reformatorischen Umgangs mit Kirchengut in städtischem Umfeld dienen:[16]

---

12 Vgl. CDS II 9, 431 (Nr. 469): „[...] ich ersehe, das die sequestrationes, so nach bißher in clostern gehalten, vast mit der prelaten entsecung, derer, auch der bruder contentirung ader vorweisung yr entschafft erreicht."

13 Vgl. den zweiten Abschnitt der im Folgenden wiedergegebenen Gerechtsamen.

14 Vgl. CDS II 9, 447–450 (Nr. 480), mit einer genauen Auflistung der einzelnen Vermögensteile.

15 Vgl. Martin Petzoldt: *Thomaner zwischen Stadt und Kirche. Pflichten und Rechte bei der Erhaltung eines weltberühmten Chors*, Leipziger Blätter 20 (1999), S. 10.

16 Wortlaut der Urkunde nach CDS II 9, 444–446 (Nr. 478): „Von gots gnaden wier Mauritius hertzog zu Sachssen – vor vns vnd von wegen des hochgebornen fursten hernn Augusti auch hertzogen zu Sachssenn [et]c. – bekennen. Nachdem die beyde pfarren zu s. Niclas vndt s. Thomaß in vnser stadt Leiptzick mit pfarhern, cappellanen vnd allen andern kirchendinern aus vnd von des closters zu s. Thomas guttern vber menschen gedencken vnderhalten, auch die schule zu s. Thomas vnd alle schuldiner von den probsten, conuent vnd dem closter daselbst, der schuelmeister als notarius consistorii mit der cost vnd sie alle mit einer antzal geldes ierlich vorsoldet seind worden, vnd aber durch die gnade des almechtigen das licht der warheit vnd des heiligen evangelii vnd wort gots christlicher vnd rechter vorstandt widerumb an tag kommen, vnd das closter zu s. Thomaß zum teil durch absterbenn vnd zum teil durch selbst vnd wilkorlich ausgehen der ordenspersoßen gleich etzlichen andern clöstern in vnserm furstenthumb ledig worden, damit die prediger, seelsorger, pfarre vnd schueldiner vorthmer aus demselben closter nicht habenn bestellett noch vnterhalten mögenn werden, vnd die borde vnd vnderhaltung derselbigen nun ins virde ihar dem rathe vnd gemeiner stadt Leiptzick obgelegenn, die solche auch auf des hochgepornen fursten hern Heinrichs hertzogen zu Sachssenn – begeren die zeit vber getragen, mit dehm vorbehalt, das sie dadurch der vnterhaltung, wie sie aus closter zuthune schuldig geachtet, nicht begeben haben wolthenn; wan wier aber nuhn bewogen, das die clöstere vnd derselbigen gutter vorhnemblich zu gottes ehre, lahre vnd erhalttung rechtschaffenen christliches vorstands des heiligeu evangelii vnd also zu trost vnd heyl der sehlen gestifftet, gemeint vnd gegebenn, haben wir vns mit dem grossen aussen[445]schus, so vnsere landschafft auf dem landtage, welcher Innocentum des zweyvndvirtzigstenn ihares zu Leiptzick gehaltten zu disen vnd andern mehr sachen vorordent, hiuon nothdurfftiglich vnderredt vnd beratschlagt vnd entlich geschlossen, das die pfarren vnd schulen in allewege von den gaistlichen vnnd closter gestifften vnd guttern vnderhalten werden soltten, welchs souiel mehr vnd pillicher iu vnserer stadt Leiptzick zuuorordnen, da von alters hero solche vnderhaltung vnd bestellung aus vnd von des closters zu s. Thomas guttern geschehen ist. Demnach haben wir in gemelter vnser stadt Leiptzick mit zeitigem rathe dise bestellung vnd vorordenung gemacht, setzen vnd ordenen kegenwertiglich –, das nue forthin – der rath daselbst – die pfarrer prediger capellan schuelmeister cantores vnd alle andere kirchen vnd schulen diner aldo zu Leiptzick – zuordnen, zusetzen vnd zuentsetzen habeu söllent, also das der rath, so offte sie einen pfarhern annehmen, denselben vns antzeigen, wue vns dan der entkegen, wollen wiers ihnen vormelden, damit sie nach einem andern zutrachten; diselbigenn, die sie vnd yhre nachkommen zu yder zeit ordenen vnd setzen werden, zuuorn gleich andern pfar-

Moritz, Herzog von Sachsen (1521/1541–1553), Gemälde von Hans Krell
(Foto: Christoph Sandig, 2003)

„Wir, Moritz, von Gottes Gnaden Herzog zu Sachsen, bekennen für uns selbst und für den hochgeborenen Fürsten, den Herrn August, ebenfalls Herzog zu Sachsen[17]:

Die beiden Pfarreien in unserer Stadt Leipzig, die zu St. Nikolai und die zu St. Thomas, mit ihren Pfarrern, Kaplänen und allem anderen Kirchenpersonal[18] wur-

> hern vnd kirchendinern durch die darzu vorordenten ordentlich examinirt werden, das sie auch alle in der vniuersitet daselbst zur Leiptzick eingeschriben vnnd wue in derselben personen dartzu tuglich befunden vor andern angenommen vnd darzu gefördert, werenn sie aber anderswoe promoviert, das sie nach laut der statuta, wue sie derselbenn teilhafftig sein vnd locum habenn wollen, sich annehmen lassen. Item das sie sich allenthalben reynn vndt christlich mit der vniuersitet in der lahre vorgleichen, zwischenn der vniuersitet vnd der stadt zu widerwillen nicht predigenn; vnd damit diselbigenn alle durch einen rath daselbst hienforder vnd zw ewigen gezeiten vnterhalden vnd besöldet werdenn, söllen viel gedachter rath vnd yhre nachkommen dartzu das einkommen renthe zinße vnd nutzung, alle lehen vnd anniuersarien in allen kirchen vnd clöstern bey ihnen, souiel der lehen aufs studium nicht gestifftet, sampt dem opfergelde vnd den einhundertt gulden, so die Widebachin in ihrem testament zu einem prediger vorordent vnd bescheiden hatt, geprauchen, welcher aller summen, so die besitzere der lehen alle vorstörbenn vnd die anniuersarien des Paulerclosters erledigt vnd ganckhalftig gemacht, sich in ein thausent vnd vngeferlich acht guldenn erstreckenn inhalts des vortzeichnis, so vns darüber zugestellet. Zudeme haben wier inen aus vnd von des closters zu s. Thomas ligendenn guettern also viel guttere geeignet vndt anweisen lassen, das sie daruonn ierlich sechshundert gulden gewisser nutzung vnd einkommens habenn söllen vnd mögen, damit sie also sechzehen hundert guldenn ierlichs einkommens vnuerwenigert haben, daruon sie ihre predigere, pfarher, schul- vnd kirchendiner in der stadt vnd in vorstethen allenthalben vorsolden, vnderhaltten vnd vorsehenn, auch mitt wonungenn in den heusern, darinnen sie itzo seindt, die ihnen dann auch dartzu bleiben, vorsorgen vnd die wonunge, schulen vnd kirchengebeude in beulichem weßenn erhaltten sollen. Voreigenen demnach obgemeltem rathe ynser stadt Leiptzick alle pfarren, zinse vnd ierlich einkommen der anniuersaren vnd lehnen in allenn kirchen vnd clöstern in vnd vor der stadt vnd die auf das studium uicht gestiftett, sampt den guttern, darvon sie die sechshundert gulden nutzunge ierlich haben sollen, vnd vorleihunge der pfarren, verordenungen, settzunge vnd entsetzung aller kirchen- und schulendiner daselbst etc. Geben – zu Dresden dinstags Philippi vnd Jacobi den ersten May – 1543".

17 Herzog August, damals erst 17 Jahre alt, war nicht unmittelbar in die politische Verantwortung eingebunden. Er übernahm eine konkrete Regierungstätigkeit zuerst 1544, als er als bischöflicher Administrator mit der weltlichen Verwaltung des Hochstifts Merseburg betraut wurde. Insofern ist es folgerichtig, dass Moritz und August in der Intitulatio nicht als gleichberechtigt erscheinen, obwohl das Dokument auch von August eigenhändig unterzeichnet wurde, was wiederum die Bedeutung des Dokuments erhöht, weil es den potenziellen Nachfolger des regierenden Herzogs mit einbindet und damit Rechtskontinuität sichern hilft.

18 Der originale, heute missverständliche Begriff „kirchendiner" bzw. „schuldiner", auch „kirchen und schuldiner", bezieht neben den Küstern auch die Pfarrer (und Lehrer), später auch die Superintendenten, ein und bezeichnet alle diejenigen, die in einem bepfründeten bzw. besoldeten Anstellungsverhältnis zur Kirche bzw. kirchlichen Stiftungen stehen. Mit „capellan" (Kaplan) werden die neben dem (ersten) Pfarrer mit gleicher geistlicher Vollmacht angestellten bzw. durch Pfründen alimentierten Amtsträger bezeichnet.

den seit Menschengedenken finanziell durch das kirchliche Vermögen des Thomasklosters ausgestattet. Auch die Thomasschule und das gesamte Schulpersonal haben von den Pröpsten, dem Konvent und dem Kloster eine jährliche Geldzuwendung erhalten, wobei der Schulmeister als Konsistorialschreiber [außerdem] mit Lebensmitteln versorgt wurde.

Nun ist jedoch durch die Gnade des Allmächtigen das Licht der Wahrheit und das rechte Verständnis des Evangeliums und des Gotteswortes wieder ans Licht gekommen. [In der Folge davon] ist das Thomaskloster teilweise durch Tod und teilweise durch freiwilligen Austritt der Ordensleute, wie in einigen anderen Klöstern unseres Fürstentums [geschehen], funktionsunfähig geworden. Somit konnten die Prediger, Seelsorger, Pfarrer und das Schulpersonal weiterhin weder angestellt noch versorgt werden. Die Last ihrer Versorgung liegt jetzt im vierten Jahr bei dem Rat und der ganzen Stadt Leipzig, die sie auf Verlangen des hochgeborenen Fürsten, des Herrn Heinrich, Herzogs zu Sachsen, in dieser Zeit auf sich genommen haben. Dabei bestand der Vorbehalt, dass Rat und Stadt auf die dadurch aufgelaufene Unterhaltsleistung nicht verzichten wollten, weil sie davon ausgingen, dass der Unterhalt durch das Kloster aufzubringen wäre.

Wir aber haben uns der Überzeugung angeschlossen, dass man die Klöster und ihr Vermögen in erster Linie zur Ehre Gottes und [insofern ganz bewusst] zur Lehre und Aufrechterhaltung des richtigen Verständnisses des heiligen Evangeliums und folglich zu Trost und Heil der Seelen gestiftet und begütert hat.[19] Deshalb haben wir mit dem Großen Ausschuss, den unsere Landstände auf dem Landtag zu Leipzig zu Innocentum 1542[20] zu diesem und anderen Themen angeordnet hat, notwendigerweise darüber debattiert, beratschlagt und abschließend beschlossen: Die Pfarreien und Schulen sollen überall aus den Gütern unterhalten werden, die mit geistlichen Stiftungen und Klosterstiftungen verbunden sind.[21] Das ist umso mehr und gerechterweise in unserer Stadt Leipzig anzuordnen, weil hier von alters her diese Unterhaltung und Anstellung auf der Grundlage des Vermögens des Thomasklosters erfolgt ist. Demzufolge haben wir in unserer erwähnten Stadt Leipzig mit dem derzeitigen Rat die folgende Verordnung vereinbart, setzen fest und ordnen persönlich an, dass von nun an der Leipziger Rat die Pfarrer, Prediger, Kapläne, Schulmeister, Kantoren und das gesamte Kirchen- und Schulpersonal in Leipzig anzunehmen, einzusetzen und abzusetzen haben soll.

Das soll so vor sich gehen: Immer, wenn der Rat einen Pfarrer anstellt, soll uns das angezeigt werden. Sollte er nicht unseren Erwartungen entsprechen, werden wir den Rat davon unterrichten, damit er nach einer anderen Person sucht.[22] Die Personen, die der Rat zukünftig anstellen und einsetzen wird, sollen zuvor, wie es bei anderen Pfarrern und dem Kirchenpersonal üblich ist, durch die dafür Zuständigen ordnungsgemäß geprüft werden.[23] Sie sollen auch alle an der Universität zu Leipzig eingeschrieben sein. Wenn es dort Leute gibt, die zum Amt taugen, sollen sie anderen Anwärtern vorgezogen werden. Haben sie andernorts Prüfungen abgelegt, dann sollen sie sich nach den Statuten der Universität – wenn sie diese anerkennen und eine Anstellung haben wollen – annehmen lassen. Ferner müssen sich die Anzustellenden nach allen Seiten hin vollkommen und christlich mit der Universität in der Lehre vergleichen. Zwischen Universität und Stadt sollen sie durch Predigten keinen Streit erregen. Und damit sie alle durch den Rat zu Leipzig zukünftig und zu ewigen Zeiten finanziell unterhalten und besoldet werden, sollen der Rat und seine Nachkommen dazu das Einkommen, die Renten, Zinse und nutzbaren Rechte, alle Lehen und Anniversarien[24] in allen Leip-

---

19 Dieser Satz enthält in nuce die reformatorische Begründung für die Verwendung des alten Kirchengutes im neuen Kirchenwesen. Schule und Armenfürsorge sind darin eingeschlossen; vgl. Luthers Ausführungen im Vorwort zur Leisniger Kirchenordnung, oben Anm. 7.

20 28. Dezember 1542; die Tagung des Großen Ausschusses begann am 16. Januar 1543 in Dresden.

21 Diese Bemerkung enthält eine starke Verkürzung der überaus inhaltsreichen Verhandlungen über das Kirchengut im albertinischen Sachsen. Der Herzog informierte über die im Mai 1542 angeordnete Sequestration der Klostergüter, über 2000 Gulden, die aus dem daraus erwirtschafteten Geld an die Leipziger Universität, u. a. zur Pflege der alten Sprachen, gegangen waren. Die Erkundigung über die Finanzlage der Kirchen im Herzogtum habe zu Plänen geführt, für eine gleichmäßige Besoldung innerhalb des Herzogtums aus überschüssigem Kirchengut zu sorgen. Außerdem wurde die Gründung der drei Landesschulen angekündigt und auch bereits der Verkauf von Klöstern zugunsten des neuen Kirchenwesens. Der Ausschuss billigte diese Ausführungen und Pläne; vgl. Simon Issleib: *Moritz von Sachsen als evangelischer Fürst* (Beiträge zur sächsischen Kirchengeschichte, Bd. 20), [o. O.] 1907, S. 47–49.

22 Der Kurfürst agiert hier als ‚Notbischof'; einige Jahre später wird diese Aufsichtstätigkeit auf das Leipziger Konsistorium, die geistlich-weltliche Kirchenverwaltung, übergehen.

23 Der Rat kann diese Eignungsprüfung nicht selbst vornehmen, sondern überträgt sie auf die zuständigen Geistlichen. In der Regel ist das der Superintendent. Die weiteren Ausführungen verweisen auf die enge geistliche Verbindung zwischen der Leipziger Kirche und der Theologischen Fakultät der Universität.

24 Jahresgedächtnisse, die im Spätmittelalter zum geistlichen Andenken an Verstorbene gestiftet wurden und mit jährlichen Messen verbunden waren, die der Inhaber einer solchen Stiftung halten musste.

August, Herzog von Sachsen (1526/1553–1586), Gemälde von Hans Krell (Foto: Christoph Sandig, 2003)

ziger Klöstern – ausgenommen die Lehen, die ausdrücklich für das Studium gestiftet sind –, dazu das Opfergeld[25] und die 100 Gulden, die die Widebachin in ihrem Testament für einen Prediger angewiesen hat,[26] gebrauchen.

Die Summe all dieser Gelder beläuft sich nach dem Verzeichnis, das uns zugestellt wurde, und wenn alle Lehensinhaber verstorben und die Jahrgedächtnisse des Paulinerklosters erledigt und verfügbar sein werden,[27] auf etwa 1008 Gulden. Dazu haben wir dem Rat von dem Landbesitz des Thomasklosters so viel an Gütern übereignet und angewiesen, dass ihm daraus jährlich 600 Gulden zufließen. Somit erhält der Rat ein festes jährliches Einkommen von 1600 Gulden. Davon soll er seine Prediger, Pfarrer, das Kirchen- und Schulpersonal in der Stadt und in den Vorstädten besolden, unterhalten und versorgen. Diese Versorgung erstreckt sich auch auf die Wohnungen, die das Personal derzeit innehat, und die ihnen auch erhalten bleiben. Die Wohnungen, Schulen und Kirchengebäude müssen baulich erhalten werden.

Also übereignen wir dem Rat unserer Stadt Leipzig alle Pfarreien, Zinse und jährlichen Einkommen der Anniversarien und Lehen in allen Kirchen und Klöstern in und vor der Stadt – ausgenommen der Stiftungen für das Studium –, zusammen mit den Gütern, von denen der Rat die 600 Gulden pro Jahr erhalten soll. Wir übertragen ihm das Recht, die Pfarreien zu verleihen und das gesamte Kirchen- und Schulpersonal anzunehmen, ein – und abzusetzen.[28]

Gegeben zu Dresden am Dienstag nach Philippi und Jacobi, den 1. Mai 1543."[29]

IV. Schluss

Der von den Reformatoren geforderte Umgang mit dem alten Kirchengut wurde in Sachsen und anderen evangelischen Territorien weitgehend in praktisches Handeln überführt. Kirchliche Güter sollten grundsätzlich für die traditionellen Aufgaben der Kirche einschließlich der Schule und der Armenfürsorge verwendet werden. Notgedrungen – das heißt aufgrund der nicht mehr vorhandenen bischöflichen Strukturen – gingen die dafür notwendigen Organisations- und Verwaltungsaufgaben mit Billigung der Reformatoren auf die weltlichen Obrigkeiten des christlichen Gemeinwesens über: auf den Fürsten bzw. die Stadtobrigkeiten. Die von Herzog Georg bereits in altgläubiger Zeit entwickelte Vorstellung eines Ratspatronats über die Leipziger Kirche war unter reformatorischem Vorzeichen Wirklichkeit geworden und sollte über Jahrhunderte bestehen bleiben. Bereits in ihrem ersten Abschnitt erwähnt die Gerechtsame auch die „schule zu s. Thomas" – ein Hinweis auf die Wertschätzung dieser Schule in der Stadt Leipzig, den der Rat gegenüber dem Kurfürsten selbst eingebracht haben dürfte. Die finanziellen Regelungen im Leipziger reformatorischen Kirchenwesen haben auch dazu beigetragen, diese Einrichtung zu erhalten.

---

25 Kollekten der Gottesdienste.

26 Die sehr reiche Witwe Appolonia von Wiedebach (1470–1526) hatte testamentarisch eine mit 100 Gulden ausgestattete Predigerstelle für die beiden Leipziger Hauptkirchen im Rahmen einer größeren geistlichen Stiftung verfügt; vgl. dazu C. Volkmar: *Reform statt Reformation* (wie Anm. 2), S. 350, 550 f.; vgl. auch den Beitrag *Apollonia von Wiedebach – eine Förderin der evangelischen Predigt an der Thomaskirche?* von Heiko Jadatz in diesem Band.

27 Hinweis auf Einkünfte, die das alte Kirchenpersonal auf Lebenszeit beanspruchen darf und die folglich bei Ausfertigung der Urkunde noch nicht dem neuen Kirchenwesen zur Verfügung stehen.

28 Der Schlussabschnitt erfasst noch einmal den gesamten Umfang der Finanzausstattung des Kirchenpersonals und des dem Rat übergebenen Patronatsrechts über die Leipziger Kirche in abgekürzter Form.

29 In der Originalausfertigung der Urkunde folgen hier die Unterschriften der beiden Herzöge. Angehängt ist das Siegel von Herzog Moritz.

Epitaph des Ehepaares Apollonia und Georg Wiedebach, Sandstein, Stephan Hermsdorf, 1517, Südseite der Thomaskirche, aufgenommen am 22. Oktober 2011
(Foto: Stefan Altner)

Apollonia von Wiedebach –
eine Förderin der evangelischen Predigt an der Thomaskirche?
Heiko Jadatz

In den zahlreichen Publikationen zur frühen evangelischen Bewegung in der Stadt Leipzig taucht im Umfeld von großen Ereignissen, wie der Leipziger Disputation, den evangelischen Predigten Stephan Schönbachs und der Vertreibung evangelischer Bürger aus der Stadt, zuweilen auch der Hinweis auf die Stiftung eines Predigers an den Kirchen St. Thomas und St. Nikolai durch die Leipziger Bürgerin Apollonia von Wiedebach auf.[1] Noch heute wird sie den Leipzigern vielfältig ins Bewusstsein gerufen. Seit 1895 sind im Stadtteil Connewitz der Wiedebachplatz und die Wiedebachstraße nach ihr benannt. Im *Lexikon Leipziger Straßennamen* wird sie unter dem Stichwort ‚Wiedebachplatz' als eine Bürgerin gewürdigt, die für Hospitäler, Schulen und für den Kirchenbau Stiftungen ins Leben gerufen hat. Schließlich trägt seit 2007 eine Mittelschule in Leipzig-Connewitz ihren Namen. Das prominenteste Beispiel ihrer Würdigung und Erinnerung ist wohl das Sandstein-Epitaph für Apollonia und Georg von Wiedebach, das seit 1526 in der Thomaskirche an der Südwand zu finden ist.

Es muss gefragt werden, inwiefern Apollonia von Wiedebachs Stiftungen zu Beginn des 16. Jahrhunderts als so herausragend zu bewerten sind, dass sie wegen dieser Leistungen noch heute im Stadtbild eine breite Würdigung erfährt und mit diesem Beitrag ja auch einen Platz in der vorliegenden Jubiläumsschrift erhält.

Zur Beantwortung dieser Frage sollen zunächst die Stiftungen Apollonias von Wiedebach in den Kontext geistlicher Stiftungen anderer Leipziger Bürger zu Beginn des 16. Jahrhunderts gestellt werden.

Geistliche Stiftungen in Leipzig zu Beginn des 16. Jahrhunderts

In der spätmittelalterlichen Frömmigkeit um 1500 hatten Stiftungen einen festen Platz; sie galten sogar als Einrichtungen, mit denen Klerus, Kirchen, Hospitäler und Klöster fest rechnen konnten. Man kann sagen, dass das kirchliche Leben weitgehend aus Stiftungen finanziert wurde. Allein ein Blick in die Sammlung der Stiftungsurkunden zeigt, dass Leipziger Bürger in großem Maße für kirchliche und wohltätige Einrichtungen der Stadt spendeten. In allen Fällen waren die Stiftungen mit der im Spätmittelalter zunehmenden Sorge der Bürger um das persönliche Seelenheil und das der bereits verstorbenen Familienangehörigen verbunden. So bestätigte im Dezember 1522 der Merseburger Bischof Adolf von Anhalt den Leipziger Ratsherren Hans Preußer und Niklas Kotzler (Kitzler), eine Stiftung von 300 Gulden dafür einzusetzen, um in der Thomaskirche am Altar St. Wolfgang unter der Empore wöchentlich von einem Priester drei Seelenmessen für den verstorbenen Nikel Menhart lesen zu lassen.[2] Am gleichen Tag bestätigte der Bischof die Stiftung von 400 Gulden für ein Altarlehen unter der Empore der Thomaskirche, an dem viermal wöchentlich eine Messe für den verstorbenen Kuntz Preußer gehalten werden sollte.[3] In der bischöflichen Bestätigung wird betont, dass die Messen „in der ehr gots vnd vnser liben frawen vnd der h.drey kunig, Johannis baptistae, Mathaei apostoli vnd evangelistae, Laurentii Ciriaci Martini Georgii Erasmi Jheronimi Egidii Francisci Katherinae Barbarae vnd Appoloniae" zu halten sind, wodurch die tiefe Heiligenfrömmigkeit unterstrichen wird. Neben den Messstiftungen gab es vielfältige Möglichkeiten, für das Seelenheil verstorbener Familienmitglieder zu sorgen. Die Stiftungen reichten von jährlichen Spenden für Wachs über liturgische Geräte bis hin zu ganzen Altären und Kapellen. Daneben gab es ganz außerordentliche Stiftungen, wie die von Georg von Beschwitz gestiftete Prozession.[4] Beschwitz erhielt im Februar 1509 eine Bestätigung durch Papst Julius II. für eine Prozession

---

1 U. a. Gustav Wustmann: *Geschichte der Stadt Leipzig,* Bd. 1, Leipzig 1905, S. 411–415; Georg Buchwald: *Reformationsgeschichte der Stadt Leipzig,* Leipzig 1900, S. 69.

2 [o. A.]: *Codex Diplomaticus Saxoniae Regiae,* II. Hauptteil, 9. Bd.: *Urkundenbuch der Stadt Leipzig,* Bd. 2, Leipzig 1870 (im Folgenden CDS II 9), Nr. 413.

3 Ebenda, Nr. 414.

4 Ebenda, Nr. 375.

am Freitag nach Misericordias Domini, die von der Thomaskirche über die Katharinenkapelle, die Marienkapelle, das Dominikanerkloster, die Peterskirche und zurück zu St. Thomas führte; in jeder Kirche sollte eine Messe gehalten werden. Den Prozessionsteilnehmern wurde in der päpstlichen Urkunde Ablass gewährt.

Unter den Stiftern waren auch Zuwendungen für wohltätige Zwecke üblich. So wurde den Leipziger Bürgern Lorentz und Katharina von Reutlingen im März 1517 das Armenbad vor der Thomaskirche verliehen, zu dessen Unterhaltung sie sich verpflichteten.

Die evangelische Bewegung nach 1519

Dem geschilderten Stiftungseifer der Leipziger Bürger steht die nach der Leipziger Disputation im Sommer 1519 beginnende evangelische Bewegung in der Stadt ambivalent gegenüber. Das Auftreten Martin Luthers in der Disputation löste in der Bürgerschaft große Begeisterung für den Wittenberger Reformator aus.[5]

Der Medizinprofessor Heinrich Stromer (genannt Auerbach) begann, Schriften von Luther und Melanchthon in seiner Bibliothek zu sammeln, um sie an Leipziger Bürger auszuleihen. Der Rektor der Thomasschule, Johann Graumann (Poliander), und der Thomaskantor Georg Rhau verließen die Stadt und folgten Luther nach Wittenberg.

Anders wirkte das Auftreten Luthers auf den Landesherrn Herzog Georg von Sachsen. Galt er zunächst als Förderer der Leipziger Disputation – entgegen dem Willen der Universitätstheologen und des Merseburger Bischofs –, zeigte er sich in deren Verlauf von Luthers Lehre enttäuscht. Fortan bekämpfte er mit allen kirchenpolitischen und landesherrlichen Mitteln die evangelische Bewegung im Herzogtum, insbesondere in der Stadt Leipzig. Ein Mandat Georgs vom Februar 1522[6] verbot die Verbreitung der lutherischen Lehre, damit „das christliche volk dadurch nicht in irrtum gefüret" werde. Evangelische Predigten und der Empfang des Abendmahls in beiderlei Gestalt wurden untersagt. Als Luthers deutsche Übersetzung des *Neuen Testamentes* im Herbst 1522 auch im albertinischen Sachsen in den Umlauf kam, untersagte Georg im November 1522 den Kauf und Verkauf lutherischer Schriften und ordnete an, bis Weihnachten alle Exemplare abzugeben.

So entfaltete sich in den folgenden Jahren ein Konfliktfeld, auf dem sich Herzog Georg und die evangelischen Bürger gegenüberstanden, auf aber auch spätmittelalterliche Frömmigkeit und evangelisches Bekenntnis innerhalb der Bürgerschaft zueinander in einen Widerspruch traten. Mit Blick auf Apollonia von Wiedebach ist zu fragen, welchem religiösen Milieu sie zuzuordnen ist. Dabei soll zunächst ihre Familie etwas eingehender betrachtet werden.

Apollonia von Wiedebach – Herkunft und Familie

Apollonia von Wiedebach wurde 1470 als Apollonia von Alnpeck in Freiberg geboren. Die Familie von Alnpeck war eine der angesehensten Kaufmannsfamilien in Sachsen und spielte eine führende Rolle im Freiberger Rat.[7] Der Vater Stephan Alnpeck ging um 1450 wegen des blühenden Bergbaus von Regensburg nach Freiberg, wurde dort 1457 Bürger der Stadt und 1473 Rat, in den Jahren 1477, 1483 und 1488 war er Bürgermeister. Die Mutter, Magdalene Alnpeck, geborene Monhaupt, war die Tochter des sächsischen Amtmannes Nikolaus Monhaupt. Auch ihr Onkel, Georg von Alnpeck, war im Freiberger Rat vertreten und hatte ab 1499 mehrfach das Bürgermeisteramt inne. Ab 1509 war er herzoglicher Rat, Zehntner und Münzmeister. Im Zuge der Wittenberger Reformation in Freiberg gehörte die Familie Alnpeck zu den führenden Kräften. Vermutlich standen die Alnpecks im persönlichen Briefkontakt mit Luther.[8] In der ersten evangelischen Kirchenvisitation zu Pfingsten 1537 in Freiberg gehörte Andreas von Alnpeck zur Visitationskommission.[9]

Spätestens 1484 heiratete Apollonia den Leipziger Rat und Landrentmeister Jakob Blasebalg.[10] Aus der Ehe gingen die drei Söhne Jakob d. J., Wolf(gang) und Balthasar hervor. Sie wurden jedoch 1525, zu Apollonias Testamentsabfassung, als verstorben angegeben. Apollonias Ehemann verstarb 1490. Die damals zwanzigjährige Witwe heiratete 1491 Georg von Wiedebach, der im Dezember 1494 zum

---

5 Vgl. Heiko Jadatz: *Herzog Georg von Sachsen und die Leipziger Disputation*, in: Markus Hein, Armin Kohnle (Hrsg.): Die Leipziger Disputation 1519. 1. Leipziger Arbeitsgespräch zur Reformation (Herbergen der Christenheit, Sonderband 18), Leipzig 2011, S. 73–86.

6 Felician Gess (Hrsg.): *Akten und Briefe zur Kirchenpolitik Herzog Georgs von Sachsen*, 2 Bde., Leipzig 1905; 1917 (im Folgenden ABKG 1), Nr. 299.

7 Otto Hübner: *Stammbaum der Freiberger Patrizierfamilie Alnpeck*, in: Mitteilungen des Freiberger Altertumsvereins 44 (1908), S. 72.

8 Günther Wartenberg: *Die Einwirkungen Luthers auf die reformatorische Bewegung in Freiberg*, in: Wittenberger Reformation und territoriale Politik, Leipzig 2003, S. 125.

9 Heiko Jadatz: *Herzog Heinrich von Sachsen als Förderer der Wittenberger Reformation und als evangelischer Landesherr*, in: Herzog Heinrich der Fromme (1473–154), Beucha 2007, S. 89.

10 CDS II 8, Nr. 531: Die Äbtissin von Seußlitz belehnte am 25. Mai 1484 Jakob Blasebalg und „Amplonia seynner elichen hawsfrawen" mit einem hinter der Barfüsser-Mühle gelegenen Garten.

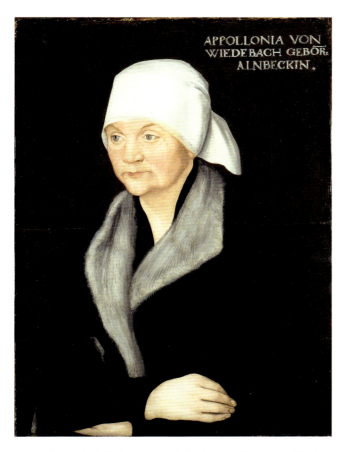

Lucas Cranach d. Ä. (1472–1553): *Bildnis Apollonia von Wiedebach (1470–1526)*, um 1524, Öl auf Holz, 39,8 x 30 cm. Bezeichnet oben links: „Apollonia Von / Wiedebach Gebor. / Alnbeckin." 1901 Übereignung aus der Ratsstube des Leipziger Rathauses (bpk | Museum der bildenden Künste, Leipzig | Ursula Gerstenberger, Inv.-Nr. 762)

Amtmann zu Leipzig und zum herzoglichen Rentmeister ernannt wurde.[11] Mit den beiden Ehen Apollonias wurden die vermögendsten Familien Sachsens zusammengeführt. Das Vermögen der Witwe, die durch den Tod der drei Söhne keine direkten Nachkommen hatte, belief sich ihrem Testament von 1525 zufolge auf eine Summe von mehr als 30 000 Gulden. Hinzu kam das Rittergut Lößnig, das ihr bereits 1487 von ihrem ersten Ehemann Jakob Blasebalg übertragen worden war, sowie weiterer Grundbesitz.

Zweifelsohne gehörten aber Georg und Apollonia zum wirtschaftlich und politisch führenden Personenkreis in Stadt und Amt Leipzig. In der städtischen Oberschicht waren vielfach Vertreter der evangelischen Bewegung zu finden. Ob das auch auf Apollonia und Georg von Wiedebach zutraf, wird im Folgenden untersucht.

Apollonia und Georg von Wiedebach und die evangelische Bewegung in Leipzig

Apollonia und Georg von Wiedebach finden in den einschlägigen Quellen der frühen evangelischen Bewegung in Leipzig keine Erwähnung. Wohl aber gibt es interessante Berührungspunkte in den überlieferten Schriften, die auf eine Nähe zum Kreis evangelischer Bürger schließen lassen.

Zunächst kann man feststellen, dass Georg von Wiedebach als Leipziger Amtmann in die Kirchenpolitik von Herzog Georg *qua Amt* eingebunden war. So führte Wiedebach neben Herzog Georg und dessen Kanzler Johann Cochläus den Vorsitz bei der Leipziger Disputation.[12] In seinem Beisein unterzeichneten im Juni/Juli 1519 die Disputanten Johann Eck, Andreas Bodenstein (genannt Karlstadt) und Martin Luther jeweils den Vertrag zur Leipziger Disputation.[13] So ist davon auszugehen, dass Wiedebach während der Disputation zumindest zeitweise anwesend war und Luther als Disputant erlebt hatte, obwohl offen bleiben muss, ob er wie Herzog Georg den lateinischen Ausführungen der Theologen folgen konnte. Eine durch die Leipziger Disputation hervorgerufene Begeisterung für die Lehre Luthers, wie bei anderen Leipziger Bürgern, lässt sich jedenfalls weder für Georg noch für Apollonia von Wiedebach belegen.

Auf der Spurensuche nach weiteren Anhaltspunkten für die religiöse Haltung der Wiedebachs trifft man auf einen Bericht, den Herzog Friedrich von Sachsen im März 1521 an seinen Vater Georg sandte, der sich zu dieser Zeit auf dem Reichstag zu Worms aufhielt.[14] Friedrich berichtete über das Verfahren gegen den Leipziger Buchdrucker Valten Schumann wegen einer von seiner Druckerei ausgehenden Schmähschrift gegen Hieronymus Emser sowie gegen Melchior Lotter, der eine lutherische Schrift von Johannes Cellarius gedruckt hatte.[15] Emser war bereit, Schumann für den Druck der Schmähschrift zu vergeben, um ihm die Haftstrafe zu ersparen. In der Begründung gab Emser unter anderem an, dass ihn die „rentmeisterin zu Leypzigk" mit einem „sunderlichen fruntlichen brife" zu einem Gespräch vorgeladen habe.[16] Offensichtlich hatte

---

11 Woldemar Görlitz (Hrsg.): *Staat und Stände unter den Herzögen Albrecht und Georg 1485–1539*, Leipzig und Berlin 1928, S. 55.

12 Johann Karl Seidemann: *Die Leipziger Disputation im Jahre 1519*, Dresden und Leipzig 1843, S. 43.

13 ABKG 1, Nr. 123.

14 ABKG 1, Nr. 194.

15 Johannes Cellarius (Kellner): *Judicium Johannis Cellarii de Martini Luthero*, Leipzig 1520 (VD 16: K 701).

16 ABKG 1, Nr. 194.

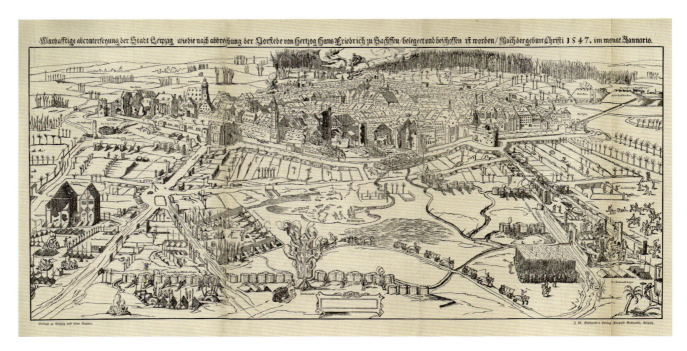

Stadtansicht von Leipzig, 1547
(Stadtgeschichtliches Museum Leipzig)

sich Apollonia von Wiedebach im persönlichen Gespräch mit Emser dafür eingesetzt, dem Drucker Valten Schumann die Haftstrafe zu erlassen. Dabei ist es durchaus denkbar, dass sie hier aus einer Sympathie für die evangelische Bewegung heraus ihren Einfluss nutzen und Schumann vor einer Verurteilung schützen wollte.

In der Frage nach den lutherischen Ambitionen der Wiedebachs ist ein im Januar 1523 abgefasster Bericht Georgs von Wiedebach an Herzog Georg über die Abgabe des Neuen Testaments Luthers und anderer lutherischer Schriften aufschlussreich. Auf Herzog Georgs Mandat vom November 1522 übersandte Wiedebach die „Martinischen buchir", die ihm in Stadt und Amt Leipzig übergeben worden waren.[17] Die beigefügte Liste nennt die ehemaligen Besitzer der Bücher: den Goldschmied Ulrich Guldenmond, den Juristen Georg von Breitenbach, den Stadtrat Hans Preußer, den Gürtler Lucas Walther, den Schöffenschreiber Augustinus Tirolf sowie den Stadtrat und Kaufmann Heinrich Scherll. Am Ende setzte Georg von Wiedebach auch seinen eigenen Namen auf die Liste. Den Angaben folgend, gab der Amtmann ein Neues Testament Luthers ab, das ihm der Buchdrucker Melchior Lotter geschenkt hatte, sowie einige andere lutherische Schriften, die er in Leipzig gekauft oder zum Geschenk erhalten hatte. Die Tatsache, dass Wiedebach im Besitz lutherischer Schriften war, könnte einerseits ein Hinweis auf seine und Apollonias lutherische Haltung sein. Die Angabe in Wiedebachs Bericht, dass er selbst – im Gegensatz zu anderen Leipziger Bürgern – dem herzoglichen Mandat Folge leistete und die Schriften ablieferte, könnte aber andererseits auch auf seine religionspolitische Treue zu seinem Landesherrn hinweisen.

In einem ganz anderen Licht stand das im Dezember 1520 verfasste Testament Georgs von Wiedebach sowie das seiner Ehefrau Apollonia vom Juni 1525.

Die Stiftungen in den Testamenten von Georg und Apollonia von Wiedebach

Die Testamentstexte der Wiedebachs, besonders die darin verfügten Stiftungen, lassen kaum etwas von evangelischen Ambitionen des Rentmeisters und dessen Ehefrau erkennen. Wenn man sich den in den Testamenten aufgeführten geistlichen Stiftungen im Einzelnen zuwendet, erscheinen Georg und Apollonia als typische Stifter mit einer spätmittelalterlich geprägten Frömmigkeit. Die Sorge um das eigene Seelenheil und das der verstorbenen Verwandten tritt neben den wohltätigen Stiftungen deutlich zutage.

Der 1524 verstorbene Georg von Wiedebach verfasste am 1. Dezember 1520 sein Testament.[18] Darin verfügte er,

---

17 ABKG 1, Nr. 481.

18 StAL: Urkundenkasten 18, 5.

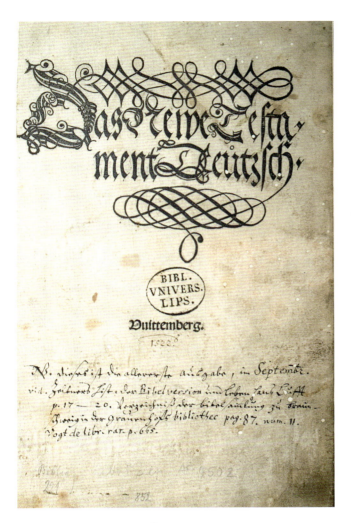

Septembertestament, erste Übersetzung des Neuen Testaments von Martin Luther, 1522
(Universitätsbibliothek Leipzig, Signatur: Libri.sep.A.1502)

in der für ihn in St. Thomas errichteten Begräbniskapelle beigesetzt zu werden. Zudem sollte man sein „bilde In Die Kirchwand vormauern lassen" – gemeint ist das bereits erwähnte Epitaph für Apollonia und Georg von Wiedebach.[19] Darüber hinaus stiftete er ein Jahrgedächtnis für sich und seine Eltern sowie fünf Gulden jährlich oder 100 Gulden in der Summe zur Erhaltung der Begräbniskapelle. Außerdem erhielten das Leipziger Dominikanerkloster und das Neue Kloster 50 Gulden jährlich für ein Jahrgedächtnis, das Johannishospital und das Georgenhospital jeweils 50 Gulden jährlich für die Armenfürsorge. Daneben sollten an die Nikolaikirche sowie an das Franziskanerkloster jeweils 50 Gulden jährlich gezahlt werden. Für die Kirche in Drebach im Erzgebirge, wo Wiedebachs Eltern[20] begraben liegen, stiftete er jährlich 40 Gulden. Herzog Georg überließ er nach seinem Tod eine Summe von 5000 Gulden für die Vollstreckung seines letzten Willens.

Das Testament Apollonias von Wiedebach vom 22. Juni 1525 sprach ebenso für eine spätmittelalterliche Frömmigkeitsprägung.[21] Eingangs legte sie fest, dass sie nach ihrem Tod in der Begräbniskapelle zu St. Thomas mit Seelenmessen und Vigilien bestattet werden wolle, „dartzu der her probst, vnd alle pristerschafft sollen geforderd werden". Für ihren Todestag stiftete sie ein Jahrgedächtnis, zu dem 15 Messen zu lesen und eine Seelenmesse zu singen waren, zudem sollten 13 „arme menschen nach notturfft mit Speys vnd tranck gespeyst werden vnd wan sie gessen haben, sol man itzlichenn eyn cleydt von Schwarzen oder Grawen tuche, ye eyn Ele vor drey groschen vngeferlich vmb gottis willen gebenn". Außerdem stiftete sie jährliche Seelenmessen für ihre Ehemänner, Georg von Wiedebach und Jakob Blasebalg, sowie für ihre drei verstorbenen Söhne, Jakob, Wolfgang und Balthasar Blasebalg. Auch für die Klosterkirchen der Dominikaner und der Georgennonnen stiftete sie mehrere Jahrgedächtnisse für sich und ihre Angehörigen. An die Begräbniskapelle in St. Thomas sollten jährlich zehn Gulden gehen, damit dort jeden Abend sechs Schüler das *Salve Regina*,[22] *Miserere*,[23] und *De profundis*[24] singen. Die Stiftungen für die Leipziger Klöster sollten nur gezahlt werden, sofern die Mönche und Nonnen noch „Ir geistlich wesen" aufrecht erhielten und sich nach der Ordensregel richteten, andernfalls sollten die Beträge für die Armenfürsorge verwendet werden. Das Testament Apollonias von Wiedebach enthielt noch zahlreiche Stiftungen für Altäre und Messen in Leipziger Kirchen, für die Armenfürsorge sowie für eine Messe an der Grabstätte ihrer Eltern in Freiberg. Zugunsten Herzog Georgs verfügte sie eine Summe über 3000 Gulden, damit er nach ihrem Tod das Testament vollstrecke.

Im Folgenden ist die Stiftung der Predigerstelle in den Blick zu nehmen. Dazu findet man im Testament wörtlich, dass man für 100 Gulden einen

> „redelichen tugelichen Prediger der auffs wenigster Magister sey, zu Sandt Thomas In die pfarr-Kirche, ader ab es aldo nicht gesein kann, zu Sandt Nick-

---

19 Zum Epitaph vgl. Heinrich Magirius, Hartmut Mai, Thomas Trajkovits, Winfried Werner: *Stadt Leipzig. Die Sakralbauten*, hrsg. vom Landesamt für Denkmalpflege, Bd. 1, Berlin 1995, S. 299 f.

20 Vermutlich der 1481 von Kurfürst Ernst von Sachsen mit dem Rittergut Drebach belehnte Veit von Wiedebach und dessen Ehefrau.

21 StAL: Urkundenkasten 18, 7 – vgl. CDS II 10, Nr. 136.

22 Marien-Antiphon.

23 Bußgebet nach Ps. 51.

24 Totengebet nach Ps. 130.

las alhie zu Leiptzigk, an allen Sonntagen vnd feyertagen, durchs Jar auß zu predikgen sol vorordenn, vnd solchen prediger, die weyl ich lebe will ich selbst vorordenn, Wann ich aber gesterbe, sol yhne eyn Erbar Rath alhi Zu Leiptzigk, mit rathe vnd willen meyner Testamentarien also lange sie leben vnd darnach nach yrem bestenn erkenthnis auffzunhemen vnd zuentsetzen haben".[25]

Die Stiftung eines theologisch gebildeten Predigers wirft die Frage auf, ob Apollonia von Wiedebach auf diesem Wege bei den Leipziger Kirchen einen evangelischen Prediger etablieren wollte. Dafür würde die Klausel sprechen, dass über die Anstellung zu ihren Lebzeiten die Stifterin selbst beziehungsweise nach ihrem Tod der Stadtrat entscheiden sollte. Ebenso könnte auch die Betonung auf der universitären theologischen Bildung darauf hinweisen, dass hier ein evangelischer Prediger im Blick war. Dagegen spricht jedoch in starkem Maße der Kontext dieser Festlegung im Testament. Denn inmitten der umfangreichen altgläubigen Stiftungen hätte die Forderung nach einem evangelischen Prediger wie ein Fremdkörper gewirkt. Darüber hinaus wäre die Forderung nach einem evangelischen Geistlichen nicht mit der Kirchenpolitik Herzog Georgs von Sachsen vereinbar gewesen, der allerdings hier als Testamentsvollstrecker eingesetzt wurde.[26]

Dennoch lässt sich diese Stiftung dem Bestreben Leipziger Bürger zuordnen, die sich zwischen 1522 und 1525 um einen evangelischen Prediger in der Stadt gegenüber Rat und Landesherrn bemühten.

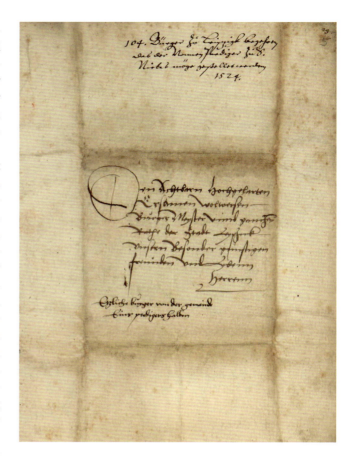

Eingabe von 104 Bürgern zur Einsetzung eines Predigers aus dem Jahr 1524
(Stadtarchiv Leipzig, Signatur: Tit. VII B (F) 1 Bd. 1, Bl. 5–10)

Das Bemühen um einen evangelischen Prediger in Leipzig zwischen 1522 und 1525

Im Mandat Georgs vom Februar 1522 wurden vor allem evangelische Predigten und der Empfang des Abendmahls in beider Gestalt im Herzogtum untersagt.[27] Hintergrund dieser Verfügung war der Wunsch lutherischer Anhänger im Herzogtum, evangelische Prediger in den Kirchen amtieren zu lassen.

In Leipzig trat im September 1522 Stephan Schönbach mit evangelischen Predigten in der Leipziger Johanniskirche auf. Dem Leipziger Rat wurde vom Dresdner Hof befohlen, Schönbach gefangen zu nehmen.[28] Im Oktober 1523 bat Bischof Adolf von Merseburg den sächsischen Herzog, die evangelischen Predigten von Sebastian Fröschel zu untersagen. Der Bischof befürchtete, dass dadurch ein Aufruhr in der Stadt entstehen könnte.[29]

Die evangelischen Leipziger zeigten sich von solchen Anordnungen unbeeindruckt. Im April 1524 forderten über einhundert Bürger den Leipziger Rat auf, die Anstellung eines evangelischen Predigers in der Stadt zu bewilligen.[30] Im Gesuch heißt es, dass sie nicht mehr „vor das thor an vngelegene vnd vnbequeme stellen vnd winkel" zum evangelischen Gottesdienst gehen wollten. Sie schlugen für diese Stelle den Prediger des Georgenhosptials, Andreas Bodenschatz, vor. Die Bitte wurde auf Georgs Veranlassung zurückgewiesen; er schrieb, das „gyft zu Wittenbergk" solle nicht noch mehr in Leipzig ausgegossen werden, die Anstellung von Geistlichen sei denen zu überlassen, die solches zu entscheiden hätten.[31] Im

---

25 StAL: Urkundenkasten 18, 7, Bl. 15ʳᵛ.
26 Vgl. dazu auch Christoph Volkmar: *Reform statt Reformation. Die Kirchenpolitik Herzog Georgs von Sachsen 1488–1525*, Tübingen 2008, S. 550.
27 ABKG 1, Nr. 299.
28 ABKG 1, Nr. 381.
29 ABKG 1, Nr. 558.
30 ABKG 1, Nr. 630.
31 ABKG 1, Nr. 643.

Mai 1525 kam es zu Unruhen, an denen sich mehrere Bürger beteiligten, die unter den Bittstellern zu finden waren. Die Auseinandersetzung erreichte ihren Höhepunkt, als der Ringschmied Michael Rumpfer, ein Unterzeichner der Bittstellung, im Juni 1525 hingerichtet wurde. Damit war die evangelische Bewegung in Leipzig vorübergehend zum Stillstand gekommen.

Betrachtet man die Forderung der über einhundert Bittsteller von 1524, so ist auch hier nicht direkt von einem lutherischen oder evangelischen Geistlichen die Rede, sondern von einem Prediger, der das „gotliche wort lauter vnd rein" verkünde, den sie bisher aufgrund der Mandate des Herzogs entbehren mussten.[32] Zudem wurde auch hier die Thomas- oder die Nikolaikirche als Predigtstelle vorgeschlagen sowie die Unterhaltung des Geistlichen durch die Unterzeichner zugesichert. Vor diesem Hintergrund deckt sich die Testamentsverfügung Apollonias von Wiedebach von 1525 mit der Bitte evangelischer Leipziger von 1524. Ist hierin vielleicht ein Zusammenhang zu sehen, auch wenn die übrigen geistlichen Stiftungen in ihrem Testament ganz der spätmittelalterlichen Frömmigkeit entsprachen? Jedenfalls zeigt die in den folgenden Jahren geführte Auseinandersetzung um die Stiftung der Predigerstelle, dass hier Landesherr und Thomasstift um einen Einfluss auf die Besetzung bemüht waren. Die Sorge, dass die Bürger einen evangelischen Prediger für diese Stiftung etablieren könnten, ist deutlich zu erkennen.

Die Auseinandersetzung um die Besetzung der gestifteten Predigerstelle an St. Thomas

Bereits wenige Wochen nach der Testamentsverfügung begannen die Verhandlungen um die Berufung eines Predigers an die Thomas- oder Nikolaikirche. In einem ersten Gutachten vom 18. August 1525 wurde die Stiftung zugunsten des Geistlichen in den Blick genommen. Darin spricht man von einem „prediger, der do sall das wort gottes vnd das heylige ewangelium predigenn", wofür Apollonia von Wiedebach eine Stiftungssumme von 2000 Gulden bereitstellte und wovon „langst zcuvor do von eyn rede gewest, das eyn sulche testament vnd stiftung solt vff gericht werden." Außerdem wurde dem Propst Ulrich Pfister und dem Kapitel des Leipziger Thomasstiftes aufgetragen, über die Besetzung der Stelle zu beraten und die Beratungsergebnisse an Herzog Georg zu schicken.[33]

Drei Dinge gilt es hier festzuhalten: Erstens wurde die Stiftung der Stelle vermutlich mit dem Verdacht verbunden, an der Thomaskirche einen evangelischen Prediger anstellen zu wollen. Die Formulierung „der do sall das wort gottes vnd das heylige ewangelium predigenn" legt diese Vermutung nahe. Zweitens war die Stiftung bereits vor der Testamentsverfügung im Gespräch, wodurch diese vielleicht doch zu den Bemühungen um einen evangelischen Prediger in Leipzig zu zählen ist. Drittens war Herzog Georg vermutlich deshalb darauf bedacht, das Besetzungsrecht für diese Stelle an das Thomasstift zu binden, um zu vermeiden, dass Apollonia von Wiedebach oder der Stadtrat einen eigenen – vielleicht evangelischen – Geistlichen dafür einsetzt.

In den weiteren Verhandlungen ging es dementsprechend ausschließlich um die Besetzungsrechte. Aus Sorge, dass ein evangelischer Geistlicher an der Thomas- oder Nikolaikirche angestellt werden könnte, versuchte Herzog Georg, Propst und Kapitel des Thomasstiftes so zu instrumentalisieren, dass das Besetzungsrecht schließlich an sie gelangte.

Nachdem der Herzog gegenüber Propst Ulrich Pfister seine Bedenken geäußert hatte, wandte dieser sich an Bischof Adolf von Merseburg mit der Bitte um eine Beurteilung der Stiftung.[34] Erwartungsgemäß antwortete der Bischof dem Propst, dass auf keinen Fall seitens der Stifterin oder des Stadtrates über die Stelle zu verfügen sei, vielmehr solle dem Propst als „obersten seelwartter dyser loblichen gemeyn" das Besetzungsrecht zugesprochen werden, damit in diesen Zeiten[35] keine Zwietracht unter den Bürgern entstehe.

Schließlich kam es, nachdem Apollonia von Wiedebach am 21. Januar 1526 gestorben war, im April 1526 zu einer Verhandlung um die Predigerstelle auf der Leipziger Pleißenburg zwischen Propst Ulrich Pfister und den herzoglichen Räten Hans von Wertherm, Rudolf von Bünau, Christoph von Taubenheim zu Freyburg, Andres Pflugk, Veit von Dragsdorf sowie dem Kanzler Simon Pistoris. Aus dem Verhandlungsprotokoll[36] geht hervor, dass der Propst unter Berufung auf Herzog Georg dem Stadtkämmerer und dem Stadtrat Augustinus Tirolf das Besetzungsrecht abgesprochen hatte, weil das „wider alle ordnung" sei. Zu den Festlegungen im Testament mutmaßte der Propst, dass es Apollonia von Wiedebach vielleicht nicht besser gewusst und deshalb dem Stadtrat das Besetzungsrecht zugesprochen hätte. Die herzoglichen Räte kamen in ihrer

---

32 Gemeint ist hier in erster Linie das auf dem Leipziger Landtag 1523 verkündete Mandat Herzog Georgs, das noch einmal das Verbot der lutherischen Lehre im Herzogtum unterstrich – vgl. ABKG 1, Nr. 518.

33 CDS II 9, Nr. 419, S. 398 f.

34 CDS II 9, Nr. 419, S. 399 f.

35 Angespielt wird hier auf die evangelische Bewegung in der Stadt.

36 CDS II 9, Nr. 419, S. 400–402.

Verhandlung zu dem Schluss, dass allein der Propst den Prediger einzusetzen habe. Könne man sich nicht mit dem Stadtrat darauf einigen, solle der Bischof von Merseburg darüber verfügen.

Da offensichtlich der Stadtrat auf seiner Befugnis bestand, legte Herzog Georg am 17. April 1526 den Streit durch einen Vergleich bei.[37] Dem Stadtrat wurde nun das Recht zugesprochen, laut testamentarischer Festlegung die gestiftete Stelle mit einem Prediger zu besetzen. Diese Zusage wurde jedoch an Bedingungen geknüpft: Jede Predigt sollte zuvor dem Propst angezeigt werden; erweise sich der Prediger als ungeeignet, könnten Bischof und Landesherr, auch entgegen der Meinung des Stadtrates, den Geistlichen absetzen. Falls die Bürger nur noch die Predigten des neu eingestellten Predigers besuchten, solle er wechselweise ein halbes Jahr in St. Thomas und St. Nikolai predigen; außerdem habe der Propst immer das Recht, die Predigt selbst zu übernehmen. Schließlich sollten die Predigten nicht kürzer als eine Stunde dauern und der Geistliche nicht außerhalb seiner Predigtstelle Gottes Wort verkündigen.

Aus diesen Einschränkungen spricht deutlich die Sorge, dass die evangelischen Bürger einen Prediger nach ihrer Neigung in den beiden großen Stadtkirchen etablieren könnten. Die Bedingungen des Landesherrn erlaubten jedoch keinen Spielraum, hier einen evangelischen Geistlichen wirksam werden zu lassen. Die Zusage an den Stadtrat, die Stelle besetzen zu dürfen, war derart ausgehöhlt, dass die evangelischen Bürger hierbei kaum ihren Einfluss geltend machen konnten.

Die Haltung der Stifterin in diesen Verhandlungen – respektive bis zu ihrem Tod im Januar 1526 – bleibt dagegen unscharf. Ließ Apollonia von Wiedebach ihre Bestimmung im Testament ohne Weiteres durch Her-

37 CDS II 9, Nr. 420.

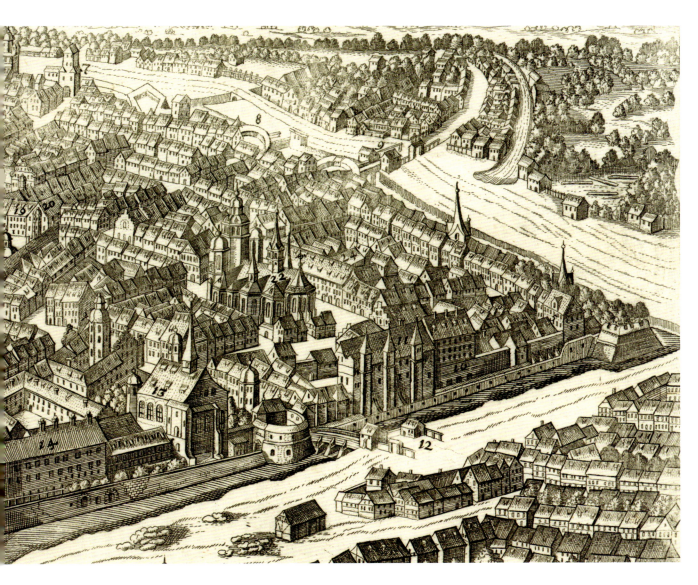

*Ausschnitt aus einer historischen Stadtansicht von Leipzig, 1665
(Archiv des Thomanerchores)*

zog Georg und Propst Ulrich Pfister verändern? Darüber hinaus ist zu fragen, welche Absichten sie mit der Stiftung einer Predigerstelle, vor allem mit dem bei ihr oder der Stadt liegenden Besetzungsrecht, verfolgte. Dass die Stiftung in dieser Form außergewöhnlich und für die evangelische Bewegung förderlich war, zeigen die zähen Verhandlungen um diese Stiftung und schließlich die Einschränkungen seitens des Landesherrn.

Fazit

Apollonia von Wiedebach ist keine typische Vertreterin der evangelischen Bewegung in Leipzig gewesen, auch wenn sich geringfügige Anhaltspunkte dafür bieten. Die geistlichen Stiftungen, die in ihrem Testament von 1525 festgelegt wurden, entsprechen deutlich ihrer altgläubigen Frömmigkeit. Die Stiftung der Stelle eines Predigers für eine der großen Stadtkirchen fällt jedoch aus diesem Muster heraus. Die Festlegungen decken sich mit dem Begehren nach einem evangelischen Geistlichen, das im Jahr zuvor von über einhundert Bürgern der Stadt unterzeichnet wurde.

Die ablehnende Reaktion Herzog Georgs auf diese Stiftung sowie das Bemühen, die Besetzungsrechte an das Thomasstift zu binden, lassen zudem darauf schließen, dass Apollonia von Wiedebach mit ihrer Verfügung die Anstellung eines evangelischen Predigers fördern wollte.

So ist diese Stiftung zu Recht ein interessanter ‚Baustein' in der Geschichte der evangelischen Bewegung in Leipzig.

Sethus Calvisius: Alles was Odem hat, lobet den Herrn *(Kanon), 1605, Autograph*
(The Pierpont Morgan Library, New York, Mary Flagler Cary Music Collection,
Foto: Anthony Troncale, 2011)

Zur historischen Begründung der Musiktradition an St. Thomae zu Leipzig

Christoph Wolff

Der Rückblick auf 800 Jahre Thomana mit Kirche, Schule und Chor bietet Anlass zum Nachdenken darüber, worin denn eigentlich die oft als selbstverständlich angenommene überregionale Bedeutung und Ausstrahlung dieser Trias besteht und worauf sie sich gründet. Gewiss finden sich in Europa ältere, größere und prachtvollere Kirchenbauten, auch ältere, wichtigere und einflussreichere Gymnasien. Desgleichen gibt es einige wenige noch ältere, ebenfalls ununterbrochen fortbestehende Chöre. Doch gerade bei diesem dritten Punkt fällt es schwer, der Musiktradition an St. Thomae eine an historischer Bedeutung und europäischer, ja weltweiter Ausstrahlung vergleichbare musikalische Institution zur Seite zu stellen.

Die Regensburger Domspatzen blicken zwar auf rund tausend Jahre zurück, und neben den Thomanern können andere Chöre wie die Wiltener Sängerknaben aus Innsbruck oder der Knabenchor des spanischen Klosters Montserrat bei Barcelona ihre Geschichte ebenfalls bis ins 13. Jahrhundert zurückverfolgen. Diese Knabenchöre entstammen ausnahmslos mittelalterlichen Schulgründungen. Zunächst waren dies die Klosterschulen und seit dem 8. Jahrhundert, der Zeit Karls des Großen, dann zunehmend auch die bischöflichen Kathedralschulen. Sie vermittelten als elementare Lehrinhalte das Lesen, Schreiben und Singen mit dem Ziel, Gedanken aufzunehmen, wiederzugeben und zu bewegen – Letzteres im Sinne von emotionalisieren. In dieser Beziehung unterschied sich die Schola Thomana als Klosterschule nicht von Dutzenden ähnlicher Gründungen und stand im mitteldeutschen Raum seinerzeit zunächst im Schatten der 1088 gegründeten Naumburger Domschule. Aber es geht ja weniger um das absolute Alter der Schule als Stätte kirchlicher Gesangspflege, als vielmehr um eine ganz bestimmte musikalische Tradition, die der Thomana frühzeitig ein konturenscharfes Profil und klares Alleinstellungsmerkmal verlieh.

Man ist hier schnell bei der Hand mit dem Namen Johann Sebastian Bach und dessen einzigartiger Stellung in der Musikgeschichte. Seinem Leipziger Wirken waren freilich gerade einmal 27 Jahre beschieden, immerhin besonders wichtige drei Prozent von acht Jahrhunderten, bei denen die Spanne von Bach zurück bis 1212 ungleich größer ist als der Abstand zwischen seiner Amtszeit und heute. Dabei bleibt entscheidend, dass bereits Bach ganz wesentlich von der musikalischen Tradition der Thomana profitierte. Auch nicht übersehen werden sollte, dass sie mit ihm keineswegs zu Ende ging.

Worin besteht diese Tradition und worauf gründet sie sich? Diese Frage ist zunächst nicht zu trennen von der Pflege der polyfonen Vokalmusik, wie sie – und das gilt für alle heute noch bestehenden Knabenchöre – nicht vor dem 15. Jahrhundert einsetzt. Denn im Mittelalter beschränkten sich die Gesänge der Chorknaben auf einstimmige liturgische Melodien, und die frühe Mehrstimmigkeit – etwa die Organa von Notre Dame zu Paris – war zunächst ausschließlich die Domäne erwachsener und erfahrener Choristen. Das mehrstimmige Repertoire wurde durchweg erst gegen Ende des 15. Jahrhunderts in der Chorpraxis der Lateinschulen aktuell, aber dann umso bestimmender. Wenn 1519 der Thomaskantor Georg Rhau anlässlich der berühmten Leipziger Disputation der Theologen Johann Eck, Andreas Karlstadt und Martin Luther eine mehrstimmige Messe aufführte, so gilt dies als der erste einschlägige Beleg nicht nur für Leipzig, sondern überhaupt für eine europäische Lateinschule. Weder in Oxford und Cambridge, noch in Frankreich, Italien oder andernorts lässt sich ein derart konkreter und datierter Aufführungsnachweis erbringen. Dass freilich diese – im Übrigen nicht weiter bestimmbare – *Missa de Sancto Spiritu* eine, wie gemeinhin angenommen,[1] zwölfstimmige Komposition gewesen sei und damit auf die besondere Leistungsfähigkeit der Thomaner hinweise, beruht

---

1 Rudolf Wustmann: *Musikgeschichte Leipzigs,* Bd. 1: *Bis zur Mitte des 17. Jahrhunderts,* Leipzig und Berlin 1909, S. 41. So auch noch bei Martin Geck im Artikel von *Georg Rhau*, in: Musik in Geschichte und Gegenwart, 2. Ausg., hrsg. v. Ludwig Finscher, Personenteil Bd. 13, Kassel etc. 2005, Sp. 1611.

Luthers Vesperpredigt am ersten Pfingstfeiertag bei Einführung der Reformation in Leipzig 1539, kolorierte Lithografie, 1839 (Stadtgeschichtliches Museum Leipzig, Inv.-Nr.: Mü.XX/67a)

allerdings wohl auf einem Missverständnis. Denn in der zeitgenössischen Berichterstattung ist lediglich von zwölfstimmigem Gesang die Rede.[2] Damit ist jedoch eher ein Chor von zwölf Sängern gemeint, der dann eine üblicherweise drei- oder vierstimmige Messe dargeboten hätte.

In jedem Fall deutet der Nachweis von 1519 auf einen festen Platz der mehrstimmigen Musik im Gottesdienst hin und damit auf die musikalische Praxis des Chorus Musicus der Schola Thomana, wie sie jedoch auch andernorts an größeren Lateinschulen üblich war, zudem auch an höfischen Ensembles wie etwa der unter Johann Walters Leitung stehenden kursächsischen Hofkapelle zu Wittenberg mit ihren Kapellknaben. Die schulische und gottesdienstliche Musikpflege nahm mit der Einführung des lutherischen Bekenntnisses in vielen deutschen Landen an Bedeutung deutlich zu, zumal der Reformator Martin Luther der Musik im Gottesdienst eine besondere Bedeutung im Dienst der Verkündigung beimaß. So diente das vertonte Bibelwort in besonderer Weise der Vertiefung, Verinnerlichung und emotionalen Aneignung der göttlichen Botschaft. Auch betonte Luther den besonderen erzieherischen Wert der schulischen Musikausübung. Hinzu trat die Tatsache, dass seine persönlichen musikalischen Interessen – wie seine Vorliebe etwa für die hohe Kunst eines Josquin Desprez – den allgemeinen Stellenwert der Musik deutlich anhob.

---

2 Laut Bericht des Wittenberger Predigers Sebastian Fröschel „sung" der Thomaskantor Georg Rhau seinerzeit „eine Messe mit zwölf Stimmen." Eine zweite Quelle von Johannes Galliculus spricht hingegen von einem „sacrificium duodecim vocum harmoniis conflatum" und damit von einem 12-stimmigen Satz – einem Fantasiegebilde ohne Parallele im frühen 16. Jahrhundert. Textnachweise bei Gustav Wustmann: *Aus Leipzigs Vergangenheit. Gesammelte Aufsätze*, Bd. 3, Leipzig 1909, S. 99 f.

Der Thomanerchor wurde nach Einführung der Reformation in der Stadt Leipzig im Jahre 1539 von dieser positiven Entwicklung stark beeinflusst – letztlich jedoch kaum weniger als andere lutherische Schulkantoreien. Was ihn jedoch in besonderer Weise auszeichnete und entscheidend beflügelte, war der Standort Leipzig als europaweit renommierte Messestadt sowie die enge Verbindung zur Universität – eine Kombination, die in dieser Form keine andere Stadt weder im deutschen Raum noch anderswo in Europa aufweisen konnte und die entsprechend auch keinem anderen Chor zugutekam. Denn die mit Leipzig konkurrierenden Handelsstädte Frankfurt und Hamburg besaßen keine Universität und andere protestantische Universitätsorte wie Heidelberg, Marburg oder Wittenberg waren als Städte zu klein und an Wirtschaftskraft vergleichsweise unbedeutend.

Die Thomasschule, ursprünglich Klosterschule des selbstständigen Thomasstiftes, wurde nach Einführung der Reformation in die Obhut des Rates der Stadt übernommen. Im Unterschied zur Nikolaischule, von Anbeginn eine städtische Lateinschule für die Bürger der Stadt, bewahrte die Thomasschule ihren Charakter als Bildungsstätte mit Internat für bedürftige und begabte Knaben aus der näheren und weiteren Umgebung Leipzigs. Die Internatsschüler, Alumnen genannt, rekrutierten sich zum Teil aus entfernten Landschaften wie Bayern und Friesland und wurden nach strengen Kriterien ausgewählt. Da die Alumnen die Musik in den vier Leipziger Stadtkirchen zu bestellen hatten und damit zugleich ihr Schulgeld verdienten, schloss das akademische Selektionsprinzip von Anbeginn auch musikalische Fähigkeiten mit ein. Die überregionale Selektion garantierte ein überdurchschnittliches akademisches Begabungsniveau, das aber immer auch musikalischer Bildung förderlich war. Damit boten sich Möglichkeiten für eine anspruchsvolle Musikpraxis, die den Ambitionen einer Welthandelsstadt mit ihren drei jährlichen Messen entgegenkamen. So belegt ein Inventar der Musikbibliothek der Thomasschule von 1564[3] immerhin, dass bereits unter dem Kantorat von Melchior Heger (1553–1564) der Thomanerchor fünf-, sechs- und achtstimmige Werke namhafter europäischer Komponisten darzubieten pflegte – darunter Werke von Heinrich Isaac, Adrian Willaert, Cristóbal de Morales und Mathias Le Maistre.

Da der Lehrkörper der Thomana immer auch aus Gelehrten bestand, die zumeist auch an der Universität unterrichteten oder gar Professuren innehatten, war den Thomasschülern in besonderer Weise der Weg für ein Universitätsstudium geebnet. Entsprechend hoch ist denn auch der Anteil derjenigen, die sich nach dem Schulabschluss der Theologie, der Medizin, den Rechtswissenschaften oder Fächern der Artisten- beziehungsweise philosophischen Fakultät widmeten, um eine höhere Berufslaufbahn zu erzielen. Nicht wenige blieben damit für weitere Jahre dem Musikprogramm der Thomana erhalten. Diese enge Verbindung mit einer Universität europäischer Ausstrahlung verschaffte der Thomasschule von Anbeginn besondere Attraktivität. Sie schuf zugleich ein allgemeines wissenschaftliches Klima, das sich auch in der musikalischen Praxis niederschlug, indem Musiktheorie und die Beziehungen von Poetik, Literatur und Musik eine selbstverständliche Rolle spielten und damit eine Offenheit für neue Entwicklungen – wie etwa nach 1700 die Einführung der damals modernen Kirchenkantate – entstand.

Das dynamische Verhältnis von Schule und Universität war zudem fest verankert im regelmäßigen Zusammenwirken bei der Kirchenmusik mit dem vom Rat der Stadt besoldeten Instrumentalensemble der sogenannten Stadtpfeifer. Das hinderte jedoch viele Thomaner nicht daran, sich auch instrumentaliter zu engagieren. Die Unterlagen zur alten Chorbibliothek der Thomana belegen, welch große Rolle dem Instrumentalspiel in der Schule zukam. Darauf gründet sich die herausragende Rolle eines aufwendigen und in der Besetzung flexibel wechselnden Instrumentalapparates, der zumal für die Vokalwerke der Thomaskantoren von Sebastian Knüpfer bis Bach besonders typisch ist und sich gegenüber der vorherrschenden A-cappella-Praxis der übrigen Lateinschulchöre deutlich absetzt. Ein weiteres Betätigungsfeld erschloss sich auf dem Instrumentalgebiet für die der Schule entwachsenen Alumnen in den studentischen Collegia musica, die im 17. Jahrhundert entstanden und zur Bach-Zeit dann das fruchtbare Terrain für ein frühbürgerliches Musikleben bildeten.

Die genannten institutionellen Voraussetzungen – selektive Internatsschule mit weitem Einzugsbereich, Anbindung an die Universität und ein vielfältiges vokalinstrumentales Betätigungsfeld in einer ehrgeizigen und insgesamt wohlhabenden Handelsstadt, die Apoll und Merkur zu ihren Patronen gewählt hatte – waren auf dem europäischen Kontinent und in einer seit dem 16. Jahrhundert bestehenden Kontinuität ohne Parallele. Zwar gab es im Lauf der Zeit immer wieder Qualitätsschwankungen, die vor allem auch durch den ständigen Schülerwechsel bedingt waren, doch blieben die entscheidenden Parameter grundsätzlich konstant.

---

3 Bernhard Knick (Hrsg.): *St. Thomas zu Leipzig. Schule und Chor. Stätte des Wirkens von Johann Sebastian Bach. Bilder und Dokumente zur Geschichte der Thomasschule und des Thomanerchores mit ihren zeitgeschichtlichen Beziehungen,* Wiesbaden 1963, S. 84–86.

Orgellied aus dem Ms St. Thomas 391, S. 97
(Universitätsbibliothek Leipzig)

Von nicht zu unterschätzender Bedeutung waren die Thomaskantoren selbst. Hervorzuheben ist in besonderer Weise die Kette derjenigen, die im 17. Jahrhundert Musikgeschichte geschrieben und damit die entscheidenden Impulse gegeben und das Rückgrat für die musikalische Position der Thomana gebildet haben. Sie schufen damit nicht zuletzt eine wesentliche Voraussetzung für Bachs späteres Wirken. Es war recht eigentlich der vielseitige Sethus Calvisius, „Astronomus, Chronicus, Musicus, Poeta",[4] der die Reihe bedeutender Thomaskantoren eröffnete. Der fleißige Komponist, dessen Hauptwerke zu Lebzeiten gedruckt wurden, folgte 1594 auf Valentin Otto, über den und dessen dreißigjährige Amtszeit nur wenig bekannt ist. Calvisius amtierte bis an sein Lebensende 1615; noch Leibniz schätzte dessen naturwissenschaftliches Werk *Opus chronologicum* (Leipzig 1605, mit mehreren Nachauflagen) hoch und auch Bach bediente sich in seinem Unterricht kontrapunktischer Lehrbeispiele dieses Amtsvorgängers.

Der Trend setzte sich nach Bachs Amtszeit weiter fort, aber deutlich begrenzter, da zum einen das schulische Curriculum im Aufklärungszeitalter eine andere Richtung einschlug und zum anderen die Musikpflege der Thomana um die Mitte des 18. Jahrhunderts mit dem Großen Concert, einem langsam aufblühenden Musikverlagswesen und dem Gewandhaus deutlich relativiert wurde. Doch war es kein Zufall, dass Felix Mendelssohn-Bartholdy nicht zuletzt auf der Basis der gewachsenen Thomasschultradition das erste deutsche Konservatorium für professionelle Musiker in Leipzig gründete.

Die Musiktradition der Thomana bliebe zu einseitig beleuchtet, wenn nicht wenigstens ein Seitenblick auch der Orgel gälte. Immerhin gehört die Thomaskirche im europäischen Raum zu den Stätten mit den frühesten Nachweisen zum Orgelgebrauch im Gottesdienst. „Orgelgesang" ist erstmals 1384 für eine Marienmesse dokumentiert, 1392 für eine Fronleichnamsmesse und danach noch häufiger – Belege[5] für eine neben der Chortradition bestehende frühzeitige vokal-instrumentale Musikpflege im Thomasstift. Im sogenannten *Thomas-Graduale* aus dem 13. Jahrhundert (heute in der Universitätsbibliothek Leipzig verwahrt) findet sich der Hymnus *Audi chorum organicum*, der auf das Zusammenwirken von Schülerchor und Orgel („cantanti in organis") verweist.[6]

Über die frühesten Instrumente ist leider nichts zu erfahren, aber spätestens seit 1489 sind in der Thomaskirche zwei Orgeln nachweisbar.[7] Mit Elias Nicolaus Ammerbach, der von 1560 bis 1597 in Leipzig wirkte, und Andreas Düben, dessen Tätigkeit in die Amtszeit des Thomaskantors Schein hineinreichte und bis 1625 dauerte, eröffneten auch zwei namhafte Musiker die Reihe der Thomasorganisten. Insgesamt erreichten jedoch die späteren Thomasorganisten nicht denselben Grad an Bedeutung wie die Thomaskantoren.

Karl Straube und Günther Ramin konnten dann als Thomaskantoren 1903–1918 beziehungsweise 1918–1939 dem Amt zu einem weithin besonders spürbaren Glanz verhelfen. Wohl nicht zufällig zählten sie – wie zuvor nur Johann Kuhnau und Wilhelm Rust – zu den Ausnahmeerscheinungen, die vom Amt des Thomasorganisten ins Thomaskantorat wechselten. Freilich besaß insbesondere Johann Sebastian Bach, der in Leipzig nie ein Organistenamt ausübte, als Orgelvirtuose und Komponist von Orgelmusik einen Ruf, der seinerzeit den des Thomaskantors weit überstrahlte. Aber auch er stellte seine Orgelkunst in den Dienst der Kantorenmusik, indem er den großen Instrumenten der Thomas- und Nicolaikirche in seinen Kantaten mit konzertierender Orgel eine zuvor nie genutzte, neue und prägnante Rolle verlieh. Und in Erinnerung an den großen Organisten Bach konzertierten schließlich keine geringeren als Mozart 1789 und Mendelssohn 1841 auf der Thomaskirchen-Orgel. Doch huldigten sie damit mehr dem persönlichen Andenken Bachs als der musikalischen Tradition der Thomana.

---

4 So das Schriftband auf dem vielfach abgebildeten Porträtstich von Conrad Grale von 1616.

5 Daten nachgewiesen durch Stiftungen von Messen; siehe R. Wustmann: *Musikgeschichte Leipzigs*, Bd. 1 (wie Anm. 1), S. 14 f.

6 Ms St. Thomas 391; Faksimile: *Das Graduale der St. Thomaskirche zu Leipzig (XIV. Jahrhundert) als Zeuge deutscher Choralüberlieferung. Mit einer Einführung in das Gesangbuch*, Bd. 1: *Von Advent bis Christi Himmelfahrt* (Publikationen älterer Musik, Jg. 5, 2 Bde.), Leipzig 1930–1932; Übertragung des Hymnus in: B. Knick (Hrsg.): *St. Thomas zu Leipzig* (wie Anm. 3), S. 26.

7 Ulrich Dähnert: *Historische Orgeln in Sachsen*, Leipzig 1962, S. 186.

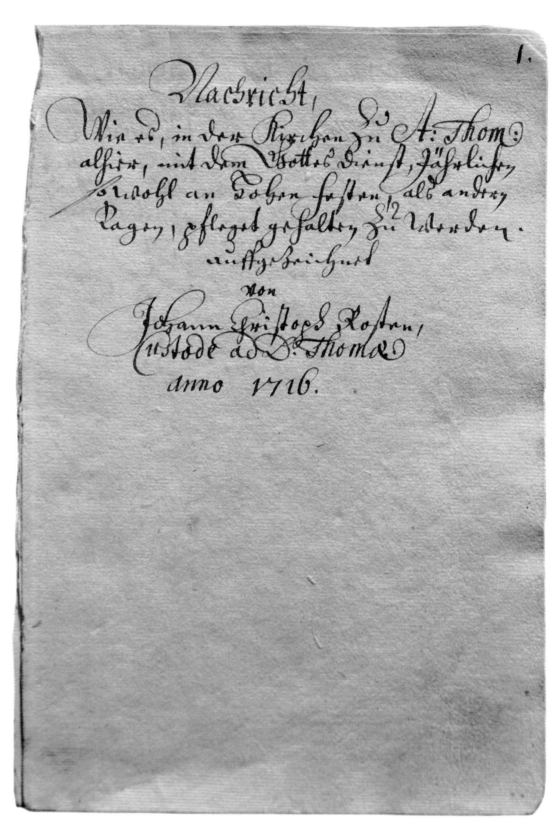

Johann Christoph Rost: Nachricht […] anno 1716, Gottesdienst betreffend, *[Leipzig] 1716.*
(Archiv der Thomaskirche)

Thomasküster Rost, seine Familie und der Leipziger Gottesdienst zur Zeit Johann Sebastian Bachs*

Martin Petzoldt

1. Zu Johann Christoph Rost, seinen Nachkommen und dem Leipziger J. C. Hinrichs Verlag

Seit Langem ist bekannt, dass der Thomasküster Johann Christoph Rost (1671–1739; 1716–1739 im Amt) zwei umfangreiche Merkbücher angelegt hat, die mindestens drei seiner Nachfolger fortgesetzt haben. Das eine beschäftigt sich mit den Obliegenheiten der Gottesdienste[1], das andere mit baulichen Fragen der Thomaskirche unter dem Titel *Nachricht deßen, Was in und Bey der Thomas Kirchen [...] vorgegangen, gebauet, und verändert worden*[2] geführt.

Die folgenden Ausführungen interessieren sich für das zuerst genannte Buch, also für jene Bestimmungen, die sich mit den Obliegenheiten der Gottesdienste beschäftigen und wesentlich der gemeinsamen Dienstzeit von Rost und Bach zuzuordnen sind. Sie umfassen die Jahre von 1723 bis 1739, beginnend mit dem Dienstantritt Bachs und endend mit dem Tod von Rost. Dabei wird aber auch auf Eintragungen Rosts vor dem Beginn der Dienstzeit Bachs und auf solche von den späteren Küstern zurückgegriffen, die Bedeutung für die Dienstzeit Bachs haben.[3]

Zunächst aber sei zusammengetragen, was von Rosts Leben und von seinen familiären Nachkommen in Erfahrung zu bringen ist, um die Familie und ihr Verhältnis zu Leipzig einzuordnen:

Das erste bekannte Datum aus Rosts Leben ist das seiner Taufe: Am 13. Dezember 1671 wurde Johann Christoph Rost in Tennstedt in Thüringen getauft. In Leipzig lebten zur Zeit Rosts namhafte Persönlichkeiten, die ebenfalls aus Tennstedt kamen, unter anderem Johann August Ernesti (1707–1781), der spätere Leipziger Thomasschulrektor und Theologieprofessor, und mindestens zwei seiner Brüder. Wer Rosts Eltern waren, ist derzeit nicht bekannt. Wir wissen nur, dass er sich im Jahr 1694 mit knapp 23 Jahren an der Universität Leipzig einschreiben ließ, und zwar für Philosophie und Theologie. Dass er zu Michaelis 1699 als Famulus des Küsters an der Thomaskirche auftaucht, muss nicht als Resignation im Theologiestudium und Angst vor dem Pfarramt verstanden werden, sondern war zu dieser Zeit in vielen Fällen der hohen Arbeitslosigkeit von Theologen geschuldet, die in den späten Jahrzehnten des 17. und am Anfang des 18. Jahrhunderts in Sachsen herrschte. Die Küster-Famulatur wechselte Rost im Februar 1704 mit der Funktion eines Küster-Substituten, was ihn immerhin in die Situation versetzte, nun das Einkommensfixum eines Küsters zu erhalten. Der amtierende Thomasküster Johannes Fuchs (1655–1715), eigentlich Buchbinder von Beruf, übte des Amt schon seit 1687 aus und war als Vertreter seiner Familie bereits in dritter Generation Thomasküster.[4] Offenbar war Fuchs kränklich und dadurch daran gehindert, den Küsterdienst weiterhin vollständig auszufüllen.

Die Anstellung als Substitut muss Rost so viel wirtschaftliche Sicherheit gegeben haben, dass er am 1. November 1705 heiraten und eine Familie gründen konnte. Seine

---

* Den beiden derzeitig amtierenden Thomasküstern Andreas Rosch und Manfred Kahlert gewidmet.

1 *Nachricht, Wie es, in der Kirchen zu St. Thom. alhier, mit dem Gottesdienst, Jährlich so wohl an Hohen Festen, als andern Tagen, pfleget gehalten zu werden*, auffgezeichnet von Johann Christoph Rosten, Custode ad D[ivi]. Thomae, anno 1716.

2 *Nachricht deßen, Was in und Bey der Thomas Kirchen, von Anno 1716, an alß ich Küster worden, vorgegangen, gebauet und verändert worden*, auffgezeichnet von Johann Christoph Rosten, Custode Bey der Kirchen zu St. Thomas alhier.

3 Erstmals teilweise wissenschaftlich ausgewertet durch Günther Stiller: *Johann Sebastian Bach und das Leipziger gottesdienstliche Leben seiner Zeit*, Berlin 1970.

4 Seine Vorgänger als Küster der Thomaskirche waren sein Bruder (Gregor Fuchs d. J., † 1687), sein Vater (Gregor Fuchs d. Ä., † 1670) und sein Großvater (Johann Fuchs, 1574–1648). Johannes Fuchs hatte sich am 14. August 1681 mit Magdalena Glöckner (1652/53–1717), der Tochter des Schneiders Johann Glöckner aus Mörtitz bei Delitzsch, verheiratet. Diese bisher nur unzureichend bekannten Daten verdanke ich den teilweise handschriftlichen Provenienzangaben und zusätzlichen familiären Recherchen zu einem Exemplar der sogenannten Kurfürstenbibel, gedruckt 1693 in Nürnberg, die sich bis heute im Besitz der Nachkommen von Magdalena Fuchs befindet.

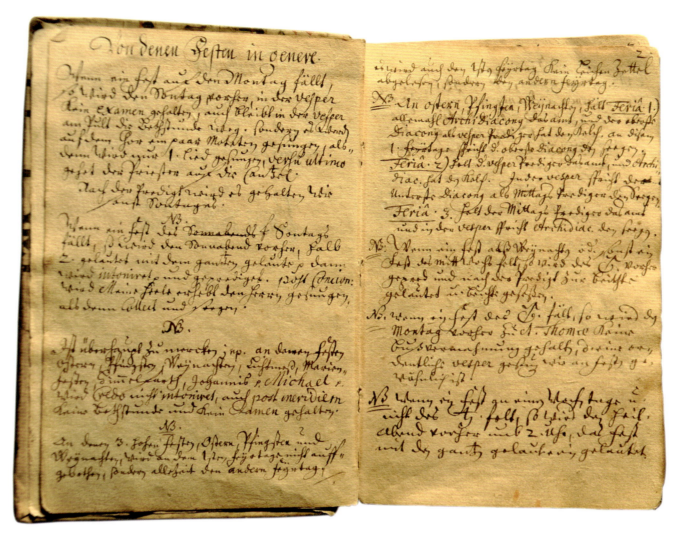

Johann Christoph Rost: Beginn der Nachricht Wie es, in der Kirchen zu St. Thom: alhier, mit dem GottesDienst, Jährlichen so wohl an den Hohen Festen, als andern Tagen, pfleget gehalten zu werden. Auffgezeichnet von Johann Christoph Rosten, Custode ad D[ivi]. Thomae, *[Leipzig] 1716*.
(Archiv der Thomaskirche)

Frau Magdalena, geboren am 16. April 1683, getauft am 18. April in St. Maximi, stammte aus Merseburg und war die Tochter eines Böttgers namens Bechstein. Die Trauung fand in Leipzig zu St. Thomas statt. Dem Ehepaar Rost wurden vier Kinder geschenkt, von denen insbesondere ein Sohn, der mit dem Vater den gleichen Namen hatte, bekannt geworden ist, weil er sich als Publizist und Dichter sowie als Redakteur von verschiedenen Zeitungen in Leipzig, Dresden und Berlin hervortat. Über ihn verläuft auch die familiäre Linie bis in die Gegenwart, der gleich noch zu folgen sein wird.

Als der Küster Fuchs am 29. Oktober 1715 gestorben war, wählte man seitens der Stadt Rost zu seinem Nachfolger. Bereits in seinem ersten Dienstjahr legte er sich das genannte Merkbuch an, das sich den gottesdienstlichen Obliegenheiten seiner Tätigkeit widmete. Wer sich die fast unübersehbare Vielfalt von Anweisungen und Festlegungen, von liturgischen Regelungen sowie Bestimmungen zum Kirchenraum und seiner Ausstattung ansieht, versteht unmittelbar, warum Rost sich dieses Büchlein anlegte. Noch im gleichen Jahr folgte das ebenfalls bereits genannte Merkbuch für die baulichen Obliegenheiten der Kirche. Beide sind heute noch im Archiv der Thomaskirche vorhanden und erweisen sich inzwischen als wichtige Quelle für die bauliche Situation der Thomaskirche dieser Zeit, aber eben auch als höchst erwünschte Quelle für den Gottesdienst und seine Bedingungen während der Dienstzeit Johann Sebastian Bachs, die noch immer auf eine systematische Erschließung wartet.

Einige Jahre vor seinem Tod muss Rost kränklich geworden sein, denn er verfasste am 22. Januar 1738 sein Testament. Er verstarb am 16. November 1739 an den Folgen eines Schlaganfalls und wurde am 19. November – wohl auf dem alten Johannis-Friedhof – beerdigt. Von seiner Frau, die zu dieser Zeit noch am Leben war, wissen wir nichts weiter. Gewohnt hat Rost mit seiner Familie in einem schmalen Haus am nördlichen Thomaskirchhof, das später die Nummer 23 trug und mit dem Schild ‚Kirchen-Expedition' versehen war (abgerissen etwa um 1903). Schon am 24. November 1739 wurde sein bisheriger Substitut, Christian Köpping († 1772), als Thomasküster angestellt.

Von Rosts vier Kindern hat nur der bereits erwähnte gleichnamige Sohn Johann Christoph Rost (getauft 7. April 1717, † 19. Juni 1765) eine größere Bekanntheit erlangt. Der Vater ließ ihn – was damals durchaus üblich war – bereits 1723 im Alter von sechs Jahren an der Universität einschreiben; seit 1734 widmete sich dieser jüngere Rost dann dem Studium der Künste und der Rechte. Während seines Studiums wurde er zunächst stark von seinem Lehrer Johann Christoph Gottsched (1700–1766) beeinflusst. Er debütierte öffentlich mit einer eigenen Kantatendichtung zum Geburtstag seines Lehrers und wandte sich als Dichter später immer mehr der sogenannten Schäferdichtung zu. In „geheuchelter Naivität ländlicher Sitten als Deckmantel lasciver Gefühle und Situationen"[5] verfasste er mehrere Bühnenspiele, die von Schauspieltruppen aufgeführt wurden, die in Leipzig zu dieser Zeit tätig waren. Aber auch die Genres der Schäfererzählungen, -gespräche und -gedichte bediente er. Sammelpublikationen seiner Dichtungen (1742, 1744, weitere acht Auflagen bis 1778) machten ihn in weiten Kreisen bekannt und beliebt. Schon diese Art von Dichtungen, mehr noch seine Bereitschaft, sich in späteren Jahren auf die Seite der Gegner Gottscheds zu schlagen, führte ihn mit Personen zusammen, die sogar offen Front gegen Gottsched machten. Davon erfährt man ansatzweise einiges aus dem Briefwechsel Rosts mit Gottsched. In den insgesamt zehn erhaltenen Briefen an Gottsched (zwischen dem 25. Oktober 1740 und dem 12. Juli 1741 datiert) zeigt sich Rost in außerordentlich devoter Haltung, später kommt es zu Anzeichen der Abkühlung dieses Verhältnisses; auf den Rand des Briefes von Rost an Gottsched vom 25. Oktober 1740 notierte Luise Adelgunde Victorie Gottsched, die Ehefrau des Professors, grimmig:

„Dieses ist derjenige *Rost*, welcher sich nachmals nach *Dresden*, zu dem ehemaligen Hofpoeten *König* wandte, und auf dessen Anstiften, der ehrloseste Pasquillant seines Lehrers und Beförderers geworden ist. Da ihm der Herr *Professor* nie anders als *Gutes* erzeiget hat, wie alle bisherige und künftige Briefe ausweisen."[6]

Aus dem Brief Rosts vom 3. Juni 1741 an Gottsched geht hervor, dass er – der zunächst als Korrespondent auf Empfehlung Gottscheds bei der Haude und Spenerschen Zeitung in Berlin tätig war – seit dem 1. Januar 1741 als Redakteur arbeitete, diese Position aber bereits im Frühjahr 1741 wieder aufgab.[7] 1742 findet man ihn bei den ‚Dresdnischen Nachrichten von Staats- und Gelehrten Sachen', später arbeitete er als Beamter und Bibliothekar des Grafen Heinrich von Brühl, schließlich 1760 als Obersteuersekretär in Dresden.

Der Sohn Johann Christoph Rosts d. J. war Philipp Adolf Rost (1758–1808), ein Kaufmann in Leipzig, von dem nichts weiter bekannt ist. Doch mit dessen Sohn, Christian Friedrich Adolf Rost (* 6. September 1790, † 3. September 1856), erreicht man biografisch und familiengeschichtlich wieder gesichertes Territorium: Seit dem 1. August 1819 war dieser als Teilhaber in der ‚J. C. Hinrichs'schen Buchhandlung' tätig, die 1791 von August Leberecht Reinicke gegründet worden war und in der er – als Neffe der Frau Hinrichs (Christiane Wilhelmine Hinrichs, geborene Reinicke, 1762–1840) – bereits 1805 als Lehrling Aufnahme fand. Da der damalige Firmeninhaber, Johann Conrad Hinrichs (1763–1813), nach einem Sturz vom Pferd plötzlich gestorben war, führte seine Witwe zunächst das Geschäft allein weiter, bis es 1819 zu der erwähnten Teilhaberschaft durch Rost kam. Nach dem Tod von Frau Hinrichs, im Jahr 1840, wurde Rost alleiniger Inhaber des Verlags und der Buchhandlung.[8] Von dem Jenaer Verleger Carl Friedrich Ernst Frommann (1765–1837) stammt die Charakterisierung des „sanften Rost", „dessen ruhige Gemessenheit und gesinnungsvolle Ehrenhaftigkeit vorbildlich und erziehend wirkte. Als Bearbeiter der offiziellen Buchhandelskataloge und der Bibliografie für das Börsenblatt war er dem gesamten deutschen Buchhandel aufs engste verbunden."[9] In dem 1832 gegründeten ‚Börsenverein der Deutschen Buchhändler' war Rost in den Jahren 1833 bis 1839 stellvertretender Vorsteher für die Gruppe der Sortimentsbuchhändler.

Die Hinrichs'sche Verlagsbuchhandlung entwickelte sich als Wissenschaftsverlag prächtig, was hier nicht nachgezeichnet werden kann.[10] Nur summarisch seien die Mit-

---

5 Georg Witkowski: *Geschichte des literarischen Lebens in Leipzig*, Leipzig 1909, Reprint mit einem Nachwort von Christel Foerster, München etc. 1994, S. 395.

6 Original des Briefes: Leipzig UB: 0342 VIa, Bl. 385–386, 2 S. Ich danke Herrn Dr. Michael Schlott, Sächsische Akademie der Wissenschaften zu Leipzig, Edition des Gottsched-Briefwechsels, für die großzügige Möglichkeit der Einsichtnahme in die Briefe Rosts.

7 Original des Briefes: Leipzig UB: 0342 VIb, Bl. 145–146, vgl. Anm. 6.

8 Lucie Geist: *„Ein Geschäft recht geistiger Natur". Zum 200. Jahrestag der Gründung des J. C. Hinrichs Verlages in Leipzig*, Leipzig 1991, S. 9–11.

9 Johannes Hohlfeld: *Hundert Jahre Verein der Buchhändler zu Leipzig*, Leipzig 1933, S. 67.

10 Vgl. dazu L. Geist: *„Ein Geschäft recht geistiger Natur"* (wie Anm. 8), S. 11–35.

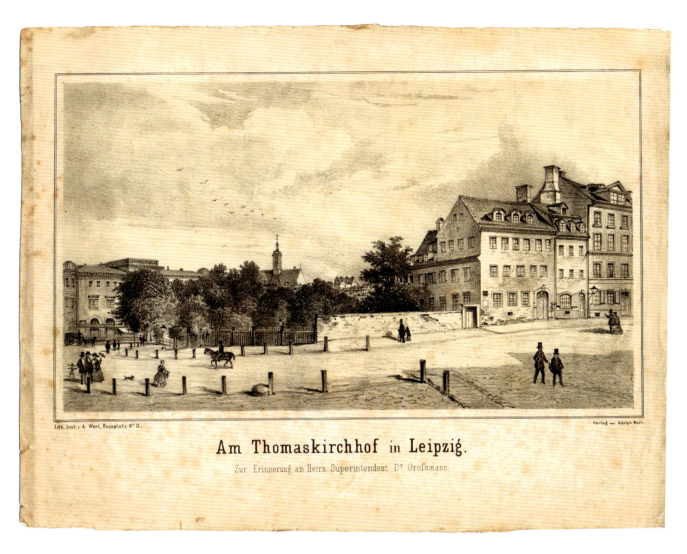

Am Thomaskirchhof in Leipzig. Zur Erinnerung an Herrn Superintendent Dr. Großmann, *Lithografie von Adolph Werl, um 1857 (Privatsammlung Stefan Altner)*

glieder der Familie Rost aufgezählt, die nach Christian Friedrich Adolf Rost den Verlag führten: Sein einziger Sohn Ludwig Adolf Hermann Rost (1822–1896) erlebte das Jubiläum zum 100. Gründungstag 1891, dann traten nach seinem Tod 1896 die Söhne Adolf Rost d. J. (1858–1918) für den Verlag und David Rost (1865–1945) für die Sortimentsbuchhandlung als Teilhaber in die Firma ein. Für Adolf Rost d. J. war es sehr bedauerlich, dass er nach der Gründung der Deutschen Bücherei die seit 120 Jahren in seinem Verlag betreute und bearbeitete *Deutsche Bibliographie* 1916 an die Bibliothek abgeben musste.

Große Hoffnungen richteten sich auf den ältesten Sohn Adolf Rosts, Hermann Rost d. J. (1888–1916); doch nur ein halbes Jahr nach dem Einzug zum Militärdienst im Ersten Weltkrieg fiel er in Frankreich. Nach dem Tod Adolf Rosts nahm David Rost seine Nichte Luise Rost (1889–1943) und seinen Neffen Gustav Rost (1893–1934) – Tochter und Sohn Adolf Rosts – als Teilhaber in die Firma auf, Luise Rost für die kaufmännischen Belange und Gustav Rost als Verleger.

Gustav Rost wirkte nach dem Ende des Ersten Weltkrieges in hervorragender Weise modernisierend und erschloss dem Verlag neue Wirkungsgebiete. Aus der Ehe mit der Witwe seines gefallenen Bruders, Dora Rost, geborene Nowack (1891–1983), ging eine Tochter hervor, Brigitte Rost (* 1927). Tragisch wirkte sich jedoch aus, dass es aus der Familie keinen Nachfolger für Gustav Rost gab, als dieser nach schwerer Krankheit mit 42 Jahren verstarb. Zeitweise wurde der Verlag während der Krankheit Gustav Rosts durch eine vermeintliche Person des Vertrauens geführt, doch tatsächlich handelte es sich um eine missbräuchliche Leitung, die dem Verlag schweren Schaden zufügte. Da Luise Rost sich verhältnismäßig früh von der Tätigkeit im Verlag zurückgezogen hatte, David Rost mit der Sortimentsbuchhandlung ausgefüllt war, sah man sich während einer interimistischen Leitung nach einem Geschäftsführer für den Verlag um, den man schließlich in dem Gothaer Verleger Leopold Klotz (1878–1956) fand. Ihm oblag nun die Führung des Verlages in der schwierigen Zeit des Zweiten Weltkrieges, in welchem der Verlag während der Bombenangriffe auf Leipzig im Jahr 1943 schwer beschädigt wurde. Nach dem Krieg erhielt der J. C. Hinrichs Verlag seitens der Sowjetischen Militär-Administration nur noch eine Verkaufslizenz, nicht aber eine Produktionslizenz, sodass sich Leopold Klotz um Abkommen mit anderen Verlagen, wie mit der 1946 entstandenen Evangelischen Verlagsanstalt Berlin und mit dem Akademie-Verlag Berlin, bemühte. 1977 wurde die Liquidation des Verlages durchgeführt, ein 200. Firmenjubiläum blieb ihm verwehrt.[11]

2. Rosts Merkbuch zum Gottesdienst, seine erkennbare Systematik und Anweisungen

Offenbar durch Notwendigkeiten und Erfahrungen in der langen Zeit belehrt, die Johann Christoph Rost als Küster-Famulus und als Küster-Substitut – immerhin 17 Jahre – an der Thomaskirche während der Dienstzeit seines Vorgängers Johannes Fuchs zubrachte, machte er sich gleich nach seinem Dienstantritt im Jahr 1716 daran, Notizen darüber zu Papier zu bringen, was alles im Ablauf des Jahres zu beachten sei. Mit einzelnen Eintragungen greift er in seine Zeit als Substitut zurück. Offenbar hatte er sich anfangs eine schon im Titel festgelegte Systematik ausgedacht, die aber zunehmend mit Vermerken zu Ereignissen oder namhaft zu machenden Entscheidungen versehen wurde. Das macht die Notizen erheblich interessanter, wenn auch der notwendige Überblick dadurch nur noch mit Mühe zustandekommt. Der originale Titel des Buches lautet:

Thomaskirchhof 23, Küsterhaus
(Privatsammlung Martin Petzoldt)

Nachricht,
Wie es, in der Kirchen zu St: Thom:
alhier, mit dem GottesDienst, Jährlichen
so wohl an Hohen Festen, als andern
Tagen, pfleget gehalten zu werden.
auffgezeichnet
von Johann Christoph Rosten, Custode ad D[ivi]. Thomae.
anno 1716

Aus dem Titel[12] geht Rosts Plan hervor, die Bemerkungen nach Hohen Festen und anderen Tagen zu gliedern. Dieser Wille beherrscht deutlich die ersten Seiten der Aufzeichnungen, wurde aber durch eine als zu knapp bemessene Raumplanung bald über den Haufen geworfen und durch das Prinzip der einfachen Reihung in der Folge des Jahres ersetzt.

Seine Aufzeichnungen folgen weniger dem Impetus zur Darstellung und Erinnerung. Vielmehr resultieren sie aus dem praktischen Bedürfnis, sich selbst im tag-täglichen und jährlichen Ablauf der Küsterpflichten eine Erinnerungshilfe zu den anstehenden Aufgaben zu schaffen, um nichts von den äußerst differenzierten Regeln und gelegentlich täglich sich ändernden Bestimmungen zu den Gottesdiensten, dem *De-tempore* und zu den liturgisch notwendigen Veränderungen des Raumes, des Altars und der Kanzel zu vergessen. Bemerkenswert ist, dass Rost ganze Gottesdienstabläufe festhält, um die jeweiligen Besonderheiten auch im Zusammenhang sehen zu können. Womöglich gab es eine ähnliche Kladde bereits zu Zeiten seines Vorgängers Fuchs, da dieser ja in dritter Generation Vertreter ein und derselben Thomasküsterfamilie war. Da auch der Thomaskantor mit regelmäßigen Pflichten betraut war, die zumindest jene des Küsters berührten, nicht selten aber auch ergänzten, erwächst aus den Notizen Rosts ein wertvolles Detailbild, das die Wirkungszeit Bachs in Leipzig eindrücklich zu illustrieren und mit sehr wichtigen Informationen zu bereichern vermag.

---

11 Im Einzelnen vgl. ebenda, S. 58–75.
12 Archiv der Thomaskirche Leipzig, ohne Signatur.

Es kann im Rahmen dieser Studie keinesfalls auf Einzelheiten eingegangen werden. Doch erscheinen jene Details als wert, hervorgehoben und kommentiert zu werden, die den Gottesdienst im weiteren Sinne ebenso wie die liturgischen und musikalischen Zusammenhänge betreffen. Denn diese Gegenstände verbanden den Küster mit dem Thomaskantor. In der Reihenfolge ausgewählter Themen kommen einige dieser Gegenstände zur Darstellung:[13]

2.1 Anweisungen zum Geläut

Die Notizen Rosts belegen, dass dem Thomasküster deutlich eine überwachende Funktion verschiedener Abläufe zukam, die den Gottesdienst betrafen, auch wenn er diesen selbst nicht zu vollziehen hatte. Dazu gehörten in besonderer Weise Anweisungen zum Geläut. In diesem Zusammenhang ist nicht unbedingt leicht vorstellbar, wie kurzfristige Absprachen an den Türmer bzw. Glöckner weitergegeben wurden. Immerhin wohnte dieser mit seiner Familie oben im Turm, und jede Mitteilung an ihn – sofern sie nicht einer Konvention folgte – bedurfte der Überwindung mehrerer hundert Stufen hinauf und hinunter. Womöglich verfügte der Glöckner über eine mit den Notizen Rosts identische Sammlung von Anweisungen zum Läuten, die er zu befolgen hatte.

Die von Rost gewählte Reihenfolge der Hohen Feste richtet sich nicht nach dem Lauf des Kirchenjahres, sondern nach dem bürgerlichen Jahr – Ostern, Pfingsten und Weihnachten; doch begegnet die übereinstimmende Mitteilung, dass jedes der Feste am Tag zuvor, dem sogenannten „Heiligen Abend"[14], „umb 2 Uhr ... mit dem gantzen gelaute eingelautet" (2ʳ) wird. Das macht besonders für Weihnachten und für die sogenannten kleineren Feste immer wieder besondere Eintragungen nötig, weil wegen der wechselnden Wochentage der „Heilige Abend" mit unterschiedlichen Tagessituationen[15] zusammentraf.

So wird als generelle Bemerkung im Zusammenhang mit dem Fest Mariae Reinigung (2. Februar) Folgendes festgehalten (7ᵛ):

„a[nn]o. 1722 fiel das Lichtmeßfest auf ☽. [Montag] da ward der Sontag zur Vesper das Fest mit d. großen Glocke eingeläutet ... ao. 1733 fiel das Lichtmeßfest auch am Montag u. wurde gehalten wie ao. 1722".

Das Reformationsfest (31. Oktober) wurde erst seit 1667 regelmäßig in jedem Jahr begangen. Doch wurde es liturgisch noch lange Zeit nur reduziert gefeiert. Rost notiert (36ʳ):

„Den Tag vorhero [also am 30. Oktober, Anm. d. Verf.]. wird das blaue Cantzel tuch auffgehenget *NB*. Den Tag vorhero wird frühe umb 8. Uhr, zur Beichte gelautet, wie an einem Fest Heil. Abend. Nachmittags 12. Uhr wird wid[er]. auffgemacht, umb 2. Uhr wird gelautet mit d. Mittelglocke und dem Sionier glöcklein.

NB. Dises lauten ist sonst nicht gewesen, alß aber vor einigen Jahren die Communion aufkam, hat das löbl. Consistorium verordnet, daß auf solche arth wie hier notiret, es mit dem lauten soll gehalten werden: es geschahe 1715 zum 1.sten mahl."

Mit dem „Sionier glöcklein" kann nur die kleinste Glocke[16] gemeint gewesen sein, die zusammen mit der Mittelglocke – auch Mönchs- oder Beichtglocke genannt –, also jener von 1634, zu dem genannten Anlass geläutet wurde. Der Begriff „Sionir glöcklein" könnte sich aber auch auf die Stundenschlagglocke beziehen, die zu dieser Zeit nicht nur angeschlagen, sondern womöglich auch geläutet werden konnte. Im Wort steckt die lateinische Bezeichnung für ‚Zion', die gern für die Stadt Leipzig in Anspruch genommen wurde, wie Bachs Ratswahlkantaten und die Aufschrift von Ps 127,1b zeigen. Rosts Bemerkung zur Kommunion am Reformationstag bezieht sich auf die liturgischen Regelungen, die erst nach und nach den Reformationstag zum Festtag aufwerteten.[17]

2.2 Orgelspiel

Dass Rost ausführlich und immer wieder sehr differenziert auf das Orgelspiel zu sprechen kommt, dürfte anzeigen, dass er zumindest als Auskunftsinstanz für den Organisten galt, der im Zweifelsfall sich bei ihm erkundigen konnte. Einige Beispiele mögen das belegen:

Unter der Überschrift „Fasten Zeit" geht Rost auf den Sonntag *Estomihi*, den letzten Sonntag der Vorfastenzeit, ein; da heißt es generell (9ʳ):

„Am Sontag Esto mihi, wird es noch gehalten, wie sonst an einem Sontage, doch wird die Fasten Zeit verkündiget und wird also der Zettel raus geleget, daß ... über 8. tage mit dem Catechismus Examine der anfang gemachet werden soll: es wird auch die Orgel an diesem Sontag früh und in der Vesper geschlagen."

---

13 Die Zitation der „Nachricht" Rosts erfolgt im laufenden Text durch Angabe der betreffenden foliierten Seite *recto* oder *verso*, im Folgenden r und v abgekürzt

14 Vgl. dazu auch Abschnitt 2.7.

15 Jede Woche lief im Wechsel der beiden Hauptkirchen St. Nikolai und St. Thomas in einem festliegenden Rhythmus ab: Sonntags Früh- bzw. Hauptgottesdienst (7 Uhr) in beiden Kirchen, Mittagspredigt (11.30 Uhr) im wöchentlichen Wechsel der beiden Kirchen, Vesperpredigt (13.30 Uhr) in beiden Kirchen, montags, mittwochs, freitags Morgengottesdienst (6 Uhr) in St. Nikolai, dienstags, donnerstags in St. Thomas (mittwochs und donnerstags mit Abendmahl), sonnabends Vespergottesdienst (13.30 Uhr) in beiden Kirchen.

16 So auch Herbert Stiehl: *Bemerkungen zur „Nachricht" Rosts*, hrsg. vom Archiv der Thomaskirche Leipzig, S. 18.

17 Vgl. Abschnitt 2.15.

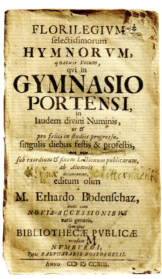

Florilegium selectissimorum hymnorum, *Titelblatt*, Naumburg 1713

Am folgenden Sonnabend vor *Invocavit* wird zwar „intoniret, aber keine Orgel geschlagen" (9ʳ).

Sehr differenziert fallen die Bemerkungen zum Fest Mariae Verkündigung (25. März) aus, da dieser Tag meistens mitten in der Passionszeit liegt, in der die Orgel zu schweigen hatte. Doch da es sich um ein Christusfest handelte, wurde nicht nur eine Kantate musiziert, sondern auch *Kyrie*, *Gloria* und *Sanctus* figural dargeboten. Von der Orgel heißt es (14ʳ):

„An diesem Festtage, wenn er auf den Palm-Sontag celebriret wird, da wird den Sonnabend vorher die orgel nicht gespielet, sondern erst frühe, und wird nach der Beichte der Schmuck Bund aufgemacht …"

Die Regelung zum Orgelspiel erweist sich als maßgeblich für weitere liturgische Anteile, die gleichsam automatisch befolgt wurden, z. B. die genannte figurale Darbietung von Teilen des *Ordinarium missae*. Die Bezeichnung „Schmuck Bund" bezieht sich auf die Festtagsparamente, jene Textilien, die zur Bekleidung von Altar, Lesepult und Kanzel in verschiedenen Farben und Gestaltungen vorhanden waren. Einige Teile, z. B. die Kanzelsäulenbehänge, sind aus der Zeit Rosts und Bachs heute noch vorhanden, werden aber nicht mehr benutzt. Seit den restaurativen Bemühungen um die Liturgie in der Mitte des 20. Jahrhunderts sind die Paramente nach den liturgischen Farben der Kirchenjahreszeit gestaltet.

Eine Eintragung befasst sich mit der Regelung zu Aposteltagen in der Fastenzeit, die freilich ohne ersichtlichen Grund durchgestrichen worden ist (50ʳ):

„*NB:* Wenn ein Aposteltag in den Fasten fält, so wird das blaue Cantzeltuch aufgehangen; es wird auch wenns gleich FastenZeit ist, die Orgel geschlagen."

Es legis observantia, *in:* Florilegium selectissimorum hymnorum, *Titelblatt und Fortsetzung*, Naumburg 1713

Das kann nur die Tage des Apostels Matthias (24. Februar) und des Apostels Thomas (21. Dezember) betreffen, andere Aposteltage liegen – abgesehen von nicht vorhersehbaren Trauerzeiten – nie in Fastenzeiten.

2.3 Hymnen

Für den Festtag Mariae Lichtmess (2. Februar) trägt Rost Folgendes ein (7ʳ):

„Am Lichtmeß Frühe. da wird 6 Uhr, dieser Tag wie ein ordentlich Fest mit dem gantzen gelaute eingelautet; 7. Uhr wird angefangen mit dem Liede, *Ex legis observantia*, alsdenn mit der Orgel. *Credo*, wird weil es ein Fest nicht intonirt.

Dresdner Gesangbuch 1725/1736, Titel und Frontispiz

Auff der Cantzel wird diesen gantzen tag noch vor dem Vater unser gesungen, Ein Kindelein so löblich[18] u. *Post Concionem* wird die *Praefation Festo Nativ. Christi* gesungen als dann *verba Coenae*.

Post Concionem wird die Praefation *Festo Nativ. Christi*. gesungen, als denn *verba Coenae*.

Post Communionem wird zuletzt gesungen, *Ex legis observantia*.

In der Vesper wird vor der Predigt am Pulte keine Bethstunde gehalten, *it*: auch kein *Catechismus Examen*.

NB. Diese gantze Woche über bleibt der *Simeonis* Vers und auch die Collecte. *NB*. in d. Vesper wird der gottes dienst a[uch]. wider mit dem *Hymno* beschlossen."

Bei dem Titel *Ex legis observatia* handelt sich um eine der Hymnen aus dem sogenannten kleinen Florilegium, jener Sammlung von einfachen Cantionalsätzen, die der Kantor der Fürstenschule zu Schulpforta bei Naumburg, Andreas Bodenschatz, sich – in Aufnahme der *Hymni sacri* des Seth Calvisius von 1594 – angelegt und im Druck seit 1603[19] verbreitet hatte. Dieses kleine Florilegium spielte – neben dem sogenannten großen Florilegium, dem *Florilegium Portense* – eine herausragende Rolle im musikalischen Jahresablauf. In der Ausgabe von 1713 steht unter der Rubrik *Accessiones novae editionis* [Zugaben der neuen Edi-

---

18 Vgl. Abschnitt 2.7.

19 Es existieren z. T. erweiterte Neuauflagen von 1606, 1622, 1624, 1687, 1713, 1747 und 1777.

tion, Anm. d. Verf.] als Nr. LXI der genannte vierstrophige Hymnus *Ex legis observantia (Incertus Autor)*, ausdrücklich bestimmt *In Festo Purificationis Mariae*. Wichtig erscheint die Bemerkung Rosts, dass der Hymnus nicht nur am Anfang und am Ende des Morgengottesdienstes des Festtages erklang, sondern auch zum Anfang und zum Schluss des Vespergottesdienstes, wie er in einer Nachbemerkung (7ʳ) hinzufügt.

Weitere Hymnen werden genannt: *Rex Christe factor omnium* zu Sonnabend vor Invocavit und Sonnabend vor Palmarum (9ʳ, 18ʳ):

„den Sonnabend vor dem Palm Sontage, wird wenn ausgeläutet ist, intoniret, d[ann]. von d. Schülern respond[iert]. und *Rex Christe factor omnium* als denn H. Christe treüer Heyland werth[20] gesungen; als d[enn] Christe der du bist Tag und Licht[21], damit geht er auf die Cantzel."

Der bis heute berühmte Satz *Ecce quomodo moritur iustus* von Jacobus Gallus (1550–1591) ist zwar nicht im kleinen Florilegium abgedruckt, wird aber regelmäßig im Zusammenhang mit der Aufführung der Choralpassion am Palmsonntag (17ʳ) und für die Karfreitagsvesper nach der oratorischen Passion auch noch 1766 (18ᵛ) genannt.

Im Zusammenhang mit zahlreichen Bemerkungen zum Fest Mariae Verkündigung (25. März) kommt Rost für die Vesperpredigt des Heiligen Abends, also des 24. März, auf einen Hymnus zu sprechen (15ᵛ), der im kleinen Florilegium nicht nachweisbar ist, aber mehrfach nur *fidelia* genannt wird: Es handelt sich um den Hymnus *Crux fidelis [inter omnes arbor una nobilis]*, genannt ebenso zur Vesper vor dem Gründonnerstag (20ʳ) und im Frühgottesdienst (21ʳ) und in der Vesper des Gründonnerstag (22ʳ). Der Text ist die achte Strophe des Hymnus *Pange lingua gloriosi* des Venantius Fortunatus, eines spätantiken Dichters, die auch im evangelischen Bereich gern in der Karwoche und zum Karfreitag angestimmt wurde. Freilich könnte es auch die gregorianische Form sein, die diese achte Strophe als Kehrreim am Anfang, am Ende und zwischen allen Strophen des *Pange lingua gloriosi* zu singen pflegte, wie die *Psalmodia* des Lucas Lossius mitteilt.[22]

20 Sechsstrophiges Lied, unter dem Verfassernamen des Leipziger Superintendenten Vincenz Schmuck (1565–1628) angegeben, vgl. *Dresdner Gesangbuch 1725/1736*, Nr. 128, S. 93–94.

21 Siebenstrophiges Abendlied, unter dem Verfassernamen von Michael Weise († 1534) angegeben, vgl. *Dresdner Gesangbuch 1725/1736*, Nr. 362, S. 281; es handelt sich jedoch um eine Nachdichtung des lateinischen Christe, qui lux es et dies aus dem 6. Jahrhundert von Wolfgang Meuslin (1497–1563) aus dem Jahr 1526.

22 *Psalmodia, hoc est, Cantica Sacra veteris ecclesia selecta ... Lucam Lossivm Lvnebvrgensem. Cum Praefatione Philippi Melanthonis*, Witebergae Ioh. Schwertelius excudebat, 1569, fol. 71ᵛ–75ʳ.

Turbabor, sed non pertubabor, in: *Dresdner Gesangbuch 1725/1736*, Nr. 118, S. 87

Für den 1. Ostertag weist Rost ausdrücklich auf ein deutsches Osterlied als Hymnus hin (26ʳ):

„Hymnus heut triumph[ieret]. Gottes Sohn".

Dieser wird auch zum Himmelfahrtsfest gesungen (28ʳ). Zu Pfingsten erklingt *Spiritus sancti gratia* (30ʳ), ebenso zum Trinitatisfest früh und in der Vesper (32ʳ).

2.4 Fastenexamina und Anweisungen zur Aufgabenverteilung der Geistlichen

Ein späterer zusammenfassender Eintrag (etwa um 1795) beschäftigt sich mit dem sogenannten Fasten-Examen; doch hatte Rost offenbar schon bald nach seinem Dienstantritt die Maßgaben folgendermaßen formuliert (10ᵛ–11ʳ):

„In der Woche Invocavit. Da wird des Dienstags in d Predigt allemahl der Zettel raus geleget, welche Straße Nachmittag bethen soll.
NB. In dieser Woche gehet das Bethen an, und werden die Leüthe umb 12. Uhr dazu, den Tag vorher gefodert. Des Donnerstags wird wieder ein solcher zettel raus geleget, welche Straße bethen soll, und wird auf diese arth continuiret biß das Bethen alle.
NB. umb 2. Uhr, muß allemahl ein Schüler, ein Lied, so der Priester ordnet, d aufm Platz ist, singen, wenn das Lied aus, wird der Catechismus am Pulte verlesen nach dem Examine wird von dem Schüler wieder ein Verß gesungen."

Um 1795 heißt es (13ʳ):

„Diese Examina werden, nach der Ordnung der Straßen und Gaßen, wie solche Tages vorher sind erfordert word[en]., laut deren Abkündigungs Zetteln, Dienstags u. Donnerstags nach Invocav[it]., Reminiscere u. Oculi ab gekündigt. Die Plätze des Examinis sind, der Platz und das Beichthaus und die Sacristey.

♂ [Dienstag] nach Invocavit hält das Examen.
auf dem Platze – Archidiakonus
Im Beichthause – der mittlere Diac[onus].
In der Sacristey – der untere Diacon[us].

♃ [Donnerstag] nach Invocavit.
auf dem Platze der mittlere Diac[onus].
Im Beichthause der untere Diacon[us].
In der Sacristey. Archidiakonus

♂ [Dienstag] nach Reminiscere.
auf dem Platze. der untere Diacon[us].
Im Beichthause Archidiakonus
In der Sacristey der mittlere Diac[onus]."

Auch wenn es sich um eine verhältnismäßig späte Eintragung aus der Zeit um 1795 handelt, und zwar durch den zweiten Amtsnachfolger Rosts, Thomasküster Gottlob Friedrich Rothe (1732–1813), darf doch davon ausgegangen werden, dass die mitgeteilte Praxis auch während der Dienstzeit Bachs Geltung hatte. Denn schon seit 1580 gab es die Anordnung dieses sogenannten Fastenexamens, das zwar zu unbestimmter Zeit nicht mehr gehalten, aber 1648 erneut zum Leben erweckt worden war.[23] Da es sich um die Überprüfung der Inhalte des Kleinen Katechismus von Martin Luther – verwendet in der Ausgabe des sogenannten Dresdner Katechismus[24] – bei Kindern und Jugendlichen handelte, half man sich offensichtlich durch Teilung der jeweils dienstags und donnerstags anwesenden Gruppen in mindestens drei parallel geführten Untergruppen. Diesen wurden drei verschiedene Räumlichkeiten zugewiesen, wie die Eintragung Rothes belegt: In regelmäßigem Wechsel nutzten die drei Diaconi den „Platz", das Beichthaus oder die Sakristei. Als ‚Platz' bezeichnete man den Chorraum vor dem Hochaltar, in dessen Mitte sich heute der Taufstein befindet, das ‚Beichthaus' war die heutige Nordsakristei, und als ‚Sakristei' benutzte man die heutige Südsakristei.[25]

Der genannte Dresdner Katechismus stellt sich als ein ausdifferenziertes Werk der katechetischen Unterrichtspraxis dar. Er enthält in einer ersten Abteilung den vollständigen Kleinen Katechismus Luthers, also alle Hauptstücke einschließlich der Haustafel, des Morgen- und Abendgebets, des *Benedicite* und *Gratias*, wie im Bekenntnisbuch von 1580 abgedruckt.[26] Hinzugefügt sind Luthers „Fragstücke derer, so zum Sacrament gehen wollen", 20 Fragen mit beigegebenen Antworten.[27] Der Bestand des Katechismus, der Haustafel und der Fragstücke macht aber nur ein reichliches Achtel des gesamten Dresdner Katechismus aus, eines Büchleins in Klein-Oktav mit insgesamt 548 Seiten. Der restliche Teil wird von der „Erklärung des Catechismi" eingenommen, einer Katechismus-Zergliederung in 541 Fragen nach Ordnung und Reihenfolge aller Texte des voranstehenden Kleinen Katechismus Luthers, allerdings nur der Hauptstücke. Dort sind die vorformulierten Antworten jeweils zuerst in einem affirmativen Satz wiedergegeben und dann durch nachfolgende wörtlich zitierte Bibelstellen bestätigt und erläutert.

Wie sich im Einzelnen die Befragung der Kinder und Jugendlichen ereignete, ist nicht bekannt. Immerhin teilt Rost in seiner frühesten Eintragung mit, dass nicht nur

23 H. Stiehl: Bemerkungen zur „Nachricht" Rosts (wie Anm. 16), S. 7.

24 Martin Luther: *Kleiner Catechismus* [sogenannter Dresdner Katechismus], *auf Churfl. Durchl. zu Sachsen Gnädigsten Befehl, vom Ministerio zum H. Creutz in Dreßden, durch Frag und Antwort erläutert ...*, Dresden und Leipzig 1688.

25 Herbert Stiehl: *Das Innere der Thomaskirche zur Amtszeit Johann Sebastian Bachs* (Beiträge zur Bachforschung, Bd. 3), Leipzig 1984, S. 58 und 60.

26 Die Texte sind im Unterschied zum Bekenntnisbuch 1580 nur deutsch abgedruckt. Keine Verwendung finden Luthers Tauf- und Traubüchlein. Kleinere zusätzliche Textstücke sind folgende: Dem Hauptstück von der Beichte, bereits 1580 dem von der Taufe zugeordnet, werden drei zusätzliche Fragen und ihre Beantwortung vorangestellt: „Was ist das Amt der Schlüssel? Wo steht das geschrieben? Was gläubest du bei diesen Worten?" Vgl. M. Luther: *Kleiner Catechismus* (wie Anm. 24), S. 31 f.

27 Diese Fragstücke gehen angeblich auf Luther zurück; nachweisbar sind sie aber erst im Regensburger Katechismus des M. Bartholomäus Rosinus, Pfarrherr zu Regensburg, von 1580, vgl. WA 30 I, S. 760 (freundliche Auskunft von Dr. Michael Beyer). Sie haben eine kurze Einleitung mit Hinweis auf ihre Funktion – Befragung durch den Beichtvater oder durch den Gläubigen selbst – und einen mit „NOTA" überschriebenen Schlusstext, der zum Ausdruck bringt, dass sie „kein Kinderspiel" seien; sie schließen ab mit der paulinischen Warnung Gal 6,7a; vgl. M. Luther: *Kleiner Catechismus* (wie Anm. 24), S. 64 f.

der Katechismus abgefragt, sondern auch von einem Schüler des Chores je eine Strophe vor und nach der Katechismusbefragung allein zu singen war. Die Befragung wandte sich immer nur einem bestimmten Abschnitt des Katechismus zu, der wahrscheinlich zuvor bekannt gemacht worden ist.

Der Aufbau des Dresdner Katechismus und sein „Vorbericht" lassen die Vermutung zu, dass im Katechismus-Examen tatsächlich die Texte des Kleinen Katechismus Luthers – der Hauptstücke mit den Erklärungen aus Luthers Feder – abgefragt wurden, während die nachfolgende Katechismus-Erklärung den Predigern, Lehrern und Hausvätern sowie deren Unterrichtung dienen sollte.[28]

Zum Reformationsfest heißt es (36r):

„Von dem Wöchner wird, wenn ausgeläutet intonirt *Deus in adjutorium* [*meum intende*]. auf dem Chor wird eine Motete gesungen. dann ein Psalm vor dem Pulte gelesen. als denn Meine Seele erhebet den Herrn."

Dem „Wöchner", einem der drei Diaconi, dessen Aufgabe in den wöchentlichen Kasualdiensten bestand und im Wochenrhythmus an den nächsten weitergegeben wurde, kam gleichsam die liturgische Assistenz für den Prediger zu, das heißt der gesamte Altardienst, sonntags die Intonation des *Gloria in excelsis Deo* und des *Credo in unum Deum*, am Schluss der Segen, an Festtagen die lateinische *Praefatio* im Wechsel mit dem Chor, sonntags und wochentags die Katechismusexamina, die Kasualien, Bußvermahnungen und das Beichtesitzen.[29]

2.5 Bestimmungen zur Praefatio, zur Vaterunserparaphrase und zum Te Deum laudamus

Eine musikalisch hochinteressante Bemerkung ist ebenfalls gleich am Anfang als Grundsatz zu lesen (2v):

„*NB*: Wenn an einem Festage, das *Te Deum laudamus* gesung[en] wird, so bleibet die *Praefatio*n weg. e. g. als *a*[nn]*o* 1729. d. 29. 7br [Septembris]. ☉ [Sonntag]. 16. Trinit[atis]. Fest: Michael weg[en] des Friedens mit d. Königreich Schweden u. Sachs[en]. solches *Te Deum* gesungen wurde, blieb die *Praefat*. weg, und wurde gleich nach dem *vers*[icel] und *Collect*[*a*]. Vater unser gesungen".

---

28 M. Luther: *Kleiner Catechismus* (wie Anm. 24), Vorbericht, Ziffern 5 ff.

29 H. Stiehl: Bemerkungen zur „Nachricht" Rosts (wie Anm. 16), Anmerkungen zu den Gottesdiensten, Ziffer 2.

30 Martin Luther: *Deudsche Messe vnd ordnung Gottis diensts*, WA 19 (Schriften des Jahres 1526, Weimar 1897), S. 95 f.

Hier wird liturgisch geregelt, dass das *Te Deum laudamus* die lateinische *Praefatio* eines Festtages ersetzen kann, also jenes gesungenen Gebetes vor dem figural musizierten *Sanctus* durch den Chor, was in der Bemerkung Rosts gemeint ist. Das *Te Deum laudamus* erklang außer zu besonderen Gelegenheiten regelmäßig zum Reformationsfest. Es enthält selbst ein *Sanctus*.

Da Bemerkungen zum *Te Deum laudamus* auch in anderen Quellen verhältnismäßig oft auftauchen, stellt sich die Frage, wie das Stück unter Bachs Leitung musikalisch gestaltet wurde. Wir besitzen aus der Feder Bachs zwei Kompositionen, eine vierstimmige Choralfassung, BWV 328, die in der Sammlung Carl Philipp Emanuel Bachs (Druck 1784–1787) enthalten ist, und eine merkwürdige Orgelfassung, die unter den Choralbearbeitungen überliefert wird, BWV 725. Die vierstimmige Choralfassung könnte der letzte erhaltene Rest eines Werkes sein, von dem recht oft berichtet wird, dass das *Te Deum laudamus* „mit Trompeten u. Paucken Schall" gesungen wurde (37r). Kurz darauf wird noch einmal ausdrücklich auf das Musizieren des *Te Deum* eingegangen (38v):

„*Post Concionem*. Wenn H. Gott dich loben wir gesungen: Werden auch die Trompeten und Paucken mit gehöret."

Wie Rosts Hinweis auf „*vers*[icel] und *Collect*[*a*]." an dieser Stelle zu verstehen ist, ist nicht ganz klar, denn die Abendmahlsliturgie wurde mit dem genannten Vaterunser fortgesetzt, jedoch nach der Austeilung mit Versikel und Schlusskollektengebet beschlossen.

In eine andere Richtung gehen Bemerkungen zu jenem kompakten Text, der aus der Feder Luthers stammt[30] und als Vaterunserparaphrase und Abendmahlsvermahnung in die Literatur eingegangen ist; er wurde gelesen und kam in festlosen Zeiten und in Fastenzeiten anstelle der lateinischen *Praefatio* zu stehen. Rost bezeichnet ihn öfter als *Praefatio orationis Domini*. Dazu teilt er mit, dass es an den ersten Sonntagen der Fastenzeit, *Reminiscere* und *Oculi* – wie auch den weiteren – gehalten werde wie an *Invocavit* (12r):

„Jedoch wird von *Oculi* an Biß Ostern, vor den *verbis Coenae* [Einsetzungsworte des Abendmahls, Anm. d. Verf.] die *Praefation orationis Domin*: gelesen, da wendet sich der Priester gegen das Volck und liset obgedachte *Praefation*, wenn solche bald aus, gehet *Custos* zum glöcklein, und wenn es aus klingelt *Custos* stehend, dann kniet er nieder und klingelt hernach bey den einsetzungsworten wie gebräuchlich".

Neben dem Hinweis auf die Vaterunserparaphrase schlägt sich in diesen Bemerkungen auch liturgische Praxis nieder, die aus keiner gedruckten Agende zu erfahren ist: Wendung des Liturgen zur Gemeinde, Gehen des Küsters zum Kommunionglöckchen, das nach dem Gestühlplan von 1780 neben dem Hochaltar rechts an der Südseite der beginnenden Apsiswand angebracht[31] war; stehendes Läuten des Glöckchens durch den Küster vor Beginn der Einsetzungsworte, Niederknien des Küsters beim Läuten des Glöckchens bei den Textstellen „das ist mein Leib", „das ist mein Blut".

2.6 Bestimmungen zum Credo und zur Litanei

Wie ein roter Faden durchziehen die „Nachricht" Rosts verschiedene Bestimmungen zum *Credo nicaeno-constantinopolitanum,* dem sogenannten nizänischen Gottesdienstbekenntnis, das zu den fünf Teilen des *Ordinarium missae* gehört. Seit der Reformation Luthers ist es weitgehend aus dem Gottesdienst verdrängt worden, nicht aus Missachtung, sondern wegen der Bevorzugung des Gemeindegesangs von Luthers berühmtem Glaubenslied *Wir glauben all an einen Gott* – als Dichtung eine Mischung aus den beiden altkirchlichen *Symbola* –, das den Vollzug des *Credo* gültig darstellt. Im Leipziger Gottesdienst des 17. und 18. Jahrhunderts gibt es dennoch neben dem Glaubenslied der Gemeinde das nizänische *Credo,* doch in abgestufter Praxis, was offenbar mit der figuralen Kirchenmusik zu tun hat. So wurde in den Fastenzeiten, den *tempora clausa,* also *Invocavit* bis Karsonnabend und an den Adventssonntagen, in denen eigentlich keine Figuralmusik erklang, das *Credo nicaeno-constantinopolitanum* gregorianisch vollständig gesungen: Der diensthabende Liturg bzw. der Wöchner intonierte *Credo in unum Deum* am Altar, der Chor sang *Patrem omnipotentem* im einstimmig-gregorianischen Gesang vollständig zu Ende.

Eine weitere Grundbestimmung lautet, dass an Sonntagen der festlosen Zeit, also die weitaus längste Zeit des Kirchenjahres, die Intonation des *Credo* erklang, nicht aber die Fortsetzung des *Patrem omnipotentem,* sondern an dessen Stelle die Kantate. Und für die Festtage gilt, was Rost gleich zu Anfang für diese notiert (1ᵛ):

„*NB.* Ist überhaupt zu mercken; np. an denen Festen Ostern, Pfingsten, Weynachten, Lichtmeß, Marienfesten, Himmelfarth, Johannis, Michael wird *Credo* nicht intoniret, auch *post meridiem* [Nachmittag, d. h. im Vespergottesdienst, Anm. d. Verf.] keine Bethstunde und kein Examen gehalten".

Diese Anweisung gilt auch für den Neujahrstag (3ʳ), für Epiphanias (5ʳ) und für Mariae Verkündigung (14ʳ). Doch im Unterschied dazu lautet die Bestimmung für den liturgischen Ablauf am ersten Sonntag der Fastenzeit, *Invocavit,* nun folgendermaßen (10ʳ):

„früh 7. Uhr, werden die Kertzen ausgestecket, und wird auf dem Chor was Lateinisches gesungen, als denn *Kyrie* deütsch, so geschwinde nach einander weggehet, mit dem 3ten gehet d Priester *ad altare* und singet *Gloria* darauf respondiret Chorus dann wird allein Gott in der Höh sey Ehr [vier Strophen, Anm. d. Verf.] mit dem letzten vers gehet der Priester *ad altare* und singt *Dominus vobiscum* alsdenn die Epistel darnach die Litaney dann ein Lied alsdenn das Evangelium *versu ultimo* gehet der Priester *ad altare* und singt *Credo* Chorus respondiret *Patrem omnipotentem.* denn der glaube deütsch. auff d Cantzel wird gesungen, H[err]. Jesu Christ dich [zu uns wend]".

Der gregorianische Gesang des *Patrem omnipotentem* wurde in den Fastenzeiten im Anschluss an die Credointonation des Liturgen am Altar vom Chor auf der Empore gesungen. Anschließend sang die Gemeinde Luthers Glaubenslied, hier als „der glaube deütsch" bezeichnet.

Daneben zieht die Bemerkung zur Litanei Interesse auf sich, jenes zweichörig gesungene Bittgebet, das Luther aus einer Vielzahl von Heiligenlitaneien theologisch und liturgisch überarbeitet hatte. Es fungierte während der Fastenzeiten im Anschluss an die Epistellesung innerhalb des ersten gesungenen Teils des Gottesdienstes wie ein Pendant zum Fürbitten- bzw. Kirchengebet im zweiten gesprochenen Teil. Erst viele Jahrzehnte nach Bachs Tod wird das regelmäßige Singen der Litanei beendet, was Rosts Nachfolger 1796 als Beschluss des Konsistoriums mitteilt (11ʳ).

2.7 Kanzellieder

Als Antwort auf den Kanzelgruß des Predigers, „Die Gnade unsers Herrn Jesu Christi und die Liebe Gottes und die Gemeinschaft des Heiligen Geistes sei mit euch allen", sang die Gemeinde ein Lied, das im Unterschied zu allen anderen Gemeindeliedern mit der Orgel begleitet wurde. Rost widmet der Aufzählung einen eigenen Abschnitt (139ʳ):

„Von denen Liedern so jährl. auf der Cantzel gesungen werden.

Durchs gantze Jahr wird Sontags gesungen H[err]. Jesu Christ dich zu uns wend.

        alleine.

Von Weynachten biß Lichtmeß inclusive, wird gesungen. Ein Kindelein so löblich.

---

31 H. Stiehl: *Das Innere der Thomaskirche zur Amtszeit Johann Sebastian Bachs* (wie Anm. 25), S. 59. In Rosts *Nachricht deßen, Was in und Bey der Thomas Kirchen, von Anno 1716 … vorgegangen, gebauet und verändert worden* (wie Anm. 2) ist Folgendes vermerkt: „1728 den. 17. November. Wurde ein neuer rother Riemen an das Glöcklein bey dem altar von Mstr. Melchior Blasiussen dem Riemer gemacht, /: nach dem der alte Riemen den Sontag als den 14. November vor her, bey wehrenden Klingeln bey dem Abendmahl zerriß :/".

Von Ostern biß Himmelfarth. Christ ist erstanden.
Himmelfarth. Christ fuhr gen Himmel.
Pfingsten. Nun bitten wir den Heil. Geist.
Lutherfest. Erhalt uns H[err]. bey deinem Wort."

2.8 Sonnabendsvesper und Vesper an den ‚Heiligen Abenden'

Die Durchführung der Sonnabendsvespern in der Thomaskirche, Ursprung der heutigen Motette des Thomanerchores, von denen Rost in verschiedenem Zusammenhang schreibt, hat ihre eigene Geschichte, die sich von der in der Nikolaikirche unterscheidet:

„Dieses Jahr [1569, Anm. d. Verf.] sind die Sonnabends-Predigten in der Thomas-Kirchen von Frau Catharina einer gebohrnen Schlüsselfelderin / Herrn Cunrad Crellens / Baumeister / sonst Keller genannt / (welcher in der Peters-Strasse am Spor-Gäßgen / in dem Hause / welches itzt [1714, Anm. d. Verf.] Herrn *D. Rivini* ist / gewohnet / dahero auch dasselbe das CuntzKeller-Gäßgen / in etlichen geschriebenen Leipzigischen *Annalibus* genennet wird) seel. nachgelassene Wittwe / aus Christlicher *Affection* zum Wort Gottes gestifftet worden. Der erste Sonnabends-Prediger ist *M.* Balthasar Schneider gewesen, welcher am 23 April dieses itztlauffenden 1569sten Jahres seine Anzugs-Predigt gethan / wie aus dem Verzeichnüs der Sonnabends-Prediger zu ersehen ist."[32]

Im Jahr 1799 fällt diese Beschreibung differenzierter aus:

„Das Amt dieses Letztern [i. e. Sonnabendsprediger, Anm. d. Verf.] wird seit 1569 verwaltet. Die hinterlassene Wittwe des ehemaligen Leipziger Baumeisters, Kunz Crell's, Keller genannt, Katharina, eine geborene Schlüsselfelder, hatte den 23. April 1569 ein Vermächtniß von 500 fl. gestiftet, von dessen jährlichen Zinsen an 30 fl. der jedesmalige vom Magistrate bestellte Sonnabendsprediger zu St. Thomas, der mit dem zu St. Niclas gleiche Verrichtungen hat, unterhalten werden sollte. Der Stadtrath vermehrte in der Folge diese Besoldung; und so nahm in dem schon genannten Jahre diese Einrichtung bey der Thomaskirche ihren Anfang. Von dem Jahre 1576 an bis 1592 ist diese Stelle unbesetzt geblieben, und die drey Diakoni zu St. Thomas, welche die Verrichtungen des Sonnabendspredigers über sich genommen, haben das Vermächtniß genossen."

„Sonnabend. Vormittag ist alles so wie Mittwochs. Nachmittags wird um halb 2 Uhr zur Vesper gelautet, die Schüler zu St. Thomas singen zwey Motetten, und ein Lied: dann geht der Sonnabendsprediger auf die Kanzel, und hält eine Predigt über einen selbst gewählten Text."[33]

Eine grundsätzliche Bemerkung zum Motettengesang finden wir auch bei Rost zum Fest Mariae Verkündigung[34]; da wird für den Fall, das Fest komme auf den Palmsonntag zu liegen, Folgendes festgehalten (14ʳ):

„Den Sonnabend vorher, wird dieses Fest mit dem gantzen geläute eingelautet intoniret dann ein par Moteten als den ein Lied damit geht er [der Prediger, Anm. d. Verf.] auf die Cantzel".

Die Notiz zu den „par Moteten" stimmt überein mit allen Nachrichten, die zur Sonnabends-Vesper bekannt sind. Im Blick auf den musikalischen Dienst des Schülerchores und des Thomaskantors bedeutet das, dass hier regelmäßig der Motettengesang gepflegt wurde, was sonst in den Hauptgottesdiensten längst durch die figural-instrumentale Kantate ersetzt worden war.

Zur Fastenzeit bemerkt Rost Folgendes (9ʳ):

„Den Sonnabend vor *Invocavit.* da wird schwartz auffgemacht. wird auch wie sonst halb 2. Uhr gelautet. Dann intoniret, aber keine Orgel geschlagen sondern mit dem Liede angefangen *Rex Christe factor omnium*, dann deützsch, H[err]. Christe treüer Heyland werth als denn Christe der du bist Tag und Licht mit diesem Liede gehet der Priester auf die Cantzel ... und so bleibt es durch die gantze Fastenzeit."

Der genannte lateinische Liedtitel stammt aus dem sogenannten kleinen Florilegium[35] und weist somit auf Chorgesang hin, während die anderen erwähnten Lieder Gemeindegesänge waren. Das berührt zugleich die besondere Bestimmung des Vespergottesdienstes jedes Sonnabends.

Im Jahr 1733 notierte Rost mit Blick auf das Trauerhalbjahr nach dem Tod Augusts des Starken (144ʳ):

„Sonnabend vor Reminiscere [28. Februar 1733, Anm. d. Verf.], als die Königl. Trauer ward, wurde von den H. Superintend. befohlen, daß das Lied, Meine Seele erhebt den Herrn sowohl Sonnabends als auch Sontags in d. vesper, solle weg bleiben, und an deßen Stelle, ein ander Lied solle gesungen werden".

---

32 Johann Jacob Vogel: *Leipzigisches Geschicht-Buch Oder Annales, Das ist: Jahr- und Tage-Buecher Der Weltberuehmten Koenigl. und Khurfuerstlichen Saechsischen Kauff- und Handels-Stadt Leipzig. In welchen die meisten merckwuerdigsten Geschichte ... von Anno 661. nach Christi Geburth an, biß das 1714. Jahr ... enthalten sind*, Leipzig 1714, S. 222.

33 Erdmann Hannibal Albrecht: *Sächsische evangelisch-luther'sche Kirchen- und Prediger-Geschichte von ihrem Ursprunge an bis auf gegenwärtige Zeiten*, Bd. 1, Leipzig 1799, S. 291–292 und 294.

34 Vgl. Abschnitt 2.12.

35 Vgl. oben Abschnitt 2.3.

Aus anderem Zusammenhang ist zu erfahren, dass es vor allem Vornehme waren, die beim Superintendenten deswegen vorstellig wurden, liturgische Gesänge bzw. die alten deutsch-lateinischen Hymnen wegzulassen bzw. zu ersetzen (138ʳ). Vor allem Ostern und Pfingsten – jeweils mit einem Sonntag beginnend – verlangten die genaue Beachtung der abgehaltenen Vespergottesdienste am Sonnabend und am Sonntag.

2.9 Verlesung des Evangeliums deutsch und lateinisch

Eine Besonderheit liegt in dem Brauch vor, das Evangelium im Vespergottesdienst vor einem Festtag von Schülern lateinisch und deutsch lesen zu lassen (14ᵛ–15ʳ):

„Wenn aber das Marienfest ♂ [Dienstag] ☿ [Mittwoch] ♃ [Donnerstag] ♀ [Freitag] einfält, so bleibt der Heilige abend wie ordentlich. e.g. *Anno.* 1716. fiel Mariae Verkündigung den ☿ [Mittwoch] nach Oculi, da ward des ♂ [Dienstag] (alß d. Heil. abend) 2. Uhr geläutet, darnach intoniret, alsdenn mit der orgel angefangen dann wurde am Pulte von 2. Schülern das Fest Evangelium Lateinisch und deütsch gelesen. Es wurde auch diesen Sonnabend Bund auffgemacht. Nach vorgedachter Schüler Verlesung, wird Meine Seele erhebt den H. gesungen, alßdenn d verß intonirt Sihe, Eine Jungfrau ist schwanger dann Collect."

Ähnliches ist auch für den Heiligen Abend vor dem Neujahrstag 1717 (3ʳ)³⁶ und für den Heiligen Abend vor Mariae Verkündigung 1729 verzeichnet (16ʳ). Wahrscheinlich folgte diese Regelung dem frühen Anstoß Luthers aus der Vorrede zu seiner Deutschen Messe, dass in Gottesdiensten fremde Sprachen aus pädagogischen Gründen verwendet werden sollen.

2.10 Bestimmungen zum Magnificat

Offenbar erregte das gregorianische Singen des Magnificat an unterschiedlichen Stellen und zu unterschiedlichen Zeiten immer wieder Anstoß.³⁷ Die Regelungen sind auch kaum auf einen Nenner zu bringen, teilweise widersprechen sie sich, teilweise scheinen nicht alle Regelungen von Rost konsequent erfasst worden zu sein.

Als Beispiel soll gelten, was Rost zum Heiligen Abend vor dem Neujahrstag feststellt (3ʳ):

„Neüe Jahrs Tag. 1717. den Heil. Abend vor dem Neüen Jahres Tag [31. Dezember, Anm. d. Verf.], wird das Fest umb 2. Uhr gantz geleüte, eingelautet, wenn aus gelautet wird Intoniret, als denn von 2. Schülern das Lateinisch und deütsche Fest Evangel: gelesen, alsdann wird [gestrichen: Meine Seele erhebt den Herrn gesungen] das alte Jahr vergangen ist und die Collect: gesprochen. als denn Gott sey uns gnädig gesungen."

Ähnliches ist vom Heiligen Abend vor dem Epiphaniastag (5ʳ), von dem vor Mariae Verkündigung (14ᵛ, 15ᵛ, 16ʳ), von dem Vespergottesdienst zu Palmarum (17ᵛ) zu erfahren.

2.11 Motettensingen im Hauptgottesdienst

Die Fastenzeiten im Kirchenjahr sind auch diejenigen, in denen während der sonntäglichen Hauptgottesdienste stärker der Motettengesang unter Zugrundelegung des *Florilegium Portense* gepflegt wurde. So heißt es bei Rost (10ʳ):

„Invocavit. früh 7. Uhr, werden die Kertzen ausgestecket, und wird auf dem Chor was Lateinisches gesungen […]"

Ähnlich beginnt auch der Hinweis auf den Vespergottesdienst des gleichen Sonntages (10ʳ und 10ᵛ):

„In der Vesper wird der Anfang mit den Passions Predigten gemacht. Wenn die Kertzen ausgestecket, wird allemahl was Lateinisches auf dem Chor gesungen, als denn das Lied […]"

2.12 Passionszeit und das Fest Mariae Verkündigung

Zum Festtag Mariae Verkündigung (25. März) ist unter anderen Themen schon einiges zitiert worden. An einer Stelle heißt es grundsätzlich (14ʳ):

„Wenn dieser Tag etwan am Grünen Donnerstag oder Charfreytag fället, oder auch in die Ostertage, da wird das Fest allemahl zurück auf den Palm Sontag verleget und *celebrir*et.

NB. Es wird auch 8. Tage vorher alß *Domin. Judica.* verkündiget. Laut der vorhandenen Fest Zettel.

An diesem Festtage wenn er auf den PalmSontag *celebrir*et wird, da wird den Sonnabend vorher die Orgel nicht gespielet, sondern erst frühe, und wird nach der Beichte ♄ [Sonnabend] der Schmuck Bund aufgemacht. Frühe vor dem Abendmahl, wird vor den *verbis Coenae* die gewöhnliche *Praefatio*n, wie an andern Festen gesungen.

Aber die Passion so sonst am Palm Sontag gesungen, wird nicht gesungen d. bleibt weg. Es wird auch an disem Fest das *Credo* nicht *intonir*et, auch nachmittage kein Examen gehalten.

NB. Den Sonnabend vorher, wird dises Fest mit dem gantzen geläute eingelautet, *intonir*et, dann ein par

---

36 Vgl. Abschnitt 2.10.
37 Vgl. Abschnitt 2.8.

Moteten, alsdenn ein Lied damit geht er auf die Cantzel. Diesen ♄ [Sonnabend] wird die Orgel nicht gespielet."

2.13 Palmsonntag und die ‚Absingung der Passion'

Schon aus anderen Anweisungen ging die Besonderheit des Palmsonntag hervor. Aus einer ganzen Reihe der von Rost notierten Bestimmungen, die Beachtung finden mussten, sei ein besonderer Abschnitt ausgewählt (17ʳ und 17ᵛ, 18ʳ):

"Den Sonnabend vorher, wird mit der großen Glocke gelautet u. iedoch wird es gehalten wie sonst an einem Fasten Sonnabend u. denn es wird die Orgel nicht geschlagen.
Diesen Sonnabend wird Bund auffgemacht. es muß der Bettelvoigt 4. lange Stoß Bäncke vor das Pult setzen auf einen Stuhl darauff sich der Priester bey der Passion setzet.
Den Palm Sontag frühe. da wird frühe 6 Uhr gelautet mit dem gantzen geläute und mit der orgel angefangen, *Kyrie* gesungen, BisWeilen Lateinisch, zuweilen auch Deützsch, denn gehen die Priester hinaus zu bethen, alsdenn wird *Gloria* gesungen hernach allein Gott in der Höh sey Ehr, *versu ultimo* gehet der Priester wider hinaus *ad altare* und singt *Dominus vobiscum*, dann die Epistel, dann aus tieffer Noth [schrei ich zu dir], *versu ultimo* gehet der Prister, (sonderlich gehöret es dem *ArchiDiacono*) hinaus mit den Schülern und singen die Passion nach dem *Mathaeo*, anstatt des *Evangelii*, welches solcher gestalt wegbleibt, wenn die Passion aus, wird auf dem Chor gesungen Ecce quomodo moritur justus., Credo wird nicht intoniret, sondern es wird der Glaube nur gesungen, damit gehet er auf die Cantzel.
auf der Cantzel wird, gesungen H. Jesu Christ dich zu uns wend.
Am Palm Sontage, wenn die Zettel mit abgelesen werden, wird der grüne Donnerstag und Charfreytag mit verkündiget, es liegt diser Zettel im Kästlein bey denen Fest Zetteln, *habet signum* [‡] und ist geschrieben.
Nach der Predigt.
Ob es gleich wie ein Fest ist, wird doch keine *Praefation* vor den *verbis Coenae* gesungen, sondern es wird die *Praefation orationis Dominicae* wie sonsten in den Fasten gelesen, alsden kommen *verba Coenae*
Der Administrator nimt das grüne [gestrichen: Chor-]Hembde [gestrichen: und] Meßgewand an, Wenn die *verba Coenae* aus, so orgelt der Organist ein wenig, dann singen sie BißWeilen eine *Motete*, als denn werden ferner nur Lieder gesungen, und wird also die Orgel unter wehrenden Abendmahl nicht geschlagen, sondern es wird hernach den gantzen Tag gehalten wie an einem FastenSontage.
Nachmittag in der Vesper.
Da wird die Orgel nicht geschlagen, sondern wird gehalten wie an einen Fasten Sontage, es wird auch [gestrichen: kein] *Examen* gehalten.
NB. es wird auch nach dem Liede, Meine Seele erhebt den Herren, auch Christe der du bist Tag und Licht gesungen, alsdenn Collect und Seegen.
NB. es wird auch am Pult Bethstunde gehalten."

Nach einigen weiteren Eintragungen ist vom Nachfolger Rosts, dem Thomasküster Köpping, vermerkt worden (18ʳ und 18ᵛ):

"Anno. 1766. d.20. Mart. wurde auf Befehl des *Consistorii*, weil durch den Hn. Appell.Rath Born und dem Hn. D. Barth Vorstellung geschehen, daß die Absingung der Passion durch die Persohn eines Jesus, Evangeliste, Petrus, eine Magd, zu theatralisch wäre, dieselbe abgeschaft u. verordnet, daß von ietzt an, an deren statt das Lied Jesu Leiden Pein und Tod, in der einen u. in der andern Kirche die sonst am Charfreytage Nachmittags gewöhnl. Passions Music früh, aufgeführet, hingegen am Charfreytage, umgekehrt in der Kirche, wo am PalmSontage früh die Passions Music gewesen das Lied Jesu Leiden Pein und Tod u. in der anderen die nehml. Passions Music aufgeführet werden solle."

Die beiden genannten Personen sind der Vorsteher der Nikolaischule, Appellationsrat und Bürgermeister Jacob Heinrich Born (1717–1775), und der Superintendent D. Johann Friedrich Barth (1713–1775). Doch wenige Jahre später ändert man erneut (18ᵛ):

"Anno 1770. d. 4. April erging abermahls eine Verordnung daß das Lied Jesu Leiden Pein und Tod wieder abgeschaft u. an deßen Stelle, abwechselnd, entweder O Haupt voll Blut und Wunden oder Ein Lämmlein geht und trägt [die Schuld, Anm. d. Verf.] oder O Welt sieh hier dein Leben gesungen werden solle."

Bei dem zunächst anstelle der Choralpassion eingeführten und vier Jahre später wieder abgeschafften Lied *Jesu Leiden Pein und Tod* handelt es sich um eine vielstrophige Dichtung der Passionsharmonie von Paul Stockmann (1602–1636), die in den Gesangbüchern stand[38] und aus der mehrere Choralstrophen in Bachs Johannespassion entnommen sind.

---

38 Dresdner Gesangbuch 1725/1736, Nr. 90, S. 58–62. Das Lied hatte 34 Strophen.

2.14 Musikalische Passionsaufführungen

Das größte Interesse der Bachforschung zogen bisher Informationen auf sich, die Rost zur Aufführung der oratorischen Passion in der Thomaskirche mitgeteilt hat, die hier ohne jede Kürzung in ihrem unveränderten Duktus folgen sollen, da nur aus dem Zusammenhang ihre Bedeutung erkennbar wird (23^v bis 25^r):

„In der Vesper. am CharFreytage.

1. Viertel auf 2. Uhr, wird mit dem gantzen gelaute wider eingelautet. und 3. Viertel auf 1. Uhr, wird die Kirche aufgemachet. Wenn ausgelautet: wird gleich auf dem Chor angefangen, und Moteten gesungen, alsdenn das Lied, Da Jesus an dem Creütze stund; damit gehet er auf die Cantzel, auf der Cantzel wird vor dem Vater unser H. Jesu Christ dich zu uns wend gesungen.

Vor der Predigt wird am Pulte nichts gelesen.

Nach der Predigt.

Wird eine Motete gesungen als *Ecce quomodo moritur justus*, alsdenn das Lied O Traurigkeit, *versu ultimo* gehet d Wöchner, /: Wenn er nicht eben die die Vesper Predigt gehalten :/ hinaus *ad altare* und spricht die Passions *Collect* u. Seegen. nach dem Seegen, wird nun dancket alle Gott gesungen.

NB.

In der Neüen Kirche wird am Charfreytage auch eine Vesper gehalten, welche *Hor*[a]. 3. angehet.

A[nn]*o*. 1721. ward am CharFreytag in der Vesper, die Passion zum 1sten mahl *Musicir*et,

np. 1. viertel auf 2. Wurde gelautet mit dem gantzen gelaute, als ausgelautet, wurde auf dem Chor, das Lied gesungen Da Jesus an dem Creutze stund, dann ging gleich die Musizirte Passion an, und ward vor der Predigt halb gesungen

Dise Helffte schloße sich mit dem verß, o Lamb Gottes unschuldig, damit ging der Prister auf die Cantzel. auf d. Cantzel ward a[uch]. H. Jesu Christ dich zu uns wend gesungen.

Nach der Predigt

dann ging die andere Helffte d. *Music* an, als solche aus, ward die Motete *Ecce quomodo moritur justus* gesungen, als denn der Passions verß *intonir*et u. Collecte gesprochen. Als denn Nun dancket alle Gott gesungen. *It*[em]: 1723. eben also.

Anno 1723. ward zum ersten mahl die Vesper zu St: Nicolai gehalten, die Predigt hielte d. H. *Superintend*. H. *D*. Deyling. welche Frau Koppin gestifftet.

Anno. 1724. Wurde die Passion [gestrichen: von dem *Cantore*], zu St. *Nic*. zum ersten Mahl *Musicir*et, zu St. *Thom*. aber wurden nur [gestrichen: de] Lieder gesungen, wie vor diesem gebräuchlich.

1725. zu St. Thom:
1726. zu St. Nicol.
1727. zu St. Thom:
1728. zu St. Nicol.
1729. St. Thomae.
1730. St. Nicolai.
1731. St. Thomae.
1732. St. Nicol.
1733. war die Trauer Zeit; des Königes.
1734. St. Thomas
1735. St. Nicolai.
1736. St. Thomae. mit beyden Orgeln.
1737. St. Nicol.
1738. St. Thom.

Anno. 1723. wurde *Dom*[inica]. *Palmarum*. auf Königl. Befehl, abgeküindiget, daß nach dem *Testament* Fr. Marien Rosinen Koppin, gold Jubelierern, alle CharFreytage, auch zu St. *Nicolai* eine vesper gehalten werden solle, u. wurde dises 1723 Jahr solche zum ersten mahl gehalten, die 1ste Predigt hielt d. H. Superint: H. *D*. Deyling."

Die Notizen Rosts zeigen sehr gut die Entwicklung der Karfreitagsvesper in St. Nikolai von ihrem Beginn an als Stiftung ohne musizierte Passion, während es in der bestehenden Karfreitagsvesper zu St. Thomas 1721 zu einer ersten Aufführung einer oratorischen Passion durch Johann Kuhnau kommt; von 1724 an sind die Passionsmusiken Bachs zuzuordnen. Für 1722 darf in der Thomaskirche die Wiederholung von Kuhnaus Passion vermutet werden. Was 1723 in der Thomaskirche geschah, ist nicht bekannt; in der Nikolaikirche jedenfalls fand ein Vespergottesdienst statt, dessen Predigt auf die Stiftung der Frau Koppe zurückging.

2.15 Reformationsfest

Nach der erstmaligen Feier der Reformation 1617 beging man den Tag in Sachsen erst seit 1667 jährlich, doch nur mit einem Predigtgottesdienst, und das auch nur dann, wenn der 31. Oktober auf einen Wochentag fiel; seit 1715 wurde der Tag in Leipzig mit einem Vollgottesdienst mit Heiligem Abendmahl gefeiert, seit 1733 kam durch die Stiftung des Goldschlägers Mentzel ein regelmäßiger Vespergottesdienst in beiden Hauptkirchen hinzu. Die Ordnung des Gottesdienstes wurde in jedem Jahr neu vom Superintendenten festgesetzt und eigens im Sinne einer Anordnung durch das Konsistorium proklamiert. Freilich bezogen sich die jährlichen Änderungen nur auf die Lesungen und auf den Predigttext. Das Leipziger Nikolaiarchiv bewahrt noch die Sammlung dieser Ordnungen auf. Was das für Bachs Tätigkeit bedeutete und wie die von Bach komponierten und aufgeführten Reformationskantaten dazu passen, ist anhand der Aufstellung zu ersehen, die im Bach-Kommentar[39] abgedruckt ist.

Auch die von Johann Christoph Rost hinterlassenen Notizen sind sehr ausführlich; zum Glockengeläut wurde schon Stellung genommen.[40] Weitere wichtige Details der Gottesdienste in St. Thomas sind folgende (36^v und 37^r):

„Luther Fest Frühe. Frühe umb 6. Uhr wird gelautet mit dem gantzen Gelaute wie an einem Fest.

Umb 7. Uhr, werden die Kertzen ausgestecket, und mit der Orgel angefangen, die Priester angezogen, als denn wird eine Motete gesungen,

hernach *Kyrie, versu ultimo* gehen die Priester hinaus zu beten, und *intonirt gloria.*

Im übrigen wird es gehalten wie die Anordnung lautet. *Collect*e lat. *pro pace.* stehet fol. 23.

NB. frühe wenn Custos in die Kirche kommt muß er die texte so anstatt der Epistel und Evangelii gesungen werden, auffschlagen.

NB. Es wird auch d. Klingel beitel herumb getragen.

Nach der Predigt. Wird H. Gott dich loben wir mit Trompeten u. Paucken. gesungen, *versu ultimo,* gehen die Priester hinaus zum Altar, und wird auf dem Chor der verß *intonir*t: Es ist in alle Land ausgegangen ihr Schall dann spricht d Priester die *Collect*e pag. 69. Wir dancken dir H. Gott himml. Vater daß du uns dein heil Evangelium gegeben. Wenns aus *respond: Chorus Amen.* Wenn *Collect*e bald aus gehet *Custos* nach dem Altar und knieet bey das Glöcklein, dann wird gesungen Vater unser, nach dem Amen klingelt *Custos,* als denn kommen *verba Coenae.*"

Im Gefolge einer Eintragung zum Jahr 1736 notiert zunächst Rost (41^v):

„*NB.* Wenn das Luther Fest Sonntags fällt, so bleiben die ordentlichen Sonntags Texte, die Haupt Music ist wo die Mittags Predigt hinfället."

Interessanterweise ergänzt Rosts zweiter Nachfolger Rothe, also frühestens nach 1772 (41^v):

„Jetzt ist die Music wenn das Reform. Fest. auf einen Wochentag fället, jedesmal zu St. Thomas."

Recht ausführlich ist die Einführung der Vesperpredigt zum Reformationsfest von 1733 an aufgrund der Stiftung des Goldschlägers Georg Friedrich Mentzel dokumentiert (42^r und 42^v).

2.16 Altaristen

Zum Sonntag Invocavit, dem Beginn der Fastenzeit, heißt es (10^r):

„Die Knaben nehmen bey dem Abendmahl von diesem Sonntag an und die gantze Fasten durch die schwartz und weißen Röcke umb".

Diese Anweisung richtet sich an die Altaristen, deren vier je zu zweit rechts und links vom Altar standen und helfende Aufgaben zu erfüllen hatten.[41] In der Thomaskirche verrichteten diesen Dienst Thomasschüler, in der Nikolaikirche waren es Nikolaischüler. Bach hatte die Pflicht, diese Altaristen zu berufen und zu instruieren, wie wir aus erhaltenen Handagenden wissen, in die sich die Altaristen auf den Vor- und Nachsatzblättern namentlich eintrugen. In sein Baubuch trug der Thomasküster folgende Bemerkung ein (Rost II, 16^v):

„1733. ließ der H. HoffRath Lange, als Vorsteher 4. neüe schwartze Röcke oder Kutten vor die Altaristen bey der Litaney zu gebrauchen machen. Dazu kamen 17. Ellen Tuch a. 15. gr. Thut 10. rth. 15. gr. Zu machen 2. rth. Summa. 12. rth. 15. gr."[42]

2.17 Eheordnung

Die grundsätzliche Verfahrensweise zur regelmäßigen Verlesung der Eheordnung, einem Textstück von erheblicher Länge, lautet folgendermaßen (83^r):

„Die Eheordnung wird des Jahres 2. mahl, als np. *Domin. 2. p. Epiph.* und *Domin: 2. post Trinit:* verlesen. Wenn das Evangelium in der Mittags Predigt verlesen und die Leüthe sich wieder gesetzet, wird die Eheordnung verlesen, da muß auch zugleich der Befehl wegen der Soldaten zuletz hinter der Eheordnung mit abgelesen werden."

Zusätzlichen Regelungsbedarf gab es nur, wenn der zweite Sonntag nach Trinitatis mit einem weiteren Festtag, also dem Aposteltag Peter und Paul oder mit dem Johannistag zusammenfiel.

2.18 Brautmessen

Im Blick auf die liturgische Ordnung einer „gantzen Brautmeße" sei an dieser Stelle die Gelegenheit ergriffen, aus dem Merkbuch des Thomasküsters Rost zu zitieren (Rost, 79^r–79^v):

---

39 Martin Petzoldt: *Bach-Kommentar. Theologisch-musikwissenschaftliche Kommentierung der geistlichen Vokalwerke Johann Sebastian Bachs*, Bd. III: *Reformationsfest* (Schriftenreihe der Internationalen Bachakademie Stuttgart, Bd. 14.3) [Druck in Vorbereitung].

40 Vgl. oben Abschnitt 2.1.

41 Vgl. dazu Martin Petzoldt: *Zur Frage nach den Funktionen des Kantors Johann Sebastian Bach in Leipzig,* in: MuK 53 (1983), S. 167–173.

42 *Nachricht deßen, Was in und Bey der Thomas Kirchen, von Anno 1716, an alß ich Küster worden, vorgegangen, gebauet und verändert worden,* auffgezeichnet von Johann Christoph Rosten, Custode Bey der Kirchen zu St. Thomas alhier.

„Bey der gantzen Brautmeße, wenn der Bräutigam in die Kirche komt wird mit der Orgel angefangen, dann wird eine Motete gesungen, dann fängt der Cantor, wenn die Braut auch da ist, die Music an, wenn es aus wird aufm Chor ein Zeichen gegeben, als denn gehet der Prister hinaus zum altar, nach d. Copulation wird wider Musiciret, wenn es aus, wird wider ein Zeichen gegeben, da get der Prister zum altar und Chorus intoniret den vers. dancket dem Herrn p. dann wendet sich der Prister gegen das Volck und spricht die collecte [dann folgt der Segen, Anm. d. Verf.]".

2.19 ‚Türken- oder Juden-Taufe'

Vereinzelt kamen Taufen von andersreligiösen Menschen vor. Rost führt zu seiner Zeit, nachdem er die allgemeine Verfahrensordnung mitgeteilt hat, die Taufe von zwei jüdischen Menschen am 3. März 1718 und am 20. Dezember 1726 an; sein dritter Nachfolger, Johann Friedrich Müller, tätig von 1802 bis 1836, berichtet dann noch von zwei Taufen 1804 und 1805. Zunächst ist Folgendes zu lesen (130ʳ und 130ᵛ):

„Türcken oder Jüden Tauffe. Es werden die Gevattern wie sonsten vor den Tauffstein gestellet, und neben dem obersten Gevatter zur lincken Hand, muß der Teüffling treten und denn wird Ihm vom Priester das gewöhnl. vorgelesen, und wenn das Vater unser kommt, muß es Täuffling selber laut beten, Nach disen führet *custos* den Täuffling voran u. die Gevattern auch in den Tauffstein, da tritt er aber wider neben den obersten Gevatter zur lincken Hand. Es wird aber vorher ein Trittgen in den Tauffstein gesetzet darauff Er trit, wenn er getaufft wird, *custos* trit auch neben ihm, u. wirfft Ihm das Wester Henbde über, wenn der actus aus heißet Ihn custos samt denen Gevattern wider heraus gehen, /: np. zu der Thüre an Rathsstühlen :/ denn tritt der Tauffling an die Windel Banck, da wünschen Ihm die Pathen nochmals Glück u. geben Ihm das Pathengeld, dann gehet ein ied[er] wider zu Hause. *NB*. Die Pathen haben im Tauffstein nichts zu antworten, sondern d. Täuffling muß alles selber antworten."

In dieser Anweisung erscheint alles auf die Besonderheit abgestellt, dass es sich um Erwachsenentaufen handelt (die Bereitstellung des kleinen Trittes, die Notwendigkeit des eigenen Antwortens). Erstaunlich ist die Nichterwähnung des apostolischen Glaubensbekenntnisses, die aber in den Bemerkungen Rosts inbegriffen ist, dass durch den „Priester das gewöhnl. vorgelesen" wird und dass nicht die Paten, sondern allein „d. Taüffling alles selber antworten" muss. Das agendarische Formular zur Taufe, das an der Säuglingstaufe orientiert ist, sah nach einer Eröffnung die Frage nach dem Namen vor, die Bezeichnung mit dem Kreuz, ein Gebet, den Exorzismus, das Taufevangelium nach Mk 10, das Beten des Vaterunsers, die Anrede an die Paten, die die dreifache Frage nach dem Glauben an den dreieinigen Gott, nach dem apostolischen Glaubensbekenntnis gegliedert, und die Frage nach dem Taufwillen zu beantworten hatten, zum Schluss die Taufe selbst.

Von einer konkreten Taufe einer jüdischen Frau im Jahr 1726 berichtet Rost (131ʳ und 131ᵛ):

„*Anno*. 1726. d. 20. Xbr [Dezember]. ward zu St. Thom. eine Juden Frau, 37. Jahr alt, getaufft von H. D. Carpzoven. Die Kirche wurde zu gehalten, biß auf die Studenten Pohrkirche, Der Tauffling u. Gevattern versamlet sich in der Sacristey, als solche beysammen, wurde es denen Gevattern gesagt, daß Sie hinten am Tauffstein nicht einbinden sollten, sondern in d. Sacristey. Alß ging *custos* aus der Sacristei voran, die Jüdin u. Pathen in ihrer ordnung nach, als sie an Tauffstein kamen, wurden sie haußen wie sonst in ordnung gestellet, der Tauffling trat dem Priester zur rechten Hand, es ward gelesen u. sie muste selber antworten, muste auch das Vater unser laut beten, Nach diesem führte *Custos* die Jüdin in den Tauffstein, die Gevattern folgeten nach, und stelten sich wieder wie haußen, als die Tauffe geschehen sollte, ließ custos die Jüdin dem Priester wied zur Lincken treten auf eine Hitsche, sie nahm die Schleppe u. Mütze ab welche *Famulus* hielte, u. wurde getaufft, a[uch]. ein Wester Hembde über geworffen, dann setzte sie ihre Mütze wid[er] auf, als d. *actus* aus, ging *custos* wid[er] voraus, als d[enn] die Jüdin, Pathen, d Priester u. *famulus* zu letzt in die Sacristey, da gaben ihr die Pathen das eingebinde u. fuhren wider zu Hause."

2.20 Gottesdienstabläufe

Verhältnismäßig vollständige Abläufe notiert Rost für folgende Gottesdienste und Tage:

Neujahrstag, 1. Januar (3ʳ), Invocavit (10ʳ und 10ᵛ), Mariae Verkündigung (15ʳ), Palmsonntag (17ʳ und 17ᵛ), Gründonnerstag (21ʳ und 21ᵛ), Karfreitag Früh (23ʳ und 23ᵛ) und Nachmittag (23ᵛ, 24ʳ und 24ᵛ), 1. Ostertag (26ʳ und 26ᵛ), 3. Ostertag (27ʳ), Reformationsfest (36ᵛ, 37ʳ), 1. Advent (44ʳ und 44ᵛ), Aposteltag (49ʳ).

2.21 Besondere Bestimmungen zur Kantate

Wie allgemein üblich, notiert auch Rost Bemerkungen zum Ort der Kantate im Gottesdienst mit dem Stichwort ‚Music'. Damit identisch ist die Zuweisung, die den damals klassischen Ort nach der Evangelienlesung und während der Ausspendung des Heiligen Abendmahls bezeichnet. Fragen konnten sich schon einmal dazu stellen, wie sich die Verteilung der ersten beiden Chöre auf die beiden Hauptkirchen auf die Figuralmusik auswirkte, so z. B. am 1. Advent. Da galt bereits zu Johann Kuhnaus Zeiten die Regel, dass in der Kirche Figuralmusik, das heißt die Kantate, aufgeführt wird, in der der Kantor mit der ersten Kantorei zu singen hat. Das aber richtete sich nach der Festlegung, in welcher Kirche die Mittagspredigt stattfand, denn dort musizierte im Frühgottesdienst auch die erste Kantorei unter der Leitung des Kantors, während in der anderen Hauptkirche die zweite Kantorei unter der Leitung des Konrektors zu singen hatte. Eine Eintragung zum 1. Advent 1730 lässt aber aufmerksam werden (45ʳ):

„Aō [Anno]. 1730. 1.Adv. war der andere Chor hier zu St. Thom: da wurde credo intoniret, aber Patrem nicht gesungen sondern es ward eine Music wie ein ander Chor pfleget gemacht, als denn der Glaube. es ward aber wieder Befehl [gegeben, dass] das credo und Patrem künfftig solte gesungen werden, also bleibt es also durch alle advente."

Rost hatte offenbar eine Anweisung entgegengenommen, nach der zum 1. Advent nicht nur in St. Nikolai, sondern auch in St. Thomas Figuralmusik zu erklingen habe, wahrscheinlich um den Beginn des neuen Kirchenjahres in beiden Hauptkirchen festlich zu begehen. Da der 1. Advent aber eigentlich zur Fastenzeit gehörte, in der überhaupt keine Figuralmusik zu erklingen hatte, zog die Bestimmung zur Figuralmusik auch eine zum Gebrauch des nizänischen Credo nach sich: In Fastenzeiten hatte der Chor nach der Intonation des Liturgen am Altar, *Credo in unum Deum*, dessen Fortsetzung, das *Patrem omnipotentem factorem coeli et terrae ...*, zu singen. In festlosen Zeiten funktionierte die Regelung der Intonation des *Credo* mit nachfolgender Kantate, also der ,Music' anstelle des *Patrem omnipotentem*. Nach der Kantate sang die Gemeinde wie üblich den ,Glauben', also Luthers Glaubenslied. Der nachfolgende Schlusssatz der Eintragung Rosts hält fest, dass die Fastenzeitregelung dann aber an den folgenden drei Adventssonntagen weiterhin in Geltung zu stehen habe. Interessant daran ist zudem, dass dieser Regelungsbedarf von 1730 sogar einen eigenen Niederschlag in Bachs Partituren zu den Kantaten BWV 61 und BWV 62 gefunden hat.[43]

3. Abschluss

Die Besinnung auf den Thomasküster Rost und seine familiären Nachkommen führt in die interessante Welt Leipziger Verlags- und Kulturgeschichte. Der Blick in seine Merkbücher eröffnet eine Reihe von interessanten Dimensionen, die nicht nur Rosts Tätigkeit als Küster der Thomaskirche und die seiner Nachfolger erhellen, sondern auch einen Einblick in einen wesentlichen Bereich der beruflichen Tätigkeit Johann Sebastian Bachs gewähren, der Details zum damaligen Gottesdienst in Leipzig offenbart. In unterschiedlicher Nähe werden so Zusammenhänge nachvollziehbar, die für die Entstehung und Aufführung der Kantaten Bachs von außerordentlicher Bedeutung sind.

Bei den behandelten Spezialthemen handelt es sich um eine Auswahl aus einer Fülle weiterer Themen, zu denen Rost Maßgaben oder Regeln aufgeschrieben hat. Die Auswahl richtete sich nach den möglichen Berührungspunkten zur Tätigkeit Bachs. Daneben finden sich auch Notizen zur Ratswahl, zu der Praxis der Gedächtnispredigten, zu gelegentlichen Fürstenpredigten des Thomaspastors, zur Vorbereitung von hinzurichtenden Delinquenten und Ordinationen sowie zu vielen anderen Angelegenheiten der Thomaskirche mehr.

---

43   Leipziger Gottesdienstordnung, Dokumente 178 und 181, in: Werner Neumann, Hans-Joachim Schulze (Hrsg.): *Schriftstücke von der Hand Johann Sebastian Bachs* (Bach-Dokumente, Bd. 1), Leipzig 1963, S. 248 f. und 251.

Verwundete und Tote nebeneinander und keine Hilfe in Sicht – Szene am 20. Oktober 1813 vor der Stadt (Gerbertor). Stich nach einer Vorlage von Christian Gottfried Heinrich Geißler
(Stadtgeschichtliches Museum Leipzig, Inv.-Nr. Gei IV/11)

Pferdestall, Lazarett und offenes Feuer – Die Thomaskirche zur Zeit der Befreiungskriege

CHRISTIANE SCHULZ

„Sehr traurig ist es uns allerdings, dass wir, nach fünf Vierteljahren, aus dem beigefügten Berichte ersehen mussten, dass alle die schönsten Hoffnungen, die wir bisher aus den wiederholten Versicherungen unsrer Kirchenpatrone geschöpft hatten, eitel und vergeblich waren."[1]

Bitter beklagen sich die beiden Geistlichen an der Thomaskirche, Johann Gottlob Bernhardi und Georg Sigismund Jaspis, Ende Januar 1808 bei ihrem Superintendenten Johann Georg Rosenmüller über den Zustand ihrer Kirche und die bislang unterbliebene Hilfe. Sie waren aufgefordert worden, dem beigelegten Bericht des Rates der Stadt ihre Beobachtungen zum Zustand der Thomaskirche beizufügen und waren über den bisherigen Gang der Dinge wenig erfreut.

Am 18. Oktober 1806[2] hatten die Franzosen die Thomaskirche als Quartier verlangt und ihr „in mancherley Betracht nicht geringen Ruin"[3] zugefügt, was unter anderem bedeutete, dass sie das Kirchengestühl verbrannten. „Alles Bitten, alles Flehen war hierbey vergebens."[4] Als die Truppen abgezogen waren, beschlagnahmte der französische Kriegskommissar André die Thomaskirche als Magazin, auch lagerte hier das Stroh für die Pferde. Überall zwischen den Bänken – jedenfalls so lange, bis diese als Wärmequelle für die Wachleute nach und nach verfeuert wurden – und auf den Emporen stauten sich Kriegsmaterial und Strohballen.

Im Sommer 1807 gelang es den Verantwortlichen schließlich, André zur Räumung der Kirche zu bewegen. Der Kostenvoranschlag für deren Wiederherstellung belief sich auf rund 8000 Taler.[5] Aber die dringend notwendige Renovierung wurde nicht in Angriff genommen, die Kirche blieb unbenutzbar, und die Thomasgemeinde musste weiterhin in die Alte Peterskirche zum Gottesdienst und zu allen Kasualien ausweichen. Bernhardi und Jaspis beklagen deswegen den Einbruch bei Gottesdienstzahlen sowie bei dem Spenden- und Kollektenaufkommen.[6]

Erst im Laufe des Jahres 1808 gelang die Wiederherstellung: Es mussten neue Stühle angeschafft, Bild- und Schrifttafeln und viele Epitaphien und Gemälde entfernt, der Taufstein versetzt, fast alle Kandelaber ersetzt, die Türen erneuert, der mit Grabdenkmälern belegte Fußboden geebnet, Grüfte verfüllt und die Kirche insgesamt

---

1 Ephoralarchiv Leipzig: *Acten, die Herstellung der durch den Krieg ruinierten Thomas- und Neuen Kirche zu Leipzig betr.* 1808–1813, 34 Bl., bis Bl. 27 paginiert. Bl. 8ʳ.

2 Nach dem Sieg bei Auerstedt zogen die Franzosen als Sieger in Sachsen ein. Erst trafen sie vereinzelt in Leipzig ein, am 18. Oktober 1806 aber mit einem Heer von rund 40 000 Mann unter Marschall Louis Nicolas de Davoust. Die Franzosen hatten zwar Anweisung, „Sachsen als befreundetes Land zu behandeln" (Georg Holz: *Die Franzosenzeit in Sachsen und Leipzig I*, in: Leipziger Kalender 1906, S. 154), dennoch konnten unpopuläre Maßnahmen wie Einquartierungen etc. nicht ausbleiben. Sachsen – bis Oktober 1806 an der Seite Preußens gegen Napoleon, danach an der Seite Napoleons gegen Preußen – wurde in den Folgejahren Durchmarschgebiet für Truppen verschiedenster Nationen, 1813 schließlich Hauptkriegsschauplatz für die entscheidenden Schlachten des Befreiungskampfes. Was das für die Bevölkerung bedeutet hat, ist erst kürzlich in den Blick gekommen: Roman Töppel: *Die Sachsen und Napoleon. Ein Stimmungsbild*, Köln etc. 2008.

3 Ephoralarchiv Leipzig: *Acten, die Herstellung* (wie Anm. 1), Bl. 2ʳ.

4 Ebenda, Bl. 3ᵛ. – Die französischen Soldaten durften täglich für den Eigenbedarf von der Leipziger Bevölkerung Folgendes einfordern: morgens Suppe oder Käse und Brot nebst 1 Glas Branntwein; mittags Suppe, dreiviertel Pfund Fleisch mit Gemüse und 1 Kanne Bier; abends Gemüse und 1 Kanne Bier. G. Heinrich: *Leipzig vor 100 Jahren und die Völkerschlacht 1813*, Leipzig [1913], S. 14.

5 Nach vorsichtigen Schätzungen und vorbehaltlich aller Unwägbarkeiten bei der Umrechnung kann für heutige Verhältnisse von einer Schadenshöhe von ungefähr 200 000 Euro ausgegangen werden.

6 „Viele Glieder unsrer Gemeine entwöhnen sich dabey sichtbar ganz vom Gottesdienste, denn die gesammelten Collecten beweisen, daß die andern Kirchen deswegen nicht immer mehr besucht werden, wenn es bey uns am Platze fehlt, und es würde uns nicht schwerfallen, eine Menge von Familien zu nennen, die seit anderthalb Jahren weder in unsrer noch in andern Kirchen communicirt [am Abendmahl teilgenommen, Anm. d. Verf.] haben, weil sie, wie sie sagen, die Wiederherstellung der Thomaskirche abwarten wollen." Ephoralarchiv Leipzig: *Acten, die Herstellung* (wie Anm. 1), Bl. 10ᵛ f.

183

Johann Georg Rosenmüller (1736–1815) war dreißig Jahre lang Superintendent von Leipzig und Theologieprofessor an der Universität. Kupferstich
(M. Heinrich Gottlieb Kreußler: Beschreibung der Feierlichkeiten am Jubelfeste der Universität Leipzig den 4. December 1809. Nebst kurzen Lebensbeschreibungen der Herren Professoren, *Leipzig 1810*)

„In ruhigen Zeiten denken Wenige daran, welch eine Wohlthat es ist, dass wir Kirchen haben, in welchen wir uns zum gemeinschaftlichen Gottesdienst versammeln können [...] Wenn aber in Zeiten des Kriegs öffentliche Gebäude, wenn Kirchen und Schulen verwüstet, und ein Raub der Flammen werden, dann fühlt man erst den Werth der Vortheile, die man bisher gering geschätzt hatte. Uns, meine Freunde, hat ein so hartes Schicksal, Dank sey es der Vorsehung, nicht betroffen. Wir mussten zwar dieses Gotteshaus eine Zeitlang entbehren; wir fanden aber doch einen anderen Zufluchtsort, wo wir unsre gemeinschaftlichen Andachtsübungen fortsetzen konnten. Und dennoch, mit welcher Sehnsucht sahen Manche unter uns dem heutigen Tage entgegen!"[10]

Lange konnte sich die Gemeinde aber nicht an ihrer Kirche erfreuen. 1813 strömten verwundete Soldaten der Grande Armée Napoleons – geschlagen aus Russland kommend – nach Leipzig. Napoleon war, aus einer diffusen Gemengelage heraus, nicht gut auf Leipzig zu sprechen: Die antifranzösische Haltung von Teilen der Studenten und der Leipziger Bevölkerung mag eine Rolle gespielt haben,[11] ebenso die Sympathie der Leipziger für die Gefangenen des ‚Lützowschen Freikorps' in der Pleißenburg[12] und auch der herzliche Empfang des russischen Grafen Pahlen in der Stadt. Mitte September

geweißt werden.[7] Eine „wohltuende Heiterkeit" soll sich daraufhin bemerkbar gemacht haben.[8] Die vorherige Kostenschätzung erwies sich als deutlich zu konservativ, immerhin mussten schlussendlich gut 12 000 Taler aufgewendet werden, die nur durch Verkauf von gemeindeeigenem Grund und Boden aufgebracht werden konnten.[9]

Am Neujahrstag 1809 nahm die Thomasgemeinde ihre Kirche dann mit einem Gottesdienst wieder in Besitz. Superintendent Johann Georg Rosenmüller ermahnte die Zuhörer in seiner Predigt zu Psalm 84 Vers 2 („Wie lieb sind mir deine Wohnungen, Herr Zebaoth"):

---

7   Aufzählung der Renovierungsarbeiten nach: Herbert Stiehl (Hrsg.): *St. Thomas zu Leipzig*, 4. Aufl., Leipzig 1984, S. 86. – Die Quellenlage insgesamt ist leider unbefriedigend. Im Archiv der Thomasgemeinde konnte keine Bauakte der Thomaskirche für den indizierten Zeitraum gefunden werden. Ausführliche handschriftliche Aufzeichnungen des Thomasküsters Gottlob Friedrich Rothe (Küster von 1772 bis 1812, † 23. Dezember 1813), die in der Literatur gelegentlich erwähnt und dem Thomasarchiv zugeordnet werden, sind ebenfalls verschollen geblieben.

8   So zitiert es Herbert Stiehl in einem Aktenkonvolut, das er in Vorbereitung seiner Geschichte der Thomaskirche (wie Anm. 7) angelegt und nach Erscheinen des Buches ins Ephoralarchiv Leipzig gegeben hat.

9   Siehe dazu: H. Stiehl: *St. Thomas zu Leipzig* (wie Anm. 7), S. 86.

10 Johann Georg Rosenmüller: *Predigt am 1. Jan. d. J. 1809 bey der Einweihung der wiederhergestellten Thomaskirche zu Leipzig*, Leipzig 1809, S. 5 f.

11 Diese antifranzösische Haltung war das Ergebnis eines langen Prozesses und blieb immer diffus. Im Juni 1809, als Leipzig kurzfristig durch den Herzog von Braunschweig erobert wurde, folgten die Leipziger dessen Aufruf zur Erhebung gegen Napoleon nicht. Die Leipziger ahnten wohl, dass die Franzosen schnell wieder die Herrschaft über ihre Stadt übernehmen würden.

12 Mitte Juni 1813 ließ Napoleon durch den als Gouverneur von Leipzig eingesetzten Herzog von Padua, Arrighi de Casanova, das Lützowsche Freikorps trotz Waffenstillstands überfallen. Körner und Lützow entkamen schwer verletzt, viele andere starben. Der versprengte Rest wurde auf der Pleißenburg gefangen gesetzt.

Kollegium der Dekane zum Universitätsjubiläum 1809. Der Zweite von rechts ist Johann Georg Rosenmüller. Altkolorierter Stich (M. Heinrich Gottlieb Kreußler: Beschreibung der Feierlichkeiten am Jubelfeste der Universität Leipzig den 4. December 1809. Nebst kurzen Lebensbeschreibungen der Herren Professoren, Leipzig 1810)

13 [Gottfried Wilhelm Becker]: *Leipzigs Schreckenszene im September und October 1813. Von *r, einem Augenzeugen. Zur Erinnerung für seine Bürger, zur Nachricht für Auswärtige,* Leipzig 1813, S. 10. – Hier ist die Schlacht bei Dennewitz vom 6. September 1813 gemeint, in der die Preußen die Franzosen und die mit ihnen verbündeten Sachsen, die unter General Michel Ney kämpften, besiegten. Der Ausgang dieser Schlacht hinderte Napoleon am Einzug in Berlin.

14 Am 21. September 1813 abends erhält Rosenmüller – ausweislich seiner handschriftlichen Eintragung – vom Magistrat die Meldung, dass die Kirche als Lazarett gebraucht werde und umgehend (am 22. September) zu räumen sei: Ephoralarchiv Leipzig: *Acten, die Herstellung* (wie Anm. 1), Bl. 32. Am 16. August 1813 war noch Richard Wagner in der Thomaskirche getauft worden.

dann sah sich Leipzig mit versprengten und verwundeten Soldaten aus „dem neuen unglücklichen Kampfe, den Marschall Ney jenseits der Elbe bei Jüterbog bestanden hatte",[13] und die nun in die Stadt drängten, hier lagerten und durchzogen oder starben, konfrontiert.

Am 21. September 1813 erhielt der alte Superintendent Rosenmüller die Nachricht von der neuerlichen Okkupation seiner Thomaskirche.[14] Diesmal wurden gleich am Folgetag das Inventar und die neuen Kirchenmöbel auf dem Kirchenboden in Sicherheit gebracht, auch konnte man Altarraum, Sakristei und Beichthaus verschalen, um die materiellen Schäden am Kirchengebäude so gering wie möglich zu halten. „Die zahlreichen Betstühle und Grabanlagen blieben jedoch unbehütet und wurden alsbald zu Wohnungen der Lazarettaufseher und des Pflegepersonals umgestaltet."[15]

Die ökonomische Situation war angespannt, lag Leipzig doch auf einer „Militairstraße", auf der Durchmärsche von Truppen unterschiedlichster Nationen und die Besorgung und Durchleitung von Verpflegungsnachschub zum Alltag gehörten. Schon die Ostermesse 1813 glich „kaum dem Jahrmarkte eines kleinen Landstädtchens"; dass aber die Michaelismesse (Ende September 1813) tatsächlich stattfand, bemerkten die Leipziger nur daran, „daß der alte Gebrauch beobachtet, und sie eingeläutet wurde".[16]

Die Völkerschlacht bei Leipzig verschärfte die Lage dramatisch.[17] Zwar hatte die Stadt bereits Übung im Umgang mit verletzten Soldaten, auch waren Einquartierungen für sie nichts Neues, aber diese Schlacht der Völker im Oktober 1813 vor den Toren Leipzigs sprengte alle bekannten Dimensionen: Leipzig hatte damals gut 32 000 Einwohner und sah sich nun umzingelt von Heeren mit einer Stärke von insgesamt etwa einer halben Million Mann. Mehr als 125 000 Tote forderte das Gemetzel.

Außerdem sah sich die Stadt einer ihre Einwohnerzahl übersteigenden Anzahl von Verwundeten gegenüber.[18] Alle Kirchen und anderen öffentlichen Gebäude – bis auf die Nikolaikirche – wurden zu Notlazaretten umfunktioniert, richtige Krankenstationen konnten sie nicht ersetzen. In der Thomaskirche lagen am 14. Oktober – nach dem Reitergefecht bei Liebertwolkwitz und vor der eigentlichen Völkerschlacht vom 16. bis 19. Oktober 1813 – bereits mehr als 1000 Verwundete. Die Mediziner der Stadt – allen voran die der Universität – führten einen aussichtslosen Kampf. Neben den medizinischen waren vor allem die hygienischen Bedingungen katastrophal. Ein Augenzeuge berichtet:

„Am schrecklichsten befanden sich an diesen, wie in den nächsten Tagen, die unglücklichen französischen Blessirten und Gefangenen. Längs den Straßen lagen sie auf Steine hingeschmiegt, die zerschmetterten Glieder vor dem furchtbaren Gewühl der Reuter [sic!], Wagen und zahllosen Truppen in Sicherheit zu bringen. Leipzig hatte große Armeekorps durchziehn sehn, aber noch nimmer war eins der größten Heere fast auf einmal dem geschlagenen andern auf dem Fuße nachgefolgt; seine engen Straßen waren daher so verstopft, dass man halbe Stunden warten musste. Alles, was daher außerdem für jene Unglücklichen geschehen seyn würde, war unter solchen Umständen unmöglich, physisch unmöglich. Wie mancher derselben ward, ohne Zweifel verschmachtet, verblutet, an

Zehnpfünderkugel, die am 18. Oktober 1813 das Kirchendach durchschlug, aber nicht explodierte. Sie ist heute am Gitter des Turmumgangs angeschlossen.
(Foto: Gert Mothes)

15 H. Stiehl: *St. Thomas zu Leipzig* (wie Anm. 7), S. 86.

16 Ludwig Hussell: *Leipziger Geschichte seit dem Einmarsch der Verbündeten im April 1813*, Leipzig [1814], S. 157. Weiter berichtet Hussell: „Manche Artikel, als Bier, Branntwein, Fleisch, Gartengemüse und dergleichen, wurden in der Stadt immer seltener, und fehlten zum Theil ganz. In einem der ersten Hotels konnte man den Gästen bey der Tafel nicht einmal mehr Brod geben. Die Armen zogen oft in ganzen Trupps auf die eine Stunde weit entlegenen Dörfer [...], die am wenigstens mitgenommen waren." Ebenda, S. 157 f.

17 „Die Völkerschlacht bei Leipzig gilt mit nahezu einer halben Million beteiligter Soldaten als erste Massenschlacht in der Geschichte der Neuzeit. Exakte Angaben über die Zahl aller Gefallenen existieren nicht. Mit deutlichem Abstand ist sie die verlustreichste der an Schlachten wahrlich nicht armen napoleonischen Epoche." Volker Rodekamp (Hrsg.): *Leipzig original. Stadtgeschichte vom Mittelalter bis zur Völkerschlacht*, Katalog zur Dauerausstellung des Stadtgeschichtlichen Museums Leipzig, Teil I, Altenburg 2006, S. 239.

18 Seit März 1813 hatte Leipzig 21 Lazarettbaracken bauen lassen – sie waren schon vor der Völkerschlacht überbelegt.

Pferdestall, Lazarett und offenes Feuer – Die Thomaskirche zur Zeit der Befreiungskriege

„Chasseur" im Treppenaufgang des Turmes der Thomaskirche. Der vermeintliche französische Jäger, der den Wachmannschaften Schutz vor Kälte und Wind bot, entpuppt sich bei genauerem Hinsehen als preußischer Soldat.
(Foto: Gert Mothes)

den Häusern, in denselben, im Koth zertreten gefunden. Viele der Unglücklichen, mehr vom Hunger, als von der Wunde gemartert, schlichen umher und störten in Kehrichthaufen, um Kartoffeln, Aepfelschaalen, angenagte Knochen zu finden. Andere machten sich über die getödteten Pferde her."[19]

Tausende starben aufgrund der mangelhaften hygienischen und medizinischen Versorgung. Seuchen brachen aus, vor allem das sogenannte Lazarettfieber oder Nervenfieber, was nichts anderes als Typhus war, der freilich nicht an den Lazaretttüren haltmachte, sondern auch viele Opfer unter der Leipziger Bevölkerung und ihren Studenten forderte.[20]

Die Felder rund um Leipzig bedeckten Tausende Tote und ungezählte Pferdekadaver. Seuchen waren schon ausgebrochen, Schlimmeres drohte. Wochenlang betätigten sich die Bauern, aber auch Städter[21] und nicht zuletzt Kriegsgefangene als Leichengräber. Wie viele Menschen in den ersten Wochen nach der Schlacht ihren Verwundungen, aber auch Seuchen erlagen oder einfach verhungerten, ist nicht zu ermitteln. Die Lazarette waren – wenn man sie denn erreichte – zumeist nur ein Platz zum Sterben.

Insgesamt – so ermittelte man bei den Aufräumarbeiten – entstand in Stadt und Umland wohl ein Schaden von mehr als drei Millionen Reichstalern.[22] Vor allem die um die Stadt liegenden Gärten und das Umland waren durch Verwüstungen und Rodungen stark in Mitleidenschaft gezogen, die Stadt selbst hatten die Alliierten bei der Erstürmung weitgehend geschont, vielleicht auch deshalb, weil sie an diesem Lazarettstandort eine funktionierende Infrastruktur dringend benötigten.[23]

Am 17. Oktober 1813 war in ganz Leipzig der Gottesdienst ausgefallen. So etwas hatte es, das wurde eigens vermerkt, nicht einmal zu Zeiten des Dreißigjährigen Krieges gegeben.[24] Am 18. Oktober schlug in das Kirchendach der Thomaskirche – einstweilen unbemerkt, da ohne zu zünden – eine Zehnpfundkugel ein und fiel mitten in das aufgestapelte Kircheninventar. Sie wurde erst im Februar 1814 bei Räumung der Kirche entdeckt. Dass die Kugel der Kirche keinen Schaden zugefügt hatte, galt als gutes Omen. Noch heute findet man sie am Gitter des Turmumgangs angeschlossen.[25] In den Mittagsstunden des 20. Oktober brannte – aus unbekannter Ursache, wie Friedrich Rochlitz berichtet – eine der Nebenkapellen der Thomaskirche ab, ohne allerdings weitere Gebäude im Umkreis und die Thomaskirche selbst in Mitleidenschaft zu ziehen.[26] Auch im Lazarett der Thomaskirche grassierte der Typhus. Vergeblich versuchte man mit vier riesigen Öfen, deren Rohre durch die Kapelle geleitet wurden, den großen Raum etwas zu erwärmen.[27] Nach der Völkerschlacht können wir mit gut 1500 Verwundeten allein in der Thomaskirche rech-

19 [G. W. Becker]: *Leipzigs Schreckenszene* (wie Anm. 13), S. 49 f. – Ein anderer Augenzeuge schreibt: „Vom Schlachtfelde gingen die traurigsten Schilderungen von dem Zustand der Verwundeten ein. Dieser Theil der französischen Militairökonomie ist durchaus der schlechteste. Die Preußen und Russen hatten schon vor der Schlacht dafür gesorgt, ihre Blessirten fortzuführen, nur völlig intransportable blieben zurück. Französischer Seits dachte man erst mehrere Tage nach der Schlacht daran [...] Ihnen [den Verwundeten, Anm. d. Verf.] fehlte viele Tage lang nichts weniger als alles. Selbst nicht das elendste Strohlager, ja nicht einmal ein Obdach hatte der größte Theil. Die wenigen Aerzte, welche die Franzosen zurückgelassen hatten, konnten bey der Menge, die sich fast auf 20 000 belief, unmöglich hinreichen [...] Da man indessen in Leipzig die große Noth erfuhr, die dort herrschte, siegte das Mitleid und die Menschenliebe bald über jede Bedenklichkeit." (D. h., dass es Leipziger gab, die mit allem Nötigen auf die Schlachtfelder zogen, dort Verwundete bargen, mitnahmen und bei sich zu Hause aufnahmen. Angeblich seien so – nach der Schätzung unseres Augenzeugen – etwa 1000 Leben gerettet worden.) L. Hussell: *Leipziger Geschichte* (wie Anm. 16), S. 100 f.

20 Wie viele Opfer die Seuche unter den Kriegsverwundeten forderte, ist statistisch nicht überliefert worden. Die Opfer unter der Zivilbevölkerung hingegen sind zu extrapolieren: Demnach erlagen von Januar 1813 bis Juni 1814 3721 Menschen dem Typhus, das ist mehr als ein Zehntel der städtischen Bevölkerung (etwa 18 500 erkrankten in diesem Zeitraum). Gerhard Graf (Hrsg.): *Die Völkerschlacht bei Leipzig in zeitgenössischen Berichten*, 2. Aufl., Leipzig 1991, S. 138.

21 Jedes Haus in Leipzig hatte für Krankenpflege, Leichenbergung und Aufräumarbeiten einen Helfer zu stellen: Ingolf Bergfeld: *Leipzig. Eine kleine Stadtgeschichte*, Erfurt 2002, S. 49. Auch die Thomaner mussten sich in den Wochen nach der Völkerschlacht an der Leichenbergung beteiligen.

22 So ebenda, S. 49: „Zahlreiche private Spenden aus London, Stuttgart, Zürich und Augsburg trafen ein und halfen, das größte Elend zu lindern. Noch lange blieben Spuren der Ereignisse im Umland sichtbar. Bedenkt man das allgemeine Ausmaß der Verwüstungen, so hielten sich die Schäden in der Stadt selbst in Grenzen."

23 „Vor bedeutenden Beschädigungen war die Stadt während der Erstürmung verschont geblieben und nur wenige Einwohner hatten dabei das Leben verloren. Mehr hatten die Vorstädte gelitten; das Jakobshospital, die Thor- und Gartenhäuser waren verwüstet, die Gärten zertreten und die ganze nächste Umgebung der Bäume beraubt. Die dringendste Sorge war die Beerdigung der Leichen und Aeser, welche die Luft verpesteten. Sie wurden in großen Kalkgruben verscharrt." Eduard Sparfeld: *Chronik der Stadt Leipzig. Ein Handbuch*, Leipzig 1848, S. 181.

24 Johann Friedrich Beatus Höpffner: *Dank-Predigt wegen Erhaltung der Stadt Leipzig nach den Schlachten und der Erstürmung am 19ten Oktober 1813, gehalten am nächsten Sonntag, den 19ten nach Trin. in der St. Georgen- Zucht- und Waisenhaus-Kirche*, Leipzig 1813, VI, 24 S., hier S. 16, Anmerkung.

25 H. Stiehl: *St. Thomas zu Leipzig* (wie Anm. 7), S. 87.

26 Die Kriegsverwundeten kamen daraufhin aus der Thomaskirche herausgekrochen, „weil sie nicht wussten, was vorgehe. Alles Erläutern war umsonst, sie mussten mit Gewalt zurückgetrieben werden; es war der Gräuelvolle Gedanke unter sie gekommen, man wolle die Kirche mit ihnen in die Luft sprengen, um sie nicht länger ernähren zu müssen." Friedrich Rochlitz: *Tage der Gefahr. Ein Tagebuch der Leipziger Schlacht*, Leipzig 1988, S. 72.

27 H. Stiehl: *St. Thomas zu Leipzig* (wie Anm. 7), S. 86.

nen. Bis zum Ausbruch des Typhus hielt die Gemeinde dabei noch Taufen und Trauungen in der Sakristei ab, danach blieb allen nur noch die Nikolaikirche – alle anderen Kirchen waren zu Lazaretten umfunktioniert worden. Nach Abzug der Alliierten blieb die Thomaskirche ‚Franzosenlazarett'; die Franzosen waren von allen Kriegsparteien augenscheinlich am wenigsten dazu in der Lage, für den Rücktransport ihrer Verletzten zu sorgen. In der Thomaskirche erinnert an diese Zeit ein auf die Wand des Treppenaufgangs zum Turm gemalter ‚Chasseur' in Lebensgröße. Auf den ersten Blick meint man, einen französischen Jäger vor sich zu haben. Erst auf den zweiten Blick entpuppt sich dieser als preußischer Soldat.[28] Sein Vorbild muss zur militärischen Bewachung des Lazaretts in der Thomaskirche gehört haben.[29] Im Februar 1814 wurden endlich die letzten Rekonvaleszenten entlassen. Zurück blieb ein Trümmerfeld, was besonders bitter für eine Gemeinde war, die sechs Jahre zuvor bereits eine Renovierung ihrer Kirche mit finanzieller Kraftanstrengung gemeistert hatte.

Für den Reformationstag, der 1813 auf den 20. Sonntag nach Trinitatis fiel, verfügten die Alliierten zum „demüthigen Preis Gottes für die Rettung unserer Stadt aus der drohenden Gefahr des Untergangs" in der St. Nikolaikirche ein „Lob- und Dankfest wegen des Sieges, welcher die Befreyung des Vaterlands vom Joch der Gewalt, des Unrechts und der Irreligiosität" gebracht hatte.[30] Gepredigt werden sollte über Psalm 124,5–8[31] und das Gebet hatte die Bitte „für die Erhaltung der Personen der allgemein verbündeten Mächte und um fernern Sieg ihrer Waffen" zu enthalten. Handschriftlich fügte Superintendent Rosenmüller mit dem Datum 7. November 1813 an:

„In der Thomaskirche konnte bekanntermaßen [dieses „bekanntermaßen" ist von Rosenmüller nachträglich eingeschoben worden! Anm. d. Verf.] keine Collecte stattfinden, weil sie als Lazareth gebraucht wird, folglich kein Gottesdienst in derselben gehalten werden kann. Dieß ist der Fall in mehreren Kirchen."[32]

In Leipzig, das seit Ende der Völkerschlacht unter der russischen Verwaltung von Fürst Nikolai Grigorjewitsch Repnin-Wolkonski stand,[33] wurde auch das Kriegsgebet mit einer Verordnung vom 8. November von einem Dankgebet abgelöst:

„Segne, Herr der Heerschaaren, die Waffen, welche die verbündeten Mächte zur Vertheidigung der Freiheit unseres deutschen Vaterlandes ergriffen haben […] Verherrliche dich doch ferner an den Oberhäuptern der Verbündeten; kröne ihre Unternehmungen mit neuen Siegen, und gieb Gnade, dass Friede, Ruhe und Ordnung bald wieder hergestellt werden."[34]

Als sich das Gedenken an die Leipziger Schlacht zum ersten Mal jährte, war die Thomaskirche noch immer nicht nutzbar. Das russische ‚General-Gouvernement der Hohen Verbündeten Mächte' hatte sich bemüht, die chaotischen Lebensbedingungen durch rasche Entscheidungen zu entschärfen. Neben dem Wiederaufbau der zerstörten Straßen, Brücken, Gebäude und der Eintreibung von „außerordentlichen Staatslasten"[35] setzte Generalgouverneur Repnin-Wolkonski auf die Straffung der Verwaltung – mit mäßigem Erfolg. Das Verhältnis zwischen Bürgern und Gouvernement blieb ohnehin ambivalent. Die meisten Leipziger, egal ob sie für oder gegen Napoleon gekämpft hatten, fühlten sich ihrem gefangenen sächsischen König verpflichtet und ergeben.[36] Auch müssen die

---

28 Dieses genaue Auge hatte: Gerhard Pasch: *Der Chasseur in der Thomaskirche*, in: Denkmale der Völkerschlacht, Leipzig 1987, S. 45 f.

29 Seit dem 21. Oktober 1813 hatten russische und preußische Truppen in der Stadt das Sagen und waren auch für die Bewachung der Thomaskirche zuständig. Pasch entzifferte als Datierung der Zeichnung den 19. November 1813. Der Holzverschlag, auf den der Chasseur aufgemalt ist, scheint eigens als Wachstube gezimmert worden zu sein, um die Mannschaft vor Kälte und Wind zu schützen: Ebenda, S. 46.

30 Ephoralarchiv Leipzig: *Acten die Feier eines Dankfestes wegen der Befreiung Sachsens von französischer Gewalt betreffend*, Schrank 3, Fach 3, Nr. 34. unpag. In St. Nikolai predigte Magister Friedrich August Wolf, Frühprediger an der Peterskirche. In der Georgenkirche konnte kurzfristig doch kein Gottesdienst stattfinden, auf den sich Beatus Höpffner bereits vorbereitet hatte – St. Georgen wurde als Lazarett benötigt. Der Vespergottesdienst, den Johann David Goldhorn, Pfarrer an St. Thomas, am Nachmittag in der Nikolaikirche hielt, war dem eigentlichen Proprium dieses Sonntags, dem Reformationstag, gewidmet.

31 „Es gingen Wasser hoch über uns hinweg. Gelobt sei der Herr, dass er uns nicht gibt zum Raub in ihre Zähne! Unsre Seele ist entronnen wie ein Vogel dem Netze des Vogelfängers; das Netz ist zerrissen, und wir sind frei. Unsre Hilfe steht im Namen des Herrn, der Himmel und Erde gemacht hat."

32 Ephoralarchiv Leipzig: *Acten die Feyer eines Dankfestes* (wie Anm. 30).

33 Bis November 1814 unter russischer Verwaltung, dann bis Mai 1815 unter preußischer.

34 Ephoralarchiv Leipzig: *Acten die Feyer eines Dankfestes* (wie Anm. 30).

35 So der Titel einer *Verordnung wegen Aufbringung der außerordentlichen Staatslasten in dem General-Gouvernement* Sachsen, die Repnin am 12. November 1813 erlassen hatte, in: [o. Hrsg.]: *General-Gouvernementsblatt Nr. 4 vom 18. November 1813*. – Das General-Gouvernementsblatt war das offizielle Gesetzes- und Verordnungsblatt der russischen und preußischen Verwalter Sachsens.

36 König Friedrich August I. von Sachsen war unmittelbar nach der Völkerschlacht von der russisch-preußischen Koalition gefangen genommen und nach Friedrichsfelde bei Berlin verbracht worden. Erst im Februar 1815 wurde er aus der Haft entlassen, um der auf dem Wiener Kongress verhandelten Abtretung von gut der Hälfte des sächsischen Staatsgebietes zustimmen zu müssen. Außerdem musste er das Herzogtum Warschau abtreten. Als Friedrich August I. im Juli 1815 endlich nach Sachsen zurückkehrte, hatte er die Sympathien auf seiner Seite. In Leipzig fand am 18. Juni 1815 ein Dankfest für die Rückkehr des Königs nach Sachsen statt, zu dem Tzschirner in der Thomaskirche unter dem Motto „Heil dem Volke und dem Fürsten wenn frommes Vertrauen sie vereint!" predigte.

Gedenkfeier zum Ende der Völkerschlacht, Nürnberg bei Campe, Kupferstich, o. J. (Privatsammlung Stefan Altner)

Franzosen in der Bevölkerung in einem solchen Ausmaß Sympathien genossen haben, dass sich das Generalgouvernement veranlasst sah zu verordnen, „dass gegenwärtig jede in Worten oder Werken bezeigte Anhänglichkeit an die Person oder die Sache von Napoleon Bonaparte ein Verbrechen wider die Sicherheit des Staates ausmacht."[37]

Feierlichkeiten zum ersten Jahrestag der Leipziger Schlacht am 18. und 19. Oktober 1814 wurden in ganz Deutschland begangen.[38] In Leipzig[39] begannen sie am 18. Oktober (einem Dienstag) mit einem Gottesdienst in der Nikolaikirche mit Superintendent Rosenmüller und einem abendlichen Großen Konzert zugunsten der Armen der Stadt in Gegenwart des Generalgouverneurs. Am darauffolgenden Mittwoch hob das Gedenken mit einem Glockengeläut um 4.00 Uhr und Musik von den Türmen der Stadt zwei Stunden später an. Um 9.00 Uhr erschien der Generalgouverneur zum Gottesdienst in St. Nikolai, in dem eine Motette – gedichtet von Hofrat Siegfried August Mahlmann und komponiert von Musikdirektor

37 [o. Hrsg.]: *General-Gouvernements-Blatt für Sachsen*, Nr. 110 vom 13. April 1815, S. 767. Es wurde deshalb verfügt, „dass Jeder, der erweislich in Worten oder Werken seine Anhänglichkeit für Napoleon Bonaparte und sein Interesse bethätigt, ohne Ansehen der Person [...] unverzüglich verhaftet" wird.

38 Einen Überblick verschafft man sich am besten mit dem von Karl Hoffmann herausgegebenen Buch *Des Teutschen Volkes feuriger Dank- und Ehrentempel oder Beschreibung wie das aus zwanzigjähriger französischer Sklaverei durch Fürsten-Eintracht und Volkskraft gerettete Teutsche Volk die Tage der entscheidenden Völker- und Rettungsschlacht bei Leipzig am 18. und 19. Oktober 1814 zum erstenmale gefeiert hat*, Offenbach 1815.

39 Die Leipziger feierten von Beginn an den 19. Oktober als Tag der Bewahrung ihrer Stadt und nicht den 18. Oktober, der als Tag der entscheidenden Schlachten in Schönefeld und Probstheida als Sieg der Verbündeten galt und Sachsen mitsamt seinem König in die Katastrophe führte (siehe Anm. 36).

und Thomaskantor Johann Gottfried Schicht – erklang – und Heinrich Gottlieb Tzschirner, Theologieprofessor und Nachfolger Rosenmüllers als Superintendent, predigte.⁴⁰

Die Kanzelrede in der Nikolaikirche vor versammelter einheimischer und auswärtiger Prominenz geriet für Tzschirner zu einem Balanceakt: Die pikante Angelegenheit des gefangenen sächsischen Königs durfte weder deutlich ausgesprochen noch ganz ausgelassen werden. Tzschirner sprach, mit einem einfachen schwarzen Rock bekleidet und dem Orden für seinen Feldpredigereinsatz in Frankreich auf der Brust,⁴¹ spürbar um Ausgleich bemüht, von den vielen Problemen, die die Stadt und das Land beschweren, eingeleitet durch den Satz:

„Rein zwar und ungetruebt ist keine menschliche Freude und die unsre kann es nicht seyn; schmerzliche Gefühle des Verlustes und der Trauer erwachen mit der Erinnerung an die Tage jenes Kampfes."⁴²

So diplomatisch formuliert, konnte sich jeder angesprochen fühlen.

„Ewig denkwürdig wird der Kampf vor allem dem deutschen Volke seyn. Durch diesen Sieg erst ward Deutschland gerettet [...] Ewig denkwürdig wird der Kampf den Bewohnern unserer Stadt seyn. Nein, nie, nie werden wir den Tag vergessen, wo wir sahen, was das Leben und was der Tod nur immer Schreckliches haben kann."⁴³

Im Anschluss zog die Gottesdienstgesellschaft zum Marktplatz der Stadt zu einer Truppenparade und dem gemeinsamen Singen von *Nun danket alle Gott* – ein typisches preußisches Zeremoniell hatte damit Einzug gehalten. Mittagsgesellschaften schlossen sich an, die größte davon im Saal der Großen Funkenburg mit dem Generalgouvernement an der Spitze. Am Nachmittag zog man zum Schlachtfeld und errichtete dort ein Kreuz, am Abend schließlich fand ein Ball statt und als Höhepunkt die Illumination der Stadt.⁴⁴

Im September 1814 wird endlich mit der Renovierung der Thomaskirche begonnen. Viele Privatkapellen und Beichtstühle werden abgebrochen, Wände, Pfeiler und Decken geweißt, der Fußboden in den Haupt- und Seitengängen erneuert und mit einem Ölanstrich versehen, die Sitze unter den Emporen, der Kanzel gegenüber, werden ersetzt. Und zum ersten Mal setzt man die Kirchenbänke so, dass man Kanzel, Empore und Altar gleichzeitig in den Blick nehmen kann.

Im Februar 1815, genauer am Sonntag Reminiscere⁴⁵ am 19. Februar, und damit fast exakt ein Jahr, nachdem man den letzten Verwundeten aus ihr herausgetragen hatte, konnte der im achtzigsten Lebensjahr stehende Superintendent Rosenmüller die Thomaskirche wieder der Gemeinde übergeben – es war eine seiner letzten Amtshandlungen.

---

40 Das zugrunde gelegte Bibelwort stammt aus dem fünften Bußpsalm des Volkes Israel (Psalm 102, 19): „Das werde geschrieben für die Nachkommen; und das Volk, das er schafft, wird den Herrn loben."

41 So berichtet Friedrich Hesekiel in seinem Nachruf auf Tzschirner, in: Journal für Prediger 72 (1828), S. 243–256, hier S. 246.

42 Heinrich Gottlieb Tzschirner: *Rede bei der Jahresfeier der Leipziger Schlacht am 19. October 1814 in der Nikolaikirche zu Leipzig gehalten*, in: ders.: Predigten [...] / aus dessen Handschriften ausgew. u. hrsg. v. Johann David Goldhorn, 2. Aufl., Leipzig 1829, Bd. IV, S. 410. Tzschirner erinnert hier verklausuliert an den gefangenen sächsischen König.

43 Ebenda, S. 412.

44 K. Hoffmann: *Des Teutschen Volkes* (wie Anm. 38), S. 838–840.

45 Reminiscere ist im Kirchenjahr der zweite Sonntag in der Passionszeit. Die Bezeichnung geht auf den lateinischen Vers 6 des Psalms 25 zurück: „Reminiscere miserationum tuarum", zu Deutsch: „Denk an dein Erbarmen, Herr". Die Beendigung der Renovierung passte also gut zum Proprium des Sonntags und stand im Zeichen des Erbarmens Gottes.

Titelkupfer der Thomasschulordnung von 1723 mit Darstellung der Thomasschule von Johann Gottfried Krügner (Archiv des Thomanerchores)

Die Alte Thomasschule am Thomaskirchhof
Wolfgang Hocquél

Es ist nicht ganz einfach, ein Gebäude möglichst anschaulich zu beschreiben, das schon vor über einhundert Jahren abgebrochen worden ist. Während Bernhard Friedrich Richter 1904 seine detaillierte Darstellung der alten Thomasschule[1] noch in unmittelbarer Kenntnis des kulturgeschichtlich bedeutsamen Bauwerkes verfassen konnte, ist dies heute nur noch anhand von Publikationen und Archivalien möglich. Dabei gilt es, die vielfältige Literatur zu diesem Thema zur Kenntnis zu nehmen, und sie nach heutigem Wissensstand kritisch zu bewerten. Im Mittelpunkt dieses Beitrages steht die Beschreibung des barocken Umbaus von 1731/32 durch den führenden Leipziger Baumeister jener Jahre, George Werner (1682–1758). Da dies zugleich auch die Zeit ist, in der Johann Sebastian Bach mit seiner Familie im Gebäude wohnte, fallen hier musikgeschichtliches und baugeschichtliches Interesse glücklich zusammen. Die rund 150 Jahre nach dem Tode Bachs bis zum Abbruch der Schule im Jahre 1902 veränderten den Bau nur wenig. Die Umbauten von 1829 betrafen vor allem Änderungen in den Schlafsälen und an den Treppenanlagen. Vor diesem Hintergrund verwundert es umso mehr, dass dieses musik- und geistesgeschichtlich bedeutende Gebäude, das heute fraglos die Kriterien als Weltkulturerbe der UNESCO erfüllen würde, praktisch ohne größere Auseinandersetzung aufgegeben wurde. Im Folgenden soll der Frage nachgegangen werden, wie es dazu kam.

Der Schulbau von 1553

Über die architektonische Gestaltung des vom Thomaspropst Conrad am 20. Februar 1254 in einer Urkunde erstmals erwähnten frühgotischen Thomasschulgebäudes ist nichts Sicheres überliefert. In der ältesten zuverlässigen Stadtansicht aus dem Jahre 1547, die die Stadt während der Belagerung im Schmalkaldischen Krieg zeigt, ist dieser Bereich durch Gebäude verdeckt. Lediglich das steile Dach der Thomaskirche und ihr Turm sind zweifelsfrei auszumachen. Erst auf einem 1553, dem Jahr des zweiten Schulneubaus, entstandenen Holzschnitt tritt uns die Thomasschule bildlich entgegen. Allerdings ist diese Darstellung in Bezug auf die Anzahl der Geschosse und Zahl der Fensterachsen nicht präzise. Sie belegt lediglich, dass es dort einen steinernen Renaissancebau gegeben hat. Die erste Schule, das heißt der Bau aus dem frühen 13. Jahrhundert, der im Zusammenhang mit der Gründung des Thomasklosters 1212 entstanden sein wird, dürfte aber etwa an gleicher Stelle gestanden haben wie der zweite Bau von 1553[2] und dessen barocker Umbau von 1731/32. In der Leipziger Chronik von Johann Jacob Vogel, genannt ‚Vogels Annalen', erstmals erschienen im Jahre 1714,[3] wird für das Jahr 1553 berichtet, dass der Turm über dem Thomastor, in dem der Küster der Thomaskirche wohnte, eingestürzt sei und sowohl dessen Frau als auch eine alte Nonne unter sich begraben habe. Mit dem Thomastor wird wohl nicht ein Durchgang wie das bis ins 19. Jahrhundert erhaltene, direkt südlich an das Schulgebäude anschließende Thomaspförtchen gemeint gewesen sein, sondern eher ein Tor durch die dahinterliegende Stadt-

---

[1] Bernhard Friedrich Richter: *Das Innere der alten Thomasschule* (Schriften des Vereins für die Geschichte Leipzigs, Bd. 7), Leipzig 1904.

[2] Nach Einführung der Reformation in Sachsen im Jahre 1539 wurde das Thomaskloster säkularisiert. Die Thomasschule wurde 1543 zur städtischen Einrichtung.

[3] Johann Jacob Vogel: *Leipzigisches Geschicht-Buch Oder Annales, Das ist: Jahr- und Tage-Buecher Der Weltberuehmten Koenigl. und Khurfuerstlichen Saechsischen Kauff- und Handels-Stadt Leipzig. In welchen die meisten merckwuerdigsten Geschichte [...] von Anno 661. nach Christi Geburth an, biß in das 1714. Jahr [...] enthalten sind*, Leipzig 1714.

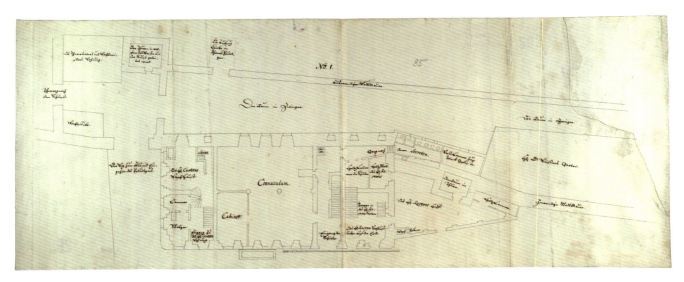

„No: 1" Erdgeschoss des Thomasschulbaus von 1553, Darstellung der unmittelbaren Umgebung, ca. 1730
(Stadtarchiv Leipzig, Ratsrissarchiv Feudalismus, Sign. 283)

mauer.[4] Möglicherweise hatte der Einsturz des Turmes auch das benachbarte Schulgebäude beschädigt. Jedenfalls wird noch im gleichen Jahr mit einem Schulneubau begonnen. Über diesen sind wir durch die erhaltenen Bauakten im Stadtarchiv Leipzig[5] gut unterrichtet. Auch ein späterer Lageplan und die Grundrisse der einzelnen Geschosse mit der Eintragung der Nutzung liegen vor. Der Bau wurde in nur 28 Wochen vom Ratsmaurer Kunz Bundtschuh ausgeführt und kostete 2808 Gulden, 11 Groschen und 6 Pfennige. Der Betrag wurde zur einen Hälfte von der Stadt, zur anderen Hälfte von den Leipziger Bürgern, die teils auch Eigenleistungen erbrachten, getragen.

Der häufig abgebildete Titelkupfer der Schulordnung aus dem Jahre 1723, gestochen von Johann Gottfried Krügner dem Älteren,[6] zeigt uns einen dreigeschossigen Putzbau mit einem steilen Satteldach. Der Stich entstand in dem Jahr, in dem Johann Sebastian Bach sein Amt als Thomaskantor antrat. Die Fassade zum Platz weist zehn Fensterachsen auf. Im Erdgeschoss führen links und rechts außen zwei schmucklose Portale über zwei Stufen ins Erdgeschoss. Zwei kreisrunde Öffnungen über den Türbögen belichten die dahinterliegenden Flure. Diese beiden äußeren Zugänge führten in die Kantorenwohnung (links) und in die Rektorenwohnung (rechts). Die schlichte zweiflüglige Tür neben dem rechten Eingang war der Zugang zum Schulhaus, das den mittleren Teil des Gebäudes einnahm. Zwei hölzerne Vordächer schützen eine Wasserstelle. Das mit Ziegeln gedeckte Dach wird im mittleren Bereich durch ein stehendes Dachhäuschen unterbrochen. Luke und Kranbalken weisen darauf hin, dass man hier mittels eines Flaschenzuges wohl allerlei Vorräte hinaufgezogen und gelagert hat. Während das zweite und dritte Dachgeschoss nur einzelne Dachgauben aufweisen, sind sie im unteren Dachgeschoss, links und rechts neben der Ladeluke, zu sogenannten Dachhechten zusammengefasst, wodurch hier eine bessere Belichtung erreicht wurde. In diesen drei Dachgeschossen hatten die Schüler der Thomasschule ihre – vermutlich sehr unwirtlichen – Schlafstätten. Weitere Schüler, sogenannte Externe, wohnten

4 Im Grundrissplan des Baus von 1553, der erst zu Beginn des 18. Jahrhunderts entstanden ist, mit der Bezeichnung „No: 1." [Leipzig StA: Baupläne (undatiert) des Schulbaus von 1553, RRA (F) 283] gibt es an der nördlichen Innenseite der Stadtmauer ein quadratisches Bauwerk mit der Beschriftung ‚Der Raum im Thurm'. Es mag sein, dass es sich hierbei um die Reste bzw. den wieder aufgebauten Turm handelt, der von Vogel genannt wird. Sowohl auf dem Titelkupfer Johann Gottfried Krügners von 1723 als auch auf der Stadtansicht nach Matthäus Merian von 1650 ist unmittelbar nördlich neben der Thomasschule ein dreigeschossiger Turm zu sehen, der in den Seitentrakt der Thomasschule einbezogen ist und in dem der Rektor im ersten Obergeschoss eine Stube hatte. Möglich ist aber auch, dass ein Turm südwestlich der Thomasschule gemeint war, etwa an der Stelle, an der im Plan No: 1 verbal eine Zugbrücke bezeichnet ist. Dagegen kommt der etwas südlicher gelegene Turm, „in welchen das Wasser aus der Wasserkunst geleitet wird", wohl nicht als der Vogel'sche Torturm in Betracht. Über Letzteren wurde das Röhrwasser in das westliche Stadtgebiet verteilt. Wie die dazugehörige Pumpentechnik hierfür aussah, wissen wir nicht.

5 *Einname und Ausgabe der neuen erbaweten Schuele tzu sant Thomas Bei Regierung Johan Schoffels der rechte doctor und Bürgermeister tzu Leiptzk. Anno domini 1553*, zitiert nach: B. F. Richter: *Das Innere der alten Thomasschule* (wie Anm. 1), S. 5.

6 Johann Gottfried Krügner der Ältere: *Thomaskirche und ältere Thomasschule im Jahre 1723*, Kupferstich, Leipzig StM.

in der Stadt.⁷ In den Schlafstätten in der Thomasschule herrschten sowohl im Winter als auch im Sommer extreme Temperaturen, denn Wärmeschutzmaßnahmen, wie sie heute bei Dachausbauten üblich sind, kannte man damals noch nicht. An der Giebelseite gibt es im Erdgeschoss einen weiteren Zugang, aber keine Fenster in dem abgebildeten Fassadenabschnitt rechts neben der Tür.

Die ältesten erhaltene Grundrisse der Schule geben uns genauen Aufschluss darüber, wie das Gebäude zu Beginn der Amtszeit Bachs, aber vor dem Umbau von 1731/32 genutzt wurde. Die linke, das heißt südliche Eingangstür am Thomaskirchhof führte in den Hausflur der Kantorenwohnung. An der Ecke befand sich linkerhand ein beheizbares Stübchen, das mit einem eisernen Ofen ausgestattet war. Mit diesem Stübchen war eine nach Westen angrenzende Kammer verbunden. Im hinteren Bereich befand sich das Waschhaus des Kantors, mit einer Tür zum Zwinger, wohl auch um hier die Wäsche aufhängen zu können, sowie ein ‚Sekret', das heißt eine Trockentoilette. Über eine Treppe gelangte man ins erste und zweite Obergeschoss, wo sich die Wohnräume des Kantors und seiner Familie befanden.⁸ Im ersten Obergeschoss verfügte dieser über eine beheizbare Wohnstube mit zwei Fenstern zum Kirchhof und über eine einfenstrige Schlafkammer, die von der Wohnstube her zugänglich war. Im mittleren Bereich lagen der Flur, Vorplatz genannt, und eine Küche mit je einem Fenster nach Süden. Eine weitere, kleinere beheizbare Stube im hinteren Bereich mit angrenzender Kammer hatte zwei Fenster nach Westen, mit Blick auf die Thomasmühle und die Frankfurter Wiesen, und ein Fenster nach Süden. Vom Flur führte eine Tür in den Schulhausteil mit den separaten Auditorien der Primaner, Tertianer und Quartaner, also der Schüler der damaligen ersten, dritten und vierten Klasse. Im zweiten Obergeschoss hatte der Kantor ebenfalls eine kleine beheizbare Stube zur Verfügung, die über derjenigen im ersten Obergeschoss lag und von der man ebenfalls auf den Thomaskirchhof blickte.⁹ In der Südwestecke des Gebäudes befanden sich Stube und Kammer des Konrektors, im mittleren Bereich mit fünf Fenstern zum Thomaskirchhof lagen die Bibliothek von Magister Petzold sowie seine Stube.¹⁰ Mit Ausblick nach Westen waren die Schulbibliothek und das Auditorium der Sekundaner untergebracht. Die Wohnung des Rektors war deutlich größer als die des Kantors. Neben Wirtschaftsräumen im Erdgeschoss und dem nördlich anschließenden baulich heterogenen zweigeschossigen schmalen Trakt, der unter Einbeziehung der inneren Stadtmauer entstanden war,¹¹ verfügte sie auch über einen kleinen dreieckigen Hof vor diesem Anbau. Dieser Hof wurde östlich durch eine Mauer zum Kirchhof begrenzt. Auch ein Keller gehörte zur Wohnung. Dazu kamen die Wohnräume im ersten und zweiten Obergeschoss sowie im Obergeschoss des Seitentrakts. Im mittleren Teil des Erdgeschosses befand sich das sogenannte Coenaculum, das heißt der Speisesaal der Thomaner.¹² Von diesem war, vermutlich nachträglich, ein Kabinett abgetrennt worden, das etwa ein Fünftel des Raumes ausmachte. Im Speisesaal war außer den Esstischen ein Katheder aufgestellt, von dem zu den Mahlzeiten ein Chorknabe, der sogenannte Lektor, aus geistlichen oder philosophischen Schriften vorlesen musste. Im hinteren Flurbereich befand sich der Karzer. Über einige Stufen am Nordgiebel, außerhalb des Gebäudes, erreichte man sechs Privets (Abtritte) in dem etwas tiefer gelegenen Zwinger. Sie waren vermutlich in einfachen Holzverschlägen untergebracht. Solche Trockentoiletten gab es für Lehrer und Schüler ausschließlich im Erdgeschoss, mit Ausnahme des Sekrets der Rektorenwohnung im ersten Obergeschoss des Anbaus.

Werfen wir nun einen Blick auf die Fassadengestaltung. Die Fensteröffnungen der drei Hauptgeschosse dürften, obwohl der Stich dies nicht zeigt, mit den typischen

---

7   Zu Beginn der Schulgründung waren es 12, später 24 Chorknaben, die die Gottesdienste musikalisch umrahmten. Bis ins 19. Jahrhundert betrug die Zahl der Thomasschüler zwischen 150 und 250. Zu Zeiten des Schulneubaus in der Schreberstraße im Jahre 1877 waren es 369 Schüler.

8   „No: 2" der Grundrisspläne von 1553, in: Leipzig StA: Baupläne (undatiert) des Schulbaus von 1553, RRA (F) 284.

9   „No: 3" der Grundrisspläne von 1553, in: Leipzig StA: Baupläne (undatiert) des Schulbaus von 1553, RRA (F) 285.

10 Es ist interessant, dass im Grundriss des zweiten Obergeschosses von einem Magister Petzold als Person die Rede ist, aber die Räume ansonsten nur allgemein dem Kantor, Rektor und Konrektor zugeordnet werden. Karl Friedrich Petzold war von 1704 bis zu seinem Tode am 30. Mai 1731 an der Thomasschule angestellt. Noch kurz vor seinem Tode wurde er zum Konrektor berufen. Das bedeutet, dass die Pläne auf jeden Fall in dieser Zeit entstanden sein müssen. Es sind also Zeichnungen, die vor dem Umbau durch George Werner 1731/32 entstanden sind.

11 Die nördliche innere Stadtmauer führte direkt auf den Nordgiebel der Thomasschule zu; vgl. Plan No: 1, in: Leipzig StA: Baupläne (undatiert) des Schulbaus von 1553, RRA (F) 283 (wie Anm. 4). Aus dieser ragte ein Turm heraus, der in der Krügner'schen Ansicht von 1723 zwischen Schulgebäude und Kirche zu erkennen ist. In diesem Turm hatte der Rektor im Erdgeschoss einen fensterlosen Vorratsraum zur Verfügung, im ersten Obergeschoss darüber eine Stube. In diesem ersten Obergeschoss waren auf der Stadtmauer weitere Räume (zwei Kammern und ein Sekret) angeordnet, die zur Wohnung des Rektors gehörten. Im Erdgeschossbereich trennte diese innere Stadtmauer die westlich, etwas tiefer gelegenen Schul-Privets vom östlich gelegenen Hof der Rektorenwohnung.

12 Nach christlichem Verständnis ist das Coenaculum der Saal, in dem Jesus am Vorabend seiner Kreuzigung das Abendmahl mit seinen Jüngern feierte. Es war der größte Raum des Gebäudes. Wegen seiner großen Deckenspannweite von Außenmauer zu Außenmauer waren in der Saalmitte zwei Stützen angeordnet, auf denen ein kräftiger Unterzug ruhte, der wohl eine – eventuell bemalte – Holzbalkendecke trug.

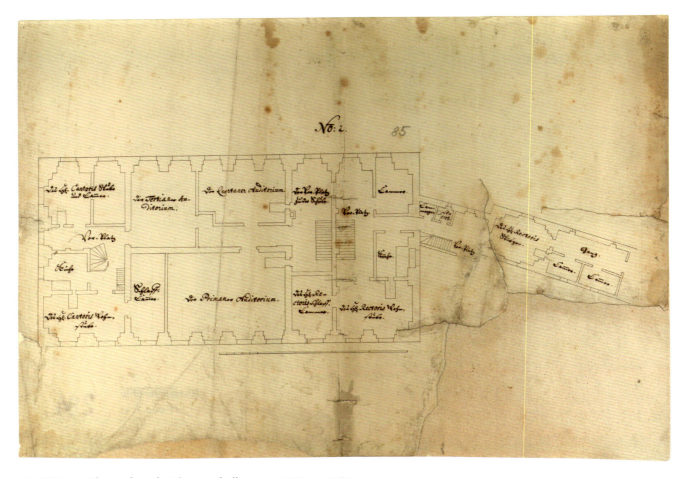

*„No: 2" Erstes Obergeschoss des Thomasschulbaus von 1553, ca. 1730
(Stadtarchiv Leipzig, Ratsrissarchiv Feudalismus, Sign. 284)*

profilierten Gewänden in Rochlitzer Porphyrtuff gerahmt gewesen sein. Gleiches gilt für die drei schlichten Portale. Schaut man sich die Fensteröffnungen genauer an, erkennt man, dass sie mit zeittypischen Kreuzstockfenstern verschlossen sind. Der Zeit gemäß waren sie vermutlich mit runden Butzenscheiben verglast. Wie man sich diesen bescheidenen, schmucklosen Bau vorzustellen hat, illustriert ein Blick auf die in den Jahren 1992 bis 1994 sanierte Alte Nikolaischule, die trotz mehrfachen Umbaus bis heute eine ähnlich schlichte Anmutung des 16. Jahrhunderts bewahrt hat.[13] Weder bei der Thomasschule, noch bei der Nikolaischule hatte man es mit einer anspruchsvollen Gestaltung zu tun, wie sie bei vielen kommunalen, aber auch privaten Bauten jener Zeit üblich war. Auch das Innere hat man sich bezüglich der immobilen Ausstattung sehr einfach vorzustellen.

Der Umbau von 1731/32

Im Jahre 1730 wurde Johann Matthias Gesner (1691–1761) zum Rektor berufen. Gesner regte die notwendig gewordene Sanierung und Erweiterung der Schule an und bezog den alten Bau erst gar nicht mehr. Zu Ostern 1731 wurde der Dachstuhl abgebrochen, wonach man das Gebäude um zwei Stockwerke erhöhte und mit einem zeittypischen Mansarddach versah. Nördlich angrenzend wurde ein neues dreigeschossiges Nebengebäude errichtet.[14] Ende

---

13 Nach ihrer Eröffnung am Nikolaikirchhof im Jahre 1512 wurde die Nikolaischule, die die erste Leipziger Bürgerschule war, ebenfalls 1553 umgebaut. Auch sie war ein dreigeschossiger Putzbau in Traufstellung zur Straße und mit einem Satteldach. Im Gegensatz zur Thomasschule mit zehn Fensterachsen war sie aber zunächst nur sechs Fensterachsen breit. Ansonsten dürften sich beide im äußeren Erscheinungsbild sehr ähnlich gewesen sein.

14 Die innere Stadtmauer wurde in diesem Bereich abgebrochen. Ebenso der von der älteren Thomasschule mitgenutzte Turm.

Die Alte Thomasschule am Thomaskirchhof

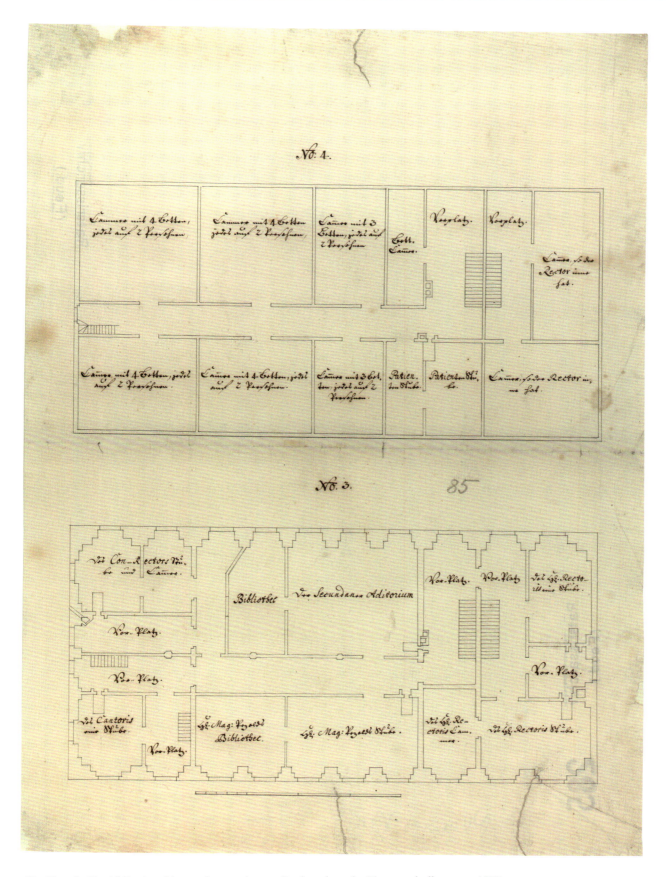

„No: 3" und „No. 4:" Zweites Obergeschoss und erstes Dachgeschoss des Thomasschulbaus von 1553
(Stadtarchiv Leipzig, Ratsrissarchiv Feudalismus, Sign. 285)

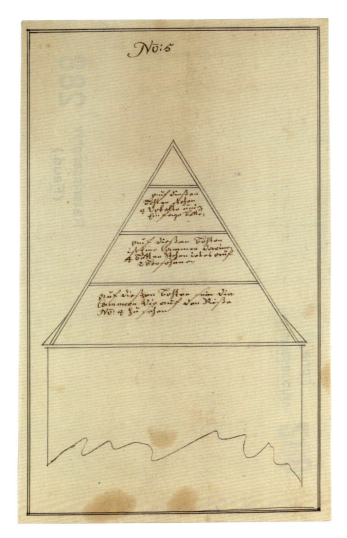 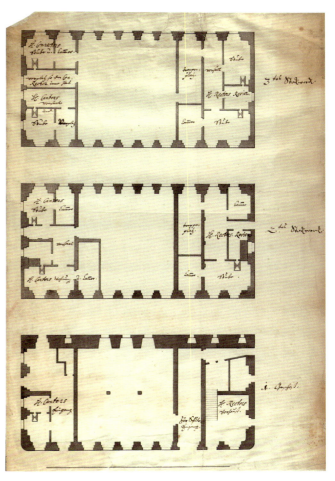

„No: 5" Querschnitt durch den Dachstuhl des Thomasschulbaus von 1553, ca. 1730
(Stadtarchiv Leipzig, Ratsrissarchiv Feudalismus, Sign. 288)

Etagengrundrisse des Thomasschulbaus von 1553, o. J.
(Stadtarchiv Leipzig, Ratsrissarchiv Feudalismus, Sign. 297)

Mai 1732 war der Umbau beendet und am 5. Juni konnte das Gebäude mit der Bach'schen Kantate *Froher Tag verlangte Stunden* eingeweiht werden. Johann Sebastian Bach hatte mit seiner Familie während der Bauzeit von Ende Juni 1731 bis zum 24. April 1732 im Haus des Rechtsgelehrten Dr. Christoph Donndorf in der Hainstraße 17 gewohnt. Das Bürgerhaus wurde 1911 abgebrochen und durch das Messehaus ‚Jägerhof' (heute durch die Passage-Kinos bekannt) ersetzt.

Durch die erhaltenen Baurechnungen der Raths-Einnahmen-Stube[15] sind wir über den Umfang der ausgeführten Arbeiten, die Baukosten und die beteiligten Handwerker auf das Genaueste informiert. Die Gesamtkosten für den Bau betrugen 17 255 Taler, 13 Groschen und 6 Pfennige. Johann Christian Schmid erhielt für die Fertigung eines Modells der Schule 12 Taler, 9 Groschen und 6 Pfennige. Den Bau führte Maurermeister George Werner gemeinsam mit dem Zimmerermeister Johann Georg Rühle aus. Unter dem 10. August 1731 werden 12 Taler für das Richtfest verzeichnet: „Den Zimmererpurschen zur Ergötzlichkeit nachdem das Gebäude gerichtet gewesen",[16] heißt es in den Ratsakten. Die beiden Steinmetzen Christian Gottlob Seidel und Johann Christian Häßler lieferten die „Rochlitzer Werksteinstücke" für Türen, Fenster und Gesimse. Der Bildhauer Valentin Schwarzenberger erhielt am 28. Mai 1732 für die Fertigung des Satyrkopfes am Brunnenkasten der Fassade 3 Taler und 20 Groschen.[17]

15 Leipzig StA: Baurechnungen des Rates 1721–1732, S. 236–248.
16 Ebenda.
17 Vgl. ebenda.

Die erhaltenen Bauzeichnungen von George Werner[18] vermitteln ein recht genaues Bild des Umbaus; sie umfassen die Geschossgrundrisse, die neue Fassadenansicht der Thomaskirchhofseite sowie die Rückansicht und die später gefertigten Grundrisse des dreigeschossigen Anbaus[19] zur Thomaskirche hin, der, im Gegensatz zum Schulgebäude, völlig neu aufgeführt wurde. Über einem Sockelgeschoss mit streng horizontalem Fugenschnitt erheben sich drei Vollgeschosse und ein flacheres Mezzanin. Die Fensterbänke in den Obergeschossen sind in durchlaufende horizontale Gesimse eingebunden. Die mittleren vier Gebäudeachsen sind, ebenso wie Fensterachsen 2 und 9, als leicht vorspringende Risalite ausgebildet. Die Gebäudeecken werden durch flache Putzstreifen begrenzt, die im Sockel und Gesimsbereich verkröpft sind. Der Mittelrisalit wird über dem Traufgesims durch einen breiten Frontispiz bekrönt. Drei Reihen von Dachgauben und architektonisch durchgebildete, symmetrisch angeordnete Schornsteinaufsätze komplettieren die typisch barocke Dachlandschaft. Die Risalite werden durch unterschiedliche, vertiefte Felder in den Fensterbrüstungen zusätzlich betont. Die Fenstergewände haben im oberen Bereich jeweils die charakteristischen barocken ‚Ohren'. Das insgesamt flache Fassadenrelief ist architektonischer Ausdruck für das nach Formenberuhigung strebende Rokoko. Üppig dekorierte Fassaden mit schwelgerischen plastischen Schmuckformen waren nun nicht mehr zeitgemäß.[20]

Nikolaus Pevsner, der in seiner bahnbrechenden Publikation von 1928 den bürgerlichen Leipziger Barock erstmals näher untersuchte und dessen architektonische Qualitäten sehr differenziert bewertete, sah hier erstmals einen nüchternen Rationalismus realisiert, wie er in der Dresdner Residenz schon Einzug gehalten hatte:

> „Wenn es sich auch um einen Nutzbau handelt, so hätte man doch noch kurz vorher wenigstens die Mittelachse durch Verdachungen und Ornament bereichert. Die Bauherren – vielleicht nicht zufällig gerade hier Gelehrte und Humanisten – sehen nun davon ab und freuen sich der nüchternen Zweckmäßigkeit ihres Schulgebäudes".[21]

Ebenso zurückhaltend ist die Farbigkeit angelegt. Über einem rötlichen Sockel ist die Fassade in hellem, rötlichem Beige gehalten. Die Fassadenrücklagen sind in einem etwas dunkler wirkenden Grauton, die vertieften Brüstungsfelder in bläulichem Grau mit Marmorierungen und die Fenstergewände und Gesimse weiß gestrichen. Auch wenn die Farbigkeit auf der Fassadendarstellung von George Werner heute etwas verblasst ist, so hat man doch unbedingt von einer eher zarten, wenig intensiven Farbfassung auszugehen. Durch die zweigeschossige Aufstockung und den dreigeschossigen Anbau konnte das Raumangebot wesentlich erweitert werden. Auch wurde hinsichtlich der bis dahin verheerenden hygienischen Bedingungen im Inneren Abhilfe geschaffen. Bachs Kollege Magister Petzold hatte sie in einer Eingabe an den Rat der Stadt drastisch geschildert:

> „Man erwege zugleich das häufige Ungeziefer, in dem Ratten und Mäuse in solcher Menge auff der Thomas-Schule angetroffen werden, dass sie auch am hellen Tage hervor kommen, ja um 1 Uhr Nachmittag mir etliche mahl auff denen Schul-Treppen begegnet sind."[22]

Zwar hatte der Rat die Kantorenwohnung zu Bachs Dienstantritt renovieren lassen, das übrige Gebäude jedoch nicht. Bachs Vorgänger Kuhnau hatte noch geklagt, dass alle Schüler die Krätze hätten und der Chorgesang darunter leiden müsse.[23]

Die innere Aufteilung des Gebäudes wurde im Wesentlichen beibehalten. Im linken Gebäudeteil wohnte Johann Sebastian Bach mit seiner Familie, im mittleren Teil befanden sich die Schulräume, im rechten Gebäudetrakt die Wohnung des Rektors. Das gesamte Mezzanin und das Mansardgeschoss dienten als Schlafräume der Alumnen. Hier befanden sich je Etage 32 Schlafstellen und an den Fenstern kleine verschlagartige Arbeitszimmer (Kabinette) für die Schüler. Jeder Schüler hatte sein eigenes kleines Kabinett mit Fenster. Im Vergleich zu den früheren Schlafräumen war das eine deutliche Verbesserung, selbst wenn es auch in diesen beiden Geschossen noch keine Öfen gab.

Neben der flächenmäßigen Erweiterung brachte der Umbau vor allem folgende funktionale Veränderungen: 1. Die Alumnen wurden im Mezzanin (Untertabulat) und im Mansardgeschoss (Obertabulat) untergebracht. 2. Die

---

18 Leipzig StA: Bauzeichnungen von George Werner, RRA (F), Sign. 289, 290, 293–295.

19 Vgl. Leipzig StA: Bauzeichnungen, RRA (F), Sign. 307, 308. Diese Pläne weisen auf Räumlichkeiten hin, die von ‚M. Rost' genutzt worden sind. Friedrich Wilhelm Ehrenfried Rost (1768–1835) war ab 1800 Rektor der Thomasschule. Folglich dürften diese Pläne erst ab 1800 entstanden sein. Im Erdgeschossbereich und im ersten Obergeschoss entsprechen sie im Wesentlichen den Angaben auf den Zeichnungen von George Werner. Daher kann man die Legende, das heißt die Raumnutzung dieser Pläne, ohne Weiteres auch auf die Bachzeit beziehen. Mit dem Kürzel ‚M.' vor dem Namen Rost dürfte der Titel Magister gemeint sein. Eine für einen Doktor der Philosophie, wie Rost einer war, damals gebräuchliche Bezeichnung.

20 So ganz wollte man sich aber in Leipzig nicht von schmückendem Beiwerk trennen, wie etwa das von George Werner 1748/49 errichtete Bürgerhaus Katharinenstraße 19 belegt.

21 Nikolaus Pevsner: *Leipziger Barock*, Leipzig 1928, S. 118.

22 Zitiert nach: http://www.bach.de/leben/leipzig.html.

23 Vgl. ebenda.

Fassadenansicht der Thomasschule nach dem Umbau von 1731/32, Bauzeichnung von George Werner (Stadtarchiv Leipzig, Ratsrissarchiv Feudalismus, Sign. 293)

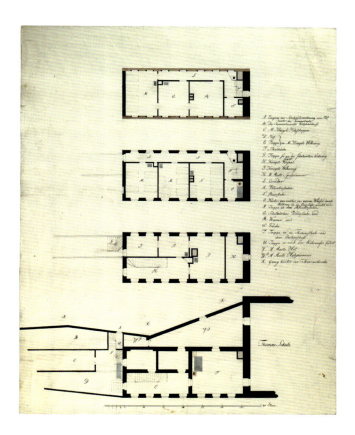

Etagengrundrisse der Oeconomie (Wirtschaftsgebäude) der Thomasschule nach dem Umbau 1731/32 (Stadtarchiv Leipzig, Ratsrissarchiv Feudalismus, Sign. 307)

Fassadenansicht der Thomasschule von Westen nach dem Umbau 1731/32, Bauzeichnung von George Werner (Stadtarchiv Leipzig, Ratsrissarchiv Feudalismus, Sign. 308)

Wohnräume des Rektors befanden sich nun ausschließlich im nördlichen Teil des Hauptgebäudes. 3. Die Familie Bach erhielt im dritten Obergeschoss ein weiteres zweifenstriges Zimmer nach Osten und eine Kammer sowie eine Bodenkammer im mittleren Dachgeschoss. 4. Die Schülertoiletten wurden aus dem Stadtgraben ins Hauptgebäude verlegt. 5. Im Anbau wurden die Schulküche (im Erdgeschoss), die Wohnung M. Kriegels[24] (im ersten Obergeschoss), zwei Patientenstuben und eine Badestube (im zweiten Obergeschoss) sowie die Wohnung des Schulwärters und eine weitere Patientenstube (im Dachgeschoss) untergebracht.

Was heute beim Abbruch eines Kulturdenkmals selbstverständlich ist, nämlich eine präzise Befunddokumentation anzulegen, die auf restauratorischen Untersuchungen basiert, unterblieb damals, sodass bis auf eine Reihe von Fotos nahezu alle wichtigen Informationen zur immobilen Raumausstattung verloren gingen. Wie Bach oder der Rektor genau gewohnt haben, welche dekorativen Wand- oder Deckenfassungen es gab, wie die Schulräume beschaffen waren: All das können wir heute leider nicht mehr nachvollziehen. So ist es höchst erfreulich, dass wenigstens ein im Stadtarchiv Leipzig erhaltenes *Inventarium über des Cantoris der Schule zu St. Thomae, Herrn Johann Adam Hillers Wohnung*[25] aus dem Jahre 1789 einige Hinweise zur Ausstattung der Bach'schen Wohnung gibt. Als zu Michaelis 1789 die Wohnung an Hiller übergeben wurde, dürfte sie von der Ausstattung her durchaus noch der von Bach entsprochen haben. Christine Fröde hat 1982 erstmals den Versuch unternommen, Bachs Wohnung anhand dieses Inventars zu beschreiben.[26] Demnach befand sich außen an der Eingangstür zur Wohnung[27] ein Seilzug mit

---

24 M. Kriegel (1691–1759) war Schulaufwärterin.

25 *Inventarium über des Cantoris der Schule zu St. Thomae, Herrn Johann Adam Hillers Wohnung 1789*, in: Leipzig StA: Stift. VIII B. 99, Inventarien der Wohnung des Rectors, des Cantors, des Aufwärters, des Oekonomus, des Chirurgen an der Thomaschule 1769–1809.

26 Christine Fröde: *Die Wohnung Johann Sebastian Bachs in der Thomasschule zu Leipzig*, in: Johann Sebastian Bach – lebendiges Erbe (Beiträge zur Bachforschung in der DDR, Heft 10), hrsg. von den Nationalen Forschungs- und Gedenkstätten Johann Sebastian Bach in der DDR, Leipzig 1982.

27 Die erhaltene Haustür befindet sich heute im Bachhaus in Eisenach.

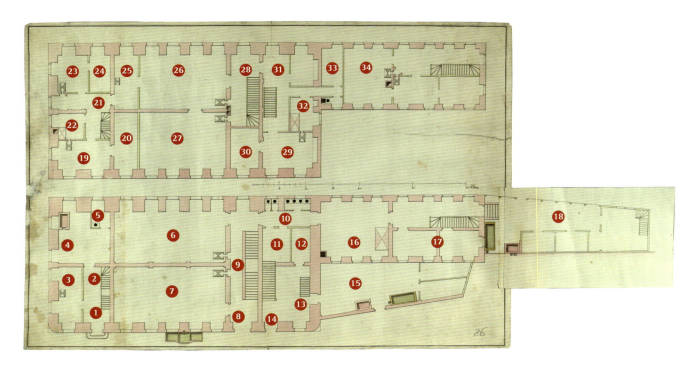

Grundrisse der Thomasschule nach dem Umbau von 1731/32, Bauzeichnungen von George Werner
(Stadtarchiv Leipzig, Ratsrissarchiv Feudalismus, Sign. 294, 295)
Die Raumverteilung im Neubau von 1731/32 auf der Grundlage der Originalgrundrisse von George Werner:
Erdgeschoss: 1 Eingang zur Wohnung Bachs, 2 Bachs Flur mit Treppe ins erste Obergeschoss, 3 beheizbare Stube der Bachwohnung, 4 Bachs Waschhaus, 5 Privet der Bachwohnung (Trockentoilette), 6 Coenakulum (Speisesaal der Alumnen), 7 Auditorium der Primaner, 8 Eingang in den Schulhausteil, 9 Schulhausflur mit Treppe ins erste Obergeschoss, 10 sechs Privets für Schüler und Personal, 11, 12 fensterlose Nebenräume, 13 Flur der Rektorenwohnung, 14 Eingang zur Rektorenwohnung, 15 Hof der Rektorenwohnung, 16 Schulküche, 17 Vorratsräume, 18 tiefer gelegener leichter Anbau für wirtschaftliche Zwecke (vermutlich in Fachwerkbauweise).
Erstes Obergeschoss: 19, 20 beheizbare Wohnstube Bachs mit anschließender Schlafkammer, 21 Flur der Bachwohnung mit Treppe ins zweite Obergeschoss, 22 Küche der Bachwohnung, 23, 24 Stube und Kammer der Bachwohnung, wohl die Diensträume des Kantors mit der Komponierstube (5) und dem Zugang zur Bibliothek, 25 Bibliothek (beheizbarer Raum) mit Durchgang zu den Schulräumen, 26 Auditorium der Sexta und der Quinta, 27 Auditorium der Sekunda, 28 Schulflur mit Treppe ins zweite Obergeschoss, 29, 30 beheizbare Wohnstube und Schlafkammer des Rektors, 31 Flur der Rektorenwohnung mit Treppe in zweite Obergeschoss und Durchgang in den Schulbereich, 32 Küche der Rektorenwohnung, 33 Speisekammer der Rektorenwohnung, vorn Privet (beide Räume liegen bereits im Anbau), 34 Schulaufwärterwohnung.
Zweites Obergeschoss: 35, 36 beheizbare Stube mit anschließender Schlafkammer der Bachwohnung, 37 Flur von Bachs Wohnung mit Zugang zum Schulbereich, 38, 39 Wohnung des Konrektors (?), 40 Flur des Schulhauses, 41 Musiksaal der Schule, 42 Konferenzzimmer, 43 Flur des Schulhauses mit Treppe ins dritte Obergeschoss, 44, 45, 46, 47, 48 Flur und Wohnräume des Rektors.
Drittes Obergeschoss: 49 beheizbarer Wohnraum Bachs, 50 Flur Bachs, 51, 52 Wohnung des Nocturnen (?) des Konrektors (?), 53 Flur, 54 Auditorium der Tertianer und der Quartaner, 55, 56 Schulräume, 57 Schulflur mit Treppe ins vierte Obergeschoss (Mezzanin), 58, 59, 60, 61 Räume der Rektorenwohnung.
Viertes Obergeschoss (Mezzanin): 62 Treppenaufgänge, 63 Betten (32 Betten im sogenannten Untertabulat), 64 Studierkämmerchen (Kabinette).

Rechts unten: Situationsplan der Thomaskirche mit Umgebung aus dem Jahre 1885 unmittelbar vor der neogotischen Erneuerung der Kirche durch Johann Wilhelm Constantin Lipsius (1832–1894). Der Lageplan zeigt, wie dicht die Thomasschule mit dem Wirtschaftsgebäude und dem Anbau an das geplante Westportal grenzte und dieses verdeckte.
(Archiv der Thomaskirche, Baupläne 305)

Die Alte Thomasschule am Thomaskirchhof

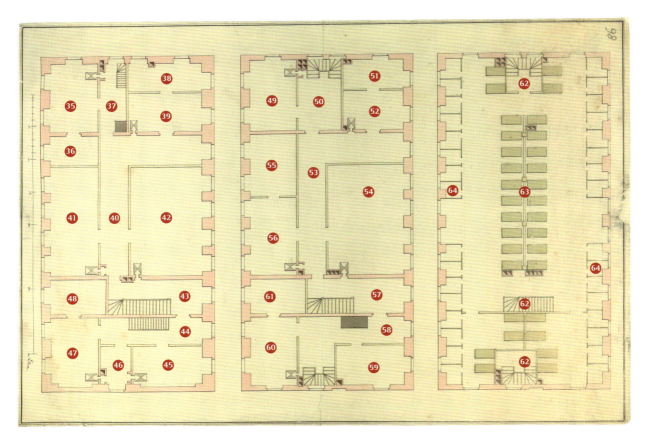

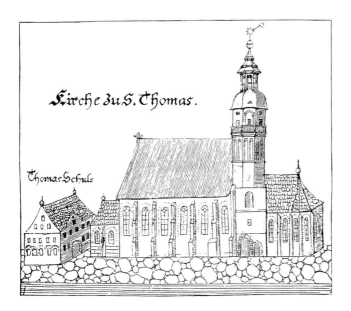

Die 1553 errichtete Thomasschule neben der Thomaskirche, Ansicht von Süden. Holzschnitt von Samuel Franke, 1702

einem hölzernen Griff, mit dem eine Glocke an der Decke des Hausflures betätigt werden konnte. Durch einen weiteren Seilzug ließ sich die Tür zur Wohnstube im ersten Stock öffnen. Der Hausflur war mit Ziegelsteinen gepflastert. Links befand sich eine beheizbare Stube, in der, hinter dem Wandpaneel verborgen, beim Abbruch im Jahre 1902 Schulhefte von Wilhelm Friedemann Bach mit lateinischen und griechischen Schulaufgaben sowie Textdrucke zu Bach'schen Kantaten gefunden wurden. Die hinten liegende Waschküche besaß einen eingemauerten kupfernen Waschkessel mit einem Brettdeckel. Im ersten Obergeschoss, mit Blick zum Kirchhof, befanden sich – wie bereits erwähnt – die Wohnräume der Familie Bach. Die Küche verfügte über einen gemauerten Herd mit einer eisernen Platte, worauf ein Bratofen mit einer eisernen Tür angebracht war. Ein blechernes Ofenrohr führte zum Schornstein. An drei Seiten des Raumes befanden sich Regale mit Tellerknöpfen. An der Seite stand ein Anrichtetisch, darunter „zwei Speise-Köthen [Schränke, Anm. d. Verf.] die eine mit einer verschlossenen Thüre sammt dem Schlüssel, die andere mit einem Riegel, Zwei Lufftlöcher auf dem Fußboden, an ieden ein kleines Drahtgitter."[28]

In der vorderen Wohnstube – sie war lediglich 23,5 Quadratmeter groß – gab es einen eisernen Ofen auf vier steinernen Füßen mit einem schwarzen tönernen Aufsatz. Daneben befand sich eine Wandköte mit Fächern und zwei verschließbaren Türen. Sowohl in der Bach'schen Wohnung als auch im gesamten Haus waren eine große Zahl von Wandschränken angeordnet. Das erklärt auch, dass sich im Nachlass Bachs 1750 nur wenige Schränke befanden: ein Putzschrank, ein Wäscheschrank und ein Kleiderschrank. Dazu kamen an weiterem Mobiliar sechs Tische, achtzehn Lederstühle, sieben hölzerne Bettgestelle und ein Schreibtisch mit Schubladen. Bach konnte vom Erdgeschoss aus über die innen liegenden Treppen auf seiner Wohnungsseite bis in die Dachgeschosse gelangen. Dabei gab es in den Obergeschossen Übergänge zum Schulhausteil. Bachs Komponierstube im ersten Obergeschoss an der Südwestecke des Gebäudes verfügte wie die Wohnstube im vorderen Bereich über einen eisernen Ofen mit Aufsatz, der vom Flur zu heizen war. An der Wand zum Eingang in dieses Zimmer befand sich ein viertüriger, verschließbarer Schrank mit vielen Fächern, in dem die Noten aufbewahrt wurden. Von hier aus konnte Bach auch in die Bibliothek der Schule gelangen.

Ähnlich spärlich wie die Angaben zum Wohnmilieu Bachs sind unsere Informationen über die Ausstattung der Schulräume. Bernhard Friedrich Richter hat sie 1904 beschrieben.[29] Seine Angaben werden im Folgenden verkürzt wiedergegeben. Beginnen wir am Eingang im Erdgeschoss:

„Gleich rechts vom Eingang in den schmalen Hausflur befand sich die sogenannte Kreuzköthe, in der früher die bei Leichenbegräbnissen voran getragenen Krucifixe aufbewahrt wurden [...]. Links im Flur führte eine Tür in das Hauptlokal der Schule die Prima, die zugleich bei feierlichen Gelegenheiten als Aula diente [...]. Die Bänke der Primaner standen bis 1829 nicht nach dem Katheder zu, sondern merkwürdigerweise gegen die Fenster. Sie wurden, weil sie amphitheatralisch [stufenförmig ansteigend, Anm. d. Verf.] aufgebaut waren auch Basteien genannt. [...] Hinter der Prima, mit den Fenstern nach der Promenade zu, lag das Cönackel, der Speisesaal der Alumnen, räumlich von derselben Größe wie die Prima. [...] In dem Hausflur, der Haustür gegenüber lag das große Waschbassin, an dem sich die [...] Alumnen frühmorgens waschen mußten. [...]"

Überspringen wir nun das bereits betrachtete erste Obergeschoss und wenden wir uns dem zweiten zu:

---

28 Zitiert nach C. Fröde: *Die Wohnung Johann Sebastian Bachs* (wie Anm. 26), S. 15.

29 Vgl. B. F. Richter: *Das Innere der alten Thomasschule* (wie Anm. 1). Richter gründete seine Beschreibung neben der unmittelbaren Ortskenntnis des Gebäudes auf die fünfbändigen handschriftlichen Aufzeichnungen des früheren Alumnus August Schuman, der den Zustand der Schule in den 1820er Jahren detailliert beschrieben hatte. Dieses Werk scheint heute nicht mehr vorhanden zu sein.

Die Alte Thomasschule am Thomaskirchhof

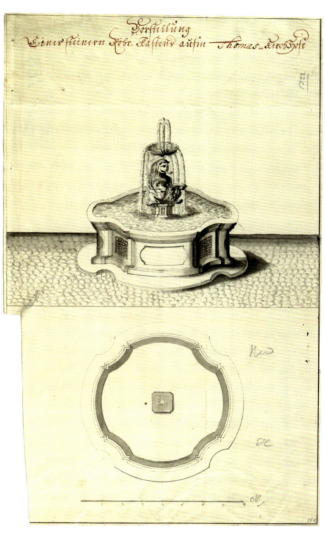

Röhrwasserplan vom Thomaskirchhof, um 1730
(Stadtarchiv Leipzig, Ratsrissarchiv Feudalismus, Sign. 779)

Entwurf des Löwenbrunnens auf dem Thomaskirchhof
von J. G. Huhn aus dem Jahr 1722
(Stadtarchiv Leipzig, Ratsrissarchiv Feudalismus, Sign. 788)

„Im zweiten Stockwerke führte rechts eine Tür aus der Rektorwohnung in die Schule, die auch der Rektor gewöhnlich benutzte. […] Nach der Promenade zu lag hier […] der Musiksaal der Schule, neben der Prima wohl der einzige Raum, der jederzeit seiner eigentlichen Bestimmung gedient hat, also die Stätte, wo all die großen Kantoren, allen voran Joh. Seb. Bach, in ihrem Amte gewirkt haben. […] Der einzige Schmuck, den er [der Saal, Anm. d. Verf.] noch bis zuletzt hatte, allerdings ein höchst wertvoller, war das Bild von Joh. Seb. Bach,[30] das an der Tür gegenüber hing. Die in der Nähe der Tür befindlichen gepolsterten Bänke waren für Zuhörer bei den zahlreichen Konzerten, die namentlich am Anfang des 19. Jahrhunderts hier stattfanden, bei denen Gewandhausmitglieder den Alumnen halfen und mancher tüchtige Solist sich hören ließ. […] Gegenüber dem Musiksaal, nach dem Thomaskirchhof zu, […] lag das […] Konferenzzimmer. […] Dieses Konferenzzimmer war mit Oeserschen Fresken geschmückt, die die vier Jahreszeiten darstellten. Der Rektor Kraner hat sie leider überpinseln lassen."[31]

Die Thomasschule im städtischen Gefüge

Die Darstellung Leipzigs zur Zeit der schwedischen Belagerung im Dreißigjährigen Krieg (1637) zeigt die städtebauliche Situation sehr anschaulich.[32] Der Schulbau bildet als ein Querriegel den westlichen Abschluss des Thomaskirchhofes. Die Rückseite des Baus steht mit den Funda-

---

30 Das berühmte Ölgemälde von Elias Gottlob Haußmann war von Rektor Rost gestiftet worden. Heute befindet es sich als Leihgabe des Thomanerchores in der Ratsstube des Alten Rathauses im Stadtgeschichtlichen Museum Leipzig.
31 B. F. Richter: *Das Innere der alten Thomasschule* (wie Anm. 1), S. 36 f.
32 *Belagerung der Stadt Leipzig Anno 1637*, Kupferstich, gestochen von Johann Jacob Gabler, gezeichnet von Julius von Wolffersdorf, Leipzig StM, Sign. SMG L19.

menten auf der inneren Stadtmauer. Dahinter befindet sich der Zwinger, der durch die äußere Stadtmauer begrenzt wird, hinter welcher der wasserführende Stadtgraben verläuft. Zwischen dem westlichen Giebel der Thomasschule und der Bürgerhausbebauung an der Westseite des Platzes ist ein Torbogen, das Thomaspförtchen, zu erkennen, hinter dem ein kleiner Hof liegt, an dem sich ein Waschhaus, des Torwächters und des Wachtmeisters Wohnung, der Turm der Röhrwasserleitung sowie die Zugänge zum Zwinger und der Torweg zum Schloss befinden.[33] Durch die Lage am westlichen Stadtrand hatte man damals von den Obergeschossen der Thomasschule aus einen wunderbaren Blick in die Auelandschaft der Frankfurter Wiesen. Es wird berichtet, dass man bei klarem Wetter gar die Türme des Merseburger Domes sehen konnte. Bereits 1702, als die Befestigungsanlagen allmählich ihre militärstrategische Bedeutung verloren, war die Außenseite des Grabens zwischen Barfuß- und Thomaspförtchen verfüllt und bepflanzt worden. So entstand eine baumbestandene Allee, die für die Leipziger bereits zur Bachzeit ein beliebter Ort des Promenierens war. Die Schule hatte also den Vorzug, sich einerseits in bester städtischer Lage zu befinden und andererseits einen direkten Bezug zur Landschaft und zur landschaftsgärtnerisch gestalteten Promenade zu besitzen. Wir würden dies heute als eine bevorzugte Wohnlage bezeichnen. Der Kupferstich von Johann August Roßmäßler aus dem Jahre 1777[34] belegt dies nachdrücklich. Im Stadtarchiv Leipzig ist auch der Entwurf des Brunnens auf dem Platz von J. G. Huhn von 1722 erhalten, der noch im selben Jahr ausgeführt wurde. In der Brunnenmitte stand:

> „ein aufgericht stehendes Löwenbild, so mit der linken Pfote E. E. hochweisen Raths Wappen, mit der rechten aber auf dem Kopf eine Muschel hält, aus deren Mitten das Wasser in acht Strahlen in die Höhe springet und mit zerstreuten Tropfen wieder in die Muschel und hieraus ferner durch verschiedene Rinnlein in den Brunnen fällt."[35]

Schließlich genoss die Alte Thomasschule das Privileg, über einen eigenen Wasseranschluss zu verfügen. Sie wurde durch die sogenannte Röhrenfahrt mit Pleißewasser versorgt, das mit Brunnenwasser gemischt war. Von der 1670 erbauten ‚Schwarzen Wasserkunst'[36] – sie lag außerhalb der Mauern südwestlich der Pleißenburg – führten zwei hölzerne Hauptleitungen zum Wasserhaus an der Thomaspforte. Insgesamt wurden in der Innenstadt in dieser Zeit 321 Wasserstellen, sogenannte Röhrkästen, in den Höfen der Grundstücke mit frischem Wasser versorgt. Damit verfügten allerdings nur etwa 40 Prozent der Gebäude zur Zeit Johann Sebastian Bachs über eine externe Wasserversorgung. Erst ab 1829 wurde eine neuzeitliche Wasserleitung nach heutigem Verständnis ans Haus geführt und ab 1866 gab es eine solche im Haus.

Der Neubau von 1876/77 und 1881

In den Jahren 1876/77 und 1881 wurde im westlichen Vorstadtbereich, begrenzt durch die heutige Käthe-Kollwitz-Straße, Schreberstraße, Hillerstraße und Sebastian-Bach-Straße, ein großzügiger Neubau als Ersatz für den altehrwürdigen Barockbau, der den gewachsenen Ansprüchen längst nicht mehr genügte, errichtet. Ein Alumnat war allerdings zunächst nicht vorgesehen, da man die internatsmäßige Unterbringung der Schüler für nicht mehr zeitgemäß hielt. Aus diesem Grunde wurde das Alumnat nach langen Diskussionen erst 1881 erbaut. Der vom Architekten August Friedrich Viehweger entworfene Gesamtkomplex umfasste das Schulgebäude für 650 Schüler mit der Hauptfront zur Schreberstraße 9 und das mit der Eingangsseite zur Hillerstraße gelegene Alumnat für 60 Chorknaben. Im Hof war dem Alumnat ein schmalerer Trakt mit Küche, Speisesaal und Turnhalle angegliedert. Die Architektur entsprach den ruhigen Formen eines späten Klassizismus. Heute ist lediglich noch das Alumnatsgebäude vorhanden. Das Thomasgymnasium wurde bei den beiden großen Bombenangriffen im Zweiten Weltkrieg am 3./4. Dezember 1943 und am 25. Februar 1944 weitgehend zerstört. Bereits nach dem ersten Angriff 1943 wurden die Thomaner nach Grimma in die Fürstenschule umgesiedelt. Im Mai 1945 kehrten die Alumnen wieder ins nur wenig zerstörte Alumnat zurück. Die Thomasschule zog nach einigen Interimszeiten in anderen Einrichtungen (Klingerschule und Lessingschule) erst am 27. August 1951 in das Gebäude einer ehemaligen Bürgerschule in der benachbarten Hillerstraße ein, das 1878 erbaut worden war. 1973 verlegte man das Thomasgymnasium (es hieß nun ‚Erweiterte Thomas-Oberschule') in einen Schulneubau in der Südvorstadt (Pestalozzistraße 9, heute Telemannstraße). Nachdem anlässlich des Bach-Jahres 2000 das Schulhaus in der Hillerstraße in den Jahren 1999/2000 saniert worden war, zog man wieder zurück in dieses Gebäude.

---

33 Die Funktionen sind dem Lageplan des Erdgeschosses laut RRA Feudalismus entnommen, der im ersten Drittel des 18. Jahrhunderts entstand. Vgl. Leipzig StA: Baupläne (undatiert) des Schulbaus von 1553, RRA (F), Sign. 283.

34 Johann August Roßmäßler: *Die Promenade vor Leipzig 1777*, Kupferstich, Leipzig StA.

35 Zitiert nach Gustav Wustmann: *Bilderbuch aus der Geschichte der Stadt Leipzig für alt und jung*, Leipzig 1897, S. 62.

36 Eines von zwei Schöpf- und Verteilwerken am Pleißemühlgraben; wurde 1866 abgebrochen.

Der Abbruch des ‚Kastens' im Jahre 1902

Aus unserer heutigen, denkmalschutzrechtlich geschärften Perspektive stellt man sich natürlich immer wieder die Frage, warum man seinerzeit die Wirkungsstätte einer so herausragenden Musikerpersönlichkeit wie Johann Sebastian Bach offenbar ohne die geringsten Skrupel abgerissen hat. In den Protokollen der Stadtverordnetenversammlungen jener Jahre beschäftigt man sich durchaus oft mit der Neugestaltung des Platzes. Dabei scheint es nie zweifelhaft gewesen zu sein, dass der ‚Kasten', wie er im Volksmund despektierlich genannt wurde, gemeinsam mit den alten Predigerhäusern an der Ostseite des Platzes möglichst rasch beseitigt werden sollte. Der zügige Abbruch wurde immer wieder energisch gefordert. Eine Diskussion über die Erhaltungswürdigkeit dieser Inkunabel der Musikgeschichte fand schlicht nicht statt. Stattdessen diskutierte man in der Stadtverordnetenversammlung zum Beispiel über die Eingabe des Herrn Abgeordneten und Privatdozenten Dr. Päßler gegen die Erbauung eines Superindententurgebäudes an der Stelle der alten Thomasschule.

> „Der Anblick der freigelegten Südseite der Kirche [nach Abbruch der Wirtschaftsgebäude der alten Thomasschule, Anm. d. Verf.]", erwiderte ein Mitarbeiter der Verwaltung am 9. Juni 1902, „sei jetzt schon schön zu nennen; in Zukunft werde sich aber der ganze Kirchhof durch bauliche Umgestaltung vieler angrenzender Gebäude noch verschönern."[37]

Wenn man diesen – aus heutiger Sicht kaum verständlichen – Akt verstehen will, muss man sich die damalige städtebauliche Situation vor Augen führen. Das Schulgebäude wurde vermutlich aus zwei Gründen ‚Kasten' genannt. Zum einen war es ein sehr hohes Gebäude, das im Vergleich zur 1886 durch Constantin Lipsius neu gestalteten, feingliedrigen neogotischen Schaufront der Westseite der Thomaskirche den architektonischen Maßstab sprengte, und zum anderen war das seiner ursprünglichen Fassadengliederung beraubte Gebäude nur noch wenig ansehnlich. Wir wissen, dass die Thomasschule im Inneren schon vom Anspruch her schlicht ausgestaltet war und nur wenig Bemerkenswertes bot. Auch befand sie sich in einem beklagenswerten Bauzustand. Die Architekten Georg Weidenbach und Richard Tschammer setzten das neue Gebäude der Superintendentur etwas in östliche Richtung zurück, zum Thomaskirchhof hin, und gaben ihm eine differenzierte Höhenstaffelung, die sich der Thomaskirche gefällig zuordnete. Die Südfront des Neubaus wurde nach Norden zurückgenommen, sodass hier die gewünschte Straßenverbreiterung auf neun Meter möglich wurde. Leipzig um 1900 – das war eine in tief greifender städtebaulicher Umgestaltung begriffene Großstadt, die sich anschickte, zur führenden Mustermesse-Metropole in Europa zu werden. In rasantem Tempo wurden weite Teile der Innenstadt im Stile des Historismus überformt und mit anspruchsvollen Großbauten neu definiert. Da war offenbar für sentimentale Stimmungen kein Platz. Gerade einmal konnte wenig später das Alte Rathaus mit knapper Stimmenmehrheit in der Stadtverordnetenversammlung dem Abriss entkommen. Eine staatliche oder kommunale Denkmalpflege, die sich hätte schützend vor die Thomasschule stellen können, gab es noch nicht.[38] Andererseits ist aber auch anzuerkennen, dass der Neubau der Superintendentur in den Formen von Spätgotik und Renaissance eine altstadtgerecht gegliederte und von der Oberflächenanmutung her hochwertige Architektur ist, die die stadträumlichen Beziehungen zur Thomaskirche und zum Promenadenring besser löst als der Vorgängerbau, der, unmittelbar an der früheren Stadtmauer gelegen, diese Rücksichten nicht zu nehmen brauchte. Trotz des beklagenswerten Abbruches der Alten Thomasschule ist der Thomaskirchhof heute einer der wenigen Orte in der Leipziger Innenstadt, wo sich noch etwas altstädtisches Flair erhalten hat. Den Architekten Weidenbach und Tschammer gelang, indem sie Stimmungswerte des ausgehenden Mittelalters zitierten, einer der schönsten Bauten des Leipziger Historismus, der den Platz bis heute auf besondere Weise prägt.

---

37 Leipzig StA: Protokolle der Stadtverordnetenversammlung Leipzig, 1902, S. 375 ff.

38 Immerhin ist die Alte Thomasschule von Cornelius Gurlitt beschrieben worden. Vgl. Cornelius Gurlitt: *Beschreibende Darstellung der älteren Bau- und Kunstdenkmäler des Königreichs Sachsen*, siebzehntes Heft: Stadt Leipzig, Dresden 1895, S. 384.

Polycarp Samuel Wagner: Gründliche Nachricht Von Ankunfft, Gepräge, Gewicht und Werth derer in Sachßen, Thüringen und Meißen / Gemüntzten Groschen: / So wohl von denen daselbst / im Handel und Wandel vormahln gebräuchlichen Schock-Groschen […], *Wittenberg 1728, Titel.*
(Privatsammlung Stefan Altner)

Nervus rerum – Zur Finanzierung des Alumnats der Schola pauperum[1]
HANS-JOACHIM SCHULZE

I.

Allbekannt ist die Klage Johann Sebastian Bachs aus dem Jahre 1730, sein Jahreseinkommen als Thomaskantor beliefe sich auf etwa siebenhundert Taler, Leipzig sei im Gegensatz zu Thüringen, wo sich mit vierhundert Talern problemlos auskommen ließe, ein überaus teures Pflaster, und die zu geringe Zahl der Sterbefälle habe im vergangenen Jahr die erwarteten Nebeneinnahmen aus Begräbnisgebühren in erheblichem Maße geschmälert.[2] Ehedem sei ihm die Leipziger Anstellung als überaus günstig beschrieben worden, was seinen Entschluß, aus der angesehenen Position eines Hofkapellmeisters in ein Schulkantorat zu wechseln, maßgeblich beeinflußt habe. Den für jene Versprechungen Verantwortlichen läßt Bachs Brief unerwähnt; es dürfte sich um den Regierenden Bürgermeister Gottfried Lange (1672–1748) handeln, der im Interesse der Stadt und ihres Ansehens eine bedeutende Persönlichkeit für das wichtigste in Leipzig zu vergebende musikalische Amt zu gewinnen gesucht hatte und in diesem Bemühen zuweilen den Mund etwas zu voll genommen haben mag. Welche Beträge hierbei im Gespräch waren, läßt ein Brief von Bachs Mitbewerber Georg Philipp Telemann vom 15. Oktober 1722 wissen, in dem dieser bei seinen Hamburger Vorgesetzten um Aufbesserung seiner Bezüge nachsucht, sie über die Möglichkeit eines Wechsels nach Leipzig informiert und zum Vergleich „die Beschaffenheit des dortigen Dienstes" beschreibt: Jener dürfte alljährlich niemals weniger als 1000, zumeist aber 1200 Taler und mehr abwerfen und überdies eine Tätigkeit „bis ins späte Alter, ohne große Arbeit und beÿ guter Ruhe" gewährleisten.[3] Sollte Telemanns Anspielung auf ein durchschnittliches Monatseinkommen von 100 Talern eine Äußerung des Bürgermeisters Lange wiedergeben und dieser den späteren Bewerbern Christoph Graupner aus Darmstadt sowie Johann Sebastian Bach ähnliche Avancen gemacht haben, so hätte Bach in Leipzig auf das Doppelte dessen hoffen können, was er zusammen mit seiner Frau Anna Magdalena 1722 in den Diensten des Fürsten Leopold von Anhalt-Köthen erhalten hatte.[4]

Nicht nur in diesem Falle stellte sich die Wirklichkeit wie bereits angedeutet ganz anders dar, und so gehört die augenscheinliche Diskrepanz zwischen dem Ansehen des Leipziger Thomaskantorats und den von den Stelleninhabern erzielten Einkünften seit langem zu den bevorzugten Themen der Musikgeschichtsschreibung.[5] Ob und inwieweit es sich tatsächlich um ein finanzielles Mißverhältnis handelte, bedarf von Fall zu Fall der Prüfung; eine solche Untersuchung sollte allerdings Hand in Hand gehen mit einer allgemeinen Beurteilung der Schule in wirtschaftlicher Hinsicht und hier insbesondere der Situation der Alumnen.

Deren überwiegende Herkunft aus wenig begüterten Schichten oder sogar aus notleidenden Familien verlangte über Jahrhunderte nach einer stabilen Kompensation.[6] In vorreformatorischer Zeit dürfte dies vorzugsweise durch

---

1 Dieser Beitrag ist auf Wunsch des Autors in traditioneller Rechtschreibung wiedergegeben.

2 Brief vom 28. Oktober 1730 an Georg Erdmann in Danzig; vgl. Werner Neumann, Hans-Joachim Schulze (Hrsg.): *Schriftstücke von der Hand Johann Sebastian Bachs* (Bach-Dokumente, Bd. 1), Leipzig und Kassel etc. 1963, S. 67 f.

3 Zitiert nach Joachim Kremer: *Das norddeutsche Kantorat im 18. Jahrhundert*, Kassel 1995, S. 423.

4 Vgl. Werner Neumann, Hans-Joachim Schulze (Hrsg.): *Fremdschriftliche und gedruckte Dokumente zur Lebensgeschichte Johann Sebastian Bachs 1685–1750* (Bach-Dokumente, Bd. 2), Leipzig und Kassel etc. 1969, S. 68.

5 Genannt seien Arthur Prüfer: *Johan Herman Schein*, Habilitationsschrift Leipzig 1895 (Reprint Leipzig 1989), S. 28 ff; Arnold Schering: *Musikgeschichte Leipzigs*, Bd. 2: *Von 1650 bis 1723*, Leipzig 1926, S. 44.

6 Otto Kaemmel: *Geschichte des Leipziger Schulwesens vom Anfang des 13. bis gegen die Mitte des 19. Jahrhunderts*, Leipzig und Berlin 1909, S. 79: Die Thomasschule war in der Hauptsache eine Internatsschule halb klösterlichen Charakters und ein Institut für Kirchengesang und Kirchendienst. Ebenda, S. 153: Die Schule und insbesondere ihr Alumnat galten als eine Schola pauperum denen Armen zum besten angelegte Stiftung.

die enge Bindung der Schule an das Kloster als Trägereinrichtung gesichert gewesen sein; nach der in Leipzig 1539 eingeführten Reformation mußte für die Versorgung ein neues System aufgebaut werden, das auch eingreifenden äußeren Ereignissen wenigstens der Definition nach standzuhalten vermochte. Grundlage für dieses neue System war die Spendenbereitschaft der Leipziger Bürger, eine Mildtätigkeit, motiviert nicht mehr durch die mittelalterliche Beunruhigung über das eigene Seelenheil,[7] sondern durch das Bestreben, auch nichtprivilegierten Mitmenschen wenigstens einen kleinen Anteil am allmählich wachsenden Wohlstand zukommen zu lassen.

Diesem Vorhaben diente ein reichhaltiges, in seiner Vielfalt kaum überschaubares System von Stiftungen, Vermächtnissen und Legaten, deren Erträge einerseits für Arme und Kranke, andererseits für das Bildungswesen bestimmt waren, wobei ein nicht geringer Anteil in unterschiedlicher Weise der Thomasschule und deren Alumnat zufloß.[8]

Von den letztgenannten Zuwendungen blieben manche ohne jegliche Auflagen für die Empfänger, andere waren mit der relativ moderaten Forderung verbunden, an einem festgelegten Tag zum Gedächtnis des Stifters einige Choräle oder allenfalls eine Motette zu singen.

II.

Wie die Thomasschule beziehungsweise deren Alumnat sich aus solchen Stiftungsgeldern und anderen Einnahmen finanzierte, sei nachstehend an einem Rechnungsjahrgang exemplifiziert. Das hierfür gewählte Jahr 1712 will nicht nur mittels seiner Jahreszahl einen deutlichen Konnex zum aktuellen Jubiläum herstellen, sondern einen Zeitraum fixieren, in dem die Welt noch oder wieder in Ordnung war und der – unbeeinflußt von Kriegen, Naturkatastrophen oder Epidemien[9] – im Zenit des Spendensystems lag und nicht ahnen ließ, daß der Stiftungscharakter der Thomasschule gegen Ende des 18. Jahrhunderts allmählich abnehmen würde.[10]

Die vom Vorsteher der Thomasschule, Baumeister Gottfried Conrad Lehmann (1661–1728), sorgfältig und übersichtlich geführten Rechnungen[11] weisen auf der Einnahmenseite (einschließlich eines aus dem Vorjahr übernommenen Kassenrestes von 1140 Gulden, 8 Groschen und 6 Pfennigen) 3148 Gulden, 20 Groschen und 10 Pfennige aus, auf der Ausgabenseite 1841 Gulden, 11 Groschen und 7 Pfennige, so daß ein Kassenrest von 1307 Gulden, 9 Groschen und 3 Pfennigen in das Folgejahr übertragen werden kann; der Überschuß von Einnahmen gegenüber Ausgaben beträgt somit etwas mehr als 167 Gulden.[12]

Die Einnahmen[13] setzen sich zusammen aus „*Capital* Zinsen" (1325 fl. 8 gr. 6 pf.), „Zinsen und andern Einkünfften zum Geträncke" (197 fl. 15 gr.), „Verehrungen und Beysteuer" (300 fl. 9 gr. 10 pf.), „Von *Moteten*" (61 fl. 15 gr.) sowie „Von Silbern und vergüldeten Creuze" (123 fl. 5 gr.). Auf der Ausgabenseite[14] finden sich Besoldungen (100 fl. 6 gr.), „Legaten Gelder" (233 fl. 2 gr. 6 pf.), „Liechte" (20 fl.), „Bett- und Tischgeräthe" (43 fl. 13 gr.), Aufwendungen „Vor die Speisung derer Schüler (1100 fl.), „Vor Geträncke" (135 fl. 15 gr. 4 pf.), „Vor die *Cur* der krancken Schüler, Verpflegung und Begräbniß Kosten" (77 fl. 11 gr.), dazu „In Gemein" (73 fl. 18 gr.) sowie kleinere Beträge für Gerichts- und Advokatengebühren, Handwerker und Steuern.

Bei den zur Einnahme[15] rechnenden „Capital Zinsen" handelt es sich überwiegend um Zinseinkünfte aus Legaten der Spender Frau Wiedebach [66],[16] Valentin Schwartz [155], Johann Priesing [179], Wolff Berger [205], Agathe Berger [214], Horlemann [276], Euphrosine Rechtenbach [287], Christian Lorenz von Adlershelm [288], Martin Geyer [289], Isaac Ölhafe [296], Frau Dr. Bose [303] und Daniel Aegidius Heinrici [315]. Für einen Teil der Einnahmen „zum Geträncke" mußten die Schüler selbst aufkommen: Laut einem Ratsdekret vom 22. Januar 1704 hatte jeder wöchentlich 2 Pfennige beizusteuern. Unter den „Verehrungen und Beysteuer zu Speisung der Schüler zu St. Thomae" finden sich 50 Gulden als Beitrag der Nikolaikirche „vor die Bestellung der Kirchen *Music* alda"

---

7   O. Kaemmel: *Geschichte des Leipziger Schulwesens* (wie Anm. 6), S. 51.

8   *Stiftungsbuch der Stadt Leipzig, im Auftrage des Rates auf Grund der Urkunden und Akten des Ratsarchivs verfaßt von H[einrich] Geffcken und H[aim] Tykocinski*, Leipzig 1905, passim; vgl. auch weiter unten Abschnitt III.

9   Genannt seien der Schmalkaldische Krieg, der Dreißigjährige Krieg, das Pestjahr 1680, der Nordische Krieg, in späterer Zeit der Siebenjährige Krieg sowie die Befreiungskriege zu Anfang des 19. Jahrhunderts.

10 O. Kaemmel: *Geschichte des Leipziger Schulwesens* (wie Anm. 6), S. 452.

11 StAL: *Rechnung der Schulen zu St. Thomae in Leipzigk von Liechtmeße Anno 1712 bis Liechtmeße Anno 1713, geführet und abgeleget von mir Gotfried Conrad Lehmann, des Raths BauMeistern und dieser Schulen Vorstehern*. Der aus Stiftungen und deren Verzinsung angesammelte und für den Jahresetat nicht mit herangezogene Kapitalstock der Schule bleibt nachstehend unberücksichtigt.

12 1 Gulden (fl.) = 21 Groschen (gr.), 1 Groschen = 12 Pfennige (pf.).

13 StAL: *Rechnung der Schulen zu St. Thomae* (wie Anm. 11), S. 46: *Summarischer Extract der Schulrechnung*.

14 StAL: *Rechnung der Schulen zu St. Thomae* (wie Anm. 11), S. 46.

15 StAL: *Rechnung der Schulen zu St. Thomae* (wie Anm. 11), S. 1 ff.

16 Die in [ ] stehenden Zahlen entsprechen der Numerierung der Stiftungen im *Stiftungsbuch der Stadt Leipzig* (wie Anm. 8).

(4. August 1712) sowie der Ertrag (111 fl. 12 gr. 10 pf.) einer Sammlung „in denen Becken vor denen 4. Stadkirchenthüren" am 8. Trinitatissonntag (17. Juli) 1712. Bei den Motettengeldern handelt es sich um Einnahmen „Von *Moteten*, welche bey denen Leichen Bestattungen, mit E[ines] Edl[en] Hochw[eisen] Raths Bewilligung vor denen Thüren gesungen worden". 53 Bestattungen hatten diese Auszeichnung erfahren, und eine jede hatte einen Taler (zu 24 Groschen) eingebracht; in einem Falle war die Motette sogar doppelt bezahlt worden. Erträge lieferten darüber hinaus der „48.mahlige gebrauch des Silbernen Creuzes zu 46. Leichbestattungen à 1. thlr. und 2. dito gratis" (52 fl. 12 gr.) und des „Vergüldeten Creutzes, so bey denenjenigen Leichen Bestattungen alwo die ganze oder große halbe Schule mitgegangen, gebraucht und fürgetragen auch iedesmahl deswegen ingemein 8 g[roschen] unterweiln auch etwas mehr bezahlet wird" (70 fl. 14 gr.); hier handelte es sich um Gebühren von 8 beziehungsweise 12 Groschen bei insgesamt 159 Bestattungen. An offenen Forderungen wurden 48 Gulden und 15 Groschen in den Etat aufgenommen und unverändert in das Folgejahr übertragen. Einige Reste von Speisegeldern blieben hingegen unverzeichnet, weil die Schuldner „nicht mehr hier *in loco*" ansässig waren, und Gleiches geschah mit dem „Wiesen Zinß" (114 fl. 6 gr.) von der an einen zahlungsunwilligen Müller vermieteten Schulwiese.

Unter den Ausgaben[17] erscheinen zunächst einige Besoldungen: Demnach erhalten der Schulvorsteher Gottfried Conrad Lehmann umgerechnet 25 Taler für seine Bemühungen um das Rechnungswesen, 20 Taler der Schularzt, 6 Taler der Rechnungsführer und insgesamt 42 Gulden Maria Elisabeth Schelle (1654–1730), die Witwe des 1701 verstorbenen Thomaskantors Johann Schelle, für ihre Arbeit in Haus und Küche (einschließlich der Vergütung für das von ihr beschäftigte Gesinde) sowie für die hierzu erforderlichen Gerätschaften. Auch bei den Kosten für Anschaffung und Reparatur von Kochtöpfen und anderem Geschirr wird ihr Name genannt, desgleichen bei der Erneuerung von Bettwäsche und Tischtüchern. Merkwürdigerweise ist die hierfür erforderliche Näharbeit zwar verbucht, jedoch ohne zugehörige Zahlung.

Den zweitgrößten Ausgabenposten macht die Verteilung von Geld- und Naturaleinnahmen aus Legaten aus (233 fl. 2 gr. 6 pf.). Aus der Stiftung der Frau Dr. Bose [303][18] erhalten die sämtlichen Schulcollegen zu St. Thomas zusammen 25 Gulden, jeweils zur Hälfte zu Ostern und zu Michaelis. 5 Gulden sind am Begräbnistag (16. Juli) von Daniel Aegidius Heinrici [315] fällig, 4 für die Geistlichkeit, 1 für den Kantor. Eine Unterstützung (28 fl. 12 gr.) erhält ein Theologiestudent namens Paul Hoppe aus dem Horlemannschen Stipendium [276]. Bücher für 20 Schüler werden aus dem Legat der Maria Magdalena Klizsch [309] bezahlt (11 fl. 9 gr.), Bücher für 50 Schüler (23 fl. 17 gr.) aus demjenigen der Agathe Berger [214], und Isaac Öhlhafe [296?] hat für 1710, 1711 und 1712 zusammen 60 Gulden dem gleichen Zweck gewidmet. 40 Paar Strümpfe für die Schüler (22 fl. 18 gr.) gehen auf das Konto von Dr. Martin Geyer, ohne Spezifikation bleiben die für die Schüler bestimmten Zahlungen von Asmus Voigt [267] zu Michaelis (5 fl.), von Johann Schmertasch [300] zu Johannis (2 fl. 28 gr.), von Andreas Reuther [261] (5 fl.) und der Witwe des Dr. Andreas Funcke [162?] zu Ostern (8 fl.). Eine Stiftung von Barbara Schmid [277] kommt am Tag Luciae dem Rektor (1 fl. 10 gr. 6 pf.) und den Schülern (6 fl.) zugute. Ebenfalls am Tag Luciae werden „aus Valtin Schwartzens Stifftung" [155] 10 Gulden verteilt, und zwar an den Kantor (10 gr. 6 pf.) und die Schüler (9 fl. 10 gr. 6 pf.). Ein weiterer Betrag (3 fl. 17 gr.) fließt „Dem *Cantori* Johann Kuhnauen, vor die ao: 1712. abgesungenen 4. Rechtenbachischen Leichengedächtniße" [287] zu, und aus „Gottfried Krells Legat am Tag Gotfried oder 7. May 1712 betagt" [325] (14 fl. 6 gr.) werden 11 Gulden, 9 Groschen „denen 8. *Praeceptoribus,* zu *St. Thomae*" gereicht, je 1 Taler den „4 *Superioribus*", je 12 Groschen den „4 *Inferioribus*" und 4 Taler den Schülern.

Den Spitzenplatz im Etat behauptet unangefochten die Speisung der Alumnen. Zur fraglichen Zeit saßen die 54 (oder 55) Berechtigten an drei Tischen zu je 18 Personen.[19] An 366 Tagen im Schaltjahr 1712 waren mithin bei zwei Mahlzeiten am Tag 366 × 3 × 2 = 2196 Tische zu versorgen. Die Schulrechnung nennt freilich nur die Zahl 2175, „Worbey zu erinnern daß 9. tische an 3. Bußtagen den 11. *Marty* 5. *Augusti,* und 18. *Novemb:* 1712 Vormittage nicht gespeiset worden".[20] Die verbleibende Differenz zwischen 2175 + 9 = 2184 und 2196 mag sich durch Krankheitsfälle und andere Abwesenheitsgründe erklären. Auch wären hier wohl die „an unterschiedl[ichen] Köstgen bey Hochzeiten und dergleichen" zusammengekommenen 5 Tische mit einzurechnen. Von den 2175 abgerechneten Tischen zu je 20 Groschen wurden 1155 an die Schulspeiserin Maria Elisabeth Schelle „baar bezahlet mit 1100 fl.", hinzu kamen 960 „aus denen *Legatis*" sowie 60 „*ex liberalitate,* deren Herrn Schul *Affectionirten*". 52 von den letzt-

---

17 StAL: *Rechnung der Schulen zu St. Thomae* (wie Anm. 11), S. 22 ff.

18 Zur Numerierung vgl. Anm. 16.

19 Zur wechselnden Zahl der Tische und ihrer unterschiedlichen Besetzung vgl. O. Kaemmel: *Geschichte des Leipziger Schulwesens* (wie Anm. 6), S. 53, 232, 380, 451.

20 Zu spürbaren Mängeln in der Verpflegung (häufiges ‚Cariren' ganzer Tische) etwa in den Jahren 1611 und 1664/65 vgl. O. Kaemmel: *Geschichte des Leipziger Schulwesens* (wie Anm. 6), S. 82 f. und 153.

211

Franz Ernst Brückmann [Franc, Ernest. Brückmann]: Catalogus exhibens appellationes et denominationes omnium potus generum quae olim in usu fuerunt et adhuc sunt per totum terrarum orbem, quotquot adhuc reperire potuit, *Helmstedt 1722.*
(Privatsammlung Stefan Altner)

genannten 60 Tischen hatte „ein unbekandter Vornehmer Schul *Patron*" gestiftet.

Die über 44 Prozent des Gesamtvolumens ausmachenden 960 Tische „aus denen *Legatis*" finanzierten sich aus Vermächtnissen von Baumeister Jacob Griebe [175],[21] Gregor Volckmars Witwe [182], Nicol Volckmar [182?], Dr. Johann Peilickes Erben [189], Wolff Berger [205], Peter Heinze [222], Hieronymus Schmid [246], Michel John [255], Sebastian Oheims Erben [279], Isaac Öhlhafe von Schellenbach [296], Maria Eichner [318], Elisabeth Eggerin [328], Dr. Paul Wagner [331] und den Witwen Gertraud Scheibe [198], Anna Buchner [206], Maria Knauer [253?], Anna Haßert [273], Anna Weidemann [285] und Anna Volckmar [295].

Als Getränk für die Schüler nennt die Jahresrechnung ausschließlich Bier. Die Zubereitung warmer Getränke wäre wohl zu teuer und zu kompliziert gewesen, und unbehandeltes Wasser aus Leipziger Brunnen mochten die Verantwortlichen den Schülern schon aus Rücksicht auf deren Gesundheit nicht zumuten. Die etwa sechzig Sonn- und Feiertage im Jahr sind somit Anlaß, zumeist je 55 Kannen Gerstensaft zum Preis von je 7 Pfennigen, vorzugsweise aus den Nachbarstädten Taucha und Eilenburg, bereitzustellen und zu verbuchen (87 fl. 8 gr. 2 pf.). Gelegentlich erfolgt auch eine kostenlose Lieferung aus dem Leipziger Ratskeller. An den Wochentagen gibt es Bier von minderer Qualität, den zweiten Aufguß, Konventbier oder volkstümlich Kofent genannt: 33 Faß stehen hier zu Buche (30 fl. 11 gr. 6 pf.).

Gesondert geführt wird der Posten „Etlichen kranken Schülern zum *Extra* geträncke" (1 fl. 18 gr. 8 pf.), und eine eigene Rubrik bildet die „Außgabe Auff krancke Schüler wie auch derer Pfleg- und Warttung, ingl[eichen] Begräbnüßkosten": Hier sind Speisen (11 fl. 9 gr.), Wartung (1 fl. 15 gr.) sowie Zahlungen an den Apotheker „vor *liquidir*te und abgeholte *Medicamenta*" (57 fl. 3 gr.) und an den Barbier, „etl. Schüler zu *curiren* (inclus. 3 thlr. vor 1 bruchband)" (7 fl. 5 gr.), zusammengetragen.

Aus der abschließenden Sammelrubrik „In Gemein" ragen zwei Zahlungen an Maria Elisabeth Schelle hervor. Auf ihr „schrifftl. Ansuchen" vom 14. Juni 1712 erhält sie im Blick auf die gestiegenen Preise für Viktualien und Brennholz einen Zuschuß (18 fl. 6 gr.) zu ihrer Vergütung als Schulspeiserin. Die zeitübliche Politik des knappen Geldes und des starren Festhaltens an einmal beschlossenen Zuweisungen zeigt sich auch hier: Ungeachtet der in Permanenz erhöhten Preise muß der Antrag auf Gewährung eines Zuschusses alljährlich neu gestellt werden, worauf eine Einmalzahlung ohne rechtliche Konsequenzen erfolgt. Ein zweites Quantum (45 fl. 15 gr.) erhält die Schellin „vor Ihres verstorbenen Mannes Herrn Johann Schellens *Musicali*sche Sachen, so zu vermehrung der *Bibliothec* erkaufft worden, nach E[ines] Edl[en] Raths verordnung den 16. *July* 1712". Diese Musikalien (zusammen mit anderen älteren, bereits 1679, 1680 und 1683 erworbenen Beständen) erscheinen fortan Jahr für Jahr im Schulinventar, jedoch mit dem Zusatz „so aber vom Gebrauch ziemlich beschädiget, und fast unbrauchbar worden", bis sie 1731/32 ganz verschwinden[22] und es der Phantasie der Nachwelt überlassen, eine stichhaltige Begründung für den einstigen Ankauf zu finden.

---

21 Zur Numerierung vgl. Anm. 16.
22 W. Neumann, H.-J. Schulze (Hrsg.): *Dokumente zur Lebensgeschichte Johann Sebastian Bachs* (wie Anm. 4), S. 133.

Franz Ernst Brückmann [Franc, Ernest. Brückmann]: Catalogus exhibens appellationes et denominationes omnium potus generum quae olim in usu fuerunt et adhuc sunt per totum terrarum orbem, quotquot adhuc reperire potuit, *Helmstedt 1722.* (Privatsammlung Stefan Altner)

III.

Ungeachtet der Vielfalt der vorstehend charakterisierten Einträge in den Schulrechnungen spiegeln diese doch nur einige Teilaspekte des einschlägigen Finanzsystems. Auf der Ausgabenseite handelt es sich – abgesehen von gewissen Kosten für Verwaltung, Dienstleistungen und Anschaffungen (mit Einschluß von Schulbüchern) – um den relativ begrenzten Bereich der Grundversorgung für die Alumnen: Unterbringung, Verpflegung, Bekleidung, medizinische Betreuung. Vermerke zu den Gehältern der Lehrer sind in den Schulrechnungen nicht zu finden, desgleichen fehlen Angaben zu den Kosten für den Betrieb des Schulgebäudes, von der Heizung und der Schornsteinreinigung bis zur Grubenleerung, für Reparaturen an Dach, Fenstern, Türen, Öfen und anderem Inventar, für Werterhaltung und Investitionen. Auf der Einnahmenseite bleiben die Einkünfte aus dem Begräbnisdienst größtenteils unerwähnt, mit Ausnahme des sogenannten Motettentalers und der Gebühren für das Vorantragen des silbernen oder des vergoldeten Kreuzes. Hochzeitsmusiken, sogenannte ganze und halbe Brautmessen, erscheinen lediglich in Gestalt eines gelegentlichen Hinweises auf die sogenannten Köstchen (Anteile an der Speisung). Von externen Schülern und ihren dem Rektor zustehenden Aufnahmegebühren ist keine Rede, auch schweigen die Schulrechnungen über innerhalb des Alumnats umlaufende Zahlungen, etwa die von der Schulordnung vorgeschriebenen Strafgelder, die Schüler oder auch Lehrer bei Vergehen oder Dienstversäumnissen zu entrichten hatten. Gänzlich ausgespart bleiben zudem Angaben über die Erträge der Gesangsumgänge, der wöchentlichen Kurrenden, des Neujahrs-, Gregorii- und Martinisingens, sowie über Einnahmen und Ausgaben der Alumnen außerhalb der erwähnten Grundversorgung.[23]

Einer Erörterung dieses Fragenkomplexes sollen einige Bemerkungen zu Beschaffenheit und Wirkungsgeschichte ausgewählter Legate vorangestellt werden. Üblicherweise hatten die Leipziger Stifter ihre einschlägigen Kapitalien hypothekarisch gesichert oder beim Rat hinterlegt und verzinst, oder aber ihren Häusern eine Naturalleistung als Reallast auferlegt, die später oft in eine Geldzahlung verwandelt oder abgelöst wurde.[24] Wichtiges Anliegen der Stifter war, wie bereits erwähnt, die verbesserte Verpflegung der Alumnen. So hatte etwa der aus Breslau stammende und 1623 in Leipzig verstorbene Handelsmann und Ratsherr Peter Heinze [222][25] verfügt, daß wöchentlich einmal ein Tisch Thomasschüler (12 Knaben) mit einem Gericht Fleisch, Zugemüse, genugsam Kofent und Brot versorgt werden solle. In der jeweiligen Woche vor den hohen Festen Weihnachten, Ostern und Pfingsten sollten Gebratenes und Bier an die Stelle von Kochfleisch und Kofent treten. Der 1675 in Leipzig verstorbene Gutsherr Isaak Ölhafe von Schölnbach („Schellenbach", [296]) wünschte an seinem Geburtstag (23. Mai), Namenstag (23. Dezember) und Todestag (13. Juni) je einen Tisch (12 Knaben) mit Fisch, Braten und weiterem Fleischgericht, Kuchen, sechs Kannen Wein und 24 Kannen Wurzener oder Eilenburger Bier zu versorgen. Die also Bedachten sollten dafür vor und nach der Mahlzeit je ein geistliches Lied singen, am Todestage des Stifters außerdem in der Kirche frühmorgens den Choral *Herr Jesu Christ, wahr Mensch und Gott* erklingen lassen. Maria Eichner, 1687 als Ehefrau eines Leipziger Bürgers und Schneiders verstorben, hatte angeordnet [318], daß jährlich am Tage Mariae Heimsuchung (2. Juli) ein Tisch (16 Knaben) mit Rindfleisch, Nieren- oder Schöpsbraten, Pflaumen nebst Butter und Käse sowie 32 Kannen Eilenburgisch Bier versorgt werden solle und jeder Schüler noch 2 gute Groschen „Angeld" zu bekommen habe.

Musikalisch und auch finanziell ergiebiger als die vorgenannten, eher als kulinarisch einzustufenden Legate waren einige andere Vermächtnisse.[26] So hatte Martin Lehn, kurfürstlich-sächsischer Oberwaagedeputierter, 1664 verfügt [282], daß der Thomaskantor 2 Gulden sowie acht Knaben, „so der Cantorey zugethan", 8 Gulden erhal-

---

23 Zu Einzelheiten bezüglich des hier summarisch Aufgeführten vgl. weiter unten.

24 O. Kaemmel: *Geschichte des Leipziger Schulwesens* (wie Anm. 6), S. 52.

25 Numerierung hier und folgend nach dem *Stiftungsbuch der Stadt Leipzig* (wie Anm. 8).

26 *Stiftungsbuch der Stadt Leipzig* (wie Anm. 8). Vgl. außerdem Hans-Joachim Schulze: *Marginalien zu einigen Bach-Dokumenten,* in: Bach-Jahrbuch 1961, S. 79–99, hier S. 88 ff.: Bachs Einkünfte aus Legaten.

ten sollten, letztere mit der Auflage, „gedachtes Martini tages zu Mittage zwischen 10 und 11 Uhr, drei Christliche feine muteten, Gott zu ehren und zu meinem andenkken und erinnerung vor [...] meinem Freyhause [am Brühl] figuraliter zu singen". Katharina Schwartz, als Witwe des Valentin Schwartz [155] am 12. Dezember 1585 verstorben, hatte dem Thomaskantor für das chorische Absingen einiger Sterbelieder am Todestage der Stifterin jeweils einen halben Gulden zugedacht. Daniel Aegidius Heinrici [315], verstorben am 27. Mai 1683, hatte bestimmt, daß „jährlich zu meinem andenken an meinem begräbnistage (es sey gleich in der Thomas- oder Nicklas Kirchen) in der Predigt meiner zu geistl. Nachfolge, erwehnet, darauf das Sterbelied: Herr J[esu] Christ wahr Mensch u[nd] G[ott] von den Schülern zur Danckbarkeit gesungen [...] werden möchte". Das Salär für den Kantor betrug hier einen Gulden. Die am 26. Oktober 1677 verstorbene Euphrosyne Rechtenbach [287], Witwe eines Eislebener Superintendenten, hatte sogar vier Gulden für den Thomaskantor vorgesehen, damit dieser alljährlich an vier Tagen Gedächtnislieder singen ließe: *Ecce quomodo moritur justus* (18. Januar), *Herr Jesu Christ, meins Lebens Licht* (24. April), *Freu dich sehr, o meine Seele* (9. September) und *Herzlich lieb hab ich dich, o Herr* (26. Oktober).

Einer besonderen Tradition folgt die Anordnung von Regina Bose, geborene Rudloff (1615–1680; [303]), der Witwe eines Archidiakons an St. Thomae. Danach sollten „der Cantor und die Schulknaben schuldig seyn, jährlich am Tage Reginae, Gott dem Allmächtigen zu ehren, in der Kirche, da selbigen tages die Predigt seyn wird, nach der Predigt die bekante motete: *Turbabor sed non perturbabor, quia vulnerum Christi recordabor:* Meine Sünde mich werden kräncken sehr etc. andächtig zu singen". Das mit diesem Musikwunsch verknüpfte Rätsel[27] harrt noch immer seiner Lösung. Die ‚bekannte Motette' über einen lateinischen Text aus den *Cantica Canticorum* des Bernhard von Clairvaux[28] nebst dessen Übersetzung in der zweiten Strophe von Nicolaus Hermans *Wenn mein Stündlein vorhanden ist* scheint identisch zu sein mit einem – leider verlorenen – *Turbabor. à. 6.*, das sich, als anonyme Komposition aus dem Besitz Johann Schelles stammend, ehedem in der Bibliothek der Thomasschule befunden hat. Aufzeichnungen des Thomasküsters Johann Christoph Rost ordnen diese Motette zusätzlich dem *Finsingerschen Leichengedächtnis*[29] zu. Außerdem erklang sie beim Begräbnis eines auf der Thomasschule verstorbenen Alumnen.[30]

Die Anzahl der die Thomasschule begünstigenden Stiftungen war über lange Jahre vergleichsweise hoch. Vor dem 1618 beginnenden Dreißigjährigen Krieg war sie auf 59 angewachsen, während des Krieges betrug sie immerhin noch 36; 16 und später noch 12 von diesen betrafen die Speisung der Alumnen.[31] Der Wechsel von Rechtsträgern, das Erlöschen von Firmen, die Umwandlung von Natural- in Geldleistungen und andere Vorgänge bedingten eine permanente Fluktuation, so daß die für die Erfüllung der Bestimmungen Verantwortlichen zuweilen Mühe hatten, den Überblick zu behalten. Jakob Thomasius, bis 1680 Rektor der Thomana, fertigte sich eigenhändig ein Verzeichnis der „gangbaren Legate der Schule zu St. Thomas" an, eine Liste derjenigen Legate, „darüber der Rector die Inspection hat".[32] Auch der Thomaskantor verfügte über eine „Specification" der für ihn relevanten Legate.

Zur großen Zahl gangbarer Legate und erfüllter Verpflichtungen gehörte eine entsprechend große Anzahl von Unterschriftsleistungen. Von den hierfür angelegten Quittungsbüchern und -heften ist relativ wenig auf unsere Zeit gekommen und befindet sich – soweit Unterschriften berühmter Thomaskantoren, insbesondere Johann Sebastian Bachs dort vorliegen – teilweise im Besitz von Autographensammlern. Dies gilt für das wenige zum „Legatum Lobwasserianum", der Stiftung der 1610 verstorbenen Maria Lobwasser [195] Erhaltene,[33] teilweise auch für Belege zum Legat des im September 1692 gestorbenen Gottfried Krell [325]. Im letztgenannten Fall wird das noch Vorhandene im Archiv des Thomanerchores

---

27 Einige Daten nach dem damaligen Kenntnisstand in dem in Anm. 25 genannten Aufsatz, S. 91 f.

28 Vgl. Christiane Engelbrecht: *Die Kasseler Hofkapelle im 17. Jahrhundert*, Kassel 1958, S. 92, Anm. 8 (nach Hinweis von B. A. Wallner). Die ältere Zuweisung an Pseudo-Augustin ist damit hinfällig.

29 Im *Stiftungsbuch der Stadt Leipzig* (wie Anm. 8) nicht nachgewiesen. Albert Schröder: *Leipziger Goldschmiede aus fünf Jahrhunderten (1350–1850)* (Schriften des Vereins für die Geschichte Leipzigs, Bd. 17/18), Leipzig 1935, nennt (S. 74) einen Franz Finsinger (1623–1693). Zu Rosts Manuskript vgl. auch W. Neumann, H.-J. Schulze (Hrsg.): *Dokumente zur Lebensgeschichte Johann Sebastian Bachs* (wie Anm. 4), Nr. 180. Die *Leipziger Kirchen-Andachten*, Leipzig 1694, ordnen (S. 290) das Werk dem 19. Trinitatissonntag zu. Das *Hoch-Fürstliche Sachsen-Weissenfelsische Vollständige Gesang- und Kirchenbuch*, Weißenfels [1712], erwähnt auf S. 226 die Motette als Bestandteil des Gottesdienstes am Aschermittwoch, anschließend an den Vortrag der Choralpassion.

30 Vgl. Richard Sachse (Hrsg.): *Acta Nicolaitana et Thomana. Aufzeichnungen von Jakob Thomasius während seines Rektorates an der Nikolai- und Thomasschule zu Leipzig (1670–1684)*, Leipzig 1912, S. 434.

31 O. Kaemmel: *Geschichte des Leipziger Schulwesens* (wie Anm. 6), S. 52 f.

32 R. Sachse: *Acta Nicolaitana et Thomana* (wie Anm. 30), S. 735 f.

33 W. Neumann, H.-J. Schulze (Hrsg.): *Schriftstücke von der Hand Johann Sebastian Bachs* (wie Anm. 2), S. 207, 210; Hans-Joachim Schulze (Hrsg.): *Dokumente zu Leben, Werk und Nachwirken Johann Sebastian Bachs 1685–1800. Neue Dokumente. Nachträge und Berichtigungen zu Band I–III* (Bach-Dokumente, Bd. 5), Kassel etc. 2007, S. 284.

Beispiele von in Leipzig gebräuchlichen Münzen (Groschen ab 1694), aus: Polycarp Samuel Wagner: Gründliche Nachricht Von Ankunfft, Gepräge, Gewicht und Werth derer in Sachßen, Thüringen und Meißen / Gemüntzten Groschen: / So wohl von denen daselbst / im Handel und Wandel vormahln gebräuchlichen Schock-Groschen […], *Wittenberg 1728.*
(Privatsammlung Stefan Altner)

sowie in einer Privatsammlung bewahrt.[34] Eine ähnliche Aufteilung liegt bei zwei Quittungsblättern vor, die das oben beschriebene „Bosische Legatum" [303] betreffen: Hier teilen sich das Archiv des Thomanerchores sowie das Fitzwilliam Museum in Cambridge/England den Besitz.[35] Noch anders liegt der Fall bei dem Legat der Witwe Regina Maria Sinner geborene Gulden (1680–1740; [425]), deren Stiftung die Lehrer der Thomasschule besonders reich bedenkt: Das weitgehend intakte Quittungsbuch befindet sich im Archiv des Thomanerchores, und nur ein einzelnes Blatt ist – von wem und mit welcher Legitimation auch immer – herausgeschnitten worden und seither in Privatbesitz überliefert.[36]

Während es sich bei dem Quittungsbuch *Zum Sinnerischen Legato a. 1741.* um die erste und einzige zugehörige Belegsammlung handelt, die zudem – das erwähnte Einzelblatt ausgenommen – Standort und Besitzer niemals gewechselt hat,[37] kann ein zweites Quittungsbuch auf eine bewegte Geschichte zurückblicken. Es gehört zur Stiftung der 1612 verstorbenen Witwe Sabine Nathan [185], die testamentarisch verfügt hatte, es „solte auch der Cantor zu St: Thomas, alle Jahr uff den Tag Sabinae, oder des folgenden Tages hernach, wo die Wochen Predigte hinfallen würde, Es wäre gleich zum Thomaßen, oder S. Niclas, ihr Gedächtnüs begehen, undt vor undt nach der Predigt ezliche Stück Figural wie bey Begräbnüßen zu geschehen pflegte singen", wofür der Kantor zwei Gulden erhalten solle, die Schüler, „so im Chor mit gewesen und gesungen" deren drei. Die Verwaltung ihres Legats hatte Sabine Nathan dem Tischlerhandwerk übertragen, dessen Vertreter ihre Aufgabe bis in das 20. Jahrhundert auch wahrgenommen haben. Von einem ersten Quittungsbuch, das 1612, also noch zur Zeit des Thomaskantors Sethus Calvisius, angelegt worden sein muß und bis 1685 gereicht haben wird, hat sich keine Spur erhalten. Das zweite, 1686 unter der Ägide von Johann Schelle angelegte und pro forma bis in die 1930er Jahre fortgeführte Buch befand sich vor Beginn des Zweiten Weltkrieges im Besitz der Tischlerinnung zu Leipzig, tauchte Ende Juni 1951 bei einer Hamburger Auktion auf und wurde für einen sehr moderaten Preis von einem Sammler in New York erworben. Aus dessen Nachlaß konnte das Quittungsbuch im Mai 1993 für das Bach-Archiv Leipzig ersteigert werden. Es enthält eigenhändige Niederschriften der Thomaskantoren von Johann Schelle (1686) bis Johann Gottfried Schicht (1820), jedoch im Unterschied zu den Legaten von Regina Maria Sinner und Georg Friedrich Mentzel nicht lediglich die übliche Unterschrift, sondern Jahr für Jahr einen relativ ausführlichen, wenngleich weitgehend standardisierten Text. Diese Besonderheit hat schon relativ früh die Begehrlichkeit von Autographensammlern geweckt, und so hat das Quittungsbuch – auf welche Weise auch immer – einen erheblichen Teil seiner Belege eingebüßt. Insbesondere fehlen, ein Blatt mit vier Quittungen ausgenommen, alle Niederschriften Johann Sebastian Bachs. Soweit überhaupt nachweisbar, befinden diese sich in öffentlichen und privaten Sammlungen von der Schweiz bis nach Neuseeland und den Vereinigten Staaten von Amerika.[38]

IV.

Während die testamentarisch festgelegten Zahlungen – jährlich, halbjährlich oder quartalsweise erfolgend – sich als relativ stabiler Sockel erwiesen, wenngleich eine unsichere Wirtschaftslage, persönliche Nachlässigkeiten oder vorsätzliches Handeln durchaus zu Verzögerungen oder auch unerwarteten Zahlungsausfällen führen konnten, war ein großer Teil der Einkünfte von Lehrern und Alumnen von allerlei Zufälligkeiten abhängig und allenfalls mittels Erfahrungswerten abzuschätzen. Diese Akzidenzien oder zufälligen Einkünfte resultierten aus den zumeist nicht sehr einträglichen, jedoch unverzicht-

---

34 Vgl. Stefan Altner: *Wiedergefundene Legat-Quittungsbücher und Matrikelverzeichnisse der Leipziger Thomasschule, die auch die Bach-Zeit berühren,* in: Bach-Jahrbuch 2000, S. 119–137, hier S. 120 f.; ders.: *Wiedergewonnene Dokumente über „gangbare" Legate für die Thomasschule zur Bach-Zeit,* in: Bach in Leipzig – Bach und Leipzig. Konferenzbericht Leipzig 2000, hrsg. v. Ulrich Leisinger (Leipziger Beiträge zur Bach-Forschung, Bd. 5), Hildesheim etc. 2002, S. 455–463, hier S. 457 f.; H.-J. Schulze (Hrsg.): *Dokumente zu Leben, Werk und Nachwirken Johann Sebastian Bachs* (wie Anm. 33), S. 108 f.

35 S. Altner: *Legat-Quittungsbücher und Matrikelverzeichnisse* (wie Anm. 34), S. 120 f., ders.: *Wiedergewonnene Dokumente* (wie Anm. 34), S. 457 f., 461 f.; H.-J. Schulze (Hrsg.): *Dokumente zu Leben, Werk und Nachwirken Johann Sebastian Bachs* (wie Anm. 33), S. 105 f.

36 Vgl. Bach-Jahrbuch 1961 (wie Anm. 26), S. 92 f.; S. Altner: *Legat-Quittungsbücher und Matrikelverzeichnisse* (wie Anm. 34), S. 121–123, ders.: *Wiedergewonnene Dokumente* (wie Anm. 34), S. 458–462; H.-J. Schulze (Hrsg.): *Dokumente zu Leben, Werk und Nachwirken Johann Sebastian Bachs* (wie Anm. 33), S. 103–105.

37 Gleiches gilt für das im Archiv der Leipziger Nikolaikirche aufbewahrte, 1734 angelegte Quittungsbuch *Zum Menzelischen Legato,* vgl. Bach-Jahrbuch 1961 (wie Anm. 26), S. 99; W. Neumann, H.-J. Schulze (Hrsg.): *Schriftstücke von der Hand Johann Sebastian Bachs* (wie Anm. 2), S. 210–212. Der Goldschläger Georg Friedrich Mentzel (1660–1733 [366]) hatte ehedem die Thomasschule besucht.

38 Zu Einzelheiten vgl. Bach-Jahrbuch 1961 (wie Anm. 26), S. 93 f.; W. Neumann, H.-J. Schulze (Hrsg.): *Schriftstücke von der Hand Johann Sebastian Bachs* (wie Anm. 2), S. 192–209; H.-J. Schulze (Hrsg.): *Dokumente zu Leben, Werk und Nachwirken Johann Sebastian Bachs* (wie Anm. 33), S. 100–103, 107, 110 f., sowie Hans-Joachim Schulze: *Johann Sebastian Bach und das „Nathanische Legat",* in: Bach-Archiv Leipzig: Das Quittungsbuch des Nathanischen Legats (Patrimonia, hrsg. von der Kulturstiftung der Länder, Heft 83), Leipzig 1995, S. 5–22.

baren Sammlungen bei der dreimal wöchentlich stattfindenden Kurrende, aus den höheren Einnahmen bei den dreimal jährlich zu Neujahr, Gregorii (12. März) und Martini (11. November) durchgeführten besonderen Gesangsumgängen, deren übliche mehrwöchige Vorbereitung auf anspruchsvollere Darbietungen schließen läßt, sowie vor allem aus dem Begräbnisdienst. Letzterer bildete augenscheinlich eine wesentliche Einnahmequelle für die Lehrerschaft, war allerdings bei der Festlegung ihres festen Gehalts bereits berücksichtigt. Um Neid und Mißgunst innerhalb des Kollegiums vorzubeugen, war mit der Schulordnung von 1634 eine exakte Gebührenfestsetzung erlassen worden, die kaum verändert auch in die neue Schulordnung von 1723 Eingang fand. Proteste einiger Lehrer – unter ihnen Johann Sebastian Bach – gegen diese neue Schulordnung und die durch sie angeblich geschmälerten Einnahmen waren insoweit gegenstandslos. Feste Tarife waren verbunden mit der „Gantzen Schule" (für ein Funus generale), mit welcher „der gantze Coetus Scholasticus zu gehen pfleget", der „großen halben Schule, bey welcher der *Chorus Musicus* ist", der „kleinen halben Schule" und der untersten Stufe, der „Viertels-Schule".[39]

Diese festen Tarife betrafen allerdings lediglich die Lehrerschaft. Was bei Begräbnissen, Hochzeiten (mit ‚halben' und ‚ganzen Brautmessen'), Auftritten in sogenannten Singehäusern, bei der Kurrende und den drei jährlichen Gesangsumgängen zur Verteilung an die Alumnen eingenommen wurde, unterlag, wie bereits angedeutet, allerlei Schwankungen und bedurfte schon deshalb einer exakten Verwaltung und Kontrolle. Die Schulordnungen und ihre Kommentierung durch einzelne Rektoren[40] verwenden darum viel Aufmerksamkeit auf die Verhinderung jeglicher Unregelmäßigkeiten, um einerseits keinerlei Streit aufkommen zu lassen, andererseits das Erscheinungsbild der Schule nicht zu beschädigen. Zu diesem Erscheinungsbild gehörte freilich auch die öffentliche Meinung, daß sowohl der Thomaskantor als auch die Alumnen gut versorgt seien. Im Blick auf dieses Urteil (oder Vorurteil) hatte die bereits erwähnte Regina Maria Sinner einen Teil ihres Legats nicht für die Alumnen, sondern für externe Schüler bestimmt.[41]

Ob das Ondit von den guten Einnahmen der Alumnen und ihres Kantors zutraf, mag dahingestellt bleiben. Aufschlußreich ist jedenfalls eine Passage aus einem Promemoria des Thomasschul-Konrektors Friedrich Wilhelm Ehrenfried Rost vom 31. Oktober 1798, aus einer Zeit, da die traditionellen Quellen Kurrende und Begräbnisdienst mehr und mehr auszutrocknen drohten:

> „Ganz trübselig erscheint der ‚ökonomische Zustand'. Die meisten Schüler (Alumnen) leben ‚in der größten Dürftigkeit', sind ganz auf das angewiesen, was sie sich durch ihre Fertigkeit verschaffen, denn neben der freien Wohnung und Kost haben sie ja noch für Bücher, Wäsche, Frühstück, Betten, Bier, Salz, Aufwartung bei Tische, Wasserholen, Heizen, Schulgeld, Geschenke für die Lehrer (Namenstagsgeld) und dergl. aufzukommen; dazu aber reichen die Einnahmen (aus den Akzidentien) nicht mehr aus, da eine Hauptquelle, die Kurrende, ... immer mehr versiegt ist."[42]

Auch wenn die Kassandrarufe des Konrektors Rost hier und da überzogen sein sollten, so deuten sie doch einen beginnenden Wandel an, der im 19. Jahrhundert zu einschneidenden Änderungen führte: Die Kurrende wurde abgeschafft, ebenso der Begräbnisdienst. Stiftungen und Legate wurden, soweit möglich, der städtischen Verwaltung zugeordnet und die Lehrergehälter neu festgesetzt. Spätestens eineinhalb Jahrhunderte nach Johann Sebastian Bachs brieflicher Beschwerde, daß eine „gesunde Lufft" sein Einkommen bedrohe, war ein derartiger Vorwurf gegenstandslos geworden.

---

39 Vgl. *Die Thomasschule Leipzig zur Zeit Johann Sebastian Bachs. Ordnungen und Gesetze 1634, 1723, 1733,* zusammengestellt und mit einem Nachwort von Hans-Joachim Schulze, Leipzig 1985, hier E. E. Hochw. Raths der Stadt Leipzig Ordnung Der Schule zu S. Thomae, 1723, S. 47–49.

40 Vgl. ebenda, Anhang: ‚Anmerkungen zur Schulordnung von 1723 von Johann Matthias Gesner, Johann August Ernesti und Johann Joh. Übertragung aus den Schulakten des Stadtarchivs Leipzig'.

41 Vgl. S. Altner: *Wiedergefundene Legat-Quittungsbücher und Matrikelverzeichnisse der Leipziger Thomasschule* (wie Anm. 34), S. 125: ‚Auszug aus der testamentarischen Verfügung der Regina Maria Sinner'.

42 Zitiert nach O. Kaemmel: *Geschichte des Leipziger Schulwesens* (wie Anm. 6), S. 491 f.

Nord-Ost-Ansicht der Thomaskirche, Aquarell von T. W. Heine, 1880
(Stadtgeschichtliches Museum Leipzig)

Untersuchungen zum Repertoire des Leipziger Thomanerchores zwischen 1808 und 2008 auf der Grundlage EDV-gestützter statistischer Erhebungen

Helmut Loos, Nicole Waitz und Gilbert Stöck

I. Vorbemerkungen

Das Ziel des am Institut für Musikwissenschaft der Universität Leipzig angesiedelten, von der Deutschen Forschungsgesellschaft finanzierten Drittmittelprojekts ist es, eine EDV-gestützte Bestandsaufnahme zum Repertoire (‚Kanon') des Leipziger Thomanerchores sowohl der Forschung wie auch der interessierten Öffentlichkeit als Datenbank online verfügbar zu machen. Die technische Realisierung der auf Topic Maps basierenden Suchkategorien erfolgt durch die Kooperation mit dem Institut für Informatik an der Universität Leipzig (Gerhard Heyer, Lutz Maicher, Peter Scholz).[1] Die Bereitstellung der für die Erfassung unverzichtbaren Motettenbücher als Sammlungen von Aufzeichnungen und Programmbeilagen zu den einzelnen Aufführungen wird durch den Geschäftsführer des Thomanerchores, Stefan Altner, gewährleistet. Die Aufgabe, die Daten in das Eingabeportal einzupflegen beziehungsweise einpflegen zu lassen, obliegt Gilbert Stöck, Mitarbeiter am Institut für Musikwissenschaft an der Universität Leipzig. Die aufbereiteten Massendaten sollen einen möglichst lückenlosen Einblick in die Aufführungsstatistik (Erfassung von Komponisten und Werktiteln) und die Aufführungspraxis (Besetzungen, Bearbeitungen, Spielorte, Mitwirkende) gewähren. Mittels gezielter Datenabfrage wird es den Nutzern möglich sein, die jeweils gewünschten personenbezogenen, repertoire- und programmstatistischen Auskünfte zu erhalten. Die umfängliche Evaluation, die sich auf die Zeitspanne von zwei Jahrhunderten, von 1808 bis 2008, konzentriert, soll die Statik und Dynamik des musikalischen, theologischen, stadt- und kulturgeschichtlichen Profils des Chores einzigartig greifbar machen. Sie bietet eine unverzichtbare Grundlage nicht nur zur umsichtigen Darstellung des städtischen und kirchlichen Musiklebens, sondern ebenso zur Beurteilung der Chorpraxis in gesellschaftspolitischer Hinsicht.

Im Fokus des Interesses stehen beispielsweise Erkenntnisse über Konstanten und Veränderungen des Repertoires in Abhängigkeit von politischen Vorgaben und Präferenzen der jeweiligen Thomaskantoren, die sich beispielsweise in einer unterschiedlichen Fokussierung auf das Schaffen Johann Sebastian Bachs und in einem differierenden Anteil der zeitgenössischen Musik niederschlagen. Mögliche Fragestellungen umfassen daher:

1. Die Beziehung zwischen Epoche und Repertoire
   - Analyse des in der Motette aufgeführten Repertoires, beispielsweise während der Zeit des Nationalsozialismus oder in der DDR, im Vergleich mit den Zeiten davor und danach
   - Untersuchung der Konzertauftritte (inhaltliche Ausrichtung, Aufführungsorte) im Wandel der Zeit
2. Die Beziehung zwischen Ort und Repertoire
   - Vergleich des in der Motette in Leipzig aufgeführten Repertoires mit dem außerhalb Leipzigs
   - Verhältnis von Aufführungen und Repertoire in der Thomaskirche zu denen an anderen Wirkungsstätten
   - Verhältnis von Aufführungen und Repertoire in Leipzig zu denen außerhalb Leipzigs
   - Zwischen 1949 und 1990: Verhältnis von Aufführungen und Repertoire in der DDR zu denen in der BRD
   - Verhältnis von Aufführungen und Repertoire in Deutschland zu denen im Ausland
   - Verhältnis von Aufführungen in Kirchen zu solchen außerhalb von Kirchen
3. Die Beziehung zwischen Kantorat und Repertoire
   - Veränderungen der Bach-Pflege durch verschiedene Kantoren
   - Verhältnis der Werke Bachs im Vergleich zu anderen Komponisten

---

[1] Eine ausführliche Einführung in Topic-Maps-Technologien gibt: Lutz Maicher: *Autonome Topic Maps*, Dissertation Universität Leipzig 2007.

4. Der Anteil zeitgenössischer Musik am Repertoire
   - Anteil zeitgenössischer Werke am Repertoire im Vergleich zu Werken älterer Komponisten
   - Anteil zeitgenössischer Musik im Vergleich der einzelnen Thomaskantoren
5. Musikalische Gattungen
   - Häufigkeit von Motetten (als Gattung), zyklischen Werken (beispielsweise Passionen) und A-cappella-Werken
   - Verhältnis von geistlichen zu weltlichen Werken

Für das 19. Jahrhundert (bis 1905) sind verschiedene handgeschriebene Motettenbücher und Programmzettel zur Samstagsmotette überliefert, auf die sich die Untersuchungen stützen könnten. Unter den Motettenbüchern, die die Kantoren oder Präfekten anfertigen ließen, kommt als erstrangige, gut leserliche Quelle vor allem eine Handschrift mit folgendem Titel in Betracht: *Thomaner-Chor. Vom 14. September 1811 an. Mit verschiedentlichen Notizen hauptsächlich a. d. Leipz. Tageblatte* (Archiv des Alumnats, Signatur 51:165). Das Buch, das Eintragungen bis zum 2. Oktober 1905 aufweist, verzeichnet auf rund 400 Seiten die Programme sämtlicher Samstagsmotetten. Es beinhaltet zum geringfügigen Teil auch Abschriften aus dem *Leipziger Tageblatt* (die in Auftrag gegeben wurden), geht ansonsten aber auf die authentischen Niederschriften älterer Motettenbücher[2] zurück.

Parallel zu diesem *Motettenbuch (1811–1905)* steht ab 1865 ein geschlossener, bis in die Gegenwart reichender Bestand von gedruckten Programmzetteln zur Samstagsmotette zur Verfügung. Auf diesen Zetteln sind in der Regel auch die Ankündigungen zur musikalischen Gestaltung des Sonntagsgottesdienstes enthalten.[3] Ob es überdies gelingen wird, die Musik der Sonntagsgottesdienste für den Zeitraum von 1808 bis 1865 zu recherchieren, ist ungewiss, weil sich im Archiv des Thomanerchores keine Unterlagen hierzu befinden. Um entsprechende Informationen zu erhalten, wird man sich auf Leipziger Zeitungen stützen müssen (erste Ankündigungen zur Samstagsmotette finden sich im *Leipziger Tageblatt* seit dem 14. September 1811[4]).

Nach groben Schätzungen ist im Hinblick auf die Zeitspanne von 200 Jahren mit maximal 20 000 Auftritten (100 Auftritte pro Jahr im Durchschnitt) zu rechnen. Pro Auftritt sind durchschnittlich drei Programmnummern anzunehmen, sodass ein Volumen von circa 60 000 Werktiteln zu erwarten ist, wobei es sich beim Gros der Werke (zwei Drittel oder mehr) um Wiederholungen handeln wird. Ausgehend von dieser Prognose (die womöglich sehr hoch angesetzt ist), kämen wir auf etwa 20 000 Werktitel, die in die Dokumentation aufzunehmen wären.

II. Forschungsstand

In dem Aufsatz *Wesen und Bedeutung der Knabenchöre in unserer Zeit* aus dem Jahre 1967 heißt es im Hinblick auf die vielhundertjährige Tradition von Knabenchören der beiden großen Konfessionen:

„Wie ein Wunder mutet es an, daß die beiden sächsischen Bruderchöre, die Leipziger Thomaner und die Dresdner Kruzianer, beide noch heute Zierden ihrer Heimatstädte, die Regensburger Domspatzen, die Wiener Sängerknaben und der Berliner Domchor ungeachtet mancher Wellentäler wie einsame Inseln den Strom der Zeit überdauert haben und heute mehr denn je als Prototyp sui generis gelten dürfen."[5]

Das Urteil hat seine Gültigkeit bis auf den heutigen Tag nicht eingebüßt; dies gilt gerade auch für Hans Böhms Hinweis auf den „Prototyp sui generis". Im Folgenden wird am Beispiel des Leipziger Thomanerchores zu fragen sein, inwieweit solch ein Prototyp in seinem zunächst kirchlichen, später auch weltlichen Wirken der Forschung hinlänglich transparent geworden ist, wobei sowohl die lokale Betätigung als auch die regionale, nationale und internationale Ausstrahlung berücksichtigt werden sollen.

Auf den ersten Blick scheint zum Leipziger Thomanerchor, dessen Geschichte bis in das Jahr 1212 zurückreicht, eine reichhaltige Literatur vorzuliegen, wie man es angesichts eines renommierten Chores, dem „Weltbedeutung"[6] zugeschrieben wird, erwarten kann. Neben Gesamtdarstellungen aus älterer und jüngerer Zeit, die allerdings wissenschaftlichen Ansprüchen kaum genügen,[7] finden sich populäre

---

[2] In das hier genannte maßgebende *Motettenbuch (1811–1905)* sind die Aufzeichnungen älterer Motettenbücher eingeflossen. Es soll auf Initiative des Kantors Ernst Friedrich Richter, der von 1868 bis 1879 amtierte, angelegt und unter seinen Nachfolgern fortgeführt worden sein.

[3] Zusätzlich liegt ein Verzeichnis der vom Kantor verantworteten Figuralmusik in den Kirchen Leipzigs (1868–1890) vor (Archiv des Alumnats, Signatur 51:171).

[4] Eduard Crass: *Die Thomaner. Kommentierter Bildbericht über ihre 750jährige Geschichte 1212–1962*, Leipzig 1962, S. 101.

[5] Hans Böhm: *Wesen und Bedeutung der Knabenchöre in unserer Zeit*, in: Musica 21 (1967), Heft 4, S. 145–152, hier: S. 146.

[6] Wolfgang Hanke: *Die Thomaner. Der Thomanerchor zu Leipzig 1212–1987*, Berlin 1979, S. 134.

[7] Genannt seien etwa die Arbeiten von Lenka von Koerber: *Wir singen Bach. Der Thomanerchor und sein Kantor*, Berlin 1954; Horst List: *Auf Konzertreise … Ein Buch von den Reisen des Leipziger Thomanerchores*, Hamburg-Bergstedt 1957; Richard Petzoldt: *Der Leipziger Thomanerchor*, Leipzig 1962; Bernhard Knick (Hrsg.): *St. Thomas zu Leipzig. Schule und Chor. Stätte des Wirkens von Johann Sebastian Bach. Bilder und Dokumente zur Geschichte der Thomasschule und des Thomanerchores mit ihren zeitgeschichtlichen Beziehungen*, Wiesbaden 1963; Wolfgang Hanke: *Die Thomaner*

Abhandlungen oder Bildbände,[8] Studien zur Thomaskirche und -schule sowie Jubiläumsschriften, Lehrer-, Schüler- oder Abiturientenverzeichnisse und Memoirenliteratur. Hinzu kommen Monografien zu einzelnen Kantoren[9] und Studien zur Geschichte des Thomaskantorats, darunter die instruktive quellenorientierte Arbeit zum Kantorat im 19. Jahrhundert von Stefan Altner.[10]

Wenn man die vorliegende Literatur unter Aspekten betrachtet, die für das vorgeschlagene Projekt relevant sind, fällt das Endergebnis enttäuschend aus. Seitens der Musikwissenschaft ist immer wieder auf die Bedeutung der Bestände der Chorbibliothek hingewiesen worden. Nicht zuletzt stellte Arnold Schering, ein engagierter Anwalt der Lokalgeschichte Leipzigs,[11] die Veröffentlichung der Musikalieninventare der Thomasschule als ein dringendes Erfordernis dar.[12] Indes kam die Inventarisierung, die zu Beginn der 1920er Jahre tatsächlich erfolgte, nicht über die Erstellung zweier dem internen Gebrauch dienender Verzeichnisse hinaus, die im Archiv des Thomanerchores beziehungsweise des Thomasalumnats verwahrt sind.[13] Ähnlich liegen die Verhältnisse in Bezug auf das Repertoire der Thomaner beziehungsweise die Bestandsaufnahme zu den musikalischen Aufführungen in Gottesdiensten, Motetten, bei weltlichen Veranstaltungen oder auf Reisen. Auf die scheinbar einfache Frage „Was sangen die Thomaner?" weiß man nach dem derzeitigen Stand der Forschung kaum eine hinreichende Antwort zu geben. Doch die einschlägigen Arbeiten zum Thomanerchor und Thomaskantorat haben zumindest drei Antworten zum Repertoire parat. Zum einen begegnet man hier beständig Hinweisen auf die in je verschiedenen Graden erfolgte Wiederbelebung der Werke Johann Sebastian Bachs, daneben wird man – etwa bis hin zur Amtszeit Karl Straubes – auf die rege Kompositionstätigkeit der jeweils amtierenden Kantoren verwiesen, und schließlich begegnet man einer Fülle von ‚Highlights', die sich in der Regel auf Oratorienaufführungen aus älterer oder neuerer Zeit beziehen. Aufs Ganze gesehen dominiert jedoch der Name Johann Sebastian Bachs, der fortwährend als Maßstab zur Beurteilung des Repertoires herangezogen wird.[14]

Hinreichend deutlich geht aus manchen Quellen hervor, dass die Erforschung des Repertoires eklatante Defizite aufweist. Da sorgfältige programmstatistische Analysen fehlen, nehmen die Autoren notgedrungen Zuflucht zu vagen, teils auch tendenziösen Urteilen, die der wuchernden Menge von Aufführungen nicht gerecht

---

(wie Anm. 6); Corinna Wörner: *Der Thomanerchor im Spannungsfeld zwischen Kirche und Politik 1933–1945*, Diplomarbeit Fachbereich II, Universität Hildesheim 2003.

8   Erwähnt seien die Studien von: Eduard Crass: *Die Thomaner* (wie Anm. 4); Stefan Altner: *Thomanerchor und Thomaskirche. Historisches und Gegenwärtiges in Bildern*, Taucha 1998.

9   Dass vor allem Johann Sebastian Bach, der von 1723 bis 1750 das Amt des Kantors bekleidete, das Interesse der Fachwissenschaft auf sich zog, braucht nicht näher ausgeführt zu werden. – In dem hier interessierenden Zeitraum zwischen 1808 und 2008 begegnen uns die Kantoren (Amtszeit in Klammern) August Eberhard Müller (1801–1810), Johann Gottfried Schicht (1810–1823), Christian Theodor Weinlig (1823–1842), Moritz Hauptmann (1842–1868), Ernst Friedrich Richter (1868–1879), Wilhelm Rust (1880–1892), Gustav Schreck (1892–1918); Karl Straube (1918–1939), Günther Ramin (1940–1956), Kurt Thomas (1957–1960), Erhard Mauersberger (1961–1972), Hans-Joachim Rotzsch (1972–1991) und Georg Christoph Biller (seit 1992). Einzelabhandlungen zur Kantoratstätigkeit oder zu Briefausgaben liegen lediglich zu Moritz Hauptmann, Karl Straube, Günther Ramin und Hans-Joachim Rotzsch vor.

10 Stefan Altner: *Das Thomaskantorat im 19. Jahrhundert. Bewerber und Kandidaten für das Leipziger Thomaskantorat in den Jahren 1842 bis 1918. Quellenstudien zur Entwicklung des Thomaskantorats und des Thomanerchors vom Wegfall der öffentlichen Singumgänge 1827 bis zur ersten Auslandsreise 1920*, 2. korr. Aufl., Leipzig 2007.

11 Arnold Schering: *Musikgeschichte Leipzigs 1723–1800*, Leipzig 1941.

12 Arnold Schering: *Die alte Chorbibliothek der Thomasschule*, in: Archiv für Musikwissenschaft 1 (1919), S. 275–288, hier: S. 276.

13 Vgl. *Katalog der Kirchenmusik – Bibliothek nach dem Bestande im Jahre 1920/21, aufgestellt von Ernst Führer, cantor famulus; Katalog der weltlichen Bibliothek des Thomaschores, 1921. scripsit: Bernhard Müller, präf. I 1921/22* (Titelaufnahme nach: S. Altner: *Das Thomaskantorat im 19. Jahrhundert*, wie Anm. 10, S. 257).

14 Exemplarisch sei dies anhand der Arbeiten von R. Petzoldt: *Der Leipziger Thomanerchor* (wie Anm. 7) und W. Hanke: *Die Thomaner* (wie Anm. 6) im Hinblick auf die Zeitspanne zwischen 1808 und 1939 verdeutlicht: Die Aussagen zum Repertoire verweisen fast durchgängig auf den ‚Magneten' J. S. Bach. Dem ersten Viertel des 19. Jahrhunderts verlieh Richard Petzoldt das Antlitz: „In Müllers [1801–1810, Anm. d. Verf.] und Schichts [1810–1823, Anm. d. Verf.] Kantorenzeit fällt ein nicht nur musikgeschichtlich, sondern allgemein geistes- und kulturhistorisch wichtiger Vorgang: die Wiederbelebung der Werke Johann Sebastian Bachs." (R. Petzoldt: *Der Leipziger Thomanerchor*, wie Anm. 7, S. 44). In Bezug auf Eberhard Müller sprach Hanke von ersten Ansätzen zu einer „Bach-Pflege" (W. Hanke: *Die Thomaner*, wie Anm. 6, S. 115) und im Hinblick auf Johann Gottfried Schicht gar von „Pionierleistungen der Bach-Renaissance" (ebenda, S. 117). Beim Amtsnachfolger Christian Theodor Weinlig (1823–1842) musste offenbar der angelegte Maßstab versagen: „Bachs Kantaten und Passionen scheint Weinlig hingegen kaum gepflegt zu haben. Lediglich die Motetten erklangen verhältnismäßig häufig, allerdings zumeist unter der Leitung von Präfekten." (ebenda, S. 123). Dem nächstfolgenden Thomaskantor Moritz Hauptmann (1842–1868), der den Vorsitz der 1850 gegründeten Bach-Gesellschaft innehatte und an der Bach-Gesamtausgabe mitarbeitete, wurden erwartungsgemäß „Verdienste um die Bach-Renaissance" attestiert (ebenda, S. 129): „Bald rückte jedoch Bach in den Brennpunkt seiner Arbeit mit den Thomanern." (ebenda, S. 128). Ähnlich lautete das Urteil über Ernst Friedrich Richter, der dem Kantorat von 1868 bis 1879 vorstand: „Die Bach-Pflege des Thomaschores führte Richter mit dem ihm eigenen Verantwortungsgefühl weiter [...]. Allerdings beschränkte sich die Bach-Pflege der Thomaner unter Richter auf die Aufführung von Kantatensätzen und Motetten." (ebenda, S. 131). Der Nachfolger Wilhelm Rust (1880–1892), wiederum ein Mitarbeiter an der Bach-Gesamtausgabe, soll sich umso energischer der Werke Bachs angenommen haben: „Mehr noch als Hauptmann und Richter ist Rust für die Popularisierung von Johann Sebastian Bachs Musik eingetreten." (R. Petzoldt: *Der Leipziger Thomanerchor*, wie Anm. 7, S. 54).

221

werden können. Im Übermaß treten hierbei die Stichwörter ‚Bach-Renaissance' oder ‚Bach-Pflege' in den Vordergrund, ohne dass auf andere Programmanteile, die das Gros (!) des Repertoires ausmachen, angemessen Rücksicht genommen würde. Angesichts des Mangels an Grundlagenforschung lassen sich Praxis, Kontinuität und Wandel des Thomanerchores nicht einmal ansatzweise zuverlässig beschreiben.

III. Erstes Anwendungsbeispiel: Alte italienische Kirchenmusik in Leipzig[15]

Bei der Ausbildung einer neuen, spezifisch bürgerlichen Musikkultur gingen wesentliche Impulse von Leipzig aus, Gewandhausorchester und Musikverleger hatten großen Anteil an der Durchsetzung des Kanons emphatischer Kunstmusik mit Ludwig van Beethoven an der Spitze, der nicht nur das deutsche Musikleben in der Folgezeit bestimmte. Alte Musik spielte in diesem Zusammenhang kaum eine Rolle, wobei es sich im Bereich der Kirchenmusik anders verhielt. Im Thomaskantorat hatte sie selbstverständlich ihren angestammten Platz. Johann Sebastian Bach beschäftigte sich unter anderem mit Werken von Giovanni Pierluigi da Palestrina und verwendete das alte *Florilegium Portense*, die Motettensammlung von 1602 beziehungsweise 1618/21, in der italienische Komponisten repräsentativ vertreten sind, im Unterricht und im Gottesdienst. Gottlob Harrer besaß eine Musikaliensammlung mit Werken unter anderem von Palestrina, Francesco Passarini, Giovanni Bononcini, Giovanni Paolo Colonna, Orazio Benevoli und Antonio Gianettini.[16] Johann Friedrich Doles verwendete weiterhin das *Florilegium Portense* im Gottesdienst und führte nach dem Zeugnis von Friedrich Rochlitz „Kirchencompositionen jeder Nation, jeder Zeit und Art, von den ältesten bis zu denen Naumann's und der beiden Haydn"[17] auf. Dazu gehörten auch Motetten Johann Sebastian Bachs.[18] Als Johann Adam Hiller (1728–1804) 1789 das Amt des Thomaskantors übernahm, sah er die Komposition von Kirchenmusik nicht als seine vorrangige Aufgabe an; stattdessen stützte er sich vornehmlich auf vorhandene Kompositionen, die er auch in Sammelbänden veröffentlichte. Dabei bevorzugte er deutschsprachige Kirchenmusik. In den *Vierstimmigen Motetten und Arien*, die er 1776–1791 in sechs Teilen herausbrachte, versammelte er vornehmlich nachbachische Motetten,[19] alte italienische Komponisten kommen nur in Ausnahmefällen vor.

Mit Hiller vollzog sich offenbar ein Bruch in der kirchenmusikalischen Tradition, der in der folgenden Zeit durch das entstehende historische Bewusstsein kompensiert wurde. Dabei sind von einem sehr niedrigen Niveau ausgehend mehr und mehr Aufführungen der ‚alten Italiener' zu verzeichnen: Johann Gottfried Schicht (1753–1823; 1810–1823 im Amt) nahm 23 Werke in 14 Jahren in sein Repertoire auf (dies entspricht einer Aufführungszahl von 1,64 Werken pro Jahr), Christian Theodor Weinlig (1780–1842; 1823–1842 im Amt) führte nur 12 Werke in 20 Jahren auf (0,6 Werke pro Jahr), bei Moritz Hauptmann (1792–1868; 1842–1868 im Amt) steigt die Anzahl auf 41 Werke in 27 Jahren (1,5 Werke pro Jahr). Eine deutliche Zunahme erreicht Ernst Friedrich Richter (1808–1879; 1868–1879 im Amt) mit 65 Werken in 12 Jahren (5,42 Werke pro Jahr). Nachdem diese Zahl bei Wilhelm Rust (1822–1892; 1880–1892 im Amt) mit 51 Werken in 13 Jahren (3,92 Werke pro Jahr) noch einmal zurückgegangen ist, erreicht die alte italienische Kirchenmusik bei Gustav Schreck (1849–1918; 1893–1918 im Amt) mit 92 Werken in 13 Jahren (7,08 Werke pro Jahr) einen ersten Höhepunkt.

Folgende Komponisten waren jeweils vertreten: Giovanni Pierluigi da Palestrina (1525–1594), Orlando di Lasso (1530–1594; zum Vergleich als ‚Niederländer' erfasst), Giovanni Gabrieli (1554–1612), Gregorio Allegri (1582–1652), Alessandro Scarlatti (1660–1725), Antonio Lotti (1667–1740), Antonio Caldara (1670–1736), Fran-

---

Hanke kam zum gleichen Schluss: „Es versteht sich von selbst, daß Rust sich auch an der einstigen Wirkungsstätte Bachs mit Nachdruck – wenn auch nicht ausschließlich – für die Pflege von dessen Schaffen einsetzte." (W. Hanke: *Die Thomaner*, wie Anm. 6, S. 133). Der rote Faden führt weiter zu Gustav Schreck (1892–1918): „Unbestreitbar sind auch seine Verdienste um die Bach-Pflege." (ebenda, S. 134); und weiter heißt es: „Auch für die Meister der Zeit vor Bach setzte sich Gustav Schreck ein, deren Wiedererweckung eben erst begonnen hatte." (ebenda, S. 135). Karl Straube (1918–1939) soll das Werk seiner Vorgänger vollendet haben: „Werke, die dem Geist der Gegenwart nicht mehr entsprachen und dem gewachsenen Qualitätsanspruch nicht standhielten, wurden beiseite gelegt. Bach erhielt einen weit gewichtigeren Platz als bisher." (ebenda, S. 140).

15 Vortrag von Helmut Loos, gehalten anlässlich der Jahrestagung der Gesellschaft für Musikforschung, am 5. November 2010 in Rom. Im Zuge der EDV-gestützten Bestandsaufnahme wurde – als Basis für weitere Erörterungen – mithilfe der Motettenbücher des Thomaner-Archivs eine quantitative Bestandsaufnahme italienischer Komponisten durchgeführt.

16 Arnold Schering: *Johann Sebastian Bach und das Musikleben Leipzigs im 18. Jahrhundert* (Musikgeschichte Leipzigs, Bd. 3), Leipzig 1941, S. 336; Andreas Glöckner: *Handschriftliche Musikalien aus den Nachlässen von Carl Gotthelf Gerlach und Gottlob Harrer in den Verlagsangeboten des Hauses Breitkopf 1761–1769*, in: Bach-Jahrbuch 1984, S. 107–116.

17 Friedrich Rochlitz: *Zur Geschichte meines Lebens in Hinsicht auf Musik*, in: Allgemeine Musikalische Zeitung 1843, Nr. 9, Sp. 164.

18 Johann Gottfried Schicht besorgte in den Jahren 1802–1806 eine Leipziger Edition der Bach-Motetten.

19 Georg Feder: *Verfall und Restauration*, in: Geschichte der evangelischen Kirchenmusik, hrsg. v. Friedrich Blume, Kassel etc. 1965, S. 245.

cesco Durante (1684–1755), Leonardo Leo (1694–1744), Francesco Antonio Val(l)otti (1697–1780), Padre Giovanni Battista Martini (1706–1784), Giovanni Battista Pergolesi (1710–1736), Nicolò Jomelli (1714–1774), Giovanni Battista Casali (1715–1792), Giuseppe Sarti (1729–1802), Domenico Corri (1746–1825), Luigi Cherubini (1760–1842), Antonio Peregrino Benelli (1771–1830) und Francesco Morlacchi (1784–1841). Die zwischen 1810 bis 1905 meistaufgeführten Komponisten, geordnet nach der Anzahl präsentierter Werke, sind: Palestrina: 90, Lotti: 29, (Orlando: 25), Sarti: 22, Gabrieli: 18, Durante: 17, Scarlatti: 16, Jomelli: 13, Corri: 12, Martini: 10, Allegri: 7, Cherubini: 7, Caldara: 6, Val(l)otti: 5, Leo: 4, Morlacchi: 2, Benelli: 1, Pergolesi: 1 und Casali: 1.[20]

Von Johann Gottfried Schicht wurden ab 1811 Werke folgender Komponisten in das Repertoire aufgenommen: (1815 Orlando di Lasso; 1530–1594), 1812 Gregorio Allegri (1582–1652), 1815 Leonardo Leo (1694–1744), 1814 Padre Giovanni Battista Martini (1706–1784), 1819 Giovanni Battista Pergolesi (1710–1736), 1811 Giuseppe Sarti (1729–1802) und als Zeitgenosse noch 1822 Antonio Peregrino Benelli (1771–1830). Bei 23 Werken stehen je einem Werk von Komponisten des 16. und 17. Jahrhunderts fünf Werke aus dem 18. Jahrhundert gegenüber. Sechzehn davon entfallen auf Sarti, ein *Kyrie eleison* wird von Schicht fünfmal, ein *Lob sei dem allerhöchsten Gott* zehnmal aufgeführt. Dazu kommen zweimal eine Arie von Martini, jeweils nur einmal ein *Pater noster* von Benelli (am 29. Juni 1822), ein *Jammervoll mit heisren Thränen* von Pergolesi (am 7. April 1819, wahrscheinlich das *Stabat Mater* mit deutschem Text), ein *Miserere mei, deus* von Leo (am 8. Juli 1815), ein *Angelus ad pastores ait* von Lasso (am 21. Januar 1815) und ein *Miserere del Sigr. Gregorio* von Allegri (am 21. März 1812); Letzteres war bemerkenswerterweise bereits ein Jahr zuvor (1811) in einem Gewandhauskonzert erklungen. Offenbar handelt es sich um das berühmte neunstimmige *Miserere* aus der Karfreitagsliturgie der Capella Sixtina, das 1770 von Mozart in Rom aus dem Gedächtnis aufgeschrieben worden war und 1816 in der Michaelerkirche zu München Furore machte.

Theodor Weinlig zeigte das geringste Engagement für alte italienische Kirchenmusik. Er führte die Sarti-Pflege fort, fünfmal erklang in seinen Programmen das schon gut eingeführte *Lob sei dem allerhöchsten Gott*, dazu ein Werk *Der Glaube* als Einzelfall. Das *Miserere* von Allegri nahm Weinlig zweimal ins Programm, auch das *Angelus ad pastores ait* von Lasso ließ er Weihnachten 1823 singen, wie Schicht bereits 1815. Neu studierte er ein *Crucifixus* von Lotti ein und ein *Agnus Dei* von Morlacchi, das zweimal gesungen wurde; Morlacchi, den Hofkapellmeister der italienischen Oper in Dresden, kannte Weinlig aus seiner Zeit als Kreuzkantor.

Einen veritablen Neuanfang setzte Hauptmann ins Werk. Zwar weist seine jährliche Aufführungsstatistik sogar noch einen etwas geringeren Wert auf als die von Schicht, er führte aber Komponisten in das Repertoire des Thomanerchores ein, die über diese Einrichtung hinaus und bis heute als repräsentativ für ihre Gruppe gelten: Gleich im ersten Jahr seiner Amtsführung (1843) erklang Palestrina, der im Untersuchungszeitraum insgesamt mit Abstand meistaufgeführte Komponist, sodann im selben Jahr noch klangvolle Namen wie Giovanni Gabrieli und Alessandro Scarlatti sowie, als einzige Ausnahme, Giovanni Battista Casali. In den Jahren 1862/63 kamen noch Durante und Cherubini hinzu.[21] Von den Vorgängern hat Hauptmann nur das Weihnachtsstück von Lasso übernommen, das öfters zur Aufführung kam, und das *Crucifixus* von Lotti. Morlacchi aber und vor allem den bis dahin so beliebten Sarti hat Hauptmann für sein Jahrhundert aus dem Repertoire ausgeschieden. Casali und Lotti wurden nur einmal gesungen, das Hauptinteresse lag auf Gabrieli (zwölfmal), Scarlatti und Lasso (siebenmal), Cherubini (sechsmal) und Palestrina (viermal). Dabei handelte es sich jeweils nur um ein oder zwei Stücke, die wiederholt wurden. Der Trend zu Repertoirebildung im Sinne eines Kanons ist deutlich zu erkennen.

Die auf Hauptmann folgenden drei Thomaskantoren Ernst Friedrich Richter, Wilhelm Rust und Gustav Schreck haben insgesamt nur vier weitere Komponisten der untersuchten Gruppe in das Repertoire des Thomanerchores neu eingeführt: Richter etablierte drei (Corri, Caldara und Jomelli), Rust keinen und Schreck einen (Vallotti) Komponisten. Gleichzeitig vermehrten sich Aufführungen alter italienischer Kirchenmusik bei Richter stark und erreichten unter Schreck einen Höhepunkt. Nach einigen Motetten führte Richter am 9. März 1878 erstmals Palestrinas *Missa Papae Marcelli* auf, die in der Folgezeit zum festen Bestand gehörte und bis 1905 – teils vollständig, teils in Auszügen – 21-mal zur Aufführung kam. Die Repertoire- oder Kanonbildung lässt sich auch an anderen Stücken

---

20 Von den 19 Komponisten sind 15 noch in der letzten Auflage des Lehrbuchs von Karl H. Wörner: *Geschichte der Musik. Ein Studien- und Nachschlagewerk*, 8. Aufl., Göttingen 1993, enthalten. Es fehlen die nur ‚Eintagsfliegen' bleibenden Komponisten Casali und Benelli sowie Corri und Morlacchi. Die von Hauptmann eingeführten Komponisten sind alle bis auf einen (Casali) vertreten.

21 Der Name Cherubinis mag erstaunen, stimmt aber mit der Beliebtheit, die dieser Komponist in den Leipziger Gewandhauskonzerten besaß, überein. Allerdings handelte es sich offenbar im Rahmen der Kirchenmusik um eine persönliche Zuneigung Hauptmanns, denn nach seiner Ägide wurde vom Thomanerchor nur noch einmal ein Werk Cherubinis, ein Requiem, unter Richter am 24. März 1872 aufgeführt.

ablesen, die besonders oft wiederholt wurden, hierzu zählt unter anderem Lottis *Crucifixus*, das 1830 einmal und ab dem 28. März 1868 insgesamt 27-mal aufgeführt wurde.

Dieser Versuch einer Repertoirebeschreibung und der Darstellung des Profils des Thomanerchores bezüglich alter italienischer Kirchenmusik im 19. Jahrhundert stellt einen ersten Schritt zur Erfassung von Aufführungszahlen dar, wobei sich weitere Möglichkeiten, Beziehungen zwischen Variablen zu knüpfen, zurzeit noch im Planungsstadium befinden. Doch bereits die Sammlung absoluter Aufführungszahlen kann wichtige Impulse für weiterführende Fragestellungen liefern, wobei die adäquate Einordnung der Ergebnisse in den historischen Kontext vorgenommen werden muss. Ohne einen Vergleich etwa mit dem Programm der Gewandhauskonzerte lässt sich das Repertoire des Thomanerchores in seiner Einbettung in das Leipziger Musikleben nur unvollkommen verstehen. Inwieweit sich hier weltliches Konzertleben und protestantische Kirchenmusik voneinander abgrenzen, ist ein wesentlicher Gesichtspunkt. Nur einige Zahlen zu den genannten Komponisten seien genannt, wobei hier einmal nicht unterschieden wird, ob geistliche oder weltliche Werke auf dem Programm standen: Palestrina wurde im Gewandhaus zweimal aufgeführt (1814, 1876), Lotti fünfmal (1871, 1874, 1877, 1886, 1887), (Orlando di Lasso dreimal, 1892, 1895, 1897), dagegen finden sich bis 1800 sehr viele Arien und Opernstücke von Sarti in den Programmen. Gabrieli, Corri und Vallotti sind überhaupt nicht vertreten, Durante einmal (1902), Scarlatti fünfmal (1868, 1874, 1879, 1887, 1898), Jomelli sechsmal vor 1800 und danach fünfmal (1847, 1881, 1891, 1900, 1902), Martini viermal (1844, 1848, 1853, 1881), Allegri – wie gesagt – einmal 1811, Cherubini dagegen sehr oft mit Opernstücken, aber auch bis zur Jahrhundertmitte mit Kirchenmusik, ebenso Morlacchi mit neun Opernstücken (in der Zeit vor 1833) sowie Benelli mit zwei Stücken (1815, 1825). Häufiger ist mit fünfzehn Opernstücken auch Pergolesi anzutreffen, nach einer Messe (1805) später auch mit seinem *Stabat Mater* (1783 und 1794 vollständig, 1847 auszugsweise). Nur jeweils einmal finden sich die Komponisten Caldara (1891), Casali (1786) und Leo (1815) in den Gewandhausprogrammen der Zeit. Neben der klaren Abgrenzung des weltlichen und kirchlichen Bereichs gibt es also auch eine Reihe von Überschneidungen.

*IV. Zweites Anwendungsbeispiel:
Das Repertoire der Samstagsmotette
unter Johann Gottfried Schicht (1810–1823)*

Johann Gottfried Schicht (1753–1823) war längst kein ‚unbeschriebenes Blatt' mehr für das damalige Leipziger Musikgeschehen, als er im Jahre 1810 zum Thomaskantor berufen wurde. 1776 zog es den 23-jährigen Jurastudenten in die Messestadt, wo er unter Johann Adam Hiller (1728–1804), dessen Nachfolge als Gewandhauskapellmeister und Musikdirektor der Neukirche er neun Jahre später antreten würde, im *Grossen Concert* (seit 1781 Gewandhauskonzert) bei den ersten Violinen spielte.[22] Einen Beitrag zur Entwicklung der bürgerlichen Musikkultur in Leipzig leistete Schicht vor allem im Hinblick auf die deutsche Laienchorbewegung. So gründete er 1786 einen Singverein, bestehend aus Studenten und Leipziger Knaben, mit dem er die Chorwerke im Gewandhaus und die Festtagsmusiken der Neukirche bestückte und der bis zu seinem Amtsantritt als Thomaskantor bestand. Für Sopransoli standen ihm zwei Sängerinnen zur Verfügung, darunter die beim Gewandhaus angestellte Italienerin Constanza Valdesturla, welche zuvor unter Joseph Haydn am Hof Esterháza sang und die er im selben Jahr ehelichte.[23] Mit Gründung der Sing-Akademie (1802) rief er außerdem den ersten gemischten Laienchor Leipzigs ins Leben.

Als Schicht das Thomaskantorat annahm, war Friedrich Wilhelm Ehrenfried Rost (1768–1835) bereits seit zehn Jahren Rektor der Thomasschule. Diesem lag die Ausbildung der natürlichen geistigen und körperlichen Kräfte der Alumnen im Sinne der philanthropischen Tendenzen in der Pädagogik dieser Zeit sehr am Herzen, weshalb Rost den Lehrplan komplett umgestaltete.[24] Zudem beklagte sich der Rektor schon seit Längerem über die schweren Belastungen, welchen die Knaben durch den täglichen Singedienst, bestehend aus Chorumgängen, Begräbnisdienst bei jedem Wetter, Früh- und Mittagsgottesdiensten in den unterkühlten Stadtkirchen, Vespern und Konzerten, standzuhalten hatten.[25] Dies hielt er dem neuen Kan-

---

22 Zur Biografie Schichts: Gunter Hempel: *Schicht, Johann Gottfried*, in: Die Musik in Geschichte und Gegenwart, 2. Ausg., hrsg. v. Ludwig Finscher, Personenteil 14, Kassel etc. 2005, Sp. 1320–1321; Wolfgang Hanke: *Die Thomaner*, 1. Aufl. d. Neubearbeitung, Berlin 1985, S. 117–121; B. Knick: *St. Thomas zu Leipzig* (wie Anm. 7), S. 277–278; R. Petzoldt: *Der Leipziger Thomanerchor* (wie Anm. 7), S. 43–45.

23 W. Hanke: *Die Thomaner* (wie Anm. 6), S. 118.

24 Eduard Crass: *Die Thomaner* (wie Anm. 4), S. 26.

25 Horst List: *Der Thomanerchor zu Leipzig für Sie portraitiert*, Leipzig 1975, S. 16.

Abschrift aus dem Leipziger Tageblatt vom 2. Mai 1810: „Feierliche Einführung des Herrn Musikdirektors Schicht als Cantor der hiesigen Thomasschule"
(Archiv des Thomasalumnats, Signatur: 51:165)

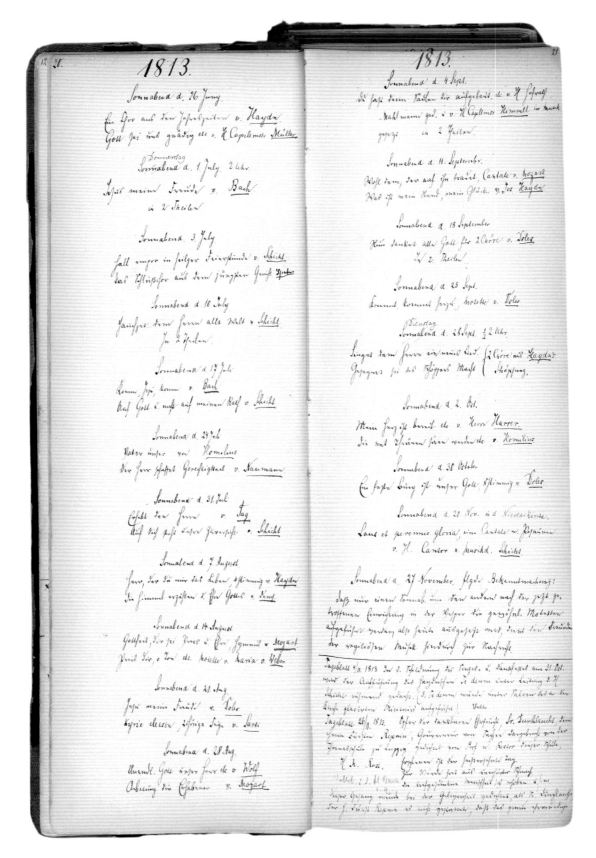

Das Verzeichnis der Motetten aus dem Jahre 1813. Nach der Völkerschlacht fand die Motette ab dem 20. November nur noch einmal monatlich in der Nikolaikirche statt.
(Archiv des Thomasalumnats, Signatur: 51:165)

tor Schicht (und natürlich den Ratsherren) bei dessen Amtseinführung am 30. April 1810 mit der Beschwörung, den eigenen künstlerischen Ruhm nicht über die Gesundheit der Alumnen zu stellen, deutlich vor Augen:

> „Nicht wenige treffliche Schüler sind durch allzu große Anstrengung der Stimme und der Lungen und aller körperlichen Kräfte an Schwindsucht oder anderen Krankheiten elend zugrundegegangen. [...] Es versteht sich, daß ich nur vom Mißbrauche und der übertriebenen Anstrengung junger Leute rede, deren höchst nachteilige Folgen für die Gesundheit des noch im Wachstum befindlichen Körpers mir niemand – selbst kein Arzt – ableugnen soll. [...] Die Eltern übergeben ihre Kinder nicht unserer Willkür, sondern unserer väterlichen und vernünftigen Fürsorge, von der wir ihnen [...] Rechenschaft zu geben schuldig sind. Unsere Schüler werden dereinst unsere Richter sein."[26]

Nachdem die Fronten gleich zu Beginn geklärt worden waren, schien die Zusammenarbeit zwischen Schicht und Rost im gegenseitigen Einvernehmen vonstattengegangen zu sein. Sie setzten sich beispielsweise zusammen erfolgreich dafür ein, dass die Thomasschule in den Kriegswirren der Völkerschlacht 1813 nicht wie sämtliche Schulen und Kirchen in und um Leipzig (außer St. Nikolai) als Lazarett in Beschlag genommen wurde.[27] Die wöchentliche Samstagsmotette in der Kirche zu St. Thomas, welche Schicht, vermutlich in Anlehnung an die „musikalischen Andachten mit Samstags-Vesperpredigt" (erstmals 1684 in den *Leipziger Kirchenandachten* erwähnt),[28] im Jahre 1811 eingeführt hatte und die bis heute traditionell von den Thomanern fortgeführt wird, fand zwischen dem 20. November 1813 und dem 11. Februar 1815 nur einmal monatlich in der Nikolaikirche statt.[29] Nach Instandsetzung der von den Befreiungskriegen in Mitleidenschaft gezogenen Thomaskirche konnte die Motette wieder wie gewohnt aufgeführt werden.

Vom 14. September 1811 bis zu Schichts Tod am 16. Februar 1823 wurden vom Thomanerchor 592 Motetten mit insgesamt 952 Programmnummern (ein bis drei Kompositionen pro Motette) gesungen, wobei nach 1818 zusätzliche Motetten stattfanden, sodass der Chor in den Jahren 1818 und 1821 auf jeweils 58 und im Jahr 1819 sogar auf 59 Motetten kam. In dieser Zeit führte Schicht rund 65, hauptsächlich deutsche Komponisten auf. Nach 1810 lebten davon noch 40 Prozent, 30 Prozent waren vor 1810 verstorben, und bei nur 12 Prozent handelt es sich um Komponisten des 16. und 17. Jahrhunderts. Der Tradition, die Kirchenmusik mit selbst verfassten Werken zu erweitern, welche das Thomaskantorat mit sich brachte, kam er mit 61 aufgeführten Eigenkompositionen nach. Aber auch die Pflege seiner Amtsvorgänger hielt der Kantor hoch, allen voran Johann Friedrich Doles (1715–1797; 1756–1789 im Amt), von dem er insgesamt 21 Kompositionen aufführte, wobei die Motetten *Ein feste Burg* über dem bekannten Luther-Choral zum Reformationsfest und *Ehre sei Gott* in der Weihnachtszeit scheinbar regelrechte Institutionen waren. Seinen Förderer Johann Adam Hiller (1789–1801 im Amt) ehrte Schicht mit acht Kompositionen, wovon er allein die Motette *Alles Fleisch ist wie Gras* und den Psalm *Lass' sich freuen alle, die auf dich trauen* jeweils sechsmal aufführte. Von seinem unmittelbaren Vorgänger August Eberhard Müller (1767–1817; 1801–1810 im Amt) ließ er 14-mal den Psalm *Gott sei uns gnädig* singen. Daneben finden sich im Repertoire noch ein zweimalig aufgeführtes Werk des Bach-Nachfolgers Johann Gottlob Harrer (1703–1755; 1750–1755 im Amt), eine Aufführung des Bach-Vorgängers Johann Kuhnau (1660–1722; 1701–1722 im Amt) und zwei Aufführungen von Sethus Calvisius (1565–1615; 1594–1615 im Amt). Obwohl Werke von Johann Sebastian Bach (1685–1750; 1723–1750 im Amt) insgesamt 63-mal (davon 18-mal *Der Geist hilft unsrer Schwachheit auf, BWV 226*) in der Motette erklungen sind, kann man noch nicht von einer ausgeprägten Bach-Pflege sprechen. Es handelte sich hierbei nämlich lediglich um die von Schicht herausgegebenen Motetten BWV 225 bis BWV 229, wodurch allerdings neue Aufführungsvoraussetzungen für die Chorwerke Bachs geschaffen wurden, was wiederum einen Anstoß zur sogenannten Bach-Renaissance im 19. Jahrhundert gegeben haben mag.[30]

---

26 F. W. E. Rost bei der Einführungsrede für den Thomaskantor J. G. Schicht am 30. April 1810, zitiert nach W. Hanke: *Die Thomaner* (wie Anm. 6), S. 119.

27 Ebenda.

28 B. Knick: *St. Thomas zu Leipzig* (wie Anm. 7), S. 278.

29 Alle Daten bezüglich des Repertoires der Samstagsmotetten seit dem 14. September 1811 sind einer Handschrift mit dem Titel „Thomaner-Chor. Vom 14. September 1811 an. Mit verschiedentlichen Notizen hauptsächlich a. d. Leipz. Tageblatte" (Archiv des Alumnats, Signatur 51:165) entnommen, welche als maßgebliche Quelle für das Thomaner-Repertoire im 19. Jahrhundert gilt und eigens für das DFG-Projekt digitalisiert wurde. Sie enthält die Programmnummern sämtlicher Samstagsmotetten bis zum 2. Oktober 1905 mit Datum, Aufführungsort, Kurztitel der aufgeführten Kompositionen, den Nachnamen der jeweiligen Komponisten (z. T. mit Anfangsbuchstaben der Vornamen) und in einigen Fällen auch mit Hinweisen auf die Textdichter. Am Ende eines Jahres steht eine Tabelle mit Komponisten und Anzahl der aufgeführten Werke. Eintragungen zu Besetzungen und Mitwirkenden fehlen. Uraufführungen sind mit einem Sternchen vor der jeweiligen Komposition markiert.

30 Vgl. G. Hempel: *Schicht* (wie Anm. 22), Sp. 1320.

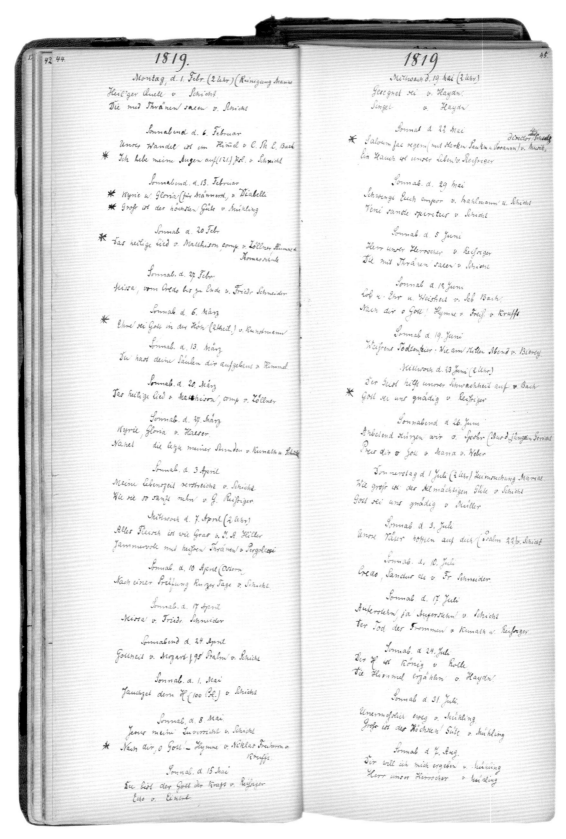

Das Verzeichnis der Motetten aus dem Jahre 1819 – mit insgesamt 59 Aufführungen, davon 12 Uraufführungen, das ‚ertragreichste' Jahr im Kantorat von Johann Gottfried Schicht. Die Sternchen markieren die Uraufführungen.
(Archiv des Thomasalumnats, Signatur 51:165)

*Motettenbuch-Eintrag zu Schichts Tod am 16. Februar 1823 und Mozarts Requiem „mit voller Orchesterbegleitung" bei der Samstagsmotette am 1. März
(Archiv des Thomasalumnats, Signatur: 51:165)*

Der Fokus des Motetten-Repertoires zwischen 1811 und 1823 liegt zum einen ganz klar auf den zeitgenössischen Komponisten. Daher zählt es auch nicht weniger als 59 Uraufführungen (23 von Schicht selbst). Darunter befinden sich zehn Uraufführungen (neun im Jahr 1818) vom Alumnen und späteren Dresdner Hofkapellmeister Carl Gottlieb Reißiger (1798–1859), sechs vom Alumnen Carl Friedrich Zöllner (1800–1860), vier von dem Thomasorganisten (seit 1813) und Leiter der von Schicht gegründeten Sing-Akademie, Johann Christian Friedrich Schneider (1786–1853), und nicht zuletzt die Uraufführung von Psalm 19, *Die Himmel erzählen die Ehre Gottes, MWV B 6*, von dem damals erst 13-jährigen Felix Mendelssohn (1809–1847) am 1. Februar 1822. Zum anderen fällt eine nicht mindere Vorliebe Schichts für Wolfgang Amadeus Mozart (1756–1791) mit 25 Aufführungen und Joseph Haydn (1732–1809) mit 87(!) Aufführungen auf. Von Haydn ließ er einzelne Chöre aus den Oratorien *Die Schöpfung, Hob 21,2*, welche er selbst 1800 zur Leipziger Erstaufführung brachte,[31] und *Die Jahreszeiten, Hob 21,3*, sowie Gesänge, Hob 25c,1–9 singen. Von Mozart wurden Teile der *Litaniae de venerabili altaris sacramento, KV 125* in deutscher Sprache und 14-mal die dritte Hymne aus *Thamos, König in Ägypten, KV 336a* aufgeführt.

Mit Mozart verabschiedeten sich dann auch die Thomaner von ihrem Kantor, indem sie am 1. März 1823 in der Samstagsmotette, welche gleichzeitig die Totenfeier für deren Urheber war, das *Requiem, KV 626* mit voller Orchesterbegleitung sangen.

V. Drittes Anwendungsbeispiel: Vergleichender Überblick über das Repertoire der Thomaskantoren Hans-Joachim Rotzsch und Georg Christoph Biller

Vergleicht man die Wirkungsdaten der beiden letzten Thomaskantoren Hans-Joachim Rotzsch (12. Mai 1972 bis 11. Mai 1991) und Georg Christoph Biller (seit September 1992), wird die zeitliche Nähe des Kantorenwechsels zur ‚Wende' beziehungsweise zum Ende der DDR offensichtlich. Ohne den politischen Kontext diskutieren zu wollen, der zum Rücktritt von Rotzsch als Thomaskantor geführt hat, lassen sich anhand der Thomaner-Datenbank[32] erste allgemeine Rückschlüsse ziehen, auf welche Weise sich das Repertoire unter Rotzsch zur Zeit der DDR von demjenigen Billers unterscheidet beziehungsweise wo das Repertoire stabil geblieben ist. Im Folgenden sollen einige Themenkomplexe etwas näher betrachtet werden.

Welchen Anteil haben bei Rotzsch und Biller weltliche Werke im Vergleich zu geistlichen?

Analysiert man die Aufführungen hinsichtlich des Anteils weltlicher Werke im Repertoire des Thomanerchores in den letzten 40 Jahren, so wird deutlich, dass Rotzsch auffallend häufig weltliche Werke aufs Programm gesetzt hat. Die Ursache liegt darin begründet, dass Rotzsch mit dem Thomanerchor auch oftmals Konzerte bestritt, bei denen hauptsächlich weltliche Werke zur Aufführung kamen. Sie wurden vorzugsweise zu Anlässen im Rahmen der Leipziger Frühjahrsmesse, bei den obligatorischen Konzertreisen im Frühsommer und bei Konzertreisen ins Ausland vorgetragen.[33] Schließlich verpflichtete sich Rotzsch, auch zu besonderen Ereignissen wie den X. Weltfestspielen[34],

---

31 W. Hanke: *Die Thomaner* (wie Anm. 6), S. 119.

32 Siehe http://thomaner.topicmapslab.de.

33 Ein typisches weltliches Programm stammt vom 30. März 1973 anlässlich eines Konzertes im ‚Thomas-Müntzer-Haus' in Oschatz: 1. Christoph Demantius: *Frisch auf, singet all', ihr Musici*; 2. Heinrich Schütz: *Ride la primavera*; 3. Thomas Morley: *Feu'r! Feu'r!*; 4. Giovanni Gastoldi: *Fahren wir froh im Nachen*; 5. Hans Leo Haßler: *Im kühlen Maien*; 6. Orlando di Lasso: *Holla! Welch gutes Echo*; 7. Johann Sebastian Bach: *Singet dem Herrn ein neues Lied*, BWV 225; 8. Heinz Krause-Graumnitz: *Fragen eines lesenden Arbeiters*; 9. Wilhelm Weismann: *Hodie cantamus*; 10. anonym: *Der Pflaumenbaum*; 11. Siegfried Stolte: *Der kranke Laubfrosch*; 12. ders.: *Die zwei Wurzeln*; 13. Ernst Pepping: *Schwefelhelzle*; Max Reger: *Frühlingsblick* aus op. 39; Felix Mendelssohn Bartholdy: *Die Nachtigall*, MWV F 24; Johannes Brahms: *Das Mädchen* aus op. 93a; Robert Schumann: *Gute Nacht* aus op. 59.

34 Konzerte am 20. Mai/10. Juli 1973 in Berlin.

Arbeiterfestspielen[35] und zu politischen Anlässen mit den Thomanern aufzutreten.[36]

Schließlich traten die Thomaner, neben obligatorischer Mitwirkung als die „Drei Knaben" in Wolfgang Amadeus Mozarts *Zauberflöte* auch bei Unterhaltungskonzerten auf, wo sie beispielsweise den Chor der Straßenjungen aus Georges Bizets *Carmen* wiedergaben.[37]

Solche Programmdispositionen finden sich während des Kantorats von Biller nicht. Die Ausrichtung und Konzentration auf geistliche Musik ist eindeutig, die Aufführungen weltlicher Werke stellen rare Ausnahmen dar.

Somit wird deutlich, dass Rotzsch mehr als Biller bereit war, den Thomanerchor auch als weltlichen Chor zu positionieren, nicht nur bei Konzertreisen im In- und Ausland. Die Frage, inwieweit hier politisch-ideologische Intentionen seitens der Staats- und Parteiführung eine große Rolle gespielt haben dürften, soll nicht weiter erörtert werden, zumal vorerst offen bleiben muss, ob Rotzsch hier politisch unter Druck gesetzt wurde oder ob er diese weltliche Ausrichtung primär aus politischer Überzeugung mittrug.

Wie stabil sind die Aufführungszahlen von Werken Johann Sebastian Bachs, vor allem hinsichtlich der Oratorien (Passionen), Motetten und Kantaten?

Werke von Johann Sebastian Bach wurden während der Thomaskantorate unter Rotzsch und Biller gleichermaßen häufig aufgeführt. Bei beiden bildeten die circa 200 geistlichen Bach-Kantaten das ‚Rückgrat' der wöchentlichen Kantatenaufführungen in der Samstagsmotette. Wesentliche Repertoirepfeiler im Laufe des (Kirchen-)Jahres waren bei beiden Thomaskantoren auch die Passionen zur Passionszeit sowie das obligate Weihnachts-Oratorium zur Adventszeit. Kleine Unterschiede scheint es in der Bach-Pflege vor allem hinsichtlich der Häufigkeit der Motetten- und Schemelli-Aufführungen[38] gegeben zu haben. Während die Bach-Motetten bei Rotzsch einen etwas größeren Anteil am Repertoire einnahmen, brachte Biller vor allem bei den Freitags- und Samstagsmotetten und den Gottesdiensten zahlreiche Schemelli-Lieder zur Aufführung.

Werke welcher Komponisten wurden besonders häufig aufgeführt?

Neben Johann Sebastian Bach gibt es einige Komponisten, die sich bei beiden Thomaskantoren großer Beliebtheit erfreuten: Hierzu zählen Johannes Brahms[39], Anton Bruckner[40], Max Reger[41], Hugo Distler[42] und Heinrich Schütz[43].

Für Komponisten des 20. Jahrhunderts haben sich während der Repertoireentwicklung bei Biller einige Vorlieben herausgebildet. Besonders häufig wurden Werke von Manfred Schlenker (* 1926) und Heinz Werner Zimmermann (* 1930) aufgeführt. Von Schlenker und Zimmermann erreichten Werke beziehungsweise Werkteile etwa je 100 Aufführungen im Zeitraum von September 1992 bis Juli 2008. Solche vergleichsweise hohen Aufführungszahlen zu Werken einzelner zeitgenössischer Komponisten fehlen im Kantorat von Rotzsch.

Wie viele Uraufführungen gab es unter Rotzsch und Biller?

Durch Billers persönliche Bekanntschaft mit Komponisten, die unter anderem für den Thomanerchor Kompositionen schrieben, und aufgrund seines Interesses beziehungsweise der Möglichkeiten, Uraufführungen vorzubereiten und durchzuführen, kam es während seines Kantorats bis zum Herbst 2008 möglicherweise[44] zu

---

35 Konzerte am 8./9. Juni 1974 in Erfurt bzw. Menteroda; Konzerte am 29. Juni/1. Juli 1978 in Ohrdruf bzw. Römhild.

36 Das Programm bevorzugte aus naheliegenden Gründen auch hier weltliche Programmpunkte, beispielsweise in einem Konzert am 5. Oktober 1973 am Leipziger Augustusplatz anlässlich des 24. Jahrestages der Gründung der DDR mit folgenden Beiträgen des Thomanerchores: Russisches Volkslied: *An den Fluß will ich gehen*; Robert Schumann: *Zigeunerleben* aus op. 29; Heinz Krause-Graumnitz: *Fragen eines lesenden Arbeiters*; Pierre Degeyter: *Die Internationale*.

37 Dies geschah anlässlich eines Konzertes des 25. Wernigeröder Rathausfestes am 17. Juni 1988.

38 Die geistlichen Lieder und Arien aus Schemellis Gesangbuch, BWV 439–507.

39 Unter anderem Motetten op. 29, 74 und 110 sowie *Fest- und Gedenksprüche* op. 109.

40 Unter anderem *Ave Maria, Christus factus est; Locus iste; Os justi* und *Virga Jesse floruit*.

41 Unter anderem *Geistliche Gesänge* op. 138 und *Choralkantaten zu den Hauptfesten des evangelischen Kirchenjahres*.

42 Unter anderem *Der Jahreskreis* op. 5 und *Geistliche Chormusik* op. 12.

43 Unter anderem *Psalmen Davids*, SWV 22–47; *Beckerscher Psalter*, SWV 97–256; *Kleine Geistliche Konzerte*, SWV 282–305; *Geistliche Chormusik*, SWV 369–397; *Symphoniae Sacrae*, SWV 398–418.

44 Diese Daten beruhen auf den Informationen, die direkt aus den Motetten- und Konzertprogrammen eruierbar sind. Eine nähere qualitative Analyse bzw. die Recherche nach weiteren Uraufführungen, die möglicherweise in den Programmen nicht gekennzeichnet wurden, steht noch aus. Die grundsätzliche Tendenz ist trotzdem deutlich.

deutlich mehr Uraufführungen im Vergleich zur Zeit von Rotzsch. Letzterer brachte fünf Werke zur Uraufführung[45], bei Biller waren es 30 Werke.[46]

Die erste Durchsicht der Datenbank mit Blick auf die Thomaskantorate von Hans-Joachim Rotzsch und Georg Christoph Biller erlaubt die Feststellung, dass es im Repertoire des Thomanerchores durchaus Gemeinsamkeiten gibt. Innerhalb der Pflege von Werken von Johann Sebastian Bach wurden die Kantaten und Oratorien beziehungsweise Passionen bei beiden Thomaskantoren oftmals im Rahmen der Motetten und kirchlichen Feiertage aufgeführt. Werke weiterer Komponisten, wie Johannes Brahms, Anton Bruckner, Ernst Pepping und Max Reger, bildeten für beide Thomaskantoren das Rückgrat des Repertoires. Bei beiden standen die Freitags- und Samstagsmotetten in der Thomaskirche quantitativ im Zentrum der künstlerischen Arbeit.

Trotz dieser Gemeinsamkeiten ist die unterschiedliche Repertoiregestaltung offensichtlich und sie offenbart, wie sehr sich Biller um eine Neuorientierung des Thomaner-Profils bemüht. Bei Rotzsch fällt der verhältnismäßig hohe Anteil an weltlichen Werken auf, die die Konzerte außerhalb der Kirchen dominierten, wobei die Thomaner auch für die musikalische Umrahmung politischer Festakte verpflichtet wurden. Biller fokussierte das Repertoire wieder deutlich auf die geistliche Musik und forcierte es auch stärker als Rotzsch, Werke zeitgenössischer Komponisten uraufzuführen. Die Daten legen den Schluss nahe, dass Biller 1992 die Chance ergriff, nach Tendenzen der weltlichen Instrumentalisierung des Chores zur Zeit der DDR, und hier besonders zur Zeit des Kantorats von Rotzsch, den Chor wieder auf seine geistlichen Aufgaben zurückzuführen.

VI. Ziele des Projekts

Das Projekt zur Erforschung des Thomaner-Repertoires in der Zeit von 1808 bis 2008 verfolgt insbesondere das Ziel, die Bandbreite der in dieser Zeit durch den Leipziger Thomanerchor aufgeführten Werke möglichst vollständig in einer Online-Datenbank zu erfassen, um damit optimale Voraussetzungen zur Sichtung, Gewichtung, Auswertung und Deutung der aufgeführten Programme zu schaffen. Die gegenwärtige Forschungssituation ist dadurch gekennzeichnet, dass wir nicht nur einer hinreichenden Aufführungsstatistik entbehren, sondern dass diese überhaupt außerhalb jeglicher Reichweite liegt, solange nicht ein Forschungsteam den Stoff zu bewältigen sucht. Ein einzelner Forscher ist kaum in der Lage, die Fülle der entlegenen Materialen zu recherchieren, zu dokumentieren und der Allgemeinheit zur Verfügung zu stellen. Die bisherigen Beschreibungen des Repertoires stellten sich als überaus subjektiv gefärbt heraus, als ungenügend und unbrauchbar für weitere Forschungszwecke. Es liegt in der erklärten Absicht des Projekts, die repertoiregeschichtlichen Befunde zu objektivieren und sie mit dem neuesten Stand der Technik zugänglich zu machen. Damit wird auf lange Sicht dem Diskurs der Wissenschaften, der Stadt-, Kirchen- sowie Musikgeschichte eine solide Basis gegeben, dies auch in der Erwartung, dass der Thomanerchor – ein „Prototyp sui generis" unter den Knabenchören – als Erster seiner Art mit Blick auf sein geistliches und weltliches Engagement beispielhaft durchschaubar wird.

Es wird erwartet, dass die Auswertung des Quellenmaterials genauestens Auskunft gibt über die Tätigkeitsbereiche des Thomanerchores wie über das Repertoire selbst. Im Hinblick auf das Tätigkeitsprofil wird sich abzeichnen, in welcher Weise und in welchem Umfang die Thomaner zu kirchlichen beziehungsweise weltlichen Diensten herangezogen wurden. Bekanntlich lag zu Beginn des Untersuchungszeitraums der Schwerpunkt der Tätigkeit, abgesehen von den 1827 abgeschafften Singumgängen, auf der wöchentlichen Mitwirkung in der Samstagsmotette und im Sonntagsgottesdienst. Seit dem Ende des 19. Jahrhunderts, in der Amtszeit Gustav Schrecks (1893–1918), soll der Samstagsmotette eine öffentliche Generalprobe am Freitagabend vorausgegangen sein;[47] unter Karl Straube (1873–1950; 1918–1939 im Amt) erhielt die sogenannte Hauptprobe die gleiche Bedeutung wie die Motette am Samstag.[48] Genauere Untersuchungen – gerade auch hinsichtlich der Datierung – stehen noch aus. Gleiches gilt auch für die sich wandelnden konzertanten weltlichen Aufgaben des Chores. Das Projekt wird – gleichsam als Nebenresultat – Klarheit in das Tätigkeitsprofil des Thomanerchores bringen.

Hinsichtlich der Aufführungen wird die Online-Dokumentation des Repertoires vielfältige, auch von den Nutzern selbst zu bestimmende Möglichkeiten der Auswertung bieten; zudem wird sie sich zu noch nicht vorhersehbaren Entdeckungsreisen eignen. Das oben vorgestellte Beispiel der Repertoireuntersuchung hinsichtlich der Frage, inwieweit Werke älterer italienischer Komponisten von den Thomanern aufgeführt wurden, deutet an, auf

---

45 In den 19 Jahren des Kantorats entspricht dies etwa einer Uraufführung aller vier Jahre.
46 In den 16 Jahren des Beobachtungszeitraumes im Kantorat Billers wären dies jedes Jahr etwa zwei Uraufführungen.
47 W. Hanke: *Die Thomaner* (wie Anm. 6), S. 134.
48 Ebenda, S. 140.

Stich von B. Straßberger anlässlich der Eröffnung der neuen Thomasschule in der Schreberstraße, 1877 (Archiv des Thomanerchores)

welche Weise Berechnungen von Häufigkeiten und deren Vergleich unter Einbeziehung weiterer Variablen Ausgangspunkte für weitergehende Fragestellungen werden können.

Wie oben mehrfach betont, wird auch der Umfang der sogenannten Bach-Pflege mit bislang unerreichter Genauigkeit erkennbar werden und gerade auch der Erforschung der Bach-Rezeption im 19. und 20. Jahrhundert zugutekommen. Mit Spannung dürfen Auskünfte darüber erwartet werden, wie der übrige Anteil des Repertoires beschaffen war, ob etwa eine nennenswerte Pflege von Heinrich Schütz, Georg Friedrich Händel oder Georg Philipp Telemann den Bach-Aufführungen zur Seite gestellt werden kann und inwieweit die alte (vorbachsche) Musik oder die sogenannte Kantorenmusik in den Programmen zum Zuge kamen.

In letzter Instanz schafft die Dokumentation des Repertoires überhaupt erst die Voraussetzungen dafür, dass zum Kanon, zur Alterung wie zur Verjüngung des Repertoires erstmals präzise Stellung genommen werden kann. Mittels gezielter Datenabfrage werden die Nutzer auf ein überaus breites Spektrum personenbezogener, repertoire- und programmstatistischer Informationen stoßen, das sich gemäß der Interessenlage des Einzelnen zu Zeitbildern der Vergangenheit verdichten lässt und die Kirchen- und Stadtmusik Leipzigs auf neue Weise erhellt.

Georg Emanuel Opitz (1775–1841): Le crie et le peuple de Leipzig *(Die Rufer und das Volk von Leipzig), rechts neben der Gemüseverkäuferin ein Thomasschüler mit der Sammelbüchse, um 1830*
(Stadtgeschichtliches Museum Leipzig)

Singen, sammeln und hofieren
Der Thomanerchor als städtischer Dienstleister – musikalische Aufgabenfelder jenseits von Gottesdienst und Motette
KERSTIN SIEBLIST

Singende Knaben in Kieler Bluse auf der Empore oder im Altarraum der Thomaskirche – es ist wohl eines der ersten Bilder, die einem beim Gedanken an den Leipziger Thomanerchor in den Sinn kommen. Falsch ist diese Vorstellung nicht; bekanntermaßen ist die Thomaskirche heutzutage mit ihren wöchentlichen Motetten am Freitag und Samstag, den Sonntagsgottesdiensten sowie den Passions- und Weihnachtsmusiken die Hauptwirkungsstätte des Thomanerchores. Und auch zu Bachs Zeiten bestand die zentrale Aufgabe des Chores in der musikalischen Ausgestaltung der Gottesdienste in den beiden Leipziger Hauptkirchen St. Thomas und St. Nikolai sowie in der Neuen Kirche und der Petrikirche. Auf den ersten Blick scheint sich die Wirksamkeit des Chores über die Jahrhunderte im Wesentlichen auf das liturgische Singen in den Leipziger Kirchen beschränkt zu haben – was den Mythos nährt, die engelsgleichen Knabenstimmen hätten allein dem Lob Gottes gedient. Bei näherer Betrachtung jedoch wird deutlich, welche unterschiedlichen und permanenten Aufgaben die Sänger jenseits ihres vermeintlichen oder auch tatsächlichen Betätigungsfeldes, den Motetten und der Kirchenmusik im sakralen Raum, wahrgenommen haben oder – um ihrer bloßen Existenzsicherung wegen – wahrnehmen mussten. Sie hatten nicht nur das verbriefte Privileg, sondern auch die Pflicht, alle nur denkbaren Gesänge zu übernehmen, die in einer ständig wachsenden Stadt notwendig werden.

Bei genauerer Beschäftigung mit diesem Thema wird deutlich, dass die Fülle der Mitwirkungen von Thomanern bei außerkirchlichen Gelegenheiten oder auch in kleineren Ensembles außerhalb des ‚regulären Chorbetriebs' – zu dem allerdings über Jahrhunderte auch der Gelderwerb für den Lebensunterhalt in der Thomasschule gehörte – in der gesamten Geschichte des Chores ausgesprochen groß und teilweise unüberschaubar ist. Im Rahmen der vorliegenden Arbeit wird es daher nicht möglich sein, auch nur einen kursorischen Überblick über diesen bislang nur punktuell dargestellten Bereich zu geben.[1] Deshalb soll auch dieser Beitrag lediglich als ein Impuls zu einer umfassenden Untersuchung angesehen werden. Anhand einiger Beispiele aus der Chronologie der Chorgeschichte wird im Folgenden aufgezeigt, in welch unterschiedlicher Weise der Thomanerchor im Lauf der Jahrhunderte innerhalb des öffentlichen städtischen Lebens als ‚musikalischer Dienstleister' verortet war und wie wünschenswert und ergiebig eine Vertiefung dieses Themengebiets in den verschiedenen Zeitepochen wäre.

Wenig ist über die Anfangszeit des Klosters von St. Thomas und die Schüler bekannt, die an der angeschlossenen Schule unterrichtet wurden und die Gesangspflichten bei den Gottesdiensten der Augustiner-Chorherren übernahmen. Untergebracht waren die Schüler im Alumneum[2], später Alumnat, das von den Chorherren unterhalten wurde und für die ärmeren Schüler von außerhalb Leipzigs gedacht war. Doch für freie Kost und Logis musste – vermutlich schon von Anbeginn – eine Gegenleistung erbracht werden: Die Alumnen hatten mithilfe ihrer stimmlichen Fähigkeiten Einnahmen selbst zu ‚erwirtschaften' und zahlreiche musikalische Aufgaben zu übernehmen. Zu diesen gehörten nachweisbar ab dem 15. Jahrhundert Bettelumgänge, die später Kurrenden genannt wurden, das Neujahrs- und Gregoriussingen[3], das

---

1 Siehe hierzu beispielsweise: Stefan Altner: *Die Thomana und die Universität Leipzig – Über die Anfänge einer seit 600 Jahren verknüpften Geschichte*, oder Michael Maul: *Musikpflege in der Paulinerkirche im 17. Jahrhundert bis hin zur Einführung des ‚neuen Gottesdienstes' (1710)*, beides in: Eszter Fontana (Hrsg.): 600 Jahre Musik an der Universität Leipzig, Leipzig 2009, S. 33–56 u. 155–171.

2 Abgeleitet vom lateinischen alere = ernähren, vgl. dazu S. Altner: *Die Thomana und die Universität Leipzig* (wie Anm. 1), S. 158.

3 Vgl. ebenda, S. 159. Das Gregoriussingen nahm mehrere Wochen im März in Anspruch. Kleinere Chorgruppen zogen zu Ehren des Heiligen Gregor, des Schutzpatrons der Schulen und des Kirchengesangs, nach einem festgelegten Plan von Haus zu Haus und brachten ihre Lieder dar, um anschließend Geld einzusammeln. Die Spender wurden in einem Register vermerkt, die Einnahmen nach genauen Vorgaben der Schule verteilt.

Kerstin Sieblist

Singen, sammeln und hofieren

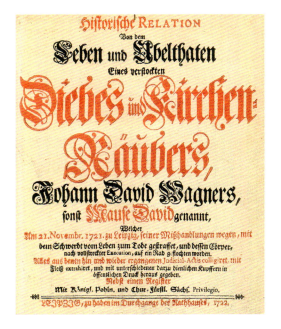
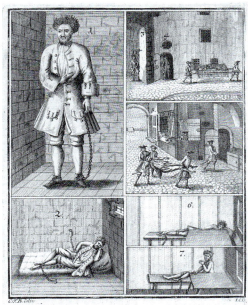

Marschordnung der Teilnehmer bei der Hinrichtung von Johann David Wagner, der als Dieb und Kirchenräuber mit dem Spottnamen Mause-David bezeichnet wurde. Die beteiligten Thomasschüler sind durch die Ziffer 6 gekennzeichnet.
In: Historische Relation Von dem Leben und Ubelthaten Eines verstockten Diebes und Kirchen-Räubers, Johann David Wagners, sonst Mause David genannt, Welcher Am 21. Novembr. 1721. zu Leipzig, seiner Mißhandlungen wegen, mit dem Schwerdt vom Leben zum Tode gestraffet, und dessen Cörper, nach vollstreckter Execution, auf ein Rad geflochten worden. Alles aus denen hin und wieder ergangenen Judicial-Actis colligiret, mit Fleiß extrahiret, und mit unterschiedenen darzu dienenden Kupffern in öffentlichen Druck heraus gegeben, *Leipzig 1722, eingebunden zwischen S. 188 und 189.*
(Bibliothek des Stadtgeschichtlichen Museums Leipzig, Signatur: I O 116a)

Mitwirken bei Hochzeiten, Taufen, Beerdigungen, Ratsfeiern, politischen Anlässen und Universitätsfeierlichkeiten. So wird vermutlich bereits im Dezember 1409 bei der Bestätigungsfeier zur Errichtung der Universität, bei der die Gründungsakte verlesen wurde, im Refektorium des Thomasklosters ein Schülerchor gesungen haben.

Wahrscheinlich hat es auch schon seit Beginn des Schulbetriebs das regelmäßige Umherziehen der Schüler des Klosters von St. Thomas von Haus zu Haus unter der Leitung eines Präfekten gegeben, um auf diese Weise etwas Geld, Speisen oder andere nützliche Geschenke für das Auskommen in der Thomasschule zu ‚ersingen‘.[4] Neben den Singumgängen waren Beerdigungen kursächsischer Hoheiten für die Knaben eine wichtige Einnahmequelle. Größere Begräbniszüge wurden durch singende Thomasschüler angeführt, so zum Beispiel die Prozession, die den 1464 in Leipzig gestorbenen Kurfürsten Friedrich nach Meißen geleitete. Auch die Trauerzüge bei der Beerdigung der Kurfürstin Elisabeth in der Leipziger Paulinerkirche 1484 oder für Herzog Albrecht am 12. September 1500 wurden von singenden Thomanern begleitet.[5] Die Entlohnung war klar definiert und erfolgte analog zur Stolgebühr[6], jener Gebühr, die der Geistliche für die kirchlichen Handlungen (Sakramente, nach der Reformation Kasualien) in Rechnung stellen konnte.

Das Gleiche galt für Hochzeiten, für die ebenfalls Thomasschüler engagiert werden konnten. Dass die Honorare genau geregelt waren, zeigt ein Auszug aus der Leipziger *Willkür- und Polizei-Ordnung* von 1454, die dem Brautpaar folgende Anweisung erteilte:

„Wollen sy auch die brutmesse gehalden vnd mit schullern vnd uff den orgeln gesungen vnd belutet haben, das mogen sy thun, sy sollen abir nymandis zeu tissche laden, wenne den prister, der dy messe gehalden mit einem schuler, den mogen sy des hochezeit tages fruw vnd nicht zeu tissche laden, sunder den schulmeister vnd den andern luteren vnd orgilmeistern mogen sy ir gewonlich lon gebin."[7]

Wer sich also eine Trauzeremonie mit dem Gesang von Thomasschülern und begleitender Orgelmusik leisten wollte, war angehalten, die Musiker nicht zum Essen einzuladen, sondern sie stattdessen der Gebührenordnung gemäß zu vergüten.

Auch zur feierlichen Umrahmung politischer Anlässe oder wichtiger theologischer Diskurse wurden die Thomaner herangezogen. So waren sie bei der berühmt gewordenen Leipziger Disputation zwischen dem katholischen Theologen Johann Eck und den führenden Köpfen der reformatorischen Bewegung, Martin Luther, Andreas Karlstadt und Philipp Melanchthon, auf der Leipziger Pleißenburg im Sommer 1519 beteiligt. Sie sangen während des Eröffnungsgottesdienstes am 27. Juni 1519 eine zwölfstimmige Messe des Thomaskantors Georg Rhau und ein Tedeum. Sowohl die sich anschließende Vorfeier in der Pleißenburg als auch der Abschluss der Disputation am 15. Juli wurden ebenfalls mit durch Stadtpfeifer[8] und Thomaner aufgeführte Musiken umrahmt.[9] Immer wieder waren bei derartigen Anlässen – auch Krönungen, Messen, Wahlen und Hinrichtungen – bis ins 18. Jahrhundert die Stadtpfeifer und die Thomaner die dominierenden Akteure des damaligen städtischen Musiklebens; offensichtlich hatten es beide Gemeinschaften vermocht, sich über einen langen Zeitraum das Privileg zu erhalten, für die musikalische Ausgestaltung solcher Anlässe mit figuraler Vokalmusik (nahezu) konkurrenzlos zuständig zu sein.

Durch die Einführung der Reformation in Leipzig kam es 1543 zur Übernahme der Thomasschule und der ihr zugehörigen Chorschüler in städtische Trägerschaft. Das brachte nicht nur den Neubau eines größeren Schulgebäudes mit sich,[10] sondern auch eine wachsende Empathie der Leipziger Bürger für ‚ihre‘ Thomaner. Diese waren gut ausgebildet, offensichtlich musikalisch hoch leistungsfähig, aber nach wie vor bedürftig. Mit einer Stiftung oder einem Legat zugunsten der Thomasschüler konnten sich Leipziger Bürger zum Beispiel bereits zu Lebzeiten ein regelmäßig sich wiederholendes Gedächtnissingen nach ihrem Ableben erkaufen.[11] Das jährliche Gedenken, das als evan-

---

4 „Oft zogen die armen Thomasschüler durch die Straßen, um vor wohlhabenden Häusern zu singen und um Essen und Geld zu erbitten. 1481 erhielten sie einmal vom Rat zwei Groschen, als sie ‚mit dem bischofe umbgangen und gesungen.‘" Zitiert nach Rudolf Wustmann: *Musikgeschichte Leipzigs*, Bd. 1: *Bis zur Mitte des 17. Jahrhunderts*, Leipzig und Berlin 1909, S. 27. Zu Bachs Zeiten wurde von dem zweimal wöchentlich eingesammelten Kurrendegeld das Schulgeld bestritten und unter den Lehrern verteilt.

5 Vgl. ebenda, S. 27 f.

6 Lateinisch Jura stolae (auch Taxa Stola, Pfarrgebühr oder Accidenzien) nach der in der Amtstracht (Stola) verrichteten Handlung.

7 Karl Friedrich von Posern-Klett: *Urkundenbuch der Stadt Leipzig*, Leipzig 1868, 248 f. (unter Nr. 317 Willkür- und Polizei-Ordnung).

8 In den Quellen auch als ‚Tubicines' bzw. ‚Tubicines Urbiscis' bezeichnet.

9 Vgl. R. Wustmann: *Musikgeschichte Leipzigs*, Bd. 1 (wie Anm. 4), S. 41.

10 Der 1553 errichtete Bau wurde zum Wohnhaus für Rektor, Kantor und 22 Alumnen, vgl. dazu S. Altner: *Die Thomana und die Universität* (wie Anm. 1), S. 165.

11 Wustmann spricht von „Trauergedächtnismusikstiftungen" und führt zahlreiche Beispiele auf, so: „1597 Witwe Braun für ihren Todestag ‚ein christlich lied zu meinem gedächtnis in der kirche offentlich' … 1602 15. 6. Hans Prinsing zwei geistliche Stücklein zu figurieren jährlich nach der Frühpredigt auf seinen Sterbetag; 1608 11. 6. Frau Eva Braun ein christlich Lied jährlich am Sterbetag … 1608 Frau Rappold: zwei arme Schülerlein sollen alle Wochentage einen Psalm vor ihrer Haustür singen ‚als den 51. oder 130.' … usw.", zitiert nach R. Wustmann: *Musikgeschichte Leipzigs*, Bd. 1 (wie Anm. 4), S. 85 f.

Von Thomanern begleiteter Leichenzug, der sich auf dem Weg entlang der Grimmaischen Straße vorbei an der Paulinerkirche zum außerhalb der Stadtmauern liegenden Johannisfriedhof befindet. Altkolorierter Stich von Schwarze aus der Suite von Leipzig, 1798 (Stadtgeschichtliches Museum Leipzig Sign. S473/31)

gelische Fortsetzung der altkirchlichen Anniversarien betrachtet werden kann, gereiche sowohl den Stiftern als auch den ausführenden Sängerknaben zur Ehre – den einen, weil sie als wohltätige Spender über ihren Tod hinaus immer wieder ins Gedächtnis gerufen wurden, den anderen, weil sie ihren Ruf als angesehene Anbieter musikalischer Darbietungen festigen konnten und somit der Schule regelmäßig zu erwartende Einkünfte sicherten.

Die starke Präsenz der Thomaner im städtischen Musikleben zeigte sich unverändert vor allem im Zusammenhang mit den Kasualien. Zahlreiche Beispiele für Hochzeitszeremonien und für diesen Anlass komponierte Fest- und Tafelmusiken, beispielsweise von Sethus Calvisius, Johann Hermann Schein, Tobias Michael und Martin Rinckart – bis auf den Letztgenannten alle Thomaskantoren –, finden sich vor allem in der ersten Hälfte des 17. Jahrhunderts.[12] Aus der Zeit des Dreißigjährigen Krieges ist das *Freudengedicht von der artigk Freyerei* des Naumburger Kantors Andreas Ungar[13] überliefert und gibt zur Heirat des Leipziger Handelsmannes Sebastian Müller mit der Tochter des Stadtfähnrichs, veröffentlicht zum 4. Juni 1638, Auskunft über die musikalische Umrahmung einer gut ausgestatteten Leipziger Thomaskirchenhochzeit. Dort heißt es in einem Abschnitt „Zum Hochzeitsmahl beim Bräutigam: Von der Schul die Schüler kommen, Stimmen ein schön Octo an, Sehr tuts in dem Hause summen, Jetzt, jetzt freut sich jedermann."[14] Vermutlich war es den Chorsängern und ihrem Kantor inzwischen auch gestattet, sich bei einem solchen Anlass mit verköstigen zu lassen und die karge Schulspeisung gegen ein üppiges Festmahl einzutauschen.

12 Vgl. ebenda, S. 83.
13 Andere Schreibweisen des Namens: Andreas Ungarus, M. A. Hungar.
14 Zitiert nach ebenda, S. 83.

Kurrende-Sänger um 1880 vor der Matthäikirche. Die regulären Singumgänge der Thomaner waren 1837 zwar abgeschafft worden, doch zeigt diese Fotografie einer Kurrende vermutlich auch Thomasschüler.
(Stadtgeschichtliches Museum Leipzig, Inv.-Nr. 2443 b)

Die Zeit des Dreißigjährigen Krieges war für den Chor der Thomasschule eine harte Zeit. Während der Wintermonate hatte das Leichensingen bei Wind und Wetter die Gesundheit der Kinder immer wieder belastet und gefährdet, nun aber kamen Hungersnöte und Krankheiten wie 1632 die Pest dazu. Zahlreiche Todesfälle führten dazu, dass die Knaben aus dem Alumnat flohen und bei ihren Eltern Zuflucht suchten. Die Disziplin und die Leistungsbereitschaft ließen merklich nach. Von den zurückgebliebenen, vermutlich schon älteren Chorsängern wird berichtet, dass sie ihre Aufgaben vernachlässigten und gegen die Schulregeln verstießen:

„Sie blieben auch allein über Nacht aus, gewöhnlich unter dem Vorwand, es seien Verwandte von ihnen in der Vorstadt angekommen; sie suchten Gelegenheit zum Tanz mit Mädchen, kleideten sich wie Studenten, konversierten mit diesen zum Schimpf der Lehrer, übertranken sich bei Hochzeitssingen usw. Dabei ging der Figuralgesang zurück."[15]

Offensichtlich hatten Ansehen und Qualität des Chores jedoch keinen nachhaltigen Schaden genommen, denn sonst hätte Heinrich Schütz seine 1648 veröffentlichte *Geistliche Chormusik* sicher nicht dem Leipziger Thomanerchor gewidmet.

Bereits erwähnt wurde, dass auch die musikalische Ausgestaltung der verschiedenen universitären Festlichkeiten oft unter Beteiligung des ‚Cantori thomano' und seiner Schüler stattfand. Der Ablauf von Musikaufführungen einschließlich des Einsatzes der Orgel in der Universitätskirche war streng geregelt. Die Rechnungsbücher der Universitätsrektoren geben darüber Auskunft, bei welchen Festen und feierlichen Begehungen in großer Besetzung musiziert wurde und wem dafür welche Honorare gezahlt wurden.[16] So lag die musikalische Ausgestaltung der Festlichkeiten zum Universitätsjubiläum 1709 fast ausschließlich in der Hand des Thomaskantors Johann Kuhnau. Die Aufstellung seiner Arbeit und der damit verbundenen Entlohnung für die diversen Posten (vor allem Kompositionen), die er zum Abschluss des Jubiläumsjahres der Universitätsleitung hat zukommen lassen, gibt auch Auskunft über die Beteiligung der Thomaner und die für sie in Anspruch genommene Bezahlung.[17] Auch bei Promotionsfeiern und den damit verbundenen diversen Festessen waren musikalische Darbietungen erwünscht. Ihr Charakter unterschied sich allerdings von den würdevollen Umrahmungen bei einer feierlichen Universitätsveranstaltung. Die musikalischen Beiträge zu den Magisterschmäusen waren als Begleitmusik zu den Festessen gedacht, die für die Universitätsoberen und Dozenten gegeben wurden. Sie sollten zur allgemeinen Unterhaltung und Ergötzung dienen:

„Wieviele Gäste eingeladen wurden, das mag zu verschiedenen Zeiten verschieden gehandhabt worden sein. [...] Solange der Schmaus im Hause des Großen Kollegiums abgehalten wurde, nahmen auch dessen Mitglieder an ihm teil. Nach der Agenda hatte der Dekan auch dafür zu sorgen, daß ein Orgelspieler mit seinem Instrument zugegen war. Die Rechnungen des Liber culinarius ergeben außerdem, daß zu Zeiten

---

15 Zitiert nach ebenda, S. 90.

16 Vgl. M. Maul: *Musikpflege in der Paulinerkirche* (wie Anm. 1), S. 33–56.

17 Universitätsarchiv Leipzig (UAL): Rektor, Rep. II/V, Nr. 18, fol. 33–35. Abgedruckt bei M. Maul: *Musikpflege in der Paulinerkirche* (wie Anm. 1), S. 50.

auch die Sänger der Thomasschule und die Stadtpfeifer durch Gesang und Spiel die Gäste erfreuten."[18]

Ob die Alumnen auch noch am späten Abend zugegen waren, als die Gefahr drohte, dass sich der Schmaus „bis in die Nacht ausdehnte und in ein Zechgelage ausartete",[19] ist nicht überliefert.

Es ist kaum verwunderlich, dass die Thomaner neben all den sängerischen Verpflichtungen, denen sie nachzukommen hatten, auch noch ‚in eigener Sache' musizierten – schließlich war dies nicht nur ihr Leben, sondern auch ihr Metier. So wirkten sie bei Schulkomödien, Schulfesten und sonstigen feierlichen Schulveranstaltungen mit. Gegen Ende des 18. Jahrhunderts wurde in der Aula oder dem Cönakel, dem Speisesaal des Alumnats, sogar eine kleine Konzertreihe etabliert, in der neben Thomanern auch Bürger der Stadt und Studenten mit Vokal- und Instrumentalwerken auftraten.[20] Erst zu dieser Zeit, 1793, wurde das Tragen der Perücke abgeschafft. Noch in der Schulordnung von 1723 war vorgeschrieben: „Bey Leichen sollen die Schüler in ihrer Kleidung und Mänteln erscheinen, und diese sauber halten."[21] Zu der Tracht gehörten neben dem schwarzen Mantel eine schwarze Halsbinde, ein Dreispitz und eben die Perücke.

Auch zu Bachs Zeiten war das Leichensingen noch eine der wichtigsten Einnahmequellen für Thomaskantor und Thomaner. Die Schulordnung regelte die Beteiligung der Schüler, der sogenannten ‚Leichencantoreyen', sowie die daraus folgenden Gebühren, die von der Bedeutung und dem Vermögen der Person, die zu Grabe getragen wurde, abhingen. Wenn der ganze Coetus Scholasticus, also die gesamte Schülerschaft, erforderlich war, sprach man in Anlehnung an die ‚große gantze Schule' auch von ‚großen ganzen Leichen', entsprechend gab es bei kleinerer Besetzung ‚große halbe Leichen' – hier war die ‚große halbe Schule', also die obersten drei Klassen sowie die fünfte vorgesehen –, ferner ‚kleine halbe Leichen' und ‚Viertelleichen'.[22] Sollten die Leichenbegängnisse besonders festlich vonstattengehen, sodass der Sarg von der ganzen Schule oder wenigstens der großen halben Schule begleitet wurde, konnte vor dem Trauerhaus eine Motette gesungen werden.

Dass ein auf Accidentien gegründetes Einkommen nie mit Sicherheit vorauszusagen war und deshalb Anlass zur Klage gab, ist aus Bachs berühmtem Brief an seinen Freund Georg Erdmann vom 28. Oktober 1730 bekannt.[23] Doch es gibt auch Darstellungen, die das Gegenteil beschreiben. Wie nüchtern der Zusammenhang zwischen vermehrten Todesfällen und wachsenden Einnahmen betrachtet wurde, zeigt der Bericht von Thomasschulrektor Johann Gottfried Stallbaum. Er wertete entsprechende Quellen aus dem Jahr 1814 aus und beschrieb die Folgen der sich nach Ende der Völkerschlacht ausbreitenden Typhus-Epidemie aus seinem Blickwinkel:

„Diese in der Stadt furchtbar hausende Krankheit brachte auch der Leichenkantorei unserer Schule vermehrte Arbeit, infolgedessen aber sowohl für die Lehrer als auch für die Schüler vermehrte Einnahmen. In den Notizen zu der Instruktion des Leichenfamulus […] finden sich folgende Angaben: In der Zeit vom 6. bis 12. November wurden an Leichenaccidenzien von der Schule für 5 Ganze, 23 Grosse, 28 Kleine und 50 Viertelleichen 397 Thaler 6 Groschen, in der folgenden Woche vom 13. bis 19. November für 8 Ganze, 27 Grosse, 54 Kleine, 55 Viertelleichen 578 Thaler 7 Groschen vereinnahmt. In der Zeit von 4 Wochen, vom 20. November bis 17. Dezember, wurden gesungen 24 Ganze, 116 Grosse, 117 Kleine, 247 Viertelleichen und dafür vereinnahmt in Summa 2800 Thaler, ein ausserordentlicher Betrag, in den sich Lehrer und Schüler nach gewissen feststehenden Normen zu teilen hatten. Von da ab ging die Sterblichkeit allmählich wieder zurück und erreichte Ende März 1814 wieder die gewöhnliche Ziffer."[24]

Auch wenn die hohen Zahlen aus dieser Zeit Ausnahmen waren und nicht der durchschnittlichen Leipziger Sterberate entsprachen, verdeutlichen sie doch, wie stark die Belastungen für die Thomaner trotz der Aufteilung der Dienste auf mehrere Chöre gewesen sein müssen. Das Singen war in einem bedenklichen Ausmaß zum Dienstleistungsgeschäft geworden. Bereits vier Jahre zuvor hatte Thomasschulrektor Friedrich Wilhelm Ehrenfried Rost in alarmierendem Ton gemahnt:

„Nicht wenige treffliche Schüler sind durch allzu große Anstrengung der Stimme und der Lungen

---

18 Georg Erler: *Leipziger Magisterschmäuse im 16., 17., und 18. Jahrhundert*, Leipzig 1905, S. 184 f.

19 Ebenda, S. 185.

20 Vgl. S. Altner: *Die Thomana und die Universität* (wie Anm. 1), S. 158. 1805 etabliert Thomaskantor August Eberhard Müller eine Reihe von 17 Konzerten in der Thomasschule.

21 Hans-Joachim Schulze (Hrsg.): *Die Thomasschule Leipzig zur Zeit Johann Sebastian Bachs. Ordnungen und Gesetze 1634, 1723, 1733*, Leipzig 1985, S. 71.

22 Vgl. ebenda, S. 45–49.

23 „... wenn es mehrere, als ordinairement, Leichen gibt, so steigen auch nach proportion die accidentia; ist aber eine gesunde Lufft, so fallen hingegen auch solche, wie denn voriges Jahr an ordinairen Leichen accidentien über 100 rthl. Einbuße gehabt." Zitiert nach Werner Neumann, Hans-Joachim Schulze (Hrsg.): *Schriftstücke von der Hand Johann Sebastian Bachs*, hrsg. vom Bach-Archiv Leipzig (Bach-Dokumente, Bd. 1), Leipzig 1963, Nr. 23.

24 Albert Brause: *Johann Gottfried Stallbaum. Ein Beitrag zur Geschichte der Thomasschule in der ersten Hälfte des 19. Jahrhunderts*, Teil 1, Leipzig 1897, S. 30.

und aller körperlichen Kräfte an Schwindsucht oder anderen Krankheiten elend zugrundegegangen. Viele haben, – durch fortwährende Beschäftigung mit der Musik von wissenschaftlichen Studien abgehalten –, was durch anderer Schuld geschehen war, der Thomasschule zugerechnet und diese in schlechten Ruf gebracht. [...] Wenn junge Leute, meistenteils noch Knaben, zuweilen in der strengsten Winterkälte, ohne etwas im Leibe und nicht viel auf dem Leibe zu haben, oft an ein und demselben Tage in aller Frühe auf den entfernten Begräbnisplatz laufen und an den Gräbern singen, dann zu dem Frühgottesdienst in die kalten Stadtkirchen zurückeilen, von da in die Universitätskirche, schließlich zum Mittagsgottesdienste, dann zur Vesper sich einfinden, nach deren Beendigung zur Kurrende und aufs neue zu den Leichen und endlich wieder ins Konzert bis auf den späten Abend gehen müssen –, so frage ich, ob ihnen das nicht schaden soll. [...] Die Eltern übergeben ihre Kinder nicht unserer Willkür, sondern unserer väterlichen und vernünftigen Fürsorge [...] Unsere Schüler werden dereinst unsere Richter sein."[25]

Erst 1837 fielen die dreihundert Jahre lang üblichen Singumgänge, die Kurrenden sowie das Gregorius-, Michaelis-, Martini- und Neujahrssingen und das damit verbundene Büchsentragen weg. Diese Entscheidung wurde auf Antrag der Stadtverordneten und mit Zustimmung des Rates, aber gegen den Wunsch des Superintendenten getroffen. Im *Leipziger Tagblatt und Anzeiger* vom 18. Februar 1837 hieß es dazu:

„Bekanntmachung. / Es wird hiermit zur öffentlichen Kenntniß gebracht, dass mit Ablauf dieser Woche die Singumgänge des Thomanerchors, desgleichen die Geldeinsammlungen für dasselbe durch das sogenannte Büchsentragen, gänzlich aufhören werden."[26]

Der Ausfall an Einnahmen sollte durch zwei jährlich stattfindende Benefizkonzerte kompensiert werden.[27] Bis 1844 wurden diese Konzerte durchgehalten, doch konnten sie die Einnahmeverluste aus den Singumgängen nicht ausgleichen. Nun musste der Stadtrat die Kostendifferenz übernehmen. Das Singen bei Beerdigungen und Hochzeiten blieb noch bis 1876 bestehen, danach sang der Chor nur noch in Ausnahmefällen bei Trauerfeiern, zum Beispiel für Lehrer der Thomasschule. Zwar wurden die Sänger durch den Wegfall der Mitwirkung bei öffentlichen und feierlichen Kasualien durchaus entlastet, sodass sie sich konzentrierter als bisher den Gottesdienstmusiken und ihren schulischen Anforderungen widmen konnten, doch bekamen dafür andere konzertante Aufgaben wie beispielsweise die Mitwirkung in Gewandhausveranstaltungen zunehmend Gewicht.[28] Der seit 1824 bestehende Musikverein ‚Euterpe', der analog zur Gewandhauskon-

Programmzettel vom Dritten Kriegswinterhilfs-Konzert am 10. Mai 1942 im Leipziger Gewandhaus (Stadtgeschichtliches Museum Leipzig)

25 Rektor F. W. E. Rost über Not und Leiden des Kurrendesingens der Thomaner 1810, bei der Einführungsrede für den Thomaskantor J. G. Schicht im Jahre 1810, abgedruckt in: Bernhard Knick (Hrsg.): *St. Thomas zu Leipzig. Schule und Chor*, Wiesbaden 1963, S. 283 f.

26 Zitiert nach: Stefan Altner: *Das Thomaskantorat im 19. Jahrhundert. Bewerber und Kandidaten für das Leipziger Thomaskantorat in den Jahren 1842 bis 1918*, Leipzig 2006, S. 25.

27 Das erste fand am 28. September 1837 statt. Die Einnahmen beliefen sich auf 159 Taler. Vgl. A. Brause: *J. G. Stallbaum. Geschichte der Thomasschule* (wie Anm. 24), S. 34. Das Konzert fand in der Thomaskirche statt. Zu den Einnahmen aus den Singumgängen vgl. StAL: Stift. VIII B 34 Vol. II, fol. 103 (Uebersicht der verschiedenen Einsammlungen der Alumnen / auf die letzten 10 Jahre von 1825. bis mit 1834.), abgedruckt bei S. Altner: *Das Thomaskantorat im 19. Jahrhundert* (wie Anm. 26), S. 230.

28 Vgl. dazu den Beitrag „*Theils aus den Alumnen der Thomasschule, theils aus hiesigen Orchester Musicis" – Die historisch gewachsene Partnerschaft* von *Thomanerchor und Gewandhausorchester* von Claudius Böhm im vorliegenden Band.

zertdirektion Abonnementskonzerte (üblicherweise im Hauptsaal der Buchhändlerbörse) veranstaltete, griff bei Programmen mit Chorbesetzung ebenfalls auf den Thomanerchor zurück.[29]

Obgleich die Benefizkonzerte in eigener Sache nicht den erhofften Erfolg hatten, wurden die Thomaner im 19. Jahrhundert immer wieder zu diversen Musikaufführungen herangezogen, die zu Benefizzwecken veranstaltet wurden. So sangen sie – um nur vier Beispiele herauszugreifen – zugunsten „der in Danzig durch Überschwemmung Betroffenen" am 11. Mai 1829,[30] beim „Concert zur Unterstützung der Nothleidenden in den sächsischen Fabrikbezirken" am 3. Juni 1848,[31] bei einer Musikaufführung „zu einem wohlthätigen Zweck" in der Nikolaikirche am 12. April 1863[32] sowie am 30. November 1884 bei einem Konzert „zur Beschaffung der Orgel für die Lutherkirche".[33]

Auch im 20. Jahrhundert gibt es unzählige Beispiele für den Einsatz der Thomaner jenseits ihrer Hauptaktivitäten bei Gottesdienst und Motette. Der Charakter der musikalischen Verpflichtungen, insbesondere während der beiden Diktaturen, ist jedoch nicht vergleichbar mit den vormals durch Privilegien festgelegten und zur materiellen Existenzsicherung geradezu unerlässlichen Aufgabenfeldern der singenden Thomasschüler der früheren Jahrhunderte. Sowohl in der Zeit des Nationalsozialismus als auch in der DDR ging es bei der Inanspruchnahme des Chores für außerkirchliche Konzertveranstaltungen einerseits um einen teils versteckten, teils offen geäußerten Willen der Machthaber zur Lockerung oder gar Lösung der kirchlichen Bindungen des Chores und andererseits um die Instrumentalisierung eines angesehenen Klangkörpers von hoher Qualität für die eigenen politisch-ideologischen Belange. So wurden in der Amtszeit Karl Straubes die Thomaner in die Hitlerjugend eingegliedert. Ihre Bezeichnung als HJ-Gefolgschaft hatte zur Folge, dass der Chor bestimmten Richtlinien der HJ unterworfen wurde, die bei einem Gespräch in der Dienststelle der Reichsjugendführung in Berlin festgelegt worden waren. Sie reichten von der Durchführung eines jährlichen Sommerlagers bis zur Mitwirkung bei „großen Kulturveranstaltungen der HJ (vielleicht Weimar, Stuttgart)" und konnten vermutlich nur teilweise umgangen werden.[34] Während der Reichsmusiktage im November 1937 in der Stuttgarter Liederhalle erfolgte bei einem Festakt die offizielle Aufnahme der Thomaner in die HJ – sie sangen aus diesem Anlass in der Uniform des Deutschen Jungvolks.[35] Andere Propaganda-Veranstaltungen folgten. Am 15. und 16. November 1941 fand unter dem Motto „Deutschlands beste Jugendchöre stellen sich vor" in der Berliner Philharmonie eine hoch angebundene Großveranstaltung der Reichsjugendführung statt. Beteiligt waren die Reichspropagandaleitung der NSDAP und das Reichsministerium für Volksaufklärung und Propaganda; unter den zehn teilnehmenden Chören befand sich auch der Thomanerchor Leipzig.[36] Das „Dritte Kriegswinterhilfs-Konzert, veranstaltet vom Oberbürgermeister der Reichsmessestadt Leipzig", am 10. Mai 1942 im Gewandhaus wurde durch den Thomanerchor – nunmehr unter der Leitung von Günther Ramin – bestritten; auf dem Programm stand weltliche Chormusik aus drei Jahrhunderten.[37] 1944 gab es Bestrebungen des Leipziger Oberbürgermeisters und NSDAP-Mitglieds Alfred Freyberg, die Motette in der Thomaskirche einmal im Monat zu einer ‚Heldengedenkfeier' umzugestalten, dieses Ansinnen konnte jedoch vom Thomaskantor abgewehrt werden.[38] Zum Arrangement mit dem nationalsozialistischen Regime – auch um möglichen Auftrittsverboten oder Säkularisierungsmaßnahmen zu entgehen – gehörte das Singen bei ideologisch motivierten Anlässen dazu, und es lässt sich heute nur schwer beurteilen, was nötig war und was nicht. Von der Teilnahme an solchen Konzerten auf eine nationalsozialistische Gesinnung oder politische Überzeugung von Chor oder Kantor zu schließen, wäre auf jeden Fall vorschnell geurteilt.

In der Nachkriegszeit musste der Chor, der zu dieser Zeit noch von Thomaskantor Günther Ramin geleitet wurde, ebenfalls für ideologisch gefärbte Veranstaltungen herhalten. Die Programmheftsammlung im Archiv des

---

29 Nachweisbar zum Beispiel beim „Konzert des Musikvereins ‚Euterpe' zum besten der hiesigen Armen" vom 7. November 1842 (Stadtgeschichtliches Museum Leipzig: Inv.-Nr. MT/2782/2006).

30 Vgl. Allgemeine musikalische Zeitung 31 (1829), hrsg. v. Gottfried Wilhelm Fink, S. 351 f.

31 Vgl. Allgemeine musikalische Zeitung 50 (1848), hrsg. v. Johann Christian Lobe, S. 377 f.

32 Vgl. Allgemeine musikalische Zeitung, Neue Folge 1 (1863), hrsg. v. Selmar Bagge, S. 292.

33 Stadtgeschichtliches Museum Leipzig: Konzertprogramme 9, Mus II K. 8.17.

34 Vgl. Protokoll des Schul- und Bildungsamtes der Stadt Leipzig über eine Besprechung zur Eingliederung des Thomanerchores in die HJ vom 14. Juli 1937 in Berlin. Abgedruckt bei Thomas Schinköth (Hrsg.): *Musikstadt Leipzig im NS-Staat. Beiträge zu einem verdrängten Thema*, Altenburg 1997, S. 369.

35 Vgl. ebenda, S. 361.

36 Vgl. Rainer Sieb: *Der Zugriff der NSDAP auf die Musik. Zum Aufbau von Organisationsstrukturen für die Musikarbeit in den Gliederungen der Partei*, Dissertation, Universität Osnabrück 2007, S. 179 f.

37 Stadtgeschichtliches Museum Leipzig: Konvolut Programme Thomaner (Z0037899, Musikkarton 66).

38 Vgl. T. Schinköth: *Musikstadt Leipzig im NS-Staat* (wie Anm. 34), S. 369.

Die DDR-Tageszeitung Union schreibt am 7. März 1973 über die geplante Teilnahme des Thomanerchores an den X. Weltfestspielen, einem politisch inszenierten internationalen Jugendfestival, in Berlin.
(Stadtgeschichtliches Museum Leipzig)

Thomanerchores sowie die – leider nicht vollständig überlieferten – Konzertprogrammzettel des Thomanerchores in der Musiksammlung des Stadtgeschichtlichen Museums Leipzig geben darüber Auskunft, bei welch unterschiedlichen Anlässen die Thomaner beteiligt waren und wie sie in die neuen politischen Strömungen und Machtverhältnisse eingebunden wurden. Der Frage, inwieweit es Möglichkeiten gab, sich der zunehmenden Vereinnahmung zu erwehren und zu entziehen, soll an dieser Stelle nicht nachgegangen werden.[39] Einige Beispiele aber sollen genannt werden, um ein Bild von der Inanspruchnahme der Sänger zu vermitteln: So fand am 26. Januar 1946 im Schauspielhaus in der Gottschedstraße ein „Weltliches Konzert des Thomanerchores zum Großtag der Volkssolidarität" statt, am 12. Mai 1946 ein vom Volksbildungsamt der Stadt Leipzig veranstaltetes „Konzert des Thomanerchores im Capitol", am 15. Oktober 1948 ein Konzert des Thomanerchores im Rahmen der Veranstaltungen „Neue Heimat – Neues Leben zugunsten unserer Umsiedler, Heimkehrer und Totalgeschädigten" sowie am 6. April 1949 ein „Konzert des Thomanerchores mit Werken russischer Meister" in der Kongresshalle, veranstaltet von der Gesellschaft zum Studium der Kultur der Sowjetunion Leipzig.[40]

Eine weitere Quelle für Konzerte des Thomanerchores in der zweiten Hälfte des 20. Jahrhunderts ist die Sammlung von thematisch geordneten Ausschnitten aus Leipziger Tageszeitungen ab 1953, die sich in der Bibliothek des Stadtgeschichtlichen Museums Leipzig befindet.[41] Hier sind unter dem Schlagwort ‚Thomanerchor' mehrere Bände mit Zeitungsartikeln – Rezensionen, Mitteilungen, Kommentare, Reiseberichte – vorhanden, die zusammen mit den Konzertprogrammzetteln eine gute Ausgangsbasis für die Erstellung eines systematischen Verzeichnisses der Thomanerkonzerte im profanen Rahmen in der DDR liefern würden. Auch hiervon sollen nur wenige Beispiele angeführt werden, die das Bestreben von staatlicher Seite zum Ausdruck bringen, den Chor als Botschafter weltlicher Sangeskunst und sozialistischer Ideen zu nutzen. So berichtete das *Leipziger Tageblatt* vom 5. November 1958 unter der Überschrift „Bekenntnis zum friedlichen Aufbau" von einem weltlichen Konzert des Thomanerchores „zu Ehren der Wahl" im Leipziger Opernhaus;[42] es handelte sich dabei um die Wahlen zur Volkskammer am 16. November des Jahres. In den *Mitteldeutschen Neuesten Nachrichten* vom 22. März 1962 wurde ein Konzert der Thomaner unter Erhard Mauersberger hoch gelobt, zu dem die ‚Nationale Front' „verdienstvolle Mitarbeiter der Wohnbezirksausschüsse" in die Aula der Erweiterten Oberschule ‚Georgi Dimitroff' eingeladen hatte; gesun-

---

39 Vgl. dazu den Beitrag *Der Thomanerchor nach 1945 – Hort der Reaktion oder Institution sozialistischer Leistungsschau?* von Stefan Gregor im vorliegenden Band.

40 Die Programmzettel aller genannten Konzerte finden sich in: Stadtgeschichtliches Museum Leipzig: Konvolut Programme Thomaner (wie Anm. 37).

41 Stadtgeschichtliches Museum Leipzig: I Z 52 (1953), I Z 52/1 bis I Z 52/11 (1954–1999).

42 Ebenda, I Z 52/1 (1954–Dezember 1974).

gen wurde unter anderem Bachs Bauernkantate, bei der das Publikum sogar mit einstimmen durfte und sich „die Stimmen der Besucher nicht einmal schlecht mit denen der Thomaner vereinigten."[43] So stellte man sich funktionierende Erbepflege und kulturelle Erziehung aller Bevölkerungsschichten in der DDR vor: Bach kam in weltlichem Gewand in die Wohnbezirke, wobei mit Berührungsängsten nicht zu rechnen war, denn sakrale Hemmschwellen gab es nicht.

Gleich mehrere Zeitungen berichteten 1973 von einem Großereignis in Berlin: Dort war der Chor – nunmehr unter der Leitung von Hans-Joachim Rotzsch – mit zwei Konzerten am „nationalen Programm der DDR" bei den X. Weltfestspielen in Berlin beteiligt. Auf dem Programm standen unter anderem „neue Festivallieder von Fred Lohse" sowie „Volkslieder aus der Sowjetunion, Polen und Ungarn".[44] Auch zu Messeveranstaltungen, verschiedenen Kongressen, zum ‚Tag des Lehrers' oder zu Feierstunden anlässlich des Jahrestages der Gründung der DDR wurde gesungen – lästige Pflichten eines städtisch finanzierten Ensembles, mit denen zum einen die Gratwanderung zwischen Distanzierung und Anpassung vollzogen und zum anderen die weitgehende Erhaltung der traditionellen Strukturen des Chores ‚erkauft' wurde.

Nach 1989 erfolgte eine notwendige und konsequente Auseinandersetzung des Thomanerchores mit seiner jüngsten Vergangenheit. Seit der Kantoratsübernahme durch Georg Christoph Biller im Jahr 1992 wurde das Augenmerk wieder stark auf den liturgischen Aufbau der Motettenprogramme sowie einen Zyklus chronologisch geordneter und zum jeweiligen Kirchensonntag ‚passender' Bach-Kantaten gelegt. Doch auch unter Billers Leitung fanden sich – jenseits aller offensichtlichen Konzentration auf die kirchenmusikalische Tradition des Chores – Konzerte, die eher dem Bereich der Gelegenheitsgeschäfte zuzuordnen sind, also den aus finanziellen (oder anderen als künstlerischen) Gründen wahrgenommenen Auftritten. Als Beispiele seien die folgenden Termine genannt, die dem *Veranstaltungskalender für März bis Juni 1994* für die „Freunde des Thomanerchores"[45] entnommen sind: am 14. März ein Sonderkonzert für die Thyssen AG, am 18. März die Mitwirkung bei der „Eröffnung der Lectio Teubneriana" des Verlages B. G. Teubner in der Alten Handelsbörse, am 7. Mai ein „Kurzkonzert" beim Kongress des Herzzentrums Leipzig 1994 sowie am 1. Juni ein Konzert für die Alte Leipziger Versicherung AG in der Thomaskirche. Auch bei der Eröffnung einer IKEA-Filiale am Leipziger Stadtrand am 24. November 1994 sangen die Thomaner; als Gegenleistung wurden einige Freizeitbereiche des Alumnats neu möbliert.[46]

Und wie verhält es sich heute? Solch ein Handel wie der mit dem schwedischen Möbelhaus ist vermutlich nicht mehr üblich und wäre wohl auch gar nicht möglich. Jedes Konzert außerhalb des regulären Betriebs steht auf dem Prüfstand – nicht nur bei der Geschäftsführung, sondern auch bei der Gewerbeaufsicht, schließlich geht es um Kinder, die allein in ihrem regulären Thomaner-Alltag ein hohes Arbeitspensum neben der Schule zu bewältigen haben. Das heißt nicht, dass der Chor nicht gelegentlich für Geld singt. Auch bei Benefizkonzerten engagiert er sich nach wie vor, sei es für die Sanierung der Bayreuther Stadtkirche, die Restaurierung der Naunhofer Ladegast-Orgel oder die Finanzierung der Orgel in der Liebfrauenkirche in Bad Salzuflen. Wie in den vergangenen Jahrhunderten ist der Thomanerchor auch heute als kulturelle Institution in der Stadt verortet und als solche bei hochrangigen städtischen Anlässen als Interpret gefragt. Doch als musikalischer ‚Dienstleister', der sich seine Existenzgrundlage selbst ‚ersingt', muss er nicht mehr agieren. Wer sich heutzutage die unterschiedlichsten profanen Anlässe mit Vokalmusik vervollkommnen lassen möchte, muss trotzdem nicht verzichten – die Leipziger A-cappella-Formationen ‚Calmus', ‚amarcord', ‚Ensemble Nobiles', ‚De Morales' sowie ‚Thios Omilos' können (auch) zu diesem Zweck gebucht werden. Es sind allesamt Ensembles ehemaliger Mitglieder des Thomanerchores.

---

43 Ebenda.

44 Ebenda.

45 Stadtgeschichtliches Museum Leipzig: Konvolut Programme Thomaner (wie Anm. 37).

46 Für diesen Hinweis danke ich Dr. Stefan Altner, Thomanerchor Leipzig.

Das Leipziger Stadttheater, hier aus der Zeit als Königlich Sächsisches Hoftheater (1829–1832). Lithografie von Ludwig Thiele, um 1830. Im Vordergrund ist gut das Orchester und dessen – möglicherweise leicht stilisierte – Aufstellung respektive Sitzordnung zu sehen.
(Stadtgeschichtliches Museum Leipzig)

„Theils aus den Alumnen der Thomasschule, theils aus hiesigen Orchester Musicis" – Die historisch gewachsene Partnerschaft zwischen Thomanerchor und Gewandhausorchester

Claudius Böhm

Als der Cellist Siegfried Pank 1962 Mitglied des Gewandhausorchesters wurde, geschah es zum ersten Mal seit nahezu 150 Jahren, dass ein ehemaliger Thomaner Aufnahme in dieses Orchester fand. Zuletzt hatte von 1818 an ein ehemaliger Thomaner im Orchester mitgewirkt:[1] Carl Gottlieb Reißiger. 1811 war er als Alumne in die Thomasschule aufgenommen worden, war im Konzertwinter 1812/13 als Soloaltist in den Abonnementkonzerten im Konzertsaal des Gewandhauses aufgetreten, hatte Klavier- und Kompositionsunterricht bei Thomaskantor Johann Gottfried Schicht erhalten und war 1816 Chorpräfekt geworden. 1818 hatte er das Theologiestudium an der Universität Leipzig begonnen und daneben im Theater- und Gewandhausorchester bei den zweiten Geigen und den Bratschen ausgeholfen. 1821 war er aus Leipzig weggegangen; fünf Jahre später hatte er die Berufung zum Musikdirektor der Königlichen Hofoper in Dresden erhalten und war zwei Jahre darauf zum Hofkapellmeister ernannt worden.

Reißiger ist der Letzte einer wenn auch kleinen, so doch beachtenswerten Reihe ehemaliger Thomasalumnen, deren Mitwirkung oder gar Mitgliedschaft im Leipziger Theater- und Gewandhausorchester sich nachweisen lässt. Von 1743, dem Gründungsjahr des ‚Großen Concerts' – einer Konzertgesellschaft, die für ihre exklusiven musikalischen Veranstaltungen ein Orchester ins Leben rief, das später zum Theater- und Gewandhausorchester avancierte –, bis 1818 spielten (mindestens) 200 Musiker[2] in diesem Orchester mit. Unter ihnen sind die Namen von 27 Thomasalumnen zu finden. Das ist ein Anteil an der Gesamtzahl von 13,5 Prozent. Einige von ihnen spielten nicht nur während ihrer Studienjahre nebenbei im Orchester mit, sondern blieben in ihm für längere Zeit aktiv. Das gilt beispielsweise für Georg Friedrich Baumgärtel, der dem Orchester ab dem Beginn der Gewandhauskonzerte 1781 als Geiger angehörte und es erst verließ – oder verlassen musste –, als er 1797 Lehrer und Baccalaureus funerum an der Thomasschule wurde. Es dürfte gleichermaßen gelten für einige Musiker der ersten Generation. Ihre Namen sind überliefert auf der *Tabula Musicorum der Löbl. großen Concert-Gesellschaft 1746.47.48*, die Johann Salomon Riemer seiner handschriftlichen Chronik *Andere Fortsetzung des Leipzigischen Jahr-Buchs* beigelegt hat und auf der 26 Musiker verzeichnet sind.[3] Riemer, ein ehemaliger Thomaner, trug sich unter ihnen selbst als ersten Hornisten ein und vermerkte dazu: „Wan auf dem Horne nichts zu thun so [...] Hr. Riemer assistirt der Viola, und wan Trompeten u. Paucken so [...] Hr. Riemer spielt die Paucken."[4] Diese *Tabula Musicorum* ist das erste Mitgliederverzeichnis des Orchesters des ‚Großen Concerts'. Laut derzeitigem Forschungsstand[5] sind von den auf der Tabula verzeichneten Musikern 17 zweifelsfrei identifiziert und ist bei dreien die Wahrscheinlichkeit hoch, die jeweils richtige Person

---

1 Nicht berücksichtigt ist hier Oskar Friedrich Wunderlich. Er ging mit 15 Jahren von der Thomasschule ab, war also kein Absolvent der Schule, machte eine Lehre bei einem Stadtmusiker und war von 1860 bis 1865 Tubist im Stadt- und Gewandhausorchester. Vgl. Hans-Rainer Jung: *Das Gewandhausorchester. Seine Mitglieder und seine Geschichte seit 1743*, Leipzig 2006, S. 122.

2 Die Personalnachrichten für das Orchester des ‚Großen Concerts' zwischen 1743 und 1778 sind lückenhaft. In H.-R. Jung: *Das Gewandhausorchester* (wie Anm. 1) sind für den genannten Zeitraum zwar 200 Musiker verzeichnet; es könnten allerdings mehr gewesen sein, die im Orchester mitwirkten.

3 Der volle Titel der im Stadtarchiv Leipzig erhaltenen Chronik lautet: *Andere Fortsetzung des Leipzigischen Jahr-Buchs so ehemals von Herr Mag. Vogeln zusammengetragen, aufgeschrieben und heraus gegeben worden, nunmehro aber von 1714 fernerweit bis 17[71] allhier continuiret*. Die *Tabula Musicorum*, die einst in ihr enthalten war, gilt seit Jahren als verschollen. Eine Reproduktion hat sich im Stadtgeschichtlichen Museum Leipzig erhalten. Veröffentlicht ist diese bei Claudius Böhm, Sven-W. Staps: *Das Leipziger Stadt- und Gewandhausorchester*, Leipzig 1993, S. 11. Bei Alfred Dörffel: *Geschichte der Gewandhausconcerte zu Leipzig vom 25. November 1781 bis 25. November 1881*, Leipzig 1884, S. 6, findet sich eine stilisierte Wiedergabe der Tabula.

4 Zitiert nach der Abbildung bei C. Böhm, S.-W. Staps: *Das Leipziger Stadt- und Gewandhausorchester* (wie Anm. 3), S. 11.

5 Vgl. H.-R. Jung: *Das Gewandhausorchester* (wie Anm. 1), S. 18–22.

gefunden zu haben. Bei einem weiteren Musiker – dem Bratscher Albrecht – gibt es den Hinweis, er sei „Thomasschüler unter Bach gewesen und folglich in musicis wohlgeübt",[6] und so bleiben nur fünf übrig, von denen lediglich die Familiennamen und die Funktion, mit der sie auf der Tabula verzeichnet sind, überliefert sind. Doch immerhin ist das Orchester der Anfangszeit damit zu etwa 80 Prozent bekannt. Und es lässt sich, da zur Identifizierung der Mitglieder auch das *Album Alumnorum Scholae Thomanae Lipsiensis*[7] herangezogen wurde, sogar mit großer Gewissheit sagen, wie viele jener 26 auf der *Tabula Musicorum* verzeichneten Orchestermitglieder ehemalige Thomaner waren: nämlich sechs.

Zwei von ihnen – Johann Salomon Riemer und Carl Gotthelf Gerlach – verließen das Alumnat genau in dem Jahr, in dem Johann Sebastian Bach die Nachfolge von Thomaskantor und Stadtmusikdirektor Johann Kuhnau antrat. Beide hatten sieben Jahre im Alumnat verbracht; beide dürften mit dabei gewesen sein, als das ‚Große Concert' am 11. März 1743 mit einem aus 16 Musikern bestehenden Orchester aus der Taufe gehoben wurde: Gerlach, der nach der Alumnenzeit noch Unterricht bei Bach genommen hatte, als Konzertmeister (oder Vorspieler, wie es damals hieß) und Riemer in der von ihm selbst beschriebenen Dreierfunktion.

Zwei weitere der sechs Thomasschulabsolventen, die Riemer auf seiner *Tabula Musicorum* verzeichnet hat, könnten bei der Gründungsbesetzung mit dabei gewesen sein: der Fagottist Philipp Christoph Siegler und der Flötist Johann August Landvoigt. Beide waren Thomasalumnen zur Amtszeit Bachs. Von Landvoigt ist zudem genauso wie von Gerlach und Riemer bekannt, dass er in Leipzig geblieben ist. So könnten diese drei Musiker dem Konzertorchester noch für mehrere Jahre angehört haben.

Es bleibt festzuhalten: Das Orchester des ‚Großen Concerts' bestand bei seiner Gründung wohl zu einem Viertel aus ehemaligen Thomanern. Und im Zeitraum, den die *Tabula Musicorum* erfasste, war es immer noch knapp ein Viertel. Mag man angesichts dessen nicht gleich von einer ‚Leipziger Schule' sprechen, auch nicht gleich die Thomasschule zu einem frühzeitlichen Konservatorium der Musik stilisieren, so kann doch gesagt werden: Das neu entstehende Orchester des jungen ‚Großen Concerts' gewann durch die in Leipzig aufgewachsenen und ausgebildeten, in allerlei musikalischen Kirchen- und anderen Diensten erfahrenen ehemaligen Thomaner eine spezifische Prägung. Berücksichtigt man zudem die Mitwirkung der Leipziger Rats- und Kirchenmusiker – also der vier Stadtpfeifer und drei Kunstgeiger sowie der städtischen Organisten – im Orchester des ‚Großen Concerts', so stellt es sich als ein sehr lokal geprägtes und verhaftetes Ensemble dar.

Knapp vierzig Jahre später, als das ‚Große Concert' 1781, nachdem es drei Jahre zuvor vorläufig eingestellt worden war, seine Wiederbelebung im Konzertsaal des Gewandhauses erfuhr, bestand das Orchester aus 32 Musikern. Unter diesen ist nur noch ein einziger ehemaliger Thomaner zu finden: der bereits genannte Georg Friedrich Baumgärtel. Aus dem Orchester, das anfänglich überwiegend aus Musikern bestanden hatte, die in Leipzig Anstellung oder ihre Ausbildung erhalten hatten, war mittlerweile ein etwas weltläufigeres, nicht mehr so dominant lokal geprägtes Ensemble geworden. In ihm hatten inzwischen auch ‚freie' Musiker Platz genommen, die entweder zunftmäßig ausgebildet, also aus der Schule eines Stadtmusikus hervorgegangen waren oder die als ehemalige Studenten den Weg der akademischen Karriere verlassen und die Musik zu ihrem Beruf gemacht hatten. Möglicherweise erklärt sich aus dieser wachsenden Konkurrenz die verminderte Zahl ehemaliger Thomaner in den Reihen des Theater- und Gewandhausorchesters.

Baumgärtel war von 1772 bis 1779 Thomasalumne, zur Zeit des Thomaskantors und Leipziger Stadtmusikdirektors Johann Friedrich Doles. Er gehört zu den lediglich fünf Thomanern aus der Ära Doles, die später im Orchester des ‚Großen Concerts' mitwirkten.[8] Zu nennen ist aber noch ein weiterer Thomaner aus dieser Zeit, der bereits als Alumne in engere Beziehung zum ‚Großen Concert' trat und diese etliche Jahre später erneuern sollte: Johann Philipp Christian Schulz. Er wurde 1783 ins Alumnat aufgenommen; drei Jahre später heißt es über ihn in den Notizen des Gewandhausflötisten und Leipziger Musikchronisten Carl Augustin Grenser: „Der Thomasschüler Schulz, 13 Jahr alt, tritt als Diskantist im Conzerte mitwirkend auf."[9]

Schulz ist zwar der erste, aber nicht der einzige aktive Thomaner, der in Grensers chronikalischen Notizen auftaucht. Für 1788 hält Grenser fest: „Carl Gtlob Müller, Thomasschüler, schlägt von Michaeli an, im großen Conzert

---

6 Arnold Schering: *Johann Sebastian Bach und das Musikleben Leipzigs im 18. Jahrhundert. Der Musikgeschichte Leipzigs dritter Band*, Leipzig 1941, S. 265. Unklar ist allerdings, woher Schering diese Information hat.

7 Bernhard Friedrich Richter: *Album Alumnorum Scholae Thomanae Lipsiensis*, Tomus II. 1697–1846, Ms. (Archiv Thomasalumnat).

8 Siehe allerdings Anm. 2. Die dort dargelegten Gründe lassen die Annahme zu, es könnten mehr als nur fünf ehemalige, in der Amtszeit von Doles ausgebildete Thomaner gewesen sein, die im Orchester mitwirkten.

9 Carl Augustin Grenser: *Geschichte der Musik in Leipzig, hauptsächlich aber des großen Conzert- u. Theater-Orchesters*, hrsg. v. Otto Werner Förster, Leipzig 2005, S. 44.

u. in den Kirchenmusiken die Pauken."[10] Unter der Jahreszahl 1793 heißt es: "d. 25. Jan. wurde ‚Die Zauberflöte' Oper von Mozart zum erstenmale aufgeführt. Die 3 Thomasschüler Graun, Schwips u. Carl Gtlob Müller blasen die Posaunen."[11] Um jedoch bei Schulz zu bleiben: Er erlebte den Kantoratswechsel von Johann Friedrich Doles zu Johann Adam Hiller mit, verließ 1793 das Alumnat, war später Theaterkapellmeister in Leipzig und übernahm in der Nachfolge Johann Gottfried Schichts, als dieser 1810 zum Thomaskantor berufen wurde, die Musikdirektion der Gewandhauskonzerte. Gern wäre Schulz Schicht ein zweites Mal im Amt gefolgt, nämlich nach dessen Tod 1823 in das des Thomaskantors. Doch der Rat der Stadt Leipzig zog dem knapp 50-Jährigen und seinen acht Mitbewerbern den sieben Jahre jüngeren Christian Theodor Weinlig vor.

Nebenbei bemerkt: Schulz wäre bereits der vierte Thomaskantor gewesen, der den Karriereschritt vom Musikdirektor der Konzerte zum Thomaskantor vollzogen hätte. Seinen beiden Vorgängern im Gewandhausamt, Schicht und Hiller, war das gelungen. Und es war ebenso, wenn auch mit einem längeren Umweg, Hillers Vorgänger Doles geglückt. Er war der erste Musikdirektor des ‚Großen Concerts' gewesen. Nach einem Jahr im Amt hatte er die Chance nutzen wollen, die gesellschaftlich, sozial und wirtschaftlich niederrangige Anstellung bei einem privaten bürgerlichen Konzertunternehmen, dem ‚Großen Concert', einzutauschen gegen die weit höher gestellte Position eines Kantors und städtischen Musikdirektors in Personalunion, und sich im sächsischen Freiberg beworben – mit Erfolg. Als er 1756 nach Leipzig zurückkehrte und das Amt des Thomaskantors antrat, scheint er dem ‚Großen Concert' insofern wieder nahegetreten zu sein, dass er die seiner Obhut und Aufsicht anvertrauten Thomasalumnen in den Konzerten auftreten ließ. Ein Zeitzeuge, der Lexikograf Ernst Ludwig Gerber – er studierte in Leipzig Jura und wirkte von 1765 bis 1768 im Orchester des ‚Großen Concerts' als Cellist mit –, berichtete von den Konzertveranstaltungen: "Die Chöre wurden mit Thomasschülern besetzt."[12] Carl Augustin Grenser, der um 1815 begann, die Musikgeschichte Leipzigs zu erforschen, fand sogar schon für 1763, den Wiederbeginn des ‚Großen Concerts' nach dem Siebenjährigen Krieg, einen Beleg dafür, dass der in den Konzerten mitwirkende Chor aus Thomasschülern bestand.[13]

Zu dieser Zeit war Johann Adam Hiller Musikdirektor des ‚Großen Concerts'. 1789 trat er Doles' Nachfolge als Thomaskantor an und baute in den folgenden Jahren ein eigenständiges, nur aus Thomanern bestehendes Orchester auf. Sieben Jahre nach Amtsantritt lud er stolz Ernst Ludwig Gerber ein, nach Leipzig zu kommen und Wolfgang Amadeus Mozarts Requiem allein von den Thomasalumnen, ohne die Hilfe professioneller Musiker, aufgeführt zu hören:

> "Wundern würden Sie sich, wenn Sie meine Trompeter, Pauker, Waldhornisten, Oboisten, Klarinettisten, Fagottisten, Geiger und Baßspieler, alle in schwarzen Röcken sähen, wobey ich immer noch ein Chor von 24 Sängern übrig behalte; sogar die Posaunen werden jetzt in der Kirche von Schülern geblasen."[14]

Wenngleich hier nicht der Ort ist, näher auf die Geschichte dieses Thomasschulorchesters einzugehen, so sollten zumindest einige Querverbindungen zum Theater- und Gewandhausorchester beleuchtet werden. Zum Ersten: Dank Hillers musikalischer Ausbildungs- und ‚Nachwuchsarbeit' hatte ab 1796 jedes Jahr mindestens ein Abgänger der Thomasschule solche instrumentalen Fertigkeiten aufgewiesen, dass er Aufnahme ins Theater- und Gewandhausorchester hatte finden können. Am Ende waren es elf ehemalige Thomaner, die aus der Ära Hiller stammten und für einige Jahre im Orchester mitwirkten. (Nebenbei: Die kurze Verweildauer fällt auf; offensichtlich spielten die meisten dieser ehemaligen Thomaner nur während ihrer Leipziger Studienzeit im Orchester mit und waren danach darauf aus, anderorts in gut ausgestatteten Anstellungen ein besseres Auskommen zu finden. Und tatsächlich: Einer wurde Kantor, ein anderer Organist, zwei wurden Pfarrer, zwei Gerichtsschreiber …)

Zu einer zweiten Querverbindung: Höchst erbost darüber, dass sein Sohn wegen wiederholter Dreistigkeiten von der Thomasschule verwiesen worden war, wendete sich der Kurfürstlich Sächsische Straßenbereuter[15] George Rück aus Volksmarsdorf bei Leipzig am 16. Januar 1795 an den Leipziger Stadtrat mit einer Beschwerde über den Kantor der Thomasschule und Inspektor des Thomasalumnats Johann Adam Hiller. Dieser habe, so lautet Rücks erster von sechs Beschwerdepunkten, "seinen musicalischen Günstlingen erlaubt in die Komödie zu gehen".[16] Zwei Wochen später, am Freitag, den 30. Januar 1795, dik-

---

10 C. A. Grenser: *Geschichte der Musik in Leipzig* (wie Anm. 9), S. 48.

11 Ebenda, S. 57.

12 Ernst Ludwig Gerber: *Historisch-Biographisches Lexicon der Tonkünstler*, Bd. 1, Leipzig 1790, Sp. 639.

13 Vgl. C. A. Grenser: *Geschichte der Musik in Leipzig* (wie Anm. 9), S. 14.

14 Ernst Ludwig Gerber: *Neues historisch-biographisches Lexikon der Tonkünstler*, Teil 2, Leipzig 1812, Sp. 674.

15 Straßenbereuter: ein zu Pferd patrouillierender Aufseher, der über Ordnung und Sicherheit öffentlicher Straßen wacht.

16 Zitiert nach Karl Peiser: *Johann Adam Hiller. Ein Beitrag zur Musikgeschichte des 18. Jahrhunderts*, Leipzig 1894, S. 129.

tierte Hiller ein an den „Edlen und Hochweisen Rath der Stadt" gerichtetes „gehorsamst ergebenstes Promemoria", in dem er auf Rücks Beschwerden eingeht. Zur ersten, den Besuch des Komödienhauses betreffend, gab Hiller zu Protokoll:

> „Ich habe das allerdings einigen erlaubt [...] Ich habe es erlaubt, wenn bey Collisionen des Concerts mit dem Theater mich einige Kirchen- und Concertmusiker baten, einen oder den andern vom Alumnaeo an ihrer Stelle im Theater spielen zu laßen."[17]

Diese in der Leipziger Musikgeschichtsforschung bislang wenig beachtete Aussage Hillers verdient Aufmerksamkeit: Offensichtlich waren unter den von ihm ausgebildeten Schülern einige so versiert, dass sie die Mitglieder des Theater- und Gewandhausorchesters als Substituten im Theater (dem sogenannten Komödienhaus) vertreten konnten – a prima vista, wie anzunehmen ist, also ohne Probe vom Blatt spielend. (Auch hier ein ‚Nebenbei': Dass bereits im 18. Jahrhundert Theater- und Konzertdienste des Orchesters ‚kollidierten', dass also zu dieser Zeit schon ein paralleler Spielbetrieb von Musiktheater und Konzert stattgefunden haben muss, auch das ein bislang wenig beachteter Punkt in der Erforschung der Gewandhausorchestergeschichte.)

Zu einer dritten Querverbindung: Das von Hiller gegründete Thomasschulorchester bestand offensichtlich auch nach dessen Amtsübergabe an seinen Nachfolger August Eberhard Müller weiter. Am 9. November 1801, einem Montag, fand im eigens umgebauten Saal der Thomasschule das erste ‚Thomasschulkonzert' statt, mit dem eine bis 1806 bestehende Reihe wöchentlich veranstalteter Konzerte begann. Chronist Grenser hielt dazu fest:

> „Im Thomasschulkonzerte werden außer Kammerinstrumentalmusik, meistens Kirchensachen mit u. ohne Instrumentalbegleitung aufgeführt; Motetten von Seb. Bach; Magnificats von Homilius. Gewöhnlich werden auch die Sachen gemacht, die nachher in der Kirche aufgeführt werden sollen. Das Orchesterpersonal besteht theils aus den Alumnen der Thomasschule, theils aus hiesigen Kirchen- u. Conzertorchester Musicis, welche darin ohne alle Bezahlung mitspielen."[18]

Die enge Verbindung zum Gewandhausorchester, die aus dieser Eintragung spricht, dürfte nicht allein daher rühren, dass Müller als Erster Flötist selbst dem Orchester angehört hatte. Schon sein Vorgänger Hiller hatte den Grundstein zu einem ‚neuen Kirchenorchester' gelegt, indem er bei seinem Amtsantritt 1789 den Rat der Stadt um eine Erweiterung des Kirchenorchesters um sieben Stellen bat und nach erfolgter Genehmigung dafür durchweg Musiker des Theater- und Gewandhausorchesters verpflichtete.

Spätestens hier begann der Weg des Theater- und Gewandhausorchesters zum Leipziger Stadtorchester und damit zum ständigen Partner des Thomanerchores bei der Ausgestaltung der gottesdienstlichen Musik in den städtischen Hauptkirchen St. Thomas und St. Nikolai. Ein weiterer Markstein auf diesem Weg war die Verpflichtung des 1797 neu engagierten Gewandhaus-Konzertmeisters Bartolomeo Campagnoli auch für die Kirchenmusik. Ein oder, besser gesagt, ‚der' führende Musiker des Gewandhausorchesters trat damit in einen Wirkungsbereich ein, in dem die Musiker des Theater- und Gewandhausorchesters bislang gleichsam nur zur Verstärkung mitgespielt hatten. Acht Jahre später wurden drei weitere führende Musiker des Theater- und Gewandhausorchesters für die Kirchenmusik engagiert, und in den folgenden Jahren nahmen nach und nach weitere Orchestermitglieder vakante Plätze im Kirchenorchester ein. 1840 schließlich erfolgte die formale Anerkennung einer faktisch längst vollzogenen Neuordnung: Der Rat der Stadt ernannte die Kernbesetzung des Theater- und Gewandhausorchesters – das waren die 27 pensionsberechtigten Mitglieder – zum Stadtorchester und damit zum Nachfolger der Ratsmusik, die bis 1802 aus den vier Stadtpfeifern und drei Kunstgeigern und seitdem aus einem Stadtmusikus samt dessen Gesellen und Schülern bestanden hatte. Das ‚neue Kirchenorchester' spielte fortan in folgender Besetzung: vierzehn Streicher, und zwar je vier erste und zweite Geiger sowie je zwei Bratscher, Cellisten und Kontrabassisten, zwölf Bläser – alle Register (Flöten, Oboen, Klarinetten, Fagotte, Hörner und Trompeten) waren doppelt besetzt – und ein Pauker.

In diesem Kirchenorchester von 1840 spielte kein ehemaliger Thomaner mehr mit.

Als Siegfried Pank, der spätere Gewandhauscellist, 1952 in den Thomanerchor aufgenommen wurde, bestand die über zwei Jahrhunderte gewachsene, enge Verbindung zum Gewandhausorchester nach wie vor (das Stadt-, Theater- und Gewandhausorchester war 1950 offiziell in Gewandhausorchester ‚umbenannt' worden). Pank sang bis 1954 im Thomanerchor. In der Thomaskirche wirkte er mit in den jährlich wiederkehrenden, von Thomaskantor Günther Ramin geleiteten Aufführungen der Passionen und des Weihnachtsoratoriums Johann Sebastian Bachs. Den Orchesterpart bei diesen Konzerten übernahm das Gewandhausorchester, was gleichermaßen für die Aufführungen der Bach-Kantaten im Anschluss an die Motetten des Thomanerchores am Samstagnachmittag galt. In den über einhundert Jahren seit der Ernennung des Thea-

---

17 Zitiert nach Johann Adam Hiller: *Mein Leben. Autobiographie, Briefe und Nekrologe,* hrsg. v. Mark Lehmstedt, Leipzig 2004, S. 121.

18 C. A. Grenser: *Geschichte der Musik in Leipzig* (wie Anm. 9), S. 81.

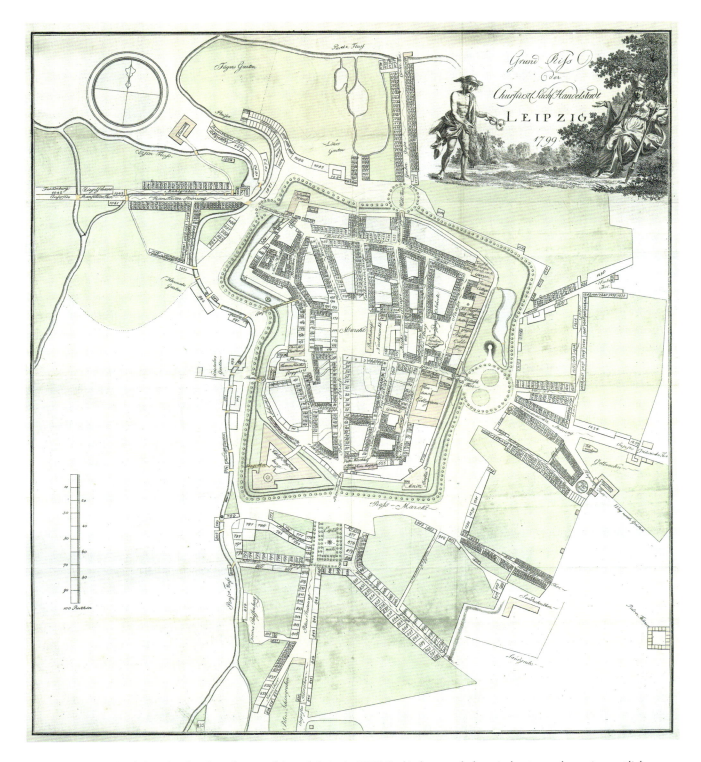

Kolorierter „Grund Riß der Churfürstl. Sächs. Handelsstadt Leipzig 1799". Farbig hervorgehoben sind unter anderem im westlichen Teil der Stadt die Thomaskirche und die benachbarte Thomasschule, darüber (im Nordwesten) die Neue Kirche (Matthäikirche), an der Nordwestspitze des Stadtkerns das Komödienhaus (Theater), im Osten die Nikolaikirche, darunter die Universitätskirche St. Pauli (innerhalb des Pauliner-Collegiums), links davon das Gewandhaus und schräg darunter (im Süden) die Petrikirche. (Stadtgeschichtliches Museum Leipzig, Signatur: L 87/1)

ter- und Gewandhausorchesters zum Stadtorchester hatte sich viel verändert; die einschneidendsten Änderungen erfolgten in der Diktatur der Nationalsozialisten: Chor und Orchester sollten aus dem Kirchendienst herausgelöst werden – was allerdings nur zum Teil ‚glückte': Am Ostermontag, den 25. März 1940, musizierten Thomaner und Stadtorchester letztmalig im Gottesdienst der Nikolaikirche. Chor und Orchester hatten fortan eine Wirkungsstätte und bald darauf auch einen Wirkungsbereich weniger: Die kriegsbedingte Evakuierung der Thomaner nach Grimma Ende 1943 beendete auch das sonntägliche gottesdienstliche Musizieren. Der Chor kam fortan vom etwa 35 Kilometer entfernten Grimma am Samstag nach Leipzig in die Thomaskirche zur Motette, und im Anschluss daran wurde gleichsam als Ersatz für die Kirchenmusik im Gottesdienst gemeinsam mit dem Stadt- und Gewandhausorchester eine Bach-Kantate aufgeführt. Was jedoch lediglich als den Umständen geschuldetes Provisorium gedacht war, wurde nach dem Ende des Krieges und der vollständigen Rückkehr des Chores auf Dauer etabliert. Seitdem musizieren Gewandhausorchester und Thomanerchor bis zum heutigen Tag nur an hohen kirchlichen Feiertagen im Gottesdienst der Thomaskirche.

Der Thomaner Siegfried Pank kam jedoch nicht nur in der Thomaskirche mit dem Gewandhausorchester in Berührung. Auch in der Kongresshalle am Leipziger Zoo stand er bei mehreren Konzerten des Gewandhausorchesters mit auf der Bühne. Günther Ramin hatte 1951 zwar die Leitung des Gewandhauschores niedergelegt, aber er ließ es sich nicht nehmen, weiterhin jährlich ein oder zwei Abonnementkonzerte des Gewandhausorchesters zu dirigieren; neben reine Orchesterwerke setzte Ramin oftmals auch Chorstücke auf das Programm und führte diese a cappella mit den Thomanern auf.

In der Kongresshalle waren die Gewandhauskonzerte seit 1947 beheimatet. Ihr bisheriges Domizil, das Neue Gewandhaus im Musikviertel, war im Zweiten Weltkrieg zerstört worden. Während seines Musikstudiums in Leipzig dürfte Siegfried Pank manches Mal an der Ruine vorbeigekommen sein, die eine Straßenecke entfernt von der Musikhochschule stand. (Ein Wiederaufbau war zu dieser Zeit noch geplant, doch er sollte nie realisiert werden.) In diesem Konzerthaus war der Thomanerchor unzählige Male aufgetreten. Anfänglich, also ab 1885 – das Haus war im Dezember 1884 eingeweiht worden –, bereicherte er Jahr für Jahr das Neujahrskonzert mit a cappella gesungenen Werken, dabei geleitet vom Thomaskantor und nicht vom Gewandhauskapellmeister. Nach Wilhelm Rusts Tod 1892 schlief diese scheinbar junge Tradition jedoch langsam ein; am 1. Januar 1901 trat der Thomanerchor zum letzten Mal im Neujahrskonzert des Gewandhauses auf. Zu Ende ging damit allerdings nicht nur eine

gut 25 Jahre alte Tradition. 1875 hatte der Thomanerchor das Neujahrskonzert – damals fanden die Konzerte noch im Konzertsaal des alten Gewandhauses an der Universitätsstraße statt – mit Robert Volkmanns anspruchsvoller Motette *Weihnachtslied aus dem 12. Jahrhundert* für Chor und Soli op. 59 eröffnet, geleitet von Thomaskantor Ernst Friedrich Richter; seitdem war der Chor 1877 und 1878 und dann ab 1884 regelmäßig zu Neujahr im Gewandhaus dabei gewesen. Nein, 1901 endete eine Tradition, die zurückreichte in Zeiten, in denen der Thomanerchor noch regelmäßig in den Gewandhauskonzerten mitwirkte – ja, in denen er sozusagen der Gewandhauschor war.

Die ältesten Nachrichten darüber, dass Thomaner den Chor bildeten, der im ‚Großen Concert' mitwirkte, finden sich wie oben bereits erwähnt bei Gerber und Grenser. Allerdings gab es Werke mit Chor im ‚Großen Concert' schon in den Jahren vor 1763. In Riemers Chronik[19] sind mehrere Passionsaufführungen im ‚Großen Concert' verzeichnet, so beispielsweise für den 31. März 1749 – ohne nähere Angaben –, für den 23. März 1750 (Johann Adolf Hasses *I Pellegrini al Sepolcro*) oder für den 5. April 1751 (*Il Cantico de' tre Fanciulli*, vermutlich auch von Hasse), die auf regelmäßige ‚geistliche Konzerte' in der Karwoche eines jeden Jahres schließen lassen. Wer den Chorpart in diesen Aufführungen übernahm, ist nicht überliefert. Sich hierfür die Thomaner zu denken, liegt nahe, zumal es in Leipzig zu jener Zeit keinen vergleichbaren anderen Chor gegeben haben dürfte.

Widersprüchliche Belege aus den folgenden Jahrzehnten führen eher zu Fragen, als dass sie die Chorsituation im ‚Großen Concert' erhellen könnten: Hatte Hiller zwischenzeitlich einen eigenen Chor für die Konzerte aufgebaut?[20] Und: Ist der aus zwölf Sängern bestehende Gewandhauschor, den die am 31. August 1781 erschienene *Nachricht von der künftigen Einrichtung des Leipziger Concerts* ankündigte,[21] allein singfähig gewesen oder bedurfte er der Verstärkung durch Thomaner? Erst aus den Jahren ab etwa 1810 heißt es wieder: „Die Chöre wer-

---

19 Vgl. Anm. 3.

20 In seiner Autobiografie berichtete Hiller für die Zeit vor 1775, er habe „aus den hier Studirenden ein kleines Chor von Sängern zusammen gebracht" (Johann Adam Hiller: *Lebensbeschreibungen berühmter Musikgelehrten und Tonkünstler neuerer Zeit*, Teil 1, Leipzig 1784, S. 315/316).

21 In § 5 der *Nachricht* heißt es: „Zwo Sopranstimmen, nebst zwölf Chorsängern werden beym Concerte gehalten, und wenn sie noch nicht Vollkommenheit genug haben, in besonders dazu ausgesetzten Stunden, im Gesange und in der italiänischen Sprache unterwiesen, auch wird mit ihnen eine wöchentliche Uebung angestellt werden." Ein Faksimiledruck der *Nachricht* ist zu finden in Eberhard Creuzburg: *Die Gewandhaus-Konzerte zu Leipzig 1781–1931*, Leipzig 1931, eingeklebt zwischen den S. 22/23.

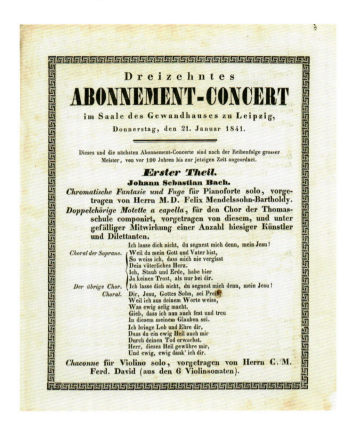
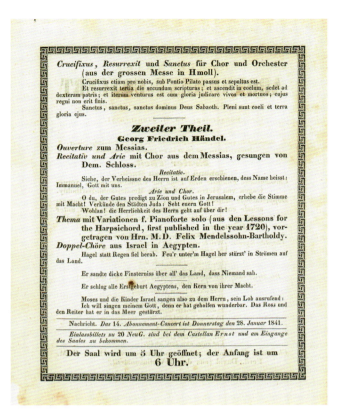

Erstmalige Nennung des Thomanerchores auf dem Programmzettel eines Gewandhaus-Abonnementkonzerts (Gewandhausarchiv Leipzig, Sammlung Programmzettel)

den durch 32 Thomaner besetzt. Bey besonderen Gelegenheiten werden diese [...] noch verstärkt."[22] Dabei scheint es für längere Zeit geblieben zu sein. In der Alumnatsordnung von 1829[23] findet sich ein erster Hinweis darauf, dass die Mitwirkung der Thomaner in den Gewandhauskonzerten donnerstags und im alljährlichen Neujahrskonzert am 1. Januar ganz selbstverständlich zum Arbeits- und Lebensrhythmus der Alumnen gehörte. Zwar heißt es dort in Paragraf 45 nur: „Außer dem Hause müßen die Alumnen stets in schwarzer Kleidung erscheinen, und im öffentlichen Dienste (das große Concert ausgenommen) mit dem Mantel."[24] Umso deutlicher wird das Thema jedoch in der von Thomaskantor Weinlig 1833 verfassten *Tagesordnung der Alumnen der Thomasschule* abgehandelt.[25] Der Tagesablauf erfahre im Winter jeweils „Donnerstags, so wie an allen den Tagen, wo im Gewandhaus-Saale Concert mit Zuziehung des Thomanerchores gehalten wird" folgende „regelmäßige Abänderung": „5 [Uhr]. Abendessen – dann gehen die Concertisten in das Concert, studiren aber, nach ihrer zwischen 8 und 9 Uhr erfolgten Rückkunft, bis ½ 10 Uhr."[26] Gleiches gilt für den Neujahrstag.

Auffällig ist: In diesem minutiös festgelegten Ablaufplan sind Proben für die Gottesdienste, Motetten und das Kurrendesingen – die sogenannten Singumgänge – eingeplant; eine Probe für das Konzert sucht man im Wochenplan jedoch vergeblich. Der Fußweg von der Thomasschule an der Thomaskirche, in der auch das Alumnat untergebracht war, zum Konzertsaal im Gewandhaus an der Universitätsstraße dauerte sechs, sieben Minuten. Die Gewandhauskonzerte begannen 6 Uhr, die beteiligten Thomaner dürften spätestens eine halbe Stunde vor Konzertbeginn im Gewandhaus versammelt gewesen sein. Wurde dort noch kurz geprobt? Oder führten die insbesondere durch das sogenannte Leichensingen im Blattsingen geübten Thomaner die meisten der Chorpartien a prima vista aus? Ein exemplarischer Blick auf die Konzertprogramme der Spielzeiten 1832/33 und 1833/34 zeigt: In nahezu jedem der zwanzig Konzerte pro Saison waren

22 C. A. Grenser: *Geschichte der Musik in Leipzig* (wie Anm. 9), S. 115.
23 „Disziplinar-Verfassung des Alumneums der Thomas-Schule zu Leipzig", in vollem Wortlaut wiedergegeben in Stefan Altner: *Das Thomaskantorat im 19. Jahrhundert*, Leipzig 2006, S. 184–191.
24 Zitiert nach ebenda, S. 188.
25 Voller Wortlaut ebenda, S. 193 ff.
26 Zitiert nach ebenda, S. 194.

Chorkonzert im alten Gewandhaus nach 1847
(Gewandhaus-Archiv)

Chorpartien enthalten, meist handelte es sich dabei um kurze Einwürfe in Opernszenen oder um einzelne Opernchöre. Daneben finden sich jedoch auch anspruchsvollere Werke wie Luigi Cherubinis *Requiem Nr. 1* oder – im Neujahrskonzert – Johann Adolf Hasses *Te Deum*.

Auf keinem der Programmzettel der Gewandhaus-Abonnementkonzerte ist der ausführende Chor näher bezeichnet. Erst in der Ära Felix Mendelssohn Bartholdys – er war von 1835 bis 1847 Musikdirektor des Gewandhauses – wurde mit dieser Sitte gebrochen. Auf dem Programmzettel vom 21. März 1839 steht erstmals eine Notiz dazu gedruckt, wer die Chorpartien sang: „Die Ausführung der Chöre hat eine Anzahl hiesiger Dilettanten gütigst übernommen". Zwei Jahre später, beim ersten von vier sogenannten historischen Konzerten, mit denen Mendelssohn das Publikum der Gewandhaus-Abonnementkonzerte mit Kostbarkeiten der Musikgeschichte bekannt machen wollte – es war bereits die zweite Serie derartiger Konzerte, die erste hatte im Konzertwinter 1837/38 stattgefunden –, wurde zum ersten Mal der Thomanerchor genannt: Auf dem Programmzettel vom 21. Januar 1841 ist zu Johann Sebastian Bachs doppelchöriger Motette a cappella *Ich lasse dich nicht, du segnest mich denn* vermerkt: „Für den Chor der Thomasschule componirt, vorgetragen von diesem, und unter gefälliger Mitwirkung einer Anzahl hiesiger Künstler und Dilettanten".[27] 1844, beim Gewandhauskonzert zur Feier des Reformationsfestes, ist noch einmal vom „Chore der Thomasschule" die Rede, und wenig später taucht er zum ersten Mal auf, der Name ‚Thomanerchor', der fortan des Öfteren auf den Programmzetteln zu lesen ist: Auf dem Programmzettel des Neujahrskonzerts vom 1. Januar 1845 heißt es, „die Ausführung der Chöre hat eine Anzahl kunstgeübter Dilettanten, in Verbindung mit dem Thomaner-Chore, gütigst übernommen".

Als Siegfried Pank im August 1962 ins Gewandhausorchester kam, waren die Feiern zum 750-jährigen Bestehen des Thomanerchores gerade vorbei. Sie hatten im Juni in Verbindung mit dem 38. Deutschen Bachfest der Neuen Bach-Gesellschaft stattgefunden. Bei Konzerten im Umfeld dieses Bachfestes war Pank bereits mit dem Instrument dabei, mit dem er sich bald schon einen Namen machen sollte: mit der Viola da gamba. 1980 verließ er das Orchester, wurde später an der Leipziger Musikhochschule erst Dozent, dann Professor für Violoncello und Viola da gamba (und war als solcher der erste Hochschul-Gambenlehrer in der DDR). Ins Gewandhausorchester war noch zu seiner Zeit ein weiterer ehemaliger Thomaner gekommen, Andreas Pammler, ebenfalls ein Cellist. Anfang der 1980er Jahre folgten zwei weitere ehemalige Thomaner, der Bratscher Konrad Lepetit und der Kontrabassist Thomas Strauch; sie spielen heute noch im Orchester.

---

27 Die Partitur dieser Motette ist nicht in Bachs Leipziger Zeit, sondern bereits 1712/13 entstanden. Das Werk ist später Johann Christoph Bach zugeschrieben worden. Eine eindeutige Klärung der Autorenfrage konnte bislang nicht erfolgen. Vgl. Konrad Küster (Hrsg.): *Bach-Handbuch*, Kassel etc. 1999, S. 522 f.

Lehrerkollegium des Leipziger Konservatoriums von 1879, in: 150 Jahre Musikhochschule 1843–1993.
Festschrift Hochschule für Musik und Theater „Felix Mendelssohn-Bartholdy" Leipzig,
hrsg. v. Johannes Forner, Leipzig 1993, S. 49.
(Hochschule für Musik und Theater Leipzig, Archiv)

Thomaskantoren und Thomasorganisten in ihrer Beziehung zum Leipziger „Conservatorium der Musik"

Christoph Krummacher

Im Unterschied zur einstigen Residenzstadt und heutigen sächsischen Landeshauptstadt Dresden sind die bedeutenden Leipziger Musikinstitutionen aus bürgerschaftlichem Engagement hervorgegangen oder stehen durch althergebrachte vertragliche Verpflichtungen in der Trägerschaft der Kommune. Dies trifft für die Oper und das Gewandhaus ebenso zu wie, zumindest anfänglich, für das „Conservatorium der Musik", das 1843 gegründet wurde und damit die älteste deutsche Musikhochschule ist. Doch auch wenn dieser 1876 durch den sächsischen König Albert die Bezeichnung Königliches Konservatorium bewilligt wurde, war daran keine finanzielle Verantwortung des Dresdner Hofes geknüpft. Die heutige Hochschule für Musik und Theater „Felix Mendelssohn Bartholdy" wird vom Freistaat Sachsen unterhalten. Dies unterscheidet sie von Oper und Gewandhausorchester ebenso wie vom Thomanerchor, für den die Stadt seit dem Reformationsjahrhundert sogar eine fortwährende Pflichtträgerschaft innehat. Unabhängig von solchen juristischen Konstellationen der finanziellen Subventionen sind alle genannten Institutionen eng miteinander verbunden. Und dazu gehört auch die Mitarbeit von Thomaskantoren und Thomasorganisten im Dozentenkreis der Hochschule.

Es ist hier nicht der Ort, die Gründungsgeschichte des Konservatoriums darzustellen.[1] Die besondere Rolle Mendelssohns, die ungewöhnlich hochrangige Zusammensetzung der ersten Lehrergeneration und die sich infolgedessen schnell entwickelnde internationale Anziehungskraft dieser Ausbildungsstätte dürfen als bekannt vorausgesetzt werden. Vorbildhaft für weitere ähnliche Gründungen in Deutschland und anderen Ländern waren nicht nur Mendelssohns – den örtlichen Notwendigkeiten geschuldete – Idee einer „Orchesterschule" sowie einer Systematisierung professioneller Ausbildung von Instrumentalisten und Sängern, sondern auch der zugrunde liegende Anspruch, der im Prospekt von 1843 so ausgedrückt wurde:

> „Zweck ist: höhere Ausbildung in der Musik, theoretisch wie practisch, in allen Zweigen der Musik als Wissenschaft und Kunst."[2]

Dagegen soll hier der Zusammenhang von Konservatorium und Thomasschule, vor allem in Bezug auf Thomaskantoren und Thomasorganisten, die als Lehrer am Konservatorium wirkten, untersucht werden. Zur ersten Lehrergeneration von 1843 gehörte auch der ein Jahr zuvor mit dem Amt des Thomaskantors betraute Moritz Hauptmann. Für seine Berufung nach Leipzig hatte sich nachweislich Louis Spohr eingesetzt. Gemeinhin wird auch überliefert, dass sich Mendelssohn für Hauptmann engagiert habe, wenngleich Stefan Altner darauf hingewiesen hat, im maßgeblichen Sitzungsprotokoll vom 13. Juli 1842 sei „ein Hinweis auf die Fürsprache Mendelssohns zugunsten Hauptmanns nicht zu finden, die hat es aber wohl gegeben."[3] Jedenfalls kannten sich beide gut, und es ist keineswegs auszuschließen, dass Mendelssohn an Hauptmann auch im Hinblick auf die angestrebte Gründung des Konservatoriums interessiert gewesen ist. Nach formalen Kriterien seiner bisherigen Tätigkeiten erfolgte Hauptmanns Berufung dennoch eher überraschend. Denn er brachte weder dirigentische noch spezifisch kirchenmusikalische Erfahrungen mit. Wohl aber genoss er einen hervorragenden Ruf als Pädagoge, Komponist und Bach-Kenner. Von 1843 bis zu seinem Tode 1868 gehörte er als Lehrer für Musiktheorie und Komposition dem Kollegium des Konservatoriums an. So ambivalent seine kan-

---

1 Ausführliche Darstellung u. a. in Johannes Forner: *Traditionen im Wandel der Zeit. Rückblick auf die Geschichte der Abteilungen am Konservatorium*, in: Martin Wehnert, Johannes Forner, Hansachim Schiller (Hrsg.): Hochschule für Musik Leipzig, gegründet als Conservatorium der Musik. 1843–1968, Leipzig 1968, S. 45–76; auch: Christoph Krummacher: *Felix Mendelssohn Bartholdy und die Gründung des Conservatoriums der Musik zu Leipzig*, in: Hans Joachim Marx (Hrsg.): Hamburger Mendelssohn-Vorträge, Hamburg 2003, S. 11–24.

2 Ebenda, S. 19.

3 Stefan Altner: *Das Thomaskantorat im 19. Jahrhundert,* Leipzig 2006, S. 32.

Konservatorium der Musik zu Leipzig, kolorierte Postkarte, um 1900 (Privatsammlung Stefan Altner)

torale Tätigkeit auch beurteilt wurde,[4] so eminent war sein Ansehen als Musikgelehrter und Mitbegründer der Bach-Gesellschaft. Sein Patensohn Alfred Richter äußerte sich dazu in folgender Weise:

„Eine der interessantesten Persönlichkeiten des Lehrerkollegiums und die bedeutendste, die nach dem Weggang Robert Schumanns und dem Tode Mendelssohns Leipzig überhaupt beherbergte, war Hauptmann. […] Pianist im eigentlichen Sinne des Wortes war er ja wohl nicht, Orgelspieler noch viel weniger. Als Dirigent hatte er wenig Gelegenheit, sich zu bethätigen […], denn die regelmäßig jeden Sonnabend stattfindenden Motetten wurden, wie das auch jetzt noch üblich ist, von den […] Präfekten dirigiert. Behäbig war er ja immer, auch war er, als er das Amt antrat, bereits 50 Jahre alt. […] Zu der in seiner Natur begründeten Bequemlichkeit und Gemüthlichkeit traten aber bald Beschwerden des Alters […]. Hauptmanns Bedeutung liegt auf compositorischem, ganz besonders auf speculativ-theoretischem Gebiete […]. Als Musiklehrer war Hauptmann in dessen nicht so hervorragend, wie man es nach seinen ausgezeichneten Leistungen gerade auf diesem Gebiet hätte annehmen sollen. Er besaß eben eine Gelehrsamkeit, die wohl im Stande war, einen Kreis von intelligenten Zuhörern durch geistvolle Darlegungen stundenlang zu fesseln, aber nicht einen solchen von Durchschnittsmenschen das für dieselben zu wissen Nothwendige in klarer, durchsichtiger und methodischer Weise beizubringen."[5]

Als erster Gesangslehrer des Konservatoriums war Christian August Pohlenz vorgesehen. Seit 1821 bekleidete er das Amt des Thomasorganisten, hatte sich aber neben der Direktion der Gewandhauskonzerte (bis zum Amtsantritt Mendelssohns 1835) vor allem als Gesangspädagoge einen Namen gemacht. Seine Lehrtätigkeit am Konservatorium konnte er indes nicht aufnehmen, da er drei Wochen vor dessen Eröffnung, am 10. März 1843, unerwartet verstarb.

---

4 Vgl. ebenda, S. 38.
5 Ebenda, S. 38 f.

Moritz Hauptmann (1792–1868), in: Statistik des Königlichen Conservatoriums der Musik zu Leipzig 1843–1883, hrsg. v. Karl W. Whistling, Leipzig 1883, S. 5.

Schließlich gehörte ein weiterer (späterer) Thomaskantor dem Gründungskollegium an: Ernst Friedrich Richter. Im ersten ‚Lectionsplan' von Ostern 1843 wird er noch nicht genannt.[6] Er hat seine Lehrtätigkeit wohl im Herbst 1843 aufgenommen, als der Kreis der Lehrer wegen der wachsenden Zahl von Zöglingen bereits erweitert werden musste. Wie Hauptmann hatte auch Richter eine Position als Lehrer für Kontrapunkt und Harmonielehre inne. Zu jener Zeit leitete er die Leipziger Singakademie, war als Organist tätig und übernahm 1862 in der Nachfolge von Christian Hermann Schellenberg das Organistenamt an St. Nikolai. Als solcher spielte er am 30. November 1862

das Konzert zur Einweihung der Ladegast-Orgel. 1868 wurde er als Nachfolger Hauptmanns zum Thomaskantor berufen. Seine Lehrtätigkeit am Konservatorium setzte Richter bis zu seinem Tode 1879 fort. Ihm ist offenbar eine deutliche Leistungssteigerung des Thomanerchores zu verdanken. Das Konservatorium hatte in ihm einen hoch angesehenen Theorielehrer, dessen Lehrbücher (unter anderem *Lehrbuch der Harmonie,* Leipzig 1853, *Lehrbuch der Fuge,* Leipzig 1859, und *Lehrbuch des einfachen und doppelten Kontrapunkts,* Leipzig 1872) auch internationale Verbreitung fanden und bis weit in das 20. Jahrhundert hinein neu aufgelegt wurden. Sie bildeten auch am Konservatorium für lange Zeit die Grundlage des Musiktheorieunterrichts, nach dem Urteil von Johannes Forner freilich um den Preis von dessen unübersehbar konservativer Grundhaltung.[7] Maren Goltz nennt Richter überdies auch als einen der ersten Orgellehrer am Konservatorium.[8] Dies ist aber wenig wahrscheinlich. Richters Sohn Alfred spricht in den Erinnerungen an seinen Vater nur von dessen musiktheoretischem Unterricht.[9]

1878 übernahm Wilhelm Rust das Amt des Thomasorganisten, zwei Jahre später wurde er in der Nachfolge Richters zum Thomaskantor berufen. Rust kam aus Berlin, wo er 29 Jahre lang einer bedeutenden und vielfältigen Tätigkeit nachgegangen war: als Organist der Lukaskirche, Lehrer für Musiktheorie und Komposition am Stern'schen Konservatorium und Dirigent des Bachvereins. Daneben hatte er seit 1853 maßgeblichen Anteil an der Bach-Gesamtausgabe, für die er in Berlin, wo bekanntlich ein Großteil der Bach-Autografe verwahrt wurde, unverzichtbare Arbeiten übernommen hatte. (Insgesamt 26 Bände der Gesamtausgabe gab Rust zwischen 1855 und 1881 selbst heraus.) Sein wissenschaftliches Verdienst liegt in der Übertragung philologischer Kriterien, wie sie die Geschichtswissenschaft entwickelt hatte, auf das Feld musikalischer Editionen. Zu Recht genoss Rust das Ansehen eines der bedeutendsten Musikgelehrten seiner Zeit, und hinsichtlich der Bachforschung stand er gleichrangig neben Philipp Spitta – übrigens in einem nicht immer spannungsfreien Verhältnis.

Mit Rust war ein in mehrfacher Hinsicht hoch qualifizierter und bestens ausgewiesener Musiker, Bach-Kenner und Wissenschaftler in das Organistenamt an St. Thomas berufen worden. Kaum verwunderlich ist es, dass Bachs Werke zunächst in seinem Orgelrepertoire und später auch in seiner Arbeit mit dem Chor einen deutlich gesteigerten Anteil im Vergleich zu den Amtsvorgängern einnahmen. Dass gerade dies in Leipzig mit großer Zustimmung registriert wurde, zeigt, wie am Ende des 19. Jahrhunderts das Bewusstsein zunahm, aus der Bach-Tradition einen Renommeegewinn für die Stadt und für die Stellen an St. Thomas ziehen zu können. Im Sitzungs-

---

6 Vgl. die Wiedergabe dieses Lektionsplans in: Maren Goltz: *Das Kirchenmusikalische Institut. Spuren einer wechselvollen Geschichte,* Altenburg 2001, S. 8 f.

7 Vgl. J. Forner: *Traditionen im Wandel der Zeit* (wie Anm. 1), S. 46 f.

8 Vgl. M. Goltz: *Das Kirchenmusikalische Institut* (wie Anm. 6), S. 4.

9 Vgl. S. Altner: *Das Thomaskantorat* (wie Anm. 3), S. 53.

protokoll des Rates der Stadt vom 19. Januar 1880, als über die Nachfolge Richters verhandelt wurde,[10] heißt es in bemerkenswerter Weise:

> „[…] es handelt sich darum, in dem Chordirigenten einen Mann zu finden, der mindestens auf einem bestimmten Gebiete der musikalischen Kunst Hervorragendes leistet, anerkannten Ruf hat und befähigt ist, im Allgemeinen durch seine Thätigkeit und insbesondere als Lehrer am Conservatorium dem hiesigen musikalischen Leben förderlich zu sein. Wenn diese Erwägung manchen der früher besprochenen Bewerber[11] […] ungünstig war, erweist sie sich für Herrn Dr. Rust als besondere Empfehlung. Derselbe ist, wie bei seiner Wahl zum Organisten schon hervorgehoben, einer der hervorragendsten Kenner Bachs, vielleicht der erste […]."[12]

37 Jahre nach der Gründung des Konservatoriums wurde, so selbstverständlich die bisherigen Thomaskantoren in die Lehrtätigkeit einbezogen gewesen waren, eine solche nun als zusätzlich wünschenswertes Kriterium ausdrücklich genannt. Und in der Tat war Rust bereits seit seinem Wechsel nach Leipzig als Orgellehrer am Konservatorium angestellt. Er war somit der erste Thomasorganist, der dessen Kollegium angehörte. Bisher war der Orgelunterricht die Domäne der Nikolaiorganisten gewesen, angefangen bei Carl Ferdinand Becker und später bei Robert Papperitz, während die Thomaskantoren die Fächer Musiktheorie und Komposition unterrichteten. Mit Rust begann die bis heute währende Tradition, dass die Thomasorganisten eben auch Orgellehrer am Konservatorium sind. Zu Rusts Schülern gehörte unter anderem auch Leoš Janáček, der freilich nur für ein Semester in Leipzig blieb und dessen Urteil über den Lehrbetrieb am Konservatorium ähnlich kritisch ausfiel wie dasjenige des jungen Edvard Grieg. Wie ertragreich das Halbjahr 1879/80 dennoch für Janáček war, hat Jan Racek in der Hochschulfestschrift von 1968 dargestellt.[13] Dort ist auch nachzulesen, dass Rusts Unterricht (vermutlich als Gruppenunterricht) dienstags zwischen 3 und 4 Uhr stattfand.[14] Janáčeks Enttäuschung bezog sich in diesem Falle eher auf die mangelnden Möglichkeiten zum Üben, wie er in einem Brief vom 22. Oktober 1879 darlegte: „Warum ich von der Orgel wenig schreibe? […] weil der Unterricht für nichts steht: denn wenn ich nicht auf einer Orgel üben kann, dann kann ich nicht Orgel lernen."[15] Im Lehrerzeugnis bescheinigt Rust dem jungen Tschechen: „Orgelspiel: Beweist ebensoviel Talent als Fleiß. Ich bin mit ihm sehr zufrieden und wünsche nur, daß ihm Gelegenheit geboten werde, seine Studien, die er mit seltenem Ernste betreibt, zu beendigen, um in Zukunft recht Bedeutendes zu leisten", während Carl Reinecke für das Fach Gesang nur lapidar feststellt: „Kam zuweilen."[16]

Ernst Friedrich Richter (1808–1879), in: Statistik des Königlichen Conservatoriums der Musik zu Leipzig 1843–1883, *hrsg. v. Karl W. Whistling, Leipzig 1883, S. 6.*

10 Diese Sitzung fand statt, nachdem die langwierigen Versuche, Johannes Brahms für das Kantorat zu gewinnen, gescheitert waren. Vgl. dazu die erstmals ausführliche Schilderung der Verhandlungen mit Brahms bei S. Altner: *Das Thomaskantorat* (wie Anm. 3), S. 54–69.

11 Dies bezieht sich natürlich nicht auf Brahms, der sich im Übrigen gar nicht förmlich beworben hatte. Vielmehr sind hier die zuvor in der Sitzung genannten Carl Reinecke, Theodor Kirchner u. a. gemeint.

12 S. Altner: *Das Thomaskantorat* (wie Anm. 3), S. 73.

13 Jan Racek: *Janáčeks Studienaufenthalt in Leipzig in den Jahren 1879/1880,* in: M. Wehnert, J. Forner, H. Schiller (Hrsg.): *Hochschule für Musik Leipzig* (wie Anm. 1), S. 187–199.

14 Vgl. ebenda, S. 198, Anmerkung 19.

15 Ebenda, S. 198, Anmerkung 22.

16 Ebenda, S. 194 ff.

In geringem Umfang hat Rust seine Lehrtätigkeit auch als Thomaskantor bis zu seinem Tode fortgesetzt. Sein Nachfolger als Thomasorganist wurde 1880 Carl Piutti – ein Absolvent des Konservatoriums, der dort bereits 1875 knapp 30-jährig Lehrer für Komposition geworden war. Seine Amtsführung an St. Thomas wurde – was auf Rust wohl in ähnlicher Weise zutrifft – durch den umfangreichen Umbau der Kirche in den 1880er Jahren erheblich eingeschränkt, ehe ihm ab 1889 die innovative Sauer-Orgel zur Verfügung stand. Diese dürfte vor allem seine vielfach gerühmte Improvisationskunst beflügelt haben. Von Piutti gingen zudem die ersten Impulse zu einer systematischeren und umfassenderen Orgelausbildung aus. Es hatte zwar wie gezeigt bereits seit 1843 Orgelunterricht am Konservatorium gegeben. Aber neben der im 19. Jahrhundert weitgehend an den Lehrerseminaren üblichen Organistenausbildung bot Leipzig wie auch andere Hochschulen eine höherwertige Lehre. Damit konnten im Unterschied zum landläufig niedrigen Niveau des Orgelspiels zu jener Zeit wenigstens an herausgehobenen Kirchen künstlerische Maßstäbe gewahrt werden. Gleichwohl machte Piutti auf einen Mangel im Hinblick auf das eigentliche kirchlich-liturgische Orgelspiel aufmerksam.[17] 1895 errichtete er eine Klasse für kirchliches Orgelspiel, für die sich nach Ausweis der Matrikel[18] des Konservatoriums drei Studenten einschrieben. Den Unterricht übernahm Piutti selbst. Im Jahre 1900 unterbreitete er dem Direktorium „Vorschläge für die Errichtung einer Organistenschule am Kgl. Konservatorium der Musik in Leipzig". Dr. Paul Röntsch leitete diese im November des Jahres an den Dresdner Hof weiter und schrieb begleitend dazu:

> „Allein zwischen einem Orgelspieler und einem Organisten ist ein großer Unterschied, der Orgelvirtuos ist deshalb noch kein Organist, weil er sein Instrument meisterhaft zu spielen versteht. Das Organistenamt ist ein Amt, zu dem der Organist besonders erzogen werden muß."[19]

Nur drei Wochen später willigte der König ein, und am 3. Januar 1901 beschloss das Direktorium endgültig die Errichtung der Organistenschule – ein bemerkenswert

Außenansicht des Konservatoriums, in: Einladung zur Feier des 80-jährigen Bestehens des Konservatoriums der Musik zu Leipzig, 13. Mai 1923
(Hochschule für Musik und Theater Leipzig, Archiv)

zügig abgewickelter Entschließungs- und Verwaltungsvorgang. Offenbar hatte Piutti mit seinen Vorschlägen einem konkreten Bedürfnis entsprochen. Rückblickend kann diese Gründung als erste Keimzelle des Kirchenmusikalischen Instituts angesehen werden. Im Einzelnen klingen Piuttis Vorschläge allerdings bescheiden:

> „Für die Errichtung einer Organistenschule am Kgl. Konservatorium der Musik in Leipzig dürfte es genügen, wenn mit einer (wöchentlich zweistündigen) Ausbildungsklasse und zwei (wöchentlich einstündigen) Vorklassen – einer theoretischen und einer praktischen – der Anfang gemacht wird."[20]

In jener „Directorialsitzung" vom 3. Januar 1901 wurde Piutti mit einem festen Jahresgehalt von 1200 Mark als Leiter der Organistenschule eingesetzt und der Nikolaiorganist Carl Heynsen mit der halben Vergütung zu seinem Stellvertreter ernannt. Zum Semesterbeginn im April schrieb sich Alfred Meinicke als erster Student für ‚Kirchliches Orgelspiel' in die Matrikel des Konservatoriums ein (bemerkenswerterweise übrigens auf einem zweisprachigen, deutsch-englischen Anmeldeformular). Von der weiteren Existenz dieser Organistenschule ein Bild zu gewinnen ist allerdings nicht ganz einfach. In einer Broschüre des späteren Kirchenmusikalischen Instituts heißt es 1928/29 zu dessen Vorgeschichte:

> „Um den in den kirchenmusikalischen Dienst übergehenden jungen Musikern die Möglichkeit einer besonderen Fachausbildung geben zu können, gründete Carl Piutti 1901 eine ‚Leipziger Organistenschule', die leider durch das frühe Hinscheiden des verdienstvollen Thomasorganisten zu einer größeren Entwicklung nicht gelangen konnte."[21]

---

17 Vgl. M. Goltz: *Das Kirchenmusikalische Institut* (wie Anm. 6), S. 4–14.

18 Die Auskünfte zur Matrikel sind dem Archiv der heutigen Hochschule entnommen. Für die aufwendigen Recherchen habe ich Frau Ulrike Gessendorfer zu danken.

19 M. Goltz: *Das Kirchenmusikalische Institut* (wie Anm. 6), S. 4.

20 Ebenda, S. 12.

21 Wiedergegeben in: ebenda, S. 34.

Piutti starb am 17. Juni 1902. Das Urteil, sein unerwarteter Tod sei der Grund für die ausbleibende Etablierung der Organistenschule gewesen, ist seither mehrfach wiederholt worden.[22] Eine Auswertung der Matrikel ergibt indes einen etwas anderen Befund. Zwischen 1901 und 1902 erscheint Piuttis Name bei den Neuimmatrikulierten des Orgelfachs überhaupt nicht, auch jener Alfred Meinicke war Schüler von Gewandhausorganist Paul Homeyer. Und unter den insgesamt circa 80 Orgelstudenten, die sich bis 1904 einschrieben, findet sich bei 17 Studenten der ausdrückliche Vermerk, sie hätten auch „Kirchliches Orgelspiel" bzw. die „Organistenschule" belegt, teilweise ist sogar von einem „Unter- und Obercursus" die Rede. Als Lehrer wird nahezu ausschließlich Homeyer genannt. Mit aller Vorsicht wäre also festzustellen, dass Piutti zwar eine bedeutsame Initialzündung zur Errichtung der Organistenschule gegeben hatte, an ihrer Umsetzung zwischen April 1901 und Sommer 1902 aber so gut wie gar nicht beteiligt gewesen zu sein scheint. Ob die Entwicklung den Erwartungen wirklich nicht gerecht wurde, ist schwer zu beurteilen. Piutti soll allerdings ohnehin „öffentliches Spiel Homeyer überlassen" haben, und auch sonst schwankt sein Persönlichkeitsbild zwischen gewissenhafter Wahrnehmung „seiner pädagogischen und sonstigen Verpflichtungen" und „eine[r] gewisse[n] Bequemlichkeit und Gemüthlichkeit […] die ihn aber an der vollen Verwirklichung seiner geistigen Kräfte gehindert haben".[23] Seinen Kompositionsunterricht setzte Piutti mit teilweise namhaften Studenten bis zu seinem Tode fort, und ebenso blieben einzelne seiner Kompositionen für längere Zeit in den Programmen der Thomaskirche lebendig.

1893 wurde Gustav Schreck in der Nachfolge von Rust nach längerem Interim und Verhandlungen mit anderen Kandidaten zum Thomaskantor berufen. Auch er war ein Absolvent des Konservatoriums und – nach längerem Aufenthalt in Finnland – seit 1887 dort als Lehrer für Theorie und Komposition angestellt.[24] Diese Tätigkeit übte er in geringem Umfang bis zu seinem Tode 1918 aus. Schrecks Amtsführung als Thomaskantor gilt als besonders erfolgreich. Er konnte die Leistungsfähigkeit des Chores erheblich steigern, zudem gelang es ihm, in einem gewissen Maße die Kantaten Bachs wieder im Gottesdienst heimisch zu machen.

Recht schnell nach Piuttis Tod, noch 1902, wurde Karl Straube zum Thomasorganisten berufen. Hatte er sich schon als Domorganist in Wesel einen herausragenden Ruf als Virtuose und vor allem als Interpret Reger'scher Orgelwerke erworben, so bot ihm die Thomaskirche nun die Möglichkeit, diesen Ruf zu festigen und die Programme dort um das Orgelrepertoire aller Epochen zu erweitern und zu bereichern. 1903 übernahm Straube zusätzlich die Leitung des Bachvereins. So erwarb er sich Erfahrungen und Renommee auch als Dirigent (unter anderem bei mehreren städtischen Bachfesten), die 1918 seine Wahl zum Thomaskantor fast zu einer Selbstverständlichkeit werden ließen. 1906 erhielt Straube das Angebot, die Nachfolge seines Lehrers Heinrich Reimann an der Berliner Kaiser-Wilhelm-Gedächtnis-Kirche anzutreten. Er nutzte dieses Angebot, um in überraschend direkter Weise gegenüber Superintendent Oskar Pank Forderungen für seinen Verbleib in Leipzig zu stellen.[25] Zu ihnen gehörten die „Erweiterung der Thomasorgel bis zur Größe der Nikolaikirchenorgel" und „Nicht der kleinlichen Eitelkeit wegen, sondern zur Stärkung meiner Autorität: die Verleihung des Titels eines königlichen Professors."[26] Merkwürdigerweise war Straube bis dahin in keinerlei Kontakt zum Konservatorium getreten. Erst 1907 übernahm er dort den Orgelunterricht, 1908 erfolgte die Ernennung zum Professor.[27] Zur gleichen Zeit wurde die Sauer-Orgel in St. Thomas um 23 Register erweitert; dies war übrigens schon der zweite Umbau der Orgel, da Carl Piutti bereits eine Veränderung veranlasst hatte, deren Abschluss 1902 er allerdings nicht mehr erlebte.[28] Der neuerliche Erweiterungsumbau wurde von der Firma Sauer selbst als so gravierend eingestuft, dass das Instrument im Firmenverzeichnis mit einer neuen Opuszahl versehen wurde.[29]

Straube hatte bereits 1906 nach seinem Wechsel nach Leipzig hier einige Privatschüler gewonnen, auf die Dauer legte er aber offenbar Wert darauf, im akademischen Umfeld zu unterrichten.[30] Als er in das Lehrerkollegium des Konservatoriums eintrat, bekam er das erstmalige Privileg, ausschließlich als Orgellehrer tätig sein zu dürfen. Seine Fachkollegen waren Gewandhausorganist Paul

---

22 Vgl. J. Forner: *Traditionen im Wandel der Zeit* (wie Anm. 1), S. 59; und M. Goltz: *Das Kirchenmusikalische Institut* (wie Anm. 6), S. 5.

23 Zitiert nach: S. Altner: *Das Thomaskantorat* (wie Anm. 3), S. 162, Anmerkung 656.

24 Die Angabe in Schrecks Bewerbung um das Kantorat vom 9. Juni 1882 (vgl. ebenda, S. 103 f.), er sei „1893" nach Leipzig zurückgekehrt, ist offenkundig ein Druckfehler.

25 Näheres dazu in: S. Altner: *Das Thomaskantorat* (wie Anm. 3), S. 124.

26 Ebenda.

27 Dass den Kantoren und Organisten an St. Thomas der Professoren-Titel verliehen wurde, war zwar mittlerweile fast selbstverständlich; dass der gerade 33-jährige Straube diese Ernennung forderte, sorgte in Dresden aber doch für eine gewisse Irritation.

28 Vgl. Ullrich Böhme: *Orgeln in der Thomaskirche*, in: Martin Petzoldt (Hrsg.): St. Thomas zu Leipzig, Leipzig 2000, S. 89.

29 Vgl. Christopher Anderson: *Max Reger and Karl Straube. Perspectives on an Organ Performing Tradition,* Ashgate 2003, S. 53–55.

30 Vgl. ebenda, S. 189: „It is clear that, by 1906, Straube was very interested in teaching organ students in the context of an academic position."

*Günther Ramin (1898–1956), Grafik von Carl Linke, 1946
(Hochschule für Musik und Theater Leipzig, Archiv)*

abhalten: „[...] jedoch hat Prof. Straube abgelehnt, diesen Unterricht zu erteilen."[32] Straubes Absicht war es wohl, die durch Homeyers Tod entstandene Lücke wieder zu schließen. Ob aber ein solcher Unterricht eingeführt und von wem er gegebenenfalls erteilt worden ist, lässt sich anhand der Quellen nicht mehr nachvollziehen.

Es ist hier nicht der Ort, Straubes singuläre pädagogische Bedeutung, Anziehungskraft und Ausstrahlung umfassend zu würdigen. Durch ihn, den „deutschen Organistenmacher", bekam die Leipziger Ausbildung einen Rang, der wahrscheinlich nur mit demjenigen der Pariser Dupré-Schule zu vergleichen ist. Dabei waren die Interpretationsprinzipien Straubes und Duprés höchst unterschiedlich und sind wohl nur hinsichtlich ihrer internen methodischen Stringenz und Konsequenz vergleichbar. Dies gilt auch für Straubes Unterricht nach der „kopernikanischen Wende" der Orgelbewegung, als er seinen legendären, 1913 beim Verlag C. F. Peters veröffentlichten zweiten Band der Bach'schen Orgelwerke widerrief und sich dem Ideal der Barockorgel verschrieb. Zwar wurde nunmehr auf subjektive, romantisch-changierende Dynamik zugunsten tektonisch veranlasster Manualwechsel mit moderaten dynamischen Steigerungen verzichtet. Die Prinzipien der Artikulation und (oft auftaktigen) Phrasierungen blieben indes gleich, wovon sowohl Straubes Ausgabe der *Acht Kleinen Präludien und Fugen* von 1934 (mit Registrierangaben für die Silbermann-Orgel in St. Georgen zu Rötha) als auch die genauesten handschriftlichen Eintragungen in die Notenblätter vieler seiner Schüler ein beredtes Zeugnis ablegen.

Straubes zweites nachhaltiges Verdienst im Hinblick auf die Leipziger Musikhochschule ist die Gründung des Kirchenmusikalischen Instituts (KI). Diese Gründung hatte freilich eine längere Vorgeschichte, die in der Literatur bislang verwirrend dargestellt wird – nicht zuletzt durch differente Jahresangaben auch seitens der Beteiligten selbst – und die erst durch die schon mehrfach zitierten Forschungen von Maren Goltz als einigermaßen gesichert gelten kann. Von einer durch Carl Piutti initiierten ersten Keimzelle des KI war schon die Rede. Im Jahre 1912 legte dann Thomaskantor Gustav Schreck auf Veranlassung des Landeskonsistoriums in Dresden ein Gutachten über die Notwendigkeit einer kirchenmusikalischen Ausbildungsstätte in Sachsen vor. Darin plädierte er für Leipzig als deren Sitz und verwies nicht zuletzt auf die für diese Ausbildung förderliche Nachbarschaft der Theologischen Fakultät. Der für 1914 geplante Beginn der Ausbildung wurde allerdings durch finanzielle Probleme und den Beginn des Krieges verhindert. 1919 griff Straube, inzwischen selbst Thomaskantor, die Pläne wieder auf, nunmehr allerdings insofern unter gänzlich anderen Rahmenbedingungen, als die neue Wei-

Homeyer (* 1853) und der bis 1926 amtierende Nikolaiorganist Carl Heynsen (* 1859) – beide gehörten also einer deutlich älteren Organistengeneration an. Und so ist es verständlich, dass Straube selbst meinte, er sei „für die Jugend jener Zeit der begehrte, wenn auch revolutionäre und gefährliche Lehrer" gewesen.[31] Dass mit seinem Lehrbeginn am Konservatorium Regers Orgelwerke einen festen Platz im Unterrichtsplan bekamen ist nicht verwunderlich. Am 27. Juli 1908 starb Homeyer. Am 30. März 1909 beantragte Straube während der „Directorialsitzung", „[...] Unterricht im kirchlichen Orgelspiel Mittwochs und Sonnabends von 4–6 Uhr Nachmittags für sämtliche Schüler des Orgelspiels als nicht obligatorisch einzuführen [...]", wollte ihn jedoch nicht selbst

---

31 So überliefert von Wilibald Gurlitt im Nachwort zu: Karl Straube: *Briefe eines Thomaskantors*, hrsg. v. Wilibald Gurlitt und Hans-Olaf Hudemann, Berlin 1959, S. 234.

32 Protokoll der ‚Directorialsitzung', zitiert nach M. Goltz: *Das Kirchenmusikalische Institut* (wie Anm. 6), S. 15.

marer Verfassung mit der Trennung von Staat und Kirche auch die angestammte Symbiose von Lehrer- und Kantorenberuf aufgehoben hatte, weshalb die Kirche nun ein eigenes Interesse an der Neuorganisation des kirchenmusikalischen Dienstes haben musste. Mit neuen Kirchenmusikergesetzen und Stellenplänen trugen die Kirchen in den folgenden Jahren dem auch Rechnung. 1921 kam es zur Gründung eines Instituts für Kirchenmusik, das allerdings bald in den Strudel allgemeiner finanzieller Probleme der Musikhochschule geriet. Verhandlungen mit der Sächsischen Landeskirche mündeten schließlich am 1. April 1926 in die Gründung des „Kirchenmusikalischen Instituts der Evangelisch-Lutherischen Landeskirche Sachsens am Konservatorium der Musik zu Leipzig", an dessen Unterhalt sich die Landeskirche mit einer größeren Startfinanzierung und regelmäßigen jährlichen Zahlungen beteiligte. Die Leitung des Instituts hatten Max Pauer, der Direktor des Konservatoriums, und Karl Straube inne. Dessen Schüler, der junge Thomasorganist Günther Ramin, übernahm neben Straube das Fach ‚Virtuoses Orgelspiel'. Entscheidend ist allerdings der Fächerkanon insgesamt, der nun erstmals auch kantoral-dirigentische und liturgische Bildung einschloss und damit die Voraussetzungen für ein Kantoren- und Organistenamt im zeitgemäßen Sinne erfüllte.[33] Das Leipziger KI wurde damit zum Vorbild für neu entstehende kirchenmusikalische Ausbildungsstätten an staatlichen Hochschulen und Kirchenmusikschulen. Welches Ideal musikalischer Bildung in der Verbindung von handwerklicher respektive künstlerischer, musikgeschichtlich-wissenschaftlicher, philosophischer und geistlicher Bildung Straube selbst vertrat (und auch verkörperte), hat er wiederholt dargelegt, beispielsweise in einem Brief an Siegmund von Hausegger vom 30. Mai 1924:

> „Ich glaube, die Form der Hochschule muß so gewählt werden, daß die Schüler in den Spezialgebieten den äußeren Schliff und ein möglichst fundiertes Wissen bekommen, wobei die musikalische Bildung eigentlich Voraussetzung ist; dazu treten aber Vorlesungen allgemeiner Natur: Einführung in die Philosophie, das Wesen der Religion, Bildende Künste und Dichtkunst, die Zwangsvorlesungen für alle Schüler sind und deshalb auch Examensfächer."[34]

Bei allen notwendigen Veränderungen, die seither eingetreten sind, stellt dieser ideale Anspruch an die kirchenmusikalische Ausbildung einen bis heute gültigen Maßstab dar.

Das weitere Schicksal des KI, seine Verstrickungen im Nationalsozialismus, seine Schließung im Zuge der nationalsozialistischen Hochschulreform 1941, sein zwischenzeitliches Wiederentstehen nach 1945, seine strukturelle und inhaltliche Einebnung – bei Fortbestehen der Organistenausbildung – zu DDR-Zeiten bis hin zur Neugründung 1992: All diese Entwicklungen sollen nicht Gegenstand der vorliegenden Ausführungen sein, doch so viel ist sicher: In dieser so wechselvollen Geschichte der Orgel- respektive Kirchenmusikausbildung blieb die Verbindung zu den Amtsträgern an St. Thomas im Wesentlichen stets erhalten. So gehörte Straube, der das Thomaskantorat 1940 aufgab, noch bis 1948 dem Lehrkörper an, Ramin unterrichtete am KI zunächst als Thomasorganist und dann als Thomaskantor (ab 1940) bis zu seinem Tode 1956 und hatte in den letzten Jahren auch die Leitung des Instituts inne. Thomasorganist Hannes Kästner, ein ehemaliger Schüler von Ramin, setzte ab 1960 zunächst als Lehrbeauftragter beziehungsweise Honorarprofessor und ab 1984 als hauptberuflicher Professor – unter Aufgabe seines Amtes an St. Thomas – diese Kontinuität fort. Damit und verstärkt durch weitere Dozenten wie die Professoren Robert Köbler, Wolfgang Schetelich und Georg Trexler (sie alle waren Absolventen der Hochschule und Schüler Straubes beziehungsweise Ramins gewesen) wurde auch inhaltlich die Straube-Ramin-Tradition fortgesetzt, was, vorsichtig geurteilt, hinsichtlich der Bach-Interpretation zu gewissen Abschottungen gegenüber aufführungspraktischen Fragestellungen führte, hinsichtlich der Reger-Interpretation aber eine spezifische Leipziger Authentizität bewahren half.

Die alte Tradition der Lehrtätigkeit von Thomaskantoren am KI wurde allerdings in den 1950er Jahren mehrfach unterbrochen: Kurt Thomas, selbst einst Schüler des KI und Dozent sowie verdienstvoller Leiter der Institutskantoreien bis 1934, nahm als Thomaskantor zwischen 1957 und 1960 ebenso wenig eine Lehrtätigkeit auf wie der ihm nachfolgende einstige Straube-Schüler Erhard Mauersberger oder Hans-Joachim Rotzsch. Erst nach der Wiedergründung des Instituts 1992 wurden personelle Fäden neu geknüpft, als 1994 Thomaskantor Georg Christoph Biller zum Honorarprofessor für Chordirigieren und Thomasorganist Ullrich Böhme zum Honorarprofessor für Künstlerisches Orgelspiel an der Hochschule ernannt wurden. Bei beiden handelt es sich um frühere Absolventen der Hochschule, und Biller ist der erste Thomaskantor überhaupt, der mit der Chorleitung das genuine Fach eines Thomaskantors übernommen hat. Im Unterschied zu Biller waren alle seine Vorgänger als Orgellehrer oder als Lehrer für Musiktheorie beziehungsweise Komposition tätig gewesen.

---

33 Vgl. zu Einzelheiten M. Goltz: *Das Kirchenmusikalische Institut* (wie Anm. 6), S. 16–21 u. S. 28–31; siehe den Vertrag mit der Landeskirche von 1926 in: ebenda, S. 30.

34 Vgl. K. Straube: *Briefe eines Thomaskantors* (wie Anm. 31), S. 48–51, hier S. 50.

Wurde im Rahmen dieses Beitrages der Blick bisher sozusagen von der Thomaskirche zur Hochschule gerichtet, so ist doch auch die umgekehrte Blickrichtung bewusst zu machen – bislang war davon nur unterschwellig die Rede. So waren zahlreiche Kirchenmusiker an St. Thomas auch ehemalige Absolventen der Hochschule: zunächst Carl Piutti und Gustav Schreck, dann seit Günther Ramin sämtliche Kantoren und Organisten bis hin zu den heutigen Stelleninhabern. So viel die Hochschule den jeweils in der Thomaskirche amtierenden Kirchenmusikern verdankt und so sehr von ihnen zumal im 20. Jahrhundert schulbildende Impulse ausgegangen sind, so sehr muss man doch zugleich von einer Wechselwirkung sprechen, die sich in den letzten 90 Jahren verstärkt hat und die wohl auch ein bisschen typisch für Leipzig ist: Die Führungskräfte an den bedeutenden musikalischen Institutionen der Stadt rekrutieren sich in markanter Weise auch aus den Absolventen der eigenen Musikhochschule. In der fast 170-jährigen Geschichte des Konservatoriums, der heutigen Hochschule für Musik und Theater, bestand eine kontinuierliche personelle Verbindung der Bildungsstätte zu den kirchenmusikalischen Amtsträgern von St. Thomas. So selbstverständlich dies sein mag, so ungewöhnlich mag es doch erscheinen, dass die Thomaskantoren nicht in ‚ihrem' Fach – der Chorleitung –, sondern als Kompositions- und später als Orgellehrer tätig waren, während die Thomasorganisten erst relativ spät überhaupt zum Kreis der Dozenten zählten.

Schließlich wäre eine dritte Perspektive anzudeuten. Haben doch, in welcher Konstellation auch immer, die Studenten der Musikhochschule und zuvörderst diejenigen der Kirchenmusik durch die personelle und sachliche Nähe zur Thomaskirche unschätzbare, prägende Studieneindrücke gewinnen können. Über dieses weitere, nicht unwesentliche Zusammenspiel von Musikhochschule und Thomaskirche kann aber von ‚außen' schwerlich berichtet werden, es liegen dazu verständlicherweise kaum schriftliche Zeugnisse vor. Allerdings spielt es in der persönlichen Ausbildung und individuellen Erinnerung der Studenten und Absolventen mit Sicherheit eine bedeutende Rolle.

Karl Straube, Gemälde von Amalie Baumann, 1950
(Archiv des Thomanerchores, Foto: Stefan Altner)

Musikinstrumente für Karl Straube und die Interpretation von Bach'scher Musik

Eszter Fontana

Ob die Thomaner Paul de Wits Ausstellung alter Musikinstrumente kannten, die seit 1886 in der Thomasschule gegenüberliegenden Bosehaus öffentlich zugänglich war – also im gleichen Areal, in dem die Thomaner ihren wöchentlichen Dienst absolvierten –, ist nicht überliefert. Doch es ist davon auszugehen, dass eine rege Verbindung zwischen den Institutionen bestand, die sich der Wiederbelebung der alten Musik verschrieben hatten, nämlich den Thomaskantoren, den Akteuren der am 27. Januar 1900 gegründeten Neuen Bachgesellschaft und Paul de Wit.[1] Zur damaligen Zeit sorgten mehrere Entscheidungen der Stadtväter für Aufregung in den Reihen der Hüter der Bach'schen Tradition. Dazu gehörten das Schicksal des beim Thomaskantor Wilhelm Rust aufbewahrten Bach-Flügels,[2] der Abriss der alten Johanniskirche mit der Scheibe-Orgel im Jahre 1894[3] und der geplante Abriss der Thomasschule,[4] die 1902 dem Thomashaus, der Superintendentur, weichen musste. Der Neubau am Thomaskirchhof wurde stilistisch der in den Jahren 1884–1889 umgestalteten Thomaskirche angepasst und im neugotischen Stil errichtet. Die Johanniskirche in der Ostvorstadt wurde 1894–1897 nach Plänen von Hugo Licht im Stil des Neobarock wieder aufgebaut. Paul de Wit bedauerte zutiefst, dass die alte Orgel in der Johanniskirche, 1743 von Johann Scheibe erbaut und gemeinsam mit dem Leipziger Orgelbaumeister Zacharias Hildebrandt von Johann Sebastian Bach geprüft, abgerissen und damit ein Ort der Erinnerung vernichtet werden sollte. So erwarb de Wit im Januar 1900 den Spieltisch der Orgel, eine Prospektpfeife[5] und die Orgelbank, um zumindest diese Teile der Nachwelt zeigen zu können.[6] Man konzentrierte sich damals beim Andenken Bachs seltsamerweise ausschließlich auf die Suche nach Bachs Gebeinen auf dem alten Johannisfriedhof. Nach einer wissenschaftlichen Untersuchung und künstleri-

---

1 Vgl. Eszter Fontana: *Annäherungen an die Alte Musik – Leipziger Protagonisten einer „Bewegung"*, in: 600 Jahre Musik an der Universität Leipzig. Studien anlässlich des Jubiläums, hrsg. v. Eszter Fontana, Wettin OT Dößel 2010, S. 327–336. Paul de Wit war im Jahr 1907 noch Mitglied der Neuen Bachgesellschaft. Vgl. [o. A.]: *Drittes deutsches Bachfest in Eisenach 26. bis 28. Mai 1907. Fest- und Programmbuch*, Leipzig 1907, S. 26.

2 Vgl. [Paul de Wit]: *Der Flügel Joh. Seb. Bach's*, in: Zeitschrift für Instrumentenbau (ZfI) 10, Nr. 36 (21. September 1890), S. 429–432. Weitere Literatur: Dieter Krickeberg: *Über die Herkunft des Berliner „Bach-Cembalos"*, in: Jahrbuch des Staatlichen Instituts für Musikforschung Preußischer Kulturbesitz, hrsg. v. Günther Wagner, Berlin 1996, S. 86–91; Konstantin Restle: *Versuch einer historischen Einordnung des „Bach-Cembalos"*, in: ebd., S. 102–112; Martin Elste: *Meilensteine der Bach-Interpretation 1750–2000. Eine Werkgeschichte im Wandel*, Stuttgart 2000, S. 73–74.

3 Vgl. [Paul de Wit]: *Die Bach-Orgel der alten Johanniskirche in Leipzig*, in: ZfI 20, Nr. 34 (1. September 1900), S. 989–990.

4 Paul de Wit rettete einige Objekte der alten Thomasschule: 1902 erwarb er ein Hausnummernschild, ein Laufrad mit Schellen und eine „gusseiserne Ofenplatte [...] aus dem ehemaligen Bachzimmer". Paul de Wit: *Katalog des musikhistorischen Museums von Paul de Wit Leipzig*, Leipzig 1904, S. 178. Nur die Ofenplatte aus dem Jahr 1706 blieb erhalten (Inv.-Nr. 2569).

5 Inv.-Nr. 294: „Aus poliertem Zinn und mit spiralförmigen Windungen verziert. Tonhöhe etwa f1, Höhe etwa 74 cm". Georg Kinsky: *Musikhistorisches Museum von Wilhelm Heyer in Cöln. Katalog*, Bd. 1: *Besaitete Tasteninstrumente, Orgeln und orgelartige Instrumente, Friktionsinstrumente*, Köln 1910, S. 327.

6 Der Versuch, die Reliquien nach London zu verkaufen, war gescheitert. Der aus der Orgel herausgerissene Spieltisch (Inv. Nr. 262.1) musste für die Ausstellung im Bosehaus zurechtgezimmert werden. Er war, zusammen mit der Orgelbank (Inv. Nr. 262.2), auch in Köln und zwischen 1929 und 1943 im neuen Grassimuseum ausgestellt. Der Spieltisch wurde während des Zweiten Weltkrieges stark beschädigt. Nach einer gründlichen Konservierung und nach der Ergänzung der seit dieser Zeit fehlenden Klaviatur nach Dokumenten und historischen Vorlagen ist er seit 2010 wieder im Bosehaus zu sehen, als Leihgabe des Museums für Musikinstrumente in der neuen Bach-Ausstellung. Vgl. Markus Brosig: *Ein frühes Dokument der Bach-Verehrung. Der Orgelspieltisch der ehemaligen Johanniskirche Leipzig*, in: Bach Magazin 15 (2010), S. 47; Kerstin Wiese, Maria Hübner: *Bach-Museum Leipzig. Museumsführer*, Leipzig 2010, S. 31–33.

Der ‚Bach-Flügel'
(Kunstbeilage der Zeitschrift für Instrumentenbau, 10. Jg. Nr. 36,
21. September 1890)

damaliger Zeit ebenso gut wie die heutigen auf eigentümliche und wesentliche Eigenschaften ihrer Instrumente rechneten."[11]

Die Beschäftigung mit Bachs Cembalokonzerten weckte das Interesse des Bachforschers für die alten Tasteninstrumente.[12] Rust erwarb, vielleicht noch während seiner Berliner Zeit, ein altes Cembalo, das bald das Attribut ‚Bach-Flügel' bekam.[13] Das zweimanualige Instrument, von Johann Heinrich Harrass d. J. (1707–1778) erbaut, hatte einen Tonumfang von F_1 bis f^3 und eine Disposition von 16', 8', 8' und 4' Registern.[14] Rust, der seit 1878 zuerst als Thomasorganist, danach als Thomaskantor in Leipzig tätig war, wollte einen Ort für Bachs Gedenken schaffen. Im Jubiläumsjahr 1885 wurde zur Erinnerung an Bachs Begräbnisstätte eine Gedenktafel an der Südseite der Alten Johanniskirche angebracht. Gleichzeitig begann man mit der Sammlung von Spenden für ein großes, würdiges Bachdenkmal; hierfür wurden auch Konzerteinnahmen des Riedel- und des Bachvereins verwendet.[15] Rust setzte sich dafür ein, dass in der alten Thomasschule „ein

schen Auswertung[7] sollten diese ihren endgültigen Platz in der Thomaskirche finden.

Der Umgang mit den historischen Bauten spiegelte sich auch in anderen Bereichen des Lebens wieder. Man beschäftigte sich ernsthaft mit dem Klang früherer Zeiten und verwies auf die erhaltenen alten Musikinstrumente in den Sammlungen etwa in Leipzig und Berlin,[8] die eine Annäherung an das alte Klangbild hätten ermöglichen können. Thomaskantor Gustav Schreck hielt es im Jahre seines Amtsantritts 1893 „für eine Pflicht die Bach'schen Cantaten in möglichst getreuer Original-Instrumentation aufzuführen"[9]. Erwartungsgemäß kam man in einer vom Historismus geprägten Zeit zu der Schlussfolgerung, dass die alten Kompositionen, verbunden mit den Errungenschaften des modernen Instrumentenbaus, die bestmögliche Lösung für den Vortrag älterer Musik bieten würden. So empfiehlt auch Wilhelm Rust für die für besaitete Tasteninstrumente vorgesehenen Werke Bachs ein modernes Klavier. Rust, seit der Gründung Mitglied der Leipziger Bachgesellschaft, seit 1853 deren Mitarbeiter und seit 1858 Leiter der Bach-Gesamtausgabe,[10] ermutigt aber im Vorwort des 1869 veröffentlichten Bandes zur Kammermusik dazu, die Klangeigenschaften der alten Instrumente kennenzulernen und deren Eigentümlichkeiten auf die zeitgenössischen Instrumente zu übertragen:

> „Es kann und soll nicht geleugnet werden, dass unsere Pianoforte's grosse Vorzüge vor dem Cembalo haben. Allein ebenso gewiss ist auch der umgekehrte Fall. Bei Ausführung Bach'scher Claviersachen sollte deshalb stets daran gedacht werden, dass die Componisten

7 Carl Ludwig Seffner schuf eine Büste, die dem 1908 errichteten Bach-Denkmal zugrunde lag. Vgl. [o. A.]: *Ausstellung der Vorarbeiten zum Bachdenkmal im Städtischen Museum vom 15.–20. Mai*, in: Alfred Heuß (Hrsg.): **Bach-Fest anläßlich der Enthüllung des Bach-Denkmals in Leipzig. 16. bis 18. Mai 1908. Fest- und Programmbuch,** Leipzig 1908, S. 170–174, hier S. 170–171.

8 Um den Erwerb der einstigen Sammlung von de Wit nach Berlin bemühte sich u. a. der Bachforscher Philipp Spitta.

9 Zitiert nach Hans Joachim Nösselt: *Das Gewandhausorchester,* Leipzig 1943, S. 203.

10 Bach-Gesellschaft zu Leipzig (Hrsg.): *Johann Sebastians Bach's Werke,* 46 Bde., Leipzig 1851–1899.

11 Wilhelm Rust: Vorwort, in: Johann Sebastian Bach's Werke, Bd. 9: Kammermusik, hrsg. v. d. Bach-Gesellschaft zu Leipzig, Leipzig 1860, S. XIII–XIV, hier S. XIII., S. 429.

12 So stellt Rust fest, dass „[…] gut erhaltene Exemplare vollkommener Cembalo's äusserst selten geworden sind." „Ein vollständiges Cembalo, wie wir es in Berlin beim Grafen von Voss sahen […]." Rust gibt auch an, dass nach Angaben des Eigentümers das Cembalo vielfach von W. F. Bach gespielt worden sei. Vgl. W. Rust: (wie Anm. 11).

13 Rust erwarb das Cembalo vielleicht Anfang der 1860er Jahre von der Berliner Familie Voss. Über den Zeitpunkt des Erwerbs und der verschiedenen Umbauten kann nur spekuliert werden. Vgl. M. Elste: *Meilensteine der Bach-Interpretation* (wie Anm. 2), S. 74, und K. Restle: *Versuch einer historischen Einordnung des „Bach-Cembalos"* (wie Anm. 2), S. 111–112. Eine unmittelbare Bach-Verbindung konnte nicht nachgewiesen werden. Nach diesem mehrfach umgebauten Instrument wurden zahlreiche Cembali bis in die 1960er Jahre konstruiert.

14 Zu Bachs Zeiten keine ungewöhnliche Disposition. Vgl. Christian Ahrens: *Zum Bau und zur Nutzung von 16'-Registern und von Pedalen bei Cembali und Clavichorden,* in: Cöthener Bach-Hefte 8 (1998), S. 57–71; Matteo Messori: *Ein 16'-Cembalo mit Pedalcembalo von Zacharias Hildebrandt,* in: Bach-Jahrbuch 2010, S. 287–295.

Bachzimmer mit dem Flügel Bachs und einer Sammlung von Bachmanuskripten"[16] eingerichtet werden sollte. Mit diesem Gedanken konnten sich die damaligen Stadtvertreter nicht anfreunden:

> „Thomaskantor Wilhelm Rust [...] bot den Flügel der Stadt Leipzig als Geschenk an, unter der Bedingung, daß die Thomasschule in der ehemals Bach wohnte, erhalten bliebe. Doch war deren Abbruch bereits fest beschlossen."[17]

Rust aber habe „[...] auf sein Angebot überhaupt keine Antwort erhalten; in Leipzig habe man Interesse weder für den Flügel noch für Bach überhaupt."[18] So konnte Rust den Abriss der alten Thomasschule zwar nicht verhindern, den Flügel aber überließ der grollende Kantor dem ihm befreundeten Paul de Wit.[19]

> „Rust machte zur Bedingung, dass der Flügel, wenn er je verkauft werden sollte, nur an die Preußische Regierung abgegeben werden dürfe, weil sich in Berlin bereits die größte Sammlung von Bachmanuskripten und sonstigen Erinnerungen an ihn befinden."[20]

Dem Wunsch der Bach-Verehrer kam die Stadtverwaltung erst zehn Jahre später entgegen, im Jahre 1900, als sie 10 000 Mark für die Errichtung eines Bachdenkmals bewilligte.[21]

Immer wieder finden sich Berichte über den Einsatz von wertvollen historischen Instrumenten für die Aufführung alter Musik. Dafür wurden sie einer größeren, meist von Klavierbauern erledigten Reparatur unterzogen. So geschah es mit dem 1769 erbauten Cembalo von Pascal-Joseph Taskin,[22] das seit Mitte der 1860er Jahre der berühmte Klaviervirtuose Louis-Joseph Diémer für seine Konzerte in Paris verwendete, und auch mit dem Bach-Flügel im Besitz von Wilhelm Rust. Er soll sich bei Paul de Wit erkundigt haben, wem wohl die Aufgabe anvertraut werden könne. Das 1890 eintreffende Kaufangebot aus Berlin[23] setzte schließlich einen Termin und so wurde im selben Jahr das alte, bereits mehrfach umgebaute Cembalo „unter den geschickten Händen des Instrumentenmachers Herrn Hermann Seyffarth[24] wieder vollständig hergestellt und spielbar gemacht [...]"[25].

Beeinflusst von Rusts Wirken und auch von Spittas monumentalem Werk über Bach,[26] wurden für die seit den 1880er Jahren regelmäßig veranstalteten Aufführungen von älterer Musik[27] Klaviere bevorzugt, die nach den neuesten Entwicklungen gebaut waren:

> „Daß unser moderner Flügel dieses Instrument ist, sieht ein jeder. Nichts kann verkehrter sein, als zur Ausführung Bachscher Clavierstücke sich das Clavichord zurückzuwünschen, oder gar das Cembalo, das für Bachs Kunstübung überhaupt die wenigst selbständige Bedeutung gehabt hat; dies mag für Kuhnau, für Couperin und Marchand passen, Bachs Gestalten verlangen ein wallendes Tongewand [...]."[28]

Diese Ansichten waren gegen Ende des 19. Jahrhunderts nicht mehr haltbar, man sah den Ausweg im modernisierten Cembalo:

> „Das moderne Piano übertönt das Orchester trotz seiner hundert Stimmen, seiner Posaunen, Pauken und Becken. Das Ziel ist überschritten worden; diese schrecklichen eisengepanzerten Kampf-Pianos verlangen ein athletisches Spiel."[29]

Ähnlich verhielt es sich beim Einsatz der Trompete. In Leipzig hatte die Vorführung Bach'scher Musik bereits seit Mitte des 19. Jahrhunderts Tradition, allerdings galt die Technik des Clarinblasens, das heißt des Spielens einer Naturtrompete in den höheren Registern, als vergessen. Auch die Konstruktion der Trompete änderte sich: Die seit Mitte des 19. Jahrhunderts verwendete Ventiltrom-

---

15 Vgl. Eugen Segnitz: *Das Denkmal Joh. Seb. Bachs in Leipzig. Zur Geschichte des Denkmals*, in: Neue Musik Zeitung 29 (1908), S. 378.

16 Paul Daehne: *Paul de Wit's Leben und Wirken*, in: ZfI 46, Nr. 7 (1. Januar 1926), S. 321–325, hier: S. 324. Noch im gleichen Jahr erwarb die „Königliche Sammlung alter Musikinstrumente" in Berlin das Instrument zum Preis von 10 000 Goldmark. Diesen Höchstpreis für die damaligen Verhältnisse galt es für den Namen Bach zu entrichten.

17 Ebenda.

18 Eszter Fontana: *Mythos Bach-Flügel* (Reihe Bachs Instrumentarium), in: Bach Magazin 14 (2009), S. 44.

19 P. Daehne: *Paul de Wit's Leben und Wirken* (wie Anm. 17), S. 324.

20 E. Fontana: *Mythos Bach-Flügel* (wie Anm. 18), S. 44.

21 Es ist auffallend, dass die Höhe des Zuschusses mit dem Kaufpreis des sogenannten Bach-Flügels identisch war. Vgl. auch: Zeitschrift der Internationalen Musikgesellschaft 2 (1900), Heft 2, S. 54.

22 Heute in der Russel-Collection, Edinburgh, Inv.-Nr. 4329.

23 Die ersten zwei Sammlungen von Paul de Wit wurden in den Jahren 1888 und 1890 von der Preußischen Regierung für die „Königliche Sammlung Alter Musikinstrumente" erworben.

24 Hermann Seyffarth (1846–1933), der seit 1882 eine Klavierreparaturwerkstatt führte, übernahm im Jahre 1884 die Pflege der Sammlung de Wit. Vgl. Eszter Fontana: *Zur Geschichte des Museums für Musikinstrumente der Universität Leipzig*, in: 600 Jahre Musik an der Universität Leipzig. Studien anlässlich des Jubiläums, hrsg. v. Eszter Fontana, Wettin OT Dößel 2010, S. 285–326, hier S. 288.

25 [o. A.]: *Leipziger Bach-Erinnerungen*, in: Die Sachsenwarte VI, Nr. 7 (15. September 1900), zitiert nach einem maschinenschriftlichen Auszug aus dem Beitrag im Archiv des Museums für Musikinstrumente, Zeitpunkt der Abschrift unbekannt, vor 1950.

26 Philipp Spitta: *Johann Sebastian Bach*, 2 Bde., Leipzig 1873/1880.

27 Vgl. E. Fontana: *Annäherungen an die Alte Musik* (wie Anm. 1).

28 Philipp Spitta: *Johann Sebastian Bach*, Bd. 1, Leipzig 1873, S. 655.

29 [Camille Saint Saëns]: *Betrachtungen von C. Saint Saëns über die Musik und Musikinstrumente gelegentlich der Pariser Weltausstellung*, in: ZfI 10, Nr. 4 (1. November 1889), S. 44, 46, hier S. 44.

D-Trompete, Gebrüder Alexander, Mainz, 1908
(Museum für Musikinstrumente der Universität Leipzig, Inv.-Nr. 5228, Foto: Marion Wenzel)

pete unterstützte die tiefen Töne, ihre Gesamtrohrlänge schrumpfte nun auf fast die Hälfte eines Barockinstrumentes. Die Ventile ermöglichten zwar die Chromatik, nicht aber das Blasen sehr hoher Töne, wie sie beispielsweise für die Werke Bachs, unter anderem für die *h-Moll-Messe* oder das *Zweite Brandenburgische Konzert*, benötigt werden. Den Ausweg zur Überwindung der technischen Schwierigkeiten bei den hohen Tönen sah man in dem Einsatz von Holzblasinstrumenten wie Klarinetten[30] oder Heckelphonen[31]. So geschah es auch im November 1900, als unter dem Dirigat von Richard Strauß das *Zweite Brandenburgische Konzert* von Johann Sebastian Bach auf dem Programm des dritten Symphoniekonzerts der Königlichen Kapelle in Berlin stand. Hierfür wurde das Bach'sche Werk „von Philip Wolfrum, einem hervorragenden Kenner des Bach'schen Stils für den Konzertgebrauch"[32] bearbeitet und mit einer selbstständigen Cembalostimme versehen.

Man kann die Ratlosigkeit eines Orchestermusikers um 1900 erahnen, der sich zum ersten Mal mit einer Trompetenstimme konfrontiert sah, die für das damals übliche F-Instrument bestimmt war, aber ungewohnt hohe Töne verlangte. In so einem Fall war es üblich, die gefährlich hohen Töne einfach nach unten zu oktavieren. Es gab zwar schon eine spezielle Konstruktion,[33] aber Strauß war mit keiner dieser Möglichkeiten zufrieden:

> „Die heutigen, sogenannten Bach-Trompeten[34], abgesehen davon, daß sie die von Bach in diesem Konzert verlangte Höhe nicht erreichen, sind auf alle Fälle viel zu schreiend, um in diesen zartem Werke der Kam-

---

30 Über diese Praxis wurde noch im Jahre 1950 berichtet. Vgl. Walter Stöver: *Die problematischen hohen Trompeten*, in: Neue Musikzeitschrift 4 (1950), S. 130.

31 Das Instrument in hoher f-Stimmung wurde im Jahre 1904 erfunden. Es hat eine konische Bohrung und einen kugelförmigen Schallbecher. Die Klappen werden nach dem deutschen oder nach dem französischen Oboen-Klappensystem angeordnet. Richard Strauß gehörte zu den ersten Anwendern des Heckelphons.

32 Richard Strauß, zitiert nach einem Diskussionsbeitrag. [Paul de Wit]: *Die hohen Bach-Trompeten*, in: ZfI 30, Nr. 6 (21. November 1909), S. 194–195, hier S. 195.

33 Vgl. Edward Tarr: *Die Trompete. Ihre Geschichte von der Antike bis zur Gegenwart*, 3., überarb. Aufl., Mainz 1994, S. 122–124.

34 Auf Anraten des Trompeters der Königlichen Kapelle in Berlin, Julius Kosleck (1825–1905), im Jahre 1881 entwickeltes langes, gerades Instrument in A mit zwei Ventilen, das erstmals anlässlich der Enthüllung des Bach-Denkmals im September 1884 erklang. Vgl. Herbert Heyde, *Das Ventilblasinstrument,* Leipzig 1987, S. 199.

mermusik angewendet zu werden. Die verschiedenen Bearbeiter dieses Konzerts haben sich damit geholfen, daß sie die meisten hohen Stellen der Trompete einfach eine Oktave tiefer blasen ließen, was sicher nicht in Bach's Sinne ist, da dadurch aus einer Oberstimme eine Mittelstimme gemacht wird. Ich bin nun auf den Ausweg verfallen, die hohen Solostellen der *F*-Trompete von dem von Wilh. Heckel in Biebrich a. Rhein neu erfundenen Pikkolo Heckelophon blasen zu lassen, das mir, wenn es auch mehr Oboencharakter hat, als ein gutes Äquivalent erscheint. […] ich bin vom Buchstaben Bach's abgewichen, so glaube ich doch im Sinne Bach's gehandelt zu haben. […] Diese nach mannigfachen Experimenten zustande gekommene Bearbeitung dürfte immerhin das von Bach erschaute Klangbild bis jetzt am genauesten wiedergeben, solange bis ein findiger Instrumentenmacher endlich eine hohe Trompete erfunden hat, die in den Kammermusikcharakter des Werkes passt und sich als leichtes Soloinstrument mit Geige, Flöte und Oboe mischt, statt alle selbstständigen Stimmen neben sich einfach totzuschlagen."[35]

Die Instrumentenbauer offerierten nun kleine Trompeten mit höher liegendem Grundton. Die ersten dieser Instrumente, in hoher D-Stimmung, kamen seit Anfang der 1870er Jahre aus der Brüsseler Instrumentenfabrik von Charles Mahillon, der selbst ein großer Förderer der Wiederbelebung alter Musik war. Bald schlossen sich andere Hersteller an, etwa 1885 die Mainzer Gebrüder Alexander. Auf diese Firma und ihre Neukonstruktion von hohen Trompeten wies bereits Paul de Wit in seinem Diskussionsbeitrag anlässlich der in der *Zeitschrift für Instrumentenbau* publizierten und in den Fachkreisen scharf kritisierten Ansichten von Richard Strauß hin.[36]

1908 ersuchte Franz Herbst (1873–1962), zwischen 1899 und 1936 Solotrompeter des Gewandhauses, um den Ankauf zweier hoher D-Trompeten „zur Ausführung der außerordentlich hochliegenden Trompetenparthien in den Bachschen Werken".[37] Möglicherweise wurde der Antrag aus finanziellen Gründen abgelehnt. Schließlich war es der Leipziger Musikverlag Lauterbach & Kuhn, der das Geld für die Instrumente bereitstellte.[38] Das Ereignis, das die hohe Trompete erforderlich machte, war das dreitägige Leipziger Bachfest[39] unter der Leitung des Chorleiters und Thomasorganisten Karl Straube[40], in dessen Mittelpunkt am 17. Mai 1908 die Enthüllung des vom Bachverein in Auftrag gegebenen und von Carl Ludwig Seffner geschaffenen neuen Bachdenkmals stand. Wahrscheinlich trafen die Trompeten erst nach der Drucklegung des Programmheftes ein – also in letzter Minute. Darauf lässt schließen, dass die Trompeter in der Liste der Mitwirkenden im ausführlichen Programmheft keine Erwähnung finden, obwohl die Trompete gleich zu Beginn des Werkes eine herausragende Rolle spielt. „Die Trompeten […] müssen Figuren ausführen, die auch auf der früheren Trompete eine besondere Leistung gewesen sein müssen."[41] Eines dieser Instrumente blieb erhalten,[42] mit Gravuren auf dem Schallbecher, die den Hersteller, den Auftraggeber und auch den Anlass nennen: „Gebr. Alexander / Hofinstrumentenfabrik / Mainz" – „Karl Straube und dem Bachverein gew[idmet]. von Karl Lauterbach und Dr. Max Kuhn[43] 15. 5. 08".

Die Karl Straube gewidmete Trompete, die heute die ständige Ausstellung des Museums für Musikinstrumente

---

35 Richard Strauß, zitiert nach [Paul de Wit]: *Die hohen Bach-Trompeten* (wie Anm. 32), S. 195. Siehe auch: Wilhelm Altenburg: *Ein kleiner Nachtrag zu dem Artikel in Nr. 6: Die hohen Bach-Trompeten*, in: ZfI 30, Nr. 7 (1. Dezember 1909), S. 227–228; Hermann Pietzsch: *Nochmals die Bach-Trompeten-Frage*, in: ZfI 30, Nr. 11 (11. Januar 1910), S. 375.

36 Vgl. W. Altenburg: *Ein kleiner Nachtrag* (wie Anm. 35), S. 227.

37 Zitiert nach H. J. Nösselt: *Das Gewandhausorchester* (wie Anm. 9), S. 204.

38 Die enge Verbindung zwischen dem Verlag Lauterbach & Kuhn und Max Reger ist bekannt. Ebenso die Freundschaft zwischen Reger und Straube. Vgl. Susanne Popp, Susanne Shigihara (Hrsg.): *Max Reger. Briefwechsel mit dem Verlag C. F. Peters* (Veröffentlichungen des Max-Reger-Institutes Elsa-Reger-Stiftung Bonn 13), Bonn 1995.

39 Die Feierlichkeiten begannen am Abend des 15. Mai 1908 mit einem Orgelkonzert mit Adolf Hamm. Die Trompeten benötigte man am 16. Mai für die Aufführung des *Magnificat* BWV 243 (1723). Vgl. [o. A.]: *Fest- und Programmbuch* (wie Anm. 7), S. 135.

40 Straube hatte diese Ämter seit 1903 inne. Er setzte neue Akzente in der Aufführung Bach'scher Werke. Bereits 1904 wurde das *Vierte Brandenburgische Konzert* mit einer kleinen Besetzung – mit 14 Mitwirkenden – aufgeführt. Er setzte sich auch für die Wiedereinführung des Cembalos ein. Vgl. Maria Hübner: *Von der „größten, gemeinsamen Rundfunk-Veranstaltung Europas": Bach Kantaten mit dem Thomanerchor und dem Gewandhausorchester unter Karl Straube*, in: Mitteldeutscher Rundfunk. Radio Geschichte(n), hrsg. v. Hagen Pfau u. Steffen Lieberwirth, S. 130–132, hier S. 130.

41 Alfred Heuß (Hrsg.): *Das Bach-Fest anläßlich der Enthüllung des Bach-Denkmals in Leipzig* (wie Anm. 7), S. 39 und Programm auf S. 131.

42 Die Trompete, wahrscheinlich im Jahre 1908 angefertigt, befindet sich derzeit in der ständigen Ausstellung im Museum für Musikinstrumente der Universität Leipzig. Sie trägt die Inv.-Nr. 5228. Vgl. auch: Eszter Fontana: *Eine Trompete für Karl Straube* (Reihe Bachs Instrumentarium), in: Bach Magazin 11 (2008), S. 23.

43 Max Kuhn (1874–1947) war Jurist, Musiker und Mitinhaber des Leipziger Verlages Lauterbach & Kuhn. Die 1902 gegründete Firma wurde im Jahre 1908 an den Verlag Bote & Bock in Berlin verkauft. Vgl. Erika Bucholtz: *Henri Hinrichsen und der Musikverlag C. F. Peters* (Schriftenreihe wissenschaftlicher Abhandlungen des Leo Baeck Instituts), Tübingen 2001, S. 115.

bereichert, wurde in der darauffolgenden Zeit regelmäßig von den Solotrompetern des Gewandhauses zur Aufführung Bach'scher Werke benutzt.[44]

Im Jahre 1889 sorgten auf der Pariser Weltausstellung neben alten Cembali[45] gleich drei Cembalo-Neukonstruktionen der bekannten Klavierbaufirmen Érard, Pleyel, Wollf, Lyon & Cie sowie des Restaurators Louis Tomassini für Aufsehen.[46] Sie waren zwar wie im damaligen Historismus üblich im Stil früherer Zeiten dekoriert, aber – vor allem das Instrument aus dem Hause Pleyel, mit sechs Pedalen, die die Register bewegten – den modernen Erwartungen angepasst.[47] Den Klang der Instrumente konnte das Publikum durch die regelmäßigen Vorführungen von Louis-Joseph Diémer[48] genießen. Mit der Ausstellung befasste sich detailliert auch die von Paul de Wit verlegte *Zeitschrift für Instrumentenbau*.[49]

„Die Pariser Firma Pleyel hat ein solches ausgestellt, welches nicht blos eine einfache Nachahmung des alten[50], sondern ein vervollkommnetes Clavicymbal ist, mit neuen Wirkungen, wie sie das alte Instrument nicht kannte. [...] Die Musik von J. S. Bach kommt so recht zur Geltung [...]."[51]

Nun beschäftigten sich mehrere Instrumentenbauer mit der Konstruktion eines Cembalos für die stilgerechte Wiedergabe alter Meister, das sowohl für Kammermusik als auch als Orchester- oder Continuo-Instrument verwendet werden konnte. Vor allem in Zentraleuropa ließ man sich vom seit 1890 im Museum in Berlin aufbewahrten Bach-Flügel inspirieren. Als Erster tat dies beispielsweise der Berliner Klavierbauer Wilhelm Hirl (1838–1905), der den Auftrag hierfür im Jahre 1899 von dem Hager Bankier, Sammler und Publizisten Daniel François Scheuerler[52] (1855–1927) bekam. Das nach modernen Grundsätzen entstandene Werk ist nach dem Urteil von Oskar Fleischer „noch nicht so glänzend und schwirrend wie sein Vorbild", doch hätte „ein bloßes mechanisches Nachbilden [...] zu nichts geführt".[53] Wenige Jahre später war es Georg Steingraeber (1858–1932), der zunächst alte italienische und deutsche Cembali sammelte und 1907 eine eigene Werkstatt in Berlin eröffnete um in der Nähe des Originals Cembali zu bauen.[54]

Für gemeinsame Diskussionen über die Bach-Interpretation bot sich ein weiteres Forum in den Ortsgruppenversammlungen der im Jahre 1898 gegründeten Internationalen Musikgesellschaft.[55] Initiator dieser Gesellschaft war Oskar Fleischer, Direktor der Königlichen Sammlung Alter Instrumente in Berlin. Zu ihren Mitgliedern zählten auch zahlreiche Leipziger Persönlichkeiten wie Paul de Wit, der Thomaskantor Gustav Schreck, Thomasorganist Karl Straube, Lehrkräfte des Musikwissenschaftlichen Seminars der Universität Leipzig,[56]

---

44 Zum Beispiel am 15. November 1909 anlässlich der Aufführung der *h-Moll-Messe* in der Thomaskirche unter dem Dirigat von Karl Straube. Neben einem modernen Blüthner-Flügel und der Sauer-Orgel erklang auch die Trompete, im Programmheft aufgeführt als „Tromba". Vgl. das Programmheft des Bachvereins: *Erstes Kirchenkonzert in der Thomaskirche. Die Hohe Messe (in H moll) von Johann Sebastian Bach*, Leipzig 1909, Titelblatt.

45 „Auf der Pariser Weltausstellung befinden sich neben einer Reihe schöner alter Clavicymbels, Clavichords und Spinetts mehrere neue Clavicymbals." In der Beschreibung werden ein Cembalo von Christian Zell, Hamburg 1728, und ein italienisches Cembalo aus dem Jahr 1678 sowie ein Hammerflügel aus dem Jahr 1787 genannt. Vgl. *Betrachtungen von C. Saint Saëns* (wie Anm. 29), S. 44.

46 Die Instrumente von Érard (Inv.-Nr. 5191), Pleyel (Inv.-Nr. 4874) und Tomassini (Inv.-Nr. 5080) befinden sich im Musikinstrumenten-Museum in Berlin. Vgl. Dieter Krickeberg: *Kielklaviere*, in: Tasteninstrumente des Museums. Staatliches Institut für Musikforschung, hrsg. v. Gesine Haase u. Dieter Krickeberg, Berlin, 1981, S. 17–56, hier S. 50–53.

47 Vgl. auch M. Elste: *Meilensteine der Bach-Interpretation* (wie Anm. 2), S. 57–58; D. Krickeberg: *Kielklaviere* (wie Anm. 46), S. 52–53.

48 Der berühmte Pianist war Mitglied der *Société des Instruments Anciens*. Er spielte das Cembalo im Jahre 1888 zum ersten Mal öffentlich. Vgl. D. Krickeberg: *Kielklaviere* (wie Anm. 46), S. 52.

49 Vgl. *Betrachtungen von C. Saint Saëns* (wie Anm. 29).

50 Die Firma studierte das Cembalo von Pascal-Joseph Taskin aus dem Jahre 1769, das Louis-Joseph Diémer gehörte. Vgl. Howard Scott: *The Harpsichord revival*, in: Early Music 2 (1974), S. 85–95; D. Krickeberg: *Kielklaviere* (wie Anm. 46), S. 52.

51 *Betrachtungen von C. Saint Saëns* (wie Anm. 29), S. 44.

52 Scheuerler war auch Vorsitzender der „Vereeniging voor Noord-Nederlands Muziekgeschiedenis". Vgl. *Viertes Verzeichnis der Mitglieder der Internationalen Musikgesellschaft. 1. Oktober 1901*, in: Zeitschrift der Internationalen Musikgesellschaft 3 (1902), Anhang, S. 16.

53 Oskar Fleischer: *Das Bach'sche Clavicymbel und seine Neukonstruktion*, in: Zeitschrift der Internationalen Musikgesellschaft 1 (1899/1900), S. 161–166, hier S. 164.

54 Das Familienunternehmen blieb in Bayreuth und wurde von seinem Bruder Burkhardt weitergeführt. Eines der Steingraeber-Konzertcembali steht im Musikinstrumenten-Museum Berlin. Seine wertvolle Sammlung schenkte er verschiedenen Museen (Deutsches Museum und Stadtmuseum München, Württembergisches Staatsmuseum etc.). Vgl. Steingraeber & Söhne (Hrsg.): *190 Jahre Klavierbau-Geschichte der Familie Steingraeber*, http://www.steingraeber.de/files/Geschichte_Steingraeber_deutsch.pdf (eingesehen: 7. Februar 2011).

55 Sie war erste internationale musikwissenschaftliche Vereinigung, um den wissenschaftlichen Austausch zu fördern. Im Jahr 1899 erschien die erste Nummer der *Zeitschrift der Internationalen Musikgesellschaft*. Die von Oskar Fleischer herausgegebene Zeitschrift wurde bei Breitkopf & Härtel verlegt und führte u. a. eine Rubrik für Berichte über die „Aufführung älterer Musik".

56 Hugo Riemann, Artur Prüfer, Universitätsmusikdirektor Heinrich Zöllner.

einzelne Musiker sowie auch Institutionen wie die Neue Bachgesellschaft und mehrere Musikverlage.[57]

In einem polemischen Beitrag in der *Zeitschrift der Internationalen Musikgesellschaft* mit dem Titel *Das Bach'sche Clavicymbel und seine Neukonstruktion* plädiert Fleischer für den Einsatz von Cembalos. Seine Ausführungen vermitteln ein Bild von den Auffassungen zum Vortrag Bach'scher Werke um 1900[58]:

„Das Clavicymbel führt den Spieler wie von selbst zu einem geruhigeren, breiteren, behäbigeren Vortrage der Bachschen Stücke und derjenigen seiner Zeitgenossen; die nervöse Hast, zu welcher der moderne schnell abbrechende Klavierton ganz naturgemäß verführt, weicht hier der Beschaulichkeit und der Gravität der gespreizt und selbstbewußt einherschreitenden Perückenzeit. […] Jedes Instrument hat sein eigenes Traktament […]. So auch beim alten Clavicymbel. Wer unser modernes Hammerklavier beherrscht, ist damit keineswegs auch ein Meister jenes alten Klavieres, das einen ganz anderen, mehr orgel-mäßig-drückenden, als hämmernden Anschlag verlangt. Es gehört Übung, lange und gewissenhafte Übung, auch zu seinem Spiel – wie könnt es denn wohl anders sein. […] Ziehen wir nun aber die Konsequenz aus unseren Betrachtungen, so kann es doch nur der Schluß sein: daß zum Spiele von Kompositionen für das Clavicym-

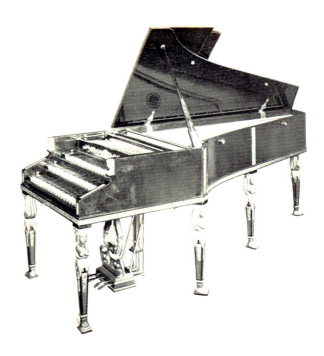

Der Spinett-Flügel, Leipzig, 1909.
Reproduktion nach einer Fotoaufnahme aus dem Jahr 1910
(Museum für Musikinstrumente der Universität Leipzig)

bel eben das Instrument gehört, für das sie gedacht und aus dessen Spielart, dessen Klangcharakter, dessen Wesen sie herausgewachsen sind, also das alte Clavicymbel selbst. Entweder man spiele Bach, Händel und die anderen Heroen des alten Klaviers in würdiger Weise, oder man lasse die Hände zum mindesten von ihren Klavierwerken."[59]

Eine Wandlung der Interpretation von alter Musik begann. So erklang beispielsweise auf der Kammermusik-Matinee des zweiten Bachfestes am 2. Oktober 1904 im kleinen Saal des Gewandhauses das Cembalo.[60] Unter dem Dirigat von Karl Straube wurden das *Vierte Brandenburgische Konzert* und Händels *Liebeslied für Tenor mit Begleitung von Streichinstrumenten und Cembalo*[61] in Bearbeitung von Friedrich Chrysander aufgeführt.

Möglicherweise gab das Leipziger Bachfest im Jahre 1908, als anstelle eines Cembalos ein Blüthner-Flügel eingesetzt wurde,[62] für Paul de Wit in Leipzig den letzten Anstoß für eine Cembalo-Neukonstruktion. Bei der Umsetzung seiner Pläne konnte er sich auf die Kenntnisse seines Restaurators Hermann Seyffarth stützen. Sein Ziel war es, dem Instrument den „für große Räume und für Massenbesetzung erforderlichen großen und tragenden Ton zu geben".[63] Er entwarf zwei Modelle von ‚Spinett-Flügeln', ein Salon- und ein Konzertinstrument, welche nach ihrer Vorstellung in der *Zeitschrift für Instrumentenbau*

---

57 Vgl. die den jeweiligen Jahrgängen der *Zeitschrift der Internationalen Musikgesellschaft* beigegebenen Mitgliederverzeichnisse aus den Jahren 1899 (S. 1–7), 1901 (S. 1–6), 1902 (S. 5–6) und 1906 (S. 4–5).

58 An dieser Stelle möchte ich auf die erhaltenen Klangdokumente von Wanda Landowska aus den Jahren 1908, 1935 und 1936 verweisen.

59 Vgl. O. Fleischer: *Das Bach'sche Clavicymbel* (wie Anm. 53), S. 164.

60 Das Cembalo wurde von Prof. Max Seyffert aus Berlin gespielt. Seyffert war ab 1907 Mitglied des Ausschusses der Neuen Bachgesellschaft. Auf dem gleichen Konzert erklangen Werke von Komponisten des 17. und 18. Jahrhunderts an einem Flügel von Blüthner. Vgl. [o. A.]: *Zweites deutsches Bachfest in Leipzig 1. bis 3. Oktober 1904. Festschrift und Programmbuch,* Leipzig 1904, S. 98–99.

61 Vgl. [o. A.]: *Zweites deutsches Bachfest* (wie Anm. 60). Es handelt sich um die Arie *Ombra mai fù* aus der Oper *Xerxes.* Über die Vortragsweise und Instrumentierung der Zeit gewinnen wir einen Eindruck aus der Schallplattenaufnahme von Caruso vom 19. Januar 1920. Hier erklingen neben den Streichern eine Orgel und die Arpeggi einer Harfe. Vgl. http://www.youtube.com/watch?v= GQ9a7vR9stQ (eingesehen: 13. Februar 2011).

62 Vgl. [o. A.]: *Fest- und Programmbuch* (wie Anm. 7), S. 130. Karl Straube stand noch Jahrzehnte später zu seiner Entscheidung, einen Blüthner-Flügel als Continuo-Instrument zu verwenden. Vgl. Karl Straube: *Rückblick und Bekenntnis,* in: Musik und Kirche 20 (1950), Heft 3, S. 85–90, hier S. 89.

63 Vgl. [Paul de Wit]: *Meine neuen Spinettflügel (Cembalo),* in: ZfI 29, Nr. 25 (1. Juni 1909), S. 933–934.

auf der internationalen Musik-Fachausstellung in Rotterdam vom 19. Mai bis zum 1. Juni 1909 in Augenschein genommen werden konnten.[64] Das Konzertinstrument hatte zwei Manuale, ein 4-, zwei 8- und ein 16-Fuß Register, die in verschiedenen Kombinationen mit vier Pedalen und drei Binnenzügen über die Klaviaturen ein- und ausgeschaltet werden konnten.[65] Das erste Pedal von links betätigte das 16'-Register, das zweite und das dritte Pedal konnten in zwei Stufen reguliert werden, um ein Piano- bzw. Pianissimo-Spiel zu ermöglichen. Ein Forte-Effekt konnte mit dem rechten Pedal durch das Aufheben der Dämpfer erreicht werden. Die Saiten wurden mit Lederplektren angezupft. Interessant ist, dass man die prächtige Empire-Ausstattung[66] als Anachronismus empfand und plante, das Instrument „in den der Blütezeit der Kielflügel entsprechenden Louis-XV.-Stil umzuarbeiten."[67] Wilhelm Heyer, Begründer des Musikinstrumenten-Museums in Köln, der im Jahre 1906 auch die Sammlung von Paul de Wit übernahm,[68] erwarb eine Sonderanfertigung mit drei Manualen noch im Jahre 1909.[69] Nach dem unerwarteten Tod Heyers 1913 beschloss die Familie, die Sammlung so lange wie möglich, aber mindestens für zehn Jahre in Köln zu behalten. Anfang Januar 1926 traf das Verkaufsangebot Fritz Heyers an den Oberbürgermeister von Leipzig, Karl Rothe, ein. Bereits am 18. Januar 1926 fanden sich Stadtrat Guido Barthol, Thomaskantor Karl Straube, der Ordinarius für Musikwissenschaft, Theodor Kroyer, sowie die Vertreter der Familie Heyer zur ersten Verhandlung zusammen.[70] Kroyer, der 1924 Streich- und Schlaginstrumente für das Collegium musicum erwarb,[71] führte noch im gleichen Jahr Verhandlungen mit dem Ministerium für Volksbildung über die Abnahme einer kleineren Orgel. Da es an spielfähigen Instrumenten für die alte Musik in Leipzig mangelte, hatte man sich über Jahrzehnte an den Instrumentensammler Paul de Wit gewandt. So wurde beispielsweise das Cembalo aus dem Jahr 1782 von Johann Gottfried Gräbner in Dresden „wiederholt im Leipziger Stadttheater zur Begleitung der Rezitative Mozartischer Opern, sowie mehrfach in musikhistorischen Konzerten, u. a. bei musikhistorischen Aufführungen des Musikwissenschaftlichen Instituts der Universität Leipzig",[72] ausgeliehen.

Schließlich wurde die Heyer'sche Sammlung 1926 nach Leipzig verkauft. Damit gelangte das Seyffarth-Cembalo wieder nach Leipzig und wurde seither im Großen Vortragssaal des Grassimuseums, für die musikalischen Übungen der alten Musik, von Studenten des im gleichen Gebäude untergebrachten Musikwissenschaftlichen Instituts genutzt.

Es fehlte allerdings noch eine für die historische Kammermusik geeignete Orgel.[73] Pläne dafür soll es schon seit 1926 gegeben haben, und unter den herausragenden Förderern der Idee, eine vielseitige und „im guten Sinne des Wortes neuzeitliche"[74] Orgel zu bauen, war auch Tho-

---

64 Zwei solche Instrumente blieben in den Sammlungen in Leipzig (Inv.-Nr. 96) und in St. Petersburg erhalten. Paul de Wit stellte einen Konzert-Spinettflügel, einen Salon-Spinettflügel und diverse alte Musikinstrumente sowie Verlagswerke über Musikinstrumente aus. [o. A.]: *Die Internationale Musik-Fachausstellung in Rotterdam 1909. Liste der Aussteller*, in: ZfI 29, Nr. 24 (21. Mai 1909), S. 901.

65 Im gleichen Jahr begann Carl Anton Pfeiffer (1861–1927) in Stuttgart Instrumente mit einem ähnlichen Design zu produzieren. Vgl. Staatliches Institut für Musikforschung Preußischer Kulturbesitz (Hrsg.): *Das Berliner „Bach-Cembalo". Ein Mythos und seine Folgen*, hrsg. anlässlich der Eröffnung der Dauerausstellung am 14. Dezember 1995, Berlin 1995, S. 63.

66 Siehe Foto aus dem Jahr 1929 in: E. Fontana: *Annäherungen an die Alte Musik* (wie Anm. 1), S. 333.

67 G. Kinsky: *Musikhistorisches Museum von Wilhelm Heyer in Cöln. Katalog*, Bd. 1 (wie Anm. 5), S. 113–114.

68 Vgl. E. Fontana: *Zur Geschichte des Museums* (wie Anm. 24), S. 292–293.

69 „Cembalo-Rekonstruktionen: [...] No. 96: Dreimanualiger Spinettflügel, nach Angaben Paul de Wits von Hermann Seyffarth, Leipzig 1909, für das Museum erbaut. Ein im Empirestil prächtig ausgestattetes modernes Clavicymbel mit drei Manualen, vierchörigem Saitenbezug (zwei verschiedenartige Chöre im 8' und je ein Chor 4'- und 16'-Ton) vier Pedalen und drei Registerzügen, die eine Fülle der verschiedensten Klangkombinationen ermöglichen." In: Georg Kinsky: *Kleiner Katalog der Sammlung alter Musikinstrumente*, Leipzig 1913, S. 22. Vgl. Hubert Henkel: *Kielinstrumente* (Musikinstrumenten-Museum Leipzig, Katalog Band 2), Leipzig 1979, S. 104–106; Joseph Wörsching: *Die historischen Saitenklaviere und der moderne Clavichord- und Cembalobau*, Mainz 1946, S. 5, 51.

70 Vgl. E. Fontana: *Zur Geschichte des Museums* (wie Anm. 24), S. 292.

71 In den *Mitteilungen der Internationalen Gesellschaft für Musikwissenschaft* verfassten Dr. Hermann Zenck und Dr. Helmut Schultz einen Artikel mit dem Titel *Die Musikwissenschaft in Leipzig und ihre Neuorganisierung 1929/30*, No. 2 (1930), S. 61.

72 Vgl. [o. A.]: *Zwei Konzertinstrumente vergangener Zeiten aus dem Nachlasse von Paul de Wit*, in: ZfI 46, Nr. 23 (1. September 1926), S. 1080–1081, hier S. 1801. Das zweimanualige Cembalo von Johann Gottfried Gräbner aus dem Jahr 1782 befand sich bis ca. 1942 in einer Privatsammlung in Jena. Vgl. ZfI 53 (1932/33), S. 333, mit Abbildung.

73 „Ältere Pläne, dem Musikwissenschaftlichen Institut der Universität Leipzig eine Orgel zu verschaffen, tauchten neu und dringlich wieder auf, als der sächsische Staat nach langen Verhandlungen 1926 beschlossen hatte, die Instrumentensammlung von Wilhelm Heyer in Köln für das Institut zu erwerben." Helmut Schultz: *Die Karl-Straube-Orgel des Musikwissenschaftlichen Instituts und Instrumenten-Museums der Universität Leipzig*, Leipzig 1930, S. 4.

74 Helmut Schultz: *Zum bevorstehenden Orgelabend Günther Ramins*, Typoskript ohne Datum [1931], S. 1 f. Vgl. E. Fontana: *Annäherungen an die Alte Musik* (wie Anm. 1), S. 332.

Die Karl-Straube-Orgel im Großen Vortragssaal des Grassimuseums, Leipzig, 1929. Reproduktion aus der Schrift von Helmut Schultz, 1930
(Foto: H. Kirchhof)

maskantor Karl Straube. Er und sein Amtsnachfolger als Thomasorganist, Günther Ramin, gehörten zu den treibenden Kräften der sogenannten Orgelbewegung, an der auch ehemalige Studenten der Musikwissenschaft an der Universität Leipzig wie Christhard Mahrenholz (1900–1980) und Wilibald Gurlitt (1889–1963)[75] beteiligt waren. Auf dem Höhepunkt der Orgelbewegung fand die ‚Dritte Tagung für Deutsche Orgelkunst' am 2. Oktober in Leipzig, vom 3. bis zum 6. Oktober in Freiberg und am 7. Oktober 1927 in Dresden statt. Am 5. Oktober wandte sich Straube mit dem Antrag an die Versammelten, „aus den Kreisen der Künstler und Musikwissenschaftler einen Orgelrat für Deutschland [...] zu bilden, dessen Aufgabe [...] die Leitung der gesamten Orgelbewegung im allgemeinen und die der Orgeltage im besonderen"[76] sein sollte. Der Vorschlag wurde angenommen und der Orgelrat auch sogleich aufgestellt.[77] Die Tagung, an der auch der Ordinarius der Musikwissenschaft der Universität Leipzig, Theodor Kroyer, sein Assistent Helmut Schultz und der spätere Direktor des Musikinstrumenten-Museums, Paul Rubardt, teilnahmen, scheint mit ihren Zielsetzungen und hitzigen Diskussionen für die Entstehung der Leipziger Karl-Straube-Orgel von großer Bedeutung gewesen zu sein.

Sicherlich war es nicht einfach, eine Orgel an den großen Vortragssaal, „den schönsten Vortragssaal Leipzigs",[78] anzupassen. „Sie sollte die spielbaren Sammlungsstücke ergänzen, die allesamt eine bescheidene Registerzahl aufweisen und in erster Linie für das häusliche Musizieren gedacht waren. [...] Die neue Orgel sollte eigens auf den Saal abgestimmt, sie sollte vielseitig und im guten Sinne des Wortes neuzeitlich sein."[79]

Gemeint war, die „technische[n] Errungenschaften des jüngeren Orgelbaues"[80] und die Zielsetzungen der Orgelbewegung miteinander zu vereinen, die sich neben der Besinnung auf den älteren Orgelbestand in erster Linie auf die Mensurierung der Pfeifen und der Orgeldisposition konzentrierte. Man maß bei der Planung den Spielhilfen wie Jalousie oder Walze große Bedeutung beim Vortrag bei: Der Spieler konnte „den Ton anschwellen, abnehmen und fast verlöschen lassen."[81] Im Sinne der Orgelbewegung nahm man sehr bewusst Abstand von den romantischen „Orchester- oder Klangmassenorgeln", die mit ihren zahlreichen Registern ein Orchester zu ersetzen vermochten. Man warf den Orgelbauern der romantischen Epoche vor, sie hätten das Instrument seiner „ursprünglichen Selbständigkeit beraubt" und die Klangwelt früherer Zeiten beziehungsweise „deren klare, starke Farben [...] für abstoßend und grob erklärt".[82] Die Disposition – beeinflusst durch die Sinnesrichtung der Jugendbewegung – war eine sehr bewusste Abkehr vom überladenen romantischen Klang und näherte sich, zumindest in ihrer Deklaration,

---

75 „Zwar hat die Prätoriusorgel [von Gurlitt, Anm. d. Verf.] den ersten Bann gebrochen, aber sie galt doch weithin nur als ein Gelehrtenexperiment, wie sie ja auch lediglich zu historischen wissenschaftlichen Zwecken konstruiert ist." Christhard Mahrenholz: *Bericht über die dritte Tagung für deutsche Orgelkunst in Freiberg I. SA. vom 2. bis 7. Oktober 1927*, Kassel 1928, S. 15. Siehe auch: E. Fontana: *Annäherungen an die Alte Musik* (wie Anm. 1), S. 330.

76 C. Mahrenholz: *Bericht über die dritte Tagung für deutsche Orgelkunst* (wie Anm. 75), S. 9.

77 Er bestand aus Ernst Flade, Wilibald Gurlitt, Karl Hasse, Fritz Heitmann, Hans Henny Jahnn, Hermann Keller, Arno Landmann, Christhard Mahrenholz, Günther Ramin, Karl Straube und Wolfgang Reimann. Vgl. ebenda, S. 9–10.

78 H. Schultz: *Die Karl-Straube-Orgel* (wie Anm. 73), S. 5–6.

79 Ebenda.

80 Ebenda, S. 7.

81 Ebenda.

82 Ebenda, S. 13.

*Thomanerchor, Thomaskantor Karl Straube und Thomasorganist Günther Ramin vor der Thomaskirche, um 1920
(Archiv des Thomanerchores)*

eher einer Orgel der Barockzeit. Gleichzeitig nahm man Abstand von der Idee, eine genaue Kopie einer barocken Orgel aufzustellen; diese Art von Historizismus wäre „von fraglichem Wert gewesen"[83]. Die Ausarbeitung der Disposition wurde in die Hand von Christhard Mahrenholz gelegt. Er hatte die schwere Aufgabe, trotz der pekuniären und räumlichen Einschränkungen ein musikalisch vertretbares, geschlossenes Konzept zu skizzieren. Man hoffte auf eine spätere Möglichkeit der Erweiterung der Orgel.[84] Der Spieltisch sollte in dem multifunktionalen Raum verschiebbar sein, und so wählte man statt der damals üblichen pneumatischen die elektro-pneumatische Traktur.[85] Durch die elf Labial-, fünf Zungen- und drei Mischstimmen waren alle wesentlichen Registergruppen vertreten, die eine vielseitige Verwendung der Orgel ermöglichten. Dem Thomaskantor und den Musikwissenschaftlern schwebten Veranstaltungen mit einem Orchester und auch Solokonzerte vor. Darüber hinaus sollte die neue Orgel zusammen mit den Instrumenten des Museums bei den Orchesterübungen des Collegium musicum Verwendung finden. Als Repertoire waren Werke der Barockzeit vorgesehen, insbesondere solche von Bach, auf der Orgel sollten aber auch Kompositionen neuerer Meister wie etwa Max Reger erklingen. Man nahm in Kauf, dass diese dann „gewisse Umfärbungen"[86] erfahren würden.

Für die Idee, eine dem neuen Zeitgeist entsprechende Orgel im Neuen Grassimuseum zu erbauen, konnte die finanzielle Unterstützung wichtiger Persönlichkeiten gewonnen werden. Ein Großteil der Kaufsumme, welche 21 000 RM betrug, wurde von dem Bankier Hans Kroch jun. (7000 RM) sowie von Max und Motty Eitingon[87] (7000 RM) aufgebracht.[88] 1500 RM steuerte die Vereinigung von Förderern und Freunden der Universität bei. Der Rest sollte aus weiteren Spenden[89] und aus Konzerteinnahmen aufgebracht werden; dazu gewährte die mit dem Bau der Orgel beauftragte Firma P. Furtwängler & Hammer in Hannover etwas Aufschub.[90]

Die feierliche Orgelübergabe fand während der Eröffnung des Instituts für Musikwissenschaft und des Musikinstrumenten-Museums am 30. Mai 1929 statt.[91] Karl Straube gab Kostproben der barocken Orgelmusik an der von ihm konzipierten und auch nach ihm benannten Orgel.[92]

83 Ebenda, S. 5. Mahrenholz wandte sich gegen die Auswüchse der Denkmalpflege. Er meinte: „Eine Diskussion über die Entwicklung der zukünftigen Orgel ist erst möglich, wenn wir die richtige Einstellung zu den vergangenen Orgeln gefunden haben." Zitiert nach: Herbert Birtner: *Die Probleme der Orgelbewegung*, Sonderdruck, o. O. u. J. [1932], S. 39–130, hier S. 59.

84 Vgl. H. Schultz: *Die Karl-Straube-Orgel* (wie Anm. 73), S. 14, 18.

85 Im Zuge der Orgelbewegung bekannte man sich zu den alten, in der Barockzeit üblichen Systemen. Vorbilder waren die Schleiflade und die mechanische Traktur. So wurde die ebenfalls durch die Firma Furtwängler & Hammer für die Versöhnungskirche in Leipzig-Gohlis gebaute Orgel im Jahre 1932 als eines der wenigen neuen Orgelwerke mit Schleifladen ausgestattet. Die Disposition verantwortete Günther Ramin. Die Art der Lade der Straube-Orgel ist nicht überliefert.

86 Vgl. H. Schultz: *Die Karl-Straube-Orgel* (wie Anm. 73), S. 6.

87 Erfolgreiche jüdische Rauchwarenhändler in Leipzig und in New York.

88 Vgl. *Jahresbericht des abtretenden Rektors Dr. Oskar Römer. Am 31. Oktober 1929*, in: Die Leipziger Rektoratsreden 1871–1933, Bd. 2, hrsg. v. Franz Häuser, Berlin und New York 2009, S. 1566, 1583.

89 Ein Konzert im Konservatorium am 22. Mai 1930 „Thomanerkonzert z[um] Besten der Straube-Orgel im Konservatorium" brachte 800 RM. Vgl. Thomasschule an Universitätsrentamt, 3. Juni 1930, Überweisung einer Spende aus Konzerterlös für Straube-Orgel, Universitätsarchiv Leipzig (UAL), Sign. 1011/449–451.

90 Der Kostenvoranschlag war mit dem 24. Oktober 1928 datiert, der Vertrag wurde erst am 7. März 1929 unterzeichnet. Mit den Vorbereitungen hat man wohl schon früher begonnen, der Aufbau selbst hat ca. vier Wochen in Anspruch genommen. Vgl. H. Schultz: *Die Karl-Straube-Orgel* (wie Anm. 73), S. 5–6.

91 Bei dieser Veranstaltung waren die Stifter der Sammlung und der Orgel, außerdem der Minister für Volksbildung, Dr. Wilhelm Robert Ferdinand Bünger (seit Dezember 1928 im Amt), und der Rektor der Universität, Dr. Oskar Römer, zugegen. Vgl. *Jahresbericht des abtretenden Rektors Dr. Oskar Römer* (wie Anm. 88), S. 1566, 1569.

92 Vgl. H. Schultz: *Die Karl-Straube-Orgel* (wie Anm. 73), S. 16. Er spielte Werke von Buxtehude, Pachelbel und Muffat. Vgl. Barnet Licht: *Zur Eröffnung des Musikwissenschaftlichen Instituts und Instrumentenmuseums im Grassimuseum*, in: Leipzig – Illustrierte Monatsschrift für Kultur, Wirtschaft und Verkehr VI, Nr. 8 (Januar 1930), S. 31.

„Eine besondere Zierde des Vortragssaales bildet die von der bekannten Orgelbauanstalt ‚Furtwängler & Hammer' in Hannover erbaute klang- und charaktervolle Prätoriusorgel (Renaissance-Orgel, wie sie Prof. Dr. Kroyer genannt haben will) mit 23 klingenden Registern,[93] 4 Nebenregistern und 11 Spielhilfen auf 2 Manualen und Pedal. Kein geringerer als der Leipziger Thomaskantor, Professor Dr. Straube, dessen Name das Werk trägt, weihte die Orgel mit 3 Vorträgen von Meistern des 17. Jahrhunderts ein."[94]

In seiner Festrede betonte Kroyer die besondere Bedeutung der Erforschung des historischen Klangbildes für die akademische Musikwissenschaft.

Da erst am 2. Mai 1929 mit dem Aufbau des Instrumentes begonnen werden konnte, waren verständlicherweise nachträglich noch kleinere Arbeiten notwendig. Daher fand die Orgelabnahme durch Günther Ramin im Beisein Kroyers und des Vertreters der Firma Furtwängler & Hammer erst am 16. Juli 1929 statt. Anlässlich der ersten öffentlichen Vorführung der Orgel im Februar 1931[95] mit Günther Ramin am Spieltisch verfasste der damalige Assistent und spätere Direktor des Museums, Dr. Helmut Schultz, einen Zeitungsbericht:

„Sie ist technisch durchaus eine neuzeitliche Orgel mit allen den Einrichtungen und Erleichterungen, die der heutige Orgelbau dem Spieler gewährt; klanglich aber weicht sie von dem, was der Mensch der Gegenwart sich unter Orgelklang vorzustellen pflegt, mit Vorbedacht erheblich ab. Sie richtet sich nach den Forderungen, die der Komponist der Barockzeit für *seine* [Hervorhebung im Original, Anm. d. Verf.] Orgel erhob, und bei der Berechnung ihrer Pfeifenmaße ist versucht worden, jenen Orgeln, die aus der Glanzzeit des deutschen Orgelbaus, der Epoche bis zu Gottfried Silbermann, noch auf uns gekommen sind, ihr Geheimnis abzulauschen. [...] Dabei wird sich zeigen, [...] dass der Vortragssaal des Grassimuseums, dem die Orgel eingefügt ist, sich auch für kammermusikalische Wirkungen trefflich eignet."[96]

Thomasorganist Günther Ramin an der Sauer-Orgel, Thomaskirche Leipzig, um 1920
(Archiv des Thomanerchores)

Die Pläne des Museums schlossen die Möglichkeit mit ein, die hörbaren Ergebnisse der Klangforschung, die Konzerte des Collegium musicum und des Collegium vocale, für eine technische Neuigkeit zur Verfügung zu stellen: für die Musikprogramme der am 22. Januar 1924 gegründeten Mitteldeutschen Rundfunk-AG (MIRAG). Zu diesem Zweck wurden 1928 auf Kosten der MIRAG gesonderte Übertragungsleitungen in den großen Vortragssaal und in die Probenräume im ersten Obergeschoss gelegt.[97] Der Sender strahlte ein anspruchsvolles Musikprogramm aus: Ab 1925 wurde allsonntäglich ein Orgelkonzert übertragen, meist aus der Paulinerkirche der Universität. Genau zu dieser Zeit wurde die tägliche Sendedauer auf 16 Stunden erhöht, wobei der Anteil der Musikdarbietungen, deren Programm der Dirigent und musikalische Leiter der MIRAG, Alfred Szendrei, verantwortete, auf 52 Prozent

---

93 Eigentlich mit 19 klingenden Registern und mit vier aus dem Oberwerk ins Pedal transmittierten Registern.

94 Vgl. [o. A.]: *Eröffnung des Instrumenten-Museum der Universität*, in: ZfI 49, Nr. 18 (15. Juni 1929), S. 804; H. Schultz: *Die Karl-Straube-Orgel* (wie Anm. 73), S. 16.

95 Das genaue Datum des Konzertes geht aus der Akte nicht hervor.

96 H. Schultz: *Zum bevorstehenden Orgelabend Günther Ramins* (wie Anm. 74).

97 Am 30. Mai 1929, 11.30 Uhr bis 12 Uhr. Vgl. Antrag von Professor Theodor Kroyer an das Museumsamt der Stadt, 11. Juli 1928, UAL, K4,31,1/197.

anstieg.⁹⁸ Im Jahre 1928 erhöhte sich die Zahl der Sendungen in der Kategorie ‚Historische Konzerte' auf 32 und spiegelte damit das gewachsene Interesse des Publikums für alte Musik wieder.

Bereits die Darbietungen bei der Museumseröffnung und Orgelweihe am 29. Mai 1929 wurden übertragen,⁹⁹ und 1930 startete die Reihe ‚Collegium musicum'.¹⁰⁰ Man schätzte die Wirkung wissenschaftlicher Vorträge außerordentlich hoch: Seit 1927 gibt es Nachricht über regelmäßige musiktheoretische Vorträge.¹⁰¹ Richtungsweisend waren die Übertragungen der seit 1908 von Straube geleiteten Matthäus-Passion am Karfreitag aus der Thomaskirche zwischen 1929 und 1932.¹⁰²

Die neue Karl-Straube-Orgel war von Anfang an Teil weiterer Überlegungen des Thomaskantors, nach seinem musikalischen Konzept in einem einmaligen Zyklus mit Hilfe der MIRAG die rund 200 erhaltenen Kirchenkantaten Bachs über die Stadtgrenzen hinaus bekannt zu machen. Am 5. April 1931, zum Ostersonntag, erklang zum ersten Mal eine Bachkantate, *Christ lag in Todes Banden* BWV 4, aus dem Grassimuseum als Direktübertragung,¹⁰³ weitere folgten am 12. April, am 7., 14. und 28. Juni, am 5. Juli und – nach einer Pause der Thomaner – am 23. und 30. August sowie am 6. und 13. September 1931. Der Vortrag mit dem Thomanerchor und dem aus Musikern des Gewandhauses gebildeten Kirchenorchester unter Karl Straube wurde nach und nach von allen deutschen und zahlreichen europäischen Sendern übernommen. Nun sollten über einen Zeitraum von fünf Jahren sonntags, 11.30 Uhr, die Kantaten durch die „größte gemeinsame Rundfunk-Veranstaltung Europas", wie die Leipziger Presse das Vorhaben beschrieb, erklingen.¹⁰⁴ Die Anforderungen an die circa 55 bis 60 Thomaner und die etwa 26 bis 28 Instrumentalisten sowie Gesangssolisten waren sehr hoch: Sie leisteten erst Kirchendienst in St. Thomas und dann in St. Nikolai, was bis etwa 9.45 Uhr dauerte, dann legten sie einen Fußmarsch mit Instrumenten bis zum Grassimuseum zurück – ein Umstand, der die Vorbereitungen besonders erschwerte und für eine Probe kaum Zeit ließ. Innerhalb einer Kantate erklangen nicht nur die Orgel, sondern auch das Cembalo – der von Paul de Wit entworfene dreimanualige Spinett-Flügel stand, wie bereits bei der Museumseröffnung und Orgelweihe, weiterhin zur Verfügung. Die Straube-Orgel spielte Ramin oder der Organist der Matthäikirche, Max Fest, das Cembalo ein bei der MIRAG angestellter vielseitiger Musiker, Friedbert Sammler.¹⁰⁵ „Zum Schluß seien noch der großen Schwierigkeiten bei der Aufführung der Bachschen Kantaten gedacht. Benötigt werden neben einem Dirigenten, der mit dem Stil Bachs aufs engste und innigste vertraut ist, Chöre, von denen fast das gleiche gilt, ein Orchester mit Solisten von hohem Rang, Solosängerinnen und Sän-

Motette in der Thomaskirche, mit typischer Choraufstellung an der Brüstung, Leitung: Präfekt, um 1925 (Archiv des Thomanerchores)

98 Renate Schumacher: *Die Programmgestaltung der MIRAG*, in: Mitteldeutscher Rundfunk (wie Anm. 43), S. 113–118, hier S. 118.

99 Anfrage des Mitteldeutschen Rundfunks am 15. Mai 1929. Vgl. UAL, K4,31,1/203 und Programmzeitschrift MIRAG, 1929 Nr. 21, S. 11.

100 Ludwig Stoffels: *Der künstlerische Anspruch der MIRAG*, in: Mitteldeutscher Rundfunk (wie Anm. 43), S. 119–122, hier S. 122. Vgl. auch die Hinweise in der Programmzeitschrift *Die Mirag* auf die Sendungen am 20. März 1930, 22. August 1930, 5. September 1930, 15. Oktober 1930, 2. Januar 1931, 30. August 1933. Die Konzerte wurden durch Mitglieder des Rundfunk-Sinfonieorchesters gestaltet. Für Hinweise danke ich Hagen Pfau, Radio-Nostalgie-Sammlung, Leipzig.

101 H. Rieck: *MIRAG in Leipzig*, in: Die Mirag. Eine Monatsschrift IV, Nr. 7 (Dezember 1927), S. 129–130.

102 Am 29. März 1929, 18. April 1930 (international ausgestrahlt), 3. April 1931 und am 25. März 1932. Vgl. Maria Hübner: *Leipziger Karfreitagskonzerte*, in: Gewandhausmagazin 49 (Winter 2005/06), S. 42–45, hier S. 43. Vgl. auch L. Stoffels: *Der künstlerische Anspruch der MIRAG* (wie Anm. 100), S. 122.

103 Alle Angaben in diesem Abschnitt, falls nicht anders vermerkt, stammen aus: M. Hübner: *Von der „größten, gemeinsamen Rundfunk-Veranstaltung Europas"* (wie Anm. 43).

104 Das Projekt wurde 1937 nach fast sieben Jahren abgeschlossen. Vgl. Maria Hübner: *Karl Straube zwischen Kirchenmusik und Kulturpolitik. Zu den Rundfunksendungen der Bach-Kantaten 1931–1937*, in: Bericht über die wissenschaftliche Konferenz anlässlich des 69. Bachfestes der neuen Bachgesellschaft Leipzig. 29. und 30. März 1994, Hildesheim etc. 1995, S. 183–191, hier S. 183.

105 Friedbert Sammler (1886–1945), ehemaliger Chorknabe im Dresdner Kreuzchor mit abgeschlossenem Studium der Musik, war als vielbeschäftigter Sänger und Klavierbegleiter ab 1924, seit dem Gründungsjahr des Mitteldeutschen Rundfunks, Mitarbeiter des Senders.

ger von ganz besonderem Verständnis für Bachs Musik und stimmlicher Eignung für die Schwierigkeit ihrer Partien u. v. a."[106] Der Rundfunk hatte die Miete für den Saal im Grassimuseum bezahlt; mithilfe der Einnahmen wurden die noch verbliebenen Schulden von 5500 RM für den Orgelkauf abgetragen.

Ab Mitte November 1931 wurden die Aufführungen aus dem Gewandhaus gesendet. Bereits im Sommer hatte die Rundfunkgesellschaft mit finanziellen Kürzungen gedroht und infolge des politischen Umbruchs wurde die Reihe zum 31. Dezember vorerst abgesetzt. Erst nach langen Verhandlungen konnte das Projekt bis zur Verstaatlichung des Rundfunks im Jahr 1934 verlängert werden. Danach wurden die Kantaten bis zum Abschluss im Dezember 1937 nicht mehr wöchentlich und unter immer größeren Schwierigkeiten aufgeführt. Im April 1932 verließ Professor Kroyer Leipzig. Er hatte bis dahin seinen Einfluss und seine Kontakte dafür eingesetzt, die Bedeutung der Orgel in der Lehre und im Musikleben gegenüber den potenziellen Stiftern hervorzuheben und jene für das Vorhaben zu begeistern. Die Orgel war 1932 noch nicht vollständig bezahlt, rund 3200 RM waren noch zu leisten. „Die Stiftungsgelder flossen immer spärlicher, die Veranstaltung von Benefizkonzerten erwies sich, nachdem der Reiz der Neuheit verflogen war, als nicht mehr erträglich."[107] Ein schwerer Schlag war der Auszug des Rundfunks aus dem Museumssaal im Zusammenhang mit der Verlegung der Bachkantaten-Aufführungen in das Gewandhaus.[108] „Trotz aller Bemühungen ist es nicht geglückt, den Rundfunk zur Rückwanderung zu bewegen."[109]

Einige der aus dem Grassimuseum gesendeten Kantaten-Aufführungen mit dem Thomanerchor und dem Thomasorganist Günther Ramin an der Straube-Orgel sowie mit Friedbert Sammler am nach dem Entwurf von Paul de Wit gebauten Cembalo, sind durch Mitschnitte auf Schellackplatten erhalten geblieben.[110] Auch der Klang der Bach-Trompete aus dem Jahr 1908, gespielt von dem Solotrompeter des Gewandhauses Heinrich Teubing, ist auf diese Weise dokumentiert. Die Tonaufnahmen aus dem Jahre 1931 entstanden wahrscheinlich als Dokumentation für den Thomanerchor.[111]

Die Karl-Straube-Orgel selbst hat den Krieg nicht überdauert. An ihrer Stelle steht die ebenfalls im Jahre 1929 für das Palast-Theater in Erfurt erbaute, aber nach anderen technischen und musikalischen Aspekten konzipierte Kino-Orgel der Firma M. Welte & Söhne in Freiburg im Breisgau. Die Alexander-Trompete bereichert heute die ständige Ausstellung des Museums für Musikinstrumente, welche die faszinierende Musikgeschichte Leipzigs als zentrales Thema behandelt. Unter anderem veranschaulichen dort die Musikinstrumente der Kirchenmusik und die Bildnisse der Thomaskantoren die Bedeutung des Thomanerchores, einer Musikinstitution, die sich in erster Linie der Ausübung der Kirchenmusik widmet und seit 800 Jahren das Musikleben der Stadt prägt.

---

106 Vgl. Erich Liebermann-Roßwiese: *Die Kantaten Joh. Sebastian Bachs. Zum Beginn der Reichssendungen aus der Thomaskirche am Ostersonntag, 11.30 Uhr*, in: Die MIRAG 14 (1931), S. 1–2, hier S. 2. Entgegen der Rundfunkzeitung wurden die Kantaten nicht aus der Thomaskirche, sondern aus dem Grassimuseum übertragen. Vgl. M. Hübner: *Karl Straube* (wie Anm. 104), S. 183. Die MIRAG übernahm im Jahre 1932 einen Teil der Orgel-Schulden in Höhe von 1500 R. M. und sicherte sich im Gegenzug die Senderechte aus dem Grassimuseum vom 15. November 1931 bis zum 30. Juni 1932, vgl. Brief von H. Schultz am 27. Januar 1932 an die Orgelbauerfirma P. Furtwängler & Hammer in Hannover (Kopie des Briefes im Archiv des Museums für Musikinstrumente der Universität Leipzig).

107 Brief von H. Schultz an Ministerialrat Max von Seydewitz, 16. Juni 1933, S. 1, UAL, 1201/144–147.

108 Ebenda, S. 2. Im Jahre 1933 gab es nochmals eine Sendung aus dem Grassimuseum. Vgl. M. Hübner: *Leipziger Karfreitagskonzerte* (wie Anm. 102), S. 43.

109 Brief von H. Schultz an Ministerialrat Seydewitz (wie Anm. 107).

110 Die Schellackplatten werden als Dauerleihgabe des Thomanerchores Leipzig im Bach-Archiv Leipzig aufbewahrt.

111 Aufnahmen vom 12. April, 7. und 14. Juni, 23. August, 13. September und 22. November 1931. Vgl. Deutsches Rundfunkarchiv, Frankfurt am Main, Archiv-Nr. 1931382, und die CD-Publikation *Karl Straube (6. Januar 1873 – 27. April 1950) zum 125. Geburtstag*, Eigenproduktion des Bach-Archivs, Leipzig 1997.

Karl Straube in seinem Heim
(Privatsammlung Stefan Altner, Foto: Ernst Hoenisch)

Karl Straube und das Dritte Reich
David Backus

Karl Straube (1873–1950) war ab 1903 zunächst Organist an der Thomasschule Leipzig, bis er 1918 als Thomaskantor berufen wurde. Dieses Amt übte er bis 1940 aus. Er war ein schöpferischer Mensch: In Deutschland geht der Beruf des Konzertorganisten eigentlich auf ihn zurück, er gründete das Kirchenmusikalische Institut innerhalb des Konservatoriums in Leipzig und bis ins hohe Alter war er als Orgelprofessor tätig. Dabei ist ihm die Aufwertung der Berufe des Kantors und des Organisten zu verdanken. Straube war außerdem Direktor des Bachvereins und Direktor des Gewandhauschores sowie Herausgeber zahlreicher Notenschriften und Freund vieler wichtiger Musikerpersönlichkeiten seiner Zeit. Die wesentlichen Gestaltungsgrundzüge der Bachpflege in Leipzig zu Beginn des 20. Jahrhunderts stammen von ihm und sie begründen noch heute Leipzigs Ruf als Bach- und Musikstadt: die regelmäßige Aufführung von Bach'schen Kantaten, oratorischen Werken und Motetten und die systematische Pflege der Orgelwerke in der Thomaskirche sowie die Leipziger Bachfeste.

Die Facetten dieser imponierenden Musikerpersönlichkeit laden zu umfangreichen Analysen ein, gelegentlich aber auch zu Groll und Ablehnung. Letzteres setzte allerdings erst spät ein: in der Zeit nach dem Zweiten Weltkrieg, als die Demontage von drei Jahrhunderten deutscher Kultur endgültig salonfähig geworden war. Die vorliegenden Zeilen beschäftigen sich mit diesen späten, meist schlecht begründeten, mitunter sogar böswilligen Angriffen gegen Straube seit den 1970er Jahren. Interessantere und ausführlichere Auseinandersetzungen mit dem Musiker, Herausgeber, Lehrer und Musikphilosophen Straube lassen bis heute auf sich warten. Eine erste kritische Straube-Biografie ausschließlich aus Primärquellen ist aber nun in Bearbeitung: bei Christopher Anderson, Professor an der Southern Methodist University in Dallas, USA, einem hervorragenden amerikanischen Forscher der deutschen Musikgeschichte des 20. Jahrhunderts und einem für nuancierte Studien über Straube bekannten Wissenschaftler.

Bis ungefähr 1975 kursierten über Straube im Grunde nur die üblichen Lobeshymnen, wie sie oft von Schülern über herausragende Lehrer und Musikerpersönlichkeiten verfasst werden. Zu seinem 25. Todestag im Jahr 1975 veröffentlichten Ingrid und Christoph Held ein Sammelheft mit dem Titel *Wirken und Wirkung*,[1] das erwartungsgemäß mit Huldingungen, Anekdoten, Briefen, aber auch einigen kritischen Gedanken aufwartete, alles sachlich und stilvoll präsentiert. Ebenfalls 1975 griff allerdings Wolfgang Stockmeier in einem Symposium Karl Straube wegen seiner „fast kriminellen"[2] Max-Reger-Interpretationen, besonders von Opus 59, an. 1978 folgte dann Johannes Piersig mit eigenwilligen *Erinnerungen*,[3] die aber näheren wissenschaftlichen Untersuchungen nicht standhalten können. Nach 1999 machten dann die Schmähschriften Günther Hartmanns[4] Schule: Ein systematischer Rufmord aus politischen Gründen im Stile des zeitgenössischen amerikanischen Propagandajournalismus lieferte für eine ganze Generation von unkritischen Publizisten eine Vorlage. Die vorliegenden Zeilen verstehen sich als Versuch, fehlende Objektivität und mangelnde wissenschaftliche Akkuratesse im Fall Straube aufzudecken und zu korrigieren.

Vor allem die Schriften Günter Hartmanns sollen zunächst genauer betrachtet werden. 1991 veröffentlichte Professor Martin Vogel, der ehemalige Direktor des Musikwissenschaftlichen Seminars der Universität Bonn,

---

1 Christoph und Ingrid Held: *Karl Straube. Wirken und Wirkung*, Berlin 1976.

2 Wolfgang Stockmeier: *Karl Straube als Reger-Interpret*, in: [o. A.]: *Max Reger 1873–1973. Ein Symposium*, Leipzig 1974, S. 21–29.

3 Johannes Piersig: *Erinnerungen. So ging es allenfalls [...] mit Thomaskantor Karl Straube*, in: Der Deutsche Kirchenmusiker 29 (1978), Berlin 1978, S. 112–119. Johannes Piersig (1907–1998) war der erste Straube-Schüler, der nicht lobredete, sondern kritische und oft verleumderische Erzählungen über seine Studienzeit bei Straube kolportierte. Piersig studierte von 1926 bis 1932 bei Straube.

in seinem Verlag für systematische Musikwissenschaft als Band 59 der Reihe *Orpheus* einen sehr langen Text eines ehemaligen Lektors für Harmonielehre ebendieses Seminars. Gewidmet war der 300-Seiten-Beitrag „den Studentinnen und Studenten am Musikwissenschaftlichen Seminar der Universität Bonn" – vielleicht um den Eindruck einer akademisch sanktionierten Studie zu vermitteln. Der Autor, Günther Hartmann, nahm darin eine ziemlich private Abrechnung mit Thomaskantor Karl Straube vor, die allerdings keine neuen Erkenntnisse lieferte.[5] Der Verleger Professor Vogel selbst war verständlicherweise nicht zufrieden mit der Schrift, wie er später in einem Brief ganz offen bekannte:

> „Am hiesigen Musikwissenschaftlichen Seminar wirkte er [Günter Hartmann, Anm. d. Verf.] mehrere Semester lang als Lektor für Harmonielehre. Von hier aus versteht sich die Widmung in seinem Buch. Es war ein sehr privater Einfall. Viele seiner prononciert vorgetragenen Meinungen werden von meinen Kollegen und von mir nicht geteilt. Dass ich das Buch in die von mir herausgegebene Schriftenreihe aufnahm, entspricht meinem Bestreben, die Reihe auch für andere Meinungen offenzuhalten. Hinzu kommt die antifaschistische Tendenz des Buches, die es mir verbot, auf Inhalt und Stil des Buches einzuwirken. Hätten wir rundweg abgelehnt, hätte es womöglich geheißen, dass wir unliebsame Meinungen unterdrücken würden."[6]

In einem späteren Brief an den Verfasser schreibt Vogel außerdem:

> „Was Sie zu Straubes Wirken in der Nationalsozialistischen Ära und über den Spiegel-Journalismus schreiben, entspricht auch meiner Meinung [...]. Günther Hartmanns Groll geht nicht zuletzt auf [eine] einseitige Festlegung auf Bach zurück. Während seiner Ausbildung als Organist und Kantor kam es vor, dass der Orgellehrer Hartmanns Aktentasche kontrollierte, um sicherzugehen, dass der Schüler nicht etwa doch César Franck oder Reger spiele."[7]

Eine weitere Schrift über Karl Straube müsse Hartmann selbst veröffentlichen[8], so Vogel weiter, es ginge für andere doch zu weit.

Der Grund, warum die Schriften Hartmanns dennoch so große Beachtung fanden, liegt vermutlich außerhalb der Person Straubes in einem allgemeinen, politisch-ideologischen Phänomen der deutschen Geschichtsbetrachtung: Sobald mit Begriffen und Zitaten aus der NS-Zeit hantiert wird, fällt so manches kritische Urteilsvermögen in Tiefschlaf. Hartmann hatte hier den wunden Punkt der Deutschen gefunden und für sein Anliegen genutzt.

Selbstverständlich stand es Hartmann zu, sich seinen Groll von der Seele zu schreiben. Kritik ziehen eher diejenigen auf sich, die die Vorwürfe gerne und unkritisch übernehmen, ohne sie auf ihren Wahrheitsgehalt zu überprüfen.

„Eine falsche Lehre lässt sich nicht widerlegen, denn sie ruht ja auf der Überzeugung, dass das Falsche wahr sei. Aber das Gegenteil kann, darf, muss man wiederholt aussprechen.", mahnte schon Goethe.[9] Diesem Anspruch folgt auch der vorliegende Beitrag. Eigentlich erübrigt sich jegliche fachliche Korrektur an diesem „sehr privaten Einfall"[10] Hartmanns, und kühlere Köpfe reagierten auch dementsprechend.[11]

Leider aber rief die Schrift erwartungsgemäß bei den vielen noch lebenden und meist profilierten und prominenten Straube-Schülern Empörung und oft übereilte Reaktionen hervor, die Hartmann zu seinem zweiten Buch, *Karl Straube – ein ‚Altgardist der NSDAP'*,[12] ermunterten und der Sache Dimensionen verliehen, die der ‚Qualität' des Geschriebenen keineswegs angemessen waren. Einige dieser fragwürdigen Thesen sollen im Folgenden aufgegriffen und untersucht werden.

Hartmann möchte beweisen, dass Karl Straube ein durch und durch überzeugter Nationalsozialist war, der damit

---

4 Günther Hartmann: *Karl Straube und seine Schule: ‚Das Ganze ist ein Mythos'* (Orpheusschriftenreihe, Bd. 59), Bonn 1991; Günter Hartmann: *Karl Straube, ein ‚Altgardist der NSDAP'*, Lahnstein 1994.

5 G. Hartmann: *Karl Straube und seine Schule* (wie Anm. 4). Hartmann zitiert so gut wie ausschließlich Sekundär- und Tertiärquellen, nachdrücklich z. B. Prieberg (Fred K. Prieberg: *Musik im NS-Staat*, Frankfurt am Main 1982) und Hans Prolingheuer, die einigermaßen seine eigenen Vorurteile widerspiegeln, aber einer wissenschaftlichen Stichhaltigkeit entbehren. Vgl. ebd., S. 256–257.

6 Brief von Martin Vogel an den Verfasser vom 10. Februar 1993.

7 Brief von Martin Vogel an den Verfasser vom 22. Februar 1993.

8 G. Hartmann: *Karl Straube* (wie Anm. 4). Diese Schrift erschien im Eigenverlag.

9 Johann Wolfgang von Goethe: *Maximen und Reflektionen*, in: Schriften der Goethegesellschaft 1907, H. 21, hrsg. v. Max Hecker; in: Ausgabe des Insel-Verlags, Frankfurt am Main, Leipzig 1976, S. 39.

10 Vgl. Anm. 7.

11 Prof. Christoph Wolff (Harvard University/Bacharchiv Leipzig) schrieb schon am 22. September 1991 an Heinrich Fleischer: „Vielen Dank für die Übersendung des Hartmann-Buches; ein übles Machwerk! Nicht, dass vielleicht der eine oder andere Gedanke nicht nachdenkenswert wäre, aber so, wie es dargestellt wird, lässt es sich kaum verdauen. Ich stimme Ihnen zu, die Sache am ehesten durch Totschweigen angemessen zu behandeln"; zitiert nach: Heinrich-Fleischer-Archiv, Martin Luther College, New Ulm, Minnesota, USA. Fleischer, emeritierter Orgelprofessor der Universität Minnesota, Minneapolis, USA, und ehemaliger Universitätsorganist in Leipzig, war von 1937 bis 1948 Dozent bzw. Professor für künstlerisches Orgelspiel am Konservatorium Leipzig.

12 G. Hartmann: *Karl Straube* (wie Anm. 4).

heute automatisch zur Persona non grata der deutschen Musikgeschichte geworden ist. Zur Beweisführung trägt er vor, Straube sei bereits um 1925/26 mit einer fünfstelligen Mitgliedsnummer Mitglied der NSDAP geworden. Dazu zitiert Hartmann eine zufällig entdeckte Empfehlung Straubes durch Peter Raabe, den zweiten Präsidenten der Reichsmusikkammer, aus dem Jahre 1937 als gesicherte Wahrheit[13], ohne jedoch die Qualität der Quelle überprüft zu haben. Hier liegt der Schlüssel für die Beurteilung der These Hartmanns. Zu untersuchen ist demnach zum Ersten die Quelle dieser Allegation, also die Person Peter Raabes. Zum Zweiten gilt es, die Wahrscheinlichkeit zu überprüfen, dass die angeblich frühe NSDAP-Mitgliedsnummer Straubes echt ist.

Zum ersten Punkt: Der Reichsmusikkammerpräsident Peter Raabe (1872–1945) war eine der widersprüchlichsten, interessantesten und für die Musikpolitik wichtigsten Persönlichkeiten des 20. Jahrhunderts. Verschiedenste Kenner führen ihn als Musterbeispiel zur Erklärung des anfänglichen Erfolges der NSDAP in gebildeten und intelligenten Schichten an. Raabe war von 1907 bis 1920 Weimarer Hofkapellmeister und von 1922 bis 1933 Generalmusikdirektor in Aachen. Seine kulturkonservative Art lebte er par excellence als begnadeter Dirigent, Musikwissenschaftler, Musikschriftsteller und Redner aus; wie viele andere glaubte er fest daran, dass die Kultur eines Volkes wahrscheinlich deren wichtigstes Überlebenselement sei. Verzweifelt angesichts des Kulturverfalls nach dem Ersten Weltkrieg, zeigte er sich sehr offen für neue Kunst und war in Weimar ein Befürworter von Gropius und dem Bauhausstil. Dieser mutige, waghalsige und selbstsichere Mann war im Prinzip alles andere als ein Nationalsozialist. Reichsmusikkammerpräsident – der zweite und letzte – wurde er im Grunde wegen Richard Strauß.[14] Nachdem man Strauß, den ersten Reichsmusikkammerpräsidenten, aus dem Amt entfernt hatte, weil einer seiner Briefe an Stefan Zweig in die Hände der Gestapo gelangt war, zeigte sich Raabe als ein recht widersprüchlicher Präsidentschaftskandidat: Er war zunächst kein NSDAP-Mitglied (und wurde dies erst unter Druck 1937) und auch kein Antisemit, denn nach seinem Kulturverständnis spielte die Rassenzugehörigkeit überhaupt keine Rolle. Und dann war er bei seinem Amtsantritt 1935 bereits 62 Jahre alt – also praktisch schon im Pensionsalter. Aus damaliger Sicht sprachen für seine Ernennung seine Bekanntheit, seine hohe Professionalität, seine Attraktivität für Berufsgenossen (er war weder Musikfunktionär noch Parteimann) und seine langjährige Befürwortung der Einrichtung einer Berufskammer für Musiker. Das Experiment, die Stelle mit ihm zu besetzen, endete nahezu als Katastrophe für alle Seiten. Goebbels gründete bald darauf die ‚Musikabteilung' des Ministeriums unter dem Parteigenossen Heinz Drewes; es gab stetige Streitereien, Raabe überschätzte unablässig seine Macht und wurde fortlaufend ihrer beraubt, auch wenn er oft genug Einzelfälle für sich oder seine Schützlinge positiv entscheiden konnte. Angesichts der in der Kammer herrschenden Zustände forderte Goebbels 1936/37 bei dem ihm nahestehenden Berliner SS-Standartenführer Gerhard Noatzke ein Gutachten an.[15] Noatzkes Beurteilung von Raabes Kammerführung war so eindeutig wie zutreffend:

„Der Präsident Raabe ist ein völlig apolitischer Mensch, der zu der Auffassung neigt, dass Können und Leistung einerseits und Bekenntnis zum Nationalsozialismus andererseits zwei Dinge sind, die sich niemals vereinigen lassen (mit anderen Worten: wer Nationalsozialist ist, ist ein Nichtskönner)."[16]

Peter Raabes Rücktrittserklärung traf bald darauf in Goebbels Ministerium formal ein, um dort bis zu seinem Tod 1945 unbeachtet zu liegen. Schon zuvor hatte er mit Rücktritt gedroht, zum Beispiel vor dem Leipziger Tonkünstlerfest 1936, als Goebbels, von Hans Severus Ziegler und Otto zur Nedden aufgestachelt, Hermann Reutters *Faust*-Oper kurzfristig verboten hatte. Auf Raabes umgehende Rücktrittsdrohung hin lenkte Goebbels schließlich ein. Raabe verabscheute seine Situation, dennoch trat er 1937 der NSDAP bei. Damit machte er sich mitschuldig am Ruin Tausender jüdischer Musiker, ohne dafür nur annähernd zu der Macht und dem Einfluss zu gelangen, auf die er für seine erzkonservative Ideologie angeblich gehofft hatte. Waghalsig und selbstbewusst blieb er trotz allem. 1938 führte der Ulmer Reinhard Ockel in Lindau

---

13 Vgl. ebenda, S. 61–63.

14 Die Geschichte von Strauß, seinem Librettisten Stefan Zweig und seiner Oper *Die schweigsame Frau* kann man in Zweigs ergreifendem Buch *Die Welt von Gestern* nachlesen: Stefan Zweig: *Die Welt von Gestern*, Frankfurt am Main 1970, S. 417 f.; vgl. auch Oliver Matuschek: *Stefan Zweig*, Frankfurt am Main 2006, S. 288 f. Strauß' Rauswurf resultierte u. a. auch daraus, dass seine Familie nicht ‚judenfrei' war und er sich andererseits trotz seiner Berühmtheit den Machthabern gegenüber zu viel erlaubt hatte. Die Erstaufführung der *Schweigsamen Frau* in Dresden war – in Anwesenheit einer reichlichen Anzahl von Nazifunktionären – ein großer Erfolg. Nach der zweiten Aufführung wurde die Oper verboten.

15 Noatzke war es, der nach der Reichskristallnacht im November 1938 als Treuhänder den C. F. Peters Verlag in Leipzig übernommen und den Besitzer Henri Hinrichsen ruiniert hatte. Dessen Weg endete schließlich in den Gaskammern von Auschwitz-Birkenau. So verlor Leipzig einen seiner größten Mäzene und einen Eckpfeiler des deutschen Kulturlebens. Noatzke, geb. am 21. August 1905, war ab 16. Januar 1927 Parteimitglied mit der Nummer 55107. Ein falsches (früheres) Eintrittsdatum zirkulierte in den (erhaltenen) Dokumenten neben dem korrekten.

16 Bundesarchiv: Ihlert, Heinrich 27,10,93,550 IV: Darstellung personeller Mißstände innerhalb der Reichsmusikkammer, 5. April 1937, S. 10.

*Karl Straube und Günther Ramin mit Thomanern vor der Thomaskirche
(Privatsammlung Stefan Altner, Foto: Ernst Hoenisch)*

anonym Mendelssohns *Sommernachtstraum* auf – das heiß geliebte Stück, das die Nationalsozialisten gern durch eines von einem ‚korrekten Komponisten' ersetzt hätten. Weder auf den Plakaten noch im Programm erschien der Name Mendelssohns. Kurz darauf wurde Ockel vor einen Ministerialausschuss nach Berlin zitiert. Ludwig Körner, der Präsident der Reichstheaterkammer, lud Raabe dazu in der Hoffnung, er könne helfen. Er konnte. Nachdem seine zur Verteidigung vorgebrachten Argumente, das Konzert sei ja ohne Mendelssohns Namensnennung erfolgt und dieser Komponist sei doch der entscheidende Wiederentdecker von Bachs Werken für die deutsche Musik, nicht überzeugt hatten, war Ockel schnell unter großen Druck geraten. Raabe ergriff für ihn Partei: Er, Raabe, habe Ockel beraten und die Idee mit der anonymen Aufführung stamme von ihm. Wer sich damit nicht arrangieren könne, solle sich mit ihm auseinandersetzen. Außerdem habe Ockel zuvor in Berlin Mendelssohns Violinkonzert unter Furtwängler gehört und sei durch jenen sozusagen zu seinem Projekt ermuntert worden – was Furtwängler dürfe, könne doch anderen nicht verwehrt werden. Die Ausschussmitglieder waren völlig eingeschüchtert, und so verlief die Angelegenheit für Ockel glimpflich. Die Beratung Ockels durch Raabe und Furtwänglers Konzert in Berlin waren allerdings komplett erfunden, und Raabe schwindelte nicht nur hierbei, um einen anderen zu retten. Raabes Freunde mutmaßten nicht nur einmal: ‚Der kommt noch ins KZ.'

Dieses Kurzportrait des faszinierenden, widersprüchlichen Raabe ist unentbehrlich, um die Sache mit Straube ins rechte Licht zu rücken. Raabes Vorschläge von 1937/38 für die Verleihung der Goethe-Medaille – unter denen sich auch die Empfehlung Karl Straubes befindet, verbunden mit der (falschen) Behauptung, dieser sei bereits seit Langem mit einer fünfstelligen Nummer NSDAP-Mitglied – und den Reichskultursenat zeugen von seiner Unzufriedenheit mit der Parteihörigkeit seines Umfeldes, einer gewissen Verwirrtheit und der Bereitschaft, die

Dinge einfach laufen zu lassen. Anders ist nicht zu erklären, dass er Richard Strauß, den der Linzer Gaukultursenator als ‚Judenknecht' beschimpfte, als Reichskultursenator vorschlug. Oder dass er für die Goethe-Medaille Straube empfahl, der damals wegen seiner Rentenansprüche eine Machtprobe mit den Leipziger Behörden suchte. Straube begegnete man innerhalb der Partei in Leipzig auf alle Fälle misstrauisch, umso mehr, seit Goerdeler nicht mehr dort war. Straube hatte tatsächlich die Goethe-Medaille schon fünf Jahre zuvor bekommen, am 6. Januar 1933, seinem 60. Geburtstag. Ausgehändigt wurde sie von dem damals noch amtierenden Reichspräsidenten Paul von Hindenburg, Straubes Wunschkandidat für die Reichspräsidentenwahl 1932.[17]

Ab spätestens 1932 gab es im Konservatorium in Leipzig unter Lehrern wie Schülern überzeugte Nationalsozialisten, die nun nach dem Wahlsieg der NSDAP verstärkter und drängender auftraten. Lehrkräfte wie Karl Straube, die nicht ‚zeitgemäß' waren, wurden von Parteitreuen infrage gestellt. Nationalsozialistisch gesinnte Lehrkräfte und Schüler versuchten, die übrigen Schüler und Lehrer zu beeinflussen. Auch in Straubes Orgelklasse gab es einen überzeugten Parteigänger, der zu Straubes offensichtlichem Missfallen in Uniform und Stiefeln erschien.[18] Straubes Schüler wagten sogar einige Wochen lang, die Unterrichtsstunden der propagandistischen Lehrkräfte zu boykottieren. Doch für Straube als hochrangigen Angestellten der Stadt wurde ein Eintritt in die NSDAP zunehmend unaufschiebbar. Der Mutter von Johannes Piersig erklärte Straube einmal, der Parteibeitritt sei die schlimmste Stunde seines Lebens gewesen.[19]

Es ist also äußerst fraglich, ob Straube tatsächlich ein von Anfang an überzeugter Nationalsozialist und ‚Altgardist der NSDAP' war. Unter normalen Umständen würde schon die Konfusion in Raabes Handlungen, dazu die Tatsache, dass Straube die Medaille schon lange besaß, wie auch Straubes öffentliche und offiziell beglaubigte Unterstützung Hindenburgs im Jahr 1932 ernsthafte Zweifel an der Glaubwürdigkeit Raabes aufkommen lassen. Wer vor einem Ministerialausschuss ein Furtwängler-Konzert erfindet, hat vermutlich auch andere Erklärungen parat, wenn es ihm nützlich erscheint. Ganz zu schweigen von Straubes eigenen eindeutigen Äußerungen in wohlbekannten Briefen[20] über Politik, Religion und Kultur, die genügen, um eine nationalsozialistische Gesinnung mehr als fragwürdig erscheinen zu lassen. Nahezu die Gesamtheit der Kommentatoren,[21] ob Fachleute oder nicht, haben aber willfährig Hartmanns Thesen in puncto Straubes früher Parteimitgliedschaft ohne jede kritische Prüfung übernommen. Ob das aus Naivität, wissenschaftlicher Ungenauigkeit oder gar gezielter Bosheit geschah: Diese missliche Situation erfordert, dass man den wahren Sachverhalt nun genauer unter die Lupe nimmt.

Ab 1925, nach der vorzeitigen Entlassung Adolf Hitlers aus dem Gefängnis in Landsberg am Lech und der damit verbundenen Neugründung der NSDAP, wurde jedes eingetretene Parteimitglied in der Zentralkartei geführt, die später von den Amerikanern in Berlin beschlagnahmt und, sorgfältig kopiert, wieder im ‚Berlin Document Center' deponiert werden sollte.[22] Diese Kartei ist seit sechzig Jahren die erste Quelle für Forschungen zur NS-Zeit. Darin ist für jeden Namen eine Nummer verzeichnet und für jede Nummer ein Name. Bekanntlich findet sich darin zu Karl Straube der Vermerk, dass er am 1. Mai 1933 mit der Nummer 2 989 464 eingetreten ist – nur wenig später als Rudolf Mauersberger, Dresdner Kreuzkantor, mit der Kartennummer 2 451 659. Weder im Bundesarchiv noch im ‚National Archive of The United States of America' gibt es einen Eintrag zu einem Ersteintritt Karl Straubes unter der Nummer 27 070 oder unter irgendeiner anderen Nummer. Die zwingende Folgerung daraus ist, dass Straube zwischen 1925 und 1945 nur ein einziges Mal in die NSDAP eingetreten ist, und zwar am Maitag 1933.

Die Mitgliedsnummer 27 070 wurde in der Tat zweimal von München aus vergeben; das erste Mal zwischen dem 24. Dezember 1922 und dem 6. Januar 1923 und das

---

17 Urkunde zur Verleihung der Goethe-Medaille vom 6. Januar 1933 (Nachlass Karl Straube, Bacharchiv Leipzig). Raabes biografische Informationen über Karl Straube in seiner Empfehlung sind falsch und unvollständig: Otto Dienel wird nicht erwähnt und Albert Becker wird fälschlicherweise als ehemaliger Lehrer Straubes vorgestellt.

18 Dieser Schüler, ein sehr begabter und später prominenter Organist in Mitteldeutschland, der hier nicht namentlich genannt sei, tauschte seine NSDAP-Mitgliedschaft und -Überzeugung nach 1948 in die der dortigen CDU und genoss ein komfortables Künstlerleben als Kirchenmusiker in der DDR.

19 Vgl. Anm. 73.

20 Vgl. Brief Karl Straubes an Karl Hasse vom 21. Januar 1940, in: Wilibald Gurlitt, Hans-Olaf Hudemann (Hrsg.): *Karl Straube. Briefe eines Thomaskantors*, Stuttgart 1952, S. 107–110; Brief Straubes an Gerhard Richter vom 12. Juli 1940, ebd., S. 116–117. Diese Briefe kommen in der gleichnamigen ‚Ausgabe für die Deutsche Demokratische Republik', Evangelische Verlagsanstalt Berlin 1959, nicht vor. Der wichtige Brief Straubes vom 11. Juli 1926 an Otto Grüters (siehe Anm. 26) erscheint zwar in dieser Ausgabe von 1959, ist aber – aus verständlichen Gründen – um ein Drittel gekürzt.

21 Hier einige ausgewählte Beispiele: Elke Völker: *Im Schatten Max Regers. Sigfrid Karg-Elert*, in: Organ 4 (1998), S. 33–37; Alexander Hiller: *Ein Kantatenprojekt des Thomaskantors Karl Straube*, in: Bach Magazin 13 (2009), S. 30–32; Jörg Hansen, Gerald Vogt: *Blut und Geist* (Katalog zur Ausstellung im Bachhaus Eisenach 2009), Eisenach 2009, S. 28; Christopher Anderson: *Max Reger and Karl Straube*, Ashgate 2003, S. 16, 38, 201, 251 f.

22 Heute befinden sich die Bestände im Bundesarchiv in Koblenz.

zweite Mal am 30. Dezember 1925. Ab dem 22. November 1922 gab es eine Ortsgruppe in Leipzig, die sehr klein war (um die 200 Mitglieder bis zum Parteiverbot nach dem missglückten Putsch 1923). Sie setzte sich vorrangig aus Mitgliedern von fragwürdigem Ruf zusammen und litt unter Rivalitäten, Splittergrüppchenbildung und ständiger polizeilicher Verfolgung. Zudem war sie ohne Anlaufstelle und Telefon.[23] Nach dem Parteiverbot wurde die Leipziger Ortsgruppe am 10. Dezember 1924 neu gegründet, allerdings war sie in einander heftig bekämpfende Fraktionen geteilt und stand noch immer unter scharfer polizeilicher Kontrolle. Ab dem Winter 1926 erhielt der wieder aktiv gewordene Hitler in Sachsen Redeverbot.[24]

Zu jedem der für die Nummernausstellung infrage kommenden Zeiträume herrschte Hochsaison für Straubes Verpflichtungen, die ihm etwa durch Gottesdienste und Proben entstanden. Da eine persönliche Vorsprache aber unbedingt erforderlich war, um einen Antrag auf Mitgliedschaft stellen zu können, und da offene Versammlungen in den genannten Zeiträumen nicht belegt sind und außerdem das Erscheinen des sehr bekannten Thomaskantors in einem solchen Umfeld riskant und sowieso undenkbar gewesen wäre, scheint jede Behauptung, Karl Straube habe die eine oder die andere frühe Mitgliedsnummer besessen, völlig abwegig. Das fehlende Beweismaterial unterstreicht dies zusätzlich.[25]

Aufschlussreich für Straubes damalige politische Ideenwelt ist ein Brief an Otto Grüters. Ihn nennt Straube spielerisch immer „lieber Schwager Otto", obwohl Grüters eigentlich der Schwager Adolf Buschs war. Am 11. Juli 1926 schrieb er aus dem Urlaub in Bad Gastein, er habe zwei Bücher gelesen, die er Grüters sehr empfehlen wolle:

„Friederick Meinecke ‚Die Idee der Staatsraison', unerhört klug und fein, aber historisch rückschauend, die Betrachtungen über die Gegenwart empfindsam, nicht aber politisch aktiv; als Ergänzung dazu: Alfred Weber ‚Die Krise des modernen Staatsgedankens in Europa'. Ein Buch, von welchem der Verfasser in der Vorbemerkung sagt: ‚Diese kleine Schrift ist das Kind eines bestimmten politischen Wollens.' Für unsere Art [...] ist die Lektüre dieser Schrift deshalb wichtig, weil wir immer bei politischen Betrachtungen und Urteilen die Entwicklung und den Einfluss des Kapitalismus und der Industrialisierung, in Verbindung damit auch die Formung der Massenbevölkerung, nicht genügend in Betracht ziehen."[26]

Meinecke und Troeltsch[27] versuchten, „die aus den Fugen geratene deutsche Geschichte in die allgemein-europäische zurückzubiegen",[28] und Alfred Weber lieferte eine bereits fein durchdachte Analyse des Todes des Legitimismus, des Kreuzfeuers zwischen Bolschewismus und Faschismus, des Vakuums in Europa nach 1918, dazu eine Vision für ein neues, in der Staatsform vereintes demokratisches kapitalistisches Europa.[29]

Dass Straube dieses erstaunlich moderne Plädoyer für eine neue Welt als Korrektur oder einen Entwicklungsvorschlag empfunden hat, zeigt deutlich, wie meilenweit entfernt er schon 1926 von dieser noch kleinen Partei des Revanchismus und Rassismus war, die im Großraum Münchens und Bayerns heranwuchs.

Am 24. Februar 1920 veröffentlichte die damals noch zwerghafte Partei NSDAP das berüchtigte *25-Punkte-Programm*, das allerdings außerhalb des Großraums München kaum Aufmerksamkeit erregte. Die Punkte waren weitgehend auf ein verletztes, verunsichertes Volk zugeschnitten und ansonsten ziemlich transparent: Gut ein Drittel war antisemitisch oder rassistisch motiviert, ein weiteres Drittel proklamierte Krieg und Eroberung durch ein remilitarisiertes Reich. Über Kultur fand sich kein Wort darin, Bildung wurde nur im Sinne der Heranbildung eines bequem manipulierbaren, politisierten ‚Staatsbürgers' thematisiert. Es ist unwahrscheinlich, dass Straube von diesem Dokument je gehört hat, das Thema könnte nicht weiter entfernt sein von seinem ausgeprägten Nationalkonservativismus und dem seiner prominenten, zum Teil jüdischen Freunde wie Henri Hinrichsen, Arnold

---

23 Telefone gab es in Leipzig zwar bereits seit 1882, die NSDAP hatte aber erst ab 1931 einen eigenen Telefonanschluss und wurde damit aktionsfähiger und erstmals erreichbar. Ihre eigenen Parteibüros in Leipzig hatte sie erst ab 1935.

24 Nachschlagewerke über die prekäre und bewegte Lage der NSDAP in Sachsen in jenen Jahren gibt es zahlreiche, z. B.: Andreas Wagner: *Mutschmann gegen von Killinger,* Beucha 2001; Andreas Wagner: *Machtergreifung in Sachsen,* Köln etc. 2004.

25 Beweismaterial bleibt aber stumm, wenn Leser blind sind – oder blind sein wollen. Eine ehrliche Zusammenfassung des Fragenkomplexes ‚früher Eintritt' muss so formuliert werden: Ein Eintritt im Jahr 1925 ist durch die hier erläuterten Umstände ausgeschlossen; ein Eintritt zum Jahreswechsel 1922/23 (bevor *Mein Kampf* veröffentlicht worden war, zu Beginn der langsamen Ausbreitung der NSDAP in Sachsen) der von den Kritikern Straubes wegen fehlender Quellenvertrautheit überhaupt nicht postuliert wurde und nur vom Verfasser hier erwähnt wird, ist aus denselben Gründen unwahrscheinlich, nicht aber – wie 1925 – dokumentarisch ausgeschlossen.

26 Brief Straubes vom 11. Juli 1926 an Otto Grüters, in: W. Gurlitt, H.-O. Hudemann: *Briefe eines Thomaskantors* (wie Anm. 20), S. 65–68.

27 Friedrich Meinecke: *Die Idee der Staatsräson in der neueren Geschichte,* München 1924. Friedrich Meinecke und Ernst Troeltsch waren bedeutende Historiker und Kulturphilosophen der Weimarer Republik.

28 Walther Hofer: *Der Nationalsozialismus. Dokumente 1933–1945,* Frankfurt am Main 1957, S. 364.

29 Alfred Weber: *Die Krise des modernen Staatsgedankens in Europa,* Leipzig 1925.

*Karl Straube dirigiert den Bachverein Leipzig in der Thomaskirche
(Privatsammlung Stefan Altner, Foto: Ernst Hoenisch)*

30 W. Hofer: *Der Nationalsozialismus* (wie Anm. 28). S. 12.

31 Allein die bereits erwähnten, leicht zugänglichen Fakten genügen, um an Raabes Behauptung gründlich zu zweifeln. Mehr als offensichtlich ist, dass keiner, der sich so bereitwillig Hartmanns ‚Entdeckung' angeschlossen hat, die Glaubwürdigkeit der Quelle überprüft hat. Die kritiklose Akzeptanz dieser zweifelhaften und in der NS-Zeit nicht unüblichen Absurditäten, zu denen Raabes Behauptung wohl zählt, ist für heutige Wissenschaftler höchst problematisch. Gegenstimmen sind häufig ignoriert worden, wie zum Beispiel die hervorragende Doktorarbeit von Nina Okrassa (*Peter Raabe*, Wien und Böhlau 2004), die zwar in der Bibliografie des bereits zitierten Ausstellungskataloges *Blut und Geist* genannt ist, aber anscheinend keinerlei Beachtung gefunden hat.

Mendelssohn und Anton Kippenberg vom Inselverlag, um nur einige zu nennen. Dass nur zwei Jahre später Straube sich diese bayerische Zwergpartei „von Entwurzelten, Unzufriedenen, Verarmten"³⁰ als Ausdruck seiner politischen Ideenwelt ausgesucht haben soll, erscheint für jeden, der die mehreren hundert Straube-Briefe vollständig gelesen hat, mehr als absurd. Die Mär von Straubes Parteieintritt in den zwanziger Jahren – ob nun vor oder nach 1923 – geht nur auf die Idee des bereits als unglaubwürdig unter Verdacht stehenden Peter Raabe zurück,³¹ Straube beim Ministerium für die Verleihung einer Medaille vorzuschlagen.

Die Wahrheit ist wohl, dass Straube, wie viele andere auch, erst am 1. Mai 1933 in die Partei eingetreten ist, aus opportunistischen, beruflichen Motiven. Die ominöse

Intrige im Konservatorium,[32] die politische Niederlage Hindenburgs, das Beispiel anderer vorsichtiger Prominenter (zum Beispiel Mauersberger in Dresden) haben sicher eine Rolle dabei gespielt, ebenso der erbitterte Streit über die seit 1926 aufkeimende Orgelbewegung. Straubes vermeintlich führende Rolle bei der Erklärung von 1933 wurde offensichtlich von anderen erfunden.[33]

Doch was hat es nun mit Straubes angeblicher nationalsozialistischer Gesinnung auf sich, die so oft kolportiert wurde? Seltsamerweise finden nicht einmal die neuzeitlichen Straube-Gegner eine Spur von Antisemitismus bei ihm. Im Gegenteil, Straube hatte außerordentlich viele von ihm hoch geschätzte jüdische Freunde. Seine rührende Empfehlung Günther Raphaels[34] beweist seine Fürsorge für eine durchaus besondere Begabung eines jüdischen Schülers. Auch später wurde Raphael in Straubes Schülerkreis oft gespielt. Straubes Einsatz bei seinem Freund Fritz Stein[35] zugunsten von Barnet Licht, einem jüdischen Chorleiter aus Leipzig, ist gut bekannt.[36] Licht, der Leiter der Arbeiterchöre und Vermittler für großartige deutsche Musik unter den Arbeitern, galt natürlich als Persona non grata. Straube äußerte sich dazu:

> „Sein großes Verdienst ist, daß er nach 1918 dauernd sich darum bemüht, bei dem sozialistischen Arbeiter das Gefühl für die Größe der deutschen Musik zu erwecken. Daß diese Musik mehr sei als Politik, und [dass] die Passionen von Bach, Beethovens Messe und Sinfonien und Händels Oratorien höher stehen als alle politischen Dinge, und [dass] es notwendig sei, daß alle Arbeiter von der Bedeutung dieser Kunst überzeugt werden. – So hat er es in ein paar Jahren erreicht, daß die Leipziger Ultras in die Thomaskirche gingen, um dort die Passion zu hören. Allerdings würde Barnet Licht dann abgelehnt von den Parteigroßen und als ein Mann angesehen, der eigentlich Reaktionär sei und, sozialistisch vom Parteistandpunkt angesehen, gefährliche Dinge trieb, sogar die Religion verbreitet. Wenn Sie diesen grundanständigen, originellen Mann in Freundlichkeit anhören wollen, wäre ich Ihnen sehr dankbar."[37]

Wer diesen Wortlaut in den Mund eines ‚Altgardisten‘ legen will, leugnet die historische Realität. Ein solcher Brief konnte, wenn er an die falschen Stellen geriet, durchaus gefährlich sein, wie bei Strauß und Pfitzner.

In der Realität hatte Straube vielleicht sehr wohl Probleme mit der Partei, obwohl er das wahrscheinlich selbst nicht bemerkte. Zwischen dem heutigen Bestand des Bundesarchivs und den Kopien davon im Archiv der Vereinigten Staaten von Amerika gibt es im Prinzip keine Diskrepanz; nur die Recherchewerkzeuge sind oft so verschieden, dass – außer bei der Mitgliederkartei – eine absolute Kongruenz nicht hergestellt werden kann. So befinden sich in College Park in Maryland, USA, Kopien eines Umschlages, der im Bundesarchiv nicht auffindbar ist, auch sein Inhalt nicht. Der Umschlag trägt den Namen Karl Straubes, wurde nach 1933 beschriftet und beinhaltete offenbar Dokumente, die für ein Disziplinarverfahren oder ein Ausschlussverfahren gegen den Thomaskantor relevant gewesen wären. Es ist gut möglich, dass die Gestapo in dieser Richtung einiges an Material zusammengetragen hatte; leider ist bis jetzt verschollen, was dieses Kapitel erhellen könnte. Wäre ein Verfahren durchgeführt oder eingestellt worden, so würde es eindeutigere Spuren hinterlassen haben. Hätte Straube von diesem Vorgang gewusst, so hätte er ihn in seinem Antrag zur Entnazifizierung sicherlich zu seiner Entlastung erwähnt. Vielleicht hatte sich ein einflussreicher Freund für Straube eingesetzt?

---

32 Vgl. dazu: Straube-Nachlass, Bacharchiv Leipzig.

33 Beiden streitenden Parteien, den Deutschen Christen auf der einen Seite und den Historisierenden um den ‚Kulturbolschewisten'Hans Henny Jahnn auf der anderen, stand Straube aus intellektuellen wie musikalischen Gründen durchaus skeptisch gegenüber (siehe besonders: Brief Straubes an Karl Matthaei vom 30. Dezember 1926, in: W. Gurlitt, H.-O. Hudemann: *Briefe eines Thomaskantors*, wie Anm. 20, S. 68–69; Brief Straubes zum selben Thema an Karl Hasse vom 13. November 1930, ebd., S. 91–93, und viele andere). Über die Erklärung und ihren Hintergrund berichtet Michael Kaufmann: *Orgel und Nationalsozialismus,* Kleinbittersdorf 1997, S. 58–65, auf akzeptable Weise, obwohl das Buch in toto weder unvoreingenommen noch fehlerfrei in Fakten und Dokumentation ist. In seiner Fußnote 90 zu Seite 65 zitiert er Straubes Brief an Bodo Ebhardt vom 25. Mai 1933 nur unvollständig, vgl. Kathyrn Schenk: *Heinrich Fleischer. The Organist's Calling and the Straube Tradition*, Minnesota 1989, S. 19–20. Der Brieftext ist schon von Wolfgang Auler in *Die Anfänge der Orgelbewegung*, in: Musik und Kirche 35 (1965), S. 132–133, zitiert und zeigt Straubes pragmatischen, überlegten, sicherheitsschaffenden Umgang mit der Regierung während der Hitlerzeit. Wer – wie Prieberg (F. K. Prieberg: *Musik im NS-Staat*, S. 346–347) – behaupten will, dass die Erklärung von 1933 eine einfache Spiegelung nationalsozialistischer Politik gewesen sei – quasi Faschismus light –, der hat einfach seine Hausaufgaben nicht gemacht: Die Gegenpartei sagte ganz offen, die Orgelbewegung müsse beseitigt werden (vgl.: M. Kaufmann: *Orgel und Nationalsozialismus* [wie Anm. 33 oben], S. 60) und die ‚Erklärung' war unter diesen politischen Umständen eine kluge Antwort, besonders, weil damals die ‚Deutschen Christen' noch viel Schwung hatten.

34 Vgl. Brief Straubes an seinen jüdischen Duzfreund Arnold Mendelssohn vom 13. August 1924, um Günther Raphael Mendelssohns Fürsorge anzuempfehlen, in: W. Gurlitt, H.-O. Hudemann: *Briefe eines Thomaskantors* (wie Anm. 20), S. 56–57.

35 Dieser war Amtsträger in Berlin und Parteimitglied erst ab 1. März 1940, Mitgliedsnummer 7 547 647.

36 Leipzig, 19. April 1934, Ablichtung in: Maren Goltz: *Das kirchenmusikalische Institut*, Hochschule für Musik und Theater ‚Felix Mendelssohn-Bartholdy', Leipzig 2001, S. 66. Nebenbei bemerkt: Fritz Stein hat bekanntlich später versucht, eine niedrigere und damit prestigeträchtigere Mitgliedsnummer zu bekommen.

37 Staatliche Akademische Hochschule für Musik in Berlin: Akten 1934, Kap. II, Tit. I (wie Anm. 62).

Jede Erwähnung der vielen jüdischen Freunde Karl Straubes und seines Engagements für einige von ihnen muss beginnen und enden mit Henri Hinrichsen, dem Inhaber des C. F. Peters Verlages und einem der wichtigsten und intelligentesten Mäzene Leipzigs in der Neu-

zeit. Straube und Hinrichsen arbeiteten 37 Jahre lang eng zusammen und Straube, der zum Erfolg von C. F. Peters enorm beitrug, war immer wieder Benefiziant der legendären Großzügigkeit von Hinrichsen.[38] 1938 gratulierte dieser – mit einem großen Geldgeschenk – zu Straubes 65. Geburtstag; die Zeiten waren dunkel und die Reichskristallnacht stand in acht Monaten bevor. Straube, der nur allzu gut verstand, dass noch viel dunklere Zeiten zu erwarten waren, und dem auch bewusst war, wie standhaft sich Hinrichsen einer Emigration verweigerte, schrieb im Januar 1938:

„Sehr verehrter Herr Geheimrat,
Für die reiche Gabe und die so überaus freundlichen Worte der Wertschätzung meiner künstlerischen Bemühungen spreche ich Ihnen meinen herzlichen Dank aus. Durch Ihre wohlwollende Güte hat das verflossene Jahr seine Krönung empfangen, denn Wohlwollen und Güte sind in dem Sturm unserer Zeiten etwas Seltenes geworden, um so glücklicher ist der zu preisen, der solches erleben darf. Ihnen und all den Ihren senden meine Frau und ich zum Jahreswechsel die herzlichsten Glückwünsche und Grüße
In treuer Ergebenheit Ihr Karl Straube"[39]

Hertha und Karl Straube haben auch nach 1940 den Hinrichsens geschrieben, bis keine Antwort mehr kam.[40]

Doch die These vom ‚Antisemiten Straube' hält sich hartnäckig, beispielsweise auch im Katalog zur Ausstellung *Blut und Geist* im Eisenacher Bachhaus im Jahre 2009. Obwohl hier zugegeben wird, dass „Bekenntnisse zur NS-Rassenideologie fehlen", denn „er verwandte sich nach 1933 für jüdische Musiker wie Barnet Licht und Günther Raphael", wird dennoch hinzugefügt, dass Straube „in seinen Ansichten zu Mendelssohn antisemitische Klischees nachvollzog".[41]

Diese Äußerung sollte jedoch kritisch gesehen werden. Sie bezieht sich auf Straubes Worte über Mendelssohns Orgelsonaten Opus 65 – und nur auf diese Werke – in seinem Kommentar zu Regers Opus 40. Hier wird aber nicht nur der Tonfall Straubes völlig ignoriert (der generell freundlich ist, wie auch sonst, wenn er über Mendelssohn schreibt), sondern der Sachverhalt generell verzerrt. Straube selbst schreibt, dass „[...] die Behandlung der Choräle unsere schweren Bedenken erregen. Wir erkennen den Fehler Mendelssohns. Ihm ist der Choral ein rein formalistisches Element, welches er ohne innere Nötigung, aus gewissermaßen äußerlich-musikalischen Gründen anwendet." Und dies ist absolut wahr.[42] Die Sonaten sind gut geschrieben, aber für einen Kirchenmusiker, der an Bach, Händel und Mozart denkt, reichlich oberflächlich. So empfinden es wohl die meisten Kenner, was aber an der Attraktivität, der Zugänglichkeit und dem Reiz der Musik

---

38 Als 1924 Straubes geliebte Tochter Elisabeth, eine begabte Malerin, mit einer Blutvergiftung todkrank in einem Berliner Krankenhaus lag, schickte Hinrichsen Geld, damit die gequälten Eltern wenigstens keine materiellen Sorgen haben sollten.

39 Sächsisches Staatsarchiv: Bestand Peters, 2152 (Autograf).

40 Siehe Irene Lawford-Hinrichsen: *Music Publication and Patronage*, Middlesex 2000, S. 197. Die Hinrichsens sind 1940 doch noch nach Brüssel emigriert, wo Martha Hinrichsen, als Jüdin nicht berechtigt, Medikamente für ihre Zuckerkrankheit zu erhalten, bald starb. 1942 holte die Gestapo Henri Hinrichsen in Brüssel ab; er starb am 17. September in den Gaskammern von Auschwitz-Birkenau. Hinrichsens Sohn Walter, der etwa von 1945 bis 1947 Kulturoffizier der US-Streitkräfte in Berlin und der Gründer der Firma C. F. Peters in New York war, erfuhr erst viel später und nur in Teilinformationen vom grausamen Schicksal seines Vaters und seiner Brüder Hans-Joachim und Paul. Als offizielle letzte Bestätigung des Todestages von Henri Hinrichsen gibt Irene Lawford-Hinrichsen den 20. Januar 1948 an. Hinrichsens überlebende Söhne waren hinsichtlich der familiären Tragödie außerordentlich unkommunikativ. Straube, der (wie auch später seine Witwe) dank Walters Einfluss bis zu seinem Tod in der Talstraße 10 wohnen durfte, war nie über Geheimrat Hinrichsens Tod genau informiert worden.

41 J. Hansen, G. Vogt: *Blut und Geist* (wie Anm. 21), S. 28.

42 Die Sonate in d-moll besteht aus einem Präludium in Variationsform, einer kurzen Fuge und einem lyrischen Finale in D-Dur; die ersten beiden Sätze benutzen den Choral *Vater unser im Himmelreich* als Thema, mit typischen organistischen Satzbauformen. Mendelssohn komponierte die Sonaten an der Silbermann-Orgel zu Rötha, wo es zu Tonmalerei im romantischen Sinne sowieso wenig Versuchung gab, und die Sonate d-moll wirkt recht kühl und schön, ohne irgendeinen Bezug zum Choraltext. Das Finale hat zum Ganzen überhaupt keinen Bezug, ist eigentlich ein selbstständiger Satz, lyrisch und grazil.
Die Sonate 3 A-Dur ist in ihrer Struktur nicht unähnlich: ein strahlendes Maestoso in A-Dur Fortissimo, überfüllt mit parallelen Sexten und Terzen, eröffnet die Sonate und umrahmt einen etwas hämisch klingenden fugierten Satz in a-moll mit seinem punktierten Themenkopf mit Tritonus und dem Gegenthema in den Farben des verminderten Septakkordes. Im Laufe dieses Satzes spielt das Pedal *Aus tiefer Not* ... (einfach nur als ‚Choral' bezeichnet), Martin Luthers Lied 1524 zum Psalm 130. Nach einem toccatenhaften Weiterspinnen und kurzem thematischen Pedalsolo wiederholt sich das A-Dur-Maestoso und zum Schluss in A-Dur (parallel zur Sonate 6) Andante tranquillo piano e dolce, cantabile und süß. Hier ist Straubes Kritik noch treffender als bei Sonate 6; zum Choraltext ist diese an sich attraktive Musik in Sinn und Stimmung völlig fremd – es gibt eine Groteske, die hier aber nicht gewollt ist, und all dies sagt Straube mit Recht. Eine solche Groteske (Inkongruenz) kann sicherlich, wenn sie als solche eingesetzt wird, großartige musikalische und dramatische Wirkung erzeugen, wie zum Beispiel am Ende von G. Verdis *La Traviata*, als die Karnevalsmusik von außen in La Traviatas Todeszimmer dringt. Ähnlich im zweiten Akt von G. Puccinis *Tosca*, als Festmusik aus Toscas *Kantata* aus dem Zimmer der Königin durchs Fenster des Raumes dringt, in dem Scarpi Toscas Liebhaber Cavaradossi verhört. Im Falle der Mendelssohn-Sonaten ist eine Inkongruenz allerdings nicht absichtlich, sondern zufällig entstanden, da der Komponist den jeweiligen Choraltext nicht beachtete.

nichts ändert. Diese Kritik als ‚antisemitisches Klischee' zu geißeln, ist genauso bizarr und abwegig, als würde man Friedrich Griepenkerls ebenfalls berechtigte und bittere Kritik an Mendelssohns Orgelspiel – vom Standpunkt eines Mannes aus, der Johann Nikolaus Forkel noch kennengelernt hat – als antisemitisch hinstellen.[43]

Trotz allem hat Straube insbesondere zwei Sonaten Mendelssohns ziemlich oft gespielt, auch schon bevor er nach Leipzig kam.[44] Er betrachtete die Stücke nicht aus der Sicht der großen deutschen Meister seit dem 17. Jahrhundert als fehlerhafte Textauslegung, sondern als liebenswürdige improvisatorische Orgelfantasien, die ohne Textreferenz gut zu genießen sind.[45] Die Größe, die Straube in den Sonaten A-Dur und d-moll wegen dieser ästhetischen Ungereimtheiten vermisste, erreichte Mendelssohn dort, wo er sich völlig zu Hause fühlte: in seinen Oratorien und im e-moll-Violinkonzert, um nur außerordentliche Beispiele zu nennen.

Die Veranstalter der Eisenacher Ausstellung warfen Straube außerdem vor, er sei von seiner politischen Neigung her ‚nationalkonservativ' gewesen, was sicher auch stimmte und per se keine Sünde darstellt; sein jüdischer Freund, der Verleger Henri Hinrichsen hatte eine ähnliche politische Orientierung. Außerdem wurde angemerkt, dass er an eine „deutsche Superiorität glaubte".[46] Diese Äußerung wirkt zu suggestiv auf die uninformierte Nachwelt, um Straube damit nicht als einen Sympathisanten des Nationalsozialismus zu stigmatisieren. Sie stützt sich hauptsächlich auf einen langen Brief Straubes an Günther Ramin, der im Winter 1933 auf seiner ersten Konzertreise in den Vereinigten Staaten unterwegs war. Ramin hatte enormen Erfolg in einem Land, in dem noch fast ausnahmslos englische und französische Orgelkunst à la Marcel Dupré dominierte, im Konzertleben wie im Unterricht.[47] Straube schreibt:

„Es handelt sich um nichts anderes als um die Durchsetzung der deutschen Superiorität auf englischen und französischen Einflußgebieten, daß Ihnen aber dieser Durchbruch gelungen, lediglich aus Ihrem Können und Ihrer Künstlerschaft heraus, das ist ein Erfolg, den hoch genug einzuschätzen Worte kaum zu finden sind."[48]

Karl Straube war sich dessen wohlbewusst, wie präsent die ‚französische Bachtradition' und die mit ihr verbun-

---

43 Siehe Andreas Arend: ‚Von der Wahrheit weit entfernt', in: Ars Organi 49 (2001), H. 1, S. 11–18.

44 Karl Straube hat Mendelssohns A-Dur-Sonate am 5. April 1898 in der Paulskirche in Frankfurt am Main gespielt, am 21. November 1899 im Weseler Dom, am 2. März 1899, 21. November 1900 und am 16. Dezember 1909 im Gewandhaus Leipzig, am 30. Januar und 6. Februar 1909 in der Thomaskirche Leipzig und im Januar 1910 in Berlin. Die d-moll-Sonate spielte er am 14. Juni 1899 im Weseler Dom, erneut dort am 11. Juli 1900, wie sein Schüler Kurt Freitag in einem Hochschulkonzert am 25. Juni 1920. Zu dieser Zeit konzertierte Straube auch mit dem Präludium G-Dur, op. 37, einem sehr attraktiven Stück, das eine Fülle von Möglichkeiten bereithält, den Farbenreichtum einer großen Sauer-Orgel (Wesel, Leipzig) vorzuführen. Dass Mendelssohn wie auch Straube selbst ein großer Beethoven-Verehrer war, erwähnte Straube auf verbindlichste Art viele Jahre später am 16. November 1944 in einem Brief an Johannes Haller. Mendelssohn hat mehrfach Choräle zitiert oder emblematisch als Nebenthema eingefügt. Diesen damals modernen rein dekorativen Gebrauch alter Kirchenlieder (Liszt und sogar Wagner!) tadelte Straube. Später klagte auch Albert Schweitzer darüber, dass nicht nur die Texte, sondern auch die Melodien so unbekannt geworden waren, dass es choralbasierten oder auch nur choraldekorierten Werken an diesbezüglicher Wirkung gebrach. Interessant und symptomatisch für diese Ästhetik des 19. Jahrhunderts ist ein Brief Abraham Mendelssohn Bartholdys vom 10. März 1835 an seinen Sohn Felix: „Überhaupt ist mit dem Choral nicht zu spaßen. Das höchste Ziel ist, daß das Volk ihn unter Begleitung der Orgel rein singt – alles andere erscheint mir unkirchlich." Siehe P. und C. Mendelssohn-Bartholdy (Hrsg.): *Briefe aus den Jahren 1833 bis 1847 von Felix Mendelssohn-Bartholdy,* Leipzig 1863, S. 84. Dem dekorierten oder ornamentierten Choral gegenüber empfand nicht nur der aufgeweckte, musikalisch interessierte und spät konvertierte Vater Mendelssohn-Bartholdy Unwohlsein; diese Ästhetik ist die der Zeit, der Zeit von Zelter und von Phillip Spitta. Der Choral darf sehr wohl als Dekoration oder Zitat, als Thema in einfacher melodischer Form ohne Bezug zum Choraltext benutzt werden, eine Veränderung ist aber nicht gestattet. Eine ausdrucksvolle, textbezogene Begleitung, illustrative kompositorische Techniken oder gar eine Verzierung des Chorals zu diesem Zweck – was eigentlich das Kernstück der spätbarocken Kirchenmusik Bachs und seines Kreises war und später dann wieder in der ‚Renaissance' des 20. Jahrhunderts bei Straube, Ramin und der Orgelbewegung – kommt überhaupt nicht in Frage. So sorgte diese Auffassung damals dafür, dass viel Wesentliches aus Bachs Werk den Zuhörern regelrecht verschlossen blieb. Dass Mendelssohn dagegen Stücke wie BWV 654 liebte und in seiner Art interpretierte, zeigt schon, mehr als seine eigenen Orgelkompositionen, seine musikalische Weitsichtigkeit.

45 In stiller Übereinstimmung erwähnt heutzutage kaum jemand auf den Programmzetteln bei der Sonate A-Dur den Choral *Aus tiefer Not,* oder *Vater unser* bei der Sonate 6, so wenig überzeugend und unwesentlich sind die Bezüge.

46 J. Hansen, G. Vogt: *Blut und Geist* (wie Anm. 21), S. 28.

47 Eine treffende Abhandlung dazu findet sich im Artikel *The Pipe Organ in America* vom sehr bekannten Robert Baker, in: Orgel, Orgelmusik und Orgelspiel. Festschrift für Michael Schneider, hrsg. v. Christoph Wolff, Kassel 1985, S. 120–128: „Es gab immer noch diese tiefliegende kulturelle Unsicherheit der Amerikaner: Wenn etwas gelten sollte, musste es aus Europa kommen. Nach 1900 hatte man in Paris zu studieren – dieser Glaube hielt sich bis nach dem Zweiten Weltkrieg. Die Ideen von Guilmant, Widor, Vierne und später Dupré waren dominant, in der Spieltechnik ein absolutes Muss. Alle Organisten waren indoktriniert mit französischer Technik und Tradition." (Übers. d. Verf.).

48 Brief Straubes an Ramin vom 8. Februar 1933; den vollständigen Text zitiert C. Andersen in *Max Reger and Karl Straube* (wie Anm. 21), S. 251. Der Brief findet sich in W. Gurlitt, H.-O. Hudemann: *Briefe eines Thomaskantors* (wie Anm. 20), hier allerdings unvollständig in der Ausgabe der Bundesrepublik Deutschland von 1952 und völlig fehlend in der Ausgabe der DDR von 1959.

dene Spieltechnik in den Vereinigten Staaten waren, zählten doch nicht nur einige lutherische Organisten aus den USA zu seinen ehemaligen Schülern, sondern auch Prominente wie der Organist PalmerChristian, Professor an der Universität von Michigan. Wenn auch heute die Mythologie dieser ‚französischen Bachtradition' völlig zerstört ist, 1933 wurde an ihr noch souverän festgehalten.[49] Erst als während des Zweiten Weltkrieges viele deutsche Organisten nach Amerika emigrierten und später im Gegenzug eine Generation von amerikanischen Studenten als Fulbright-Stipendiaten nach Europa und nach Deutschland kamen, konnte eine Erneuerung in den USA Antrieb bekommen und auch eine ‚Alte-Musik-Bewegung' für die Orgel ihren Anfang nehmen. Ramins Erfolg, und vielleicht auch Straubes Freude daran, war sicher noch bedeutsamer vor dem Hintergrund der nordamerikanischen Konzertreise des Leipziger Komponisten Sigfrid Karg-Elert im Jahre 1932.[50] Karg-Elert selbst hatte ehrlicherweise schon im Voraus gegenüber dem englischen Orgelbauer Willis und dem amerikanischen Konzertagenten Bernhard Laberge geäußert, dass es sinnvoller sei, an seiner Stelle Ramin einzuladen; aber da sein Name als Komponist im englischsprachigen Raum wohlbekannt war, wurden die Planungen fortgesetzt, und Karg-Elerts Konzerte gerieten fast ausnahmslos zu Misserfolgen.

Siegfried Grünstein, ein emigrierter deutscher Jude, Herausgeber Amerikas führender Orgel- und Kirchenmusikzeitschrift und ein hochgebildeter, intelligenter Mensch, schrieb:

> „Das traurige Ergebnis dieser ganzen Konzertreise [von Karg-Elert, Anm. d. Verf.] ist, daß es in einem ungerechten Vorurteil gegen deutsche Organisten münden könnte; wir schlagen vor, daß diese sich jetzt bemühen, die Scharten des Karg-Elertschen Verhaltens wieder auszuwetzen."[51]

Denselben Eindruck hatte bestimmt auch Straube gewonnen. Er wusste, wie stark die französische Spieltradition in Amerika dominierte und wie nachteilig sie sich auf das spieltechnische Niveau auswirkte. Zu allem Überfluss hatte nun ein profilierter Deutscher eine solche Katastrophe erlitten. Äußerungen Karg-Elerts in der Londoner Zeitschrift *Musical Opinion* hatten nach der Reise besonders in Amerika noch Öl ins Feuer gegossen, weil er nicht nur seinen eigenen großen Misserfolg vollständig leugnete, sondern auch noch die Sitten und das Kulturniveau seines Gastgeberlandes ins Lächerliche zog (wobei seine Kritik nicht in allen Punkten unberechtigt war). Es war demnach an der Zeit, die von Grünstein vorgeschlagene Rettungsaktion zu beginnen, und Ramin sollte den rettenden Engel geben.[52]

In seinem berühmten ‚Fan Letter' aus dem Winter 1933 an ‚Ramino' widmete sich Straube hauptsächlich der Spieltechnik und dem Herangehen ans Instrument. In diesem Fall, besonders in Bezug auf Bach und Franck, hatte er auf der ganzen Linie recht, und Generationen von amerikanischen Organisten empfanden es ähnlich. Generell war Straube der französischen Orgelmusik gegenüber freundlich eingestellt wie nur sehr wenige seiner Zeitgenossen. Schon 1918 befürwortete er in einem Antwortbrief an Henri Hinrichsen eine Ausgabe „[...] der gesamten Orgelwerke César Francks, die Kammermusik dazu" und zeigte auf:

> „Alle diese Stücke sind sehr wichtig, und verdienen es, gut bekannt und geliebt in Deutschland zu werden. Ich

---

49 Diese hatte die gesamte Orgelwelt für lange Zeit mystifiziert und glauben gemacht, dass eine ununterbrochene Folge von Johann Sebastian Bach über Adolph Hesse, Jacques-Nicolas Lemmens, Widor, Guilmant bis Marcel Dupré die klebrige und starre Spieltechnik der letzten drei Virtuosen für alle Zeiten als sakrosankt festschrieb. Brillante Widerlegung findet diese Mythologie in Ewald Kooiman: *Le sainte Tradition: essai de demystification*, Orgues Meridionales 34, S. 198 ff.; E. Kooiman: *Jaques Lemmens, Charles-Marie Widor und die ‚Französische Bachtradition'*, Ars Organi 37 (1989), S. 198–206, und Ars Organi 38 (1990), S. 3–14; E. Kooiman: *Notes communes*, in: Dulce melos organum. Festschrift für Alfred Reichling, Mettlach 2005, S. 337–343; Daniel Roth in *Festschrift für Michael Schneider* (wie Anm. 47), S. 111 ff. Roth (Organist der Kirche Saint Sulpice in Paris) demonstriert, wie grausam sich diese Spielart auf Orgelwerke César Francks, Straubes liebstem französischen Komponisten, auswirkt.

50 Siehe Sigfrid und Katharina Karg-Elert: *Letters from North Amerika*, Caulfield, Australia 2001.

51 Siegfried Grünstein: *[Editorial vom Herausgeber]*, in: ders. (Hrsg.): The Diapason, Chicago August 1932, S. 3, 16 (Übers. d. Verf.).

52 Grünstein hat in seiner Zeitschrift im Juli und August 1932 lange Artikel dem Fiasko Karg-Elerts gewidmet, wie auch Scott Buhrman, der Herausgeber der konkurrierenden Zeitschrift *The American Organist*, der dies weniger erudit, ironisch und subtil tat als Grünstein. Ramins erstes Programm auf der frisch reparierten Wanamaker-Orgel am 19. Januar 1933: J. S. Bach: Toccata und Fuge d-moll BWV 565; Toccata, Adagio und Fuga C-Dur BWV564; In Dulci Jubilo (wahrscheinlich BWV 729 oder 751); D. Buxtehude: Toccata und Fuga F-Dur; kleinere Bach-Choralvorspiele, ein Pachelbel-Stück; Regers B.A.C.H. und eine freie Improvisation. Daraus wurde – wie bei allen folgenden Konzerten – ein großer Erfolg, und Ramin fand sich 1934 wieder in den USA, um unter den Fittichen von Goebbels Propagandaministerium eines von insgesamt mindestens 15 offiziellen Konzerten für das Regime zu geben. Briefe zwischen Laberge, Willis und Emerson Richards, die den Fall Karg-Elert betreffen, kann man nachlesen im Karg-Elert-Heft (wie Anm. 50) und bei Charles Callahan: *The American Classic Organ. A History in Letters*, Richmond 1990. Ramin, ein eher untypischer Straube-Schüler, war eine schillernde Persönlichkeit: „Ein Genie war Günther Ramin [...] Er spielte mitunter absolut vollendet. Regers ‚Wachet auf ...' habe ich nie wieder so herrlich gehört wie von ihm [...] Er spielte fast unbewußt, vertrauend auf seinen enormen musikalischen und technischen Instinkt, brauchte nur wenig zu üben. Er benötigte dazu aber ‚gute Tage', die er zwar meistens hat, aber eben doch nicht immer." schrieb Heinrich Fleischer im Artikel *Weimar und Leipzig. Michael Schneider und Karl Straube – Persönliche Erinnerungen*, in: Festschrift für Michael Schneider (wie Anm. 47), S. 178–182.

würde alle in originaler Form ohne Veränderungen ausgeben, mit den Aufführungszeichen für die Französische Orgel. Ein kompetenter deutscher Organist wird alle […] verstehen. […] von den Choralwerken schlag ich vor eine vokale Partitur von den ‚Seligkeiten' [Les Beatitudes, Anm. d. Verf.]. Von besonderer Wichtigkeit sind die schönen Klavierstücke, Präludium, Choral und Fuga und Präludium, Arie und Finale […] unter den Orchesterwerken die wundervolle d-moll-Symphonie und die sinfonische Variation für Klavier und Orchester. Außer Berlioz, dürfen wir César Franck als das größte französische Musikalische Genie bewundern, lohnend und durchaus wünschenswert wäre für uns Deutsche, seine Musik in Edition Peters zu haben."[53]
1928 äußerte Marcel Dupré, damals quasi der König der französischen Orgelwelt und selbstbewusster Erbe von Lemmens, Guilmant und Widor, den Wunsch, in der Leipziger Thomaskirche – Bachs Kirche – ein Konzert zu geben. Straube reagierte begeistert und bat Ramin in einem Brief vom 30. Juli 1928 um Bestätigung. Ramin spielte nicht so viele französische Werke wie Straube, hatte aber sicher auch nichts dagegen einzuwenden, Dupré willkommen zu heißen. In einer Unterredung hatte Straube einmal Ramin beraten: „Ich halte das nämlich für ganz gescheit, Sie bekommen ‚nächste' Beziehungen zu den Vertretern der französischen Orgelkunst."[54]

Offenbar war Straube von den Franzosen der Spätromantik weit mehr angetan als von den Deutschen, wobei damit nun jene „deutsche Superiorität", von der er in seinem Bewunderungsbrief an Ramin schreibt, in die richtige Perspektive gerückt wird. Dies als groben Rassismus im Stil eines Goebbels und Hitler zu interpretieren, zeugt von Unwissenheit gegenüber den historischen Umständen und von Ignoranz gegenüber dem wissenschaftlichen Kontext: In einer solchen ‚Superiorität' wähnte sich zu damaliger Zeit jeder praktizierende Organist.

Zum Schluss soll noch ein weiterer Vorwurf gegenüber Straube betrachtet werden. So bezweifelt Hilmes die Aufrichtigkeit von Straubes handgeschriebenem ‚Rehabilitationsgesuch' vom 23. Juni 1945.[55] Unter anderem[56] sieht er Straubes Verhandlungen mit dem Hochschuldirektor Fritz Stein in Berlin 1933/34 über eine mögliche Berufung Straubes nach Berlin als Beweis dafür an, dass dessen Interesse an der Zukunft des Thomanerchores nicht wahrhaftig gewesen sei. Letzteres hatte Straube in seinem ‚Rehabilitationsgesuch' als Motiv für seinen Verbleib in Leipzig und seinen Eintritt in die Partei geschildert. Wie man weiß, wurde dieses Gesuch eigens für die Militärpolizei geschrieben, und es ist anzunehmen, dass kein derartiger Text völlig aufrichtig war, besonders in Details. Straube wollte seine Distanz zu den Nationalsozialisten

Karl Straube probt mit Thomanern, Thomasschule, Fotografie (Privatsammlung Stefan Altner, Foto: Ernst Hoenisch)

demonstrieren, und was er erwähnt, ist im Wesentlichen verifizierbar: die drohende Streichung städtischer Unterstützungszahlungen für Kirchenmusik bei den Thomanern,[57] die Auseinandersetzungen mit Dr. Richter von der Hitlerjugend, das geplante Musische Gymnasium, Gesprä-

---

53 Brief Straubes an Hinrichsen am 27. März 1918, in: Sächsisches Staatsarchiv: Bestand Peters, 2152 (Autograf), (wie Anm. 39). Peters nahm Straubes Rat an; allerdings übersetzte und adaptierte Otto Barblan die originalen Aufführungszeichen. Über die diametrale Bauweise der französischen und deutschen Orgeln dieser Zeit siehe: Albert Schweitzer: *Deutsche und Französische Orgelbaukunst und Orgelkunst,* Leipzig 1906.

54 Siehe C. Anderson: *Max Reger and Karl Straube* (wie Anm. 21), S. 253. Schon drei Jahre nach Antritt seiner Leipziger Organistenstelle 1903 drohte Straube, Leipzig für eine Berliner Stelle zu verlassen, und erhielt so nicht nur ein höheres Gehalt, sondern auch eine königliche Professur und die Erweiterung der Thomaskirchen-Orgel. Als Begründung für den Wunsch einer Erweiterung des Tastenumfanges nannte er die Möglichkeit, die neueren französischen Orgelwerke, besonders die von César Franck und Charles-Marie Widor, zu spielen.

55 StAL: St V u K (1) 4544, Bl. 211–212.

56 Vgl. *Gewandhaus-Magazin* 27 (2000), S. 10 f. Oliver Hilmes verurteilt hier „[…] die bisher andauernden Bemühungen einiger seiner Verehrer, ihn zum ‚selbstlosen Heiligen' zu verklären, der sein Leben voll und ganz ‚seinen Thomanern' widmet und nur durch Intrige aus dem Amt gedrängt" worden sei. Hilmes denkt hier vielleicht an Christoph Held in *Wirken und Wirkung* (wie Anm. 1), S. 21 f. In denselben Archivakten, aus denen Hilmes sein Material bezog, findet man auch den zwingenden Beweis dafür, dass Straube die Goethe-Medaille fünf Jahre vor Raabes wahnwitzigem Vorschlag erhalten hatte, was Hilmes aber seltsamerweise ignoriert.

57 Siehe auch: Günther Stiller: *Johann Sebastian Bachs Kantaten in den Leipziger Gottesdiensten unter dem Kantorat von Karl Straube und Günther Ramin,* in: Diethard Hellmann (Hrsg.): *Johann Sebastian Bach. Ende und Anfang. Gedenkschrift zum 57. Geburtstag des Thomaskantors Günther Ramin,* Wiesbaden 1979.

che mit Oberbürgermeister Alfred Freyberg usw.[58] Was Straube natürlich nicht erwähnte, war, dass er 1933/34 weitgehend erfolgreich starken Druck ausgeübt hatte, um seine Ziele zu erreichen. Das Verfahren war ihm nicht neu: 1906 war er an die Kaiser-Wilhelm-Gedächtniskirche in Berlin berufen worden, und für seinen Verbleib in Leipzig forderte und bekam er damals unter anderem eine großartige Erweiterung der Sauer-Orgel in der St. Thomaskirche, einen Professorentitel und eine Erhöhung seines Organistengehaltes. 1933 war die Lage allerdings eine andere. Der Thomasorganist Ramin hatte in den letzten Monaten des Jahres 1932 eine Berufung nach Berlin als Leiter des Domchores und Stadtchores erhalten. Für Ramin, den bereits bekannten Orgelvirtuosen, der auch gerne ein großes Orchester dirigierte, scheint die Berliner Stelle ein nicht allzu verlockender Leckerbissen gewesen zu sein: Auf jeden Fall benutzte er die Berufung dazu, den Leipziger Stadtrat zu zwingen, ihm nach Straubes Pensionierung das Kantorat ohne Ausschreibung zu garantieren.[59] Als Straube 1933 davon erfuhr (vermutlich erst, nachdem er Ramin die Gratulation vom 8. Februar geschrieben hatte[60]), war er in seinen Prinzipien wie auch persönlich tief verletzt. Er hielt den temperamentvollen Ramin für nicht besonders geeignet und hätte zum Beispiel seinen Schüler Theo Blaufuß, den ehemaligen Thomanerpräfekten, damals in Stettin an St. Jakobi tätig, gerne als seinen Nachfolger gesehen. Der Sechzigjährige fühlte sich gedrängt und nurmehr ‚geduldet'.[61] Vor diesem Hintergrund fing Straube an, mit seinem ehemaligen Schüler und Freund Fritz Stein, dem Berliner Hochschuldirektor, seine Berufung nach Berlin zu organisieren. Straube hatte sicher Gründe dafür – erreichte dadurch aber in Leipzig eine Verlängerung seiner Amtszeit (seine Pensionierung war mit 65 Jahren für 1938 gesetzlich vorgesehen gewesen) und eine Verbesserung seiner Rentenbezüge nach der damaligen Berliner und nicht nach der sächsischen Regelung. Die Frage bleibt, ob sich Fritz Stein darüber im Klaren war, dass die Sache so enden werde. Sicher ist, dass weder Straube noch Stein zu Beginn wussten, wie kompliziert und langwierig die Verhandlungen werden würden, zum Teil wegen der Unfähigkeit der neuen Regierung, die Ressorts der Ministerien schnell genug zu definieren und eine entsprechende Verwaltung aufzubauen. Fritz Steins Vertreter im Amt, Franz Rühlmann, schrieb am 31. August 1934 an Straube, der eine Einschätzung des Sachstandes angefordert hatte: „Dies also ist die Zwickmühle, in der wir alle uns befinden. Es besteht nicht die mindeste sachliche Hemmung, sondern das Hindernis ist lediglich ein verwaltungstechnischer Rattenkönig, gegen den wir vorläufig ratlos sind."[62]

Goerdeler hatte schon 1934 angedeutet, dass Straube mit seiner Hilfe rechnen könne, wenn er gehen wolle; um aber all seine Wünsche erfüllt zu bekommen, solle er in Leipzig bleiben.[63] Falls Straube selbst Zweifel habe, könne er jetzt recht sicher sein, seine Ziele in Leipzig zu erreichen. Ein wichtiger Moment in den Handlungen und im Briefwechsel zwischen Straube und Stein ist, dass Letzterer, als Straube ihm im Winter 1934 endlich seine Absage mitteilte, keineswegs so verstimmt war, wie es angesichts des Ausbruches dieses regelrechten Skandals zu erwarten gewesen wäre.[64] Fast beratend schrieb Stein im Dezember 1934 an Straube: „In diesen Zeiten die wirklich Hirn und Herz in Not bringen, kann sich so manches über Nacht ändern […] es wäre für Sie nun angenehm, die Brücken hierher nicht ganz abgebrochen zu haben."[65]

Stein deutete so an, dass Straubes Errungenschaften in Leipzig eine Fehlentwicklung erleiden könnten, und

---

58 Natürlich wurde Freybergs angebliche Zusage, kein musisches Gymnasium zu etablieren, das eventuell die Thomaner ‚schlucken' könnte, nicht eingehalten! Siehe Brief Straubes an Ulrich Fischer vom 12. April 1942, in: W. Gurlitt, H.-O. Hudemann: *Briefe eines Thomaskantors* (wie Anm. 20), S. 138–140.

59 Wie zu erwarten, gibt Ramins Witwe eine andere Interpretation der Sache heraus, in: Charlotte Ramin: *Weggefährten im Geist Johann Sebastian Bachs*, Darmstadt 1981, S. 46 f. Sie behauptet sogar (fälschlicherweise), dass Straube Goerdeler beraten habe, Ramin auf alle Fälle an Leipzig zu binden. Wahrscheinlicher ist, dass Ramin von Anfang an nur das Kantorenamt zum Ziele hatte. Schon 1927 hatte er eine Berufung nach Lübeck (mit Orgel- und Orchesterdienst) abgelehnt und bekam danach in Leipzig vorübergehend mehrere Chancen, Orchester zu leiten.

60 Vgl. Anm. 48.

61 Hier ist zu bemerken, dass Straube 1918 Ramin auch nicht als Thomasorganisten wollte; davon berichtet Charlotte Ramin (vgl. Anm. 60). Sicher hat sie damit recht, dass Straube sich den Organistendienst nicht teilen wollte, um ihn nicht völlig aufgeben zu müssen. Dies wäre mit Max Fest, teils als Organist, teils als Stimmbildner des erweiterten Chores eingesetzt, möglich gewesen. Siehe Straubes Briefe an von Keußler, 1. Dezember 1918 und 25. März 1919, als er schon an sein ‚einschlafendes' Orgelspiel und einen Wechsel nach München denkt, in: Zeitschrift für Musik 111 (1949/50), H. 8, S. 422 ff.

62 Staatliche Akademische Hochschule für Musik in Berlin, Akten 1934, Kap. II, Tit. I, Nr. 282.

63 Brief Straubes an Hertha Straube, 17. Mai 1943, zitiert nach: O. Hilmes, in: *Gewandhaus-Magazin* (wie Anm. 56).

64 Oberbürgermeister Goerdeler schreibt in einem Brief vom 17. September 1934 an das Reichs- und Preußische Ministerium für Wissenschaft, Erziehung und Volksbildung, dass Stein die Leipziger Hochschule durch Lehrkraftabwerbungen zerstören wolle (beschrieben in: Brief von Zirold an Fritz Stein, Direktor der Staatlichen Akademischen Hochschule für Musik Berlin, vom 20. November 1943); es handelte sich hierbei auch um Carl A. Martienssen und Kurt Thomas im Herbst 1934.

65 Staatliche Akademische Hochschule für Musik in Berlin (wie Anm. 62): Brief Fritz Steins an Straube vom 20. Dezember 1934.

dass er, der bekannten Indolenz der Leipziger Räte wegen, vielleicht gar keine Freude mehr an seiner Arbeit finden werde.[66]

Eine Berufung von auswärts als Druckmittel einzusetzen, ist gang und gäbe in der Musikwelt: Georg Philipp Telemann und Johann Sebastian Bach haben dieses Mittel mit Raffinesse benutzt – die jeweiligen Opfer waren Leipzig und Halle. Halle war darüber so wenig verstimmt, dass Bach später sogar Wilhelm Friedemann als Musiker dort installieren durfte. Natürlich würde sich ein ‚verklärter Heiliger' solcher Methoden nicht bedienen; kluge und selbstbewusste Musiker wie Telemann, Bach – oder Karl Straube – aber eben doch. Schließlich errang Straube auch einen prinzipiellen Sieg: die gewünschte Amtszeitverlängerung über 1938 und 1939. Den Stadträten reichte es nun aber und sie wollten einen neuen Kantor. Der nationalsozialistische Schulrat bot Straube eine zweite Verlängerung über das Jahr 1940 an, allerdings mit dem fein zugespitzten Vermerk: „Ramin ist damit einverstanden".[67] So wurde die seit 1933 schwelende Kränkung Straubes erneut angefacht, und er gab auf. Die Stadträte bekamen ihren neuen Kantor, aber so biegsam, wie sie ihn sich gewünscht hatten, war Günther Ramin nie.[68]

Zum Verständnis Straubes ist ein weiterer Aspekt zu betrachten: In der Pädagogik gab es bis 1968 das Phänomen der ‚Schule' – einer Gemeinschaft von mehr oder weniger Gleichgesinnten um einen anerkannten Meister. Nach altem bildungsbürgerlichem Muster zollte man diesen ‚Schulen' wenigstens in der Musikwelt hohen Respekt. Wie alle erstarrten bürgerlichen Sitten wurde auch diese bald über Bord geworfen, was nicht nur von Übel ist. Selbstverständlich wurde die ‚Straube-Schule' wie auch die ‚Dupré-Schule' in Frankreich bald nicht nur von Neidern und Rachedurstigen, sondern auch von seriösen Kritikern angegriffen. Unter Letzteren hatte Straube erheblich weniger zu leiden als Dupré. Einer der Ersten, die den Tabubruch begingen, war Wolfgang Stockmeier, der Straubes Interpretationen von Reger-Stücken als „fast kriminell" bezeichnete und dazu unglücklicherweise auch noch das Beispiel von Opus 59 Toccata und Fuga d-moll/D-Dur anführte.[69] Erst Straubes Ausgabe verschaffte dem Werkpaar eine Popularität, die inzwischen etwas verloren gegangen ist, seit Regers Originalversion auf neobarocken Orgeln allzu oft heruntergeschmettert wurde. Musikalisch ist Straubes Version weit überlegen.

Zu wenig Aufmerksamkeit hat im Allgemeinen das von Christoph und Ingrid Held herausgegebene Sammelheft von 1976[70] erfahren: Gut gefüllt mit Lobeshymnen von prominenten Schülern, enthält es auch einige würzige Anekdoten, dazu einen Essay von Herta Oesterheld.[71] Diese seziert Straubes Beurteilungen von Charakter, Persönlichkeit und Geistesbildung Max Regers in exemplarischer Weise und zeigt auf, wie und auch warum Straube seinen Freund eher oberflächlich und etwas ungerecht beurteilte. Genau so liest sich berechtigte wissenschaftliche Kritik.

1978 erschien ein provokanter Artikel von Johannes Piersig, der von 1931 bis 1936 ein Schüler Straubes gewesen war.[72] Piersig selbst war ziemlich unpolitisch. Es ist

66 Fritz Stein blieb Straube ein treuer Freund. Vielleicht wusste er mehr, als wir aus den – immerhin offiziellen – Briefen herauslesen können. Stein und Straube korrespondierten lebenslang miteinander, und zu Straubes 70-Jahre-Festschrift schrieb Stein einen langen freundschaftlichen Beitrag über Karl Straube und Max Reger in: [o. A.]: *Karl Straube zu seinem 70. Geburtstag. Gaben der Freunde*, Leipzig 1943, S. 42–79, und fügte eine Anzahl Reger-Briefe an Straube bei, die ganz deutlich bewiesen, wie sehr Reger auf Rat und Hilfe durch seinen Freund angewiesen war.

67 C. Ramin: *Weggefährten im Geiste Johann Sebastian Bachs* (wie Anm. 59), S. 55 f.

68 Siehe G. Stiller: *Bachs Kantaten in den Leipziger Gottesdiensten* (wie Anm. 57). Straube würdigt Ramins Standhaftigkeit und schrieb ihm sogar einen konzilianten Brief, der in C. Ramins *Weggefährten im Geiste Johann Sebastian Bachs* (wie Anm. 59), zitiert ist.

69 W. Stockmeier: *Karl Straube als Reger-Interpret* (wie Anm. 2), S. 21–29.

70 C. und I. Held: *Wirken und Wirkung* (wie Anm. 1).

71 Herta Oesterheld: *Karl Straubes Beziehungen zu Max Reger*, in: C. und I. Held: *Wirken und Wirkung* (wie Anm. 1), S. 83 ff., mit Briefzitaten.

72 Vgl. Anm. 3. Ab März 1933 nahm Piersig eine Stelle in der Elisabethskirche zu Breslau an. Auf seine Inscription 15207 vom 8. April 1926 am Konservatorium in Leipzig schrieb Straube auf seinen Antrag für ein Stipendium: „Herr Piersig ist sehr fleißig und sehr gewissenhaft in seiner Arbeit, musikalisch gut begabt, und seiner ganzen Mentalität nach geschaffen dafür, ein Kirchenmusiker von echter Art zu werden." Im Frühling 1945, kurz vor dem Einmarsch der Roten Armee in Breslau, kehrte Piersig nach Leipzig zurück und nahm die Organistenstelle in der Nikolaikirche, welche nach dem Tod Walter Zöllners im Krieg vakant gewesen war, an. Gleichzeitig nahm er einen Lehrauftrag im kurz zuvor wiedereröffneten Konservatorium an. Piersig war bekannt als sehr guter Spieler und als ehrgeiziger, gebildeter, kühler Mensch, der zu Intrigen und zur Nötigung von Studentinnen neigte. Wilhelm Weismann sagte von ihm, dass er „über Leichen gehen würde". Anfang Juni 1948 wurde er wegen einer Intrige gegen Weismann, Straube (noch Direktor des Kirchenmusikalischen Instituts) und Fleischer vor versammeltem Kollegium öffentlich vom Konservatorium verwiesen. Seinen Wohnsitz und seine Organistenstelle in Leipzig behielt er, ließ sich als Student der Musikwissenschaft in Halle (Saale) einschreiben, promovierte als Dr. phil. über Heinrich Schütz und nahm vier Jahre später die Stelle des Universitätsmusikdirektors in Halle an, die einen Professorentitel mittrug. Im Juli 1958 beging Piersig ‚Republikflucht', sein Abschiedsbrief an das Kollegium in Halle ist eine brillante Abrechnung mit dem SED-Staat, in: Maran Goltz: *Das Kirchenmusikalische Institut* (wie Anm. 36), S. 78–79, veröffentlicht. Piersig amtierte später in Altona bei Hamburg als Organist. 1962 besuchte der sehr bekannte amerikanische Organist Robert Noehren, Professor an der Universität Michigan, Ann Arbor, Johannes Piersig in Hamburg. Piersig fragte nach dem in die USA ausgewanderten und dort sehr erfolgreichen Fleischer

daher anzunehmen, dass er mit seinen kleinlichen Diffamierungen keine politischen Anschuldigungen bezweckte; dazu hätte er wohl auch keinen Grund gehabt.[73] Er erlebte die NS-Zeit in Breslau und kam 1945 als Flüchtling nach Leipzig zurück. Die Zeitschrift *Der Deutsche Kirchenmusiker*, 1950 in Berlin gegründet, brachte in den späten 1970er Jahren eine Serie von anekdotenhaften Essays mit dem Titel *So ging es allenfalls ...* heraus. Piersig schrieb die vierte Nummer, *So ging es allenfalls mit Thomaskantor Karl Straube*.[74] Darin attackiert Piersig die „Heiligkeit der Schule", die „Ergebenheit vor dem Meister": Der „Van-Allen-Gürtel" um die großen Persönlichkeiten, die Lobeshymnen und alle Panegyrik sind ihm ein Graus.[75] Im Prinzip hat er damit nicht unrecht; allerdings sind Stilempfinden und tadelloses Fachwissen für die Argumentation ebenso erforderlich wie eine unbeirrbare Grundehrlichkeit. Ohne Piersigs oft sarkastisch-humorvolle Erzählungen zu sehr zu verdammen, müssen hier wichtige Punkte geklärt werden.

Piersig behauptet, Straube habe „keine Ahnung" von Pädagogik besessen und alles, was er zu vermitteln hatte, fände sich in authentischerer und besserer Form in der Bülow-, Busoni-, Gieseking-, Teichmüller- und Martienssen-Tradition. „Entscheidend war der aus seiner Persönlichkeitswirkung resultierende Druck", so Piersig, und er gibt zu: „Der Endeffekt hat Straubes Verfahren in der musikalischen Leistung seiner Schüler fast immer recht gegeben [...]", und zitiert sogar Goethe: „Der nicht geschundene Mensch wird nicht erzogen". Straube habe „mit Methoden, die, gelinde gesagt, der Frage würdig sind [...] musikalische Gestaltungen erreicht, die in optimierendem Sinn einmalig sind, so die ‚Thomaner-Aufführung' der Matthäuspassion beim Deutschen Bach-Fest 1935 und vieles andere."[76]

Piersig selbst war kein Konzertspieler,[77] im Grunde repräsentierten seine Eigenwilligkeit, seine Neigung zu Ungehorsam und seine rebellische Art alles, was ein Straube bei einem Schüler nicht gut ertragen konnte, und genauso verkörperte Straube alles, was ein junger Rebell nicht wirklich ertragen wollte. Druck fühlt ein jeder, der unter einem großen Spieler lernt; Druck übt man auch gegen sich selbst aus, wenn es um Konzentration, eiserne Willenskraft und Disziplin geht. Nur wenn man eine solche Lehre in sich aufgenommen hat, getraut man sich, Spitzenwerke zu spielen oder zu singen. Weil er dieses ‚Einhämmern jeder einzelnen Note' selbst verinnerlicht hatte, konnte Straube nicht nur große Talente ausformen, sondern auch mittelmäßige Begabungen bis zu verblüffender Perfektion (und damit zu Karriere und Erfolg) trimmen.

Wie immer der Grad der Begabung ausfällt – das Gefühl der absoluten Sicherheit gibt dem Aufführenden die Freude und Freiheit, aus der allein die interpretatorische Kraft erwächst. Und darum geht es für jeden Solisten von Rang und Namen. Straubes „fragwürdige Methoden" (Piersig) haben solche regelmäßig hervorgebracht und das innerhalb jeder Begabungsstufe. Bei den Koryphäen, die Piersig als „authentische" Pädagogen auflistet, trifft man eine solche Häufung nicht an.

Derjenige, der nicht immer wieder vor einem kritischen Publikum altbekannte Stücke von Bach (oder Chopin, Beethoven, Brahms und anderen) spielt, braucht über dieses Gefühl, diese Freude und Freiheit der interpretatorischen Leistung überhaupt nicht mitzudiskutieren. Seine Welt und seine Leistung sind eben anders; der Künstler aber lebt davon.

Selbst seitens der Straube-Anhänger wurde immer wieder geäußert, dass es „freilich auch nicht immer leicht [war], sein Schüler zu sein".[78] Über Härte und Unerbittlichkeit wurde oft gesprochen; Aversionen gegenüber Straube und seinen Unterricht wurden mit Piersig nicht zum ersten Mal artikuliert. Friedrich Martin zum Beispiel, Straube-Schüler von 1908 bis 1913, hegte eine lebenslange Abneigung gegenüber Straube und seiner Schule; er reagierte noch empfindlicher als Piersig auf Straubes ‚feixenden' Sarkasmus und seine Taktlosigkeit besonders während der früheren Jahre. Martin war kein großer Spieler und ein mittelmäßiger Pädagoge; seine Orgelklasse in Weimar brachte keinen einzigen bedeutenden Spieler hervor. Er musste (unter lautem Protest) zuschauen, als

---

und bat Noehren um Hilfe, auch eine Stelle in den USA zu finden. Dieser beriet sich mit seinen europäischen Freunden, die ihn warnten: „Wenn du Piersig an deine Ann Arbor holst, bist du in drei Jahren arbeitslos!" Piersig blieb in Hamburg – man hatte wohl seinen Hang zum Intrigieren als nach wie vor ungebremst eingestuft. (Zusammengestellt nach mündlicher Überlieferung von beteiligten Zeitzeugen.)

73 Piersig gilt oft als Quelle der straubefeindlichen Strömung, die Hartmann, Hilmes, Stockmeier und andere einschließt. Dies mag vielleicht stimmen, aber Piersig selbst war höchst unpolitisch und machte bei Versuchen, Straube als getarnten Sympathisanten des Nationalsozialismus zu diffamieren, nie mit. Kurz vor seinem Tod erinnerte er in einem Interview an Karg-Elert fast so unsympathisch wie an Straube in „So ging es allenfalls ...". Vgl.: *Oliver Hilmes mit Johannes Piersig*, in: Sigfrid Karg-Elert und seine Leipziger Schüler, Musikstadt Leipzig, Bd. 3, Hamburg 1999, S. 223 f.

74 *Der Deutsche Kirchenmusiker* 29 (1978), S. 112 f. (wie Anm. 3). Die Artikel werden als ‚Erinnerungen' bezeichnet; Piersig hat auch über seinen Leipziger Lehrer Fritz Reuter, den vermeintlichen ‚Jungen' von Sigfrid Karg-Elert, in dieser Reihe einen solchen Artikel geschrieben.

75 Vgl. ebenda.

76 J. Piersig: *So ging es allenfalls ...* (wie Anm. 3), S. 112–119.

77 Vgl. Straubes Einschätzung in Anm. 73.

78 Johannes Wolgast: *Karl Straube (25 Jahre Karl Straube in Leipzig)*, Leipzig 1928.

Straube-Schüler Michael Schneider erst sein Vertreter und später sein Nachfolger wurde. Doch obwohl Martin ein gefeierter Musikschriftsteller und Publizist in Weimar war, schrieb er keine Hasstiraden über seinen Lehrer.

Weitere zwei Punkte aus Piersigs Erinnerungen von 1978 gilt es noch zu betrachten. Bekanntlich war es Straubes Gewohnheit, den Vortrag der jeweiligen *Bach-(Peters-) Band-V*-Stücke (Orgelbüchlein samt anderen kleinen Choralbearbeitungen) dreimal nacheinander fehlerfrei zu verlangen, bevor ein Schüler das Stück ablegen durfte. Eine solche Wiederholungsdisziplin, auch auf Problemstellen bezogen, praktizierten und praktizieren viele Musiker, verlangen sie von ihren Schülern und auch von sich selbst.[79] Nicht selten folgte Straube dieser Methode auch bei langen, äußerst schweren Stücken.[80] Vor diesem Hintergrund liest man Piersigs Jammer seiner ersten Zeit bei Straube:

> „In den ersten Semestern war ich ein Orgelmönch; Armut, Keuschheit und Gehorsam waren bei mir mit ‚pleite', ‚keine Zeit' und ‚Subordination' zu übersetzen gewesen. In Verwirklichung derselben schleife ich also ein größeres auf Lupenreinheit und spiele es demgemäß vor. Straube (leicht heisernd; obenhin): ‚Das höre ich nächste Woche noch einmal.' Ich, obstinat, wage den höchst unkünstlerischen Einwand ‚aber kein Fehler!' Straube: ‚Gewiß, Sie haben keinen Fehler gemacht, allein Sie drohten einen zu machen.' Das nächste Beispiel wird, ins Sportliche transponiert, deutlicher als im musikalischen Original: Ich laufe die Marathonstrecke in Bestform. Straube: ‚Das war ganz ausgezeichnet; laufen Sie gleich noch einmal.'"[81]

Eigentlich ist Piersigs leicht kabarettistische Erzählung recht töricht; jeder ernsthafte Organist weiß nur zu gut von dieser ewigen Jagd nach den ‚Beinahe-Verspielern'. Die perfekte Wiedergabe eines langen, komplizierten, bekannten Stückes erfordert Zigtausende Griffe und Bewegungen der Hände, Finger und Füße, der Beine und Arme. Jede dieser Bewegungen muss millimetergenau vorbereitet und ausgeführt sein. Man spürt es sofort und sieht es oft sogar weit vor dem echten Verspielen – sogar als Unbeteiligter! –, wenn eine dieser vielen Bewegungen im Begriff ist, ihr Ziel zu verfehlen. Jede dieser kleinen Ungenauigkeiten muss man erkennen, analysieren und durch richtige Wiederholung korrigieren. Unsauberes Spiel zeigt, dass diese Selbstzucht misslungen ist. Piersigs Kommentar versucht, einem laienhaften Publikum zu imponieren. Obwohl er ja kein gefeierter Konzertspieler war, hat er sicherlich auch weitgehend genau diese Selbstdisziplin geübt, die er 1978 lächerlich machen wollte. Auch seine Erzählung über einen Professor ‚Saul', der die Sexualmoral der Studenten als eine Gefährdung des guten Rufes des Kirchenmusikalischen Instituts ansah, sowie Straubes angebliche Verteidigung eines seiner besten Schüler anlässlich einer Kollegiumskonferenz kann man schwer beurteilen. Auf jeden Fall gab es keinen Professor mit dem Namen Saul, eher einen Professor Emil Paul, der liturgisches Orgelspiel lehrte. Das Ganze könnte man aber auch als eine Anspielung auf Piersigs eigene Problemfelder als Lehrbeauftragter von 1946 bis 1948 auffassen. Besonders fragwürdig sind Piersigs Erzählungen über seine angeblichen Begegnungen mit Straube in den Jahren 1945 und 1950. Erwähnt wurde bereits Piersigs Entlassung aus dem Lehrerkollegium im Frühling 1948 wegen einer Intrige gegen die Professoren Fleischer, Weismann und Straube. Schon vor diesem Eklat war das Verhältnis zwischen Weismann, Straube und Piersig eher frostig. Ab Juni 1948 sind jegliche Begegnungen zwischen Straube und Piersig mehr als unwahrscheinlich.

Im Frühjahr 1950 erlitt der definitiv in den Ruhestand getretene Straube einen zerebrovaskulären Anfall und wurde im Kreiskrankenhaus St. Georg behandelt. Sein Gedächtnis und Bewusstsein waren dabei erheblich und dauerhaft gestört worden.[82] In diesem Zustand hat Piersig ihn angeblich wiederholt besucht und danach über seine geistige Verwirrtheit berichtet. Die Wiedergabe von unter solchen Umständen gewonnenen Ein-

---

79 Barbara Owen: *E. Power Biggs, Concert Organist,* Indiana University Press 1987, S. 4 f. Biggs erinnert an die Praxis seines berühmten Lehrers, George Dorrington Cunningham, einem der prominentesten aus der Blütezeit der ‚Town Hall'-Organisten in England. In der *Festschrift für Michael Schneider* (wie Anm. 47), S. 129 f., erinnert sich Johann Ernst Köhler (Schneiders Nachfolger in Kirche und Weimarer Hochschule) an einen Nachmittag in der Stadtkirche (Herder-Kirche), wo Schneider mindestens zehnmal hintereinander BWV 548 spielte, „[...] obwohl er dieses Werk in jeder Hinsicht vollkommen beherrscht. Diese strenge Selbstzucht habe ich auch bei späteren Begegnungen immer wieder feststellen können."

80 Vgl. Friedrich Högner in: C. und I. Held: *Wirken und Wirkung* (wie Anm. 1), S. 27–28: „Mein Kommilitone in der Meisterklasse, Gustav Modis, mußte einmal im Unterricht die Große Fantasie und Fuge g-moll (BWV 542) dreimal hintereinander vorspielen, ohne daß ein einziger Ton daneben gehen durfte."

81 J. Piersig: *So ging es allenfalls …* (wie Anm. 3), S. 117. Wolfgang Semrau in C. und I. Held: *Wirken und Wirkung* (wie Anm. 1) erzählt, dass ein Schüler im ‚Orgelbüchlein-Stadium' nach dreimaligem Spiel vergebens auf das Ablegen des Stückes gehofft hatte: „‚Aber Herr Professor, ich habe mich doch nicht ein einziges Mal verspielt.' Straube: ‚Stimmt schon, Sie hatten sich aber beinah verspielt.'"

82 Aber noch Ende 1949 bezeugte ein dem Verfasser persönlich bekannter Facharzt bei einem Hausbesuch, dass der damals 76-jährige Straube zu hundert Prozent geistig fit und altersgemäß gesund war, allerdings unter Schwerhörigkeit litt, gegen die es ein Hörgerät zu verschreiben galt. Straube bewohnte in der Talstraße 10, dem Haus C. F. Peters, eine Wohnung, die Walter Hinrichsen für ihn, den alten treuen Freund seines 1942 ermordeten Vaters, geschaffen hatte, bevor seine Dienstzeit als Kulturoffizier der US-Armee beendet war.

*Karl Straube, Thomanerchor (doppelchörige Aufstellung),
Konzertreise Budapest, Musikakademie, 1937
(Archiv des Thomanerchores, Sammlung Fritz Spiess)*

mes.[83] Hilmes war natürlich wie jeder andere Karg-Elert-Begeisterte der Nachkriegszeit an Piersig als letztem Zeitzeugen interessiert, und wie die meisten hegte er einen gewissen Missmut gegenüber Straube und die Straube-Schule. Im Gespräch versuchte Hilmes, aus Piersig eine ‚tendenzielle Äußerung' Straubes über die Hitlerzeit herauszulocken, aber Piersig war auf diesem Ohr taub. Er erwähnte sein Vorspiel der *Musik für Orgel* von Karg-Elert im Unterricht und Ehefrau Rosemarie berichtete allgemein von Gesprächen mit Straube in früheren Jahren, als jener noch in Penig wohnte. So kam Straube in diesem Gespräch recht glimpflich davon, worüber allerdings Ramin und Karg-Elert nicht besonders erfreut gewesen wären.

Einige der Punkte, die forschungsscheuen Publizisten in den letzten Jahren dazu gedient haben, Karl Straubes Ansehen zu unterminieren, wurden hier ausführlich und – wie der Verfasser hofft – sachlich zur Sprache gebracht. Außer in den Fällen Hartmanns und Piersigs, die sich unterschiedlich starke persönliche Unmutsäußerungen leisteten, entspringt das Mitläufertum der anderen Autoren wohl häufig der in der Nachkriegszeit in Mode gekommenen falsch verstandenen ‚Vergangenheitsbewältigung', deren Ziel es oft war, große oder gar autoritäre, als Vorbilder fungierende Persönlichkeiten auf welche Weise auch immer zu demontieren.

Publizistik kann aber weder Wissenschaft noch fundierte Geschichtsbetrachtung ersetzen – auch wenn sich das die jüngeren Generationen immer weniger bewusst machen. Straube war weder ein Heiliger noch ein Widerstandskämpfer, aber – mehr als die meisten seiner Zeitgenossen – ein schöpferischer, denkender, moderner Musiker, dessen Einfluss heute relevanter ist denn je. Weder die Bachpflege oder der Beruf des Organisten, die Arbeit des Thomanerchores noch die Kirchenmusik im Allgemeinen stehen heute auf derart soliden wie selbstverständlich wirkenden Fundamenten wie damals in der unruhigen Weimarer Republik, als Straubes Lebenswerk seine Erfüllung erlebte. Im Gegenteil, heute leben wir in einer Zeit, in der nur außerordentliche Energie, Fleiß und Originalität für Aufbruch statt Umbruch sorgen können. Dafür ist Straube als Musiker, Lehrer, Organisator, Provokateur, Stratege, Träumer, ja sogar als Machtmensch und launischer Virtuose ein unentbehrliches Vorbild.

drücken wäre – selbst unter engsten Freunden – äußerst geschmacklos. Da Piersig allerdings auch 1978 über seine Beziehungen zur Hochschule in der Zeit von 1945 bis 1950 nicht die Wahrheit erzählte, ist vielleicht auch die ganze Geschichte vom Besuch beim schwerkranken und bewusstseinsgetrübten Straube als weitere Erfindung zu betrachten.

Jahre später, knapp ein Jahr vor Piersigs Ableben mit fast 91 Jahren, fand ein kleines Nachspiel statt, in einem Gespräch zwischen Piersig, seiner Frau und Oliver Hil-

---

83 Vgl. Anm. 74.

Die Thomaskirche um 1900, Aquarell, Richard Mertz (Stadtgeschichtliches Museum Leipzig)

Die Thomasgemeinde vom Ende des Ersten Weltkrieges bis zur Etablierung der SED-Diktatur
Klaus Fitschen

Kriegsende und Novemberrevolution

Das Ende des Ersten Weltkrieges und die damit einsetzende, zuerst revolutionär verlaufende Neuordnung des politischen und gesellschaftlichen Lebens brachte in einigen Bereichen scharfe Brüche mit sich, in anderen Übergänge und Neuformierungen. So erlebte der deutsche Protestantismus zwar den Wegfall des ‚Landesherrlichen Kirchenregiments' – bisher war die Kirchenverwaltung im Wesentlichen Teil der Staatsverwaltung gewesen und die Monarchen waren zugleich Oberhäupter ihrer Landeskirchen –, institutionell wie personell aber blieb die Sächsische Landeskirche wie auch die anderen Landeskirchen grundsätzlich intakt. Allerdings sah man sich kirchlicherseits nun doch in einer ganz anderen Situation: ungeschützt, von politischen Gegnern zur Linken bedroht und vom weltanschaulichen Pluralismus überfordert. Vor allem fehlte es weithin an einer Akzeptanz des neuen politischen Systems, das ganz überraschend eine Epoche ablöste, in der die Kirche und der Protestantismus in Staat und Gesellschaft fest verankert schienen – und das trotz aller Krisenphänomene, die man durchaus wahrnahm.

Der Herbst 1918 verlief in der Thomasgemeinde unspektakulär, sieht man davon ab, dass Pfarrer Heinrich Schumann nach seiner Demobilisierung mit dem 1. Dezember wieder seinen Gemeindebezirk übernehmen konnte.[1] Im August hatte die Gemeindehelferin Elisabeth Balzar ihren Dienst angetreten, und am 10. November feierte der Jünglingsverein das 25. Jubiläum seines Stiftungsfestes.[2] Allerdings zeichnete sich die aktuelle Lage auch im Gemeindeleben ab: Anlässlich des Jünglingsvereins-Jubiläums war ein Vortrag von Pfarrer Andreas Fröhlich zum Thema „Der Völkerbund" angekündigt. „Fräulein Balzar" sprach im Jungfrauenverein am 17. Dezember zum Thema „Frauenstimmrecht"[3] – die Frauen kamen nun als ganz neues Wählerpotenzial ins Spiel, das auch von den Kirchen umworben wurde, die sich im Wahlkampf zugunsten kirchenfreundlicher Parteien engagierten.

Die Zeit der Weimarer Republik

Im April 1919 und im März 1920 fanden Kirchenvorstandswahlen statt, an denen sich 36 beziehungsweise 144 Personen beteiligten. Eine erste Hürde stellte schon die Eintragung in die Wählerliste dar. Turnusmäßig wurde die Hälfte der Kirchenvorsteher alle drei Jahre neu- beziehungsweise wiedergewählt, aber bedingt durch die Kriegszeiten war dies nicht möglich gewesen, sodass zwei Ergänzungswahlen kurz aufeinander folgen mussten. Bei der Wahl im Jahre 1919 waren nur Männer („alle selbständigen Hausväter der Kirchgemeinde") stimmberechtigt, erst 1920 hielt das Frauenwahlrecht Einzug („alle konfirmierten männlichen und weiblichen Mitglieder der Kirchgemeinde, die volljährig [...] sind"[4]). Der Kirchenvorstand umfasste 22 gewählte und 11 berufene Mitglieder. Die Kirchenvorstandswahlen 1922, 1925, 1928 und 1931, bei denen wiederum die Hälfte der zu wählenden Mitglieder zu ersetzen war, erbrachten eine Wahlbeteiligung von jeweils 330, 284, 274 und zuletzt 177 abgegebenen Stimmen.[5] Zum Kirchenvorstand zählten (einschließlich der Pfarrer) ungefähr zur Hälfte Angehörige akademischer Berufsgruppen, außerdem einige Kaufleute; der Frau-

---

1 Vgl. Archiv Thomasgemeinde: *Kirchliches Nachrichtenblatt*, 8. Dezember 1918 (Archiv Thomasgemeinde Regal 1, 1/36).

2 Vgl. Archiv Thomasgemeinde: *Kirchliches Nachrichtenblatt*, 3. November 1918 (Archiv Thomasgemeinde Regal 1, 1/36).

3 Vgl. Archiv Thomasgemeinde: *Kirchliches Nachrichtenblatt*, 3. November und 8. Dezember 1918 (Archiv Thomasgemeinde Regal 1, 1/36).

4 Archiv Thomasgemeinde: Abkündigungen, 25. Februar 1919 sowie 15. und 22. Februar 1920 (Archiv Thomasgemeinde Schrank 2, I B 3l).

5 Vgl. Archiv Thomasgemeinde: Sitzungen des Wahlausschusses am 12. Februar 1922, 8. März 1925, 26. Februar 1928, 15. Februar 1931 (Archiv Thomasgemeinde Schrank 2, I B 3m).

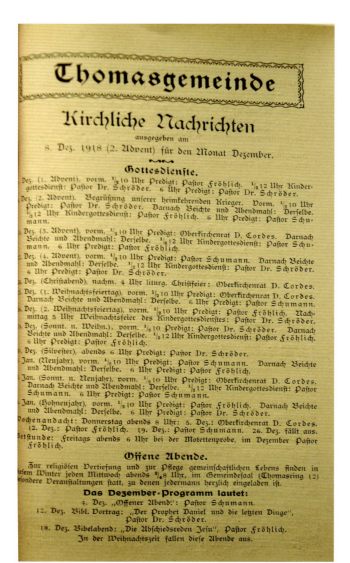

Kirchliches Nachrichtenblatt vom 8. Dezember 1918 (Archiv der Thomasgemeinde, Regal 1, 1/36, Foto: Stefan Altner)

enanteil lag bei rund einem Fünftel.[6] Seit 1921 firmierte der Kirchenvorstand als Kirchgemeindevertretung. Diese sollte eigentlich ein größeres Gremium darstellen, doch war sie vom engeren Kirchenvorstand in der Praxis nicht zu unterscheiden.

Die Thomaskirche war die Predigtkirche des Inhabers der Superintendentur Leipzig I, der als erster Pfarrer an der Gemeinde amtierte. Das Amt des Superintendenten hatte bis 1924 Carl August Seth Cordes inne, auf ihn folgte 1925 Gerhard Hilbert. Der sich für eine weitere Karriere empfehlende Mann der Gemeinde war Heinrich Schumann, der 1925 von der dritten auf die frei gewordene zweite Pfarrstelle aufrückte und 1936 Superintendent wurde. Pfarrer in diesen Jahren waren außerdem

Andreas Fröhlich, der sich später den Deutschen Christen anschloss und seit 1932 Superintendent für den Kirchenbezirk Leipzig-Land war, außerdem der spätere Landesbischof Carl Hugo Hahn und Walter Böhme. Seit 1930 war Oskar Meder in der Gemeinde tätig.

Die zweite Hälfte der 1920er Jahre brachte noch einmal eine Beruhigung der Lage mit sich. Die Wahl Paul von Hindenburgs zum Reichspräsidenten im Jahre 1925 versöhnte den mehrheitlich nationalkonservativ ausgerichteten deutschen Protestantismus jedenfalls oberflächlich mit der ungeliebten Republik. Die Aufnahme des Deutschen Reiches in den ebenfalls ungeliebten Völkerbund im Jahre 1926 als Folge der Locarno-Verträge und somit der Außenpolitik Gustav Stresemanns konnte als Eindämmung französischer Ansprüche und als Offenhaltung deutscher Ansprüche auf die 1919 abgetrennten Gebiete im Osten verstanden werden.

Charakteristisch allerdings war die Haltung Pfarrer Heinrich Schumanns, der am 28. Juni 1929 einen abendlichen Trauergottesdienst anlässlich des 10. Jubiläums des Versailler Vertrages hielt, nachdem um 15 Uhr schon Trauer geläutet worden war.[7] Die Empfehlung des Landeskonsistoriums, den 10. Jahrestag der Weimarer Reichsverfassung, der auf den 11. August 1929 fiel, zu begehen, wurde von Schumann bekannt gemacht.[8] Ob es zu einer gottesdienstlichen Feier kam, lässt sich nicht rekonstruieren; diese Zeremonien waren ausgesprochen selten.

Andererseits zeigte man sich innerhalb der Gemeinde offen für die aktuellen Themen der Zeit: Im November 1927 hielt Walter Simons, Präsident des Reichsgerichts, Kirchenvorstandsmitglied und ein auch auf ökumenischer Ebene engagierter Protestant, einen Vortrag über „Ziele und Ergebnisse der Lausanner Konferenz über Glauben und Kirchenverfassung"[9] – diese Konferenz hatte kurz zuvor stattgefunden, und sie war eine der ersten großen ökumenischen Versammlungen. Heinrich Schumann referierte 1928 über das Buch *Proletarischer Glaube* des Religiösen Sozialisten Paul Piechowski.[10] Guida Diehl, in Frauenfragen engagierte Protestantin und bald National-

---

6 Archiv Thomasgemeinde: Verzeichnis der geistlichen und weltlichen Mitglieder, 17. Mai 1923, 3. November 1926, 9. März 1930, 26. Oktober 1932 (Archiv Thomasgemeinde Schrank 2, I A 1b).

7 Vgl. Archiv Thomasgemeinde: Abkündigungen/Bekanntmachungen 23. bis 29. Juni 1929 (Archiv Thomasgemeinde Regal 1, 1/37).

8 Vgl. Archiv Thomasgemeinde: Rundschreiben Heinrich Schumanns vom 24. Juli 1929 (Archiv Thomasgemeinde Schrank, 2 II A 1g).

9 Archiv Thomasgemeinde: Abkündigungen/Bekanntmachungen 13. bis 19. November 1927 (Archiv Thomasgemeinde Regal 1, 1/37).

10 Vgl. Archiv Thomasgemeinde: Abkündigungen/Bekanntmachungen 20. bis 26. Mai 1928 (Archiv Thomasgemeinde Regal 1, 1/37).

sozialistin, sprach im gleichen Jahr über „Die Kirche und der neue Lebensstil der Frau."¹¹ Dass die Schulpolitik, konkreter der weltanschauliche Kampf um die Schule, ein wichtiger Aspekt der Kirchenpolitik war, zeigt der Aufruf anlässlich der Elternratswahlen im Jahre 1928: „Kein evangelischer Vater, keine evangelische Mutter versäume zu wählen und für die christliche Liste zu stimmen." Ähnlich lautete der Aufruf im Jahre 1931: „Christliche Eltern müssen wählen, damit die Schule entpolitisiert und den Kindern eine christliche Erziehung gesichert wird."¹²

Die sich seit 1929 verschärfende wirtschaftliche Krise wirkte sich natürlich auch auf die kirchlichen Finanzen aus: Im Oktober 1931 verfügte Superintendent Hilbert drastische Sparmaßnahmen. Zu erwägen sei auch „der Abbau von Geistlichen (doch höchste Vorsicht, da dies an die Lebenswurzel der Kirche greift)".¹³ Schon 1923 hatte die Inflation den Gemeindefinanzen zugesetzt, und hier half es auch nichts, dass ein anonymer Spender Ende September 1923 als Grundstock für den von Pfarrer Schumann angeregten Kirchbauverein 20 Millionen Mark in zwei Scheinen zu je 10 Millionen übersandte.¹⁴

Die evangelische Kirche sah sich in der Weimarer Republik in der Position eines Zuschauers ‚über den Parteien', wie man sagte. Dabei waren die offiziellen Vertreter des Protestantismus mehrheitlich von nationalkonservativer Gesinnung, während die meisten Protestanten – Arbeiterinnen und Arbeiter – SPD wählten. Mit der immer stärkeren Präsenz der NSDAP in der Politik und in der Öffentlichkeit stellte sich die Frage, ob diese Partei nicht das verkörpere, was sich der Protestantismus wünschte. Derartige Überlegungen spiegelten sich auch in der Bildungsarbeit der Thomasgemeinde: Im Jünglingsverein war 1931 „Christentum und völkische Bewegung" ein Thema, im Jungmädchenverein „Was haben wir als Christen zur nationalsozialistischen Bewegung zu sagen?".¹⁵

Thomaspfarrer Oskar Meder, o. J.
(Bildarchiv der Thomaskirche)

Die Thomasgemeinde im Nationalsozialismus

Die Jahre seit 1933 sind in der evangelischen Kirchengeschichtsschreibung lange unter der Signatur des ‚Kirchenkampfes' dargestellt worden. Je deutlicher aber wurde, dass dieser ‚Kirchenkampf' nichts mit Widerstand und Opposition zu tun hatte, und dass das geradezu klassisch gewordene Bild zweier Parteien – der ‚Deutschen Christen' und der ‚Bekennenden Kirche' – genauso wie die Haltung der evangelischen Kirche zu Politik und Ideologie des Nationalsozialismus differenzierter zu zeichnen ist, hat der Kirchenkampf-Begriff immer mehr an Überzeugungskraft verloren.

Dabei hatte die Thomaskirche durchaus ‚Kirchenkämpfe' zu führen. Schon im Frühjahr 1933 zeigte sich nämlich, dass die Gemeinde – wie der deutsche Protestantismus generell – nicht gänzlich mit dem nationalsozialistischen Totalitätsanspruch einverstanden war, auch wenn es gelegentlich den Anschein haben konnte. So wurde dem

---

11 Vgl. Archiv Thomasgemeinde: Abkündigungen/Bekanntmachungen 22. bis 28. Januar 1928 (Archiv Thomasgemeinde Regal 1, 1/37).

12 Archiv Thomasgemeinde: Abkündigungen/Bekanntmachungen 10. bis 16. Juni 1928 und 10. bis 17. Mai 1931 (Archiv Thomasgemeinde Regal 1, 1/37; 1/38).

13 Archiv Thomasgemeinde: Gerhard Hilbert an die Kirchenvorstände der Ephorie, 2. Oktober 1931 (Archiv Thomasgemeinde Schrank 2, VI A 1k).

14 Vgl. Archiv Thomasgemeinde: Brief an Heinrich Schumann vom 29. September 1923 (Archiv Thomasgemeinde, Beilage zum Protokoll der Kirchgemeindevertretung: Schrank 2, I B 2k).

15 Archiv Thomasgemeinde: Abkündigungen/Bekanntmachungen 11. bis 18. Januar und 10. bis 17. Mai 1931 (Archiv Thomasgemeinde Regal 1, 1/38).

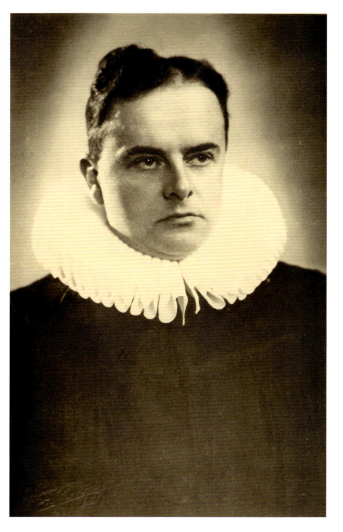

*Thomaspfarrer Rüdiger Alberti, 1937
(Privatbesitz Andreas Alberti, Foto: Hoensch)*

Ansinnen der SA, Trauungen von Paaren aus ihren Reihen in der Thomaskirche zu vollziehen, eben nicht stattgegeben.[16] Dass auch die Thomasgemeinde ohne Zögern ‚Ariernachweise' ausfertigte und damit dem Rassismus Vorschub leistete, ist ein anderer Teil der Wahrheit.[17]

Als im Juli 1933 Wahlen zu den Kirchenvorständen und Synoden abgehalten wurden, bildete man eine Einheitsliste, die – so Superintendent Hilbert – „sich aus lauter deutsch gesinnten Christen"[18] zusammensetzte. Damit konnte eine Majorisierung des Kirchenvorstandes durch die Deutschen Christen vermieden werden, die sonst leichthin mit ihrer Liste die Mehrheit errungen hätten, da wie überall in Deutschland „Tausende von Neuanmeldungen in die Wahlliste erfolgt waren", solche von Nationalsozialisten nämlich. Allerdings wurde über die Hälfte der ehemaligen Kirchenvorstandsmitglieder nicht wiedergewählt.[19] Jetzt saßen im Kirchenvorstand nur noch zwei Frauen als berufene Mitglieder.[20] Eine von ihnen, die Oberlehrerin Melanie Klinke, trat im September 1934 zur katholischen Kirche über, was ihr einen bösen Brief Hilberts eintrug, der sie über „das Verkehrte und Sündige Ihres Verhaltens"[21] belehrte.

Schon Ende Juni 1933 hatte der von Staat und Partei gestützte Pfarrer Friedrich Coch die Macht in der Sächsischen Landeskirche übernommen und damit begonnen, Kirchenpolitik nach dem Führerprinzip zu machen. Umgehend wurde Schumann beurlaubt,[22] 1934 verlor Hilbert sein Amt als Superintendent. Er durfte zwar als Pfarrer weiterhin amtieren, wurde aber unaufhörlich gemaßregelt und 1935 in den Ruhestand versetzt – schon im darauffolgenden Jahr starb er.[23] An seiner Stelle amtierte als kommissarischer Superintendent der deutsch-christliche Pfarrer Gerhard Ebert. Als Ebert Ende 1934 starb, übernahm Pfarrer Johannes Römer, der durch seinen Rücktritt Ende 1935 den Weg für eine Neuordnung freimachte, als kommissarischer Vertreter das Amt. Hier kam nun Heinrich Schumann ins Spiel, dessen Kandidatur vom Kirchenvorstand gestützt wurde. Den Versuch der Stadt, mit Rückendeckung der Landeskirche in Wahrnehmung ihrer Patronatsrechte Andreas Fröhlich als Superintendenten zu installieren, wies der Kirchenvorstand zurück.[24] Auch einem zweiten Personalvorschlag der Stadt stellte man Schumann sowie zwei andere Kandidaten gegenüber, die

16 Vgl. Archiv Thomasgemeinde: Sitzungsprotokoll des Kirchenvorstandes vom 30. April 1933 (Archiv Thomasgemeinde Schrank 2, I B 2e).

17 Vgl. Archiv Thomasgemeinde: Sitzung der Kirchgemeindevertretung vom 26. Juli 1933 (Archiv Thomasgemeinde Schrank 2, I B 2k).

18 Archiv Thomasgemeinde: Sitzung der Kirchgemeindevertretung vom 16. März 1936 (Archiv Thomasgemeinde Schrank 2, I B 2k).

19 Vgl. Archiv Thomasgemeinde: Schreiben von Gerhard Hilbert o. D. (Archiv Thomasgemeinde Schrank 2, I B 3m).

20 Vgl. Archiv Thomasgemeinde: Liste der Kirchgemeinde-Vertretung (Archiv Thomasgemeinde Schrank 2, I B 3m).

21 Vgl. Archiv Thomasgemeinde: Schreiben Gerhard Hilberts an Melanie Klinke, 4. September 1934 (Archiv Thomasgemeinde Schrank 2, I B 3m).

22 Vgl. Georg Walther: *Meine Erinnerungen an den kirchlichen Kampf mit dem Nationalsozialismus in Leipzig (1933–1945)*, hrsg. von der Evangelisch-Lutherischen Bekenntnisgemeinschaft Sachsens e. V., [o. O.] 2005, S. 3.

23 Vgl. Archiv Thomasgemeinde: Akten des Archidiakonats zu St. Thomae (Archiv Superintendentur Leipzig I, Schrank VIII, Fach 1). Vgl. auch Sitzung der Kirchgemeindevertretung am 3. September 1934 (Archiv Thomasgemeinde Schrank 2, I B 2k).

24 Vgl. Archiv Thomasgemeinde: Schreiben des Stadtrats Beusch an den Kirchenvorstand, 3. August 1935; Schreiben Albrecht Oepkes an den Oberbürgermeister, 14. August 1935 (Archiv Thomasgemeinde, Schrank 2, VI A 1k).

Gedächtnisfenster für die im Ersten Weltkrieg gefallenen deutschen Soldaten, 1929, an der Südseite der Thomaskirche (Archiv der Thomaskirche)

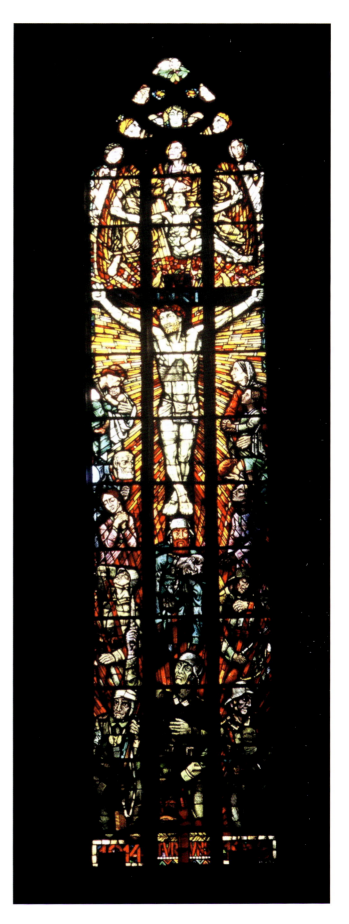

sich aber (im Falle des Magdeburger Generalsuperintendenten Johannes Eger) als unabkömmlich beziehungsweise (im Falle des Münchner Pfarrers Eduard Putz) als zu jung erwiesen.[25] Nachdem sich schließlich Albrecht Oepke, Vorsitzender der Gemeindevertretung und Theologieprofessor, auf die erste Pfarrstelle beworben hatte,[26] lenkte die Stadt ein und schlug Heinrich Schumann selbst vor. Nachdem Schumann dann von der zweiten auf die erste Pfarrstelle aufgerückt war, konnte die zweite Stelle ohne weitere Konflikte mit Pfarrer Rüdiger Alberti aus Chemnitz besetzt werden.[27]

So wurde Heinrich Schumann zum Superintendenten bestellt und im April 1936 eingeführt.[28] Schumanns Wahl war allerdings auch intern nicht unumstritten, weil auch Bedenken bestanden, dass mit seiner Berufung zum Superintendenten seine Pfarrstelle nicht wieder besetzt werden würde. Der Kirchenvorsteher Johannes Pflug wäre deswegen fast aus dem Kirchenvorstand ausgetreten, zumal er als stellvertretender Vorsitzender den Auftrag hatte, beim Landeskirchenamt in Dresden für eine Kandidatur Schumanns zu werben.[29]

Tief greifende Folgen hatte die nationalsozialistische Politik, im Sinne der Gleichschaltung und des ‚Kampfes um die Jugend' die Evangelische Jugend in die Hitlerjugend (HJ) einzugliedern, was dann auch im Dezember 1933 vollzogen wurde. Am 4. März 1934 hatte sich die Evangelische Jugend Leipzigs geschlossen um 8 Uhr zu einer ‚Eingliederungsfeier' in der Thomaskirche einzufinden.[30] In den Monaten davor hatte sich die Gemeinde

---

25 Vgl. Archiv Thomasgemeinde: Sitzung der Kirchgemeindevertretung am 16. September 1935 (Archiv Thomasgemeinde Schrank 2, I B 2k).

26 Vgl. Archiv Thomasgemeinde: Auszug aus dem Protokoll der Kirchenvorstandssitzung am 16. März 1935 (Archiv Thomasgemeinde Schrank 2, VI A 1g).

27 Vgl. Archiv Thomasgemeinde: Sitzung der Kirchgemeindevertretung am 19. April 1937 (Archiv Thomasgemeinde Schrank 2, I B 2k).

28 Vgl. Archiv Thomasgemeinde: Schreiben des Bezirkskirchenamts an den Kirchenvorstand, 14. April 1936 (Archiv Thomasgemeinde Schrank 2, VI A 1g).

29 Vgl. Archiv Thomasgemeinde: Schreiben des Kirchenvorstehers Johannes Pflug an Gerhard Hilbert, 11. März 1934; Antwort G. Hilberts, 17. März 1934; Rückantwort J. Pflugs, 18. März 1934 (Archiv Thomasgemeinde Schrank 2, I B 3m); Sitzung der Kirchgemeindevertretung am 5. August 1935 (Archiv Thomasgemeinde Schrank 2, I B 2k).

30 Vgl. Archiv Thomasgemeinde: An die Evangelische Jugend Leipzigs!, 27. Februar 1934 (Archiv Thomasgemeinde Schrank 2, II H 6a).

um eine Stabilisierung ihrer Jugendarbeit bemüht, auch im Zeichen einer gewissen Konvergenz: „Es geht heute um ein Zueinander-gerichtet-sein der beiden großen Quellkräfte, des Christentums und des Volkstums. Evangelische Jugend und Jugend des Staates ergänzen sich so."[31] Die Eingliederung der kirchlichen Jugend in die HJ erlaubte eine eigene Jugendarbeit nur noch in engen kirchlichen Grenzen und unter ständiger Gefahr des Verbots. Übergriffe und Störungen der HJ zeigten, dass auch diese Grenzen nicht geachtet wurden.[32] So versuchte man die eigene Arbeit vor allem durch eine Intensivierung des gottesdienstlichen Lebens zu retten: „Die Eingliederung der evangelischen Jugend in die Hitlerjugend ist vollzogen. Das bedeutet aber nicht, das Ende evangelischer Jugendarbeit sei gekommen. Wir gehen lediglich einen neuen Weg."[33] Der Ruf zur Teilnahme am Jugendgottesdienst wurde nun zum Ruf an die Thomasjugend, „durch ihre Beteiligung und Mitwirkung ein Bekenntnis zu Christus und seiner Kirche abzulegen."[34]

Nachdem sich gezeigt hatte, dass die staatlichen Gleichschaltungsversuche nicht gänzlich zum Ziel kamen, geriet die Pfarrerschaft in den Fokus des Staates. Die Politik des systemtreuen Bischofs Coch brachte die Maßregelung unliebsamer Pfarrer mit sich, auch an der Thomaskirche. Hier zählten Hilbert, Böhme und Meder zur Bekennenden Kirche, während Schumann zur ‚Mitte' gehörte, der größten Gruppe, die auch Teile des deutschchristlichen Potenzials absorbierte.[35] Zum hauptsächlichen Opfer wurde Pfarrer Oskar Meder. Er hatte am Sonntag Laetare, dem 31. März 1935, eine Kanzelabkündigung der Bekennenden Kirche gegen die neuheidnische ‚Deutsche Glaubensbewegung' verlesen und war daraufhin verhaftet und in das ‚Schutzhaftlager' Sachsenburg, also ein improvisiertes Konzentrationslager, verbracht worden. Hier zeigte sich nun eine bemerkenswerte Solidarisierung innerhalb der Pfarrerschaft, in der Gemeinde und nicht zuletzt im Kirchenvorstand unter seinem Vorsitzenden Albrecht Oepke, einem Mann der Bekennenden Kirche. Die Gemeinde appellierte an das Landeskirchenamt, aber auch an Gauleiter Martin Mutschmann, für die Freilassung Meders Sorge zu tragen.[36] Im Juni 1935 wurde Meder wie auch andere Pfarrer auf Druck von Reichsinnenminister Wilhelm Frick aus der Haft entlassen, da man zu diesem Zeitpunkt noch versuchte, den Anschein rechtsstaatlicher Verhältnisse zu erwecken – inhaftierte Pfarrer hätten dabei (noch) nicht ins Bild gepasst. Meder wurde aber von Landesbischof Friedrich Coch mit dem Verbot der Amtsausübung belegt. Am 19. August beschloss der Kirchenvorstand, dass Meder seine Amtsgeschäfte wieder aufnehmen sollte, und am 25. August 1935 hielt Meder seinen ersten Gottesdienst nach der Rückkehr.[37] Das Bezirkskirchenamt hatte unterdessen den Beschluss des Kirchenvorstandes aufgehoben; dieser beharrte jedoch auf dem Selbstverwaltungsrecht der Gemeinde, und so verfügte das Bezirkskirchenamt seine Auflösung, und dies mit der Unterschrift des kommissarisch amtierenden Superintendenten Römer.[38] Albrecht Oepke ließ sich nicht einschüchtern: Er berief eine Sitzung für den 29. August ein und drängte auf einen Appell zur Revision (einen Rekursus). Da man nicht beschlussfähig war, wurde die Abstimmung vertagt.[39] Am 31. August 1935 nahm der Kirchenvorstand die Sache wieder auf und fasste einen Beschluss.[40] Über die Gemeinde hinaus kam es zu einer Solidarisierung, die auch von den Pfarrern der ‚Mitte' mitgetragen wurde.[41] Tatsächlich hatte man mit einem Appell an das Landeskirchenamt Erfolg, und so wurde Meder im Oktober 1935 auch von Dresden aus wieder in sein Amt eingesetzt.[42] Unterdessen hatte sich die kirchenpolitische Situation in Sachsen dadurch verändert, dass Landesbischof Coch weitgehend entmachtet worden war und ein ‚Landeskirchenausschuss', der die kirchenpolitischen Parteien zusammenführte, die Kirchenleitung übernommen hatte. Hier wirkte sich die Kirchenpolitik der Reichsregierung aus, die mit der Einsetzung des Reichskirchenministers Hanns Kerrl einherging. Allerdings bedeutete dies nicht, dass das kirchliche Leben nicht auch weiter-

31 Archiv Thomasgemeinde: Abkündigungen/Bekanntmachungen 8. bis 22. Oktober 1933 (Archiv Thomasgemeinde Regal 1, 1/39).

32 Vgl. Archiv Thomasgemeinde: Bericht von Herbert Dost, 16. Juni 1935 (Archiv Thomasgemeinde Schrank 2, II H 6a).

33 Archiv Thomasgemeinde: Abkündigungen/Bekanntmachungen 4. bis 18. März 1934 (Archiv Thomasgemeinde Regal 1, 1/39).

34 Archiv Thomasgemeinde: Abkündigungen/Bekanntmachungen 27. Januar bis 17. Februar 1935 (Archiv Thomasgemeinde Regal 1, 1/39).

35 Vgl. G. Walther: *Meine Erinnerungen* (wie Anm. 22), S. 5.

36 Vgl. Archiv Thomasgemeinde: Schreiben an Mutschmann, 25. April 1935 (Archiv Thomasgemeinde Schrank 2, II H 6a).

37 Vgl. Archiv Thomasgemeinde: Sitzungen der Kirchgemeindevertretung am 24. Juni 1935 und am 29. August 1935 (Archiv Thomasgemeinde Schrank 2, I B 2k).

38 Vgl. Archiv Thomasgemeinde: Schreiben an den Kirchenvorstand, 26. August 1935 (Archiv Thomasgemeinde Schrank 2, VI A 2f, auch II H 6a).

39 Vgl. Archiv Thomasgemeinde: Sitzung der Kirchgemeindevertretung am 29. August 1935, vgl. auch Schreiben an das Bezirkskirchenamt o. D. und den Entwurf der Denkschrift an das Landeskirchenamt (Archiv Thomasgemeinde Schrank 2, I B 2k; VI A 2f).

40 Vgl. Archiv Thomasgemeinde: Sitzung der Kirchgemeindevertretung am 31. August 1935 (Archiv Thomasgemeinde Schrank 2, I B 2k).

41 Vgl. G. Walther: *Meine Erinnerungen* (wie Anm. 22), S. 24.

42 Vgl. Archiv Thomasgemeinde: Sitzung der Kirchgemeindevertretung am 23. Oktober 1935 (Archiv Thomasgemeinde Schrank 2, I B 2k).

hin schweren Repressionen ausgesetzt war; das Ziel war die Verdrängung der Kirche und des ‚Kirchenstreits' zwischen Bekennender Kirche und Deutschen Christen aus der Öffentlichkeit.⁴³

Dass die Kirchgemeindevertretung eher der Bekennenden Kirche zuneigte, zeigte sich auch daran, dass sie die Thomaskirche bereitwillig bekenntniskirchlichen Veranstaltungen zur Verfügung stellte, allerdings auch mit der Bitte, „nicht einen Prediger anzusetzen, der im Augenblick wie eine kirchenpolitische Provokation wirken könnte" – so hieß es anlässlich eines für den Reformationstag 1935 geplanten Gottesdienstes, an den sich eine Sitzung bekenntniskirchlicher ‚Bruderräte' aus den Gemeinden anschließen sollte,⁴⁴ in denen auch Meder und Hilbert aktiv waren. Die Bruderräte verstanden sich als die einzig legitime Kirchenleitung, da die Leitung der Landeskirche durch das Bündnis mit dem nationalsozialistischen Staat korrumpiert war. 1937 sprachen auf Beschluss der Kirchgemeindevertretung Otto Dibelius, 1933 als Generalsuperintendent der Kurmark abgesetzt, und Wilhelm Flor, Reichsgerichtsrat und einer der führenden Nichttheologen in der Bekennenden Kirche.⁴⁵ Als die Deutschen Christen im Juni 1939 die Benutzung der Thomaskirche bei der Kirchgemeindevertretung beantragten, wurde ihnen das nicht bewilligt.⁴⁶

1937 verschärfte sich die Lage wieder, da der Präsident des Landeskirchenamtes, Johannes Klotsche, mit dem

Thomaspfarrer Walter Georg Böhme (Zweiter von rechts) und Rüdiger Alberti (Erster von rechts) mit unbekannten Damen, zwischen 1937 und 1939
(Privatbesitz Andreas Alberti)

43 Vgl. zu den Folgen in Leipzig Georg Wilhelm: *Die Diktaturen und die evangelische Kirche. Totaler Machtanspruch und kirchliche Antwort am Beispiel Leipzigs 1933–1958* (Arbeiten zur Kirchlichen Zeitgeschichte, Bd. 39), Göttingen 2004, Kapitel 4.3.2.

44 Vgl. Archiv Thomasgemeinde: Sitzung der Kirchgemeindevertretung am 23. Oktober 1935 (Archiv Thomasgemeinde Schrank 2, I B 2k); vgl. auch die Sitzung vom 11. Mai 1936 (Archiv Thomasgemeinde Schrank 2, I B 2e).

45 Vgl. Archiv Thomasgemeinde: Sitzung der Kirchgemeindevertretung am 22. Mai 1937 (Archiv Thomasgemeinde Schrank 2, I B 2k).

46 Vgl. Archiv Thomasgemeinde: Sitzung der Kirchgemeindevertretung am 6. Juni 1939 (Archiv Thomasgemeinde Schrank 2, I B 2k).

47 Vgl. Archiv Thomasgemeinde: Schreiben Albrecht Oepkes an Johannes Ficker, 16. August 1937; Schreiben an Wilhelm Frick, 18. August 1937 (Archiv Thomasgemeinde Schrank 2, I B 3m).

48 Vgl. Archiv Thomasgemeinde: Schreiben Albrecht Oepkes an den Evangelisch-Lutherischen Kirchgemeindeverband Leipzig (Archiv Thomasgemeinde Schrank 2, I B 3m).

49 Vgl. Archiv Thomasgemeinde: Sitzung der Kirchgemeindevertretung am 3. Oktober 1937 (Archiv Thomasgemeinde Schrank 2, I B 2k).

50 Vgl. Archiv Thomasgemeinde: Schreiben des Kirchenvorstandes an die Gestapo, 1. Oktober 1937 (Archiv Thomasgemeinde Schrank 2, VI A 1g).

51 Vgl. Archiv Thomasgemeinde: Schreiben Schumanns an die Geistlichen des Kirchenbezirkes Leipzig-Stadt, 5. Oktober 1937 (Archiv Thomasgemeinde Schrank 2, I A 2b).

Revolver in der Hand seine eigene Machtergreifung inszenierte und den Landeskirchenausschuss absetzte. Oepke schickte eine Solidaritätsadresse des Kirchenvorstandes an dessen Vorsitzenden Johannes Ficker und verlangte zugleich von Reichsinnenminister Frick eine Untersuchung der Vorgänge im Landeskirchenamt.⁴⁷ Der Kirchenvorstand unter Oepke behielt seine Protesthaltung gegenüber der Politik des Landeskirchenamtes bei, so auch 1938, als die Organisation der Kirchgemeindeverbände als Verwaltungsgemeinschaften neu und auf Kosten der bisherigen starken Stellung des Superintendenten geregelt werden sollte.⁴⁸ Heinrich Schumann wurde 1937 kurzzeitig von der Gestapo verhaftet; der vorgeschobene Grund war ein Verstoß gegen das Sammlungsgesetz⁴⁹ – ein Vorwurf, der meist erhoben wurde, wenn es um Sammlungen für Zwecke der Bekennenden Kirche ging⁵⁰ –, allerdings stritt Schumann jeden kirchenpolitischen Zusammenhang ab.⁵¹ Gegen Oskar Meder wurden 1937 Ermittlun-

Die Turmhaube und der Dachstuhl der Thomaskirche waren nach dem Bombenangriff am 3./4. Dezember 1943 schwer beschädigt.
(Archiv des Thomanerchores, Sammlung Fritz Spiess)

Blick von der Burgstraße auf die Thomaskirche mit „Trümmerwüste" nach dem Bombenangriff vom 3./4. Dezember 1943
(Archiv des Thomanerchores, Sammlung Fritz Spiess)

schen, die selbst oder deren Vorfahren vom Judentum zum Christentum übergetreten waren – im Sinne des nationalsozialistischen Rassismus waren sie Juden.

Der Zweite Weltkrieg brachte politisch gewollte Einschränkungen des Gemeindelebens mit sich. So wurde etwa der Konfirmandenunterricht auf ein halbes Jahr gekürzt und die Ablieferung der Glocken gefordert.[58] Außer Bibelstunde und Frauendienst fanden keine regelmäßigen Veranstaltungen mehr statt.[59] Aus der Motette

gen eingeleitet, weil er im August in einer Predigt scharfe Kritik an der nationalsozialistischen Kirchenpolitik geäußert hatte.[52]

Rüdiger Alberti wiederum wurde im Juni 1938 mit einer Geldstrafe von 200 Mark belegt, weil er in einer Kanzelabkündigung gegen die von den Deutschen Christen beherrschte sächsische Kirchenleitung protestiert hatte. Dieselbe Strafe zog Walter Böhme, Inhaber der dritten Pfarrstelle, auf sich,[53] und auch Meder wurde dazu verurteilt. Das Landeskirchenamt zog die Summe gleich vom Gehalt ab.[54] Alle drei hatten sich zudem zuschulden kommen lassen, dass sie den geforderten Treueid auf Adolf Hitler nicht in der gewünschten Form ablegten; dies zog weitere Kreise.[55] Böhme hatte schon 1934 einen Prozess gegen Mitglieder der HJ wegen Verleumdung anzustrengen versucht; das Verfahren wurde aber von der Staatsanwaltschaft eingestellt.[56] Für die Bekennende Kirche (bzw. den ‚Pfarrernotbund') war Böhme zuständig für die Betreuung ‚evangelischer Nichtarier',[57] also von Men-

52 G. Wilhelm: *Die Diktaturen* (wie Anm. 43), S. 142.

53 Vgl. Archiv Thomasgemeinde: Schreiben an Alberti, 29. Juni 1938, und beiliegende Kanzelabkündigung Albertis (Archiv Superintendentur Leipzig I Schrank VIII, Fach 1: Archidiakonat zu St. Thomä); Schreiben an Böhme, 29. Juni 1938 (Archiv Superintendentur Leipzig I Schrank VIII, Fach 1: I. Diakonat zu St. Thomas).

54 Vgl. Archiv Thomasgemeinde: Schreiben des Landeskirchenamts an Meder, Böhme und Alberti 25. August 1938 (Archiv Thomasgemeinde Schrank 2, II H 6a; VI A 2e).

55 Vgl. Archiv Thomasgemeinde: Schreiben Albertis, Böhmes und Meders an das Landeskirchenamt, 8. Juni 1938 (Archiv Thomasgemeinde Schrank 2, VI A 1k); vgl. G. Wilhelm: *Die Diktaturen* (wie Anm. 43), S. 176 f.

56 Vgl. Archiv Superintendentur Leipzig I: Schreiben des Bezirkskirchenamtes an Böhme, 11. April 1934 (Archiv Superintendentur Leipzig I Schrank VIII, Fach 1: I. Diakonat zu St. Thomas).

57 Vgl. G. Walther: *Meine Erinnerungen* (wie Anm. 22), S. 37.

58 Vgl. Archiv Thomasgemeinde: Sitzungen der Kirchgemeindevertretung am 6. und am 30. Mai 1940 (Archiv Thomasgemeinde Schrank 2, I B 2k).

59 Vgl. Archiv Thomasgemeinde: Abkündigungen/Bekanntmachungen 1942–1943 (Archiv Thomasgemeinde Regal 1, 1/43).

sollte auf Geheiß der Stadt eine Heldengedenkfeier werden; die Kirchgemeindevertretung protestierte dagegen.⁶⁰

Pfarrer Rüdiger Alberti wurde 1939 zum Militärdienst eingezogen; Superintendent Schumann bemühte sich vergeblich darum, ihn zurückzugewinnen.⁶¹ Er selbst wurde in die Kirchenleitung berufen, nachdem Klotsche mit Kriegsbeginn eingezogen worden war und Reichskirchenminister Kerrl von Berlin aus noch einmal versucht hatte, die streitenden Parteien zu einer gemeinsamen Kirchenpolitik zu einen. In bekenntniskirchlichen Kreisen stieß Schumann durch seinen Eintritt in die Kirchenleitung nicht auf Sympathie;⁶² die ‚Mitte' galt ohnehin als unentschieden.

Der schwere Bombenangriff am 4. Dezember 1943 führte zu Gebäudeschäden sowie zur Zerstörung der benachbarten Matthäikirche und ihrer Gemeinderäume, sodass die Matthäigemeinde ständiger Gast in der Thomaskirche wurde. Gemeinsam abgehalten wurde der Kindergottesdienst, zu dem sich rund 100 Kinder sammelten. Da die Sakristei der Thomaskirche dafür zu klein war, wurde der Kindergottesdienst in die Kirche verlegt. Dies hatte zur Folge, dass die katholische Gemeinde, die nach der Zerstörung ihrer Kirche ebenfalls heimatlos geworden war und ihren Gottesdienst in der Thomaskirche feierte, von Schumann an die Nikolaigemeinde weitervermittelt wurde.⁶³ Weitere Angriffe und häufiger Alarm beeinträchtigten das gottesdienstliche Leben: Bei nächtlichem Fliegeralarm mit Entwarnung nach Mitternacht begann der Gottesdienst wie in anderen Gemeinden erst um 10 Uhr statt um 9.30 Uhr.⁶⁴

Die Burgstraße nach dem Bombenangriff vom 3./4. Dezember 1943
(Archiv des Thomanerchores, Sammlung Fritz Spiess)

60 Vgl. Archiv Thomasgemeinde: Sitzung der Kirchgemeindevertretung am 23. November 1944 (Archiv Thomasgemeinde Schrank 2, I B 2k).

61 Vgl. Archiv Superintendentur Leipzig I: Brief Schumanns an das Landeskirchenamt, 5. Januar 1940 (Archiv Superintendentur Leipzig I Schrank VIII, Fach 1: Archidiakonat zu St. Thomä).

62 G. Walther: *Meine Erinnerungen* (wie Anm. 22), S. 39 f.; vgl. dazu G. Wilhelm: *Die Diktaturen* (wie Anm. 43), S. 161 f.

63 Vgl. Archiv Thomasgemeinde: Schreiben von Schumann an den Kirchenvorstand der Nikolaigemeinde, 29. November 1944 (Archiv Thomasgemeinde Schrank 2, II A 1d).

64 Vgl. Archiv Thomasgemeinde: Abkündigungen/Bekanntmachungen für die Zeit vom 1. März bis 3. Juni 1945 (Archiv Thomasgemeinde, Regal 1, 1/44).

65 Zur Bildung des Leipziger Konsistoriums vgl. Markus Hein: *Die sächsische Landeskirche nach dem Ende des Zweiten Weltkriegs 1945–1948* (Herbergen der Christenheit, Sonderband 6), Leipzig 2002, Kapitel 3.1.1; G. Wilhelm: *Die Diktaturen* (wie Anm. 43), S. 232 f.

66 Vgl. G. Walther: *Meine Erinnerungen* (wie Anm. 22), S. 42.

67 Vgl. Archiv Thomasgemeinde: Sitzung der Kirchgemeindevertretung am 8. Januar 1946 (Archiv Thomasgemeinde Schrank 2, I B 2k).

Vom Kriegsende bis zur Etablierung der SED-Diktatur

Die Befreiung Westsachsens und somit Leipzigs durch amerikanische Truppen am 17./18. April 1945 erforderte und ermöglichte eine provisorische Neuorganisation des kirchlichen Lebens, zumal die Verbindungen nach Dresden abgerissen waren. Damit kam Superintendent Schumann in eine Schlüsselposition, die er wahrnahm, indem er aus Vertretern der Bekennenden Kirche und der ‚Mitte' eine lokale Kirchenleitung zusammenstellte, wobei die der Bekennenden Kirche angehörenden Pfarrer an ihrer Reserve gegenüber dem Mann der ‚Mitte' festhielten.⁶⁵ Der Leipziger Kirchenleitung gehörte aus der Thomasgemeinde der Vorsitzende des Kirchenvorstandes Oepke an, während sich Meder aus Gesundheitsgründen nicht beteiligen mochte.⁶⁶ Anfang 1946 befand sich Pfarrer Alberti noch in Kriegsgefangenschaft;⁶⁷ Meder starb 1947. In der unmittelbaren Nachkriegszeit hatte sich die Gemeindevertretung, 1946 in ‚Ortskirchenausschuss' umbenannt, immer wieder mit Anträgen auf Wiedereintritt in die Kirche zu befassen.

Superintendent Herbert Stiehl, Oberlandeskirchenrat Ulrich von Brück und Landesjugendpfarrer Erhard Wonneberger, um 1958 (Privatsammlung Herbert Stiehl)

Elisabeth Paul bei ihrer Einweisung als Oberin des Ev.-Luth. Diakonissenhauses Leipzig, vorn rechts im Bild ist Altoberin Adelheid Rietschel zu sehen, 1963 (Privatsammlung Herbert Stiehl)

Ein wesentliches Anliegen in den Monaten nach Kriegsende war die Reorganisation der kirchlichen Jugendarbeit, die ja seit 1934 durch die Eingliederung in die HJ fast völlig unterbunden worden war. Nachdem die Rote Armee am 2. Juli in die Stadt eingerückt war, beantragte Schumann als Superintendent zusammen mit dem katholischen Propst (und späteren Bischof) Otto Spülbeck beim Oberbürgermeister die Wiederzulassung, sah sich aber erneuten Schwierigkeiten ausgesetzt, da die neu heraufziehende Diktatur die Jugendlichen als ihr ‚Eigentum' betrachtete. Der städtische Jugendausschuss hatte versucht, die kirchliche Jugendarbeit wieder auf die Jugendgottesdienste zu beschränken und ansonsten alles an sich zu ziehen, allenfalls noch die Gründung ‚religiöser Interessengemeinschaften' zuzulassen, wogegen Schumann heftig protestierte.[68] Die Gemeindearbeit insgesamt wurde im engeren Sinne wieder zugelassen.[69]

Nicht zuletzt war der Kirchenvorstand mit seiner eigenen Neuorganisation beschäftigt: Die Kirchenvorsteher mussten erst wieder gesammelt werden, manche waren gestorben oder weggezogen. Im Dezember 1946 waren von nominell immer noch 33 Kirchenvorstandssitzen nur sieben besetzt; die Gemeinde hatte noch 6107 Mitglieder – 1944 waren es rund 8000 gewesen, vor dem Krieg rund 15 000.[70] 1947 stand die Vereinigung von Thomas- und Matthäi-Gemeinde an.[71] Im August 1947 fanden gemeinsame Kirchenvorstandswahlen statt, bei denen aus jeder Gemeinde acht Vertreter bestimmt wurden, die wiederum je vier Mitglieder hinzuberufen konnten.[72] An dieser Wahl nahmen 80 Stimmberechtigte teil.[73]

1948 wurde die Vereinigung von Thomas- und Matthäi-Gemeinde vollzogen. Die neue Gemeinde hatte 24 000 Mitglieder, von denen 17 000 zur Matthäi-Gemeinde gehört hatten. Die Matthäipfarrer Herbert Liboron und Hans Wilhelm Günther versahen ihren Dienst nun an St. Thomas. Im Zuge der Entnazifizierung wurde Liboron durch Superintendent Schumann entlastet, obwohl er von 1932 bis 1943 NSDAP-Mitglied gewesen war. Für ihn sprachen Konflikte mit der Gestapo und dass er sich nicht den Deutschen Christen angeschlossen hatte.[74] Nach dem Abriss der Ruine der Matthäikirche wurde auf dem Grundstück die Leipziger Zentrale der Staatssicherheit errichtet.[75]

68 Vgl. Archiv Thomasgemeinde: Schreiben vom 14. und 18. Juli und vom 16. November 1945 (Archiv Thomasgemeinde Schrank 4, rechte Seite, Fach 1, Junge Gemeinde 1945–1953).

69 Vgl. Archiv Thomasgemeinde: Schreiben des Kulturamts, 9. Juli 1945 (Archiv Thomasgemeinde Schrank 4, rechte Seite, Fach 1, Junge Gemeinde 1945–1953).

70 Vgl. Archiv Thomasgemeinde: Schreiben des Kirchenvorstandes an das Bezirkskirchenamt, 14. Dezember 1946; Schreiben an den Kirchenvorstand der Nikolaigemeinde (Archiv Thomasgemeinde Schrank 2, I B 3l; II A 1d).

71 Vgl. Archiv Thomasgemeinde: Sitzung der Kirchgemeindevertretung am 24. April 1947 (Archiv Thomasgemeinde Schrank 2, I B 2k).

72 Vgl. Archiv Thomasgemeinde: Abkündigung am 3. und 10. August 1947; vgl. den Wahlvorschlag vom Mai 1947 (Archiv Thomasgemeinde Schrank 2, I B 3m; I B 3l).

73 Vgl. Archiv Thomasgemeinde: Protokoll über die Wahl der Kirchenvorsteher am 17. August 1947 (Archiv Thomasgemeinde Schrank 2, I B 3m).

74 Vgl. Archiv Superindententur Leipzig I: Schreiben von Schumann an das Landeskirchenamt, 11. September 1945 (Archiv Superintendentur Leipzig I Schrank II, Fach 5, 46/8).

75 Vgl. Dietmar Kehlbreier, Monika Sommer: *50 Jahre St. Thomas-Matthäi-Gemeinde 1948–1998* (Archiv Thomasgemeinde Schrank 4, rechte Seite, Fach 1, 4/9).

Wieder einmal stand die Thomaskirche als öffentlicher Ort zur Debatte: Der Kirchenvorstand weigerte sich 1948, einem Antrag des FDGB[76] zuzustimmen, der hier die romantische Kantate *Von deutscher Seele* von Hans Pfitzner aufführen lassen wollte – einem Komponisten, dessen Sympathien für den Nationalsozialismus im Übrigen unübersehbar waren.[77]

Bei der Kirchenvorstandswahl im Jahre 1953 war von den im Jahr 1947 Gewählten bis auf den Angestellten Johannes Schneider niemand mehr vorhanden.[78] Als die SED-Diktatur 1952/53 einen offenen Liquidationskurs gegen Kirche und Religion einleitete, erreichten die kirchenfeindlichen Maßnahmen einen ersten Höhepunkt. Hauptziel war die Junge Gemeinde, also die kirchliche Jugendarbeit, und das Symbol, gegen das sich die sozialistischen Demagogen richteten, war das ‚Kugelkreuz', das Abzeichen der Jungen Gemeinde.[79] Die Jugendlichen wurden mit den üblichen Wortkaskaden (‚Faschisten', ‚Imperialisten', ‚Agenten', ‚Spione') belegt und öffentlich bloßgestellt. Christliche Schüler und Lehrer wurden mit Repressionen überzogen, was sich wiederum auf das Zusammenleben in der Gemeinde und an der Thomasschule auswirkte.[80] Zu den Schikanen gehörte auch die Behinderung und Verdrängung des inzwischen als Christenlehre in kirchlicher Verantwortung erteilten Religionsunterrichts, der noch an den Schulen abgehalten werden konnte.[81]

Eine Atempause brachte dann eine Anweisung aus Moskau, es mit den Repressalien gegenüber der Kirche und ihren Mitgliedern nicht zu übertreiben – sie erging ausgerechnet eine Woche vor dem Volksaufstand am 17. Juni. In einem Gespräch mit dem Rat des Bezirkes am 20. Juli 1953 gelang es den beiden Leipziger Superintendenten – Schumanns Nachfolger wurde 1953 Herbert Stiehl –, wenigs-

Pfarrer Klaus Grabner, Pfarrer Hans Wilhelm Günther, Pfarrer Dr. Christoph Wetzel, Superintendent Herbert Stiehl, Pfarrer Werner Fink und Pfarrer Richard Hans Krauspe (von links nach rechts), um 1976
(Privatsammlung Herbert Stiehl)

---

76 Der Freie Deutsche Gewerkschaftsbund (FDGB), 1945 gegründet, war die Einheitsgewerkschaft in der SBZ/DDR.

77 Vgl. Archiv Thomasgemeinde: Sitzung der Kirchgemeindevertretung am 21. April 1948 (Archiv Thomasgemeinde Schrank 2, I B 2k).

78 Vgl. Archiv Thomasgemeinde: Abkündigung zur Kirchenvorstandswahl am 6. September 1953 und Stimmzettel (Archiv Thomasgemeinde Schrank 2, I B 3m).

79 Vgl. G. Wilhelm: *Die Diktaturen* (wie Anm. 43), Kapitel II.4.

80 Vgl. Archiv Thomasgemeinde: Schreiben an Herbert Stiehl vom 14. Mai 1953 (Archiv Thomasgemeinde Schrank 4, rechte Seite, Fach 1, Junge Gemeinde 1945–1953).

81 Vgl. Archiv Thomasgemeinde: Superintendent Herbert Stiehl an das Landeskirchenamt, 13. Juni 1953 (Archiv Thomasgemeinde Schrank 4, rechte Seite, Fach 1, Junge Gemeinde 1945–1953).

82 Vgl. Archiv Thomasgemeinde: Protokoll vom 20. Juli 1953 (Archiv Thomasgemeinde Schrank 4, rechte Seite, Fach 1, Junge Gemeinde 1945–1953).

tens ihre Beschwerden vorzubringen. Ein Punkt unter vielen war das Verbot der ‚Gottesdienste nach der Ordnung der evangelisch-unierten Kirche', die anfangs, bis zum Verbot der Bezeichnung, ‚Umsiedler-Gottesdienste' hießen. Ein solcher Gottesdienst war für Ostermontag angesetzt gewesen, aber verboten worden – die Erinnerung an die Vertreibung aus den deutschen Ostgebieten, in denen die Evangelischen als Glieder der preußischen Kirche uniert waren, sollte also auch auf diesem Wege ausgelöscht werden.[82]

Die Geschichte der Thomasgemeinde unter der SED-Diktatur müsste noch geschrieben werden. Allerdings ist die archivalische Überlieferung für die Jahre nach 1953 sehr fragmentarisch, so fehlen zum Beispiel die Protokollbücher des Kirchenvorstandes.

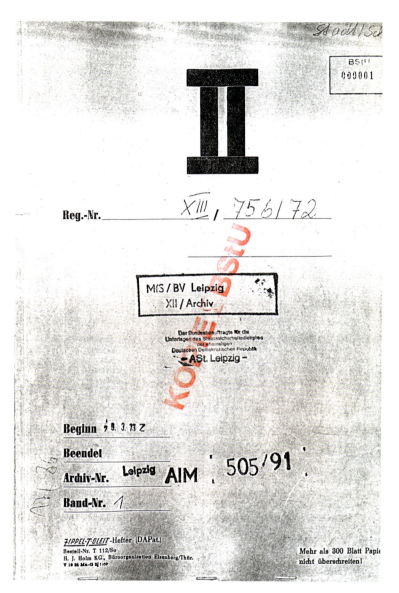

IM-Akte „Johannes", Aktendeckel
(Akte II, Bd. 1, BStU Lpz. AIM 505/91, II, Blatt 1)

Der Thomanerchor nach 1945 – Hort der Reaktion oder Institution sozialistischer Leistungsschau?

Stefan Gregor

Die Entwicklung des Thomanerchores nach dem Zweiten Weltkrieg ist bislang kaum erforscht worden.[1] Dabei ist durch Aussagen ehemaliger Chorverantwortlicher bekannt, dass zwischen dem Chor und den Behörden der Sowjetischen Besatzungszone beziehungsweise der DDR ein angespanntes Verhältnis herrschte,[2] das den Chor nachhaltig beeinflusste. Bislang haben sich nur einige wenige wissenschaftliche Arbeiten dieses Themas angenommen, und das aufgrund der jeweiligen thematischen Zielsetzung der Beiträge auch nur am Rande.[3] Sie basieren im Wesentlichen auf Zeugnissen der staatlichen Behörden, die sich im Leipziger Stadtarchiv und im Sächsischen Staatsarchiv Leipzig[4] sowie bei den Bundesbeauftragten für die Unterlagen des Staatssicherheitsdienstes[5] befinden, und konzentrieren sich vor allem auf die Jahre von 1945 bis 1971. In einigen wenigen Fällen werden sie durch Zeitzeugenaussagen ergänzt.[6]

Da bislang noch keine wissenschaftliche Chorgeschichte nach 1945 existiert, die die Beziehung zwischen jener Institution und dem Staat dezidiert darlegt, will der hier vorliegende Beitrag auf der Grundlage der oben genannten Quellenkonvolute einen historiografischen

---

1 Die Geschichte des Thomanerchores ab 1945 ist v. a. Gegenstand der populärwissenschaftlichen Auseinandersetzung. Seit 1945 wurden sowohl innerhalb als auch außerhalb der DDR Beiträge über den Chor veröffentlicht. Sie gehen jedoch kaum über eine oberflächliche Darstellung der Chorhistorie hinaus, vgl. z. B. Richard Petzoldt: *Der Thomanerchor*, Leipzig 1962. Horst List: *Der Thomanerchor zu Leipzig*, Leipzig 1987. Bernhard Knick (Hrsg.): *St. Thomas zu Leipzig*, Wiesbaden 1963. Unter den aktuellen populärwissenschaftlichen Publikationen ragt momentan die Darstellung *Dresdner Kreuzchor und Thomanerchor Leipzig. Zwei Kantoren und ihre Zeit. Rudolf und Erhard Mauersberger* (Schriften des Mauersberger-Museums in Mauersberg, Bd. 2), hrsg. v. Helga Mauersberger, Marienberg 2007, hervor.

2 Hellmuth Heinze: *Die Thomasschule am Ende des zweiten Weltkrieges und die Jahre meines Rektorats 194–1950* [o. O. u. J.]. Kurt Thomas: *Brief an den Staatsratsvorsitzenden der DDR Walter Ulbricht*, in: Die Welt, 14. November 1960, Jg. 14, S. 5 f. Günther Ramin: *Der Thomanerchor in der Gegenwart*, in: Bernhard Knick (Hrsg.): St. Thomas zu Leipzig, Wiesbaden 1963, hier S. 371–374. B[irger] Z[entner]: *Gesungener Protest gegen Rauswurf*, in: Leipziger Volkszeitung, 11. und 12. Mai 1991, Jg. 46, S. 13. „Wir Salzburger geben unseren Thomaskantor nicht wieder her", Interview zwischen dem Chefredakteur der Leipziger Volkszeitung, Günther Gießler, und Hans-Joachim Rotzsch, in: Leipziger Volkszeitung, 4. Juni 1998, Jg. 53, S. 127.

3 Christoph Kleßmann: *Zur Sozialgeschichte des protestantischen Milieus in der DDR*, in: Geschichte und Gesellschaft. Zeitschrift für Historische Sozialwissenschaft, Jg. 19 (1993), S. 29–53, hier S. 50. Kerstin Sieblist: *Erhard Mauersberger. Thomaskantor und Komponist*, Kassel 2003, S. 10–13, und dies.: *Erhard Mauersberger*, in: Helga Mauersberger (Hrsg.): Dresdner Kreuzchor und Thomanerchor Leipzig. Zwei Kantoren und ihre Zeit. Rudolf und Erhard Mauersberger (Schriften des Mauersberger-Museums in Mauersberg, Bd. 2), Marienberg 2007, S. 47–54. Rebecca Ziegs: *Die Thomasschule im Wandel der Zeit. Versuch einer Chronik zwischen 1945 und 1972* (Broschüren des Thomanerbund e.V., Bd. 3), Leipzig 2010, und Eberhard Merkel: *Heinz Nöbert. Ein Rektor der Thomasschule und Vorsteher des Thomanerchores* (bislang unveröffentlicht), [2011], S. 1–4.

4 Die für den Zeitraum relevanten Akten des Stadtarchivs Leipzig (Leipzig StA) beinhalten einerseits interne Angelegenheiten der Thomasschule sowie Zeugnisse der Schulleitung bis 1950. Andererseits fassen sie Schriftstücke der weisungsbefugten Schulbehörden der Stadtverordnetenversammlung und des Rates der Stadt Leipzig ab 1945 zusammen. Das Sächsische Staatsarchiv Leipzig (StAL) beherbergt v. a. Zeugnisse der obersten Schulbehörden bzw. der SED-Bezirksleitung, des Bezirkstages und Rates des Bezirkes Leipzig, die mit der Thomasschule und dem Thomanerchor befasst waren, nachdem Leipzig 1952 Bezirkshauptstadt wurde. Für die Hinweise auf diese Quellenbestände und für die teilweise Bereitstellung dieses Quellenmaterials vorab in Kopie danke ich ganz besonders Herrn Dr. Eberhard Merkel.

5 Das sind v. a. die Berichte der Inoffiziellen Mitarbeiter (IM), die den Auftrag erhalten hatten, über den Chor, die Schule und das Alumnat zu berichten. Dazu gehören auch die Akten ihrer Führungsoffiziere, die diese über die IMs anlegten. Die Schule stand nachweislich ab 1951 unter der Beobachtung der Staatssicherheit. Ab Ende der 1950er Jahre waren einige Schüler sowie Chor- und Schulverantwortliche als Inoffizielle Mitarbeiter für das MfS tätig. Siehe dazu R. Ziegs: *Die Thomasschule im Wandel der Zeit* (wie Anm. 3), S. 125 ff. und 141–147. Eine konkrete Untersuchung über die Einflüsse des Ministeriums für Staatssicherheit auf den Chor steht noch aus.

6 Vgl. R. Ziegs: *Die Thomasschule im Wandel der Zeit* (wie Anm. 3) und E. Merkel: *Heinz Nöbert* (wie Anm. 3), S. 1–4.

Einstieg in jenen Sachverhalt bieten. Das Ziel ist, Aspekte der Wechselwirkung zwischen dem Thomanerchor und den staatlichen Behörden ab Kriegsende zu umreißen und zu charakterisieren. Zugleich soll auch ein Blick auf die Chorentwicklung zwischen 1971 und 1989 geworfen werden, die bislang vernachlässigt worden ist. Es ist klar, dass die hier dargelegten Prozesse aufgrund der Quellensituation hauptsächlich die Perspektive der Behörden widerspiegeln. Zudem muss eingestanden werden, dass die Darlegung der Entwicklung des Thomanerchores ab 1971 im Vergleich zum vorangegangenen Zeitraum wegen einer diffizilen Quellenlage lückenhafter und gehaltloser ist.[7] Aufgrund dieser arbeitsökonomischen Rahmenbedingungen erhebt die hier vorliegende Darstellung keinesfalls den Anspruch auf Vollständigkeit.

Es kann als gegeben hingenommen werden, dass der Chor als Institution nie aufgelöst werden sollte. Gleiches gilt für die mit ihm eng verbundene Thomasschule und ihr Alumnat. Alle Einrichtungen existierten nach dem Kriegsende 1945 weiter, weil sie nicht nationalsozialistischen Ursprungs waren und somit weder durch die amerikanische noch durch die sowjetische Militärverwaltung verboten wurden. Deswegen wurde der Chor-, Schul- und Alumnatsbetrieb bereits unmittelbar nach der Rückkehr des Chores von Grimma nach Leipzig am 18. Mai 1945 wieder aufgenommen und aufrechterhalten.[8] Die Entwicklung des Chores ab der Einrichtung der Sowjetischen Militäradministration in Deutschland wurde vor allem durch die Bildungs-, Sicherheits-, Kirchen- und Kulturpolitik der sowjetischen Militärverwaltung und der DDR beeinflusst sowie durch die daraus resultierenden Maßnahmen der Organe, die mit ihrer Ausführung beauftragt waren. Bis 1989 waren dafür hauptsächlich die Bildungs-, Sicherheits- und Kulturbehörden auf lokaler, regionaler und staatlicher Ebene verantwortlich. Dabei mussten jene Dienststellen zwei wesentliche Faktoren beachten. Einerseits hatten sie die Erhaltung des hohen künstlerischen Niveaus des Chores zu berücksichtigen. Es begründete sein internationales Renommee und sollte sich für ihn schon früh als überlebenswichtig herausstellen. Die Chorleitung und die Behörden waren sich seiner kulturpolitischen Bedeutung in der Nachkriegszeit und in der DDR bewusst.[9] Aus der Sicht der 1949 neu gegründeten DDR war der Chor aufgrund seiner geopolitischen Verortung einer der glanzvollen Bausteine einer neu zu konstruierenden kulturellen Identität, die per se keine historisch gewachsene Tradition

---

[7] Der Aktenbestand der Stadtverordnetenversammlung und des Rates der Stadt Leipzig für die Zeit ab 1971 ist noch nicht erschlossen und daher noch nicht einsehbar. Die für diese Arbeit relevanten Zeugnisse der SED-Bezirksleitung, des Bezirkstages und des Rates des Bezirkes Leipzig sowie die Akten der Zentralen Kommission für Staatliche Kontrolle sind im Sächsisches Staatsarchiv Leipzig nur bis 1970 nachweisbar. Darunter befinden sich auch solche Schriftstücke, die aus datenschutzrechtlichen Gründen nicht einsehbar sind, vgl. StAL: SED-BL IV/2/09/02/534. Zudem konnte der den Thomanerchor betreffende Aktenbestand der Behörde des Bundesbeauftragten für die Unterlagen des Staatssicherheitsdienstes der ehemaligen Deutschen Demokratischen Republik (BStU) bislang nur ungenügend ausgewertet werden. Daher ergänzen v. a. Zeitungsartikel die Aussagen in den hier zugrunde liegenden Quellen, um argumentative Lücken zu füllen. Andere Bestände sind zwar bekannt, konnten aber für diese Arbeit nicht eingesehen werden. Dies betrifft die Akten des Zentralkomitees der SED im Berliner Bundesarchiv. Letztere beinhalten vermutlich Beschlüsse, die Reisen, organisatorische und personelle Veränderungen sowie Kontrollmaßnahmen des Chores betrafen, vgl. z. B. StAL: DY 30/ JIV 2/3/278.

[8] Allerdings gestaltete sich das durch die allgemeine desolate Lage Leipzigs nach dem Ende des Krieges und durch die Gesetze und Verordnungen der amerikanischen und sowjetischen Militärverwaltung, die darauf reagieren sollten, als sehr diffizil. Die materielle, logistische und personelle Bewegungsfreiheit des Chores und der mit ihm verbundenen Institutionen wurde erheblich eingeschränkt. Siehe dazu die Ausführungen bei R. Ziegs: *Die Thomasschule im Wandel der Zeit* (wie Anm. 3), S. 16–45.

[9] Vgl. dazu die Aussagen von H. Heinze: *Die Thomasschule am Ende des zweiten Weltkrieges* (wie Anm. 2), S. 2. Siehe dazu auch das Protokoll der Besprechung zwischen dem Volksbildungsminister, Stadtrat, Stadtschulrat, Kreisschulrat Leipzig IV, Kantor, je ein Vertreter der Lehrergewerkschaft, der FDJ u. a. im Volksbildungsamt Leipzig, 23. November 1949, Leipzig StA: StVuR (1) 10227, Bl. 161. *Dossier des Rates des Bezirkes Leipzig, Abteilung Volksbildung: Zur weiteren Entwicklung der Thomasoberschule und des Thomanerchores*, Leipzig 18. Februar 1972, in: BStU, MfS, BV Leipzig, KD Lpz.-Stadt, Nr. 01768/02, Teil 1, Bd. 2, Bl. 8, und vgl. z. B. auch die Aussagen von Walter Ulbricht: *Glückwunsch des Zentralkomitees*, in: Neues Deutschland, 21. Juni 1962, Jg. 17, S. 4. Die Aussagen Rotzschs, siehe [anonym]: *Bachs Erbe als hohe Verpflichtung*, in: Leipziger Volkszeitung, 1. Januar 1975, Jg. 30, hier S. 6. Die Aussagen Schumanns, siehe [anonym]: *Dank und Anerkennung den Leipziger Thomanern. Horst Schumann empfing Thomaskantor zum Gespräch*, in: Union, 28. Oktober 1975, 30. Jg., S. 2. Die Aussagen des Stadtrates für Kultur, Gehrke, siehe [anonym]: *Dank dem Thomanerchor*, in: Leipziger Volkszeitung, 2. Dezember 1976, Jg. 31, hier S. 12. Die Aussagen von Kulturminister Hoffmann, siehe das *Erinnerungsprotokoll zum Besuch des Ministers für Kultur*, Leipzig am 3. November 1978, StAL: SED-BL Leipzig IV/D/08/495, Bl. 49 ff., und Günter Hofmann: *Ministerbesuch bei Thomanern. Hans-Joachim Hoffmann würdigte Leistungen des traditionsreichen Chores*, in: Leipziger Volkszeitung, 7. November 1987, Jg. 33, hier S. 6. Die Aussagen von Oberbürgermeister Bernd Seidel, siehe [anonym]: *Glanzvoller Auftakt zu Thomanerfesttagen. Im Gewandhaus erklangen Werke ehemaliger Thomaskantoren*, in: Leipziger Volkszeitung, 9. März 1987, Jg. 42, hier S. 2. Die Aussagen vom Sekretär der SED-BL, Schumann, und Mitglied des ZK der SED, siehe [anonym]: *Alle Guten Wünsche für Leipziger Thomanerchor. Besuch Horst Schumanns im Alumnat der jungen Sänger*, in: Leipziger Volkszeitung, 10. März 1987, Jg. 42, hier S. 1. Die Aussagen von Oberbürgermeister Bernd Seidel, siehe [anonym]: *Glanzvoller Auftakt zu Thomanerfesttagen. Im Gewandhaus erklangen Werke ehemaliger Thomaskantoren*, in: Leipziger Volkszeitung, 9. März 1987, Jg. 42, hier S. 2.

aufwies.¹⁰ Dadurch besaßen die Kantoren beispielsweise oft sehr gute Verbindungen zu den Kulturgremien, die sie oft für Chorbelange nutzten.¹¹ Andererseits mussten die Organe den parteipolitischen Führungsanspruch der SED berücksichtigen, der sich seit der Parteigründung immer deutlicher herauskristallisierte und schließlich 1968 verfassungsrechtlich fundamentiert wurde.¹²

Entscheidend dafür war insbesondere eine leistungsorientierte und staatskonforme Personalpolitik. Als Angestellte städtischer Institutionen wurden alle Mitarbeiter des Chores, der Schule und des Alumnats von den Leipziger Schul- und Kulturbehörden nach einer entsprechenden parteiorientierten Kaderpolitik ausgewählt, eingestellt und (oder) entlassen. Bereits nach dem Ende des Krieges entschieden sie über das Wohl und Wehe der Pädagogen. Allerdings geschah dies – wie sich zeigen wird – nicht immer eigenmächtig.

Diese sozialistische Personalpolitik setzte bereits nach dem Ende des Zweiten Weltkrieges ein. Einige Personalverantwortliche agierten in den neu gebildeten Entnazifizierungskommissionen, die auch die Pädagogen der Leipziger Schulen überprüften. Nur wenige Lehrer durften daraufhin ihre Stellen behalten. Früh war davon auch der Chor betroffen. So mussten beispielsweise einige Musikpädagogen des Chores aufgrund ihrer nationalsozialistischen Vergangenheit ihre Posten aufgeben.¹³

Andere Lehrer blieben. Freilich geschah dies erst nach mehreren Überprüfungen und nachdem die Kommissionen die Notwendigkeit ihrer Arbeit für die Weiterexistenz des Chores als besonders wichtig eingestuft hatten, obgleich die Aufklärung der Tätigkeiten einiger Pädagogen in der Zeit zwischen 1933 und 1945 manchmal uneindeutig ausfiel. Deutlich wird das an der Überprüfung des ersten Nachkriegsrektors und Chorvorstehers Hellmuth Heinze,¹⁴ der 1945 diese Ämter übernahm.¹⁵ Dass ihn die Bildungsbeauftragten trotz seiner Erfahrungen als Schulleiter und seiner Dienste als Chorvorsteher nicht für die beste Wahl hielten, zeigt sich daran, dass sie bereits vier Jahre später seine Absetzung forderten. Während Heinze in seiner Funktion als Chorvorsteher mit den Thomanern eine Konzertreise unternahm, verweigerten Thomasschüler die Annahme einer Resolution im Namen der Thomasschule zur Begrüßung der DDR und ihrer Regierung unmittelbar bei ihrer Gründung. Die daraufhin eingesetzte Untersuchungskommission machte dafür den Rektor verantwortlich, obwohl er zu diesem Zeitpunkt gar nicht an der Schule weilte. Obschon man sich bewusst war, dass seine Absetzung schwerwiegende Konsequenzen für die musikalische Entfaltung des Chores gehabt hätte und politisch fragwürdig gewesen wäre, verlangte die Revisionskommission seine Entlassung. Begründet wurde dieser Entschluss damit, dass er als Rektor seine pädagogischen und politisch-ideologischen Verpflichtungen vernachlässigt habe. Obgleich er abwesend war, hätte er diesen oppositionellen Akt verhindern müssen.¹⁶ Des Weiteren unterstellten ihm die Schulbehörden, dass er dem Chor durch zwei Konzertreisen zu viel abverlangt hätte, wodurch die schulischen Leistungen der Thomaner absinken würden. Diese Mehrbelastung des Chores war jedoch nicht sein Verschulden, sondern beruhte auf einer Forderung des damaligen Ministers für Volksbildung.¹⁷ Es

---

10 Zum kulturellen Selbstverständnis der DDR siehe die grundsätzlichen Ausführungen bei Maria Michalk: *Kulturpolitik und Rolle der mit Kultur befassten Verbände und Organisationen in der SBZ/DDR*, in: Materialien der Enquete-Kommission. Aufarbeitung von Geschichte und Folgen der SED-Diktatur in Deutschland, 9 Bde., Bd. 3, Teil 3: Rolle und Bedeutung der Ideologie, integrativer Faktoren und disziplinierender Praktiken in Staat und Gesellschaft der DDR, hrsg. vom Deutschen Bundestag, Frankfurt am Main 1995, S. 1676–1702, hier S. 1678 f., und Manfred Ackermann: *Phasen und Zäsuren des Erbenverständnisses der DDR*, in: Materialien der Enquete-Kommission. Aufarbeitung von Geschichte und Folgen der SED-Diktatur in Deutschland, 9 Bde., Bd. 3, Teil 2: Rolle und Bedeutung der Ideologie, integrativer Faktoren und disziplinierender Praktiken in Staat und Gesellschaft der DDR, hrsg. vom Deutschen Bundestag, Frankfurt am Main, 1995, S. 768–795, hier S. 770.

11 Siehe dazu die Aussagen über Ramins und Thomas' Kontakte, in: BStU Lpz., ZMA, KD Lpz.-Stadt, Nr. 010589, Bl. 93 f. Und siehe die Aussagen zu Rotzschs Verbindungen, in: BStU, MfS, BV Leipzig, AIM, Nr. 404/89, Teil 1, Bd. 1, Bl. 44. Über Mauersbergers Kontakte ist bislang nichts bekannt.

12 Thomas Ammer: *Die Machthierarchie der DDR*, in: Materialien der Enquete-Kommission. Aufarbeitung von Geschichte und Folgen der SED-Diktatur in Deutschland, 9 Bde., Bd. 2, Teil 2: Machtstrukturen und Entscheidungsmechanismen im SED-Staat und die Frage der Verantwortung, hrsg. vom Deutschen Bundestag, Frankfurt am Main 1995, S. 803–867, hier S. 806.

13 Vgl. Leipzig StA: StVuR (1) 9990, Bl. 252.

14 Vgl. die Einschätzung des Oberbürgermeisters der Stadt Leipzig während der 29. Sitzung der Kreiskommission für Entnazifizierung, 1. Sitzung der Unterkommission zur Überprüfung des Lehrkörpers der Leipziger Schulen in Leipzig am 10. April 1947, in: Leipzig StA: StVuR (1) 10016, Bl. 4 ff. Vgl. die Aussagen des Volksbildungsamtes in einem Schreiben an die Entnazifizierungskommission der Landesregierung Sachsen, Leipzig, 14. Mai 1947, in: Leipzig StA: StVuR (1) 10018, Bl. 79 f.

15 Hellmuth Heinze wurde eingesetzt, weil 1945 kein anderer Lehrer zur Verfügung stand, der genug Wissen über die Thomasschule und den Chor sowie Erfahrung als Schulleiter besaß, vgl. H. Heinze: *Die Thomasschule am Ende des zweiten Weltkrieges* (wie Anm. 2), S. 4.

16 Siehe dazu die Aussagen des Protokolls des Treffens des Stadtschulrats, Oberregierungsrats der Landesregierung Sachsen, Kreisschulrats Leipzig IV, Kreisvorstands der SED u. a. in Leipzig vom 26. Oktober 1949, in: Leipzig StA: StVuR (1) 10227, Bl. 138, und Leipzig StA: StVuR (1) 10256, Bl. 115.

17 Vgl. H. Heinze: *Die Thomasschule am Ende des zweiten Weltkrieges* (wie Anm. 2), S. 21–23, und vgl. die Aussagen des Stadtschulrats, Oberregierungsrats der Landesregierung Sachsen, Kreisschulrats Leipzig IV, Kreisvorstands der SED u. a. im Protokoll: Die jüngsten Ereignisse an der Thomasschule vom 26. Oktober 1949, in: Leipzig StA: StVuR (1) 10256, Bl. 109 f.

zeigt sich, dass Heinze weniger aus Pflichtverletzung als vielmehr ob seiner vermeintlichen politischen Nonkonformität entlassen werden sollte. Die Entlassung war also politisch-ideologisch begründet und hatte nichts mit seinen Aufgaben als Chorvorsteher zu tun. Heinze wurde daraufhin zwar nicht seines Amtes enthoben, aber seitdem wurde seine Arbeit stärker kontrolliert als zuvor. Folglich nahm der Druck auf ihn und seine Arbeit als Rektor und Chorvorsteher zu, was zu einer anhaltenden Kritik seiner Tätigkeiten durch die Schulaufsicht führte. Sie rügte die Ausübung religiöser Handlungen im Alumnat, die er als Leiter einer quasi säkularisierten Schule hätte verhindern müssen.[18] Generell missfiel den Behörden die große Anzahl der Thomaner, die einen konfessionellen Hintergrund besaßen,[19] und die als zu gering betrachtete Präsenz der Arbeiter- und Bauernkinder im Chor.[20] Dadurch stellten sie auch das Auswahlverfahren für den Chor infrage, denn die zukünftigen Mitglieder wurden durch den Chorvorsteher beziehungsweise Rektor und durch den Kantor bestimmt. Um die Attraktivität der Schule und des Chores bei Eltern und Schülern der gewünschten sozialen Schichten zu erhöhen, richtete der verantwortliche Kreisschulrat 1950 schließlich eine naturwissenschaftliche Klasse ein.[21] Durch diese Maßnahme, so glaubten die Verantwortlichen, würde endlich das Ziel der Bildungspolitik auf der Grundlage des damals gültigen Schulgesetzes der DDR auch in Chor und Schule erreicht werden: die Erziehung der Jugend in der Schule zu sogenannten sozialistischen Persönlichkeiten.[22] Nach der Logik der Abteilung Volksbildung beim Rat der Stadt Leipzig hätte das auch dazu geführt, dass ein weiteres oppositionelles Aufbegehren, wie im Oktober 1949, weitestgehend hätte ausgeschlossen werden können.

Weiterhin suchten die Bildungsbeauftragten dieses Planziel abzusichern, indem sie die Intensivierung der FDJ-Arbeit des Chores anmahnten und die Einflussnahme der Organisation auf schulinterne Belange einforderten. Ihrer Meinung nach hätte Heinze derartige Bestrebungen noch nie wirklich gefördert.[23] Und so wurde Heinze von seinen Vorgesetzten angewiesen, die Arbeit der FDJ im Chor zu unterstützen.[24] Er folgte dieser Anordnung pflichtgemäß, und bereits kurze Zeit später konnte Heinzes vorgesetzter Kreisschulrat dem Ministerium für Volksbildung deutliche Verbesserungen melden.[25] Obwohl sich die Lage entspannt hatte, gab Heinze seine Stellung im August 1950 auf. Noch bevor man ihn wegen ähnlicher ‚Verfehlungen' entlassen konnte, ging er freiwillig.[26]

Während Heinze unter Druck gesetzt wurde, hatte Ramin, der seit 1940 Kantor war, volle Bewegungsfreiheit. Nach der Ansicht der Bildungsbeauftragten war er hauptsächlich für die künstlerische Leitung des Chores verantwortlich.[27] Deswegen wurden ihm die volle Unterstützung

18 Seitdem das Gesetz zur Demokratisierung der deutschen Schule 1946 in Kraft trat, wurde der Religionsunterricht aus den Schulen verbannt. Die Behörden versuchten daher auch, die Religionsausübung aus Chor und Schule zu verdrängen. Dies schlug jedoch fehl. Dazu siehe die Ausführungen bei H. Heinze: *Die Thomasschule am Ende des zweiten Weltkrieges* (wie Anm. 2), S. 35.

19 Siehe dazu das Protokoll über die Überprüfung der Thomasschule Leipzig am 19. und 20. Mai gemäß Anweisung des Ministeriums für Volksbildung der DDR vom 5. Mai 1950, in: Leipzig StA: StVuR (1) 10227, Bl. 262 ff.

20 Vgl. H. Heinze: *Die Thomasschule am Ende des zweiten Weltkrieges* (wie Anm. 2), S. 19.

21 Dazu siehe das Schreiben des Kreisschulrats Leipzig IV an Landesregierung Sachsen, Leipzig, 9. März 1950, in: Leipzig StA: StVuR (1) 10227, Bl. 203.

22 Dies wurde v. a. durch die Gesetze und Verordnungen die Schule der SBZ und der DDR betreffend vorbereitet und zur Ausführung gebracht, vgl. dazu die Ausführungen bei Udo Margedant: *Das Bildungs- und Erziehungssystem der DDR. Funktion, Inhalte, Instrumentalisierung, Freiräume*, in: Materialien der Enquete-Kommission. Aufarbeitung von Geschichte und Folgen der SED-Diktatur in Deutschland, 9 Bde., Bd. 3, Teil 3: Rolle und Bedeutung der Ideologie, integrativer Faktoren und disziplinierender Praktiken in Staat und Gesellschaft der DDR, hrsg. vom Deutschen Bundestag, Frankfurt am Main 1995, S. 1489–1529, hier S. 1504. Die in diesem Zusammenhang getroffenen Aussagen zu den Thomanern finden sich im Protokoll der Besprechung über die Thomasschule im Volksbildungsamt in Leipzig am 23. November 1949 zwischen dem Volksbildungsminister des Landes Sachsen, Stadtrat, Stadtschulrat, Kreisschulrat Leipzig IV, Kantor u. a. vom 29. November 1949, in: Leipzig StA: StVuR (1) 10227, Bl. 161.

23 Siehe dazu das Protokoll der Besprechung des Stadtschulrats, Oberregierungsrats der Landesregierung Sachsen, Kreisschulrats Leipzig IV, SED-Kreisvorstandes u. a. über die jüngsten Ereignisse an der Thomasschule, Leipzig, 25. Oktober 1949, in: Leipzig StA: StVuR (1) 10227, Bl. 133 ff. Protokoll der Besprechung über die Thomasschule im Volksbildungsamt in Leipzig am 23. November 1949 zwischen dem Volksbildungsminister des Landes Sachsen, Stadtrat, Stadtschulrat, Kreisschulrat Leipzig IV, Kantor u. a. vom 29. November 1949, in: Leipzig StA: StVuR (1) 10227, Bl. 161. [Anonym]: Protokoll über die Überprüfung der Thomasschule Leipzig am 19. und 20. Mai gemäß Anweisung des Ministeriums für Volksbildung der DDR vom 5. Mai 1950, in: Leipzig StA: StVuR (1) 10227, Bl. 262 ff.

24 Vgl. [anonym]: Protokoll der Ergebnisse der Besprechung an der Thomasschule am 25. und 26. Oktober 1949, Leipzig, 26. Oktober 1949, in: Leipzig StA: StVuR (1) 10256, Bl. 115.

25 Vgl. den Bericht des Kreisschulrats Leipzig IV an das Ministerium für Volksbildung, Hauptabteilung Unterricht und Erziehung, Abteilung Oberschulen, vom 17. April 1950, in: Leipzig StA: StVuR (1) 10227, Bl. 242 f.

26 Vgl. H. Heinze: *Die Thomasschule am Ende des zweiten Weltkrieges* (wie Anm. 2), S. 26.

27 Vgl. Protokoll der Besprechung über die Thomasschule im Volksbildungsamt Leipzig mit dem Volksbildungsminister des Landes Sachsen, Stadtrat, Stadtschulrat, Kreisschulrat Leipzig IV, Kantor u. a. in Leipzig am 23. November 1949, in: Leipzig StA: StVuR (1) 10227, Bl. 161, und Protokoll der Schulinspektion der Abteilung Volksbildung vom 2. März 1954 über die Gesamtkontrolle der Thomas-Oberschule in der Zeit vom 6. bis zum 25. Februar 1954 durch einen Bezirks- und Kreisschulinspektor, in: Leipzig StA: StVuR (1) 10274, Bl. 46 f.

der Dienststellen, der Partei sowie die völlige künstlerische Freiheit zugestanden,[28] die er bis zu seinem Tod 1956 ausleben durfte.[29] Politisch-ideologische Aufgaben hatte der Kantor aus der Sicht der Schulverantwortlichen also nicht zu erfüllen. Es finden sich jedoch Hinweise darauf, dass der damalige Leiter der Abteilung Volksbildung der Stadt Leipzig und ein Mitarbeiter der Staatssicherheit die apolitische Leitung Ramins lieber verhindert hätten, um die Thomaner durch den Kantor zugunsten der Säkularisierung des Chores entsprechend politisch-ideologisch zu erziehen.[30]

Nach dem Ableben Ramins arbeitete Ekkehard Tietze interimistisch als Kantor. Zum Unmut derselben oben genannten Mitarbeiter der Abteilung Volksbildung und des Staatssicherheitsdienstes[31] entschied sich der Rat der Stadt Leipzig mit Billigung des Ministeriums für Kultur, Kurt Thomas ob seines guten musikalischen Leumunds als Ramins Nachfolger zu berufen.[32] Auch ihm wurden künstlerische Freiheit und die apolitische Chorführung auf Lebenszeit in einem Vorvertrag zugesichert,[33] der durch einen endgültigen Kontrakt ratifiziert werden sollte. Nach Thomas' Meinung hielt die Stadt Leipzig jene Punkte aber nicht ein. Er gab an, dass dafür die Kultur-, Kirchen- und Staatssicherheitspolitik der Regierung, der Bezirksleitung und des Rates der Stadt Leipzig verantwortlich gewesen wären, die seine Arbeit nachteilig beeinflusst hätten. Des Weiteren monierte er, dass einige Forderungen, die sein Privatleben betrafen, nicht erfüllt wurden, obwohl auch sie Bestandteil des Vorvertrages waren.[34] Seine Aussagen offenbaren unüberwindliche Differenzen zwischen den Vertragspartnern, die dazu führten, dass das Abkommen von beiden Seiten nicht unterzeichnet wurde. Sie offenbaren auch, dass der Staat trotz der zugesicherten Freiheiten des Kantors nicht darin nachließ, den Chor in die gewünschte Richtung zu lenken. Entgegen der schriftlichen Verpflichtung hätte Thomas politisch-ideologisch auf den Chor einwirken müssen.[35] In den Augen einiger Vertreter des Rates der Stadt Leipzig, der SED-Bezirksleitung und der Staatssicherheit galt der Chor zu dieser Zeit als „kleinbürgerliche" Institution,[36] die aufgrund der Kirchenverbundenheit seiner Mitglieder ganz und gar nicht in das politisch-ideologische Weltbild der Parteipolitik passte.[37] Dieselben politischen Entscheidungsträger hatten wohl gehofft, dass der als „reaktionär"[38] eingestufte und (noch) nicht in die DDR eingebürgerte Kandidat sich widerstandslos ihrer sozialistischen Chorpolitik hingeben würde. Das geschah offensichtlich nicht. Daraufhin beschlossen ein Stadtrat der Abteilung Kultur und die SED-Bezirksleitung Leipzig Ende September 1960, den Kantor bei passender Gelegenheit abzulösen, indem „Thomas als der schuldige Teil vor der Öffentlichkeit dasteht."[39] Thomas ahnte davon wohl nichts, als er selbigem Stadtrat Anfang November desselben Jahres mit seiner Kündigung zum 1. Januar 1961 für den Fall drohte, dass seine Forderungen nicht berücksichtigt und endlich vertraglich abgesichert würden. Zu diesem Zeitpunkt weilte er in Westberlin. Sein Aufenthalt dort bot den Kadern den gesuchten Anlass, Thomas zu entfernen und ihn öffentlich zu diskreditieren. Seine Sicht der Dinge wurde in der DDR nicht publiziert. So ließ die staatstreue Presse an Thomas kein gutes Haar. Nachdem sich die Verantwortlichen des Bezirkes und der Stadt Leipzig intern die Richtigkeit ihres Handelns quittieren ließen,[40] konnten die staatlichen Autoritäten ihm alle mutmaßlichen und tatsächlichen Verfehlungen und den daraus resultierenden vermeintlichen Vertragsbruch in der Öffentlichkeit vorhalten.[41] Die geplante und vertragswidrige politische Instrumentalisierung des Kantors wurde wohlweislich verschwiegen.

28 Vgl. H. Heinze: *Die Thomasschule am Ende des zweiten Weltkrieges* (wie Anm. 2), S. 34.

29 Bis zur Einstellung Rotzschs als Kantor waren die Verträge zwischen Kantor und Stadt auf Lebenszeit ausgestellt, vgl. Dossier der Abteilung Volksbildung des Bezirksrats: Lösungsvorschläge zur Entwicklung der Thomasoberschule und des Thomanerchores, vom 16. November 1971, in: StAL: SED-BL Leipzig IV/B/2/09/02/608, Bl. 158.

30 Siehe dazu den Bericht des Leiters Abteilung Volksbildung und eines MfS-Leutnants vom 12. Februar 1958, in: BStU Lpz., ZMA, KD Lpz.-Stadt, Nr. 010589, Bl. 93 f.

31 Im Gegensatz zu Ekkehard Tietze, der als loyaler und politisch integrer sozialistischer Staatsbürger gehandelt wurde, charakterisierten Staatssicherheit und Volksbildungsamt Leipzig Thomas als ‚reaktionär'. Siehe dazu den Bericht des Leiters Abteilung Volksbildung und eines MfS-Leutnants vom 12. Februar 1958, in: BStU Lpz., ZMA, KD Lpz.-Stadt, Nr. 010589, Bl. 93 f.

32 Vgl. ebd.

33 Vgl. BStU Lpz., ZMA, KD Lpz.-Stadt, Nr. 010589, Bl. 113, und siehe die Aussagen von Thomas in seinem Brief an Ulbricht, in: Die Welt, 14. November 1960, 14. Jg., S. 5 f., hier S. 5.

34 Dazu siehe die Aussagen von Thomas in einem Telegramm an einen Stadtrat der Abteilung Kultur Leipzig vom 9. November 1960, in: BStU Lpz., ZMA, KD Lpz.-Stadt, Nr. 010589, Bl. 3, und den offenen und publizierten Brief von Thomas an Ulbricht, in: Die Welt, 14. November 1960, 14. Jg., S. 5 f.

35 Vgl. BStU Lpz., ZMA, KD Lpz.-Stadt, Nr. 010589, Bl. 5.

36 Vgl. ebd., Bl. 93 f.

37 Vgl. ebd., Bl. 5 und Bl. 150.

38 Vgl. ebd., Bl. 93 f.

39 Vgl. ebd., Bl. 4.

40 Vgl. die Untersuchungsaussagen der Bezirkverwaltung dazu, in: ebd., Bl. 3–6, und den anonymen Bericht über die Vorwürfe von Thomas anlässlich ihrer Veröffentlichung in der Zeitung *Die Welt*, in: ebd., Bl. 153–158.

41 Siehe dazu die Aussagen bei Kerstin Sieblist: *Wie lange der Chor unangetastet blieb?*, in: Gewandhausmagazin, Nr. 27 (2000), S. 14–21, hier S. 16.

Thomas wurde als republikflüchtig betrachtet,[42] obwohl sich keine Belege dafür finden, dass er die Staatsbürgerschaft der DDR annahm. Da er darüber hinaus aus der Sicht der Kulturbeauftragten auch noch vertragsbrüchig war, konnten sie einen Nachfolger bestimmen. Erwählt wurde Erhard Mauersberger. Obwohl er aufgrund seiner Beziehung zur Kirche von einigen nicht als der ideale Kandidat angesehen wurde,[43] trat er im Frühling 1961 das Thomaskantorat an.

Zu diesem Zeitpunkt, und zwar bereits seit Anfang 1951, war Heinz Nöbert offiziell Rektor und Chorvorsteher.[44] Der Plan, ihn als Nachfolger von Heinze einzusetzen, geht bis in die Zeit zurück, als jener noch Rektor war.[45] Nöberts Vorgänger war dem ihm vorgesetzten SED-Kreisschulrat ein Dorn im Auge, seitdem ihm die Thomasschule unterstellt worden war. Oft suchte er nach Hinweisen, die Thomasschule, den Chor und die Verantwortlichen als „oppositionellen Herd der Reaktion" zu brandmarken.[46] Durch Heinzes Kündigung konnte er den aus seiner Sicht idealen Kandidaten an die Spitze von Schule und Chor stellen. Der Vorteil lag klar auf der Hand. Im Gegensatz zu Heinze war Nöbert nicht CDU-, sondern SED-Mitglied[47] und passte damit besser zur sozialistischen Personalpolitik.

Mit Nöbert an der Spitze der Schule und des Chores waren die Schulbehörden aber auch nicht zufrieden. Der Einfluss der FDJ auf das schulische und außerschulische Leben der Thomaner hatte sich aus der Sicht der Schulbehörden auch unter ihm nicht wesentlich verbessert.[48] Als 1954 eine Schulrevision erfolgte, die unter anderem die politisch-ideologische Situation der Thomasschule in Verbindung mit der bisher erfolgten Arbeit der FDJ überprüfte, fiel das Urteil der Kommission äußerst negativ aus. Statt die Schüler zu staatskonformem Verhalten zu erziehen und die FDJ-Arbeit zu unterstützen, habe sich der Rektor vor allem der Chorarbeit hingegeben. Die Kommissare empfahlen deswegen die Entlassung Nöberts.[49] Die Abteilung Volksbildung griff diesen Vorschlag auf und übersandte ihn an den Bezirksrat.[50] Der stimmte zu und schickte die Empfehlung an das Ministerium für Volksbildung.[51] Obwohl dessen Reaktion nicht überliefert ist, ist klar, dass diese Empfehlung nicht berücksichtigt wurde. Nöbert blieb im Amt. Sein „Pflicht verletzendes Verhalten" bot jedoch den Anlass zu weiteren Überprüfungen. Aus dem Jahr 1956 ist ein weiterer Revisionsbericht überliefert, der jedoch ein völlig anderes Bild seiner Arbeit widerspiegelt. Die nachteilige Bewertung zwei Jahre zuvor hatte ihn wohl animiert, die politisch-ideologischen Defizite seiner Arbeit zu minimieren. Mit Erfolg, denn der Bericht enthält ein äußerst positives Urteil über Nöberts Qualitäten als Schulleiter und Chorvorsteher.[52] In den folgenden Jahren muss seine Arbeit so einwandfrei gewesen sein, dass der Rat des Bezirkes ihn für außerordentliche Verdienste beim Aufbau des sozialistischen Bildungs- und Erziehungswesens der DDR, ferner für hervorragende Ergebnisse bei der sozialistischen Bildung und Erziehung am sogenannten Tag des Lehrers mit der Theodor-Neubauer-Medaille in Gold auszeichnete.[53] Zuvor hatte er die Verpflichtung zur inoffiziellen Zusammenarbeit mit dem Ministerium für Staatssicherheit unterschrieben.[54] Die Staatssicherheit hoffte, mithilfe seiner Informationen die politisch-ideologische Lage im Chor, in der Schule und im Alumnat linientreu abzusichern,[55] was insbesondere nach der vermeintlichen Republikflucht von Thomas notwen-

---

42 Vgl. BStU Lpz., ZMA, KD Lpz.-Stadt, Nr. 010589, Bl. 148.

43 Siehe dazu die Einschätzung anonymer inoffizieller Informanten über die potenziellen Nachfolger von Thomas vom 8. und 11. Dezember 1960, in: ebd., Bl. 148 und 145 f.

44 Nöbert war erst im November 1949 als Lehrer für Latein und Griechisch an die Thomasschule gekommen. Im März wurde er Konrektor und übernahm in dieser Funktion Anfang September 1950 kommissarisch den Rektor- und Chorvorsteherposten, vgl. R. Ziegs: *Die Thomasschule im Wandel der Zeit* (wie Anm. 3), S. 94.

45 Vgl. die Liste möglicher Schulleiter des Kreisschulrates des Schulaufsichtskreises Leipzig-Stadt IV vom 19. Dezember 1949, in: Leipzig StA: StVuR (1) 10027, Bl. 67.

46 Siehe dazu die Aussagen in: R. Ziegs: *Die Thomasschule im Wandel der Zeit* (wie Anm. 3), S. 61 f.

47 Vgl. die Liste möglicher Schulleiter des Kreisschulrates des Schulaufsichtskreises Leipzig-Stadt IV vom 19. Dezember 1949, in: Leipzig StA: StVuR (1) 10027, Bl. 67.

48 Vgl. den anonymen Bericht der Überprüfung der Arbeit der FDJ-Schulgruppe an der Thomasschule zu Leipzig vom 16. November 1951, in: Leipzig StA: StVuR (1) 10227, Bl. 338 f.

49 Vgl. Protokoll vom 2. März 1954 über die Gesamtkontrolle der Thomas-Oberschule in der Zeit vom 6. bis zum 25. Februar 1954 durch den Bezirks- und Kreisschulinspektor der Abteilung Volksbildung, in: Leipzig StA: StVuR (1) 10274, Bl. 46 f. und 67 f.

50 Vgl. das Schreiben des Rates der Stadt Leipzig, Abteilung Volksbildung, an den Rat des Bezirkes Leipzig, 12. März 1954, in: StAL: BTuRdB 1622, Bl. 44 f.

51 Vgl. das Protokoll der Auswertungssitzung des Rates des Bezirkes Leipzig vom 18. März 1954 an das Ministerium für Volksbildung Berlin, in: Leipzig StA: StVuR (1) 10274, Bl. 59 ff.

52 Vgl. den Bericht über die Überprüfung der Thomas-Oberschule vom 3. Mai 1956, in: StAL: BTuRdB 1773, [o. S.].

53 Vgl. StAL: BTuRdB 164, Bl. 30. Der Auszeichnung ging der Entschluss zur Verleihung der Professorenwürde an Nöbert durch den Ministerrat der Regierung der Deutschen Demokratischen Republik voraus, vgl. [anonym]: Entwurf einer Ratsinformation über die Durchführung des ‚Tages des Lehrers' 1961 im Bezirk Leipzig, Leipzig 12. Mai 1961, in: ebd., Bl. 69.

54 Am 29. März 1961 verpflichtete er sich zur Mitarbeit, vgl. BStU, MfS, BV Leipzig, AIM, Nr. 404/89, Teil 1, Bd. 1, Bl. 44. Er arbeitete bis zu seinem Tod für das MfS, vgl. ebd., Bl. 243.

55 Vgl. ebd., Bl. 25–35.

dig schien.⁵⁶ Zwar wurde Nöbert in den folgenden Jahren von inoffizieller Seite diesbezüglich eine sehr gute Arbeit attestiert,⁵⁷ aber die Wünsche der Schulbehörden konnte er nach wie vor nicht befriedigen.

Um die enge kirchliche Bindung der Thomaner aufgrund ihrer Sozialisation zu lösen, ersann die SED-Bezirksleitung Anfang der 1960er Jahre einen Plan zur Gründung einer musischen Schule, in der alle Thomaner unterrichtet werden sollten. Die traditionelle Verbindung zwischen Thomasschule, -chor und -kirche sollte unterbrochen werden. Man hoffte auf die Zustimmung der Staatsführung, die das Vorhaben aber ablehnte.⁵⁸ Es ist daher durchaus plausibel, dass die Partei in der Folgezeit die konfessionelle Gemengelage weiterhin misstrauisch und kritisch beobachtete.⁵⁹ Die darin begründete politisch-ideologische Situation in Chor und Schule war für sie keinesfalls optimal. Dies schien sich wiederum zu bestätigen, als die Abteilung Propaganda und Agitation der SED-Stadtleitung aufgrund nicht näher genannter oppositioneller „Provokationen" der Thomaner die Führungsarbeit des Kantors Mauersberger im Thomanerchor 1967 überprüfte.⁶⁰ Eingedenk der Tatsache, dass sich über den Kantor bis dato in den hier vorliegenden Akten (noch) nichts Nachteiliges finden lässt, erscheint diese Aktion zunächst nicht ganz nachvollziehbar. Im Vergleich zu Thomas mutete Mauersberger kompromissbereiter und weniger aufrührerisch an. In einer Zeit des verschärften staatlichen Vorgehens gegen die Kirchen⁶¹ galt er wohl unter den Schulfunktionären und Mitarbeitern der Abteilung Kultur trotz seiner starken konfessionellen Bindung als politisch ungefährlich und leicht instrumentalisierbar.⁶² Die Revision offenbart jedoch einen Zusammenhang zwischen politisch-pädagogischer und künstlerischer Chorleitung, den die Verfasser des Berichtes zogen. Seine vermeintlichen politischen Verfehlungen als Kantor,⁶³ als der er für die zuvor erwähnten „Provokationen" verantwortlich gemacht wurde, spiegelten sich ihrer Meinung nach auch in seinen musikalischen Defiziten als Chorleiter wider. Der Kantor würde seinen exzellenten Referenzen nicht mehr gerecht werden. Der ehemalige Chorleiter, Organist und Landeskirchenmusikdirektor Thüringens trüge nichts zum Erhalt oder zur Steigerung der musikalischen Chorqualität bei. Es wurde vorgeschlagen, Mauersberger nicht nur wegen seiner politisch-pädagogischen, sondern auch aufgrund seiner künstlerischen Defizite als Kantor Ende 1968 zu emeritieren.⁶⁴ Dazu kam es jedoch noch nicht. Er erhielt eine zweijährige Galgenfrist, um sich zu bewähren. 1970 wurde Mauersbergers Arbeit aber erneut durch die Mitarbeiter der Abteilung Kultur kontrolliert, und sie beschlossen, den Vertrag zwischen ihm und der Stadt zu ‚überprüfen'. Begründet wurde dies mit der Mittelmäßigkeit seiner Dirigententätigkeit, die zu technischen Defiziten in der Ausführung des Chorgesanges führten.⁶⁵ Noch wurde er nicht ausgetauscht. Aber der Wechsel wurde von langer Hand vorbereitet und schloss darüber hinaus auch die Neubewertung der Arbeit Nöberts mit ein. Die Kulturbeauftragten mahnten eine generelle Neueinsetzung eines Verantwortlichen für die Erziehungsarbeit des Chores an,⁶⁶ womit Nöberts Position ins Wanken geriet. Anlässlich einer Revision und Bewertung der politisch-ideologischen Lage an der Thomasschule im März 1971 warf die Schulaufsicht Nöbert erhebliche Defizite bei der Ausübung seiner politisch-pädagogischen Pflichten als Rektor und Chorvorsteher vor.⁶⁷ Seine Dienste als Inoffizi-

---

56 Vgl. BStU Lpz., ZMA, KD Lpz.-Stadt, Nr. 010589, Bl. 150 ff.

57 Siehe dazu die Einschätzung des Führungsoffiziers von Nöbert, in: BStU, MfS, BV Leipzig, AIM, Nr. 404/89, Teil 1, Bd. 1, Bl. 49.

58 Vgl. C. Kleßmann: *Zur Sozialgeschichte des protestantischen Milieus in der DDR* (wie Anm. 3), S. 50.

59 Siehe den Bericht der SED-Stadtbezirksleitung Mitte vom 9. Januar 1966, in: StAL: A-5/02/035, S. 12 f.

60 Siehe dazu die Informationen zur Situation der Führungsarbeit im Gewandhausorchester sowie im Thomanerchor der Abteilung Propaganda/Agitation der SED-Stadtleitung Leipzig vom 15. Dezember 1967, in: StAL: SED-BL Leipzig IV/B/2/09/02/608, Bl. 46 f.

61 Martin G. Goenner, Michael Kubina: *Die Phasen der Kirchenpolitik der SED und die sich darauf beziehenden Grundlagenbeschlüsse der Partei- und Staatsführung in der Zeit von 1945/46 bis 1971/72*, in: Materialien der Enquete-Kommission. Aufarbeitung von Geschichte und Folgen der SED-Diktatur in Deutschland, 9 Bde., Bd. 6, Teil 1: Rolle und Selbstverständnis der Kirchen in den verschiedenen Phasen der SED-Diktatur, hrsg. vom Deutschen Bundestag, Frankfurt am Main 1995, S. 615–706, hier S. 677.

62 Siehe dazu die Einschätzung von K. Sieblist: *Wie lange der Chor unangetastet blieb* (wie Anm. 41), S. 16 f. Im Vorfeld wurden jedoch auch Bedenken über Mauersbergers Kirchenverbindungen geäußert, vgl. dazu den Bericht eines anonymen Geheimen Informanten aus dem Jahr 1960, in: BStU Lpz., ZMA, KD Lpz.-Stadt, Nr. 010589, Bl. 145 f.

63 Siehe dazu auch die Einschätzung über die ‚unklare' politische Haltung Mauersberges bezüglich der verstärkten Einwirkung der Kirche auf die Thomaner und den Chor insgesamt aus dem Jahr 1967, in: BStU, MfS, BV Leipzig, AIM, Nr. 404/89, Teil 1, Bd. 1, Bl. 49.

64 Siehe dazu die Informationen zur Situation der Führungsarbeit im Gewandhausorchester sowie im Thomanerchor der Abteilung Propaganda/Agitation der SED-Stadtleitung Leipzig vom 15. Dezember 1967, in: StAL: SED-BL Leipzig IV/B/2/09/02/608, Bl. 46 f.

65 Vgl. das Schreiben des Abteilungsleiters Kultur der Abteilung Kultur des Bezirksrates Leipzig an den Sekretär der SED-Bezirksleitung Leipzig, Leipzig 5. Januar 1970, in: StAL: SED-BL Leipzig IVB/2/09/02/608, Bl. 53 f., und Einschätzung der Kantorentätigkeit Mauersbergers durch den zuständigen Oberreferenten, in: ebd., Bl. 146 f.

66 Vgl. [anonym]: Abteilung Kultur: Zur politisch-künstlerischen Entwicklung des Thomanerchores, 15. Juni 1970, in: ebd., Bl. 148 f.

67 Vgl. die Rechenschaftslegung des Stadtschulrates Leipzig des Leipziger Stadtrates der Abteilung Volksbildung vor dem Rat des Bezirkes Leipzig vom 5. März 1971 zum Thema ‚Einschätzungen und Schlussfolgerungen zur politisch-pädagogischen Arbeit an der EOS-Thomas der Stadt Leipzig', in: Leipzig StA: StVuR (2) 1666, Bl. 196 und 199.

eller Mitarbeiter für die Staatssicherheit[68] und die bis dahin ausgezeichneten Leistungen als Lehrer schienen sich aus der Sicht der Verantwortlichen nicht mehr im Schul- und Choralltag niederzuschlagen.[69] Als sich Mauersberger auch noch bei einer Konzertreise im April desselben Jahres verletzte und infolgedessen seine Kantorentätigkeit nicht mehr ausüben konnte, schien die Situation günstig, die Schule, den Chor und ihre Verantwortlichen entscheidend nach staatskonformen Gesichtspunkten zu qualifizieren. Mitarbeiter der Abteilungen Kultur und Volksbildung der Stadt und des Bezirkes Leipzig gaben einen Report in Auftrag, der die politisch-ideologische und künstlerische Situation des Thomanerchores charakterisieren sollte. Mithin sollten zugleich Maßnahmen entwickelt werden, um die bestehenden Unzulänglichkeiten endgültig zu beheben.[70]

Die Mängelliste des Reports ist umfangreich und der Maßnahmenkatalog lang. Wieder wird ausdrücklich die als zu stark empfundene Bindung des Chores zur Kirche kritisiert. Der Chor würde zu viel geistliches Liedgut vortragen.[71] Zu viele Thomaner kämen immer noch aus einem konfessionell geprägten Elternhaus, und generell wäre die soziale Zusammensetzung des Chores bedenklich.[72] Auch die politische Einstellung der Thomaner hätte sich unter Nöbert nicht grundlegend geändert. Das Ziel, die Schüler zu staatskonformen Persönlichkeiten zu erziehen, sei immer noch nicht verwirklicht worden. Dies sei an der ungenügenden FDJ-Arbeit und am mangelnden politischen Verhalten der Thomaner ersichtlich geworden, welches wiederum auf der defizitären Erziehungsarbeit in Schule, Chor und Alumnat beruhe.[73] Als Rektor und Chorvorsteher sei Nöbert dafür verantwortlich gemacht. Offensichtlich könne er die Belastungen, die sich aus der Ausübung seiner Doppelfunktion ergeben, nicht mehr kompensieren, wodurch es zu der auffallenden Vernachlässigung seiner pädagogischen und politisch-ideologischen Verpflichtungen gegenüber Schule, Chor und Alumnat käme. Infolgedessen hätte das sozialistische, schulische und künstlerische Niveau von Schule und Chor nach Meinung der Bezirksleitung deutlich gelitten.[74]

Dem schließt sich die Bemängelung der Arbeit des Kantors an, die sich vor allem durch ungenügende Stimmbildung und technische Perfektion der Thomaner ausdrücke.[75] Abschließend werden grobe organisatorische und

---

68 Siehe dazu die Aussagen im Einschätzungsbericht über Nöbert, in: BStU, MfS, BV Leipzig, AIM, Nr. 404/89, Teil 1, Bd. 1, Bl. 49.

69 Siehe dazu auch die Ausführungen über Nöberts ambivalentes Verhalten als Schuldirektor, Chorvorsteher und Inoffizieller Mitarbeiter der Staatssicherheit von E. Merkel: *Heinz Nöbert* (wie Anm. 3), S. 1–4.

70 Sehr wahrscheinlich reagierten die Kultur- und Bildungsverantwortlichen der Stadt und des Bezirkes auf die Beschlüsse des VIII. Parteitages, der im Juni 1971 stattfand. Sie sahen Maßnahmen zur Erhöhung des materiellen und kulturellen Lebensniveaus der DDR-Bürger vor, vgl. http://www.hdg.de/lemo/html/DasGeteilteDeutschland/KontinuitaetUndWandel/EntwicklungenImOsten/parteitagDerSEDVIII.html. Vom September des Jahres 1971 existiert ein Schreiben der Abteilung Volksbildung des Stadtrates, das darüber informiert, mit allen Pädagogen in Auswertung des VIII. Parteitages politisch-pädagogische, schulpolitische und pädagogische Grundfragen zu erörtern, um eine generelle Anhebung der Qualität des Schulalltags zu erarbeiten. Auch wenn die Auseinandersetzungen um Nöberts und Mauersbergers Führungsqualitäten bereits früher einsetzten, kann zumindest vermutet werden, dass jener Parteitag die Erarbeitung einer endgültigen Lösung jener Probleme beschleunigte, vgl. Information des Stadtschulrats des Rates der Stadt Leipzig, Abteilung Volksbildung, vom 15. September 1971, in: Leipzig StA: StVuR (2) 923, Bl. 200. Dafür existieren jedoch keine quellengestützten Beweise, denn für dieses Dossier ist kein Auftragsschreiben überliefert. Nur das Schreiben und die Reaktion auf die Einschätzung und den Maßnahmenkatalog sind erhalten. Siehe das Dossier der Abteilung Volksbildung des Bezirksrats: Lösungsvorschläge zur Entwicklung der Thomasoberschule und des Thomanerchores, vom 16. November 1971, in: StAL: SED-BL Leipzig IV/B/2/09/02/608, Bl. 155–181, und vgl. das Schreiben des Abteilungsleiters Kultur der Bezirksleitung u. a.: Information für den Sekretär der Bezirksleitung, vom 20. November 1971, in: ebd., Bl. 182–187. Dies schloss zwangsweise den Chor und die Thomasschule ein. Anlässlich der Diskussion um die Arbeitsdefizite Mauersbergers, die bis in die 1960er Jahre zurückreichten, bot sich nun der Bezirksleitung der Agitationsrahmen, um den Chor v. a. politisch-ideologisch und musikalisch entscheidend zu qualifizieren.

71 Dies erscheint schizophren, eingedenk der Tatsache, dass der Ruhm des Chores gerade durch die musica sacra begründet wurde, was im selben Bericht sogar bestätigt wurde, vgl. das Dossier der Abteilung Volksbildung des Bezirksrats: Lösungsvorschläge zur Entwicklung der Thomasoberschule und des Thomanerchores, vom 16. November 1971, in: StAL: SED-BL Leipzig IV/B/2/09/02/608, Bl. 156. Die Absicht, den Chor noch mehr weltliche Konzerte bestreiten zu lassen und den Anteil weltlicher Lieder zu erhöhen, wurde jedoch abgelehnt, vgl. das Schreiben des Abteilungsleiters Kultur der Bezirksleitung u. a.: Information für den Sekretär der Bezirksleitung vom 20. November 1971, in: ebd., Bl. 183.

72 Vgl. Dossier der Abteilung Volksbildung des Bezirksrats: Lösungsvorschläge zur Entwicklung der Thomasoberschule und des Thomanerchores, vom 16. November 1971, in: ebd., Bl. 158. Was damit gemeint ist, wird nicht weiter ausgeführt. Es kann aber nur bedeuten, dass der Anteil der Arbeiter- und Bauernkinder nach wie vor zu gering gewesen sein muss, vgl. Dossier des Rates des Bezirkes Leipzig, Abteilung Volksbildung: Zur weiteren Entwicklung der Thomasoberschule und des Thomanerchores, Leipzig 18. Februar 1972, in: BStU, MfS, BV Leipzig, KD Lpz.-Stadt, Nr. 01768/02, Teil 1, Bd. 2, Bl. 9.

73 Siehe dazu die Aussagen im Dossier der Abteilung Volksbildung des Bezirksrats: Lösungsvorschläge zur Entwicklung der Thomasoberschule und des Thomanerchores, vom 16. November 1971, in: StAL: SED-BL Leipzig IV/B/2/09/02/608, Bl. 165–168.

74 Dossier der Abteilung Volksbildung des Bezirksrats: Lösungsvorschläge zur Entwicklung der Thomasoberschule und des Thomanerchores, vom 16. November 1971, in: ebd., Bl. 159, 161 f. und 165.

75 Vgl. ebd., Bl. 157.

logistische Mankos erwähnt, die letztendlich die internationale Wettbewerbsfähigkeit des Chores schwächen[76] und damit das internationale Ansehen der DDR mindern würden.

Um diese Missstände zu beheben, wurden Maßnahmen und Strategien ausgearbeitet, die nicht nur personelle, sondern erstmals auch dezidiert programmpolitische und lokale Veränderungen zur Folge haben sollten.[77] Nachweislich sind aber nur einige wenige Maßnahmen umgesetzt worden.[78] Geplant und realisiert wurde erstens die Abschaffung der Vereinigung des Schuldirektors und Chorvorstehers in einer Person.[79] Nöbert durfte als ‚Direktor der Thomanerchores' bis 1976 weiterarbeiten. Danach wurden Rudolf Obendorf (bis 1988) und Thomas Pammler (bis 1992) Direktoren des Thomanerchores.[80] Obwohl man Nöbert ausgerechnet wegen seiner Konzentration auf die Pflichten des Chorvorstehers kritisierte, wurde er wohl gerade aufgrund des beanstandeten Einsatzes Chordirektor. Seine Erfahrung sicherte ihm die Stelle. Den Schuldirektorenposten vertraute man aber dem offenbar politisch integreren Helmut Gunter an, der ihn bis 1988 an der Thomasschule bekleidete. Auch er war ein Inoffizieller Mitarbeiter der Staatssicherheit. Allerdings stellte er nur eine Konspirative Wohnung zur Verfügung und übermittelte Nachrichten im Auftrag der Staatssicherheit.[81] Die Aufklärung des Thomanerchores gehörte nach den vorliegenden Quellen nicht zu seinen Aufgaben.[82] Nachdem er aus Altersgründen den Posten aufgegeben hatte,[83] übernahm ihn Wolfgang Schmidt bis 1990. Auch er war ein Inoffizieller Mitarbeiter der Staatssicherheit. Gemäß deren Einschätzung hätte er als Rektor der ‚EOS Thomas' eine Schlüsselposition innegehabt, durch welche es ihm ein Leichtes gewesen wäre, unter anderem Informationen über die Thomaner und die Pädagogen zu sammeln, Maßnahmen und Tätigkeiten der Staatssicherheit im Umfeld der Schule sowie des Chores zu unterstützen, Personeneinschätzungen zu besorgen und Kontakte zur Kirche herzustellen.[84] Tatsächlich verpflichtete er sich bereits am 7. Dezember 1988 zur Unterstützung der Staatssicherheit und Verschwiegenheit.[85] Im März des Jahres 1989 wurde er unter dem selbst gewählten Decknamen „Walter Sänger"[86] als Inoffizieller Mitarbeiter bestätigt.[87] Es ist nicht bekannt, ob er Informationen sammelte, und wenn ja, welche. Bis dato konnten keine Quellen diesbezüglich ermittelt werden. Aus diesem Grund können auch keine Aussagen darüber getroffen werden, ob die Staatssicherheit durch seine Hilfe Eingriffe in Chor und Schule vornahm oder nicht.

Dann erfolgte zweitens die Abberufung Mauersbergers als Kantor.[88] Bereits 1967 sollte er aus den oben genannten Gründen gehen und Hans-Joachim Rotzsch sein Nachfolger werden. Nicht nur dessen musikalische Qualitäten hätten schon damals für ihn gesprochen, sondern auch die Tatsache, dass eine politische Zusammenarbeit mit Rotzsch am leichtesten sein würde.[89] Im Rahmen der seither anhaltenden Diskussion um die Kantorennachfolge mussten sich die Mitarbeiter der Abteilung Kultur beim Rat der Stadt Leipzig, der 1. Sekretär der

---

76 Vgl. ebd., Bl. 159 f.

77 Vgl. ebd., Bl. 169–181.

78 Nachdem das Dossier den vorgesetzten Entscheidungsträgern zur Durchsicht überreicht wurde, erfolgte eine Überarbeitung des Papiers aufgrund der äußerst kritischen Stellungnahme der Verantwortlichen. Siehe dazu das Schreiben des Abteilungsleiters Kultur der Bezirksleitung u. a.: Information für den Sekretär der Bezirksleitung vom 20. November 1971, in: StAL: SED-BL Leipzig IV/B/2/09/02/608, Bl. 182–187. Es folgte ein überarbeiteter Sachstandsbericht, der im Wesentlichen auf dem vorherigen beruhte, vgl. Dossier des Rates des Bezirkes Leipzig, Abteilung Volksbildung: Zur weiteren Entwicklung der Thomasoberschule und des Thomanerchores, Leipzig 18. Februar 1972, in: BStU, MfS, BV Leipzig, KD Lpz.-Stadt, Nr. 01768/02, Teil 1, Bd. 2, Bl. 7–27. Eine Antwort darauf ist jedoch nicht bekannt.

79 Bereits 1949 existierten Pläne dazu, vgl. [anonym]: Protokoll der Ergebnisse der Besprechung an der Thomasschule am 25. und 26. Oktober 1949, Leipzig, 26. Oktober 1949, in: Leipzig StA: StVuR (1) 10256, Bl. 115. Zur Planung und Realisierung der Trennung siehe das Dossier der Abteilung Volksbildung des Bezirksrats: Lösungsvorschläge zur Entwicklung der Thomasoberschule und des Thomanerchores, vom 16. November 1971, in: StAL: SED-BL Leipzig IV/B/2/09/02/608, Bl. 159 und 176. Das Schreiben des Abteilungsleiters Kultur der Bezirksleitung u. a.: Information für den Sekretär der Bezirksleitung vom 20. November 1971, in: ebd., Bl. 184, und Dossier des Rates des Bezirkes Leipzig, Abteilung Volksbildung: Zur weiteren Entwicklung der Thomasoberschule und des Thomanerchores, Leipzig 18. Februar 1972, in: BStU, MfS, BV Leipzig, KD Lpz.-Stadt, Nr. 01768/02, Teil 1, Bd. 2, Bl. 20.

80 Über Obendorf und Pammler ist nach den greifbaren Quellen bislang nicht bekannt, ob sie für die Staatssicherheit arbeiten.

81 Die Zusammenarbeit mit der Staatssicherheit begann offiziell am 12. April 1961. Sie endete am 4. Dezember 1989, siehe dazu BStU, MfS, BV Leipzig, AIM, Nr. 7982/92, Teil 1, Bd. 1, Bl. 4, 12, 23, 135.

82 Vgl. Bericht über die Wiederaufnahme der Zusammenarbeit vom 8. Dezember 1983, in: ebd., Bl. 31–33.

83 Vgl. Treffbericht vom 20. Juli 1988, in: ebd., Bl. 71.

84 Vgl. Vorschlag zur Sofortwerbung eines IMS auf der Linie Volksbildung/Jugend vom 3. März 1989, in: BStU, MfS, BV Leipzig, AIM Nr. 1406/92, Teil 1, Bd. 1, Bl. 25 f.

85 Vgl. Verpflichtung vom 7. Dezember 1988, in: ebd., Bl. 10.

86 Vgl. ebd.

87 Vgl. Beschluss über die Umregistrierung eines IM-Vorlaufes in einen IM-Vorgang/eine GMS-Akte vom 23. Februar 1989, in: ebd., Bl. 11. Die Bestätigung erfolgte am 6. März 1989, vgl. ebd.

88 Vgl. Dossier der Abteilung Volksbildung des Bezirksrats: Lösungsvorschläge zur Entwicklung der Thomasoberschule und des Thomanerchores, vom 16. November 1971, in: StAL: SED-BL Leipzig IV/B/2/09/02/608, Bl. 157.

89 Siehe dazu die Informationen zur Situation der Führungsarbeit im Gewandhausorchester sowie im Thomanerchor der Abteilung Propaganda/Agitation der SED-Stadtleitung Leipzig vom 15. Dezember 1967, in: ebd., Bl. 46 f.

SED-Bezirksleitung und das Ministerium für Kultur erst einmal über einen geeigneten Nachfolger einig werden.[90] Zudem konnte der auf Lebenszeit eingestellte Kantor trotz aller Beanstandungen nicht einfach so entlassen werden. Die Situation klärte sich erst im Oktober 1971. Anfang des Monats fand eine Unterredung zwischen dem Kantor, dem stellvertretenden Kulturminister und einem Stadtrat für Kultur statt, von der ein Protokoll erhalten geblieben ist.[91] Der Anlass dieser Aussprache war ein Unfall Mauersbergers, der sich im Frühling desselben Jahres ereignet hatte und durch den er arbeitsunfähig geworden war[92], weshalb er durch Rotzsch vertreten wurde.[93] Nun bot sich den Kulturbeauftragten offenbar endlich die geeignete Gelegenheit, den Kantor auszuwechseln. Denn das als Krankenbesuch vorbereitete Treffen[94] wurde dazu genutzt, um sich mit Mauersberger über die Modalitäten seines freiwilligen Ausscheidens aus dem Amt des Thomaskantors und auf seinen Nachfolger zu einigen. Dem Protokoll nach ließ Mauersberger erkennen, dass er nur so lange als Kantor tätig sein wollte, wie es gesundheitlich vertretbar gewesen wäre. Dennoch schien er verwundert ob der Bedeutung der Diskussion um seine Nachfolge.[95] Mauersberger fühlte sich wohl etwas überrumpelt, da der stellvertretende Kulturminister und der Stadtrat für Kultur ihn diesbezüglich quasi vor vollendete Tatsachen stellen wollten. Obwohl Mauersberger während der Unterredung bekundete, den Chor als Kantor bald wieder führen zu können, wenn dem aus medizinischer Sicht nichts entgegenstände, stimmte er letztendlich doch seinem Abgang zu. Laut Protokoll erfolgte diese Einwilligung mit Rücksicht auf seine persönliche Situation und körperliche Konstitution.[96] Nachdem das Ausscheiden Mauersbergers aus dem Amt als Kantor beschlossen war, einigte man sich auf Rotzsch als seinen Nachfolger.[97]

Der neue Kantor in spe war bereits vor Jahren unter allen anderen Kandidaten für die Neubesetzung auserkoren worden, sodass seine Berufung schon im November 1971 durch das Ministerium für Kultur sanktioniert wurde.[98] Im Mai 1972 trat Rotzsch offiziell seinen Posten an, nachdem Mauersberger zwischen dem Ende des Jahres 1971[99] und dem Frühling 1972 noch einmal als Kantor den Chor dirigiert hatte. Anfang Mai 1972 endete dessen Laufbahn als Thomaskantor. Es hieß, er sei auf eigenen Wunsch und im Einvernehmen mit dem Stadtrat aus Altersgründen von seinem Amt entbunden worden.[100]

Im Gegensatz zu Mauersberger wurde Rotzsch als Kantor nicht mehr auf Lebenszeit berufen.[101] Sein Vertrag war zunächst auf fünf Jahre befristet und wurde dann jährlich verlängert.[102] Das bot den Kulturbeauftragten endlich die Möglichkeit, den Kantor schneller als zuvor zu entlassen, wenn die entsprechenden Leistungen ausblieben. Offenbar scheint Rotzsch seine Arbeit gut gemacht zu haben, denn er blieb bis Anfang der 1990er Jahre als Kantor im Amt. Ob die Kultur- und Schulbehörden nach dem Austausch das musikalische Niveau des Chores tatsächlich für gestiegen befanden, kann nach den hier vorliegenden Quellen nicht dargelegt werden. Die kulturpolitischen Entscheidungsträger gingen jedoch davon aus, dass Rotzsch von allen potenziellen Kandidaten[103] für das Amt der geeignetste sei. Diese Bewertung schien nicht nur seine musikalischen Leistungen als zukünftigen Chorleiter zu betreffen.[104] Obwohl er CDU-Mitglied war und einen kirchlichen Hintergrund besaß, wurde er vonseiten der Staatssicherheit als politisch einwandfrei

---

90 Dazu siehe das Informationsmaterial der SED-Bezirksleitung für den 1. Sekretär der Bezirksleitung über die Lage im Gewandhaus vom 21. Januar 1971, in: ebd., Bl. 85.

91 Siehe dazu die Aussagen im Protokoll des Treffens zwischen dem Kantor, dem stellvertretenden Kulturminister und dem Stadtrat für Kultur am 2. Oktober 1971, in: ebd., Bl. 152 ff.

92 Ebenda.

93 K. Sieblist: *Wie lange der Chor unangetastet blieb* (wie Anm. 41), S. 18.

94 Siehe dazu die Aussagen im Protokoll des Treffens zwischen dem Kantor, dem stellvertretenden Kulturminister und dem Stadtrat für Kultur am 2. Oktober 1971, in: StAL: SED-BL Leipzig IV/B/2/09/02/608, Bl. 152 ff.

95 Ebenda.

96 Sie dazu ebd.

97 Vgl. ebd.

98 Vgl. Dossier der Abteilung Volksbildung des Bezirksrats: Lösungsvorschläge zur Entwicklung der Thomasoberschule und des Thomanerchores, vom 16. November 1971, in: StAL: SED-BL Leipzig IV/B/2/09/02/608, Bl. 157.

99 Im Dezember leitete er wieder das Weihnachtsoratorium in der Thomaskirche. [Anonym]: *Unter Mitwirkung der Thomaner*, in: Sächsisches Tageblatt, 23. Dezember 1971, Jg. 26, S. 6.

100 Der offizielle Rücktritt erfolgte am 28. April 1972, vgl. [anonym]: *Prof. Erhard Mauersberger feierlich verabschiedet*, in: Die Union, 29. April 1972, Jg. 27, S. 1.

101 Vgl. Dossier des Rates des Bezirkes Leipzig, Abteilung Volksbildung: Zur weiteren Entwicklung der Thomasoberschule und des Thomanerchores, Leipzig 18. Februar 1972, in: BStU, MfS, BV Leipzig, KD Lpz.-Stadt, Nr. 01768/02, Teil 1, Bd. 2, Bl. 9.

102 Vgl. BStU, MfS, BV Leipzig, AIM, Nr. 505/91, Teil 1, Bd. 1, Bl. 81.

103 Unter anderen stand auch der Organist Hannes Kästner zur Debatte. Siehe das Informationsmaterial der SED-Bezirksleitung für den 1. Sekretär der Bezirksleitung über die Lage im Gewandhaus vom 21. Januar 1971, in: StAL: SED-BL Leipzig IV/B/2/09/02/608, Bl. 85. Die Kirche hätte es gern gesehen, wenn Kästner Mauersbergers Nachfolger geworden wäre. Auch Mauersberger riet dazu, jenen einzustellen. Als Thomasorganist wäre er die erste Wahl gewesen, wenngleich er Rotzschs Qualitäten durchaus anerkannte. Siehe dazu die Aussagen im Protokoll des Treffens zwischen dem Kantor, dem stellvertretenden Kulturminister und dem Stadtrat für Kultur am 2. Oktober 1971, in: ebd., Bl. 152 ff.

104 Vgl. ebd., Bl. 150 f.

und dem Staat entgegenkommend charakterisiert.[105] Tatsächlich wurde er 1978 für seine kulturpolitischen Dienste durch den Minister für Kultur persönlich gewürdigt.[106] Sein offenbar staatskonformes Engagement scheint sich auch durch seine Tätigkeit als Inoffizieller Mitarbeiter des Ministeriums für Staatssicherheit zu bestätigen.[107] Nach recht unkonkreten Aussagen eines Offiziers der Staatssicherheit sah Rotzsch seine Aufgabe darin, „eine Verbesserung der Arbeit des Thomanerchores zu erzielen aus der Sicht, eine Einflussnahme vonseiten westdeutscher Personen und Vereine auszuschließen".[108] Darüber hinaus wollte er sich für die Optimierung der von ihm als mangelhaft empfundenen Arbeit der Jugendorganisationen in Schule und Chor einsetzen.[109] Wie konkret jene Vorhaben von ihm aktiv umgesetzt worden sind, ist unklar. Zugleich machte er deutlich, dass die Konfirmation der Thomaner unter seiner Leitung nicht beibehalten werden sollte,[110] wenngleich er klarstellte, dass er „keinesfalls offen dagegen auftreten wird, daß Thomaner die Christenlehre oder die Konfirmation sowie die Junge Gemeinde besuchen."[111]

Offenbar wollte er hinsichtlich potenzieller Säkularisierungskampagnen sicher sein, dass sein Name in diesen Zusammenhängen – wenn überhaupt – nur inoffiziell genannt wurde. Wollte er sich damit aus der Verantwortung für seine Dienste für die Staatssicherheit entlassen, die etwaige Konsequenzen für den Chor nach sich gezogen hätten? Die Staatssicherheit nahm diese seine uneindeutige Haltung jedenfalls widerspruchslos zur Kenntnis. Nach ihrer Maßgabe sollte er vor allem über die Verbindungen zwischen Chor und Kirche Bericht erstatten,[112] was er auch tat.[113] Aus der Sicht der Staatssicherheit war er dabei durchaus erfolgreich. Einer ihrer Mitarbeiter war der Meinung, dass es durch Rotzschs Informationen gelang, den Einfluss der Kirche auf den Chor deutlich zu erschweren und einige Thomaner, deren politisch-ideologische Haltung nicht vertretbar war, aus dem Chor zu entfernen.[114]

Abschließend sollten eine Erhöhung der Anzahl der Chormitglieder[115] und eine Änderung der Aufnahmebedingungen erfolgen,[116] um eine konkurrenzfähigere

---

105 Vgl. z. B. BStU, MfS, BV Leipzig, AIM, Nr. 505/91, Teil 1, Bd. 1, Bl. 29 f., und die Einschätzung von K. Sieblist: *Wie lange der Chor unangetastet blieb* (wie Anm. 41), S. 18.

106 Vgl. das Erinnerungsprotokoll zum Besuch des Kulturministers der DDR in Leipzig am 3. November 1978, in: StAL: SED-BL Leipzig IV/D/2/08/495, Bl. 49 ff.

107 Rotzschs Tätigkeit als IM wurde 1991 bekannt, siehe dazu z. B. den Artikel von B. Z[entner]: *Gesungener Protest gegen Rauswurf* (wie Anm. 2), S. 13. Er verpflichtete sich 1973 zur Mitarbeit, vgl. BStU, MfS, BV Leipzig, AIM, Nr. 505/91, Teil 1, Bd. 1, Bl. 49. Vermutlich war Rotzsch bis Ende 1989 Inoffizieller Mitarbeiter der Staatssicherheit, siehe den letzten Aktenvermerk zu Rotzsch, in: ebd., Bl. 394.

108 Vgl. Vorschlag zum Anlegen eines IM-Vorlaufes durch einen Unterleutnant des MfS der KD Leipzig-Stadt vom 20. Juni 1972, in: ebd., Bl. 29.

109 Vgl. Ausprachebericht vom 25. Mai 1972, in: ebd., Bl. 80.

110 Vgl. Ausprachebericht vom 25. Mai 1972, in: BStU, MfS, BV Leipzig, AIM, Nr. 505/91, Teil 1, Bd. 1, Bl. 79.

111 Vgl. ebd.

112 Vgl. ebd., Bl. 45.

113 Vgl. z. B. den Treffbericht vom 13. April 1977, in: ebd., Bl. 158.

114 Vgl. Einschätzung der Mitarbeit Rotzschs durch einen Leutnant des MfS vom 5. Juli 1974, in: ebd., Bl. 138.

115 Die Rede ist von einer Aufstockung des Chores auf 150 Thomaner, vgl. Dossier der Abteilung Volksbildung des Bezirksrats: Lösungsvorschläge zur Entwicklung der Thomasoberschule und des Thomanerchores, vom 16. November 1971, in: StAL: SED-BL Leipzig IV/B/2/09/02/608, Bl. 159 und 170. Dem folgte der Vorschlag, die Anzahl nur auf 120 zu erhöhen, weil man einen Mangel an musikalisch und politisch geeigneten Nachrückern befürchtete, vgl. das Schreiben des Abteilungsleiters Kultur der Bezirksleitung u. a.: Information für den Sekretär der Bezirksleitung vom 20. November 1971, in: ebd., Bl. 183 f. Im nachfolgenden Dossier bleibt es bei 150 Thomanern, vgl. Dossier des Rates des Bezirkes Leipzig, Abteilung Volksbildung: Zur weiteren Entwicklung der Thomasoberschule und des Thomanerchores, Leipzig 18. Februar 1972, in: BStU, MfS, BV Leipzig, KD Lpz.-Stadt, Nr. 01768/02, Teil 1, Bd. 2, Bl. 10. Letztendlich erhöhte sich die Zahl nur unwesentlich. Tatsächlich fehlte es an optimalem Nachwuchs, vgl. [anonym]: *Thomaskantor im Jugendclubhaus*, in: Die Union, 13. und 14. Dezember 1986, Jg. 41, S. 8; [anonym]: *An der Wiege wurde der Ruhm nicht gesungen*, in: Sächsisches Tageblatt, 11. März 1987, Jg. 42, S. 3. Der Thomanerchor hatte Nachwuchsprobleme, sodass die Zahl wohl deswegen nicht signifikant anstieg – zum Nachteil des Chores. Siehe dazu die Aussagen von Rotzsch. Thomas Schinköth: *Arbeit ist unser täglich Brot*, Interview, geführt von Thomas Schinköth und Hans-Joachim Rotzsch, in: Die Union, 5. März 1987, Jg. 42, S. 3.

116 Es wurde ein Delegierungsverfahren entwickelt, durch das politisch, sozial und musikalisch geeignete Schüler durch Lehrer und Direktoren an die Thomasschule bzw. den Chor verwiesen wurden, die dann von der Schul- und Chorleitung geprüft und ausgewählt wurden. Erst nach einer einjährigen Bewährungsfrist wurde über die endgültige Aufnahme entschieden. Die Entscheidungshoheit sollte dabei aber beim Direktor der Schule und nicht wie zuvor beim Kantor bzw. Chordirektor liegen, siehe dazu Dossier der Abteilung Volksbildung des Bezirksrats: Lösungsvorschläge zur Entwicklung der Thomasoberschule und des Thomanerchores, vom 16. November 1971, in: StAL: SED-BL Leipzig IV/B/2/09/02/608, Bl. 171, und vgl. das Schreiben des Abteilungsleiters Kultur der Bezirksleitung: Information für den Sekretär der Bezirksleitung vom 20. November 1971, in: ebd. Bl. 184 f., und BStU, MfS, BV Leipzig, KD-LPZ-Stadt 01768/02, Bl. 21. Auch die Staatssicherheit versuchte, dabei Einfluss geltend zu machen. Sie verfolgte ebenfalls Pläne, die soziale Zusammensetzung des Chores zugunsten der bevorzugten sozialen Schichten zu verändern und gleichzeitig das gewünschte ideologische Niveau desselben zu erreichen. Siehe dazu den Treffbericht vom 25. Oktober 1973, in: BStU, MfS, BV Leipzig, AIM 509/91, Teil 2, Bl. 21. Ob und wie sie den Plan durchsetzen konnte, ist nicht nachweisbar.

und leistungsstärkere Chorarbeit zu gewährleisten. Dem schlossen sich die Verlegung des Unterrichts der Thomaner in einen Neubau an,[117] die Zusammenlegung aller Chormitglieder in reine Thomanerklassen[118] sowie die Renovierung und Vergrößerung des Alumnats.[119] Damit bezweckten die Bildungsverantwortlichen die nachhaltige politisch-ideologische, schulische und künstlerische Qualifizierung der Thomaner in Übereinstimmung mit der vorherrschenden Staatsräson.[120]

Nachweislich hatten alle diese Maßnahmen kaum durchschlagenden und bleibenden Erfolg. Bereits 1975 monierte eine Kommission der Internatserziehung, dass die bis dahin erfolgte Verbesserung des politisch-ideologischen und musikalischen Niveaus und die noch nicht realisierte Steigerung der schulischen Leistungen durch die Umstrukturierung langfristig gefährdet seien, wenn die bis dato verschleppten, aber versprochenen Maßnahmen nicht endlich in die Tat umgesetzt würden.[121] Damit wurde die Einführung reiner Thomanerklassen angemahnt.[122] Letzteres geschah vermutlich spätestens 1976,[123] aber ob dies durch die Beschwerde motiviert war, ist nicht nachweisbar. Dauerhafte schulische Höchstleistungen können bis 1989 nicht nachgewiesen werden. Dafür aber das Gegenteil. Mitte der 1980er Jahre ist der schulische Leistungsstand gerade der älteren Thomaner offenbar wieder so beunruhigend,[124] dass erneut Überlegungen der Schulverantwortlichen über eine „geschlossene, auf den Bildungs- und Erziehungspro-

---

117 Dossier der Abteilung Volksbildung des Bezirksrates: Lösungsvorschläge zur Entwicklung der Thomasoberschule und des Thomanerchores, vom 16. November 1971, in: StAL: SED-BL Leipzig IV/B/2/09/02/608, 173 f., und vgl. das Schreiben des Abteilungsleiters Kultur der Bezirksleitung u. a.: Information für den Sekretär der Bezirksleitung vom 20. November 1971, ebd. 185 f., und das Dossier des Rates des Bezirkes Leipzig, Abteilung Volksbildung: Zur weiteren Entwicklung der Thomasoberschule und des Thomanerchores, Leipzig 18. Februar 1972, in: BStU, MfS, BV Leipzig, KD Lpz.-Stadt, Nr. 01768/02, Teil 1, Bd. 2, Bl. 24. Die Thomaner hatten ab März 1973 Unterricht im Neubau, vgl. [anonym]: *100 000 hörten die Thomaner*, in: Leipziger Volkszeitung, 10. Januar 1978, Jg. 33, S. 6.

118 Dossier der Abteilung Volksbildung des Bezirksrats: Lösungsvorschläge zur Entwicklung der Thomasoberschule und des Thomanerchores, vom 16. November 1971, in: StAL: SED-BL Leipzig IV/B/2/09/02/608, 173 f., und vgl. das Schreiben des Abteilungsleiters Kultur der Bezirksleitung u. a.: Information für den Sekretär der Bezirksleitung vom 20. November 1971, in: ebd., Bl. 186, und vgl. Dossier des Rates des Bezirkes Leipzig, Abteilung Volksbildung: Zur weiteren Entwicklung der Thomasoberschule und des Thomanerchores, Leipzig 18. Februar 1972, in: BStU, MfS, BV Leipzig, KD Lpz.-Stadt, Nr. 01768/02, Teil 1, Bd. 2, Bl. 23 f. Wann die Thomanerklassen eingeführt worden sind, ist (noch) nicht konkret ermittelbar. Einer Aussage eines Vaters nach, dessen Sohn 1971 in eine vierte Klasse der EOS-Thomas kam, gehörte sein Kind zum letzten Jahrgang, der nicht in reinen Thomanerklassen zusammengefasst war, vgl. [anonym]: Brief an den Minister für Staatssicherheit vom 27. Januar 1979, in: BStU, MfS, BV Leipzig, AIM, Nr. 402/86 AB, Teil 1, Bd. 1, Bl. 68 f. Da die Aufnahme der Schüler in den Chor erst mit der Versetzung in die vierte Klasse erfolgte, waren die jüngsten Mitglieder des Chores in der Regel Schüler der vierten Klasse, die auch im Alumnat wohnten, vgl. Internatsordnung für das Internat des Thomanerchores vom 30. Mai 1973, Bl. 2 f. Da die Einrichtung der Thomanerklassen erst nach dem Umzug der Schüler in das neue Gebäude erfolgen sollte, was Anfang März 1973 stattfand, war die vierte Klasse, die jenem Schüler als Jahrgang 1973/74 nachfolgte, diejenige, die sehr wahrscheinlich als erste reine Thomanerklasse entstand. Sukzessiv müssten danach alle folgenden neuen Jahrgänge als Thomanerklassen zusammengefasst worden sein und der Jahrgang von 1973/74 war im Schuljahr 1980/81 die erste Abiturstufe, die nur aus Thomanern bestand. Demgegenüber steht jedoch eine Aussage in einem Bericht aus dem Jahr 1975, der von Eltern verfasst worden ist und den Arbeitsstand des Thomanerchores darlegt. In ihm steht, dass die Thomanerklassen bis dato noch nicht eingeführt worden seien, vgl. den Bericht ‚Entwicklungsprobleme des Thomanerchores' der Kommission Internatserziehung des Elternbeirats der EOS-Thomas vom 3. Juni 1975, in: BStU, MfS, BV Leipzig, AIM, Nr. 505/91, Teil 2, Bd. 1, Bl. 74 f. Scheinbar reagierten die Mitarbeiter der Abteilung Volksbildung darauf und setzten sich dafür bei der Regierung ein, denn aus einem Zeitungsartikel des Jahres 1978 geht hervor, dass seit dem IX. Parteitag der SED im Mai 1976 Thomanerklassen existieren würden. Wie das konkret erfolgte, wird jedoch nicht beschrieben, vgl. [anonym]: *100 000 hörten die Thomaner* (wie Anm. 114), S. 6. Nach diesen Quellen kann zumindest behauptet werden, dass seit frühestens 1973, spätestens seit 1976 reine Thomanerklassen existierten. Zur endgültigen Klärung dieses Sachverhalts bedarf es allerdings weiterer Quellen.

119 Vgl. Dossier der Abteilung Volksbildung des Bezirksrats: Lösungsvorschläge zur Entwicklung der Thomasoberschule und des Thomanerchores, vom 16. November 1971, in: StAL: SED-BL Leipzig IV/B/2/09/02/608, Bl. 175. Der Vorschlag scheiterte zunächst an Einwänden, die die Finanzierung, den Nachwuchsmangel und die Belastungsgrenzen der jüngeren Chormitglieder betrafen. Man forderte dafür weitere Lösungsvorschläge, vgl. Schreiben des Abteilungsleiters Kultur der Bezirksleitung u. a.: Information für den Sekretär der Bezirksleitung vom 20. November 1971, in: ebd., Bl. 186 f. Der Plan zur Alumnatsrenovierung wurde jedoch beibehalten, vgl. Dossier des Rates des Bezirkes Leipzig, Abteilung Volksbildung: Zur weiteren Entwicklung der Thomasoberschule und des Thomanerchores, Leipzig 18. Februar 1972, in: BStU, MfS, BV Leipzig, KD Lpz.-Stadt, Nr. 01768/02, Teil 1, Bd. 2, Bl. 25. Gemäß der Vorgabe des VIII. Parteitages der SED, das materielle und kulturelle Lebensniveau der DDR-Bevölkerung zu erhöhen, wurde die Finanzierung des Alumnatumbaus beschlossen. Das erfolgte aber erst zwischen 1984 und 1987, vgl. dazu die Aussagen von Heinz Nöbert: *Alles begann 1212 mit einer Urkunde von Kaiser Otto IV,* in: Leipziger Volkszeitung, 5. März 1987, 42. Jg., S. 7.

120 Vgl. Dossier des Rates des Bezirkes Leipzig, Abteilung Volksbildung: Zur weiteren Entwicklung der Thomasoberschule und des Thomanerchores, Leipzig 18. Februar 1972, in: BStU, MfS, BV Leipzig, KD Lpz.-Stadt, Nr. 01768/02, Teil 1, Bd. 2, Bl. 20 f.

121 Vgl. den Bericht ‚Entwicklungsprobleme des Thomanerchores' der Kommission Internatserziehung des Elternbeirats der EOS-Thomas vom 3. Juni 1975, in: BStU, MfS, BV Leipzig, AIM, Nr. 505/91, Teil 2, Bd. 1, Bl. 72–79.

122 Vgl. ebd., Bl. 74 f.

123 Siehe dazu Anm. 115.

124 Vgl. BStU, MfS, BV Leipzig, KD Lpz.-Stadt, Nr. 01769, Bl. 197 f.

zeß abgestimmte Konzeption"¹²⁵ erfolgten, um die Mängel abzustellen. Mehr ist nach Aktenlage jedoch nicht bekannt.

Weiterhin zeigt sich, dass sich auch die politische Einstellung aller Thomaner nicht dauerhaft veränderte.¹²⁶ Der kritische Geist einiger Chormitglieder konnte nicht vollständig unterdrückt werden, sodass die überarbeitete politisch-ideologische Ausbildung nicht bei jedem Chormitglied griff.¹²⁷ Konsequenterweise forderten daher Inoffizielle Mitarbeiter der Staatssicherheit schon Ende der 1970er Jahre, dass mehr Personal eingesetzt werden müsse, um das ideologische Niveau in Chor und Schule gemäß den staatlichen Richtlinien zu optimieren.¹²⁸ Ob es tatsächlich dazu kam, lässt sich nach den hier zugrunde liegenden Quellen nicht feststellen. Sollte dies aber der Fall gewesen sein, dann führte die Maßnahme noch immer nicht zu dem gewünschten Erfolg. Viele Thomaner galten Anfang der 1980er Jahre nach wie vor als politisch desinteressiert¹²⁹ und entzogen sich einer aktiven Mitarbeit in politischen Massenorganisationen.¹³⁰ Und obwohl Mitte der 1970er Jahre die Verbindung des Chores zur Kirche nachhaltig gelockert zu sein schien,¹³¹ wurde eine endgültige Loslösung der Thomaner von ihr durch die umgesetzten Maßnahmen nicht erreicht.¹³² Dies mag an der unverrückbaren politischen und konfessionellen Einstellung der einzelnen Chormitglieder gelegen haben. Es finden sich jedoch Hinweise darauf, dass auch die Schulleitung dafür verantwortlich gemacht wurde. Offenbar führten jahrelange Kompetenzstreitigkeiten zwischen Direktor Gunter und dem Parteisekretär der Schule dazu, dass die Parteipolitik nicht zur gewünschten Entfaltung kam. Die Schuld, so die inoffiziellen Informationszuträger, hätte beim Parteisekretär gelegen.¹³³ Sollten infolgedessen personelle Änderungen erfolgt sein, um diese Defizite zu beheben, so hatten auch diese letztendlich keinen Erfolg. Aussagen in den Treffberichten der Inoffiziellen Mitarbeiter der Staatssicherheit lassen erahnen, dass die Thomaner sich auch Ende der 1980er Jahre kaum für die Parteipolitik engagierten. Stattdessen besuchten sie die Montagsdemonstrationen und debattierten über die politische Zielsetzung der Demonstranten.¹³⁴

Die Jahre zwischen 1945 und 1989 sind also durch einen Balanceakt der Vorsteher und Chordirektoren, der Schulrektoren, der Vertreter der Volksbildungs- und Kulturbehörden sowie der Mitarbeiter der Staatssicherheit geprägt, der die staatskonforme Ausrichtung des Chores unter Berücksichtigung seiner künstlerischen Entfaltung zugunsten seines exzellenten Niveaus zum Ziel hatte. Dieses Ansinnen bildete zugleich den Argumentations- und Agitationsraum der Bildungs-, Kultur- und Sicherheitsbehörden für politische Entscheidungen, die in Gesetze, Verordnungen und schließlich Maßnahmen mündeten, welche wiederum behördlich sanktionierte Eingriffe in die Belange des Chores nach sich ziehen sollten. Letzteres zeigt sich ganz deutlich an der Personalpolitik, die nicht nur durch die Kultur- und Bildungsbeauftragten des Rates der Stadt, des Kreises und des Bezirkes Leipzig bestimmt wurde, sondern auch durch das Ministerium für Staatssicherheit auf der Kreis- und Bezirksebene Leipzig und durch das Ministerium für Kultur. Zugleich hatten alle geplanten und realisierten Vorhaben, den Chor in ein politisch-ideologisches und musikalisch brillantes Zugpferd der sozialistischen Kulturrepublik zu transformieren, nur gelegentlich und punktuell Erfolg. Aus der Sicht der Behörden entsprach der Chor fast nie den an ihn gestellten Erwartungen. Weder die parteipolitische Personalpolitik, noch die umfangreichen Umstrukturierungspläne oder der Einfluss der Staatssicherheit konnten den Chor zu einem Propagandainstrument der DDR formen.

---

125 Siehe den Bericht der Parteileitung der SED-Grundorganisation der EOS-Thomas über Erfahrungen und Ergebnisse der politischen Formierung eines einheitlich handelnden Pädagogenkollektivs sowie bei der Erzielung höchster Lernergebnisse für das Sekretariat der SED Stadt-BL Leipzig Süd, in: BStU, MfS, BV Leipzig, KD Lpz.-Stadt, Nr. 02382, Bl. 27.

126 Vgl. BStU, Mfs, KD Lpz.-Stadt, ZMA, Nr. 18401, Bl. 32 f.

127 Vgl. z. B. ebd., Bl. 35 und 40, und BStU, MfS, BV Leipzig, KD Lpz.-Stadt, Nr. 02044, Bd. 3, Bl. 21.

128 Vgl. die Aussagen im Vorschlag zur Gewinnung eines Inoffiziellen Mitarbeiters zur Absicherung, Aufklärung und allgemeinen Durchdringung des Personalbestandes der EOS-Thomas, speziell des Thomanerchores, in: BStU, MfS, BV Leipzig, AIM, Nr. 33/86 KA, Teil 1, Bd. 1, Bl. 15.

129 Vgl. BStU, MfS, BV Leipzig, KD Lpz.-Stadt, Nr. 02044, Bd. 3, Bl. 21.

130 Vgl. BStU, MfS, BV Leipzig, KD Lpz.-Stadt, Nr. 01769, Bl. 197 f.

131 Vgl. Einschätzung der Mitarbeit Rotzschs durch einen Leutnant des MfS vom 5. Juli 1974, in: BStU, MfS, BV Leipzig, AIM, Nr. 505/91, Teil 1, Bd. 1, Bl. 138.

132 Vgl. BStU, MfS, BV Leipzig, KD Lpz.-Stadt, Nr. 01769, Bl. 125 f.

133 Vgl. BStU, MfS, BV Leipzig, KD Lpz.-Stadt, Nr. 02382, Bl. 30 ff.

134 Vgl. BStU, MfS, BV Leipzig, KD Lpz.-Stadt, Nr. 03579, Bl. 178.

Matthias Klemm: Angeklagt wegen Anstiftung zum Frieden, *1983, Grafik/Fotomontage, 180 x 230 cm**
(Stadtgeschichtliches Museum Leipzig)

Der Herbst 1989 und die Thomaskirche
Ein schriftliches Interview[1] mit Helga Janke, Gottfried Hänisch, Dieter Schille und Martin Petzoldt

Würden Sie sich bitte vorstellen, einiges zu Ihrer Person sagen und mitteilen, in welchem Verhältnis Sie im Herbst 1989 zur Thomaskirche und zur Thomasgemeinde standen?

Janke: Mein Name ist Helga Janke. 1989, im Alter von 54 Jahren, war ich langjährige leitende medizinisch-technische Fachassistentin für Hämatologie (vorwiegend Knochenmarkdiagnostik, Lehre und Forschung) an der Universitätsklinik für Innere Medizin in Leipzig. – Seit meiner Kindheit lebe ich, mit kurzen auswärtigen Unterbrechungen, aktiv in der Gemeinschaft der Thomas-Matthäi-Gemeinde. Seit den sechziger Jahren gehöre ich dem Kirchenvorstand der Thomasgemeinde an.

Hänisch: Mein Name ist Gottfried Hänisch, ich wurde 1931 in Dresden geboren. Dort besuchte ich die Schule bis zur Zerstörung der Stadt, danach absolvierte ich Proseminar und Ausbildung zum Diakon in Moritzburg. Meine kirchlichen Dienste waren: Stadtjugend-Diakon in Leipzig, danach im Auftrag der sächsischen Landeskirche Leiter der Aktion ‚Kirche für die Welt' (Dialog und Kommunikation mit Kirchenfremden), Mitglied der Landessynode, Leiter des Amtes für Gemeindedienst in Leipzig, Mitglied im Landesausschuss für Kongress und Kirchentag in Sachsen, später dessen Vorsitzender, nach der deutschen Wiedervereinigung Mitglied im Präsidium des Deutschen Evangelischen Kirchentages. Seit 1958 bin ich verheiratet (Trauung in der Thomaskirche Leipzig), ich habe zwei Söhne und sechs Enkelkinder. Seit 1997 bin ich im Ruhestand. – Ich habe zahlreiche Artikel in Zeitschriften und Fachbüchern veröffentlicht sowie Lyrik, Essays, Biografien, Romane, Kabaretttexte, Meditationen, Gebetshilfen und Erzählungen; außerdem war ich Mitherausgeber und Redakteur des Buches *Dona nobis pacem* mit den Friedensgebeten in Leipziger Kirchen.[2]

Petzoldt: Mein Name ist Martin Petzoldt, Jahrgang 1946. Nach dem Schulbesuch in Dresden, unter anderem in der Kreuzschule, wo ich dem Kreuzchor unter Rudolf Mauersberger angehörte, studierte ich Theologie an der Theologischen Fakultät der Universität Leipzig. Nach Erstem Theologischem Examen, Vorbereitungsdienst zum Pfarramt der Evangelisch-Lutherischen Landeskirche Sachsens und Zweitem Theologischem Examen wurde ich am 14. Januar 1973 durch den Superintendenten Herbert Stiehl (1909–1992) in der Thomaskirche zu Leipzig ordiniert. Seit März des gleichen Jahres war ich Assistent, seit Februar 1986 Dozent für Systematische Theologie an der damaligen Sektion Theologie der Karl-Marx-Universität zu Leipzig. Dieser Anstellung waren Promotion (1976) und Habilitation (1985) vorausgegangen. Kritisch geprägt war ich durch mein Elternhaus, ein sächsisches Pfarrhaus, durch regelmäßige Kontakte zu vertrauenswürdigen Lehrern der Theologie, besonders durch Prof. Dr. Ernst Heinz Amberg (* 1927), und durch mancherlei ideologische Herausforderungen in Schule und Universität; diese hatten

---

* Der Künstler Matthias Klemm erinnert sich: „Anfang des Jahres 1983 stellte ich dem Mitarbeiterkreis des Amtes für Gemeindedienst einige Entwürfe für die Schaukästen vor. Beim Gründwaldchristus mit dem roten Aufkleber sagte unser Leiter, Gottfried Hänisch: ‚Das kommt in die Thomaskirche. Mit dieser Großgrafik beginnen wir eine Serie von Gegenwartsthemen.' So bestellte ich einige Rahmen 1,80 Meter mal 2,30 Meter und hängte dieses Motiv an der Brüstung der Nordempore auf. Es war Passionszeit und Messebeginn. Die Reaktion war überwältigend.
Damals eine brisante politische Situation: Die Aufnäher ‚Schwerter zu Pflugscharen' mussten von den Jacken entfernt werden; NATO-Doppelbeschluss, SS-20-Aufrüstung in der Sowjetunion, neues Wehrdienstgesetz in der DDR.
Einerseits äußerten sich viele Besucher aus der damaligen Bundesrepublik Deutschland, besonders Politiker und angesehene Publizisten. Andererseits musste dieses Motiv aus den umliegenden Schaukästen entfernt werden.
Besonders freundlichen Besuch bekam ich hin und wieder von Unbekannten, die sich nach meinem Befinden erkundigten und der Möglichkeit, dass ich solche Dinge überhaupt tun konnte. In dem Bemühen, ebenso freundlich, aber klug zu antworten, wurde mir klar, dass die Staatssicherheit der damaligen DDR diese öffentliche Widerstandsregung aufmerksam verfolgt hatte." (November 2011).

1 Das Interview führte Martin Petzoldt.
2 Günther Hanisch, Gottfried Hänisch, Friedrich Magirius, Johannes Richter: *Dona nobis pacem. Fürbitten und Friedensgebete Herbst '89 in Leipzig*, Berlin 1990.

Helga Janke, um 1989 *Gottfried Hänisch, um 1989* *Dieter Schille, um 1989* *Martin Petzoldt, um 1989*

nach und nach die Herausbildung einer gewissen Lebensklugheit unter den Bedingungen eines totalitären Regimes zur Folge. Restlos desillusioniert wurden wir als Theologiestudenten durch die barbarische Sprengung der völlig intakten spätgotischen Universitätskirche St. Pauli in Leipzig im Mai 1968 – veranlasst durch das kommunistische DDR-Regime – und durch die nachfolgenden Repressalien und Verhaftungen von Kommilitonen, die dagegen protestiert hatten.

Seit 1977 wohne ich mit meiner Frau und drei Kindern im Bereich der Thomasgemeinde, 1978 wurde ich Mitglied des Kirchenvorstandes. Ein enges und freundschaftliches Verhältnis verband mich insbesondere mit Superintendent Dr. Johannes Richter (1934–2004). Meine Mitgliedschaft im Kirchenvorstand verstand ich neben dem Gemeindeengagement immer mehr im Sinne der seitens der Thomaskirche erwünschten Verbindung zur Theologischen Fakultät und zur Universität. Das führte zur Übernahme größerer Verantwortung für eine Reihe von Öffentlichkeitsfragen, unter anderem auch für die Leipziger Kirchenbibliotheken in der Universitätsbibliothek und für den seit 1982 in der Thomaskirche aufgestellten Paulineraltar der ehemaligen Universitätskirche St. Pauli.

Schille: Ich heiße Dieter Schille, bin verheiratet und habe zwei Kinder, bin von Beruf Physiker und 73 Jahre alt. Ich lebe seit reichlich 50 Jahren in Leipzig, und wir waren 1989 seit etwa 25 Jahren Glieder der Thomas-Matthäi-Gemeinde. Dort war ich seit vielen Jahren Kirchenvorsteher und habe viele Pfarrer, Kirchenvorsteher und andere Mitarbeiter kennen- und schätzen gelernt, auch in ihren Verschiedenheiten. Ich war einige Jahre stellvertretender Vorsitzender im Kirchenvorstand, auch 1989. Wenn ich mich an diese Zeit erinnere, ist mir durchaus der große Zeitabstand bewusst und ich beobachte, dass sich die Erinnerungen zu großen zusammenhängenden Bildern verdichtet haben, die mir teilweise deutlich vor Augen stehen, ohne dass ich einzelne Ereignisse kalendarisch genau zuordnen kann. Wenn ich nach einem vergleichbaren Zeitabstand suche, der diese 21 Jahre umfasst, dann ist es so, als würde ich mich am Tag meiner Hochzeit an meinen Eintritt als Vierjähriger in den Kindergarten erinnern wollen. Wohl kenne ich noch einzelne Lieder und Ereignisse, aber es sind natürlich auch Deutungen dabei, die ich den Dingen später gegeben habe. Wenn auch der Unterschied zwischen den persönlichen Lebenssituationen und Entwicklungsstufen vom Kindergarten bis zur Hochzeit ungleich größer ist, so sind doch auch im vorliegenden Erinnerungsvorgang Dinge zusammengefasst und haben nachträgliche Bedeutungen erfahren, ohne dass ich diese Vorgänge genau analysieren könnte. Aber das ist wohl mit allen Erinnerungen so, auch wenn wir uns darüber nicht immer im Klaren sind.

Schon das zeitliche Vorfeld des Herbstes brachte nicht wenige Konfrontationen mit sich, die besonderes Nachdenken erforderlich machten. In welche Auseinandersetzungen waren Sie einbezogen? Welche Ereignisse haben Sie als besonders herausfordernd erlebt?

Janke: Im frühen schulischen und späteren beruflichen Bereich gab es in Abständen immer wieder politische Auseinandersetzungen mit der ‚Leitung'. Es war bekannt, dass ich der Kirche angehörte. Letztlich wurde meine Haltung akzeptiert – aber zum Teil auch um den Preis schmerzlichen Verzichts auf meiner Seite. Dies führte dazu, dass wir im Herbst 1989 in der medizinischen Klinik einen ehrenamtlichen Klinik-Rat gründeten, dem Vertreter aller Berufsgruppen unserer Klinik angehörten. Später, bei einer Großversammlung im Medizinischen Universitätsbereich samt den dazugehörigen Instituten, wollten fast alle Teilnehmer eine Neuwahl der alten Gewerkschaftsvertretung, aber niemand war bereit, die Verantwortung dafür zu übernehmen. Nicht ein einziger ‚Hochschulkader'! – Ob aus Angst!? Das hoffte zumindest die bis dahin amtierende Gewerkschaftsführung! Doch daran konnte der Aufbruch doch nicht scheitern! So übernahm ich als medizinisch-technische Assistentin die Verantwortung für die Neuwahl, mit Listenaufstellungen und so weiter.

Hänisch: Eine besondere Herausforderung war der Kirchentag im Juli 1989 in Leipzig. Dazu liegen zahlreiche Informationen und Dokumente vor. Eines der Problemfelder ergab sich durch die Gruppen, die sich im kirchlichen und staatlichen Umfeld gebildet hatten und Forderungen nach politischen Veränderungen stellten. Der Landesausschuss für den Kongress und Kirchentag hatte drei Schwerpunkte für den ‚Treffpunkt Glauben heute'[3] (statt ‚Markt der Möglichkeiten') festgelegt: Frieden, Gerechtigkeit und Bewahrung der Schöpfung, analog zum Konziliaren Prozess in der DDR.[4] Die Festlegung auf diese drei Themen stieß auf erhebliche Kritik einiger Gruppen, die darum zu einem gesonderten ‚Statt-Kirchentag' aufriefen, aber dann doch in den Kirchentags-Sonntag einstiegen, Flugblätter verteilten und Demos organisierten. Meine Verantwortung für die Schlussveranstaltung auf der Rennbahn forderte meine ganze Kraft für den Einsatz für Vielfalt, Kirchlichkeit und den Schutz für die Teilnehmer und Teilnehmerinnen der Schlussveranstaltung. Der über dem Gelände kreisende Hubschrauber der Volkspolizei setzte dazu sein Zeichen. Beeindruckend stand das Stahlkreuz mit dem Gottesauge neben der Bühne. „Was ist der Mensch; dass du seiner gedenkst?", lautete die Losung des Kirchentages. Das waren bewegende Tage voller Stoßgebete und Entscheidungen. Uns allen war die anbrechende Veränderung bewusst. Aber wir wussten auch um Peking und die Ereignisse auf dem Platz des Himmlischen Friedens. Und darum riefen wir einer Gruppe, die auf die Hauptbühne zu kommen versuchte, „Keine Gewalt!" zu: eine Mahnung und Bitte, die schon zu dieser Zeit als Aufruf zur Friedlichkeit galt.

Ende August 1989 trug ich Superintendent Richter und dem Pfarramtsleiter von St. Thomas den Gedanken vor, in der Thomaskirche eine Gebetswand aufzustellen: „Ich bitte dich, dass du für mich betest, weil ..." als Motiv und Überschrift dazu. Das Amt für Gemeindedienst bot die Verantwortung und Durchführung an. Dies geschah dann am 3. September, mit den aufgeklebten Druckbuchstaben, wie sie im Handel zu kaufen waren, gedacht für Schulen, Betriebe, Partei- und Rathäuser und deren Informationstafeln. Kurz darauf rief der Rat des Bezirkes an und wollte die Gebetswand entfernt wissen. Ich sagte: „Wenn wir in der Kirche nicht mehr Fürbitte halten dürfen, können wir sie schließen!" Tausende von Gebetsanliegen wurden an die Tafel gehängt, mit den persönlichen, dringenden Bitten, dass zum Beispiel die Kinder aus dem Westen zurückkommen mögen, oder mit der politischen Feststellung: „Vierzig Jahre Volksbetrug, vierzig Jahre sind genug!" Später wurden viele Gebetsanliegen von dieser Tafel im Teil der Fürbitten während des Friedensgebets in der Thomaskirche verlesen.

Schon die Jahre zuvor hatte das Amt für Gemeindedienst mit seinem Beirat beim Kirchenvorstand von St. Thomas die Genehmigung erwirkt, in der Kirche die Grafiken von Matthias Klemm aufzuhängen, zum Beispiel die Großgrafik *Angeklagt der Anstiftung zum Frieden.* Auch unterschiedliche Ausstellungen zu Tagesthemen konnten künstlerisch umgesetzt werden.

Petzoldt: Drei Dinge sind mir als besonders schwerwiegend in Erinnerung geblieben: Die erste Konfrontation ergab sich, als ich in meiner Funktion als stellvertretender Direktor für Erziehung und Ausbildung der Theologischen Fakultät/Sektion Theologie Anfang Februar 1989 in Nachforschungen verwickelt werden sollte, die seitens der Staatssicherheit zum Friedensgebet für das Gedenken an 40 Jahre Reichspogromnacht am 9. November 1988 angestellt wurden. Dort sollen in der sehr stark besuchten Nikolaikirche Flugblätter unter die Menschen geworfen worden sein. Durch ‚vertrauensvolle' Gespräche von uns mit Studenten, die an der Durchführung des Friedensgebets beteiligt waren, sollte ich versuchen herauszubekommen, wer die Flugblätter verteilt hatte. Ich sagte nach kurzem Nachdenken zu, doch erklärte sofort, dass ich von diesem ‚Auftrag' sowohl den betreffenden Studenten als auch vertrauten Kollegen erzählen werde. Das wollte man mir verbieten, was ich ablehnte, worauf man überhaupt von diesem ‚Auftrag' Abstand nehmen wollte.

Die zweite Auseinandersetzung ergab sich in der zweiten Märzhälfte, als in der Berliner Sektion Theologie eine Sitzung aller Sektionsdirektoren der damals sechs Theologie-Sektionen der DDR (Rostock, Greifswald, Berlin, Halle (Saale), Leipzig, Jena) stattfand, die ich im Auftrag des Leipziger Sektionsdirektors besuchte (für den ich wegen seines Studiensemesters ohnehin vom 1. Februar bis zum 30. September 1989 amtierte). Einberufen hatte diese Sitzung der damalige Staatssekretär für Kirchenfragen, Kurt Löffler, der in einem längeren Referat den Anwesenden erklärte, er strebe eine engere Zusammenarbeit zwischen dem Staatssekretariat und den Theologie-Sektionen an, die sich insbesondere darin äußern sollte, dass sehr bald die theologischen Examensthemen für Abschlussarbeiten von ihm vergeben würden. Abgesehen davon, dass man damit die sachliche Zuordnung der Theologie-Sektionen zum Ministerium für Hoch- und Fachschulwesen infrage gestellt hätte, wäre das der erste wesentliche Schritt zu einem unmittelbaren Eingriff in theologische Forschung und Lehre gewesen, den es bis dahin nie gegeben hatte.

---

[3] ‚Treffpunkt Glauben heute' waren verschiedene Angebote zur Information und zum Gespräch für die Besucher des Kirchentages.

[4] ‚Konziliarer Prozess in der DDR' war ein groß angelegter und zeitlich gestaffelter Gesprächsprozess zu relevanten kirchlich-politischen Themen mit Vollversammlungen in Magdeburg und Dresden. Dieser Prozess stand immer unter Bedrohung, weil der Staat der Kirche eine öffentliche Äußerung in diesen Fragen nicht zubilligte.

Die dritte Konfrontation, an die ich mich erinnere, ergab sich im Nachgang der Ereignisse auf dem Platz des Himmlischen Friedens in Peking am 3. Juni 1989 und nach der üblichen einseitigen Berichterstattung durch die Kommunistische Partei Chinas auch in unseren Zeitungen. Einige unserer Studenten hatten sich mit einer Beschwerde an den Generalsekretär der SED, Erich Honecker, gewandt und um eine ideologiefreie und von der parteilichen Bewertung freie Berichterstattung nachgesucht. Diese Bemühung sollte durch den Versuch geahndet werden, die betreffenden Studenten von der Universität zu entfernen. Zu dem entscheidenden Gespräch beim Prorektor für Gesellschaftswissenschaften Anfang September war auch ich eingeladen worden. Zuvor wurde mir die Strategie des Gesprächs erläutert, die darauf hinauslief, das besondere Fehlverhalten der Studenten darin zu sehen, sich an den SED-Generalsekretär Honecker, nicht aber an den Staatsratsvorsitzenden Honecker gewandt zu haben, was für sie als Nichtparteimitglieder gegolten hätte. Ich äußerte schon zuvor mein Unverständnis für die Schwere dieses ‚Vergehens'. Das wiederholte sich auch bei den dann befragten Studenten. Auf die Frage, was sie denn zu ihrer Beschwerde veranlasst hätte, antworteten sie, es sei Angst gewesen, es könne bei uns Ähnliches passieren. Daraufhin wurden sie in drohender Weise gefragt, ob sie denn von der Vorbereitung solcher Veranstaltungen wüssten, was sie natürlich verneinten. Die Angelegenheit verlief wider Erwarten moderat, indem den Studenten eine Rüge erteilt wurde.

Schille: Eine der Herausforderungen der letzten Jahre der DDR-Zeit war der Umstand, dass sowohl kirchliche Gruppierungen und Personen als auch andere Personen ohne christlichen bzw. kirchlichen Bezug wegen der restriktiven staatlichen Haltung gegenüber vielen Lebensfragen unseres Volkes (Frieden, Abrüstung und Bewaffnung, Umweltproblematik, Freiheit und Menschenrechte, Informations- und Pressefreiheit bzw. Pressezensur) eine Öffentlichkeit suchten, die sie oft nur in der Kirche fanden. Damit ist die Kirche und sind die Gemeinden durchaus unterschiedlich umgegangen. In unserer Kirchgemeinde, in der Sächsischen Landesynode und in der Sächsischen Kirchenleitung, aber auch in der Bundessynode hat uns, zumeist durch konkrete Situationen veranlasst, immer wieder die Frage bewegt, was Sache der Kirche in diesem Land DDR ist – bestimmt durch ihren Auftrag und durch die Situation, in der sie sich als Kirche in der DDR befunden hat. Wofür Kirche da ist und wofür nicht, welche Rücksichten sie nehmen sollte und welche Prioritäten setzen, war ein wichtiges Feld kirchlicher Auseinandersetzungen und Profilierung. Eine Frucht dieser ständigen Überlegungen war der Begriff vom ‚begrenzten politischen Mandat der Kirche', den Landesbischof

Eröffnung der Ausstellung „Bach in der Thomaskirche", März 1985; v. r. n. l. Pfarrer Ebeling, Superintendent Richter, Superintendent i. R. Stiehl, Landesbischof Hempel

Dr. Johannes Hempel bei der Herbsttagung der Sächsischen Landesynode 1986 vorlegte. Er wurde zum Ausgangspunkt weiterer Diskussionen und Positionierungen der Evangelischen Kirche in der DDR.

Manchmal habe ich den Eindruck, wir stellen uns heute unter den nun völlig veränderten gesellschaftlichen Verhältnissen solche Fragen zu selten, geben uns fraglos damit zufrieden, wenn Sponsoren unsere (und ihre?) Vorhaben unterstützen, und sehen zu wenige Probleme in der Anpassung der evangelischen Kirche an die selbstverständliche Macht der Wirtschaft. Die Kirchen haben sich damals in vielen Fällen, in denen wache und mutige und widerständige Personen auch von außerhalb der Kirche mit dem Staat in Konflikt geraten waren, mit ihren Möglichkeiten der Öffentlichkeit für solche Personen eingesetzt – oft für ihre Freilassung aus der Haft, auch wenn sie deren Anliegen nicht zu ihren eigenen zählen konnten. Der thüringische Bischof Werner Leich, damals auch Vorsitzender der Konferenz der Kirchenleitungen des Bundes der Evangelischen Kirchen, beschrieb in der letzten Zeit der DDR eine weithin akzeptierte Haltung so: „Die Kirche ist für alle da, aber nicht für alles". Damit wurde die Haltung der Kirche in ihrer Solidarität für politisch Verfolgte und in ihrer Distanz zu einzelnen politischen Themen und Anliegen begründet.

Welchen spezifischen Herausforderungen sahen sich Thomasgemeinde und Thomaskirche zu Beginn des Herbstes 1989 gegenüber? Wie gestaltete sich das Verhältnis zur Nikolaikirche und zu den dort schon seit den siebziger Jahren bestehenden Friedensgebeten?

Janke: Einige Male besuchte ich schon im frühen Herbst 1989 die Friedensgebete in der Nikolaikirche, als es noch keine Demonstrationen und Polizeieinsätze gab. Als ich mich im Vorfeld mit den Friedensgebeten befasste, dachte ich, warum Extra-Friedensgebete, wo dies in jedem Gottesdienst unser Anliegen ist!? Später hatte ich den Eindruck: Es ist kein wirklicher Gottesdienst, sondern es geht um die ‚Ausreisewilligen'. Allerdings habe ich damals auch nicht die politische Tragweite erfasst. Die Atmosphäre gefiel mir nicht mehr. Ich hatte die Einstellung, dass Andersdenkende als Gegengewicht im Lande bleiben müssten und versuchen sollten, gute Arbeit zu leisten bei allen Missständen – aus Verantwortung für die Gemeinschaft! Ich wusste aber auch nichts Genaues von der Arbeit der sogenannten Basisgruppen, die unter dem Dach der Kirche (zum Teil auch gegen die Kirche) eher politische Ziele verfolgten. So hatte ich auch kein Verständnis dafür, als mir zum Kirchentag 1989 eine Gegendemonstrationsgruppe entgegenkam, zu einer Zeit, da wir als Kirche großen Zusammenhalt brauchten.

Im Kirchenvorstand der Thomasgemeinde haben wir immer wieder innerlich darum gerungen, ob wir auch ‚Friedensgebete' halten wollten oder sollten, doch hielten wir es zu diesen Zeitpunkten mehrheitlich nicht für angebracht. Die Pfarrer der Nikolaikirche und ihr Mühen habe ich immer geschätzt.

Hänisch: Ich musste als Leiter des Amtes für Gemeindedienst zu allen Stadtkirchen Kontakte aufrechterhalten, während der Messen im Frühjahr und Herbst fanden Vortragsreihen und zusätzlicher Betreuungsdienst in den Kirchen statt, in der Reformierten Kirche hatten wir die Freitagsmeditation begonnen, in St. Nikolai fanden zum Beispiel in den achtziger Jahren mehrere ‚Nachtgebete zur Sache' um 21.30 Uhr statt, ähnlich dem ‚Politischen Nachtgebet' in Köln, aber mehr mit meditativen Texten und Gebeten.

Petzoldt: Zur Beantwortung sei erlaubt, die Frage auf das Verhältnis zur Nikolaikirche und den dort veranstalteten Friedensgebeten zuzuspitzen. In Gemeinde und Kirchenvorstand der Thomas-/Matthäi-Gemeinde gab es fast regelmäßig die Anfrage, ob nicht auch in der Thomaskirche Friedensgebete zu veranstalten wären. Darüber wurde mehrfach intensiv diskutiert. Dass die Frage verneint wurde, hatte im Wesentlichen folgende zwei Argumentationen zur Voraussetzung: Zum einen gab es die Befürchtung, die Nikolaigemeinde könnte die Eröffnung eines Friedensgebets in St. Thomas als eine unfaire Konkurrenz der ohnehin durch Bach und Thomanerchor begünstigten Thomaskirche auffassen, die außerdem zu dem Ergebnis führen würde, dem lange Jahre überschaubaren Besuch des Friedensgebets in St. Nikolai Abbruch zu tun. Zum anderen erlegte das Verhältnis der Thomaskirche zum Thomanerchor unter der vorherrschenden politischen Situation dem Kirchenvorstand ein Höchstmaß an Verantwortung auf, dem Staat möglichst keine Handhabe zu bieten, dieses Verhältnis zu minimieren oder gar zu beenden. Das war durchzuhalten, ohne die eigenen kritischen Überzeugungen zu verleugnen. Außerordentlich wichtig waren im Verlauf der achtziger Jahre – zum Teil im privaten Gespräch, zum Teil durch Äußerungen im Kirchenvorstand – regelmäßige Informationen zu politischen Fragen und zum Sachstand aktueller Themen durch Superintendent Johannes Richter und deren Abstimmung mit seinem Superintendentenkollegen von St. Nikolai, Friedrich Magirius.

Schille: Auch an unsere Gemeinde wurden Wünsche herangetragen, aufmüpfigen Liedermachern, die wegen politisch mutiger Lieder vom Staat misstrauisch oder feindlich belauert wurden, eine Plattform in Gestalt einer Gemeindeveranstaltung zu gewähren. Darüber waren wir im Kirchenvorstand unterschiedlicher Meinung, auch unabhängig von Geschmacksurteilen über diese Lieder. Manche meinten schon, dass dies wichtig und für uns opportun sei angesichts der politisch unbefriedigenden Situation in diesem Staat, andere stießen sich stark daran, wenn es bei den betreffenden Personen – und ihren Liedern – kaum einen kirchlichen Bezug gab, jedenfalls keine Gewogenheit gegenüber der Kirche. Es gab nicht nur bei uns eine Unsicherheit darüber, wie man sich richtig und klug verhalten sollte, und nicht nur wir hatten den deutlichen Wunsch und die Erwartung, Klarstellungen und geistliche Weisung durch die Landeskirche zu erfahren. Als eine Befreiung habe ich es empfunden, als die Sächsische Kirchenleitung die Gemeinden an ihre eigene Verantwortung und Freiheit bei der Auswahl ihrer politischen Verhaltensweisen verwiesen hat.

Zwei Besonderheiten für die Thomaskirche bestanden darin, dass wir einerseits gegenüber der Nikolaikirche mit ihrem politischer geprägten Profil (Friedensgebete) keine Konkurrenz darstellen wollten und dass wir andererseits unsere besondere Prägung durch den Thomanerchor (auch eine politisch relevante Größe) behalten und keinesfalls gefährden wollten, indem wir etwa auch regelmäßige Friedensgebete außerhalb der Friedensdekade abhielten. Zum Teil verbarg sich hinter dieser Entscheidung natürlich auch eine Schutzhaltung gegenüber uns selbst, die wir den politischen Aktionen anderer in unserer Kirche zögerlich und unentschlossen gegenüberstanden!

Ich selbst habe die Friedensgebete in der Nikolaikirche nur sporadisch und selten besucht, besonders seitdem sie zu einer Plattform von Ausreisewilligen geworden waren, die ihr Motto „Wir wollen raus!" deutlich in die Öffentlichkeit tragen wollten. 1989 wandelte sich dieses Motto aber in „Wir bleiben hier!", was originellerweise dem Staat wie eine Drohung erscheinen musste. Das fand ich nicht nur originell, sondern es entsprach meiner Auffassung und ich wollte mich mit dem

Wiederbeginn der Friedensgebete im Herbst auch daran beteiligen. So kam es dann auch, aber für mich nicht in der Nikolaikirche, sondern vorwiegend in der Thomaskirche und in der Peterskirche.

Am Freitag, den 6. Oktober 1989, fand abends eine Sondersitzung des Kirchenvorstandes der Thomas-/Matthäigemeinde statt. Hier wurde ausführlich und kontrovers der vom Kirchenvorstand der Nikolaikirche eingegangene Brief diskutiert, der die Bitte um ein Friedensgebet in der Thomaskirche am Montag, den 9. Oktober 1989, enthielt. Welche Erinnerungen haben Sie an diese Sitzung?

Janke: Dazu kann ich nichts Wesentliches sagen, da ich erst am 8. Oktober von einem Auslandsurlaub zurückgekommen bin, das heißt, die Kirchenvorstands-Sondersitzung und die Vorbereitung des ersten Friedensgebets in der Thomaskirche habe ich nicht miterlebt. Auch an den Vorbereitungen der weiteren Friedensgebete war ich nicht beteiligt, habe diese aber als sehr sinnvoll und von großem Tiefgang erlebt. Das Benennen zum Beispiel der Unfreiheit im Lande mit allen anderen Missständen wurde in Predigten und in Gebeten – besprochen und gemeinsam gesungen – aufgefangen. Man ging danach ‚befriedet' zur Demonstration. Dies war etwas ganz Wichtiges, um auch auf Provokationen bei den Demonstrationen ruhig zu reagieren. Dazu war auch die Aufforderung unglaublich hilfreich, eine brennende Kerze in der Hand zu halten.

Petzoldt: Anlass für die Sondersitzung war der erwähnte Brief des Kirchenvorstandes der Nikolaikirche, der gleichlautend an die Kirchenvorstände der Peterskirche, Michaeliskirche, Reformierte Kirche und die katholische Propsteikirche St. Trinitatis gegangen war. In unserer Beratung kristallisierten sich sehr bald zwei Vorschläge heraus, die nicht miteinander zu vereinbaren waren. Der eine Vorschlag wurde von dem damaligen Pfarramtsleiter, Pfarrer Hans-Wilhelm Ebeling, unterbreitet, der andere von Superintendent Johannes Richter. Beide bejahten die Durchführung eines Friedensgebets, Pfarrer Ebeling wollte seine Zustimmung unter die Doppelbedingung der Anwesenheit des Landesbischofs und der Feier des Heiligen Abendmahls stellen. Superintendent Richter betonte ausdrücklich die Selbstständigkeit und Eigenständigkeit gegenüber den anderen Friedensgebeten und die Übernahme der Verantwortung durch den gesamten Kirchenvorstand. Zur Vorbereitung schlug er die Einbeziehung von Diakon Gottfried Hänisch vor, den Leiter des Amtes für Gemeindedienst. Nach kontroverser Diskussion wurde eine Abstimmung herbeigeführt, die zu dem Beschluss gelangte, dem Vorschlag Richters zu folgen. Alle Kirchenvorsteher sahen sich in der Pflicht, am Montag, den 9. Oktober, anwesend zu sein und als Ordnungskräfte an den Kirchenportalen Dienst zu tun.

Schille: Eine besondere Situation ergab sich erstmals in der Woche vor dem 9. Oktober, als die Nikolaigemeinde am 3. Oktober 1989 die Kirchenvorstände der Thomasgemeinde sowie der Reformierten Kirche gebeten hatte, am 9. Oktober auch ein Friedensgebet durchzuführen, weil ihr eigenes durch massenhaften Besuch von staatlichen Strohmännern gefährdet wurde. Die Reformierte Kirche hatte bereits am 2. Oktober dem Wunsch der Nikolaigemeinde folgend kurzfristig ein Friedensgebet organisiert. Ob ein solcher Wunsch bereits für den 2. Oktober 1989 auch an uns ergangen war, weiß ich nicht mehr. Jedenfalls war nun eine ganz neue Situation entstanden, in der eine Rücksicht auf unsere etwa unerbetene Konkurrenz zu St. Nikolai nicht mehr geboten war.

Anfänglich stand der damalige Pfarramtsleiter Pfarrer Ebeling den Überlegungen zu einem Friedensgebet in der Thomaskirche zögerlich gegenüber und er hielt ein solches nur unter relativ steilen Anforderungen für möglich. Doch nach dem Erscheinen eines Artikels in der *Leipziger Volkszeitung*, in dem zur Vermeidung der Demonstrationen auch Waffengebrauch empfohlen wurde, hat er sich dann doch für das Friedensgebet in der Thomaskirche entschieden, wie auch andere, die noch gezögert hatten. – Nach einer nicht mehr so kontrovers wie vorher geführten Diskussion haben wir im Kirchenvorstand einstimmig am 6. Oktober 1989 beschlossen, am 9. Oktober in der Thomaskirche ebenfalls ein Friedensgebet durchzuführen, das von da an auch bis ins Frühjahr 1990 wöchentlich stattfand.

Wie gestalteten sich die Vorbereitungen für das erste Friedensgebet in der Thomaskirche? Welche Gedanken standen im Vordergrund, um welche Fragen wurde gerungen?

Hänisch: Am Sonntag, den 8. Oktober, rief mich Superintendent Richter an, ob ich bei dem ersten Friedensgebet am 9. Oktober in der Thomaskirche mitarbeiten könnte. Ich sagte zu, den Gebetsteil mit den Fürbitten zu übernehmen und zu gestalten. Im Hintergrund dachte ich natürlich an die Gebetswand, aber ich hatte auch den Wunsch, bewusst in dieser Weise ein Friedensgebet zu gestalten. Im Laufe des 9. Oktober erfuhr ich von den Stationen innerhalb der Friedensgebete in den Stadtkirchen und trug die Fürbitten für den Gebetsteil zusammen. Dieser umfasste die Gebetstexte, das gesungene Kyrie und das Vaterunser. Zuvor wurde der Kanon *Dona nobis pacem* gesungen. Auch gab es die stille Minute für das persönliche Gebet. Ich schlug für die Thomaskirche vor, das Kirchentagslied *Komm, Herr, segne uns* als Abschlusslied gemeinsam zu singen – dies geschah dann bis zum letzten Friedensgebet im März 1990.

Es bestand Einigkeit darüber, dass die Besucher der Friedensgebete Informationen zur Lage erwarteten. Einzelheiten dazu finden sich in dem Band *Dona nobis pacem*, der bei der Evangelischen Verlagsanstalt Anfang 1990 erschien[5] und dessen Redaktion ich auf Bitte von Superintendent Magirius hin übernommen hatte. Die beiden Superintendenten Magirius und Richter, Propst Hanisch und ich zeichneten als Herausgeber. Mir war bewusst, dass darin nicht nur die Friedensgebete in Nikolai darzustellen waren, sondern die aller anderen Stadtkirchen auch. Für diese Zusammenstellung bat ich sie um ihre Manuskripte. Pfarrer Christian Führer von St. Nikolai sagte zunächst ab, wollte dann aber doch, allerdings sollten auch die Glückwunsch-Telegramme aus aller Welt aufgenommen werden. Ich blieb jedoch bei der Grundordnung der Friedensgebete. Von weiteren Erfahrungen möchte ich nicht berichten, weil es verständlicherweise auch Spannungen zwischen den beiden Kirchen gab.

Petzoldt: Besonders eindrücklich habe ich die Errichtung des Fürbittkreuzes in Erinnerung, das es bis heute in der Thomaskirche gibt. Nach meiner Kenntnis war verabredet worden, die dort angebrachten Fürbittanliegen und Äußerungen in Auswahl den jedes Mal ausführlich gehaltenen Fürbittgebeten des Friedensgebets zugrunde zu legen. Die Ansprachen sollten jeden Montag von verschiedenen Personen gehalten werden. Als Liedersammlung standen überzählige Exemplare des Liedblattes zur Verfügung, das zum Leipziger Kirchentag im Sommer 1989 gedruckt worden war. Einzelne Lieder dieses Blattes avancierten sehr bald zu unverzichtbaren Bestandteilen der Friedensgebete, so zum Beispiel als Schluss *Komm, Herr, segne uns* oder der Kanon *Dona nobis pacem*. Wesentlicher Bestandteil der Friedensgebete war auch immer ein repräsentatives Orgelstück, das der Thomasorganist zu spielen hatte. Eine hohe Aufmerksamkeit wurde der Frage gewidmet, wie die vielen nicht christlichen Menschen anzusprechen und einzubeziehen seien.

Schille: Vorbereitend dazu wurde Landesbischof Dr. Hempel gebeten, diesen Friedensgebeten durch einen Redebeitrag einen gesamtkirchlichen Nachdruck zu verleihen. Kontrovers diskutierten wir, ob und in welchem Sinn bei dem Friedensgebet auf die zu erwartende anschließende Demonstration Bezug zu nehmen sei; sollten wir die Menschen zu der Demonstration, deren Symbolwert ja über das Friedensgebet noch hinausging, ermutigen oder ihnen davon abraten? Dazu konnten wir keine Einigung erzielen. Landesbischof Dr. Hempel ist in seiner Ansprache, die er in allen vier Kirchen gehalten hat, ganz selbstverständlich davon ausgegangen, dass sich an den Fürbittgottesdienst eine Demonstration anschließt. Er hat die Vertreter des Staates zu notwendigen Gesprächen aufgefordert und die Demonstranten zu unbedingter Gewaltlosigkeit ermahnt und ihnen „gutes Durchkommen" gewünscht, womit er keinesfalls den Schleichweg nach Hause, sondern den mutigen Weg durch die Stadt in dem Demonstrationszug gemeint haben dürfte.

Wie haben Sie den entscheidenden Montag, den 9. Oktober 1989, verbracht?

Janke: Nach Beendigung meines Dienstes in der Universitätsklinik bin ich zum Friedensgebet in die Thomaskirche geeilt und kam noch rechtzeitig vor dem Gottesdienst zur Sammlung und zum Gebet der Hauptamtlichen und Kirchenvorsteher in die Nordsakristei – ohne mir noch, nach meinem Urlaub, nähere Informationen einholen zu können! – Während des Gebets lag eine beispiellose ‚Schwere' in der Luft. In der gestopft vollen Kirche empfand ich eine Spannung und Stille zugleich und ein beeindruckendes Miteinander. Bischof Johannes Hempel, der von Dresden nach Leipzig gekommen war, forderte am Schluss seiner Ansprache auf, nicht zur Demonstration, sondern nach Hause zu gehen. Ich empfand dies damals von seiner Seite als politisch-diplomatisch klug, damit die Regierung nicht noch ‚gereizter' reagiert.

Als Kirchenvorsteher habe ich nach Beendigung der Veranstaltung spontan in der Kirche noch etwas mit aufgeräumt und habe dann den leeren Kirchenraum durch das Hauptportal verlassen. Ich war erstaunt, keine Menschen mehr vor der Kirche zu finden und meinte, alle seien nach Hause gegangen. Also fuhr ich mit dem Taxi zu einer Familiengeburtstagsfeier nach Delitzsch. Ich wusste ja nicht, dass die Menge zur Nikolaikirche beziehungsweise zum (damaligen) Karl-Marx-Platz zog. Der Taxifahrer sagte mir, in der Bahnhofsgegend würden Panzer stehen und in den Krankenhäusern würden vermehrt Blutkonserven bereitgehalten! In der Familienrunde berichtete ich von diesem Friedensgebet in der Thomaskirche. An den folgenden Montagen trafen wir dann oft dort zusammen.

Hänisch: Ich betrat am Montag, den 9. Oktober, gegen 16.30 Uhr die Thomaskirche und fand eine sehr gespannte, unruhige Atmosphäre vor. Die Kirche war halb gefüllt und nahm ständig neue Besucher auf. Ich ging zur Predigersakristei, Landesbischof Hempel wurde erwartet. Gegen 16.45 Uhr schlug ich vor, dass jemand nach draußen gehen sollte, um mit den Leuten zu singen. Da sich niemand dazu bereitfand, ging ich selbst in die Kirche und begann vom Kanzelaltar aus das Kyrie einzuüben, danach eine Strophe des Liedes *Komm, Herr, segne uns* und den Kanon *Dona nobis pacem*. Die Fürbitten, die später ebenfalls vom Kanzelaltar aus gesprochen wurden,[6] wurden

---

5 Vgl. Anm. 2.
6 Die Fürbitten sind abgedruckt in: G. Hanisch, G. Hänisch, F. Magirius, J. Richter: *Dona nobis pacem* (wie Anm. 2).

vom gesungenen Kyrie bestätigt und schlossen mit dem gemeinsamen Vaterunser ab.

Petzoldt: Meine Funktionen als Hochschuldozent und als stellvertretender Sektionsdirektor für Erziehung und Ausbildung der Sektion Theologie bestimmten wesentlich jenen Montagvormittag: In der Woche zuvor – ich hielt erstmalig eine dreistündige Vorlesung zum Thema Ethik – sprachen mich am Schluss des Mittwochskollegs sehr harsch und kritisch einige Studenten an, wie sie denn deuten sollten, dass ich seelenruhig meine Vorlesung zur Ethik vortrüge und offensichtlich nicht bemerke, was da um uns herum im Gange sei. Sie vermissten die Möglichkeit, mit mir über die politischen und gesellschaftlichen Anliegen sprechen und diskutieren zu können. Dazu wollten sie gern einen Termin vereinbaren. Ich verhielt mich zu dieser Anfrage ohne Umschweife offen und bereit, erklärte aber, meine Aufgabe sei es, Ethik vorzutragen; doch würde ich mich einer solchen Anfrage niemals entziehen, sondern ihr gern nachkommen. Wir durchforsteten die nächsten Tage – einschließlich Sonntag! – nach einem passenden Termin. Als letzten Ausweg schlug ich Montag, den 9. Oktober, nach der Ethik-Vorlesung vor. Da antwortete jemand: „Das könnte schon zu spät sein!" Der einzige Termin, der übereinstimmend gebilligt wurde, war Montag, 9. Oktober, morgens um 6 Uhr im Klubraum der Theologischen Fakultät, Kellergeschoss. Nie hätte man unter anderen Bedingungen Studenten zu solch einem Termin bewegen können. Ich hielt das für ein deutliches Signal, was ich allerdings für mich behielt und was – wie sich herausstellen sollte – richtig war.

In dieser frühen Runde, zu der eine große Gruppe Studierender anwesend war, ging es um das Friedensgebet am Vormittag um 10 Uhr in der Reformierten Kirche. Die Studierenden wollten den Wegfall der Vorlesungen zugunsten der Teilnahme dort erreichen. Ich erklärte, niemand sei gebunden, die Vorlesungen zu besuchen, meine Kollegen und ich aber seien gehalten, unserer Pflicht nachzukommen, für die Vorlesungen anwesend zu sein. Ich machte auch auf Gefahren aufmerksam, denn uns allen war bewusst, dass die Staatsmacht nicht tatenlos zusehen würde. Gegen Ende dieser Diskussion war auch mein Kollege Dr. Peter Zimmermann anwesend, der verhältnismäßig großzügig die Teilnahme der Studenten am Friedensgebet befürwortete. Als ich nach 9 Uhr aus dem Keller-Klub ins Erdgeschoss kam, erhielt ich die dringende Aufforderung, beim Dekan und Sektionsdirektor zu erscheinen. Dort erfuhr ich, dass die Direktoren aller Sektionen morgens sehr zeitig zum Rapport beim Rektor einbestellt gewesen und offensichtlich in die Pflicht genommen worden waren, keine Beteiligung an Demonstrationen oder Friedensgebeten zuzulassen. Weil ich wahrheitsgemäß berichtete, was im Klub an diesem Morgen geschehen war, musste ich mir eine ziemlich scharfe Zurechtweisung mit dem Hinweis anhören, ich allein müsste die Verantwortung für die Folgen übernehmen. Doch war an dem Gesprächsergebnis nichts mehr zu ändern, da die Studenten bereits fast alle das Haus verlassen hatten. Als ich nach 11 Uhr zur Vorlesung erschien, war niemand da, aber an der Tafel stand zu lesen: „Wir sind im Friedensgebet in der Reformierten Kirche."

Nachmittags machte ich mich gegen 15 Uhr zum Friedensgebet in der Thomaskirche auf, das 17 Uhr beginnen sollte. Unser zweitgeborener Sohn Lorenz, damals 13 Jahre alt, bat mich inständig, mitgehen zu dürfen. Ich wollte das zunächst aus Sicherheitsgründen nicht zulassen, habe aber dann eingewilligt mit der dringenden Bitte an ihn, immer an meiner Seite zu bleiben. Meine Frau hatte sich darauf eingerichtet, einen Elternabend in der Schule zu besuchen, der schon länger geplant war. Da allen bewusst war, in welche Schwierigkeiten man sich in der Öffentlichkeit an diesem Nachmittag begab, ließ ich unsere Tochter Tabea (14) und den Sohn Andreas (8) zu Hause. Mit Lorenz nahm ich meinen üblichen Weg von der Jacobstraße Richtung Thomaskirche: Wir liefen an den aufmarschierten mannschaftsstarken Gruppierungen der Polizei, Betriebskampfgruppen und wohl auch der NVA vorbei, sahen in der Bosestraße und am Matthäikirchhof LKWs mit vormontierten schneepflugartigen breiten Geräten, die offensichtlich zum Zusammen- und Wegdrücken von Menschenmassen bestimmt waren; wir gingen mitten durch eine merkwürdige und zugleich Angst machende Stille zur Thomaskirche.

Schille: Der Montagabend war für mich schon seit langer Zeit ein Tag gemeinsamen Musizierens mit ein paar Gleichgesinnten, zu dem wir uns gemeinsam in Schleußig etwas außerhalb der Innenstadt trafen. Eine regelmäßige Teilnahme ist für so eine gemeinsame Unternehmung besonders wichtig und wurde von allen, so oft es ging, ermöglicht. Da ich dorthin mit dem Rad fuhr, musste ich etwa 18.30 Uhr aus der Innenstadt losfahren. Damit war der Besuch des Friedensgebets durchaus möglich, aber bei Demonstrationen konnte ich meist nur bis zum Hauptbahnhof mitziehen und fuhr dann los. Dass ich dabei mein Rad schiebend mitführen musste, vermittelte mir bei den ersten Demonstrationen durchaus ein Gefühl von Sicherheit, denn ich hätte ja schnell das Hasenpanier ergreifen können, wenn es brenzlig geworden wäre. Das gilt insbesondere für die Demonstrationen im Oktober 1989. – Am 9. Oktober bin ich wohl etwas später zum Musizieren gekommen, für weitere Montage habe ich von vornherein für mich einen späteren Beginn reklamiert, habe mich auch manchmal ganz entschuldigt und dafür Verständnis gefunden.

Eine Funktion bei einem Friedensgebet hatte ich höchstens in sehr allgemeiner Art zum Ordnen in der Kirche.

Eine deutliche Erinnerung habe ich an den besonderen Charakter der Friedensgebete gegenüber anderen Veranstaltungen in der Thomaskirche. Eine zum Bersten überfüllte Thomaskirche war uns nicht neu – nicht nur am Heiligabend. Aber die Selbstverständlichkeit und Ernsthaftigkeit der vielen Menschen – die ja zum Friedensgebet nur selten Touristen waren, sondern Leipziger, die diese Kirche sonst eher selten aufsuchten –, mit der dort gesungen und gebetet wurde, hat mich stark beeindruckt. An einem Dienstagmorgen zum Arbeiterverkehr fuhr ich mit einem Bus in eine etwas entfernte sächsische Kleinstadt, weil ich dort dienstlich zu tun hatte. Die Gespräche im Bus drehten sich fast ausschließlich um die Montagsdemonstration vom Vorabend in Leipzig. Es wurde begeistert von den pfiffigen Bemühungen der Menschen im Leipziger Umland berichtet, rechtzeitig bei den Demonstrationen zu sein, und von den Schwierigkeiten, wieder nach Hause zu gelangen, sowie dem Stolz, bei etwas Wichtigem dabei gewesen zu sein. Und die Gespräche waren lauter und unbeschwerter als sonst bei politischen Themen in der relativen Öffentlichkeit eines Fernbusses, wo man sich gegenseitig kannte. Dort traf ich auch eine Bekannte, deren Mann Kantor in der Kleinstadt war, und sie erzählte davon, wie die Menschen in ihrer Stadt ebenfalls nach Formen suchten, ihrem politischen Veränderungswillen Ausdruck zu geben, und dabei von der Kirche erwarteten, geeignete Personen und Räume zur Verfügung zu stellen, worin sie auch nicht enttäuscht wurden.

Welche Funktion hatten Sie während des Friedensgebets in der Thomaskirche am 9. Oktober zu erfüllen? Was ist Ihnen von diesem Friedensgebet in besonderer Erinnerung geblieben?

Hänisch: Wie bereits beschrieben, habe ich mit den Menschen gesungen. In Erinnerung ist mir, dass mich nach dem Friedensgebet eine Frau, deren Namen ich nicht kenne, im Altarraum ansprach und sagte: „Sie wissen gar nicht, was für eine Macht Sie jetzt haben!" Ich entgegnete fragend: „Macht? Ich habe doch keine Macht! Sie meinen vielleicht Kraft ..." „Nein, ich meine Macht. Sie haben jetzt die Macht!"

Petzoldt: Ich war eingeteilt worden, an der Bachtür den Einlass und den Ausgang zu regeln und dabei am Schluss den Kollektenbeutel zu halten. Wir, die wir als Helfer eingeteilt worden waren, erfuhren, dass Landesbischof Hempel alle Friedensgebete besuchen und selbst das Wort nehmen werde. Doch sei wegen seines Weges durch vier Kirchen ungewiss, wann dies sein werde. Er sprach dann in der Thomaskirche gleich zu Anfang des Friedensgebets zu der dringenden Notwendigkeit von Gesprächen[7] und bat vor allem darum, auf seine Ansprache hin nicht zu klatschen. Da die Kirche bereits um 16 Uhr völlig überfüllt war, gab es die Anweisung – wohl vom Superintendenten und vom Pfarramtsleiter –, niemanden mehr einzulassen. Die Menschen saßen und standen überall, Person an Person, dicht gedrängt. Es gab keine freie Nische mehr, selbst Chorraum, Altarstufen, Kanzeltreppe, Chorempore und Orgelbank waren dicht besetzt, einzelne saßen in den unteren Fensternischen. Es war nicht auszudenken, was bei einer Panik passieren würde. Die Thomaskirche hatte wohl nur einmal zuvor – so habe ich mir später überlegt – eine solche Fülle erlebt, nämlich anlässlich der legendären Predigt Martin Luthers am 1. Pfingsttag 1539; da sollen die Menschen sogar Leitern von außen an die Fenster gestellt haben, um Luther zu hören. Nach der Schließung der Türen kam es zu ungekannten Szenen biblischer Qualität: Pochen, Rufen, dringende Forderungen nach Einlass! Mehrfach wollte jemand hinaus, weil eine Begleitperson gesucht wurde; machte man die Tür dazu auf, drängten sofort bis zu zehn weitere Menschen wieder herein. In Erinnerung sind mir die unerwartete Disziplin, Bereitschaft zur Ruhe und die Erwartungshaltung geblieben, die alle Beteiligten trotz großer innerer Erregung zeigten. Irgendwann zwischen 16 und 17 Uhr – während des Wartens auf den offiziellen Beginn des Friedensgebets – fing jemand mit den Menschen an zu singen: *Dona nobis pacem*, den Kanon aus frühen Kindertagen, jetzt allen bekannt und aus tiefster Seele mitgesungen – immer wieder und immer wieder. Die eindringlichen Ansprachen,[8] danach das Lied *Sonne der Gerechtigkeit*, das mir in ganz anderer Weise wichtig wurde als bisher, die Verlesung von erschütternden Gebetsanliegen, das Fürbittengebet[9] selbst mit dem *Kyrie eleison* aus der orthodoxen Liturgie, der ‚Appell der Leipziger Sechs' und die Abkündigungen – einziger Ort aktueller Nachrichten zum Geschehen und zu Verhaftungen Einzelner unter sinnlosen offiziellen Begründungen – wurden unter intensiver Beteiligung (Beifall, Buhrufe) der riesigen Menschenmenge mitvollzogen. Am Schluss stand eine eindrückliche Segensadaption auf der Grundlage des aaronitischen Segens, dann das *Komm, Herr, segne uns*. Als das Friedensgebet zu Ende war, leerte sich die Kirche verhältnismäßig rasch. Tausende gingen an mir vorüber. Viele sagten etwas, das nicht zu verstehen war. Ein Mann rief mir zu: „Wissen Sie, warum wir hier sind? – Weil wir hier gesegnet werden!" Ich selbst ging mit Lorenz ebenfalls hinaus und

---

7 Vgl. G. Hanisch, G. Hänisch, F. Magirius, J. Richter: *Dona nobis pacem* (wie Anm. 2), S. 51–52.
8 Predigt von J. Richter, in: ebenda, S. 53–55.
9 Fürbitten dieses Friedensgebets, in: ebenda, S. 56–57.

reihte mich in den Demonstrationszug ein. Die Glocken läuteten und aus den Lautsprechern des Stadtfunks klang die Stimme Kurt Masurs, der den ‚Appell der Leipziger Sechs' verlas.

Wie gestaltete sich für Sie der weitere Abend des 9. Oktober nach dem Friedensgebet in der Thomaskirche?

Hänisch: Nach einem Gang durch die Stadt fuhr ich nach Hause und verfolgte die Nachrichten im Fernsehen. Längere, vereinbarte Telefongespräche mit Freunden in München, Hannover und Detmold, die spürbar abgehört wurden, wechselten sich mit Gesprächen in der Familie und im Freundeskreis ab – bis in die Nacht hinein. Ich beteiligte mich am 9. Oktober nicht an der Demonstration um den Ring, erst ab dem 23. Oktober. – Am 16. Oktober hatte ich, nach dem Friedensgebet in der Thomaskirche, Abenddienst in Mölkau. Dort ging es auch im Gemeindekreis um die politischen Veränderungen.

Petzoldt: Im Demonstrationszug mitzulaufen, löste bei mir unterschiedliche Gefühle aus: Bisher waren Demonstrationen offiziell anberaumte und von der Staatsmacht befohlene Veranstaltungen gewesen, vor allem jährlich zum 1. Mai, zu dem die meisten Menschen ‚freiwillig gezwungen' hingingen. Zumal der unentwegt aus den Lautsprechern am Ring ertönende ‚Appell der Leipziger Sechs' eine ungute Nähe zu den daraus sonst zu hörenden Selbstpreisungen des Regimes zu signalisieren schien. Es war alles sehr gewöhnungsbedürftig, aber ich sagte mir, dass diese Sätze überlebenswichtig sein könnten. Dazwischen wurde diese Botschaft immer mehr überdeckt vom lauten Singen und Taktklatschen der Menge zu Sätzen wie „Stasi in die Volkswirtschaft, Bonzen in den Tagebau!". Transparente mit bisher ungekannten Forderungen waren zu lesen, nach freien Wahlen, Versammlungsfreiheit, nach Ausreise, nach Verurteilung Erich Honeckers, Horst Sindermanns und Willi Stophs.[10] Alles verlief ohne die kleinste brachiale Ausschreitung, selbst beim Umrunden der verhassten ‚Runden Ecke'[11] nahm niemand einen Stein, ging niemand auf die immer noch in den Nebenstraßen auf ihren Einsatz wartenden Sicherheitskräfte, Betriebskampfgruppen oder die Polizei los. Die Jalousien der ‚Runden Ecke' waren verschlossen, da und dort sah man einen Lichtschimmer blitzen; das Haus war innen, aber auch außen besetzt. Von außen durch Menschen des Bürgerkomitees, die sich darauf vorbereitet hatten, sich eventuellen zornigen Übergriffen der Menge entgegenzustellen. Doch zu diesen Übergriffen ist es nicht gekommen. „Keine Gewalt!", ertönte in machtvoller werdenden Sprechchören. Auf der sogenannten Dribberlaatsche (Fußgängerbrücke am Friedrich-Engels-Platz, heute Goerdelerring) standen Menschenmauern, die das ganze Geschehen von oben betrachteten. In der Nähe der Reformierten Kirche verließen wir die Demo und gingen nach Hause, wo wir dann die ARD-Tagesschau um 20 Uhr mit der Nachricht sahen, dass die Demos in Leipzig friedlich verlaufen seien – eine unglaubliche Angelegenheit.

Die nachfolgenden Tage waren ausgefüllt mit sehr unterschiedlichen Entwicklungen. Welche haben Sie noch in besonderer Erinnerung? Zum Beispiel die Diskussion um einen Artikel eines Kommandierenden von Betriebskampfgruppen, der gegen Pfarrer Hans-Wilhelm Ebeling gerichtet war, veröffentlicht in der Leipziger Volkszeitung (LVZ), *dem ‚Zentralorgan der SED des Bezirkes Leipzig'?*

Janke: In den folgenden Tagen gab es, wie auch in den vergangenen Wochen, überwiegend im kleineren dienstlichen und im privaten Bereich genügend Diskussionen – überwiegend den Forderungen nach Veränderungen zustimmend, es gab aber auch einzelne aggressiv-negative Stimmen („… wenn ich Kohl begegne, knalle ich ihn ab!"). Alle ‚Lockerungen' nutzten wir, um im Klinikbereich etwas zu bewegen. Nachrichten und Zeitungsberichte wurden verfolgt, und wir hörten, wie sich überall im Lande etwas bewegte. In der *Leipziger Volkszeitung* war es zu heftigen Angriffen auf Pfarrer Ebeling gekommen, er beabsichtige durch seine Äußerungen, die ‚Errungenschaften des Sozialismus' rückgängig zu machen. Ich nahm das verwundert zur Kenntnis, sah es aber nicht als ‚tragisch' an, weil ich ihn nicht als Fürsprecher des DDR-Staates kannte, im Gegenteil. Er suchte, wenn er die Möglichkeit hatte, positive Verbindungen zu westdeutschen Verantwortlichen zu knüpfen. Für Pfarrer Ebeling selbst waren und sind diese Artikel schwer zu verkraften. Kaum wird von den vielen Jahren seiner pfarrberuflichen Tätigkeit und der Seelsorge gesprochen.

Hänisch: Natürlich waren die Tage (und Nächte) angefüllt mit den politischen Ereignissen. Das Montags-Friedensgebet in der Thomaskirche war für mich nur eine unter vielen anderen Aufgaben; ich nahm diese jedoch besonders gern wahr. Für das Friedensgebet in der Thomaskirche habe ich dann den ‚Vorspann' vor dem Gebet organisiert, zum Beispiel sangen der Jugendchor des Gewandhauses unter dem späteren Thomaskantor Biller oder die Schwestern vom Trinitatis-Ring[12], jeweils ab

---

10 Entgegen der noch bestehenden Druckzensur hatte bereits Anfang Dezember 1989 die Druckerei Gärtner ein grünes DIN-A5-Blatt aus Karton herausgegeben, auf dem sehr viele der Losungen gesammelt waren, die auf Transparenten der Montagsdemonstrationen zu lesen waren.

11 Die ‚Runde Ecke' war das Hauptquartier der Staatssicherheit im Bezirk Leipzig.

12 Die ‚Trinitatis-Schwestern' sind eine unter Mitwirkung von Superintendent Johannes Richter gegründete kommunitär lebende Schwesternschaft, die sich der Altenpflege und der Seelsorge gesellschaftlich ausgegrenzter Menschen widmet.

16.30 Uhr bis zum Beginn des Friedensgebets, oder die Orgel spielte. Dadurch trat eine gewisse Ruhe ein. Auch musste ich für den Gebetsteil Menschen suchen, die zum Verlesen der Fürbitten zur Verfügung standen. Mir ist in Erinnerung, dass mir dabei verschiedene Menschen eine große Hilfe waren; ich nenne nur Beate Kirsch und Irmtraut Hollitzer.

Petzoldt: Im Kirchenvorstand der Thomaskirche war besprochen worden, das Friedensgebet ohne Begrenzung weiter fortzusetzen. Das vor allem deshalb, weil sich herausstellte, dass die weiterhin gut besuchten Veranstaltungen neben ihrer geistlichen Potenz die einzige öffentliche Basis sein konnten, Informationen zu transportieren, die unter den weiterhin heiklen Bedingungen sonst nur dem Schweigen anheimgefallen wären. Die öffentlichen (nach wie vor kontrollierten) Medien schrieben immer noch nur das, was zugelassen wurde. Unter anderem kam es in der *LVZ* zu einem rüden Angriff eines Kommandierenden einer Betriebskampfgruppe gegen Pfarrer Ebeling, man lasse sich von ewig Gestrigen die ‚Errungenschaften des Sozialismus' nie wieder aus der Hand nehmen. – Ich selbst hatte in der Sektion Theologie, wie auch meine Kollegen, meine Aufgaben wahrzunehmen. Dort kam es sehr bald von Kollegen und Studenten zu der Forderung nach einer Sektionsratssitzung, die sonst gewöhnlich nur jeweils einmal am Anfang und am Ende des Semesters stattfand. Diesen Wunsch trug ich dann dem Sektionsdirektor vor, der erst sehr ablehnend reagierte, mir aber dann die Leitung der Sitzung übertrug, die jedoch erst Anfang November stattfinden sollte. Auf der Tagesordnung standen unter anderem die Forderung nach einer FDJ-freien Studentenvertretung und die Beendigung des Marxismus-Leninismus-Grundlagenstudiums. – Nicht unwesentlich war dann der Sturz Honeckers am 18. Oktober,[13] doch trat sofort Ernüchterung bei der Mitteilung ein, dass Egon Krenz sein Nachfolger sein würde. Im Lauf der Zeit wandelte sich die Strenge der Forderungen bei den Demos nicht selten um in ironisch-sarkastische Sprüche: „Hallo, Fans / von Egon Krenz!" oder „Egon Krenz / mach dir kein' Lenz!"

Schille: Der Herbst 1989 war gekennzeichnet durch eine vorher nicht da gewesene Wachheit gegenüber politischen Vorgängen. Viele Menschen – besonders junge – warteten wohl auch darauf, dass sie dieses Land wenigstens zu Besuchen und Reisen verlassen könnten.

Aber auch den Vorgängen hier im Land wurde mit großer Aufmerksamkeit begegnet und von manchen auch mit großer Aktivität.

Ich erinnere mich, dass sich Kurt Masur in seiner herausgehobenen Position nicht nur in dem ‚Aufruf der Leipziger Sechs' deutlich für einen Prozess von Reformen und Erneuerungen der DDR eingesetzt hat: So fand am 22. Oktober 1989 im Gewandhaus der Auftakt zum sonntäglichen ‚Dialog am Karl-Marx-Platz' statt, wo als Hauptforderung die Zulassung des Neuen Forums erhoben wurde. Am 25. Oktober 1989 führte Masur ein Gespräch mit dem Mitbegründer des Neuen Forums, Rolf Henrich, über dessen DDR-kritisches Buch *Der vormundschaftliche Staat*, das vom Sender Leipzig übertragen wurde und später auch in Auszügen im *Sächsischen Tageblatt* veröffentlicht wurde. Straßenmusikanten waren vorher wegen ihrer kritischen und unabhängigen Texte mehrfach von den Vertretern der Staatsmacht verdächtigt und verfolgt worden. Es kann nur als eine politische Demonstration gewertet werden, dass Masur als strenger Hüter herausgehobener Musikkultur im Gewandhaus ihnen das Haus für ihre Darbietungen öffnete.

Der offizielle staatliche Allgemeine Deutsche Nachrichtendienst (ADN) hatte eine Dienststelle in der Schulstraße und am Eingang einen Schaukasten, wo neue Agenturmeldungen bekannt gemacht wurden; unter den Bedingungen der DDR-Informationspolitik kein sehr öffentlichkeitswirksames Projekt. In den Tagen des Oktobers sah man aber täglich und ganztägig Trauben von Menschen dort stehen, die friedlich, aber ungeduldig warteten, bis sie endlich vorn waren und lesen konnten, wie staatliche Informationsmedien über Dinge berichteten, die diese Menschen miterlebt und mitbewirkt hatten. Und plötzlich war die strenge Synchronisation zwischen den Nachrichtenmedien von Presse, Radio und Fernsehen aufgeweicht, berichteten verschiedene Zeitungen unterschiedlich und zu verschiedenen Zeitpunkten von den bewegenden Zeugnissen des Volkswillens. Das *Sächsische Tageblatt* – immer schon die Zeitung mit den differenzierteren Darstellungen, vor allem was künstlerische Ereignisse wie Theateraufführungen betraf – zeigte sehr viel eher Mut zu politisch eigenständigeren Urteilen als die *Leipziger Volkszeitung*. Und – auf den ersten Blick verblüffend – zeigte sich ein deutlicher Unterschied auch zwischen Rundfunk und Fernsehen. Der Rundfunk – damals auch in Leipzig zu Hause – war wesentlich früher politisch wach und wurde mutiger und unabhängiger als das Fernsehen, das in Berlin-Adlershof viel näher an der Staatsmacht und offenbar stärker von ihr umklammert und vereinnahmt war.

Die Friedensgebete in der Thomaskirche wurden bis zum März 1990 fortgesetzt: Welche Erlebnisse während der

---

13 Irgendein Witzbold hatte in die Öffentlichkeit lanciert, die Leipziger seien sehr schnell gewesen und hätten deshalb einer Straße den Namen ‚Straße des 18. Oktober' gegeben. Doch diese gab es schon seit vielen Jahrzehnten, da sie an den entscheidenden Tag der Völkerschlacht von 1813 erinnerte.

Friedensgebete, aber auch rund um die Friedensgebete sind besonders eindrücklich gewesen?

Janke: Die Friedensgebete in der Thomaskirche sind für mich unvergessliche Erlebnisse mit bleibendem Eindruck. Bewegend war auch, dass die Menge von Menschen, die zum Teil sonst nicht in die Kirche kamen, nun großes Vertrauen mitbrachte. Sie ließen sich spätestens mit dem regelmäßigen, beeindruckenden Schlussgesang *Komm, Herr, segne uns* und von *Dona nobis pacem* in die Gebetsgemeinschaft einbeziehen. Sie brachten ‚der Kirche' Vertrauen entgegen! Dies zeigte sich auch später bei der Einberufung der Runden Tische zur Umgestaltung der Arbeit in den Rathäusern, Kreisen und Bezirken! Selbst Erich Honecker nahm später aus Sicherheitsgründen bei der Pfarrersfamilie Holmer in Lobetal bei Berlin Wohnung, weil seine Parteifreunde nicht bereit waren, ihn und seine Frau bei sich aufzunehmen.

Hänisch: Ich wurde öfter auf das Friedensgebet in der Thomaskirche angesprochen. Besonders der bewusst gewählte Gebetsteil mit Fürbitte und Kyrie wurde als wohltuend empfunden, die spirituelle Seite also. Obwohl genügend politischer Zündstoff in den Gebetstexten mit ihren aktuell formulierten Anliegen vorhanden war, wirkte die tragende und eindeutige Gebetsform auf die Menschen: Das gemeinsame Singen von *Dona nobis pacem,* die stille Minute für das persönliche Gebet und das Segenslied setzten dabei ihre wichtigen Akzente. – Die bei Kirchentagen gewonnenen Erfahrungen halfen mir, das Spirituelle mit dem Emotionalen in eine überzeugende Verbindung zu bringen. Dabei habe ich gern für mich den Leitgedanken aufgenommen: Offen für alle, aber nicht für alles. – Abschließend, und nach zwanzig Jahren, wage ich zu wiederholen, was ich schon damals erkannte: Die friedliche Revolution ist ein Geschenk Gottes gewesen – nach intensiven Gebeten darum.

Petzoldt: In Beantwortung dieser Frage möchte ich von einer ganz persönlichen Erfahrung berichten: Ich war gebeten worden, beim Friedensgebet des 27. November die Ansprache[14] zu übernehmen. Dabei stand ich unter dem Eindruck einer Kolumne auf Seite eins des *Neuen Deutschland (ND),* die am Freitag zuvor, am 24. November, erschienen war. Dort wurde „Rache den Honeckers, Mittags etc." geschworen. Ein Blatt, das noch kurz zuvor die parteitreuen Sprüche verbreitet hatte, äußerte sich nun – aus der Feder der gleichen Journalisten! – in pogromartiger Stimmungslage. Das erzürnte mich, erinnerte mich aber zugleich an Rm 12,21, wo Paulus Rache zur alleinigen Sache Gottes erklärt und jene großartige Fortsetzung findet: „Lass dich nicht vom Bösen überwinden, sondern überwinde das Böse mit Gutem." Damit hatte ich mein Thema für die Ansprache des Friedensgebets gefunden. Einer der Höhepunkte dieser Ansprache war aber schließlich ein Satz, der unerwartete Folgen nach sich zog. Ich hatte nämlich erklärt: Das Volk der DDR sei nicht nur Opfer gewesen, sondern auch in verschiedenem Maße zur Mittäterschaft gezwungen, verführt, erpresst worden. Noch am gleichen Abend machte ich aus meiner Ansprache einen Leserbrief zur Freitagskolumne, die wenige Tage später mit meiner vollständigen Anschrift im *Neuen Deutschland* abgedruckt wurde. Bereits am Folgetag klingelte die Briefträgerin an unserer Wohnungstür, fragte mich, was ich denn verursacht hätte, sie könnte die Masse der Briefe nicht im Briefkasten unterbringen, und übergab mir eine ganze Taschenladung mit Briefen, Anschreiben aus allen Teilen der DDR mit unterschiedlichsten Reaktionen zu meinem Leserbrief. Das ging noch einige Tage so weiter. Die Autoren der Briefe waren Christen und Nichtchristen, Parteigebundene und Nichtparteileute, Mitglieder der Nationalen Volksarmee und des Staatsapparates, dabei auch ganz einfache Leute, es gab Handgeschriebenes und maschinegeschriebene Briefe. Ich wurde aufgefordert, in Analogie zur Stuttgarter Schulderklärung von 1945 tätig zu werden, nach Halle in eine Initiativgruppe zu kommen, Vorträge zu halten und vieles mehr; ein als Arzt tätiger Oberst der NVA schickte mir einen nicht enden wollenden Brief mit einer Art Lebensbeichte.

Schille: Demonstrationen und Kundgebungen bekamen im November 1989 eine neue Bedeutung und ein neues Ausmaß. Die gewaltige Demonstration und Kundgebung für Meinungs-, Presse- und Versammlungsfreiheit am 4. November 1989 in Berlin, organisiert von den Berliner Theater- und Kulturschaffenden, haben wir nur am Fernseher verfolgt, und wir haben mit Staunen und Begeisterung gehört, was die von uns auch früher schon geschätzten Stefan Heym, Christa Wolf, Ulrich Mühe und viele andere zu den 500 000 Teilnehmern sagten und von den noch Regierenden forderten. Überhaupt ist die Rolle, die viele Theaterschaffende bei der Vorbereitung und Begleitung der friedlichen Revolution spielten, kaum zu überschätzen. Nicht nur in Leipzig, sondern besonders auch in Dresden und in Berlin haben Schauspieler vor ihren Vorstellungen Texte verlesen, in denen sie den Forderungen ihrer Zuschauer nach politischen Reformen und Freiheiten Ausdruck gaben.

Die erste genehmigte öffentliche Kundgebung des Neuen Forums am 18. November 1989 auf dem Dimitroffplatz, die unter anderem den Machtanspruch der SED infrage stellte, habe ich selbst erlebt. Nicht nur, was dort

---

14 Vgl. G. Hanisch, G. Hänisch, F. Magirius, J. Richter: *Dona nobis pacem* (wie Anm. 2), S. 162–163.

gesagt wurde, war spannend, sondern auch, wen man dort traf und als Gesinnungsgefährten ansehen durfte. Ich erinnere mich noch, dass ich Cornelius Weiß dort begegnete, dem späteren Rektor der Universität, den ich aus anderen Zusammenhängen kannte, und dass wir uns beide freuten, den anderen dort anzutreffen. – Und auch auf den Stolz besinne ich mich, mit dem wir unseren Freund aus dem Westen, der 1961 dort geblieben war, obwohl er das ursprünglich nicht vorhatte und mit dem der briefliche Kontakt nicht abgerissen war, mit zur Demonstration genommen haben und wie froh wir dabei waren.

Am 26. Oktober 1989 kam es zu einem ersten Runden Tisch, der beim Vorsitzenden des Rates des Bezirkes Leipzig in der Karl-Liebknecht-Straße stattfand. Bitte berichten Sie von Ihren Erinnerungen daran.

Janke: Beeindruckend waren die Runden Tische, die in den verschiedensten größeren und kleineren Orten in den Rathäusern gebildet wurden – überwiegend unter der Leitung eines leitenden Pfarrers beziehungsweise Superintendenten. Die Menschen vertrauten darauf, dass diese die Vertreter aus den verschiedenen Parteien im Guten zusammenbringen könnten – was wohl auch überwiegend gelang. Das ist für mich der große bleibende Eindruck von diesen Versammlungen der Übergangsphase. – Dafür können wir den Vorsitzenden der Runden Tische, glaube ich, gar nicht dankbar genug sein. Und nicht zu vergessen natürlich die große Hilfestellung durch Fachleute aus den alten Bundesländern. Für uns konkret in Leipzig und Sachsen muss man in diesem Zusammenhang stellvertretend zwei Personen nennen: Herrn Ministerpräsident Kurt Biedenkopf und Herrn Oberbürgermeister Hinrich Lehmann-Grube.

Petzoldt: Das genannte Gespräch vom 26. Oktober 1989 ist dokumentiert.[15] Ich war in meiner Eigenschaft als Kirchenvorsteher von St. Thomas und als Mitglied der Theologischen Fakultät, in der dortigen Funktion des stellvertretenden Direktors, eingeladen worden. Die Leitung hatten der Vorsitzende des Rates des Bezirkes Leipzig, Rolf Opitz, und dessen Stellvertreter, Dr. Hartmut Reitmann. Es gab am Anfang zwei Ansprachen, eine seitens der Bezirksvorsitzenden (zu Handel, Bau, Wirtschaft, Export und Binnenwirtschaft), eine andere seitens des Oberlandeskirchenrates Dieter Auerbach aus Dresden (zu Wahlverfahren des Staatsratsvorsitzenden, zur Ermöglichung des Dialogs durch die Demonstrationen und zur derzeitigen Fremdbestimmung der Kirche, die in der Weigerung des Staates zum Dialog mit Gruppen ihre Ursache habe). Die Vertreter der Kirche und der theologischen Ausbildung waren nach undurchschaubarer Maßgabe ausgewählt. Ich erinnere mich, dass ohne Scheu – aber auch vonseiten des Staates ohne die sonst sofort geübte Ablehnung und Verweigerung – das offene Wort zu Missständen und kritikwürdigen Anlässen dominierte. Selbst der in der Verfassung von 1968 festgeschriebene Führungsanspruch der SED wurde von den eigenen Funktionären problematisiert.

Schille: Wir haben lange Zeit vorher nicht so intensiv und systematisch Radio gehört und Fernsehen gesehen, wie zur Zeit der Runden Tische. Und wir waren auch ein wenig stolz darauf, dass die Vertreter der Kirchen, Oberkirchenrat Martin Ziegler und Monsignore Dr. Karl-Heinz Ducke, das Vertrauen besaßen, diese Veranstaltungen zu moderieren in einem Land, in dem die Kirchen mit ihren Vertretern über Jahrzehnte hin als überholt und überflüssig diffamiert worden waren. Dass die Kirchen – nicht immer einheitlich und vorwiegend in kleinen aktiven Gruppierungen und teilweise in kritischer Distanz zu ihren Leitungsebenen – bei der Vorbereitung und im Verlauf der friedlichen Revolution eine verhältnismäßig große Rolle übernommen hatten, ließ uns auch neu über unsere Kirche und künftige erweiterte öffentliche Wirkungsmöglichkeiten und Aufgaben nachdenken. Die tatsächlichen Entwicklungen haben wir dabei nur ungenau vorausgesehen.[16]

---

15 Johannes Richter: *Kirche und gesellschaftliche Umgestaltung*, in: Sorget nicht, was ihr reden werdet. Kirche und Staat in Leipzig im Spiegel kirchlicher Gesprächsprotokolle (1977–1989), Dokumentation, hrsg. v. Christoph Kaufmann, Doris Mundus und Kurt Nowak, mit einem Nachwort von Johannes Richter, Leipzig 1993, S. 297–303.

16 Weiterführende Literatur u. a.: Christian Dietrich, Uwe Schwabe: *Freunde und Feinde. Dokumente zu Friedensgebeten zwischen 1981 und dem 9. Oktober 1989*, Leipzig 1994; Constanze John, Kerstin Schimmel: *Grenzfall Einheit – Zwischenberichte aus Sachsen*, Leipzig 2005; Doris Mundus: *Leipzig 1989. Eine Chronik*, Leipzig 2009.

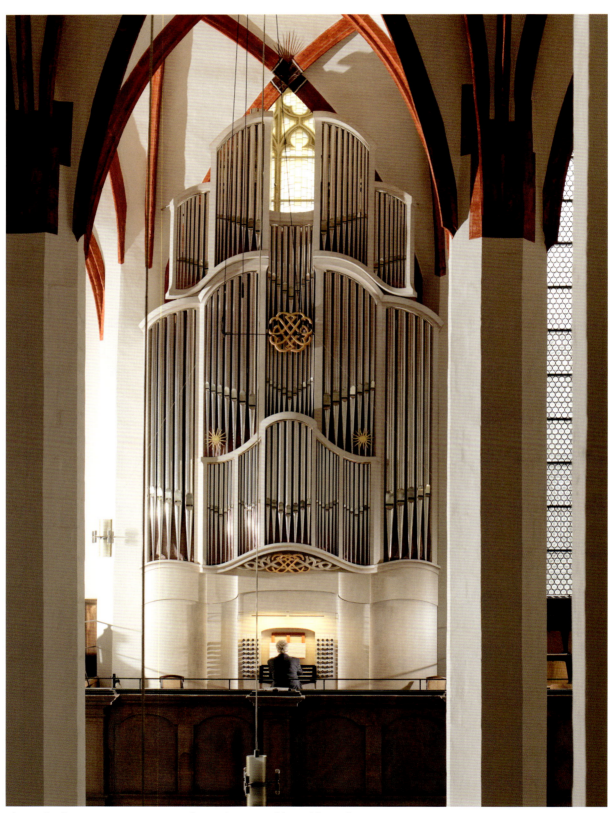

Thomaskirche Leipzig, sogenannte Bach-Orgel von Gerald Woehl, Nordempore, 2000
(Archiv der Thomaskirche, Foto: Michael Bader)

Thomasorganist und Thomaskantor – Partner oder Konkurrenten?
Ein Gespräch mit dem Thomasorganisten Prof. Ullrich Böhme

Sabine Näher

Als Johann Sebastian Bach 1723 sein Amt als Thomaskantor antrat, war Johann Gottlieb Görner noch nicht der Organist der Thomas-, sondern der Nikolaikirche. Die erste Auseinandersetzung zwischen beiden betraf einen ganz anderen Zuständigkeitsbereich, nämlich den der Universitätsmusik. Traditionell war der Thomaskantor für die ‚alten Gottesdienste' sowie die Quartalsorationen in der Universitätskirche zuständig; im Interim des Kantorats zwischen Johann Kuhnau und Bach wurden die mittlerweile eingeführten ‚neuen Gottesdienste' der Verantwortung Görners übertragen und ihm der Titel des Direktors der Universitätsmusik verliehen. Das Gehalt, das ihm die Universität dafür zahlte, reklamierte jedoch Bach unter Berufung auf die traditionelle Zuständigkeit für sich. Waren es Ihrer Meinung nach wirklich nur finanzielle Erwägungen, die den Thomaskantor so heftig protestieren ließen, Herr Böhme?

Auch im Hinblick auf diesen Streitfall verhält es sich wie mit vielen Ereignissen in Bachs Leben: Genaues weiß man nicht. Ich vermute, es waren letztlich ähnliche Konstellationen wie heute, und man kann Parallelen zur aktuellen Situation ziehen. Der Thomaskantor, der zugleich Städtischer Musikdirektor war, wünschte sich natürlich ein möglichst umfangreiches Wirkungsfeld. Für ihn war es eine Prestigefrage, auch für die Universitätsmusik zuständig zu sein. Da man Görner aber 1722 zum Universitätsmusikdirektor berufen hatte, musste dieser sich gegen die Ansprüche des neuen Thomaskantors zur Wehr setzen, was ihm letztlich auch gelungen ist. Meiner Ansicht nach ist aber auch zu bedenken, dass Bach mit Sicherheit der bedeutendste Komponist und Organist der Stadt gewesen ist. Das wird Görner wohl anerkannt haben.

Wie Sie gerade schon erwähnten, war das Amt des Thomaskantors mit dem des Städtischen Musikdirektors verbunden: Damit war Bach in erster Linie verantwortlich für die Musik in den vier Hauptkirchen, die jeweils eigene Organisten hatten. Was wissen wir über deren Status?

Auch da vermute ich, dass die Verhältnisse ähnlich waren wie heute. Die Organisten der Hauptkirchen wirkten mit dem Thomaskantor zusammen: Bach war der Dirigent – unter seiner Anleitung haben alle Musiker, so auch die Organisten, gespielt. Ich muss ehrlich zugeben: Ich beneide sie darum nicht! Denn sie hatten sehr schwere Generalbässe zu spielen, die aus handgeschriebenen Noten entziffert werden mussten. Dabei wurde kaum geprobt, aber unter Bachs strenger Leitung vermutlich höchste Qualität erwartet. Das war sicher kein leichter Job.

Philipp Spitta bezeichnet die Organisten in seiner 1880 erschienenen Veröffentlichung über Johann Sebastian Bach als dessen „Untergebene" und bezichtigt Görner der „Keckheit", als Bachs „Rival" aufzutreten. Was halten Sie von dieser Sicht auf die Position der Organisten?

Bach war der Chef, der musikalische Leiter – allein schon aufgrund seines Amtes. Aber auch seine Persönlichkeit dürfte diese Rangordnung gestützt haben, und seine musikalischen Fähigkeiten stellte niemand infrage. Ich kann mir nicht vorstellen, wer zu ihm, was sein Orgelspiel betraf, hätte in Konkurrenz treten wollen.

Nach dem Zuschnitt der Ämter war Bach in Leipzig gleichwohl nicht als Organist verpflichtet. Nun ist bekannt, dass er auswärts konzertierte, aber ist es denn wirklich vorstellbar, dass er in Leipzig nie als Organist hervorgetreten ist?

Auch hier haben wir keine eindeutige Quellenlage und ich kann nur Vermutungen äußern: Es existiert kein Beleg dafür, dass Bach in der Thomaskirche je Orgel gespielt hat. Vielleicht mit einer Ausnahme: In die Partitur der Kantate *Nun komm der Heiden Heiland* (BWV 61) hat Bach die Ordnung des Gottesdienstes am ersten Advent 1723 in der Thomaskirche eingetragen. Dabei hat er genau vermerkt, an welchen Stellen die Orgel „praeludiret". Man könnte sich vorstellen, dass er diese Notizen als Gedächtnisstütze brauchte, weil er auch selbst die Orgel spielte, aber einen Beweis dafür haben wir nicht. Wenn wir uns vergegenwärtigen, dass viele der bedeutendsten Orgelwerke Bachs in seiner Leipziger Zeit entstanden sind, dann müssen wir davon ausgehen, dass er diese auch gespielt hat. Und wo anders als an seinem Dienstort in der Thomaskirche, direkt neben seiner Wohnung, sollte er das getan haben? Zudem fällt auf, dass er bei den Leipziger Orgelwerken verstärkt den ‚stile antico' einsetzt. Und die Orgel der Thomaskirche war ein historisches Instrument aus dem frühen 16. Jahrhundert. Dieser Umstand hat seinen Komponierstil offenbar beeinflusst. Was die Qualität der damaligen Thomasorgel betrifft, haben wir übrigens ganz kontroverse Aussagen. Zum einen gibt es die Bemerkung aus dem Nekrolog, Bach habe nie eine „recht große und recht schöne Orgel" zur Verfügung gehabt, aber ob Leipzig damit überhaupt gemeint sein soll, ist fraglich. Bedeutsamer scheint mir die Überlieferung des Straßburger Orgelbauers Johann Andreas Silbermann, der durch Deutschland gefahren ist, um Orgeln zu begutachten. In seinen Notizen finden wir zwar keine Eintragung über die Thomaskirche, aber er hat die ganz ähnliche Orgel in St. Nikolai getestet und ihre Qualität im Vergleich zu der anderer, etwa der Orgel der Marktkirche in Halle oder der Casparini-Orgel in der Görlitzer Peterskirche, als sehr gut beurteilt. Ich denke, das kann man auf die Thomasorgel übertragen, sie war vermutlich weit besser als ihr Ruf.

Dass Bach zum Orgelspielen in die Thomaskirche gegangen sei, haben Sie gerade gemutmaßt. In der Literatur findet sich hingegen wiederholt die Meinung, zum Üben oder auch zum Unterrichten habe Bach die Orgel der Universitätskirche aufgesucht ...?

Da wäre ich sehr skeptisch. Zunächst einmal glaube ich, dass in den Kirchen so gut wie gar nicht geübt wurde: Es fand alltäglich Gottesdienst statt, und wenn Beichte abgehalten wurde oder die Kirche sonst belegt war, durfte die Orgel auch nicht ‚stören'. Ich denke, Bach hat an seinen häuslichen Instrumenten, auf dem Clavichord oder dem Pedalcembalo, geübt. Ein anderer wichtiger Aspekt ist sein Gutachten über die Pauliner-Orgel, das er 1717, also vor seinem Leipziger Amtsantritt, ausgestellt hat: Das ist keineswegs enthusiastisch. Diese Orgel war ja das Ergebnis eines Umbaus und wies deshalb einige spieltechnische Probleme auf. Übrigens widerspricht der schon erwähnte Johann Andreas Silbermann der verhalten positiven Beurteilung Bachs hier ganz entschieden, zum Beispiel mit dem Verdikt, die Rohrwerke im Pedal seien „kein Teuffel nutz".

Kommen wir zur nächsten überlieferten Auseinandersetzung zwischen Bach und Görner: Als 1727 die Kurfürstin Christiane Eberhardine stirbt, geht der Auftrag, eine Trauermusik zu schreiben, an Bach. War das ein Affront gegenüber dem Universitätsmusikdirektor Görner?

So dürfte er das wohl gesehen haben. Auch menschliche Eitelkeiten spielen da sicher eine Rolle. Die Trauerfeier, zu der wichtige Politiker aus Dresden kamen, war eine Art Staatsakt. Es wäre auch heute eine Frage der Ehre, wer die Musik dazu liefern darf. Bach und Görner waren gleichermaßen dazu bereit – Görner musste weichen. Wir sind heute natürlich glücklich, dass Bach den Auftrag bekommen und mit der Trauerode BWV 198 eines seiner wunderbarsten Werke geschrieben hat, das er übrigens selbst so hoch schätzte, dass er die Musik auch in der verschollenen Markus-Passion verwendet hat.

Christoph Wolff verweist in seiner 2000 erschienenen Bach-Monografie darauf, man habe sich im Stillen gütlich geeinigt, indem Görner vom Auftraggeber der Trauermusik ebenfalls ein ‚Honorar' erhielt, und schließlich habe sich Bach 1729, als die Organistenstelle in der Thomaskirche frei wurde, für Görners Wechsel von St. Nikolai nach St. Thomas eingesetzt. Er schließt daraus auf ein Einvernehmen zwischen den beiden. Wird der Streit überbewertet?

Das würde ich genauso sehen. Bach hätte sich nicht um einen Musiker bemüht, mit dem er im Streit lag. Ein weiteres Indiz für einen guten Kontakt ist die Tatsache, dass Görner nach Bachs Tod die Vormundschaft über die vier noch unmündigen Kinder erhielt.

Zu bedenken ist ja auch, dass beide von 1729 bis zu Bachs Tod 1750 gemeinsam in der Thomaskirche wirkten, bei Kantatenaufführungen auch direkt gemeinsam musizierend, wenn Bach am Cembalo saß. Im Sinne unserer Ausgangsfrage: Waren sie keine Konkurrenten, sondern Partner?

Auf jeden Fall! Man muss bedenken: In der Thomaskirche wurde zu Bachs Zeit europäische Musikgeschichte geschrieben. Die bedeutendsten Werke der Kirchenmusik wurden dort uraufgeführt. Die beteiligten Musiker müssen hervorragend gewesen sein. Ich muss gestehen, ich beneide die Zeitgenossen Bachs, die das miterleben durften. Diesen Musikern muss die Arbeit sehr viel Freude gemacht haben und sie müssen gut miteinander ausgekommen sein. Ansonsten lässt sich nicht auf hohem Niveau musizieren. Inwieweit Bach die Aufführungen vom Cembalo aus leitete, ist nicht gewiss. Es gibt Quellen, die erzählen, wie er dem engagierten Cembalisten „in die Finger gefahren" sei; andere berichten, er habe von der Violine aus das Ensemble geleitet. Wahrscheinlich trifft alles gleichermaßen zu. Jedenfalls gab es in der Thomas- wie in der Nikolaikirche ein Motetten-Cembalo, das regelmäßig gewartet und repariert, infolgedessen also auch genutzt wurde. Und sicherlich *auch* von Bach!

Außerhalb der Thomaskirche gab es allerdings ein Terrain, auf dem der Konkurrenzgedanke im Vordergrund gestanden haben dürfte: Die beiden zu dieser Zeit führenden Collegia musica, die um Publikumsgunst und Auftrittsmöglichkeiten wetteiferten, wurden von Bach und von Görner geleitet ...

Ich glaube nicht, dass daraus eine Belastung ihres Verhältnisses erwuchs. In dieser Zeit erstarkte das bürgerliche Musikleben, was ja später zur Gründung der Gewand-

Thomasorganist Ullrich Böhme
(Foto: Peter Franke, PUNCTUM Fotografie)

hauskonzerte führte, und es begann, sich neben der Kirchenmusik zu etablieren. Und so standen eben mehrere Collegia musica miteinander in einem gesunden Wettstreit, auch um die besten Musiker. Man denke nur an den legendären Trompeter Gottfried Reiche, für den Bach hochvirtuose Partien geschrieben hat. Auf Görners organistische Fähigkeiten könnte man im Übrigen auch rückschließen aus den Kantaten mit obligater Orgel, die zum Teil so virtuos sind, dass es sich schon fast um Orgelkonzerte handelt. Aber hat Bach diese für Görner geschrieben – oder doch für die älteren Söhne, die vielleicht hin und wieder auch zum Einsatz kamen? Oder sogar für sich selbst? Fest steht jedenfalls, dass Bach zu den Aufführungen seines Collegium musicum den Solopart der Cembalokonzerte selbst gespielt hat.

In seiner 2000 erschienenen Veröffentlichung St. Thomas zu Leipzig *schreibt Martin Petzoldt: „Gegenüber dem Wirken des Thomaskantors und des Thomanerchores steht die Tätigkeit des Thomasorganisten naturgemäß etwas zurück." Geht diese Wahrnehmung auf den übermächtigen Thomaskantor Bach zurück?*

Falls Martin Petzoldt damit recht hat, dann liegt das gewiss an Bach. Die große Popularität des Thomanerchores durch die Jahrhunderte spielt sicher auch eine Rolle. Außerdem ist der Thomaskantor ein städtischer Angestellter, während der Thomasorganist als der Hauptkirchenmusiker der Thomaskirche im kirchlichen Dienst steht. Insoweit sind beide gleichberechtigte Partner. Dass der Organist als Continuospieler im Konzert den Anweisungen des Kantors als Dirigent – wie alle Musiker – zu folgen hat, ist selbstverständlich.

Würde sich diese Beziehung ändern, wenn der Kantor – wie Bach zumindest zeitweise – das musikalische Geschehen vom Cembalo aus leiten würde?

Obwohl die Zahl der Musiker in Bachs Aufführungen umstritten ist, war es bei der jedenfalls kleineren Besetzungsstärke der Barockzeit besser möglich, die Leitung vom Cembalo aus zu übernehmen. Das scheint mir heute nicht mehr ratsam. Unser heutiges Modell des Dirigenten stammt ja aus dem 19. Jahrhundert mit den größer werdenden sinfonischen Orchestern. Zur Barockzeit pflegte man vermutlich demokratischere Beziehungen – so wie es in manchen neu entstandenen Barockensembles wieder praktiziert wird. Da wird vieles besprochen und ausdiskutiert: Das dauert zwar länger, aber die Ergebnisse sind oft besonders lebendig.

Beim Blick in die Musikgeschichte steht im 18. und im 19. Jahrhundert das Amt des Thomaskantors eindeutig im Vordergrund; der Thomasorganist rückt erst im 20. Jahrhundert stärker ins Blickfeld. Wie erklären Sie sich das?

In den Motetten, die als eigenständige musikalische Gottesdienstform einst nur samstags am frühen Nachmittag stattfanden, wurden die Orgelwerke zunächst gar nicht oder nur sehr selten erwähnt. Erst unter Karl Straube wurden die Werke wie der Name des Organisten im Programmzettel aufgeführt. Damit begann die Orgel stärker hervorzutreten. Die heutige Attraktivität der Motette ist sicher auch begründet durch ihre unterschiedlichen musikalischen Komponenten, die die Orgelmusik einschließen. Wo sonst hören allwöchentlich 2000 Menschen in der Kirche Orgelmusik …?

Mit Karl Straube haben Sie einen namhaften Thomasorganisten des 20. Jahrhunderts erwähnt, der – genau wie sein ebenfalls prominenter Nachfolger Günther Ramin – vom Organisten- ins Kantorenamt wechselte. Was sagt das über die Gewichtung der Ämter aus?

Ein denkbarer Beweggrund wäre, das anstrengende Orgelspielen mit dem Dirigieren vertauschen zu wollen. Alle solistisch tätigen Musiker müssen schließlich fast wie Leistungssportler trainieren. Und vielleicht will das nicht

341

jeder sein Leben lang tun? – Auch die im 20. Jahrhundert beginnenden weltweiten Konzertreisen des Thomanerchores dürften ein Anreiz dafür gewesen sein, Kantor zu werden. Dass auch die Thomasorganisten unabhängig vom Chor eigenständig auswärts konzertieren, kam erst später auf.

Diese Praxis hat die Profilierung des Amtes ohne Frage sehr befördert. Wann genau ist sie entstanden?

Das hat mit Karl Straube begonnen, der ja schon vor seinem Amtsantritt in Leipzig ein international bekannter Orgelvirtuose war und das Konzertieren natürlich nicht aufgeben wollte. Seither ist es üblich, dass der Thomasorganist auswärts auftritt: Günther Ramin, Hans Heintze, Karl Richter und Hannes Kästner praktizierten das alle in dieser Weise. Zur Zeit der deutschen Teilung war die damit verbundene Reisemöglichkeit natürlich besonders kostbar, wovon ich nach meinem Amtsantritt 1986 auch drei Jahre lang profitieren konnte.

Wie erleben Sie persönlich die Wahrnehmung Ihres Amtes auf Konzertreisen?

Da kann ich nur schwärmen! Fast könnte man sagen, je weiter man von Leipzig weg ist, desto höher steigt die Wertschätzung. Das geflügelte Wort vom Propheten im eigenen Lande kommt einem da mitunter in den Sinn. Nach Amerika, Japan oder ins europäische Ausland werde ich zu sehr renommierten Konzertreihen und Festivals eingeladen, bei denen die ersten Namen der internationalen Musikszene vertreten sind – wie Marie-Claire Alain, Gustav Leonhardt oder Ton Koopman. Für dieses Jahr ist erstmals eine Australien-Tournee geplant. Zu meiner Freude bekomme ich im fernen Ausland immer wieder auch Rückmeldungen von Konzertbesuchern, die mich bei einem Gottesdienst oder einer Motette in der Thomaskirche gehört haben.

Könnten Sie sich vorstellen, als Thomasorganist einen solch ausgewiesenen Organisten, wie Bach es war, zum Thomaskantor zu haben?

Wenn ich mir vorstelle, unter Johann Sebastian Bachs Augen und Ohren Orgel zu spielen, würde ich wahrscheinlich vor Ehrfurcht sterben. Vielleicht würde Bach mich als seinen Schüler akzeptieren, denn ich beschäftige mich ja schon mein ganzes Musikerleben mit seiner Musik. Im Hinblick auf das Verhältnis zwischen Bach und Görner, wie immer es auch gewesen sein mag, lässt sich vielleicht für die Zukunft sagen, dass Überschneidungen der Verantwortungsbereiche von Thomaskantor und Thomasorganist nicht ratsam sind. Organisten mit intensiven Chorleiter- und Dirigierambitionen und Kantoren mit starkem Ehrgeiz als Orgelvirtuosen an der gleichen Kirche würden sich vermutlich gegenseitig blockieren. Schauen wir zurück auf Karl Straube und Günther Ramin: Als Straube Kantor wurde, hat er das Orgelspiel aufgegeben, Ramin jedoch hat auch als Thomaskantor Orgel gespielt, obwohl Hannes Kästner das Amt offiziell innehatte. De facto hatte er als ehemaliger Schüler Ramins unter dessen Kantorat anfangs eher eine Art scheinbare Orgelassistenz zu leisten.

Wäre der früher mitunter erfolgte Wechsel vom Organisten- ins Kantorenamt bei der heutigen Aufgabenverteilung denn überhaupt noch denkbar?

Das hängt wohl von den Personen ab, die das Amt innehaben, und von den jeweiligen Zeitumständen. Wenn der Wechsel in das Kantorenamt für einen Organisten dann gerade ‚passt': warum nicht? Ich persönlich halte aber eine klare Trennung der Funktionen, wie wir sie heute haben, aus den beschriebenen Gründen für günstiger. Das aktuelle Musikleben ist ja auch stark vom Spezialistentum geprägt. Ein Thomaskantor muss heutzutage meines Erachtens vor allem ein exzellenter Chorleiter, also im Umgang mit der Stimme vertraut sein. Insofern ist es eine gute Voraussetzung, wenn er – wie Georg Christoph Biller – ein ausgebildeter Sänger ist.

Kam es der eigenständigen Wahrnehmung der beiden Ämter vielleicht zugute, dass in der NS-Zeit sowie in den Jahrzehnten der DDR Versuche zur ‚Verweltlichung' des Thomanerchores unternommen wurden, die auf das Amt des Kantors, nicht aber auf das des Organisten Auswirkungen hatten?

Das halte ich insofern für denkbar, als mir bei meinem Amtseintritt 1986 aufgefallen ist, dass die Kontakte zwischen der Thomaskirche und dem Thomanerchor unter dem damaligen Thomaskantor Hans-Joachim Rotzsch sehr distanziert waren. Der Thomasorganist hatte damals die Funktion eines Bindeglieds zwischen Chor und Kirche. Ein bezeichnendes Beispiel dafür war 1987 die Einweihung des neuen Probensaales und der neuen Orgel im Thomaner-Alumnat, zu der ich als Thomasorganist eingeladen wurde. Außer den Thomanern selbst waren bei dieser Veranstaltung nur SED-Genossen des Stadtrates anwesend. Das ist mir so deutlich in Erinnerung geblieben, weil es mich vollkommen überrascht hat.

Spielte darüber hinaus der Rückzug des Thomanerchores aus der Nikolaikirche im Jahre 1940 eine Rolle für die neue Positionierung von Thomasorganist und Thomaskantor?

Für St. Thomas war dies vermutlich ein weniger einschneidender Schritt als für St. Nikolai. Für diesen Rückzug werden übrigens unterschiedliche Begründungen benannt: Zum einen heißt es, die Nationalsozialisten hätten es so angeordnet; zum anderen hört man, die Motetten in der Nikolaikirche hätten unter Besucherschwund gelitten. Für den Thomasorganisten ist es natürlich ein Pluspunkt, dass der Name Bachs immer mit der Thomana verknüpft wird, was historisch nicht ganz korrekt ist, da

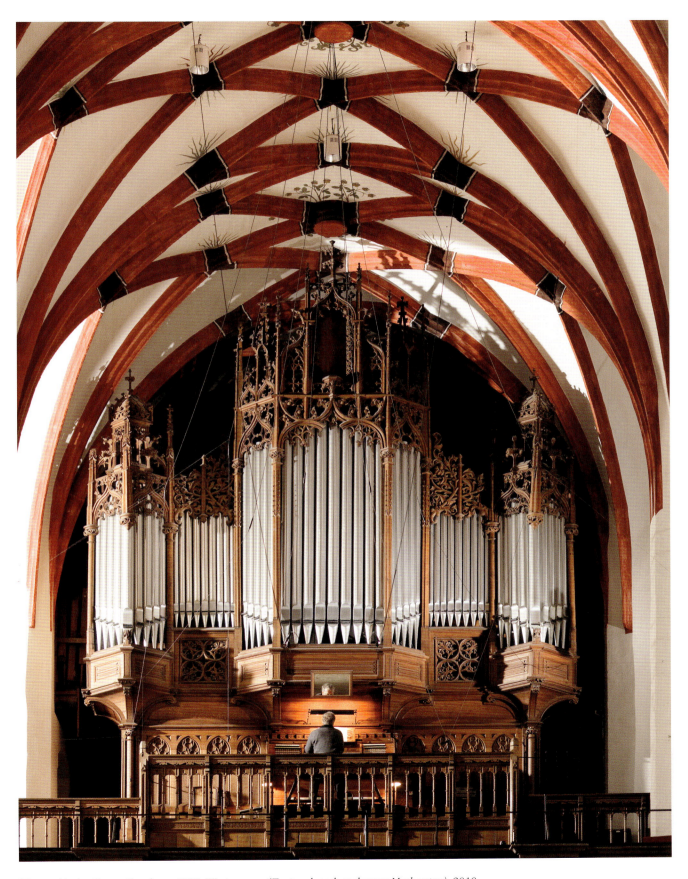

Thomaskirche, Sauer-Orgel von 1898, Westempore (Zustand nach mehreren Umbauten), 2010 (Archiv der Thomaskirche, Foto: Michael Bader)

Bach in der Nikolaikirche ebenso tätig war wie in der Thomaskirche. Heute ist die Thomaskirche *die* Bach-Stätte schlechthin, was auch für den Thomasorganisten eine stärkere Wahrnehmung von außerhalb bedeutet. Im Ausland werde ich gar oft als ‚der Nachfolger Bachs' gehandelt, was ich immer klarzustellen versuche. Bei einem Konzert in New York wurde ich einmal sogar angekündigt mit den Worten: „Und jetzt kommt der Mann, der letzte Woche noch auf der Orgelbank saß, auf der Johann Sebastian Bach 27 Jahre lang gesessen hat …"

Über bedeutende Amtsvorgänger müssten wir allerdings wirklich noch sprechen: Welche wären da aus Ihrer Sicht zu nennen?

Elias Nicolaus Ammerbach, der das Amt von 1561 bis 1595 innehatte, muss hervorgehoben werden. Er veröffentlichte zwei wichtige Tabulaturbücher mit Musik für Tasteninstrumente sowie mit Spielanweisungen der Zeit bis hin zu Fingersätzen und aufführungspraktischen Erläuterungen. Das ältere der beiden befand sich übrigens in Bachs Besitz. Dann wäre der Italiener Vincenzo Albertici zu nennen, ein Schüler von Heinrich Schütz, der das Thomasorganistenamt nur von 1681 bis 1682 innehatte. Er hat wunderschöne Kirchenmusik geschrieben, die heute fast völlig unbekannt ist. Zu erwähnen ist auch Johann Kuhnau, der Thomasorganist von 1684 bis 1701 war, ehe er ins Thomaskantorat wechselte. In der Amtszeit Carl Piuttis, die von 1880 bis 1902 währte, wurde die Sauer-Orgel erbaut und von ihm am 5. April 1889 abgenommen. Piutti komponierte viele Orgelwerke – Sonaten, Choralvorspiele, Festmusiken etc. –, die zu seiner Zeit sehr beliebt waren. Als konzertierende Organisten sind wie gesagt Straube und Ramin zu nennen, wobei Straube unbedingt auch als Pädagoge gewürdigt werden muss, der zahlreiche bedeutende Organisten ausgebildet hat. Das ist ein Aspekt, der mir auch sehr am Herzen liegt: Der Thomasorganist hat bis heute eine Orgelprofessur an der Leipziger Hochschule für Musik und Theater, dem Nachfolgeinstitut des von Felix Mendelssohn Bartholdy gegründeten Konservatoriums, an dem früher traditionell auch die Gewandhausmusiker als Professoren unterrichteten. Seit der deutschen Wiedervereinigung hat sich da vieles geändert, weil diese doppelten Anstellungsverhältnisse nicht mehr möglich sind. Als fest angestellter Musiker darf man folglich nur einen Lehrauftrag annehmen. Die Verknüpfung des Amts des Thomasorganisten mit dem Unterrichten halte ich übrigens für ebenso wichtig wie das auswärtige Konzertieren. Denn die Weitergabe von Erfahrungen an die nächste Musikergeneration kommt auch dem Lehrer – und damit dem Amt – zugute. Das eigene Tun wird von den Studierenden immer wieder hinterfragt, man muss sich mit den aufführungspraktischen Entwicklungen der Zeit auseinandersetzen, auf Neues einlassen. Deshalb gebe ich auch

Thomasorganist Ullrich Böhme an der Sauer-Orgel, Thomaskirche. Aufnahme 6. Januar 2012, Festgottesdienst zum Beginn des Jubiläumsjahres „800 Jahre Thomana"
(Foto: Stefan Altner)

regelmäßig Kurse: Das ist nicht nur für die Kursteilnehmer, sondern auch für mich selbst sehr anregend.

Zu Bachs Zeit hatte der Thomaskantor auch die Oberaufsicht über die Instrumente. Bei wem liegt heute die Verantwortung für die Orgeln der Thomaskirche: ausschließlich beim Organisten?

So ist es. Bei der Rückführung der Sauer-Orgel zu einem rein romantischen Instrument und dem Neubau der Bach-Orgel konnte ich Akzente setzen für das Leipziger Musikleben. Die Chortonstimmung sowie die Transponiereinrichtung der Bach-Orgel, die das problemlose Zusammenspiel mit einem Barockorchester ermöglicht, sind weltweit Besonderheiten. Für die Entwicklung der historischen Aufführungspraxis ist das ein riesiger Gewinn; gerade in Leipzig gibt es da ja durchaus noch

Nachholbedarf. Ich spiele gerade eine Doppel-CD mit den *Achtzehn Leipziger Chorälen* Bachs ein, wobei jeweils ein schlichter Choralsatz vorausgeht. Diese Sätze haben wir an der Hildebrandt-Orgel in Störmthal, die im Jahre 1723 von Bach „vor tüchtig erkannt und gerühmet" worden ist, aufgenommen. Da die folgende Choralbearbeitung an der Bach-Orgel erklingt, ist es möglich, die Charaktere des historischen und des neuen Instrumentes unmittelbar miteinander zu vergleichen. Und da kann man nur staunen, wie gut es dem Orgelbaumeister Gerald Woehl gelungen ist, ein modernes Instrument mit barockem Klang zu bauen. Was die Sauer-Orgel angeht, war bei meinem Amtsantritt 1986 zum Glück schon eine größere Renovierung für 1988 geplant. In der DDR gab es dafür nämlich ungefähr zehn Jahre Wartezeit, weil die Orgelfirmen so überlastet waren. Da die später von Straube und Ramin hinzugefügten neobarocken Register an der Orgel immer fremd wirkten, haben wir 1988 schon die ersten restauratorischen Veränderungen in Richtung Originalzustand vorgenommen. Bis 2005 wurde die Orgel in den Zustand der ersten, von Sauer selbst durchgeführten Erweiterung aus dem Jahre 1908 Schritt für Schritt zurückgeführt.

Eine romantische Orgel aus dem Jahre 1889 ‚barockisieren' zu wollen, mutet heutzutage ja eher befremdlich an. Stießen Ihre Vorschläge, die Einbauten rückgängig zu machen und dem Instrument seine Identität wiederzugeben, denn überhaupt auf Widerstände?

Erstaunlicherweise nicht. Der Umbau zahlreicher romantischer Orgeln geht auf die sogenannte Orgelbewegung zurück, die in den zwanziger Jahren des vorigen Jahrhunderts aufgekommen ist. Es handelte sich dabei um eine Ideologie, die gegen romantische Instrumente eingestellt war, weil man diese als artfremd, als Irrweg im Orgelbau, ansah. Als die einzig ‚echte' Orgel galt damals die Barockorgel. Durch die vielerorts erfolglos unternommenen Versuche, romantische Instrumente dem barocken Ideal anzunähern, ist viel Schaden angerichtet und manches unwiederbringlich zerstört worden. Auch ein Abriss der Sauer-Orgel stand zeitweise auf der Tagesordnung. Mein Amtsvorgänger Hannes Kästner hat stattdessen den Bau einer zweiten barocken Orgel angeregt. Doch die Schuke-Orgel aus dem Jahre 1967 erfüllte nicht alle Erwartungen. Zunächst war die von der Denkmalpflege vorgegebene Aufstellung ganz in der hinteren Ecke der Nordempore äußerst ungünstig: Die großen Pedalpfeifen waren in einem Nebenraum außerhalb des Kircheninnenraumes untergebracht, was zu einer unbefriedigenden Klangabstrahlung führte. Auch das Klangideal einer guten barocken Orgel – Gravität, Schärfe und Lieblichkeit – konnte nur bedingt erreicht werden. Was man 1967 unter ‚barock' verstand, wäre aus heutiger Sicht als ‚neobarock' zu bezeichnen.

Als einzig möglichen Ausweg brachten Sie nach der Wende 1996 den Bau einer neuen Barockorgel ins Gespräch: Welche Reaktionen rief Ihr Vorschlag hervor?

Da die Schuke-Orgel ja erst 30 Jahre alt war und die Orgelbaufirma die Turbulenzen im Zuge der deutschen Wiedervereinigung gut überstanden hatte, rief meine Idee naturgemäß einige Gegner auf den Plan. Deshalb war viel Fingerspitzengefühl erforderlich. Die sinnvolle Weiterverwendung der Orgel durch die St.-Marien-Domgemeinde in Fürstenwalde bei Berlin, die sich kein neues Instrument hätte leisten können, war ein gewichtiges Argument. Und die bis zum Bach-Jubiläumsjahr 2000 angesetzte Generalsanierung der Thomaskirche sprach ebenso dafür, einen Orgelneubau in diesem Zusammenhang anzugehen. Der Kirchenvorstand hat meine Argumentation aufgenommen und unterstützt. Aus vier eingereichten Entwürfen wurde der von Gerald Woehl im Mai 1998 ausgewählt und in kürzester Zeit bis 2000 verwirklicht. Für den Orgelbauer war es natürlich ein erschwerender Umstand, dass in der ganzen Kirche zeitgleich Renovierungsarbeiten durchgeführt wurden. Umso erstaunlicher ist das überaus gelungene Ergebnis, das uns von allen Seiten bestätigt wurde und wird.

Kommen wir zum Abschluss nochmals auf die Eingangsfrage zurück – und damit zu den Beziehungen zur Universitätsmusik: Werden sich diese wieder intensivieren, wenn die neue Universitätskirche in der Nachfolge von St. Pauli für Gottesdienste und Konzerte zur Verfügung steht?

Ich bin ziemlich sicher, dass sich diesbezüglich einiges verändern wird, sobald dort die geplanten Orgeln stehen. Zumal der derzeitige Universitätsorganist Daniel Beilschmidt zugleich Assistenzorganist an der Thomaskirche und mein ehemaliger Student ist, zu dem ich in freundschaftlicher Beziehung stehe. Übrigens hatte ich für den geplanten Orgelneubau in der Universitätskirche ein Projekt vorgeschlagen, das Gottfried Silbermann 1711 für die Paulinerkirche entworfen hatte. Silbermanns Vision wurde damals nicht verwirklicht, aber sein Orgelentwurf blieb im Universitätsarchiv erhalten. Es wäre eine wunderbare Möglichkeit gewesen, solch ein Instrument, welches in der Leipziger Orgellandschaft fehlt, nach 300 Jahren zu rekonstruieren. Obwohl viele Fachleute von der Idee begeistert waren, hat sie die Universität leider abgelehnt. Dennoch sehe ich der künftigen Zusammenarbeit mit der Universitätsmusik in der neuen Universitätskirche mit großer Freude entgegen.

Koloriertes Titelblatt zu Martin Luther: Biblia: Das ist: Die gantze Heilige Schrifft: Deudsch, *Wittenberg 1545. (Universitätsbibliothek Leipzig, Signatur: St. Thomas.158)*

Die Bibliothek der Thomaskirche[1]
Thomas Fuchs

I. Buch, Text und Reformation – eine kurze Einführung

Die Reformation gilt als ein einschneidendes Ereignis in der deutschen und europäischen Geschichte der Neuzeit. Die evangelische Theologie, in einem Gedanken konzentriert im reformatorischen Urerlebnis der Rechtfertigungslehre Luthers, wirkte nachgerade revolutionär. Mit ihrer Sozialethik ermöglichte sie – nach Max Weber – den modernen Kapitalismus und ihre soziale Verdichtung wird als Anfang des modernen Individualismus bis hin zu den Menschenrechtserklärungen der Moderne interpretiert. Die strukturelle Verankerung der modernen westlich-kapitalistischen Zivilisationen Europas und Nordamerikas erfolgte gleichsam in einem Punkt der Weltgeschichte, im Wittenberger Augustinerkloster. Bis in die Details der menschlichen Existenz wirkte sich die Reformation gleichermaßen sinnstiftend wie revolutionär aus. Besonders eindrücklich verdeutlicht die Geschichte der Bibliotheken und des Buches die umstürzende Kraft des reformatorischen Gedankens. Der Umbruch auf dem Gebiet des Buch- und Bibliothekswesens resultierte aus der religionsgeschichtlichen Revolution Luthers und seiner Mitstreiter, kulminierend im Schriftprinzip, wonach alle theologischen Aussagen mit der Heiligen Schrift begründet werden müssen.

Luther stellte der römischen Rituskirche den Gedanken einer evangelischen Buchkirche entgegen. Deren religiöse Autorität basierte nicht mehr auf dem ‚character indelebilis', nach welchem das Weihesakrament den Menschen unauslöschlich und für immer zum Priester macht, sondern auf einer intellektuellen Operation des menschlichen Geistes, nämlich der Interpretation der Heiligen Schrift.[2] Sprach Gott zu jedem Menschen in einem Text, der sich aufgrund seiner inneren Konvergenz zum Evangelium aus sich selbst bewahrheitete, dann musste eine Form gefunden werden, wie der Text zu den Menschen gelangte. Da Gott in jedem Text sein konnte und nicht mehr die Kirche entschied, was göttlichen Ursprungs war und was nicht, sondern allein der Inhalt zählte, konnten die Texte des reformatorischen Aufbruchs vielfältiger Natur sein. So begann in der Reichsstadt Kaufbeuren die Reformation damit, dass der Jurist Dr. Sebastian Fuchsstein 1521 von einem eigenen Predigtstuhl in der Martinskirche Schriften Luthers vorlas.[3] Johannes Eck und Martin Luther brachten diese beiden Positionen, die inhaltliche und die formale Begründung des Gotteswortes, 1519 bei der berühmten Leipziger Disputation programmatisch zum Ausdruck. Während Johannes Eck behauptete, dass der Inhalt eines Textes für seinen Wahrheitsgehalt unbedeutend sei und allein die Autorität der Sprecher Wahrheit garantiere, meinte Luther, der Sprecher sei unwichtig, nur der Inhalt könne Wahrheit bezeugen.[4] Der Laie mit der Schrift war mehr im Recht als das Konzil, im doppelten Sinne von Recht als juristischem Begriff und als Wahr-

---

1 Der Beitrag thematisiert nicht die Geschichte der Bibliothek der Thomasschule, die aufgrund der Zerstreuung ihres Bestandes, des noch ungenügenden Bearbeitungsstandes und der reichen Archivüberlieferung in einer ausführlichen Forschungsarbeit behandelt werden müsste. Die Musiküberlieferung der Thomaskirchenbibliothek, d. h. insbesondere die Stimmbücher des 16. Jahrhunderts, bedarf aufgrund ihrer Bedeutung ebenfalls einer eigenständigen Abhandlung. In gewisser Weise gehörten die Stimmbücher auch nicht unmittelbar zur eigentlichen Kirchenbibliothek, sondern wurden im Gottesdienst gebraucht.

2 Für die Menschen des 16. Jahrhunderts wirkte die These, dass jeder Mensch, der aus der Taufe gekrochen war, gleichermaßen Priester wie Papst sei, außerordentlich faszinierend. Sie benötigten keine Geistlichen mehr, die ihnen das Buch der Bücher erklärten, sondern sie konnten auf die Klarheit des Wortes Gottes vertrauen, das seinen unverständlichen Sinn verloren hatte und tatsächlich zu einer Quelle des Glaubens geworden war. In der radikalen Reformation schließlich konnten die Menschen sogar ohne Umweg über die Heilige Schrift ganz direkt mit Christus in Kontakt treten. Hier kam noch einmal der radikale Impetus der biblischen Prophetie zum Tragen.

3 Vgl. Thomas Fuchs: *Konfession und Gespräch. Typologie und Funktion der Religionsgespräche in der Reformationszeit* (Norm und Struktur, Bd. 4), Köln etc. 1995, S. 278.

4 Vgl. Frans Tobias Bos: *Disputatio inter Ioannem Eccium et Martinum Lutherum*, in: D. Martin Luthers Werke. Kritische Gesamtausgabe, Bd. 59., Weimar 1983, S. 427–605, hier S. 561 u. 571.

heitsbegriff. Dieses Denken war nicht allein eine neue theologische These, es begründete eine neue Kirche.

Die Reformatoren konnten unmittelbar auf zwei traditionelle Medien zurückgreifen, um ihre Botschaft zu verbreiten: zum einen auf die Predigt, zum anderen auf das gedruckte Buch. Der Buchdruck war genauso ein Kind der Kirche wie die Predigt. Die Reformatoren aber machten aus beiden Medien etwas Neues. So konstituierte sich die Textbezogenheit der Reformation auf drei Ebenen: auf der ersten in jedem Buch des neuen Glaubens, auf der zweiten in den Sammelbänden, die sich die jeweiligen Besitzer nach bestimmten Sachgesichtspunkten zusammenstellen ließen. Die dritte Ebene bildeten Büchersammlungen, die aus Einzeltexten oder Sammelbänden bestehen konnten. Die Reformation bestimmte diese drei Ebenen gegenüber der kirchlichen Buch- und Texttradition grundsätzlich neu. Zunächst wandelte sich das handschriftliche Buch. Es wurde anders geschrieben. Für die alte Schrift der Traditionstexte existierte ein Fachterminus: Mönchsschrift.[5] Da die alte Schrift den Menschen nicht mehr geläufig war, musste sie manches Mal übersetzt werden.[6] In den gedruckten wie auch den geschriebenen Büchern wandelten sich die Inhalte und Gattungen grundsätzlich. Sentenzenkommentare, Bibelglossen, Chroniken und andere Texte verschwanden aus den Regalen. Neue Textformen hielten Einzug: an erster Stelle der Bibelkommentar, aber auch die reiche dogmatische Literatur der Reformation; daneben kam es als Erbe des Humanismus zum Zugriff auf die Texte der Antike in ihrer ursprünglichen Sprachgestalt. Die alten Legenden wichen ersten Ansätzen einer kritischen Erforschung der Vergangenheit.

Auch die Bibliotheksgeschichte Europas wurde durch die Reformation in beispielloser Weise geprägt. Der neue Umgang mit Texten und ihren Medien bedeutete das Ende der alten Schriften und ihrer Behältnisse. In den Gebieten, die sehr früh zur Reformation übergingen, reichte der Umbruch bis zum Totalverlust der alten Sammlungen und ihrer Texte, etwa in Thüringen und Hessen. Der Bruch der Reformation mit den wissenssoziologischen Grundlagen der römischen Kirche vollzog sich in Sachsen wie auch in den anderen evangelischen Gebieten radikal und unwiederbringlich.

II. Das Ende der Klosterbibliothek von St. Thomas

Das Herzogtum Sachsen, regiert von der albertinischen Linie des Hauses Wettin, hatte im Vergleich zu den meisten weltlichen Territorien des Reiches eine eher untypische frühe Reformationsepoche erlebt. Der treu zu Rom stehende Herzog Georg bekämpfte auf seinem Territorium erfolgreich die verschiedenen evangelischen Bewegungen.[7] Doch nach seinem Tod am 17. April 1539 brachen alle Dämme. Sein Bruder und Nachfolger Herzog Heinrich führte umgehend die Reformation im Herzogtum ein, und wie in vielen anderen weltlichen Territorien auch war die römische Kirche dem evangelischen Ansturm nicht gewachsen. Anders als in Thüringen oder Hessen wurde die Reformation jedoch obrigkeitlich gelenkt und von einem Klerikerstand durchgeführt, der an protestantischen Universitäten innerhalb eines bestehenden Kirchenwesens ausgebildet worden war.

Die institutionelle Verankerung der Reformation führte zu einer vergleichsweise guten Überlieferung von mittelalterlichen Handschriften, Inkunabeln (Drucke des 15. Jahrhunderts) und Drucken des frühen 16. Jahrhunderts aus den sächsischen Klöstern. Die mittelalterlichen Handschriften und Frühdrucke der säkularisierten Klöster des albertinischen Sachsens wurden nach Leipzig verbracht. Sie bildeten den Grundbestand der Leipziger Universitätsbibliothek, die im ehemaligen Dominikanerkloster, dem Paulinerkloster, untergebracht wurde. Der ehemalige Thomasschulrektor und seinerzeitige Rektor der Universität Caspar Borner überzeugte Herzog Moritz davon, das aufgelöste Dominikanerkloster der Universität zu überlassen und nicht an den Leipziger Stadtrat zu verkaufen. Im Zuge dieser Verhandlungen erwirkte Borner die Erlaubnis von Herzog Moritz, das noch vorhandene Bibliotheksgut der sächsischen Klöster im Dominikanerkloster zusammenzuführen und für die neu geschaffene Universitätsbibliothek auszuwählen. Die Bücher der Leipziger Predigermönche und der Zisterzienser von Altzelle bildeten den Kern der Universitätsbibliothek. Die in Leipzig zusammengezogenen Büchersammlungen wurden nach den reformatorischen Interessen Borners selektiert. Deshalb sind bestimmte Literaturformen im Bestand der mittelalterlichen Handschriften der Universitätsbibliothek kaum vertreten. Borner übernahm weder Liturgica noch die für Frauenklöster typische Frömmigkeitsliteratur oder die im 15. Jahrhundert so reichhaltig überlieferte volkssprachliche Predigtliteratur. Von dieser Auswahl-

---

5 Im Katalog der Thomasbibliothek wird ein solches Traditionsbuch beschrieben: „Scotus in librum I. Sententiarum etc. hinten roth leder, forn mit borten, mönchschrift, vermischt". Vgl. UB Leipzig: Ms Thomas 1058, S. 169.

6 So wurde zum Beispiel in das im liturgischen Gebrauch befindliche Messbuch der Nikolaikirche aus dem 15. Jahrhundert zwischen den Zeilen der Text mit Blei leserlich geschrieben. Vgl. Archiv der Nikolaikirche: I J 1–3 (KatLKB, S. 288: St. Nicolai 986, 988–989). KatLKB = *Katalog der Leipziger Kirchenbibliotheken*, bearb. v. Hermann Ferdinand von Criegern, Leipzig 1912.

7 Vgl. Christoph Volkmar: *Reform statt Reformation. Die Kirchenpolitik Herzog Georgs von Sachsen 1488–1525* (Spätmittelalter, Humanismus, Reformation, Bd. 41), Tübingen 2008.

methode und dem letztlichen Verlust insbesondere von liturgischen Handschriften zeugt heute die große Anzahl von Makulatureinbänden im Bestand der Bibliothek. Die umfangreichsten Klosterbestände sind aus Altzelle und dem Leipziger Paulinerkloster erhalten, in beiden Fällen wohl ein Drittel der Klosterbibliotheken,[8] während aus der Bibliothek des Augustinerchorherrenstifts St. Thomas in Leipzig nach jetzigem Kenntnisstand 56 mittelalterliche Handschriften in den Sondersammlungen der Universitätsbibliothek Leipzig verzeichnet sind. Dazu kommen noch 17 Inkunabeln – der jüngste Titel wurde um 1490 gedruckt[9] –, während Drucke des 16. Jahrhunderts aus der Bibliothek des Augustinerchorherrenstifts nicht bekannt sind. Auch wenn im Bereich der mittelalterlichen Handschriften mit der zukünftigen Erforschung des Bestandes die Entdeckung weiterer Bände zu erwarten ist, macht der Buchbestand folgendes Szenario wahrscheinlich: Die mittelalterliche Bibliothek von St. Thomas wurde um 1490/1500 nicht mehr ergänzt, das heißt, die Sammlung wurde nicht mehr gepflegt.

Die Borner'schen Selektionsmuster brachen sich bis zu einem gewissen Grad an der liturgischen Traditionalität der Leipziger Kirchen St. Nikolai und St. Thomas mit ihrer starken Beachtung der Musikpflege. So befinden sich in der Kirchenbibliothek von St. Nikolai die Liturgica des 15. Jahrhunderts,[10] die weiterhin genutzt wurden. In der Bibliothek von St. Thomas ist wiederum das sogenannte *Thomas-Graduale*[11] erhalten.[12] Daneben ist aus der alten Klosterbibliothek nur noch ein *Missale Misnense* bekannt, das in der Litanei Thomas nach Maria vor den anderen Aposteln aufführt.[13] Als die Reformation in Leipzig durchgeführt und das Augustinerchorherrenstift aufgelöst wurde, lagerte im Thomaskloster nur noch eine unbekannte Anzahl mittelalterlicher Handschriften und Inkunabeln, ohne dass die Bibliothek ergänzt und genutzt wurde.

III. Die Bestandsentwicklung in der Kirchenbibliothek von St. Thomas bis 1800

Abgesehen vom *Thomas-Graduale* und dem *Missale Misnense* lässt sich keinerlei Kontinuität oder Verbindung zwischen der Bibliothek des Thomasklosters und der Bibliothek der Thomaskirche nachweisen. Nach der Überführung der Bücher in das aufgelassene Paulinerkloster befanden sich wahrscheinlich keine Bücher mehr im Augustinerkloster. Die heute noch erhaltenen Inkunabeln der Kirchenbibliothek stammen nicht aus der Klosterbibliothek, sondern sind spätere Zugänge.[14]

Der Bestand wurde vollkommen neu, nun unter reformatorischen Gesichtspunkten, aufgebaut. Ähnlich wie bei der Selektion der Klosterbibliotheken durch Caspar Borner mussten auch die vorreformatorischen Drucke einer kritischen Prüfung des Thomaspastors standhalten. Nikolaus Selnecker lobte in einem Eintrag in eine Inkunabel das Buch Thomas von Aquins über die Wahrheit des christlichen Glaubens, weswegen es in die Bibliothek aufgenommen wurde.[15] Im Gegensatz zu Borner konnte Selnecker eine Generation später auf die eigentliche Reformationsepoche als historisches Ereignis zurückblicken. Bei ihm und anderen lässt sich ein antiquarisches Interesse beobachten, das die Erhaltung eines vorreformatorischen Buches rechtfertigen konnte.[16]

Da keine Bücherverzeichnisse oder sonstigen Unterlagen zur frühen Geschichte der Kirchenbibliothek erhalten sind, ist eine Rekonstruktion ausschließlich auf der Grundlage exemplarspezifischer Merkmale der erhaltenen Bände möglich. Während des 16. Jahrhunderts, in der Zeit um 1610/1614, um 1642 und in der Mitte des 18.

---

8   Vgl. Christoph Mackert: *Repositus ad bibliothecam publicam – eine frühe öffentliche Bibliothek in Altzelle?*, in: Tom Graber, Martina Schattkowsky (Hrsg.): Die Zisterzienser und ihre Bibliotheken. Buchbesitz und Schriftgebrauch des Klosters Altzelle im europäischen Vergleich (Schriften zur sächsischen Geschichte und Volkskunde, Bd. 28), Leipzig 2008, S. 85–170; Christian Alschner: *Die Säkularisation der Klosterbibliotheken im albertinischen Sachsen (Mark Meißen, Leipzig und Pegau)*, Diss. masch., Leipzig 1969.

9   UB Leipzig: Scr.eccl.1186: Johannes Vercellensis: *Sermones vademecum*, verl. bei Johann Prüß, Straßburg um 1488–91.

10 Archiv der Nikolaikirche: I J 1–3. Die großformatigen Handschriften des 15. Jahrhunderts standen ursprünglich in der Kirchenbibliothek St. Nicolai 986, 988 und 989, vgl. KatLKB, S. 288. Die Handschriften wurden kurz vor Übergabe der Kirchenbibliothek als Depositum an die Universitätsbibliothek 1930 auf eine Archivsignatur umgestellt.

11 UB Leipzig: Ms Thomas 391; ediert und ausführlich beschrieben in: Peter Wagner (Hrsg.): *Das Graduale der St. Thomaskirche zu Leipzig (14. Jahrhundert) als Zeuge deutscher Choralüberlieferung*, 2 Bde. (Publikationen älterer Musik, Bde. 5 u. 7), Leipzig 1930–1932.

12 Dass diese Handschrift aus dem Augustinerchorherrenstift St. Thomas stammt, gilt nicht als gesichert, ist aber wahrscheinlich, da in der Litanei Thomas vor den übrigen Aposteln steht und Augustin vor den anderen Bekennern.

13 UB Leipzig: St. Thomas 47: *Missale Misnense* (GW M24545), verl. bei Georg Stuchs, Nürnberg nach 1.IX.1500.

14 1912 befanden sich in der Kirchenbibliothek 57 Inkunabeltitel, von denen 45 Titel seit der Auslagerung im Zweiten Weltkrieg vermisst werden.

15 UB Leipzig: St. Thomas 326 (GW M46568).

16 In den ersten Band einer deutschen Bibel, 1518 bei Silvanus Othmar in Augsburg gedruckt, schrieb Selnecker: „Diese Bibel in zwey theil gebunden, sol derwegen billich auffgehalten werden, das wir sehen, wie man vor vnser zeit geteutschet hat, und was wir, Gott lob, dagegen zurechnen für ein herrlich teutsch vnd liecht haben". Vgl. UB Leipzig: St. Thomas 295 (KatLKB, S. 11); der Eintrag ist abgedruckt in: Heinrich Pipping: *Arcana Bibliothecae Thomanae Lipsiensis sacra*, Leipzig 1703, S. 56.

Kupferstich mit einem Porträt Nikolaus Selneccers (Universitätsbibliothek Leipzig, Ms 0801(K))

wurden neu zugegangene Bücher mit einer entsprechenden Einbandprägung als Eigentum der Kirchenbibliothek zusammen mit dem Erwerbungsjahr ausgewiesen. In den ersten 50 Jahren des Bestehens der Bibliothek wurde in lateinischer Majuskel „ZV S THOMAS", „S THOMAS" oder „S THOM" aufgeprägt, in den meisten Fällen mit dem Erwerbungsjahr. Zwischen 1610 und 1670 wurden die Prägungen „Kirche zu S Thomas", „In die Kirch S Thomas", „In die Kirchen zu S Thomas" oder „Der Kirchen zu S Thomas" in Fraktur und das Erwerbungsjahr aufgepresst. Von 1700 an bis zur Mitte des 18. Jahrhunderts erhielten einige wenige Bände die Prägungen „BIBLIOTHECA THOMANA" oder „BIBLIOTHECAE THOMANAE" in lateinischen Großbuchstaben mit Erwerbungsjahr. Der letzte in dieser Form geprägte Band datiert aus dem Jahr 1765.[17] Nur 14 Bände des 18. Jahrhunderts erhielten eine solche Prägung. Hier zeigt sich deutlich die Wandlung der Kirchenbibliothek zu einer reinen Gebrauchsbibliothek beziehungsweise die Marginalisierung der Sammlung insgesamt.

Dieser Befund bestätigt sich auch bei der Betrachtung der eigentlichen Einbände. Die Bücher des 16. und der ersten Hälfte des 17. Jahrhunderts sind, wenn möglich einheitlich, in Holzdeckel gebunden und mit hellem Schweinsleder überzogen. Die verwendeten Plattenstempel repräsentieren einen fest umrissenen Motivkanon. An erster Stelle stehen Einbände mit dem Porträt Luthers auf dem Vorderdeckel und Melanchthons auf dem Hinterdeckel. Diese Prägemotive können als symbolträchtiger Hinweis auf die Position Selneckers gelesen werden, für den Luther und Melanchthon gemeinsam das theologische Bekenntnis der evangelischen Kirchen Leipzigs umfassten und der sich daher entschieden gegen die Loslösung Melanchthons von Luther wandte. An zweiter Stelle stehen Einbände mit einer Kreuzigungsszene auf dem Vorder- und einer Auferstehungsszene auf dem Hinterdeckel, wodurch dem Leser die Heilsökonomie der christlichen Botschaft stets präsent war. Einen dritten Motivkanon stellt das Thema des guten Regenten dar: Hierzu zählen Abbildungen von Sächsischen Kurfürsten, das Leipziger und sächsische Wappen sowie das Bilderpaar mit dem Bildnis des Kaisers und der Darstellung des salomonischen Urteils. Bände, deren Einbände nicht mit den beschriebenen Motiven versehen sind, stammen wahrscheinlich aus älterem Privatbesitz oder sind spätere Zugänge der Thomasbibliothek.

Die einheitliche und wertvolle Buchausstattung bezeugt den repräsentativen Charakter der Sammlung und entsprach der herausragenden Stellung, welche die Thomaskirche im geistlichen Gefüge der Stadt und über die Stadtgrenzen hinaus hatte. Der Pastor an St. Thomas war seit der Reformation Professor der theologischen Fakultät und Superintendent des Leipziger Kirchenkreises, sofern dieses Amt nicht vom Pastor der Nikolaikirche ausgefüllt wurde. Metaphorisch gesprochen symbolisierte die einheitliche Buchausstattung das einheitliche Bekenntnis des Luthertums und bildete somit die Religiosität der Bibliothek ab, ein Phänomen, das auch in der Bibliothek der Nikolaikirche zu beobachten ist.

Das älteste nachweisbare nachmittelalterliche Buch der Thomasbibliothek ist eine Handschrift mit Chorgesängen für die Liturgie der Thomaskirche.[18] Die großformatige, repräsentative Handschrift für den Gottesdienstgebrauch trägt die Einbandprägung „ZV S THOMAS" mit dem Erwerbungsjahr 1555. Die Zugehörigkeit des Buches zur Kirchenbibliothek wird auch durch die Unterschriften des

---

17 UB Leipzig: St. Thomas 1095 (fehlt in KatLKB).

18 UB Leipzig: Ms Thomas 393; die Handschrift ist beschrieben in: *Die neuzeitlichen Handschriften der Signaturgruppe Ms 2000 (Ms 2001–Ms 2999) sowie kleinerer Bestände (Cod. Haen., Ms Apel, Ms Gabelentz, Ms Nicolai, Ms Thomas)*, bearb. v. Thomas Fuchs, Wiesbaden 2011, S. 477.

Superintendenten Nikolaus Selnecker und der Diakone der Thomaskirche Petrus Hesse, Alexander Becker, Georg Weinrich und Matthias Harder bezeugt. Eine weitere Pergamenthandschrift des 16. Jahrhunderts, welche die Liturgie enthält, ist in Nachahmung einer Bastarda-Schrift des 15. Jahrhunderts täuschend ähnlich den vorreformatorischen liturgischen Handschriften geschrieben.[19] Die darin enthaltene *Vermanung zum Gebet vor der Communio* dagegen, die in der evangelischen Abendmahlsauffassung verankert ist, wurde in einer für das 16. Jahrhundert typischen Kurrent-Schrift verfasst. Auf dem Einband ist „ZV S Thomas" sowie 1586 zu lesen. Das Buch trägt den Inventarisierungsvermerk „Nicolaus Selneccerus D. Superintendens".

Beide Handschriften des 16. Jahrhunderts sind herausragende Zeugnisse der liturgischen Traditionalität der Thomaskirche. In diesem Zusammenhang stehen auch die berühmten Stimmbücher von St. Thomas, die zu den bedeutendsten Quellen protestantischer Kirchenmusik im 16. Jahrhundert gehören.[20] Die entsprechenden Musikhandschriften in St. Nikolai, die aufgrund der engen personellen und institutionellen Verbindung mit St. Thomas in diesem Kontext interpretiert werden müssen, harren noch der wissenschaftlichen Aufarbeitung.[21] Die ersten Bücher, die außerhalb der Liturgica nachweislich der Thomaskirche gehörten, tragen die Einbandprägung „ZV S Thomas 1560". Sie enthalten unter anderem das *Corpus doctrinae christianae* Melanchthons in der Leipziger Ausgabe aus dem Jahr 1560 und wurden von den Diakonen Petrus Hesse, Simon Gedicke, Kaspar Albert und Matthias Harder unterschrieben.[22] Keiner der vier Diakone war jedoch 1560 an St. Thomas im Amt. Hesse war zu dieser Zeit noch Diakon an St. Nikolai. Wahrscheinlich handelt es sich um nachträgliche Unterschriften aus der Zeit Selneckers, als die Kirchenbibliothek institutionalisiert wurde. Eher unüblich war die hier praktizierte Gewohnheit, die in die Bibliothek gelangten Bände mit der Unterschrift der Geistlichen als Besitz der Kirche zu bezeichnen. Sie wurde noch in der Amtszeit Selneckers beibehalten, danach aber aufgegeben. Das Jahr 1560 kann daher als

Epitaph von Nikolaus Selnecker, Bronzeguss der Hillger-Hütte Freiberg, Thomaskirche
(Foto: Stefan Altner, aufgenommen am 24. Oktober 2011)

---

19 UB Leipzig: Ms Thomas 392; die Handschrift ist beschrieben in: T. Fuchs: *Handschriften* (wie Anm. 18), S. 476/477.

20 Vgl. *Die Musikhandschriften Thomaskirche Mss. 49/50 und 51:1–2 in der Universitätsbibliothek Leipzig*, kommentiert von Wolfgang Orf (Quellenkataloge zur Musikgeschichte, Bd. 13), Leipzig 1977.

21 Archiv der Nikolaikirche: I J 27 (KatLKB, S. 290 unter der Signatur der Kirchenbibliothek von St. Nikolai 1046).

22 UB Leipzig: St. Thomas 30 u. 31 (KatLKB, S. 116). Biografische Informationen zu den Diakonen in: *Sächsisches Pfarrerbuch. Die Parochien und Pfarrer der ev.-luth. Landeskirche Sachsens (1539–1939)*, 2 Tle., bearb. v. Reinhold Grünberg, Freiberg 1940.

Beginn der Kirchenbibliothek gesehen werden, auch wenn von einer Bibliothek im eigentlichen Sinne noch nicht die Rede sein konnte, da die Bücher zum allgemeinen Inventar der Kirche gehörten und die Liturgica im Gottesdienstgebrauch waren, ohne dass schon eine institutionell verdichtete Büchersammlung existierte.

Die nächsten Bände, ein vierbändiges deutsches Altes Testament, gedruckt in Erfurt 1559–1566, gelangten 1566 in die Kirche.[23] 1573 kam als Legat von Johannes Meyer († 1573), Jurist und Syndicus der Universität Leipzig, eine 1566 in Leiden gedruckte *Biblia latina* zum Bestand hinzu.[24]

Aus dem Zugangsjahr 1576 schließlich sind zwei Bände mit drei Titeln erhalten: ein Buch mit Gottesdienstliedern der alten Kirche sowie zwei Lutherdrucke mit den Schmalkaldischen Artikeln und den wichtigsten Schriften des Reformators zu Taufe und Abendmahl, letztere beide 1575 in Wittenberg erschienen.[25] Auch wenn nur wenige dieser Bücher außerhalb des Gottesdienstes verwendet wurden, ihr Inhalt ist umso aussagekräftiger. Diese ältesten erhaltenen Bücher der Thomaskirchenbibliothek verweisen symbolisch auf die theologischen Grundlagen des Leipziger Luthertums: Bibel, Gottesdienst, Luther und Melanchthon.[26] Sie repräsentieren zugleich die theologischen Auseinandersetzungen innerhalb des Luthertums dieser Zeit. Neben den Texten Luthers und Melanchthons bildete die evangelische Bibel die religiös-theologische Grundlage des Leipziger Kirchenwesens. Der Text mit den Liedern der alten Kirche stand im Zusammenhang mit der Neuordnung des Gottesdienstes durch die Reformation und die immer wieder aufflammenden Fragen um seine Ausgestaltung. Die Positionen der traditionellen Beharrung und jene der radikalen Umgestaltung waren ein wesentlicher Teil des Konfliktpotenzials zwischen Calvinismus und Luthertum. Bücheranschaffungen wurden immer wieder mit dem Kampf gegen die Abweichung vom lutherischen Bekenntnis begründet. Auch das Buchgeschenk als ein gleichsam religiöser Akt beinhaltete das Bekenntnis zum lutherischen Glauben. So entwickelte sich die Bibliothek, einst aus den Anforderungen des Gottesdienstes erwachsen, zu einer Sammlung des gelehrten Luthertums mit einer deutlichen konfessionellen Ausrichtung gegen den Calvinismus und gegen Rom.[27] Nikolaus Selnecker, der sein Amt als Pfarrer an St. Thomas im Jahr 1574 antrat und 1576 zum Superintendenten und Professor an der Theologischen Fakultät berufen wurde, knüpfte an diese inhaltlichen Grundlagen für die Ausgestaltung der Kirchenbibliothek an. Mit ihm begann in einem engeren Sinne die Geschichte der Bibliothek, und er prägte in den nächsten Jahren entscheidend ihre Entwicklung von einer unzusammenhängenden Sammlung von Büchern zu einer sinnhaften Zusammenstellung der Texte in einer institutionell verdichteten Bibliothek.[28]

1578 und 1579 kamen nur wenige Bücher zum Bestand der Thomaskirche hinzu. 1578 waren es fünf Titel in vier Bänden: der erste Band der Jenaer Lutherausgabe von 1564, Alkuins Homilien und die Psalmenausgabe von Daniel Barbarus (Venedig 1571 und 1569), der erste Band der von Lukas Osiander besorgten achtbändigen Bibelausgabe (Tübingen 1578–1586) sowie eine bei Froben in Basel 1560 gedruckte Werkausgabe des venezianischen Patriarchen Laurentius Justinianus.[29] Im darauffolgenden Jahr wurden zwei grundlegende Werke Selneckers eingearbeitet: sein Genesiskommentar in der 1579 in Leipzig gedruckten Ausgabe und sein systematisch-theologisches Hauptwerk *Institutiones Christianae Religionis* (Leipzig 1579).[30] Die große vierbändige Wittenberger Melanchthonausgabe, deren Ankauf der Rat der Stadt ermöglichte, versah Selnecker mit einem Eintrag,

---

23 UB Leipzig: St. Thomas 1152 (KatLKB, S. 13).

24 UB Leipzig: St. Thomas 154 (KatLKB, S. 11); der Eintrag in dem Buch zur Schenkung Meyers ist abgedruckt in: H. Pipping: *Arcana* (wie Anm. 16), S. 10/11.

25 UB Leipzig: St. Thomas 265, 651 u. 651-2 (KatLKB, S. 112 u. 293).

26 Insbesondere Luthers Schmalkaldische Artikel, die deutlich antizwinglisch und antirömisch waren, müssen im Zusammenhang mit den theologischen Konflikten um die Herstellung eines Einheitsbekenntnisses gelesen werden. Ebenso zeigen die Lutherschriften zu den Sakramenten die antizwinglische Abendmahlsauffassung des Reformators. In diesem Kontext standen auch die Schriften Melanchthons, drehte sich doch ein Großteil der Spannungen innerhalb des Luthertums um die Frage, inwieweit Melanchthon beziehungsweise der sogenannte Philippismus noch auf den Grundlagen der Theologie Luthers standen. Die Leipziger vertraten, besonders zur Amtszeit Selneckers, die Position, dass Melanchthon nicht von Luther getrennt werden könne.

27 Dabei wurde Luthertum im Sinne Luthers und Melanchthons interpretiert, wie es in der Konkordienformel von 1577 als Bekenntnisschrift konkretisiert worden war. Das Erbe der beiden Zentralfiguren des deutschen Protestantismus wurde im Einigungswerk der lutherischen Kirche gesehen. Selnecker unterstrich diese grundsätzliche Ausrichtung des Bestandsaufbaus. Noch im Jahr des Erscheinens erwarb er für die Bibliothek das Konkordienbuch, an dem er selbst mitgearbeitet hatte (UB Leipzig: St. Thomas 332 [KatLKB, S. 211], mit der Einbandprägung „ZV S THOMAS 1580"), und 1584 die von Martin Chemnitz, Timotheus Kirchner und ihm selbst verfasste Apologie des Konkordienbuches, gedruckt Dresden 1584, zusammen mit zwei apologetischen Texten, zum einen eine Schrift von Bremer Theologen gegen die lutherische Sakramentsauffassung, zum anderen eine Schrift gegen Christoph Herdesianus, ein reformierter Theologe, der die *Confessio Augustana* angegriffen hatte (UB Leipzig: St. Thomas 335, KatLKB, S. 127, 215 u. 216).

28 Vgl. Ernst Koch: *Selnecker, Nikolaus (1530–1592)*, in: Theologische Realenzyklopädie, Bd. 31, Berlin 2000, S. 105–108.

29 UB Leipzig: St. Thomas 39 (KatLKB, S. 108); St. Thomas 133-1 u. 133-2 (KatLKB, S. 93 u. 25); St. Thomas 398 (KatLKB, S. 11); St. Thomas 178 (fehlt in KatLKB).

30 UB Leipzig: St. Thomas 374 (S. 22); St. Thomas 1173 (KatLKB, S. 184, mit einem falschen Erscheinungsjahr).

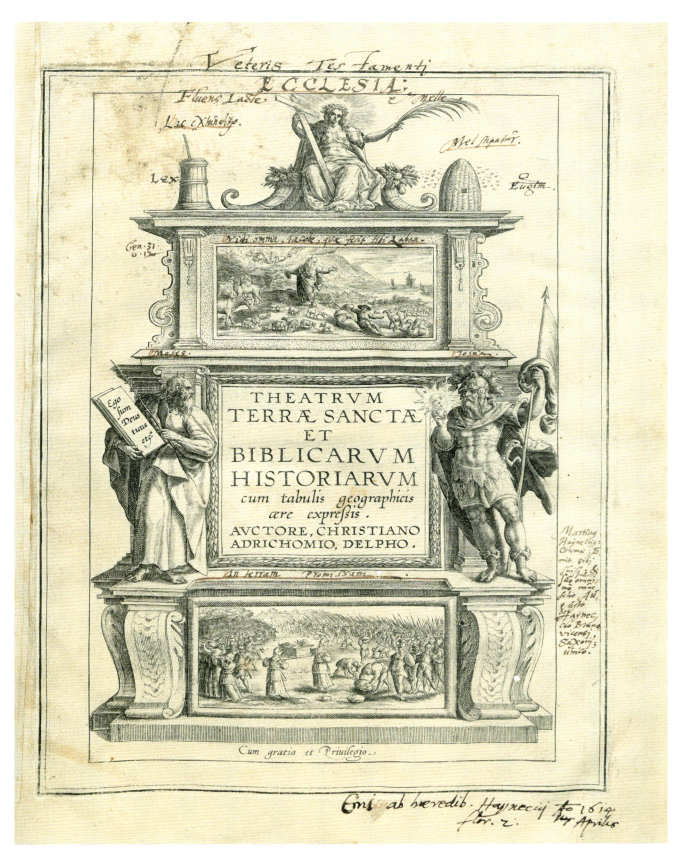

Titelblatt zu Christian van Adrichem: Theatrum terrae sanctae et biblicarum historiarum. Cum tabulis geographicis aere expressis, *Köln 1590.*
(Universitätsbibliothek Leipzig, Signatur: St.Thomas.141)

der seine Hochschätzung für seinen Lehrer Melanchthon verdeutlicht.³¹ Der Leipziger Bürger Henning Groß stiftete einen von Andreas Hondorff verfassten evangelischen Heiligenkalender (Leipzig 1579).³² Einen weiteren Band schenkte er der Bibliothek im Jahr 1581: den Katechismus von Johann Salmuth (Bautzen 1581). Diese Ausgabe basierte auf den Predigten von Heinrich Salmuth, dem Vorgänger Selneckers als Superintendent und Thomaspastor.³³

1579 begann Selnecker mit der Institutionalisierung der Bibliothek der Thomaskirche. Im Dezember erreichte er vom Stadtrat die Zusicherung einer Zahlung von jährlich 10 Gulden aus dem Kirchenetat, die zum Erwerb von Büchern verwendet werden sollten. Bezeichnenderweise wurde mit diesen Mitteln als Erstes die Jenaer Ausgabe der Werke Martin Luthers, *Prophetae Germanici nostri*, erworben.³⁴ Zu Beginn des Jahres 1580 wandte sich Selnecker im Namen der Geistlichen von St. Thomas in einem Spendenaufruf an „fürnehme Leute, die des vermögen", um damit Bücher zu kaufen. Ihre Belohnung würden die Spender von Gott gewisslich empfangen.³⁵ Daraufhin wurden 22 Bücher von Universitätsmitgliedern und Bürgern gespendet und weitere 73 konnten angekauft werden.³⁶ Der Aufruf bildete einen ersten Höhepunkt der Bibliotheksentwicklung an St. Thomas. Aus der Zeit Selneckers existieren noch 120 Titel, die seinen Besitzervermerk tragen, davon gelangten im Jahr des Aufrufs mindestens 56 Titel in die Sammlung.

Ein besonders wertvolles Buchgeschenk, eine achtbändige Polyglotte (Antwerpen 1569–1572),³⁷ erhielt die Thomaskirche vom Leipziger Ratsherren Caspar Schelhammer.³⁸ Auch der Leipziger Andreas Heil folgte Selneckers Aufruf und schenkte der Thomaskirche vier Bände: neben Hondorffs *Calendarium*³⁹ die dreibändige Ausgabe der Werke des Reformators Georg Majors⁴⁰, 1569–1570 bei Luft in Wittenberg gedruckt. Der Leipziger Professor der Rechte und Advokat am Hofgericht Michael Wirth stiftete 1580 die Werke des Kyrill von Alexandria, der sich im Kampf gegen die Nestorianer ausgezeichnet hatte. Der Einband trägt die Prägung „MICHAEL WIRTH IV DOCTOR BIBLIOTHECAE AD S THOMAM DONO DEDIT 1580" sowie eine Schenkungswidmung und die Unterschriften Selneckers und der Diakone.⁴¹ Ebenso tragen Bücher mit der Einbandprägung „NSN 1557" die Besitzervermerke der Thomasgeistlichen.⁴² Bei einem Band wurde „ZV S Thomas 1580" nachträglich aufgeprägt. Ein weiterer Band mit der Prägung „NSN 1555" befindet sich in der Sammlung ohne Besitzervermerke.⁴³ Zu den ersten Schenkungen nach dem Aufruf Selneckers gehören vielleicht die Bücher aus dem Besitz eines gewissen Friedrich Einbach mit Besitzervermerken aus den Jahren 1549 bis 1553, immerhin 24 Titel in 16 Bänden. Ein Band mit zwei Titeln trägt die Einbandprägung „ILK 1580"⁴⁴, ein Band „PCG 1569"⁴⁵ und ein weiterer „DPS 1577"⁴⁶. Aus dem Besitz des Leipzigers Hieronymus Jordan lassen sich fünf Titel in vier Bänden mit den Jahreszahlen 1564 bis 1576 nachweisen, darunter ein durchschossenes Exemplar des *Calendarium historicum* Paul Eber mit handschriftlichen Einträgen Jordans für die Jahre bis 1576.⁴⁷ Der Leipziger Bürgermeister Leonhard Badehorn, der mit Melanchthon und Joachim Camerarius befreundet war, verehrte der Bibliothek zwei Bände mit 25 Schriften.⁴⁸

Alle diese Buchgeschenke blieben jedoch hinter der Stiftung des promovierten Arztes Georg Wirth (1524–

---

31 UB Leipzig: St. Thomas 29 (fehlt in KatLKB); vgl. H. Pipping: *Arcana* (wie Anm. 16), S. 54–56.

32 UB Leipzig: St. Thomas 447 (KatLKB, S. 93). – Um das Buch rankt sich eine abenteuerliche Geschichte. Zu unbekannter Zeit verschwand es aus dem Bestand der Thomasbibliothek und kam in den Besitz von Johann Gottlieb Böhme, dessen umfangreiche Büchersammlung 1780 als Schenkung an die Universitätsbibliothek gelangte. Vor 1912 wurde das Buch wieder an die Thomaskirche abgegeben.

33 UB Leipzig: St. Thomas 639 (KatLKB, S. 283).

34 Eintrag in: UB Leipzig: St. Thomas 39; zitiert bei: H. Pipping: *Arcana* (wie Anm. 16), S. 16.

35 Vgl. H. Pipping: *Arcana* (wie Anm. 16), S. 12–18.

36 Vgl. Herbert Stiehl (Hrsg.): *St. Thomas zu Leipzig*, Berlin 1962, S. 45.

37 UB Leipzig: St. Thomas 19 (KatLKB, S. 10); mit der Einbandprägung „Caspar Schelhammer ZV S THOMAS 1580".

38 Dieses Exemplar versah Selnecker mit einem langen Eintrag: Aus der Lektüre könnten die wichtigsten christlichen Lehren erkannt werden, unter anderem die leibliche Nießung im Abendmahl, und durch die Lektüre der Bibel würden die Wohltaten Christi und seiner Kirche offenbar. Selnecker, wie auch Schelhammer, wertete das Buch als Bekenntnis zur lutherischen Theologie.

39 UB Leipzig: St. Thomas 447 (KatLKB, S. 93).

40 UB Leipzig: St. Thomas 313 (KatLKB, S. 118 mit falschen Erscheinungsjahren).

41 UB Leipzig: St. Thomas 7 (KatLKB, S. 83).

42 UB Leipzig: St. Thomas 417 (KatLBK, S. 7); St. Thomas 418 (KatLKB, S. 8).

43 UB Leipzig: St. Thomas 1259 (KatLKB, S. 25).

44 UB Leipzig: St. Thomas 450 (KatLKB, S. 341).

45 UB Leipzig: St. Thomas 636 (KatLKB, S. 111).

46 UB Leipzig: St. Thomas 1399 (KatLKB, S. 26).

47 UB Leipzig: St. Thomas 1544-1 u. 2 (KatLKB, 314 u. 317); St. Thomas 1550 (KatLKB, S. 316); St. Thomas 496 (KatLKB, S. 321); St. Thomas 1216 (fehlt in KatLKB). – Die Einträge behandeln historische Daten, aber auch Ereignisse in Leipzig selbst.

48 UB Leipzig: St. Thomas 837 mit 24 Titeln (KatLKB, S. 117, 360–362; acht Titel fehlen in KatLKB); St. Thomas 159 (KatLKB, S. 14).

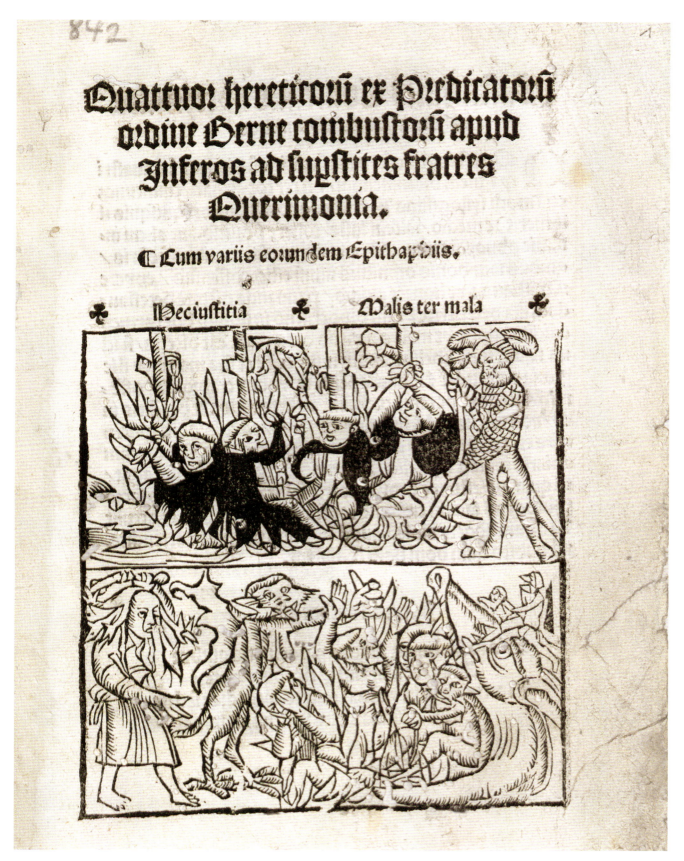

Titelblatt mit Holzschnitt zu Quattuor hereticorum ex predicatorum ordine Berne combustorum apud inferos ad supstites fratres querimonia, *[Leipzig 1509].*
(Universitätsbibliothek Leipzig, Signatur: St.Thomas. 842)

1613)⁴⁹ zurück. Offensichtlich stiftete dieser 1580 ein Legat, von dem insgesamt 78 Titel sicher nachgewiesen werden können. Die Bände tragen meist sein Exlibris sowie Einbandprägungen mit den Initialen „GWD" für Georg Wirth Doctor oder mit seinem Namen. Die aufgeprägten Jahreszahlen reichen von 1555 bis 1594. Ein Band ist mit der Einbandprägung „GEORG WIRTH DOCTOR BIBLIOTHE AD S THOMAM LIPSICE D D AN DO 1580" versehen. Sekundär aufgeprägt wurde „ZV S THOMAS". Selnecker sowie die anderen Geistlichen trugen zum Jahr 1580 ihre Namen ein.⁵⁰ In manchen Büchern charakterisierte Wirth mit einer kurzen Inhaltsbeschreibung die Werke oder versah diese mit Anmerkungen.⁵¹

Die Schenkungen der Jahre um 1580 zeigen, dass die Bibliothek vom Stadtrat und seinen Angehörigen sowie von den Universitätsmitarbeitern gefördert wurde. Daneben gibt es Anzeichen dafür, dass weitere Bevölkerungskreise die Bibliothek unterstützten. Unter anderem schenkte eine „femina Griesin" im Jahr 1580 eine lateinische Psalmenauslegung Johannes Bugenhagens, gedruckt in Wittenberg 1526.⁵² Nach 1596 verehrte Caritas Harbart, Tochter des Leipziger Theologieprofessors Burchart Harbart, zwei erbauliche Schriften, zum einen eine Predigtsammlung ihres Vaters, zum anderen Trostsprüche aus der Heiligen Schrift. Der Einband trägt die Prägung „CH 1596".⁵³ Vielleicht gelangte das Buch von Caritas Harbart, wie ein uneindeutiger Besitzereintrag vermuten lässt, über eine dritte Person in die Thomasbibliothek, ebenso wie zwei Bände aus dem Besitz von Margaretha Goertz: eine deutsche Ausgabe der Propheten und des Neuen Testaments, Wittenberg 1544, mit kolorierten Kupferstichen und einem qualitätsvollen Einband mit reicher Stempelverzierung⁵⁴ sowie ein deutsches Altes Testament von 1543⁵⁵.

Eine Preziose ersten Ranges schenkte Selnecker der Bibliothek und unterstrich damit wiederum seine Verbundenheit mit seinem Lehrer Melanchthon: das Manuskript der *Confessio doctrinae Saxonicarum ecclesiae* von Schreiberhand mit eigenhändigen Korrekturen Melanchthons, wahrscheinlich die Vorlage des Drucks.⁵⁶ Gleichsam als Reliquie wurde ein Buch aus dem Besitz von Michael Stifel, dem Jenaer Professor für Mathematik, behandelt. Stifel war ein früher Mitstreiter Luthers, der in späteren Jahren in Jena von Matthias Flacius Illyricus angefeindet wurde und in dem Selnecker eine Präfiguration seines eigenen Schicksals erkennen mochte. Selnecker war befreundet mit Stifel, der das Buch seinem Kollegen vermachte. Es enthält die Werke des Thomas von Kempen in der Pariser Ausgabe von 1523.⁵⁷ Einen zweibändigen handschriftlichen Kommentar der Johannesoffenbarung von Stifels Hand übergab Selnecker ebenfalls 1580 der Thomaskirchenbibliothek. Der erste Band trägt die Einbandprägung 1561 mit der sekundären Prägung „ZV S THOMAS".⁵⁸

Nach dem Tode des Kurfürsten August von Sachsen im Jahr 1586 und unter der Regentschaft seines Sohnes Christian I. wurde in Kursachsen der Prozess der zweiten Reformation angestoßen. Die Weiterführung der lutherischen Reformation durch calvinistische theologische Positionen, insbesondere im Bereich der Sakramentstheologie und der politischen Philosophie, bedeutete 1589 das Ende der Amtstätigkeit des prononcierten Lutheraners Selne-

49 Zu seiner Biografie vgl. seine Leichenpredigt in: Georg Weinrich: *Christliche Leichenpredigt: Bey dem Ehrlichen und Volckreichen Leichenbegengniß Deß [...] Herrn Georgii Wirth Philosphiae und Medicinae Doctoris, weiland der Römischen Keyserlichen Mayestät Caroli Quinti, und dann Philippi Königes in Spanien / [et]c. verordneten LeibArtzts / [et]c. Welcher am achten Septembris dieses instehenden 1613. Jahres Todes verblichen / und am 12. hernach in die Pauliner Kirch zu Leipzig Christlich zur Erden bestattet worden*, Leipzig 1613.

50 UB Leipzig: St. Thomas 180 (KatLKB, S. 117).

51 So kritisierte er in einer Notiz zum Genesiskommentar des französisch-reformierten geistlichen Augustinus Marloratus, Genf 1562, das häretische, weil calvinistische Sakramentsverständnis des Autors (vgl. UB Leipzig: St. Thomas 190, KatLKB, S. 22). In der von Theodor Bibliander 1550 publizierten Koran-Paraphrase kritisierte er den seiner Ansicht nach blasphemischen Charakter des Korans. Er habe das Buch in die Bibliothek von St. Thomas gegeben, damit sich die Geistlichen über den die Trinität leugnenden und den Büchern des neuen Testaments widersprechenden Charakter des Buches informieren könnten. Wirth, der Calvinisten und Moslems in vielfältigen Begriffen als Häretiker darstellte, bekundete sein lutherisches Bekenntnis in einem Eintrag in der Ausgabe der Werke des württembergischen Reformators Johannes Brenz. Ihn bezeichnete er als „Ecclesia Christi optime meriti et aeterna memoria digni" (vgl. UB Leipzig: St. Thomas 180, KatLKB, S. 117).

52 UB Leipzig: St. Thomas 579 (KatLKB, S. 25); mit einem Kaufvermerk von Melchior Wölner, Leipzig 1537.

53 UB Leipzig: St. Thomas 612-1 u. 2 (KatLKB, S. 251).

54 UB Leipzig: St. Thomas 158 (KatLKB, S. 15); mit dem Besitzeintrag: „Ditz buch istt meyn weibs Margarethe Johann Gentz".

55 UB Leipzig: St. Thomas 526 (KatLKB, S. 13), mit den Besitzeinträgen „Margareta Goertz Jo. Goertz eeweib 1545" und einem Schenkungsvermerk ihres Sohnes für einen „Stephanus Civvisius" von 1565.

56 UB Leipzig: Ms Thomas 1463b; vgl. T. Fuchs: *Handschriften* (wie Anm. 18), S. 482; *Confessio Doctrinae Saxonicarvm Ecclesiarvm: scripta anno Domini M. D. LI. ut Synodo Tridentinae exhiberetur*, Leipzig 1553. – Die Handschrift trägt einen Schenkungsvermerk Selneckers: „Templo Thomiano consecrata a Nicolao Selneccero D. Superintendente an. 1580". Der Text wurde von einer Vielzahl von Theologen unterschrieben, darunter von Melanchthon selbst sowie von Johannes Bugenhagen, Paul Eber und Georg Major. Am Ende eingebunden ist ein Zeugnis über die Rechtgläubigkeit der Schrift von Caspar Marsilius, Hofprediger zu Küstrin, und Heinrich Hamme, Superintendent in Königsberg.

57 UB Leipzig: St. Thomas 41 (KatLKB, S. 300). – Auf dem Vorderspiegel findet sich ein längerer Eintrag Stifels zu Thomas von Kempen, unter den Selnecker schrieb: „M. Michael Stiffel haec manu sua scripsit."

58 UB Leipzig: Ms Thomas 873:1–2; vgl. T. Fuchs: *Handschriften* (wie Anm. 18), S. 478/479.

Jahr	1608	1609	1610	1611	1612	1613	1614	1615	1616	1617	1618
Titelzahl	7	0	25	7	4	9	8	4	2	1	1

Tabelle 2

cker. Bald nach seiner Absetzung durch Kurfürst Christian I. verstarb Selnecker im Jahr 1592. In der Folgezeit wurde die Thomaskirchenbibliothek vernachlässigt; der Rückgang der Zugangszahlen, geordnet nach Erscheinungsjahr, verdeutlicht dies (Tabelle 1).

Erst zu Beginn des 17. Jahrhunderts, während der Amtszeit der Thomaspfarrer Georg Weinrich und Polycarp Leyser, wurde die Bibliothek konsolidiert und die Zugangszahlen stiegen wieder an. Während des Dreißigjährigen Krieges nach 1630 gingen sie jedoch wiederum drastisch zurück und erholten sich bis zum Ende des 18. Jahrhunderts nicht wieder.

Zwischen 1608 und 1618 wurden wie schon zur Zeit Selneckers vor allem Bücher erworben, deren repräsentativen Charakter goldgepresste Einbände betonten. Zwischen 1584 und 1607 trat dieses Phänomen nur vereinzelt auf. Wahrscheinlich war der Zugang in dieser Zeit relativ gering, wie die nach den Einbandprägungen zwischen 1608 und 1618 ermittelten Erwerbungsjahre (Tabelle 2) zeigen.

Um die Situation der Bibliothek grundsätzlich zu verbessern, erging 1625 wiederum ein Aufruf der Geistlichen von St. Thomas an die Bevölkerung Leipzigs zu einer Bücher- oder Geldspende. Daraufhin gelangte eine größere Anzahl repräsentativer Bände in die Kirchenbibliothek, die sich bis zu jener Zeit aus den Erwerbungsmitteln des Rates in Höhe von 10 Gulden finanzieren musste.[61] Der 1624 als Rektor der Universität Leipzig amtierende Professor der Rechte, Daniel Putscher, schenkte den zweibändigen Evangelienkommentar des Jesuiten Sebastian Barradas „zu seinem ewigen Gedächtnis".[62] Friedrich Mayer, Bürgermeister, Ratsherr und Assessor am Schöppenstuhl, stiftete eine neunbändige Ausgabe der *Loci theologici* des Jenaer Theologieprofessors Johann Gerhard, die als eines der Hauptwerke der lutherischen Orthodoxie gilt. Die in braunes Kalbsleder mit floraler Verzierung und dem aufgeprägten Wappen Mayers gebundenen Bücher besitzen einen pun-

Jahrzehnt	Titel gesamt[59]	Titel im Bestand[60]
1501–1510	32	22
1511–1520	68	64
1521–1530	83	75
1531–1540	60	52
1541–1550	148	142
1551–1560	164	151
1561–1570	158	139
1571–1580	157	145
1581–1590	200	193
1591–1600	150	131
1601–1610	395	361
1611–1620	422	410
1621–1630	342	324
1631–1640	163	159
1641–1650	54	51
1651–1660	40	38
1661–1670	35	28
1671–1680	20	19
1681–1690	27	26
1691–1700	68	64
1701–1710	118	115
1711–1720	57	50
1721–1730	40	36
1731–1740	45	40
1741–1750	27	26
1751–1760	40	32
1761–1770	62	49
1771–1780	103	89
1781–1790	103	87
1791–1800	118	105

Tabelle 1

59 „Titel gesamt" sind die in KatLKB aufgeführten Titel sowie diejenigen, die sich im Bestand befinden, aber in KatLKB nicht nachgewiesen sind.
60 „Titel im Bestand" meint die erhaltenen Titel der Bibliothek.
61 Vgl. H. Pipping: *Arcana* (wie Anm. 16), S. 28–30.
62 UB Leipzig: St. Thomas 164 (KatLKB, S. 36).

Einband von Nikolaus Selnecker: Aus der christlichen Concordia Erklerung etlicher streitigen Artickel, *Leipzig 1582.*
Der Einband besitzt die Prägung des Leipziger Pfarrers Heinrich Höpfner († 1584) und zeigt einen Pelikan als Symbol der christlichen Liebe. Der Pelikan reißt sich die Brust auf, um seine Küken mit seinem eigenen Blut zu nähren.
(Universitätsbibliothek Leipzig, Signatur: St.Thomas.652)

zierten Goldschnitt und die geprägte Widmung „DONUM FRIDERICI MAYERI SCABINATUS LIPSIENSIS ASSESSORIS ET CONSULIS 1625".[63] Heinrich Pipping zitiert in seinen *Arcana sacra* eine umfangreiche Schenkungswidmung Mayers, ohne allerdings seine Quelle zu nennen.[64] Mayer bezog sich auf den ersten Aufruf zur Unterstützung der Bibliothek von 1579 und formulierte als Ziel der Sammlung, den Geistlichen ihr Studium zu ermöglichen: „Wiederlegung der Wiedersacher ihrer Irrthume sich nützlich gebrauchen können". Darüber hinaus seien solche Sammlungen „in allen wohlbestalten Regimenten in denen Kirchen und Schulen dergleichen und von alters her gestifftet und continuiret worden". Mayer schloss mit dem Wunsch, „daß noch viele Christliche und gutthätige Hertzgen, welchen ihr Christenthum ein rechter Ernst ist, also nachfolgen, und in weniger Zeit eine instructissima Bibliotheca, so zu Erhaltung seines reinen und allein seligmachenden Worts und Refutirung der Feinde seines Christlichen Namens und Bekehrung zu demselben wohl und nützlich angewendet und gebrauchet werden möge".[65]

Der Bürgermeister, Doktor der Rechte und Assessor am Schöppenstuhl, Theodor Möstel, schenkte der Bibliothek ebenfalls vier repräsentative Bände, die lateinischen und deutschen Werke von dem Hamburger Pastor Philipp Nicolai,[66] einem Hauptvertreter der lutherischen Orthodoxie. Die in braunes Kalbsleder gebundenen Foliobände tragen seine Wappenprägung sowie „Kirche zu S Thomas TMD ANNO 1625". Wie die Bände Mayers sind auch diese mit punziertem Goldschnitt verziert. Zu den von Möstel gestifteten Büchern zitiert Heinrich Pipping ohne Quellenangabe eine umfangreiche Widmung,[67] die sich auf das Ausschreiben der Thomasgeistlichen bezog: „und die Zeiten leider! ietzo so beschaffen, daß um vieler Aergerniß, Rotten und Sekten willen die Diener am Wort Gottes als Hüter über der Menschen Seelen ursache haben, fleissig zu lesen und zu studieren, auff daß sie durch Beystand Gottes des Heil. Geistes Mund und Weißheit erlangen und mächtig werden zu widersprechen denen Widerwärtigen und mit allem Ernst und möglichen Fleiß dahin arbeiten, daß ihre anbefohlene Kirche und vertraute Zuhörer bey der rechten Weide des seligmachenden Wortes Gottes und unverfälschten Gebrauch der heiligen hochwürdigen Sacramenten"[68] bleiben, wie es in den im Konkordienbuch zusammengefassten Bekenntnisschriften niedergelegt sei. Solche Bibliotheken seien ein „Schatz der Kirchen".

Ein weiterer Bürgermeister, der 1637 verstorbene Ernst Mosbach, verehrte der Bibliothek die Werke des Zürcher Pfarrers Rudolf Hospinian mit sieben Titeln in drei Bänden. Die Bücher tragen die Prägung „KIERCHE ZU S THOMAS EMB 1625".[69]

Trotz dieser Schenkungen seitens der Universität und des Stadtrates verhallte der Aufruf von 1625 weitgehend ungehört. Die Anzahl der Bücher, die infolge des Aufrufs in die Bibliothek gelangten, war im Vergleich zu 1580 gering. Doch zwei bedeutende Zuwendungen in der Mitte des 17. Jahrhunderts änderten den Bestand der Thomasbibliothek grundlegend: Heinrich Meyer (1619–1669), Diakon an St. Nikolai, schenkte der Bibliothek mehrere Bücher, die vielleicht auch erst nach seinem Tod in die Bibliothek gelangten. 23 Titel in 19 Bänden tragen sei-

---

63 UB Leipzig: St. Thomas 627 (KatLKB, S. 178).

64 Vgl. H. Pipping: *Arcana* (wie Anm. 16), S. 38–40; in den Büchern lässt sich ein solcher Eintrag nicht finden.

65 Ebenda.

66 UB Leipzig: St. Thomas 193 u. 194 (KatLKB, S. 181).

67 Vgl. H. Pipping: *Arcana* (wie Anm. 16), S. 31–37.

68 Ebenda.

69 UB Leipzig: St. Thomas 252 (KatLKB, S. 209); St. Thomas 253 (drei Titel: KatLKB 216 u. 92; zu St. Thomas 253-1 fehlt der Eintrag in KatLKB); St. Thomas 254.

Titelblatt zu Hortulus animae, *Lyon 1516.*
Der Druck stammt aus dem Benediktinerkloster Benediktbeuren.
(Universitätsbibliothek Leipzig, Signatur: St.Thomas.1184)

nen Besitzervermerk.⁷⁰ Den bedeutendsten und größten Zugang in der Geschichte der Thomaskirchenbibliothek bildete die Schenkung des Leipziger Theologieprofessors Heinrich Höpfner. Dabei handelt es sich um die einzige geschlossene Sammlung, die Eingang in die Bibliothek fand. Die Titel der Schenkung wurden von dem Diakon Heinrich Pipping 1700 verzeichnet.⁷¹ Danach umfasste die Sammlung Höpfners rund 1820 Titel. Eine genaue Zahl lässt sich nicht ermitteln, da die Angaben zu ungenau sind. Durch Besitzervermerke Höpfners können jedoch 251 Titel eindeutig zugeordnet werden. Vielleicht ein Drittel davon befindet sich noch heute im Bibliotheksbestand.

Die großzügigen Schenkungen Meyers und Höpfners können jedoch die grundlegende Tendenz geringer Zugänge nicht verdecken. Nach der Spitze in den Erscheinungsjahren zwischen 1601 und 1630 gingen die Erwerbungen dramatisch zurück, wie der Nachweis der Titel nach Erscheinungsjahr zeigt (vgl. Tabelle 1). Erst ab den 1770er Jahren nahmen sie wieder zu.⁷² Dieser Trend wurde noch dadurch verstärkt, dass in diesen Jahrzehnten zunehmend Zeitschriften in den Bestand gelangten und damit auch mehrbändige Werke.

IV. Inhaltliche und formale Beschreibung der Bibliothek der Thomaskirche

Die inhaltlichen und historischen Entwicklungen der Thomaskirchenbibliothek spiegeln sich im Aufbau ihres Bestandes sowie in den Provenienzmerkmalen der Bücher wider. Im Folgenden sollen daher systematisch-inhaltliche sowie Fragen der Erschließung, das heißt die formalen Kennzeichen des Bestandes, betrachtet werden.

Der 1912 gedruckte Katalog der Thomaskirchenbibliothek weist 3030 Titel mit Erscheinungsjahren vor 1801 nach. Hinzu kommen 554 Drucke, die nicht in diesem Katalog verzeichnet sind. Von diesen insgesamt mindestens 3584 Titeln, die vor 1801 erschienen sind, befinden sich 314 heute nicht mehr im Bestand. Die Verluste betreffen insbesondere die Inkunabeln und Drucke des frühen 16. Jahrhunderts, die im Zuge der Auslagerung während des Zweiten Weltkrieges verloren gingen. Die weiteren Verluste erstrecken sich über den gesamten sonstigen Bestand. In der weiteren Betrachtung bleiben die Drucke des 19. und 20. Jahrhunderts unberücksichtigt, da sie für die spezifische Geschichte der Bibliothek von geringerem Interesse sind.

Betrachtet man die Erwerbungen dem Umfang nach für die einzelnen Jahrhunderte (Tabelle 3),⁷³ so wird eine Marginalisierung der Sammlung im 18. Jahrhundert deutlich, die mehr als ungewöhnlich ist. Zu erwarten wäre gewesen, dass sich vom früheren zum späteren Jahrhun-

Zeitraum	1501–1600	1601–1700	1701–1800
Titel	1227	1560	705

Tabelle 3

dert die Bestandszahlen verdoppeln. Noch deutlicher wird dieses Phänomen, wenn wir die Zeit zwischen der Bibliotheksgründung und der Mitte des 17. Jahrhunderts betrachten, also die Epoche, die wir im eigentlichen Sinne als Konfessionelles Zeitalter bezeichnen. In diesem Zeitraum (in sieben Jahrzehnten) wurden 1735 Titel erworben, das heißt ungefähr genauso viele wie in den folgenden 23 Jahrzehnten des Untersuchungszeitraums.

Die Sprachenverteilung verweist auf den spezifischen gelehrt-theologischen Charakter der Sammlung. 73,8 Prozent der Bücher sind in Latein, 22,5 Prozent in deutscher Sprache verfasst, hinzu kommen griechische und hebräische, ein niederländischer und zwei tschechische Titel. Beachtenswert sind das völlige Fehlen englischsprachiger Titel und der geringe Anteil von nur elf französischen Werken. Ein Anteil von 0,3 Prozent französischsprachiger Literatur an einer frühneuzeitlichen Büchersammlung ist bemerkenswert. Untypisch ist nicht nur die geringe Anzahl französischer, sondern auch die Vielzahl lateinischer Titel. Die strenge theologische Ausrichtung der Sammlung und das völlige Fehlen schöngeistiger Literatur wie auch der Literatur der französischen Hochaufklärung erklären diesen Befund, der bei der Betrachtung der Syste-

---

70 UB Leipzig: St. Thomas 24 (KatLKB, S. 247); St. Thomas 43 (KatLKB, S. 178); St. Thomas 44 (zwei Titel: KatLKB, S. 29); St. Thomas 84 (KatLKB, S. 19); St. Thomas 85 (KatLKB, S. 22); St. Thomas 86 (KatLKB, S. 23); St. Thomas 111 (KatLKB, S. 85); St. Thomas 304 (KatLKB, S. 207); St. Thomas 343 (KatLKB, S. 23); St. Thomas 344 (KatLKB, S.23); St. Thomas 539 (zwei Titel: KatLKB, S. 22 u. 29); St. Thomas 640 (KatLKB, S. 28); St. Thomas 646 (KatLKB, S. 259); St. Thomas 754 (KatLKB, S. 127); St. Thomas 768 (zwei Titel: KatLKB, S. 70; St. Thomas 768-1 fehlt in KatLKB); St. Thomas 1166 (KatLKB, S. 32); St. Thomas 1579 (KatLKB, S. 314); St. Thomas 1588 (drei Titel: KatLKB, S. 80 u. 239).

71 UB Leipzig: Ms Thomas 1058, Bl. II^r–X^v; vgl.: T. Fuchs: *Handschriften* (wie Anm. 18), S. 480/481.

72 In der zweiten Hälfte des 18. Jahrhunderts wurden die für die theologische Aufklärung in Deutschland typischen Autoren erworben. Hierzu zählten Johann Joachim Spalding, Friedrich Wilhelm Jerusalem, Johann Caspar Lavater, Johann David Michaelis und Lorenz von Mosheim. Der am häufigsten vertretene Autor war aber mit weitem Abstand Johann Salomo Semler, von dem und über den sich insgesamt 75 Titel nachweisen lassen.

73 79 Titel erschienen vor 1501 bzw. es konnten die Erscheinungsjahre nicht ermittelt werden.

Notation	Inhalt	
1	Zeitschriften, Encyclopädie, Methodologie und Literärgeschichte	39
2	Bibel	77
3	Exegese	492
4	Biblischer Apparat	163
5	Kirchengeschichte	779
6	Glaubenslehre	829
7	Ethik	36
8	Praktische Theologie	377
9	Sprachwissenschaft	152
10	Geschichte und Hilfswissenschaften	188
11	Philosophie	179
12	Unterrichtswesen	94
13	Sonstige Wissenschaften und Vermischtes	167

Tabelle 4

matik der Thomaskirchenbibliothek auf der ersten Hierarchieebene erhärtet wird (Tabelle 4).

Die theologischen Fächer dominieren eindeutig den Bestand. Darüber hinaus ist die systemische Einteilung des Bestandes, die dem Katalog von 1912 zugrunde gelegt wurde, für das 16. und das 17. Jahrhundert anachronistisch, insbesondere in Bezug auf die Bereiche Geschichte und Philosophie. Geschichte war weitgehend Heilsgeschichte, und erst durch die Säkularisierung der welthistorischen Auffassung seit der frühen Aufklärung kann von Geschichte als einem eigenständigen Wissenschaftsfach gesprochen werden. Ähnliches gilt für die Philosophie, die bis weit in das 17. Jahrhundert eine Philosophie des christlichen Denkens war. Bezeichnend ist der geringe Anteil der praktischen Theologie, die in dieser Systematik eine Vielzahl von Fächern umfasst: Lehrbücher der praktischen Theologie und der Homiletik, Predigtsammlungen, einzelne Predigten, Kasualreden, Taufreden, Traureden und Hochzeitsreden, Grabreden und Leichenpredigten, Reden zu verschiedenen Anlässen, Katechetik, Liturgik, Kirchenlied, Erbauungsliteratur und christliche Belletristik, Pastoraltheologie, Kirchenrecht und Kirchenverfassung. Auch vor diesem Hintergrund stellt sich die Thomaskirchenbibliothek als eine Büchersammlung für gelehrte Theologen dar. Sie zielte weniger auf den Seelsorger als vielmehr auf den in Glaubensauseinandersetzungen stehenden Kontroverstheologen. Als die Kontroversen an Bedeutung verloren, wurde auch die Bibliothek unwichtiger. Erst im 19. Jahrhundert wurde ihr als Dienstbibliothek des modernen protestantischen Pfarrers eine tragfähige Funktion zugewiesen. In gewisser Weise konnte die Funktionsänderung durch den Aufbau einer umfangreichen wissenschaftlichen Lehrerbibliothek an der Thomasschule während des Rektorats von Johann Gottfried Stallbaum (1793–1861; 1835–1861 im Amt) kompensiert werden.

Fragen sachlicher Erschließung sind eng mit solchen der Katalogisierung und Aufstellung verknüpft. Aus den ersten einhundert Jahren der Bibliothek sind Kataloge oder Aufstellungsformen nicht bekannt. Anhand der Bücher lassen sich in chronologischer Folge drei Signatursysteme nachweisen. Die ältesten Signaturschilder bestehen aus in Fraktur gedruckten Nummern (No. und Zahl). Die Buchstabenform spricht für eine Entstehung um 1600 oder im Verlauf des 17. Jahrhunderts. Da eine Vielzahl der Schilder im Laufe der Jahrhunderte abgefallen oder die Einbände verloren gegangen sind, kann über den Umfang und die zeitliche Reichweite dieses Signaturensystems wenig gesagt werden. In einigen wenigen Fällen sind diese ältesten Signaturschilder mit Schildern der Repositorienordnung der Zeit um 1700 überklebt worden.[74] Die erste Aufstellung nach fortlaufender Nummer ohne Sachbezug (numerus currens) erfolgte 1699/1700 im Zuge der Neukatalogisierung des Bestandes. Die beiden Diakone Albrecht Christian Rothe und Heinrich Pipping katalogisierten die Sammlung und stellten die Bücher neu auf. Rothe schrieb 1699 einen Sachkatalog der nun nach Schränken geordneten Bibliothek,[75] ein Jahr später legte Heinrich Pipping einen Autorenindex hierfür vor.[76] Die Neuaufstellung der Sammlung nach einer Repositorienordnung folgte dem Vorbild der Systematik der Universitätsbibliothek, eingeführt unter Joachim Feller in der Zeit um 1670/1680. Diese Ordnung hatte den Vorteil, dass die Bücher inhaltlich sortiert waren und nach den Verfassern gefunden werden konnten (Tabelle 5).

Auslöser für die Neubearbeitung der Bestände war wahrscheinlich die umfangreiche Schenkung Heinrich Höpfners. Das Verzeichnis der Schriften von Pippings

---

74 UB Leipzig: St. Thomas 414 (KatLKB, S. 312).

75 UB Leipzig: Ms Thomas 1058, Bl. XIIIr: „Index Bibliothecae Thomanae Universalis Anno 1699 constructus a M. Albrecht Christiano Rotthio SS. Theol. Baccal. et in aede Thomana Diacono".

76 UB Leipzig: Ms Thomas 1058, S. 651: „Index Autorum ad Indicem Materiarum praecedentem remittens Confectus a M. Henr. Pippingio 1700".

Libri Theologici et Biblia
Opera Lutheri et Lutheranorum
Libri historici
Historici ex Hist. Eccl.
Postillae
Libri juridici
Libri Medici
Libri Philosophici
Scholastici
Libri Philologici
Patres Graeci et Latini

Tabelle 5

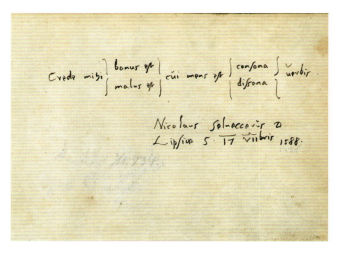

Stammbucheintrag Nikolaus Selneccers
(Universitätsbibliothek Leipzig, Ms 0801(K))

Hand zeigt, dass Höpfners Bücher zuerst separat aufgestellt waren und dass im Zuge der Einarbeitung dieses umfangreichen Zugangs der Bestand neu erschlossen werden musste, um ihn benutzbar zu machen. Bei der Neuaufstellung wurde die Sammlung Höpfners eingearbeitet und wahrscheinlich selektiert.

Bei den meisten Katalogisaten wurden Informationen zum Einband und zum Buchschnitt eingetragen. Bei den Werkausgaben wurden die einzelnen Schriften genannt und innerhalb der Sachaufstellung in Repositorien die Bücher nach Größen geordnet. Diese Repositorienordnung bestand wahrscheinlich bis in das 19. Jahrhundert hinein. In den Katalog wurden Bücher bis zum Erscheinungsjahr 1736 vereinzelt nachgetragen, sodass wahrscheinlich in der Folge eine geregelte Bibliotheksarbeit nicht mehr existierte. Aus dem 19. Jahrhundert liegen zwar die Rechnungsbelege im Archiv der Thomaskirche vor, aber keine Verzeichnisse oder Benutzungsunterlagen. Im frühen 20. Jahrhundert wurde die Neukatalogisierung der Bibliothek im Rahmen der Gesamterschließung der Leipziger Kirchenbibliotheken realisiert. Der Katalog wurde von Hermann Ferdinand von Criegern verfasst und erschien 1912 im Druck.

In der Bibliothek verwendete man einen Zettelkatalog: die handschriftlich notierte Druckvorlage für den Katalog von 1912. In der Universitätsbibliothek wurden 1962 die Einträge des Katalogs von 1912 ausgeschnitten, auf Karteikarten aufgeklebt und nach Autoren geordnet. Der Katalog von 1912 ist einer der schlechtesten seiner Zeit. Allein dass 312 Titel mit Erscheinungsjahren vor 1801 nicht verzeichnet sind, spricht für seine nachlässige und mangelhafte Erstellung, und das Fehlen eines Autorenindex macht ihn praktisch unbenutzbar.

V. Die Übergabe der Kirchenbibliothek an die Universitätsbibliothek

Im 19. Jahrhundert setzte eine intensive Entwicklung der historischen Wissenschaften ein. Allerorten wurden die historischen Studien über die örtliche Vergangenheit intensiviert. Institutionellen Ausdruck fand diese Bewegung in der Gründung historischer Vereine, in Leipzig etwa in der Gründung des „Vereins für die Geschichte Leipzigs". Das Interesse für die Geschichte der Stadt Leipzig und darüber hinaus für die Entwicklung des Luthertums im 16. und 17. Jahrhundert wurde zunehmend stärker und mit der Bibliothek von St. Thomas verfügte man über eine historisch und kulturell äußerst bedeutende Sammlung. Allerdings war diese nach der Universitätsbibliothek und der Stadtbibliothek wichtigste historische Bibliothek in Leipzig ungenügend erschlossen und nur schwer zugänglich. Ende der 1920er Jahre mehrten sich daher die Stimmen, die eine Übergabe der Sammlung in eine wissenschaftliche Einrichtung forderten.[77] Zunächst sollte sie der Landesbibliothek

---

77 Konkreten Anlass gab 1927 ein Vorfall um die Benutzung des *Thomas-Graduale*. Vgl. Peter Wagner (Hrsg.): *Das Graduale der St. Thomaskirche zu Leipzig (14. Jahrhundert) als Zeuge deutscher Choralüberlieferung*, 2 Bde., Leipzig 1930–1932. – Theodor Kroyer, Professor für Musikwissenschaft an der Universität Leipzig, wollte für eine geplante Edition des *Graduale* in der Bibliothek der Thomaskirche Einsicht in selbiges nehmen, die Handschrift war aber nicht aufzufinden. Kroyer wandte sich daraufhin am 17. Juni 1927 brieflich an Oberbürgermeister Karl Rothe: „Dieser eine Fall zeigt deutlich, wie notwendig es wäre, wenn auch die Kirchenbibliotheken unter die Obhut einer grossen Zentralbibliothek gestellt würden. Ich habe auch die Absicht, mich in dieser Sache ans Konsistorium zu wenden." Vgl. Archiv der Thomaskirche: IV A 4q, Bl. 48.

Besitzeintrag Nikolaus Selneccers in einem Buch der Thomaskirchenbibliothek mit den Unterschriften der Diakone von St. Thomas
(Universitätsbibliothek Leipzig, Ms 0801(K))

Dresden anvertraut werden. Dagegen intervenierte jedoch der Direktor der Universitätsbibliothek, Otto Glauning, der einen Plan zur Übergabe[78] an die Universitätsbibliothek unterstützte und darauf hinwies, dass diese nicht nur die Überlieferung der sächsischen Klöster aufbewahre, sondern auch „etwas ⅓ ihrer Arbeit in der Funktion als Landesbibliothek leistet."[79] Glauning konnte sich mit seinen Vorstellungen durchsetzen, was sicherlich auch im Interesse der Kirche lag, die die Sammlung in Leipzig wissen wollte. Das Landeskonsistorium stimmte am 26. Oktober 1928 der Verlagerung der Thomasbibliothek in die Universitätsbibliothek zu.[80] 1930 übergab die sächsische Landeskirche die Thomaskirchenbibliothek zusammen mit der Büchersammlung der Nikolaikirche als Depositum an die Universitätsbibliothek, welche die Benutzung der Sammlung unter Berücksichtigung des Bestandsschutzes sicherstellen sollte. Im Oktober 1931 erhielt Superintendent Gerhard Hilbert einen Schlüssel zu einem nicht näher bezeichneten Raum in der Bibliotheca Albertina, in dem die getrennt vom übrigen Bestand aufgestellte Kirchenbibliothek aufbewahrt wurde.

78 Archiv der Thomaskirche: IV A 4q, Bl. 57: Brief von Glauning an Superintendent Gerhard Hilbert, 19. Juni 1928.
79 Archiv der Thomaskirche: IV A 4q, Bl. 60, 28. November 1928.
80 Archiv der Thomaskirche: IV A 4q, Bl. 56: Brief von Hilbert an Glauning, 22. November 1928.
81 Archiv der Nikolaikirche: I J 1 – I J 27.
82 Archiv der Thomaskirche: IV A 4q, Bl. 112.

Die Übergabe an die Universitätsbibliothek war jedoch innerhalb der Kirchen nicht unumstritten. In der Nikolaikirche wurden ohne inhaltlichen Zusammenhang 27 Handschriften und Drucke, die im Katalog der Kirchenbibliothek von 1912 als Bibliotheksgut verzeichnet sind, unmittelbar vor der Übergabe 1930 auf Archivsignaturen umgestellt, um sie dem Depositum zu entziehen.[81] 1953 schließlich unternahm die Thomaskirche einen Vorstoß, um die Kirchenbibliothek zurückzuerhalten.[82] Helmut Mogk, Direktor der Universitätsbibliothek, lehnte dieses Ansinnen ab und verwies darauf, dass die Universitätsbibliothek als staatliche Institution das Vertrauen in Anspruch nehmen könne, die Sammlung in ihrer Integrität zu erhalten. Dieses Vertrauen in den Staat hatte die Kirche zum damaligen Zeitpunkt allerdings verloren.

VI. Fazit

Aufgrund der Text- und Buchbezogenheit des reformatorischen Bekenntnisses gehören Büchersammlungen und Bibliotheken grundlegend zum evangelischen Selbstverständnis. Auf diesem Fundament ruhte die Entstehung der Bibliothek der Thomaskirche.

Der Inhalt der Bücher und die zeitliche Verteilung der Erwerbungen charakterisieren die Funktion der Sammlung. Sie sollte vor allem den Geistlichen als Wissensvorrat bei den konfessionellen Auseinandersetzungen des späten 16. und frühen 17. Jahrhunderts dienen. Die Thomasbibliothek erwuchs aus dem Gottesdienst und den Herausforderungen des konfessionellen Konflikts, der gerade in Leipzig heftig ausgetragen wurde. Sie war eine Sammlung der gelehrten, weniger der praktischen Theologie, also keine Pfarr-, sondern eine Professorenbibliothek und trug damit der Stellung und den Aufgaben der Geistlichen von St. Thomas Rechnung, die sich aus dem gelehrten Theologenstand rekrutierten. Die enge personelle und institutionelle Verzahnung der Thomaskirche mit der Universität und der Stadt sowie die herausgehobene Stellung des Thomaspastors als Professor der Theologischen Fakultät spiegeln sich in der Bibliothek und ihrem Bestand wider.

Mit der schwindenden Bedeutung der Bekenntnissicherung nahm auch die Bedeutung der Sammlung ab. Die rechtliche Lösung des Konfessionskonflikts im Westfälischen Frieden 1648, die Lehren aus den religionspolitisch motivierten Kriegen des 16. und 17. Jahrhunderts, zunehmend ausgleichende Tendenzen innerhalb des Protestantismus und der aufkommende Pietismus des späten 17. Jahrhunderts machten die Bibliothek als ein konfessionelles Streitinstrument weitgehend überflüssig. Sie wurde Geschichte.

Handkolorierter Stich von G. Schlick, 2. Hälfte des 19. Jahrhunderts (links oben die Thomaskirche, rechts das Observatorium im Turm der Pleißenburg, dazwischen Bachs Porträt nach dem Gemälde von Elias Haußmann, unten das 1843 von Felix Mendelssohn Bartholdy gestiftete Bach-Denkmal vor der Thomasschule mit Thomaspforte) (Archiv des Thomanerchores)

Die Notenbibliothek der Schola Thomana[1]

ANDREAS GLÖCKNER

Noch bis zum Beginn des 19. Jahrhunderts befanden sich die gedruckten und geschriebenen Musikalien der Schola Thomana in der Verwahrung des Thomaskantors, der sie in der „Componir Stube"[2] seiner Dienstwohnung im ersten Obergeschoss der Thomasschule aufbewahrte. Ein erstes Musikalienverzeichnis verdanken wir Johann Schelle, der im Jahre 1677 sein Amt als Thomaskantor angetreten hatte.[3] Werke seines Amtsvorgängers Sebastian Knüpfer nennt das Verzeichnis allerdings nicht. Diese hatte Knüpfers Witwe für ein Honorar von 28 Florin und 12 Groschen dem Leipziger Rat zum Kopieren angeboten. Vielleicht auf Schelles Betreiben hin ließen die Stadtväter das Konvolut von 66 Werken für mehr als 80 Taler von Georg Knüpfer, dem Bruder des verstorbenen Thomaskantors, und dem Wurzener Organisten Sebastian Wunderlich abschreiben.[4] Weitere Musikalienerwerbungen folgten alsbald: 1679 wurden 30 Kirchenstücke des Merseburger Kapelldirektors Heinrich Groh († 1690) angekauft;[5] 1686 kam es zur Anschaffung von 317 Kirchenwerken aus dem Nachlass des Thomasorganisten Heinrich Gottfried Kühnel († 1684).[6] Schließlich wurde am 16. Juli 1712 die private Notenbibliothek des 1701 verstorbenen Thomaskantors Johann Schelle für 40 Taler aus dem Besitz seiner Witwe Maria Elisabeth (1654–1730) erworben.[7] Zum Bestand der Bibliothek im Jahre 1723 – also zu Beginn der Amtszeit Johann Sebastian Bachs – findet sich in den Rechnungsbüchern der Thomasschule folgender Eintrag:

> „– 68. St. Bücher, *Authores Librorum Musicalium* laut der Rechnung, ao 1679 beschl. *No*. 98.
> – 30. St. *Musical.*, geschriebene *Concert*en, lt. Rechnung 1680. *No*: 116.
> – 15. St. kleine Stimmen, laut Rechnung 1683. beschl. *Lit*: C. *No*: 113.
> – H. Joh. Schellens *Musical.* Sachen, d. 16. *July.* 1712. Diese Sachen hat der *Cantor*, Johann Sebastian Bach[8] in seiner Verwahrung, so aber vom Gebrauch ziemlich beschädiget, und fast unbrauchbar gemacht."[9]

1729 wurden Stimmbücher des *Florilegium Portense* – vielleicht aus einem älteren Restbestand – für den Preis von 12 Talern für die Schule erworben.[10]

Immerhin haben einige dieser Musikalien Bachs Amtszeit überdauert und nach 1750 noch existiert. Dies ergibt

---

1 Leicht veränderter Auszug aus dem Einleitungsteil von: Andreas Glöckner: *Die ältere Notenbibliothek der Thomasschule zu Leipzig. Verzeichnis eines weitgehend verschollenen Bestands*, Hildesheim 2011.

2 Vgl. StAL: *Stift. VIII B. 99 (Inventarium Über diejenige Wohnung auf der Thomas Schule alhier so dem ietzigen Cantori Herrn Johann Adam Hillern zu Michael 1789. angewiesen und folgendermaßen übergeben worden)*, fol. 22ʳ: „Beÿ dem Eingange in die Stube ist an der Wand eine Köthe mit 4. Thüren, an ieder sind Bande, Schloß und Schlüßel. Die Köthe ist mit vielen Fachen zu Beÿlegung und Verwahrung der *Musicali*en versehen."

3 Der von Johann Schelle 1679 angelegte *Catalogus Librorum Musicorum Scholæ Thomanæ* (StAL: *Stift. IX A. 35*, fol. 8ʳ–10ʳ) ist wiedergegeben bei Arnold Schering: *Musikgeschichte Leipzigs in drei Bänden*, Bd. 2: *Von 1650 bis 1723*, Leipzig 1926, S. 54 f. Über die Musikalienankäufe der Schule berichtet auch Bernhard Friedrich Richter: *Stadtpfeifer und Alumnen der Thomasschule in Leipzig zu Bachs Zeit*, in: Bach-Jahrbuch 4 (1907), S. 38–40. Siehe dazu ebenfalls Arnold Schering: *Die alte Chorbibliothek der Thomasschule in Leipzig*, in: Archiv für Musikwissenschaft 1 (1918/1919), S. 275–288.

4 StAL: *Stift. IX A. 35*, fol. 13ʳ.

5 StAL: *Stift. IX A. 35*, fol. 10ʳ: „Ferner, Seind am 18. *Januarÿ* ao 1679 von H. Grohe *Capelldirectore* zu Merseburg folgende stück angeschaffet … worden".

6 StAL: *Stift. IX A. 40*, vgl. auch A. Schering: *Die alte Chorbibliothek der Thomasschule in Leipzig* (wie Anm. 3), S. 281.

7 StAL: *Stift. IX A. 35*, fol. 16ʳ–22ʳ.

8 Aus „Johann Kuhnau" (ursprüngliche Lesart) korrigiert.

9 StAL: *Rechnung der Schulen zu St. Thomæ in Leipzig. Von Lichtmeße Anno 1723. bis Lichtmeße Anno 1724*, S. 52; siehe auch Arnold Schering: *Musikgeschichte Leipzigs*, Bd. 2 (wie Anm. 3), S. 60; ebenso: Werner Neumann, Hans-Joachim Schulze (Hrsg.): *Fremdschriftliche und gedruckte Dokumente zur Lebensgeschichte Johann Sebastian Bachs 1685–1750* (Bach-Dokumente, Bd. 2), Nr. 170, Leipzig und Kassel 1969.

10 Vgl. StAL: *Rechnung der Schulen zu St. THOMÆ in Leipzig. Von Lichtmeße Anno 1729. bis Lichtmeße Anno 1730*, S. 42 u. 52, sowie W. Neumann, H.-J. Schulze: *Dokumente zur Lebensgeschichte Johann Sebastian Bachs* (wie Anm. 9), Nr. 271. Die 1729 angeschafften Exemplare blieben bis 1770 noch im Gebrauch der Schule.

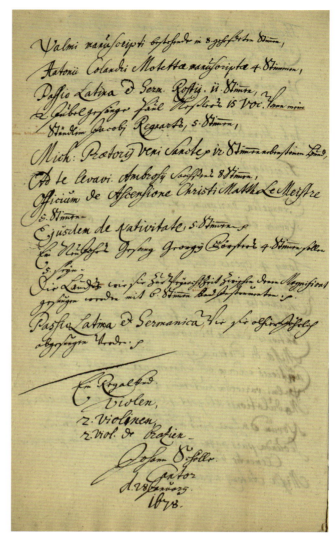

Auszug aus dem von Johann Schelle 1678 begonnenen „Thesaurus Musicus"
(Stadtarchiv Leipzig: Stift. IX A. 35, fol. 6 f.)

sich aus folgendem Eintrag in den Rechnungen der Thomasschule aus dem Abrechnungszeitraum 1750/51:

„– 68. [Stück] Bücher, *Authores Librorum Musicalium*, laut der Rechnung 1679. beschloßen *No*: 98.

– 30. [Stück] *Musicalia*, geschriebene *Concert*en, laut Rechnung 1680. *Sub No*: 113.

Nota: diese Sachen hat der *Cantor*, H. Gottlob Harrer in seiner Verwahrung, so aber vom Gebrauch ziemlich beschädiget und sonst unbrauchbar worden.

1. Buch, welches *Florilegium Portense* genennet wird, und die Schüler in der Kirche und zur *Music* brauchen, ist 1729. angeschaffet worden, und hat selbiges der Herr *Cantor* gleichfalls in Verwahrung."[11]

Die Musikalien von Johann Schelle fehlen; sie sind bereits im Inventar von 1731/32 nicht mehr aufgeführt.[12] Der Eintrag „15. St. kleine Stimmen, laut Rechnung 1683" erscheint seit 1733/34 ebenfalls nicht mehr.[13]

11 StAL: *Rechnung der Schulen zu St. Thomæ in Leipzig. Von Lichtmeße Anno 1750 bis Lichtmeße Anno 1751*, S. 62.

12 StAL: *Rechnung der Schulen zu St. THOMÆ in Leipzig. Von Lichtmeße Anno 1731. bis Lichtmeße Anno 1732*, S. 51; vgl. auch: W. Neumann, H.-J. Schulze: *Dokumente zur Lebensgeschichte Johann Sebastian Bachs* (wie Anm. 9). Konrad Küster hält es für möglich, dass Bach in den späten 1720er Jahren mit seinem Weimarer Vetter Johann Gottfried Walther über Musikalien im Bestand der Thomasschule korrespondiert hat (vgl. Konrad Küster: *Bach als Mitarbeiter am „Walther-Lexikon"?*, in: Bach-Jahrbuch 77 [1991], S.187–192).

13 Vgl. StAL: *Rechnung der Schulen zu St: Thomæ in Leipzig Von Lichtmeße Anno 1733. bis Lichtmeße Anno 1734*, S. 58.

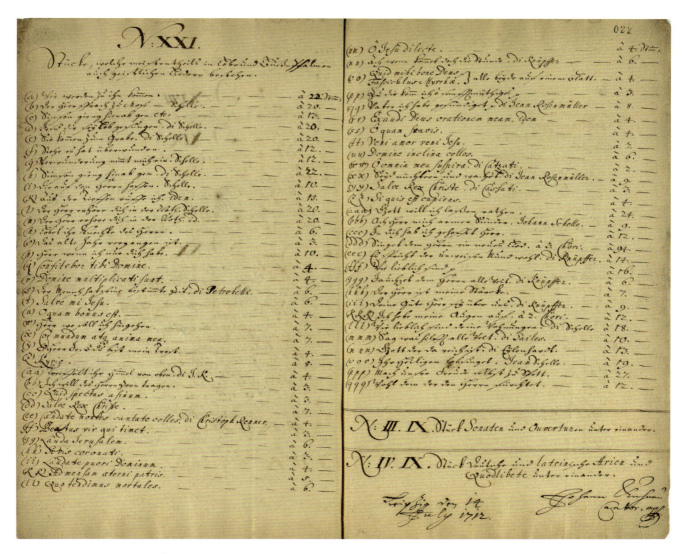

*Auszug aus Johann Kuhnaus Übernahmeprotokoll von 1712 zu Fußnote 7
(Stadtarchiv Leipzig: Stift. IX A. 35, fol. 22)*

Diese Musikalien wurden erst im Jahre 1770 ausgesondert, wie aus dem Inventar desselben Jahres hervorgeht:

„Ein Buch *Florilegium Portense* genannt von 1729. ist mangelhafft und unbrauchbar worden, davon die annoch nicht gantz zerrißenen *Latein*ischen *Motett*en abgeschrieben worden.[14]"

Seit 1770 ist der gesamte Bestand an historischen Musikalien in den Inventaren nicht mehr verzeichnet. Einige Abschriften von Motetten aus dem *Florilegium Portense* haben aber weiterhin existiert und sind offenbar auch im Gebrauch des Chores geblieben. Anderenfalls wäre der Aufwand, den das erneute Kopieren bedeutete, wohl nicht erklärbar. Erst vom Jahre 1789 an werden auch diese Abschriften nicht mehr in den Inventaren geführt. Damit hatte der Altbestand an gedruckten und handschriftlichen Musikalien anscheinend gänzlich ausgedient.

Von jeher blieben die von den Thomaskantoren komponierten Werke wie auch die zu Aufführungszwecken von ihnen angeschafften Musikalien ihr persönliches Eigentum. Nach dem Ableben eines Amtsinhabers gingen sie stets auf dessen Erben über. Inwieweit eine strikte Trennung von privaten Notenbeständen und solchen, die mit öffentlichen Mitteln für die Schule angekauft wurden, bestanden hat, wissen wir nicht.

Nach dem Tod Johann Sebastian Bachs wurde seine gesamte Notenbibliothek wohl schon Ende August 1750 unter den Erben aufgeteilt. Dabei gelangten die Aufführungsstimmen des sogenannten Choralkantatenjahr-

---

14 StAL: *Rechnung der Schule zu St Thomæ in Leipzig Von Lichtmeße Anno 1770, bis Lichtmeße Anno 1771*, S. 67.

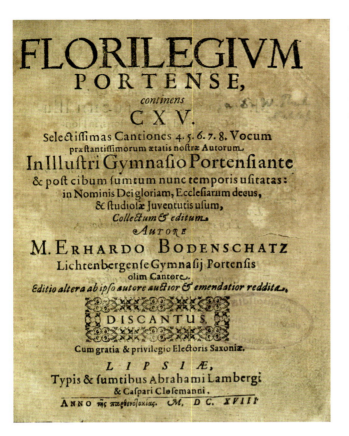

Discantus (Titelseite) des Florilegium Portense *von Erhard Bodenschatz*
(Bach-Archiv Leipzig, D-LEb, Rara II, 13/3, Depositum Bibliotheca thomana)

gangs nachweislich in den Besitz von Anna Magdalena Bach. Offenbar wurden sie bereits vor dem 29. August der Thomasschule gegen die Gewährung des „Gnadenhalbjahres" überlassen.[15] Da der Witwe ein Drittel der Hinterlassenschaft zustand,[16] ist anzunehmen, dass sie bei der Aufteilung der Musikalien in ähnlicher Weise bedacht wurde. Welche Handschriften die Witwe außer den schon erwähnten Choralkantatenstimmen erbte und wie sie damit umgegangen ist, lässt sich derzeit nicht sagen. Vielleicht gehörte auch die Partiturabschrift der apokryphen *Lucas-Passion* (BWV 246)[17] zu jenem Erbteil. Jedenfalls befand sie sich zeitweilig im Besitz des Thomaskantors Johann Friedrich Doles,[18] der sie von der Bach-Witwe oder von ihren in Leipzig lebenden Töchtern erworben haben könnte. Die Musikalien des Thomaskantors Gottlob Harrer wurden nach dessen Tod von der Witwe Christiana Elisabeth Harrer († 1766) an den Leipziger Verleger Johann Gottlob Immanuel Breitkopf veräußert. In dessen thematischen und nichtthematischen Verzeichnissen sind sie seit 1761 auch annonciert worden.[19] Der Nachlass von Johann Friedrich Doles gelangte im Februar 1797 in den Besitz seiner verwitweten Schwiegertochter Johanna Christiana Wilhelmina Doles,[20] der zweiten Gattin seines Sohnes Johann Friedrich Doles (d. J.). Durch Vermittlung des nachmaligen Thomaskantors August Eberhard Müller überließ die Witwe im Jahre 1801 einen Großteil der geerbten Musikalien ihres Schwiegervaters der Thomasschule für 20 Taler.[21] Im Inventar der Schule sind diese Kirchenstücke fortan wie folgt verzeichnet:

„Verschiedene Kirchen Stücke und Musicalien welche von der verw. D. Doles käuflich zur Schule übernommen worden, und die der *Cantor* in Verwahrung hat."[22]

Einige Materialien aus Doles' Notenbibliothek dürften aber schon vor 1801 an den Leipziger Buch- und Musikalienhändler Christoph Friedrich Werndt (1750–1801) veräußert worden sein.[23] Dessen Musikalien wie auch solche aus dem Nachlass von Johann Adam Hiller[24] wurden 1802 und 1804 vom Leipziger *Bureau de Musique Hoffmeister & Kühnel* zum Verkauf angeboten.[25]

---

15 Vgl. Bernhard Friedrich Richter: *Über die Schicksale der der Thomasschule zu Leipzig angehörenden Kantaten Joh. Seb. Bachs*, in: Bach-Jahrbuch 3 (1906), S. 43 ff.; Andreas Glöckner: *Die Teilung des Bachschen Musikaliennachlasses und die Thomana-Stimmen*, in: Bach-Jahrbuch 80 (1994), S. 41–57.

16 Vgl. W. Neumann, H.-J. Schulze: *Dokumente zur Lebensgeschichte Johann Sebastian Bachs* (wie Anm. 9), Nr. 628. Obwohl die Musikalien bei der Spezifikation der Hinterlassenschaft ungenannt bleiben (da sie offenbar schon zuvor unter den Erben aufgeteilt worden waren), ist anzunehmen, dass Anna Magdalena Bach – wie bei den übrigen Geld- und Sachwerten – ebenfalls ein Drittel davon erhielt.

17 D-B, *Mus. ms. autogr. Bach P 1017*.

18 Vgl. Hans-Joachim Schulze: *Studien zur Bach-Überlieferung im 18. Jahrhundert*, Leipzig und Dresden 1984, S. 94.

19 Vgl. dazu Andreas Glöckner: *Handschriftliche Musikalien aus den Nachlässen von Carl Gotthelf Gerlach und Gottlob Harrer in den Verlagsangeboten des Hauses Breitkopf 1761–1769*, in: Bach-Jahrbuch 70 (1984), S. 107–116.

20 Mit ihren drei Kindern ist sie im Testament als Erbin eingesetzt, denn ihr Gatte, Johann Friedrich Doles d. J., war bereits am 16. April 1796, acht Monate vor dem Ableben seines Vaters, verstorben. Die zweite Ehefrau des Thomaskantors, Johanna Caroline Doles, starb bereits am 8. Februar 1771. Siehe auch Helmut Banning: *Johann Friedrich Doles. Leben und Werke*, Leipzig 1939, S. 95.

21 Vgl. StAL: *Rechnung der Schule zu St. Thomæ in Leipzig von Lichtmeße Anno 1801 bis Lichtmeße 1802*, S. 76: „20 Thl. Der verwitweten Frau Christianen Wilhelminen D. Doles für Kirchenstücke und Musikalien welche dieselbe an die Thomas Schule durch vorgedachten *Cantor* Müller käuflich überlaßen hat, laut Quittung sub. No. 231."

22 Ebenda, S. 88 f.

23 Vgl. H. Banning: *Johann Friedrich Doles* (wie Anm. 20), S. 95, Fußnote 362.

24 Darunter eine Partiturabschrift des *Kyrie F-Dur* (BWV 233a), *Mus. ms. Bach P 70*, vgl. NBA II/2, Kritischer Bericht, S. 151.

25 Vgl. Hans-Joachim Schulze: *Studien zur Bach-Überlieferung im 18. Jahrhundert*, Leipzig und Dresden 1984, S. 94 f.

1823 fertigte der Thomaskantor Christian Theodor Weinlig ein Verzeichnis jener Musikalien an, die er im Oktober bei seiner Amtsübernahme in der Schule vorgefunden hatte.[26] Die von ihm inventarisierten und mit einem ovalen Stempel der Thomasschule versehenen Notenhandschriften und -drucke gehen vor allem auf den schon erwähnten Nachlass von Johann Friedrich Doles zurück. Mehrere der 1823 von Weinlig verzeichneten Instrumentalwerke, darunter Ouvertüren von Johann Friedrich Fasch, Georg Friedrich Händel oder Christoph Förster stammten jedoch aus dem Notenarchiv des Verlegers Breitkopf. Erworben wurden sie anscheinend für das Schulorchester, welches im Musiksaal der Thomasschule regelmäßig musizierte. Hier befand sich auch das Bach-Porträt von Elias Gottlob Hausmann. Der scheidende Thomaskantor August Eberhard Müller hatte es der Schule am 29. Dezember 1809 als Abschiedsgeschenk übergeben.[27] Gern wüssten wir, von wem er das Gemälde erworben hatte. Befand es sich etwa im Besitz der letzten lebenden Bach-Tochter Regina Susanna Bach, die erst zwei Wochen zuvor (am 14. Dezember 1809) verstorben war?

Nachdem die Schule bereits beim Amtsantritt von Johann Adam Hiller (1789) über 17 Streichinstrumente (zehn Violinen, drei Violen, zwei Violoncelli und zwei Violonen) verfügte, wurden auf Betreiben des Thomaskantors Johann Adam Hiller und laut Beschluss des Leipziger Rates vom 10. Dezember 1795 zwölf Holzblasinstrumente – drei Klarinetten, drei Oboen, drei Fagotte und drei Flöten – „zur *Music* der Thomas-Schule" für 36 Taler angekauft.[28] Mit Ausnahme von Blechblasinstru-

Thomaskantor Christian Theodor Weinlig, Kreidezeichnung um 1820, in: Der Dresdner Kreuzchor, *hrsg. v. Matthias Herrmann und Dieter Härtwig, Leipzig 2006, S. 81.*
(Museum der Stadt Dresden, Städtische Galerie, Foto: Franz Zadnicek)

menten war somit ein vollständiges Instrumentarium zur Aufführung von Instrumentalwerken vorhanden. 1801 kaufte August Eberhard Müller – seit 1800 Substitut des Thomaskantors Johann Adam Hiller – von dem Dresdner Instrumentenbauer Heinrich Grenser (1769–1814) weitere Instrumente für die Thomasschule an: eine Flöte, ein Fagott und eine Oboe.[29] 1806 erwarb Müller zudem noch eine Stainer-Geige zum Preis von 15 Talern sowie einige Geigenbögen für 10 Taler und 4 Groschen.[30] Schließlich wurde im Februar 1810 ein Pianoforte von Müller zum Preis von 90 Talern für die Schule angekauft.[31]

Im Jahre 1830 ging der musikalische Nachlass des Leipziger Komponisten und Dirigenten Johann Philipp Christian Schulz (1773–1827) auf die Thomasschule über.[32] Schulz war als Musikdirektor am Leipziger Gewandhaus tätig gewesen. Daher dürften diese Musikalien vor allem mit seinen Gewandhausaufführungen im Zusammenhang stehen. Das erklärt denn auch den auffallend hohen Anteil weltlicher Kompositionen – insbesondere von Bühnenwerken[33] – im Bestand der Thomasschulbibliothek.

---

26 Vgl. StAL: *Stift. IX A. 35,* S. 28 ff.

27 Vgl. StAL: *Stift. VIII B. 89,* Vol. II, S. 70.

28 Vgl. StAL: *Rechnung der Schule zu St. Thomæ in Leipzig Von Lichtmeße Anno 1795. bis Lichtmeße Anno 1796,* S. 61.

29 Vgl. StAL: *Rechnung der Schule zu St. Thomæ in Leipzig Von Lichtmeße Anno 1801. bis Lichtmeße Anno 1802,* S. 76.

30 Vgl. StAL: *Rechnung der Schule zu St. Thomæ in Leipzig Von Lichtmeße Anno 1806. bis Lichtmeße Anno 1807,* S. 72 f.

31 Vgl. StAL: *Rechnung der Schule zu St. Thomæ in Leipzig Von Lichtmeße Anno 1810. bis Lichtmeße Anno 1811,* S. 73.

32 Vgl. StAL: *Catalog der aus dem Schultzschen Nachlaß der Thomasschule legirten Musicalien und musikalischen Werken. 1830.,* in: Stift. IX A. 35, fol. 64r–78v. Johann Philipp Christian Schulz († 30. Januar 1827) war Schüler der Thomasschule gewesen und hatte bereits ab 1787 als Diskantist in den Gewandhauskonzerten gesungen. Als Musikdirektor am Leipziger Gewandhaus leitete er seit 1810 die weltlichen Vokalkonzerte des Gewandhauses, seit 1815 auch die Konzerte mit geistlichen Kompositionen. Schulz gehörte zu den Schülern des Thomaskantors Johann Gottfried Schicht.

33 Zumeist sind es einzelne Arien und Chöre aus Opern und Schauspielmusiken.

Georg Philip Telemann: Ich bin der Erste und der Letzte, *Kantate zum 1. Ostertag (TVWV 1:816). D-LEt, C 83/28 (verschollen). D-F (Fotokopie aus dem Nachlass von Werner Menke)*
(Universitätsbibliothek Johann Christian Senckenberg, Frankfurt am Main, Historische Sammlung)

Im Verlauf des 19. Jahrhunderts sind nicht unwesentliche Teile des historischen Bestandes auf unbekannte Weise veräußert worden oder anderweitig abhandengekommen, darunter auch die Originalstimmen der Kantaten *Mache dich, mein Geist, bereit* (BWV 115),[34] *Ach Herr, mich armen Sünder* (BWV 135),[35] *Auf Christi Himmelfahrt allein* (BWV 128),[36] dazu Teile der Originalstimmen zu *Herr Gott, dich loben alle wir* (BWV 130) sowie das Aufführungsmaterial zur *D-Dur-Suite* (BWV 1069). Offenbar vor 1920/21 gingen zwei noch von Bernhard Friedrich Richter erwähnte Originalstimmen der Kantate *Ärgre dich, o Seele nicht* (BWV 186) verloren.[37] Ungewiss ist auch der Verbleib einer Partiturabschrift der Kantate *Meinen Jesum laß ich nicht* (BWV 124) aus dem Nachlass von Johann Philipp Christian Schulz. Einige dieser Bibliotheksverluste wurden nicht einmal bemerkt: So erwarb der Thomaskantor Wilhelm Rust 1888 und 1889 antiqua-

34 Die Kantate wurde bereits 1802 in einem der wöchentlichen Thomasschulkonzerte unter der Leitung von August Eberhard Müller aufgeführt. Vgl. Andreas Glöckner, Anselm Hartinger, Karen Lehmann (Hrsg.): *Ausgewählte Dokumente zum Nachwirken Johann Sebastian Bachs 1801–1850* (Bach-Dokumente, Bd. 6), Kassel 2007, Nr. D 1.

35 Die Kantate erklang am 10. Februar 1805 ebenfalls unter der Leitung von August Eberhard Müller. Die verschollenen Aufführungsstimmen dienten als Vorlage für eine Partiturabschrift (D-B, *Mus. ms. Bach P 52*) aus der Feder von Carl Gottfried Wilhelm Wach (1755–1833) im Jahre 1803. Vgl. A. Glöckner, A. Hartinger, K. Lehmann: *Ausgewählte Dokumente zum Nachwirken Johann Sebastian Bachs* (wie Anm. 34), Nr. D 2.

36 Die Originalstimmen der Kantate befanden sich vor 1823 in der Thomasschule und gelangten später (über einen Leipziger Possessor?) in den Besitz Franz Hausers und 1904 in den Bestand der Königlichen Bibliothek zu Berlin (D-B, *Mus. ms. Bach St. 158*).

37 Vgl. Bach-Jahrbuch 3 (1906), S. 134. Im Katalog von Ernst Führer 1920/21 (vgl. Fußnote 44) sind diese nicht erwähnt.

risch (bei List und Francke in Leipzig sowie Liepmannssohn in Berlin) vier Stimmbücher des bereits erwähnten *Florilegium Portense*[38]. Zweifelsfrei hatten die wertvollen Drucke ehedem zum Bestand der Bibliothek gehört, wie einige handschriftlich eingetragene Chorbesetzungslisten für die III. Kantorei der Thomasschule belegen.[39] Drei der bislang noch nicht ausgewerteten Choraufstellungen stammen aus den Jahren 1741, 1745 und um 1737, mithin aus der Amtszeit Johann Sebastian Bachs. Sie befinden sich auf den Innendeckeln der Stimmbücher.

Der offenbar ziemlich freizügige Umgang mit den Musikalien lässt sich am ehesten damit erklären, dass die Schulbibliothek keine öffentliche Institution war. Daher ist der Bestand an historischen Notenhandschriften und -drucken auch nie fachgerecht gesichtet und unter bibliothekarischen Gesichtspunkten aufgearbeitet worden. Infolgedessen konnten die Musikalien von Wissenschaftlern nur punktuell zu Forschungszwecken herangezogen und ausgewertet werden. Immerhin haben namhafte Musikologen, darunter Carl Hermann Bitter (vor 1865), Hugo Riemann (nach 1898), Robert Eitner (vor 1900), Bernhard Friedrich Richter (vor 1906), Helmut Banning (vor 1939), Arnold Schering (vor 1941) und Werner Menke[40] (vor 1942) einzelne Musikalien untersucht, in ihren Publikationen erwähnt beziehungsweise katalogisiert und ausnahmsweise sogar näher beschrieben.

Georg Philip Telemann: Und es erhub sich ein Streit im Himmel, *Kantate zum Michaelisfest 1717 (TVWV 1:1434). D-LEt, C 85/60 (verschollen). D-F (Fotokopie aus dem Nachlass von Werner Menke)*
(Universitätsbibliothek Johann Christian Senckenberg, Frankfurt am Main, Historische Sammlung)

---

38 D-LEb, *Rara II, 13.* Sie gehören zu den wenigen noch erhaltenen Musikalien des historischen Bestands der Thomasschule.

39 Vgl. Andreas Glöckner: *Alumnen und Externe in den Kantoreien der Thomasschule zur Zeit Bachs,* in: Bach-Jahrbuch 92 (2006), S. 9 ff.

40 Aus dem Nachlass von Menke existieren sogar noch Fotokopien von Partituren und Aufführungsstimmen einiger Vokalwerke Georg Philipp Telemanns (siehe dazu die entsprechenden Abbildungen).

41 StAL: *Stift. IX A. 35,* fol. 28 ff. Erstmalig erwähnt von Werner Neumann und Christine Fröde: *Die Bach-Handschriften der Thomasschule Leipzig. Katalog* (Beiträge zur Bachforschung, Heft 5, Leipzig 1986), S. 5. Die übrigen Kataloge waren bislang unbekannt. Im Zusammenhang mit Weinligs Bestandsaufnahme erhielten die Musikalien einen ovalen Bibliotheksstempel mit den geschwungenen Großbuchstaben *TS* (für Thomasschule).
Im Zusammenhang mit der Anfertigung dieses Verzeichnisses stehen auch folgende Einträge in StAL: *Rechnung der Schule zu Sct. Thomas in Leipzig auf das Jahr von Lichtmeße 1823. bis dahin 1824,* S. 77 f.:
„1 Taler 6 gr. für das Hin- und Hertragen der sämtlichen Musikalien so zur Thomasschule gehören, worüber ein Katalog in zwei Exemplaren gefertiget worden ist: wovon ein Exemplar der Herr Kantor Weinlich erhalten hat, das andere aber im Archive der Thomasschule sich befindet.
10 gr. diesen Katalog zweimal einzubinden.
1 Taler dem Petschirer Seltmann für einen Stempel mit *T. S.* zu stechen, zum Bezeichnen der, der Thomasschule gehörigen Musikalien und Bücher."

42 StAL: *Stift. IX A. 35,* fol. 64ʳ–78ᵛ.

Auch wenn ein Katalog des gesamten Musikalienbestandes nicht existiert (und vermutlich nie angefertigt worden ist), müssen wir dankbar sein, dass vier bislang nicht publizierte und daher weitgehend unbekannt gebliebene handschriftliche Verzeichnisse erhalten sind und über die seit Ende des Zweiten Weltkrieges vermissten annähernd 2500 Notenhandschriften und -drucke Auskunft geben können. Im Einzelnen handelt es sich dabei um folgende Unterlagen:

A) Christian Theodor Weinlig: *Catalog, der der Thomas-Schule zu Leipzig gehörigen Musikalien.*[41]

B) Johann Philipp Christian Schulz: *Catalog, der aus dem Schultz'schen Nachlaß der Thomasschule legirten Musicalien und musikalischen Werke. 1830.*[42]

C) Bernhard Friedrich Richter: *Musica Sacra, Geistliche Musik mit Instrumentalbegleitung*.

Das Verzeichnis wurde von Richter vor 1893 – vielleicht während seiner Zeit als Vertreter des Thomaskantors (1892/1893) – angefertigt und von Gustav Schreck nach dessen Amtsantritt (1893) ergänzt.[43]

D) Ernst Führer: *Katalog der Kirchenmusik-Bibliothek nach dem Bestande im Jahre 1920/1921*.[44]

Der von Weinlig angelegte Katalog und das Verzeichnis des Schulz'schen Nachlasses enthalten außer geistlichen Werken auch Opern und Instrumentalkompositionen, der Katalog von Richter nennt ausschließlich geistliche Werke. Ernst Führer hat 1920/21 nicht nur Kirchenkompositionen verzeichnet, sondern auch Opern und Operetten in seinen Katalog mit aufgenommen. Instrumentalwerke werden darin nur ausnahmsweise erwähnt. Daher stellt sich die Frage, ob Ende des 19. oder zu Beginn des 20. Jahrhunderts vielleicht auch ein Verzeichnis der Instrumentalwerke angefertigt worden ist. Da die einzige aus diesem Bestand noch überlieferte Quelle[45] keine der typischen Bibliothekssignaturen aufweist, fehlt ein Hinweis darauf, dass der einschlägige Teilbestand zu jener Zeit neu signiert und katalogisiert worden wäre. Vielleicht galt er als zweitrangig, da Instrumentalwerke in der musikalischen Praxis des Chors um 1920 faktisch keine Rolle spielten. In Robert Eitners seit 1900 publiziertem Quellenlexikon ist nur ein auffallend kleiner Teil des Gesamtbestandes verzeichnet. Instrumentalwerke bleiben darin gänzlich unerwähnt. Vermutlich hat Eitner die Sammlung nicht selbst in Augenschein genommen und die Thomasschule nur über einzelne geistliche Werke Auskunft erteilt.

Da die meisten Quellen seit Kriegsende nicht mehr zur Verfügung stehen, sind Angaben über deren Provenienz nur ansatzweise möglich. Einige Musikalien stammen aus der Notenbibliothek Johann Sebastian Bachs, seiner Amtsnachfolger Johann Friedrich Doles, Johann Adam Hiller und Johann Gottfried Schicht. Teile der handschriftlichen und gedruckten Quellen befanden sich einst im Notenarchiv des Leipziger Musikverlegers Johann Gottlob Immanuel Breitkopf[46] beziehungsweise im Besitz des Leipziger Musikdirektors Johann Philipp Christian Schulz. Bei anderen Musikalien handelt es sich um Schenkungen von namhaften Bürgern, Komponisten und Sammlern des 18. und 19. Jahrhunderts. Einige Quellen gehen auch auf die Freiberger Zeit (1744–1755) von Johann Friedrich Doles zurück.[47] Hierzu gehören der bei Balthasar Schmidt in Nürnberg 1744 gedruckte Kantatenjahrgang *Musicalisches Lob Gottes in der Gemeine des Herrn* aus der Feder von Georg Philipp Telemann und dessen *Erster (Italienischer) Concerten-Jahrgang* (Eisenach und Frankfurt 1716/1717).[48] Der größere Teil des Repertoires entstammt allerdings der zweiten Hälfte des 18. Jahrhunderts. Auffallend ist die hohe Anzahl von lateinischen Figuralstücken. Verzeichnet sind allein 79 Stimmensätze zu anonymen Messen, wobei einige dieser Quellen bereits der ersten Hälfte des 18. Jahrhunderts zugeordnet werden können.

Die Spuren der historischen Musikalien verlieren sich weitgehend gegen Ende des Zweiten Weltkrieges. Nachdem die Thomasschule und das Alumnat bei dem schweren Luftangriff auf Leipzig in der Nacht vom 3. zum 4. Dezember 1943 leicht beschädigt worden waren, mussten die Thomasschüler wegen der Gefahr weiterer Bombardierungen evakuiert werden. Die Musikalien der Bibliothek blieben bei diesem (ersten) Angriff offenbar weitgehend

---

43 Bibliothek der Thomasschule zu Leipzig, ohne Signatur. Schreck wurde am 11. Februar 1893 zum Thomaskantor gewählt. Bernhard Friedrich Richter konnte anhand von Schriftvergleichen als Verfasser und Schreiber des Kataloges identifiziert werden.

44 Bibliothek der Thomasschule zu Leipzig, ohne Signatur. Ernst Führer (* 21. Januar 1902, † 24. Juni 1974) war Cantor Famulus an der Thomasschule. Die Vorbemerkung zu seinem Katalog ist datiert: „Leipzig, den 20. August 1921". Stefan Altner hatte mich vor einigen Jahren freundlicherweise auf dieses Verzeichnis aufmerksam gemacht.

45 Es handelt sich um eine B-Dur-Ouvertüre von Johann Friedrich Fasch, deren Aufführungsstimmen – zusammen mit den Thomana-Stimmen – seit 1951 als Dauerleihgabe im Bach-Archiv Leipzig aufbewahrt werden.

46 Einige der von Breitkopf 1761 und in den Folgejahren annoncierten Instrumentalwerke erscheinen im Katalog von Christian Theodor Weinlig aus dem Jahre 1823.

47 H. Banning: *Johann Friedrich Doles* (wie Anm. 20), S. 56 (Fußnote 211). Banning hat bereits im Jahre 1939 folgendermaßen darauf hingewiesen: „Ohne Zweifel brachte Doles aber im Laufe der Jahre auch seine Freiberger Arbeiten in Leipzig zur Aufführung. Er hatte sein ganzes Notenmaterial in das neue Amt mitgenommen, denn Freiberg besitzt weder ein Autograph noch die Abschrift einer seiner Kompositionen, die Thomasschule dagegen manches Stück von ihm aus früher Zeit." Bei Telemanns Druckjahrgang von 1744 hat Banning allerdings angenommen, dass es sich dabei um einen Kantatenzyklus von Doles handelt.

48 Dies ergibt sich aus den von Bernhard Friedrich Richter und Werner Menke mitgeteilten Kopisten der Musikalien. Deren Hauptschreiber ist Johann Gottlieb Keutel, der 1745 in das Gymnasium zu Freiburg aufgenommen wurde, später dort als Kollaborator tätig war und seit 1754 an der Freiberger Kirche St. Johannis wirkte. Siehe dazu auch Paul Knauth: *Verzeichnis der aus Orten der Amtshauptmannschaft Freiberg stammenden Schüler des Gymnasiums zu Freiberg im Zeitraume 1515–1747*, in: Mitteilungen des Freiberger Altertumsvereins, Heft 60, Freiberg 1930, S. 89, und Reinhard Vollhardt: *Geschichte der Cantoren und Organisten von den Städten im Königreich Sachsen*, Berlin 1899, Reprint Leipzig 1978, S. 424. Ein weiterer Kopist ist Joseph Mylius (Mühle, Myhle). Er wurde 1742 in das Gymnasium aufgenommen. Später war er daselbst Kollaborator. Vgl. Paul Knauth: *Verzeichnis der aus Freiberg stammenden Schüler des Gymnasiums zu Freiberg im Zeitraum 1515–1747*, in: Mitteilungen des Freiberger Altertumsvereins, Heft 57, Freiberg 1927, S. 49. Ein dritter Kopist ist wahrscheinlich Wilhelm Friedrich Wilisch, der 1743 am Freiberger Gymnasium immatrikuliert wurde. Vgl. ebenda, S. 63.

unversehrt.[49] Der Thomaskantor Günther Ramin begab sich noch am Abend des 4. Dezember mit den Alumnen nach Grimma, wo sie bis Kriegsende in der Fürstenschule Unterkunft fanden. Bei der übereilt organisierten Abreise wurden zunächst nur die Zimelien der Schola Thomana in Koffern mitgenommen, darunter auch die Aufführungsstimmen von Johann Sebastian Bachs sogenanntem Choralkantaten-Jahrgang. Die für den regelmäßigen Gebrauch bestimmten Musikalien gelangten nach dem 20. Januar 1944 innerhalb von drei Wochen nach Grimma, wo sie auf der Empore der neben der Fürstenschule befindlichen Klosterkirche deponiert wurden.[50] Über den Verbleib der übrigen Handschriften liegen nur ungesicherte Aussagen vor. Sie sollen – zumindest teilweise – Anfang 1944 in das Schloss Belgershain nahe bei Grimma (wo Ramin gelegentlich als Cembalist gastierte) verlagert worden sein. Ihr Schicksal konnte allerdings vor Ort nicht aufgeklärt werden.[51] Dass Musikalien der Thomaschule in den Kriegs- und Nachkriegswirren der Vernichtung zum Opfer gefallen sind, ist ebenso wenig auszuschließen wie eine Beschlagnahme durch die Rote Armee und ein damit verbundener Abtransport der ‚Trophäenkunst' in die damalige Sowjetunion.

Von den handschriftlichen und gedruckten historischen Musikalien der Schule sind derzeit nur noch wenige verfügbar. Die oben genannten Originalstimmensätze zu Bachs Choralkantaten befinden sich seit 1951 als Dauerleihgabe im Bach-Archiv Leipzig. Mehrere der nach Kriegsende noch existierenden alten Originaldrucke wurden im Jahre 1980 dem Bach-Archiv ebenfalls zur Verwahrung übergeben. Zu verlockend ist die Vorstellung, dass der Musikalienbestand – wie im Falle der älteren Sammlung der Sing-Akademie zu Berlin – weitgehend vollständig wieder auftaucht.

---

49 Nach den Aussagen mehrerer Zeitzeugen soll es zu keinen maßgeblichen Verlusten gekommen sein. Erst bei einem zweiten Luftangriff am 20. Februar 1944 brannte das Gebäude der Thomasschule weitgehend aus.

50 Vgl. Bibliothek der Thomasschule zu Leipzig, ohne Signatur: *Katalog der ausgewählten, (zusammengelegten weltlichen und geistlichen) Bibliothek des Thomanerchors in Grimma, Fürstenschule. Angelegt von Christoph Vollmer-Gérard praef. I. 1944*. Die Vorbemerkung zum Verzeichnis ist datiert „Grimma am 20. September 1944". Vollmer-Gérard war von 1944 bis zum Januar 1945 erster Präfekt des Thomanerchors und in dieser Funktion für die Verwahrung des Notenarchivs auf der Empore der Fürstenschul-Kapelle zuständig. Ob dort auch der historische Bestand der Thomasschulmusikalien aufbewahrt wurde, konnte der Befragte aus der Erinnerung nicht mehr sagen (Brief vom 26. März 1998). Die Aufbewahrung der verlagerten Musikalien auf der Empore der Kapelle wird auch von Heinz Günzel (Magdeburg) bestätigt (Brief vom 22. April 2005).

51 Herrn Bernd Weisbrich (Belgershain) danke ich für die vor Ort vorgenommenen Recherchen im Jahre 2005.

*Das Thomasalumnat vor dem Umbau, 2010, Blick in die Historische Bibliothek
(Foto: Gert Mothes)*

Die Lehrer- und Schülerbibliotheken des Thomanerchores – aktueller Bestand

Felicitas Kirsten

Die Bibliotheksbestände der Thomana werden in verschiedenen Sammlungen aufbewahrt. Zu ihnen gehören das Archiv, die Notenbibliothek und Quästur, die Lehrerbibliothek – auch Historische Bibliothek genannt –, die Musikalische Lehrbibliothek, die Alumnenbibliothek sowie die Präsenzbibliothek der Inspektoren. Der vorliegende Artikel wird mit den Lehrer- und Schülerbibliotheken zwei für den Thomanerchor besonders wichtige Teilbereiche beleuchten, die anderen sollen an dieser Stelle vernachlässigt und nachfolgend nur kurz benannt werden.

Für die Gestaltung der Programme der Motetten, Kirchenmusiken und Konzerte können wir auf eine naturgemäß umfangreiche Notensammlung in der Notenbibliothek und Quästur zurückgreifen, die Chormusik mit orchestraler Begleitung wie unter anderem sämtliche Aufführungsmaterale der geistlichen Kantaten und oratorischen Werke Johann Sebastian Bachs enthält sowie mehr als 800 Titel an A-cappella-Chorwerken. Im Archiv werden alle Dokumente zur Geschichte und Gegenwart des Thomanerchores gesammelt. Die Präsenzbibliothek der Inspektoren stellt für die Thomaner Lexika und andere Nachschlagewerke zu speziellen Sach- und Fachgebieten zur Verfügung.

Die Geschichte der Bibliotheken der Thomana gestaltete sich, beginnend im Zweiten Weltkrieg, sehr wechselvoll. Die Zerstörung der Thomasschule bei den Bombenangriffen am 3. Dezember 1943 hat mutmaßlicherweise auch Verluste für die Bestände gebracht, obgleich wir davon ausgehen, dass ein Großteil der heute vermissten Teile vor den Flammen gerettet werden konnte. Ein Teil der Rara wurde 1952 und 1980 als Dauerleihgabe an das Bach-Archiv Leipzig übergeben. Auch wurden in der DDR-Zeit Listen an Antiquare ausgegeben und ein Teil der Bestände verramscht. Eine 1997 gestartete Rückrufaktion[1] führte zur Rückgabe einiger Bücher durch ehemalige Thomaner, die jene einfach durch Mitnahme zu retten versucht hatten. Einen anderen großen Schaden erlitt die Lehrerbibliothek durch die Verbringung der Bestände in die feuchten und durch Kohlenstaub verschmutzten Kellerräume des Alumnates, die in den 1980er oder 1990er Jahren erfolgt sein muss. Die Lagerung in den feuchten Kellerräumen hatte katastrophale Auswirkungen auf den Zustand der Bücher: Einbände und Buchrücken wurden zerstört, das Papier von Schimmelpilzen befallen. 1996 begann eine groß angelegte Aktion zur Rettung der genannten Bibliothek. Die Bücher wurden in geeigneten, trockenen Räumlichkeiten wieder aufgestellt und in Zusammenarbeit mit der Leipziger Buchrestaurierungsfirma ‚Bucheinband exquisit' unter Anwendung sehr aufwendiger und kostenintensiver Verfahren saniert, restauriert oder zumindest wieder gebrauchsfähig gemacht. Der Schimmelpilzbefall konnte mit einem Gamma-Bestrahlungs-Verfahren beseitigt werden. Die Bücher wurden mit neuen Gebrauchseinbänden versehen und wertvolle Exemplare durch Papieranfaserung saniert, teilweise konnten auch die Einbände in ihrer ursprünglichen Form restauriert werden. Dies war und ist aber nur möglich geworden mithilfe großzügiger Geldspenden. So unterstützt seit mehr als zehn Jahren unter anderem die Commerzbank-Stiftung in Frankfurt maßgeblich diese Bemühungen, die von der Stiftung Thomanerchor neben vielen anderen Förderprojekten vorangetrieben wird. Die Titel der Bestände sind inzwischen zum Großteil auch digital erfasst – mit allen für den Thomanerchor besonders relevanten Angaben, die teilweise über Verfasser-, Titel- und Verlegerangaben hinausgehen. Auch Bemerkungen zu den Inhalten sind in einer entsprechenden Datenbank festgehalten, ebenso wie Hinweise auf handschriftliche Kommentare der Benutzer, Widmungen, Schenkungen oder andere Besonderheiten.

---

1 Dieser Rückruf wurde veröffentlicht in: Stefan Altner, Roland Weise: *Thomanerchor Leipzig. Almanach 2: Beiträge zur Geschichte und Gegenwart des Thomanerchores*, 2. Jg. (1996/1997), Leipzig 1997.

Die Lehrerbibliothek der Thomana

Die Lehrerbibliothek der Thomana, die wir heute auch als Historische Bibliothek bezeichnen, ist ursprünglich als Arbeitsbibliothek des Lehrkörpers der Thomasschule angelegt worden. Grundsätzlich erweitert wurde die Sammlung nach Johann Matthias Gesner[2] vor allem mit der Eingliederung von Veröffentlichungen des Rektors Johann August Ernesti[3], die auch heute noch in ihr zu finden sind. Die Ausrichtung der Thomasschule als humanistisches Gymnasium bestimmte auch die Inhalte der Bibliothek. So umfasst sie heute noch über circa 6000 Bände zu allen wichtigen Lehrinhalten der damaligen Zeit.[4]

Es sind dies umfangreiche Werke zur Altertumskunde, angefangen bei *Paulys Real-Encyklopädie der classischen Altertumswissenschaft*[5] und dem *Lexikon der griechischen und römischen Mythologie*[6] bis hin zu den Erstausgaben so bedeutender Altertumsforscher wie Johann Joachim Winckelmann[7] und Theodor Mommsen. Sie geben Aufschluss über die Kunst und Kultur des Altertums, den Staatenaufbau, die Völkerwanderungen, die staatlichen Gefüge, die Religionen, die Herrscher der damaligen Zeit und natürlich auch über andere bedeutende Personen wie Dichter, Geschichtsschreiber, Politiker, Heerführer etc.

Ein weiteres Sammelgebiet widmet sich dem Bereich der Geschichte (Weltgeschichte, deutsche Geschichte, sächsische Geschichte). Hier ist besonders das sehr umfangreiche Werk Leopold von Rankes[8] zu nennen. Andere Bücher beschäftigen sich eingehend mit dem germanischen Königtum,[9] mit der Gegenreformation, dem Islam im Morgen- und Abendland oder mit der historischen Entwicklung bedeutender Bildungsstätten wie beispielsweise der Georg-August-Universität in Göttingen. Die genannten Beispiele sind eher willkürlich gewählt, sollen aber auf das breite Spektrum der Bücher zur Geschichtsforschung hinweisen.

In der Lehrerbibliothek finden sich zahlreiche Biografien und Autobiografien von Schriftstellern, Wissenschaftlern, Politikern und anderen bedeutenden Personen der älteren und jüngeren Vergangenheit. Lexikalische Werke wie Johann Gottfried Grohmanns *Neues Historisch-biographisches Handwörterbuch*[10] erweisen sich auch heute noch als sehr hilfreich beim Ermitteln von Personen der Vergangenheit.

Auch der Philosophie widmet sich die Sammlung in größerem Umfang. Hierfür stehen Erstausgaben der Werke von Gottfried Wilhelm Leibniz[11] oder Immanuel Kant[12] ebenso wie Schriften klassisch-antiker Philosophen wie Marcus Tullius Cicero[13] in lateinischer Originalsprache.

Die Naturwissenschaften (Astronomie, Geografie, Physik, Chemie und Mathematik) wurden auch nicht vernachlässigt, wenngleich die Buchbestände auf diesem Gebiet wesentlich weniger umfangreich ausfallen. Hierfür seien aber dennoch klangvolle Namen wie beispielsweise Alexander von Humboldt[14] sowie Gaius Plinius Secundus (Plinius der Ältere)[15] genannt.

Die Bibliothek umfasst Werke zur Kunstgeschichte und in größerem Umfang auch zur Pädagogik, pädagogischen Geschichte und pädagogischen Theorie. Hierunter

---

2 Johann Matthias Gesner, * 9. April 1691 in Roth an der Rednitz, † 3. August 1761 in Göttingen; Rektor der Thomasschule 1730–1734; Pädagoge, klassischer Philologe und Bibliothekar. (Anmerkung zu den Fußnoten in diesem Artikel: Biografische Informationen werden nur zu denjenigen Persönlichkeiten gegeben, die in unmittelbarem Zusammenhang mit der Thomana stehen.)

3 Johann August Ernesti, * 4. August 1707 in Tennstedt, † 11. September 1781 in Leipzig; Konrektor der Thomasschule 1731–1734; Rektor der Thomasschule 1734–1759; Rektor der Universität Leipzig; Dekan der Philosophischen Fakultät; Prof. für Alte Literatur, Rhetorik und Theologie an der Universität Leipzig.

4 Über die Frühzeit siehe den Artikel *Die Bibliothek der Thomaskirche* von Thomas Fuchs in diesem Band.

5 *Paulys Real-Encyklopädie der classischen Altertumswissenschaft*, neue Bearbeitung, Bände 1–49, hrsg. v. Georg Wissowa, Stuttgart 1894–1940.

6 *Lexikon der griechischen und römischen Mythologie*, Bände 1–10, hrsg. v. Wilhelm Heinrich Roscher, Leipzig 1884.

7 *Winckelmann's Werke*, hrsg. v. Carl Ludwig Fernow, Dresden, 1808–1817.

8 Leopold von Ranke: *Sämmtliche Werke*, Bände 1–53, Leipzig 1867–1890.

9 Felix Dahn: *Die Könige der Germanen. Das Wesen des ältesten Königthums der germanischen Stämme und seine Geschichte bis zur Auflösung des karolingischen Reiches*, Bände 1–12 mit Register, München etc. 1861–1911.

10 Johann Gottfried Grohmann: *Neues Historisch-biographisches Handwörterbuch oder kurzgefaßte Geschichte aller Personen*, Bände I–VII, Leipzig 1796–1799.

11 Gottfried Wilhelm Leibniz: *Die Werke. Historisch-politische und staatswissenschaftliche Schriften*, hrsg. v. Onno Klopp, Hannover 1864–1884. – Der Philosoph, Mathematiker, Physiker, Politiker und Universalgelehrte Leibniz, * 21. Juni 1646 in Leipzig, † 14. November 1716 in Hannover, war von 1655 bis 1661 Schüler der Nikolaischule in Leipzig und von 1661 bis 1663 Student der Universität Leipzig. Sein Stiefbruder Johann Friedrich Leibniz, * 16. Januar 1632, † 6. März 1696, unterrichtete als Lehrer an der Thomasschule.

12 Immanuel Kant: *Sämmtliche Werke in chronologischer Reihenfolge*, Bände 1–8, hrsg. v. Gustav Hartenstein, Leipzig 1867/68.

13 Marcus Tullius Cicero: *Opera*, hrsg. v. Isaacus Verburgius, Bände III–XVI, Amsterdam 1724.

14 Alexander von Humboldt: *Kosmos. Entwurf einer physischen Weltbeschreibung*, Stuttgart und Tübingen 1847–1850.

15 Gaius Plinius Secundus (Plinius der Ältere): *Naturgeschichte*, übersetzt ins Deutsche von Gottfried Große, Frankfurt am Main 1786; oder in Originalsprache: ders.: *Historia naturalis*, Bände 1–10, hrsg. v. Johannes Georg Friedrich Franz, Leipzig 1778–1791.

Blick in die Bibliothek, Juni 2010
(Foto: Gert Mothes)

befinden sich auch exemplarische Schriften der Rektoren der Thomasschule[16].

Der weitaus größte Teil des Bestandes der Lehrerbibliothek der Thomana ist aber der Philologie zuzuordnen. So verfügen wir über eine große Sammlung von Literatur in Originalsprache, insbesondere in den Altsprachen Altgriechisch und Lateinisch, zum Teil mit Kommentaren für den Unterricht versehen. Dies erklärt sich nicht zuletzt aus der Tatsache, dass etliche Rektoren der Thomasschule seinerzeit weit über die Landesgrenzen hinaus als bedeutende Gelehrte auf diesem Gebiet galten, so etwa die bereits erwähnten Johann August Ernesti und Johann Matthias Gesner, des Weiteren Johann Friedrich Fischer[17] und Johann Gottfried Stallbaum[18]. So stehen in unseren Regalen nicht nur die gesammelten Werke von Platon[19], sondern auch Schriften vieler anderer bedeutender antiker Schriftsteller wie Aristoteles, Cicero, Horaz, Vergil, Nepos, Euripides, Homer, Xenophon und Thukydides, kurzum eine umfangreiche Auswahl an Werken der klassischen antiken Literatur, die auch heute noch als bedeutend für die humanistische Bildung angesehen werden. Dass wir dabei auch über Ausgaben verfügen, die handschriftliche Notate der genannten Rektoren enthalten – wie eine in Pergament eingebundene Ausgabe der Werke von Tacitus mit dem handschriftlichen Namenszug von Johann August Ernesti, einem handschriftlichen Hinweis „P. M. dieses Expl. ist vom verstorbenen Prof. Jo. August Ernesti od. die Marginalnota sind von demselben dazu geschrieben."[20] und zahlreichen handschriftlichen Anmerkungen im Textverlauf der Annales –, betrachten wir im Hinblick auf die Geschichte der Thomana als besonderen Schatz. Natürlich befassten sich die Lehrer der Thomasschule nicht nur mit den Altsprachen, sondern auch mit der Literatur des Mittelalters und der Neuzeit. So verfügt die Bibliothek genauso über Werke der deutschen Literatur von ihren Anfängen (z. B. das *Nibelungenlied*) bis in die neuere Zeit (etwa die von Goethe[21]) wie über die altnordische *Edda* und neuere romanische und slawische Literatur. Auch Klassiker der englischen Literatur gehören zum Bibliotheksbestand, etwa William Shakespeares *Dramatische Werke* in deutscher Übersetzung.[22] Neben Wörterbüchern wie dem *Althochdeutschen Wortschatz* steht das *Deutsche Sprichwörterlexikon* ebenso wie deutsch-englische Wörterbücher, etymologische Wörterbücher zur französischen Sprache und einige Grammatiken, sogar zur indischen, arabischen und zu semitischen Sprachen. Darüber hinaus sind verschiedene literaturhistorische Schriften verfügbar.

Die Lehrerbibliothek bzw. Historische Bibliothek wird heute nicht als öffentliche Bibliothek genutzt, sondern ist nur Wissenschaftlern auf Anfrage zugänglich. Doch es ist nun an der Zeit, den Katalog online im Bibliotheksverbund mit einer Partnereinrichtung bereitzustellen. Darauf werden sich in naher Zukunft die Bemühungen richten. Auch wenn die Bestände im Vergleich zu anderen großen Bibliotheken wohl eher nicht von besonderem öffentlichem Interesse sind, so sind sie doch insofern als wertvoll anzusehen, als sie ein beredtes Zeugnis von der Geschichte des Thomanerchores und der Thomasschule ablegen. Hauptsächlich die Rektoren der Thomasschule haben die Büchersammlung in den beiden vergangenen Jahrhunderten stetig erweitert. Manche ihrer darauf gerichteten Maßnahmen lassen sich anhand der entsprechenden Schulprogramme der Thomasschule bzw. erhaltener Rechnungen dazu, etwa von Stallbaum, nachvollziehen und belegen. Auch finden sich in den Büchern Hinweise auf einige umfangreiche Schenkungen zugunsten der Bibliothek, angefangen bei den Büchern mit hand-

---

16 So zum Beispiel von Johann Matthias Gesner: *Isagoges in Eruditionem universalem nominatim Philologiam, Historiam et Philosophiam*, Tom. I und II, Leipzig 1784.

17 Johann Friedrich Fischer, * 10. Oktober 1726 in Coburg, † 11. Oktober 1799 in Leipzig; Konrektor der Thomasschule 1751–1767, Rektor der Thomasschule 1767–1799; deutscher Philologe.

18 Johann Gottfried Stallbaum, * 25. September 1793 in Zaasch (Sachsen), † 24. Januar 1861 in Leipzig; Thomaner 1808–1815 unter den Thomaskantoren August Eberhard Müller und Johann Gottfried Schicht, Konrektor der Thomasschule 1832–1835, Rektor der Thomasschule 1835–1861; deutscher Philologe.

19 *Platonis Opera omnia*, Bände I–IX, hrsg. v. Johann Gottfried Stallbaum, Gotha und Erfurt 1858–1860.

20 *C. Cornelii Taciti Opera ex recensione Io. August Ernesti*, Leipzig 1752.

21 Johann Wolfgang von Goethe: *Sämtliche Werke*, vollständige Ausgabe in 15 Bänden, hrsg. v. Karl Goedeke, Stuttgart 1881.

22 William Shakespeare: *Dramatische Werke*, Bände 1–10 und Supplementband, hrsg. v. Ernst Ortlepp, Bielefeld 1838–1840.

Blick in die Bibliothek, Juni 2010
(Foto: Gert Mothes)

schriftlicher Widmung zum Beispiel von Dr. Richard Holland[23] bis zu zahlreichen Exemplaren aus dem Nachlass von Dr. Hermann Masius[24], die mit einem entsprechenden Stempel versehen sind.[25]

Wie groß die Sammlung ursprünglich war, ist schwer zu beurteilen, da bedauerlicherweise kein kompletter Zettelkatalog oder andere vollständige Verzeichnisse – wie bei der Notenbibliothek – vorhanden oder wieder aufgefunden worden sind, die darüber Aufschluss geben könnten.

Die Schülerbibliothek des Thomanerchores

Die Schülerbibliothek, auch Musikalische Lehrbibliothek genannt, enthält Literatur für die Thomaner und die musikalischen Lehrkräfte des Thomanerchores, die für den Gebrauch zur Unterrichtsgestaltung verliehen wird. Die Bibliothek wird ständig um neue Notenausgaben ergänzt und enthält vor allem – entsprechend dem Anteil des Instrumental- und Gesangsunterrichts – Klavierliteratur (Klavierschulen, Etüden und Vortragsliteratur), Lieder und Arien für die Stimmbildung der Thomaner. Daneben stehen aber auch in geringerem Umfang Noten für Blockflöte, Violine, Violoncello und Orgel bereit.

Unter den mehr als 4000 Signaturen befinden sich auch historisch wertvolle Ausgaben oder solche mit Widmungsvermerken wie eine ganze Reihe von Klavierwerken mit der handschriftlichen Eintragung „Thomana. Geschenk von Dr. Abraham, Weihnachten 1876 und Weihnachten 1878" – Schenkungen des bedeutenden Leipziger Musikverlegers Max Abraham[26] – sowie frühe Druckausgaben der Instrumentalwerke zum Beispiel des Thomaskantors Wilhelm Rust[27] und Notenausgaben mit Notizen von Erhard Mauersberger[28] aus dessen Nachlass.

Zu guter Letzt sei noch ein Hinweis auf eine weitere Schülerbibliothek des Thomanerchores gestattet: die Alumnenbibliothek. Diese umfasst circa 5000 Titel. Sie fungiert als Leih- und Gebrauchsbibliothek für die Thomaner und wird von ihnen auch selbstverantwortlich geführt. Ein aus der Obernschaft[29] gewählter Bibliothecarius ist für die Ausleihe verantwortlich und hat ein maßgebliches Mitspracherecht bei Neuanschaffungen für diese Bibliothek. Neben einigen Nachschlagewerken und den modernen Klassikerausgaben findet sich hier vor allem aktuelle Belletristik und einiges an kindgerechter Literatur für die ‚Sexer'[30] wie etwa die interessante Reihe *Was ist was*, moderne Märchen und Ähnliches. Gelesen werden hier auch zahlreiche Zeitschriften: sowohl alle wichtigen Wochenmagazine wie *Stern, Der Spiegel, Focus* und die Wochenzeitung *Die Zeit* als auch naturwissenschaftliche Zeitschriften wie *Geo, National Geographic, Bild der Wissenschaft, P. M.* und andere weitere, deren Abonnements von der Stiftung Thomanerchor finanziert werden. So stehen in den heutigen Bibliotheken des Thomanerchores nicht nur die Klassiker aus Literatur und Wissenschaft zur Verfügung, sondern auch zeitgenössische Belletristik und aktuelle Printmedien.

---

23 Prof. Dr. phil. Richard Holland, * 4. März 1860 in Seidau bei Bautzen, † 14. März 1928 in Leipzig; Oberstudienrat, Professor; Lehrer an der Thomasschule 1884–1921.

24 Dr. Hermann Masius, * 7. Januar 1818 in Trebnitz bei Könnern, † 22. Mai 1893; Pädagoge und vielseitiger Schriftsteller; Schüler an der Latina in Halle, einer seiner einflussreichsten Lehrer war der spätere Thomasschulrektor Friedrich August Eckstein, mit dem er zeitlebens eng verbunden blieb.

25 Zu den verschiedenen Schenkungen und Rektorenbeständen in älterer Zeit vgl. den Artikel *Die Bibliothek der Thomaskirche* von Thomas Fuchs in diesem Band.

26 Dr. Max Abraham, seit 1863 Miteigentümer und ab 1880 Alleineigentümer eines der ältesten und renommiertesten Musikverlage der Welt, des Verlages C. F. Peters, gründete 1867 die ‚Edition Peters'; Abraham begründete 1894 auch die ‚Musikbibliothek Peters'. Die auch heute noch mit dem typischen lindgrünen Einband versehenen Notenausgaben haben nichts von ihrer Bedeutung für den musikpraktischen Gebrauch verloren.

27 Wilhelm Rust, * 15. August 1822 in Dessau, † 2. Mai 1892 in Leipzig; Thomaskantor 1880–1892.

28 Erhard Mauersberger, * 29. Dezember 1903 in Mauersberg, † 11. Dezember 1982 in Leipzig; Thomaskantor 1961–1972.

29 Zur ‚Obernschaft' (Obere) beim Thomanerchor werden die Thomaner der Klassen 11 und 12 gerechnet.

30 Die ‚Sexer' sind die Thomaner der Klassenstufen 4–6, hergeleitet von der ehemaligen Eingangsstufe ins Gymnasium: der Sexta. Gezählt wurde bei der Translokation (Versetzung) rückwärts. Den Schulabschluss erlangte ein Schüler in der Ober-Prima. Daher rühren auch vermutlich die Bezeichnungen ‚Oberer' oder ‚untere Klassen' und ‚obere Klassen'. Zu den oberen Klassen zählten die Unter- und Ober-Sekunda sowie Unter- und Ober-Prima.

Die Lehrer- und Schülerbibliotheken des Thomanerchores – aktueller Bestand

Kleine Auswahl von vorhandenen Bibliothekstempeln

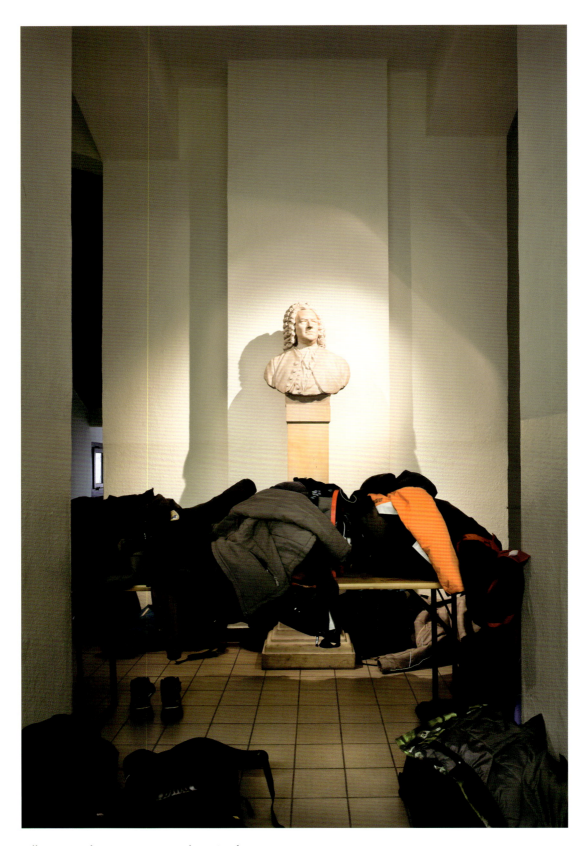

Alle Fotos in diesem Beitrag: Matthias Knoch

Das Alumnat – Leben in der Chorgemeinschaft
Roland Weise und Thoralf Schulze

Die musikalische Qualität des Thomanerchores und die damit einhergehende Strahlkraft der jungen Sänger als Kulturbotschafter ihrer Heimatstadt sind das Aushängeschild unserer Institution. Beides speist sich im Wesentlichen aus dem Zusammenleben und den gemeinsamen Proben der Thomaner im Thomasalumnat, deren wesentliche Module hier illustriert werden sollen.

Geschichte und Entwicklung des Alumnats

Im Jahre 1881 wurde das neu errichtete Alumnat des Thomanerchores eröffnet. Vorausgegangen war eine lange Debatte innerhalb des Rates der Stadt Leipzig über die Sinnhaftigkeit eines neuen Internatsgebäudes für den Thomanerchor. Zunächst wurde 1876/77 nur ein neues Schulgebäude in der gerade entstehenden Westvorstadt errichtet (Schreberstraße) und am 4. November 1877 eröffnet. Auf ein Heim für die Sänger wollte man verzichten, stattdessen sollten die singenden Thomaner in Pensionen und Gastfamilien in der Stadt untergebracht und lediglich zu den Singproben in der Aula der neuen Thomasschule versammelt werden. Recht bald jedoch erkannte man im Rat die Notwendigkeit zur gemeinsamen Unterbringung des Chores und entschloss sich, nachdem sich mehrere Gutachter der Sache angenommen hatten, ein neues Alumneum auf dem Gelände der historischen Thomaswiesen an der Rückseite der neuen Thomasschule zu errichten. Der Rat beschloss den Neubau am 4. Mai 1877. Die Einweihung des Alumnats in der Hillerstraße fand am 10. Oktober 1881 statt.

Thomasschule und Alumnat waren nun durch einen gemeinsamen Schulhof miteinander verbunden. Die Proben fanden in den Räumen der Schule statt. Der Rektor bezog im Alumnat eine riesige Dienstwohnung, und drei Lehrer der Thomasschule wohnten wie einst in der alten Thomasschule am Thomaskirchhof nun auch im neuen Alumnat in kleinen Wohnungen mitten unter den Alumnen. Jeweils einer dieser Lehrer hatte abwechselnd eine Woche lang als ‚Diensthabender Inspektor' zu fungieren. Die beiden anderen Kollegen waren zwar im Hause, hatten aber keinen Dienst. Die Inspektoren waren meistens junge, noch unverheiratete und frisch ausgebildete Lehrer, die von der Universität auf die Thomasschule gekommen waren. Wenn sie nach einigen Jahren eine Familie gründeten, verließen sie das Alumnat und ein anderer junger Kollege rückte nach. Der Rektor der Thomasschule lebte zwar auch im Alumnatsgebäude, blieb den Alumnen jedoch verborgen. Er war formal Vorsteher des Thomanerchores und betrat und verließ das Alumnat durch ein separates Treppenhaus zum Hof.

Die Strukturen des Alumnats waren, mit den Maßstäben der damaligen Zeit betrachtet, recht modern. Hygiene zog ins Alumnat ein, im Haus wurde gekocht und geputzt. Die Hausmutter versorgte die Alumnen in diversen Lebenslagen. Auf Sauberkeit, Ordnung, Pünktlichkeit und Körperertüchtigung wurde viel Wert gelegt. Die Inspektoren führten rund um die Uhr die Aufsicht und waren den Thomanern neben der Respektsperson sicher auch Vertrauensperson und Leitbild. Außerdem konnten sie als Lehrer der Thomasschule auch bei den umfangreichen Hausaufgaben helfen und selbst Nachhilfe erteilen. Große helle Räume, ausreichend Klaviere und Möglichkeiten zum Üben waren nun vorhanden. Auf dem Schulhof wurde geturnt, im Garten der Inspektoren konnten die Thomaner das Bogenschießen erlernen.

Besonderen Wert legten die Erbauer des neuen Alumnats auf die Weiterführung des bereits im alten ‚Kasten' an der Thomaskirche erprobten und nun räumlich wesentlich verbesserten Wohnkonzeptes, welches bis heute den Thomanerchor prägt: die Stube. Damit ist eine Form des gemeinschaftlichen Zusammenlebens gemeint, in der Thomaner aller Altersgruppen gemischt zusammenwohnen und gemeinsam ihren Alltag unter Aufsicht und mithilfe der Pädagogen gestalten und meistern.

Die Stuben waren alle in der zweiten Etage des Alumnats untergebracht, dazwischen befanden sich die kleinen Wohnungen und Dienstzimmer der Inspektoren. Jeder

Alumne besaß seinen eigenen Schrank, traditionell Köte genannt, in dem er alle persönlichen Dinge aufbewahrte: Kleidung, Schulhefte und -bücher, Süßigkeiten, Briefe und Bilder von daheim.

An einem großen Tisch fand jeder seinen Platz, um gemeinsam mit den Stubengenossen die Hausaufgaben zu erledigen, Karten zu spielen oder andere Aufgaben zu tätigen. Im besten Falle unterstützten die älteren Thomaner die jüngeren; wenn es schlecht lief, mussten wohl die jüngeren Thomaner den älteren zu Diensten sein und ihnen beispielsweise die Schuhe putzen. Bei Vergehen wurden Strafen und harte Sanktionen verhängt. Die damals herrschende autoritäre Erziehung wurde auch im Alumnat und in der Thomasschule praktiziert.

Insgesamt jedoch tat diese bauliche, räumliche, konzeptionelle, pädagogische und personelle Neuordnung dem Thomanerchor sehr gut. Die Alumnen gehörten in ihrer schwarzen Konzertkleidung fortan zum Straßenbild in der Leipziger Westvorstadt, wenn sie zwischen Alumnat und Thomaskirche unterwegs waren. Die Gemeinschaft wuchs wieder zusammen, die musikalische Arbeit gedieh. Bald begann der Chor auch außerhalb Leipzigs aufzutreten und ab den 1920er Jahren gar in andere Län-

der zu reisen. Durch das zur gleichen Zeit aufkommende neue Medium Rundfunk erlangten die Thomaner schließlich weltweite Beachtung und Wertschätzung.

In den verheerenden Bombennächten vom 3. und 4. Dezember 1943 und im Februar 1944 wurde das Gebäude der Thomasschule in der Schreberstraße durch mehrere Bombentreffer stark beschädigt, sodass es später abgerissen werden musste. Das Alumnat wurde durch den beherzten Einsatz von Thomanern und Inspektoren durch die Entfernung einer Brandbombe vor der Zerstörung bewahrt. Nur die Turnhalle wurde beschädigt.

Auch wenn sich die Thomasschule nach dem Zweiten Weltkrieg nicht mehr unmittelbar auf dem gleichen Gelände befand, sondern über die nächsten Jahrzehnte in anderen Leipziger Schulen zu Gast war, wurde das Inspektoren-Prinzip im Alumnat beibehalten und damit auch die enge personelle Vernetzung von Schule und Chor.

Wie schon zur Zeit der NS-Diktatur, so konnten auch in den vier Jahrzehnten der DDR die Strukturen des Alumnats und der Betreuung beibehalten werden. Zwar gab es in beiden Systemen reichlich Versuche, Einfluss auf den Chor und seine Aufgaben zu nehmen, wesentliche Elemente konnten jedoch nicht verändert werden, wohl auch, weil sich Chor und Alumnat in gewisser Weise abgeschottet hatten, um sich gegen Versuche der Einflussnahme zu schützen. So gibt es bis heute die drei Diensthabenden Inspektoren im Alumnat, die auch Lehrerinnen und Lehrer der Thomasschule sind, freilich längst ergänzt durch ein Team von Pädagoginnen und Pädagogen unterschiedlichster Qualifizierung.

In den vergangenen Jahren und Jahrzehnten erfuhr das Alumnat zahlreiche Veränderungen. Im Jahre 1992 wurde es umfassend renoviert; dabei wurden leider auch das gesamte ursprüngliche Mobiliar, die historischen Türen, Fenster, Heizkörper und die wertvollen Parkettböden vernichtet und durch das Einziehen von Zwischenwänden und -decken die Struktur der Stuben stark verändert. Schon in den ersten Monaten nach Abschluss dieser Bau-

Das Alumnat – Leben in der Chorgemeinschaft

maßnahme trat jedoch zutage, dass man das elementare Problem der Überbelegung nicht behoben hatte. Zu diesem Zeitpunkt – und bis zum Februar 2011 – lebten im Alumnat über 90 Kinder und Jugendliche, während das Gebäude ursprünglich für 60 Thomaner errichtet worden war. So kam es 1999/2000 zu einem weiteren An- und Umbau, bei dem über dem Probensaal aufgestockt wurde. Es entstanden unter anderem neue Unterrichtsräume, drei weitere Stuben, ein Unterrichtsraum für die Vorbereitungsklasse, Bad und WC für den Diensthabenden Inspektor, ein zweiter Sanitärtrakt und eine kleine Turnhalle mit Fitnessraum für die Alumnen. Dies war ein bedeutender Schritt hin zu einer Verbesserung der Arbeits- und Lebensbedingungen für die Thomaner. Was blieb, war jedoch die große Enge in den Stuben, den Schlafräumen und im Speisesaal.

Im Zusammenhang mit dem 250. Todestag Johann Sebastian Bachs im Jahre 2000 wurde nicht nur die Leipziger Thomaskirche umfassend renoviert und um eine Bach-Orgel ergänzt, auch die Thomasschule konnte in das grundlegend sanierte Schulgebäude in der Hillerstraße gegenüber dem Alumnat einziehen, in dem die Thomasschule schon von 1951 bis 1973 eine Heimstatt hatte. So konnte die räumliche Nähe nach Jahrzehnten der Tren-

nung wieder hergestellt werden. Daraus entwickelte sich der Gedanke, einen Bildungscampus unter dem Namen Forum Thomanum zu errichten. 2008 konnte die sanierte Villa neben dem Alumnat, die die Stadt Leipzig als Träger des Chores von der Stiftung ‚Chorherren zu St. Thomae' anmietet, dem Thomanerchor als Villa Thomana übergeben werden. Auf dem gleichen Grundstück in der Sebastian-Bach-Straße wurde die musikalisch-sprachliche Kindertagesstätte ‚Forum Thomanum' eingeweiht, in der nun 100 Kinder betreut und an Musik und Sprachen herangeführt werden. Eine musikalisch-sprachliche Grundschule und eine Musikakademie sollen sich ebenfalls noch ansiedeln.

Der im März 2011 begonnene Komplettumbau des Alumnats in der Hillerstraße 8 soll auch dort die Raumprobleme grundlegend lösen, ohne dabei aber die gewachsene soziale Struktur zu beschädigen. Im zukünftigen Alumnat sollen 120 Thomaner wohnen können. Ihnen stehen vier Wohnetagen zur Verfügung. Die Stube wird sich in eine Wohngemeinschaft verwandeln mit einem gemeinsamen Raum für alle, Zweierzimmern mit Bett, Schrank und Schreibtisch sowie eigenem Bad und WC. Somit werden nach erfolgreichem Abschluss der Umbauarbeiten wesentlich großzügigere räumliche Bedingungen für die Alumnen des Thomanerchores herrschen.

Künstlerische Ausbildung und Herausforderungen

Doch nicht nur das Alumnat hat sich in den letzten Jahren tiefgreifend verändert, auch die Ausbildungswege des Chores haben sich den neuen Gegebenheiten angepasst. Mit den gesellschaftlichen Veränderungen ab 1989/90 fand sich die ‚Insel' Thomanerchor in der Wirklichkeit einer pluralistischen und demokratisch verfassten Gesellschaft wieder. Zunächst einmal gab es keinen großen Ansturm mehr auf die wenigen frei werdenden Plätze im Chor. Man musste sich also Gedanken über die Gewinnung und Werbung zukünftiger Thomaner machen. In Leipzig entstand eine überaus bunte und vielfältige Schullandschaft. Das Abitur konnte nun jeder Schüler mit entsprechender Begabung ablegen – die Mitgliedschaft im Thomanerchor war als Zugang zur höheren Schulbildung nicht mehr notwendig. Auch wurde schnell klar, dass der personelle Minimalstandard, der auf allen Ebenen im Alumnat vorherrschte, dauerhaft nicht zu halten sein würde – auch deshalb, weil Eltern nun andere Standards der Betreuung und Erziehung erwarteten. Daher wurde in Kooperation mit einer benachbarten Grundschule eine Vorbereitungsklasse 3 für den Thomanernachwuchs gegründet, in der im Rahmen der Ganztagsbetreuung Leipziger Kinder auf die Aufnahme in den Thomanerchor vorbereitet werden können. Diese dritte Klasse sicherte dem Chor in den folgenden Jahren einen stabilen Kern zukünftiger Thomaner, sodass die Chorleitung sich entschloss, ab 1999 das Modell der Vorbereitungsklassen auch auf die ersten und zweiten Klassen der in der Nähe befindlichen 76. Grundschule in der Manetstraße auszudehnen. Seit dieser Zeit

haben Leipziger Knaben die Möglichkeit, sich durch die Musikpädagogen des Thomanerchores drei Jahre lang ausbilden und auf die Aufnahme in den Thomanerchor vorbereiten zu lassen. Zwei Musikpädagogen des Alumnats besuchen im Laufe des Jahres achtzig bis neunzig Kindergärten in Leipzig und bitten die männlichen Schulanfänger zum Vorsingen. Geeignete Kinder werden mit ihren Eltern zu einigen ‚Schnuppernachmittagen' ins Alumnat eingeladen, wo gemeinsam gesungen wird und die Familien Details zur musikalischen Ausbildung im Thomanerchor erfahren können. Sollte der Knabe mit seinen Eltern Freude an der Musik und dem gemeinsamen Singen entdeckt haben und Thomaneranwärter werden wollen, wird er gebeten, sich in die Édouard-Manet-Grundschule am Martin-Luther-Ring einschulen zu lassen, wo die Thomaneranwärter aus dem gesamten Leipziger Raum zusammengefasst sind. Diese Jungen erwerben an jedem Nachmittag in Singegruppen musiktheoretische Grundkenntnisse und werden im Einzelunterricht auch im Klavierspiel sowie Gesang geschult. Die begabtesten Jungen werden mit der dritten Klasse in einer speziellen Förderklasse (Klasse 3TM; TM steht für Thomaner) zusammengefasst und erhalten bereits als Grundschüler ihren

Unterricht in den Räumen der Thomasschule zu Leipzig. Zu den Aufnahmeprüfungen am Ende der dritten Klasse kommen weitere begabte Kinder aus anderen Städten und Regionen hinzu, die sich an ihrem Heimatort auf die Prüfung vorbereitet haben. Auf diese Weise ist es in den vergangenen Jahren gelungen, die Anzahl der geeigneten und hervorragend ausgebildeten Anwärter für den Thomanerchor konstant zu halten und mit jedem Jahrgang neue junge Sänger aufzunehmen. In direkter Auswirkung dieser Ausbildungsstruktur finden sich heute besonders viele Leipziger Sänger im Thomanerchor.

Mit der Aufnahme in den Chor in Klasse vier beginnt für die jungen Sänger ein Bildungsweg, der auf eine bestmögliche musikalische Ausbildung in Verbindung mit dem Erwerb der allgemeinen Hochschulreife abzielt. Die Schüler der vierten Klasse sind formal noch Grundschüler der Édouard-Manet-Grundschule, werden aber im Gebäude der Thomasschule unterrichtet, um die Zusammengehörigkeit zu festigen. Mit dem Übergang in die Gymnasialstufe (Klasse 5) sind dann alle Choristen Schüler der Thomasschule. Sie besuchen die TM-Klassen, in denen die Thomaner besonders gefördert und ihrem speziellen Ausbildungsprofil entsprechend unterrichtet werden. Dies spiegelt sich zum einen in modifizierten Stundentafeln für diese Klassen und deren Kurse und zum anderen in den Möglichkeiten zur Einbringung musikalischer Leistungen in die Gesamtqualifikation im Abitur. Die Alumnen bilden den Kern der Klassen und Kurse mit einer vertieften musischen Ausbildung gemäß § 4 der Schulordnung für Gymnasien des Freistaates Sachsen. Neben den Alumnen gehören den Klassen jeweils noch einige externe Jungen und Mädchen an.

Parallel zum gymnasialen Unterricht erhält jeder Thomaner eine umfassende musikalische Ausbildung im Thomanerchor. Die meiste Zeit lernt der Thomaner naturgemäß in den Chorproben in seiner Stimmgruppe und in den Gesamtchorproben. Die Basis hierfür wird im Stimmbildungsunterricht gelegt. Jeder Thomaner ist einer der

Gesangslehrerinnen bzw. einem Lehrer zugeordnet und arbeitet mit ihr bzw. ihm über viele Jahre hinweg an seiner stimmlichen Entwicklung – auch während der Zeit des Stimmwechsels. Außerdem spielt jeder Thomaner ein Instrument und erhält hierfür wöchentlichen Unterricht im Alumnat.

Während ihres Stimmbruchs gehören alle Thomaner dem Dispensiertenchor an. Dort werden leichte Stimmübungen absolviert, die Dispensierten absolvieren einen Kurs in Gehörbildung und Musiktheorie, erhalten aber auch weiterhin Gesangs- und Instrumentalunterricht. Diese komplexe Ausbildungsstruktur in musikalischem und schulischem Sinne manifestiert sich in einer stringenten Gestaltung des Alltags der Alumnen. Nachdem der Schulunterricht und die Hausaufgaben beendet sind, beginnen für die Sänger die täglichen Proben. Zunächst werden in Stimmgruppen die aktuellen Chorstücke einstudiert. Im Laufe der Woche fügen dann der Thomaskantor, sein Assistent und die drei musikalischen Präfekten die einzelnen Puzzleteile in den Gesamtchorproben zu einem großen Ganzen zusammen.

Den künstlerischen Mittelpunkt des Thomaneralltags bilden die Motetten und Gottesdienste an den Wochenenden in der Thomaskirche. Zu den großen Festen des Kirchenjahres singen alle Thomaner unter der Leitung des Thomaskantors. Parallel zu diesen musikalischen Aufga-

ben werden die großen Werke Johann Sebastian Bachs einstudiert und dem Kirchenjahr entsprechend in der Thomaskirche oder auf Konzertreisen aufgeführt. Letztere zählen zweifelsohne zu den Höhepunkten im Leben eines jeden Thomaners. Der Thomanerchor reiste in den vergangenen 90 Jahren in zahlreiche europäische Länder, aber auch nach Nord- und Südamerika, nach Asien (mehrmals nach Japan) und Australien. Er ist damit einer der wichtigsten Kulturbotschafter der Stadt Leipzig, des Freistaates Sachsen und der Bundesrepublik Deutschland geworden. Konzertreisen finden in der Regel zweimal pro Jahr für jeweils fünf bis zehn Tage statt. Doch während

früher zumeist der gesamte Chor unterwegs war, begibt sich seit einigen Jahren aus wirtschaftlichen und aufführungspraktischen Gründen nur noch ein Teil des Chores auf Konzertreise – je nach Programm fünfzig, sechzig oder siebzig Thomaner. Die in Leipzig verbleibenden Choristen proben dann mit dem Assistenten des Thomaskantors bereits die nächsten Werke und absolvieren kleinere Auftritte, beispielsweise zu den Geburtstagen von Felix Mendelssohn-Bartholdy oder Johann Sebastian Bach.

Nicht nur Auslandsreisen sind bei den Thomanern hochwillkommen, um ihr Können unter Beweis zu stellen, auch die Auftritte in der Region, in Mitteldeutschland und in den bedeutenden Konzerthäusern und Kirchen Deutschlands bieten dazu ideale Gelegenheiten. Der Thomanerchor steht im unmittelbaren Wettbewerb mit anderen Chören in Europa und misst sich mit ihnen auf den internationalen Konzertbühnen. Daraus ist eine Art von ‚freundschaftlicher Konkurrenz' entstanden. Bei verschiedenen Gelegenheiten treffen sich die Chöre aus Dresden, Windsbach, Bad Tölz, Regensburg, Hannover, Graz, Wien, Poznán, Tallin, Cambridge und anderen Städten, um sich auszutauschen, mit- und gegeneinander Fußball zu spielen, gemeinsam zu konzertieren, sich kennenzulernen. Anlässlich der Fußballweltmeisterschaft 2006 konnte der Thomanerchor einige andere Chöre einladen und ein großartiges Fußballturnier auf dem Leipziger Hauptbahnhof zelebrieren. In der Thomaskirche gab es ein festliches Konzert mit allen Chören. Das Chortreffen war Teil des Kulturprogramms des WM-Spielortes Leipzig.

Die Thomaner wirken auch bei zahlreichen CD-Produktionen mit. So kann der Thomanerchor auf eine umfangreiche Diskografie verweisen, die in den vergangenen Jahren um über ein Dutzend Neuerscheinungen bereichert worden ist. Diesen künstlerischen Herausforderungen stellt sich der Chor enthusiastisch in jeder Saison, die Grundlage für musikalische Erfolge wird durch den gemeinsamen Lebens- und Probenalltag im Alumnat gelegt.

Das Leben in der Chorgemeinschaft

Am Beginn eines jeden Chorjahres, in der letzten Sommerferienwoche, steht zunächst die feierliche Aufnahme der neuen Thomaner in den Chor. Gleich im Anschluss fahren alle Thomaner und viele Mitarbeiter in ein Chorcamp, um sich einige Tage als Gruppe zu finden, erste Gesangsübungen zu absolvieren, einander bei Proben und diversen Freizeitaktivitäten kennenzulernen und die neuen Thomaner zu integrieren. Mit dem ersten Schultag beginnt dann das alltägliche Chorleben für die Alumnen. Alle Thomaner der Klassenstufen 4 bis 12 leben und lernen gemeinsam im Alumnat des Thomanerchores. Für die Kinder aus Leipzig besteht die Möglichkeit, am Mittwoch, Freitag, Samstag und Sonntag zu Hause zu übernachten.

Die Thomaner leben in den Stuben in einer altersgemischten Gruppe aller Jahrgänge, die jeweils für ein Schuljahr besteht. Die Gruppe wählt sich jeweils selbst zusammen. Dabei verteilen sich die ältesten Thomaner aus den Klassen 11 und 12 auf alle Stuben und fungieren als Mentoren für mindestens einen jüngeren Thomaner ihrer Stube. Hinzu kommen die (noch unbekannten) neuen Thomaner des nächsten Jahrgangs und einige Freunde, die man gern mit in seiner Stube haben möchte, oder die sich dies gewünscht haben. Am Ende einer Stubenwahl steht dann eine Liste, die mit dem Pädagogenteam abgestimmt und im Bedarfsfall auch korrigiert werden kann. Die Erfahrung zeigt, dass die Stubenwahl zumeist sehr umsichtig und wohlüberlegt erfolgt. Die Stuben verstehen sich durchaus als eigener und selbstständiger Teil des komplexen Gefüges Thomanerchor. Der überwiegende Teil dieser Wohngemeinschaften entwickelt eine eigene Identität, ist kreative Zelle und Ort der Geborgenheit, einige andere bedürfen stärker der Begleitung durch die Pädagogen des Alumnats. Das Zusammenleben von jüngeren und älteren Thomanern birgt große Chancen des Voneinander-Lernens, des Aufeinander-verlassen-Könnens, Ausgleich bei manchem Stress und Trost bei diversem Ärger. Gemeinsam werden in den Stunden der sogenannten Arbeitszeit die Hausaufgaben erledigt und kontrolliert. Wer Hilfe benötigt, hat neben den Pädagogen auch immer andere Thomaner um sich herum, die helfen können. Manche Eltern suchen sogar Rat bei den Älteren der Stube und treffen organisatorische Absprachen mit ihnen. Um Pfingsten herum begeben sich viele Stuben auf gemeinsame Fahrt. Im Ferienhaus von Eltern oder Bekannten, in einem Pfarrhaus oder auf einem Zeltplatz verbringen die Mitglieder der Stube ein paar freie Tage, wenn die Eltern das wünschen und dem Vorhaben zustimmen. Die Organisation einer solchen Stubenfahrt obliegt den beiden ältesten Thomanern in der Stube.

Vor dem ersten Advent verwandeln die Männerstimmen jeder Stube über Nacht den gemeinsamen Wohnraum in ein kleines winterlich-adventliches Schmuckstück. Die Fenster werden mit aufwendig gestalteten und mit christlichen Sprüchen versehenen Transparentbildern dekoriert, die Schränke mit Tannengrün geschmückt, in jedem Wohnraum hängt ein großer illuminierter Adventskranz. Am Morgen nach diesem ‚Aufschmücken' werden die Kinder mit weihnachtlicher Musik geweckt und sie betreten staunend und überrascht die festlich geschmückte Stube. Auch im Speisesaal hängt nun der große Adventskranz und zu den Mahlzeiten leuchten an jedem Platz die Kerzen. Dieser Brauch wird von einer Thomanergeneration an die folgende weitergegeben und der Ehrgeiz der älteren

Thomaner kommt dem Staunen der jüngeren beim Besichtigen der aufgeschmückten Stuben mindestens gleich.

Lange Jahrzehnte war das Thomanerleben mit allerlei Regelungen und Ordnungen überfrachtet, zwischen denen sich der Thomaner zu orientieren und zu verhalten hatte. Längst ist dies einer entspannten, einfachen und klar strukturierten Hausordnung gewichen, die modernen Standards entspricht und den Thomanern wenige, aber klare Richtlinien vorgibt. Diese Hausordnung ist in langen Diskussionen mit den Thomanern selbst, den Eltern, dem Träger des Thomanerchores und den zuständigen Ämtern und Behörden entstanden. Am Beginn eines jeden Schuljahres werden die Thomaner über die Hausordnung klassenweise belehrt und einzelne Punkte ausführlich erläutert. Nach diesem Prozedere trifft sich der gesamte Chor zur Vollversammlung, dem Coetus, und beschließt die Hausordnung für das aktuelle Schuljahr.

Besondere Verantwortung für das Chorleben tragen die Thomaner der Klassen 11 und 12. Als ‚Oberen' wird ihnen in vielen kleinen und großen Bereichen Verantwortung übertragen, womit sich die Erwartung verbindet, dass sie sich über die schulische Ausbildung und die musikalische Arbeit im Chor hinaus auch sozial engagieren und häusliche Aufgaben übernehmen. Darüber hinaus verwalten die Oberen die wöchentlich benötigten Chornoten, leiten als musikalische Präfekten Chorproben und studieren mit einzelnen Stimmgruppen die aktuelle Literatur ein; der Domesticus ist der Sprecher aller Thomaner und fungiert als Bindeglied zwischen den Alumnen und der Chorleitung. Er unterstützt die Organisation der zahlreichen Feste im Alumnat und wacht über die Konzertkleidung. Ein anderer Famulus organisiert den Verkauf der CDs an den Eingängen der Thomaskirche. Der Cantor famulus kümmert sich um die Orchesternoten und die Verbindung zu den Orchesterwarten des Gewandhauses. Er stellt auch die Pulte und Stühle für die Orchestermusiker und kümmert sich um den Kartenverkauf für die

Aufführungen in Leipzig. So entsteht ein kleines hochaktives Netz von Aufgaben und Funktionen. Die Inhaber dieser Ämter nennen sich von alters her ‚Beamte'. Viele der jüngeren Thomaner streben schon früh ein solches Amt für die Zukunft an und prüfen lange, welche Funktion für sie dann einmal die richtige ist. Jedem Beamten steht auch ein erwachsener Mentor zur Seite, der seinen Famulus anleitet und bei der Erfüllung seiner Aufgaben begleitet. Die sprachlich am Lateinischen orientierten Termini seien als Bindeglied zwischen tradierten Formen des Alltags im Alumnat und der Anpassung an die modernen Herausforderungen verstanden. Die Thomaner der Klassen 10 bis 12 lassen sich zu Jugendleitern ausbilden und bemühen sich sehr, ihren Aufgaben gerecht zu werden. Selbstverständlich werden sie dabei intensiv vom Pädagogenteam des Alumnats begleitet. Probleme werden offen angesprochen, und es wird intensiv miteinander um die richtigen Lösungen gerungen. Wichtige Dinge werden bei sogenannten Teestuben besprochen. Dazu laden die Thomaner oder die Chorleitung ein, um mit den Oberen aktuelle Themen zu diskutieren. Diese mitunter mehrstündigen Sitzungen dienen dem Austausch von Informationen und der Motivation für bestimmte Projekte, sind aber auch ein offenes Forum des Streits und der Auseinandersetzung, bis ein tragfähiger Konsens gefunden wird.

Eine detaillierte Kolportage aller Nuancen des Alltags in Chor und Alumnat ist in diesem Rahmen nicht möglich, dennoch sei im Folgenden ein Versuch unternommen: Für die Thomaner ist das Singen der geistlichen Werke Johann Sebastian Bachs und anderer Komponisten Herzenssache. Dazu gehört auch eine Annäherung an die Texte und Inhalte der Musik, die von den Thomanern immer wieder in unterschiedlichem Alter gesungen werden. Man wächst mit der Musik und ihren Inhalten auf und die meisten Thomaner begegnen ihnen sehr offen. Auch wenn nur ein kleiner Teil der Alumnen beim Eintritt in den Chor getauft ist, so sind es am Ende ihrer Chorzeit fast alle Thomaner, ohne dass der Thomanerchor unmittelbar darauf Einfluss nehmen würde. Im Alumnat beginnt jede Mahlzeit mit dem Gesang eines Chorals, also eines musikalischen Tischgebets. Die guten Kontakte zur Thomaskirche, zu den Pfarrerinnen und Pfarrern sowie der Gemeinde sind für den Thomanerchor selbstverständlich. Die Thomaskirche ist aber nicht nur ‚Spielstätte' des Thomanerchores, sondern auch Heimat im umfassenden Sinne. Jeder Thomaner nimmt am evangelischen Religionsunterricht in der Thomasschule teil, der unter anderem auch von den Pfarrerinnen und Pfarrern der Thomaskirche erteilt wird. Im Alumnat erhalten die Thomaner der Klassen 7 und 8 Konfirmandenunterricht, an dem auch fast alle Thoma-

ner teilnehmen. Diese beiden Jahrgänge fahren gemeinsam mit den übrigen Konfirmanden der Thomasgemeinde mehrfach zur Konfirmandenrüstzeit und werden auch gemeinsam in der Thomaskirche konfirmiert. Katholische Thomaner werden oftmals in Absprache mit dem jeweiligen Pfarrer der Heimatgemeinde integriert, dann aber am Heimatort gefirmt. In den Sommerferien lädt die Thomasgemeinde seit Jahrzehnten zur Sommerrüstzeit ein, an der zeitweise schon bis zu 45 Thomaner teilgenommen haben. Die Rüstzeit dauert zehn Tage und stellt eine ausgewogene Mischung aus Freizeitaktivitäten, Bibelarbeit und Musik dar. Sie steht immer unter einem bestimmten Thema, welches über die Tage entfaltet wird. Je nach Interesse und Engagement der Präfekten finden in Leipzig gelegentlich musikalische Abendgebete (Komplet) in der benachbarten Lutherkirche statt, an denen auch andere Schülerinnen und Schüler der Thomasschule mitwirken. Auch wenn die Sänger des Thomanerchores ihren Glauben und ihre Bindung zur Kirche persönlich nicht zur Schau tragen, so sind die Mitwirkung an der Liturgie, das Hören der Predigten und die Aufführungen der geistlichen Musik doch prägend für den weiteren Lebensweg.

Neben vielen Verpflichtungen gibt es für die Thomaner zahlreiche Alltagsnischen, die sie einfallsreich und enga-

giert ausfüllen. Genannt seien hier der Kastenfasching, die Hausbälle der Oberstufe, zu denen zahlreiche jugendliche Gäste aus der Schule und dem Umfeld des Chores eingeladen werden, das Kastenfest im späten Sommer mit dem Fußballspiel der Thomaner gegen eine Mannschaft aus Mitarbeitern des Chores, Lehrern der Thomasschule, Pfarrern und Mitarbeitern der Thomaskirche, des Gewandhauses und anderen Gästen. Im Sommerhalbjahr treffen sich auch die Thomaner und Eltern mancher Klassen zu internen Klassenfesten im Garten des Alumnats. Der Geburtstag eines Thomaners wird ebenfalls feierlich begangen: Beim Mittagessen überreichen die Stubenkameraden dem Geburtstagskind eine Kerze und sprechen ihm ihre Glückwünsche aus. Der Thomaskantor gratuliert mit einer Tafel Schokolade. Am Abend trifft sich dann die Stube zur beliebten Stubenfeier, bei der im Sommerhalbjahr gern gegrillt und im Winterhalbjahr die eine oder andere Pizza verspeist wird. Mitarbeiter des Chores, auch ehemalige Mitarbeiter, und wichtige Freunde und Partner des Chores werden an ihrem Geburtstag mit einem musikalischen Ständchen geehrt.

Zweimal im Jahr wird im Alumnat auch Hausmusik veranstaltet, organisiert vom Präfekten. Zur Aufführung gelangen dabei Stücke, die im Instrumental- und Gesangsunterricht einstudiert oder speziell für diesen Anlass geprobt werden. Mitunter werden sogar eigene Kompositionen oder Arrangements aufgeführt. Beliebt ist auch der Hausmusikchor, zu dem sich einige Thomaner zusammenfinden, die einmal ein spezielles Stück aufführen wollen. Anlässlich der Hausmusik im Alumnat gründen sich gelegentlich kleine Vokalensemble, die auch über diesen Anlass hinaus weiter zusammen musizieren. Doch nicht nur die Thomaner selbst musizieren. Im Frühjahr eines jeden Jahres wird unter dem Motto ‚Thomaner und ihre Familien musizieren' im Alumnat ein Konzert veranstaltet. Dabei treten Thomaner mit ihren Eltern und Geschwistern auf, mitunter auch familienübergreifend. Hausmusik und Familienkonzerte sind interne Veranstaltungen für Eltern, Mitarbeiter, Mitschüler und Lehrkräfte. Hier ist der Chor einmal ganz bei sich, musizierend, kreativ, oft auch humorvoll – und ausnahmsweise nicht im Rampenlicht der Öffentlichkeit.

Zu den kreativsten Erfindungen der Thomaner gehört die Schülerzeitung *Kasten-Journal*, welche seit 1993 ununterbrochen erscheint. Das *Kasten-Journal* ist ein freches und zugleich nachdenkliches Sprachrohr der Thomaner, es informiert über aktuelle Entwicklungen im Chor, stellt Reiseziele, Komponisten und Kinofilme vor, es enthält eine Fußballkolumne, witzige Karikaturen und Fotos, unverschämte Zitate und Versprecher, leidenschaftliche Debatten über Politik, Erziehung und Reformen des Chores. Zahlreiche Mitarbeiter wurden im Laufe der Jahre interviewt, Sprachkurse vor Auslandsreisen gedruckt, Themenhefte erstellt oder sogar kleine Dokumentarfilme veröffentlicht. Das *Kasten-Journal* wird in der Verantwortung eines Thomaners aus den Klassen 10, 11 oder 12 hergestellt, der als Chefredakteur die Hefte konzipiert und andere Thomaner um sich versammelt, die Beiträge liefern, Fotos machen oder Karikaturen zeichnen. Die Unkosten trägt der Förderkreis Thomanerchor e. V., der neben der Stiftung Thomanerchor als Unterstützer vieler Projekte des Chores agiert.

Als besonders emotionaler Höhepunkt im Thomaneralltag sei das im Chor gemeinsam gefeierte Weihnachtsfest etwas detaillierter dargestellt. Hinter dem Chor liegen dann bereits vier Adventswochen mit den Aufführungen des Weihnachts-Oratoriums, den drei Weihnachtslieder-Abenden, den Motetten und Gottesdiensten in der zumeist überfüllten Thomaskirche. Am Heiligen Abend treffen sich die Thomaner zum Mittagessen im Alumnat. Danach singen sie in der Thomaskirche die Weihnachts-Motette, die um 13.30 Uhr beginnt. Im Anschluss lädt die Thomasgemeinde die Thomaner zu einem festlichen Kaffeetrinken in den Gemeindesaal ein. Dort erhalten die Sänger auch ein kleines Geschenk der Gemeinde als Dank und weihnachtlichen Gruß. Um 16.00 Uhr findet die Christvesper in der mit bis zu 3000 Besuchern übervollen Thomaskirche statt. Danach singt eine kleine

Gruppe von Thomanern in einem Altersheim oder Krankenhaus, während der Großteil des Chores schon der Bescherung am Abend im Alumnat entgegenfiebert. Um 18.00 Uhr gibt es das Abendessen und um 19.00 Uhr findet endlich die Weihnachtsfeier statt. Der Probensaal ist dafür feierlich geschmückt und von zahlreichen Kerzen erleuchtet. Neben dem großen Flügel leuchtet der Weihnachtsbaum und auf großen Tischen stapeln sich Berge von Geschenken. Während der Thomaskantor auf dem Flügel die Hirtensinfonie aus dem Weihnachtsoratorium intoniert, betreten die Thomaner in weißen Hemden und schwarzer Konzerthose den Saal. Ein jeder hält eine Kerze in der Hand, der dienstälteste Pädagoge läutet das Glöckchen. Es folgt die kleine Weihnachtsansprache des Thomaskantors, verbunden mit dem Dank für alles Geleistete und Glückwünschen zum Weihnachtsfest. Danach stürmen die Thomaner die Gabentische und wünschen einander und den anwesenden Mitarbeitern des Chores ein gesegnetes Weihnachtsfest. Alle festlichen Vorbereitungen treffen die älteren Thomaner in den Tagen vor Heiligabend heimlich. Sind dann alle Geschenke auf die Stuben verbracht, schwärmen die Sänger stubenweise aus, um in den angrenzenden Wohnvierteln Weihnachtslieder zu singen. Mancher Thomaner lenkt dabei die Schritte auch in Richtung der elterlichen Wohnung oder in eine Straße, in der Freunde und Verwandte wohnen. Mit Süßigkeiten und kleinen Geschenken belohnt, kommen die Thomaner am späteren Abend wieder im Kasten zusammen, um das Weihnachtsstück der 11. Klasse zu erleben, welches sich oftmals ironisch mit dem Weihnachtsfest und dem Thomaneralltag auseinandersetzt. Wenn sich dann die Männerstimmen zur mitternächtlichen Komplet in der Thomaskirche rüsten, versammeln sich alle Knabenstimmen mit ihren Federbetten im Gang vor den Schlafräumen, wo einer der älteren Thomaner noch weihnachtliche Geschichten vorliest. Am ersten Weihnachtsfeiertag musizieren die Thomaner noch einmal gemeinsam mit dem Gewandhausorchester in der Thomaskirche die erste Kantate aus dem Weihnachtsoratorium. Danach beginnen die Weihnachtsferien und alle Alumnen fahren nach Hause, um das Fest in ihren Familien zu begehen und Entspannung zu finden für die musikalischen und schulischen Aufgaben des neuen Jahres.

Pädagogische und organisatorische Strukturen

All die oben beschriebenen Segmente des Alumnatslebens werden professionell und engagiert von den derzeit zehn Pädagoginnen und Pädagogen des Alumnats begleitet. War das Alumnat in früheren Jahrhunderten stets das ‚Alumnat der Thomasschule', so ist es nunmehr eine eigenständige Einrichtung der Stadt Leipzig und untersteht dem Dezernat für Kultur. Damit ist es zwar einerseits selbstverständlich Bildungsstätte und musikalisches Institut, andererseits aber ebenso selbstverständlich eng mit der Thomasschule verbunden, schließlich sind alle Alumnen auch Schüler der Thomasschule. Die Vernetzung von Chor und Schule manifestiert sich personell in der vertraglich zwischen der Stadt Leipzig und der Sächsischen Bildungsagentur fortgeführten Tradition der Abordnung von Kollegen der Thomasschule mit einem Teil ihres Stundendeputats an das Alumnat, wo sie als Alumnatsleiter und Inspektoren tätig sind. So erleben die Thomaner diese Lehrkräfte am Vormittag als Lehrende im Unterricht, zum Teil sogar als Klassenlehrer, am Nachmittag, am Abend und auf Reisen dann als Pädagogen, die den Chor anleiten, organisieren und beaufsichtigen.

Das Pädagogenteam des Alumnats setzt sich aus den Kolleginnen und Kollegen unterschiedlicher pädagogischer Qualifikationen zusammen. Neben den drei Lehrerinnen und Lehrern der Thomasschule ergänzen städtisch angestellte Sozialpädagogen und Erziehungswissenschaftler mit zusätzlichen Qualifikationen unter der Fachaufsicht des Pädagogischen Leiters die Abläufe im Alumnat. Hinzu kommen noch zwei Pädagoginnen, die den Nachtdienst im Alumnat wahrnehmen. Gemeinsam bemüht sich das Pädagogenteam, den Alltag der Thomaner zu organisieren, Familie und Elternhaus zu ergänzen und für alle Belange der Alumnen da zu sein.

Die Erziehung der Alumnen zu gleichberechtigten Mitgliedern der Chorgemeinschaft bei gleichzeitiger Förderung ihrer individuellen Fähigkeiten und Persönlichkeit ist das oberste Ziel der pädagogischen Arbeit im Alumnat. Dieser Grundsatz ist neben den fachlichen Aufgaben nicht nur für die Pädagogen und musikalischen Lehrkräfte mit dem Thomaskantor an der Spitze gültig, sondern berührt auch die Arbeit der engagierten Mitarbeiter des Alumnats in den anderen wesentlichen Funktionsbereichen des Hauses: Die Ausgestaltung der vertraglichen Konditionen der Konzerte und Tourneen sowie der unmittelbare Kontakt zu den städtischen Entscheidungsgremien obliegen federführend dem Geschäftsführer des Thomanerchores, der hierin von zwei Mitarbeiterinnen unterstützt wird; aller haushalterisch-buchhalterischen Herausforderungen nimmt man sich in der Verwaltungsabteilung an; für kleinere medizinische Notfälle steht die im Haus angestellte Krankenschwester zur Verfügung; bei kleineren und größeren Havarien kann man sich an den Hausmeister wenden; für den perfekten Sitz der Konzertanzüge der Thomaner ist eine Näherin im Alumnat verantwortlich und schließlich sorgt das Küchenteam täglich für das leibliche Wohl der jungen Sänger. Somit stellt sich die Institution Thomanerchor mittlerweile als ein Gesamtsystem dar, das sowohl auf das Wohlergehen der Alumnen in einem funktionierenden Alumnat als auch auf den künstlerischen Erfolg des Chores ausgerichtet ist. Der vertrauensvolle Kontakt zu den Eltern ist in diesem Prozess besonders wichtig. Alle Eltern werden ständig über das Geschehen im Chor informiert und können auf einer internen Website die relevanten Pläne, Besetzungslisten, Adressen und Kontakte einsehen und nutzen. Sie sind die ersten Ansprechpartner in den Belangen ihrer Söhne und sind stets dazu eingeladen, das Leben im Alumnat durch Wort und Tat mitzugestalten.

Doch auch für die interessierte Öffentlichkeit gibt es Möglichkeiten, sich sowohl über die musikalischen Leistungen der Thomaner als auch über Alltägliches im und um den Chor zu informieren. So begleitet seit 2009 das *Thomaner-Journal* – es hat die einst begonnene Reihe der *Almanache* abgelöst – medial die auch in diesem Beitrag beschriebenen Höhepunkte des Chorlebens. Das Heft erscheint dreimal im Jahr und wird vom Thomanerchor, dem Förderkreis Thomanerchor e. V. und dem forum thomanum e. V. gemeinsam mit der Stiftung Thomanerchor herausgegeben. Parallel dazu bietet die Homepage des Chores im Internet einen schnellen Zugriff auf alle wichtigen Informationen. Damit schließt sich der Kreis eines regen kulturellen Austauschs zwischen der Stadt Leipzig, ihren Bürgerinnen und Bürgern sowie dem Thomanerchor, der den Fortbestand dieser Institution sichert. Um die außergewöhnliche Strahlkraft der Thomaner auch in Zukunft unvermindert zu erhalten, gilt es nicht zuletzt für alle Mitstreiter im Alumnat, auf ein ausgewogenes Nebeneinander tradierter und moderner Formen des Zusammenlebens zu achten und notwendige und sinnvolle Reformen unter Wahrung des eigenständigen Charakters des Alumnats des Thomanerchores zu initiieren.

Letzte Hausmusik im alten Alumnat, Maximilian Raschke dirigierte sein eigenes Stück, 9. Februar 2011 (Foto: Matthias Knoch)

Ein Einblick in den Alltag eines heutigen Thomaners
MAXIMILIAN RASCHKE

Bevor ich guten Gewissens mit meinen Ausführungen beginnen kann, möchte ich selbigen die Einsicht voranstellen, zu der ich von vornherein zu gelangen befürchtete und zu der ich während des Schreibens auch zwangsläufig gelangte: Jeder Versuch, allein die Grundzüge des Alltags eines aktiven Thomaners hinsichtlich seiner Gewinne und Verluste, Erlebnisse und Prägungen in eine literarische Form zu pressen, ist schon wegen des vorgegebenen Seitenlimits zum kläglichen Scheitern verurteilt. Der vorliegende Beitrag kann lediglich dies und das einmal anreißen, ergo bloß einen groben Einblick in unsere komplexe Alumnatswelt geben, der Außenstehenden womöglich bereits eine Offenbarung ist, mit dem jeder Thomaner jedoch nur unzufrieden sein kann. Wer das Glück hatte oder gegenwärtig hat, den Kosmos Thomanerchor als aktives Mitglied zu durchleben, der wird hier auf jeden Fall so einiges hinzuzufügen haben. Mir selbst geht es nicht anders.

Was auf den ersten Blick nun doch sehr danach aussieht, als wolle ich mich für meinen noch nicht einmal richtig begonnenen Bericht entschuldigen, erscheint mir, indem ich es niederschreibe, allerdings als ein durchaus positiver Einstieg. Denn spricht es nicht in der Tat sehr für den Chor, dass ich mich zu einem zufriedenstellenden Porträt nicht imstande sehe? Schuld ist die Vielschichtigkeit der bleibenden Eindrücke, die man im Laufe einer neunjährigen Chorzeit gewinnt und die einen so schnell nicht wieder loslassen. Wie für die meisten Abgänger vom Chor wird sich auch für mich eine der Lieblingsweisheiten unseres Kantors bewahrheiten: „Einmal Thomaner, immer Thomaner!" Unweigerlich werde ich mich auch als ehemaliger Thomaner als ein Teil des Chores sehen und mich stets mit seinem großen Namen identifizieren.

Meines Zeichens Zwölftklässler, sehe ich nunmehr den Augenblick des Abschieds von meinem zweiten Zuhause unaufhaltsam auf mich zu rasen. Es gilt, jene alljährlichen Höhepunkte in vollen Zügen zu genießen, immer mit Blick darauf, dass man gerade zum letzten Mal erlebt, was man inzwischen gar nicht mehr anders kennt. In solchen Momenten beginne ich unwillkürlich zu schwelgen, lasse ganz im Stillen meine chorische Laufbahn wieder und wieder Revue passieren. Ich will einmal das Muster einer solchen Laufbahn skizzieren, um die bereits erwähnte Vielgestaltigkeit der Erfahrungen, die Leipzigs älteste kulturelle Einrichtung bereithält, anschaulich zu machen – so gut es mir eben gelingen mag.

An allem Anfang steht selbstredend die Musik, genauer die Leidenschaft, gemeinsam mit anderen die leblosen Noten auf dem Papier zum Leben zu erwecken. Zwar sind die Intentionen, die dahinter stehen, von Knabe zu Knabe unterschiedlich – sei es der christliche Glaube, sei es die bloße Freude am Singen, sei es der Wunsch, die Mottenbesucher glücklich oder die Eltern stolz zu machen – doch im Moment des gemeinsamen Singens spielt das Warum keine Rolle mehr. Da sind nur noch jener überwältigende Sog des Klangrausches und das Bewusstsein, hier und jetzt an etwas ganz Großem teilzuhaben. Zugegebenermaßen ertappe ich mich soeben wieder einmal dabei, wie ich, wenn ich auf unsere Musik zu sprechen komme, ausschließlich von den Werken Johann Sebastian Bachs ausgehe. Das rührt daher, dass wir seine Kompositionen als die des bedeutsamsten Thomaskantors der Geschichte mit dem größten Traditionsbewusstsein pflegen. Folglich schlägt das Herz der meisten Thomaner – so auch das meine – vornehmlich für seine Musik: Neben den Konzerttourneen, bei denen ebenfalls in der Regel Bach auf dem Programm steht, bilden Weihnachts-Oratorium und die Passionen sowie das Bachfest die emotionalen Höhepunkte des Schuljahres. Konsequenterweise lässt Herr Biller in unserem Repertoire jedoch auch zeitgenössische Stücke nicht zu kurz kommen, und obwohl viele Ohren zu Recht durch die sphärischen Klänge barocker und romantischer Chormusik verwöhnt sind, zahlt sich die Hartnäckigkeit unseres Kantors in diesem Punkt langsam aus. Immer mehr Thomaner und sogar Motettenbesucher stellen sich bereitwillig der Konfrontation mit modernen Werken wider tradierte Hörgewohnheiten – eine Errungenschaft, die ich für unbedingt erwähnenswert halte.

So verschieden die Geschmäcker auch sind, Grundvoraussetzung für die Aufnahme in den Chor ist nicht etwa die ausgeprägte Liebe zu Bach, sondern das Talent zum Singen, verbunden mit einer allgemeinen leidenschaftlichen Musikalität. Indem für mich die Mitgliedschaft im Thomanerchor dem Ende entgegengeht, erinnere ich mich mit meinen Eltern gerne an die Anfänge zurück: Daheim erfüllte meine noch unausgebildete Stimme von morgens bis abends das Haus, und es lag auf der Hand, dass mein Vater, der selbst Thomaner unter Hans-Joachim Rotzsch gewesen ist, diesen energischen Drang zum Singen, jenes ‚Thomaner-Gen' an mich weitergegeben haben musste. Ich war nicht totzukriegen, und leicht entnervt kapitulierte schließlich auch meine Mutter, die ihr Kind lieber bei sich behalten hätte, vor der Erkenntnis, dass das Schicksal diesen und keinen anderen Weg für mich vorgesehen hatte. Was mich heute am meisten fasziniert, ist die Tatsache, dass ich damals zwar keinerlei Vorstellung von der Bedeutung des Begriffs ‚Thomanerchor' besaß, noch nicht einmal je eine Motette besucht hatte, mich jedoch zweifelsfrei zu jener rätselhaften Institution hingezogen fühlte. „Dort kannst du den ganzen Tag lang singen", erklärte mir meine Mutter. Dies allein reichte aus, den Schalter umzulegen, und für mich stand fest: „Da will ich hin!" Nachdem ich die Aufnahmeprüfung „gut bestanden" hatte, verstärkte sich mein Eindruck bereits in der ersten Chorprobe: *Warum toben die Heiden* von Felix Mendelssohn Bartholdy – da war er, jener unbeschreibliche Sog, der mich förmlich mit sich riss und mit jedem weiteren Stück von Neuem packte. Ich kann von Glück sagen, dass dieses Gefühl während meiner schwierigen Anfangszeit absolut dominierend war. Ich reagierte regelrecht überempfindlich, wenn ich einmal das Opfer eigentlich harmloser Streiche war, und so unwohl ich mich anfangs auch fühlte, war ich doch nie fähig, auch nur an einen Choraustritt zu denken. Zu stark war und ist die Anziehungskraft der Musik.

Nicht allen fällt die Umstellung auf das Internatsleben leicht, einige Sexer – so nennen wir unsere Jüngsten bis zur sechsten Klasse – haben mit Heimweh zu kämpfen. Längst sind die Zeiten vorüber, zu denen diese Thomaner als Heulsusen diffamiert wurden, vor allem Herr Biller bemüht sich darum, dass wir die Sehnsucht nach zu Hause aus einer verständnisvolleren Perspektive heraus

Letzte Hausmusik im alten Alumnat, Maximilian Raschke dirigierte sein eigenes Stück, 9. Februar 2011 (Foto: Matthias Knoch)

Ein Einblick in den Alltag eines heutigen Thomaners

Maximilian Raschke (Vierter von Rechts) mit Mitschülern in seiner Stube (10. Stube) am 17. Januar 2011, kurz vor dem Umzug aus dem Thomasalumnat, Hillerstraße, ins Interim, Sebastian-Bach-Straße
(Foto: Matthias Knoch)

betrachten: „Heimweh zu haben, bedeutet, ein Heim zu haben, nach dem es sich zu sehnen lohnt." Jeder, der unter Heimweh gelitten hat, wird diese Auffassung uneingeschränkt teilen. Weiterhin macht fast ausnahmslos jedem neuen Thomaner zunächst das hohe Arbeitspensum zu schaffen: Vom Schulalltag in den Probenalltag, vom Probenalltag zur Vorbereitung auf den nächsten Schultag, zusätzlich noch Stimmbildung und Instrumentalunterricht, geschickt in den Tagesablauf integriert. Letztlich beanspruchen Motetten und Kirchenmusik im Gottesdienst einen Großteil des Wochenendes. Allerdings heißt es nicht von ungefähr, dass Musizieren den Geist bildet. Jeder gelungene Chorauftritt beweist eindrucksvoll, wie schnell Konzentration und Teamwork zum angestrebten Ziel führen. Diese musikalisch vermittelten Qualitäten gilt es auf unseren stressigen Alltag anzuwenden: Dann ist es sehr gut möglich, trotz allem seine schulischen Leistungen zu halten, wenn nicht gar zu steigern. Der volle Tagesplan ist übrigens auch insofern ein Gewinn, als bereits ein Zehnjähriger lernt, seinen Tag selbstständig und effektiv zu planen, um dafür dann aber natürlich jede freie Minute zum Spielen nutzen zu können. Schnell entpuppt sich der altehrwürdige ‚Kasten' als ein überdimensionaler Abenteuerspielplatz, der einen durchaus attraktiven Gegenpol zu all dem Stress darstellt.

Das gemeinschaftliche Leben auf den Stuben, im Waschsaal, in den Schlafsälen et cetera bedeutet in gewisser Hinsicht immer eine Einschränkung auf individueller Ebene. Dass man aber auch innerhalb dieser Gemeinschaft zur Individualität finden kann, wollen viele nicht wahrhaben. Die scheinbare Gegensätzlichkeit von Gemeinschaft und Individualität führt leider immer wieder zu innerchorischen Spannungen, besonders bei den Thomanern der siebenten bis zehnten Klassen. Die

Konzertreise des Thomanerchores nach Südamerika, Montevideo, Oktober 2011, Maximilian Raschke vorn in der Mitte (Foto: Roland Weise)

Bezeichnung dieser Altersgruppe als Unternschaftler (die Vorstufe zum Obernschaftler) ist in den letzten Jahren zusehends vernachlässigt worden, stattdessen erscheint der von unserem Kantor bevorzugte, weniger anerkennungsvolle Terminus ‚Flegelalter' wesentlich geeigneter. Er bringt jene insbesondere für die Pädagogen anstrengende Hochphase der Pubertät zum Ausdruck, in welcher der ein oder andere Knabe mit signifikanter Ausdauer gegen das Chorsystem rebelliert und dabei oftmals gegen ein paar Regeln zu viel verstößt. Schuld ist die Tatsache, dass sich der humane Drang nach Individualität in diesem Lebensabschnitt über die Möglichkeiten in einem Knabenchor hinaus verstärkt, was in manchen Fällen im ‚Consilium Abeundi', dem Rat, den Chor zu verlassen, oder im freiwilligen Austritt aus dem Chor kulminiert. Nicht selten wurden die Abgänger in der Vergangenheit von den ewig interessierten Medien aufgefangen, die in dem spannungsreichen Gegensatz zwischen Gemeinschaft und Individualität ein gefundenes Fressen sahen. Auf der wackeligen Grundlage des Fallbeispiels wetterten sie gegen ein angeblich individualitätshemmendes Erziehungssystem und stilisierten den nicht gemeinschaftsfähigen Chorabgänger zum Prügelknaben. Ihre Artikel dokumentieren, dass es nicht jeder gut mit uns meint, und auch diese Erkenntnis hat uns gleichermaßen geprägt und geschult. Wir haben gelernt, hinwegzulächeln über derartig erbärmliche Versuche, ein System, das alle gesellschaftlichen Wandlungen und feindseligen Ideologien der Geschichte überdauert hat, mit einem im Argumentationsgang hinkenden Artikel zu erschüttern. Wer nicht einsehen will, dass ein Knabenchor ohne Vorschriften nicht funktioniert, wer die Augen davor verschließt, dass Proben keine Kinderarbeit, sondern selbst gewählte Freizeitgestaltung sind, der genießt unser tiefstes Mitgefühl, denn er hat den Kern der Sache nicht verstanden. Glücklicherweise handelt es sich bei besagten Chorabgängern um Ausnahmefälle. Als im Stimmwechsel befindliche ‚Dispensierte' sind viele Unternschaftler zwar zwangsläufig auch in musikalischer Hinsicht von der Chorgemeinschaft ausgeschlossen, in die sie allerdings in der Regel nach erfolgreicher Eingliederung in den Männerchor problemlos zurückfinden.

Die meisten und nützlichsten Erfahrungswerte sammelt man meiner Meinung nach als Obernschaftler der elften bis zwölften Klasse. Hier lautet der Schlüsselbegriff: Verantwortung. Was im Knabenchor als Pultführer, der die Verantwortung für einen noch unerfahrenen Sexer übernimmt, seinen bescheidenen Anfang nahm, was sich später in der Funktion des Stubendienstkoordinators – verantwortlich für die Reinhaltung der Stube – und der des Wochenpräfekten, der in den Schlafsälen für Ruhe sorgt, fortsetzte, findet nun seinen merklichen Höhepunkt. Wahlweise wird ein gewichtiges Amt des organisatorischen Typus (Domesticus) oder des assistierenden Typus (Präfekt und Cantoris famulus als Assistenten des Kantors oder – wie in meinem Fall – Altner-Famulus als Assistent des Geschäftsführers) und unausweichlich die Verantwortung für eine komplette Stube mit Thomanern aller Altersgruppen übernommen, an deren Erziehung man nun aktiv beteiligt ist. Besonders spannend wird es für mich immer dann, wenn ich in dieser Vielzahl von Persönlichkeiten Elemente meiner eigenen Entwicklung im Chor wiedererkenne. Gerne würde ich mich heute bei allen ehemaligen Thomanern entschuldigen, denen ich als hyperaktiver Sexer oder aufmüpfiger Unternschaftler das Leben schwer gemacht habe, jetzt, da ich mich in ihrer Lage befinde. Auf der anderen Seite lerne ich mehr und mehr zu verstehen, dass all das normal ist und dass es mit den eigenen Kindern vermutlich nicht anders sein wird. Dies und noch viel mehr sind jene Erkenntnisse und Fähigkeiten, die für das spätere Leben am wichtigsten sind und die die Schule nicht vermitteln kann. Wer neun Jahre Thomanerchor hinter sich hat, der findet für gewöhnlich schnell seinen Platz in der Gesellschaft, auch in beruflicher Hinsicht, denn der Chor ist nicht nur ein Sprungbrett in die musikalische Berufswelt.

2012 ist es soweit: Unsere faszinierende Welt, von der ich so schwärme, zelebriert ihr 800-jähriges Bestehen – gemeinsam mit der Kirche, in der wir singen, und der Schule, in der wir lernen. Die Feierlichkeiten zum Jubiläum ‚800 Jahre THOMANA' sollen nicht nur eine bedeutsame historische Station, sondern gleichermaßen einen Neubeginn in verschiedenster Hinsicht markieren, den Beginn einer neuen Ära sozusagen. Zu diesem Zweck werden das Alumnatsgebäude von Grund auf modernisiert und die Stuben zu Wohneinheiten umgestaltet, die dem Wunsch des Einzelnen nach Individualität entgegenkommen. Bereits im Interimskomplex soll diese Atmosphäre für uns spürbar werden, und während die Jüngeren einen neuen Abenteuerspielplatz langsam Gestalt annehmen sehen und nebenher mit den anstehenden Konzerttourneen liebäugeln, sehen wir Obernschaftler den neuen Verhältnissen mit einer Art skeptischer Gespanntheit entgegen. Viele sind besorgt, dass sich der Fortschritt als Rückschritt entpuppen könnte, dass im Laufe des Modernisierungsprozesses möglicherweise Traditionen auf der Strecke bleiben, und nicht zuletzt, dass vor lauter Individualismus Risse in der Gemeinschaft entstehen könnten. Fragen über Fragen, über deren Antworten zu dem Zeitpunkt, zu dem ich dies schreibe, leider bloß spekuliert werden kann. Allerdings gibt es in meinen Augen etwas, das auch in diesen Zeiten der Ungewissheit alle Besorgnis überwiegt, etwas, das uns immer bleiben wird, weil es uns keine Änderung der Welt nehmen kann: nämlich die Gemeinschaft, die uns die Musik ermöglicht, insbesondere die Werke Johann Sebastian Bachs. Viele wollen die Musik immer gern vom Rest unseres Alltags trennen, dabei gelingt Bach in seiner Musik genau das, worum wir uns im Internatsleben oft so scheinbar vergeblich bemühen: alle noch so eigenbrötlerischen Triebe zu einen. Ein simpler Bachchoral repräsentiert den Grundgedanken unseres Chorsystems: Im Fokus stehen die Knabenstimmen, die jüngeren Thomaner also, während die Älteren als das Fundament fungieren, welches die Knaben in jeder Hinsicht stützen soll. Stellen wir dem nun ein polyfones Vokalwerk Bachs gegenüber, zum Beispiel eine Fuge aus einer Bachmotette: Hier ist jede Stimme gleichberechtigt und unabhängig und dennoch ziehen erstaunlicherweise alle an ein und demselben Strang wie zuvor im homofonen Choral. Da ist er wieder, jener Gegensatz von Individualität und Gemeinschaft, den Bach wie kein anderer ad absurdum zu führen versteht. Er vereint die individuellen Stimmen zu einem pulsierenden Musikstrom, der nicht nur uns Sänger, sondern auch das Publikum unwillkürlich mit sich reißt. Gemeinschaft trotz Individualität. Individualität innerhalb der Gemeinschaft. Eine Gemeinschaft, die durch unsere einheitlichen Kieler Blusen und mit Bachrosen bestickten Krawatten zwar auch visuell, vor allem jedoch auditiv spürbar ist. Eine Gemeinschaft, in der wir dank Bach alle emotionalen Regungen miteinander teilen können: Im Moment der Rückbesinnung, wenn wir das alte Kalenderjahr mit der mächtigen Gradation des *Dona nobis pacem* aus der h-Moll-Messe ausklingen lassen, im Moment des Aggressionsabbaus, wenn sich in der Matthäus-Passion die beiden sich gegenüberstehenden Chöre im *Sind Blitze, sind Donner* stellenweise förmlich anschreien, im Moment der Andacht, wenn wir die Johannes-Passion mit Bachs ergreifendstem Choral *Ach Herr, lass dein' lieb' Engelein* beschließen, in diesen Momenten entsteht die einzig wahre Gemeinschaft – auch in Zukunft. Und wenn ich nach dem Konzert in eine vor Begeisterung tobende Menge Japaner oder Argentinier oder, noch besser, in die vor Glück leuchtenden Gesichter der Motettenbesucher in Leipzig blicke, dann bin ich unermesslich stolz, meine Kindheit im Zeichen der Musik verbracht zu haben.

Der Campus forum thomanum
Die Vision wird Wirklichkeit

01 Thomasschule
02 Alumnat des Thomanerchores
03 Lutherkirche
04 Kindertagesstätte
05 Interim Alumnat
06 Grundschule
07 villa thomana
08 Sport- und Freizeitanlage
09 Mittelschule
10 Jugendmusikakademie

forum thomanum Leipzig e. V.
Stadt Leipzig

© Weis & Volkmann

‚forum thomanum' – ein Bildungscampus für die Musikstadt Leipzig[1]
CHRISTIAN WOLFF

I.

Was tun,
– wenn ein Knabenchor, mit einer 800-jährigen Tradition und seit der Reformation in städtischer Trägerschaft, Nachwuchsprobleme hat und die Lebensverhältnisse der Chorknaben verbessert werden müssen,
– wenn eine Kirchgemeinde über ein zusätzliches Kirchgebäude und ein Gemeindehaus verfügt, die sie derzeit nicht benötigt,
– wenn wir zur Erkenntnis gelangen, dass wir mehr für die religiöse und kulturelle Bildung von Kindern und Jugendlichen tun müssen, um in der globalisierten Welt und in einer multikulturellen und -religiösen Gesellschaft bestehen und diese mit gestalten zu können:

Dann ist es Zeit für das ‚forum thomanum'. Jedenfalls war das die Ausgangslage für das wichtigste kulturelle Bildungsprojekt der Stadt Leipzig am Beginn des dritten Jahrtausends: zunächst eine Vision von wenigen[2], von vielen belächelt – heute eine Initiative, die schon längst in der Wirklichkeit angekommen ist. Die Aufgabe war und ist wirklich visionär: aus einer dichten Wolke von Ideen eine Treppe zu bauen in die Realität.

II.

Was waren die Ausgangspunkte?

Erstens kehrte um die Jahrtausendwende die Thomasschule an den alten Standort[3] und damit in unmittelbare Nähe des Alumnats zurück. 1973 war sie als Plattenbauschule in der heutigen Telemannstraße neu gebaut worden – damals auch mit dem erklärten Ziel, Thomasschule und Thomanerchor gänzlich von der Kirche zu trennen. Im Zusammenhang mit der Rückkehr an den alten Standort im heutigen Bachstraßenviertel und der Notwendigkeit, einen neuen Rektor zu bestimmen, bildete sich Mitte der 1990er Jahre ein Schulkuratorium.[4] Dieses war bestrebt, der Tradition der THOMANA – der Trias von Thomaskirche, Thomanerchor und Thomasschule und deren musikalischer, geistiger und geistlicher Ertrag – und den gegenwärtigen Erfordernissen des Thomanerchores gerecht zu werden und ein entsprechendes Konzept für die Thomasschule zu entwickeln. Dabei zeigte sich sehr schnell, dass der Chor eigentlich einer Gemeinschaftsschule, von der ersten Grundschulklasse bis zum Abitur, bedarf, die sich im Lehrplan und Curriculum auch nach den Erfordernissen des Chores richtet, ähnlich den spezialisierten Strukturen des Sportgymnasiums. Tatsächlich ist aber die Thomasschule ein öffentliches Gymnasium, eingeengt im immer noch straffen Korsett einer öffentlich-rechtlichen Schule, für die die Erfüllung der Schulrechtsparagrafen nach wie vor Vorrang hat vor den Erziehungs- und Bildungszielen einer so traditionsreichen

---

[1] Dieser Artikel ist eine Momentaufnahme, geschrieben von demjenigen, der in den vergangenen Jahren als Vorsitzender des forum thomanum Leipzig e. V. die Idee und das Projekt selbst in der Öffentlichkeit vertreten hat – oft genug in kritischer Auseinandersetzung mit Bedenkenträgern und Institutionen, die sich immer zunächst schwer tun mit innovativen Initiativen. Daraus ergibt sich eine Subjektivität in der Darstellung und Gewichtung der Ereignisse, die in ein paar Jahren sicher kritisch hinterfragt werden kann (und muss). Auf der anderen Seite kann nur so die Spannung nachvollzogen werden, in der solche Projekte sich entwickeln und wachsen.

[2] Als Ideengeber sind zu nennen: Thomaskantor Georg Christoph Biller, der Geschäftsführer des Thomanerchores, Dr. Stefan Altner, der pädagogische Leiter des Alumnates, Roland Weise, und der Verfasser selbst.

[3] 1877 wurde die neue Thomasschule in der Schreberstraße eingeweiht und gab ihren alten Standort am Thomaskirchhof auf, vgl. dazu den Artikel *Die Alte Thomasschule am Thomaskirchhof* von Wolfgang Hocquél in diesem Band.

[4] Diesem gehörten u. a. an: Thomaskantor Georg Christoph Biller, der Geschäftsführer des Thomanerchores, Dr. Stefan Alter, der damalige Rektor der Thomasschule, Dr. Klaus Lindner, der damalige Schuldezernent und heutige Oberbürgermeister der Stadt Leipzig, Burkhard Jung, der Vorsitzende des Thomanerbundes, Prof. Dr. Christoph Michael Haufe (†), der Leiter des Oberschulamtes Leipzig, Wolfgang Hügle, und der Leiter des Regionalschulamtes Leipzig, Martin Wünschmann.

Grundstück von Kindertagesstätte und angrenzender Villa Thomana vor Sanierung und Baubeginn
(Foto: Roland Weise)

gesprochen und gemeint: Das auszuweitende musische Profil darf nicht auf Kosten von anderen Schwerpunktfächern gehen. Jedoch wurde dabei außer Acht gelassen, dass der Behandlungs- und Lernstoff an den Gymnasien – nicht zuletzt durch das Zentralabitur – inzwischen so umfangreich geworden ist, dass dies von den Schülerinnen und Schülern kaum mehr sinnvoll zu bewältigen ist und auf Kosten all der Kompetenzen geht, die für die Persönlichkeitsbildung von zentraler Bedeutung sind. Die Lernziele bedürfen darum einer dringenden Überprüfung, um Raum zu schaffen für die Fächer, die vor allem der Persönlichkeits- und Wertebildung dienen. Außerdem soll dem Erlernen der Grundfertigkeiten des Lebens ein angemessenes Gewicht gegeben werden. Dazu gehören nicht nur Rechnen, Lesen und Schreiben, sondern auch die soziale Kompetenz, seinen Alltag bewältigen zu können, die Übersicht zu behalten, mit Geld umzugehen, und die Fähigkeit, Wissen und gesellschaftliche Verantwortung abzuwägen.

Institution wie Thomanerchor und Thomasschule im dritten Jahrtausend. Daran ändern auch das musikalische und sprachliche Profil und die Zusammenfassung der Thomaner in sogenannten TM-Klassen nichts. Da der Chor Knaben schon von der vierten Klasse an aufnimmt – unter anderem wegen des heute frühzeitig einsetzenden Stimmbruchs –, gibt es in den Räumen der Thomasschule eine dritte und eine vierte TM-Klasse, die bis jetzt noch zur Édouard-Manet-Grundschule gehören.

Zweitens kam es im Jahr 2002 zur Gemeindevereinigung von Luther-Gemeinde und St.-Thomas-Matthäi-Gemeinde zur Kirchgemeinde St. Thomas – mit der Folge, dass die neue Kirchgemeinde St. Thomas Eigentümerin der Lutherkirche und des Gemeindehauses Schreberstraße 3–5 wurde. Schon bei der Planung der Gemeindevereinigung ab 1998 gab es die Idee, die beiden Gebäude dem Thomanerchor und der Thomasschule zur Nutzung anzubieten. Da sich die Gemeindevereinigung aber verzögerte, hatte die damalige Kirchgemeinde St. Thomas-Matthäi keine rechtliche Möglichkeit, der Stadt Leipzig die Lutherkirche als multifunktional umzugestaltenden Raum für die Thomasschule anzubieten, die auch heute noch über keine adäquate Aula verfügt. Erst 2002 konnte deshalb der Kirchenvorstand der vereinigten Kirchgemeinde St. Thomas beschließen, beide Immobilien in den Campus forum thomanum einzubringen.

Drittens bedarf die religiöse und kulturelle Bildung heute einer dringenden Aufwertung in den Schulen. Das bedeutet: Wir müssen den Bildungskanon grundlegend reformieren. Zwar wurde in den Debatten um die inhaltliche Ausrichtung der Thomasschule häufig von ‚100 plus X'

III.

Aus diesen Ansätzen heraus wurde im August 2002 der Verein forum thomanum Leipzig e. V. gegründet, um die Vorstellungen, die ansatzweise im Schulkuratorium entwickelt wurden, nun in eine Realisierung zu bringen. Zum Vorsitzenden des Vereins wurde Thomaskantor Georg Christoph Biller gewählt. Ihm zur Seite standen die Rektorin der Thomasschule Kathleen Kormann, der Alumnatsinspektor Roland Weise und Andrea Niermann und Alexander Hohnert, beide Juristen und Eltern von Thomasschülern. 2003 konnte das Architekturbüro Weis & Volkmann, hier vor allem die Architektin Gabriele Weis, dafür gewonnen werden, die planerischen Überlegungen für den Campus forum thomanum zu begleiten. Aufgrund einer längeren Erkrankung von Thomaskantor Biller und der personellen Schwierigkeiten beim Aufbau einer Geschäftsstelle für das forum thomanum kam es im Februar 2004 zu einem Neuanfang der Vereinsarbeit. Thomaskantor Biller schied aus dem Vorstand aus und wechselte ins Kuratorium des Vereins.[5] Der Verfasser wurde

---

5 Heute gehören dem Kuratorium neben dem Thomaskantor u. a. an: Prof. Dr. Christoph Wolff, die Geigenvirtuosin Anne-Sophie Mutter, Prof. Dr. Kurt Masur, Dr. Henning Scherf (Präsident des Deutschen Chorverbandes), Staatssekretär a. D. Rüdiger Frohn, Thomas Rietschel (Präsident der Hochschule für Musik und Darstellende Kunst Frankfurt a. M.), Prof. Dr. Barbara Ischinger (Director for Education OECD, Paris) und der ehemalige Kulturbürgermeister der Stadt Leipzig, Dr. Georg Girardet.

Alexander Hohnert, Christian Wolff, Burkhard Jung und Gabriele Weis bei der Grundsteinlegung der Kindertagesstätte des forum thomanum, 2006
(Foto: Roland Weise)

Grundsteinlegung der Kindertagesstätte des forum thomanum, 2006
(Foto: Roland Weise)

zum Vorsitzenden gewählt. Schon im Sommer 2004 konnte eine erste Konzeption für die Vision ‚forum thomanum' vorgelegt werden: Um den Thomanerchor und die Thomasschule soll bis zum Jahr 2012, zum 800-jährigen Jubiläum der THOMANA, ein Bildungscampus im Bachstraßenviertel errichtet werden, zusätzlich bestehend aus einer musikalisch und sprachlich (Englisch, Italienisch) ausgerichteten Kindertagesstätte, einer Grund- und Mittelschule und einer Jugendmusikakademie. Der Campus ist zwischen Hiller-, Sebastian-Bach- und Schreberstraße angesiedelt – mit der multifunktional umzugestaltenden Lutherkirche (Gottesdienststätte, Schulaula, Konzert- und Aufnahmeraum) als Zentrum.

IV.

Als wir Ende der 1990er Jahre mit den ersten Überlegungen zum forum thomanum anfingen und diese Anfang 2000 konkretisierten, war die städtisch-kirchliche Ausgangslage folgende: Aufgrund des Geburtenrückgangs nach 1990 mussten viele Schulen geschlossen werden. In den Kirchgemeinden griff die erste Strukturreform mit einschneidenden Stellenkürzungen und finanziellen Einbußen. Der Gebäudebestand der evangelischen Kirche in Leipzig stammt aus einer Zeit zu Beginn des 20. Jahrhunderts, da von 700 000 Leipzigerinnen und Leipzigern 500 000 der Evangelisch-Lutherischen Kirche angehörten. Seit 2000 sind es aber relativ konstant nur zwölf Prozent der Bevölkerung, die Mitglied der Kirche sind. Also müssen heute für viele kirchliche Immobilien neue Nutzungsmöglichkeiten erkundet werden.

Die Existenz des Thomanerchores, immerhin die älteste Kulturinstitution der Stadt Leipzig mit internationaler Ausstrahlung, dümpelte im Nebel des Selbstverständlichen vor sich hin.[6] Es gab auf städtischer Seite kaum konzeptionelle Überlegungen im Blick darauf, wie der Thomanerchor sich denn in den nächsten Jahrzehnten entwickeln sollte. Auch war nur wenigen Stadträten bewusst, dass der Thomanerchor ihre Angelegenheit

Rohbauübergabe der Kindertagesstätte des forum thomanum, 2007
(Foto: Roland Weise)

---

[6] Auf dieses Problem haben Thomaskantor Georg Christoph Biller und der Verfasser in einem gemeinsamen Brief an die Stadträte, die Beigeordneten und den Oberbürgermeister vom 4. September 2006 eindringlich hingewiesen.

war – vom geistlichen Auftrag des Chores ganz zu schweigen. So kann es nicht verwundern, dass der Thomaskantor immer wieder von Stadträten durchaus mit vorwurfsvollem Unterton angefragt wurde, warum der Thomanerchor so wenig in Leipzig auftrete. Dabei muss man wissen, dass der Thomanerchor jedes Jahr an 20 bis 25 Wochenenden ein- bis dreimal in der Thomaskirche anlässlich der Motette beziehungsweise im Gottesdienst singt.

Das Projekt forum thomanum, eine Konsequenz aus dem Grundsatzpapier von Thomaskantor Georg Christoph Biller aus dem Jahr 1998, war antizyklisch angelegt und darum zunächst umgeben von Bedenkenträgern und Skeptikern. Während angesichts der sinkenden Schülerzahlen viele Schulen geschlossen werden mussten, sollte nun ein neues Bildungszentrum aufgebaut werden – und das auch noch in Verantwortung der Stadt. Darum stieß die Forderung, eine Grundschule für die Nachwuchsarbeit des Thomanerchores in Anspruch zu nehmen, im noch existierenden Kuratorium schon 1997 bei den Vertretern der Schulbehörden auf einmütigen Widerstand. Kategorisch wurde festgestellt, dass es aufgrund der Gesetzeslage unmöglich sei, in eine vorhandene Grundschule die Nachwuchsarbeit für den Thomanerchor zu integrieren – was zunächst auch bedeutet hätte, dass das Wohnortprinzip für diese Grundschule aufgehoben würde. Dann aber ging es plötzlich doch, dass die damalige 76. Grundschule, die heutige Édouard-Manet-Grundschule, mit Beginn des Schuljahres 1998/99 Kinder aus dem ganzen Stadtgebiet aufnehmen konnte, die im Hort durch Lehrkräfte des Alumnats Musikunterricht erhielten. So entwickelte sich ein durchaus erfolgreiches Konzept, über die 76. Grundschule verstärkt Nachwuchs für den Chor zu gewinnen. Dieses wurde noch dadurch unterstützt, dass die Evangelisch-Lutherische Landeskirche Sachsens seit 2002 eine Stelle zur Nachwuchsgewinnung für den Thomanerchor finanziert. Leider hat aber die Édouard-Manet-Grundschule nicht die Chance genutzt, für sich selbst ein musikalisches Profil zu entwickeln. So blieb die musikalische Erziehung lediglich auf den Hortbereich beschränkt.

Doch das war noch nicht alles: Sowohl die 76. Grundschule wie auch die Thomasschule versuchten, sich ganz vom musikalischen Profil zu verabschieden. Die 76. Grundschule richtete 2007 ein sportliches Profil ein und nannte sich nicht, wie einmal angedacht, nach der zweiten Frau Johann Sebastian Bachs, Anna Magdalena Bach, sondern nach dem Maler Édouard Manet und fand dafür auch die Zustimmung des Schuldezernats – ein Beleg dafür, dass die Bedeutung des Thomanerchores und die Notwendigkeit einer intensiven Nachwuchsarbeit nur unzureichend im Blick waren und die Chancen, die im Projekt forum thomanum liegen, damals in dieser Dimension nicht gesehen wurden.

Christian Wolff, Gabriele Weis, Gunnar Volkmann, Schlüsselübergabe der Kindertagesstätte des forum thomanum, 2008 (Foto: Roland Weise)

Auch die Thomasschule (Gymnasium) unternahm anlässlich der neuen Profilbestimmung der Gymnasien im Herbst 2004 den Versuch, sich auf ein sprachliches und naturwissenschaftliches Profil zu beschränken, also das musische beziehungsweise künstlerische Profil aufzugeben. Dieser Versuch der Schulleitung konnte aber Gott sei Dank durch massiven Protest vonseiten des Thomaskantors und der Eltern gestoppt werden. Dies zeigt, dass es weder in der Stadtverwaltung noch in der Schulverwaltung eine klare Vorstellung davon gab, wie sich denn in den nächsten zehn Jahren der Thomanerchor entwickeln soll und welche Form von schulischer Bildung für den Chor und seine Beanspruchung angemessen ist. Dafür versuchte man die eigene Konzept- und Ideenlosigkeit mit bloßer Abwehr des Musikalischen zu kaschieren.[7] Dass sich daran auch der Thomanerbund e. V., die Vereinigung der ehemaligen Thomasschüler und Förderverein für die Thomasschule, beteiligte, gehört zu den traurigen Begleiterscheinungen der Erfolgsgeschichte des forum thomanum.

V.

Im Jahr 2005 musste mit den konkreten Planungen der einzelnen Module des forum thomanum begonnen und diese auch in eine Realisierungsphase überführt werden, sollte das Ziel erreicht werden, den Campus forum thomanum bis zum Jubiläumsjahr 2012 fertigzustellen – doch

---

7 Und dies geschah in der in Deutschland durchaus üblichen Art und Weise, dass ein musikalisches Profil eigentlich nur für diejenigen etwas ist, die einem naturwissenschaftlichen Profil nicht gewachsen sind.

*Kindertagesstätte des forum thomanum, 2008
(Foto: Gert Mothes)*

2012 lag zum damaligen Zeitpunkt für die meisten Verantwortungsträger noch in unendlicher Ferne. Außerdem galt es, für die Dienstberatung des Oberbürgermeisters eine Gesamtvorlage zu erstellen.[8] Zwei Projekte standen konkret an: der Bau einer Kindertagesstätte und der Kauf der villa thomana.

Zwar äußerte der damalige Oberbürgermeister Leipzigs, Wolfgang Tiefensee, die Überzeugung, der Thomanerchor brauche keine Kindertagesstätte, sondern eine Sporthalle. Und ebenso sah sich die Stadt Leipzig nicht in der Lage, die heutige ‚villa thomana' mit dem dazu gehörenden Grundstück für das forum thomanum im Tauschverfahren von der Leipziger Wohnungsbaugesellschaft (LWB), einem hundertprozentigen Tochterunternehmen der Stadt Leipzig, zu erwerben. Der Campusgedanke machte aber die Gründung einer Kindertagesstätte sowie den dafür nötigen Kauf der verfallenen Villa des Kaufmanns Ledig samt dem dazu gehörenden Grundstück in der Sebastian-Bach-Straße 3 unabdingbar. Und so kam die Stiftung ‚Chorherren zu St. Thomae' ins Spiel.[9] Diese wurde 2001 als Kapitalstiftung zur Pflege des Erbes von Johann Sebastian Bach in seinen geistlichen Bezügen, insbesondere durch die Förderung des Bachfestes, des Thomanerchores und des forum thomanum, gegründet. In dieser Stiftung arbeiten Stadt Leipzig, Kirchgemeinde St. Thomas, Bach-Archiv Leipzig, Thomanerchor Leipzig sowie die Landesdirektion und der Verein ‚Thomaskirche-Bach 2000' als Interessengemeinschaft zusammen. Mit dem 2005 vorhandenen Stiftungskapital konnte die Villa in der Sebastian-Bach-Straße 3 erworben werden – unter der Bedingung, dass die Stadt Leipzig die villa thomana für den Thomanerchor von der Stiftung ‚Chorherren zu St. Thomae' anmieten und somit der Stiftung die notwendige Rendite ermöglichen würde. Dies konnte dank des Engagements des damaligen Kulturbürgermeisters Dr. Georg Girardet Ende 2005 realisiert werden. Allerdings musste die Stiftung ‚Chorherren zu St. Thomae' beim Kauf aus finanziellen Gründen auf einen Teil des Grundstückes verzichten, das aber für das Spielgelände der Kindertagesstätte dringend benötigt wurde. Dennoch begannen 2005 die Planungen für die Kindertagesstätte und für den Umbau der villa thomana. Damit wurde hier Wirklichkeit, was man ‚Public Private Partnership' oder eben das Zusammenwirken von öffentlich-rechtlichen Institutionen und bürgerschaftlichem Engagement nennt.

Am Ende dieser Phase wurde bis Mai 2008 die villa thomana nach den Vorstellungen des Thomanerchores und der Thomasschule grundlegend renoviert und ebenso konnte auf dem Gelände der villa thomana die Kindertagesstätte gebaut werden.[10] Diese hat heute 100 Plätze, davon 18 Krippenplätze. Die Kita verfügt über ein musikalisches und sprachliches Profil. Das musikalische Profil wird durch zwei Musikpädagoginnen abgedeckt, das sprachliche Profil (Englisch und Italienisch) durch Muttersprachlerinnen, die gleichzeitig als Erzieherinnen tätig sind. Der Verein ‚forum thomanum Leipzig e.V.' ist Träger der Kindertagesstätte, das Berufsbildungswerk Leipzig (BBW) gGmbH, eine städtisch-diakonische Einrichtung, ist deren Betreiberin. Um das geplante Profil der Kindertagesstätte zu sichern, wurde ein Beirat eingesetzt, in dem die grundsätzlichen Fragen zwischen Träger und Betreiber besprochen werden.

VI.

Nachdem der Verein ‚forum thomanum Leipzig e.V.' Ende 2005 ein Gesamtkonzept für die Dienstberatung beim Oberbürgermeister vorgelegt hatte,[11] kam die erste Phase zu einem gewissen Abschluss. Gleichzeitig traten grundsätzliche, inhaltliche Probleme deutlich zutage. Die Thomasschule – jedenfalls die Schulleitung – klinkte sich aus der konzeptionellen Arbeit des forum thomanum aus und beteiligte sich kaum noch an der Ideenentwicklung. Der Verein ‚forum thomanum e.V.' zog daraus zunächst die Konsequenz, die Thomasschule aus seinen

---

8   Die Vorlage wurde am 21. September 2005 vom Vorstand des forum thomanum Leipzig e.V. einstimmig verabschiedet. Zum damaligen Zeitpunkt gehörte die Rektorin der Thomasschule, Kathleen Kormann, noch dem Vorstand an. Auch das legt die Widersprüchlichkeit offen, in der die Schulleitung der Thomasschule damals agierte.

9   Siehe dazu auch www.chorherren.de.

10 Das fehlende Teilgrundstück konnte der Verein forum thomanum Leipzig e.V. im Jahr 2007 erwerben.

11 Siehe Anm. 8.

Pfarrer Christian Wolff als Prediger auf der Kanzel der Thomaskirche beim Festgottesdienst am 6. Januar 2012
(Foto: Stefan Altner)

Überlegungen auszusparen, um den Fortgang des Projektes nicht zu gefährden. Dies war aber nur bedingt möglich. Und so brach im Mai 2007 eine Grundsatzdebatte um die Ausrichtung der Thomasschule aus – ausgelöst durch eine Bemerkung von Thomaskantor Biller im Interview mit dem *GewandhausMagazin*: „Das geistige Klima an der Thomasschule erinnert heute immer noch stark an die Polytechnische Oberschule der DDR."[12] Der Verfasser, Vorsitzender des ‚forum thomanum Leipzig e. V.' und Pfarrer der Thomaskirche, hatte damals die inhaltliche Grundlage für das forum thomanum wie folgt beschrieben:

> „[...] Beim forum thomanum geht es darum, vor allem durch Musik und Internationalität (Sprachen) den Bildungskanon aufzuwerten und das einzusetzen, was in besonderer Weise Kinder und Jugendliche in der Entwicklung ihrer Persönlichkeit, ihrer Intelligenz und sozialen Kompetenz fördert: die Musik, die Kunst, die Kultur, die Einführung in die geistige und geistliche Welt der Thomana. Dabei gilt es die große Tradition der Thomana zu nutzen: die Thomasschule war und ist die Schule des Thomanerchores. Von Anfang an konnten auch Nichtsänger/innen an dieser besonderen schulischen Bildung teilhaben. Im Zentrum der Schule stand und steht aber der Chor. [...] Denn wir setzen das um, was landauf, landab gefordert wird: mehr für die musische und kulturelle Bildung von Kindern und Jugendlichen zu tun. Auf diesem Hintergrund ist es für uns sehr schmerzlich und unverständlich, dass die derzeitige Schulleitung der Thomasschule die Entwicklung des forum thomanum nicht als Chance nutzt, sondern eher als Bedrohung empfindet und entsprechend abwehrend handelt. [...] Wenn in einem Presseorgan gestern von ‚zerrütteter Ehe' zwischen Schulleitung und Thomanerchor gesprochen wird, so ist dies Bild falsch. Denn wir leben zumindest in einem Dreiecksverhältnis: die Thomaskirche gehört zur Trias notwendig dazu. Noch nie war das Verhältnis zwischen Thomaskirche und Thomanerchor aber so gut und produktiv wie in den vergangenen 15 Jahren. Das liegt auch daran, dass wir uns in den Zielen einig sind bzw. im forum thomanum eine Basis für das gemeinsame Wirken gefunden haben. Leider hält sich die Schulleitung der Thomasschule hier mehr als zurück. [...] Es reicht eben nicht, verbal zu sagen, man sei für das forum thomanum, faktisch wird aber die Arbeit am Projekt eher behindert als gefördert. Der Geist stimmt also nicht. Es fehlt ‚der Geist, der der Schwachheit aufhilft' – also der Geist, der einen angstfreien Diskurs ermöglicht. In diesem Zusammenhang ist die umstrittene Bemerkung von Thomaskantor Biller zu verstehen. Er hat auf ein Defizit hingewiesen: die freie, diskursive Auseinandersetzung um die Positionierung der Thomasschule im forum thomanum. Wir müssen aber darauf dringen, dass die Thomasschule ihr pädagogisches Konzept und ihren Bildungskanon ausrichtet auf das Zentrum der Schule und des forum thomanum: den Tho-

---

12 Georg Christoph Biller: *Gerade in Zeiten der Sparwut: Eine kühne Vision*, Interview im GewandhausMagazin Nr. 54 (2007), S. 26 f. Der Zusammenhang des Zitates ist zum Verstehen nicht unwichtig „Ich habe von meinem Amtsantritt an gesagt, dass die Thomasschule zurück in die Hillerstraße muss – und war zunächst der Einzige. Dass es dann doch klappte, geschah nur mit Hilfe des Bach-Jubiläums 2000. Im Vorfeld habe ich mehrfach darauf hingewiesen, ‚wenn wir den Besuchern aus aller Welt diesen Plattenbau als die heutige Thomasschule vorzeigen, dann wird das peinlich'. Erst das hat die Leute aufgerüttelt. Das Schulgebäude in der Hillerstraße wurde saniert, und die Thomasschule zog wieder ein, was sich dann mancher als sein Verdienst an die Brust geheftet hat [...] Aber die geistige Situation hat sich nicht geändert. [...]"

manerchor, also auf 100 Kinder und Jugendliche, die der besonderen Förderung und Ausbildung bedürfen. [...] Wir müssen schon jetzt damit beginnen, dass die Thomasschule eine besondere, herausragende Schule wird mit einem einzigartigen Profil. Diese Ausstrahlung ergibt sich nicht allein aus Durchschnittsnoten, sondern vor allem aus der geistigen und geistlichen Strahlkraft der Schule und des forum thomanum. Darum brauchen wir Spielraum und ganz viel Engagement. [...] Denn unser Ziel ist es, die Schülerinnen und Schüler durch qualifizierte Ausbildung auf das Abitur und damit auf die Erlangung der Hochschulreife vorzubereiten und durch das Besondere der Thomana das Fundament dafür zu legen, was unsere Gesellschaft dringend braucht: kulturell gebildete, religiös gebundene, sozial handelnde und demokratisch gesinnte Menschen."[13]

An den Problemen zwischen Thomasschule und forum thomanum hat sich seit dieser Debatte insofern etwas geändert, als dass durch die weitere Entwicklung des Campus forum thomanum das Projekt unumkehrbar geworden ist. Auch hat die ‚normative Kraft des Faktischen' dazu geführt, dass die Thomasschule ihr musisches Profil ausgebaut hat und nunmehr über einen exzellenten Schul-

Pfarrer Christian Wolff im Gespräch mit David Timm und Almuth Reuther, hinten im Bild: Dettloff Schwerdtfeger im Gespräch mit Georg Christoph Biller beim Neujahrsempfang der Thomaskirche im Thomashaus am 6. Januar 2012 (Foto: Stefan Altner)

chor und ein Schulorchester verfügt. So befindet sich die Thomasschule auf dem Weg in die Realität: Sie ist Teil des Campus forum thomanum in einem wachsenden Ensemble von Kita, Grund- und Mittelschule sowie der Jugendmusikakademie.

Auch wenn das Konfliktgemenge nicht gerade förderlich ist für ein visionäres Projekt und manch unnötige Hürde bei der Suche nach Unterstützern produziert, so haben die geschilderten Probleme die Entwicklung des forum thomanum nicht aufhalten können: Seit Mitte 2008 kann die villa thomana genutzt werden; die Kindertagesstätte des forum thomanum wurde im Juni 2008 eröffnet; außerdem fasste am 18. Juni 2008 der Stadtrat der Stadt Leipzig einen Grundsatzbeschluss, mit dem sich die Stadt Leipzig zum forum thomanum bekennt.[14] Dem einstimmigen Grundsatzbeschluss des Stadtrates lag eine Machbarkeitsstudie zugrunde, die im Jahr 2007 von der Unternehmensberatungsgesellschaft McKinsey & Company im Rahmen einer Pro-bono-Studie erstellt wurde. Mit diesem Grundsatzbeschluss hat sich die Stadt Leipzig eindeutig zu ihrer Verantwortung für den Thomanerchor und zum Bildungscampus forum thomanum bekannt und in diesem Zusammenhang auch die grundlegende Erneuerung des Alumnats des Thomanerchores beschlossen. Diese hat mit dem Umzug des Thomanerchores aus dem Alumnat in den Systembau auf dem Gelände des forum thomanum begonnen – auch das eine Aktion, die nur möglich geworden ist durch das durchaus kritische Zusammenwirken der Stadt Leipzig, der Kirchgemeinde St. Thomas und dem ‚forum thomanum Leipzig e. V.'.

---

13 Erklärung auf der Pressekonferenz vom 8. Mai 2007.
14 Der Beschluss hat folgenden Wortlaut:
„1. Die Konzeption für das ‚forum thomanum' wird zur Kenntnis genommen und in Vorbereitung des Jubiläums des Thomanerchors aus Anlass seiner 800-jährigen Bestehens im Jahre 2012 als weitere Handlungsgrundlage bestätigt. Die originäre Verantwortung bezieht sich auf das Alumnat, einen Versorgungstrakt und eine verkehrsberuhigte Zone. Die Gesamtinvestitionskosten für diese städtischen Leistungen betragen nach einer Grobschätzung ca. 12,5 Mio. €. Über die Umsetzung dieser Maßnahmen wird auf der Grundlage von Einzelvorlagen entschieden.
2. Die Umsetzung der nicht-städtischen Module des ‚forum thomanum' erfordert Investitionsmittel in Höhe von ca. 14,4 Mio. €, welche durch den Verein bzw. Stiftung unter Einbeziehung von Fördermitteln, Spenden und Sponsorengeldern aufzubringen sind. Die Stadt Leipzig wird den Verein bzw. die Stiftung dabei unterstützen.
3. Zur Sicherung der Arbeit der Geschäftsstelle des forum thomanum e. V. wird dem Verein empfohlen, für das Jahr 2009 bei der Stadt Leipzig einen Förderantrag nach der Fachförderrichtlinie Kultur zu stellen. Der Stadtrat spricht sich für eine Förderung aus.
4. Die Stadt Leipzig prüft den haushaltsneutralen Tausch eines im städtischen Eigentum befindlichen Grundstücks gegen das Grundstück Sebastian-Bach-Straße 3 – Flurstück Nr. 259/2 (Garten der Villa). Einzelheiten bleiben einer gesonderten Vorlage vorbehalten."
Stadt Leipzig, Ratsversammlung – IV. Wahlperiode – 17.16 Drucksache Nr. IV/3132
Gesamtkonzeption ‚forum thomanum', Einreicher: Dezernat Kultur.

VII.

Infolge des Grundsatzbeschlusses konnte außerdem die Geschäftsstelle des forum thomanum personell erweitert werden. Seit 2009 arbeitet mit Rolf Ahrendt ein hauptamtlicher Geschäftsführer für das forum thomanum – eine Grundvoraussetzung für die Professionalisierung der Arbeit. Dies wurde zum einen ermöglicht durch eine institutionelle Förderung der Stadt Leipzig, zum anderen durch die insgesamt erfolgreiche Spendenakquise des ‚forum thomanum Leipzig e. V.', dem es gelungen ist, seit seinem Bestehen Spenden in Höhe von über 1,1 Millionen Euro aufzubringen.

Zusätzlich konnte das Bildungsprojekt forum thomanum mit der Gründung einer Grundschule weiterentwickelt werden. Die Grundschule in freier Trägerschaft wurde zu Beginn des Schuljahres 2010/11 eröffnet und nimmt die drei Profile der Kindertagesstätte – Religionspädagogik, Musik und Sprachen – auf und führt diese fort. Dieser Entwicklung ging ein Grundsatzgespräch zwischen Oberbürgermeister Burkhard Jung, Bürgermeister Prof. Dr. Thomas Fabian, Kulturbürgermeister Michael Faber und dem Vorstand des ‚forum thomanum Leipzig e. V.' am 15. September 2009 voraus, in dem der Oberbürgermeister dem forum thomanum empfahl, eine Grundschule in freier Trägerschaft zu gründen, die dann auch die Vorbereitungsklassen für den Thomanerchor übernimmt. Diese Grundschule wird nach dem Umzug des Thomanerchors in das renovierte Alumnat auf dem Campus forum thomanum neu gebaut werden. Allerdings ist leider durch die radikale Benachteiligung von freien Schulen durch die sächsische Landesregierung die beabsichtigte und eigentlich notwendige Gründung einer Mittelschule in weite Ferne gerückt.[15] Diese sollte ermöglichen, dass Thomaner, die den gymnasialen Anforderungen (noch) nicht gerecht werden, auf die Mittelschule wechseln können, ohne den Chor verlassen zu müssen. Gleichzeitig sollte modellhaft eine die Mittelschule begleitende Berufsausbildung – zum Beispiel im Instrumentenbau – ermöglicht werden. Immer wieder stoßen wir so als Initiatoren mit innovativen Ideen an die Grenzen einer Schullandschaft, die nach wie vor mit fast panischer Angst und entsprechenden Abwehrreflexen auf Ansätze einer Gesamtschule reagiert. Viel zu wenig wird bedacht, dass der Elitegedanke eben nicht auf eine Schulform – das Gymnasium – beschränkt werden darf, sondern auch in den Bildungsbereichen greifen muss, die noch immer der gesellschaftlichen und schulischen ‚Abstiegszone' zugeordnet werden – wie die Mittelschule oder in anderen Bundesländern die Hauptschule. Das Bildungsprojekt forum thomanum schreit aber geradezu nach gesamtschulischer Ganzheitlichkeit – nicht um Bildungsanforderungen einzuebnen, sondern um den Reichtum der Tradition für viele nutzbar zu machen und auch dadurch soziale Barrieren zu überwinden.[16] Auch hier wird deutlich, dass sich die Pflege einer achthundertjährigen Tradition und reformpädagogische Ansätze nicht widersprechen, sondern eher bedingen. Das wird sich im Fortgang des Projektes sicher bestätigen.

VIII.

Das Bildungsprojekt forum thomanum wird im Jubiläumsjahr 2012 nicht vollendet sein. Es fehlen der Neubau der Grundschule auf dem Campus, die Eröffnung der Mittelschule, die dringend erforderliche Sporthalle, die Jugendmusikakademie sowie die grundlegende Renovierung und Umgestaltung der Lutherkirche. Dazu müssen noch erhebliche finanzielle Quellen erschlossen werden.[17] Dennoch grenzt es an ein kleines Wunder, dass wir in den vergangenen zehn Jahren so weit gekommen sind und wir auch über gute Perspektiven für die noch ausstehenden Projekte verfügen. Darum soll noch einmal zusammengefasst werden, worum es beim Aufbau des Bildungscampus forum thomanum inhaltlich geht: zum einen darum, den Thomanerchor zu stärken, dabei aber auch die Tradition der THOMANA zu pflegen und viele Kinder und Jugendliche im Rahmen ihrer Entwicklung und Bildung an diesem kulturellen Erbe teilhaben zu lassen, und nicht zuletzt Leipzig weiter als die Bach-Stadt weltweit zu profilieren.

Natürlich ist ein solches Bildungsprojekt etwas Besonderes, Herausgehobenes, Außergewöhnliches – und in diesem Sinn auch Elitäres. Aber das ist nicht nur dem geschuldet, dass dies der Bildung von Kindern und Jugendlichen dient – es ist auch dem Gegenstand angemes-

---

15 Im Dezember fasste die Regierungsmehrheit aus CDU und FDP im sächsischen Landtag entsprechende Beschlüsse. Diese verunmöglichen faktisch Neugründungen und stellen bewusst eine soziale Schieflage her. Vgl. auch die verschiedenen Stellungnahmen des Verfassers als Vorsitzender des forum thomanum Leipzig e. V. aus dem Jahre 2010 (vgl. www.forum-thomanum.de/news).

16 In diesem Zusammenhang sei ausdrücklich erwähnt, dass die soziale Herkunft sowie die finanziellen Möglichkeiten der Erziehungsberechtigten bei der Aufnahme der Kinder sowohl in die Kindertagesstätte wie auch in die Grundschule keine Rolle spielen. Für die Zusatzbeiträge in der Kita und das Schulgeld in der Grundschule hat der forum thomanum Leipzig e. V. ein Stipendienwesen aufgebaut.

17 Das Gesamtprojekt ist einmal mit 28 Millionen Euro veranschlagt worden. Doch wenn man bedenkt, dass es sich dabei um eine auf Jahrzehnte wirksame Investition für jährlich ca. 1000 Kinder und Jugendliche handelt, dann ist das wiederum eine relativ überschaubare Summe mit einem nachhaltigen Ertrag.

Entwurf, Fotomontage
© Weis & Volkmann | MindSpring, Katja Fliedner,
13. Januar 2012

sen. Schließlich können Thomaskirche, Thomanerchor und Thomasschule 2012 auf ihr immerhin 800-jähriges Bestehen zurückblicken: drei Institutionen, die trotz aller historischen Brüche bis zum heutigen Tage ihren ursprünglichen Aufgaben gerecht zu werden versuchen: Glauben zu leben, Musik und Kultur zu gestalten, Menschen zu bilden. Wer sich heute fragt: Wie kann es sein, dass diese drei Institutionen die Reformationszeit und den damit verbundenen Konfessionswechsel, das ‚Dritte Reich' und die Zeit von Diktatur und Bevormundung in der DDR überstanden haben und weiterhin aufeinander bezogen sind?, kann nur die eine Antwort finden: Es ist der Gegenstand, der die gesellschaftlichen und politischen Veränderungen überdauern konnte und bis zum heutigen Tag das Kontinuum schafft: der Glaube in der jüdisch-christlichen Tradition und die damit verbundenen Werte, die vor allem auch durch die Musik abrufbar geblieben sind; es ist das Vertrauen auf den einen Gott, der alles Leben hält und trägt und die Musik, die die Fähigkeit besitzt, als universelle Sprache alle historischen Umbrüche zu überstehen.

Der Trias Thomaskirche, Thomanerchor und Thomasschule wurden in der 800-jährigen Geschichte zwei Geschenke bereitet, die sich heute als Säulen der Tradition und damit als zukunftsträchtig erweisen: zum einen die Reformation und die damit verbundene Bedeutung der Kirchenmusik als Mittel der Verkündigung und der Gemeindegesang als eine Art Demokratisierung der Liturgie. Das gesungene Wort Gottes erwies sich vor allem im Dreißigjährigen Krieg als der letzte Rest, als eine Überlebensration in einer kulturell und ethisch verwilderten und von Elend zerrütteten Welt. Außerdem hat die Reformation zwei Bereiche untrennbar miteinander verbunden: Glaube und Bildung. Diese Verbindung ist einer der Grundpfeiler der Thomana bis heute. Und ebenso hat mit der Reformation die Stadt wesentliche Verantwortung für die Trias der Thomana übernommen, die bis zum heutigen Tag anhält und weiter gepflegt werden muss.

Zum anderen ist das Thomaskantorat von Johann Sebastian Bach in der Zeit von 1723 bis 1750 von großer Bedeutung. Bach, ganz in der lutherisch geprägten Glaubenstradition verwurzelt, wollte mit seiner Musik die Grenzen des Diesseits überschreiten: das Universum erschließen, der Herrlichkeit Gottes nahe kommen und so zu ‚Gottes Ehre und Recreation des Gemüths' beitragen. Dazu nutzte er alle in der Schöpfung angelegten Möglichkeiten, verstand sich nicht nur als Musiker, sondern auch als Gelehrter. Darin liegt das Geheimnis begründet, warum die Musik Bachs auch von Menschen verstanden werden kann, die weder in der lutherischen Glaubenstradition zu Hause sind noch zur Kirche eine Beziehung haben. Denn in dieser Musik geht es um beides: um Gott und den Menschen, um Höhen und Tiefen (nicht nur der Töne), um universale Weite und um die Grenzen des menschlichen Lebens.

Mit dem forum thomanum werden nunmehr diese großen Traditionen verbunden mit einem ganzheitlich angelegten Bildungsprojekt für Kinder und Jugendliche, basierend auf der Trias von Thomaskirche, Thomanerchor, Thomasschule und ihren drei Säulen: glauben – singen – lernen. Das Einmalige daran ist, dass ein Ort, an dem sich seit 800 Jahren die musica sacra entwickelt und alle historischen Brüche überlebt hat, immer wieder neu und lebendig gestaltet wird und dabei in den europäischen, multikulturellen und multireligiösen Kontext gestellt und für Menschen aus aller Welt zugänglich erhalten wird. An jedem Wochenende können dann sowohl die Bürger Leipzigs wie die Besucher aus dem In- und Ausland in der Thomaskirche hören, welch wunderbaren Ertrag diese Bildung mit sich bringt und von welchen Werten sie getragen wird.

Der Thomanerbund e. V. – ältester Förderverein der Thomasschule und des Thomanerchores[1]
Peter Roy

Nur wenigen Vereinen und Gesellschaften ist es vergönnt, auf eine über mehrere Jahrzehnte währende, lückenlose Geschichte zurückblicken zu können – so wie dem Thomanerbund e. V., der 2011 sein 90-jähriges Bestehen feiert. Es ist ein besonderer Glücksfall, dass dieses Ereignis in enger zeitlicher Nähe zur 800-Jahrfeier der ältesten Kulturträger der Stadt Leipzig – der Thomaskirche, des Thomanerchores und der Thomasschule – im Jahr 2012 stattfindet. „Glauben, singen, lernen.", lautet der Leitspruch der Thomana für 2012, und dem kann sich der Thomanerbund als ältester Förderverein von Thomasschule und Thomanerchor ohne Einschränkungen anschließen.

Die Geschichte des Thomanerbundes ist vielseitig und wechselvoll. Mehrere Epochen wurden seit seiner Gründung durchlaufen und nicht unerhebliche Zeiträume auch durchlitten. Dennoch hat er dank des bewundernswerten Zusammenhalts seiner Mitglieder sowie durch kluges und vorausschauendes Handeln der jeweils leitenden Persönlichkeiten alle Höhen und Tiefen überstanden, ohne existenzgefährdenden Schaden zu nehmen. So dürfen wir heute dankbar und mit Freude den Jubiläumsfeierlichkeiten entgegensehen.

Gegründet wurde der Thomanerbund im Jahr 1921. Von Beginn an verstand er sich als Bewahrer der christlich-humanistischen Tradition, die aus der Trias von Schule, Chor und Kirche hervorgegangen war. Gleichwohl wurden in der ersten Satzung des Bundes als konkrete Aufgabenbereiche die „Pflege der persönlichen Beziehungen der Mitglieder untereinander und zur Thomasschule" sowie „die ideelle und materielle Förderung der Bestrebungen der Thomasschule"[2] festgeschrieben. Rückblickend war damit die Grundlage für die Weiterentwicklung des Thomanerbundes von einem reinen Traditions- zu einem auf die jeweiligen Erfordernisse ausgerichteten Förderverein gelegt.

Das Leben des Bundes wurde durch Vorträge von Mitgliedern des Lehrerkollegiums, gemeinsame Ausflüge und Festlichkeiten gestaltet. Schüler erhielten materielle Unterstützung durch Preisverleihungen und aus Stiftungen. Als Geschenk an die Schule gab der Thomanerbund anlässlich ihres 725. Jubiläums bei dem Nürnberger Maler Heinz (Heinrich) Waldmüller[3] zwei Landschaftsgemälde in Auftrag, die ihren Platz in der Aula der alten Thomasschule in der Schreberstraße erhielten. Dank des beherzten Einsatzes eines Feuerwehrmannes und einiger Thomaner konnten sie bei dem Bombenangriff am 20. Februar 1944 in letzter Minute vor der Zerstörung gerettet werden. Die beiden Bilder fanden bald keine Verwendung mehr in den Nachfolgequartieren der zerstörten Thomasschule, so fanden sie Aufnahme im Thomasalumnat, wo sie gepflegt und bei Bedarf gereinigt und restauriert wurden.

Die Kriegs- und Nachkriegszeit verursachte tief greifende Einschnitte sowohl im Leben der Thomasschule und des Thomanerchores als auch in dem des Thomanerbundes. Die angestammte Heimstatt der Schüler und Alumnen war dem Bombenkrieg zum Opfer gefallen und auch viele Mitglieder des Thomanerbundes waren in alle Winde zerstreut. Ein Neuanfang nach Kriegsende war in Leipzig nicht möglich, weil alle Organisationen und Verbände, die das neue kommunistische Regime mangelnder Linientreue verdächtigte, verboten wurden. Es bedurfte keiner besonderen Fantasie, vorauszusehen, dass davon auch der Thomanerbund betroffen sein würde. Das Ende seiner Tätigkeit in Leipzig wurde 1948 durch Polizeiverordnung besiegelt.

---

1 Mein besonderer Dank gebührt Herrn Dr. Eberhard Merkel, dessen detaillierte Dokumentationen und umfangreiches Wissen als Zeitzeuge mir bei der Abfassung dieses Beitrages sehr geholfen haben. Zu danken habe ich auch Herrn Prof. Dr. Wenck für seine wertvollen Hinweise.

2 Archiv Thomanerbund e. V.: Satzung Thomanerbund 1920, § 1 Abs. 1 und 2.

3 Heinz (Heinrich) Waldmüller, * 12. November 1887 in München, † 2. November 1945 in Erlangen. Berühmter Maler und Radierer, von dem nur noch wenige Bilder erhalten sind, da nahezu sein gesamtes Lebenswerk beim verheerenden Bombenangriff auf Nürnberg am 2. Januar 1945 zerstört wurde.

Wer damals glaubte, damit auch das Geschichtsbuch des Bundes schließen zu können, sah sich sehr bald eines Besseren belehrt. Viele ehemalige Thomaner und Thomasschüler hatten in der damaligen sowjetischen Besatzungszone und späteren DDR durch Enteignung und politische Repression ihre Existenzgrundlage verloren. In großer Anzahl flohen sie in den Westen Deutschlands und wanderten zum Teil auch ins Ausland aus, um sich dort eine neue Existenz aufzubauen. Trotz aller damit verbundenen Belastungen hielten sie in Gedanken und mit dem Herzen ihrer alten Schule die Treue, nachdem deren ehrwürdige humanistische Tradition nachhaltig ihr Leben geprägt hatte. Und so verwundert es nicht, dass im Raum Frankfurt am Main ansässige ehemalige Thomaner damit begannen, die zerstreute Herde zu sammeln und wiederum in einem Bund zu vereinen. Auf diese Weise konnte im Oktober 1954 der Thomanerbund, diesmal als Exilverein mit Sitz in Frankfurt am Main, erneut gegründet werden. Dort blieb er bis zu seiner Rückkehr nach Leipzig nach der Wiedervereinigung Deutschlands im Jahre 1990.

Es grenzt fast an ein Wunder, dass der Thomanerbund, trotz des Abgeschnittenseins von seinen Ursprüngen und des fehlenden Nachwuchses aus den nachfolgenden Schülergenerationen, die vierzig Jahre deutscher Teilung unbeschadet überlebt hat. Ermöglicht haben dies nicht zuletzt die Kraft einer großen Tradition und der Wille zum Zusammenhalt der im Exil lebenden Ehemaligen. Darum war man auch bemüht, die Tätigkeit des Bundes nach dem Leipziger Vorbild zu gestalten. Die alte Satzung wurde übernommen und alljährlich fanden Mitgliedertreffen statt, organisiert von einstigen Thomanern in verschiedenen Städten der Bundesrepublik, meist jedoch in Frankfurt am Main oder in Mainz. An der Spitze des Thomanerbundes standen in jener Zeit so renommierte Persönlichkeiten wie die ehemaligen Rektoren Dr. Alfred Jentzsch und Hellmuth Heinze sowie der einstige Lehrer und zweite Bürgermeister der Stadt Leipzig Ernst Eichelbaum. Im weiteren Verlauf repräsentierten den Bund unter anderen Prof. Dr. Bernhard Knick, Dr. Reinhard Goerdeler, Dr. Joachim Erler und – nicht zu vergessen – Dr. Dieter Ramin, Sohn des ehemaligen Thomaskantors Günther Ramin. Unermüdlich hat er sich nicht nur für den Zusammenhalt der im westlichen Teil unseres Landes lebenden Mitglieder eingesetzt, sondern auch Brücken zu den ehemaligen Thomanern in Leipzig geschlagen. Regelmäßige Briefkontakte und Paketsendungen zu Weihnachten wurden als Zeichen der Verbundenheit dankbar angenommen.

Auch die in Leipzig wohnenden Ehemaligen blieben, trotz aller Schwierigkeiten und der stetigen Gefahr, in das Visier der Staatssicherheit zu geraten, nicht untätig. Unter dem unverdächtigen Begriff eines Stammtisches trafen sie sich regelmäßig im historischen Restaurant ‚Coffee Baum' und veranstalteten Feste in privatem Rahmen am Ende des Jahres. Ehemalige Thomaner aus dem Westen waren stets herzlich willkommen. Der Verfasser dieses Beitrags erinnert sich dankbar an die wenigen Treffen, an denen er anlässlich seiner Besuche in Leipzig teilnahm. Nicht unerwähnt bleiben soll auch die literarische Vereinigung ‚Thalia', zu deren Treffen ehemalige Thomasschüler noch über längere Zeit in Privatwohnungen zusammenkamen.

Wohl kaum jemand hat je daran geglaubt, dass sich für den Thomanerbund noch einmal die Chance einer Rückkehr in die alte Heimat bieten würde, als sich im Herbst 1989 in der DDR völlig unerwartet die politische Wende vollzog, die Leipziger Bevölkerung bei eindrucksvollen Großdemonstrationen mehr Rechte und Freiheiten forderte und am 9. November 1989 schließlich die Berliner Mauer fiel. Das Tor zur deutschen Einheit war geöffnet und damit sah sich auch der Thomanerbund vor eine neue Situation gestellt. Mit einem letzten Jahrestreffen in Nürnberg im Herbst 1990, zu dem erstmals auch die im Osten des Landes lebenden ehemaligen Thomaner ungehindert anreisen konnten, neigte sich die Zeit des Exils dem Ende zu. Das waren bewegende Augenblicke, die wohl keiner vergisst, der sie auf der Nürnberger Burg miterlebt hat!

Über die Notwendigkeit einer baldigen Rückkehr nach Leipzig war man sich im Vorstand rasch einig, gleichwohl zunächst allerlei organisatorische Hürden überwunden und die Leipziger Thomaner in die Vorbereitungen einbezogen werden mussten. Besondere Pionierarbeit leistete dabei unser Vorstandsmitglied Hans-Jürgen Bersch (Wiesbaden), der in der damals noch stark verkehrsbehinderten Zeit immer wieder nach Leipzig reiste, um in Zusammenarbeit mit den dortigen Thomanern, der Thomasschule und den städtischen Gremien die Rückkehr vorzubereiten. Anfang November 1991 war es dann endlich so weit: Das erste Jahrestreffen in der angestammten Heimat konnte vom 1. bis zum 3. November stattfinden. Wie zu erwarten, herrschte in jenen Tagen nicht nur eitel Sonnenschein, denn es hatte nunmehr auch beim Thomanerbund der Alltag Einzug gehalten, der geprägt war von einer über vier Jahrzehnte währenden unterschiedlichen Entwicklung im geteilten Deutschland. Dies offenbarte sich besonders bei einem Diskussionsforum im Kleinen Saal des Gewandhauses, wo sehr kontrovers und mit großer Leidenschaft über die zukünftige Struktur und das Erscheinungsbild der Thomasschule debattiert wurde. Dabei fiel es den überwiegend traditionsorientierten Thomanern-West nicht immer leicht, die in der DDR stattgefundene schul- und gesellschaftspolitische Entwicklung und die daraus resultierenden Befindlichkeiten der Thomaner-Ost als Realitäten zu erkennen und gemeinsam nach Richtlinien für die dringlich zu lösenden Zukunftsaufgaben zu suchen. Zum Glück blieb nicht viel Zeit für aufreibende

Fahne der Thomasschule, gestiftet zum Einzug in das neue Schulgebäude in der Schreberstraße 1877

theoretische Diskussionen. Es musste gehandelt werden, wollte man sich nicht die Chance des Augenblicks entgehen lassen. Wieder war es Hans-Jürgen Bersch, mittlerweile zum Vorstandsvorsitzenden des Thomanerbundes gewählt, der die Dinge energisch vorantrieb. So konnte im Einvernehmen mit der Thomasschule, seit 1972 ‚EOS Thomas' genannt, im Jahr 1993 in der Pestalozzistraße wieder die erste Geschäftsstelle des Thomanerbundes e. V. in Leipzig eröffnet werden.

Die nachfolgende Entwicklung erforderte zunächst einige grundlegende strukturelle Veränderungen. Die bislang gültige Satzung des Bundes wurde unter der Federführung des Vorstandsmitgliedes Dr. jur. Joachim Erler den neuen Verhältnissen angepasst. Als absolutes Novum wurden auch die Voraussetzungen für eine Mitgliedschaft im Thomanerbund neu formuliert. Während bisher nur ehemalige Thomaner, Thomasschüler und Lehrer[4] dem Bund beitreten konnten, erfolgte nunmehr die Öffnung auch für Schülereltern und alle natürlichen und juristischen Personen, die sich zu den Zielen des Bundes bekennen. Dieser Schritt erwies sich in den folgenden Jahren als äußerst erfolgsträchtig. Man erreichte damit nicht nur eine breitere Wahrnehmung in der Öffentlichkeit, sondern der Thomanerbund gewann gleichzeitig kompetente Kräfte aus der Elternschaft für eine aktive Mitarbeit. Letztendlich konnte hierdurch auch dem durch Alter, Krankheit und Tod verursachten Mitgliederschwund entgegengewirkt werden.

1998 wurde der Leipziger Prof. Dr. Christoph Michael Haufe zum Vorsitzenden des Vorstandes gewählt. Die Zeichen der Zeit erkennend, eröffnete er dem Thomanerbund mit viel Idealismus und in mühevoller Detailarbeit ein bisher nur unvollständig genutztes Tätigkeitsfeld. Selbst fest verwurzelt in der 800-jährigen Geschichte der Thomana, genügte es ihm nicht, die Aktivitäten des Bundes schwerpunktmäßig auf die Traditionspflege und den Zusammenhalt der Mitglieder zu beschränken. Die Berufung auf eine große Vergangenheit hatte für ihn nur dann eine Berechtigung, wenn aus ihr gleichzeitig die notwendigen Kräfte für die Gestaltung der Gegenwart und Zukunft erwachsen. Mit dieser Philosophie trat er sein Amt an und widmete sich fortan gemeinsam mit seinem engagierten Vorstandsteam unermüdlich der Förderung der heranwachsenden Schülergenerationen. Intensiviert wurde diese Arbeit nach dem Umzug der Schule in das renovierte Gebäude in der Hillerstraße 7, in unmittelbarer Nachbarschaft zum Alumnat des Thomanerchores. Der Thomanerbund unterhält seither auch dort seine Geschäftsstelle. Der Umzug wurde mit einem großen Schulfest im September 2000 gefeiert, an dessen Organisation sich der Bund lebhaft beteiligte.

In Angleichung an die erweiterte Mitgliedschaft erhielten im Vorstand neben den schon vorhandenen Lehrkräften nun auch Vertreter der Eltern Sitz und Stimme, um auf diese Weise noch besser auf Probleme und Bedürfnisse der Schüler reagieren zu können. Im Jahr 2010 betrug der Anteil der Eltern ein Fünftel der gesamten Mitgliederzahl. Das große Interesse der Elternschaft und auch vieler Lehrer ist ein überzeugender Beweis dafür, dass sich der Thomanerbund auf dem richtigen Weg befindet.

---

4 Nach der Satzung von 1920 konnten gegenwärtig angestellte und ehemalige Lehrer der Thomasschule von Anfang an dem Bund beitreten.

Die heutigen Aufgaben des Thomanerbundes sind breit gefächert. Der Unterricht in alten Sprachen ist in den vergangenen Jahren durch die Förderung von Klassenreisen nach Griechenland und Italien unterstützt worden. Für herausragende Jahresarbeiten von Schülern werden Preise verliehen. Ferner ist der Thomanerbund an verschiedenen Projekten wie der ‚First Lego League', der Herausgabe des Jahrbuches der Thomasschule, der Betreuung der Schulbibliothek sowie an der Unterstützung von Projekten des Thomanerchores beteiligt. Mitglieder des Thomanerbundes sind Stifter des Ramin-Legats, das von der Stiftung Thomanerchor verwaltet und in jedem Jahr anlässlich des ECCE[5] in der Thomaskirche durch den Thomaskantor an verdiente Thomaner verliehen wird. Der Thomanerbund verwaltet außerdem die vom Freistaat Sachsen zur Verfügung gestellten finanziellen Mittel zum Unterhalt des Ganztagsangebotes der Schule. Ferner beschäftigt er zwei mit öffentlichen Mitteln geförderte Arbeitskräfte für Tätigkeiten in der Thomasschule, insbesondere zur Aufrechterhaltung des Betriebs der Schulbibliothek.

Eine Selbstverständlichkeit ist auch die Präsenz von Mitgliedern des Bundes bei den alljährlich wiederkehrenden Schulfeiern wie der Zeugnisausgabe an die Abiturienten und der Einschulung der Jüngsten. Auch beim Tag der offenen Tür, bei Schulkonzerten und anderen Veranstaltungen sind regelmäßig Vertreter des Bundes gegenwärtig. Die vertrauensvolle Zusammenarbeit mit dem Förderkreis Thomanerchor und der Stiftung Thomanerchor ist seit Langem gängige Praxis. Mit dem Forum Thomanum bedarf sie in den nächsten Jahren der weiteren Vertiefung.

Unverzichtbar war für den Bund von jeher die Förderung von literarischen Beiträgen zur Geschichte der Thomasschule. Seit der Rückkehr aus dem Exil erschienen drei Broschüren mit ausführlichen Dokumentationen über die spannungsgeladenen Ereignisse und fundamentalen Veränderungen an der Schule im 20. Jahrhundert. Neben einem aufschlussreichen Briefwechsel zwischen den Lehrern Jürgen Böhmer und Dr. Walter Kunzmann von 1946 bis 1954 erschien von Judith Krassel unter Mitwirkung des Zeitzeugen Hans-Jürgen Bersch die Broschüre *Die Thomasschule zwischen Weimarer Republik und Nationalsozialismus* sowie die als BELL-Arbeit[6] im Jahr 2010 ausgezeichnete Broschüre *Die Thomasschule im Wandel der Zeit, Versuch einer Chronik zwischen 1945 und 1972* der Schülerin Rebecca Ziegs. Die Autorin wurde bei ihrer Arbeit von unserem Mitglied Dr. Eberhard Merkel (Berlin) betreut, der sich durch umfangreiche Aktenstudien und Recherchen in Leipziger Bibliotheken und Archiven – unter anderem auch in der Gedenkstätte Museum in der „Runden Ecke"[7] –, unschätzbare Verdienste um die Thomasschule erworben hat.

Peter Roy neben Martin Petzoldt, 6. Januar 2012, Neujahrsempfang der Thomaskirche, Thomashaus
(Foto: Stefan Altner)

Seit 2009 schmücken das Foyer der Schule zwei Gemälde des Leipziger Malers Martin Stefan Seidel. Es handelt sich dabei um Annäherungen an die beiden Landschaftsbilder *Deutsche und Griechische Landschaft* von Heinz (Heinrich) Waldmüller, die einst in der Aula der alten Thomasschule ihren Platz hatten. Die Finanzierung der Bilder ermöglichte ein Vermächtnis des 2001

---

5 Gedenkfeier zu Ehren verstorbener Thomaner und Thomasschüler unter Berufung auf den Text einer Motette von Jakobus Gallus (Jakob Handl; 1550–1591): *Ecce quomodo moritur justus et nemo percipit corde* (‚Siehe, wie der Gerechte stirbt und niemand fasst es in seinem Herzen').

6 Besondere Lernleistung eines Schülers, die in die Abiturnote Eingang findet.

7 Im Volksmund Bezeichnung für das Gebäude, das von 1950 bis 1989 der Sitz der Bezirksverwaltung Leipzig des Ministeriums für Staatssicherheit der DDR war; seit 1990 ist darin die Gedenkstätte untergebracht.

verstorbenen ehemaligen Thomasschülers und Mitglieds des Thomanerbundes Helmut Hase, das mit der Maßgabe verbunden war, den ausgesetzten Betrag, der vom Bund treuhänderisch verwaltet wird, der Thomasschule zugutekommen zu lassen. Gemäß dem Willen des Erblassers entschied sich ein Gremium – bestehend aus Rektorin, Lehrern und Schülervertretern sowie einem beratenden Mitglied des Thomanerbundes – für die Anschaffung der beiden Bilder, nachdem der Thomanerchor verständlicherweise großes Interesse am Verbleib der inzwischen restaurierten Originale im Alumnat signalisiert hatte.

Somit kann der Thomanerbund e.V. anlässlich des 800-jährigen Jubiläums der Thomana dankbar und mit Freude auf das seit der deutschen Wiedervereinigung Erreichte zurückblicken. Möglich wurde dies nur dank des unerschütterlichen Verbundenheitsgefühls der Ehemaligen, die durch ihr Festhalten an gewachsenen Traditionen die Erinnerung an ihre alte Schule immer wieder mit neuem Leben erfüllten und damit den Boden für einen erfolgreichen Neubeginn in Leipzig bereiteten. Seither hat der Thomanerbund sein Tätigkeitsfeld ständig erweitert und damit die Wandlung vom Traditionsverein zum traditionsbewussten Förderverein zum Wohle der Thomasschule, des Thomanerchores und der jungen Schülergeneration erfolgreich vollzogen. Dank gebührt dafür besonders dem langjährigen Vorstandsvorsitzenden Prof. Christoph Michael Haufe, dem es leider nicht vergönnt war, das von ihm so heiß ersehnte Jubiläumsjahr 2012 mitzuerleben. Mit großer Zuversicht schloss er bei offiziellen Anlässen seine bewegenden Ansprachen oft mit dem Ruf „Schola Thomana vivat!". Mögen uns diese Worte in das nächste Jahrhundert begleiten.

Zur Stiftung Thomanerchor – eine sehr persönliche Betrachtung
Rupert Schauer

Mein erster Besuch bei den Thomanern zählt für mich zu den persönlich tief bewegenden Momenten meines Lebens. Im Moment des Betretens des Alumnates, der Begegnung im ‚Kasten' mit den Thomanern auf dem Gang, durch das buchstäbliche Erfahren des täglichen Lebens fühle ich mich hier berührt von einem Geist, den ich bislang weder bei anderen Klangkörpern noch in anderen Häusern so empfunden habe.

Wenn man nun durch das Gebäude geführt wird und das Leben darin spürt, stellt man sich rasch die Frage: Was bewegt mich hier so tief und stark, was zieht mich so in seinen Bann? Ist es die Tradition, sind es die Menschen, ist es die Musik?

Erst bei eingehender Beschäftigung mit dieser Frage kommt man zu dem Schluss, dass es das Zusammenwirken aller drei Elemente ist, das diesen im eigentlichen Sinne des Wortes unbeschreiblichen Geist erzeugt. Er umfängt einen und nimmt wahrlich jeden für sich ein, der einmal die Schwelle des ‚Kastens' überschritten hat. Er bleibt aber auch erhalten, wenn man Leipzig schon längst wieder verlassen hat. Erst dann begreift man wirklich, welche Einzigartigkeit nicht nur in künstlerischer, sondern vor allem in menschlicher Sicht eine Institution wie der Thomanerchor darstellt.

Reicht dieser Geist nun aus, die lange Tradition des Chores und der Schule zu tragen? Wahrlich nicht, denn nicht immer waren in den vergangenen acht Jahrhunderten die wirtschaftlichen Fundamente stark verankert. So haben die Leipziger Bürger beim Übergang der Thomasschule im 16. Jahrhundert in die Verwaltung des Leipziger Rates schon erkannt, dass aktive Mithilfe – gleich ob durch Sachzuwendungen oder in finanzieller Form, in jedem Fall aber immer tatkräftiger Natur – unabdingbar ist.

In unserer heutigen, medial sehr stark beeinflussten Welt stellt der Bildungsauftrag nicht für jeden Politiker eine besondere Verpflichtung dar, weshalb sich die Frage stellt, warum Kunst jenseits der öffentlichen Hand gefördert und unterstützt werden muss und warum dies in besonderem Maß beim Thomanerchor geschehen muss.

Gerade durch die besondere Sozialstruktur seines Stubensystems in Verbindung mit der Disziplin, die Musik erfordert, aber auch durch die große Freude und Zufriedenheit, welche die Musik zurückgibt, wird bei den jungen Sängern soziale Kompetenz generiert und verfeinert. Die sich auf diese Weise herausbildenden Persönlichkeiten entwickeln sich zu Multiplikatoren sowohl in künstlerischer als auch in gemeinschaftsorientierter, wertestiftender Hinsicht.

Ebenso wie die friedliche Erhaltung unserer Welt unser aller Aufgabe ist, stellt es sich in Leipzig auch weiterhin als gemeinschaftliche Aufgabe dar, sich für den Thomanerchor und seine Rahmenbedingungen zu engagieren, dafür zu werben. Diese Aufgabe wird vorrangig durch die Stadt Leipzig erfüllt, die die wesentlichen finanziellen und personellen Grundlagen bereitstellen muss. Der eigentliche wirtschaftliche und damit finanzielle Bedarf des sozialen Kosmos Thomanerchor geht aber weit über diese Grundlagen hinaus. Die finanzielle Ausstattung muss auch ein kind- und jugendgerechtes Leben der jungen Sänger unterstützen. Allzu leicht wird vergessen, wenn die Thomaner im Konzert oder in der Kirche erlebt werden, dass sie jenseits von Auftritten und Proben auch junge, heranwachsende Knaben und junge Männer sind, die gern Fußball spielen und andere Sportarten betreiben, die gern einmal mit einer Eisenbahn spielen oder lesen wollen. Sie haben vielfältige Interessen, die pädagogisch wertvoll unterstützt werden sollten. Dazu müssen zeitgemäße Lebensbedingungen nicht nur geschaffen, sondern auch erhalten werden. Wer einmal eine Stube oder einen Schlafsaal betreten hat, selbst wenn jetzt eine Neustrukturierung in Wohneinheiten stattfindet, weiß, was dies bedeutet. Selbst im musikalischen Bereich sind viele Aufgaben über die Grundlagen der musikalischen Grunderziehung hinaus zu erfüllen. Allein der immense finanzielle Aufwand für die Ausstattung mit Instrumenten und Noten oder für die individuelle musikalische instrumentale Ausbildung geht weit über das hinaus, was sich ein ‚Normalbürger' an Kosten hier vorstellen kann.

Gerade deshalb ist es einer ehemaligen Leipziger Bürgerin besonders zu verdanken, die diese Notwendigkeiten nicht nur erkannt hat, sondern diesem Erkennen auch eine ganz besonders großherzige Tat folgen ließ, als sie 1996 gemeinsam mit der Chorleitung die Stiftung Thomanerchor eingerichtet hat. Sie hat dies getan in der Hoffnung, dass ihrem Beispiel andere Bürgerinnen und Bürger – nicht nur aus Leipzig – folgen werden, die auch diese Einzigartigkeit des Zusammenwirkens von Schule und Chor, von Chor und Tradition, von Tradition und Stadt, Menschen und Musik erkennen.

Was hat es nun mit dieser Stiftung auf sich? Wem gehört das Geld? Sind die Mittel frei verfügbar oder müssen sie für einen bestimmten Zweck verwendet werden? Sind alle Mittel verfügbar oder nur ein Teil davon? Wer kann darüber verfügen und wer wacht über die Stiftung und die handelnden Personen?

Eine rein rechtliche oder gesetzliche Definition einer Stiftung gibt es nicht. Stets und im traditionellen Sinne verstand man unter Stiftung die Widmung eines Vermögensstocks zu einem gemeinnützigen Zweck. Dieser Vermögensstock gehört niemandem mehr, sondern sozusagen nur noch sich selbst.[1] Dies bedeutet, dass aufgrund der dauernden Widmung des Stiftungsvermögens nur dessen Erträgnisse zur Verwirklichung des Stiftungszwecks eingesetzt werden dürfen – nicht hingegen das Stiftungskapital selbst.

Zu welchem Zweck dürfen denn die Erträgnisse aus dem Stiftungsvermögen eingesetzt werden? Hier gibt uns ein Blick in die Satzung der Stiftung Thomanerchor Aufschluss:

„Die Stiftung verfolgt ausschließlich und unmittelbar gemeinnützige Zwecke [...]. Die Stifterin möchte, dass sich die Thomaner zu Recht als eine Elite mit besonderen Begabungen, Verpflichtungen und Herausforderungen verstehen, der anzugehören sie ihr Leben lang mit Stolz erfüllt und ihrer chorischen Gemeinschaft verpflichtet.

Zweck der Stiftung ist deshalb:

1. Die Förderung der Kunst und Kultur, insbesondere die Förderung und Unterstützung des Thomanerchores, der Bildung und Erziehung der Mitglieder des Chores sowie der Wissenschaft und Forschung zur Geschichte des Thomanerchores. Die Förderung soll den Thomanerchor bei den künstlerischen Aufgaben, der Wahrung des künstlerischen Erbes des Thomanerchores und seiner Kantoren sowie bei der Betreuung, Erweiterung und Aufarbeitung der Bibliotheksbestände unterstützen und den Zusammenhalt der Mitglieder des Chores, auch nach ihrem Ausscheiden aus dem Chor, fördern.

    a) Die musikalische und geistige Erziehung der Mitglieder des Chores insgesamt aber auch einzelner Thomaner aufgrund besonderer Leistungen im Chor oder für diesen oder besonderer Bedürfnisse, wenn entweder deren Ursache in der Chormitgliedschaft gesehen werden kann oder der Hebung der künstlerischen Arbeit des Chores zugutekommt. Zuwendungen an einzelne Thomaner können über die Zeit der Mitgliedschaft hinaus nur soweit und solange gewährt werden, wie diese Voraussetzungen vorliegen.

    b) Die Förderung des körperlichen und seelischen Wohlbefindens der Mitglieder des Chores als Grundlage künstlerischer Höchstleistungen. Insoweit dürfen Stiftungsmittel nicht für Maßnahmen oder Dinge ausgegeben werden, deren Kosten dem Träger des Chores als seine Aufgabe zugemutet werden können.

    c) Die Unterstützung oder das Ermöglichen musikalischer Projekte, für die als Kostenträger kein anderer aufkommen kann oder in Betracht kommt.

    d) Die Herausgabe von Publikationen u. a. zur Geschichte und Gegenwart des Thomanerchores als wichtigem Bestandteil der Leipziger Stadt-, Musik-, Schul- und Kirchengeschichte unter Einbeziehung der Dokumentation und wissenschaftlichen Aufarbeitung der erreichbaren Archivalien.

    e) Die Pflege, Dokumentation und öffentlich zugänglich aufzubereitenden historischen Bibliotheksbestände sowie die Ergänzung der musikalischen und allgemeinen Alumnenbibliothek.

2. Den Zusammenhalt der Mitglieder des Chores, auch nach ihrem Ausscheiden aus dem Chore, zu fördern."

Dem geneigten Leser – ‚Benevolo Lectori' ist so schön in den alten, unter anderem mit Stiftungsmitteln erhaltenen Schriften zu lesen – wird nicht verborgen bleiben können, dass hier bei der Festlegung des Zwecks darauf geachtet

---

[1] Vgl. dazu: Lothar Pues, Walter Scheerbarth: *Gemeinnützige Stiftungen im Zivil- und Steuerrecht*, 3. Aufl., München 2008, S. 1: „Die Rechtsprechung definiert die Stiftung heutzutage als rechtsfähige Organisation, welche bestimmte, durch den Stiftungsakt festgelegte Zwecke mit Hilfe eines Vermögens verfolgt, das diesen Zwecken dauernd gewidmet ist. Zu unterscheiden sind dabei einmal die Stiftung als Vorgang der Widmung des Vermögens, andererseits die aus dieser Widmung hervorgehende Organisation, die die Aufgabe hat, den vom Stifter festgelegten Zweck mit Hilfe des Vermögens dauerhaft zu fördern. Konstitutive Elemente jeder Stiftung sind somit der Stiftungszweck, das Stiftungsvermögen und die Stiftungsorganisation."

Rupert Schauer im Interim des Thomanerchores (Büro des Geschäftsführers) während seines Leipzigbesuches anlässlich der Stiftungs- und Kuratoriumssitzung der Stiftung Thomanerchor am 4. November 2011 (Foto: Stefan Altner)

wird, dass er immer nur als Additiv zu den Leistungen der öffentlichen Hand wirken kann und auch soll. Ebenso kann man erkennen, dass nicht nur die Tradition – also die Pflege der Geschichte des Chores –, sondern in ganz besonderem Maße auch gerade die aktiven Thomaner als Leistungsträger im Zentrum der Unterstützung stehen.

Die Beantwortung der Frage, wer denn nun über die frei werdenden Mittel unter der vorgenannten Zweckberücksichtigung verfügen kann, setzt zunächst voraus, dass es handelnde Personen gibt, die sich um die Verwaltung des Stiftungsvermögens kümmern, also das tägliche operative Geschäft erledigen. Beim Thomanerchor ist es als Stiftungsvorstand der Geschäftsführer des Thomanerchores, der diese Aufgabe in Personalunion erfüllen muss. Auch wenn er als Geschäftsführer des Chores sozusagen einem anderen Dienstherrn dient, kommt es definitiv zu keiner Interessenkollision. Eine solche kann auch nicht gegeben sein, da der Stiftungsvorstand die Aufgabe hat, das Stiftungsvermögen mit der Sorgfalt eines ordentlichen Kaufmanns zu verwalten, also auch sich um die zwangsläufig notwendige Administration zu kümmern. Was sich als Erträgnis aus der Anlage und Verwaltung ergibt, steht dann als Betrag dem Stiftungskuratorium zur Verfügung, welchem als vornehmste Aufgabe die Vergabe der Erträgnisse des Stiftungsvermögens nach Maßgabe der Satzung zukommt.

Dem Stiftungskuratorium gehören an: neben dem Thomaskantor als Vorsitzender noch der Alumnatsleiter, ein von der Stifterin benannter Nachfolger, der Geschäftsführer des Chores (jedoch ohne Stimmrecht und nur in beratender Funktion) sowie ein durch den Stiftungsvorstand zu bestimmendes Mitglied und bis zu zwei weitere Mitglieder, welche das Kuratorium selbst zuwählen kann. In voller Besetzung wären dies somit sieben Personen. In der Konstellation drückt sich der Wille der Stifterin aus, allen Facetten und Bedürfnissen des Chores, also sowohl den musikalischen, pädagogischen, wirtschaftlichen und auch persönlichen Vorstellungen, Rechnung zu tragen. Dies alles soll aber bei größtmöglicher Transparenz und persönlicher Entscheidungsfreiheit der handelnden Personen immer im Interesse des Chores und seiner Mitglieder geschehen. Auch kommt der große Wunsch der Stifterin zum Ausdruck, dass Stiftungsvorstand und Stiftungskuratorium ungeachtet der unterschiedlichen Aufgaben, die sie zu erfüllen haben, kollegial zusammenarbeiten und sich das Kuratorium hierbei lediglich als Primus inter Pares verstehen möge. Dies bedeutet aber nicht gleichzeitig, dass das Stiftungskuratorium die letzte Instanz darstellt. Zwar gilt dies hinsichtlich der Mittelverteilung sehr wohl, doch als weitere Aufsichtsbehörde ist das Regierungspräsidium des Freistaates Sachsen dazu berufen, die Tätigkeit des Kuratoriums unter dem Gesichtspunkt der Selbstlosigkeit und der Gemeinnützigkeit zu überprüfen. Dies geschieht durch umfangreiche und intensive jährliche Prüfung der Belege, des Jahresabschlusses, der Sitzungsprotokolle und der Beschlüsse. Somit ist auch hier ein Zusammenspiel von drei Gremien notwendig und gewünscht, welche ebenso wie im sozialen Kosmos des Chores in gegenseitigem Vertrauen und mit dem Impetus der Erfüllung eines gemeinsamen Zieles zusammenarbeiten.

Kann denn nun ein Verein nicht genau so diese Aufgaben erfüllen? Der Zweck eines Vereins ist ein völlig anderer, nämlich der, Menschen mit einem gleichen Ziel zusammenzubringen. Ein Verein soll eine Plattform bieten, welche persönlichen und gesellschaftlichen Austausch bietet. Eine Stiftung hingegen wirkt für sich im Stillen, da sich hier alles auf einer nicht öffentlichen, gesellschaftlich wenig beachteten Ebene abspielt. Eine ‚Konkurrenz' mit dem Förderkreis Thomanerchor e. V. und dem forum thomanum e. V. gab es zu keiner Zeit und wird es nicht geben, denn über einen Verein ist zum Beispiel das ‚Ansparen' zugunsten eines Projektes möglich, was bei der Stiftung nur sehr eingeschränkt realisierbar ist. Nach gesetzlicher Definition *muss* die Stiftung die Erträgnisse verwenden, ein Verein *kann* die Erträgnisse, Spenden und Mitgliedsbeiträge nutzen.

Es ist das Problem jeder Stiftung per se, dass sie keine Plattform – wie die einer Mitgliederversammlung etwa – hat und sich auch nicht verschaffen kann, um mithilfe möglichst vieler Mitglieder in der Öffentlichkeit für Zustiftungen werben zu können. Gerade Kunst und Kultur haben wie so viele andere Bereiche des öffentlichen Lebens keine mächtige Lobby. Einer solchen Schlüsselstelle bedarf es jedoch, um durch Zustiftungen die qualitativen Bedingungen zu verbessern. Demzufolge bräuchte auch die Stiftung Thomanerchor eigentliche eine starke Lobby.

In einem Zitat aus dem Stiftungsbuch der Stadt Leipzig von 1905 heißt es:

„Es bestehen [zugunsten der Thomaner, Anm. d. Verf.] sogar spezielle Stiftungen für Wein und Bier, sogar besondere Stiftungen zur Verabreichung von Martinshörnchen oder Christstangen."[2]

Daraus lässt sich ablesen, dass auch schon Stifter aus vorvergangener Zeit es erkannt haben, dass es vordringlich nicht auf die Höhe des eingesetzten Vermögens ankommt, sondern auf den grundsätzlichen Willen und die Nachhaltigkeit der Stiftung. In diesem Sinne mögen weitere Zustiftungen dem Beispiel unserer ungenannt bleiben

---

2 Zitiert aus: Stefan Altner, Roland Weise: *Thomanerchor Leipzig. Almanach 2: Beiträge zur Geschichte und Gegenwart des Thomanerchores*, 2. Jg. (1996/1997), Leipzig 1997, S. 62.

wollenden Stifterin folgen, die großherzig einen wichtigen Grundstein gelegt hat.

Auch dem Gesetzgeber ist die Notwendigkeit der Einrichtung von Stiftungen und der Schaffung von Zustiftungen nicht verborgen geblieben, da die öffentliche Hand gerade in Zeiten leerer Kassen auf bürgerschaftliches Engagement setzen muss. Erlaubt sei die Frage: Wann waren diese leeren Kassen schon jemals gefüllt – gerade im Hinblick auf Kunst und Kultur? Insbesondere dieses bürgerschaftliche Engagement des Stiftens belohnt der Gesetzgeber durch die besondere Abzugsfähigkeit der Hingabe von Stiftungskapital – gleich ob als eigene Stiftung oder als Zustiftung. Innerhalb der Stiftung Thomanerchor ist es wiederum selbstverständlich möglich, Zustiftungen in spezielle Legate einzubinden. Das heißt, dass die Erträgnisse aus Zustiftungen dann innerhalb der Stiftung nochmals einem gesonderten Zweck zugeführt werden können und nicht im allgemeinen Zweck ‚untergehen'.

Abschließend sei es erlaubt, auf das emotionale Moment einer Stiftung einzugehen. Mit einer Stiftung oder einer Zustiftung ist es möglich, nicht nur zu Lebzeiten, sondern weit über den Tod hinaus nachhaltig wirksam zu bleiben oder zu werden. In Zeiten einer zunehmend egozentrischen Orientierung des Menschen stellt die Grundidee des Thomanerchores eine besondere Herausforderung an die Gesellschaft dar. Diese Idee der musikalischen und geistigen Erziehung beeindruckt und beflügelt. Alle Mitglieder sowohl des Stiftungsvorstandes als auch des Stiftungskuratoriums erfüllen ihre Aufgabe aus Überzeugung in der Sache selbst. Keiner erhält Vergütungen – weder aus der Stiftung Thomanerchor noch sonst woher. Alle sind ehrenamtlich tätig. Im wahrsten Sinne des Wortes empfindet jedes Mitglied des Vorstandes und des Kuratoriums dies als Ehrenamt, als eine Ehre, dieses Amt auszuüben, getragen von dem Stifterwillen.

Sollten Sie sich von dieser Idee einer Stiftung angesprochen fühlen und von dem Gedanken, gegebenenfalls eine eigene Stiftung zu errichten oder eine Zustiftung zur Stiftung Thomanerchor zu tätigen, so sind die Mitglieder des Stiftungskuratoriums und des Stiftungsvorstandes gerne bereit, Ihnen Gestaltungs- und Mittelverwendungsmöglichkeiten aufzuzeigen und beratend zur Seite zu stehen.

Im Thomanerchor sind in den vergangenen achthundert Jahren vor allem in der *musica sacra* und im chorischen Gemeinwesen bleibende und erhaltenswerte Grundwerte gewachsen, die Bestand hatten und immer haben sollten. Wie denn sonst hätte dieser Chor alle Kriege, Notzeiten, den Nationalsozialismus und den Kommunismus überstehen können, wenn nicht diese vitale Basis von jungen Menschen mitgetragen worden wäre, die so vielen Menschen Freude, Trost und künstlerischen Genuss zu bringen vermag. Das gilt es weiterhin zu unterstützen. Es würde uns als Mitglieder des Stiftungskuratoriums und des Stiftungsvorstandes sehr freuen, wenn weitere Bürgerinnen und Bürger gerade aus Leipzig den Stiftungsgedanken wieder für sich aufgreifen würden.

Vom Fördern und Gefordertsein –
Der Förderkreis Thomanerchor Leipzig e. V. stellt sich vor

Jutta Schmidt und Michael Kampf

Während Musikliebhaber weltweit die vor 800 Jahren erfolgte Gründung des berühmten Thomanerchores feiern, blicken die Mitglieder des Förderkreises Thomanerchor auf eine vergleichsweise kurze, 20-jährige Geschichte zurück.

Als dem Förderkreis mit der „vorläufigen Bescheinigung" des Finanzamtes Leipzig vom 30. April 1992 bestätigt wurde, dass der am 16. April 1992 in das Vereinsregister eingetragene Verein „eine kulturelle Zwecke fördernde Körperschaft" ist, lagen hinter den 15 Gründungsmitgliedern anstrengende Wochen und Monate.

Erste Überlegungen, einen Verein zur Unterstützung der Interessen der Thomaner zu gründen, gab es bereits im Zusammenhang mit der Prüfung von Vorwürfen über eine Zusammenarbeit des Ministeriums für Staatssicherheit mit dem von der Mehrzahl der Thomaner und deren Eltern hochverehrten Thomaskantor Prof. Hans-Joachim Rotzsch. Als der darüber zu befindende Hauptausschuss seine Abberufung verfügte, galt es zu klären, mit welchen Mitteln das Ansehen und die künstlerische Qualität des Chores durch ein engagiertes Handeln der sich für den Chor mitverantwortlich fühlenden Eltern erhalten werden könnten. Sorgen bereitete insbesondere die künftige Gewinnung des Nachwuchses für den Chor. Infolge des gesellschaftlichen Umbruchs galt nun eine nahezu unbeschränkte Reisefreiheit und alle Schüler hatten Zugang zum Abitur. Die spartanische Einrichtung, die strenge Ordnung im Alumnat und die gegenseitige Erziehung der ‚Thomasser' – wie sich die Thomaner selbst nennen – waren kaum geeignet, interessierte Sänger aus ganz Deutschland und darüber hinaus für eine Mitwirkung im Chor zu begeistern. Eine wichtige Frage war deshalb, ob die Stadt Leipzig als Trägerin des Chores willens und in der Lage wäre, die für den Thomanerchor entsprechend seiner Bedeutung notwendigen finanziellen Mittel zur Verfügung zu stellen. Leitende Mitarbeiter der sich nach der deutschen Wiedervereinigung in Leipzig angesiedelten Commerzbank und der Dresdner Bank hatten im Ergebnis mehrerer mit den Thomanereltern geführter Gespräche ihre Bereitschaft signalisiert, den Chor finanziell zu unterstützen. Empfänger und Verwalter solcher Geldmittel konnte jedoch nur eine gemeinnützige steuerbegünstigte Körperschaft sein, nicht jedoch die Stadt Leipzig als Trägerin des Thomanerchores. Infolgedessen begannen einige Eltern hoch motiviert und zuversichtlich (aber ohne fundierte juristische Kenntnisse und Voraussetzungen für die Gründung eines Vereins), die inzwischen mehrmals präzisierte Vereinssatzung zu erarbeiten. Diese wurde vor Beginn der Motette am 18. Januar 1992 mit weiteren um die Zukunft des Chores besorgten Eltern diskutiert. Vereint in dem Gedanken, dass der Thomanerchor auch weiterhin ein kulturelles Aushängeschild Leipzigs und Träger der Musik Bachs bleiben müsse, trafen sich zwei Tage später in einem zum Sitzungsraum umfunktionierten Wohnzimmer fünfzehn engagierte Eltern und gründeten mit der Bestätigung der Satzung den Förderkreis Thomanerchor Leipzig e. V.

Im Auftrag der Mitglieder sollte sich die Arbeit des Vorstandes in enger und vertrauensvoller Zusammenarbeit mit den für die Tätigkeit und die Entwicklung des Chores verantwortlichen Gremien vor allem darauf konzentrieren, die musisch-kulturelle Arbeit des Thomanerchores ideell, materiell und personell zu unterstützen, dessen musikalische und christliche Traditionen zu wahren und zu fördern, mitzuwirken an der Verbesserung der Arbeits-, Lebens- und Lernbedingungen der Thomaner sowie zur Gewinnung und Betreuung des Chornachwuchses beizutragen.

Auch wenn wegen fehlender Erfahrungen (insbesondere auf steuerrechtlichem Gebiet) in den ersten Jahren einige Rückschläge zu verkraften waren, haben die Vorstandsmitglieder nie daran gezweifelt, mit der Gründung des Förderkreises die richtige Entscheidung für die Thomaner getroffen zu haben. Groß waren zum Beispiel Freude und Genugtuung, als der Verein nach langen und komplizierten Verhandlungen endlich die Einfuhrgenehmigung für die mit Spendenmitteln der Commerzbank Leipzig erworbene Truhenorgel aus den Niederlanden erhielt. Dies war die erste größere Investition in der jungen Geschichte des Förderkreises.

Inzwischen konnten dem Chor unter weit weniger spektakulären Bedingungen eine Vielzahl weiterer Instrumente wie zum Beispiel mehrere Flügel, Klaviere, Violinen, ein Cembalo, ein Cello, eine Querflöte sowie die für eine qualifizierte Nachwuchsförderung bedeutenden Orff'schen Instrumente zur Verfügung gestellt werden. Auch die Aufnahmetechnik in der Thomaskirche wurde modernisiert und erweitert, damit die Mitschnitte der Motetten und Passionen in einer den heutigen Anforderungen entsprechenden hohen Qualität erfolgen und nach kritischer Auswertung zu einer noch besseren künstlerischen Leistung der Thomaner beitragen können. Außerdem erlaubt die Tontechnik professionelle CD-Produktionen, die sowohl für den Handel als auch für Eigenproduktionen des Förderkreises geeignet sind. Die Anschaffung umfangreicher Notensätze sowie die finanzielle Unterstützung von Theateraufführungen und von Kunstausstellungen dienten dazu, die künstlerischen Zielsetzungen des Chores und die musikalische Entwicklung der Thomaner und der Thomaneranwärter zu fördern. Die jährliche Verleihung des von ehemaligen Thomanern gestifteten Karl-Straube-Legats an einen Thomaner, der „sich im Dienste am Chor besonders ausgezeichnet" hat, wird ebenso wie das von den Eltern und Freunden des tödlich verunglückten ehemaligen Thomaners Jakob Petzold gestiftete Legat vom Förderkreis verwaltet.

Um die christliche Erziehung der Thomaner zu unterstützen, finanziert der Förderkreis die jährlichen, auch von den Geschwisterkindern der Thomaner gern genutzten, erlebnisreichen Sommerrüstzeiten, die von der Kirchgemeinde St. Thomas durchgeführt werden.

Auch die Arbeits-, Lebens- und Lernbedingungen konnten seit der Gründung des Vereins durch den Einsatz von Spenden und Beiträgen entscheidend verbessert werden. In den ersten Jahren wurden noch vorwiegend Ausgaben für die ‚Dinge des täglichen Bedarfs' wie die Finanzierung von Handtuchhaltern und Wäschetrocknern, Schuhregalen, Vorhängen und Blumen oder die Bereitstellung von Malutensilien finanziert. In den Folgejahren konnten jedoch mit der Anschaffung von Computern, CD-Playern, Verstärkeranlagen und Fernsehapparaten hochwertige Ausrüstungsgegenstände sowie – neben vielen Sport- und Spielgeräten – die von den Thomanern gern genutzte Sauna bereitgestellt, die Einrichtung eines Fitnessraumes komplettiert und die Kosten für die gesamte Möblierung eines Freizeitraumes übernommen werden. Die Ausstattung der umfangreichen Bibliothek mit Büchern für alle Altersstufen gehört, ebenso wie die finanzielle Unterstützung von weiteren Projekten für die Nachwuchsgewinnung, zu den wichtigen Investitionen in die Zukunft. Auf die dem Förderkreis seit seiner Gründung aus Beiträgen und Spenden zur Verfügung gestellte Summe von fast einer Million Euro kann mit Stolz und Dankbarkeit verwiesen werden.

Vorstand des Förderkreises Thomanerchor Leipzig e. V. Von links nach rechts sind zu sehen: Frithjof Schmidt (Geschäftsstellenleiter), Dr. Klaus Israel, Prof. Dr. Steffen Wilsdorf, Dr. Michael Kampf (Vorsitzender), Gabriele Findeisen (stellvertretende Vorsitzende), Christian Führer (Präsident des Förderkreises), Solveig Schöber, Jutta Schmidt (Schatzmeisterin). Leider fehlt Frau Marion Hegewald.
(Foto: Thoralf Schulze)

Mit der Stiftung Thomanerchor und dem Thomanerbund e. V. werden immer wieder konstruktive Gespräche geführt, um die verschiedenen Bedürfnisse und entsprechenden Fördermöglichkeiten in Abhängigkeit von den jeweiligen Satzungen zu koordinieren.

Stellvertretend für die vielen Sponsoren, Mitglieder und Freunde des Thomanerchores, ohne deren finanzielle Zuwendungen es nicht möglich gewesen wäre, die hier in einer Auswahl vorgestellten Projekte und Aktivitäten zu realisieren, ist der Commerzbank Leipzig und dem Kuratorium der Stiftung Commerzbank in Frankfurt am Main zu danken. Ein besonders herauszuhebendes Verdienst um die jahrelange großzügige Unterstützung des Thomanerchores hat sich der ehemalige Vorstandsvorsitzende der Commerzbank-Stiftung, Herr Dr. Martin Kohlhaussen, erworben. Seine enge freundschaftliche Verbindung zum Thomanerchor hat der Förderkreis mit der Ehrenmitgliedschaft gewürdigt.

Es ist zu wünschen, dass es auch zukünftig gelingt, Mitglieder, Freunde, Sponsoren und Spender zu gewinnen und zu begeistern, damit weitere Projekte realisiert werden können und die Werbung von interessierten und musikalisch geeigneten Knaben für die Vorbereitungsklassen bis zur Aufnahme in den Chor und später als Choristen unterstützt werden kann.

Die Darstellung des Förderkreises im Internet wird auf der Homepage www.foerderkreis-thomanerchor.de ständig aktualisiert, und in Abstimmung mit der Chorleitung sowie mithilfe von Mitteln des Vereins werden in Kindergärten, Grund- und Musikschulen Werbeaktionen durchgeführt und der Druck des von den Thomanern redaktionell betreuten *Kastenjournals* finanziert. Auch die Herausgabe des von den Thomanern von 1995 bis 2005 im Kunstunterricht gestalteten Kalenders und der in diesem Zeitraum halbjährlich erschienenen Mitteilungshefte mit Berichten über Ergebnisse und Aktivitäten des Vorstandes des Förderkreises wurden mit Geldmitteln des Förderkreises ermöglicht. Sowohl die Kalender als auch die Mitteilungshefte wandten sich nicht nur an die Mitglieder und Förderer, die den Chor durch ihre Aktivitäten und Spenden in selbstloser Weise unterstützten, sondern auch an die für den Chor wichtigen Partner wie Thomasschule, Thomaskirche, Stiftung Thomanerchor, Thomanerbund e. V., forum thomanum Leipzig e. V. und natürlich an die Verwaltung der Stadt Leipzig. In den Mitteilungsheften konnten wichtige Sachdokumente wie die Jahres- und Kassenberichte nachgelesen, die Mitgliederbewegung verfolgt und Spendern namentlich gedankt werden. Eigene Beiträge der Thomaner über vom Förderkreis finanziell unterstützte Wochenendausflüge (die sogenannten Stubenfahrten), über Rüstzeiten, Alumnatsfeste, Konzert- und Bildungsreisen und natürlich über die gegen die Kruzianer mit großer Begeisterung und mit wechselndem Erfolg ausgetragenen Fußballspiele fanden interessierte Leser. Alle diese Projekte trugen dazu bei, das Leben des Thomanerchores in der Öffentlichkeit bekannter und vor allem transparenter zu machen.

Eine entscheidende Veränderung in der Arbeit des Förderkreises begann mit der Produktion der Non-Profit-CDs des Förderkreises. Die erste CD erschien im Jahr 2006 unter dem Titel *Alles was Odem hat* und beinhaltete Live-Mitschnitte der Motetten der vergangenen Jahre. Bereits ein Jahr später wurde mit der Firma Rondeau Production ein Partner gefunden, der seither geeignete aktuelle Konzerte des Thomanerchores in der Thomaskirche mitschneidet. Eine gute Zusammenarbeit mit dem Bacharchiv ermöglichte es dem Förderkreis im Jahr 2008, das Konzert *Bach und seine Söhne* aufzunehmen. Die CD des Jahres 2009 widmete sich den Musikerjubiläen Georg Friedrich Händels (250. Todestag), Joseph Haydns (200. Todestag) und Felix Mendelssohn-Bartholdys (200. Geburtstag). Das Konzert zum 325. Geburtstag von Johann Sebastian Bach am 21. März 2010 konnte als bereits fünfte Förderkreis-CD präsentiert werden. Einen besonderen Höhepunkt bildet eine *Extraausgabe* mit der Johannespassion, die während des Bachfestes 2010 aufgezeichnet wurde. Neben namhaften Solisten und dem Leipziger Barockorchester sangen hier die Thomaner in einer kleinen, exquisiten Besetzung. Die Tonträger werden langjährigen Spendern und Sponsoren als Dankeschön überreicht. Diese erhalten so mit der Zeit einen interessanten Einblick in die Arbeit des Chores und einen guten Überblick über sein großes Repertoire.

Um die Öffentlichkeitsarbeit und die Mitgliederwerbung weiter zu intensivieren, ist der Förderkreis mit Informationsständen auf dem Leipziger Weihnachtsmarkt und zu den Kirchentagen ebenso vertreten wie zu Konzerten des Chores in Leipzig und beim Bachfest sowie auf Konzertreisen.

Besonders hervorgehoben werden muss das neueste Projekt des Förderkreises: das *Thomaner-Journal*. Es ist aus den Mitteilungsheften hervorgegangen, die zunächst alle Mitglieder erhielten und die zunehmend auch Interesse bei Nichtmitgliedern fanden. Daher hat der Förderkreis, zusammen mit dem Verein forum thomanum Leipzig e. V., der Stiftung Thomanerchor und anfangs auch der Stadt Leipzig Gelder für ein professionelles Magazin bereitgestellt, das breit gefächert über das Leben der Thomaner berichtet und Informationen rund um die rege Konzerttätigkeit des Chores liefert. Mittlerweile existiert eine Abonnement-Möglichkeit, und mit einer Auflage von 5000 Exemplaren je Ausgabe ist das *Thomaner-Journal* ein Aushängeschild des Chores, aber auch des Förderkreises geworden. Besonders erwähnenswert ist, dass Förderkreismitglieder das Journal zu jeder Motette des Thomanerchores an der Thomaskirche anbieten.

Der Förderkreis Thomanerchor, der heute weit über 500 Mitglieder zählt, ist ein aktiver und lebendiger Verein. Viele Mitglieder nehmen aktiv am Leben des Thomanerchores teil. Die jährlich stattfindende Mitgliederversammlung, die Artikel im *Thomaner-Journal* und die Homepage informieren über die zahlreichen Aktivitäten. Jährlich lädt der Verein seine Mitglieder, Freunde und Förderer sowie die für die Entwicklung und Tätigkeit des Chores zuständigen Gremien der Stadt Leipzig, Vertreter der Thomaskirche, der Thomasschule und des Thomanerbundes ein, zum Weihnachtsliederabend des Thomanerchores in die Thomaskirche und zum anschließenden Weihnachtsempfang des Förderkreises in die Räume des Alumnates zu kommen, um – auch im Namen des Thomanerchores – Dank zu sagen und einen Rückblick sowie Ausblicke auf die Zukunft zu geben. Der meist zu später Stunde gesellig endende Empfang bietet vielfältige Möglichkeiten, in persönlichen Gesprächen das Anliegen und die Aufgaben des Förderkreises vorzustellen und für die Unterstützung der Thomaner zu werben.

Wenn auch Sie die Thomaner aktiv fördern wollen, können Sie gern Mitglied im Förderkreis Thomanerchor Leipzig e. V. werden. Nähere Angaben dazu finden Sie auf der oben genannten Homepage.

Anhang

Synoptische Übersicht der Bediensteten in Thomaskirche und Thomasschule seit der Reformation*

Stefan Altner, Martin Petzoldt und Marina Täschner

Name	Kirche								Schule			
	Superin-tendent	Pastor	Archi-dia-konus	Dia-konus	Subdia-konus	Sonn-abends-prediger	Or-ganist	Küster	Rektor	Kon-rektor	Kantor	Chor-leitung
Joh. Graumann (Poliander)									1516			
Georg Rhau							1518				1519	
Caspar Borner									1522			
Johannes Galliculus											1520	
Valerianus Hüffener											1526	
Johann Scheffel									1526?			
Franz							1528					
Balthasar Loy		1530										
Johannes Herrmann											1531	
Nickel Weller							1534					
Wolfgang Otto							1536					
Wolfgang Jünger											1536	
Johann Pfeffinger	1539 NK											
Franz Bartsch (Bartzsch)									1539			
Matthaeus Häußler (Heußler)									1539			
Vincenz Stange				1539								
Johannes Bruckner											1539	
Johann Mauerbeck								1539				
Bartholomaeus Heynemann									1540			
Georg Mohr		1540 Adj.										
Ulrich Lange		1545									1540	
Johannes Ficker				1545								
Caspar Landsidel (oder Scheerschleiffer)									1545			

* Bei den Kirchenbediensteten werden die Besetzungen der Stellen der Pfarrer, der Organisten und der Küster genannt; es handelt sich um 4 ständige Pfarrstellen unbeschadet zeitweilig bestehender weiterer oder weniger Stellen, aber zuzüglich der von 1569 bis 1836 bestehenden Stelle eines Sonnabendspredigers. Die Stellen werden seit dem Ende des Ersten Weltkrieges nummeriert angegeben: Pastor = 1. Stelle; Archidiakonus = 2. Stelle; Diakonus = 3. Stelle; Subdiakonus = 4. Stelle. Da der Superintendent Leipzigs wechselnd an St. Nikolai und an St. Thomas amtierte, kam ihm im jeweiligen Fall die 1. Stelle der betreffenden Kirche zu. Die Übersicht nennt alle Superintendenten mit dem Hinweis auf ihren Sitz (NK = Nikolaikirche; ThK = Thomaskirche).
Von den Schulbediensteten werden nur Rektoren, Konrektoren und Kantoren einbezogen; ebenso wird die seit 1972 bestehende Besetzung der Stelle der Chorleitung/des Geschäftsführers genannt.

Synoptische Übersicht der Bediensteten in Thomaskirche und Thomasschule seit der Reformation

Name	Superintendent	Pastor	Archidiakonus	Diakonus	Subdiakonus	Sonnabendsprediger	Organist	Küster	Rektor	Konrektor	Kantor	Chorleitung
Erasmus Sarcerius		1549										
Andreas Jahn (Jando)									1549			
Wolfgang Figulus (Töpfer)											1549	
Georg Coelestinus				1552	1551							
Georg Hala		1554			1541							
Bartholomäus Wagner					1549							
Melchior Heger											1553	
Urban Prosch									1554			
Bastian Lütze						1556						
Justus Menius	1557 Adj.											
Johann Schrauff									1559			
Ambrosius Otto				1559	1552							
Christoph Tauber							1553/55					
Georg Kober				1559								
Elias Nicolaus Ammerbach							1560					
Johann Heil									1561			
Petrus Hesse			1573	1564								
Valentin Otto											1564	
Johann Siglitz									bis 1568			
Balthasar Schneider				1569								
Eberhard Hertel				1570								
Heinrich Salmuth	1573 ThK	1565										
Bartholomäus Heydenreich				1573	1573							
Konrad Berlich							1575 Subst.					
Abraham Schad									um 1575			
Nicolaus Selnecker	1576 ThK	1576										
Simon Gödick				1576	1574							
Wolfgang Wagner						1575						
Peter Loß						1575						
Kaspar Alberti					1576							
Hans Fritzsch (Frosch)								1577				
Alexander Becker			1589	1585	1585							
Wolfgang Harder	1589 NK											
Christoph Gundermann		1589										
Andreas Schneider			1592									
Matthias Harder				1592	1589							
Georg Weinrich	1594 ThK	1591		1589	1586							
Georg Niclaß									1589			
Zacharias Posselt				1592								
Johann Meurer					1592							
Jakob Laßmann									1592	1588		
Fabian Hippe									1592			
David Büttner			1593									
Wolfgang Viertel				1593								
Sethus Calvisius											1594	
Andreas Düben							1595					
Johann Mühlmann					1598							
Erhard Lauterbach									1598?			
Johann Förster					1599							
Michael Klinger					1604							
Ambrosius Bardenstein									1604	1602		

Name	Superintendent	Pastor	Archidiakonus	Diakonus	Subdiakonus	Sonnabendsprediger	Organist	Küster	Rektor	Konrektor	Kantor	Chorleitung
Paul Geringer				1606	1605							
Nikolaus Selnecker d. J.				1619	1606							
Johann Rhenius										1607		
Christoph Vetter							1609					
Johann Hermann Schein											1616	
Sebastian Crell									1616			
Vincenz Schmuck	1617 NK											
Martin Cramer										1618/19?		
Johann Merck									1622			
Bartholomäus Beck(er)						1623						
Polycarp Leyser	1628 ThK	1617										
Joh. Friedr. Beatus Höpner	1633 NK		1621	1619								
Ulrich Mayer				1621	1619							
Moritz Burchardt			1633	1622	1621							
Georg Cünel				1622	1619							
Georg Schultz											1627	
Martin Cramer				1633	1625							
Georg Engelmann d. Ä.							1625					
Bartholomäus Mayer									1627	1625		
Wilhelm Avianus									1629			
David Scherer							1631					
Tobias Michael											1631	
Sethus Calvisius d. J.							1634					
Georg Engelmann d. J.							1634					
Johann Fuchs								1636				
Christian Deuerlin							1637					
Ananias Weber			1638									
Hartmann Schacher							1638					
Anton Kirchhoff (Kirchhofer, Kirchhöfer)										1638		
Georg Cramer									1640			
Johann Benedict Carpzov			1643	1637	1633							
Christian Lange	1646	1633	1628									
Georg Cramer										1634		
Abraham Teller		1657		1643	1637				1637			
Sebastian Gottfr. Starke										1640		
Friedrich Rappolt										1642		
Johann Hülsemann	1657 NK											
Martin Geyer	1661 ThK	1661	1657	1645	1643							
Samuel Lange	1665 ThK	1665	1659									
Thielemann Backhaus										1663		
Chr. Röhlick (Röhling)										1666		
Elias Sigismund Reinhardt	1667 NK											
Gottfried Christian Bose			1667									
Ulrich Mayer		1667	1661	1657	1645	1640						
Christian Friedrich Frankenstein						1645						
Georg Fuchs d. Ä.									1649			
Thomas Steger			1671	1661	1657							
Friedrich Wilhelm Leyser						1650						
Simon Löffler			1674		1661	1651						
Sebastian Knüpfer											1657	
Gerhard Preisensin							1658 Subst. 1663					
Paul Bose						1661						

Synoptische Übersicht der Bediensteten in Thomaskirche und Thomasschule seit der Reformation

Name	Kirche							Schule			
	Superin-tendent	Pastor	Archi-dia-konus	Dia-konus	Subdia-konus	Sonn-abends-prediger	Or-ganist	Küster	Rektor	Kon-rektor	Kantor	Chor-leitung
Georg Lehmann	1670 NK											
Joh. Benedict Carpzov		1679	1674	1671	1669	1662						
Paul Preusser						1666						
Georg Fuchs d. J.								1670				
Johann Thilo				1671								
Jacob Weckmann							1672					
Friedrich Kettner				1675								
Joachim Gesenius									1675 Rector subst.			
Jakob Thomasius									1676			
Johann Schelle											1677	
Andreas Glauch			1679									
August Pfeiffer			1681									
Vincenzo Alberici							1681					
Christian Samuel Lange						1682						
Joh. Keimel u. Joh. Schelle							1682					
Heinrich Gottfr. Kühnel							1682					
Johann Heinrich Ernesti									1684	1680		
Andreas Stübel (Stiefel)										1684		
Johann Fuchs								1687				
Andreas Tilemann Rivinius			1689	1685	1680							
Thomas Ittig	1699 NK			1675	1674							
Gottlob Friedrich Seligmann			1699	1692								
Immanuel Horn		1708	1699	1689	1685							
Johann Jakob Cramer						1686						
Johann Dornfeld	1710 NK					1674						
Albrecht Chr. Rotthe				1699	1692							
Heinrich Pipping			1702	1699	1693							
Johann Kuhnau							1684				1701	
Christian Gräbner							1701					
Johann Tobias Köhler						1702						
Johann Günther		1711 Subst. 1708			1690							
Joh. Sigismund Griebner		1712 Subst.			1706							
Friedrich Quirin Gregorii					1712							
Christian Weiß		1714										
Johann Gottlob Carpzov			1714	1708	1708							
Friedrich Werner				1714								
Johann Christoph Rost								1716				
Benedikt Gottlieb Clauswitz					1720							
Salomon Deyling	1721 NK											
Justus Gotthard Rabener			1731	1721	1714							
Johann Samuel Heinsius					1722							
Johann Chr. Hebenstreit										1724/25?		
Friedrich Wilhelm Schütz		1737			1709	1699						
Gottlieb Friedrich Krantz					1723							
Johann David Küttner					1723							
Johann Sebastian Bach											1723	
Karl Gottlob Hofmann					1730							
Johann Matthias Gesner									1730			
Johann Gottlieb Görner							1730					
Detlev Heinse					1731							
Carl Friedrich Petzold										1731 Conr. des.		

431

Name	Kirche								Schule			
	Superin-tendent	Pastor	Archi-dia-konus	Dia-konus	Subdia-konus	Sonn-abends-prediger	Or-ganist	Küster	Rektor	Kon-rektor	Kantor	Chor-leitung
Johann August Ernesti									1734	1731		
Sigmund Friedrich Dresig										1734		
Christian Köpping								1739				
Urban Gottfried Sieber		1739	1730	1714	1710							
Gottlieb Gaudlitz		1741	1739	1731	1731							
Romanus Teller		1745		1739	1737	1727						
Johann Christian Wendt						1731						
Christian Gabriel Bauer						1735						
Daniel Siegfried Klaubart						1736						
Johann Heinrich Scherzer						1738						
Christoph Wolle			1741	1740	1739							
Johann Paul Ram					1740							
Karl Friedrich Petzold				1741	1741							
Christian Gottlob Eichler					1741							
Conrad Benedikt Hülse										1742		
Christoph Sancke				1746	1743							
Johann Gottlob Bürger						1743						
Christian Gottfried Huhn						1743						
Chr. Gottlob Friedr. Wolf						1745						
Johann Christian Stemler	1755 ThK	1751										
Friedrich Wilhelm Schleußner			1761	1752	1746							
Johann Jakob Bose			1764			1743						
Johann Peter Reinhart						1746						
Johann Friedrich Leißner									1759			
Johann Friedrich Frisch						1748						
Gottlob Harrer											1750	
Joh. Christian Schuchart						1750						
Johann Friedrich Fischer									1767	1751		
Johann Friedrich Bahrdt	1773 ThK	1773										
Johann Gottfried Körner	1776 ThK	1776	1775	1761	1752							
Chr. Fürchtegott Leypold						1753						
Johann Friedrich Doles											1756	
Chr. Wilhelm Thalemann					1756							
Gottlob Benjamin Dürr						1757						
Paul Christoph Fritzsche						1758						
Johann Adolf Scharff			1776	1775	1761							
Karl Christian Degenkolb					1764							
Carl August Thieme											1767	
Joh. Georg Rosenmüller	1785 ThK	1785										
Chr. Gottlieb Kühnöl			1785	1776	1775	1762						
Gottlob Friedrich Lechla					1776	1762						
Gottlob Friedrich Rothe						1763						
Johann Gottlob Troitzsch						1764						
Christian Samuel Weiß						1767						
Carl Friedrich Görner							1768 Subst. 1778					
Ferd. Friedr. Gräfenhain						1770						
Joh. Friedrich Kiesewetter						1775						
Johann Georg Einsiedel						1777						
Johann August Wolf			1791		1778							
Christian Gottlieb Hund						1779						
Joh. Gottlieb Burckhardt						1780						
Traugott Friedr. Benedikt						1781						
Joh. Gottlob Bernhardi			1805	1785	1783							

Synoptische Übersicht der Bediensteten in Thomaskirche und Thomasschule seit der Reformation

Name	Kirche								Schule			
	Superin-tendent	Pastor	Archi-dia-konus	Dia-konus	Subdia-konus	Sonn-abends-prediger	Or-ganist	Küster	Rektor	Kon-rektor	Kantor	Chor-leitung
Karl Friedr. August Thoß						1783						
Samuel Friedr. Irmschler						1783						
Christoph Friedrich Enke					1785							
Johann Friedrich Beatus Höpfner						1785						
Johann August Döring						1785						
Gottlob Jakob Friedr. Wolf						1788						
Johann Adam Hiller											1789	
Johann Gottlob Regis					1791							
Georg Sigismund Jaspis			1812	1805	1798							
Johann Zacharias Hermann Hahn						1798						
Friedrich Wilhelm Ehrenfried Rost									1800	1796		
Johann Friedrich Jacob Reichenbach										1800		
August Eberhard Müller											1801	
Gottlob Bonif. Viktor Leo						1801						
Johann Adolf Benjamin Sommer						1801						
Joh. Georg Hermann Voigt							1802					
Johann Friedrich Müller							1802					
Gottlob Einert					1805							
Gottfried Weber						1805						
Johann August Adler						1806						
Johann Gottfried Schicht											1810	
Christian August Gottfried Emmerling						1810						
Friedr. August Neumann						1811						
Christian Traugott Fleischmann							1811					
Johann Christian Friedrich Schneider							1813					
Heinrich Gottlieb Tzschirner	1815 ThK	1815	1814									
Johann August Söfner						1814						
Johann David Goldhorn			1816	1812	1808							
Joh. Friedr. Eulenstein				1816	1812							
Chr. G. L. Großmann	1829 ThK	1829										
Chr. Gottfried Klinkhardt			1835	1822	1816							
Christian August Pohlenz							1821					
Karl Chr. Friedrich Siegel				1835	1822							
Wilhelm Kritz							1822					
Chr. Theodor Weinlig											1823	
August Cichorius							1823					
Ludwig Cichorius								1836				
Karl Heinrich Wilhelm Meißner			1849	1843	1835	1833						
Joh. Gottfried Stallbaum									1835	1832		
Johann Christian Jahn										1835		
Moritz Hauptmann											1842	
Carl Gustav Küchler					1843							
Carl Friedrich August Geißler						1843						
Adolf Oskar Wille			1858	1849								

Name	Kirche								Schule			
	Superintendent	Pastor	Archidiakonus	Diakonus	Subdiakonus	Sonnabendsprediger	Organist	Küster	Rektor	Konrektor	Kantor	Chorleitung
Gotthard Viktor Lechler	1858 ThK	1858										
Friedrich Wilhelm Valentiner			1875	1858	1854							
Hermann August Lohse					1859							
Karl Heinrich Adalbert Lipsius									†1861 als Rector des.			
Friedrich Kraner									1862			
Georg Aenotheus Koch										1862		
Friedrich August Eckstein									1863			
Ernst Friedrich Eduard Richter											1868	
Friedrich Richard Franke										1868		
Louis Papier							1869					
Friedr. August Herrmann								1869				
Friedrich Wilhelm Gustav Krüger										1872		
Joh. Theodor Oskar Pank	1884 ThK	1884										
Ludwig Eduard Suppe			1884	1875	1865							
Herm. Ferd. von Criegern			1898	1885	1875							
Wilhelm Rust							1878				1880	
Carl Piutti							1880					
Franz Emil Jungmann									1881	1874		
Heinrich Stürenburg										1882		
Wilhelm von Zahn										1889		
Gustav Schreck											1893	
Franz Lischke									1897			
Emil Josef Krömer				1898	1884							
Martin Theod. Hanitzsch					1898							
Karl Montgomery Rufus Siegfried Straube							1902				1918	
August Franz Uebe							1903					
Richard Sachse										1904		
Karl August Seth Cordes	1912 ThK	1912										
Arth. Edm. Georg Schröder				1916	1913	1897/1912						
[Vorname?] Paschen								1914				
Karl Tittel									1917			
Günther Ramin							1919				1940	
Adolf Buchholz										1921		
Max Paul Bergner								1923				
Heinr. O. Gerhard Hilbert	1925 ThK	1925										
Max Motzer									1929			
Johannes Mißlack										1931		
Bernhard Schwarz										1931		
Walter Grötzsch								1933				
Heinr. Eduard Schumann	1935 ThK	1935	1925	1916	1913							
Heinr. Andreas Fröhlich				1925	1916							
Carl Hugo Hahn				1927								
Walter Böhme				1930	1925							
Oscar G. Gerhard Meder					1931							
Alfred Jentzsch										1935		
Ulrich Ernst Rüdiger Alberti			1937									
Johannes Pinckert									1939			
Hans Heintze							1940					

Synoptische Übersicht der Bediensteten in Thomaskirche und Thomasschule seit der Reformation

Name	Superintendent	Pastor	Archidiakonus	Diakonus	Subdiakonus	Sonnabendsprediger	Organist	Küster	Rektor	Konrektor	Kantor	Chorleitung
Gertrud Grötzsch (anstelle ihres Mannes)							1943					
Hellmuth Heinze									1945			
Hans Wilhelm Günther			1948									
Kurt Dammenhain								1948				
Karl Richter							1949					
Heinz Nöbert								1950				1972 Direktor
Herbert Alfred Stiehl	1953 ThK	1953										
Hannes Kästner							1953					
Richard Hans Krauspe				1954								
Kurt Thomas											1957	
Gottfried Merz			1958									
Erhard Mauersberger											1961	
Christoph Wetzel			1964									
Horst Albrecht								1964				
Werner Fink			1968									
Werner Barthold								1968				
Helmut Gunter								1972				
Hans-Joachim Rotzsch											1972	
Klaus Grabner			1973									
Karlheinz Bösel								1975				
Johannes Richter	1976 ThK	1976										
Hans-Wilhelm Ebeling			1976									
Rudolf Obendorf												1976
Christian Fraustadt				1978								
Harald Ladewig												1984 Alumnatsleiter
Ullrich Böhme							1986					
Thomas Pammler												1987 stv. Direktor 1988 Direktor
Wolfgang Schmidt								1988				
Jörg Reichenbach												1989 Verwaltungsleiter
Andreas Polster									1990 interim.			
Johannes Jenichen				1991								
Ute Hofmann											1991	
Hans Dietrich Möbus									1992			
Stefan Altner												1993 Geschäftsführer
Klaus Lindner								1994				
Uwe Kirst												
Georg Christoph Biller											1992	
Christian Wolff		1998	1992									
Peter Amberg		1999	1998									
Kathleen-Christina Kormann										2000		
Ekkehard Vollbach	2000 NK											
Andreas Rosch								2003				
Martin Henker	2004 NK											
Manfred Kahlert								2004				
Detlef Müller										2005		
Roland Weise												2005 Pädagogischer Leiter
Thoralf Schulze												2006 Alumnatsleiter
Britta Taddiken				2011								

Lebensdaten der Thomaskantoren, Rektoren, Konrektoren und Direktoren

STEFAN ALTNER, MARTIN PETZOLDT UND MARINA TÄSCHNER

Thomaskantoren

	Lebensdaten	Kantorat
Thidericus	?–?	um 1295
Johannes Steffani de Orba	?–?	1436–1466
Thomas Ranstete	?–?	1443–1444
Martin Klotzsch	?–?	um 1470
Ludwig Götze aus Werdau	um 1450–1506	1471 ?–1506 ?
Peter Seehausen aus Leipzig	?–1464	?–?
Johannes Fabri de Forchheym	?–?	um 1472
Gregor Weßnig	?~1494	1482–1488
Heinrich Höfler	?–?	1488–1490
Nikolaus Zölner	?–1516	um 1494
Johann Conradi (auch: Kaltenborn) aus Kaltenborn	?–?	um 1508
Johann Scharnagel aus Wunsiedel	1480–1513	
Georg Rhau aus Eisfeld	1488–1548	1519–1520
Johannes Galliculus aus Dresden	?–?	1520–?
Valerianus Hüffener aus Crostewitz	?–?	1526–1530
Johannes Herrmann aus Zittau	1515–1593	1531–1536
Wolfgang Jünger aus Sayda	um 1517–1564	1536–1539
Johannes Bruckner aus ?	?–?	1539–1540
Ulrich Lange aus Bayern	?–1549	1540–1549
Wolfgang Figulus (Töpfer) aus Naumburg	?–1588	1549–1551
Melchior Heger (falsch: Heyer) aus Brüx	?–?	1553–1564
Valentin Otto aus Kleeberg	1529–1594	1564–1594
Sethus Calvisius aus Gorsleben in Thüringen	1556–1615	1594–1615
Johann Hermann Schein aus Grünhain	1586–1630	1616–1630
Tobias Michael aus Dresden	1592–1657	1631–1657
Sebastian Knüpfer aus Asch	1633–1676	1657–1676
Johann Schelle aus Geising	1643–1701	1677–1701
Johann Kuhnau aus Geising	1667–1722	1701–1722
Johann Sebastian Bach aus Eisenach	1685–1750	1723–1750
Gottlob Harrer aus Görlitz	1703–1755	1750–1755
Johann Friedrich Doles aus Steinbach-Hallenberg	1715–1797	1756–1789
Johann Adam Hiller aus Wendisch-Ossig	1728–1804	1789–1800
August Eberhard Müller aus Northeim	1767–1817	1801–1810
Johann Gottfried Schicht aus Reichenau	1753–1823	1810–1823
Christian Theodor Weinlig aus Dresden	1780–1842	1823–1842
Moritz Hauptmann aus Dresden	1792–1868	1842–1868
Ernst Friedrich Eduard Richter aus Großschönau	1808–1879	1868–1879
Wilhelm Rust aus Dessau	1822–1892	1880–1892
Gustav Schreck aus Zeulenroda	1849–1918	1892–1917
Karl Montgomery Rufus Siegfried Straube aus Berlin	1873–1950	1918–1939
Erhard Mauersberger aus Mauersberg	1903–1982	1961–1972

	Lebensdaten	Kantorat
Günther Ramin aus Karlsruhe	1898–1956	1940–1956
Kurt Thomas aus Tönnig	1904–1973	1957–1960
Hans-Joachim Rotzsch aus Leipzig	1929–	1972–1991
Georg Christoph Biller aus Nebra	1955–	1992–

Rektoren* der Thomasschule, nach 1949 auch Direktor, Schulleiter

	Lebensdaten	Rektorat
Thidericus		1295
Petrus Sehusen (Zehuse)	† 1470 (1464)	1434–1462
Johannes [Fabri de] Forchheym		um 1460? [1470?]
Johann Reinhard[t] aus Zöbigker		um 1468
Gregor Weßnigk aus Kirchhain	† 1494	um 1480
Heinrich Höfler aus Leipzig		um 1488–1490
Nicolaus Celer (Zehler, Czeler) aus Breslau	† 1516	1494–1515
Auch als Magister und evtl. zeitweise Rektoren zu finden sind:		
Johann Conradi (auch Kaltenborn) aus Kaltenbrunn		um 1498–1500
Vitus Heyner (Hegner) aus Eilenburg		um 1510
Blasius Hentschel (Hentzel) aus Mittweida		1513–1516
Johann Gra[u]mann (genannt Poliander) aus Neustadt/Oberpfalz	1487–1541	1516–1522
Caspar Borner (Börner) aus Großenhain	um 1492–1547	1522–1539
Franz Bartsch (Bartzsch) aus Pirna		1539
Matthaeus Häußler (Heußler) aus Jauer	† 1563	1539–1540
Bartholomaeus Heynemann aus Dresden		1540–1549
Caspar Landsidel (oder Scheerschleifer) aus Leipzig	† 1560	1545?–1548?
Andreas Jahn (Jando) aus Spremberg		1549?–1558
Urban Prosch aus Plösen (Blesenensis?) bei Leipzig		1554?–1559
Johann Schrauff aus Rothenburg o. d. Tauber	† 1564	1559–1564
Johann Heil aus Meiningen	(1532) 1533–1580	1561–1592
Jakob Laßmann aus Wurzen	1559–1604	1592–1604
Ambrosius Bardenstein aus Annaberg	1559–1616	1604–1616
Sebastian Crell aus Mittweida	1579–1633	1616–1622
Johann Merck aus Rentweinsdorf	1577–1658	1622–1627
Bartholomäus Mayer (Meyer) aus Jehra im Schwarzburgischen	1598–1631	1627–1629
Wilhelm Avianus (Apianus) aus Bachra b. Wiehe in Thüringen	† 1636	1629–1636
Abraham Teller aus Wurzen	1609–1658	1637
Anton Kirchhoff (Kirchhofer, Kirchhöfer) aus Dahlen		1638–1640
Georg Cramer aus Bachra in Thüringen	1600–1676	1640–1676
Joachim Gesenius aus Holdorf b. Salzwedel (Rector substit.)	† 1675	1675
Jakob Thomasius aus Leipzig	1622–1684	1676–1684
Johann Heinrich Ernesti aus Königsfeld b. Rochlitz	1652–1729	1684–1729
Johann Matthias Gesner aus Roth	1691–1761	1730–1734
Johann August Ernesti aus Tennstädt	1707–1781	1734–1759
Johann Friedrich Leißner aus Tröda im Vogtland (Variscus)	1707–1767	1759–1767
Johann Friedrich Fischer aus Coburg	1726–1799	1767–1799
Friedrich Wilhelm Ehrenfried Rost aus Bautzen	1768–1835	1800–1835
Johann Gottfried Stallbaum aus Zaasch	1796–1861	1835–1861
Karl Heinrich Adalbert Lipsius aus Großhennersdorf († als Rector designatus)	1805–1861	1861
Friedrich Kraner aus Eibenstock	1812–1863	1862–1863

* Der Titel „Rektor" wurde in Sachsen erst 1657 eingeführt. Frühere Bezeichnungen waren: Schulmeister, ludi magister, ludi moderatores. Bis zur Reformation waren die Amtsinhaber meistens zugleich Notare des Klosters.

	Lebensdaten	Rektorat
Friedrich August Eckstein aus Halle	1810–1885	1863–1881
Franz Emil Jungmann aus Sangerhausen	1846–1927	1881–1917
Karl Tittel aus Dresden	1872–1943	1917–1935
Alfred Jentzsch aus Werdau (wurde 1939 zum Wehrdienst eingezogen) Konrektor Johannes Pinckert übernahm interimistisch das Amt	1890–1983	1935–1945*
Hellmuth Heinze aus Leipzig	1892–1979	1945–1950
Heinz Nöbert aus Leipzig	1917–1987	1950–1972
Helmut Gunter aus Hindenburg	1928–1995	1972–1987
Wolfgang Schmidt aus Leipzig	1948	1988–1991
Andreas Polster aus Leipzig (kommissarisch)	1943	1991–1992
Hans Dietrich Möbus aus Neusäß	1936–1995?	1992–1993
Ute Hofmann übernahm als stv. Direktorin interimistisch		1993–1994 (15. April)
Klaus Lindner aus Leipzig	1935	1994–2000
Kathleen Kormann aus Rathenow	1960	2000–

Konrektoren (früher: supremus), später nach 1949 auch stellvertretende Direktoren bzw. Schulleiter

Bis in die Mitte des 16. Jahrhunderts gab es wahrscheinlich keine Konrektoren. Die Rektoren nahmen sich Gehilfen (Gesellen genannt) auf ihre Kosten, solche waren z. B. Georg Fabricius (1534 oder 1536, † 1571), Wolfgang Meurer (1522–1535) und Petrus Mosellanus (Peter Schade) um 1515, † 1524. Weiter genannt werden Wolfgang Kresse 1537–1555, Martin Otto 1555, Urban Prosch 1555–1558 (wird 1559 Rektor), Johann Caelestinus (Hymlych) 1558–1562.

	Lebensdaten	Konrektorat
Johann Scheffel		nach 1526
Johann Siglitz (Siglicius) aus Freiberg	1537–1617	?–1568
Abraham Schad (Schadäus) aus Senfftenberg	1566–1626	um 1575–1580
Jakob Laßmann aus Wurzen (wurde 1592 Rektor)	1559–1604	1588–1592
Johann Friedrich aus Wolfshausen im Würzburgischen	1563–1629	1592–1594
Fabian Hippe (Hippius) aus Stolpen	1564–1599	1594–1598
Erhard Lauterbach aus Jauer in Schlesien	† 1649	1598?–1604
Ambrosius Bardenstein aus Annaberg (wurde 1604 Rektor)	† 1616	1602–1604
Hier ist nicht klar, wer folgte. Zu finden sind: Urban Prosch (Nachkomme von Rektor Prosch?)		1606
Melchior (Thomas?) Weinrich aus Hirschberg	1587–1629	1605–1606
Christoph Hünichen (Hunich)? aus Leipzig	1567–1623	1604–1606(7?)
Johann Rhenius aus Oschatz	1574–1639	1607–1616(18?)
Martin Cramer aus Leipzig	† 1637	1619–1625
Bartholomäus Mayer (Meyer) aus Jehra im Schwarzburgischen	1598–1631	1625–1627
Georg Schultz aus der Lausitz		1627–1634
Georg Cramer		1634–1640
Sebastian Gottfried Starke aus Mittweida	1612–1670	1640–1642
Friedrich Rappolt von Reichenbach (Pegau?)	1615–1676	1642–1663
Thielemann Backhaus aus Zeitz	1624–1666	1663–1666
Christian Röhlick (Röhling) aus Annaberg	† 1680	1666–1680
Johann Heinrich Ernesti aus Königsfeld b. Rochlitz	1652–1729	1680–1684
Andreas Stübel (Stiefel) aus Dresden	1653–1725	1684–1697
Christian Ludovici aus Landshut bei Breslau	1663–1732	1697–1724
Johann Christian Hebenstreit aus Neustadt/Orla	1686–1756	1725–1731
Carl Friedrich Petzold aus Ottendorff (Conrector designatus)	1678–1731	1731
Johann August Ernesti aus Tennstädt (wurde 1734 Rektor)	1707–1781	1731–1734
Sigmund Friedrich Dresig aus Vorberg in der Lausitz	1700–1742	1734–1742
Conrad Benedikt Hülse (Hulsen) aus Köthen	1706–1750	1742–1750
Johann Friedrich Fischer aus Coburg (wurde 1767 Rektor)	1726–1799	1751–1767
Carl August Thieme aus Teuchern	1721–1795	1767–1795
Friedrich Wilhelm Ehrenfried Rost aus Bautzen (wurde 1800 Rektor)	1768–1835	1796–1799
Johann Friedrich Jacob Reichenbach aus Großmonra in Thüringen	1760–1839	1800–1832

	Lebensdaten	Rektorat
Johann Gottfried Stallbaum aus Zaasch (wurde 1835 Rektor)	1796–1861	1832–1835
Johann Christian Jahn aus Stolzenhain an der Röder	1797–1847	1835–1847
Karl Heinrich Adalbert Lipsius aus Großhennersdorf	1805–1861	1847–1860
Georg Aenotheus Koch aus Drehbach im Erzgebirge	1804–1879	1862–1868
Friedrich Richard Franke aus Rinteln	1832–1905	1868–1872
Friedrich Wilhelm Gustav Krüger aus Braunschweig	1837–1913	1872–1874
Franz Emil Jungmann aus Sangerhausen (wurde 1881 Rektor)	1846–1927	1874–1881
Heinrich Stürenburg aus Hildburghausen	1847–1934	1882–1889
Wilhelm von Zahn aus Leipzig	1839–1904	1889–1904
Richard Sachse aus Wachau bei Leipzig	1846–1924	1904–1917
Adolf Buchholz aus Leipzig	1868–1932	1921–1931
Johannes Mißlack aus Liptitz b. Oschatz	1884–1931	1931
Bernhard Schwarz aus Lauf bei Nürnberg	1889–1973	1931–1938
Johannes Pinckert aus Leipzig (zeitweise stellvertretender Rektor, Lehrer an der Thomasschule seit 1909)	1879–1956?	1939–1945
Horst Wunderlich		
Arno Wilhelm		
Günther Kreusel		
Ute Hofmann aus Dietzhausen	1941–	1984–1986 1989–2005
Detlef Müller aus Leipzig	1959–	2005

Direktoren und Geschäftsführer des Thomanerchores

In der Zeit von 1972 bis 1991 gab es nach der Auflösung der Personalunion von Thomasschulleiter (Rektor; Direktor) und Vorsteher des Thomanerchores den Posten eines Direktors des Thomanerchores.
Seit 1993 gibt es anstatt dessen die Funktion eines Geschäftsführers.

	Lebensdaten	Leitung
Heinz Nöbert aus Leipzig (war bis 1972 Rektor/Direktor der Thomasschule)	1917–1987	1972–1975
Rudolf Obendorf aus Leipzig-Wahren (zunächst Inspektor)	1923	1976–1988
Thomas Pammler aus Leipzig zunächst stellvertretender Direktor des Thomanerchores dann Direktor	1939	1987–1988 1988–1992
Harald Ladewig aus Leipzig zunächst 1976 Inspektor, 1984–2005 Alumnatsleiter danach bis 2006 wieder Inspektor	1943	1992–1993 interim.
Stefan Altner aus Brandis bei Naunhof (Geschäftsführer)	1956	1993–

Zur Leitung des Thomanerchores gehören zudem:

	Lebensdaten	Leitung
Jörg Reichenbach, Verwaltungsleiter	1968	1989–
Roland Weise, Pädagogischer Leiter zunächst 1990 Religionslehrer, 1991 Inspektor/Erzieher	1964	2005–
Thoralf Schulze aus Roßlau/Elbe, Alumnatsleiter zunächst 2002 Inspektor/Erzieher	1967	2006–

Lebensdaten der Superintendenten, Pfarrer, Diakone, Sonnabendsprediger und Küster

Stefan Altner, Martin Petzoldt und Marina Täschner

Superintendenten Leipzigs und Pfarrer der Thomaskirche/1. Stelle

Loy, Balthasar, 1500–Juli 1545
Geburtsort: Wittenberg
Ordensmann der Augustiner Chorherrn zu Leipzig, 1539 Pastor an St. Thomas, 1541 Lic. der Theologie.

Pfeffinger, Johann, 27. September 1493–1. Januar 1573
Geburtsort: Wasserburg am Inn
Schule in Annaberg/Erzgeb., 1507 Weltgeistlicher, 1518 Salzburg, 1519 Saalfelden, 1521 Stiftsprediger in Passau, 1523 entzog er sich durch Flucht der drohenden Verhaftung wegen seiner Sympathie für Luther, Theologiestudium in Wittenberg, Magister, 1527 Prediger in Sonnewalde/Niederlausitz, 1528 Heirat mit Elisabeth, geb. Kühlstein, 1530 nötigte ihn der Meißner Bischof zum Verlassen seiner Gemeinde, Berufung als Prediger nach Eicha bei Naunhof, 1532 Pastor in Belgern, 1539 Superintendent Leipzig St. Nikolai.

Mohr, Georg, 1497–1553
Geburtsort: Rodach in Franken
1512 Universität Leipzig, 1521 Magister Universität Wittenberg, 1522 Rektor der Schule zu Wittenberg, 1525 Pastor in Borna, Rodach, 1532 Superintendent in Zwickau, 1540 Adjunkt von B. Loy an St. Thomas zu Leipzig, 1545 Pastor an St. Thomas, Domprediger Naumburger Dom, spätestens 1547 wieder Thomaspastor zu Leipzig, 1549 Pastor Torgau, 1553 Berufung nach Zeitz.

Sarcerius (Scherer), Erasmus, 1501–28. November 1559
Geburtsort: Annaberg
Studium in Freiberg, Leipzig, Wittenberg, Rektor in Lübeck, 1539 Hofprediger und Superintendent zu Nassau bis 1548, Rückkehr nach Annaberg, 1549-1553 Pastor an St. Thomas zu Leipzig, 1552 Abgeordneter des Kurfürsten Moritz auf dem Konzil zu Trient, 1554 Superintendent zu Eisleben, 1559 Pastor an St. Johannes zu Magdeburg.

Hala, Georg, 1495–15. Januar 1565
Geburtsort: Bareuth/Oberpfalz
Schulbesuch in Feuchtwangen, Erlernen der hebräischen Sprache, Prediger zu Goldberg in Schlesien, bis 1527 Prediger in Sonnenwalde, Prediger in Waiblingen, 1541 Subdiakonus St. Thomas zu Leipzig, 1548 Waiblingen als Pastor, 18. März 1549 Pastor und 4. Superintendent in Zwickau, 1553 Pastor an St. Michael Zeitz, 9. Dezember 1554 Pastor zu St. Thomas zu Leipzig.

Menius, Justus, 13. Dezember 1499–11. August 1558
Geburtsort: Fulda?
Diakonus zu Mühlberg, 1528 Pastor zu St. Thomas in Erfurt, 1530 Pastor in Eisenach, 1546 Pastor zu Gotha, 1557 Langensalza, 1557 Adjunkt des Pastors Hala an St. Thomas zu Leipzig, Universität Leipzig.

Salmuth, Heinrich, 2. März 1522–20. Mai 1576
Geburtsort: Schweinfurt
Vater: Heinrich Beringer
Mutter: Kunigunde, geb. Dresser
1528 öffentliche Schule Schweinfurt, 1536 Universität Leipzig, wo er Baccalaureus, Magister der Philosophie, Assessor und Professor der Philosophischen Fakultät wurde, 2. Oktober 1549 Baccal. der Theologie, 1550 Rector magnificus, 1552 Diakonus zu St. Niklas, 1553 Licentiat der Theologie, 1556 Archidiakonus zu St. Niklas, 1557 Generalvisitator der Kirchen und Schulen, 15. Mai 1558 Doktor und Professor der Theologie, 1559 Pastor substitutus zu St. Thomas, 1565 Pastor, 25. Januar 1573 Superintendent, Kanonikus zu Meißen und Assessor im Konsistorium, er war der erste an der Thomaskirche tätige Superintendent.

Selnecker, Nikolaus, 6. Dezember 1532–24. Mai 1592
Geburtsort: Hersbruck in Franken

Von 1538 an besuchte er die H. Geistschule in Nürnberg, Studium Universität Wittenberg, 1552 Baccal., 31. Juli 1554 Magister der Philosophie, 1557 als Instruktor des Herzogs berufen, 1558 zweite Hofpredigerstelle in Dresden, 1561 Ruf als Professor der Theologie an die Universität Jena, 1568 als Professor der Theologie nach Leipzig, 1570 Hofprediger, Generalsuperintendent und Kirchenrat zu Wolfenbüttel, 1. Dezember 1571 Generalsuperintendent zu Gandersheim und Alfeld, 1576 Pastorat an St. Thomas zu Leipzig, sowie Superintendentur und Assessur im Konsistorium, 20. Oktober 1576 Kanonikus zu Meißen, 1590 Superintendent zu Hildesheim, danach wieder Pastor und Superintendent in Leipzig.

Harder, Wolfgang, 30. Oktober 1522–16. Februar 1602
Geburtsort: Leipzig
Vater: Sixtus Harder, Bürger und Sattler
Mutter: Anna, geb. Schirmeister
Privatunterricht, Schule Leipzig, 1534 Universität Leipzig, 1544 Baccalaureus, 1549 Magister, Subdiakonus St. Nikolai, wenige Jahre später Baccalaureus der Theologie, 1557 Licentiat, Diakonus, 1567 Archidiakonus, 1573 Pastor, Professor und Doktor der Theologie, 1580 Unterschrift unter der Konkordienformel, 1589 Superintendent, 18. März 1592 musste er wegen seines Calvinismus die Ämter niederlegen, sechsmal Dekan der Theologischen Fakultät.

Gundermann, Christoph, 1549–1622
Geburtsort: Kahla in Thüringen
Pastor zu Halberstadt, 1589 Pastor zu St. Thomas, 1591 theologische Doktorwürde zu Wittenberg, Assessor im Konsistorium zu Leipzig, versuchte Flucht aus Leipzig November 1591, Verhaftung, Haft in der Pleißenburg, nach unterschriebenem Revers und abgelegtem Eid Erlass der Todesstrafe, 1592 aus der Haft und dem Pfarramt entlassen. Er starb in seinem Geburtsort Kahla als Privatmann.

Weinrich, Georg, 13. April 1554–17. Januar 1617
Geburtsort: Hirschberg in Schlesien
Vater: Balthasar Weinrich, Bürger
Mutter: Magdalena Fries
1572 Maria Magdalena Gymnasium in Breslau, März 1580 Baccal. der Philosophie, 1582 Magister der Philosophie in Leipzig, 1584 Berufung zum Tertius der Fürstenschule zu Grimma, September 1584 Diakonus in Langensalza, 12. September 1586 Subdiakonus an St. Thomas zu Leipzig, 1589 Diakonat, 1. Januar 1591 Pastor an St. Thomas, Februar 1594 Berufung zum Superintendenten und Assessor im Konsistorium, im gleichen Jahr Professor der Theologie, Kanonikus zu Zeitz, Baccal. der Theologie, 1597 Licentiat, 1599 Kollegiat des Frauenkollegiums, 8. November d. gl. Jahres Doktor der Theologie sowie Assessor bei der Theologischen Fakultät, 6. Oktober 1600 Rector magnificus, 1604 Kanonikus zu Meißen, 1614 Senior der Theol. Fakultät.

Schmuck, Vincenz, 17. Oktober 1565–1. Februar 1628
Geburtsort: Schmalkalden
Vater: Michael Schmuck, Buchdrucker und Ratsherr
Mutter: Agnes, geb. Müller
Schule Schmalkalden, 1579 Gymnasium Schleusingen, 1585 Universität Leipzig, 1586 Baccalaureus, 1588 Magister, 5. Juli 1589 Tertius Nikolaischule, 1591 Konrektor, März 1593 Diakonus St. Nikolai, 1594 Archidiakonus, 1595 Ablehnung der Berufung zum Pastor und Superintendent Eilenburg, Unannehmlichkeiten aufgrund seiner Ratspredigt zum 4. Februar 1600, 1602 Baccalaureus der Theologie, 1604 Professor der Theologie und Pastor zu St. Nikolai, Licentiat der Theologie, 1606 Doktor, 1617 Superintendent, 1623 Rector magnificus, siebenmal Dekan der Theologischen Fakultät.

Leyser, Polycarp, 20. November 1586–15. Januar 1633
Geburtsort: Wittenberg
Vater: Polykarp Leyser, Prof. in Wittenberg, später Hofprediger in Dresden
Mutter: Elisabeth Kranach
1591 Landesschule Meißen, 1602 Universität Wittenberg, 1605 Magister, 1606 Universität Leipzig, 1607 Wittenberg, 1608 Universität Tübingen, 1610 außerordentl. Professor der Theologie zu Wittenberg, 26. Juli 1608 Theol. Licentiat, 1611 Doktor, 14. November vierte theol. Professur zu Leipzig, Februar 1614 Kanonikus zu Zeitz, Februar 1617 zweiter Professor der Theologie, 23. April Rector magnificus, Pastor zu St. Thomas, 11. Juli Assessor im Konsistorium, 11. Januar 1621 Kollegiat des Fürstenkollegiums, 1. Februar 1628 Senior im Konsistorium und Superintendent, 21. April Kanonikus zu Meißen, 13. Oktober 1631 Domdechant des Stifts Meißen.

Lange, Christian, 2. Dezember 1585–7. Mai 1657
Geburtsort: Altenburg bei Naumburg und Pforta
Vater: Michael Lange, Brauer zu Pforta
Mutter: Margaretha, geb. Brauer
Stadtschule Naumburg, Michaelis 1599 Landesschule Pforta, 1606 Universität Leipzig, 1611 Informator in der Familie Ottos von Dieskau auf Knauthain, 1614 Prediger in Meuselwitz, 1618 Pastorat zu Lucka, 1619 Subdiakonus und Freitagsprediger an St. Nikolai zu Leipzig,

441

1621 Diakonat, 1624 Gründung des montägigen Predigerkollegiums, 1628 Archidiakonus an St. Thomas, 2. Oktober 1629 vierte theol. Professur, 1630 Lic. und Doktor der Theologie, 1633 Pastor zu St. Thomas, dritter Professor der Theologie, Kanonikus zu Zeitz, Ephorus der kurfürstl. Stipendiaten, 16. Oktober Rector magnificus, 15. Juni 1642 Assessur im Konsistitorium, zweite theol. Professur und Kanonikat zu Meißen, 1646 Superintendent, Professor primarius und Senior der Meißnischen Nation, 1649 Domdechant des Stifts Meißen.

Hülsemann, Johann, 26. Mai 1602–11. Juni 1661
Geburtsort: Esens
Vater: Heinrich Hülsemann, Prediger
Mutter: Anna, geb. Bohlo
Privatunterricht, 1614 Schule Norden, 1615 Schule Stade, 1618 Schule Hannover, 1620 Rückkehr nach Hause, 1621 Universität Rostock, 1622 Universität Wittenberg, 1627 Universität Leipzig, August 1627 Bildungsreise Holland, Frankreich, 1628 Marburg, Licentiat der Theologie, 1629 vierter Professor der Theologie in Wittenberg, 26. Januar 1630 Doktor der Theologie, 1638 Rector magnificus, Reise in die Niederlande, 1644 erneut Rektor, 1645 führender Theologe auf dem Collegium Charitativum in Thorn, 1646 Pastor zu St. Nikolai und Prof. der Theologie in Leipzig, Dekan der Theologischen Fakultät, fünfmal Dekan der Fakultät, mehrfach Rektor, 1657 Superintendent Leipzig.

Teller, Abraham, 17. Januar 1609–5. November 1658
Geburtsort: Wurzen
Vater: Romanus Teller, Kürschner
Mutter: Maria, geb. Brodkorb
Besuchte die Schule seiner Vaterstadt, 1622 Schulpforta, 1628 Universität Leipzig, 1629 Baccal., 1631 Magister der Philosophie, 1633 Wittenberg, 1634 Baccal. der Theologie, 1636 Sonnabendpredigerstelle zu St. Niklas, 25. Februar 1637 Rektorat der Thomasschule, 14. September 1637 Subdiakonus an St. Thomas, 1643 Diakonus daselbst, 6. November 1645 Licentiat der Theologie, 1657 Pastorat an St. Thomas, 1657 Archidiakonus an St. Nikolai, 1658 theologische Doktorwürde.

Geyer, Martin, 24. April 1614–12. September 1680
Geburtsort: Leipzig
Vater: Martin Geyer, Bürger und Handelskaufmann in Leipzig
Mutter: Sabina, geb. Fischer
Mit 7 Jahren besuchte er die Nikolaischule in Leipzig, 10. April 1628 Besuch der vaterstädtischen Universität, 14. März 1629 Baccal. der Philosophie, 1631 Straßburg, 2. Mai 1633 Magister, Universität Wittenberg, 1637 wegen der Pest Rückkehr nach Leipzig, 1638 Professor der hebräischen Sprache, 1640 theol. Baccal., 1643 Subdiakonus an der Thomaskirche, 1645 Diakonus zu St. Thomas, 8. Juli 1645 Lic. der Theol., 22. Oktober 1657 Archidiakonus zu St. Thomas und Professor, 8. Juli 1658 Doktor der Theologie, 1661 Superintendent an St. Thomas, 1665 Oberhofprediger in Dresden.

Lange, Samuel, 18. Februar 1618–10. Oktober 1667
Geburtsort: Meuselwitz im Altenburgischen
Vater: Pfarrer zu Leipzig, 9. Leipziger Superintendent
Mutter: Katharina, geb. Feiler
Besuch der Schule Pirna, danach Leipziger Nikolaischule, 1634 Universität Leipzig, 4. Oktober desselben Jahres Baccal. der Philosophie, 1. Juli 1635 Universität Wittenberg, 1637 Rückkehr nach Leipzig, 20. April 1637 Magister, 1639 Helmstedt, 1641 wieder Leipzig, 1643 Baccal. und Lic. der Theologie, im gleichen Jahr Pastorat und Superintendentur zu Pegau, 23. September 1651 in Leipzig Doktor der Theologie, 4. Februar 1659 Archidiakonat in der Thomaskirche, 14. März 1660 ordentl. Professor der Theologie, 1661 Pastor der St. Nikolaikirche, 16. Oktober 1663 Rector magnificus, 1665 Pastor zu St. Thomas, Superintendent, Assessor im Konsistorium, 1665 Dekan der Theologischen Fakultät, 1666 Kanonikat des Stiftes Meißen.

Reinhardt, Elias Sigismund, 18. Mai 1625–10. September 1669
Geburtsort: Halle (Saale).
Vater: Elias Reinhardt, Militär, später Amtmann in Ketzin
Mutter: Dorothea, geb. Görlitz
1630 Gymnasium Halle, 1636 Danzig, um 1643 Universität Wittenberg, 1645 Universität Rostock, 1646 Magister, 1649 Archidiakonus St. Nikolai Berlin, 1650 Licentiat der Theologie, April 1665 Entlassung wegen Nichtunterzeichnung des *Elenchus* wider die Reformierten, 14. August 1665 Berufung zum Pastor zu St. Nikolai zu Leipzig und viertem Professor der Theol. Fakultät, 1666 Doktor der Theologie, 1667 Rector magnificus, Superintendent Leipzig, 1668 dritte Professur.

Lehmann, Georg, 9. September 1616–16. März 1699
Geburtsort: Belgern
Vater: Simon Lehmann, Ratsherr
Mutter: Maria, geb. Fischer
Schule zu Belgern, Fürstenschule Grimma, 1637 Universität Leipzig, 1642 Magister, Privatlehrer des Sohnes eines schwedischen Stabsoffiziers, 1648 unbestimmte Tätigkeit in Wismar/unter schwedischer Herrschaft, 1652 Sonnabendprediger St. Nikolai zu Leipzig, 1655

Pastor und Superintendent Weißenfels, 1667 Licentiat und 1669 Doktor der Theologie in Leipzig, 1670 Pastor und Superintendent an St. Nikolai zu Leipzig.

Mayer, Johann Ulrich, 24. November 1616–31. März 1679
Geburtsort: Leipzig
Universität Leipzig, 1640 Sonnabendsprediger an St. Thomas zu Leipzig, 1645 Subdiakonat, 1657 Diakonat, 1661 Archidiakonat, 1667 Pastor, 1668 theol. Doktorwürde zu Leipzig.

Carpzov, Johann Benedict, 24. April 1639–23. März 1699
Geburtsort: Leipzig
Vater: Johann Benedikt Carpzov, Archidiakonus an der Thomaskirche
Mutter: Elisabeth, geb. Wriefpfennig
Besuch der Thomasschule, Universität Leipzig, Baccal. der Philosophie, 1655 Universität Jena, Universität Straßburg, 1657 Leipzig, Bildungsreise 1657–1659, 27. Januar 1659 Magister, Baccal. der Theologie, 5. Dezember 1662 Sonnabendsprediger zu St. Nikolai, 1665 Professor der Moral, 1668 Professur der hebräischen Sprache, 17. September 1668 Lic. der Theologie, 22. Januar 1669 Subdiakonus zu St. Thomas, 1671 Diakonus, 1674 Archidiakonus, 17. September 1678 Doktor der Theologie, 1679 Pastorat zu St. Thomas, Beisitzer des Konsistoriums, 1684 Professor der Theologie.

Seligmann, Gottlob Friedrich, 21. November 1654–24. Dezember 1707
Geburtsort: Hainewalde bei Zittau
Vater: M. Zacharias Seligmann, Prediger in Hainewalde
Mutter: Katharina, geb. Thomæ
Mai 1674 Universität Leipzig, 1675 Baccal. der Philosophie, 1680 Rostock, 1683 Archidiakonus zu St. Jakob, Rektor der Universität Rostock, 31. August 1686 Licentiat, 20. September 1686 Diakonat St. Nikolaikirche zu Leipzig, 1692 Archidiakonus zu St. Thomas, 1699 Pastorat, 9. November Doktor der Theologie und Assessor im Konsistorium, 1700 ordentl. Professor der Theologie, 1700 und 1706 Rector magnificus, 1704 Dekan der Theologischen Fakultät, 1707 zum Oberhofprediger, Kirchen- und Oberkonsistorialrat nach Dresden berufen.

Horn, Immanuel, 26. Juli 1652–9. März 1714
Geburtsort: Neukirchen Oberlausitz
Vater: Johann Horn, Prediger in Neukirchen
Mutter: Ottilia Helena, geb. Fleischmann
1663 Schule zu Kamenz, nach dem Tod seines Vaters kam er zum Hofprediger Johann Andreas Lucius nach Dresden, 9. Mai 1671 Universität zu Leipzig, 4. Februar 1675 Magisterwürde, 1677 Privatlehrer in Dresden, 1678 Kandidat des Predigtamtes, 23. Oktober 1680 Diakonat Oederan, 5. Juli 1685 Pastorat Frankenberg, 1685 Subdiakonus an der Thomaskirche zu Leipzig, 1689 Diakonus, 1698 Licentiat der Theologie, 1699 Archidiakonus, 1708 Pastor, Doktor der Theologie und Assessor im Konsistorium, 1711 Schlaganfall.

Weiß, Christian, 10. Oktober 1671–10. Dezember 1736
Geburtsort: Zwickau
Vater: Christian Weiß, Kaufmann
Mutter: Christina, geb. Stepner
Aufgewachsen bei Verwandten seiner Mutter in Dresden, Schüler des Kreuzschulrektors Gelenius, 1688 Universität Leipzig, 26. Januar 1693 Magisterwürde, 1696 Diakonus zu Torgau, 1699 Subdiakonus an der Nikolaikirche zu Leipzig, 1708 Diakonus und Vesperprediger, 1710 Archidiakonus, 17. September 1711 Lic. der Theologie, 2. Juni 1714 Pastorat zu St. Thomas, 27. April 1724 theol. Doktorwürde, erster Beichtvater Johann Sebastian Bachs in Leipzig.

Deyling, Salomon, 14. September 1677–5. August 1755
Geburtsort: Weida
Vater: Johann Deyling, Bürger und Färber
Mutter: Maria, geb. Fuchs
Privatunterricht, Stadtschule Zwickau, 1697 Universität Wittenberg, 1704 Magister, 1705 Archidiakonus Plauen, 15. September 1707 Licentiat der Theologie Wittenberg, 1708 Superintendent Pegau, 1710 Doktor der Theologie Wittenberg, 1716 Pastor und Generalsuperintendent Eisleben, 1720 Pastor St. Nikolai Leipzig, 13. August 1721 Superintendent Leipzig, dritte Professur der Theologie Universität Leipzig, 1745 zweite Professur.

Schütz, Friedrich Wilhelm, 10. Februar 1677–27. Januar 1737
Geburtsort: Leipzig
Vater: Christoph Georg Schütz, Vornehmer des Rates, Neffe des Dresdner Hofkapellmeisters Heinrich Schütz (1585–1672)
Mutter: Anna Salome, geb. Volkmar
Privatunterricht, Nikolaischule zu Leipzig, 1689 Besuch der Fürstenschule zu Grimma, 1693 Universität Leipzig, 1694 Baccalaureus der Philosophie, 1698 Bildungsreise mit Johann Burchard Mencke in die Niederlande und nach Großbritannien, London, Oxford und Cambridge, November 1699 Sonnabendsprediger Thomaskirche, 12. April 1702 Predigerstelle an der Lazarethkirche, 1703 Baccal. der Theologie, 1708 Vertretung der Montagspredigten, 1709 Subdiakonus zu

443

St. Thomas, 1710 Subdiakonus zu St. Nikolai, 1714 Diakonat, Licentiat der Theologie, 1721 Archidiakonat mit den Montagspredigten, in dieser Funktion auch mit den Ratspredigten betraut, 20. April 1724 theol. Doktorwürde, 1737 Pastorat zu St. Thomas.

Sieber, Urban Gottfried, 12. Dezember 1669–15. Juni 1741
Geburtsort: Schandau an der Elbe
Vater: Justus Sieber, Prediger in Schandau
Mutter: Katharina, geb. Zinck
1682 Fürstenschule zu Meißen, 1688 Universität Wittenberg, dann Hamburg, Kiel, Kopenhagen, Friedrichsburg, 1695 wegen des Todes seines Vaters Rückkehr nach Hause, danach wieder Wittenberg, 1696 Magisterwürde, 10. Oktober 1698 Rektor der Schule in Schneeberg, 1703 Diakonat in Schneeberg, 1708 Archidiakonat, 1710 Subdiakonus zu St. Thomas in Leipzig, Juli 1714 Diakonat, seit 1715 Inhaber der neu eingerichteten Professur der Kirchenaltertümer an der Theologischen Fakultät, 1730 Archidiakonat zu St. Thomas, 23. September 1734 Doktor der Theologie, 1739 Pastorat.

Gaudlitz, Gottlieb, 17. November 1694–20. Februar 1745
Geburtsort: Leisnig
Vater: Paul Gaudlitz, Bürger und Fleischer
Mutter: Anna Dorothea, geb. Dittmann
Schulbesuch in Leisnig, Privatunterricht durch seinen Vetter Michael Dittmann in Leipzig, 14. März 1708 Fürstenschule zu Grimma, 1713 Universität zu Leipzig, 6. November 1717 Magisterwürde zu Wittenberg, Theologiestudium in Leipzig, Hauslehrer bei der Familie Apel, Juli 1721 Katechet an der Peterskirche, 3. Januar 1726 Substitut in St. Nikolai, 1726 Substitut des Unterdiakonus der Neukirche, Substitut des Subdiakonus der Nikolaikirche, Baccalaureus der Theologie, 1731 Subdiakonus zu St. Thomas, Diakonus, 1732 Licentiat der Theologie, 1739 Archidiakonus zu St. Thomas, 9. Februar 1741 Doktor der Theologie, Pastorat zu St. Thomas.

Teller, Romanus, 21. Februar 1703–5. April 1750
Geburtsort: Leipzig
Vater: Romanus Teller, Archidiakonus zu St. Nikolai
Mutter: Susanna Maria, geb. Kromayer
1719 Universität Leipzig, 1720 Baccalaureus, 1721 Magister der Philosophie, 1723 Baccalaureus der Theologie, 17. Mai 1723 Katechet zu St. Petri zu Leipzig, 1727 Sonnabendsprediger zu St. Thomas, 1730 Diakonus bei der Kirche St. Maximi Merseburg, 1731 Oberkatechet Peterskirche zu Leipzig, 1737 Subdiakonus St. Thomas, 1738 außerordentlicher Professor der Theologie, 1739 Diakonus, 1739 Berufung zum Pastor der St. Johanneskirche zu Hamburg, welches Amt er aber nicht antrat, 1740 vierte ordentliche theol. Professur, gleichzeitig Katechet an der Peterskirche zu Leipzig, 9. Februar 1741 Doktorwürde, 1745 dritter ordentl. Professor der Theologie, Kanonikus des Stiftes Zeitz, kurz zuvor auch Pastor der Kirche zu St. Thomas, Johann Sebastian Bachs zweiter Beichtvater 1737–1741.

Stemler, Johann Christian, 12. Oktober 1701–23. März 1773
Geburtsort: Copitzsch
Vater: David Stemler, Prediger
Mutter: Maria Katharina, geb. Zinßmann
Schulbesuch in Neustadt, Schule Arnstadt, 1717 Schule in Pforta, 1721 Universität Leipzig, 1727 Baccalaureus, 1728 Magister, Rektorat der Stadtschule zu Sangerhausen, 1730 Rektorat zu Naumburg, Archidiakonus an der St. Maximikirche zu Merseburg, 1732 Diakonat zu Naumburg, 1739 Superintendent zu Torgau, 1741 Promotion und theol. Doktorwürde, Ablehnung einer Professur in Wittenberg, 1741 Angebote der Stiftssuperintendentur zu Merseburg, des Oberhofpredigeramtes zu Weißenfels, schließlich der Generalsuperintendentur Querfurt, die er annahm; 1746 Superintendent zu Plauen, 1748 Generalsuperintendent zu Altenburg, 1. Januar 1751 Pastor an der Thomaskirche zu Leipzig, ordentl. Professor der Theologie, 30. November 1755 Superintendent zu Leipzig.

Bahrdt, Johann Friedrich, 11. Juni 1713–6. November 1775
Geburtsort: Lübben
Vater: Johann Ludwig Bahrdt, Lehnsekretär und Pronotarius beim Konsistorium
Mutter: Christina Sophia, geb. Georgi
Schule zu Sorau, Privatunterricht Lübben, 1730 Universität Leipzig, 1733 Wittenberg, Magister, 1736 Privatlehrer in Hermsdorf, 1737 Hofmeister, 22. März 1739 Diakonat zu Bischofswerda, 1741 Predigerstelle zu Schönfeld, 1745 oberster Pastor, Schlossprediger und Superintendent zu Dobrilugk, 1747 Frühprediger und Oberkatechet an der Peterskirche zu Leipzig, 1749 Licentiat und Doktor, sowie außerordentl. Professor, 1755 ordentl. Professor der Theologie und Assessor im Konsistorium, 1773 Pastorat zu St. Thomas und Superintendentur.

Körner, Johann Gottfried, 16. September 1726–4. Januar 1785
Geburtsort: Weimar

Vater: Johann Christoph Körner, Diakonus in der Kirche zu St. Petri und Pauli
Mutter: Christiana Elisabeth, geb. Olearius
Privatunterricht, Gymnasium Weimar, 1743 Universität Leipzig, Baccalaureus, 1748 Magister der Philosophie, im gleichen Jahr Vesperprediger an der Universitätskirche, 29. März 1750 Katechet St. Petri, 1752 Ablehnung eines Rufs nach Göttingen, 1. November 1752 Subdiakonus an der Thomaskirche zu Leipzig, 1. Januar 1756 Subdiakonus St. Nikolaikirche, 1761 Diakonus St. Thomaskirche, 1768 Licentiat der Theologie Wittenberg, 9. August 1770 Doktor der Theologie Wittenberg, 22. August 1775 Archidiakonus St. Thomas zu Leipzig, 5. Mai 1776 Pastor und Superintendent St. Thomas, Prof. der Theologie.

Rosenmüller, Johann Georg, 18. Dezember 1736–14. März 1815
Geburtsort: Ummerstadt, Hildburghausen
Vater: Georg Rosenmüller, Tuchmacher
Mutter: Margaretha Barbara, geb. Gottschalk
1748 eigenständiges Erlernen der lateinischen Sprache, 1751 Lorenzschule Nürnberg, 1756 Abschluss in Nürnberg, anschließend hörte er Vorlesungen am Gymnasium St. Egidien, 1757 Universität Altdorf, 1760 Hofmeisterstelle in der Pfalz, Rückkehr nach Ummerstadt, 1763 Hofmeisterstelle in Hildburghausen, 1767 Prediger an der Neustädterkirche in Hildburghausen, 1768 Prediger in Heßberg, 1772 Prediger zu Königsberg/Franken, Oktober 1773 Ruf zum 4. Prof. der Theologie an die Universität Erlangen, 1775 theol. Doktorwürde, 3. theol. Professur, 1779 Pastorat in der Altstadt Erlangen, 1783 als Prof. Theol. Primarius, erster Superintendent und Pädagogiarch nach Gießen berufen, 1785 Ruf nach Leipzig als 4. ordentl. Prof. der Theologie, Beisitzer des Konsistoriums, Superintendent der Leipziger Diözese und Pastor an der Kirche zu St. Thomas, 1787 3. theol. Professur, Kanonikus des Stiftes Zeitz, 1792 2. Professur, 1805 Professor primarius.

Tzschirner, Heinrich Gottlieb, 14. November 1778–17. Februar 1828
Geburtsort: Mittweida
Vater: Christoph Gottlieb Tzschirner, Pfarrer
Privatunterricht, Gymnasium Chemnitz, 1796 Universität Leipzig, 1800 Magister, 1801 Diakonus Mittweida, 1805 Dr. theol. und Universitätsprofessor in Wittenberg, 1809 Professor quartus in Leipzig, 1811/12 Rector magnificus, 1814 Feldpropst, 1814 Archidiakonus St. Thomas, 1815 Prof. tertius, Pfarrer und Superintendent zu St. Thomas, 1815–1818 Domherr Zeitz, 1818 Domherr Meißen und Decemvir.

Großmann, Christian Gottlob Leberecht, 9. November 1783–29. Juni 1857
Geburtsort: Prießnitz/Naumburg
Vater: Pfarrer
1796 Fürstenschule Schulpforta, 1802 Universität Jena, 1806 Substitut Prießnitz, 1808 Vikariat, 1811 Pfarrer in Gröbitz/Weißenfels, 1822 Diakonus Schulpforta, 1823 Generalsuperintendent Altenburg, 1828 Dr. theol. Leipzig, ordentl. Professor quartus der Theologie in Leipzig, 1829 Superintendent Leipzig und Pfarrer an St. Thomas, 1832 Prof. tertius, Mitbegründer der Gustav-Adolf-Stiftung, 1833 Mitglied des sächs. Landtages, 1844 Prof. secundarius, 1845 Prof. primarius, sechsmal Dekan der Theologischen Fakultät.

Lechler, Gotthard Viktor, 18. April 1811–26. Dezember 1888
Geburtsort: Kloster-Reichenbach/Baden
Vater: Pfarrer
Privatunterricht, 1825 Theologisches Seminar Blaubeuren, 1829 Universität Tübingen, Tübinger Stift, Dr. phil., Dr. theol., 1834 Vikar in Dettingen, 1838 Stiftsrepetent in Tübingen, 1840 Studienreise England, Schottland, Frankreich, 1841 Diakonus Waiblingen/Stuttgart, 1853 Pfarrer in Knittlingen/Maulbronn, 1858 Superintendent in Leipzig und Pfarrer an St. Nikolai, Universitätsprofessor für Kirchengeschichte, 1883 emeritiert, Ernennung zum Geistlichen Geheimrat, fünfmal Dekan der Theologischen Fakultät.

Pank, Johann Theodor Oskar, 2. Mai 1838–14. April 1928
Geburtsort: Leuthen
Vater: Christian Pank, Pfarrer
Mutter: Selma, geb. Bähr
Privatunterricht durch den Vater, 1851 Gymnasium Cottbus, 1856 Universität Halle (Saale), Universität Berlin, 1861 Pfarrer in Schorbus/Cottbus, 1869 Pfarrer Berlin Golgathakirche/Elisabethgemeinde, 1870 Berlin Philippuskirche, Seelsorger am Berliner Garnisonlazarett, 1874 Mitglied einer Reisegruppe zum Kennenlernen der „Heiligungsbewegung" (Oxford-Bewegung) in England, 1878 Berlin Dreifaltigkeitskirche als Superintendent, 1882 Leipzig St. Nikolai, 1883 Gründung des Kirchenbauvereins, 1884 Superintendent Thomaskirche, Einführung des Kindergottesdienstes in der Thomaskirche, 28. Juni 1885 Beginn der neugotischen Sanierung der Thomaskirche, 1885 Ehrendoktor der Theologischen Fakultät, 1886 Einweihung der Lutherkirche, in der die Thomasgottesdienste während des Baus gefeiert wurden, 9. Juni 1889 Abschluss der Kirchensanierung und Einweihung, 1891 Gründung des Diakonissenhauses, 1912 emeritiert.

Cordes, Karl August Seth, 29. Dezember 1859–
21. Januar 1936
Geburtsort: Tharangambadi in Tranquebar/Ost-Indien
Vater: Johann Heinrich Carl Cordes, Missionar
1864 Reise mit seiner Mutter nach Deutschland, 1866–1871 Wohnung bei Pflegeeltern, 1872 Nikolaigymnasium Leipzig, 1879 Universität Leipzig, 1881 Erlangen, 1883 Prediger-Colleg St. Pauli Leipzig, 1884 Hilfsprediger St. Anscharkapelle Hamburg, 1886 Pfarrer Oberalbertsdorf b. Werdau, 1888 Rektor des Diakonissenhauses Philadelphia/USA, 1892 Pfarrer Lutherkirche Frankfurt am Main, Erarbeitung eines gruppenorientierten Gemeindekonzepts, 1904 Pfarrer St. Johannis Hamburg-Harvestehude, 1912 OKR und Superintendent Leipzig St. Thomas, Mitglied der 1. Kammer des Sächsischen Landtages, Dr. theol. der Universität Leipzig, emeritiert 1924, Alterswohnung in Dresden-Klotzsche.

Hilbert, Heinrich Oskar Gerhard, 9. November 1868–
16. Mai 1936
Geburtsort: Gohlis/Leipzig
Vater: Oskar Hilbert, Kaufmann und Bankdirektor
Mutter: Elisabeth, geb. Francke
Gymnasium Thomasschule, 1888 Universitäten Leipzig und Erlangen, 1893 Privatlehrer auf Schloss Bärenstein, 1894 Prediger-Colleg St. Pauli Leipzig, 1896 Annaberg Hospitalprediger, 1901 Diakonus Lutherkirche Leipzig, 1910 Annenkirche Dresden, 1912 Ehrendoktor der Universität Leipzig, 1913 Univ. Prof. für Praktische Theologie Rostock, Mitglied des Konsistoriums der Ev.-Luth. Landeskirche Mecklenburgs, 1925 Superintendet und Pfarrer St. Thomas zu Leipzig, 1934 als Superintendent durch das Dresdner deutsch-christliche Kirchenregiment entlassen, 1935 Niederlegung der Pfarrstelle an St. Thomas.

Schumann, Heinrich Eduard, 5. Juni 1875–21. Mai 1964
Geburtsort: Kottenheide/V.
Vater: Oberförster
1886 Staatsgymnasium Dresden, 1894 Universitäten Leipzig und Berlin, 1900 Prediger-Colleg St. Pauli Leipzig, 1901 Hilfsgeistlicher Innere Mission Leipzig, 1913 Subdiakonus St. Thomas, 1916 Diakonus, 1921 Vorsitzender der Inneren Mission Leipzig, 1925 Archidiakonus, 1929 Dr. theol. h. c. der Theologischen Fakultät zu Leipzig, 1935 Superintendent St. Thomas Leipzig, Herbst 1937 Inhaftierung durch Gestapo wegen Vergehens gegen das Versammlungsgesetz, Mai 1945 Vorstoß beim Oberbürgermeister, die Stadt Leipzig kampflos zu übergeben, emeritiert 1952/53.

Stiehl, Herbert Alfred, 27. November 1909–
17. April 1992
Geburtsort: Leipzig
Vater: Alfred Heinrich Stiehl, Kaufmann und Handelsvertreter
Mutter: Anna, geb. Martin
Carola-Gymnasium Leipzig, Universitäten Leipzig und Innsbruck, 1937 Dresden-Lockwitz, 1942 Zethau, 1947 Dresden Apostelkirche, 1953 Superintendent St. Thomas Leipzig, 1975 emeritiert.

Richter, Johannes Emil Gustav, 4. März 1934–
6. Mai 2004
Geburtsort: Zwönitz
Vater: Johannes Emil Gustav Richter, Holzunternehmer
Mutter: Johanne, geb. Becher
Schule Zwönitz, 1949 Oberschule Aue, 1952 Universität Leipzig, 1958 Schneeberg, St. Wolfgang, 1961 Grünhain, 1970 Dresden Trinitatiskirche 1, 1976, Superintendent St. Thomas Leipzig, 1978 zusammen mit der Israelitischen Religionsgemeinde Leipzig Begründung des ökumenischen Gottesdienstes in der Thomaskirche zum Gedenken an die Reichspogromnacht, 1990 Ehrenpromotion zum DD Muhlenberg-College in Allentown USA, emeritiert 1998.

Wolff, Christian, * 14. November 1949
Geburtsort: Düsseldorf
Vater: Kurt Wolff, Grafik-Designer
1960 Max-Planck-Gymnasium Düsseldorf, 1968 Theologiestudium Kirchliche Hochschule Wuppertal, 1969 Universität Heidelberg, 1977 Pfarrer Mannheim-Käfertal Unionskirche, 1992 Leipzig St. Thomas 2, 1998 Leipzig St. Thomas 1.

Vollbach, Ekkehard, * 27. November 1939
Geburtsort: Leipzig
Vater: Friedrich Vollbach, Pfarrer
Schulbesuch in Eythra, Pegau, 1958 Zeitz, 1959 Universität Leipzig, 1965 Aue St. Nikolai, 1975 Leipzig-Plagwitz Heilandskirche 1, 1987 Borna Superintendent, 1996 St. Nikolai zu Leipzig Superintendent Leipzig-Ost, 2000 St. Nikolai zu Leipzig Superintendent Leipzig, emeritiert 2004.

Henker, Martin, * 3. Oktober 1954
Geburtsort: Freiberg
Theologiestudium Theologisches Seminar Leipzig, 1980 Krögis, 1989 Jugendpfarrer Dresden Mitte, Nord und West, 1999 Dresden Erlöser-Andreas-Kirche, 2000 Dresden-Johannstadt-Striesen Johanneskirchgemeinde 1, 2004 Superintendent St. Nikolai zu Leipzig.

Archidiakone zu St. Thomas/2. Stelle

Ficker, Johann, 1519–3. September 1572
Geburtsort: Floß, Bayern
1534 Augustinermönch zu St. Thomas in Leipzig, 1542 philos. Baccalaureus, 1545 Magister, 1. Diakonus, 1565 Unterschrift unter die 5 Artikel von der Rechtfertigung.

Hesse, Petrus, 1530–18. November 1606
Geburtsort: Gilfer bei Ravensberg
1557 Prediger zu St. Georg zu Leipzig, 1559 Subdiakonat bei der Nikolaikirche, 1562 Prediger in Thomasbrück/Thüringen, 1564 Diakonus zu St. Thomas Leipzig, 1573–1589 Archidiakonat, zus. mit N. Selnecker seines Amtes verwiesen, Halle (Saale), Hofprediger sowie Generalvisitator aller Kirchen der Grafschaft Ostfriesland, 1600 Prediger in Mutzschen.

Becker, Alexander, † 1599
Geburtsort: Wolkenstein
Schulbesuch in Schulpforta, 1578 Universität Leipzig, 1581 Baccalaureus, 1583 Magister der Philosophie, 1585 Subdiakonus zu St. Thomas, 1586 Diakonat, 1589 Archidiakonat, 1592 wegen seines calvinist. Glaubens des Amtes enthoben, 7. März 1592 Pastor an der Peterskirche zu Heidelberg.

Schneider, Andreas, 11. Oktober 1554–31. Dezember 1620
Geburtsort: Leipzig
um 1570 Universität Leipzig, Magister, 1582 Rektorat zu Crimmitschau, 1586 Prediger zu Oberalbertsdorf, 1592 Archidiakonus zu St. Thomas zu Leipzig.

Höpner, Joh. Friedr. Beatus, 22. Februar 1582–4. Juli 1645
Geburtsort: Roßwein
Vater: Paul Höpner, Rektor, später Diakonus in Döbeln
Mutter: Anna, geb. Wirckner
Schule zu Döbeln, Schulpforta, Universität Leipzig, 1603 Baccalaureus, 1605 Magister der Philosophie, 1610 Subdiakonus und Freitagsprediger an St. Nikolai, 7. März 1614 Diakonat, 1613 Baccalaureus der Theologie, 18. September 1617 Licentiat, 1618 außerordentl. und 1624 ordentl. Professor der Theologie, 5. Dezember 1619 Wechsel Diakonat von St. Nikolai zu St. Thomas, 1621 Archidiakonus, 1628 Pastor zu St. Nikolai, 28. August 1628 Doktor der Theologie, Kanonikat zu Zeitz, 16. Oktober 1631 Rektor magnificus, zugleich Dekanat der Theologischen Fakultät, ebenso 1634, 1637, 1640 und 1642, 12. Juni 1633 Assessor im Konsistorium, Superintendent und Pfarrer an St. Nikolai, 1642 Senior der Theol. Fakultät und der Meißnischen Nation.

Burchardt, Moritz, 10. Mai 1586–15. Juli 1637
Geburtsort: Döbeln
Vater: Moritz Burchardt, Bürgermeister
Mutter: Elisabeth, geb. Lottich
1602 Schulbesuch in Schulpforta, 1607 Universität Leipzig, 1610 Magister, 1614 Archidiakonat Döbeln, 1619 Baccalaureus der Theologie, 1621 Subdiakonat zu St. Thomas zu Leipzig, 1622 Diakonus, 1633 Archidiakonat, 6. Februar 1634 Licentiat, 20. März 1634 Doktor, 14. November 1634 Prof. der Theologie.

Weber, Ananias, 14. August 1596–26. Januar 1665
Geburtsort: Lindenhayn bei Düben
Vater: Johann Weber, Prediger
1614 Universität Leipzig, 1615 Baccalaureus, 1617 Magister der Philosophie, 1622 Kollegiat des Fürstenkollegiums, 1623 Wittenberg und Jena, 1624 Beisitzer der philos. Fakultät zu Leipzig, Baccal. Theol., 1625 Ephorus der kurfürstl. Stipendiaten, 1627 Pastorat zu Mutzschen nebst Stelle eines Adjunkts der Superintendur zu Grimma, 1634 Superintendent zu Leisnig, 1638 Archidiakonus Thomaskirche zu Leipzig, 1639 Professor, 1640 Doktor der Theologie, 1642 Kanonikus zu Zeitz, 1643 Archidiakonus zu St. Nikolai Leipzig, 1645 Pastor Primarius zu St. Elisabeth Breslau, Prof. der Theologie in beiden Gymnasien, Assessor des Konsistoriums.

Carpzov, Johann Benedict, 22. Juni 1607–22. Oktober 1657
Geburtsort: Rochlitz
Vater: Benedikt Carpzov, Rechtsgelehrter
Studierte zu Wittenberg und Leipzig, 19. März 1640 Theol. Licentiat, 1632 Prediger zu Meuselwitz, 1633 Subdiakonus zu St. Thomas in Leipzig, 1637 Diakonat, 23. September 1641 Doktor, dann Professor der Theologie, 1643 Archidiakonat zu St. Thomas, Pastor zu St. Nikolai, Beisitzer des Konsistoriums und Kanonikus zu Zeitz.

Bose, Gottfried Christian, 18. Februar 1619–18. April 1671
Geburtsort: Leipzig
Vater: Kaspar Bose, Ratsherr und Baumeister
Mutter: Katharina, geb. Schreiner
Schule in Hof, 1626 Leipzig, 1632 Universität Wittenberg, 1635 Leipzig, Baccalaureus der Philosophie, 1636 erneut Wittenberg, Bildungsreise nach Straßburg, Marburg, Nürnberg, Altdorf, Kopenhagen, Niederlande, Brabant, 1638 Magister, 1645 Begleiter D. Hülsemanns beim Kolloquium in Thorn, 1649 Subdiakonat Nikolaikirche Leipzig, 1657 Diakonus, 1663 Theol. Licentiat, 1667 Archidiakonus zu St. Thomas, 1. Oktober 1668 Doktor der Theologie.

447

Steger, Thomas, 27. November 1628–17. März 1674
Geburtsort: Leipzig
Vater: Adrian Steger, Ratsherr und Baumeister
Universität Leipzig, 1646 Baccalaureus der Philosophie, 1647 Straßburg, Basel, Lyon, Basel, Mainz, Frankfurt, Köln, Amsterdam, Leiden, 1648 Leipzig, 25. Januar 1649 Magister, 1657 Subdiakonus zu St. Thomas, 1661 Diakonus, 1663 Baccalaureat in der Theologie, 17. September 1668 die theol. Licentiatenwürde, 1671 Archidiakonat.

Löffler, Simon, 22. April 1627–24. September 1674
Geburtsort: Leipzig
Vater: Zacharias Löffler, Bürger und Handelsmann
Mutter: Elisabeth, geb. Scherl
Besuch der Nikolaischule, 1643 Universität Leipzig, 1644 Baccalaureus der Philosophie, 1646 Wittenberg, 1647 Leipzig, 1649 Magister, 1651 Sonnabendsprediger zu St. Thomas, 1655 Bildungsreise Nürnberg, Altdorf, Regensburg, Frankfurt, 1661 Subdiakonus St. Thomas zu Leipzig, 17. Januar 1668 Subdiakonus und Freitagsprediger zu St. Nikolai, 17. September 1668 Licentiatenwürde, 22. August 1669 Diakonus und Vesperprediger, 1674 Archidiakonat zu St. Thomas.

Glauch, Andreas, 17. April 1637–11. Juli 1681
Geburtsort: Leipzig
1666 Superintendentur Bitterfeld, 1668 Merseburg als Senior und Pastor zu St. Maximi wie auch Assessor des Stiftskonsistoriums, 1679 Archidiakonus an der Thomaskirche zu Leipzig.

Pfeiffer, August, 27. Oktober 1635–11. Januar 1698
Geburtsort: Lauenburg/Niedersachsen
Studium in Hamburg und 1653 Wittenberg, daselbst Magister und Professor der orientalischen Sprachen, Oberpfarrer und Beisitzer des Konsistoriums in Modzibor/Schlesien, Ruf zur evangl. Gemeinde nach Amsterdam, Prediger in Stroppen, 1675 Pastor in Meißen St. Afra, 1677 Doktor der Theologie in Wittenberg, 6. Januar 1681 Archidiakonus zu St. Thomas Leipzig, Prof. der orientalischen Sprachen und ao. Prof. Theol., 1689 Generalsuperintendent zu Lübeck.

Rivinius, Andreas Tilemann, 30. September 1654–24. Januar 1692
Geburtsort: Leipzig
Vater: Andreas Rivinius, Professor der Dichtkunst und Physiologie
Mutter: Katharina Elisabeth, geb. Olearius
13. Oktober 1669 Universität Leipzig, Wittenberg, 1673 Magister in Leipzig, 1679 Baccalaureus der Theologie, 5. Oktober 1680 Subdiakonus zu St. Thomas, 1685 Diakonus, 1689 Archidiakonat.

Günther, Johann, 17. April 1660–20. Januar 1714
Geburtsort: Greiffenberg/Schlesien
Vater: Martin Günther, Bürger und Handelskaufmann
Mutter: Helena, geb. Gleibstein
Besuch der Schule Niederwiese/Oberlausitz, Magdalenengymnasium zu Breslau, 1678 Universität Leipzig, 1678 Baccalaureus der Philosophie, 1681 Hauslehrer bei den Söhnen Prof. Schertzers, 1682 Magister, 1688 Assessorstelle in der philosophischen Fakultät, 1687 Sonntagsprediger an der Nikolaikirche als auch Baccalaureus der Theologie, 3. Januar 1690 Subdiakonus an der Thomaskirche, 1692 Subdiakonus und Montagsprediger zu St. Nikolai, 1699 Diakonus, 14. April 1701 theol. Licientiatenwürde, 1708 Archidiakonat zu St. Thomas, 8. November Doktorwürde, 1711 Substitut des Pastors Horn.

Carpzov, Johann Gottlob, 26. September 1679–7. April 1767
Geburtsort: Dresden
Vater: Samuel Benedikt Carpzov, zweiter Hofprediger
Schulbesuch in Dresden, Universitäten Leipzig und Altdorf, 26. Januar 1699 Magister, 1704 Diakonus Altdresden, 1706 Diakonus an der Kreuzkirche in Neudresden, 24. Juni 1708 Subdiakonus an der Thomaskirche zu Leipzig, 1708 Diakonat, 30. Oktober 1713 außerordentl. Prof. der Theologie, Juli 1714 Archidiakonat, 23. März 1719 ordentl. Prof. der hebr. Sprache, 27. April 1724 Doktor, 1730 Superintendent in Lübeck.

Wolle, Christoph, 24. Januar 1700–6. Juli 1761
Geburtsort: Leipzig
Vater: Martin Christoph Wolle, Schneidermeister
Mutter: Susanna Katharina, geb. Trojan
1707 Stadtschule Borna, 1715 Thomasschule Leipzig, 1718 Universität, 1725 Katechet an der Peterskirche, 1733 Sonnabendsprediger zu St. Nikolai, 1737 Unterdiakonussubstitut an der Neuen Kirche, Subdiakonussubstitut an der Nikolaikirche, 1739 Subdiakonat zu St. Thomas, 1740 Diakonat, 1741 Archidiakonat, 7. Juli 1746 Doktor, 1748 außerordentl. Prof. der Theologie.

Schleußner, Friedrich Wilhelm, 13. November 1709–5. September 1764
Geburtsort: Gleßina, heute Glesien
Vater: Friedrich Wilhelm Schelußner, Prediger
Privatunterricht zu Hause, Nikolaischule Leipzig, 1727 Universität Leipzig, 1736 Magister, Vesperprediger zu

St. Pauli, 1741 Subdiakonussubstitut an der Nikolaikirche, 1743 Unterdiakonus und Vesperprediger an der Neuen Kirche, 1746 Subdiakonat zu St. Thomas, 1752 Diakonat, 1756 Licentiat der Theologie, 1761 Archidiakonat zu St. Thomas.

Bose, Johann Jakob, 1713–8. Mai 1775

Geburtsort: Leipzig

Vater: Johann Jakob Bose, kurfürstl. sächs. Oberhofgerichtsadvokat

Schulbesuch in Leipzig, 1731 Universität, 1733 Baccalaureus, 1735 Magister der Philosophie, 1738 Katechet zu St. Petri, 1740 Baccalaureus der Theologie, 1743 Sonnabendsprediger zu St. Thomas, Substitut an der Johanneskirche, 1746 Unterdiakonus an der Neuen Kirche, 1750 Subdiakonus zu St. Nikolai, 1755 Diakonat, 1756 Licentiat der Theologie, 9. November 1764 Archidiakonat zu St. Thomas, 1768 Doktor der Theologie.

Scharff, Johann Adolph, 11. Mai 1724–31. Januar 1791

Geburtsort: Leipzig

Vater: Johann Christian Scharff, Prediger

Mutter: Johanna Margaretha, geb. Hartmann

Zu Hause unterrichtet, Fürstenschule Pforta, 1742 Universität Leipzig, 1746 Magister, Vesperprediger der Universitätskirche, Katechet zu St. Petri, Dezember 1750 Unterdiakonus an der Neuen Kirche, 1756 Baccalaureus der Theologie, 1761 Subdiakonus zu St. Thomas, November 1764 Subdiakonat zu St. Nikolai, September 1775 Diakonat St. Thomas, Mai 1776 Archidiakonat, 27. November 1776 Doktor der Theologie, September 1785 Pastor der Nikolaikirche.

Kühnöl, Christian Gottlieb, 26. Januar 1736–1805

Geburtsort: Chemnitz

Vater: Johann Gottlieb Kühnöl, Weber

Mutter: Anna Sophia, geb. Stein

Lyceum Chemnitz und Privatunterricht, 1754 Universität Leipzig, 1760 Magister der Philosophischen Fakultät, Juli Katechet an der Peterskirche, 1762 Sonnabendsprediger zu St. Thomas, November 1764 Unterdiakonus an der Neuen Kirche, Oktober 1775 Subdiakonus zu St. Thomas, Mai 1776 Diakonus, September 1785 Archidiakonus, Doktor der Theologie, September 1791 Pastor zu St. Nikolai.

Wolf, Johann August, 5. Dezember 1750–24. Februar 1809

Geburtsort: Naunhof bei Grimma

Vater: Johann Gottfried Wolf, Wachtmeister in kurfürstl. Diensten

Mutter: Johanna Dorothea, geb. Eckart

Schule Naunhof, Privatunterricht bei Pfarrer Albanus in Beucha, 1762 kurf. Landschule Grimma, 1768 Universität Leipzig, Privatlehrer in Leipzig, 1772 Magister der Philosoph. Fakultät, 1775 Baccalaureus der Theologie, Frühprediger der Universitätskirche, 1776 Unterdiakonat an der Neuen Kirche, 1778 Subdiakonat zu St. Thomas, 9. November 1783 Diakonus zu St. Nikolai, 15. September 1785 Doktor der Theologie, 27. September 1791 Archidiakonus an der Thomaskirche, 1799 Prof. der Theologie, 1805 Pfarrer St. Nikolai.

Bernhardi, Johann Gottlob, 1749–1812

Geburtsort: Görlitz

Vater: Gottlob Christian Bernhardi, Advokat

Mutter: Karolina Sophia, geb. Hörnig

Privatunterricht, Gymnasium Görlitz, 1770 Universität Leipzig, 1772 Hauslehrer, 1775 Magister, Dezember 1775 Katechet zu St. Petri, 1780 Unterdiakonat an der Neuen Kirche, November 1783 Subdiakonus zu St. Thomas, September 1785 Diakonus, 1799 theol. Baccalaureat und Doktorwürde, 1805 Archidiakonus St. Thomas.

Jaspis, Georg Sigismund, 1761–1813

Geburtsort: Meißen

Vater: Gottlieb Sigismund Jaspis, Diakonus, später Archidiakonus Meißen

Mutter: Christiana Eleonora, geb. Schubert

Privatunterricht, 1774 Fürstenschule Meißen, 1780 Universität Leipzig, 1784 Magister der Philosophie, 26. Oktober 1785 Katechet St. Petri, August 1796 Sonnabendsprediger St. Nikolai, 2. Juni 1798 Subdiakonus St. Thomas, 1799 Baccalaureus der Theologie, 1805 Diakonus, 1812 Archidiakonus.

Goldhorn, Johann David, 12. September 1774–23. Oktober 1836

Geburtsort: Püchau

Vater: Handelsmann

1784 Stadtschule Wurzen, 1787 Fürstenschule Grimma, 1793 Universität Leipzig, 1797 Magister und Dr. phil., 1798 Katechet St. Petri Leipzig, 1804 Sonnabendsprediger St. Nikolai, 1805 Pfarrer Leutzsch, 1806 Subdiakonus Neue Kirche, 1808 Subdiakonus St. Thomas, 1812 Diakonus, 1816 Archidiakonus, 1817 Doktor der Theol., 1818 Universitätsprofessor für Praktische Theologie, 1834 Pfarrer St. Nikolai.

Klinkhardt, Christian Gottfried, 1783–1849

Geburtsort: Zwickau

Vater: Schreiber

1805 Katechet St. Petri Leipzig, 1808 Sonnabendsprediger St. Nikolai, 1810 Pfarrer Dewitz, 1812 Subdiakonus

Neue Kirche Leipzig, 1816 Subdiakonus St. Thomas, 1822 Diakonus, 1835 Archidiakonus.

Meißner, Karl Heinrich Wilhelm, 1794–1858
Geburtsort: Leipzig
Vater: Johann Heinrich Meißner, Professor extraordinarius und Pfarrer
1807 Fürstenschule Grimma, 1812 Universität Leipzig, Magister, Doktor der Theologie, 1820 Substitut Grimma, 1825 Pfarrer Oelzschau, 1833 Leipzig St. Thomas Unterdiakonus, 1835 Subdiakonus, 1843 Diakonus, 1849 Archidiakonus.

Wille, Adolf Oskar, 1817–1874
Geburtsort: Baalsdorf
Vater: Johann Adolf Wille, Pfarrer
1840 Katechet Leipzig St. Petri, 1845 Pfarrer Leutzsch, 1849 Leipzig St. Thomas Diakonus, 1858 Archidiakonus, 1866 zugleich Superintendent für die neu gegründete Ephorie Leipzig-Land.

Valentiner, Friedrich Wilhelm, 1807–8. Dezember 1889
Geburtsort: Kiel
Vater: Pfarrer
1841 Diakonus Eckernförde, 1845 Pfarrer Gelting/Schleswig-Holstein, 1854 Subdiakonus St. Thomas Leipzig, 1858 Diakonus, 1875 Archidiakonus, emeritiert 1884.

Suppe, Ludwig Eduard, 1829–21. November 1897
Geburtsort: Chemnitz
Vater: Acciseinnehmer
1847 Gymnasium Chemnitz, 1852 Lehrer Leipzig, 1854 Katechet St. Petri Leipzig, 1858 Diakonus Taucha, 1861 Cleuden/Thekla, 1862 Oberdiakonus Leipzig Neue Kirche, 1865 Subdiakonus, 1875 Diakonus, Licentiat und Doktor der Theologie, 1884 Archidiakonus St. Thomas.

Criegern, Hermann Ferdinand von, 18. April 1841–1936
Geburtsort: Laas/Oschatz
Vater: Georg Hermann von Criegern, Pfarrer, später Oberpfarrer in Gera
1855 Fürstenschule St. Afra Meißen, 1860 Universität Leipzig, 1864 Dr. phil., Lehrer in Leipzig, 1865 Katechet Leipzig St. Petri, 1867 Hilfsgeistlicher St. Thomas, 1870 Diakonus Reichenbach, 1871 Archidiakonus, 1873 St. Georg Leipzig, 1875 Subdiakonus Leipzig St. Thomas, 1885 Diakonus, 1. Mai 1885 – 1898 nebenamtlich Garnisonpfarrer, 1898 Archidiakonus, Licentiat und Doktor der Theologie, Kirchenrat, emeritiert 1913, gestorben in Weimar.

Krömer, Emil Josef, 1845–1921
Geburtsort: Zöblitz
Vater: Kantor
Dresden Kreuzgymnasium, 1870 Katechet St. Petri Leipzig, 1874 Hilfsgeistlicher St. Thomas, 1875 Vikar Leipzig St. Georg, 1876 Diakonus St. Petri, 1884 Subdiakonus St. Thomas, 1898 Diakonus, emeritiert 1916.

Schröder, Arthur Edmund Georg, 1872–1945
Geburtsort: Rochlitz
Vater: Kaufmann
Leipzig Thomasgymnasium, 1896 Lehrer Gymnasium Greiz, 1897 Subdiakonus Leipzig, Vikar, 1898 Diakonus Oschatz, 1905 Pfarrer Beicha/Meißen, 1912 St. Thomas Leipzig 4. Stelle, 1913 3. Stelle, 1916 2. Stelle, 1925 Pfarrer St. Nikolai, 1926 Superintendent Kamenz, 1933 Dresden Landeskonsistorium, emeritiert 1937.

Alberti, Ulrich Ernst Rüdiger, 13. Juli 1898–11. August 1953
Geburtsort: Bärenstein
Vater: Ernst Hermann Moritz Alberti, Pfarrer
Gymnasium Bautzen, 1924 Ephoral-Hilfsgeistlicher Auerbach, 1925 Pfarrer Ellefeld, 1928 Chemnitz St. Markus 5. Stelle, 1929 4. Stelle, 1933 3. Stelle, 9. Juli 1937 Leipzig St. Thomas 2. Stelle, gestorben in Halle (Saale).

Merz, Gottfried, 15. April 1915–23. November 1981
Geburtsort: Leipzig
1939 Tannenberg, 1952 Neuhausen, 27. April 1958 St. Thomas zu Leipzig 3. Stelle, 1968 Superintendent Leisnig, emeritiert 1980.

Fink, Werner, * 10. August 1934
Geburtsort: Pillkallen
1961 Dresden Diakonissenanstalt, 1968 St. Thomas zu Leipzig 2. Stelle, 1976 Dresden Diakonissenanstalt Rektor, emeritiert 1997.

Ebeling, Hans-Wilhelm, * 15. Januar 1934
Geburtsort: Parchim
1964 Lieberose, 1976 St. Thomas zu Leipzig 2. Stelle, 1990 zum politischen Dienst aus dem Pfarramt entlassen, Vorsitzender der DSU, Tätigkeit als Minister für Außenwirtschaft der DDR.

Amberg, Peter, * 21. Juni 1963
Geburtsort: Leipzig
Vater: Dr. Ernst-Heinz Amberg, Prof. der Theologie
1994 Thallwitz, 1998 St. Thomas zu Leipzig 3. Stelle, 1999 St. Thomas zu Leipzig 2. Stelle, 2010 Leipzig-Eutritzsch Christuskirche.

Taddiken, Britta, * 8. Juli 1970
Geburtsort: Pinneberg
Vater: Helmut Taddiken
1976 Rübekamp-Schule Pinneberg, 1980 Johannes-Brahms-Gymnasium Pinneberg, 1989 Auslandspraktikum in Sydney/Australien, 1990 Universität Hamburg, 1996 Assistentin des Hauptpastors St. Katharinen zu Hamburg, 1998 Vikariat Meldorf Dom, 2001 Pfarrerin Leck/Südtondern, 2002 Meldorf Dom, 2011 St. Thomas zu Leipzig 2. Stelle.

Diakone zu St. Thomas/3. Stelle

Stange, Vincenz, † 1551
vor 1539 Pastor in Mutzschen, Sonnabend nach Mariä Himmelfahrt (15. August) 1539 Diakonus zu St. Thomas zu Leipzig.

Coelestinus, Georg, 13. April 1525–13. Dezember 1579
Geburtsort: Plauen/Vogtl.
vor 1542 Universität Leipzig, 1542 Magister, Diakonus zu Schneeberg, 1551 Subdiakonat zu St. Thomas in Leipzig, 1552 Diakonat, 20. September 1554 Baccalaureus der Theologie, Dienstag nach Johanni 1559 aus dem Dienst entlassen, weil er sich über mehrere Wochen entfernt und andere Dienste angenommen hatte; 1569 theol. Doktorwürde (außerhalb Leipzigs), Generalsuperintendent in der Mark Brandenburg, Konsistorialrat, kur-brandenb. Oberhofprediger, Probst zu Cölln an der Spree.

Otto, Ambrosius, † 21. Juni 1564
Geburtsort: Leipzig
Universität Leipzig, 1542 Magister, 1552 Subdiakonus zu St. Thomas, 1559 Diakonat.

Heydenreich, Bartholomäus
Geburtsort: Freiberg
1573 Subdiakonat zu St. Thomas in Leipzig, Diakonat, 1576 Superintendent Weißenfels, 1578 weiter berufen.

Gödick, Simon, 31. Oktober 1551–5. Oktober 1631
Geburtsort: Wurzen
Vater: Tiburtius Gödick, Bürger
Mutter: Walpurgis, geb. Kreiser
1567 Thomasschule, 1570/71 Universität Leipzig, 7. Februar 1573 Prediger zu St. Johannes, 1574 Subdiakonus zu St. Thomas, Magister der Philosophie, 1576 Diakonat St. Thomas, 18. Oktober 1581 Theol. Baccalaureus und Inhaber der Hebräischen Professur, 25. September 1582 Licentiat, 1585 Hofprediger und Kirchenrath in Halle, 19. Oktober 1592 theol. Doktorwürde in Wittenberg, 1596 Reise nach Dänemark, 8. Februar 1598 Hofprediger, Kirchen- und Konsistorialrat in Brandenburg, 20. Mai 1600 Dompropst zu Cölln an der Spree, 1615 Superintendentur zu Meißen, 1. Oktober 1616 Stiftssuperintendent zu Merseburg, zugleich Kanonikus zu St. Sixti.

Harder, Matthias, 20. September 1562–7. Februar 1616
Geburtsort: Leipzig
Vater: Wolfgang Harder, Superintendent
Mutter: Katharina, geb. Neuphart
1582 Baccalaureus, 1585 Magister der Philosophie, 1589 Subdiakonat zu St. Thomas, 1592 Diakonat, 9. Dezember 1592 wegen Begünstigung des Calvinismus abgesetzt, 1595 Kanonikus in Magdeburg bei der Stiftskirche St. Petri und Pauli, 11. Januar 1598 Pastor.

Büttner, David, † 3. März 1606
Geburtsort: Mittweida
1591 Tertius an der Leipziger Nikolaischule, 1593 Diakonus zu St. Thomas.

Geringer, Paul, 1570–9. Juni 1619
Geburtsort: Leipzig
Vater: Michael Geringer, Ratsherr und Stadtrichter
Mutter: eine geborene Oelhafen
Fürstenschule zu Grimma, akad. Studium in Leipzig (?), 1602 Prediger zu Zehmen und Rüben, 1605 Subdiakonus an der Thomaskirche Leipzig, 1606 Diakonus; 1619 Reise nach Braunschweig zur Kur, von der er nicht zurückkehrte.

Selnecker, Nikolaus, 4. September 1574–9. Oktober 1619
Geburtsort: Leipzig
Vater: Nikolaus Selnecker, Superintendent zu Leipzig
1601 Magister und Sonnabendsprediger zu St. Thomas, Januar 1604 Archidiakonus zu Rochlitz, 30. April 1606 Subdiakonus zu St. Thomas Leipzig, 30. Juli 1619 Diakonat.

Mayer, Ulrich, 3. Oktober 1591–1. September 1622
Geburtsort: Leipzig
Theol. Baccalaureus, Sonnabendsprediger zu St. Nikolai 1617, 18. Juli 1619 Subdiakonus an der Thomaskirche, 1621 Diakonat, gestorben in Karlsbad.

Cramer, Martin, † 8. September 1637
Geburtsort: Leipzig
Universität Leipzig, 1615 Baccalaureus, 1617 Magister der Philosophie, 13. November 1619 Konrektor der Thomasschule, 1619 Sonnabendsprediger zu St. Nikolai, 23. Januar 1625 Subdiakonat an der Thomaskirche, 1633 Diakonat.

451

Ittig, Thomas, 31. Oktober 1643–7. April 1710
Geburtsort: Leipzig
Vater: Johann Ittig, Arzt und Prof. der Physik
Mutter: Sabina Elisabeth, geb. Weinrich
Nikolaischule, 1660 Universität Leipzig, Baccalaureus d. Philosophie, 20. Januar 1663 Magister, 1664 Universität Straßburg, 1666 Leipzig, Empfehlung als Hauslehrer nach Dresden, 1670 Assessor der phil. Fakultät, 30. Dezember 1670 Prediger an der Johanneskirche, 25. Mai 1674 Subdiakonus an der Thomaskirche, 1675 Diakonus und Vesperprediger, 1685 Diakonus und Freitagsprediger an der Nikolaikirche, Lic. der Theologie, 1686 Archidiakonat, 28. Oktober 1697 außerordentl. und 3. März 1698 ordentl. Prof. der Theologie, 1699 Pastor an St. Nikolai und Superintendent, Doktor der Theologie, Assessor des Konsistoriums der theol. Fakultät, Kanonikus zu Meißen.

Rotthe, Albrecht Christian, 12. Januar 1651–10. Dezember 1701
Geburtsort: Ottenhausen/Thüringen
Vater: Johann Rotthe, Kornett im Regiment des königl. schwed. Obrists von Lilienström
Mutter: Christina, geb. Dörfel
Schulen Ottenhausen, Greußen, Schreiber in Sondershausen, Besuch des Gymnasiums in Halle, Universität Jena, 1675 Magister, Vorlesungen über die Sittenlehre in Jena, 1677 dritter Kollege Gymnasium Halle, 1683 Konrektor, 1689 Oberdiakonus zu St. Ulrich, 1692 Subdiakonus zu St. Thomas Leipzig, 1693 Baccalaureus der Theologie, 1699 Diakonat.

Pipping, Heinrich, 2. Januar 1670–22. April 1722
Geburtsort: Leipzig
Vater: Jakob Pipping, Handelsmann und Oberältester der Tuchhändlerinnung
Mutter: Magdalena, geb. Mohr
Nikolaischule zu Leipzig, 1686 Universität Leipzig, 1688 Magister, Universität Wittenberg, 1689 Vorlesungen Universität Leipzig, 1692 Licentiat der Philosophie, 1693 Sonnabendsprediger zu St. Thomas, 1699 Subdiakonus, 1702 Diakonus, Baccalaureus der Theologie, April 1709 Doktor der Theologie in Wittenberg, 1709 Oberhofprediger, Kirchen- und Konsistorialrat in Dresden.

Rabener, Justus Gotthard, 22. Mai 1688–24. August 1731
Geburtsort: Leipzig
Vater: Joachim Gotthard Rabener, Schöppen- und Gerichtsschreiber zu Leipzig

Privatunterricht bei seinem Vater, 1704 Universität Leipzig, 1705 Baccalaureus, 1706 Magister der Philosophie, 1712 Katechet an der Peterskirche, 1714 Assessor der Phil. Fakultät, Sonnabendsprediger zu St. Thomas, 1720 Diakonussubstitut an der Neuen Kirche, 1721 Subdiakonus an der Thomaskirche, 1731 Diakonus.

Petzold, Karl Friedrich, 14. Juli 1695–9. Februar 1746
Geburtsort: Klebitz/Wittenberg
Vater: Zacharias Petzold, Prediger
Mutter: Anna Sophia, geb. Heyd
Stadtschule zu Zahna, Schule zu Belzig, Privatunterricht, 1707 Fürstenschule Meißen, 1714 Universität Wittenberg, 1716 Hauslehrer, 1717 Universität Leipzig, Privatlehrertätigkeit im Hause des Thomasschullehrers Karl Friedrich Petzold und des Baumeisters Gottfried Konrad Lehmann, 1718 Magister, 1721 Katechet zu St. Petri, 1726 Substitut des Diakonus Griebner an der Neuen Kirche, 1736 Oberdiakonus an der Neuen Kirche, 1741 Subdiakonus zu St. Thomas, Diakonat, 1744 Baccalaureus und Licentiat der Theologie.

Sancke, Christoph, 13. Dezember 1700–4. Mai 1752
Geburtsort: Guben/Niederlausitz
Vater: Johann Sancke, Wagner
Mutter: Maria, geb. Pusch
1708 mit acht Jahren Vollwaise, Privatunterricht, Schule in Guben, 1716 Gymnasium Bautzen, 1720 Universität Leipzig, 1727 Magister, Mai 1729 Katechet zu St. Petri, 1735 Baccalaureus der Theologie, 26. Mai 1737 Sonnabendsprediger zu St. Nikolai, 1741 Unterdiakonussubstitut an der Neuen Kirche, 1743 Subdiakonat an der Thomaskirche, im gleichem Jahr Subdiakonat zu St. Nikolai, 1746 Diakonus an der Thomaskirche, 4. September 1749 Licentiat der Theologie.

Eulenstein, Johann Friedrich, 1777–1821
Geburtsort: Leipzig
Vater: Schumachermeister
1797 Universität Leipzig, 1801 Katechet Leipzig St. Petri, 1805 Sonnabendsprediger St. Nikolai, 1808 Subdiakonus Neue Kirche, 1812 Subdiakonus St. Thomas, 1816 Diakonus.

Siegel, Karl Christian Friedrich, 1781–1846
Geburtsort: Marienberg
Vater: Rossarzt
1799 Universität Leipzig, 1804 Vesperprediger Universitätskirche St. Pauli Leipzig, 1805 Katechet Gohlis/Leipzig, 1808 Pfarrer in Audigast, 1816 Subdiakonus Leipzig Neue Kirche, 1822 Subdiakonus St. Thomas, 1835 Diakonus, 1843 Pfarrer St. Nikolai.

Fröhlich, Heinrich Andreas, 1. August 1886–1971
Geburtsort: Gesau
Vater: Johann Heinrich Fröhlich, Pfarrer
Gymnasium Chemnitz, König-Albert-Gymnasium Leipzig, 1912 Hilfsgeistlicher Lutherkirche Meißen, 1913 Pfarrer Bodenbach/Böhmen, 1916 Leipzig St. Thomas 4. Stelle, 1925 3. Stelle, 1926 Superintendent Bautzen, 1932 Superintendent Leipzig-Land, tätig an St. Petri zu Leipzig. 1934 Oberkirchenrat im Landeskirchenamt Dresden, Dezernat Volksmission, 1947 Pfarrer in Riesa, 1956 emeritiert.

Hahn, Carl Hugo, 22. September 1886–5. November 1957
Geburtsort: Reval/Estland
Vater: Traugott Hahn, Pfarrer
Gymnasium Petersburg, 1910 Pfarrer in Kreuz/Estland, 1916 Nissi/Estland, 1919 Vikar Worbis/Eichsfeld, später Pfarrer, 1927 3. Stelle St. Thomas Leipzig, 1930 Superintendent Dresden Frauenkirche, 1938 Niederlegung des Amtes, 1948 Landesbischof der Ev.-Luth. Landeskirche Sachsens, 1953 emeritiert.

Böhme, Walter Georg, 2. Mai 1889–8. August 1957
Geburtsort: Leipzig
Vater: Verlagsbuchhändler
Gymnasium Leipzig Thomas, 1916 Hilfsgeistlicher Radeberg, 1916 Pfarrer Olbernhau 3. Stelle, 1917 2. Stelle, 1925 Leipzig St. Thomas 4. Stelle, 1930 3. Stelle.

Günther, Hans Wilhelm, 5. Dezember 1895–1988
Geburtsort: Hohenstein-Ernstthal
Vater: Kassendirektor
Gymnasium Dresden Neustadt, 1921 Ephoral-Hilfsgeistlicher Chemnitz, 1922 Diakonus Markneukirchen, 1926 Leipzig Matthäikirche 4. Stelle, 1934 3. Stelle, 1935 2. Stelle, 1938 1. Stelle, 1948 Leipzig St. Thomas 3. Stelle, emeritiert 1963.

Wetzel, Christoph, * 6. Juli 1929
Geburtsort: Stenn
1956 Regis-Breitingen, 1964 St. Thomas zu Leipzig 3, Doktor der Theologie, 1972 Studiendirektor Predigerkolleg St. Pauli zu Leipzig, 1976 Sup. Dresden Nord Martin-Luther-Kirche Dresden, 1983 Studiendirektor Kirchenmusikschule Dresden, emeritiert 1994.

Grabner, Klaus, 9. Juli 1932–21. Februar 2003
Geburtsort: Grimma
Vater: Georg Grabner, Arzt
Theologiestudium Universität Leipzig, 1958 Groitzsch, 1961 Hartmannsdorf, 1973 St. Thomas zu Leipzig 3, emeritiert 1992.

Subdiakone zu St. Thomas/4. Stelle

Wagner, Bartholomäus, † ~1562
Geburtsort: Weißenfels
1549 Subdiakonus St. Thomas zu Leipzig, 1550 Pastor und Superintendent in Glauchau, 1556 Diakonus extraordinarius Penig, 1561 weigerte sich das Corpus doctrinae Melanchthonis anzunehmen, Rückgabe seiner Konfession an das Leipziger Konsistorium Flucht aus Sachsen, vermutlich zur röm.-kath. Kirche konvertiert.

Kober, Georg, † 21. August 1573
Geburtsort: Werda
1559 Prediger St. Georg Leipzig, Subdiakonus St. Thomas, Baccalaureus der Theologie, starb nach einer gehaltenen Hochzeitspredigt in Wurzen und wurde in Leipzig beerdigt.

Alberti, Kaspar, 24. Februar 1551–27. August 1584
Geburtsort: Schönfeld/Böhmen
1574 Predigerstelle Johanneskirche Leipzig, 1576 Subdiakonus St. Thomas.

Posselt, Zacharias, † 11. Juni 1608
Geburtsort: Zittau
1591 Dekan der Phil. Fakultät Leipzig, 1592 Subdiakonus St. Thomas, im gleichen Jahr wegen des Verdachtes des Kryptocalvinismus abgesetzt, 1593 Prediger in Hirschfelde/Zittau, 1597 Archidiakonus Zittau St. Johannis.

Viertel, Wolfgang, 1544–15. Juli 1605
Geburtsort: Schneeberg
1579 Prediger Johanneskirche Leipzig, 14. März 1593 Subdiakonus St. Thomas.

Cünel, Georg, 6. Juni 1591–1. Juli 1624
Geburtsort: Leipzig
1. Mai 1619 Sonnabendprediger St. Thomas zu Leipzig, 31. Dezember 1622 Subdiakonus St. Thomas.

Thilo, Johann, 3. September 1637–8. November 1681
Geburtsort: Leipzig
Universitäten Leipzig und Jena, 19. Februar 1657 Magister Leipzig, 1662 Diakonus Zschopau, später Prediger in Ortrand, 1669 Pastor und Superintendent Liebenwerda, 9. Mai 1671 Licentiat der Theologie in Leipzig und Subdiakonus St. Thomas, 27. April 1674 Diakonus St. Nikolai.

Kettner, Friedrich, 24. September 1645–14. September 1680
Geburtsort: Stollberg
Vater: Hermann Kettner, Prediger in Stollberg

Mutter: Katharina, geb. Denerl

1658 Schulpforta, Studium in Wittenberg und 1662 in Leipzig, 1663 Magister der Philosophie und 1670 Baccalaureus der Theologie in Leipzig, 1671 Substitut seines Vaters in Stollberg, 1675 Subdiakonus St. Thomas.

Werner, Friedrich, 28. Mai 1659–21. April 1741
Geburtsort: Flemmingen/Naumburg
Vater: Matthäus Werner, Prediger in Flemmingen
Mutter: Anna, geb. Strignitz
Hausunterricht durch den Vater, 1674 Schulpforta, 1680 Universität Leipzig, Unterbrechung des Studiums durch die Pest, weswegen er nach Hause zurückkehrte, 1684 Magister der Philosophie, 1690 Baccalaureus der Theologie, 1699 Unterdiakonus Neue Kirche Leipzig, Juli 1714 Subdiakonus St. Thomas, 1721 Diakonus St. Nikolai, 28. Oktober 1723 Licentiat der Theologie, 1737 Archidiakonus St. Nikolai, 9. Februar 1741 Doktor der Theologie.

Ram, Johann Paul, 27. Mai 1701–7. September 1741
Geburtsort: Freiberg
Vater: Johann Paul Ram, Tuchmacher
Mutter: Anna Sabina, geb. Bähr
Gymnasium Freiberg, 1722 Universität Wittenberg, 1724 Magister der Philosophie, 1727 Diakonus St. Petri Freiberg, 1731 Mittagsprediger Dom zu Freiberg, 1740 Oberkatechet St. Petri Leipzig, 2. Oktober 1740 Subdiakonus St. Thomas, Juni 1741 Diakonus St. Nikolai, Baccalaureus der Theologie.

Eichler, Christian Gottlob, 2. Dezember 1711– 10. März 1785
Geburtsort: Höckendorf/Dresden
Vater: Johann Christoph Eichler, Pfarrer daselbst, später in Hartha/Waldheim
Mutter: Johanna Dorothea, geb. Seyler
Unterricht durch älteren Bruder, 1724 Fürstenschule zu Meißen, 1729 Universität Leipzig, 1732 Magister der Philosophie, 1733 Vesperprediger Universitätskirche, 1734 Katechet St. Petri, 17. August 1739 Subdiakonus Substitutus St. Nikolai, 1743 Subdiakonus St. Thomas, Diakonus St. Nikolai, 1744 Licentiat der Theologie, 1750 Archidiakonus, 1751 Doktor der Theologie, 25. Dezember 1755 Pastor St. Nikolai.

Huhn, Christian Gottfried, 13. April 1715–1. April 1747
Geburtsort: Leipzig
Vater: Johann Gottfried Huhn, Kaufmann
Mutter: Rosina Elisabeth, geb. Geisler
Privatunterricht, 1731 Universität Leipzig, 1736 Magister der Philosophie, Juni 1737 Katechet St. Petri, 1742 Sonnabendsprediger St. Nikolai, November 1743 Subdiakonus St. Thomas, 29. Juli 1745 Baccalaureus der Theologie, 29. April 1746 Subdiakonus St. Nikolai.

Thalemann, Christian Wilhelm, 16. Februar 1727– 10. März 1778
Geburtsort: Weberstädt/Langensalza
Vater: Christian Thalemann, Prediger, später Kölleda
Mutter: Barbara Sophia, geb. Ernesti
Privatunterricht, 1735 Thomasschule Leipzig, im Hause seines Onkels Johann August Ernesti, 1740/41 Schulpforta, 1746 Universität Leipzig, 1750 Magister der Philosophie, Baccalaureus der Theologie, Frühprediger Universitätskirche, 1756 Subdiakonus St. Thomas, 1. November 1761 Subdiakonus St. Nikolai, 5. November 1764 Diakonus, 1765 Lic. der Theol., 1773 außerordentl. Professor der Theologie, 1775 Doktor der Theologie, ordentl. Professor.

Degenkolb, Karl Christian, 1718–19. Dezember 1797
Geburtsort: Stolpen
Vater: Karl Friedrich Degenkolb, Diakonus
Mutter: geborene Böthig
Privatunterricht, 1735 Universität Leipzig, 1741 Hofmeister in Bautzen, 1742 Pastor in Zützen/Niederlausitz, 26. Mai 1754 Prediger St. Georg Leipzig, Magister der Philosophie, 6. Dezember 1761 Unterdiakonus Neue Kirche, 2. Dezember 1764 Subdiakonus St. Thomas, 3. September 1775 Subdiakonus St. Nikolai, 14. Juni 1778 Diakonus, 1. Dezember 1780 Archidiakonus, Baccalaureus der Theologie, 14. September 1785 Doktor der Theologie.

Lechla, Gottlob Friedrich, 17. Januar 1734–6. Juli 1783
Geburtsort: Püchau/Eilenburg
Vater: Gotthelf Ehrenfried Lechla, Prediger in Püchau, später Eilenburg, Leipzig
Mutter: Johanna Sophia, geb. Rebentrost
Privatunterricht, Schule Eilenburg, Nikolaischule Leipzig, 1750 Universität Leipzig, 1755 Baccalaureus der Theologie, 4. März 1756 Magister der Philosophie, Dezember 1756 Vesperprediger Universitätskirche, Dezember 1757 Katechet St. Petri, April 1762 Sonnabendsprediger St. Thomas, Substitut Lazarethkirche, November 1766 Substitut des Oberdiakonus Neue Kirche, 9. August Oberdiakonus, 27. Mai 1776 Subdiakonus St. Thomas, Juni 1778 Subdiakonus St. Nikolai, 3. Dezember 1780 Diakonus.

Enke, Christoph Friedrich, 11. März 1752–1839
Geburtsort: Untergreißlau/Weißenfels
Vater: Christoph Enke, Rittergutspächter in Püchau

Mutter: Maria Sabina, geb. Wahrin

Unterricht vom Prediger Schröter in Kötzschau, 1764 Gymnasium Merseburg, 1767 Fürstenschule Grimma, 1772 Universität Leipzig, 1774 Hauslehrer bei Bürgermeister Dr. Wendler, 1777 Baccalaureus der Theologie, 1778 Frühprediger Universitätskirche, 1783 Unterdiakonus Neue Kirche, 1785 Subdiakonus St. Thomas, September 1791 Subdiakonus St. Nikolai, Juli 1798 Diakonus, 3. Oktober 1799 Doktor der Theologie, 1805 Archidiakonus, 1809 Pfarrer an St. Nikolai, emeritiert 1835.

Regis, Johann Gottlob, 1759–1830

Geburtsort: Leipzig

Vater: Johann Gottlob Regis, Generalakziseeinnehmer

Mutter: Christiana Sophia, geb. Ahrensberg

Privatunterricht, 1774 Universität Leipzig, 1778 Magister der Philosophie Wittenberg, November 1780 Katechet St. Petri zu Leipzig, November 1783 Sonnabendsprediger St. Nikolai, September 1785 Prediger St. Georg, Oktober 1791 Subdiakonus St. Thomas, Juni 1798 Subdiakonus St. Nikolai, 1805 Diakonus, 1816 entlassen.

Einert, Gottlob, 1780–1813

Geburtsort: Leipzig

Vater: Ratsherr

1796 Universität Leipzig, Magister der Philosophie, 1801 Prediger-Colleg Leipzig, 1803 Diakonus Taucha, 1805 Subdiakonus Leipzig St. Thomas, 1807 Lehrer Frankfurt/Oder, 1810 Garnisonprediger Grünberg/Schlesien, gestorben in Teplitz.

Küchler, Carl Gustav, 21. August 1796–8. Juli 1853

Geburtsort: Podelist/Freyburg

Vater: Pfarrer

1817 Prediger-Colleg St. Pauli Leipzig, 1820 Lehrer an der Nikolaischule Leipzig, 1827 außerordentl. Prof. für Philologie, 1843 Subdiakonus St. Thomas.

Lohse, Hermann August, 1820–1872

Geburtsort: Limbach/Auerbach

Vater: Lehrer

Gymnasium Plauen, 1845 Lehrer in Leipzig, 1847 Katechet St. Petri, 1856 St. Georg, 1859 Subdiakonus St. Thomas, emeritiert 1865, gestorben in Meran.

4. Stelle (2. Diakon)

Hanitzsch, Martin Theodor, 1862–1936

Geburtsort: Dittersdorf/Dippoldiswalde

Vater: Kantor

1876 Kreuzgymnasium Dresden, 1888 Hilfsgeistlicher Schmannewitz, Leipzig St. Nikolai, 1889 Diakonus Döhlen, 1891 Diakonus Freiberg Dom, 1898 Subdiakonus Leipzig St. Thomas, 1912 Superintendent Annaberg, Oberkirchenrat, emeritiert 1929.

Meder, Oscar Guido Gerhard, 24. Februar 1885–10. Dezember 1947

Geburtsort: Perm/Estland

Vater: Ingenieur

Gymnasium Dorpat/Estland, 1909 Pfarrer in Dorpat, 1910 Pfarrer in Marjama/Estland, 1926 Diakonissenhaus Reval/Estland, 1930 Leipzig Diakonissenhaus, 1931 Leipzig St. Thomas 4. Stelle.

Krauspe, Richard Hans, 6. Dezember 1909–1996

Geburtsort: Weißenberg

1935 Crostau, 28. Februar 1954 St. Thomas zu Leipzig 4, emeritiert 1977.

Fraustadt, Christian, 6. August 1925

Geburtsort: Dornreichenbach

Vater: Pfarrer

1953 Kirchenbezirk Schneeberg, 1955 Aue St. Nikolai, 1964 Karl-Marx-Stadt (Chemnitz) St. Pauli-Kreuz, 1978 St. Thomas zu Leipzig 4. Stelle, emeritiert 1990.

Jenichen, Johannes, 23. April 1953

Geburtsort: Kamenz

Vater: Rudi Jenichen, Stellmacher, als Steinarbeiter tätig

1960 Schulbesuch, 1970 wegen politischer Unbotmäßigkeit der Schule verwiesen, Ausbildung zum Elektromonteur, 1972 Studium der Theologie Theologisches Seminar Leipzig, 1979 Pfarrer Borna/Oschatz, 1991 Leipzig St. Thomas 4. Stelle, 1996 Superintendent Rochlitz, 2012 Superintendent Glauchau-Rochlitz.

Sonnabendsprediger

Schneider, Balthasar, genannt Sartorius, 6. Januar 1534–14. September 1609

Geburtsort: Oschatz

Vater: Bürger in Oschatz

1548 Kapellknabe Torgau, 1550 Universitäten Wittenberg und Leipzig, 1559 Magister, Pastor und Lehrer in Schulpforta, 2. Oktober 1568 Baccalaureus der Theologie, 23. April 1569 Sonnabendsprediger St. Thomas, 1570 Hofmeister am Hof zu Weimar, 1572 Licentiat der Theologie, 1573 Doktor der Theologie, 1575 Superintendent Grimma, 1578 Prof. Theologie in Jena, 28. Oktober 1588 Superintendent in Meißen, 1592

455

wegen kryptocalvinistischer Gesinnung Absetzung von seinen Ämtern, außerordentl. Prof. der Theologie in Leipzig.

Hertel, Eberhard
Geburtsort: Hof
1570 Sonnabendsprediger St. Thomas, 1575 Rektor Gymnasium Merseburg.

Wagner, Wolfgang
Geburtsort: Wunsiedel
1571 Universität Leipzig, 1575 Sonnabendsprediger St. Thomas, 1575 Prediger zu St. Georg, 1576 Prediger in Limehna/Eilenburg, 1593 wegen kryptocalvinistischer Gesinnung abgesetzt, gestorben in Delitzsch.

Loß/Lossius, Peter, 1542–1602
Geburtsort: Borna
1560 Fürstenschule Grimma, 1562 Universität Leipzig, 1567 Magister, 7. Mai 1573 Baccalaureus der Theologie, Inspektor der kurf.-sächs. Stipendiaten, 1575 Sonnabendsprediger St. Thomas, 1576 Danzig Pro-/Konrektor Gymnasium, 1598 Prediger Wozlau und Stüblau/Danziger Gebiet.

Meurer, Johann, † 9. Juni 1607
Geburtsort: Leipzig
1592 Sonnabendsprediger St. Thomas, 1598 Prediger Substitut Paunsdorf, 27. November 1604 Prediger Lößnig/Leipzig.

Mühlmann, Johann, 28. Juli 1573–14. November 1613
Geburtsort: Wiederau/Pegau
Vater: Hieronymus Mühlmann, Diakonus in Pegau
1588 Fürstenschule Schulpforta, Universität Jena, 1594 Universität Leipzig, 1595 Baccalaureus, 1597 Magister, 1598 Sonnabendsprediger St. Thomas, 1599 Diakonus St. Wenzel Naumburg, 1604 Prediger in Laucha/Freyburg, 24. März 1605 Archidiakonus St. Nikolai Leipzig, 18. September 1606 Baccalaureus der Theologie, 1607 Wahrnahme der 4. Professur der Theologie in Leipzig, Inspektor der kurfürstl. Stipendiaten, 1612 Licentiat der Theologie.

Förster, Johann, 25. Dezember 1576–17. November 1613
Geburtsort: Auerbach/Vogtland
Vater: Abraham Förster, Landrichter zu Lengenfeld
Mutter: Margaretha, geb. Claus
Schulen in Auerbach, Lengenfeld und 1590 Schneeberg, 1593 Universität Leipzig, 28. September 1594 Baccalaureus, 1597 Magister der Philosophie, 1599 Sonnabendsprediger St. Thomas, 18. Mai 1601 Rektor der Schule Schneeberg, 1603 Pastor St. Michaelis Zeitz, 23. Oktober 1606 Doktor der Theologie Leipzig, 1608 Prof. der Theologie Wittenberg, 1613 Generalsuperintendent Eisleben; er soll kaiserlich gekrönter Poet gewesen sein.

Klinger, Michael,
Geburtsort: Ochsenfurt
Magister der Philosophie, 1604 Sonnabendsprediger St. Thomas, 24. April 1619 Valediktion.

Beck(er), Bartholomäus, 1596–1654
Geburtsort: Döbeln
1613 Universität Leipzig, 1619 Magister der Philosophie, Rektor in Eisleben, 1. März 1623 Sonnabendsprediger St. Thomas zu Leipzig, 1624 Baccalaureus der Theologie, 1625 Eisleben St. Nikolai, Konsistorialassessor.

Scherer, David, † 1652
Geburtsort: Leipzig
Universität Leipzig, Magister, 3. Juni 1631 Sonnabendsprediger St. Thomas zu Leipzig, 10. Dezember 1633 Diakonus Reichenbach.

Calvisius, Sethus, 1608–1663
Geburtsort: Leipzig
Vater Seth Calvisius, Thomaskantor
1625 Universität Leipzig, Magister, 3. März 1634 Sonnabendsprediger St. Thomas, 1637 Quedlinburg St. Nikolai.

Deuerlin, Christian, 18. Oktober 1608–7. September 1675
Geburtsort: Leipzig
Vater: Sigismund Deuerlin, Baumeister und Ratsherr
Mutter: Maria, geb. Hertel
1634 Universität Leipzig, 1635 Magister, 1. Juli 1637 Sonnabendsprediger St. Thomas, 1638 Pastor Taucha, 1640 Baccalaureus der Theologie.

Schacher, Hartmann, 1605–20. März 1659
Geburtsort: Leipzig
1629 Universität Leipzig, 1635 Magister, 1640 Baccalaureus der Theologie, 1638 Sonnabendsprediger St. Thomas, 1640 Archidiakonus St. Michaelis Zeitz.

Frankenstein, Christian Friedrich, 20. August 1621– 1. November 1679
Geburtsort: Leipzig
Vater: Ratsherr und Jurist
Universität Leipzig, 30. Januar 1640 Magister, März 1643 Tertius Nikolaischule, Konrektor, 1645 Sonnabendsprediger St. Thomas, Assessor der Philoso-

phischen Fakultät, 15. Juli 1650 Rektor Halle (Saale), 27. Oktober 1652 Prof. der latein. Sprache Leipzig, Ephorus der kurfürstl. Stipendiaten.

Leyser, Friedrich Wilhelm, 4. September 1622–25. August 1691
Geburtsort: Leipzig
Vater: Polykarp Leyser, Superintendent Leipzig
1640 Universitäten Leipzig, Wittenberg, Kopenhagen, 1643 Magister, 1650 Sonnabendsprediger St. Thomas Leipzig, 20. Januar 1651 Diakonus Marktkirche Halle, 1662 Superintendent Langensalza, 1664 Domprediger Magdeburg, 1666 Koadjutor Braunschweig, 1668 Oberdomprediger Magdeburg.

Bose, Paul, 15. Juni 1630–2. Januar 1694
Geburtsort: Leipzig
Vater: Paul Bose, Juwelier
Mutter: Katharina, geb. Schilter
Privatunterricht im Umkreis der verwitweten Kurfürstin Hedwig auf Lichtenburg, später durch Sup. Martin Geyer, M. Klinger und Philipp Salzmann, 1645 Universität Leipzig, 1646 Baccalaureus der Philosophie, 1647 Universität Altdorf, 31. Januar 1649 Magister Leipzig, 1652 Universität Wittenberg, 1658 Straßburg, Universität Genf, Basel, Frankfurt, Tübingen, Durlach, Worms, Speyer und Heidelberg, 1660 Rückkehr nach Leipzig, 1661 Sonnabendsprediger St. Thomas, 4. April 1666 Diakonus Kreuzkirche Dresden, 1690 Archidiakonus.

Preusser, Paul, 19. September 1639–27. Mai 1695
Geburtsort: Nebra
Vater: Pfarrer
Universität Leipzig, 1662 Magister, 26. Juni 1666 Sonnabendsprediger St. Thomas, 1670 Baccalaureus der Theologie Leipzig, 3. Juli 1674 Prediger Probstheida.

Dornfeld, Johann, 30. September 1643–6. Oktober 1720
Geburtsort: Angermünde
Vater: Peter Dornfeld, Rechtskonsulent und Bürgermeister
Mutter: Dorothea, geb. Klingsporn
Schulen Cölln/Spree, Wernigerode, Lüneburg und Hildesheim, 1665 Universität Helmstedt, Bildungsreise, 1669 Universität Leipzig, 1670 Magister, 1674 Sonnabendsprediger St. Thomas, 1676 Tertius Nikolaischule, 1678 Beisitzer Philosophische Fakultät, 1680 Konrektor Nikolaischule, 1682 Subdiakonus St. Nikolai, 1690 Licentiat der Theologie, 1692 Diakonus, 1699 Archidiakonus, 8. November 1708 Doktor der Theologie, 7. Mai 1710 Superintendent Leipzig, 1715–1716 Verwaltung der alten Universitätsdörfer, 1717 Schlaganfall mit Verlust der Sprache, Einstellung seiner Predigten bei Wahrnahme der anderen Pflichten.

Lange, Christian Samuel, 1653–6. August 1689
Geburtsort: Pegau
Vater: Samuel Lange, Superintendent Pegau, später Leipzig
Mutter: Katharina Margaretha, geb. Götze
Universität Leipzig, 1672 Magister, Baccalaureus der Theologie, 1682 Sonnabendsprediger St. Thomas, 1686 Superintendent Pegau.

Cramer, Johann Jakob, 11. März 1658–11. Januar 1702
Geburtsort: Leipzig
Vater: Handelsmann
1676 Universität Leipzig, Wittenberg, 1678 Magister, 1685 Baccalaureus der Theologie, 1686 Sonnabendsprediger St. Thomas, 27. September 1693 Prediger St. Johannes.

Köhler/Colerus, Johann Tobias, 20. Oktober 1672–22. Juli 1724
Geburtsort: Ronneburg
Vater: Zeugmacher
Schule Crimmitschau, Universität Leipzig, 28. Januar 1697 Magister, Baccalaureus der Theologie, 1700 Archidiakonus Luckau, 8. August 1702 Sonnabendsprediger St. Thomas zu Leipzig, Doktor der Theologie, 20. November 1706 Superintendent Glauchau.

Griebner, Johann Sigismund, 19. November 1683–1. März 1742
Geburtsort: Leipzig
Vater: Daniel Griebner, Pfarrer
Mutter: Magdalena Sabina, geb. Bösch
1701 Universität Leipzig, 31. Januar 1704 Magister, 1706 Sonnabendsprediger St. Thomas, 1708 Baccalaureus der Theologie, 1712 Substitut des Pastors Johann Horn St. Thomas, 1714 Unterdiakonus Neue Kirche.

Gregorii, Friedrich Quirin, 18. Dezember 1687–30. August 1715
Geburtsort: Frankfurt/Oder
Vater: Jakob Gregorii, Pastor St. Georg zu Frankfurt
Schule Frankfurt/Oder, 1705 Universität Frankfurt/Oder, 1707 Universität Leipzig, 5. Dezember 1709 Magister, 1712 Sonnabendsprediger St. Thomas, 17. April 1714 Baccalaureus, Prediger Lazarethkirche.

Clauswitz, Benedikt Gottlieb, 4. August 1692–7. Mai 1749
Geburtsort: Großwiederitzsch/Leipzig
Vater: Johann Karl Clauswitz, Prediger
Mutter: Johanna Elisabeth, geb. Mirus

Privatunterricht, 1703 Nikolaischule Leipzig, 1708 Universität, 1711 Magister, 4. September 1712 Katechet zu St. Petri, 1717 Baccalaureus der Theologie, 1718 Assessor der Phil. Fakultät, 1720 Sonnabendsprediger an der Thomaskirche, 30. Dezember 1722 Prediger Großwiederitzsch und Seehausen, 1732 Archidiakonus zu Merseburg, 1738 Professor der Theologie zu Halle (Saale), 16. März 1739 Doktor der Theologie.

Heinsius, Johann Samuel, 1686–1750
Geburtsort: Guben
1716 Katechet Peterskirche zu Leipzig, August 1722 Sonnabendsprediger zu St. Thomas, 15. März 1723 Prediger Plaußig/Leipzig, nach wenigen Wochen wegen des Verdachts einer außerehelichen Beziehung zurückgetreten, lebte seit 1725 als Buchhändler und Verleger in Leipzig.

Krantz, Gottlieb Friedrich, 10. Oktober 1691–28. Dezember 1771
Geburtsort: Schkeuditz
Vater: Peter Ernst Krantz, Bürgermeister
Mutter: geb. Schrey
Schule Schkeuditz, Gymnasium Merseburg, 1710 Universität Leipzig, 1713 Magister, 10. Juni 1715 Katechet zu St. Petri, 1723 Sonnabendsprediger zu St. Thomas, 21. März 1727 Diakonat zu Taucha, 1734 suspendiert, 1735 abgesetzt, zog nach Schkeuditz starb als Privatmann 1771.

Hofmann, Karl Gottlob, 1. Oktober 1703–19. September 1774
Geburtsort: Schneeberg
Vater: Michael Hoffmann, Rektor
Mutter: Veronika, geb. Richter
Gymnasium Schneeberg, Universität Wittenberg, 1720 Universität Leipzig, 1728 Magister, Nachmittagsprediger Universitätskirche, 1730 Sonnabendsprediger St. Thomas, 1731 Substitut des Subdiakonus St. Nikolai, 1737 Oberkatechet St. Petri, 1739 Licentiat, Doktor und Professor der Theologie Wittenberg, Generalsuperintendent.

Heinse, Detlev, 1705–15. Januar 1753
Geburtsort: Bovenah/Rendsburg
Vater: Valentin Heinse, Prediger Bovenah, später Diakonus Hamburg
Mutter: Maria, geb. Kleflecker
1722 Gymnasium Hamburg, 1726 Universität Wittenberg, 1729 Universität Leipzig, 1730 Magister Wittenberg, 1731 Sonnabendsprediger St. Thomas, 23. Dezember 1731 Diakonus St. Maximi Merseburg, 1738 Archidiakonus.

Küttner, Johann David, 16. Oktober 1693–19. Februar 1769
Geburtsort: Pleisse/Chemnitz
Vater: David Küttner, Prediger
Mutter: Anna Maria, geb. Kleinpaul
Privatunterricht, 1706 Chemnitzer Schule, 1712 Universität Leipzig, 1717 Magister in Wittenberg, 1721 Katechet an der Peterskirche zu Leipzig, 1723 Sonnabendsprediger St. Thomas, 1734 Prediger zu Eutritzsch.

Wendt, Johann Christian, 1706–23. Mai 1735
Geburtsort: Leipzig
Vater: Christian Wendt, Böttger
Mutter: Maria Regina, geb. Hempel
Privatunterricht, Nikolaischule, Universität Leipzig, 1726 Baccalaureus 1727 Mag der Philosophie, Oktober 1728 Katechet an der Peterskirche, Oktober 1734 Sonnabendsprediger zu St. Thomas.

Bauer, Christian Gabriel, 1695–13. März 1746
Geburtsort: Leipzig
Vater: Gabriel Bauer, erster Kollaborator, Tertius der Thomasschule
Mutter: Katharina Elisabeth, geb. Starke
Nikolaischule, Thomasschule, Universität Leipzig, 1720 Baccalaureus, 1722 Magister der Philosophie, Mai 1729 Katechet, 1735 Sonnabendsprediger St. Thomas, 17. November 1735 Diakonat in Taucha, 9. August 1743 Pastorat.

Klaubart, Daniel Siegfried, 11. August 1698–13. Juli 1767
Geburtsort: Reichenbach/Vogtland
Vater: Christian Klaubart, Diakonus
Mutter: Anna, geb. Groneck
Schule Reichenbach, Thomasschule Leipzig, 17. August 1715 Universität Leipzig, 1724 Magister in Wittenberg, Mai 1729 Katechet zu St. Petri, 22. Januar 1736 Sonnabendsprediger zu St. Thomas, 1737 Unterdiakonussubstitut an der Neuen Kirche, 1741 Oberdiakonus.

Scherzer, Johann Heinrich, 23. März 1710–9. Dezember 1753
Geburtsort: Leipzig
Vater: Johann Adam Scherzer, Dr. der Rechte und Beisitzer der Juristenfakultät
Mutter: Johanna Christina, geb. Winckler
Privatunterricht, 1724 Nikolaischule, 1728 Universität Leipzig, 1731 Magister, 21. März 1734 Katechet an der Peterskirche, 1738 Sonnabendsprediger zu St. Thomas, 10. März 1743 Prediger St. Georg.

Bürger, Johann Gottlob, 15. September 1715–1758
Geburtsort: Groß Naundorf/Radeberg
Vater: Johann Gottfried Bürger, Gutsbesitzer und zugleich Ökonomieverwalter beim Grafen von Friesen zu Schönfeld/Dresden
Mutter: Dorothea, geb. Wenzel
Privatunterricht, 1730 Gymnasium Bautzen, 1736 Universität Leipzig, 1741 Magister, 1742 Vesperprediger an der Universitätskirche, April 1742 Katechet zu St. Petri, Dezember 1743 Sonnabendsprediger St. Thomas, November 1744 Diakonat zu St. Bonifatius zu Langensalza.

Wolf, Gottlob Jakob Friedrich, 1757–1812
Geburtsort: Probstheida
Vater: Christian Gottlob Friedrich Wolf, Prediger
Mutter: Augusta Dorothea Gottlieb, geb. Jentzsch
Privatunterricht, 1767 Privatunterricht in Leipzig, Thomasschule, 1771 Fürstenschule Grimma, 1777 Universität Leipzig, 1783 Magister Wittenberg, 1783 Katechet Peterskirche zu Leipzig, 1788 Sonnabendsprediger zu St. Thomas, 1797 Prediger Döhlen/Dresden.

Reinhart, Johann Peter, 1717–1764
Geburtsort: Hof/Vogtland
Vater: Johann Anton Reinhart, Schieferdecker
Mutter: Anna Katharina, geb. Dumser
Privatunterricht, Gymnasium zu Hof, 1736 Leipzig, 1741 Magister, 15. Dezember 1743 Katechet zu St. Petri, Juli 1746 Sonnabendsprediger zu St. Thomas, August 1748 Konrektor in Hof, 1753 dort Trogenprediger, 1758 Lorenzprediger, 1763 Vesperprediger in Hof.

Frisch, Johann Friedrich, 26. Dezember 1715–4. November 1778
Geburtsort: Dietrichsbach/Freiberg
Vater: Johann Kaspar Frisch, Prediger
Privatunterricht, 1731 Fürstenschule Meißen, 1737 Universität Leipzig, 1743 Magister zu Wittenberg, Dezember 1744 Katechet zu St. Petri zu Leipzig, 1748 Baccalaureus der Theologie, August 1748 Sonnabendsprediger zu St. Thomas, 1749 Pastorsubstitut in Taucha, 9. April 1750 Diakonat in Taucha, 28. Februar 1762 Prediger St. Georg zu Leipzig.

Schuchart, Johann Christian, 30. September 1716–1775
Geburtsort: Arnstadt
Vater: Johann Christian Schuchart, Bürger und Sattler
Mutter: Maria Elisabeth, geb. Bachov
Schule Arnstadt, 1737 Universität Leipzig, 1744 Magister, 1745 Feldprediger, Juli 1746 Katechet zu St. Petri, Juni 1750 Sonnabendsprediger St. Thomas, 1753 Prediger Leutzsch.

Leypold, Christian Fürchtegott, 1722–11. März 1758
Geburtsort: Kühren/Wurzen
Vater: Christian Leypold, Prediger
Mutter: geb. Hillig
Privatunterricht, Fürstenschule Grimma, 1742 Universität Leipzig, 1746 Baccalaureus, 16. Februar 1747 Magister der Philosophie, September 1749 Vesperprediger an der Universitätskirche, April 1751 Katechet zu St. Petri, Dezember 1753 Sonnabendsprediger zu St. Thomas, September 1757 Predigersubstitut an der Lazarethkirche.

Dürr, Gottlob Benjamin, 1725–12. Januar 1758
Geburtsort: Marienberg
Vater: Johann Philipp Dürr, Schichtmeister
Mutter: Dorothea Magdalena, geb. Olbricht
Privatunterricht, Schule Marienberg, 1745 Universität Leipzig, 1750 Baccalaureus, 25. Februar 1751 Magister der Philosophie, 1752 Vesperprediger an der Universitätskirche, September 1753 Katechet zu St. Petri, 1757 Sonnabendsprediger St. Thomas.

Fritzsche, Paul Christoph, 28. Oktober 1727–5. Juni 1770
Geburtsort: Zeitz
Vater: Christoph Fritzsche, Vorgesetzter der Konsistorialboten
Mutter: Maria Sophia, geb. Gerisch
Hausunterricht, Schule Zeitz, 1747 Universität Leipzig, 22. Dezember 1752 Baccalaureus, 24. Februar Magister der Philosophie, 7. Oktober 1753 Katechet St. Petri, April 1758 Sonnabendsprediger St. Thomas, 1. März 1762 Diakonus Taucha, 12. Dezember 1769 Pastorat.

Troitzsch, Johann Gottlob, 1730–17. Oktober 1801
Geburtsort: Delitzsch
Vater: Gottfried Troitzsch, Seiler
Mutter: Christina, geb. Sauer
Schule Delitzsch, Schulpforta, 1750 Universität Leipzig, 13. Februar 1755 Magister, 1756 Vesperprediger an der Paulinerkirche, Februar 1759 Katechet St. Petri, Dezember 1764 Sonnabendsprediger St. Thomas, 25. September 1767 Prediger zu Cleuden und St. Thekla.

Weiß, Christian Samuel, 27. Januar 1738–1805
Geburtsort: Leipzig
Vater: Christian Weiß d. J., Archidiakonus zu St. Nikolai und Professor

459

Mutter: Dorothea Elisabeth, geb. Zeh

Hausunterricht, Privatunterricht Hirschberg in Schlesien, 1755 Universität Leipzig, 1759 Magister, April 1762 Katechet Peterskirche, September 1767 Sonnabendsprediger zu St. Thomas, 30. Juli 1770 Pastor in Taucha, November 1775 Prediger Lazarethkirche Leipzig, Dezember 1780 Subdiakonus Nikolaikirche, September 1791 Diakonus, Juli 1798 Archidiakonus, 1774 Baccalaureus der Theologie, 1796 theol. Doktorwürde.

Gräfenhain, Ferdinand Friedrich, 1740–1823
Geburtsort: Beichlingen/Thüringen
Vater: Johann Ernst Gräfenhain, Kantor
Mutter: Eleonora, geb. Schnetter
Privatunterricht, 1753 Thomasschule Leipzig, 1761 Universität Leipzig, 1765 Magister, September 1767 Katechet zu St. Petri, 1770 Sonnabendsprediger St. Thomas, 1775 Diakonus in Taucha, Juli 1778 Unterdiakonus an der Neuen Kirche Leipzig, Dezember 1780 Oberdiakonat, 1802 Doktor der Theologie.

Kiesewetter, Johann Friedrich, 13. November 1735–1814
Geburtsort: Oelsnitz/Vogtland
Vater: Georg Christoph Kiesewetter, Tuchmacher
Mutter: Johanna, geb. Albert
1750 Schule zu Plauen, 1756 Universität Jena, 1759 Universität Leipzig, 1761 Hauslehrer Greiz, 1766 Hauslehrer in Leipzig, 1768 Magister in Wittenberg, Juli 1769 Katechet zu St. Petri, November 1775 Sonnabendsprediger St. Thomas, April 1777 Prediger in Dewitz, Dezember 1780 Prediger Lazarethkirche.

Einsiedel, Johann Georg, 19. Oktober 1741–19. Oktober 1783
Geburtsort: Trünzig/Zwickau
Vater: Schumacher
Mutter: Magdalena, geb. Schneider
1754 Schule Greiz, 1764 Universität Leipzig, März 1771 Katechet zu St. Petri, 1777 Sonnabendsprediger St. Thomas, 1779 Prediger in Eutritzsch.

Hund, Christian Gottlieb, 1748–1822
Geburtsort: Löbau/Oberlaußitz
Vater: Christian Heinrich Hund, Diakonus an der Heil. Geistkirche
Mutter: Johanna Heinrika, geb. Fibiger
Privatunterricht, 1757 Privatunterricht vom Stiefvater Johann Türk in Triebel, 1760 Lyceum zu Sorau, 1762 Gymnasium Görlitz, 1767 Universität Leipzig, 1774 Magister, Vesperpredigerstelle Universitätskirche, Februar 1775 Katechet St. Petri, 1779 Sonnabendsprediger St. Thomas, Dezember 1780 Prediger in Dewitz, 1785 Prediger in Leutzsch, 1805 Substitut des Pfarrers von St. Johannes in Leipzig, 1806 Pfarrer St. Johannes

Burckhardt, Johann Gottlieb, 1756
Geburtsort: Eisleben
Vater: Christoph Daniel Burckhardt, Schumacher
Mutter: Katharina Regina, geb. Pickel
Schule Eisleben, Gymnasium, 1774 Universität Leipzig, Februar 1777 Magister, November 1777 Katechet Peterskirche, 1779 Bildungsreise durch Niedersachsen, Oktober 1780 Sonnabendsprediger St. Thomas, Juli 1781 Prediger der Lutherischen Gemeinde der Marienkirche zu London/England, während eines Besuchs in Leipzig erwarb er am 23./24. August 1786 die Würde eines Doktors der Theologie.

Benedikt, Traugott Friedrich, 3. Juli 1756–1833
Geburtsort: Annaberg
Vater: Karl Friedrich Benedikt, Ratsherr und Kaufmann
Mutter: Christina Konkordia, geb. Hennig
Privatunterricht, Lyceum Annaberg, 1774 Universität Leipzig, Hauslehrer in der Familie Winckler, Magister, November 1777 Katechet St. Petri, 1781 Sonnabendsprediger St. Thomas, 1783 Rektor der Schule in Torgau, 1814 Rektor Annaberg.

Thoß, Karl Friedrich August, 10. Mai 1755–1839
Geburtsort: Schneeberg
Vater: Johann Michael Thoß, Bader und Chirurgus
Mutter: Anna Rosina, geb. Sommer
Schule Schneeberg, 1769 Hauslehrertätigkeit, 1774 Universität Leipzig, 1778 Magister und Katechet Leipzig St. Petri, 1783 Sonnabendsprediger St. Thomas, 12. Dezember 1783 Predigersubstitut in Panitzsch, 26. November 1789 Pfarrer, emeritiert 1835.

Irmschler, Samuel Friedrich, 26. Oktober 1752–1814
Geburtsort: Chemnitz
Vater: Johann Michael Irmschler, Strumpfwirker
Mutter: Christina Sophia, geb. Schenk
Privatunterricht beim Bruder seiner Mutter, Johann Gottlieb Schenk in Großhartmannsdorf, 1767 Lyceum Chemnitz, 1774 Universität Leipzig, Februar 1779 Magister in Wittenberg, 30. Oktober 1779 Katechet Peterskirche Leipzig, Privatlehrertätigkeit, 27. Dezember 1783 Sonnabendsprediger St. Thomas, 1785 Prediger in Dewitz, 1802 Cleuden/St. Thekla.

Höpfner, Johann Friedrich Beatus, 1759–1832
Geburtsort: Hildburghausen
Vater: Heinrich Salomon Höpfner, herzogl. Hofprediger
Mutter: Maria Magdalena Höpfner

Privatunterricht, Schule Hildburghausen, 1772 Gymnasium Schleusingen, 1777 Universität Leipzig, Privatlehrertätigkeit, 10. Februar 1780 Magister, November 1780 Katechet St. Petri, Januar 1785 Sonnabendsprediger St. Thomas, Oktober 1785 Prediger in Audigast, 1808 Leipzig St. Georg, 1822 St. Johannes.

Döring, Johann August, 1754–1827
Geburtsort: Gatterstädt/Querfurt
Vater: Daniel Döring, Schulmeister
Mutter: Rosina Sophia, geb. Günther
Privatunterricht, 1767 Leipziger Thomasschule, 1774 Universität Leipzig, Hauslehrertätigkeit, 1. März 1781 Magister, Juni 1782 Katechet St. Petri, 1785 Sonnabendsprediger St. Thomas, 1788 Prediger Deutzen/Borna.

Wolf, Gottlob Jakob Friedrich, 1757–1812
Geburtsort: Probstheida
Vater: Christian Gottlob Friedrich Wolf, Prediger
Muter: Augusta Dorothea Gottlieb, geb. Jentzsch
Privatunterricht, 1767 Privatunterricht in Leipzig, Thomasschule, 1771 Fürstenschule Grimma, 1777 Universität Leipzig, 1783 Magister Wittenberg, 1783 Katechet Peterskirche zu Leipzig, 1788 Sonnabendsprediger zu St. Thomas, 1797 Prediger Döhlen/Dresden.

Hahn, Johann Zacharias Herrmann, 1768–1826
Geburtsort: Schneeberg
Vater: Gottlieb Herrmann Hahn, Oberpfarrer zu Schneeberg
Mutter: Dorothea Christina, geb. Hilliger
Privatunterricht, Schule Schneeberg, 1785 Universität Leipzig, 18. Februar 1790 Magister in Leipzig, September 1791 Katechet St. Petri, 1798 Sonnabendsprediger St. Thomas, 1800 Diakonus Schneeberg, Doktor der Theologie, 1804 Generalsuperintendent in Gera.

Leo, Gottlob Bonifacius Viktor, 30. August 1770–1833
Geburtsort: Weißenfels
Vater: Johann Christian Leo, Archidiakonus
Mutter: Johanna Wilhelmina, geb. Jäger
Privatunterricht in Schönefeld b. Leipzig, 1781 Privatunterricht in Leipzig, 1785 Alumnus der Thomasschule, 1792 Universität Leipzig, 1795 Magister, Juli 1796 Katechet St. Petri Leipzig, 1801 Sonnabendsprediger St. Thomas, 1801 Pfarrer in Trautzschen/Borna.

Sommer, Johann Adolf Benjamin, 16. Juni 1767–1839
Geburtsort: Burgwerben/Weißenfels
Vater: Johann Samuel Sommer, Kunstgärtner
Mutter: Dorothea Elisabeth, geb. Trenke

1772 Schule zu Weißenfels, Schule zu Naumburg, 1786 Universität Leipzig, Februar 1791 Magister in Wittenberg, 1798 Katechet St. Petri Leipzig, 1801 St. Thomas Sonnabendsprediger, 1805 Diakonus Taucha, 1814 Cleuden/St. Thekla, em. 1837.

Weber, Gottfried, 1772–1854
Geburtsort: Ninkwitz o. Würchwitz/Zeitz
1793 Universität Leipzig, 1801 Katechet St. Petri, 1805 St. Thomas Sonnabendsprediger, 1806 Pfarrer Leutzsch, emeritiert 1845, gestorben in Lindenau.

Adler, Johann August, 1773–1850
Geburtsort: Leipzig
Vater: Typograph
1797 Universität Leipzig, Magister, 1802 Katechet St. Petri, 1806 Sonnabendsprediger St. Thomas, Prediger St. Petri, 1810 Substitut St. Jacob, 1814 Pfarrer St. Jacob.

Emmerling, Christian August Gottfried, 1781–1827
Geburtsort: Sausedelitz/Bitterfeld
Vater: Pfarrer
1795 Fürstenschule Grimma, 1800 Universität Leipzig, 1805 Katechet St. Petri, 1810 St. Thomas Sonnabendsprediger, 1811 Substitut Probstheida, 1814 Pfarrer, 1815 Magister.

Neumann, Friedrich August, 1781–1834
Geburtsort: Luckau/Mark
1802 Universität Leipzig, 1806 Magister, Katechet St. Petri, 1811 St. Thomas Sonnabendsprediger, 1814 Diakonus Taucha, 1818 Pfarrer Eutritzsch.

Söfner, Johann August, 1785–1859
Geburtsort: Sausedlitz/Bitterfeld
Vater: Lehrer
1807 Universität Leipzig, Magister, 1810 Katechet St. Petri, 1814 St. Thomas Sonnabendsprediger, 1819 Substitut des Subdiakonus der Neuen Kirche, 1822 Subdiakonus, 1823 Oberdiakonus Neue Kirche, emeritiert 1856.

Kritz, Wilhelm, 1792–1865
Geburtsort: Leipzig
Vater: Notar
1805 Gymnasium Schulpforta, 1810 Universität Leipzig, Magister, 1814 Katechet St. Petri, 1821 Sonnabendsprediger St. Nikolai, 1822 Sonnabendsprediger St. Thomas, 1823 Subdiakonus Neue Kirche, 1833 Pfarrer St. Johannes.

Cichorius, August, 1790–1872
Geburtsort: Leipzig

Vater: Friedrich August Cichorius, Küster St. Nikolai zu Leipzig

1806 Fürstenschule Grimma, 1810 Universität Leipzig, Magister, 1818 Katechet St. Petri, 1823 St. Thomas Sonnabendsprediger, 1836 Kustos St. Petri, emeritiert 1863; mit dem Weggang von A. Cichorius 1836 als Küster nach St. Petri wurde die Sonnabendspredigerstelle von St. Thomas eingezogen.

Küster an der Thomaskirche

Mauerbeck, Johann, † Mittwoch nach Kantate 1553

1539 zum Küster erwählt, 1545 Bürgerrecht in Leipzig, kam 1553 zusammen mit seiner Frau Barbara, einer gewesenen Nonne, durch einen umstürzenden Turm der Stadtmauer in seiner Wohnung zu Tode.

Tauber, Christoph, † 20. August 1577

seit 1553 Kirchendiener, 1555 als Küster angestellt, im gleichen Jahr kam ein neuer Taufstein in die Kirche, 1562 Heirat mit Dorothea verw. Merker.

Fritzsch/Frosch, Hans, Lebendaten unbekannt

1570 getraut mit Frau Maria Tauber, Witwe des Hans Tauber, 22. Mai 1577 Küster zu St. Thomas auf Beförderung des Superintendenten Nikolaus Selnecker, 1588 wegen Verfassens „fameuser Schriften" auf 20 Jahre des Landes verwiesen.

Niclaß, Georg, Lebensdaten unbekannt

1589 zum Küsteramt berufen, tätig bis 1609 (?).

Vetter, Christoph, 1565–begraben 22. Juni 1636

1609 zum Küster berufen, er legte die alphabetischen Tauf- und Trauregister der Thomaskirche an.

Fuchs, Johann, 1574–8. April 1648

1636 zum Küster berufen, vor 1643 erhielt er seinen Sohn Georg Fuchs d. Ä. zum Substituten.

Fuchs d. Ä., Georg, † 10. Januar 1670
Geburtsort: Leipzig
Vater: Johann Fuchs, Küster der Thomaskirche
8. Mai 1643 getraut mit Johanna Elisabeth, geb. Teller, zur gleichen Zeit Substitut seines Vaters, 1649 zum Küster berufen, er betrieb gleichzeitig das Buchdruckergewerbe.

Fuchs d. J., Georg, † 19. Januar 1687
Geburtsort: Leipzig
Vater: Georg Fuchs d. Ä., Küster zu St. Thomas
Mutter: Johanna Elisabeth, geb. Teller
seit 1670 als Küster Nachfolger seines Vaters; auch er scheint als Buchdrucker gearbeitet zu haben.

Fuchs, Johann, 1655–29. Oktober 1715
Geburtsort: Leipzig
Vater: Georg Fuchs d. Ä., Küster zu St. Thomas
Mutter: Johanna Elisabeth, geb. Teller
seit 1687 Nachfolger seines Bruders als Küster der Thomaskirche, verheiratete sich am 14. August 1681 mit Magdalena Glöckner (1652/53–1717), der Tochter des Schneiders Johann Glöckner aus Mörtitz bei Delitzsch, Trauung in der Thomaskirche.

Rost, Johann Christoph, getauft 13. Dezember 1671– 17. November 1739
Geburtsort: Tennstedt
1694 Universität Leipzig, Michaelis 1699 Famulus des Küsters der Thomaskirche, 1. November 1705 Heirat mit Magdalena, geb. Bechstein, aus Merseburg, Trauung in der Thomaskirche, vier Kinder, bekannt der Literat und Publizist Johann Christoph Rost (getauft 7. April 1717, † 19. Juni 1765), 22. Januar 1738 Testament, Schlaganfall am 16. November 1739, von 1716 an Verfasser zweier Küsterbücher zu liturgischen und zu baulichen Obliegenheiten der Thomaskirche.

Köpping, Christian, † 23. August 1772

schon am 24. November 1739 wurde Rosts bisheriger Substitut Christian Köpping als Thomasküster angestellt, 3. Juni 1742 Heirat mit Henriette, geb. Brief, Trauung in der Thomaskirche.

Rothe, Gottlob Friedrich, 1732–23. Dezember 1813

1763 Küster der Johanneskirche, 23. Oktober 1763 Heirat mit Johanna Magdalena, verw. Breyer, geb. Projahn, Trauung in der Thomaskirche, 11. Dezember 1772 Küster der Thomaskirche, 1802 setzt er sich zur Ruhe; er übersetzte verschiedene lateinische Schriften ins Deutsche und war mit Johann Gottlieb Seume befreundet.

Müller, Johann Friedrich, † 21. Juni 1836

1802 zum Küster der Thomaskirche berufen, 20. Februar 1816 Heirat mit Marie Sophie, geb. Schubert, Tochter eines Leinewebermeisters aus Görtenitz, Müller erhält 1825 seinen Nachfolger Cichorius zum Substituten.

Cichorius, Ludwig, 1802–12. März 1876
Geburtsort: Großzschocher
Vater: Kirchschullehrer

Studium der Theologie, 1825 Substitut des Thomasküsters Müller, von 1833 bis zum 1. Mai 1841 verwaltete er zugleich das Küsteramt der Peterskirche, 1834 verheiratete er sich mit Charlotte Wilhelmine Westphal, eines Schneidermeisters Tochter aus Machern, 1836 zum Thomasküster berufen, Februar 1865 erstmaliger Druck der Motettentexte des Thomanerchores auf Veranlassen von Buchhändler Heinrich Brockhaus, 1869 setzte sich Cichorius zur Ruhe.

Herrmann, Friedrich August, 6. Juni 1841–1914
Geburtsort: Schönborn bei Dobrilugk
Vater: Johann Christian Herrmann, Mühlenbesitzer in Schönborn, später Hausbesitzer in Reudnitz/Leipzig
Schulbesuch in Reudnitz, Lehrerseminar Grimma, 19. April 1861 Lehrer in Gohlis/Leipzig, 16. Juli 1865 Heirat mit Anna Wilhelmine, geb. Wachsmuth aus Merseburg, 1. April 1869 zum Thomasküster berufen, 1868/69 Einbau einer Luftheizung in der Thomaskirche.

Lischke, Franz,
zum Küster berufen am 14. Januar 1897, 1. Januar 1903 Beamter, 31. März 1929 Antritt des Ruhestandes.

Uebe, August Franz, 1864–16. Februar 1933
zum Küster berufen am 9. Januar 1903, 1933 im Dienst gestorben.

Paschen, [Vorname?], 1877–28. Oktober 1945
1914 zum Küster berufen, nahm wegen der schlechten finanziellen Lage der Kirche im März 1923 einen Dienst bei der Stadt an.

Bergner, Max Paul, * 25. Oktober 1878
Geburtsort: Untergrochlitz/Greiz
Vater: Heinrich Bergner, Färber
1892 Berufsausbildung zum Bereiter, 1897 Militärzeit in Leipzig, 1. Juli 1910 Küsterfamulus St. Thomas zu Leipzig, 1914 Teilnehmer am Ersten Weltkrieg, 6. August 1918 Rückkehr in die Küsterfamulatur, Weihnachten 1922 Errichtung der elektrischen Läuteanlage, 1923 Küster zu St. Thomas, 1929 Verwaltungsinspektor der Thomaskirche, Juli 1930 Übergabe der kostbaren Kirchenbibliothek St. Thomas an die Universitätsbibliothek als Dauerleihgabe, 1. August 1945 Antritt des Ruhestands.

Motzer, Max, 1902–1979
zum Küster berufen am 14. April 1929, 1967 Ruhestand.

Grötzsch, Walter Erhard, 15. Mai 1910–6. November 1943
Geburtsort: Leipzig
Vater: Alwin Grötzsch, Schriftgießer
Mutter: Helene Meta, geb. Seidel
nach Schulbesuch Berufsausbildung zum Feinmechaniker, zum Küster berufen am 1. Juli 1933, 1934 Heirat mit Gertrud, geb. Schirrmeister (31. Mai 1914–12. Januar 2007), April 1939 zur militärischen Ausbildung eingezogen, Kriegsdienst in Polen, Frankreich und in der Sowjetunion, 1943 in der Sowjetunion gefallen, übernahm seine Witwe viele Dienste ihres Mannes.

Dammenhain, Kurt, 1900–1970
zum Küster berufen 1948, Ruhestand 1964.

Albrecht, Horst, 1919–1995
zum Küster berufen 1964, Ruhestand 1984.

Barthold, Werner, * 1922
zum Küster berufen 1968, Ruhestand 1975.

Bösel, Karlheinz, * 1942
zum Küster berufen 1975, Ruhestand 1998.

Kirst, Uwe, 1943–2010
zum Küster berufen 1992, Ruhestand 2004.

Rosch, Andreas, * 15. April 1955
Geburtsort: Holzhausen
Vater: Fritz Rosch
Mutter: Luise Rosch
1961–1969 Schulbesuch, Ausbildung zum Baufacharbeiter, 2003 zum Küster berufen.

Kahlert, Manfred, * 9. Januar 1961
Geburtsort: Leipzig
Vater: Gerhard Kahlert, Bauer in Zschortau
Mutter: Ilse Kahlert
1967–1977 Schulbesuch, Ausbildung zum Elektromonteur, 2004 zum Küster berufen.

Foto: Gert Mothes

Mitarbeiter des Thomanerchores
Stand Januar 2012

Thomaskantor	Prof. Georg Christoph Biller
Geschäftsführer	Dr. phil. Stefan Altner
Alumnatsleiter	Thoralf Schulze
Pädagogischer Leiter	Roland Weise
Referentin	Uta-Maria Thiele
Assistent des Thomaskantors	Titus Heidemann
Assistentin d. Geschäftsführers	Felicitas Kirsten
KBB	Kirsten Hanson
Verwaltungsleiter	Jörg Reichenbach
Verwaltung	Claudia Brötzmann
Verwaltung	Rosemarie Krause
Vorbereitungsklasse	Grit Miamingui
Krankenschwester	Anne Wöhlert
Erzieherin Nachtdienst	Marlis Arndt
Erzieherin Nachtdienst	Cathrin Benesch
Erzieher	Gerald Rolle
Erzieher	Eike Zerson
Erzieherin	Sarah Krüger
Erzieherin/Koordinatorin	Suzanne Jentzsch
Erzieherin	Christine Kieres
Erzieher	Klaus Peter Herzberg
Näherin	Kathrin Glöckner
Hausmeister	Reinhard Glöckner
Küche	Klaus Mende
Küche	Marina Bergk
Küche	Michael Grunewald
Küche	Sandra Wierick
Klavierlehrerin	Alexandra Oehler
Klavierlehrerin	Gabriele Pohl
Klavierlehrerin	Svetlana Toschev
Klavierlehrerin	Simone Weißenfels
Stimmbildnerin	Alexandra Röseler
Stimmbildnerin	Christina Vogel
Stimmbildnerin	Irmgard Bernewitz
Stimmbildner	Stephan Heinemann
Stimmbildner	Gotthold Schwarz
Stimmbildner	Martin Petzold
Blockflötenlehrerin (Honorar)	Claudia Nauheim
Geigenlehrer (Honorar)	Libor Kaltofen
Trompetenlehrer (Honorar)	Winfried Jupt
Querflöte (Honorar)	Uta Hollitzer-Weise
Cello (Honorar)	Hartmut Becker

Chorliste
Thomaner Schuljahr 2011/2012

Vorname	Name	Wohnort	Choraufnahme
Alexander	Arkona	Leipzig	21. August 2008
Thomas Junior	Barth	Taucha	1. September 2011
Vincent Paul	Berger	Leipzig	21. August 2008
Paul	Bernewitz	Leipzig	30. August 2007
Karl Johann	Beyer	Leipzig	30. August 2007
Frank	Bonsong-Segovia	Leipzig	1. September 2011
Sebastian	Borleis	Teupitz	21. März 2004
Frieder	Böhme	Leipzig	30. August 2006
Max	Börner	Leipzig	30. August 2006
Jean Philipp	Chey	Leipzig	30. August 2006
Conrad Leopold	Cramer	Zschepplin-Glaucha	25. Oktober 2004
Josua Levin	Dannemann	Leipzig	1. September 2010
Martin Andreas	Deckelmann	Brandis	19. August 2004
Konrad David	Didt	Leipzig	21. August 2003
Oskar Hartmut	Didt	Leipzig	21. Februar 2005
Kiên	Đỗ Trung	Leipzig	25. August 2005
Marcus Matthias	Dornik	Leipzig	19. August 2004
Arthur Leopold	Engel	Grimma OT Großbothen	30. August 2007
Jakob	Feyer	Markranstädt	1. September 2010
Luis-Leonard	Fischer	Leipzig	1. September 2009
Nicolaus Constantin	Frommelt	Leipzig	25. August 2005
Ansgar	Führer	Leipzig	25. August 2005
Richard	Führer	Leipzig	1. September 2009
Philipp	Gebur	Leipzig	22. Februar 2010
Claudio	Gemsa	Haferungen	18. Februar 2008
Franz Andreas	Gischke	Leipzig	30. August 2007
Max	Gläser	Leipzig	1. September 2010
Franz-Peter	Graupe	Leipzig	1. September 2011
Johannes	Gründel	Nordhausen	30. August 2006

Hinweis: Mehr zu den Thomanern, zum aktuellen Chor und zu seiner Einordnung ins heutige Musikleben ist in dem in der Einleitung zum vorliegenden Band näher bezeichneten Gewandhaus-Magazin Nr. 74 (Frühjahr 2012) zu lesen. Dort sind die hier nur klein abgebildeten Thomaner in Einzelporträts von Gert Mothes fotografiert zu sehen.

Rechts: Montage, Gert Mothes

THOMANERCHOR
LEIPZIG

Chorliste

Vorname	Name	Wohnort	Choraufnahme
Jonathan Leopold	Hagel	Leipzig	25. August 2005
Friedrich Christian	Hamel	Chemnitz	30. August 2006
Anton	Hartmann	Leipzig	1. September 2009
Constantin Aaron	Haufe	Markkleeberg	1. September 2011
Sebastian	Heindl	Leipzig	21. August 2008
Johannes	Hildebrandt	Leipzig	1. September 2010
Maximilian Johannes	Hohmann	Markkleeberg	30. August 2006
Simon Felix	Jacobs	Leipzig	28. April 2004
Markus	Jeske	Brandis	25. August 2005
Theodor Otto	Junghans	Leipzig	22. Februar 2008
Ferdinand Alexander	Keller	Breydin OT Tuchen	23. Februar 2003
Arthur Ernst	Kinder	Leipzig	30. August 2007
Tobias	Klenke	Bobritzsch OT Naundorf	21. August 2003
Vincenz	Klose	Leipzig	27. Februar 2011
Florian	Knaack	Leipzig	30. August 2006
Karl	Knoch	Leipzig	21. Februar 2005
Christian	Koppelt	Leipzig	30. August 2006
Friedrich Oskar	Krieger	Nordhausen	18. Februar 2008
Lukas	Kühne	Naumburg	27. Februar 2011
Richard-Maximilian Vinzenz	Lauff	Berlin	19. August 2004
Dragan Erik	Lautenschläger	Leipzig	1. September 2011
Martin Hermann	Lessner	Leipzig	21. August 2008
Jasper Georg Albert	Lieckfeldt	Kleve	22. Februar 2009
Jakob	Lux	Leipzig	1. September 2009
Franz Georg Hermann	Martens	Leipzig	1. September 2009
Friedemann Jeremia	Meinhardt	Schulpforte	21. August 2008
Jonas	Michaelsen	Leipzig	21. August 2008
Jacob Heinrich	Miseler	Bleicherode	27. Februar 2011
Aaron	Müller	Leipzig	21. August 2008
Maximilian Lucas Albrecht	Müller	Leipzig	21. August 2008
Lucas	Naser	Markranstädt	1. September 2010
Lukas	Neumann	Jüterbog	22. Februar 2009
Alexander	Olschewski	Leipzig	25. August 2005
Max Jonas	Padubrin	Leipzig	30. August 2007
Adrian Norbert Johannes	Patzelt	Großlohra	30. August 2006
Benedikt Johannes	Pilz	Bernburg	30. August 2007
Konstantin Friedemann	Pilz	Bernburg	19. April 2010
Robert	Pohlers	Leipzig	19. August 2004
Friedrich	Praetorius	Lutherstadt Wittenberg	30. August 2007
Tim Joachim	Rassow-Jütte	Markranstädt	1. September 2009
Christopher	Raunest	Leipzig	25. August 2005
Hans Jacob Julius	Renner	Markkleeberg	21. August 2008
Jonah	Renner	Markkleeberg	1. September 2010
Tobias	Rommel	Leipzig	30. August 2006
Ludwig	Rucker	Leipzig	21. August 2008
Albert	Sacher	Leipzig	1. September 2011
Julius	Sattler	Leipzig	25. August 2005
Richard	Selle	Großpösna	1. September 2011
Jakob Friedrich	Stahr	Leipzig	1. September 2011
Justus Konstantin	Schmidt	Leipzig	30. August 2007

Vorname	Name	Wohnort	Choraufnahme
Konrad Markus	Schöbel	Leipzig	1. September 2009
Georg	Schütze	Leipzig	30. August 2006
Daniel Attila	Schwiertz	Leipzig	18. Februar 2008
Paul	Stammkötter	Markkleeberg	30. August 2006
Leon	Taege	Halle	26. Februar 2007
Cornelius Martin	Thierfelder	Leipzig	1. September 2010
Marc Alexander	Ußler	Wetterzeube	23. Februar 2004
Paul Friedrich	Vogel	Trebbin OT Schönhagen	1. April 2008
Benedikt	Voigt	Schkölen	1. September 2011
Benedikt	Wadewitz	Borsdorf	1. September 2011
Felix	Wege	Halle	21. August 2008
Henrik Gert	Weimann	Leipzig	1. September 2009
Louis Friedrich Jakob	Weise	Leipzig	1. September 2009
Hans Jacob	Wetzig	Halle	21. August 2008
Hans Roland	Winkler	Leipzig	21. August 2003
Johann Jakob	Winter	Leipzig	30. August 2007
Konrad	Wittek	Leipzig	1. September 2010
Conrad	Zuber	Magdeburg	25. August 2005

Autoren

Dr. Stefan Altner, geboren 1956 in Brandis, 1966–1975 Mitglied im Leipziger Thomanerchor, 1976–1982 Studium an der Musikhochschule ‚Felix Mendelssohn Bartholdy' in Leipzig, Diplom als A-Kirchenmusiker, anschließend Kirchenmusiker in Zossen bei Berlin. Nach Ausreiseantrag aus der DDR 1984–1993 in München. Mitarbeiter im Lektorat des Bärenreiter-Verlages Kassel. 1986–1993 Geschäftsführer des Münchener Kammerorchesters, außerdem Cembalist der Barocksolisten der Münchner Philharmoniker. Seit 1993 Geschäftsführer des Leipziger Thomanerchores, 2005 Promotion als erster Doktorand der Leipziger Musikhochschule zum Dr. phil. Umfangreiche Konzert- und Lehrtätigkeit. Forschungsschwerpunkte: Geschichte des Thomanerchores, Schul-, Musik- und Stadtgeschichte Leipzigs.

Prof. Dr. Dr. David Backus, geboren 1940 in den USA, Studium der Medizin, Musikwissenschaft und Altphilologie (N. T.). Ab 1956 Orgel bei Straube-Schüler Heinrich Fleischer. 1976–1990 wohnhaft in Paris, dort Forschung über Stendhal und Marcel Proust. Verfasser von mehr als 60 Artikeln und Monografien unterschiedlicher Fachrichtungen. Forschung über Karl Straube. Konzerttätigkeit in den USA, Deutschland und Österreich. CD-Aufnahmen von Werken Johann Sebastian Bachs. Herausgeber der Briefe von Heinrich Fleischer. Seit 1991 wohnhaft in Südbayern.

Dr. theol. Michael Beyer, geboren 1952 in Bad Schandau (Sächsische Schweiz). Studium der Theologie an der Universität Leipzig von 1972 bis 1977, Promotion 1984 in Leipzig. Seit 1981 Wissenschaftlicher Mitarbeiter am Institut für Kirchengeschichte der Theologischen Fakultät in Leipzig. 2002 Ordination zum Pfarrer der Evangelisch-Lutherischen Landeskirche Sachsens und Bestellung zum Pfarrer im Ehrenamt in den Schwesterkirchgemeinden Großbothen, Schönbach und Glasten. Mitherausgeber von Luther- und Melanchthon-Ausgaben. Bearbeiter der Lutherbibliografie im Lutherjahrbuch. Forschungen und Veröffentlichungen zu Martin Luther und zur Reformation.

Thomaskantor Prof. Georg Christoph Biller, geboren 1955 als Pfarrerssohn in Nebra (Unstrut). 1965–1974 Mitglied des Thomanerchores, wo er als Chorpräfekt erste Dirigiererfahrungen sammelte. Trat 1992 als 16. Nachfolger Bachs das Amt des Thomaskantors zu Leipzig an und führt die große Leipziger kirchenmusikalische Tradition fort. Seit 1994 Professur für Dirigieren an der Leipziger Hochschule für Musik und Theater. Pflegt die großen Chortraditionen von der Gregorianik bis zur Moderne und widmet sich dem zeitgenössischen Chorschaffen. Mit vielen Komponisten unserer Zeit eng verbunden und selbst kompositorisch tätig. Unter seiner Leitung produzierte der Thomanerchor zahlreiche CD-Einspielungen für ‚Universal/Philips Classics' und das Label ‚rondeau'.

Claudius Böhm, geboren 1960 in Leipzig, Mitglied des Thomanerchores von 1970 bis 1978. Philosophisch-theologisches Studium in Erfurt von 1980 bis 1983, Studium des wissenschaftlichen Bibliothekswesens in Leipzig 1985 bis 1988. Bibliothekar an der Deutschen Bücherei Leipzig von 1988 bis 1990, Tätigkeit als Fachschuldozent. Seit 1991 Wissenschaftlicher Mitarbeiter am Gewandhaus zu Leipzig, Redakteur und Autor für das *GewandhausMagazin* seit seiner Gründung 1992, seit 1996 Verantwortlicher Redakteur. Zahlreiche Beiträge zur Leipziger Musik- und insbesondere zur Gewandhausgeschichte für Booklets, Monografien, Zeitungen und Zeitschriften.

Thomasorganist Prof. Ullrich Böhme, geboren im sächsischen Vogtland. Leistete bereits 13-jährig Organistendienst an der Barockorgel seines Heimatortes Rothenkirchen, studierte 1972–1979 an der Kirchenmusikschule Dresden und an der Hochschule für

Musik Leipzig. Nach dem Staatsexamen bis 1986 als Kantor und Organist an der Kreuzkirche Chemnitz tätig. 1985 zum Leipziger Thomasorganisten gewählt. Seitdem sind das solistische Orgelspiel in der Thomaskirche zu Gottesdiensten, Konzerten und Motetten des Thomanerchores sowie das Basso-continuo-Spiel zu Kantaten, Oratorien und Passionen seine wichtigsten Aufgaben. Darüber hinaus regelmäßige Konzertreisen in viele Länder Europas, nach Nordamerika und nach Japan. Rundfunk- und Fernsehanstalten aus dem In- und Ausland produzierten Aufnahmen. Zahlreiche CD-Einspielungen bei verschiedenen Labels (Jahrespreis der Deutschen Schallplattenkritik 2003). Einladungen in Jurys bedeutender internationaler Orgelwettbewerbe. Gab den Anstoß zur Restaurierung der großen Sauer-Orgel der Thomaskirche und entwarf das Konzept für die neue Bach-Orgel der Thomaskirche. Auch überregional als Sachverständiger bei Restaurierungen historischer Orgeln geschätzt. Unterrichtet an der Hochschule für Musik und Theater Leipzig und gibt Interpretationskurse im In- und Ausland. 1994 Ernennung zum Professor.

Prof. Dr. Klaus Fitschen, geboren am 12. Februar 1961 in Scheeßel (Niedersachsen). 1980–1987 Studium der Evangelischen Theologie in Heidelberg, München und Kiel, 1987 Erstes Theologisches Examen. 1990–1992 Vikarsausbildung in Nürnberg, 1992 Zweites Theologisches Examen. Seither Pfarrer der Evangelisch-Lutherischen Kirche in Bayern (beurlaubt). Promotion an der Universität Kiel. 1992–1996 Wissenschaftlicher Assistent am Institut für Kirchengeschichte und Kirchliche Archäologie der Christian-Albrechts-Universität Kiel. 1994/95 zusätzlicher Lehrauftrag an der Erziehungswissenschaftlichen Fakultät. 1996 Habilitation und Ernennung zum Privatdozenten und Oberassistenten. 2000 Ernennung zum Außerplanmäßigen Professor. Seit 2000 Vertrauensdozent des Evangelischen Studienwerks Villigst. 2001 Verleihung des Schleswig-Holsteinischen Landespreises für besondere Leistungen in der Lehre. Vom Sommersemester 2002 an Vertretung des Lehrstuhls für Neuere und Neueste Kirchengeschichte (mitsamt der Geschichte des Antiken Christentums) an der Theologischen Fakultät der Universität Leipzig. 2004 Berufung und Ernennung auf diese Professur. Seit 2004 Mitglied der Kommission der Evangelischen Arbeitsgemeinschaft für Kirchliche Zeitgeschichte. Veröffentlichung zahlreicher Beiträge.

Prof. Dr. Eszter Fontana, geboren 1948 in Budapest, 1966–1970 einjähriges Praktikum und dreijährige Ausbildung als Musikinstrumenten-Restauratorin am Musikinstrumenten-Museum der Universität Leipzig, anschließend Restauratorin für Musikinstrumente im Ungarischen Nationalmuseum in Budapest, dort 1974–1994 Sammlungsleiterin im Bereich Musikinstrumente und Uhren. Studienaufenthalte in Brüssel, Nürnberg, Paris und Wien; Promotion 1993 an der Franz-Liszt-Musikakademie Budapest *(Klavierbau in Pest und Buda, 1800–1872)*. Seit 1995 Direktorin des Musikinstrumenten-Museums der Universität Leipzig; damit verbunden Lehrtätigkeit am Institut für Musikwissenschaft. Forschungsschwerpunkte: Musikleben und Musikinstrumentenbau in Ungarn und Sachsen sowie Themen zur Instrumentenbautechnologie. Initiierte und koordinierte verschiedene organologische Forschungsprojekte und gründete den Verlag des Musikinstrumentenmuseums (1996) sowie das Institut für Musikinstrumentenforschung ‚Georg Kinsky' e. V. (1998). 2006 Ernennung zur außerplanmäßigen Professorin.

Prof. Dr. Thomas Fuchs, geboren 1964 in Bruchsal. Nach dem Studium der Geschichte und Evangelischen Theologie 1993 Promotion mit einer reformationsgeschichtlichen Arbeit an der Universität Regensburg. 1994–2003 Hochschulassistent und Wissenschaftlicher Mitarbeiter an den Universitäten Heidelberg, Gießen und Potsdam sowie Projektleiter am Forschungszentrum Europäische Aufklärung in Potsdam. 2001/2002 Habilitation an der Universität Potsdam. 2003–2005 Bibliotheksreferendar an der Gottfried Wilhelm Leibniz Bibliothek – Niedersächsische Landesbibliothek Hannover. 2006–2007 Leiter der Druckschriftenabteilung der Universitäts- und Forschungsbibliothek Erfurt/Gotha am Standort Gotha. Seit 2007 Leiter des Bereichs Sondersammlungen und Digitalisierung an der Universitätsbibliothek Leipzig. 2008 Ernennung zum außerplanmäßigen Professor an der Universität Potsdam, seit 2010 außerplanmäßiger Professor am Historischen Institut der Universität Leipzig.

Dr. Andreas Glöckner, geboren 1950 in Sondershausen (Thüringen). 1969–1973 Studium am Institut für Musikwissenschaft der Universität Leipzig. Danach zunächst als Musikdramaturg am Landestheater Halle (Saale) tätig. Seit 1979 wissenschaftlicher Mitarbeiter am Bach-Archiv Leipzig. Promotion 1988 an der Martin-Luther-Universität Halle–Wittenberg mit dem Thema *Die Musikpflege an der Leipziger Neukirche zur Zeit Johann Sebastian Bachs* (Druck 1990). Veröffentlichte zahlreiche Beiträge zur Musikgeschichte des 17. bis 19. Jahrhunderts; widmete sich vor allem Themen und Spezialfragen der Bach-Forschung. Seit 1992

Mitarbeiter der Neuen Bach-Ausgabe. Arbeitete für einige Musiklexika und beteiligte sich an mehreren Buchprojekten. Lehraufträge an den Universitäten in Dresden und Leipzig. Außerdem Autor von Rundfunksendungen und Dramaturg der Leipziger Bachfeste.

Stefan Gregor, geboren 1981 in Magdeburg, Studium der Neueren Geschichte, Kunstgeschichte und Germanistischen Literaturwissenschaft an der Friedrich-Schiller-Universität in Jena. Von Januar 2009 bis Mai 2010 Projektmitarbeiter im Literaturmuseum ‚Romantikerhaus' Jena. Co-Kurator der Ausstellungen *Die Leiden des jungen Werther – Wertherrezeption in Literatur und Kunst* (27. März bis 20. Juni 2010), *Hurzlmeier der Jüngere, Hurzlmeier der Mittlere und Hurzlmeier der Ältere – Der Abstrakte, der Naive und der Komische* (21. November 2009 bis 15. März 2010), *„Dem fällt bei Glocken vieles ein …" – Friedrich Schiller und die Frühromantik* (13. Juni bis 11. November 2009). Lebt und arbeitet seit Mai 2010 in Leipzig.

Dr. Wolfgang Hocquél, geboren 1947 in Osterfeld (Thüringen), Schul- und Jugendzeit in Merseburg, 1966 Abitur. 1968–1972 Studium an der Hochschule für Bauwesen in Leipzig mit dem Abschluss als Diplomingenieur. 1987 Promotion an der Sektion Kunstwissenschaften der Leipziger Karl-Marx-Universität im Fach Kunstgeschichte bei Professor Ernst Ullmann mit der Arbeit *Leipziger Kaufmannshöfe, Messehäuser und Passagen* zum Dr. phil. Seit 1979 in unterschiedlichen leitenden Funktionen der Denkmalpflege im heutigen Regierungsbezirk Leipzig tätig. Seit 1991 Referatsleiter für Denkmalpflege im Regierungspräsidium Leipzig. Initiator der 1. Leipziger Volksbaukonferenz am 6./7. Januar 1990 in Leipzig-Markkleeberg, mit der die demokratische Wende in der Baupolitik Leipzigs eingeleitet wurde. Maßgeblich an der Gründung der Kulturstiftung Leipzig (1990), am Aufbau des Zentrums für handwerkliche Denkmalpflege im Schloss Trebsen bei Grimma (1992) sowie an der Installation der Europäischen Messe für Stadterneuerung und Denkmalpflege, der denkmal 1994 in Leipzig, beteiligt. Sein Wirken in Leipzig ist zudem durch eine langjährige sowie umfangreiche publizistische und Lehrtätigkeit auf den Gebieten der Denkmalpflege und der Leipziger Baugeschichte gekennzeichnet.

Dr. theol. Heiko Jadatz, geboren 1971 in Leipzig. 1992–1999 Studium der Evangelischen Theologie an der Theologischen Fakultät der Universität Leipzig. 1999–2002 Doktorand am Institut für Kirchengeschichte der Theologischen Fakultät der Universität Leipzig. Seit 2002 Wissenschaftlicher Mitarbeiter an der Sächsischen Akademie der Wissenschaften zu Leipzig, Projekt ‚Quellen und Forschungen zur sächsischen Geschichte'. 2005 Promotion zum Dr. theol. an der Theologischen Fakultät der Universität Leipzig. Mitglied im Vorstand der Arbeitsgemeinschaft für sächsische Kirchengeschichte, im Vorstand des Vereins für sächsische Landesgeschichte und im Vorstand des Evangelischen Bundes, Landesverband Sachsen.

Dr. Michael Kampf, geboren am 31. Juli 1973 in Stollberg (Erzgebirge). Nach der schulischen Ausbildung in Lößnitz und Aue 1992 Studium für das Höhere Lehramt in Chemie und Biologie am Gymnasium an der Universität Leipzig. Nach dem Abschluss des Studiums von 1997 bis 1999 Referendariat an der Thomasschule zu Leipzig. Von 1999 bis 2004 Promotion an der Universität Leipzig im Fach Anorganische Chemie im Arbeitskreis von Professor Reinhard Kirmse zum Dr. rer. nat. Seit 2003 Fachlehrer für Chemie und Biologie am Evangelischen Schulzentrum Leipzig, seit 2009 Abteilungsleiter für die Sekundarstufe II und Mitglied der erweiterten Schulleitung. Ehrenamtliche Arbeit seit über zehn Jahren im Vorstand des Förderkreises Thomanerchor Leipzig e. V., dabei mehrere Jahre als Geschäftsstellenleiter und stellvertretender Vorsitzender. Seit 2007 Vorstandsvorsitzender des Förderkreises.

Prof. Dr. theol. habil. Ernst Koch, geboren 1930, seit 2000 Honorarprofessor der Friedrich-Schiller-Universität Jena. DD Concordia Seminary St. Louis/USA. 1961–1969 Pfarrer in Körner (Thüringen), 1969–1976 Rektor des Predigerseminars Eisenach, 1976–1992 Dozent für Kirchengeschichte und Philosophie am Theologischen Seminar (seit 1990 Kirchliche Hochschule) Leipzig, 1992–1996 Leiter der Aus- und Weiterbildung der Pfarrvikare in der Evangelisch-Lutherischen Kirche in Thüringen. Veröffentlichungen zur Theologiegeschichte des 16. bis 18. Jahrhunderts sowie zur thüringischen Kirchengeschichte.

Felicitas Kirsten, geboren 1959 in Leipzig. Nach Abschluss der Mittleren Reife Ausbildung zur Buch- und Musikalienhändlerin. 1977–1994 Tätigkeit in diesem Beruf in der Musikalienhandlung ‚Johann Sebastian Bach' in Leipzig und bei ‚Blüthner' im Alten Rathaus in Leipzig. Seit November 1994 beim Thomanerchor Leipzig tätig.

Prof. Dr. Christoph Krummacher, geboren 1949 in Berlin. Schulzeit in Greifswald, Studium der Kirchenmusik und der Theologie (im Nebenfach) in Dresden,

Greifswald und Leipzig. 1975–1980 Domorganist und Dozent am Predigerseminar in Brandenburg an der Havel, 1980–1992 Universitätsorganist und Dozent an der Theologischen Fakultät der Universität Rostock. Theologische Promotion dort 1991. Seit 1992 Professor für Kirchenmusik und Direktor des Kirchenmusikalischen Instituts der Hochschule für Musik und Theater ‚Felix Mendelssohn Bartholdy' Leipzig, 1997–2003 auch deren Rektor. Seit 2002 ordentliches Mitglied der Sächsischen Akademie der Wissenschaften zu Leipzig und seit 2007 Präsident des Sächsischen Musikrates. Neben einer umfangreichen Konzerttätigkeit in Europa und Asien zahlreiche Publikationen zu musikalischen Interpretationsfragen und zu Grundsatzproblemen der Kirchenmusik, 2011 Herausgabe einer vierbändigen ökumenischen *Geschichte der Kirchenmusik* (zusammen mit Wolfgang Hochstein).

Prof. Dr. Helmut Loos, geboren 1950, Studium der Musikpädagogik in Bonn (Staatsexamina), anschließend der Musikwissenschaft, Kunstgeschichte und Philosophie an der Universität Bonn; 1980 Promotion, 1989 Habilitation. 1981–1989 Wissenschaftlicher Mitarbeiter am Musikwissenschaftlichen Seminar der Universität Bonn. 1989–1993 Direktor des Instituts für deutsche Musik im Osten in Bergisch Gladbach. Seit April 1993 Inhaber des Lehrstuhls für Historische Musikwissenschaft an der Technischen Universität Chemnitz, seit Oktober 2001 an der Universität Leipzig. 2003 Ernennung zum Professor honoris causa der Lyssenko-Musikhochschule Lemberg/L'viv. 2003–2005 Dekan der Fakultät für Geschichte, Kunst- und Orientwissenschaften der Universität Leipzig. 2005 Ernennung zum Ehrenmitglied der Gesellschaft für deutsche Musikkultur im südöstlichen Europa (München). Mitglied in den internationalen Editionsräten der Zeitschriften *Hudební věda* (Prag), *Lituvos muzikologija* (Vilnius), *Ars & Humanitas* (Ljubljana), *Musicology Today* (Bukarest), *Muzica. Romanian Music Magazine* (Bukarest) und *Studies in Penderecki* (Princeton, New Jersey).

Dr. Michael Maul, geboren 1978, studierte Musikwissenschaft, Journalistik und Betriebswirtschaftslehre in seiner Heimatstadt Leipzig. 2006 Promotion mit einer Arbeit zur *Barockoper in Leipzig (1693–1720)* an der Albert-Ludwigs-Universität Freiburg. Dafür 2007 mit dem Gerhart-Baumann-Preis für interdisziplinäre Literaturwissenschaft und 2011 mit dem Förderpreis des sächsischen Musikbundes ausgezeichnet. Seit 2002 wissenschaftlicher Mitarbeiter am Bach-Archiv Leipzig; vor allem mit der Durchführung des Forschungsprojektes ‚Expedition Bach' – der systematischen Erschließung der mitteldeutschen Archivlandschaft – betraut. Zahlreiche Veröffentlichungen zur Musikgeschichte des 17. und 18. Jahrhunderts. Entdeckte im Mai 2005 die Arie *Alles mit Gott und nichts ohn' ihn* BWV 1127 von Johann Sebastian Bach und präsentierte die ältesten Notenhandschriften Bachs. Seit 2008 Mitglied im Direktorium der Neuen Bachgesellschaft und wissenschaftlicher Betreuer des Projektes ‚Musikerbe Thüringen'. Zugleich Lehrbeauftragter an der Universität Leipzig sowie an der Hochschule für Musik und Theater Leipzig.

Sabine Näher, geboren 1963 in Saarbrücken, Studium der Rechtswissenschaft, Germanistik, Journalistik und Medienwissenschaft in Saarbrücken, Freiburg und Hannover. Freie Autorentätigkeit seit 1985 für Musikredaktionen der ARD (BR, MDR, SR, WDR sowie DLF, DRadio und DW) sowie diverse Printmedien (*Süddeutsche Zeitung, GewandhausMagazin, Dresdner* sowie *Kölner ‚Philharmonische Blätter'* u. v. a. m.). Konzertmanagement und Pressearbeit für den forum thomanum Leipzig e. V., das Bachhaus Eisenach sowie die Neue Bachgesellschaft.

Prof. Dr. Martin Petzoldt, geboren 1946 in Rabenstein bei Chemnitz. Mitglied des Dresdner Kreuzchores, Studium der Theologie in Leipzig, Staatsexamen 1969. Promotion 1976 in Leipzig, Habilitation 1985 ebenda. 1973 Ordination zum Pfarrer der Evangelisch-Lutherischen Landeskirche Sachsens, 1986 Dozent für Systematische Theologie an der Theologischen Fakultät in Leipzig, von 1992 bis zur Emeritierung 2009 Professor für Systematische Theologie mit besonderer Berücksichtigung der Ethik an der Theologischen Fakultät in Leipzig. Mitherausgeber der *Theologischen Literaturzeitung*, Vorsitzender der Neuen Bachgesellschaft e. V. Umfangreiche Forschungen und zahlreiche Veröffentlichungen unter anderem zu Grundfragen der Christologie, zur Interdisziplinarität zwischen Biblischer Theologie und Dogmatik sowie zur Theologischen Bachforschung.

Maximilian Raschke, geboren 1993 in Leipzig. Mitglied des Thomanerchores Leipzig von 2002 bis 2011, Famulus des Geschäftsführers, Redakteur und Lektor der dortigen Alumnenzeitung. Bestnote für die medizinisch-naturwissenschaftliche Besondere Lernleistung *Aussagekraft eines Singstimmprofils im Hinblick auf den Verlauf der Mutation bei Knaben* (abiturrelevante Facharbeit in Kooperation mit dem Uni-

473

versitätsklinikum Leipzig). Derzeit (Sommer 2011) geplantes Studium der Medizin an der Universität Leipzig.

Dr. Peter Roy, geboren am 21. März 1936 in Leipzig. Erster Unterricht im Klavierspiel mit neun Jahren. Ab 1950 Besuch der Thomasschule Leipzig. Abitur 1954. 1953–1957 Mitglied und anschließend Gastsänger des Thomanerchores. 1954–1955 Orgelstudium bei Thomasorganist Hannes Kästner und Thomaskantor Günther Ramin. Ab 1955 Studium der Medizin an der Universität Leipzig. 1958 Fortsetzung des Studiums an den Universitäten Münster (Westfalen) und Göttingen. Daselbst 1960 medizinisches Staatsexamen und Promotion. Pflichtassistentenzeit. Ab 1962 Ausbildung zum Facharzt für Neurologie und Psychiatrie an der Universitätsnervenklinik Göttingen. 1968–2001 Tätigkeit in eigener Facharztpraxis in Korbach. Nebenberufliche Aktivitäten auf kirchenmusikalischem Gebiet. Ab 1978 Vorstandsmitglied des Thomanerbundes e. V., seit Mai 2011 dessen Vorsitzender. Ab 2003 Webmaster der Neuen Bachgesellschaft e. V. 2005 Mitglied des Conseils für die Organisation und Durchführung des 1. Europa-Bach-Festivals in Paris.

Rupert Schauer, geboren 1962, selbstständiger Steuerberater aus Oberbayern. Gewann Anfang der 1980er Jahre den Wettbewerb ‚Jugend musiziert' im Fach Harfe und hatte durch eigenes Musizieren (u. a. Harfe, Harmonika, Klarinette) stets einen engen Bezug zur Musik. Musiziert nach wie vor solo sowie in verschiedenen Gruppierungen (Unterinntaler Harfentrio, Frasdorfer Tanzlmusi). Als (Vorstands-)Mitglied Tätigkeit bei den verschiedensten Vereinen und Stiftungen, z. B. Ingeborg-Fahrenkamp-Schäffler-Stiftung, Wolfgang-Sawallisch-Stiftung, Stiftung Thomanerchor (seit 2008), Deutsches Forum für Musik- und Theaterkultur (u. a. Open-Air-Konzerte des Staatstheaters am Gärtnerplatz in München) sowie Sachrang-Stiftung.

Jutta Schmidt, geboren am 26. September 1940, Diplom-Landwirtin. 1959–1965 Studium der Agrarwissenschaften an der Universität in Leipzig, 1965–1966 wissenschaftliche Assistentin an der Akademie der Landwirtschaftswissenschaften zu Berlin. 1966–1996 Stellvertretende Direktorin und Direktorin für Ökonomie sowie Leiterin der Kreditabteilung in Banken der Land- und Nahrungsgüterindustrie, 1996–2002 Referentin im Vertragsmanagement der Bodenverwaltungs- und -verwertungs GmbH Berlin. Seit 2002 Rentnerin. Gehört seit 1992 als Gründungsmitglied dem Vorstand des Förderkreises Thomanerchor e. V. an.

Dr. Christiane Schulz, geboren 1968. Studium der Evangelischen Theologie an der Universität Leipzig, anschließend Assistentin im dortigen Institut für Kirchengeschichte (Lehrstuhl Prof. Dr. Dr. Nowak). Promotion zum Dr. theol. 1997. Zweites Theologisches Examen 1999, anschließend Tätigkeiten als Pfarrerin und Lektorin. Pfarrerin der Evangelischen Kirche Mitteldeutschlands (EKM), zurzeit als Projektmanagerin für Lutherdekade und Reformationsjubiläum der EKM vom Pfarramt freigestellt. Veröffentlichungen unter anderem zur evangelischen Kirchen- und Theologiegeschichte.

Thoralf Schulze, geboren 1967 in Roßlau (Elbe), Studium der Klassischen Philologie, Germanistik und Slawistik in Leipzig. Nach dem absolvierten Staatsexamen zunächst als Gymnasiallehrer an diversen Gymnasien in Leipzig tätig. Übernahm 2002 eine Stelle als Inspektor des Thomanerchores. Zu Beginn des Schuljahres 2005/2006 wurde ihm das Amt des Alumnatsleiters übertragen, das er seither bei fortlaufendem Lehrauftrag an der Thomasschule zu Leipzig bekleidet. Vorstandsmitglied des forum thomanum Leipzig e. V., konzeptionelle Mitwirkung in den Kuratorien der Stiftung Thomanerchor sowie anderer Förderinstitutionen des Thomanerchores. Er ist Vater zweier Kinder und lebt im Südraum von Leipzig.

Prof. Dr. h.c. Hans-Joachim Schulze, geboren 1934 in Leipzig. Studium der Musikwissenschaft und Germanistik an der Hochschule für Musik Leipzig (1952–1954) und an der Universität Leipzig (1954–1957). Seit 1957 am Bach-Archiv Leipzig tätig (1992–2000 dessen Direktor). 1979 Promotion an der Universität Rostock mit *Studien zur Bach-Überlieferung im 18. Jahrhundert*. 1993 Honorarprofessor an der Hochschule für Musik und Theater ‚Felix Mendelssohn Bartholdy' in Leipzig. 1975–2000 (zusammen mit Christoph Wolff) Herausgeber des Bach-Jahrbuchs. Weitere Veröffentlichungen zur Musikgeschichte, insbesondere zu Johann Sebastian Bach.

Kerstin Sieblist, geboren 1969. Studium der Musikwissenschaft und Geschichte in Halle, Berlin und Ferrara (Italien). 1997 wissenschaftliche Mitarbeiterin am Mendelssohn-Haus Leipzig, 1997–1999 Volontariat beim Sender Freies Berlin. Seit 1999 Kuratorin für Musik- und Theatergeschichte am Stadtgeschichtlichen Museum Leipzig. Zahlreiche Beiträge zur Musikgeschichte in Hörfunk und Printmedien.

Dr. Gilbert Stöck, musikalische und berufliche Ausbildung an Institutionen seiner Heimatstadt Graz (Österreich): Zwischen 1975 und 1988 Erlernung des Violinenspiels am Konservatorium, bis 1999 Studium der Musikwissenschaft an der Karl-Franzens-Universität. Nach Übersiedlung nach Deutschland zuerst Mitarbeit an der Neuauflage des Riemann-Lexikons, 2002 wissenschaftlicher Mitarbeiter an der Martin-Luther-Universität Halle-Wittenberg. Im Rahmen dieser Stelle Promotion (*Neue Musik in Halle und Magdeburg zur Zeit der DDR. Kompositionen? Politik? Institutionen*, Leipzig 2008). Seit 2005 Dozent am Institut für Musikwissenschaft der Universität Leipzig; unter anderem seit 2009 Mitwirkung an einem Projekt zur Erforschung des Thomaner-Repertoires.

Marina Täschner, geboren 1958 in Schmalkalden, lernte Sekretärin. Seit dem Jahr 1992 arbeitet sie an der Theologischen Fakultät der Universität Leipzig, seit 1997 am Institut für Systematische Theologie.

Nicole Waitz, geboren in Dortmund, seit 2007 Studium der Musikwissenschaft an der Universität Leipzig. Mitarbeiterin des DFG-Drittmittelprojekts zum ‚Repertoire des Leipziger Thomanerchores (1808–2008)' auf Grundlage statistischer, EDV-gestützter Erhebungen am Lehrstuhl für historische Musikwissenschaft. Dort besteht ihre Aufgabe darin, die handschriftlich überlieferten Programme der Samstagsmotette im 19. Jahrhundert aufzubereiten und in eine Datenbank einzupflegen.

Roland Weise, geboren 1964 in Leipzig, Religionspädagoge. Kam unmittelbar nach der politischen Wende 1990 zum Thomanerchor. Unterrichtete, neben seiner Tätigkeit als Pädagoge im Alumnat, zwölf Jahre an der Thomasschule evangelische Religion. Seit 2002 Pädagogischer Leiter des Thomanerchores. Als Mitbegründer und Vorstandsmitglied des Vereins forum thomanum Leipzig e. V. konzipierte er unter anderem die Gründung einer musisch-sprachlichen Kindertagesstätte. Roland Weise ist mit einer Orchestermusikerin verheiratet. Seine Tochter studiert Bratsche, sein Sohn singt im Thomanerchor.

Pfarrer Christian Wolff, geboren 1949 in Düsseldorf. Studium der evangelischen Theologie in Wuppertal und Heidelberg. 1973/74 Vorsitzender des Allgemeinen Studentenausschusses (AStA) an der Universität Heidelberg. Trat nach dem Vikariat 1977 die Pfarrstelle an der Unionskirche in Mannheim an. Seit 1992 Pfarrer an der Thomaskirche Leipzig. Tätigkeit in vielen Bereichen des öffentlichen Lebens: als Gründungs- und Vorstandsmitglied im Verein Thomaskirche-Bach 2000 e. V., als Gründungsmitglied und Kuratoriumsvorsitzender des Fördervereins Synagoge und Begegnungszentrum Leipzig e. V. (bis Mai 2009), als Vorsitzender der Stiftung Chorherren zu St. Thomae und des forum thomanum Leipzig e. V. sowie als Mitglied des Direktoriums der Neuen Bachgesellschaft e. V. (NBG). Christian Wolff ist in zweiter Ehe mit Zlata Kaltofen-Wolff verheiratet.

Prof. Dr. Christoph Wolff, geboren 1940. Ordinarius für Musikwissenschaft der Harvard University in Cambridge (Massachusetts), Direktor des Bach-Archivs Leipzig und Honorarprofessor der Universität Freiburg. Nach dem Studium in Berlin, Freiburg und Erlangen (1966 Dr. phil.) lehrte er in Erlangen, Toronto, New York, Princeton und wurde 1976 an die Harvard University berufen, wo er unter anderem 1992–2000 Dekan der Graduate School of Arts and Sciences war. Er ist Mitglied der American Academy of Arts and Sciences, der American Philosophical Society, der Sächsischen Akademie der Wissenschaften und Präsident des Répertoire International des Sources Musicales. Seine wissenschaftlichen Arbeiten widmen sich der Musikgeschichte des 15. bis 20. Jahrhunderts, insbesondere Bach und Mozart.

Abkürzungsverzeichnis

a.	anno
Abb.	Abbildung
ADB	*Allgemeine deutsche Biographie,* hrsg. von der Bayerischen Akademie der Wissenschaften, 56 Bde., Leipzig 1875–1912; unveränderter Nachdruck Berlin 1967–1971.
Adj.	Adjunkt
Anm.	Anmerkung
ao.	außerordentlich
Aufl.	Auflage
Ausg.	Ausgabe
Baccal.	Baccalaureus
Bd., Bde.	Band, Bände
bearb.	bearbeitet
Bl.	Blatt
BStU	Bundesbeauftragte[r] für die Unterlagen des Staatssicherheitsdienstes der ehemaligen Deutschen Demokratischen Republik
BWV	Bach-Werke-Verzeichnis
bzw.	beziehungsweise
cap.	capitulum
CDS	Codex diplomaticus Saxoniae regiae
d. Ä., d. J.	der Ältere, der Jüngere
ders., dies.	derselbe, dieselbe
dt.	deutsch
ebd.	ebenda
em.	emeritiert
etc.	et cetera
f., ff.	folgend, folgende
fol.	Folio
Jg.	Jahrgang
Hrsg., hrsg.	Herausgeber, herausgegeben
Kap.	Kapitel
KatLKB	Katalog der Leipziger Kirchenbibliotheken
korr.	korrigiert
KV	Köchelverzeichnis
LA	Landesarchiv
lat.	lateinisch
Lic.	Licentiat
lt.	laut
Mag.	Magister
MGG2	*Die Musik in Geschichte und Gegenwart,* 2. Ausg., Personenteil, hrsg. v. Ludwig Finscher, Kassel etc. 1999–2007.
Ms	Manuskript
MuK	Musik & Kirche, Zeitschrift für Kirchenmusik
MWV	Mendelssohn-Werkverzeichnis
ND	Nachdruck
Nr.	Nummer
OKR	Oberkirchenrat
o. A.	ohne Autor
o. J.	ohne Jahr
o. O. (u. J.)	ohne Ort (und Jahr)
op.	Opus
p.	pagina
r	recto
RRA (F)	Ratsrissarchiv (Feudalismus)
S.	Seite
Sign.	Signatur
Slg.	Sammlung
SLUB	Sächsische Landesbibliothek – Staats- und Universitätsbibliothek Dresden
Sp.	Spalte
St.	Sankt
StA	Stadtarchiv
StAL	Sächsisches Staatsarchiv Leipzig
Stift.	Stiftung[en]
StM	Stadtgeschichtliches Museum
SWV	Schütz-Werke-Verzeichnis
Tit.	Titel, Titulatur
u. a.	und andere, unter anderem
UAL	Universitätsarchiv Leipzig
UB	Universitätsbibliothek
übers., Übers.	übersetzt, Übersetzung
v	verso
v. a.	vor allem

VD 16	*Verzeichnis der im deutschen Sprachbereich erschienenen Drucke des 16. Jahrhunderts,* 25 Bde., Stuttgart 1983–2000.	WA Br	WA, Reihe Briefwechsel, 18 Bde., Weimar 1930–1985.
Verf.	Verfasser	WA Tr	WA, Reihe Tischreden, 6 Bde., Weimar 1912–1921.
vgl.	vergleiche	z. B.	zum Beispiel
WA	Martin Luther: *Werke. Kritische Gesamtausgabe,* 120 Bde., Weimar 1883–2009.	ZfI	Zeitschrift für Instrumentenbau

Personenregister

A

Abraham, Max 378
Abt, Franz Wilhelm 40
Adler, Johann August 433, 461
Adlershelm, Christian Lorenz von 84 f., 210
Adolf, Bischof von Merseburg 152 f.
Agesilaos II., König von Sparta 132
Ahrendt, Rolf 408
Alain, Marie-Claire 342
Alberici, Vincenzo 344, 431
Alberti, Kaspar 73, 351, 429, 453
Alberti, Rüdiger 302 f., 305–307
Alberti, Ulrich Ernst Rüdiger 434, 450
Albert, König von Sachsen 257
Albrecht (Bratscher) 248
Albrecht [der Beherzte], Herzog von Sachsen 238
Albrecht, Horst 435, 463
Allegri, Gregorio 222–224
Alnpeck, Andreas von 148
Alnpeck, Georg von 148
Alnpeck, Magdalene 148
Altner, Stefan 16 f., 71, 219, 257, 372, 399, 401, 428, 435 f., 439 f., 470
Amberg, Ernst Heinz 325
Amberg, Peter 435, 450
Ammerbach, Elias Nicolaus 161, 344, 429
Anderson, Christopher 281
Andreae, Jakob 105
Apel, Jakob 108
Aristoteles 377
Arnhold, Christiane 19
Arrighi de Casanova, Jean Toussaint 184
Auerbach, Dieter 337
August, Christian 98
Augustinus von Hippo 29
August, Kurfürst von Sachsen 82, 105 f., 113 f., 116, 137, 141 f., 175, 356
Auler, Wolfgang 288
Auriga, Johannes (Fuhrmann) 30

Avianus, Wilhelm 81 f., 430, 437

B

Bach, Anna Magdalena 209, 368, 404
Bach, Carl Philipp Emanuel 173
Bach, Johann Christoph 255
Bach, Johann Sebastian 14, 18, 38, 48, 50–53, 55, 68–70, 73, 79, 85–97, 99, 102 f., 157, 159, 161, 163 f., 167–169, 172–174, 178 f., 181, 193–195, 198 f., 201, 204–207, 209, 214, 216 f., 219, 221 f., 227, 230 f., 233, 238, 241, 245, 248, 250, 255, 259, 262, 267–273, 276, 278, 282, 284, 288–291, 294–296, 339–342, 344 f., 364–367, 371–373, 375, 383, 386 f., 389, 395 f., 399, 404 f., 409, 423, 425, 431, 436
Bach, Regina Susanna 369
Bach, Wilhelm Friedemann 204, 268, 294
Backhaus, Thielemann 430, 438
Backofen, Reinhard 117
Backus, David 281, 470
Badehorn, Leonhard 354
Bahrdt, Johann Friedrich 432, 446
Baker, Robert 290
Balzar, Elisabeth 299
Banning, Helmut 371 f.
Barbarus, Daniel 352
Barblan, Otto 292
Bardenstein, Ambrosius 81 f., 88, 429, 437–438
Bardenstein, Andreas 44
Barradas, Sebastian 357
Barth, Johann Friedrich 177
Barthold, Werner 435, 463
Barthol, Guido 274
Bartsch, Franz 428, 437
Bauer, Christian Gabriel 432, 458
Baumgärtel, Georg Friedrich 51, 247, 248
Beck, Christian Daniel 40
Becker, Albert 55, 285
Becker, Alexander 106, 113, 115, 117, 351, 429, 447

Beck(er), Bartholomäus 430, 456
Becker, Carl Ferdinand 260
Beck, Otto 57–59
Beethoven, Ludwig van 222, 288, 290, 295
Beilschmidt, Daniel 345
Bendemann, Eduard 45
Benedikt, Traugott Friedrich 432, 460
Benelli, Antonio Peregrino 223 f.
Benevoli, Orazio 222
Benham, David 19
Berger, Agathe 210 f.
Berger, Wolff 210, 212
Bergk, Wilhelm Theodor 40
Bergner, Max Paul 434, 463
Berlich, Konrad 429
Berlioz, Hector 292
Bernhard, Christoph 93
Bernhardi, Johann Gottlob 183, 432, 449
Bersch, Hans-Jürgen 412–414
Berthold, Otto 88
Beschwitz, Georg von 147
Beyer, Michael 137, 470
Bibliander, Theodor 356
Biedenkopf, Kurt 337
Biggs, E. Power 296
Biller, Georg Christoph 13, 69, 221, 229–231, 245, 264, 334, 342, 395 f., 401–404, 406 f., 435, 437, 470
Bitter, Carl Hermann 371
Bizet, Georges 230
Blasebalg, Balthasar 151
Blasebalg, Jakob d. Ä. 148 f., 151
Blasebalg, Jakob d. J. 151
Blasebalg, Wolfgang 151
Blaufuß, Theo 293
Bleyer, Georg 94, 97
Bodenschatz, Andreas 152, 170
Bodenstein, Andreas (Karlstadt) 37, 149, 157, 238
Bohl, Jochen 10
Böhm, Claudius 18, 247, 470
Böhme, Johann Gottlieb 354
Böhmer, Jürgen 414
Böhme, Ullrich 264, 341, 344, 435, 470
Böhme, Walter Georg 300, 304–306, 434, 453
Böhm, Hans 220
Bononcini, Giovanni 222
Borner, Caspar 40, 109, 348 f., 428, 437
Born, Jacob Heinrich 177
Bose, Gottfried Christian 430, 447
Bose, Johann Jakob 432, 449
Bösel, Karlheinz 435, 463
Bose, Paul 430, 457
Bose, Regina 214

Böttger, Gustav Adolf 40
Brackmann, Albert 21
Brahms, Johannes 230 f., 260, 295
Brandenstein, Ambrosius 119
Breitenbach, Georg von 150
Breitkopf, Johann Gottlob Immanuel 368 f., 372
Brenz, Johannes 356
Bretschneider, Marcus 127
Bruckner, Anton 230 f.
Bruckner, Johannes 428, 436
Brück, Ulrich von 308
Buchholz, Adolf 434, 439
Buchner, Anna 212
Buchwald, Georg 17
Buddens, Aurelio 40
Bugenhagen, Johannes 356
Buhrman, Scott 291
Bünau, Rudolf von 153
Bundtschuh, Kunz 194
Bünger, Wilhelm Robert Ferdinand 276
Burchardt, Moritz 430, 447
Burckhardt, Johann Gottlieb 432, 460
Bürger, Johann Gottlob 432, 459
Burkard, Propst von St. Thomas zu Leipzig 34
Bursian, Konrad 40
Busch, Adolf 286
Büttner, David 429, 451
Buxtehude, Dieterich 93, 276

C

Caldara, Antonio 222–224
Calov, Carla 19
Calvin, Johannes 133
Calvisius, Sethus d. Ä. 40, 44, 78, 81 f., 85–89, 112 f., 119, 130, 161, 216, 227, 239, 429, 436, 456
Calvisius, Sethus d. J. 430
Camerarius, Joachim 354
Camus, Albert 135
Canterbury, Thomas von 28
Carpzov, Johann Benedict 96, 430 f., 443, 447
Carpzov, Johann Gottlob 431, 448
Caruso, Enrico 273
Casali, Giovanni Battista 223 f.
Celer, Nicolaus 437
Cellarius, Johannes 149
Chemnitz, Martin 352
Cherubini, Luigi 223 f.
Chopin, Frédéric 295
Christiane Eberhardine, Kürfürstin von Sachsen 340
Christian I., Kurfürst von Sachsen 108, 113–116, 356 f.
Christian, Palmer 291

Christina, Königin von Schweden 123
Chrysander, Friedrich 273
Cicero, Marcus Tullius 376 f.
Cichorius, August 433, 461
Cichorius, Ludwig 433, 462
Clairvaux, Bernhard von 214
Clauswitz, Benedikt Gottlieb 431, 457
Coch, Friedrich 302, 304
Cochläus, Johann 149
Coelestinus, Georg 429, 451
Colonna, Giovanni Paolo 222
Conradi, Johann 436 f.
Conrad, Propst von St. Thomas zu Leipzig 30
Cordes, Carl August Seth 300, 434, 446
Corri, Domenico 223 f.
Corvinus, Gottfried Sigmund 102
Cramer, Georg 430, 437 f.
Cramer, Johann Jakob 431, 457
Cramer, Martin 430, 438, 451
Crass, Eduard 17
Craus, Laurentius 109
Crell, Sebastian 430, 437
Criegern, Hermann Ferdinand von 362, 434, 450
Cünel, Georg 430, 453
Cunningham, George Dorrington 296

D

Dammenhain, Kurt 435, 463
Davoust, Louis Nicolas de 183
Degenkolb, Karl Christian 432, 454
Deitling, Hans 126
Deuerlin, Christian 430, 456
Deyling, Salomon 52, 431, 443
Dibelius, Otto 305
Diehl, Guida 300
Diémer, Louis-Joseph 269, 272
Dienel, Otto 285
Dietrich [der Bedrängte], Markgraf von Meißen 23 f., 27, 30
Dietrich von Bucksdorff 34
Dimanski, Barbara 68
Dindorf, Karl Wilhelm 40
Dindorf, Ludwig August 40
Distler, Hugo 230
Doles, Johanna Caroline 368
Doles, Johanna Christiana Wilhelmina 368
Doles, Johann Friedrich d. Ä. 53 f., 222, 227, 248 f., 368 f., 372, 432, 436
Doles, Johann Friedrich d. J. 368
Donndorf, Christoph 198
Döring, Detlef 19

Döring, Johann August 433, 461
Dornfeld, Johann 431, 457
Döteber, Franz Julius 123
Douglas, Robert 92
Dragsdorf, Veit von 153
Dresig, Siegmund Friedrich 40, 49, 432, 438
Drewes, Heinz 283
Düben, Andreas 161, 429
Ducke, Karl-Heinz 337
Dupré, Marcel 263, 290–292, 294
Durante, Francesco 222–224
Dürr, Gottlob Benjamin 432, 459

E

Ebeling, Hans-Wilhelm 328, 330, 334 f., 435, 450
Eber, Paul 354, 356
Ebert, Gerhard 302
Ebhardt, Bodo 288
Eckardt, Markus 120
Eck, Johann 37, 137, 149, 157, 238, 347
Eckstein, Friedrich August 378, 434, 438
Eger, Johannes 303
Eggerin, Elisabeth 212
Eichelbaum, Ernst 412
Eichler, Christian Gottlob 432, 454
Eichner, Maria 212 f.
Einbach, Friedrich 354
Einert, Gottlob 433, 455
Einsiedel, Johann Georg 432, 460
Eitingon, Max 276
Eitingon, Motty 276
Eitner, Robert 371 f.
Elisabeth von Bayern, Kurfürstin von Sachsen 238
Emmerling, Christian August Gottfried 433, 461
Emser, Hieronymus 149 f.
Engelmann, Georg d. Ä. 430
Engelmann, Georg d. J. 430
Engels, Friedrich 132
Enke, Christoph Friedrich 433, 454
Erdmann, Georg 209, 241
Erdmann, Gottfried 96
Erler, Joachim 412 f.
Ermel, Gottlob Siegismund Friedrich 49
Ernesti, Johann August d. Ä. 163, 376, 377, 432, 437 f.
Ernesti, Johann August d. J. 53
Ernesti, Johann Heinrich 431, 437 f.
Ernst, Kurfürst von Sachsen 151
Eulenstein, Johann Friedrich 433, 452
Euripides 377

F

Faber, Michael 408
Fabian, Thomas 408
Fabricius, Georg 40, 438
Fabri, Johannes 436
Falkner, Johann Friedrich 98
Fasch, Johann Friedrich 102, 369
Feller, Joachim 361
Fest, Max 278, 293
Ficker, Johann 447
Ficker, Johannes 305, 428
Fiedler, Hanna-Lore 17
Figulus, Wolfgang 80, 429, 436
Findeisen, Gabriele 424
Fink, Werner 309, 435, 450
Finsinger, Franz 214
Fischer, Johann Friedrich 377, 432, 437 f.
Fischer, Ulrich 293
Fitschen, Klaus 68, 299, 471
Flade, Ernst 275
Fleischer, Heinrich 282, 291, 294
Fleischer, Oskar 272 f.
Fleischmann, Christian Traugott 433
Fleming, Paul 40, 44
Floros, Constantin 74, 76
Flor, Wilhelm 305
Fontana, Eszter 18 f., 267, 471
Forchheym, Johannes 437
Forkel, Johann Nikolaus 290
Forner, Johannes 259
Förster, Christoph 369
Förster, Johann 429, 456
Franck, César 282, 291 f.
Francke, August Hermann 53
Franke, Friedrich Richard 434, 439
Frankenstein, Christian Friedrich 430, 456
Franz (Organist) 428
Fraustadt, Christian 435, 455
Freitag, Kurt 290
Freyberg, Alfred 243, 293
Frick, Wilhelm 304 f.
Friedel, Gottlob Leberecht 51
Friedrich August I., König von Sachsen 189–191
Friedrich August I., Kurfürst von Sachsen 52
Friedrich [der Weise], Kurfürst von Sachsen 137
Friedrich II., Markgraf von Meißen 238
Friedrich, Johann 438
Friedrich, Johann (Friderici) 40
Frisch, Johann Friedrich 432, 459
Fritzsche, Paul Christoph 432, 459
Fritzsch/Frosch, Hans 429, 462
Fröde, Christine 201
Fröhlich, Heinrich Andreas 299 f., 302, 434, 453
Frohn, Rüdiger 402
Frommann, Carl Friedrich Ernst 165
Fröschel, Sebastian 152, 158
Fuchs, Gregor d. Ä. 163, 430, 462
Fuchs, Gregor d. J. 163, 431, 462
Fuchs, Johann 163, 430 f., 462
Fuchs, Johannes 163 f., 167
Fuchsstein, Sebastian 347
Fuchs, Thomas 19, 347, 471
Führer, Christian 331, 424
Führer, Ernst 370, 372
Funcke, Andreas 211
Funke, Maria 19
Furtwängler, Wilhelm 284 f.

G

Gabrieli, Giovanni 222–224
Galliculus, Johannes 158, 428, 436
Gallus, Jakobus (Jakob Handl) 171, 414
Garrard, Nick 19
Gaudlitz, Gottlieb 432, 446
Gedick(e), Simon 73, 106, 113, 351
Geier, Martin 91
Geißler, Carl Friedrich August 433
Georg [der Bärtige], Herzog von Sachsen 37, 80, 137–139, 145, 148–155
Gerber, Ernst Ludwig 55, 249, 252
Gerhard, Johann 357
Geringer, Paul 430, 451
Gerlach, Carl Gotthelf 248
Gesenius, Joachim 431, 437
Gesner, Johann Matthias 196, 376 f., 431, 437
Geyer, Martin 210 f., 430, 442
Gianettini, Antonio 222
Gießler, Günther 311
Girardet, Georg 402
Glauch, Andreas 431, 448
Glauning, Otto 363
Glöckner, Andreas 19, 365, 471
Glöckner, Johann 163
Glöckner, Magdalena 163
Gödick, Simon 429, 451
Goebbels, Joseph 283, 292
Goerdeler, Carl Friedrich 285, 293
Goerdeler, Reinhard 412
Goertz, Margaretha 356
Goethe, Johann Wolfgang von 282, 295, 377
Goldhorn, Johann David 189, 433, 449
Goltz, Maren 259, 263

Görner, Carl Friedrich 432
Görner, Johann Gottlieb 339–342, 431
Gottsched, Johann Christoph 165
Gottsched, Luise Adelgunde Victorie 165
Götze, Ludwig 436
Gräbner, Christian 431
Gräbner, Johann Gottfried 274
Grabner, Klaus 309, 435, 453
Gräfenhain, Ferdinand Friedrich 432, 460
Gräffenhayn, Gottfried Christoph 85
Grale, Conrad 161
Gra[u]mann, Johann 148, 428, 437
Graumann, Johannes (Poliander) 38–40
Graupner, Christoph 48, 50, 97, 209
Gregorii, Friedrich Quirin 431, 457
Gregor, Stefan 68, 311, 472
Grenser, Carl Augustin 248 f., 252
Grenser, Heinrich 369
Griebe, Jacob 212
Griebner, Johann Sigismund 431, 457
Grieg, Edvard 260
Griepenkerls, Friedrich 290
Groh, Heinrich 365
Grohmann, Johann Gottfried 376
Gropius, Walter 283
Groß, Henning 354
Großmann, Christian Gottlob Leberecht 433, 445
Grötzsch, Gertrud 435
Grötzsch, Walter Erhard 434, 463
Grünstein, Siegfried 291
Grüters, Otto 285 f.
Guilmant, Alexandre 290–292
Guldenmond, Ulrich 150
Gundermann, Christoph 113–117, 127, 429, 441
Gunter, Helmut 319, 323, 435, 438
Günther, Hans Wilhelm 308 f., 435, 453
Günther, Johann 431, 448
Günzel, Heinz (Magdeburg) 373
Gurlitt, Cornelius 207
Gurlitt, Johannes Gottfried 40
Gurlitt, Wilibald 263, 275

H

Hahn, Carl Hugo 300, 434, 453
Hahn, Johann Zacharias Hermann 433, 461
Hala, Georg 429, 440
Haller, Johannes 290
Haltaus, Karl Ferdinand 40
Hamm, Adolf 271
Hamme, Heinrich 356
Hammer, Walter 109

Händel, Georg Friedrich 233, 273, 288 f., 369, 425
Hänisch, Gottfried 325 f., 329–331, 333 f., 336
Hanisch, Günther 331
Hanitzsch, Martin Theodor 434, 455
Hanke, Wolfgang 17, 221 f.
Harbart, Burchart 356
Harbart, Caritas 356
Harder, Matthias 115, 117, 351, 429, 451
Harder, Wolfgang 115, 429, 441
Harrass, Johann Heinrich 268
Harrer, Christina, Elisabeth 368
Harrer, Gottlob 222, 227, 366, 368, 432, 436
Hartmann, Günther 281–283, 285, 287, 295, 297
Hase, Helmut 415
Hasse, Johann Adolf 252, 255
Hasse, Karl 275, 288
Haßert, Anna 212
Häßler, Johann Christian 198
Haufe, Christoph Michael 19, 401, 413, 415
Hauptmann, Moritz 221–223, 257–259, 433, 436
Hausegger, Siegmund von 264
Hauser, Franz 370
Häußler, Matthaeus 428, 437
Haußmann, Elias Gottlob (Hausmann) 205, 369
Haydn, Joseph 224, 229, 425
Hebenstreit, Johann Christian 40, 431, 438
Heckel, Wilhelm 271
Heger, Melchior 43, 80, 159, 429, 436
Hegewald, Marion 424
Heidenreich, David Elias 94
Heil, Johann 108 f., 429, 437
Heine, Ernst Karl Erdmann 40
Heinichen, Johann David 40, 97, 102
Heinrich, Cornelia 19
Heinrich [der Fromme], Herzog von Sachsen 137, 139, 140 f., 143
Heinrich V., Bischof von Merseburg 33
Heinrici, Daniel Aegidius 210 f., 214
Heinse, Detlev 431, 458
Heinsius, Johann Samuel 431, 458
Heintze, Hans 342, 434
Heinze, Hellmuth 68, 313 f., 316, 412, 435, 438
Heinze, Peter 212 f.
Heitmann, Fritz 275
Held, Christoph 281, 292, 294
Held, Ingrid 281, 294
Hempel, Johannes 328, 331, 333
Henker, Martin 11, 435, 446
Henrich, Rolf 335
Hentschel, Blasius 437
Herbst, Franz 271
Herdesianus, Christoph 352

Herman, Nicolaus 214
Herrmann, Friedrich August 434, 463
Herrmann, Johannes 428, 436
Hertel, Eberhard 429, 456
Hesekiel, Friedrich 191
Hesse, Adolph 291
Hesse, Karl 285
Hesse, Petrus 73, 113 f., 351, 429, 447
Heydenreich, Bartholomäus 429, 451
Heyer, Fritz 274
Heyer, Gerhard 219
Heyer, Wilhelm 274
Heym, Stefan 336
Heynemann, Bartholomaeus 428, 437
Heyner, Vitus 437
Heynsen, Carl 261, 263
Hilbert, Gerhard 300–302, 304 f., 363, 434
Hilbert, Heinrich Oskar Gerhard 446
Hildebrand, Heinrich Rudolf 40
Hildebrandt, Zacharias 267
Hiller, Johann Adam 51, 55, 82, 201, 222, 224, 227, 249 f., 252, 368 f., 372, 433, 436
Hilmes, Oliver 292, 295, 297
Hindenburg, Paul von 285, 288, 300
Hinrichs, Christiane Wilhelmine 165
Hinrichsen, Hans-Joachim 289
Hinrichsen, Henri 283, 286, 289–292, 296
Hinrichsen, Martha 289
Hinrichsen, Paul 289
Hinrichsen, Walter 289, 296
Hinrichs, Johann Conrad 165
Hippe, Fabian 429, 438
Hirl, Wilhelm 272
Hitler, Adolf 285 f., 292, 306
Hocquél, Wolfgang 30, 193, 472
Hoffmann, Hans-Joachim 312
Hoffmann, Karl 190
Hoffmann, Melchior 99 f., 102
Höfler, Heinrich 436 f.
Hofmann, Friedrich Gottlob 49
Hofmann, Johann Gottlob 49
Hofmann, Karl Gottlob 431, 458
Hofmann, Ute 435, 438 f.
Hohnert, Alexander 402 f.
Holland, Richard 378
Homer 377
Homeyer, Paul 262 f.
Hondorff, Andreas 354
Honecker, Erich 328, 334–336
Honorius III., Papst 27
Höpffner, Beatus 189
Höpfner, Heinrich 358, 360–362

Höpfner, Johann Friedrich Beatus 430, 433, 447, 460
Hoppe, Paul 211
Horaz 377
Horn, Immanuel 431, 443
Hospinian, Rudolf 358
Hüffener, Valerianus 428, 436
Hügle, Wolfgang 401
Huhn, Christian Gottfried 432, 454
Huhn, J. G. 206
Hülse, Conrad Benedikt 432, 438
Hülsemann, Johann 430, 442
Humboldt, Alexander von 376
Hund, Christian Gottlieb 432, 460
Hünichen, Christoph 438
Hunnius, Ägidius 116
Hussell, Ludwig 186
Hutter, Leonhart 119

I

Irmschler, Samuel Friedrich 433, 460
Isaac, Heinrich 159
Ischinger, Barbara 402
Israel, Klaus 424
Ittig, Thomas 431, 452

J

Jadatz, Heiko 147, 472
Jahn, Andreas 43, 429, 437
Jahn, Johann Christian 40, 433, 439
Jahnn, Hans Henny 275, 288
Janáček, Leoš 260
Janke, Helga 325 f., 328, 330 f., 334, 336 f.
Jaspis, Georg Sigismund 183, 433, 449
Jenichen, Johannes 435, 455
Jentzsch, Alfred 17, 412, 434, 438
Jerusalem, Friedrich Wilhelm 360
Johann [der Beständige], Kurfürst von Sachsen 137
Johannes II. von Bose, Bischof von Merseburg 33 f.
Johann Friedrich I., Kurfürst von Sachsen 137, 139
Johann Georg I., Kurfürst von Sachsen 93, 123
John, Michel 212
Jomelli, Nicolò 223 f.
Jonas, Justus 137
Jordan, Hieronymus 354
Julius II., Papst 147
Jung, Burkhard 9, 401, 403, 408
Jünger, Wolfgang 428, 436
Jungmann, Franz Emil 434, 438 f.

K

Kaemmel, Otto 17
Kahlert, Manfred 435, 463
Kampf, Michael 423 f., 472
Kant, Immanuel 376
Karg-Elert, Sigfrid 291, 295, 297
Kästner, Hannes 264, 320, 342, 345, 435
Kaufmann, Michael 288
Keimel, Johann 431
Keiser, Reinhard 40, 97
Keller, Hermann 275
Kemmerling, Franz 17
Kempen, Thomas von 356
Kerrl, Hanns 304, 307
Keßler, Samuel 126
Kettner, Friedrich 431, 453
Keußler, Gerhard von 293
Keutel, Johann Gottlieb 372
Kiesewetter, Johann Friedrich 432, 460
Kilian, Wolfgang 89
Kippenberg, Anton 287
Kirchhoff, Anton 430, 437
Kirchner, Theodor 260
Kirchner, Timotheus 352
Kirsten, Felicitas 375, 472
Kirst, Uwe 435, 463
Klaubart, Daniel Siegfried 432, 458
Klemm, Matthias 327
Klinger, Michael 429, 456
Klinke, Melanie 302
Klinkhardt, Christian Gottfried 433, 449
Klizsch, Maria Magdalena 211
Klotsche, Johannes 305
Klotz, Leopold 167
Klotzsch, Martin 436
Knaubus, Melchior 126
Knauer, Hermann 45
Knauer, Maria 212
Knick, Bernhard 17, 19, 24, 412
Knoch, Matthias 19
Knüpfer, Georg 365
Knüpfer, Johann Magnus 97 f.
Knüpfer, Sebastian 87, 93 f., 97, 100, 102, 159, 365, 430, 436
Kober, Georg 429, 453
Köbler, Robert 264
Koch, Ernst 19, 45, 105, 472
Koch, Georg Aenotheus 434, 439
Köhler, Johann Tobias (Colerus) 431, 457
Köhler, Johann Ernst 296
Kohlhaussen, Martin 424
Koopman, Ton 342

Köpping, Christian 165, 177, 432, 462
Kormann, Kathleen-Christina 402, 405, 435, 438
Körner, Johann Gottfried 432, 446
Körner, Ludwig 284
Kosleck, Julius 270
Kotzler (Kitzler), Niklas 147
Kramer, Martin 39
Kraner, Friedrich 434, 437
Krantz, Gottlieb Friedrich 431, 458
Krasselt, Judith 414
Krauspe, Richard Hans 309, 435, 455
Krell, Gottfried 211, 214
Krell, Nikolaus 115, 117
Krenz, Egon 335
Kreusel, Günt[h]er 439
Kriebel, Georg (Jürgen) 122
Kriegel, Abraham 40
Kriegel, Christian August 40
Kriegel, M. (Schulaufwärterin) 201
Krieger, Adam 82, 93
Kritz, Wilhelm 433, 461
Kroch, Hans 276
Krömer, Emil Josef 434, 450
Kroyer, Theodor 274 f., 277, 279, 362
Krüger, Friedrich Wilhelm Gustav 434, 439
Krügner, Johann Gottfried 192, 194
Krummacher, Christoph 257, 472
Küchler, Carl Gustav 433, 455
Kuhnau, Johann 40, 48, 52, 79, 85 f., 97–103, 161, 178, 181, 199, 211, 227, 248, 339, 344, 431, 436
Kühnel, Heinrich Gottfried 365, 431
Kuhn, Marko 19
Kuhn, Max 271
Kühnöl, Christian Gottlieb 432, 449
Kunzmann, Walter 414
Küster, Konrad 366
Küstner, Karl Theodor von 40
Küttner, Johann David 431, 458
Kyrill von Alexandria 354

L

Laberge, Bernhard 291
Ladewig, Harald 435, 439
Landmann, Arno 275
Landowska, Wanda 273
Landsidel, Caspar 428, 437
Landvoigt, Johann August 248
Lange, Christian 430, 441
Lange, Christian Samuel 431, 457
Lange, Gottfried 52, 209
Lange, Johann 38

Lange, Samuel 430, 442
Lange, Ulrich 428, 436
Laßmann, Jakob 43 f., 429, 437, 438
Lasso, Orlando di 222–224
Lauterbach, Erhard 108 f., 429, 438
Lauterbach, Karl 271
Lavater, Johann Caspar 360
Lawford-Hinrichsen, Irene 289
Lebzelter, Thomas 131
Lechla, Gottlob Friedrich 432, 454
Lechler, Gotthard Viktor 434, 445
Lehmann, Georg 431, 442
Lehmann, Gottfried Conrad 210 f.
Lehmann-Grube, Hinrich 337
Lehn, Martin 213
Leibniz, Gottfried Wilhelm 40, 161, 376
Leibniz, Johann Friedrich (Leubnitz) 40, 376
Leich, Werner 328
Leißner, Johann Friedrich 432, 437
Le Maistre, Mathias 159
Lemmens, Jacques-Nicolas 291 f.
Lemper, Ernst-Heinz 23, 126
Leo, Gottlob Bonifacius Viktor 433, 461
Leo, Leonardo 223 f.
Leonhardt, Gustav 342
Leopold, Fürst von Anhalt-Köthen 209
Leypold, Christian Fürchtegott 432, 459
Leyser, Friedrich Wilhelm 430, 457
Leyser, Polycarp 357, 430, 441
Liboron, Herbert 308
Licht, Barnet 288 f.
Licht, Hugo 267
Liebknecht, Karl 132 f.
Liebner, Karl Theodor Albert 40
Lindemann, Adam 43
Lindemann, Marcus Antonius 121
Lindner, Klaus 401, 435, 438
Lipsius, Constantin 207
Lipsius, Karl Heinrich Adalbert 434, 437, 439
Lipsius, Richard Adalbert 40
Lischke, Franz 434, 463
List, Horst 17
Liszt, Franz 290
Lobwasser, Maria 214
Löffler, Kurt 327
Löffler, Simon 430, 448
Lohse, Fred 245
Lohse, Hermann August 434, 455
Loos, Helmut 19, 219, 222, 473
Loß/Lossius, Peter 429, 456
Lotter, Gabriel 40
Lotter, Hieronymus 121

Lotter, Melchior 149 f.
Lotti, Antonio 222–224
Loy, Balthasar 428, 440
Ludovici, Christian 438
Luther, Martin 37 f., 68, 76, 90, 105, 114 f., 118, 137, 139 f., 148–151, 157 f., 172–174, 176, 238, 289, 333, 347, 350, 352, 354, 356
Lutherus, Gabriel 119
Lütze, Bastian 429
Lysthenius, Georg 106

M

Magirius, Friedrich 329, 331
Magirius, Heinrich 17, 23
Mahillon, Charles 271
Mahlmann, Siegfried August 190
Mahrenholz, Christhard 275 f.
Maicher, Lutz 219
Major, Georg 354, 356
Mamphrasius, Wofgang 116
Marloratus, Augustinus 356
Marsilius, Caspar 356
Martienssen, Carl A. 293
Martin, Friedrich 295 f.
Martini, Giovanni Battista 223 f.
Marx, Karl 132
Masius, Hermann 378
Masur, Kurt 335, 402
Matthaei, Karl 288
Mauerbeck, Johann 428, 462
Mauersberger, Erhard 221, 244, 264, 313, 316–320, 378, 435 f.
Mauersberger, Rudolf 285, 288, 325
Maul, Michael 19, 38, 79, 473
Mayer, Bartholomäus 430, 437 f.
Mayer, Friedrich 357 f.
Mayer, Johann Ulrich 443
Mayer, Ulrich 430, 451
Mecke, Ann-Christine 18
Meder, Ludo Mila 122
Meder, Oskar Guido Gerhard 300 f., 304–307, 434, 455
Meinecke, Friedrich [Friederick] 286
Meinicke, Alfred 261 f.
Meißner, Karl Heinrich Wilhelm 433, 450
Melanchthon, Philipp 40, 105–109, 112, 119, 137, 148, 238, 350, 352, 354, 356
Mendelssohn, Arnold 286, 288
Mendelssohn Bartholdy, Abraham 290
Mendelssohn Bartholdy, Felix 161, 229, 255, 257 f., 284, 289 f., 344, 364, 387, 396, 425
Menhart, Nikel 147

Menius, Justus 429, 440
Menke, Werner 371 f.
Mentzel, Georg Friedrich 179, 216
Merck, Johann 81, 430, 437
Merian, Matthäus 194
Merkel, Eberhard 311, 411, 414
Merz, Gottfried 435, 450
Meurer, Johann 429, 438, 456
Meuslin, Wolfgang 171
Meyer, Heinrich 358, 360
Meyer, Johannes 352
Mezler, Johann 108
Michaelis, Johann David 360
Michael, Rogier 91
Michael, Tobias 80–83, 91 f., 239, 430, 436
Mirus, Martin 116 f., 119
Mißlack, Johannes 434, 439
Möbus, Heinz-Dietrich 435, 438
Modis, Gustav 296
Mogk, Helmut 363
Mohr, Georg 428, 440
Mommsen, Theodor 376
Monhaupt, Nikolaus 148
Morales, Cristóbal de 159
Moritz, Kurfürst von Sachsen 40, 137, 139–142, 145
Morlacchi, Francesco 223 f.
Morungen, Heinrich von 27 f.
Mosbach, Ernst 358
Mosellanus, Petrus 37, 40, 438
Mosheim, Lorenz von 360
Möstel, Theodor 88, 90, 358
Mothes, Gert 19, 57
Motzer, Max 434, 463
Mozart, Wolfgang Amadeus 161, 223, 229 f., 249, 289
Muffat, Georg 276
Mühe, Ulrich 336
Mühlmann, Johann 429, 456
Müller, August Eberhard 221, 227, 241, 368–370, 377, 433, 436
Müller, Detlef 435, 439
Müller, Johann Friedrich 180, 433, 462
Müller, Sebastian 239
Mundus, Doris 19
Mutschmann, Martin 304
Mutter, Anne-Sophie 402
Mylius, Georg 114, 117 f.
Mylius, Joseph (Mühle, Myhle) 372

N

Näher, Sabine 339, 473
Napoleon Bonaparte 183–185, 189 f.

Nathan, Sabine 216
Nathusius, Elias 91
Nedden, Otto zur 283
Nepos, Cornelius 377
Neubauer, Knut 19
Neumann, Friedrich August 433, 461
Neumeister, Erdmann 96 f., 102
Neunhertz, Johann 97
Ney, Michel 185
Niclaß, Georg 429, 462
Nicolai, Philipp 358
Niedner, Carl 17, 21, 23, 28
Niermann, Andrea 402
Nikolaus, Propst von St. Thomas zu Leipzig 32
Noatzke, Gerhard 283
Nöbert, Heinz 316–319, 322, 435, 438 f.
Noehren, Robert 294 f.
Nosseni, Giovanni Maria 122
Nuendorf, Dorothea 33

O

Obendorf, Rudolf 319, 435, 439
Ockel, Reinhard 283 f.
Oepke, Albrecht 303–305, 307
Oeser, Adam Friedrich 205
Oesterheld, Herta 294
Oheim, Sebastian 212
Okrassa, Nina 287
Ölhafe, Isaac 210–213
Opitz, Rolf 337
Orba, Johannes Steffani de 33, 436
Osiander, Lukas 352
Othmar, Silvanus 349
Otto, Ambrosius 429, 451
Otto IV. von Braunschweig, römisch-deutscher Kaiser 24
Otto, Valentin 85, 87, 109, 161, 429, 436
Otto, Wolfgang 428

P

Paasch, Hans-Jürgen 19
Pachelbel, Johann 276
Palestrina, Giovanni Pierluigi da 222–224
Pammler, Andreas 255
Pammler, Thomas 319, 435, 439
Pank, Johann Theodor Oskar 262, 434, 445
Pank, Siegfried 247, 250, 255
Papier, Louis 434
Papperitz, Robert 260
Paschen (Küster) 434, 463
Pasch, Gerhard 189

Passarini, Francesco 222
Passolt, Gerhard 19
Pauer, Max 264
Paul, Elisabeth 308
Paul, Emil 296
Peilicke, Johann 212
Peilicke, Wolfgang 127
Pepping, Ernst 231
Pergolesi, Giovanni Battista 223 f.
Perre, Johann von der 123
Perre, Nikolaus de 123
Petzold, Carl Friedrich 431, 438
Petzold, Jakob 424
Petzold, Karl Friedrich 195, 432, 452
Petzoldt, Martin 16 f., 121, 163, 325–327, 329–337, 341, 414, 428, 436, 440, 473
Petzoldt, Richard 17, 221
Pevsner, Nikolaus 199
Pfau, Hagen 278
Pfeffinger, Johann 428, 440
Pfeifer, David 29
Pfeiffer, August 431, 448
Pfeiffer, Carl Anton 274
Pfister, Ulrich 153
Pfitzer, Regina Maria 102
Pfitzner, Hans 309
Pflug, Johannes 303
Pflug, Julius 40
Pflugk, Andreas 153
Philippi, David 19
Piechowski, Paul 300
Piersig, Johannes 281, 285, 294–297
Pinckert, Johannes 434, 439
Pipping, Heinrich 360 f., 431, 452
Pistoris, Simon 153
Piutti, Carl 261–263, 265, 344, 434
Platner, Ernst 40
Platon 377
Platz, Abraham Christoph 53, 102
Plinius der Ältere 376
Pohle, David 51, 94
Pohlenz, Christian August 258, 433
Polster, Andreas 435, 438
Posselt, Zacharias 117, 429, 453
Preisensin, Gerhard 430
Preußer, Hans 147, 150
Preusser, Paul 431, 457
Prieberg, Fred K. 282, 288
Priesing, Johann 210
Printz, Wolfgang Caspar 89
Prolingheuer, Hans 282
Prosch, Urban 429, 437 f.

Prüfer, Artur 272
Puccini, Giacomo 289
Putscher, Daniel 357
Putz, Eduard 303

R

Raabe, Peter 283–285, 287, 292
Rabener, Justus Gotthard 431, 452
Racek, Jan 260
Radius, Justus Wilhelm Martin 40
Ramin, Charlotte 293
Ramin, Dieter 412
Ramin, Günther 161, 221, 243, 250, 263–265, 275–279, 284, 290–294, 297, 313–315, 341 f., 344 f., 373, 412, 434, 436
Ram, Johann Paul 432, 454
Ranke, Leopold von 376
Ranstete, Thomas 436
Raphael, Günther 288 f.
Rappolt, Friedrich 40, 430, 438
Raschke, Maximilian 394 f., 397 f., 473
Rauch, Ambrosius 141
Rayborn, John 74
Rechtenbach, Euphrosine 210, 214
Reger, Max 230 f., 262 f., 271, 276, 281 f., 289, 291, 294
Regis, Johann Gottlob 433, 455
Reichardt, Johann Friedrich 79
Reiche, Gottfried 341
Reichenbach, Heinrich Gottlieb Ludwig 40
Reichenbach, Johann Friedrich Jacob 40, 51, 433, 438
Reichenbach, Jörg 435, 439
Reich, Stephan 108
Reimann, Heinrich 262
Reimann, Wolfgang 275
Reinecke, Carl 260
Reinhardt, Elias Sigismund 430, 442
Reinhard[t], Johann 437
Reinhart, Johann Peter 432, 459
Reinicke, August Leberecht 165
Reißiger, Carl Gottlieb 40, 229, 247
Reitmann, Hartmut 337
Repnin-Wolkonski, Nikolai Grigorjewitsch 189 f.
Reuter, Fritz 295
Reuther, Almuth 407
Reuther, Andreas 211
Reutlingen, Katharina von 148
Reutlingen, Lorentz von 148
Reutters, Hermann 283
Rhau, Georg 37, 38, 101, 148, 157 f., 238, 428, 436
Rhenius, Johann 40, 119, 430, 438
Richards, Emerson 291

488

Richter, Alfred 58, 258 f.
Richter, Bernhard Friedrich 57, 193, 204, 370–372
Richter, Ernst Friedrich Eduard 57, 220–223, 252, 259 f., 434, 436
Richter, Gerhard 285
Richter, Johannes 326–331, 435
Richter, Johannes Emil Gustav 446
Richter, Karl 342, 435
Riemann, Hugo 272, 371
Riemer, Johann Salomon 247 f., 252
Rietschel, Adelheid 308
Rietschel, Thomas 402
Rinckart, Martin 44, 239
Rivinius, Andreas Tilemann 431, 448
Rochlitz, Friedrich 40, 188, 222
Rodekamp, Volker 19
Röhlick, Christian 430, 438
Romanus, Franz Conrad 100
Römer, Johannes 302
Römer, Oskar 276
Röntsch, Paul 261
Rosch, Andreas 435, 463
Rosenmüller, Johann Georg 40, 92 f., 183–185, 189–191, 432, 445
Rosinus, Bartholomäus 172
Roßmäßler, Johann August 206
Rost, Adolf, d. J. 166
Rost, Brigitte 166
Rost, Christian Friedrich Adolf 165 f.
Rost, David 166
Rost, Dora 166
Rost, Friedrich Wilhelm Ehrenfried 51, 199, 205, 217, 224, 227, 241 f., 433, 437 f.
Rost, Gustav 166
Rost, Hermann, d. J. 166
Rost, Johann Christoph 163–165, 167–169, 171–181, 214, 431, 462
Rost, Johann Christoph, d. J. 165
Rost, Ludwig Adolf Hermann 166
Rost, Luise 166
Rost, Philipp Adolf 165
Roth, Daniel 291
Rothe, Gottlob Friedrich 172, 179, 184, 432, 462
Rothe, Karl 274, 362
Rotthe, Albrecht Christian (Rothe) 361, 431, 452
Rotzsch, Hans-Joachim 221, 229–231, 245, 264, 311– 313, 315, 319–321, 342, 396, 423, 435, 437
Roy, Peter 411, 414, 474
Rubardt, Paul 275
Rück, George 249 f.
Rühle, Johann Georg 198
Rühlmann, Franz 293

Rumpfer, Michael 153
Rust, Wilhelm 161, 221–223, 259–262, 267–370, 378, 434, 436

S

Sachse, Richard 17, 40, 434, 439
Salmuth, Heinrich 105, 354, 429, 440
Salmuth, Johann 117, 354
Sammler, Friedbert 278
Sancke, Christoph 432, 452
Sarcerius, Erasmus 429, 440
Sarti, Guiseppe 223 f.
Scacchi, Marco 91
Scarlatti, Alessandro 222–224
Schacher, Hartmann 430, 456
Schad, Abraham 109, 429, 438
Scharff, Johann Adolf 432, 449
Scharnagel, Johann 436
Schauer, Rupert 417, 419, 474
Scheffel, Johann 428, 438
Scheibe, Gertraud 212
Scheibe, Johann 267
Scheibe, Johann Adolph 101
Scheibel, Gottfried Ephraim 100
Schein, Johann Hermann 44, 80–82, 89–91, 161, 239, 430, 436
Schelhammer, Caspar 354
Schelle, Johann 40, 94, 96–98, 100, 102 f., 211 f., 214, 216, 365 f., 431, 436
Schelle, Maria Elisabeth 211 f.
Schellenberg, Christian Hermann 259
Scheller, Immanuel Johann Gerhard 40
Scherer, David 430, 456
Scherf, Henning 402
Schering, Arnold 17, 221, 371
Scherll, Heinrich 150
Scherzer, Johann Heinrich 432, 458
Schetelich, Wolfgang 264
Scheuerler, Daniel François 272
Schicht, Johann Gottfried 191, 216, 221–225, 227–229, 242, 247, 249, 369, 372, 377, 433, 436
Schiefferstein, Hans 123
Schille, Dieter 325 f., 328–332, 335–337
Schlenker, Manfred 230
Schleußner, Friedrich Wilhelm 432, 448
Schmertasch, Johann 211
Schmid, Barbara 211
Schmid, Hieronymus 212
Schmid, Johann Christian 198
Schmidt, Balthasar 372
Schmidt, Frithjof 424

Schmidt, Jutta 423 f., 474
Schmidt, Wolfgang 319, 435, 438
Schmieden, Hans 126
Schmuck, Vincenz 113, 127, 171, 430, 441
Schneider, Andreas 117, 429, 447
Schneider, Balthasar 429, 455
Schneider, Johann Christian Friedrich 229, 433
Schneider, Johannes 309
Schneider, Michael 296
Schneider, Ulrich 19
Schöber, Solveig 424
Scholz, Peter 219
Schönbach, Stephan 152
Schrauff, Johann 429, 437
Schreber, Daniel Gottlieb Moritz 40
Schreck, Gustav 221–223, 231, 262 f., 265, 268, 272 f., 434, 436
Schröder, Arthur Edmund Georg 434, 450
Schuchart, Johann Christian 432, 459
Schultz, Georg 430, 438
Schultz, Helmut 274 f., 277, 279
Schulz, Christiane 183, 474
Schulze, Hans-Joachim 19, 209, 474
Schulze, Thoralf 381, 435, 439, 474
Schulz, Johann Philipp Christian 248 f., 369–372
Schuman, August 204
Schumann, Heinrich Eduard 299–305, 307–309, 434, 446
Schumann, Horst 312
Schumann, Robert 258
Schumann, Valten 149 f.
Schund, Joachim 73
Schütz, Friedrich Wilhelm 431, 443
Schütz, Heinrich 58, 79, 81, 91–93, 230, 233, 294, 344
Schwartz, Katharina 214
Schwartz, Valentin 210 f., 214
Schwarz, Bernhard 434, 439
Schwarzenberger, Valentin 198
Schweitzer, Albert 290
Schwerdtfeger, Dettloff 407
Seehausen, Peter (Petrus Sehusen) 34, 436 f.
Seffner, Carl Ludwig 48, 268, 271
Seidel, Bernd 312
Seidel, Christian Gottlob 198
Seidel, Martin Stefan 414
Seligmann, Gottlob Friedrich 431, 443
Selle, Thomas 93
Selnecker, Nikolaus d. Ä. (Selneccer) 104–108, 112–114, 117, 127, 349–352, 354, 356 f., 363 f., 429 f., 451
Selnecker d. J., Nikolaus 430
Semler, Johann Salomo 360
Semrau, Wolfgang 296
Senfl, Ludwig 38

Seydewitz, Max von 279
Seyffarth, Hermann 269, 273 f.
Seyffert, Max 273
Shakespeare, William 377
Sicul, Christoph Ernst 97, 103
Sieber, Urban Gottfried 432, 446
Sieblist, Kerstin 235, 474
Siegel, Karl Christian Friedrich 433, 452
Siegler, Philipp Christoph 248
Siglitz, Johann 429, 438
Silbermann, Gottfried 277, 345
Silbermann, Johann Andreas 340
Silbermann, Valentin 123
Simons, Walter 300
Sindermann, Horst 334
Sinner, Regina Maria 51, 216 f.
Söfner, Johann August 433, 461
Sommer, Johann Adolf Benjamin 433, 461
Sonnenfroh, Martin 126
Spalding, Johann Joachim 360
Spitta, Philipp 73, 259, 268, 290, 339
Spohr, Louis 257
Spülbeck, Otto 308
Stallbaum, Johann Gottfried 40, 49, 55, 241, 361, 377, 433, 437, 439
Stange, Vincenz 428, 451
Starke, Sebastian Gottfried 430, 438
Steger, Thomas 430, 448
Stein, Fritz 288, 292–294
Steingraeber, Burkhardt 272
Steingraeber, Georg 272
Stekovics, Janos 19
Stemler, Johann Christian 432, 446
Stiehl, Herbert Alfred 184, 308 f., 325, 328, 435, 446
Stifel, Michael 356
Stöck, Gilbert 219, 475
Stockmann, Paul 177
Stockmeier, Wolfgang 281, 294 f.
Stoph, Willi 334
Straube, Elisabeth 289
Straube, Hertha 289, 293
Straube, Karl 59, 62, 161, 221 f., 231, 262–264, 266, 271–297, 341 f., 344 f., 424, 434, 436
Strauß, Richard 270 f., 283, 285
Stresemann, Gustav 300
Stromer, Heinrich 148
Stübel, Andreas 40, 431, 438
Stürenburg, Heinrich 434, 439
Sturm, Johann 108
Sturz, Friedrich Wilhelm 40
Suppe, Ludwig Eduard 434, 450
Szendrei, Alfred 277

490

T

Tacitus 377
Taddiken, Britta 435, 451
Täschner, Marina 428, 436, 440, 475
Taskin, Pascal-Joseph 269, 272
Taubenheim zu Freyburg, Christoph von 153
Tauber, Christoph 429, 462
Telemann, Georg Philipp 55, 99, 100, 102, 209, 233, 294, 371 f.
Teller, Abraham 45, 430, 437, 442
Teller, Romanus 432, 446
Tetzel, Johann 137
Teubing, Heinrich 279
Thalemann, Christian Wilhelm 432, 454
Theile, Johann 94
Thidericus 436 f.
Thieme, Karl August 40, 432, 438
Thiemich, Paul 96
Thilo, Johann 431, 453
Thomasius, Jakob 82, 94–96, 214, 431, 437
Thomas, Kurt 221, 264, 293, 313, 315 f., 435 f.
Thoß, Karl Friedrich August 433, 460
Thukydides 377
Tiefensee, Wolfgang 405
Tietze, Ekkehard 315
Tillich, Stanislaw 5, 8
Timm, David 407
Tirolf, Augustinus 150, 153
Tittel, Karl 434, 438
Tomassini, Louis 272
Topf, Christian Adolph 51
Treuding, Hans 126
Trexler, Georg 264
Troeltsch, Ernst 286
Troitzsch, Johann Gottlob 432, 459
Tschammer, Richard 207
Tzoppold, Johannes 32
Tzschirner, Heinrich Gottlieb 189, 191, 433, 445

U

Uebe, August Franz 434, 463
Ulbricht, Walter 312, 315
Ungar, Andreas (Andreas Ungarus, M. A. Hungar) 239
Urban II., Papst 28

V

Valdesturla, Constanza 224
Valentiner, Friedrich Wilhelm 434, 450
Val(l)otti, Francesco Antonio 223 f.

Verdi, Giuseppe 289
Vergil 377
Vetter, Christoph 119, 430, 462
Viehweger, August Friedrich 206
Vierne, Louis 290
Viertel, Wolfgang 429, 453
Vogel, Eduard Ludwig 40
Vögelin, Ernst 105
Vogel, Johann Jacob 121, 130, 193 f.
Vogel, Martin 281 f.
Vogler, Johann Gottfried 99 f.
Voigt, Asmus 211
Voigt, Johann Georg Hermann 433
Volckmar, Anna 212
Volckmar, Gregor 212
Volckmar, Nicol 212
Volkmann, Gunnar 404
Vollbach, Ekkehard 435, 446
Vollmer-Gérard, Christoph 373
Volturius, Jakob 119

W

Wach, Carl Gottfried Wilhelm 370
Wagner, Bartholomäus 429, 453
Wagner, Johann David 237
Wagner, Michael 109
Wagner, Paul 212
Wagner, Peter 23, 71, 73 f.
Wagner, Richard 40, 185, 290
Wagner, Wolfgang 429, 456
Waitz, Nicole 219, 475
Waldmüller, Heinz (Heinrich) 411, 414
Walter, Johann 83, 158
Walther, Lucas 150
Weber, Alfred 286
Weber, Ananias 430, 447
Weber, Gottfried 433, 461
Weber, Max 347
Weckmann, Jacob 431
Weidemann, Anna 212
Weidenbach, Georg 207
Weinhaus, Adolf 117
Weinlig, Christian Albert 40
Weinlig, Christian Theodor 221–223, 249, 253, 369, 371 f., 433, 436
Weinrich, Bartholomäus 126
Weinrich, Georg 108 f., 112 f., 114–117, 119, 121 f., 125–135, 351, 357, 429, 441
Weinrich, Magdalena 126
Weinrich, Melchior 119, 438
Weisbrich, Bernd (Belgershain) 373

Weise, Christian d. Ä. 52 f.
Weise, Michael 171
Weise, Roland 17, 19, 381, 401 f., 435, 439, 475
Weis, Gabriele 402–404
Weismann, Wilhelm 294
Weiß, Christian 431, 443
Weiß, Christian Samuel 432, 459
Weiß, Cornelius 337
Weller, Nickel 428
Wendt, Johann Christian 432, 458
Wermann, Christoph 126
Werndt, Christoph Friedrich 368
Werner, Caspar 131
Werner, Friedrich 431, 454
Werner, George 193, 195, 198 f.
Wertherm, Hans von 153
Weßnig[k], Gregor[ius] 36, 436 f.
Wetzel, Christoph 309, 435, 453
Widor, Charles-Marie 290–292
Wiedebach, Apollonia von 142, 145–155
Wiedebach, Georg von 146–151
Wiedebach, Veit von 151
Wilhelm, Arno 439
Wilhelm, Friedrich 116 f.
Wilhelm I., Markgraf von Meißen 30, 32
Wilisch, Wilhelm Friedrich 372
Willaert, Adrian 159
Wille, Adolf Oskar 433, 450
Wilsdorf, Steffen 424
Winckelmann, Johann Joachim 376
Wirth, Georg 354, 356
Wirth, Michael d. Ä. 126, 354
Witkowski, Georg 17
Wit, Paul de 267–269, 271–274, 278 f.
Woehl, Gerald 338, 345
Wolf, Christa 336
Wolf, Christian Gottlob Friedrich 432

Wolff, Christian 401, 403 f., 406 f., 435, 446, 475
Wolff, Christoph 30, 157, 282, 340, 402, 475
Wolf, Friedrich August 189
Wolf, Gottlob Jakob Friedrich 433, 459, 461
Wolf, Johann August 432, 449
Wolle, Christoph 432, 448
Wölner, Melchior 356
Wonneberger, Erhard 308
Wunderlich, Horst 439
Wunderlich, Oskar Friedrich 247
Wunderlich, Sebastian 365
Wünschmann, Martin 401
Wustmann, Gustav 17
Wustmann, Rudolf 17, 73

X

Xenophon 377

Z

Zahn, Wilhelm von 434, 439
Zedler, Johann Heinrich 87
Zell, Christian 272
Zenck, Hermann 274
Zestermann, August Christian Adolf 40
Ziegler, Hans Severus 283
Ziegler, Martin 337
Ziegs, Rebecca 414
Zimmermann, Heinz Werner 230
Zimmermann, Peter 332
Zöllner, Carl Friedrich 40, 229
Zöllner, Heinrich 272
Zöllner, Walter 294
Zölner, Nikolaus 436
Zweig, Stefan 283

Impressum

Herausgeber: Stefan Altner und Martin Petzoldt
Redaktion: Cornelia Heinrich, Christiane Arnhold, Maria Funke, Knut Neubauer

Umschlagvorderseite: Ranworth Antiphonar, ca. 1400 (With permission of Ranworth PCC); Hintergrund: Lehrtraktat zur Neumenkunde aus Ms St. Thomas 391 (Universitätsbibliothek Leipzig)
Umschlagrückseite: Foto: Gert Mothes
Frontispiz: Gründungsurkunde des Stifts St. Thomas, Handschrift auf Pergament, 20. März 1212
(Hauptstaatsarchiv Dresden, Inv.-Nr.: 10001, Ältere Urkunden, Nr. 177)
Foto S. 8: Stanislaw Tillich (Sächsische Staatskanzlei/Jürgen Jeibmann)
Foto S. 12: Foto: Gert Mothes
Foto S. 13: Thomaskantor Georg Christoph Biller (Foto: Gert Mothes)
Abbildung S. 16: Der Apostel Thomas, Kupferstich, o. J. (Privatarchiv)
Fotos S. 17: Stefan Altner und Martin Petzoldt (Privatsammlung Stefan Altner)

Bibliografische Information der Deutschen Nationalbibliothek:
Die Deutsche Nationalbibliothek verzeichnet diese Publikation in der Deutschen Nationalbibliografie; detaillierte bibliografische Daten sind im Internet über http:/dnb.ddb.de abrufbar.

Layout, Gesamtgestaltung: Janos Stekovics
Satz: Hans-Jürgen Paasch
Gesamtherstellung: Verlag Janos Stekovics, Wettin-Löbejün OT Dößel (Saalekreis)

© 2012, Verlag Janos Stekovics, in Zusammenarbeit mit dem Geschäftsführer des Thomanerchores und dem Institut für Systematische Theologie der Theologischen Fakultät der Universität Leipzig

www.steko.net

ISBN 978-3-89923-238-7

CD-Beilage

1–3 Johann Sebastian Bach
(1685–1750, Thomaskantor 1723–1750)

1 Aus Magnificat, BWV 243, 1
für Chor und Orchester
Spielzeit: 3:02

2 Trio super: Herr Jesu Christ, dich zu uns wend,
BWV 655
für Orgel
Spielzeit: 3:42

3 Aus Messe h-Moll BWV 232
Et resurrexit
für Chor und Orchester
Spielzeit: 4:25

4–6 Felix Mendelssohn Bartholdy
(1809–1847, Gewandhauskapellmeister 1835–1847)
aus Sechs Sprüche op. 79
für Chor a cappella
„für die Neue Preußische Agende (1829)
in homophoner Achtstimmigkeit komponiert"

4 Frohlocket, ihr Völker auf Erden, op. 79, 1
Spielzeit: 1:21

5 Herr Gott, du bist unsre Zuflucht für und für, op. 79, 5
Spielzeit: 2:12

6 Erhaben, o Herr, über alles Lob, op. 79, 3
Spielzeit: 1:29

7 Johann Sebastian Bach
Aus Messe h-Moll BWV 232
Dona nobis pacem
für Chor und Orchester
Spielzeit: 3:09

Gesamtspielzeit: 19:20

Ausführende:
Thomasorganist Ullrich Böhme
Thomanerchor Leipzig
Gewandhausorchester Leipzig: 1
Leipziger Barockorchester: 3, 7
Leitung: Thomaskantor Georg Christoph Biller

Rondeau Production GmbH
Petersstraße 39–41 • 04109 Leipzig